Englert / Motzke / Wirth (Hrsg.)
Kommentar zum BGB-Bauvertragsrecht

Englert / Motzke / Wirth (Hrsg.)

Kommentar zum BGB-Bauvertragsrecht

Bearbeitet von:

Prof. Dr. jur. Klaus Englert
Honorarprofessor für Baurecht an der FH Deggendorf und
Fachanwalt für Bau- und Architektenrecht, Ingolstadt

Dr. jur. Bastian Fuchs, LL.M.
Lehrbeauftragter für Baurecht an der Universität der Bundeswehr München
und Fachanwalt für Bau- und Architektenrecht, Ingolstadt

Norbert Galda
Rechtsanwalt, Mainz

Dr. jur. Josef Langenecker
Lehrbeauftragter für Bauarbeitsrecht an der FH Deggendorf und Rechtsanwalt,
Pfaffenhofen

Prof. Dr. jur. Gerd Motzke
Vorsitzender Richter am OLG München a. D. (Baukammer)
und Honorarprofessor an der Universität Augsburg, Mering

Günther Schalk
Fachanwalt für Bau- und Architektenrecht sowie Vorstandssprecher des CBTR Centrum
für Deutsches und Internationales Baugrund- und Tiefbaurecht e.V., Schrobenhausen

Prof. Dr. iur. Axel Wirth
Ordinarius für Deutsches und Internationales Öffentliches und Privates Baurecht
an der Technischen Universität Darmstadt

Dr. jur. Falk Würfele
Lehrbeauftragter für Bau-, Architekten- und Vergaberecht an der Universität Dortmund
und Fachanwalt für Bau- und Architektenrecht, Dortmund

Werner Verlag 2007

Bibliografische Information der Deutschen Nationalbibliothek
Die Deutsche Nationalbibliothek verzeichnet diese Publikation in der
Deutschen Nationalbibliografie; detaillierte bibliografische Daten
sind im Internet über http://dnb.d-nb.de abrufbar.

ISBN-13 978-3-8041-5018-8
ISBN-10 3-8041-5018-7

Alle Rechte vorbehalten.
Werner Verlag – eine Marke von Wolters Kluwer Deutschland GmbH.
© 2007 by Wolters Kluwer Deutschland GmbH, Heddesdorfer Straße 31,
56564 Neuwied.
Das Werk einschließlich aller seiner Teile ist urheberrechtlich geschützt.
Jede Verwertung außerhalb der engen Grenzen des Urheberrechtsgesetzes ist
ohne Zustimmung des Verlages unzulässig und strafbar. Das gilt insbesondere für
Vervielfältigungen, Übersetzungen, Mikroverfilmungen und die Einspeicherung
und Verarbeitung in elektronischen Systemen.
Satz: Stahringer Satz GmbH, Grünberg
Umschlaggestaltung: Futurweiss Kommunikationen, Wiesbaden
Druck: Drukkerij Wilco, NL-Amersfoort
Printed in the Netherland, Dezember 2006
Gedruckt auf säurefreiem, alterungsbeständigem und chlorfreiem Papier

Vorwort

Das Baugeschehen stellt einen der wirtschaftlichen Eckpfeiler unserer Volkswirtschaft dar. So betrugen die Bauinvestitionen in der Bundesrepublik Deutschland im Jahre 2005 201,2 Milliarden Euro. Die negative Prognose zu Anfang dieses Jahres für 2006 belief sich auf 197,0 Mrd. Aufgrund des Anspringens der Konjunktur dürften diese Angaben nach oben revidiert werden. Der deutsche Beitrag liegt damit zwischen einem Fünftel und einem Sechstel der Bauinvestitionen der EU insgesamt (im Jahre 2004 betrugen diese 1.146 Mrd. €). Die nationalen Zahlen klingen nicht schlecht. Allerdings fällt ein Wermutstropfen in die Betrachtung, wenn man sich die Zahlen des Jahres 1999 ansieht. Damit lagen die Investitionen in Deutschland mit 234 Mrd. weit über einem Viertel des Gesamtvolumens der EU von 827 Mrd. €. Der deutsche Beitrag entsprach insoweit bis auf 2 Mrd. exakt der addierten Summe von Frankreich und Großbritannien.

Vergleicht man die aktuellen Zahlen mit einem anderen Eckpfeiler unseres Bruttoinlandsproduktes, der Automobilindustrie, so wird auch dadurch die Bedeutung der Bauindustrie deutlich. Im Jahre 2005 hat die Automobilindustrie im Inland für 95 Mrd., im Ausland für 141 Mrd. € produziert.

Was soll mit diesen Zahlen ausgesagt werden? Wir wollen andeuten, dass die wirtschaftliche Rolle der Bautätigkeit immens ist. Die Bedeutung des damit verbundenen Bauvertragsrechtes steht dazu in keinem Verhältnis. Dies zeigt die geringe Wertigkeit, die ihm beispielsweise in der universitären juristischen Ausbildung eingeräumt wird. Als Folge werden die genannten Milliarden investiert, ohne dass gleichzeitig eine baurechtliche ausreichende Absicherung gegeben ist. Potenziert werden die damit verbundenen Fragen noch dadurch, dass das Bauvertragsrecht zu einem der schwierigsten Sonderrechtsgebiete unseres Landes zählt.

Die geschilderte geringfügige Bedeutung, die dem Baurecht zuteil wird, erscheint noch unverständlicher, wenn man zur Kenntnis nimmt, welcher umfangreiche Personenkreis mit diesem Rechtsgebiet befasst ist. Hierzu zählen die Richterschaft, die Anwaltschaft, alle direkt am Baugeschehen Beteiligten, angefangen bei den Bauherren über die Architekten, Ingenieure bis hin zu den Sonderfachleuten, den Bauunternehmen bzw. Handwerkern und nicht zuletzt den Sachverständigen. Von allen Beteiligten wird neben umfangreichen bautechnischen und baubetriebswirtschaftlichen Kenntnissen juristisches Bauwissen gefordert. Aus universitärer Sicht führen die Schnittstellen zwischen den verschiedenen Wissensbereichen zu einem der interessantesten interdisziplinären Aufgabengebiete.

Was das »juristische Bauwissen« anbelangt, ist hierfür nahezu das gesamte Schuldrecht des Bürgerlichen Gesetzbuches relevant. Hierzu zählen beispielsweise das Kaufvertragsrecht, das Werkvertragsrecht und das Dienstvertragsrecht. Damit aber nicht genug. Auch die Regelungen der §§ 823 ff. BGB zur unerlaubten Handlung, das Handelsgesetzbuch, unzählige Vorschriften des Arbeits- und Arbeitsschutz-

Vorwort

rechts und nicht zuletzt die vielen Regelungen des Vergaberechts sind von Bedeutung.

An diesem Punkt setzt dieser Kommentar zum BGB-Bauvertragsrecht an. Das notwendige Wissen über die bauspezifischen nationalen Regelungen wird zusammengefasst und kommentiert. Angesprochen ist dabei selbstverständlich in erster Linie das BGB. Ebenso zählen hierzu jedoch die genannten »ergänzenden Gesetze«, bis hin zu Fragen der Allgemeinen Geschäftsbedingungen, insbesondere der VOB Teil B. Die wesentlichen der genannten Regelungen sollen so für die Nutzer aufbereitet werden, dass praxisrelevante baurechtliche Fragen im Vordergrund der Kommentierungen stehen. Allen Baubeteiligten soll eine Hilfe bei Befassung mit baurechtlichen Fragen gegeben werden.

Der Kommentar stellt die Fortentwicklung des im Jahre 2002 erschienen Buches »Verträge am Bau nach der Schuldrechtsreform« dar, herausgegeben von Wirth/Sienz/Englert.

Zum Schluss möchten wir allen Mitautoren für ihre intensive Arbeit danken. Gleiches gilt dem Korrektur- und Stichwortverzeichnis-Team der Rechtsanwälte Christine Englert und Dr. Bastian Fuchs. Sein Entstehen verdankt dieses Werk auch der Begleitung von Frau Rechtsanwältin Bettina Walter des Werner Verlages.

Konstruktiver Kritik und weiterführenden Anregungen stehen wir aufgeschlossen gegenüber.

Ingolstadt/Mering/Darmstadt, im November 2006

Prof. Dr. Klaus Englert   *Prof. Dr. Gerd Motzke*   *Prof. Dr. Axel Wirth*

Inhaltsverzeichnis

		Seite
Abkürzungs- und Literaturverzeichnis		IX
Einführung		1
§ 631	Vertragstypische Pflichten beim Werkvertrag	17
§ 632	Vergütung	160
§ 632 a	Abschlagszahlungen	231
§ 633	Sach- und Rechtsmangel	262
§ 634	Rechte des Bestellers bei Mängeln	310
§ 634 a	Verjährung der Mängelansprüche	348
§ 635	Nacherfüllung	379
§ 636	Besondere Bestimmungen für Rücktritt und Schadensersatz	394
§ 637	Selbstvornahme	411
§ 638	Minderung	429
§ 639	Haftungsausschluss	435
§ 640	Abnahme	441
§ 641	Fälligkeit der Vergütung	479
§ 641 a	Fertigstellungsbescheinigung	540
§ 642	Mitwirkung des Bestellers	581
§ 643	Kündigung bei unterlassener Mitwirkung	616
§ 644	Gefahrtragung	628
§ 645	Verantwortlichkeit des Bestellers	638
§ 646	Vollendung statt Abnahme	670
§ 647	Unternehmerpfandrecht	672
§ 648	Sicherungshypothek des Bauunternehmers	678
§ 648 a	Bauhandwerkersicherung	709
§ 649	Kündigungsrecht des Bestellers	754
§ 650	Kostenanschlag	772
§ 651	Anwendung des Kaufrechts	781
Anhang 1	Rechtsfragen im Zusammenhang mit Baustoffen	789
Anhang 2	Vertragsstrafe im Bauvertrag	819
Anhang 3	Unerlaubte Handlungen	835
Stichwortverzeichnis		848

Abkürzungs- und Literaturverzeichnis

a. a. O.	am angegebenen Ort
a. A.	anderer Ansicht
a. E.	am Ende
a. F.	alte Fassung
a. M.	andere(r) Meinung
ABl.	Amtsblatt der Europäischen Gemeinschaften
ABMG	Allgemeine Bedingungen für die Maschinen- und Kaskoversicherung von fahrbaren Geräten
ABN	Allgemeine Bedingungen für die Bauwesenversicherung von Gebäudeneubauten durch Auftraggeber
Abr	Abrechnung
Abs.	Absatz
ABU	Allgemeine Bedingungen für die Bauwesenversicherung von Unternehmerleistungen
AcP	Archiv für zivilistische Praxis
AEntG	Arbeitnehmer-Entsende-Gesetz
AG	Auftraggeber; Amtsgericht; Arbeitgeber
AGB	Allgemeine Geschäftsbedingungen
AGB-Gesetz	Gesetz zur Regelung des Rechts der Allgemeinen Geschäftsbedingungen
AHB	Allgemeine Haftpflichtversicherungsbedingungen für die Haftpflichtversicherung
AK	Arbeitskreis
AK-BGB / Bearbeiter	Alternativkommentar zum BGB, 1980 ff., Berlin
AktG	Aktiengesetz
Alt.	Alternative
AN	Auftragnehmer
Anm.	Anmerkung
AO	Abgabenordnung
ArbSchG	Arbeitsschutzgesetz
ArbStättV	Verordnung über Arbeitstätten
ARGE	Arbeitsgemeinschaft
Art.	Artikel
ATV	Allgemeine Technische Vertragsbedingungen
Aufl.	Auflage
AÜG	Arbeitnehmerüberlassungsgesetz
Az	Aktenzeichen
BAG	Bundesarbeitsgericht
BAnz.	Bundesanzeiger
Baumbach / Hopt	Handelsgesetzbuch, 30. Aufl. 2000, München
Baumbach / Lauterbach	Zivilprozeßordnung, 55. Aufl. 2000, München
BauO	Bauordnung
BauPG	Bauprodukten-Gesetz
BaupreisVO	Baupreisverordnung
Bauproduktengesetz	Gesetz über das Inverkehrbringen von und den freien Warenverkehr mit Bauprodukten zur Umsetzung der Richtlinie 89/106/EWG des Rates vom 21. Dezember 1988 zur Angleichung der Rechts- und Verwaltungsvorschriften der Mitgliedstaaten, über

IX

Abkürzungs- und Literaturverzeichnis

	Bauprodukte und anderen Rechtsakten der Europäischen Gemeinschaft (Bauproduktengesetz), zuletzt geändert durch das zehnte Euro-Einführungsgesetz vom 15.12.2001 (BGBl. I 01, S. 3762) (In Kraft seit dem: 1.1.2002)
Bauproduktenrichtlinie	RICHTLINIE DES RATES der EG zur Angleichung der Rechts- und Verwaltungsvorschriften der Mitgliedstaaten über Bauprodukte (89/106/EWG) Stand: 22.7.1993 (Abl. EG 93 Nr. L 220, S. 1)
BauR	Baurecht (Zeitschrift für das gesamte öffentliche und zivile Baurecht), Werner-Verlag (Jahrgang, Seite)
Baustellensicherheitsrichtlinie 92/57/EWG	RICHTLINIE 92/57/EWG DES RATES vom 24. Juni 1992 über die auf zeitlich begrenzte oder ortsveränderliche Baustellen anzuwendenden Mindestvorschriften für die Sicherheit und den Gesundheitsschutz (Achte Einzelrichtlinie im Sinne des Artikels 16 Absatz 18320 der Richtlinie 89/391/EWG) Stand: 26.8.1992 (Abl. EG 92 Nr. L 245, S. 6)
BaustellenVO	Verordnung über Sicherheit und Gesundheitsschutz auf Baustellen (Baustellenverordnung) in der Bekanntmachung vom 10.6.1998 (BGBl. I 98, S. 1283) (In Kraft seit dem 1.7.1998)
BaustellV	Baustellenverordnung Bauverlag, Wiesbaden, 2. Aufl. 2000
Bauwelt	Fachzeitschrift, Bertelsmann Fachzeitschriften GmbH, Berlin
Bauwirtschaft (BW)	Das Monatsmagazin für Führungskräfte im Bauwesen, Offizielles Organ des Hauptverbandes der Deutschen Bauindustrie und des Bundesverbandes Steine und Erden, Bauverlag GmbH, Wiesbaden
BayBO	Bayerische Bauordnung
BayObLG	Bayerisches Oberstes Landesgericht
BayVGH	Bayerischer Verwaltungsgerichtshof
BB	Betriebs-Berater, Zeitschrift
BBauG	Bundesbaugesetz
BbodSchG	Gesetz zum Schutz vor schädlichen Bodenveränderungen und zur Sanierung von Altlasten (Bundesbodenschutzgesetz), zuletzt geändert durch das Siebente Euro-Einführungsgesetz vom 9.9.2001 (BGBl. I 01, S. 2331) (In Kraft seit dem: 1.1.2002)
BbodSchV	Bundes-Bodenschutz- und Altlastenverordnung
Bd.	Band
Beck'scher VOB-Kommentar	Verdingungsordnung für Bauleistungen, Teil A mit Gesetz gegen Wettbewerbsbeschränkungen, 4. Teil, (Neuauflage 2007) 2001 (Hrsg. Motzke/Pietzcker/Prieß); Teil B (Neuauflage 2007) 1997 (Hrsg. Ganten/Jagenburg/Motzke); Teil C (Hrsg. Englert/Katzenbach/Motzke) (Neuauflage 2007), 2003, Verlag C. H. Beck, München
ber.	berichtigt
Berthold	Systematische Untersuchung über die Einbeziehung von technischen Normen und anderen technischen Regelwerken in Bauverträgen, Beuth Verlag, Berlin/Köln 1985
Beschl.	Beschluss
Betr	Der Betrieb, Zeitschrift
BG	Berufsgenossenschaft
BGB	Bürgerliches Gesetzbuch
BGBl.	Bundesgesetzblatt, Teil I bzw. Teil II
BGH	Bundesgerichtshof
BGHSt	Bundesgerichtshof, Entscheidungen in Strafsachen

Abkürzungs- und Literaturverzeichnis

BGHZ	Bundesgerichtshof, Entscheidungen in Zivilsachen
BGR	Berufsgenossenschaftliche Regeln
Bindhardt / Jagenburg	Die Haftung des Architekten, 8. Aufl. 1981, Düsseldorf
BKartA	Bundeskartellamt
BKR	Richtlinie 93/37/EG des Rates der EG vom 14.6.1993 zur Koordinierung der Verfahren der Vergabe öffentlicher Bauaufträge (ABl. Nr. 199 vom 9.8.1993, S.54)
Bl.	Blatt
Bodanowitz	Rechtliche Grundlagen des Baulärmschutzes, NJW 1997, 2351
Boisserée / Fuchs (Hrsg.)	Handbuch Baunachbarrecht, Werner-Verlag, 2005
BSG	Bundessozialgericht
BT-Drucks.	Bundestagsdrucksache
BTV	Besondere Technische Vertragsbedingungen
Buff	Die bestimmenden Faktoren der deutschen Bauordnungen im Wandel der Zeit, Dissertation TU Hannover, Wuppertal, 1970
Bundesimmissionsschutzgesetz (BImSchG)	Gesetz zum Schutz vor schädlichen Umwelteinwirkungen durch Luftverunreinigungen, Geräusche, Erschütterungen und ähnliche Vorgänge (Bundes-Immissionsschutzgesetz), zuletzt geändert durch die Siebente Zuständigkeitsanpassungs-Verordnung vom 29.10.2001 (BGBl. I 01, S. 2785) (In Kraft seit dem: 7.11.2001)
BV	Bundesverband; Besondere Vertragsbedingungen
BVB	Besondere Vertragsbedingungen
BVerfG	Bundesverfassungsgericht
BVerwG	Bundesverwaltungsgericht
BW	Bauwirtschaft, Zeitschrift
bzgl.	bezüglich
bzw.	beziehungsweise
c.i.c. oder cic	culpa in contrahendo (Verschulden bei Vertragsschluss)
CBTR e.V.	Centrum für Deutsches und Internationales Baugrund- und Tiefbaurecht e.V., Spitalgasse 3, 86529 Schrobenhausen, http://www.cbtr.de
CEN	Europäisches Komitee für Normung
CENELEC	Europäisches Komitee für elektronische Normung
cm	Zentimeter
von Craushaar	Die Rechtsprechung zu Problemen des Baugrundes, in: Festschrift für Horst Locher, S. 9 ff., 1990, Werner-Verlag
von Craushaar	Risikotragung bei mangelhafter Mitwirkung des Bauherrn, BauR 1987, 14
d.h.	das heißt
Dähne / Schelle	VOB von A–Z, 3. Aufl. 2001, Verlag C.H. Beck, München
DAV	Deutscher Anwaltverein
DBAG	Deutsche Bahn AG
DGGT	Deutsche Gesellschaft für Geotechnik e.V., Essen
Der Architekt	Fachzeitschrift, Forum-Verlag GmbH, Stuttgart
Der Baumarkt	Fachzeitschrift, Bertelsmann-Fachverlag, Gütersloh
Der Bausachverständige	Zeitschrift für den Erfahrungsaustausch
Der Betrieb (DB)	Fachzeitschrift, Verlag Handelsblatt, Düsseldorf
Der Betriebs-Berater (BB)	Fachzeitschrift, Verlag Recht und Wirtschaft GmbH, Frankfurt a. M.
Deutsche Bauzeitschrift	Fachzeitschrift, Bertelsmann-Fachverlag, Gütersloh

XI

Abkürzungs- und Literaturverzeichnis

Deutsche Gesellschaft für Baurecht e.V.	Schriftenreihe
Deutsches Architektenblatt	Offizielles Organ der Bundesarchitektenkammer, Forum-Verlag, Stuttgart
Die Bauwirtschaft	Zentralblatt für das gesamte Bauwesen
DIN	Deutsches Institut für Normung e.V.
DIN-Normen	Regelwerk des deutschen Instituts für Normung e.V.
DVA	Deutscher Vergabe- und Vertragsausschuss (früher: Deutscher Verdingungsausschuss)
EAB	Empfehlungen des Arbeitskreises Baugruben – EAB, 4. Aufl., Verlag Ernst & Sohn, Berlin, 2006
EDV	Elektronische Datenverarbeitung
EFB	Einheitliches Formblatt
EFTA	European Free Trade Association (Europäische Freihandelszone)
EG	Europäische Gemeinschaft
EGBGB	Einführungsgesetz zum Bürgerlichen Gesetzbuch
EG-Kommission	Kommission der Europäischen Gemeinschaften
EG-Recht	Recht der Europäischen Gemeinschaften
Einf.	Einführung
Einl.	Einleitung
EN	Europäische Norm
Englert	Der Baugrund als Baustoff: Rechtsfolgen für die Baupraxis, in Vorträge der Baugrundtagung 2006 in Bremen, Tagungsband der Deutschen Gesellschaft für Geotechnik e.V., Deutscher Verkehrs-Verlag, Hamburg 2006, Seite 211 ff.
Englert	»Land unter!« bei der Herstellung großer Baugruben. Bau-, beweis- und versicherungsrechtliche Probleme, in: Neue Zeitschrift für Baurecht und Vergaberecht (NZBau), 1. Jahrgang 2000, 113
Englert	Beweisführung im Tiefbau – keine Glaubensfrage mehr mit der »5 – M – Methode !« Ein Beitrag zum Verständnis der Baugrundprobleme, in: Festschrift Jagenburg, hrsg. von Brügmann/Oppler/Wenner, Verlag C. H. Beck, 2002, München
Englert	Das »Systemrisiko« bei der Ausführung von Tiefbauarbeiten, in: Festschrift für Götz von Craushaar zum 65. Geburtstag, Werner-Verlag, 1997, S. 203 ff.
Englert	Das Baugelände – Baugrundhaftung und Baugrundrisiko, Schriftenreihe der Deutschen Gesellschaft für Baurecht, Band 26, S. 31
Englert	Das Baugrundrisiko – ein normierungsbedürftiger Begriff?, BauR 1991, S. 537 ff.
Englert	Der »Baubehelf« und das »Bauhilfsgewerk« – zwei Stiefkinder des Baurechts! Zur Problematik der Begriffe und ihrer rechtlichen Behandlung, in: Festschrift Kraus, hrsg. von Sienz/Vygen, Werner-Verlag, 2002
Englert	Systemrisiko – terra incognita des Baurechts?, BauR 1996, S. 763
Englert/Bauer/Grauvogl	Rechtsfragen zum Baugrund mit Einführung in die Baugrundtechnologien, Baurechtliche Schriften, Band 5, herausgegeben von Korbion und Locher, Werner-Verlag, 2. Aufl. 1991
Englert/Katzenbach/Motzke	Beck'scher VOB-Kommentar, Teil C, 1. Aufl. 2003 (2. Aufl. 2007), C. H. Beck, München
Englert/Grauvogl/Maurer	Handbuch des Baugrund- und Tiefbaurechts, mit Einführung in die europäische Tiefbaunormung, das Deponie- und Kampf-

Abkürzungs- und Literaturverzeichnis

	mittelrecht sowie einer Darstellung der wesentlichen Tiefbautechnologien, Werner-Verlag, 3. Aufl. 2004
Englert / Franke / Grieger	Streitlösung ohne Gericht; Schlichtung, Schiedsgericht und Mediation in Bausachen, Werner-Verlag, 2006
ErlZ	Erläuterungsziffer
Erman / Bearbeiter	Handkommentar zum Bürgerlichen Gesetzbuch, 9. Aufl. 1993, Berlin
Eschenbruch	Recht der Projektsteuerung, 2. Aufl. 2003, Werner-Verlag
etc	et cetera (und so weiter)
EuG	Gericht erster Instanz der Europäischen Gemeinschaft
EuGH	Europäischer Gerichtshof
EWR	Europäischer Wirtschaftsraum
f.	folgende
Fax	Telefax
ff.	fortfolgende
Fischer	Die Regeln der Technik des Bauvertragsrechts, 1985, Düsseldorf
Fon	Telefon
FS Heiermann	Festschrift für Wolfgang Heiermann zum 60. Geburtstag, 1995, Düsseldorf
FS Jagenburg	Festschrift für Walter Jagenburg zum 65. Geburtstag 2002, Düsseldorf
FS Korbion	Festschrift für Hermann Korbion zum 60. Geburtstag, 1986, Düsseldorf
FS Kraus	Festgabe für Steffen Kraus zum 65. Geburtstag, 2003, München
FS Locher	Festschrift für Horst Locher zum 65. Geburtstag, 1990, Düsseldorf
FS Mantscheff	Festschrift für Jack Mantscheff zum 70. Geburtstag, 2000, Düsseldorf
FS Motzke	Festschrift für Gerd Motzke zum 65. Geburtstag, 2006, München
FS Schiffers	Festschrift für Karl-Heinz Schiffers zum 60. Geburtstag, Werner-Verlag, 2001
FS Soergel	Festschrift für Carl Soergel zum 70. Geburtstag, 1993, Düsseldorf
FS von Craushaar	Festschrift für Götz von Craushaar zum 65. Geburtstag, 1997, Düsseldorf
FS Vygen	Festschrift für Klaus Vygen zum 60. Geburtstag, 1999, Düsseldorf
FS Werner	Festschrift für Ulrich Werner zum 65. Geburtstag, 2005, Werner-Verlag
FS	Festschrift
Fuchs, Bastian	Die Zulässigkeit der Inanspruchnahme von Nachbargrundstücken bei der Ausführung von Tiefbauarbeiten, Baurechtl. Schriften, Band 59, hrsg. v. Korbion / Locher, Werner-Verlag, 2004
Ganten / Jagenburg / Motzke (Hrsg.)	Beck'scher VOB-Kommentar, 1. Aufl. 1997, C. H. Beck, München (2. Aufl. 2007)
GBl.	Gesetzblatt
gem.	gemäß
GewO	Gewerbeordnung
GG	Grundgesetz der Bundesrepublik Deutschland
ggf.	gegebenenfalls
GmbHG	Gesetz betreffend die Gesellschaften mit beschränkter Haftung
GO	Gemeindeordnung

Abkürzungs- und Literaturverzeichnis

GOK	Geländeoberkante
Grauvogl	Abnahme unsicht- und unkontrollierbarer Tiefbauleistungen?, in: Tagungsband des Instituts für Baurecht Freiburg i. Br. zur Tagung »Baugrund- und Tiefbaurecht«, 8. Oktober 1999, hrsg. vom Institut für Baurecht, Freiburg i. Br. 1999, S. 89 ff.
Grauvogl	Besonderheiten bei der Abnahme von Tiefbauleistungen, BauR 1997, S. 54 ff.
Grauvogl	Die Erstattung von Kosten der Ersatzvornahme vor der Abnahme beim VOB-Vertrag, in: Festschrift für Klaus Vygen, Werner-Verlag 1999, S. 291
Grauvogl	Die VOB Teil C und der Bauvertrag, Jahrbuch Baurecht 1998, hrsgg. von Kapellmann/Vygen, Werner-Verlag 1998, S. 315
GSG	Gesetz über technische Arbeitsmittel (Gerätesicherheitsgesetz), zuletzt geändert durch Art. 3 des Gesetzes zur Änderung des Seemannsgesetzes und anderer Gesetze vom 23. 3. 2002 (BGBl. I 02, S. 1163) (In Kraft seit dem: 1. 4. 2002)
GÜ	Generalübernehmer
GU	Generalunternehmer
GUK	Geländeunterkante
GVBl.	Gesetz- und Verordnungsblatt
GVG	Gerichtsverfassungsgesetz
GVOBl.	Gesetz- und Verordnungsblatt
GWB	Gesetz gegen Wettbewerbsbeschränkungen
h. M.	herrschende Meinung
HaftpflG	Haftpflichtgesetz
Heiermann/Riedl/ Rusam	Handkommentar zur VOB Teile A und B, 10. Aufl. 2003, Wiesbaden
HGB	Handelsgesetzbuch
HO	Handwerksordnung
HOAI	Honorarordnung für Architekten und Ingenieure
Hrsg.	Herausgeber
hrsg.	herausgegeben
Hs.	Halbsatz
HU	Hauptunternehmer
i. d. F.	in der Fassung
i. d. R.	in der Regel
i. S.	im Sinne
i. Ü.	im Übrigen
i. V. m.	in Verbindung mit
i. Zw.	im Zweifel
IBR	Zeitschrift für Immobilien- & Baurecht, id-Verlag, Mannheim, Jahrgang, Seite, Bearbeiter
ibr-online	Urteils-, Gesetzes-, Materialien- und Literatursammlung www.ibr-online.de mit Kommentaren u. a. zum Bauvertragsrecht (Kniffka)
Ingenstau/Korbion	VOB – Teile A und B, 15. Aufl. 2004 (Neuauflage 2007), hrsg. von Locher/Vygen, Werner-Verlag
insb.	insbesondere
InsO	Insolvenzordnung

Abkürzungs- und Literaturverzeichnis

ISO	International Organization for Standardisation
IV	INTERESSENVERBAND
Jahrbuch Baurecht	herausgegeben von Kapellmann/Vygen, Werner-Verlag, Jahrgänge 1998 ff.
JR	Juristische Rundschau
Juristenzeitung	Fachzeitschrift, J. C. B. Mohr, Tübingen
Juristische Rundschau	Fachzeitschrift, Verlag W. de Gruyter, Berlin
Juristische Schulung	Fachzeitschrift, C. H. Beck, München
JZ	Juristenzeitung
Kap.	Kapitel
Kapellmann	Baugrundrisiko und »Systemrisiko«, in: Jahrbuch Baurecht 1999, Düsseldorf, S. 18
Kapellmann/ Messerschmidt	VOB Teile A und B, 1. Aufl. 2003, C. H. Beck, München
Kapellmann/Schiffers	Vergütung, Nachträge und Behinderungsfolgen beim Bauvertrag, Band 1: Einheitspreisvertrag, 5. Aufl. 2006; Band 2: Pauschalvertrag einschließlich Schlüsselfertigbau, 4. Aufl. 2004, Werner-Verlag
KG	Kammergericht; Kommanditgesellschaft
Kniffka, Rolf	Bauvertragsrecht online-Kommentar unter www.ibr-online.de (Datum Bearbeitungsstand)
Kniffka/Koeble	Kompendium des Baurechts, 2. Aufl. 2004, München
Komm	Kommentar
Korbion/Mantscheff/ Vygen	Honorarordnung für Architekten und Ingenieure (HOAI), Kommentar, 6. Aufl. 2004, München
Korbion/Locher	AGB-Gesetz und Bauerrichtungsverträge, 3. Aufl. 1998, Düsseldorf
KrW-/AbfG	Gesetz zur Förderung der Kreislaufwirtschaft und Sicherung der umweltverträglichen Beseitigung von Abfällen (Kreislaufwirtschafts- und Abfallgesetz), zuletzt geändert durch das Siebte Euro-Einführungsgesetz vom 9.9.2001 (BGBl. I 01, S. 2331) (in Kraft seit dem: 1.1.2002)
KrWaffG	Kriegswaffengesetz
Kuffer/Wirth (Hrsg.)	Handbuch des Fachanwalts Bau- und Architektenrecht, 1. Aufl. 2005, Werner-Verlag
Lange	Bauschuttentsorgung: Ein unlösbares bauvertrags-rechtliches Dauerproblem?, BauR 1994, 187
Langen/Schiffers	Bauplanung und Bauausführung, Werner-Verlag, 2005
Langenecker/Maurer	Handbuch des Bauarbeitsrechts, Werner-Verlag, 2004
Larenz/Wolf	Allgemeiner Teil des Bürgerlichen Rechts, 8. Aufl. 1997, München
LBO	Landesbauordnung
LG	Landgericht
LHO	Landeshaushaltsordnung(en)
Lindenmaier/Möhring	Nachschlagewerk des Bundesgerichtshofs, Beck-Verlag, München
lit.	litera (Buchstabe)
LKR	Richtlinie 93/36 EWG des Rates der EG vom 14.6.1993 über die Koordinierung der Verfahren zur Vergabe öffentlicher Lieferaufträge (ABl. Nr. L 199 vom 9.8.1993, S. 1)
L-M	Lindenmaier-Möhring (Nachschlagewerk des Bundesgerichtshofs)

Abkürzungs- und Literaturverzeichnis

Locher / Koeble / Frik	Kommentar zur HOAI, 7. Aufl. 1996, Werner-Verlag
Locher	Das private Baurecht, 7. Aufl. 2005, München
LS	Leitsatz
LV	Leistungsverzeichnis / Landesverwaltungsgesetz
m	Meter
m. w. N.	mit weiteren Nachweisen
MABl.	Ministerialamtsblatt
MaBV	Makler- und Bauträgerverordnung
Mandelkow	Qualifizierte Leistungsbeschreibung als wesentliches Element des Bauvertrages, in: Baurecht 1996, S. 31
Marbach	Nachtragsforderung bei mangelnder Leistungsbeschreibung der Baugrundverhältnisse im VOB-Bauvertrag und bei Verwirklichung des »Baugrundrisikos«, BauR 1994, 168
Marbach	Nebenangebote und Änderungsvorschläge im Bauvergabe- und Vertragsrecht unter Berücksichtigung der VOB Ausgabe 2000, BauR 2000, 1643
Markus / Kaiser / Kapellmann	AGB-Handbuch Bauvertragsklauseln, Werner-Verlag, 2004
Maurer	Beschädigung von Versorgungsleitungen bei Tiefbauarbeiten, Rechtsprechung und Haftungsquoten, BauR 1992, 437
MDR	Monatsschrift des Deutschen Rechts
mm	Millimeter
ModEnG	Gesetz zur Förderung der Modernisierung von Wohnungen und von Maßnahmen zur Einsparung von Heizenergie (Modernisierungs- und Energieeinsparungsgesetz), zuletzt geändert durch das Gesetz zur Neugliederung, Vereinfachung und Reform des Mietrechts (Mietrechtsreformgesetz) vom 19. 6. 2001 (BGBl. I 01, S. 1149) (In Kraft seit dem: 1. 9. 2001)
Motive	Motive zu dem Entwurfe eines Bürgerlichen Gesetzbuches für das Deutsche Reich
Motzke / Pietzcker / Prieß	VOB Teil A, Beck'scher VOB-Kommentar, München, 1. Aufl. 2001, C. H. Beck (2. Aufl. 2007)
Motzke / Wolff	Praxis der HOAI, 3. Aufl. 2005, München
MüKo / Bearbeiter	Münchener Kommentar Zum Bürgerlichen Gesetzbuch / Bearbeiter, München, 4. Aufl. 1999 ff. C. H. Beck
MünchKomm-ZPO / Bearbeiter	Münchener Kommentar zur ZPO, 1992
n. F.	neue Fassung
Nicklisch / Weick	VOB – Verdingungsordnung für Bauleistungen, Teil B, Kommentar, 3. Aufl. 2001, Verlag C. H. Beck, München
NJW	Neue Juristische Wochenschrift, C. H. Beck, Jahrgang
NJW-RR	NJW Rechtsprechungs-Report Zivilrecht, C. H. Beck
Nr., Nrn.	Nummer, Nummern
NU	Nachunternehmer
NZBau	Neue Zeitschrift für Baurecht und Vergaberecht, C. H. Beck, München
o. a.	oben angegeben(e)
o. ä.	oder ähnlich
o. g.	oben genannt(e)
OHG	Offene Handelsgesellschaft

Abkürzungs- und Literaturverzeichnis

OLG	Oberlandesgericht
OLGZ	Entscheidungen der OLG in Zivilsachen
OVG	Oberverwaltungsgericht
Palandt / Bearbeiter	Kommentar zum BGB, 65. Aufl. 2006, C. H. Beck, München
Peter	Lexikon der Bautechnik, Verlag C. F. Müller, 2001, Heidelberg
ProdHG	Gesetz über die Haftung für fehlerhafte Produkte (Produkthaftungsgesetz)
ProdSG	Produktsicherheitsgesetz
Putzier	Der unvermutete Mehraufwand für die Herstellung des Bauwerks, Baurechtliche Schriften Band 33, hrsg. von Korbion / Locher, Werner-Verlag, 1997
Putzier	Die zusätzliche Vergütung bei der Bewältigung abweichender Bodenverhältnisse im Erdbau, BauR 1989, 132
Putzier	Der vermutete Mehraufwand für die Herstellung des Bauwerks, in: Baurechtliche Schriften, Band 33, 1997, S. 109
Putzier	Nachtragsforderungen infolge unzureichender Beschreibung der Grundwasserverhältnisse. Welche ist die zutreffende Anspruchsgrundlage?, in: BauR 1994, 596
pVV	positive Vertragsverletzung
P/W/W – Bearbeiter	Prütting / Wegen / Weinreich, BGB Kommentar, 1. Aufl. 2006, Luchterhand
qm	Quadratmeter
QM	Qualitätsmanagement
QS	Qualitätssicherung
Rauch	Architektenrecht und privates Baurecht für Architekten, 2. Aufl. 1996, Verlag R. Müller, Köln
RBBau	Richtlinien für die Durchführung von Bauaufgaben des Bundes im Zuständigkeitsbereich der Finanzbauverwaltungen
Rd. Erl.	Runderlass
rd.	rund
Rn.	Randnummer
Recht	Recht (Zeitschrift)
RG	Reichsgericht
RGBl.	Reichsgesetzblatt
RGRK-Bearbeiter	RGRK, Kommentar zum BGB, herausgegeben von Reichsgerichtsräten und Bundesrichtern, 12. Aufl. 1974 ff.
RGZ	Entscheidungen des Reichsgerichts in Zivilsachen
RL	Richtlinie
Rspr.	Rechtsprechung
RVA	Reichsverdingungsausschuss
RVO	Reichsversicherungsordnung
S.	Seite
Schäfer / Finnern / Hochstein	Rechtsprechung zum privaten Baurecht (früher Rechtsprechung der Bauausführung), Werner-Verlag
Schottke	Das Baugrundrisiko bei dem VOB-Vertrag, BauR 1993, 407 ff. (Teil 1) und 565 ff. (Teil 2)
SchwArbG	Gesetz zur Bekämpfung der Schwarzarbeit (Schwarzarbeitsgesetz)
SGB	Sozialgesetzbuch

Abkürzungs- und Literaturverzeichnis

Siegburg	Anerkannte Regeln der Technik – DIN-Normen, BauR 1985, 367 ff.
Siegburg	Baumängel auf Grund fehlerhafter Vorgaben des Bauherrn, in: FS Korbion, S. 411 ff., Düsseldorf
SIGE-Plan	Sicherheits- und Gesundheitsschutzplan
Soergel/Siebert/Bearbeiter	Kommentar zum BGB, Wiesbaden
sog.	sogenannt(e)
st. Rspr.	ständige Rechtsprechung
StAnz	Staatsanzeiger
Staudinger/Bearbeiter	Kommentar zum BGB, 13. Aufl. 1993 ff., Verlag de Gruyter, Berlin
StGB	Strafgesetzbuch
StLB	Standardleistungsbuch für das Bauwesen
StLK	Standardleistungskatalog
Tel.	Telefon
to	Tonne(n)
TVB	Technische Vertragsbedingungen
Tz.	Textziffer
u. Ä.	und Ähnliches
u. a.	unter anderem
u. U.	unter Umständen
UmweltHG	Umwelthaftungsgesetz
UrhG	Urheberrechtsgesetz
Urt.	Urteil
UStDVO	Umsatzsteuerdurchführungsverordnung
UStG	Umsatzsteuergesetz
usw.	und so weiter
UVV	Unfallverhütungsvorschriften
UWG	Gesetz gegen den unlauteren Wettbewerb
v.	vom/von
VBG	Vorschriften der Bauberufsgenossenschaft
Vens-Cappell/Wolf	Zur haftungsrechtlichen Problematik des § 10 Nr. 2 Abs. 2 VOB/B, in: BauR 1993, S. 275 ff.
Verf.	Verfasser, Verfahren
Vergaberecht	Zeitschrift; Heft/Jahrgang/Seite
VerglO	Vergleichsordnung
VersR	Versicherungsrecht (Zeitschrift)
vgl.	vergleiche
VgRAG.	Vergaberechtsänderungsgesetz
VK	Vergabekammer
VN	Versicherungsnehmer
VO	Verordnung
VOB	Vergabe und Vertragsordnung für Bauleistungen, Ausgabe 2002, (Ergänzungsband 2005) Beuth Verlag, Berlin/Köln
VOB/A	VOB, Teil A: Allgemeine Bestimmungen für die Vergabe von Bauleistungen DIN 1960
VOB/B	VOB, Teil B: Allgemeine Vertragsbedingungen für die Ausführung von Bauleistungen DIN 1961
VOB/C	VOB, Teil C: Allgemeine Technische Vertragsbedingungen für Bauleistungen (ATV)

Abkürzungs- und Literaturverzeichnis

VOF	Verdingungsordnung für freiberufliche Dienstleistungen
Vogel/Vogel	Die VOB/C und das AGB-Gesetz – terra incognita, in: Baurecht 2000, S. 345
Vorb.	Vorbemerkung
VVG	Versicherungsvertragsgesetz
VW	Versicherungswirtschaft (Zeitschrift)
VwGO	Verwaltungsgerichtsordnung
Vygen	Leistungsänderungen und Zusatzleistungen beim Pauschalvertrag, in: FS Locher, S. 263 ff., Düsseldorf 1990
Vygen	Bauvertragsrecht nach VOB und BGB, Handbuch des privaten Baurechts, 3. Aufl. 2001, Bauverlag GmbH, Wiesbaden und Berlin
Vygen/Schubert/Lang	Bauverzögerung und Leistungsänderung, Rechtliche und baubetriebliche Probleme und ihre Lösungen, 3. Aufl. 2001, Bauverlag GmbH, Wiesbaden und Berlin, 4. Aufl. 2002, Werner-Verlag
W	Wasser
WärmeschutzV	Verordnung über einen energiesparenden Wärmeschutz bei Gebäuden – Wärmeschutzverordnung (Seit dem 1.2.02 auf Grund § 20 Abs. 2 EnEV außer Kraft) Stand: 29.10.2001 (BGBl. I 01, S. 2785)
Warn	Warneyer, Die Rechtsprechung des Reichsgerichts
WE	Wohnungseigentümer; Wohnungseigentum
WEG	Gesetz über das Wohnungseigentum und das Dauerwohnrecht
Werner/Pastor/Müller	Baurecht von A–Z, 7. Aufl. 2001, C. H. Beck, München
Werner/Pastor	Der Bauprozess: Prozessuale und materielle Probleme des zivilen Bauprozesses, 11. Aufl. 2005, Werner-Verlag
Wirth (Hrsg.)	Darmstädter Baurechtshandbuch, 2. Aufl. 2005, Werner-Verlag
Wirth	Rechtsfragen des Baustoffhandels, 1994
Wirth/Sienz/Englert (Hrsg.)	Verträge am Bau nach der Schuldrechtsreform, Werner-Verlag, 2002
Wirth/Würfele/Brooks	Rechtsgrundlagen des Architekten und Ingenieurs, Verlag Vieweg, 2004
z. B.	zum Beispiel
z. T.	zum Teil
zeichn.	zeichnerisch
ZfBR	Zeitschrift für deutsches und internationales Baurecht, Offizielles Organ der deutschen Gesellschaft für Baurecht e.V. und des Instituts für Deutsches und Internationales Baurecht e.V.
ZfIR	Zeitschrift für Immobilienrecht
ZfV	Zeitschrift für das Versicherungswesen
Ziff.	Ziffer
Zilch/Katzenbach	Handbuch für Bauingenieure, Springer-Verlag 2002, Berlin
zit.	zitiert(e)
ZPO	Zivilprozessordnung
ZV	Zwangsvollstreckung
ZVB	Zusätzliche Vertragsbedingungen

Einführung

Inhaltsübersicht

		Rn.
A.	Die Geschichte des Bauvertragsrechts	6
B.	Gestalter des Bauvertragsrechts im 20. Jahrhundert	8
C.	Das BGB-Vertragsrecht im Baurechtsgefüge	9
D.	Der Inhalt des BGB-Bauvertragsrechts	13
E.	Die Baubeteiligten im Vertragsgeflecht	16

»*Wer nicht weiß, wo er steht, kann nicht wissen, wohin er geht!*« Diese Weisheit ist auch auf das gesamte Baurecht anzuwenden, das in seiner Fülle und wegen seines ständigen Wandels, nicht zuletzt auch durch eine immer schneller werdende Änderung technischer Gegebenheiten bedingt, nur noch von Spezialisten verstanden und richtig angewendet werden kann. Deshalb hat – wenn auch nach langem Kampf[1] – die Standesorganisation der Rechtsanwälte die Zusatzbezeichnung »Fachanwalt für Bau- und Architektenrecht« in § 1 FAO geschaffen und der 1. Deutsche Baugerichtstag einstimmig die Empfehlung an alle Präsidien der Land- und Oberlandesgerichte gegeben, Baukammern und Bausenate einzurichten.[2] Mehr noch: Die Schwierigkeit der Materie – die nicht nur rechtliche, sondern ebenso technische, betriebswirtschaftliche und versicherungstechnische Kenntnisse erfordert – führt im gleichen Maße, wie immer wieder neue Regeln, gleich von welcher Fakultät, die Baupraxis betreffen, zu einer Flut von Kommentaren, Büchern, Zeitschriften und sonstigen Veröffentlichungen, die den früheren »Alles-Könner-Anwalt bzw. -Richter« allenfalls zum »Alles-Kenner-Juristen« mutieren lässt. Die Folge davon: »Baurecht« hat oftmals nichts mehr mit »Recht und Gerechtigkeit«,[3] sondern eher etwas mit Willkürlichem, Widersprüchlichem oder Unverstandenem zu tun, je nach dem, welche »Lektüre« ein zur Entscheidung berufenes Gericht vorzieht. Dies geht soweit, dass Richter die Vorgaben des maßgeblichen VII. Senates des BGH, der unter der Bezeichnung »Bausenat« baurechtliche Meilensteine gesetzt hat und weiter setzt, als »Phantom«[4] bezeichnen und sich dementsprechend über die höchstrichterliche Rechtsprechung nach Belieben hinwegsetzen. Damit aber verliert das Baurecht – im Unterschied zu anderen Rechtsgebieten – jede Vorhersehbarkeit und damit Prognosemöglichkeit hinsichtlich des Ausgangs von Rechtsstreitigkeiten. Dies bildet den Grundstock für eine mittlerweile nicht mehr überschaubare Zahl an Bauprozessen und Schiedsgerichtsverfahren: »Probieren geht über Studieren!« lautet heute das Motto, dessen Umsetzung nicht zuletzt durch die »Vergleichsfreudigkeit« vieler Gerichte – meist im Bereich der 40:60,

1

---

1 Vgl. nur: Englert in: Bauen – Planen – Recht, FS für Klaus Vygen, 396 ff.
2 Die Empfehlungen des 1. Deutschen Baugerichtstags, BauR 2006, 1183 (1184).
3 S. dazu: Englert/Ganten/Groß (Hrsg.), Recht und Gerechtigkeit am Bau, FS Motzke.
4 LG München II IBR 2004, 115; BauR 2004, 725 (Ls.).

Einführung

50:50 oder 60:40 Quote – jedem anwaltschaftlichen Berater von Baubeteiligten geläufig ist. Denn »irgend etwas« bleibt schon hängen bzw. »erspart«, gleich auf welcher Seite der Parteien. Dies umso eher, wenn ein Bauprozess sich – wie so häufig – nicht nur über Monate, sondern über Jahre und sogar mehr als ein Jahrzehnt erstreckt.[5] Die Parteien werden mürbe, insbesondere, wenn zwischenzeitlich einige Richterwechsel zum erneuten Aufrollen längst verhandelter Prozessteile führen.

Was ist die Lehre aus diesen Feststellungen?

2 Das Baurecht muss transparenter, einfacher, durchdachter, kurz: Effizienter für die Baupraxis werden! Zur Begreiflichmachung dieser Notwendigkeit für den Gesetzgeber, aber auch den DVA als maßgeblichen Gestalter der VOB, haben sich mittlerweile alle baurechtlichen Organisationen, an ihrer Spitze die Deutsche Gesellschaft für Baurecht e.V., das Institut für Baurecht in Freiburg e.V., das CBTR Centrum für Deutsches und Internationales Baugrund- und Tiefbaurecht e.V., die ARGE Baurecht im Deutschen Anwaltverein e.V. sowie insbesondere nun der »Deutsche Baugerichtstag e.V.« unter Führung von Prof. Dr. Rolf Kniffka, der als Richter im Bausenat des BGH das unzureichende Baurecht aus erster Hand kennt, mit Vorschlägen an die Verantwortlichen gewandt.[6] Auch wenn die Mühlen nicht nur der Justiz, sondern auch der Gesetzgebung langsam mahlen – bei Verständnis für die große volkswirtschaftliche Bedeutung des gesamten Bausektors kann nur eine vernünftige Kodifikation, die nicht in einem Büro des zuständigen Ministeriums, sondern unter dem Dach des Deutschen Baugerichtstags aus einem Konsens aller beteiligten Fachkreise unter Berücksichtigung der tatsächlichen Bedürfnisse und Probleme der Baupraxis entwickelt wird, das Ziel sein.

3 Denn – und auch dies muss einleitend festgehalten werden – die Zeiten, in denen Baustreitigkeiten zu den Ausnahmefällen zählten, weil sich vernünftige Auftraggeber und verständige Auftragnehmer eher bei einem Glas Wein, als in Gegenwart eines Richters einigten, sind vorbei. Zu hart ist der Wettbewerb, zu knapp sind insbesondere die öffentlichen Kassen, zu gewinnorientiert sind alle Beteiligten: Man lässt nicht mehr »Drei gerade« sein und ein Händedruck führt kaum noch zu moralischer Verpflichtung, sondern allenfalls zum Bedürfnis nach Seife. So hart – aber auch so richtig – ist die Situation »am Bau« zu Beginn des 21. Jahrhunderts.

---

5 Ein Beispielsfall, der 13 Jahre das LG Darmstadt, das OLG Frankfurt/M. und den BGH beschäftigt hat, wird ausführlich in Englert/Grauvogl/Maurer Rn. 1309 ff. beschrieben.

6 Maßgeblich an Vorschlägen zur Neugestaltung des Bauvertragsrechts war und ist der Fachbeirat der Zeitschrift BauR, Rechtsanwalt Steffen Kraus beteiligt, s. z.B. ZfBR 2001, 513; BauR 2001, 8; Kraus/Vygen/Oppler BauR 1999, 964; s. auch Sonderheft BauR 2001, Heft 3 a; Bauvertraglicher Ergänzungsentwurf aus dem Diskussionsentwurf eines Schuldrechtsmodernisierungsgesetzes des Instituts für Baurecht Freiburg i.Br. e.V., Sonderheft BauR 4/2001 und Sonderheft BauR 4/2002; NZBau 2001, 183; Peters NZBau 2002, 113, 120; s. insb. www.baugerichtstag.de mit dem jeweils aktuellen Diskussionsstand.

Einführung

Dementsprechend müssen die verantwortlichen Generationen dem Baurecht die gesetzliche Stellung verschaffen, die seiner Bedeutung in der Gesellschaft entspricht. Dass die bislang vorliegenden Gesetze, die das Bauvertragsrecht überwiegend nur rudimentär regeln – nämlich die Werkvertragsregelungen im 2. Buch des BGB, Abschnitt 8, Titel 9, Untertitel 1 –, mit den Bestimmungen der §§ 631–651 BGB (also, unter Berücksichtigung der sog. »a-Paragraphen«, derzeit nur insgesamt 25 (!) Einzelgesetze) wovon einige Absätze, wie etwa § 648 Abs. 2 BGB, nicht das Geringste mit Bauwerken zu tun haben,[7] einem wirtschaftlich so bedeutenden Teil der Volkswirtschaft nicht gerecht werden können, bedarf mit Blick auf die detaillierten Regelungen der VOB/B und mehr noch die kaum noch überschaubare Judikatur zu bauvertraglichen Problemen keiner weiteren Erläuterung: Der Gesetzgeber ist sich zwar bewusst, dass hier dringender Handlungsbedarf besteht – und er hat auch einen ersten Schritt mit der Verabschiedung z.B. des § 648 a BGB (Bauhandwerkersicherung) als »Spezialbaugesetz« getan. Der Weg ist jedoch noch weit. Deshalb muss die Baupraxis und die Baurechtswissenschaft und -lehre, ebenso wie die Baurechtsprechung, dem Gesetzgeber diesen Weg etwas ebnen: Durch die Herausarbeitung der Vorzüge, aber auch Unzulänglichkeiten der bestehenden Gesetzeslage zum Bauvertragsrecht. Denn nur so kann auch ein umfassender Disput, ein Ringen um die bestmögliche Lösung eingeleitet werden. Dies stellt einen der Gründe dar, zum jetzigen Zeitpunkt erstmals in der Baurechtsgeschichte einen gedruckten,[8] also jederzeit auch auf Abgeordnetentische legbaren, speziellen »BGB-Baurechtskommentar« durch ausgewiesene Baurechtskenner zu verfassen. Ein weiterer Grund ist das »Stiefkind-Dasein« des Baurechts in den wesentlichen Kommentaren zum BGB, das jedoch verständlich ist: Das Werkvertragsrecht der §§ 631 ff. BGB umfasst eine solche Fülle möglicher Leistungen,[9] dass der Baubereich im Rahmen einer Gesamtkommentierung zwangsläufig »zu kurz« kommen muss.

4

Um die »Bauvertrags-Regelungen« im BGB nicht nur erkennen, sondern auch für die Gerichts-, Vertrags- und Verhandlungspraxis verstehen zu können, bedarf es einer eingehenden Befassung mit den einzelnen, baurelevanten Vorschriften, beginnend bei der Geschichte des Bauvertragsrechts über die Stellung dieses Rechtsgebiets innerhalb des gesamten öffentlichen und privaten Baurechts bis hin zum Nachvollzug von Rechtsprechung und Lehre.

5

---

7 Schiffshypothek als Sicherung für Schiffswerftinhaber.
8 Der IBR-Online-Kommentar Bauvertragsrecht von RiBGH Rolf Kniffka, der eine hervorragende Hilfe zum Nachvollzug und zur Vertiefung von BGB- und VOB-Problemen darstellt, ist (noch) nicht in Buchform erhältlich.
9 Nach § 631 Abs. 2 BGB kann Gegenstand des Werkvertrags »sowohl die Herstellung oder Veränderung einer Sache als ein anderer durch Arbeit oder Dienstleistung herbeizuführender Erfolg sein«.

Einführung

A. Die Geschichte des Bauvertragsrechts

6 Das »Recht des Bauens« findet seinen nachvollziehbaren Ursprung in grauer Vorzeit: Die Keilschrift des Codex Hammurabi (um 1700 v. Chr.) enthält eine Reihe von Regelungen, die das Bauen betreffen.[10] Über die Digesten des römischen Rechts entstand zwischen 1221 und 1224 n. Chr. der auf Eike von Repgow zurückgehende sog. Sachsenspiegel mit mehreren baurechtlichen »Bestimmungen«.[11] Allerdings gab es zu dieser Zeit praktisch noch kein »Privates Baurecht«, vielmehr bestimmten die Landpfleger, wie streitige Fragen zu entscheiden waren. Eine erste privatrechtliche Kodifikation mit umfassenden Regelungen zum Baurecht – einschließlich von Beweisvorgaben – stellt das Allgemeine Landrecht für die Preußischen Staaten von 1794 dar. Hier wurde u. a. geregelt: »Wenn ein übernommener Bau vor der Übergabe einstürzt oder sonst Schaden erleidet, so wird vermutet, dass der Unfall aus einem Fehler des Baumeisters entstanden sei.« (§ 966 ALR) oder »Ist der Schaden erweislich durch einen bloßen Zufall oder durch einen solchen Fehler entstanden, welchen der Baumeister als Kunstsachverständiger nicht hat voraussehen können, so trifft der Verlust den Bauherrn« (§ 967 ALR).[12] Schon im Gemeinen Recht, später im Code Civil sowie im Badischen Recht und Sächsischen BGB, die sämtlich als Vorläufer des Bürgerlichen Gesetzbuches, das am 1. 1. 1900 in Kraft trat, dienten, fanden sich ebenso bauvertragliche Regelungen. Seit Beginn des 20. Jahrhunderts ist das Bauvertragsrecht nunmehr im Rahmen des Werkvertragsrechts geregelt. Während der vergangenen über 100 Jahre hat sich dabei nur in Teilbereichen eine Änderung ergeben, so etwa durch die Einführung der (in der Praxis nicht anwendbaren) Fertigstellungsbescheinigung gem. § 641 a BGB oder die Bauhandwerkersicherung gem. § 648 a BGB. Allerdings ist durch die verschiedenen baurechtlichen Vereinigungen, insb. nun auch den Deutschen Baugerichtstag, etwas Bewegung in die Diskussion gekommen, wenngleich ein brauchbares Ergebnis immer noch auf sich warten lässt. Immerhin hat das Bundesjustizministerium allen beteiligten Kreisen einen Fragebogen unterbreitet, der mit seinem Inhalt zugleich auch das Bewusstsein der Änderungsnotwendigkeit und damit den Stand der Diskussion zu Beginn des 21. Jahrhunderts deutlich aufzeigt:

Fragebogen des Bundesministeriums der Justiz für die Ermittlung des Überprüfungsbedarfs im Bereich des Bauvertragsrechts

Beim Bundesministerium der Justiz ist eine Bund-Länder-Arbeitsgruppe eingerichtet worden, deren Aufgabe darin besteht, unter umfassender Beteiligung der

---

10 Buff, Die bestimmenden Faktoren der deutschen Bauordnungen im Wandel der Zeit, Diss. TU Hannover, 1970.
11 S. dazu auch Englert/Grauvogl/Maurer Rn. 58 ff.
12 Vgl. näher: Bub in: DIN-Mitteilungen 57, 1978, Heft 10; zum Sachsenspiegel: Eckardt, Land- und Lehnrechtsbücher, Hannover 1967; Hattenhauer, Allgemeines Landrecht für die Preußischen Staaten von 1794, Textausgabe, mit einer Einführung von Hans Hattenhauer und einer Bibliographie von Günther Bernert, Frankfurt/M./Berlin 1970.

Einführung

gerichtlichen Praxis sowie der betroffenen Verbände und der Wissenschaft ergebnisoffen zu überprüfen, ob sich das geltende Bauvertragsrecht bewährt hat oder ob insoweit Änderungsbedarf besteht. Der Fragebogen soll dazu dienen, ein möglichst umfassendes Bild über die Bedürfnisse der Praxis zu erhalten. Es ist der Arbeitsgruppe wichtig zu betonen, dass die in diesem Fragebogen angesprochenen Punkte nicht als abschließend verstanden werden mögen. Daher sind Beiträge zu anderen Bereichen des Bauvertragsrechts ebenso wie auch unkonventionelle Vorschläge willkommen.

Zu folgenden Themenbereichen wird um Beantwortung der Fragen möglichst mit Begründung gebeten:

I. Geltendes Werkvertragsrecht
II. Schaffung eines eigenständigen Bauvertragsrechts
III. Schaffung eines eigenständigen Verbraucherbaurechts
IV. Die Makler- und Bauträgerverordnung
V. Baugeldsicherung

Hintergrund dieser Praxisbefragung ist, dass der Gesetzgeber in den letzten Jahren bereits durch das Gesetz zur Beschleunigung fälliger Zahlungen vom 30. März 2000 und das Gesetz zur Modernisierung des Schuldrechts vom 26. November 2001 Änderungen im Bereich des Werkvertragsrechts vorgenommen hat. Weitere Änderungen werden mit dem Entwurf eines Forderungssicherungsgesetzes angestrebt, der im Juni 2004 vom Bundesrat beschlossen wurde und nunmehr zur Beratung im Bundestag ansteht. Dieser Entwurf sieht im materiellen Recht eine Veränderung der §§ 632a, 641, 648a und 649 BGB sowie die Abschaffung der Fertigstellungsbescheinigung (§ 641a BGB) vor. In der Zivilprozessordnung ist im Wesentlichen die Einführung einer vorläufigen Zahlungsanordnung in § 302a ZPO vorgesehen, die es vor allem Handwerkern und Bauunternehmern ermöglichen soll, schneller zu einem vollstreckungsfähigen Titel zu gelangen. Die Bundestagsdrucksache 15/3594, die den Gesetzentwurf des Bundesrates nebst Begründung und die Stellungnahme der Bundesregierung enthält, ist diesem Fragebogen als Anlage beigefügt.

I. Geltendes Werkvertragsrecht
1. Hat sich das geltende Werkvertragsrecht im Hinblick auf die Durchführung von Bauvorhaben bewährt? Wenn nein, warum nicht? Lassen sich diese Probleme an konkreten Phasen festmachen?
  a) im Vorfeld des Vertragsabschlusses? (Sollten beispielsweise dem Unternehmer bestimmte Informationspflichten auferlegt werden? Wenn ja, welche Folgen sollten an einen Verstoß geknüpft werden?)
  b) beim Vertragsschluss?
  (Sollte beispielsweise der Bauvertrag dem Schriftformerfordernis unterworfen werden? Sollten gesetzliche Anforderungen an die Leistungsbeschreibungen gestellt werden? Welche Folgen sollten eintreten, wenn eine Leistungsbeschreibung diesen Anforderungen nicht genügt?)

Einführung

c) bei der Anpassung des Bauvertrags
(Wird das geltende Recht der besonderen Dynamik eines Bauvorhabens gerecht? Inwieweit könnten beispielsweise spezielle Regeln z.B. über die Leistungs- und Vergütungsanpassung sinnvoll sein?)

d) bei der Abnahme
(Hat sich die Regelung in § 640 BGB über die Abnahme bewährt? Wenn nein, wie könnte sie verbessert werden?)

e) bei der Vergütung?
Hat sich das System, dass die Vergütung erst bei Abnahme fällig ist und zuvor unter bestimmten Bedingungen Abschlagszahlungen zu entrichten sind, bewährt? Welche Schwächen sehen Sie? Reichen die im Entwurf für ein Forderungssicherungsgesetz vorgesehenen Änderungen aus? Wenn nein, wo besteht Verbesserungsbedarf? Sollte beispielsweise festgeschrieben werden, dass die Vergütung bei Abnahme gegen Rechnungsstellung zu entrichten ist?)

f) bei der Erfüllungssicherung?
(Bietet das in §§ 648, 648a BGB geregelte System unter Berücksichtigung der im Forderungssicherungsgesetz im Hinblick auf § 648a BGB vorgesehenen Änderungen adäquate Regelungen für die Sicherungsbedürfnisse des Bauunternehmers und des Bestellers an? Wo besteht ggf. Änderungs- oder Ergänzungsbedarf, auch in Anbetracht der Sicherungsinteressen anderer Gläubiger des Bestellers? Haben Sie ggf. Vorschläge für andere Modelle der Erfüllungssicherung? Sollte eine obligatorische Sicherheitsleistung für Gewährleistungsansprüche vorgesehen werden? Wenn ja, in welcher Höhe? Wird durch die Regelung in § 648a BGB, beispielsweise in Bezug auf mögliche Nachträge, der Besteller zu stark belastet?)

2. Falls Sie im Bereich des Bauvertragsrechts Änderungsbedarf sehen: Enthält die VOB/B in diesen Punkten interessengerechte Regelungen für die Durchführung von Bauvorhaben? (Wenn nein, an welchen Stellen müssten die Regelungen der VOB/B verändert werden?)

3. Ist durch die bestehenden Regelungen ein ausreichendes Ausmaß an Verbraucherschutz gewährleistet?
(Wenn nein, wo sehen Sie Veränderungsbedarf? Sollte beispielsweise der Verbraucher seine auf Abschluss des Bauvertrages gerichtete Willenserklärung unter bestimmten Umständen widerrufen können? Wenn ja, unter welchen Umständen? Sollte für Verbraucherverträge das System der Abschlagszahlungen modifiziert werden? Wenn ja, in welcher Form? Sollte für Verbraucher eine höhere Erfüllungssicherheit eingeführt werden? Wenn ja, in welcher Höhe? Sollte eine Gewährleistungssicherheit eingeführt werden? Wenn ja, in welcher Form und Höhe? Sollten die Regelungen des Verbraucherschutzes zwingend ausgestaltet werden?)

Einführung

II. Schaffung eines eigenständigen Bauvertragsrechts

1. Was wären aus Ihrer Sicht die Vor- und Nachteile, ein eigenständiges Bauvertragsrecht in das Bürgerliche Gesetzbuch aufzunehmen?

2. Sollte der Bauvertrag in einem eigenständigen Bauvertragsrecht definiert werden? Wenn ja, welche Bereiche sollte der Bauvertrag umfassen?
(Beispielsweise Verbraucherverträge, Bauträgerverträge, GU-/GÜ-Verträge, Subunternehmerverträge, Planerverträge oder Projektsteuererverträge)

3. Welche gegenüber dem allgemeinen Werkvertragsrecht spezielleren Regelungen sollte ein eigenständiges Bauvertragsrechts enthalten?
(Sollten beispielsweise spezielle Regelungen für den Rücktritt, die Kündigung durch den Unternehmer oder Schadensersatz statt der Leistung vorgesehen werden, weil der Bauvertrag keinen punktuellen Austauschvertrag darstellt? Sollten Herstellungsfristen gesetzlich geregelt werden?)

III. Schaffung eines eigenständigen Verbraucherbaurechts

1. Was wären die Vor- und Nachteile der Schaffung eines eigenständigen Verbraucherbaurechts im Bürgerlichen Gesetzbuch?

2. Was sollte dort geregelt werden? (zu möglichen Regelungspunkten, siehe unter I 3)

IV. Die Makler- und Bauträgerverordnung

1. Haben sich die »zivilrechtlichen« Regelungen der Makler- und Bauträgerverordnung über Abschlagszahlungen und deren Absicherung bewährt? Wenn nein, wo besteht Änderungsbedarf?
(Bedarf beispielsweise die Abschlagszahlungsregelung in § 3 Abs. 2 MaBV der Überarbeitung? Sollte der Umfang der Sicherheit nach § 7 Abs. 1 MaBV neu bestimmt werden?)

2. Was wären die Vor- und Nachteile, wenn die zivilrechtlichen Regelungen der Makler- und Bauträgerverordnung in das Bürgerliche Gesetzbuch integriert würden?

V. Baugeldsicherung

1. Enthält das geltende Recht unter Einschluss der durch den Entwurf für ein Forderungssicherungsgesetz vorgesehenen Änderungen des Gesetzes zur Sicherung der Bauforderungen (BauFG) eine adäquate Regelung über die Baugeldsicherung?
(Wenn nein, wo sehen Sie Änderungsbedarf, ggf. auch außerhalb des BauFG? Ist beispielsweise die Baugelddefinition eindeutig und klar verständlich? Sollte der Baugeldbegriff erweitert werden? Welche Konsequenzen ergäben sich daraus beispielsweise im Zwangsvollstreckungs- und Konkursrecht? Sollten Ver-

Einführung

braucher oder juristische Personen des öffentlichen Rechts vom Anwendungsbereich des BauFG ausgenommen werden?)

2. Sollte das Gesetz zur Sicherung der Bauforderungen oder Teile davon in das Bürgerliche Gesetzbuch integriert werden?

7 Die Beantwortung dieser Fragen wird und muss durch den Gesetzgeber nach fachkundiger Beratung und unter Berücksichtigung der Interessen sowohl von Auftraggebern als auch von Auftragnehmern erfolgen. Die Geschichte des Bauvertragsrechts kann dann fortgeschrieben werden.

B. Gestalter des Bauvertragsrechts im 20. Jahrhundert

8 Das Bauvertragsrecht führte bis nach Ende des 2. Weltkriegs – also rund 45 Jahre nach seiner Einführung im Rahmen der werkvertraglichen Regelungen des BGB – ein bescheidenes Dasein. Dies wird mit Blick auf die Rechtsprechung des RG zu »Bausachen« ebenso bestätigt, wie bei Auswertung der zu dieser Spezialmaterie vorhandenen Literatur. Eine erste Monographie – mit 169 Seiten – findet sich dazu unter dem Titel »Der Bauvertrag«, verfasst von Bruno Eplinius, erschienen 1931 im Carl Heymanns Verlag, Berlin. Dieses Werk erschien in 4 Auflagen.[13] Es wurde abgelöst vom ersten größeren VOB-Kommentar zum Teil B, der sich auch mit dem BGB-Bauvertragsrecht befasste. Herausgeber waren Hereth/Ludwig/Naschold im Bauverlag Wiesbaden (1954 und folgende Auflagen). Die Bedeutung des Bauvertragsrechts war weiterhin nicht groß – Deutschland war mit dem Wiederaufbau beschäftigt, zum Streiten war weder Zeit noch Anlass. Anfang 1960 erschien dann erstmals der später berühmt gewordene und bis heute bereits in 16. Auflage erschienene »Ingenstau/Korbion«, damals allein verfasst von Heinz Ingenstau und Hermann Korbion, zwei Richter am Landgericht Düsseldorf, denen das Vakuum baurechtlicher Literatur aufgefallen war. Letztgenannter sollte bis zu seinem frühen Tod im Jahre 1999 zum Nestor des deutschen Bauvertragsrechts mit einer Vielzahl an Veröffentlichungen und Vortragsveranstaltungen als Vorsitzender Richter eines Bausenats beim OLG Düsseldorf und als Honorarprofessor an der Universität Hannover werden. 12 Auflagen des VOB-Kommentars »Ingenstau/Korbion« entstammten dabei alleine seiner Feder, bei den letzten Auflagen unterstützt von Rainer Hochstein. Der bedeutendste Weggefährte von Hermann Korbion wurde Rechtsanwalt Prof. Dr. Horst Locher, dessen Lehrbuch »Das private Baurecht« im Jahre 2005 bereits in 7. Auflage – zusammen mit seinem Sohn Dr. Ulrich Locher – erschien. Gemeinsam mit Korbion begründete Horst Locher auch die »Baurechtliche Schriftenreihe«, die mittlerweile 61 Bände zu speziellen baurechtlichen Themen aufweist. Beide Baujuristen zählen damit zu den Vorreitern des Bauvertragsrechts. Mittlerweile gibt es zahlreiche Baurechtsexperten – gleich ob als Rich-

---

13 Zu weiteren kurzen Abhandlungen – oft nur »zwei Sätze« – aus der 1. Hälfte des 20. Jhd. vgl. Locher, Das private Baurecht, 7. Aufl., Rn. 10 m.w. N.

ter oder Rechtsanwalt – und ebenso viele Abhandlungen zu Problemen des Bauvertragsrechts, die in ihren Grundaussagen wesentlich auf die Vorarbeiten von Korbion und Locher aufbauen können.

C. Das BGB-Vertragsrecht im Baurechtsgefüge

Der einleitende Satz zu dieser Einführung weist auf die Notwendigkeit hin zu wissen, wo man steht – also, worum es geht. Dazu ist eine Standortbestimmung erforderlich. Diese erfolgt am besten mit einem Überblick zur Gesamtheit aller Baurechtsgebiete. Denn nur so können auch Zusammenhänge transparent gemacht werden.

Baudenkmalrecht Landesdenkmalgesetze	Baustrafrecht StGB Strafrechtl. Nebengesetze	Bauplanungsrecht BauGB ROG	Bauordnungsrecht Landesbauordnungen	Naturschutzrecht BNatSchG
Abfallbeseitigungsrecht KrW-/AbfG UmweltHG	Öffentliches Bauarbeitsrecht AÜG AentG	Wasserrecht WHG WG der Länder	Kampfmittelrecht KrWaffKontrG	Sicherheitsrecht UVV §§ 823 ff. BGB BaustellenVO
Makler- u. Bauträgerrecht MaBV AbschlagsV	Besondere Schutzgüter BImSchG BodenschutzG	**Öffentliches Baurecht** / Prozessrecht VWGO / ZPO / **Privates Baurecht**	Bauvergaberecht §§ 97 ff. GWB VOB Teil A VOF / VOL	Europäisches Baurecht Sektoren- u. Bauproduktenrichtlinien
Bauschiedsgerichtsrecht §§ 1025 ff. ZPO Schiedsordnungen	Zahlungsrecht GSB §§ 648a BGB		Architekten-, Ingenieurs- u. Sachverständigenrecht HOAI; ArchG	Recht der Bau - ARGE §§ 705 ff. BGB Dach-ARGE-Vertrag
Bau-Insolvenzrecht InsO	Baunachbarrecht §§ 903 ff. BGB Nachbarrechtsgesetze	**Bauvertragsrecht** §§ 631 ff.BGB VOB / B u. C	Bauversicherungsrecht VVG ABN und ABU AHB	Baubetriebliche Grundlagen Kalkulation Bilanzierung
Projektsteuerung Baubetreuung	Bauverkehrssicherungsrecht §§ 823 ff. BGB	Spartenrecht §§ 823 ff. BGB Kabelschutzvorschriften	Privates Bauarbeitsrecht §§ 611 ff. BGB Bau-Tarifrecht	Bautechnik Grundlagen DIN-Normen Techn.Richtlinien

Zunächst: Das Bauvertragsrecht ist ein Teil des privaten Baurechts, das wiederum dem Primat des europäischen und deutschen geschriebenen Rechts, aber auch und

Einführung

besonders dem sog. Richterrecht unterliegt. Allerdings gibt es zum öffentlichen Baurecht hin keine starre, sondern eine eher fließende Grenze: Wenn die Baugenehmigung noch aussteht, kann der Bauzeitenplan nicht (mehr) eingehalten werden. Wo öffentlich-rechtlich nicht Zulässiges vom Bauherrn verlangt wird, verändert sich auch die privatrechtliche Würdigung (§ 134 BGB). Es gibt also sehr viele Schnittmengen und damit auch Notwendigkeiten, das Baurecht in seiner Gesamtheit zu überblicken, Abhängigkeiten verschiedener baurechtlicher Gebiete zu erkennen und insbesondere den jeweiligen Vertragsinhalt so zu verstehen, wie er tatsächlich zwischen den Parteien vereinbart wurde. Ein solcher Überblick ist bei der Vielzahl baujuristischer »Schubladen« nicht einfach verschaffbar – ohne einen solchen bleibt jedoch jeder Versuch, das richtige Baurecht zu finden und anzuwenden, im Regelfall ein Glücksspiel. Deshalb wird auf der vorhergehenden Seite der Versuch einer Darstellung aller relevanten Hauptgruppen von Rechtsbereichen, die mit dem Bauen zu tun haben, unternommen. Für Fachanwälte zählt die Kenntnis aller dieser Baurechtsgebiete zum unbedingt notwendigen Grundwissen.[14]

12 Diese Übersicht verdeutlicht ein Mehrfaches: Einmal wird erkennbar, dass das Bauvertragsrecht nicht isoliert, sondern inmitten eines umfassenden Geflechts an Regelungen steht, die alle – wie die Verbindungslinien aufzeigen – in einem Zusammenhang stehen: So können Auflagen der Wasserbehörde Auswirkungen auf die Preisgestaltung ebenso haben, wie durch geänderte technische Vorgaben Mehrkosten auftreten können. Ebenso kann durch arbeitsrechtliche Bestimmungen oder auch eine Tarifänderung auf der Ebene des Bauvertragsrechts eine Folge hervorgerufen werden, die – wäre sie vor Vertragsabschluss bedacht worden – eine ausdrückliche Regelung statt eines Überraschungspakets erhalten hätte. Die Reihe von Beispielen betreffend von einander abhängiger Baurechtsgebiete sowohl aus dem öffentlichen wie dem privaten Bereich, aber auch hinsichtlich der Schnittmengen mit technischen Regeln, baubetriebswirtschaftlichen Grundkenntnissen und versicherungstechnischen Möglichkeiten, lässt sich beliebig erweitern. Im Zusammenhang mit der Einführung zum BGB-Kommentar soll dies jedoch genügen, um die Vielschichtigkeit dieser Rechtsmaterie zu demonstrieren und den Stellenwert des Bauvertragsrechts zu markieren.[15]

D. Der Inhalt des BGB-Bauvertragsrechts

13 Das BGB-Bauvertragsrecht umfasst zunächst den Bereich des Werkvertragsrechts gem. den §§ 631–651 BGB. Allerdings wird damit nur ein Teil der bauspezifischen Gesetze – im Unterschied zur VOB als AGB –, gerade mit Blick auf die Änderun-

---

14 Näher: Englert in: Kuffer/Wirth, Handbuch Fachanwalt Bau- und Architektenrecht, Rn. 19 unter Hinweis auf die strenge Anwaltshaftung BGH BauR 2004, 1445.
15 Die aktuellen baurechtlichen Regelungen sowohl des öffentlichen Rechts als auch des Privatrechts sind zusammengestellt von Englert/Schmidtner in: Kuffer/Wirth, wie FN 14, Anhang S. 1923–1963, also auf 40 Seiten!

Einführung

gen durch das Schuldrechtsmodernisierungsgesetz,[16] angesprochen. Denn die spezielle Problematik des Rücktritts bei begonnener Bauleistung (§§ 323, 346 BGB), aber auch des Schadensersatzes bei Leistungsstörungen im Baubereich (§ 325 BGB), führt ebenso zur Notwendigkeit besonderen Verständnisses für die »Bausituation« wie der große Bereich der Gesamtschuldner- bzw. auch -gläubigerschaft im Zusammenhang mit der Erbringung und Abwicklung von Bauleistungen. Hinzu kommt das weite Feld des internen Ausgleichs zwischen den Baubeteiligten, sobald hinsichtlich von Mängeln, Schäden, Vergütungsansprüchen etc. Streit entsteht. Dass im Rahmen des BGB-Bauvertragsrechts auch Regelungen des HGB eine Rolle spielen – so etwa zur unverzüglichen Rügepflicht gelieferter Baumaterialien – und das Gesellschaftsrecht, insb. der §§ 705 ff. BGB für die Gesellschaft bürgerlichen Rechts, gerade im Bereich der sog. BAU-ARGEN einen besonderen Stellenwert hat, unterstreicht die Bedeutung und Notwendigkeit, die entsprechenden Gesetze des BGB mit Blickrichtung »Bau« zu kommentieren.

Aus allen – über die allgemeinen Regeln des BGB zum Vertragsabschluss hinausgehenden – baurechtlich relevanten Bestimmungen lässt sich ein Beziehungsgeflecht als Überblick erarbeiten. Daraus wird deutlich, welchen Umfang das »gesetzliche Bauvertragsrecht« – im Unterschied zum »gewillkürten Bauvertragsrecht« bei Vereinbarung der VOB/B – hat. Die jeweilige »Komplementärregelung« in der VOB/B wird dazu mit angeführt: Oft trägt der Blick in die VOB und deren Kommentierungen auch zum Verständnis der einschlägigen BGB-Regelung mit bei.

14

---

16 Ausführlich dazu: Wirth/Sienz/Englert (Hrsg.), Verträge am Bau nach der Schuldrechtsreform.

Einführung

15 Im Überblick:

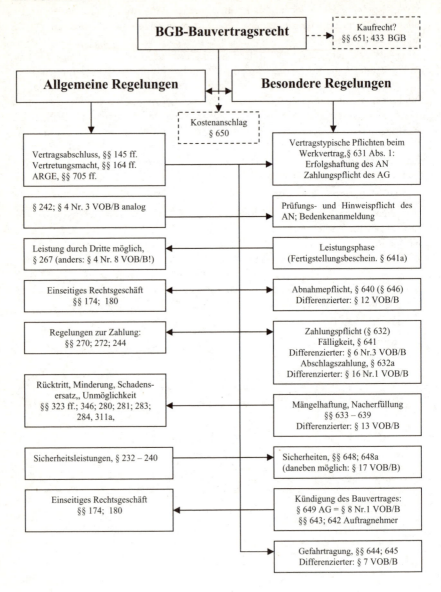

Einführung

Dieser erste Überblick zeigt deutlich die Querverbindungen zwischen den Spezialregelungen des Bauvertragsrechts im Besonderen Teil des Schuldrechts und den allgemeinen Vertragsregelungen des BGB.

Zum Verständnis des BGB-Bauvertragsrechts wichtig ist aber auch der generelle Überblick: Welche Problemkreise können überhaupt berührt werden? Auch dazu dient wieder eine Übersicht zum »Lebenslauf« einer jeden Bauleistung:

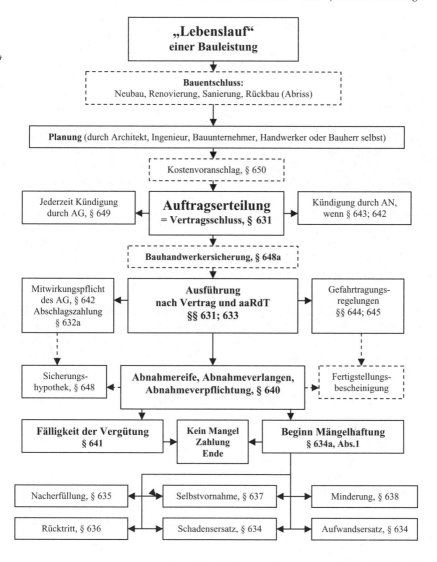

Einführung

E. Die Baubeteiligten im Vertragsgeflecht

16 Kaum ein anderes Rechtsgebiet hat sich mit einer solchen Vielzahl von Beteiligten beim Auftreten von Streitigkeiten zu befassen, wie das Baurecht. Eine herausragende Rolle zur richtigen Behandlung derartiger Konflikte spielt wiederum das BGB-Recht: Es regelt das Recht der ARGE (Arbeitsgemeinschaften) als BGB-Gesellschaft gem. den §§ 705 ff. BGB ebenso wie die Problematik des Ausgleichs zwischen verschiedenen Schuldnern, aber auch Gläubigern. Die Situation der »Vielfachbefassung« wird dabei nicht nur durch gestaffelte Vertragsverhältnisse, beginnend z. B. beim Bauherrn, dem Generalüber- und dem Generalunternehmer, dem Hauptunternehmer, den – wiederum oft mehrfach in abgestuften Vertragsverhältnissen stehenden – Nachunternehmern und Vor- bzw. Nebenunternehmern geschaffen. Vielmehr kennt das Baurecht auch die Parallelhaftung etwa des Architekten aus fehlerhafter Planung und/oder Bauüberwachung, des Bauunternehmers aus Nichterfüllung seiner Hinweispflichten bzw. aus Schlechtleistung, des Baugrundgutachters für unzutreffende Untersuchungsergebnisse, des Vermessungsingenieurs für falsches Einmessen der Höhenkoten oder auch von Sonderfachleuten wie Projektanten für Heizung, Licht, Klima, Lärmschutz etc. Oftmals kommen mehrfache Ursachen bzw. kumulierte Fehlleistungen als (Mit-)Ursache von Mängeln und Schäden in Betracht. Davon ganz abgesehen sitzt häufig auch der Bauherr selbst mit im Boot der Haftung, sei es aus eigenem Verschulden bzw. ihm gem. §§ 276, 278, 831 BGB zuzurechnendem Vertretenmüssen, sei es aus Gründen der Gefahrtragung oder Risikosphären. Dem Rechtsanwender, insbesondere aber dem anwaltschaftlichen Vertreter, fällt demnach die wichtige Aufgabe zu, immer alle möglichen »Mithaftenden« zu eruieren und grundsätzlich in die vorgerichtliche bzw. später gerichtliche Streitlösung zu involvieren, z. B. auch durch Streitverkündung gem. §§ 59, 64 ff. ZPO.

17 Denn oft stellt sich erst im Zuge der Beweisaufnahme nach sachverständiger Untersuchung heraus, dass z. B. Putzrisse auch deshalb im Zuge einer ungleichmäßigen Gebäudesetzung eingetreten sind, weil der Vermessungsingenieur den Standort des Bauwerks falsch und damit so eingemessen hat, dass ein Teil der Bodenplatte nicht mehr auf dem gewachsenen Baugrund, sondern auf geschüttetem Boden zur Auffüllung eines in grauer Vorzeit vorhanden gewesenen Hohlwegs errichtet wurde: Die Folge davon ist verständlich – unterschiedliches Setzungsverhalten führt bei Auflast zur Schiefstellung und damit zum Putzriss.

Wer hätte hier im Vorfeld an einen Fehler des Vermessungsingenieurs gedacht?

18 Natürlich sind hier weitere Verantwortliche zu nennen: Der Architekt, weil er die Lage des Bauwerks nicht nachgeprüft, jedenfalls aber nicht dafür gesorgt hat, dass der gesamte Baugrund vom Bodengutachter untersucht worden war. Der Bauunternehmer, wenn er beim Aushub mit entsprechender Aufmerksamkeit hätte erkennen können, dass sich nicht der gesamte Baugrubenbereich im gewachsenen Baugrund befand. Dies sind einzelne, zum Teil nur sehr schwierig feststellbare, oft

Einführung

auch hypothetische, in das Wissen und die Erfahrung des Gerichtssachverständigen gestellte Ergebnisse. Es ist deshalb für die Anwendung des Bauvertragsrechts – nicht zuletzt für den Gesamtschuldnerausgleich – von großer Bedeutung, alle Baubeteiligten im sog. Vertragsgeflecht einer Bauleistung festzustellen und deren »Erfolgsbeitrag« (bzw. Misserfolgsbeitrag) zu hinterfragen.

Auch hier dient wieder ein Überblick:

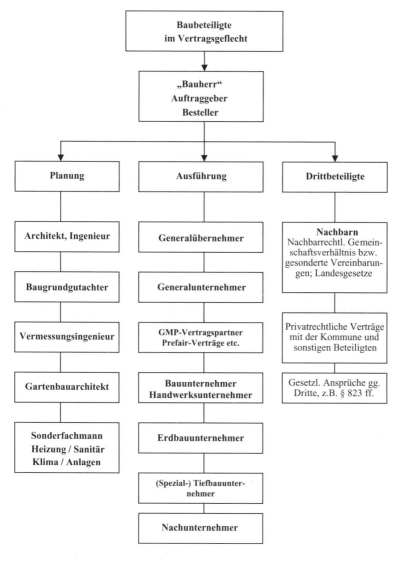

Einführung

19 Mit Hilfe dieser Übersicht kann jeweils individuell ein Vertragsgeflecht erstellt und dieses dann komplettiert werden: Welche Vertragsbeziehungen (Vertrag vom …) bestehen, was wurde geleistet, wo gibt es Schnittstellen zwischen den Leistungen etc.? Diese Vorarbeit ist unerlässlich für eine zutreffende Einordnung des Lebenssachverhaltes in die vertraglichen Vorgaben. Insbesondere sind dabei die jeweils individuell zu bestimmenden Vertragstypen auch im Wechselspiel mit den jeweils anderen Verträgen zu würdigen: Ein Architekt erbringt keine Bau-, wohl aber Werkvertragsleistungen. Ein Handwerker, dem die werkvertragliche Pflicht zur Anfertigung maßgeschneiderter, also passgenauer Fenster obliegt, findet sich über die Regelung des § 651 BGB schnell im Kaufvertragsrecht. Und ein Baugrundgutachter, dessen Gutachtensleistung dem Werkvertragsrecht unterfällt, kann durch einen wohlgemeinten, aber falschen Ratschlag im Zuge einer Baustellenbesichtigung schnell in die Haftung für eine falsche Auskunft gem. § 675 BGB kommen!

20 Deshalb gilt stets die nachstehende **Prüfungsreihenfolge** bei verschiedenen, möglicherweise für Anspruchs-, Mängel- bzw. Schadensersatzansprüche in Betracht kommenden Baubeteiligten:

1. Wer hatte oder hat mit der Bauvorplanung (auch Baugrundgutachten), der Bauplanung (auch den Einbezug von Nachbarn berücksichtigend), der Auftragserteilung bzw. -vergabe, der Baugrundstücksvorbereitung, der Bauvorbereitung (Vermessung, Schnurgerüsterstellung etc.), der Bauausführung (auch: Nachunternehmer und deren Nachunternehmer), der Bauleitung, der Abnahme und der Mängelhaftungsvoraussetzung bzw. -durchsetzung konkret zu tun gehabt?
2. Welche Vertragsbeziehungen bestehen unmittelbar mit dem Auftraggeber/Bauherrn, welche Verträge bestehen zwischen den Baubeteiligten – mit Ausnahme des Auftraggebers/Bauherrn – untereinander?
3. Welche gesetzlichen Rechtsinstitute zwischen den Baubeteiligten gibt es (z.B. Nachbarliches Gemeinschaftsverhältnis, § 906 analog; 242 BGB; Drittschadensliquidation etc.)?
4. Liegen nur Vergütungs- bzw. Mängelhaftungs- oder möglicherweise auch Schadensersatzansprüche sowie verschuldensunabhängige Ansprüche gem. § 642 BGB vor?

Titel 9
Werkvertrag und ähnliche Verträge

Untertitel 1
Werkvertrag

§ 631
Vertragstypische Pflichten beim Werkvertrag

(1) Durch den Werkvertrag wird der Unternehmer zur Herstellung des versprochenen Werkes, der Besteller zur Entrichtung der vereinbarten Vergütung verpflichtet.

(2) Gegenstand des Werkvertrags kann sowohl die Herstellung oder Veränderung einer Sache als ein anderer durch Arbeit oder Dienstleistung herbeizuführender Erfolg sein.

Inhaltsübersicht

	Rn.
A. Grundlagen	1
I. Begriff des Werkvertrages	1
II. Gegenstände des Werkvertrages	5
III. Abgrenzung zu anderen Verträgen	6
1. Dienstvertrag § 611 BGB	7
a) Praktische Bedeutung	8
b) Abgrenzungskriterien	12
c) Fallgruppen:	14
2. Kaufvertrag (Werklieferungsvertrag)	15
a) Praktische Bedeutung	16
b) Abgrenzungskriterien	18
3. Auftrag	19
a) Praktische Bedeutung	20
b) Abgrenzungskriterien	23
4. Geschäftsbesorgungsvertrag	25
5. Reisevertrag	26
6. Maklervertrag	27
7. Verwahrungsvertrag	28
B. § 631 BGB	31
I. Abschluss des Werkvertrages	31
1. Vertragsanbahnung	32
a) Aufklärungspflichten	33
b) Ausschreibung der Leistung	37
2. Form	44
a) Notarielle Beurkundung	46
aa) Rechtliche Einheit	46
bb) Umfang der Beurkundung	49
b) Schriftform	52
3. Einigung	56
a) Angebot auf Abschluss des Vertrages	59

	Rn.
b) Annahme des Angebots	67
c) Zugang	70
4. Wirksamkeitshindernisse	73
a) Allgemeines	73
b) Gesetzliche Verbote § 134 BGB	74
aa) Allgemeines	74
bb) Rechtsfolgen	82
c) Sittenwidrigkeit, § 138 BGB	86
d) Haustürwiderruf § 312 BGB	90
aa) Anwendungsbereich	90
bb) Widerrufsrecht	92
cc) Rechtsfolgen	94
e) Koppelungsverbot	95
5. Anfechtung	101
a) Anfechtung nach § 119 Abs. 1 Fall 1 und 2 BGB	102
b) Anfechtung nach § 119 Abs. 2 BGB	104
c) Anfechtung nach § 123 BGB	110
d) Anfechtungsfrist	114
e) Wirkung der Anfechtung	116
II. Parteien des Werkvertrages	118
1. Unternehmer	119
a) Begriff	119
b) Alleinunternehmer	121
c) Mehrere Unternehmer	122
aa) Allgemeines	122
bb) Arbeitsgemeinschaft	123
cc) Haupt- und Subunternehmer	127
dd) Parallel arbeitende Unternehmer	140
2. Besteller	146
a) Privatrechtlicher Bereich	146
b) Öffentlichrechtlicher Bereich	148
III. Herstellung des Werks	151
1. Pflichten des Unternehmers	151
a) Hauptleistungspflichten	151
aa) Herstellung und Verschaffung	151
bb) Änderung, Erweiterung und Einschränkung der Leistungspflicht	157
cc) Leistungszeit und Leistungsort	160
(1) Leistungsort	160
(2) Leistungszeit	162
b) Nebenpflichten	174
aa) Allgemeines	174
bb) Aufklärungs- und Beratungspflichten	176
cc) Obhuts- und Fürsorgepflichten	181
dd) Sonstige Nebenpflichten	182
2. Pflichten des Bestellers	183
a) Zahlung der Vergütung	184
b) Abnahme	185
c) Nebenpflichten/Obliegenheiten	187
aa) Allgemeines	187
bb) Mitwirkung	191

	Rn.
cc) Rechtsfolgen	194
3. Leistungsbeschreibungselemente	196
a) Werkerfolg	199
b) Konkrete Leistungsbeschreibungselemente	203
aa) Art der konkreten Leistungsbeschreibungselemente	204
bb) Detaillierte Leistungsbeschreibung	209
cc) Funktionale Leistungsbeschreibung	214
(1) Gegenstand der funktionalen Leistungsbeschreibung	214
(2) Arten der funktionalen Leistungsbeschreibung	216
(a) Globalpauschalvertrag	218
(b) Detailpauschalvertrag	230
(c) Gemischter Global-/Detailpauschalvertrag	237
c) Standardisierte Leistungsbeschreibungselemente	238
aa) Standard- und Musterleistungsverzeichnisse	242
bb) Allgemeine Technische Vertragsbedingungen für Bauleistungen (VOB/C)	244
cc) Technikstandards	256
(1) »Allgemein anerkannte Regeln der Technik«	259
(2) »Stand der Technik«	260
(3) »Stand von Wissenschaft und Technik«	261
(4) Verhältnis der Technikstandards zu einander	263
dd) Sonstige technische Regelwerke	264
ee) Öffentlich-rechtliche Vorgaben	266
ff) Herstellerrichtlinien	268
gg) Versicherungsrichtlinien	271
4. Widersprüchliche Leistungsbeschreibungselemente	274
a) Rangfolge der Leistungsbeschreibungselemente	274
b) Widersprüche auf derselben Rangstufe	278
5. Unvollständige Leistungsbeschreibung	283
a) Bestimmung der streitigen Leistung durch ein Leistungsbeschreibungselement	284
b) Risiko der Unvollständigkeit	286
aa) Klassische Funktionenteilung: Bauleistung beim Auftragnehmer, Planungsleistung beim Auftraggeber	288
(1) Risiko der unvollständigen Planung beim Auftraggeber	290
(2) Korrektiv durch Prüfungspflicht des Auftragnehmers	292
bb) Funktionenteilung bei der funktionalen Leistungsbeschreibung: Bauleistung und überwiegender Teil der Planungsleistung beim Auftragnehmer	308
cc) Systematik Vollständigkeitsrisiko	310
IV. Beendigung des Vertrages	311
1. Ordentliche Kündigung	311
a) Kündigungsrecht des Unternehmers	313
b) Kündigung durch den Besteller	315
aa) Kündigung nach § 649 BGB	315
bb) Vergütungsanspruch nach § 649 S. 2 BGB	317
cc) Kündigung nach § 650 BGB	325
2. Außerordentliche Kündigung	331
a) Außerordentliche Kündigung durch den Unternehmer	334
b) Außerordentliche Kündigung durch den Besteller	337
3. Rücktritt	339

	Rn.
a) Gesetzliche Rücktrittsrechte	340
b) Vereinbarte Rücktrittsrechte	342
c) Rückabwicklung des Werkvertrages	343
4. Aufhebungsvertrag	348
a) Einvernehmliche Vertragsaufhebung	348
b) Formfreiheit	349
c) Vergütung	350
C. VOB/B	351
I. Allgemeines	351
1. Systematik der VOB	352
2. Regelungsinhalte	357
a) VOB/A	358
aa) Vergabeverfahren	359
bb) Rechtsschutz	364
b) VOB/C	369
II. VOB/B-Vertrag	372
1. Anwendbarkeit des AGB-Rechts	373
a) Begriff des Verwenders	375
b) Einbeziehung	381
aa) Geschäftsverkehr mit Nicht-Unternehmern	382
bb) Geschäftsverkehr mit Unternehmern und juristischen Personen des öffentlichen Rechts	384
c) Inhaltskontrolle	390
aa) Privilegierung der VOB/B	390
bb) Maßstab der Inhaltskontrolle	397
(1) Inhaltskontrolle nach §§ 308, 309 BGB	397
(2) Inhaltskontrolle nach § 307 Abs. 2 BGB	401
(3) Inhaltskontrolle nach § 307 Abs. 1 BGB/Generalklausel	404
2. Pflichten der Parteien	405
a) Leistungspflichten des Unternehmers	406
aa) Haupt- und Nebenpflichten	406
bb) Kooperationspflicht	409
b) Leistungspflichten des Bestellers	410
3. Änderung des Vertrages	411
a) Änderung des Bauentwurfs	413
b) Zusätzliche Leistungen	426
4. Beendigung des Vertrages	428
a) Freie Kündigung des Auftraggebers nach § 8 Nr. 1 VOB/B	429
b) Außerordentliche Kündigung des Auftraggebers nach § 8 Nr. 2 bis Nr. 4 VOB/B	432
c) Außerordentliche Kündigung des Auftragnehmers nach § 9 VOB/B	434
III. Besonderheiten beim Architektenvertrag	436
1. Inhalt und Rechtsnatur	436
2. Abschluss des Architektenvertrages	440
3. Leistungspflichten	443
4. Vergütung	449
5. Vollmacht des Architekten	454
6. Aufhebungsvertrag	457
IV. Besonderheiten beim Baubetreuungs- und Bauträgervertrag	460
1. Baumodelle	460

		Rn.
	a) Baubetreuungsmodell	462
	b) Bauträgermodell	463
	c) Bauherrenmodell	464
	d) Generalunternehmer	465
	2. Baubetreuungsvertrag	466
	a) Allgemeines	466
	b) Vollmacht	469
	c) Haftung	471
	3. Bauträgervertrag	473
	a) Allgemeines	473
	b) Vergütung	477
	aa) Grundsätze	477
	bb) Sonderwünsche	482
D.	Sicherheiten am Bau	488
	I. Grundlegendes	488
	II. Verjährung der Ansprüche aus einer Sicherheitsbürgschaft	500
E.	Abgrenzung individueller Absprachen zu Allgemeinen Geschäftsbedingungen	501

A. Grundlagen

I. Begriff des Werkvertrages

Der Werkvertrag ist ein gegenseitiger entgeltlicher Vertrag i.S.d. §§ 320 ff. BGB. Der Unternehmer verpflichtet sich zur **Herstellung und Verschaffung** des versprochenen individuellen Werkes. Die Gegenseite, der Besteller, ist zur Zahlung einer Vergütung verpflichtet. Die entgeltliche Wertschöpfung ist Gegenstand der Leistungspflicht des Unternehmers. Der Unternehmer hat durch seine Arbeit entweder das vereinbarte Werk für den Besteller zu erschaffen oder zumindest einen erfolgsbezogenen Beitrag zu seiner Verwirklichung zu leisten.[1] Gem. § 631 Abs. 2 BGB kann Gegenstand eines Werkvertrages »*sowohl die Herstellung oder Veränderung einer Sache als auch ein anderer durch Arbeit oder Dienstleistung herbeizuführender Erfolg sein*«. **1**

Die Spannweite der möglichen Werke ist erheblich und grundsätzlich offen. Leistungsgegenstand kann zunächst jedes körperliche Werk z. B. ein Wohngebäude sein. Auch ein unkörperliches Arbeitsergebnis ist als Grundlage eines Werkvertrages denkbar, z.B. die Erstellung einer Internetpräsentation.[2] **2**

Die Besonderheiten des Werkvertrages ergeben sich daraus, dass die Parteien aufgrund der Zukunftsgerichtetheit des Werkvertrages längerfristig miteinander arbeiten müssen und das Werk zum Zeitpunkt des Vertragsschlusses real nicht vorhanden ist. **3**

---

1 BGH NJW 2002, 749; BGH NJW 1983, 1489.
2 Vgl. BGH NJW 2002, 3323; BGH BB 1995, 170.

4 Bauverträge gehören zu den typischen und häufigsten Beispielen des Werkvertrages. Gegenstände eines Bauvertrages können die unterschiedlichsten Bauleistungen sein. In Betracht kommen Hochbau, Anlagenbau, Tiefbau, Ingenieurbauwerke etc. Klassisch ist der Hochbau in Form von Gebäuden. Je nach Vereinbarung kann das vom Unternehmer geschuldete Werk in der Errichtung des gesamten Gebäudes, des Rohbaus oder in der Erbringung einer Teilleistung liegen. Die gesteigerte Bautätigkeit und die Vielgestaltigkeit der zu erbringenden Leistungen haben zu einer Vielzahl zusätzlicher Vertragsgestaltungen und Besonderheiten geführt. Als Folge ergeben sich zahlreiche Fragen, die in den gesetzlichen Regelungen des BGB keine ausreichende Würdigung finden. In der Praxis werden Bauverträgen häufig die Regelungen der VOB/B zugrunde gelegt. Die VOB/B enthält detaillierte Vorschriften. Sie sind auf den **Bauvertrag als Langzeitvertrag** zugeschnitten. Nach Auffassung der Rechtsprechung werden die Interessen des Unternehmers und des Bestellers gleichermaßen berücksichtigt. Auf die Frage, ob dies zutrifft, wird im Anschluss an die Darstellung der allgemeinen werkvertraglichen Regelungen eingegangen.

II. Gegenstände des Werkvertrages

5 Die möglichen Gegenstände der Werkleistung ergeben sich aus § 631 Abs. 2 BGB. Es kommen insbesondere Arbeiten an einem Bauwerk, Reparatur- und Wartungsarbeiten, Planungs- und Überwachungsleistungen sowie unkörperliche Werkleistungen, wie z. B. Gutachtenerstattung, in Betracht. Die vertragstypische Leistung besteht bei allen Gegenständen in einem durch Arbeit oder Dienstleistung **herbeizuführenden Erfolg**. Dadurch unterscheidet sich der Werkvertrag von anderen Vertragstypen wie dem Dienstvertrag und dem Auftrag. Bei ihnen wird in der Regel (aber nicht immer allein) das Tätigwerden als solches geschuldet. Der Werkvertrag zielt dagegen auf das Erreichen eines Erfolges ab.

III. Abgrenzung zu anderen Verträgen

6 Der Gesetzgeber trennt den Werkvertrag deutlich von anderen verwandten Vertragstypen ab. Dies ist erforderlich, weil dem Werkvertrag eine **verschuldensunabhängige Erfolgshaftung** immanent ist. Vergleichbares gibt es an sich nur in sog. Garantieverträgen. Der Garantievertrag ist allerdings im Bürgerlichen Gesetzbuch nicht als eigener Vertragstyp geregelt. Vielmehr ist er »sehr nahe« am Werkvertrag anzusiedeln. Im Dienstvertrag ist diese weitgehende Haftung unbekannt. Eher noch im Kaufrecht. Dort ist das Mangelrecht fast identisch, allerdings ist die Sache bei Vertragsschluss bereits geschaffen, so dass sich der Verkäufer nicht »auf die Zukunft« verpflichten muss.

Das Merkmal der Erfolgsbezogenheit dient ebenso wie die Herstellungsverpflichtung als Abgrenzungskriterium zu den anderen Verträgen.

1. Dienstvertrag § 611 BGB

Der in § 611 BGB geregelte Dienstvertrag ist im Gegensatz zum Werkvertrag ein auf den Austausch von Dienstleistung und Vergütung gerichteter Vertrag. Der Dienstvertrag ist nicht auf die Erbringung eines bestimmten Arbeitserfolges gerichtet. Ziel ist die Erbringung von Dienst- oder Arbeitsleistung als geschuldete Leistung pro Zeiteinheit. In der gesetzlichen Regelung sind beide Vertragstypen entsprechend unterschiedlich ausgestaltet.

a) Praktische Bedeutung

Der Abgrenzung von Werk- und Dienstvertrag kommt eine erhebliche Bedeutung zu. Beide Vertragsarten weisen eine Reihe von Gemeinsamkeiten auf, sind aber im Hinblick auf entscheidende Rechtsfolgen unterschiedlich ausgestaltet. Nur vereinzelt werden bei beiden Vertragstypen bestehende Fragen gleich geregelt.

Ein wesentlicher Unterschied besteht im Bereich der **Mängelrechte**. Der Unternehmer haftet im Werkvertragsrecht nach § 634 BGB für die Erbringung des mangelfreien Werkes. Mangelhafte Leistungen lösen im Werkvertragsrecht primär Mängelrechte aus. Die Nacherfüllung steht dabei im Vordergrund. Im Dienstvertrag gibt es eine derartige Haftung nicht. Dort können mangelhafte Leistungen allenfalls Schadensersatzansprüche nach §§ 280 Abs. 1, 241 Abs. 2 BGB oder den Verlust des Vergütungsanspruchs (»Lohn ohne Arbeit«/»Kein Lohn ohne Arbeit«) auslösen.

Unterschiede bestehen auch hinsichtlich der **Kündigungsregelungen**. Während beim Dienstvertrag die gesetzliche Möglichkeit einer Kündigung aus wichtigem Grund nach § 626 BGB beiden Parteien zusteht, enthält das Werkrecht keine den dienstvertraglichen Bestimmungen vergleichbaren Regelungen. Beim Werkvertrag besteht ein freies Kündigungsrecht des Bestellers nach § 649 BGB sowie ein Kündigungsrecht nach § 650 BGB. Letzteres setzt voraus, dass der Kostenanschlag des Unternehmers wesentlich überschritten wird. **Mangelnde Mitwirkung** des Bestellers führt im Rahmen des Werkvertrags über §§ 642, 643 BGB zu einem Entschädigungsanspruch und einem außerordentlichen Kündigungsrecht des Unternehmers. Im Dienstvertrag regelt § 615 BGB die mangelnde Mitwirkung als einen Sonderfall des Annahmeverzuges. Bei ihm kann der Vergütungsanspruch des Dienstverpflichteten auch ohne erbrachte Gegenleistung entstehen.

Auch in der **Verjährung** bestehen Unterschiede zwischen beiden Vertragstypen. Während beim Dienstvertrag der Anspruch gegen den Dienstverpflichteten der regelmäßigen Verjährung von 3 Jahren nach § 195 BGB unterliegt, gilt für den Werkvertrag nach § 634 Nr. 1, Nr. 2 und Nr. 4 BGB bei Werken deren Erfolg in der Herstellung, Wartung oder Veränderung einer Sache besteht, eine Verjährungsfrist von 2 Jahren ab Abnahme, bei Bauwerken und Planungs- sowie Überwachungsleistungen gem. § 634a Abs. 1 Nr. 2, Abs. 2 BGB eine solche von 5 Jahren ab Abnahme. Bei sonstigen Werkleistungen gilt nach § 195 BGB die regelmäßige Verjährungsfrist von 3 Jahren.

b) Abgrenzungskriterien

12 Maßgebliches Kriterium für die Abgrenzung beider Vertragstypen voneinander ist die Leistungspflicht. Beim Dienstvertrag wird eine Tätigkeit als solche geschuldet. Die Pflicht des Unternehmers beim Werkvertrag liegt in der **Herbeiführung eines Erfolges**.[3] Ungeachtet des an sich klaren Abgrenzungskriteriums, lässt sich in zahlreichen Einzelfällen nur schwer feststellen, ob nur die Tätigkeit als solche geschuldet ist, oder darüber hinaus auch ein Erfolg.[4] Dieses Kriterium ist oftmals nicht eindeutig. Der Erfolg des Werkvertrages ist nach § 631 Abs. 2 BGB im weitesten Sinne zu verstehen. Er beinhaltet üblicherweise auch eine Tätigkeit des Unternehmers. Ebenso soll die Tätigkeit eines Dienstverpflichteten nach § 611 BGB üblicherweise auch einen Erfolg als Ergebnis haben. In diesem Sinne lässt sich jede Tätigkeit sowohl dienstvertraglich als auch als werkvertraglich deuten. Andere Abgrenzungskriterien sind ebenfalls nicht zwingend zielführend. Die Vergütungsart als Abgrenzungskriterium ist ebenfalls nicht eindeutig. Bei Werkverträgen kann die Vergütung ebenso wie beim Dienstvertrag arbeitsbezogen, z.B. Vergütung pro Stunde sein. Umgekehrt kann die Vergütung beim Dienstvertrag auch leistungsbezogen, z.B. in Form einer Pauschale, sein.

13 Entscheidend für die Frage, ob die Parteien einen Dienst- oder Werkvertrag geschlossen haben, ist die vertragliche Bestimmung des Leistungsgegenstandes durch die Parteien selbst – unter Berücksichtigung der Umstände des Einzelfalles.[5] Dies geschieht im Rahmen einer Gesamtbetrachtung von Vertragswortlaut und Umständen des Vertragsschlusses. Für die Abgrenzung von Werk- und Dienstvertrag können zahlreiche Aspekte von Bedeutung sein. Den einzelnen Kriterien kommt dabei lediglich indizielle Bedeutung zu. Ein Kriterium ist zunächst die **Risikoverteilung**. Ist der zu einer Tätigkeit verpflichtete Vertragspartner gehalten, die Vergütungsgefahr zu tragen, so ist dies ein Indiz für einen Werkvertrag. Auch die **Vergütungsart** lässt Rückschlüsse auf den rechtlichen Charakter eines Vertrages zu. Der Dienstverpflichtete wird in der Regel nach der Zeit seiner Tätigkeit entlohnt. Der Werkunternehmer hingegen nach der von ihm erbrachten Leistung. Darüber hinaus sprechen für einen Werkvertrag eine gewisse **Eigenverantwortlichkeit** und **Weisungsfreiheit** des Unternehmers. Im Gegensatz dazu deutet eine Einbindung des Tätigen in einen Fertigungsprozess des Bestellers auf einen Dienstvertrag hin.

Bei der Abgrenzung von Dienst- und Werkvertrag sind folgende Beispiele zu nennen.

---

[3] So auch Staudinger/Peters Vor § 631 BGB Rn. 20; Erman/Seiler Vor § 631 BGB Rn. 4; MüKo/Busche § 631 BGB Rn. 14 und ständige Rspr. des BGH; statt aller: BGH NJW 1970, 1596.
[4] Siehe auch den Streit um die Rechtsnatur des Architektenvertrages, BGHZ 31, 224, 225; 43, 227. Vgl. BGH BauR 2004, 1640.
[5] BGH NJW 2002, 3323; so auch MüKo/Busche § 631 Rn. 16; Staudinger/Peters Vor § 631 Rn. 20.

c) Fallgruppen:

- Ein **Abbruchvertrag**, einschließlich der Enttrümmerung ist ein Werkvertrag. **14**
- Ebenso ist ein Vertrag über die **Abfallentsorgung** und Verwertung zu qualifizieren.
- Der **Architektenvertrag** wird heute überwiegend als Werkvertrag angesehen. Dies ergibt sich aus § 634a Abs. 1 Nr. 2 BGB und gilt auch für den Fall, dass dem Architekten die Vorplanung und Bauvorlagen nicht übertragen sind, vielmehr nur die sonstigen Architektenleistungen, – etwa die Grundleistungen der Leistungsphasen 8 und 9 nach § 15 Abs. 2 HOAI.[6]
- **Aufsicht** bzw. Überwachung der Herstellung eines Werkes durch einen Dritten auf Einhaltung von Normen stellt wie bei der **Bauaufsicht** in der Regel einen Werkvertrag dar.[7]
- **Bauvertrag** ist ein Werkvertrag, auch wenn der Bauunternehmer die notwendigen Stoffe liefert; bei fertig gestellten Bauwerken (Neubau oder Modernisierung) wird ebenfalls Werkvertragsrecht angewendet.[8]
- **Baubetreuungs-** und **Bauträgerverträge**, sind Verträge eigener Art mit teils werkrechtlichem, teils kaufrechtlichem sowie dienstvertraglichem Charakter.[9]
- Übernimmt der Unternehmer bei einem Fertighausvertrag die Verpflichtung zur Errichtung, so handelt es sich um einen Werkvertrag.
- Beim Gerüstbauvertrag ist zwischen Aufbau und Überlassung zu differenzieren. Der Aufbau richtet sich nach werkvertraglichen Regeln, hingegen die Überlassung nach mietrechtlichen Vorschriften.
- Der Auftrag zur Erstellung eines **Gutachtens** ist ein Werkvertrag. Darunter fallen unter anderem Wertgutachten, Baugrundgutachten, aber auch Fertigstellungsbescheinigungen und die Erfassung von Baumängeln.[10]
- Eine **Lieferung mit Montageverpflichtung** ist nach § 434 Abs. 2 BGB regelmäßig nach Kaufrecht zu beurteilen. Die Qualifizierung als Werkvertrag ist nur dann anzunehmen, wenn die Montage einen Schwerpunkt der Leistung bildet.
- Ein **Projektsteuerungsvertrag** umfasst in der Regel u.a. die Planung und Koordinierung des Gesamtprojekts, die Koordinierung der am Projekt Beteiligten, das Fortschreiben der Planungsziele und die Abwicklung des Projektes (vgl. § 31 HOAI). Die rechtliche Einordnung eines solchen Vertrages hängt von der Ausgestaltung ab. Das Recht des Werkvertrages ist anwendbar, wenn der Projektsteuerer durch seine vertragliche Leistung einen Erfolg i.S.d. § 631 Abs. 2 BGB

---

6 BGHZ 62, 204; BGH BauR 1982, 79; vgl. auch Wirth/Würfele/Brooks, Rechtsgrundlagen des Architekten und Ingenieurs S. 47 ff. BGH NJW 2002, 1196; Palandt/Sprau vor § 631 BGB Rn. 17.
7 BGH NJW-RR 1998, 1027; Neyheusel BauR 2004, 401, 405, Palandt/Sprau vor § 631 BGB Rn. 18.
8 BGH BauR 2005, 542; Derleder NZBau 2004, 237; a.A. Palandt/Sprau Vor § 633 BGB Rn. 3 m.w.N.
9 Einzelheiten zum Bauträger und Baubetreuungsvertrag unter Rn. 460.
10 BGH NJW 1965, 106; BGH NJW 2002, 749; BGH JR 1988, 197.

schuldet.[11] Dabei ist es nicht notwendig, dass er ausschließlich erfolgsorientierte Pflichten wahrnimmt. Werkvertragsrecht kann auch dann anwendbar sein, wenn der Unternehmer ein Bündel von verschiedenen Aufgaben übernommen hat und die erfolgsorientierten Aufgaben dermaßen überwiegen, dass sie den Vertrag prägen.[12] Von einer werkvertraglichen Prägung ist namentlich dann auszugehen, wenn die Aufgabe des Projektsteuerers die technische Bauüberwachung eines Generalübernehmers beinhaltet.

- Eine **Reparatur** mit Lieferung benötigter Ersatzteile stellt einen Werkvertrag dar. Ist zuvor die Störungsursache unklar, unterliegt der Beauftragte umfassenden Aufklärungs- und Untersuchungspflichten. Der Vertrag wird dann regelmäßig zuerst die Diagnose und im Anschluss daran die Behebung der Mängel umfassen.
- Für **Vermessungsingenieure** gilt, dass sich die Einmessung und Absteckung eines Hauses auf einem Baugrundstück nach werkvertraglichen Regeln richtet – ausgenommen die Tätigkeit ist öffentlich-rechtlicher Natur.
- **Wartungsverträge** können Werkverträge sein. Es ist jedoch auch eine Ausgestaltung als Dienstvertrag möglich.

Auch gegenüber anderen Vertragstypen, wie dem Kaufvertrag, dem Mietvertrag, dem Geschäftsbesorgungsvertrag etc., ist eine Abgrenzung zum Werkvertrag erforderlich.

2. Kaufvertrag (Werklieferungsvertrag)

15 Im Rahmen eines Kaufvertrages ist der Verkäufer nicht zur Herstellung eines Werkes verpflichtet, sondern zur **Übergabe** und **Übereignung** einer Sache (§§ 433, 929ff. BGB – § 651 BGB »Lieferung«). Diese wird regelmäßig unabhängig von individuellen Bestellerwünschen gefertigt (§ 651 S. 1 BGB), wobei der Sonderfall der unvertretbaren Sachen in § 651 S. 3 BGB geregelt ist.

a) Praktische Bedeutung

16 Vor der Einführung des Schuldrechtsmodernisierungsgesetzes war eine Abgrenzung des Werkvertrags vom Kaufvertrag hauptsächlich wegen der grundlegenden Unterschiede im Gewährleistungsrecht erforderlich. Durch die Anpassung des Kaufrechts an das Werkrecht ist das Erfordernis der Abgrenzung zwar gelockert, jedoch nicht gänzlich entfallen.

17 Unterschiedliche Regelungen zwischen Kauf- und Werkvertragsrecht

- Im WkR Recht zur Selbstvornahme, § 637 BGB.
- Im WkR Anspruch auf Vorschuss § 637 BGB.
- Im KaR Vereinbarung der VOB/B nicht möglich.

---

[11] BGH NJW 1999, 3118; BGH BauR 1995, 572, 573; zur Schwerpunkttheorie siehe Eschenbruch/Leicht in: Kuffer/Wirth, 6. Kap. Rn. 23.
[12] Vgl. zum Ganzen Eschenbruch, Recht der Projektsteuerung, 2. Auflage 2003; sowie BGH BauR 1999, 1317; OLG Düsseldorf NJW 1999, 3129.

- Im KaR gilt § 442 BGB, d.h. bei grob fahrlässiger Unkenntnis des Mangels zum Zeitpunkt des Vertragsabschlusses keine Mängelrechte.
- Im WkR gilt § 640 Abs. 2 BGB, d.h. (nur) bei positiver Kenntnis des Mangels bei Abnahme entfallen die Mängelrechte, ausgenommen der Anspruch auf Schadensersatz.
- Im KaR Ablieferung statt Abnahme Zeitpunkt für Gefahrübergang.
- Verjährung wurde weitgehend auf 5 Jahre angepasst, § 438 Abs. 1 Nr. 2 b BGB.
- Nacherfüllungs-Wahlrecht im KaR beim Käufer, im WkR beim Unternehmer.
- § 632 a BGB gibt es nur im WkR.
- Im KaR führen auch Werbeaussagen des Herstellers bzw. Verkäufers zum Sachmangel § 434 Abs. 1 S. 3 BGB.
- Im WkR besteht Mitwirkungspflicht des Bestellers, § 642 BGB.
- § 434 Abs. 2 S. 2 BGB erstreckt sich die Sachmangelhaftung des Verkäufers auf Montageanleitungen.
- Im WkR besteht jederzeitiges Kündigungsrecht des Bestellers, § 649 BGB.
- Im KaR/Werklieferungsvertrag besteht Pflicht zur unverzüglichen Rüge, §§ 377, 381 Abs. 2 HGB.
- § 648 a BGB nur im WkR.

b) Abgrenzungskriterien

18 Kauf- und Werkvertrag unterscheiden sich danach, ob die Erstellung des Vertragsgegenstandes zu den Pflichten des Verkäufers gehört oder im Vorfeld des Vertrages verbleibt.[13] Ein Kauf liegt vor, wenn der Vertragsgegenstand bei Vertragsschluss bereits fertig gestellt ist. Von diesem Grundsatz bestehen jedoch Ausnahmen. Beim Erwerb eines Hauses richtet sich die Gewährleistung nach Werkvertragsrecht, obwohl das Haus ggf. im Zeitpunkt des Vertragsschlusses bereits errichtet ist. In anderen Fällen kann, auch wenn der Vertragsgegenstand noch zu fertigen ist, anstelle des Werkvertragsrechts Kaufrecht Anwendung finden (z. B. Neuwagenkauf).

3. Auftrag

19 Der Auftrag nach § 662 BGB ist ein gegenseitiger Vertrag mit dem sich der Beauftragte zur **unentgeltlichen Geschäftsbesorgung** für den Auftraggeber verpflichtet. Entgegen des allgemeinen Sprachgebrauchs liegt ein Auftrag nur bei **Unentgeltlichkeit** vor. Der Bauvertrag ist daher kein Auftrag i. S. d. BGB.

a) Praktische Bedeutung

20 Die Abgrenzung von Werkvertrag und Auftrag bereitet ähnliche Schwierigkeiten wie die Abgrenzung von Werk- und Dienstvertrag. Die rechtliche Einordnung ist insbesondere auch aufgrund der **unterschiedlichen Kündigungsregelungen** von praktischer Bedeutung. Nach § 671 BGB kann nicht nur der Auftraggeber, sondern

---

13 Staudinger/Peters Vor § 631 BGB Rn. 14.

auch der Auftragnehmer – im Gegensatz zum Unternehmer beim Werkvertrag – jederzeit kündigen. Im Werkrecht bestehen Kündigungsrechte für den Besteller nach §§ 649, 650 BGB. Sofern dieser ohne Grund den Vertrag kündigt, verbleibt nach § 649 S. 2 BGB der Vergütungsanspruch des Unternehmers unter Abzug seiner ersparten Aufwendungen bestehen. Der Unternehmer kann im Falle der §§ 642, 643 BGB den Vertrag nur kündigen, wenn der Besteller mit einer Mitwirkungsverpflichtung im Verzug ist. Zu beachten sind in diesem Zusammenhang die gravierenden Unterschiede in den Rechtsfolgen des § 649 S. 2 BGB und des § 642 BGB. Während bei Ersterem der Anspruchsteller seinen gesamten Werklohn erhält (abzügl. der ersparten Aufwendungen und des anderweitigen Erwerbs/unterlassenen Erwerbs), wird im Rahmen des § 642 BGB »nur« eine angemessene Entschädigung bezahlt. Diese Wertung des Gesetzgebers ist nicht nachvollziehbar. Englert weist in diesem Kommentar in § 645 BGB mit Recht darauf hin,[14] dass der Besteller, der seinen Mitwirkungspflichten nicht nachkommt, besser gestellt wird, als der, der die Kündigung des Werkvertrages erklärt. Als Folge ist jedem Besteller nur zu raten, eine Kündigung des Vertrages seitens des Unternehmers dadurch herauszufordern, dass eigenen Mitwirkungspflichten nicht nachgekommen wird.

Darüber hinaus gibt es Unterschiede bei der Mängelhaftung. Während sich diese beim Werkvertrag nach §§ 633 ff. BGB und ggf. nach § 280 BGB richten, gelten beim Auftrag nur die allgemeinen Vorschriften der §§ 280 ff. BGB.

21 Der Auftrag kann wie auch der Werkvertrag die Schaffung eines Erfolges zum Gegenstand haben. Der Werkvertrag ist jedoch ein entgeltlicher Vertrag, während das Wesensmerkmal des Auftrages die **Unentgeltlichkeit der Arbeitsleistung** darstellt. Im Übrigen wird die Abgrenzung auch dadurch vorgenommen, dass beim Werkvertrag der Erfolg geschuldet wird, beim Auftrag in der Regel nur die Tätigkeit als solche.

22 In anderen Bereichen überschneiden sich die Regelungen beider Vertragstypen. Als Folge ist eine Abgrenzung entbehrlich. Nach § 675 BGB sind einzelne Bereiche des Auftragsrechts auf den Werkvertrag anwendbar. Ebenso finden Regelungen des Werkvertrages im Auftragsrecht Anwendung. Danach müsste die Haftung des »Beauftragten« zeitlich beschränkt durch die Vorschrift des § 634 a BGB sein. Der Beauftragte soll bei einer mangelhaften Erbringung der Leistung nicht schlechter stehen, als der Unternehmer beim Werkvertrag.

b) Abgrenzungskriterien

23 Die Unentgeltlichkeit des Auftrages als Abgrenzungskriterium ist dem Grunde nach eindeutig, dennoch ergeben sich auch hieraus in Einzelfällen Streitfragen. So kann der Unternehmer nach § 670 BGB den Ersatz seiner Aufwendungen verlangen. Die Unentgeltlichkeit bezieht sich mithin nur, und nicht einmal uneinge-

---

14 Kommentierung § 645 BGB Rn. 71.

schränkt, auf die Arbeitsleistung.[15] Ebenso ist es im Rahmen des Werkvertrages möglich, dass der Unternehmer nicht wesentlich mehr als seine Aufwendungen erstattet bekommt.

Die Abgrenzung der Vertragstypen erfolgt nach dem Willen der Parteien. Dieser ist unter Einbeziehung aller relevanten Begleitumstände durch Auslegung zu ermitteln. Als Indizien für einen Auftrag kann eine geringe Entlohnung dienen, die persönliche Nähe der Parteien zueinander oder die Zugehörigkeit der Tätigkeit zum privaten Bereich. Im Gegensatz dazu sind Kennzeichen für den Werkvertrag alle Umstände, die sich im Rahmen des § 632 BGB für die Entgeltlichkeit der Leistung anführen lassen. 24

4. Geschäftsbesorgungsvertrag

Hat ein Werkvertrag eine Geschäftsbesorgung zum Gegenstand, so finden auch die Vorschriften der §§ 663, 665 bis 670, 672 bis 674 BGB Anwendung (Wortlaut des § 675 Abs. 1 BGB). Eine Geschäftsbesorgung kann jede selbstständige Tätigkeit wirtschaftlicher Art sein. 25

5. Reisevertrag

Der Reisevertrag gem. § 651 a BGB wird in der gesetzlichen Überschrift des 9. Titels als ein dem Werkvertrag ähnlicher Vertrag bezeichnet. Dem entspricht die vor der gesetzlichen Regelung entstandene Praxis, den Reisevertrag als ein im Wesentlichen nach Werkrecht zu beurteilenden Vertrag anzusehen.[16] Soweit sich also in den §§ 651 a ff. BGB Regelungslücken finden, kann zur Schließung dieser auf das Werkvertragsrecht zurückgegriffen werden. 26

6. Maklervertrag

Beim Maklervertrag wird die Vergütung für den Nachweis der **Möglichkeit zum Abschluss** oder **der Vermittlung eines Vertrages** entrichtet. Dies kann durchaus ein Erfolg im Sinne eines Werkvertrages sein. Allerdings bestehen weitgehende Sonderregelungen für den Maklervertrag. Im Gegensatz zum Werkvertrag besteht für den Makler keinerlei Tätigkeitsverpflichtung gegenüber dem Auftraggeber. Der Makler wird nicht bereits für den erfolgten Nachweis der Abschlussmöglichkeit entlohnt, sondern erst dann, wenn der Auftraggeber hiervon zusätzlich Gebrauch macht. Dies steht jedoch in seinem freien Belieben. Diese strukturellen Unterschiede verbieten eine Anwendung der Vorschriften des Werkvertrages auf den Maklervertrag. Die für den Maklervertrag bestehenden Sonderregelungen sind insoweit abschließend. 27

---

15 Auch Staudinger/Peters Vor § 631 BGB Rn. 37.
16 Vgl. BGHZ 60, 14.

7. Verwahrungsvertrag

28 Beim Verwahrungsvertrag gem. § 688 BGB beinhaltet der geschuldete Erfolg allein die sachgerechte Verwahrung der Sache. Der Verwahrungsvertrag ist ein **Sonderfall des Werkvertrages**. Die Regelungen des Verwahrungsvertrages stellen gegenüber den allgemeinen werkvertraglichen Regelungen der §§ 631 ff. BGB eine lex specialis dar, so dass die allgemeinen Regelungen keine Anwendung finden.

29 Beim **Werkvertrag** kommt die Verwahrung einer Sache regelmäßig als **Nebenpflicht** in Betracht. Dies ist der Fall, wenn der Besteller den Gegenstand, an dem die Leistung erbracht werden soll, in die Obhut des Unternehmers gibt. Dies ist bei einer Reparatur regelmäßig der Fall. Die Verletzung der damit verbundenen Pflichten führt zu einer Haftung nach den Grundsätzen des Verwahrungsvertrages. Ausnahmsweise kann eine Haftung nach werkvertraglichen Regeln erfolgen, wenn der Werkerfolg durch die unzureichende Verwahrung ebenfalls beeinträchtigt wird.

30 Der Besteller kann zur Verwahrung verpflichtet sein, wenn der Unternehmer die zur Herstellung des Werkes erforderlichen Materialien bei ihm lagert. Das Haftungsprivileg des § 690 BGB greift zugunsten des Bestellers in der Regel dann ein, wenn der Unternehmer seine Sachen freiwillig bei ihm hinterlegt oder eigene Möglichkeiten zur Absicherung hat. Umgekehrt kann der Unternehmer seinerseits gemäß den §§ 280 Abs. 1, 241 Abs. 2 BGB für eine unzureichende Verwahrung des Materials haften.

B. § 631 BGB

I. Abschluss des Werkvertrages

31 Beim Abschluss des Werkvertrages gelten die allgemeinen Regeln über den Abschluss gegenseitiger Verträge.[17] Danach kommt ein Vertrag durch zwei kongruente Willenserklärungen zu Stande. Diese müssen in Bezug aufeinander abgegeben werden. Erforderlich ist eine Einigung der Parteien über die **wesentlichen Bestandteile** (essentialia negotii) des Vertrages.[18] Nur wenn eine diesbezügliche Einigung erzielt wird, kann von einem entsprechenden Rechtsbindungswillen der Parteien ausgegangen werden. Die Einzelheiten lassen sich nicht schematisch bestimmen, sie sind abhängig von den jeweiligen vertraglichen Besonderheiten. Regelmäßig gehören hierzu die **Vertragsparteien** und der **Gegenstand** des Vertrages.[19] Bei einem geistigen oder künstlerischen Werk kann es ausreichend sein, das geschuldete Werk nur grob zu umschreiben. Üblicherweise ist auch hinsichtlich der Vergütung eine

---

[17] Palandt/Sprau Vor § 631 BGB Rn. 1.
[18] MüKo/Busche § 631 BGB Rn. 47.
[19] OLG Koblenz NJW-RR 2002, 890.

Einigung zu erwarten. Wegen § 632 BGB ist diese im Werkvertragsrecht jedoch entbehrlich.[20]

1. Vertragsanbahnung

Die dem Abschluss des Vertrages vorausgehenden Vertragsverhandlungen sind im Hinblick auf den Vertragsabschluss nicht bindend. Die Erklärungen, die während der Verhandlung abgegeben werden, sind andererseits auch nicht gänzlich ohne Bedeutung. Durch die Aufnahme der Verhandlungen entsteht gem. § 311 Abs. 2 Nr. 1 BGB ein **vorvertragliches Vertrauensverhältnis**.[21] Dieses löst Pflichten nach § 241 Abs. 2 BGB aus. Ein derart begründetes gesetzliches Schuldverhältnis kann nach seinem Inhalt beide Vertragsparteien zur Rücksicht auf die Rechte, Rechtsgüter und Interessen der jeweils anderen Partei verpflichten.[22] Darüber hinaus werden durch die Aufnahme von Vertragsverhandlungen oder die Anbahnung eines Vertrages, vor allem **Schutz- und Obhutspflichten**, sowie **Informations- und Aufklärungspflichten** der Parteien begründet.[23]

32

a) Aufklärungspflichten

Sowohl den Besteller als auch den Unternehmer treffen schon in der Vertragsanbahnungsphase Aufklärungspflichten. Der Umfang der Aufklärungspflichten des Unternehmers richtet sich danach, welche Sachkunde er beim Besteller unter den gegebenen Umständen erwarten darf. Vor Abschluss des Vertrages ist der Unternehmer insbesondere verpflichtet, den Besteller über Bedenken bzgl. der Tauglichkeit des Werkes zu dem angestrebten Zweck zu informieren. Er muss den Besteller ferner auf das Risiko des Misslingens des geplanten Vorhabens aufmerksam machen.[24] Dabei hat er auf Lücken im Leistungsverzeichnis sowie auf Alternativen oder zusätzliche Möglichkeiten zur Erreichung des angestrebten Zieles hinzuweisen.[25] Der Unternehmer muss dem Besteller ebenfalls mitteilen, wenn die Erstellung des Werkes wirtschaftlich nicht sinnvoll ist.[26]

33

Der Besteller kann seinerseits verpflichtet sein, gegenüber dem Unternehmer sachlich zutreffende Angaben zu machen, auf deren Grundlage der Unternehmer die Herstellung des Werkes planen kann.[27] Darüber hinaus müssen von Seiten des Be-

34

---

20 OLG Düsseldorf NZBau 2002, 279.
21 Palandt/Heinrichs § 311 BGB Rn. 16; BGH NJW 1977, 376.
22 Palandt/Heinrichs § 311 BGB Rn. 21; § 241 BGB Rn. 7.
23 Erman/Kindl § 311 BGB Rn. 23.
24 BGH NJW-RR 1987, 664; vgl. OLG Karlsruhe IBR 2006, 88.
25 BGH NJW 2000, 2812; KG NJW-RR 2001, 1385, 1386.
26 OLG Hamm NJW-RR 1992, 1329, für die Aufklärungspflichten einer Autowerkstatt, darüber dass sich die Reparatur nicht lohnt.
27 BGH NJW 1966, 498; BGH NJW-RR 1988, 785 – Kein Anspruch des Bauunternehmers, wenn der Auftraggeber die für die Preisermittlung maßgebenden Umstände erkennbar lückenhaft angegeben hat. OLG Hamm NJW-RR 1994, 406.

stellers, entsprechend den vertraglichen Absprachen, auch Mengen und Größenangaben korrekt wiedergegeben werden.

35 Bei einem Verstoß gegen die Aufklärungsverpflichtungen durch den Besteller bestimmen sich die Rechtsfolgen nach den §§ 280, 241 Abs. 2, 311 Abs. 2 BGB. Danach ist der Besteller zum Ersatz des Schadens verpflichtet, wenn er die Pflichtverletzung zu vertreten hat. Führt die Pflichtverletzung zu einem Mangel des Werks, so mindern sich seine Gewährleistungsansprüche nach Maßgabe des § 254 BGB. Führt die Pflichtverletzung zur Unmöglichkeit der Herstellung des Werks, so findet § 645 BGB Anwendung. Der Unternehmer kann einen seiner Arbeitsleistung entsprechenden Teil der Vergütung verlangen.

36 Sind Teile von Leistungen nicht vereinbart worden, die zur ordnungsgemäßen Erstellung des Werkes erforderlich sind, können dem Unternehmer so genannte **Sowieso-Kosten** (Ohnehin-Kosten) zustehen. Unter Sowieso-Kosten versteht man die (Mehr)Kosten, die die Bauleistung bei einer ordnungsgemäßen Ausführung von vornherein mehr gekostet hätte.[28] Wenn die Vertragsparteien im Werkvertrag eine bestimmte Ausführungsart vereinbart haben, mit der die Funktionstauglichkeit der Bauleistung nicht erreicht werden kann, ist der Unternehmer gewährleistungspflichtig. Grundlage ist, dass er zur Erbringung eines mangelfreien, d.h. funktionstauglichen Werkes verpflichtet ist. Erbringt der Unternehmer im Rahmen der Gewährleistung eine im ursprünglichen Vertrag nicht vorgesehene Mehrleistung, kann er die ihm hierfür zustehende Zusatzvergütung als Sowieso-Kosten anspruchsmindernd geltend machen (Sicherheit verlangen).[29]

b) Ausschreibung der Leistung

37 Im Vorfeld des Vertragsabschlusses kann auch die Verletzung der Vorschriften über das **Vergabeverfahren** (§§ 19-25 VOB/A) zu gegenseitigen Schadensersatzansprüchen führen. Ursprünglich wurde das Vergaberecht in den Haushaltsgesetzen des Bundes und der Länder geregelt. Hierdurch sollte das Erfordernis einer sparsamen Haushaltsführung seitens des öffentlichen Auftraggebers gewährleistet werden. Durch die Einführung des Vergaberechtsänderungsgesetzes im Januar 1999 wurden die subjektiven Bieterrechte zusätzlich gestärkt und ein **effektives Rechtsschutzsystem** eingeführt.

38 Das Recht der öffentlichen Auftragsvergabe gliedert sich in zwei Verfahren. In § 2 VgV sind bestimmte Auftragswerte festgelegt (sog. Schwellenwerte), unter deren Grenze die Vorschriften über das Vergabeverfahren (VOB/A und VOL) nur eingeschränkte Anwendung finden.[30] Für Bauaufträge gilt nach § 2 Abs. 1 Nr. 4 VgV i.V.m. der dritten Verordnung zur Änderung der Vergabeverordnung ein Schwel-

---

28 BGH BauR 1984, 510; BauR 1990, 84; BauR 1993, 722.
29 BGH BauR 1999, 37; siehe auch Ingenstau/Korbion § 13 Nr. 5 VOB/B; Werner/Pastor Rn. 2474.
30 Kratzenberg NZBau 2001, 119.

lenwert von € 5.278.000,–. Unterhalb dieser Schwellenwerte werden die Bestimmungen der ersten Abschnitte der Verdingungsordnungen der VOB/A und VOL/A als eine Art »Allgemeine Geschäftsbedingungen« angewendet. Behördenintern sind die öffentlichen Auftraggeber verpflichtet, ihre Aufträge nach den Regeln des ersten Abschnittes der VOB/A zu vergeben und bei Abschluss des Vertrages die VOB/B als Grundlage mit einzubeziehen. Ist dies der Fall, sind die Bestimmungen über das **Ausschreibungsverfahren** einzuhalten.[31]

Beim Ausschreibungsverfahren ist der Besteller bereit, einen entsprechenden Vertrag über eine bestimmte Bauleistung abzuschließen. Hierzu fordert er die Unternehmen auf, Angebote aufgrund seiner Leistungsbeschreibung abzugeben. Dazu wird dem Unternehmer in aller Regel eine Zuschlags- und Bindefrist gesetzt. Nach Ablauf der Frist wählt der Besteller unter den vorliegenden Angeboten das nach seiner Ansicht günstigste aus (»wirtschaftlichste« § 97 Abs. 5 GWB) und erteilt diesem Bieter den Zuschlag. 39

Kommt es zu einem Verstoß gegen die Vorgaben über das Ausschreibungsverfahren der §§ 16 ff. VOB/A, kann dem betreffenden Unternehmer ein Schadensersatz gem. §§ 280 Abs. 1, 311 Abs. 2, 241 Abs. 2 BGB zustehen; insbesondere wenn die verletzten Bestimmungen dem Schutz des Unternehmers dienen und der Unternehmer nachweist, dass ihm der Zuschlag hätte erteilt werden müssen. Dies gilt auch, wenn eine Ausschreibung unrechtmäßig aufgehoben wird.[32] 40

Oberhalb der **Schwellenwerte** ist das Vergaberecht den europäischen Vorgaben angepasst worden. In der VOB/A und der VOL/A wurden hierzu die Abschnitte 2–4 eingeführt. Über eine Verweisung im Gesetz gegen Wettbewerbsbeschränkungen (GWB) und die Vergabeverordnung (VgV) werden die Verdingungsordnungen zu **verbindlichen Vorschriften** erhoben **(sog. Kaskadenprinzip).** 41

Eine wesentliche Folge der Zweiteilung des deutschen Vergaberechts stellt der unterschiedliche Rechtsschutz des Bieters dar. Die subjektiven Rechte gem. § 97 GWB auf vergabespezifischen Rechtsschutz stehen dem Bieter nur oberhalb der Schwellenwerte zu. Auch oberhalb der Schwellenwerte gilt jedoch der Grundsatz, dass ein einmal wirksam erteilter Zuschlag auch nicht in einem Nachprüfungsverfahren aufgehoben werden kann.[33] Die Erteilung des Zuschlags durch den Auftraggeber führt grundsätzlich zum **Vertragsschluss.** Um dem Bieter oberhalb der Schwellenwerte einen wirksamen Rechtsschutz zu ermöglichen, wurde § 13 VgV eingeführt. Nach dieser Vorschrift hat der Auftraggeber die Pflicht, den Bieter darüber zu informieren, dass er beabsichtigt den Auftrag an einen konkurrierenden Bieter zu vergeben. 42

---

31 Siehe hierzu weitere Einzelheiten unter Rn. 351 ff. »VOB-Vertrag«.
32 OLG Celle BauR 2003, 709; OLG Düsseldorf BauR 2002, 808.
33 Portz in: Ingenstau/Korbion § 13 VgV Rn. 2.

43   Soweit die nach § 13 S. 3 VgV zu erteilende Vorabinformation über die beabsichtigte Zuschlagserteilung an einen konkurrierenden Bieter unterbleibt, führt dies zur Nichtigkeit des Vertrages. Sinn der Regelung ist es gerade, dem potentiell unterlegenen Bieter durch die rechtzeitige Stellung eines **Nachprüfungsantrages** eine Verhinderung der beabsichtigen Erteilung des Zuschlages zu ermöglichen.[34] Dieser Schutz wird jedoch nur Unternehmen geboten, die ein Angebot nach § 21 VOB/A abgegeben haben.[35]

2. Form

44   Die Form einer Willenserklärung wird durch die äußeren Merkmale der Erklärungshandlung bestimmt. Hängt die Rechtswirksamkeit der Willenserklärung von der Beachtung einer bestimmten Form ab, besteht Formzwang, anderenfalls gilt Formfreiheit.

45   Formzwang kann gesetzlich vorgeschrieben oder rechtsgeschäftlich begründet sein. Für den Werkvertrag als solchen sieht das Gesetz **keine bestimmte Form** vor. Er kann daher dadurch geschlossen werden, dass sich die Parteien mündlich einigen. Auch kann ein schriftliches Vertragsangebot »nur« mündlich oder konkludent angenommen werden. Dies gilt auch für Werkverträge, die auf die Erstellung eines Gebäudes gerichtet sind. Hierauf findet die Regelung des § 311 b Abs. 1 S. 1 BGB keine Anwendung. Die Formvorschrift des § 311 b Abs. 1 S. 1 BGB ist immer dann einschlägig, wenn sich eine Partei verpflichtet, das Eigentum an einem Grundstück zu übertragen oder zu erwerben. Eine solche Verpflichtung zur Übertragung von Eigentum findet sich in einem Werkvertrag gerade nicht. Ein Werkvertrag ist ausschließlich auf die Erstellung eines Werkes gerichtet.

a) Notarielle Beurkundung
aa) Rechtliche Einheit

46   Als Ausnahme von dem oben dargestellten Grundsatz der Formfreiheit des Werkvertrags bedarf ein Werkvertrag in Einzelfällen einer **notariellen Beurkundung** gem. § 311 b Abs. 1 BGB. Dabei wird nach Maßgabe des BeurkG eine von den Beteiligten und dem Notar eigenhändig unterzeichnete Niederschrift gefertigt, in die die von den Beteiligten abgegebenen Willenserklärungen aufzunehmen sind.

47   Eine notarielle Beurkundung ist bei einem Werkvertrag dann erforderlich, wenn die Verträge über den Kauf und die Bebauung eines Grundstückes eine **rechtliche Einheit** bilden. Eine rechtliche Einheit liegt vor, wenn die Verträge miteinander **stehen und fallen**.[36] Typisch ist hierfür der **Bauträgervertrag**. Ein Bauträgervertrag liegt vor, wenn eine natürliche oder juristische Person sich verpflichtet, ein

---

34 Ebenso Erdl VergabeR 2001, 10, 12.
35 Wegmann NZBau, 2001, 475, 478; Dieckmann NZBau 2001, 481, 482.
36 LG Berlin BauR 2005, 1329.

Grundstück oder einen Grundstücksanteil zu übereignen und dort ein schlüsselfertiges Objekt im eigenen Namen zu errichten. Es handelt sich der Rechtsnatur nach um einen zusammengesetzten Vertrag aus kaufvertraglichen und werkvertraglichen Elementen. Ein an sich formfreies Geschäft wird nicht schon deshalb beurkundungsbedürftig, weil es im Zusammenhang mit einem Grundstückserwerb geschlossen wird. Vielmehr ist es notwendig, dass der Grundstückserwerb von dem formfreien Geschäft abhängt.[37]

Voraussetzung ist demnach, dass der Erwerb des Grundstücks mit dem Bauvertrag in der Weise steht und fällt, dass das Grundstück ohne den Bauvertrag nicht erworben würde. Diese Frage ist zu bejahen, wenn Bau- und Grundstücksvertrag aus einer Hand vermittelt werden. Dementsprechend ist die Beurkundung für einen Bauvertrag verlangt worden, der mit einem Generalunternehmer zur Bebauung eines bestimmten, vom Bauherrn noch zu erwerbenden Grundstückes geschlossen wurde.[38] Erforderlich ist, dass der Erwerber aus objektiver Sicht das Grundstück nicht erworben hätte, wenn er den Bauvertrag nicht geschlossen hätte. 48

bb) Umfang der Beurkundung

Ist ein Vertrag beurkundungsbedürftig, so gilt dieses Formerfordernis für den gesamten Vertrag.[39] Davon werden alle Vereinbarungen umfasst, aus denen sich nach dem Willen der Parteien das Geschäft zusammensetzt.[40] Sieht der Vertrag eine Bebauung des zu erwerbenden Grundstückes vor, so muss auch der Inhalt der Bebauungspflicht beurkundet werden. Beurkundungsbedürftig sind demnach alle vertraglichen Unterlagen, die die Bauleistungspflicht beschreiben – z. B. Leistungsbeschreibungen, Baubeschreibung, Teilungserklärungen, die die Leistung beschreibenden Pläne und Bauzeichnungen etc.[41] 49

Sofern der Werkvertrag beurkundungspflichtig ist, gilt dies in einem gewissen Rahmen auch für **nachträgliche Änderungen** des Vertrages. Beim Bauvertrag erlangt dies große Bedeutung, da hierbei nachträgliche Änderungen des Leistungsumfanges häufig vorkommen.[42] Im Einzelnen ist es umstritten, unter welchen Voraussetzungen nachträgliche Änderungen oder Ergänzungen des Vertrages der Beurkundung bedürfen. Es werden grundsätzlich zwei Auffassungen vertreten. Zunächst wurde vom RG danach unterschieden, ob eine Änderung wesentlich und damit beurkundungsbedürftig oder unwesentlich und damit nicht beurkundungspflichtig 50

---

37 BGH BauR 2002, 1541; BGH BauR 1981, 67.
38 OLG Hamm BauR 1995, 705; OLG Hamm BauR 1998, 545.
39 BGHZ 76, 48; 101, 369; NJW 1987, 1069.
40 BGH NJW 1961, 1764; NJW 1984, 974; NJW 1992, 3237; NJW-RR 1993, 1421.
41 BGHZ 69, 266; 74, 346; Bockemühl, Formbedürftige Willenserklärungen und Bezugnahmemöglichkeiten, S. 30 ff.
42 So auch Staudinger/Peters Vor § 631 BGB Rn. 75.

sei.⁴³ Die nunmehr ständige Rechtsprechung des BGH stellt darauf ab, ob eine Änderung in das **Vertragsverhältnis eingreift**, und somit beurkundungspflichtig ist, oder ob die Änderung sich nur auf die Abwicklung des Vertrages bezieht und den Inhalt der gegenseitigen Leistungspflichten im Wesentlichen unberührt lässt. Aus Letzterem ergäbe sich, dass diese Änderungen nicht beurkundungspflichtig sein sollen.⁴⁴ Der BGH⁴⁵ entschied in diesem Sinne, dass eine Einigung der Parteien mit der die Frist zur Ausübung des vereinbarten Wiederkaufsrechts verlängert wurde, nicht beurkundungspflichtig sei. Dies beruhe darauf, dass die Verlängerung der Fristen hinsichtlich des Wiederkaufsrechts lediglich aufgrund der zeitlichen Verzögerungen geboten erschien. Solche auf praktischen Erwägungen basierenden Änderungen des Vertrages seien nicht beurkundungspflichtig. Gleichsam für nicht beurkundungspflichtig wurden Vereinbarungen über aufgetretene Rechts- und Sachmängel angesehen;⁴⁶ ebenso die Anpassung von Leistungsmodalitäten an neue Verhältnisse bei Abwicklungsschwierigkeiten. Als beurkundungspflichtig sind hingegen Änderungen eingestuft worden, die die Pflicht zur Tragung von Kosten und Lasten betreffen oder die Vorverlegung oder das Hinausschieben der Leistungszeit.⁴⁷

51 Als zeitliche Grenze, bis zu welcher die Änderung und Erweiterung des Vertrages der Beurkundung bedürfen, gilt nach der überwiegenden Ansicht die **Auflassung des Grundstückes**.⁴⁸ Nach der Auflassung sollen Änderungen nicht mehr beurkundungspflichtig sein, weil danach die Leistungspflichten der Parteien durch Erfüllung erloschen wären. Eine Ausnahme von der Formfreiheit von Änderungen nach der Auflassung wird für die Fälle angenommen, in denen die Auflassung zwar erklärt wurde, die Eigentumsumschreibung aber hinausgeschoben und diese Vereinbarung zu Lasten des Verkäufers geändert wird.⁴⁹

b) Schriftform

52 Die Parteien können im Vertrag vereinbaren, dass auch beim Werkvertrag eine bestimmte Form zu beachten ist.

53 Für die Schriftform unterscheidet das Gesetz zwischen der gesetzlich vorgeschriebenen und der vereinbarten Schriftform. Die Einhaltung der gesetzlich vorgeschriebenen Schriftform erfordert, dass die Willenserklärung in einer Urkunde schriftlich niedergelegt, und dass diese Urkunde von beiden Parteien eigenhändig mit Namensunterschrift versehen und mit ihr abgeschlossen wird.

---

43 RGZ 103, 331.
44 BGH NJW 1974, 271; NJW-RR 1988, 185.
45 BGH NJW 1973, 37.
46 BGH WM 1972, 557.
47 BGH NJW 1974, 271; BGH NJW 1984, 612.
48 BGH NJW 1973, 37 = NJW 1974, 271.
49 OLG Düsseldorf NJW 1998, 2225.

Ist die Schriftform nur von den Parteien vereinbart, so können sie die in § 126 BGB für die gesetzliche Schriftform vorgesehenen Voraussetzungen verschärfen oder erleichtern. Haben die Parteien insoweit keine Regelungen getroffen, gelten die für die gesetzliche Schriftform aufgestellten Regeln. 54

In der Regel wird das gesamte Rechtsgeschäft von der Formabrede erfasst.[50] Die Parteien können den Umfang jedoch beschränken und durch eine weitere Vereinbarung die Formabrede jederzeit wieder aufheben.[51] Als actus contrarius zur formfreien Begründung der Formabrede ist die Aufhebung der Formabrede gleichfalls formfrei.[52] Unwirksam ist die mündliche Aufhebung nur dann, wenn der Vertrag auch für die Aufhebung der Formabrede ausdrücklich Formzwang vorsieht. Auch ist eine stillschweigende Aufhebung des Formzwanges möglich, wenn die Parteien übereinstimmend eine mündliche Vereinbarung gewollt haben.[53] 55

3. Einigung

Für den **Abschluss des Werkvertrages** gelten die allgemeinen Regeln über den Abschluss gegenseitiger Verträge. Nach §§ 145 ff. BGB kommt ein Vertrag durch Angebot und Annahme zustande. Die Parteien haben sich über Art und Umfang der Leistung zu einigen. Das setzt eine Einigung hinsichtlich aller Einzelheiten voraus, die zum Abschluss des Vertrages notwendig sind. In der Regel sind dies die **Vertragsparteien** und der **Gegenstand des Vertrages**. Üblicherweise gehören auch Angaben über die Vergütung zu den wesentlichen Bestandteilen eines Vertrages (essentialia negotii). Aus § 632 BGB ergibt sich jedoch, dass eine Einigung der Parteien über die Vergütung nicht zu den wesentlichen Bestandteilen eines Werkvertrages gehört. Demnach ist für den wirksamen Abschluss eines Werkvertrages eine Einigung über die Vergütung nicht erforderlich. Grundsätzlich wird bei Werkverträgen größeren Umfanges jedoch eine Einigung über die Vergütung zu erwarten sein. 56

Ein Werkvertrag kann auch **konkludent** abgeschlossen werden. Konkludent bedeutet, dass aus den Umständen des Einzelfalls der Abschluss eines Vertrages gefolgert werden kann. Der Besteller muss dabei aktiv und in Kenntnis der Vergütungspflicht auf die Erbringung einer Leistung durch den Unternehmer hinwirken.[54] Ob aufgrund eines solchen Verhaltens auf ein Angebot zum Abschluss eines Vertrages geschlossen werden kann, ist in Einzelfällen durch Auslegung zu ermitteln. Es ist zu berücksichtigen, dass das Bestehen eines konkludenten Vertragsschlusses regelmäßig mit Beweisfragen verbunden ist, die oft nicht sicher beurteilt werden können. 57

---
50 Soergel/Hefermehl § 125 BGB Rn. 32.
51 BGHZ 66, 378, 380.
52 Palandt/Heinrichs § 125 Rn. 14.
53 BGH NJW 1965, 293; Palandt/Heinrichs § 125 Rn. 14; Brdbg OLG NJW-RR 2001, 1673.
54 BGH NJW-RR 2005, 19 f.

58 In der Praxis werden zunächst zwischen den Vertragsparteien Verhandlungen geführt, ohne dass sofort ein schriftlicher Vertrag geschlossen wird. Während dieser Verhandlungen entstehen erste Skizzen und Entwürfe für die Projektplanung. Die Frage, ob ein Vertrag abgeschlossen wurde, stellt sich oftmals erst dann, wenn der Auftraggeber nach der Erstellung der Vorplanung oder Entwurfsplanung die weitere Ausführung nicht mehr wünscht. Besonders im Architektenrecht gestaltet sich die Abgrenzung zwischen (kostenlosen) Akquisitionsleistungen und einem konkludenten Vertragsabschluss schwierig.[55] Die Rechtsprechung lässt erkennen, dass die **Akquisitionsphase** teilweise sehr weit gefasst wird. Selbst Leistungen der Leistungsphasen 3 und 4 des § 15 HOAI werden von der Rechtsprechung noch der Akquisitionsphase zugeordnet.[56] Auch das OLG Celle entschied, dass eine Akquisitionsleistung vorliege, wenn der Architekt zur Vorbereitung eines Vorstandsbeschlusses eines Sportvereins eine Kostenermittlung für die Aufstockung eines vorhandenen Gebäudes unter Nutzung des Kellers als Tiefgarage überreichte, ohne dass er eine ausdrückliche Beauftragung nachweisen konnte.[57] Dabei wird vielfach zwischen Klein- und Großprojekten unterschieden. So sei der Architekt bei größeren Projekten wegen der Aussicht auf einen lukrativen Auftrag in höherem Umfang zu honorarfreier Akquisitionstätigkeit bereit.[58]

a) Angebot auf Abschluss des Vertrages

59 Das Angebot zum Abschluss eines Werkvertrages stellt eine **empfangsbedürftige Willenserklärung** dar. Sie wird gem. § 130 BGB mit Zugang beim Vertragspartner wirksam. In diesem Angebot müssen **alle Einzelheiten** des Vertrages enthalten sein, die aus der **Sicht des objektiven Empfängers** notwendig sind, um den Vertrag abzuschließen. Eine ausreichende Bestimmbarkeit ist auch dann gegeben, wenn der Anbieter die Festlegung einzelner Vertragspunkte dem Annehmenden überlässt.[59] Der Auftragnehmer muss das Angebot durch eine einfache Zustimmung annehmen können. Gegenstand und Inhalt des Angebotes müssen so bestimmt sein, dass die Annahme durch ein einfaches »Ja« erfolgen kann.

60 Im Angebot des Antragenden muss der Wille zum Ausdruck kommen, er wolle sich rechtlich binden. Maßgebend ist dabei nicht der innere Wille des Erklärenden, sondern der **objektive Erklärungswert seines Verhaltens**.[60] Hierdurch wird ein verbindliches Angebot, das ein Erklärungsbewusstsein des Auftraggebers voraussetzt, abgegrenzt von einer unverbindlichen Aufforderung zur Abgabe eines Ange-

---

55 Vertiefend und mit ausführlicher Darstellung der Rechtsprechung Wirth/Würfele/Brooks, Rechtsgrundlagen des Architekten und Ingenieurs, S. 54 ff.
56 OLG Hamm BauR 1990, 636.
57 OLG Celle IBR 2003, 201.
58 OLG Düsseldorf IBR 1999, 539.
59 MüKo/Kramer § 145 BGB Rn. 4.
60 So ist nach OLG Düsseldorf NJW-RR 1991, 1143, die Bestellung eines Hotelzimmers i.d.R. ein bindendes Angebot; nicht jedoch Anzeigen in Zeitungen, Katalogen, Preislisten, Speisekarten etc., so bereits RG 133, 391.

botes (invitatio ad offerendum). Diese Aufforderungen binden den Auftraggeber noch nicht. Es entsteht ein vorvertragliches Verhältnis gem. § 311 Abs. 2 BGB mit den Pflichten aus § 241 Abs. 2 BGB.

In der Praxis tritt in der Regel der Auftraggeber an den Auftragnehmer heran. Das kann in Form einer Ausschreibung geschehen, durch die Übersendung eines Leistungsverzeichnisses mit detaillierter Aufstellung der zu erbringenden Leistungen oder durch die allgemeine Darstellung des geplanten Werkes. Der Auftraggeber gibt in diesen Fällen noch kein verbindliches Angebot ab. Er fordert den Auftragnehmer nur zur Abgabe eines solchen auf. Aufgrund der Aufforderung des Auftraggebers soll der Auftragnehmer sein Angebot abgeben. **61**

Der Auftragnehmer ist nach § 145 BGB an dieses Angebot gebunden. Diese Bindungswirkung entsteht mit dem Zugang des Angebotes bei der anderen Partei.[61] Möchte der Auftragnehmer sein Angebot zurücknehmen, weil es z. B. nicht gewinnbringend kalkuliert ist, kann er den Widerruf nur solange erklären, bis das Angebot beim Auftraggeber eingegangen ist. Danach kann der Auftraggeber trotz des späteren Widerrufs das ursprüngliche Angebot annehmen. Der Auftragnehmer ist daran gebunden. **62**

Die Bindung an ein Angebot entsteht nicht, wenn die Erklärung nach allgemeinen Grundsätzen unwirksam ist.[62] Das Angebot erlischt nach § 146 BGB, wenn es gegenüber dem Antragenden abgelehnt oder gem. §§ 147–149 BGB nicht rechtzeitig angenommen wird. Erlöschen des Angebotes beseitigt nicht nur die Bindung des Antragenden, sondern beseitigt die Existenz des Angebotes an sich. Das Angebot ist danach rechtlich nicht mehr existent und kann auch nicht mehr angenommen werden. **63**

Wird eine Bauleistung im Rahmen eines förmlichen Verfahrens nach der VOB/A vergeben, kommt der Vertrag mit dem Zuschlag auf das vom Auftraggeber ausgewählte Angebot des Auftragnehmers zustande. Der Bieter ist dabei während der Zuschlags- und Bindefrist gem. § 19 VOB/A an sein Angebot gebunden. Während der Bindefrist kann sich der Bieter **nur durch Anfechtung** von seinem Angebot lösen.[63] Eine solche Anfechtung unterliegt den allgemeinen Regeln der Anfechtung gem. §§ 119 ff. BGB.[64] Wird während dieser Frist der Zuschlag auf ein Angebot erteilt, ist in aller Regel ein Vertrag zustande gekommen. Nimmt der Auftraggeber das Angebot nicht innerhalb der Zuschlags- und Bindefrist an, erlischt das Angebot. Der verspätete Zuschlag ist gem. § 18 VOB/A als neues Angebot zu werten. Die **Dauer der Zuschlags- und Bindefrist** wird in der Praxis zusammen mit der Ausschreibung vom Auftraggeber festgelegt. Davon unbenommen legt der Bieter **64**

---

61 Zu den Besonderheit des Zuganges, vgl. unten Rn. 70 ff.
62 Zur Unwirksamkeit und den Rechtsfolgen, unten Rn. 73 ff.
63 Darmstädter Baurechtshandbuch, Vergaberecht/Diercks III, Rn. 552.
64 Siehe hierzu unten Rn. 101.

zusammen mit der Abgabe seines Angebotes auch die zeitliche Dauer fest, während der er sich an sein Angebot gebunden sieht. Nach § 19 VOB/A sollen die Zuschlags- und Bindefrist gleichzeitig enden. Die Dauer soll nur so lange bemessen sein, wie der Auftraggeber für eine Prüfung des Angebotes benötigt. Eine längere Dauer als 30 Kalendertage soll nur in Ausnahmefällen möglich sein. Zur **Frage**, welche **Ansprüche dem Auftragnehmer** zustehen, wenn das Angebot von der öffentlichen Hand zwar angenommen wurde, die **vereinbarten Ausführungsfristen** nach einem von Dritten über die §§ 97 ff. GWB eingeleiteten Vergabeüberprüfungsverfahren jedoch »**überholt**« sind (**Anspruch auf Bauzeitverlängerung, Mehrvergütung**), ist auf eine Entscheidung des OLG Jena zu verweisen.[65]

65   Ein Vertrag kommt nur dann wirksam zustande, wenn sich die Parteien auf die wesentlichen Vertragsbedingungen verständigen. Für den Werkvertrag gilt insofern eine Ausnahme, als eine Einigung über das Ob und die Höhe der zu zahlenden Vergütung nicht erforderlich ist. Bei Fehlen einer Vereinbarung greift insoweit die gesetzliche Regelung des § 632 Abs. 2 BGB ein. Zu beachten ist, dass die Regelung des § 632 BGB immer nur dann eingreift, wenn ein Vertrag bereits geschlossen ist. Nicht dagegen kann damit argumentiert werden, dass »auftragslose« Tätigkeiten, die an sich vergütungsrelevant sind, über diese Regelung vergütungspflichtig werden.

66   Einer Konkretisierung bedarf der Umfang der Leistungsverpflichtungen des Unternehmers (sog. Leistungsbeschreibung). Zusätzlich sollten die Parteien im Vertrag näher umschreiben, welcher Erfolg geschuldet ist.[66] Es genügt, wenn das Ergebnis der Leistung des Unternehmers in einer Art und Weise umschrieben wird, wonach eine Beurteilung möglich ist, ob das Werk vollständig und vertragsgemäß erstellt werden kann (**funktionale Leistungsbeschreibung**). Um die **Leistungspflichten des Unternehmers zu konkretisieren**, können sich die Parteien einer Leistungsbeschreibung mit detailliertem Leistungsverzeichnis bedienen. Die Leistung kann auch nur funktional beschrieben sein oder sowohl detaillierte als auch funktionale Elemente beinhalten. Gebräuchlich sind weiter »**Detailpauschalvereinbarungen**«, **Globalpauschalvereinbarungen**, bis hin zu Leistungsbeschreibungen, die mit so genannten **Vollständigkeitsklauseln** verbunden werden (Letztere sind unter AGB-Gesichtspunkten oftmals unzulässig).

b) Annahme des Angebots

67   Die Erklärung der Annahme stellt gleichfalls eine rechtsgeschäftliche Willenserklärung dar. Es gelten die oben dargestellten Grundsätze hinsichtlich des Angebotes. Die Erklärung des Annehmenden kann ebenfalls konkludent erfolgen. Sie ist nach den gleichen Grundsätzen auszulegen. Auch die Annahmeerklärung wird erst durch Zugang wirksam.

---

65 OLG Jena BauR 2005, 1367; LG Potsdam IBR 2006, 381 (nicht rechtskräftig); hierzu auch Würfele BauR 2005, 1253.
66 Vgl. zur Leistungsbeschreibung unten Rn. 196.

In § 147 BGB sind die gesetzlichen Fristen geregelt, bis zu denen das Angebot spätestens angenommen werden kann. Hiervon abweichend kann der Anbieter jedoch eine Frist nach § 148 BGB bestimmen. Wird keine Frist vertraglich festgelegt, gilt Folgendes:

68

Nach § 147 BGB gelten für die Annahme eines Angebotes gegenüber anwesenden bzw. abwesenden Parteien unterschiedliche Annahmefristen. Eine anwesende Partei kann nach § 147 Abs. 1 BGB das Angebot nur **sofort annehmen**. Das gilt auch, wenn die Parteien mittels Fernsprecher oder anderer technischer Einrichtungen in der Lage sind, eine unmittelbare Kommunikation miteinander zu führen.

Ein gegenüber einem Abwesenden gemachtes Angebot kann bis zu dem Zeitpunkt angenommen werden, in dem der Anbieter mit einer Antwort regelmäßig rechnen kann. Dabei ist sowohl die Zeit der Übermittlung des Angebotes zu berücksichtigen, wie auch die Übermittlungszeit der Antwort; ebenso die Bearbeitungszeit des Annehmenden.[67] Bestehen verzögernde Umstände, von denen der Antragende Kenntnis hatte oder haben musste, gehören diese zu den regelmäßigen Umständen und führen daher zu einer angemessenen Fristverlängerung.[68] Handelt es sich um Umstände, mit denen der Antragende nicht rechnen muss oder von denen er keine Kenntnis hat, verlängert sich die Frist nicht. Die verwandte Übermittlungsart für die Antwort muss hinsichtlich der Schnelligkeit grundsätzlich dem des Angebots entsprechen. Ein Angebot per Fax sei deshalb innerhalb von zwei Tagen anzunehmen,[69] wohingegen ein Angebot per Post wohl auch noch nach einer Woche angenommen werden kann. Da die Frage nach einer »üblichen Annahmefrist« in der Praxis immer streitig werden kann, ist es geboten, dem Annehmenden Fristen zu setzen, nicht nur für die Abgabe seiner Erklärung, sondern auch für den Zugang bei demjenigen, der das Angebot abgegeben hat.

69

c) Zugang

Willenserklärungen gegenüber Abwesenden werden erst wirksam, wenn sie zugegangen sind. Somit ist der Zeitpunkt des Zugangs von Bedeutung. Nach der ständigen Rechtsprechung des BGH liegt der Zugang einer Willenserklärung vor, wenn sie so in den **Bereich des Empfängers gelangt** ist, dass dieser **unter üblichen Umständen die Möglichkeit zur Kenntnisnahme hat**.[70] Zum Bereich des Empfängers zählen auch die von ihm zur Entgegennahme von Erklärungen bereit gehaltenen Einrichtungen. Es genügt demnach regelmäßig, wenn die Erklärung in den Briefkasten eingeworfen wird oder an der Haustüre an einen Hausmitbewoh-

70

---

67 Piper in: RGRK § 147 BGB Rn. 28; Staudinger/Bork § 147 BGB Rn. 11–14.
68 RG 142, 404; vgl. auch Finkenauer JuS 2000, 118.
69 Palandt/Heinrichs § 148 BGB Rn. 7 m. Hinweis a. LG Wiesbaden NJW-RR 1998, 1435.
70 BGH NJW 2004, 1320 = MDR 2004, 560; vgl. zum Ganzen auch Wirth/Würfele/Brooks, Rechtsgrundlagen des Architekten und Ingenieurs S. 53.

ner oder einen Angestellten übergeben wird. Kommt es auf den exakten Zeitpunkt der Kenntnisnahme an, so ist auf den Zeitpunkt abzustellen, in welchem der Empfänger üblicher Weise Kenntnis nehmen konnte. Bei Einwurf in den Briefkasten am Nachmittag oder Abend erfolgt der Zugang am nächsten Morgen (da Briefkästen in aller Regel morgens geleert werden). Die Beweislast für den Zugang einer Erklärung trägt derjenige, der sich auf den Zugang beruft.

71 In der Praxis ergeben sich Zugangsprobleme insbesondere bei der Übermittlung per **Telefax** oder Einschreiben. Bei einem Telefax stellt sich die Frage, ob der Sendebericht des Absenders den Zugang beim Empfänger beweist. Das ist nicht der Fall. Der Sendebericht kann allenfalls dazu dienen, das Absenden eines Faxes zu belegen. Ob das gesendete Fax auch beim Empfänger ankommt, wird mit Hilfe des Sendeberichtes nicht zu beweisen sein.[71] Will man den Zugang eines Faxes belegen, besteht entweder die Möglichkeit telefonisch beim Empfänger nachzufragen, ob das gesendete Fax angekommen ist oder einen Empfangsvermerk beim Empfänger anzufordern.

72 Auch der Zugang eines Einschreibens muss teilweise noch gesondert nachgewiesen werden. Bei dem sog. **Einwurfeinschreiben** haben die Gerichte den Einwurfvermerk durch den Zusteller nicht als Beweis des Zugangs gelten lassen. Auch die Versendung mittels eines sog. **Übergabeeinschreibens mit Rückschein** kann nicht in jedem Fall den Zugang beweisen. Wird der Empfänger nicht angetroffen, wird lediglich eine Benachrichtigung in den Briefkasten gelegt, die den Empfänger darüber informiert, dass das Einschreiben bei der Post abzuholen ist. In diesem Fall ist die verkörperte Willenserklärung noch nicht in den Machtbereich des Empfängers gelangt.

4. Wirksamkeitshindernisse

a) Allgemeines

73 Dem Abschluss eines wirksamen Vertrages können zahlreiche Hindernisse entgegenstehen. Liegt ein Verstoß gegen die §§ 134, 138 BGB vor, so ist der Vertrag nicht wirksam zustande gekommen und gilt als nichtig. Auf der anderen Seite kann der Vertrag gemäß den §§ 119 ff. BGB anfechtbar sein, oder dem Besteller steht – etwa nach §§ 312, 355 BGB – ein Widerrufsrecht zu. Die Rechtsfolgen im Einzelnen richten sich dabei nach den gesonderten Vorschriften.

b) Gesetzliche Verbote § 134 BGB

aa) Allgemeines

74 Die Nichtigkeit eines Werkvertrages kann sich nach § 134 BGB daraus ergeben, dass ein Verstoß gegen ein gesetzliches Verbot vorliegt. Ein **Verbotsgesetz** i.S.d.

---

[71] BAG IBR 2003, 288.

§ 134 BGB ist nicht jede Rechtsnorm, die ein bestimmtes Verhalten ausdrücklich oder nach Auslegung der Vorschrift unter Berücksichtigung ihres Gesamtzusammenhanges verbietet. Die **Nichtigkeit** tritt vielmehr nur dann ein, wenn sich aus der Vorschrift nicht »ein anderes« ergibt. Es ist erforderlich die Verbotsnorm im Einzelnen auszulegen und zu prüfen, ob diese gerade die zivilrechtliche Wirksamkeit des Vertrages hindern oder nur Umstände des Vertrages reglementieren will, ohne dass das Folgen für die Wirksamkeit des Vertragsabschlusses haben soll.[72]

Ein Verstoß gegen ein **gesetzliches Verbot** kann insbesondere dann vorliegen, wenn beide Vertragsparteien gegen das Gesetz zur Intensivierung der Bekämpfung der Schwarzarbeit und damit zusammenhängender Steuerhinterziehung[73] vom 23. 7. 2004 verstoßen.[74] In diesen Fällen ist der Vertrag in der Regel nichtig.[75] Dies gilt auch, sofern der Vertrag darauf ausgelegt ist, dass der Unternehmer Schwarzarbeiter beschäftigt.[76]

75

Einschränkungen der Rechtsfolge der Nichtigkeit werden dann gemacht, wenn der Besteller den Gesetzesverstoß des Unternehmers nicht kennt.[77] Ein **einseitiger Verstoß** des Unternehmers gegen das Verbot der Schwarzarbeit reicht nach der Ansicht des BGH nicht aus.[78] Auch wenn der Besteller erkennen konnte bzw. erkannt hat, dass ein Verstoß vorliegt, ist der Vertrag nicht als nichtig anzusehen, solange der Besteller den von ihm erkannten Verstoß gegen das Schwarzarbeitsgesetz nicht zu seinem Vorteil ausnutzt.[79] Dies begründet der BGH mit dem Regelungszweck des Schwarzarbeitsgesetzes, der eine Nichtigkeit bei einem einseitigen Verstoß nicht begründe. Die Interessen des gesetzestreuen Auftraggebers würden vielmehr dafür sprechen, ihm seine Erfüllungs- und Gewährleistungsansprüche zu belassen.

76

Die Frage, ob verbotswidrige Rechtsgeschäfte nach § 134 BGB nichtig sind, ist aus dem **Sinn und Zweck der jeweiligen Verbotsvorschrift** zu beantworten. Entscheidend ist, ob das Gesetz sich nicht nur gegen den Abschluss des Rechtsgeschäftes wendet, sondern auch gegen seine privatrechtliche Wirksamkeit und damit gegen

77

---

72 BGHZ 85, 39 – Nichtigkeit, wenn ein beiderseitiger Verstoß gegen das Gesetz zur Bekämpfung der Schwarzarbeit vorliegt; BGHZ 88, 240, keine Nichtigkeit bei einem Handwerker, der nicht in die Handwerksrolle eingetragen ist; vgl. Palandt/Heinrichs § 134 Rn. 6 ff.
73 BGBl. I S. 1842.
74 Für eine Nichtigkeit bei einem beiderseitigen Verstoß: BGHZ 85, 39; 111, 308; OLG Köln NJW-RR 1990, 251.
75 So auch BGH NJW 1990, 2542; OLG Düsseldorf BauR 1987, 562.
76 BGH BauR 1983, 66.
77 BGHZ 89, 369; auch schon 85, 39.
78 BGHZ 89, 369; BGH BauR 2001, 632.
79 BGH BauR 1985, 197 = NJW 1985, 2403 = NJW-RR 2002, 557; a. A. Köhler JZ 1990, 466, 467 – der eine Nichtigkeit auch für gegeben hält, wenn der Auftraggeber wissentlich einen Vertrag mit einem Schwarzarbeiter abschließt, auch wenn er den Verstoß nicht zu seinem Vorteil ausnutzt.

seinen wirtschaftlichen Erfolg.[80] Für die **Nichtigkeit** des Werkvertrages ist es danach nicht ausreichend, dass ein Handwerker entgegen § 1 HandwO nicht in die Handwerksrolle eingetragen ist.[81]

78 Richtet sich ein Verbot an beide Parteien des Vertrages, kann in der Regel angenommen werden, dass das Rechtsgeschäft nichtig sein soll.[82] Das gilt insbesondere, wenn die Handlung für beide Parteien mit Strafe bedroht ist.[83] Ausnahmen hiervon gelten für den beidseitigen Verstoß gegen eine bloße Ordnungsvorschrift. Ordnungsvorschriften in diesem Sinne sind vor allem Vorschriften, die nur die Art und Weise der Vornahme des Rechtsgeschäftes missbilligen. Richtet sich das Verbot einseitig gegen eine der Vertragsparteien, ist das hiergegen verstoßende Geschäft in der Regel gültig.[84] Aus dem Zweck des Verbotsgesetzes kann sich jedoch auch in diesen Fällen die Nichtigkeit des Geschäftes ergeben.[85]

79 Die für den Werkvertrag relevanten **Verbotsgesetze** sind durch eine umfangreiche Rechtsprechung entwickelt worden. Nicht zur **Nichtigkeit des Werkvertrages** führt ein Verstoß gegen die §§ 30, 55 Abs. 2 GewO, wenn der Unternehmer für den Betrieb seines Gewerbes einer behördlichen Genehmigung bedarf und diese nicht besitzt. Auch hindert die **fehlende Baugenehmigung** nicht die Wirksamkeit eines Bauvertrages. Die Versagung der Baugenehmigung richtet sich nur gegen die tatsächliche Bebauung des konkreten Grundstückes, nicht jedoch gegen die Verpflichtung des Unternehmers zur Errichtung des Bauwerkes.[86]

80 Ein weiteres Beispiel eines Verbotsgesetzes, bei dem ein Verstoß zur Nichtigkeit des Vertrages führt, stellt § 12 der **Makler- und Bauträgerverordnung** (MaBV) dar. Der gewerblich tätige Bauträger sowie der Baubetreuer unterliegen den Regelungen der MaBV.[87] Diese wurde aufgrund der Ermächtigung in § 34 c Abs. 3 GewO »zum Schutz der Allgemeinheit und der Auftraggeber« erlassen.

81 § 3 Abs. 2 MaBV sieht für Zahlungen des Auftraggebers vor, dass sie frühestens zu den dort genannten Zeitpunkten und dem dortigen Umfang entgegengenommen werden dürfen. Bei Leistung einer Sicherheit für die Rückgewähr erbrachter Zah-

---

80 BGHZ 85, 39, 43; BGH NJW 1968, 2286; NJW 1981, 1204, 1205.
81 BGHZ 88, 240; BGH NJW-RR 2002, 557; BGH BauR 1984, 58; so auch schon BGHZ 85, 39.
82 Ständige Rechtsprechung seit RGZ 60, 276; so auch Palandt/Heinrichs § 134 BGB Rn. 8.
83 BGHZ 37, 365.
84 BGHZ 46, 24 – keine Nichtigkeit hinsichtlich des Provisionsversprechens, wenn der Arbeitsvermittler bei einer Vermittlung, seine Kompetenzen überschreitet; BGHZ 78, 271 – ebenso keine Nichtigkeit des Maklervertrages, wenn dem Makler die erforderliche Gewerbeerlaubnis fehlt; NJW 2000, 1186, keine Nichtigkeit eines Rechtsgeschäftes wegen der Annahme eines Geschenkes, das gegen § 10 BAT verstößt.
85 Palandt/Heinrichs § 134 Rn. 9; differenziert: MüKo/Mayer-Maly/Armbrüster § 134ff. Rn. 47ff.
86 OLG Köln NJW 1961, 1023; BGH MDR 1976, 392.
87 Verordnung über die Pflichten der Makler, Darlehens- und Anlagenvermittler, Bauträger und Baubetreuer, i.d.F. vom 7.11.1990, BGBl. I S. 2479.

lungen befreit § 7 MaBV von den genannten Bindungen des § 3 Abs. 1, 2 MaBV. Nach § 12 MaBV darf der Bauträger diese Pflichten weder ausschließen noch beschränken. Der BGH hat in § 12 MaBV ein Verbotsgesetz i.S.d. § 134 BGB gesehen.[88] In § 12 MaBV ist geregelt, dass ein Gewerbetreibender seine Verpflichtungen nach den §§ 2 bis 8 MaBV durch vertragliche Vereinbarungen weder ausschließen noch beschränken darf.

bb) Rechtsfolgen

Die Rechtsfolge eines nichtigen Vertrages ist in erster Linie, dass **keine vertraglichen Erfüllungsansprüche** aus diesem Vertrag hergeleitet werden können. Insbesondere besteht aufgrund eines nichtigen Werkvertrages kein Anspruch des Unternehmers auf Vergütung. Gewährleistungsansprüche nach §§ 634 ff. BGB stehen dem Besteller in diesem Fall gleichsam nicht zu. Auch besteht für den Besteller kein Anspruch auf Fertigstellung des bestellten Werkes.

82

Möglicherweise besteht ein Anspruch des Unternehmers gegen den Besteller auf Zahlung eines Aufwendungsersatzes nach den Vorschriften der **ungerechtfertigten Bereicherung** (§ 812 BGB) oder den Grundsätzen der **Geschäftsführung ohne Auftrag** (§§ 683, 670 BGB). Der BGH hat entschieden, dass die §§ 670, 683 BGB Anwendung finden, wenn der Bauvertrag unwirksam ist.[89] Danach bekäme der Unternehmer seine für den Besteller getätigten Aufwendungen nach den Regeln der »Geschäftsführung ohne Auftrag« (GoA), erstattet. Die Anwendbarkeit der §§ 670, 683 BGB gilt jedoch nicht uneingeschränkt. Der Anspruch entfällt im Falle der Nichtigkeit gem. § 134 BGB, wenn die »Aufwendungen« in einer vom Gesetz verbotenen Tätigkeit, so z.B. durch Schwarzarbeit, entstanden sind.[90]

83

Wird eine GoA verneint, ist ein **Bereicherungsanspruch** auf Herausgabe des Erlangten zu bejahen, wenn und soweit der Bauherr die Werkleistung auch tatsächlich verwertet.[91] Entscheidend ist in diesen Fällen die Frage, ob dem Vermögen des Auftraggebers tatsächlich ein Vorteil zugeflossen ist.[92]

84

Die Anwendung des § 812 BGB kann ebenfalls ausgeschlossen sein. Haben beide Parteien **bewusst gegen ein gesetzliches Verbot** verstoßen, steht § 817 S. 2 BGB den Ansprüchen aus §§ 812, 818 BGB entgegen. Andererseits erscheint es rechtspolitisch fragwürdig, einem Unternehmer, der das Werk durch die Leistung von Schwarzarbeit erstellt, nach der Herstellung jeglichen Anspruch auf Lohn zu verweigern. In diesem Fall nimmt der BGH an, dass es gegen Treu und Glauben verstoße, wenn der Besteller jeglichen Lohnanspruch des Unternehmers unter Berufung auf das Schwarzarbeitsgesetz verweigert. Dem Unternehmer soll daher ein

85

---

88 BGHZ 139, 387; 146, 250; BGH BauR 1999, 53; OLG Düsseldorf BauR 2002, 515.
89 BGH BauR 1994, 110.
90 BGHZ 37, 258; 111, 308 = BauR 1990, 721.
91 BGHZ 111, 308 = BauR 1990, 721.
92 BGH BauR 1982, 83.

Gegeneinwand aus § 242 BGB zustehen.[93] Im Ergebnis wird der Schwarzarbeiter zwar nicht das ortsübliche Entgelt verlangen können, jedoch ein Entgelt, das deutlich gemindert wird, weil er keinen Gewährleistungsansprüchen ausgesetzt ist.

c) Sittenwidrigkeit, § 138 BGB

86 Nach § 138 BGB sind Verträge nichtig, wenn sie gegen die guten Sitten verstoßen. Ein Verstoß gegen die guten Sitten liegt nach Auffassung des RG und des BGH vor, wenn das Rechtsgeschäft gegen das **Anstandsgefühl** aller billig und gerecht Denkenden verstößt.[94] Dieses Kriterium ist sicherlich schwer zu definieren. Es handelt sich immer um eine **Einzelfallbetrachtung**. Durch die Vorschrift des § 138 BGB wird die Vertragsfreiheit der Parteien eingeschränkt. Grundsätzlich können die Parteien individualvertraglich jede Vereinbarung treffen. Durch die Regelung des § 138 BGB müssen sie sich jedoch an der Wertung des Gesetzes messen lassen, sodass sie in ihren Vereinbarungen nur frei sind, solange das vereinbarte Rechtsgeschäft nicht gegen die guten Sitten verstößt.

87 Ein Verstoß gegen die guten Sitten kann nicht schon darin gesehen werden, dass der **Werklohn überhöht** ist, d.h. falls das Verhältnis von Leistung und Gegenleistung deutlich gestört ist. Zu einem auffälligen Missverhältnis von Leistung und Gegenleistung müssen weitere sittenwidrige Umstände hinzutreten – z.B. eine verwerfliche Gesinnung oder das Ausnutzen einer Zwangslage. Liegt ein grobes, besonders auffälliges Missverhältnis vor, rechtfertigt dieser Umstand regelmäßig den Schluss auf eine verwerfliche Gesinnung und damit auf einen sittenwidrigen Charakter der Vereinbarung.[95] Ein besonders grobes Missverhältnis wird im Allgemeinen angenommen, wenn die Vergütung den Wert der Leistung um das Doppelte übersteigt.[96]

Die gleichen Grundsätze sind anwendbar, wenn das Verhältnis zwischen Leistung und Gegenleistung auffällig gestört ist, weil der **Werklohn deutlich zu gering** ist.[97]

88 Die Zahlung von **Schmiergeld** an den Vertreter des Auftraggebers (um den Abschluss des Vertrages zu erreichen) kann ebenfalls zur Nichtigkeit des Vertrages führen. Das gilt jedenfalls dann, wenn die Zahlung der Gelder zu einer nachteiligen Vertragsgestaltung, z.B. eine überhöhte Vergütung des Unternehmers, führt.[98] Der BGH verneinte eine Sittenwidrigkeit im Fall, dass der Architekt einen Planungsvertrag durch Bestechung des Geschäftsführers des Bestellers erhalten hat, jedoch nach der HOAI zulässige Gebühren vereinbarte, ohne dass Anhaltspunkte für eine Überteuerung vorlagen.[99]

---

93 Vgl. zu allem BGHZ 111, 308.
94 RG 80, 221; BGH 10, 232.
95 BGHZ 146, 298, 301; BGH NJW 2000, 1254
96 BGH NJW 2004, 2671.
97 BGHZ 146, 298.
98 BGHZ 141, 357, 361; KG NJW-RR 1995, 1422.
99 BGH BauR 1999, 1047.

Das Rechtsgeschäft zur Erbringung einer Werkleistung und die Vergütungsabrede »Ohne Rechnung« ist nach Ansicht des BGH wirksam.[100] Eine Sittenwidrigkeit liegt nach Ansicht des BGH nur dann vor, wenn die Steuerhinterziehung, die mit der »ohne Rechnungs-Abrede« verbunden ist, der Hauptzweck des Vertrages darstellt. Der Hauptzweck eines Bauvertrages ist jedoch in der Regel das Bauen.

89

d) Haustürwiderruf § 312 BGB
aa) Anwendungsbereich

Die Rechtsvorschriften zum »Haustürgeschäft« fanden sich bis zum 31. 12. 2001 im Haustürwiderrufsgesetz (HaustürWG) – einem Nebengesetz zum BGB. Durch das Schuldrechtsmodernisierungsgesetz wurde das Haustürwiderrufsgesetz aufgehoben und dessen Vorschriften u.a. in das BGB integriert (§§ 312 ff. BGB).

90

Die Anwendbarkeit des § 312 BGB setzt voraus, dass es sich bei dem abgeschlossenen Werkvertrag um einen Vertrag zwischen Verbraucher und Unternehmer i. S. d. §§ 13, 14 BGB handelt. Weitere Voraussetzung ist, dass der Vertragsgegenstand eine entgeltliche Leistung zum Gegenstand hat. Diese beiden Voraussetzungen werden in der Regel beim Werkvertrag vorliegen, sodass zu prüfen ist, ob eine typische »Überrumpelungssituation« gem. § 312 Abs. 1 Nr. 1–3 BGB vorliegt. Dazu müsste der Unternehmer ohne vorherige Aufforderung an einen der genannten »typischen Orte« die Überraschung des unerfahrenen Verbrauchers zum Vertragsschluss ausgenutzt haben. Zweck des § 312 BGB ist es dabei, den unterlegenen und oft unerfahrenen Vertragspartner vor dem Abschluss durch eine listige und drängende Vorgehensweise zu schützen.[101] Der Besteller muss durch diese »Überrumpelung« zum Abschluss des Vertrages bestimmt worden sein.[102] So hat z.B. im Raum Düsseldorf ein Dachdecker ungefragt bei Hauseigentümern geklingelt und versucht den Eigentümern eine Dachsanierung »aufzuschwatzen«. Sofern die Eigentümer dieser Sanierung zugestimmt haben, lag eine entsprechende Überrumpelungssituation vor. Die Eigentümer waren berechtigt, den Werkvertrag zu widerrufen.

91

bb) Widerrufsrecht

Seitens des Bestellers kann ein solcher Vertrag nach § 312 Abs. 1 BGB i.V.m. § 355 Abs. 1 BGB widerrufen werden. Das Widerrufsrecht aus § 355 Abs. 1 BGB stellt eine **rechtsvernichtende Einwendung** dar. Erklärt der Verbraucher form- und fristgerecht den Widerruf, bewirkt dies über § 355 Abs. 1 BGB, dass er an seine auf den Abschluss des Vertrages gerichtete Willenserklärung nicht gebunden ist.

92

Es gilt nach § 355 Abs. 1 S. 2 BGB eine Frist von zwei Wochen. Zur Fristwahrung genügt die rechtzeitige Absendung des Widerrufs. Eine Sonderregelung für den Fall, dass die Belehrung über sein Widerrufsrecht erst nach Abschluss des Vertrages

93

---

100 BGH NJW-RR 2001, 380.
101 BGH NJW 1992, 1889; BAG NJW 2004, 2401.
102 BGHZ 131, 385; BGH NJW 1994, 262; BAG NJW 2004, 2401.

mitgeteilt wird, enthält § 355 Abs. 2 S. 2 BGB. Für diesen Fall beträgt die Frist abweichend einen Monat. Beide Fristen beginnen erst zu dem Zeitpunkt, in dem der Unternehmer den Besteller über sein Widerrufsrecht belehrt hat. Die **Belehrung** ist gem. § 355 Abs. 2 S. 2 BGB in Textform mitzuteilen. Sie muss dem Verbraucher entsprechend dem eingesetzten Kommunikationsmittel seine Rechte deutlich machen.

Das Widerrufsrecht erlischt spätestens 6 Monate nach Vertragsschluss (§ 355 Abs. 3 S. 1 BGB). Unterbleibt die Belehrung i. S. d. § 355 Abs. 2 BGB, so erlischt das Widerrufsrecht des Verbrauchers gem. § 355 Abs. 3 BGB nicht.[103]

cc) Rechtsfolgen

94 Als Folge des Widerrufs ist die empfangene Leistung durch entsprechende Anwendung der Vorschriften der §§ 346 ff. BGB über den gesetzlichen Rücktritt zurückzugewähren. Durch die Erklärung des Widerrufs wandelt sich der zunächst wirksame Vertrag mit Wirkung ex nunc in ein **Rückabwicklungsverhältnis** um. Die Rechtsfolgen und die Voraussetzungen des Widerrufsrechts gleichen denen eines gesetzlichen Rücktritts.[104]

e) Koppelungsverbot

95 Ein **Architektenvertrag** ist gem. § 134 BGB nichtig, wenn er gegen das Koppelungsverbot des Art. 10 § 3 MRVG[105] (Mietrechtsverbesserungsgesetzes) verstößt. Danach ist ein Vertrag unwirksam, wenn der Erwerber eines Grundstückes sich im Zusammenhang mit dem Erwerb verpflichtet, bei der Planung eines Bauwerks auf dem Grundstück die Leistung eines bestimmten Architekten in Anspruch zu nehmen.[106] Das Koppelungsverbot dient dem Schutz des Erwerbers, der bei der Auswahl eines Architekten frei sein soll, sowie der Sicherung des freien Wettbewerbs unter Architekten und Ingenieuren. Ausreichend ist hierbei jede rechtliche oder tatsächliche Bindung des Erwerbers mit dem Architekten. Die Unwirksamkeit liegt z. B. vor, wenn der Erwerber ein Gebäude nach Plänen zu errichten hat, die der Veräußerer zuvor von einem Architekten hatte fertigen lassen.[107] Ebenso wenn der Architekt das Grundstück selbst unter der Voraussetzung veräußert, dass er die Bebauung planen oder durchführen soll.[108] Ein gleichzeitiger Abschluss des Architektenvertrages mit dem Grundstückskaufvertrag ist für die Auslösung des Koppelungsverbotes nicht erforderlich.

---

103 Palandt/Heinrichs § 355 BGB Rn. 21.
104 Lorenz JuS 2000, 833; Schmidt JuS 2000, 1096.
105 Gesetz zur Verbesserung des Mietrechts und zur Begrenzung des Mietanstiegs sowie zur Regelung von Ingenieur- und Architektenleistungen vom 4. 11. 1971, BGBl. I S. 1745.
106 BGH NJW-RR 1992, 1372; OLG München IMR 2006, 1043; OLG Bamberg BauR 2003, 1756.
107 BGH BauR 2000, 1213.
108 BGH BauR 1975, 288, 290, 1991, 114; OLG Frankfurt IBR 2002, 317.

Bei einem Verstoß gegen diese Vorschriften sind der Architektenvertrag sowie die Bindungsvereinbarung nach § 134 BGB nichtig. Der Grundstückskaufvertrag bleibt von der Unwirksamkeit des Architektenvertrages unberührt.[109]

Zu beachten ist, dass allein bei Architekten und Ingenieuren Umgehungsversuche geahndet werden. Die Anwendung des Koppelungsverbotes wird deshalb ebenfalls bejaht, wenn ein freiberuflicher Architekt als Generalunternehmer oder Bauträger tätig wird. Entscheidend ist nach der Rechtsprechung allein, dass er **daneben Architekt bleibt**.[110] **96**

Anders wird der Fall beurteilt, wenn ein gewerbsmäßig – **mit Erlaubnis nach § 34 c GewO** – als Generalunternehmer tätiger »Planer« schlüsselfertige Bauten auf einem dem Erwerber vorab zu übertragenden Grundstück errichtet. Hier soll das Koppelungsverbot nicht gelten.[111] **97**

Bejaht wurde das Verbot wiederum, als ein freiberuflicher Ingenieur oder Architekt, wie ein Bauträger auf eigenem – dem Erwerber vorweg übertragenen – Grundstück, einen schlüsselfertigen Bau auf eigene Rechnung und auf eigenes Risiko errichtete.[112] **98**

In der Praxis ist oftmals fraglich, wann ein Zusammenhang mit dem Erwerb des Grundstücks anzunehmen ist. Eine entsprechende Koppelung muss nach der Rechtsprechung keinesfalls ausdrücklich vereinbart sein. Vielmehr soll es nach dem OLG Hamm genügen, dass der Architekt das Grundstück an der Hand hat.[113] Eine Vereinbarung soll bereits dann unzulässig sein, wenn sie die freie Architekten- und Ingenieurswahl des Bauherrn auf einem bestimmten Grundstück beeinträchtigt. Das Verbot kann nach Ansicht des LG Mannheim so weit gehen, dass es nicht erforderlich ist, dass der Grundstückverkäufer von der Architektenleistung Kenntnis hat.[114] **99**

Zusammenfassend ist festzuhalten, dass das Koppelungsverbot tendenziell eher **weit ausgelegt** wird. Steht der freiberufliche Architekt in irgendeiner Beziehung zu dem veräußerten Grundstück, wird es im Regelfall nicht gelingen, mit dem Erwerber »vorab« einen wirksamen Planungsvertrag abzuschließen.[115] Auf dem ersten deutschen Baugerichtstag[116] wurde erneut die seit langem diskutierte These aufge- **100**

---

109 Vgl. die ausführliche Darstellung bei: Wirth/Würfele/Brooks, Rechtsgrundlagen des Architekten und Ingenieurs S. 91.
110 BGHZ 70, 55.
111 BGH BauR 1989, 95 = ZfBR 1989, 29; Hesse in: Korbion/Mantscheff/Vygen § 3 Art. 10 MRVG Rn. 16.
112 BGH BauR 1991, 114.
113 OLG Hamm BauR 1993, 494.
114 LG Mannheim IBR 1995, 216, m. Anm. Schulze-Hagen.
115 In diesem Sinne OLG Bamberg IBR 2003, 546; auch Weber in seiner Anmerkung zum Urteil des OLG Frankfurt IBR 2002, 317.
116 1. Deutscher Baugerichtstag Hamm, 19./20.5.2006.

stellt, das Koppelungsverbot abzuschaffen. Es wurden die Aussagen der Vergangenheit wiederholt, wonach Sinn und Zweck dieses § 3 des Gesetzes zur Regelung von Ingenieur- und Architektenleistungen den heutigen wirtschaftlichen Verhältnissen in der Bundesrepublik Deutschland nicht mehr gerecht wird.

5. Anfechtung

101 Die allgemeinen Grundsätze über die Anfechtung von Willenserklärungen gelten auch für den Werkvertrag. Die Vertragsparteien müssen sich grundsätzlich an ihren Erklärungen festhalten lassen. Für den Inhalt einer Erklärung ist es maßgeblich, wie sie sich für einen objektiven Empfänger nach Treu und Glauben unter Berücksichtigung der Verkehrssitte darstellt. Dies gilt auch für den Fall, dass die Erklärung von dem wahren Willen des Erklärenden abweicht. Im Interesse der Rechtssicherheit kann das Auseinanderfallen von Willen und Erklärung nur in Ausnahmefällen berücksichtigt werden. Die wesentlichen Anfechtungsgründe sind dabei der **Irrtum über den Inhalt der Erklärung** nach § 119 Abs. 1 Fall 1 BGB, ein **Irrtum bei der Abgabe der Erklärung** nach § 119 Abs. 1 Fall 2 BGB sowie der **Irrtum über verkehrswesentliche Eigenschaften** nach § 119 Abs. 2 BGB. Die übrigen einseitigen Irrtumsfälle (hierzu zählt nicht die Anfechtbarkeit wegen Täuschung oder Drohung), insbesondere der Motivirrtum, sind rechtlich bedeutungslos und berechtigen den Erklärenden nicht zur Anfechtung des Rechtsgeschäftes.

a) Anfechtung nach § 119 Abs. 1 Fall 1 und 2 BGB

102 Eine Anfechtung nach § 119 Abs. 1 Fall 1 BGB ist dann möglich, wenn der Erklärende bei der Abgabe seiner **Erklärung über deren Inhalt im Irrtum** war.[117] Der äußere Tatbestand der Erklärung entspricht dabei dem Willen des Erklärenden, dieser irrt jedoch über die Bedeutung der Erklärung. Mögliche Irrtumsgegenstände können sowohl die Art oder den Gegenstand des Geschäftes, die Person des Geschäftspartners oder die Rechtsfolge der Äußerung des Erklärenden sein. Ein Irrtum wurde angenommen, als der Verkäufer die Veräußerung eines Grundstückes mit der Flurbezeichnung AB durchführte, er jedoch tatsächlich das Nachbargrundstück Flurbezeichnung AC veräußern wollte.[118] Ein Irrtum über die Rechtsfolgen der Erklärung liegt vor, wenn das Rechtsgeschäft nicht die erstrebten, sondern davon wesentlich abweichende Rechtsfolgen erzeugt.[119]

103 Die Anfechtung nach § 119 Abs. 1 Fall 2 BGB findet Anwendung, wenn der Erklärende eine **Erklärung diesen Inhaltes nicht abgeben wollte**.[120] Der äußere Tat-

---

117 Lessmann JuS 1969, 478, 480; Palandt/Heinrichs § 119 Rn. 11; MüKo/Kramer § 119 Rn. 55.
118 RG 95, 115.
119 RG 88, 284; 89, 33; Palandt/Heinrichs § 119 Rn. 15.
120 OLG Oldenburg NJW 2004, 168.

bestand der Erklärung entspricht nicht dem Willen des Erklärenden, er verspricht oder verschreibt sich bei der Abgabe der Erklärung. Dazu gehören auch die Fälle des Vertippens bei elektronisch abgegebenen Willenserklärungen – wenn der Fehler bei der Eingabe unverändert in die Erklärung eingegangen ist.[121]

b) Anfechtung nach § 119 Abs. 2 BGB

Eine Anfechtung nach § 119 Abs. 2 BGB setzt voraus, dass bei Abgabe der Erklärung ein **Irrtum über solche Eigenschaften** der Person oder der Sache vorliegt, die als **verkehrswesentlich** angesehen werden. Der Irrtum des Erklärenden bezieht sich auf die außerhalb der Erklärung liegende Wirklichkeit und nicht auf den Erklärungsinhalt.[122] Damit stellt der Irrtum nach § 119 Abs. 2 BGB einen ausnahmsweise beachtlichen Motivirrtum dar.

104

Ein solcher Ausnahmefall liegt nicht vor, d.h. dem Unternehmer steht kein Anfechtungsrecht gem. § 119 Abs. 2 BGB zu, wenn sich der Aufwand für die von ihm geschuldete Leistung als höher erweist, als ursprünglich von ihm angenommen (sog. Kalkulationsirrtum).[123] Nach der Rechtsprechung des BGH sind sowohl interne als auch externe Kalkulationsfehler regelmäßig unbeachtlich.[124] Dem Geschäftspartner ist es lediglich verboten, einen erkannten Berechnungsfehler des Erklärenden auszunutzen, sofern dieses Festhalten an einem solchen Vertrag gegen Treu und Glauben verstößt. Eine unzulässige Rechtsausübung soll dabei schon darin liegen, dass der Empfänger ein Vertragsangebot annimmt und auf der Durchführung des Vertrages besteht, obwohl er wusste, dass das Angebot auf einem Kalkulationsfehler beruht.[125]

105

Die begrenzte Relevanz des Motivirrtums hat ihren Grund in erster Linie im Bedürfnis nach Rechts- und Verkehrssicherheit. Im bezeichneten Fall hatte sich die Beklagte an einer öffentlichen Ausschreibung beteiligt, bei der Kalkulation des Angebotes für Tischlerarbeiten die Transport- und Montagekosten nicht berücksichtigt. Noch bevor der Zuschlag erteilt wurde, bat die Beklagte ihr Angebot unter Hinweis auf den Kalkulationsirrtum aus der Wertung zu nehmen. Dieser Bitte wurde nicht entsprochen. Sie bekam den Zuschlag, da sie das niedrigste Angebot abgegeben hatte. Der BGH hat dem Auftraggeber als Erklärungsempfänger keine positive Kenntnis vom Kalkulationsirrtum unterstellt und ihm auch nicht den Vorwurf gemacht, sich der Kenntnis treuwidrig verschlossen zu haben. Die bloße Mitteilung des Bieters, man sei einem Kalkulationsfehler unterlegen und habe die Kosten für Transport und Montage vergessen, war dem BGH nicht substantiiert genug, beim Auftraggeber ein »Ausnutzen« zu unterstellen.[126]

106

---

121 OLG Hamm NJW 1993, 2321; MüKo/Kramer § 119 Rn. 55.
122 OLG Stuttgart OLGZ 83, 304.
123 Singer JZ 1999, 342; BGH JZ 1999, 365, 366.
124 BGHZ 46, 268, 273; NJW 1980, 180; Brdbg OLG BauR 2005, 1066.
125 BGH JZ 1999, 365; OLG Naumburg IBR 2005, 41.
126 BGH JZ 1999, 365.

107 Auf Seiten des Bestellers sind Fälle denkbar, in denen er **über Eigenschaften des Unternehmers irrt**, z.B. über dessen Sachkunde, Zuverlässigkeit oder Vertrauenswürdigkeit.[127] Dazu zählt auch ein Irrtum über die Eigenschaft als Architekt zugelassen zu sein.

108 Ein Irrtum über Eigenschaften des Werkes berechtigen den Besteller nur dann zur Anfechtung nach § 119 Abs. 2 BGB, wenn er sich nicht auf Beschaffenheiten des Werkes bezieht, sondern auf sonstige Eigenschaften. Das kann beim Kauf eines Grundstückes beispielsweise die Lage und Bebaubarkeit des Grundstückes sein.[128] Ebenso kommt auch die Freiheit von Baubeschränkungen in Betracht.[129] Bei einem Kunstwerk ist auch die Herkunft, insbesondere die Echtheit,[130] als eine sonstige Eigenschaft anzusehen, die bei einem Irrtum den Besteller zur Anfechtung berechtigt.

109 Für den Unternehmer wird es beim Werkvertrag seltener die Möglichkeit geben ein Anfechtungsrecht nach § 119 Abs. 2 BGB auszuüben. Es besteht jedoch die Möglichkeit einer Anfechtung bei einem **Irrtum über eine verkehrswesentliche Eigenschaft des Bestellers**, so z.B. über dessen Kreditwürdigkeit.

c) Anfechtung nach § 123 BGB

110 Die Anfechtung nach § 123 BGB kommt in Betracht, wenn eine **arglistige Täuschung** oder **Drohung** vorliegt. Hierdurch wird die rechtsgeschäftliche Entschließungsfreiheit geschützt.[131] Die Parteien sollen die Willenserklärungen, die zum Vertragsschluss führen, frei von Täuschung und Drohung abgegeben haben. Eine **arglistige Täuschung** liegt dann vor, wenn eine Partei zum Zweck der Erregung oder Aufrechterhaltung eines Irrtums getäuscht wird. Dies ist sowohl durch das Vorspiegeln, Entstellen bzw. durch Verschweigen von Tatsachen möglich.

111 Dabei sind Fälle denkbar, in denen der Unternehmer über die Kreditwürdigkeit des Bestellers getäuscht wird. Andererseits ist es auch denkbar, dass der Besteller über die Finanzierung des Vorhabens getäuscht wird und ihm seinerseits ein Anfechtungsrecht zusteht. Ein weiterer Anfechtungsgrund für den Besteller kann sich aus der vorgegebenen, fehlenden Architekteneigenschaft beim Abschluss eines Architektenvertrages ergeben.[132]

---

127 Ein Irrtum über die Vertrauenswürdigkeit ist erheblich bei Verträgen, die auf eine vertrauensvolle Zusammenarbeit der Parteien angelegt ist, so z.B. der Baubetreuungsvertrag, vgl. BGH WM 1970, 906. Palandt/Heinrichs § 119 Rn. 26; MüKo/Kramer § 119 Rn. 125.
128 RG 61, 86; MüKo/Kramer § 119 Rn. 132.
129 RG 12, 851.
130 BGH NJW 1988, 2597; Palandt/Heinrichs § 119 Rn. 27.
131 BGHZ 51, 141, 147; BGH IBR 2002, 237.
132 OLG Nürnberg NJW-RR 1998, 1713.

Der Erklärende handelt **arglistig**, wenn er »ins Blaue hinein« unrichtige Behauptungen aufstellt und dabei mit der Unrichtigkeit der Angaben rechnet.[133] Handelt der Erklärende jedoch in gutem Glauben an die Richtigkeit seiner Angaben, so ist auch bei grober Fahrlässigkeit die Arglist ausgeschlossen.[134] Fehlt in diesen Fällen dem täuschenden Vertragspartner die Arglist, so kann dem Getäuschten noch ein Anspruch aus den §§ 280 Abs. 1, 241 Abs. 2, 311 Abs. 2 BGB zustehen. 112

Zusätzlich ist eine Anfechtung möglich, wenn eine Willenserklärung durch eine **widerrechtliche Drohung** herbeigeführt worden ist. Die widerrechtliche Drohung ist das Inaussichtstellen eines künftigen Übels, das den Erklärenden in eine Zwangslage versetzt.[135] Der Bedrohte muss die Vorstellung haben, dass der Drohende den Eintritt des Übels willentlich beeinflussen kann.[136] Entsprechendes kann Vorliegen bei der Ankündigung der Kündigung eines Kreditvertrages vorliegen, falls der betreffende Vertrag nicht abgeschlossen werde.[137] 113

d) Anfechtungsfrist

Die Anfechtungserklärung muss gem. § 121 BGB **ohne schuldhaftes Zögern erfolgen**, nachdem der Anfechtungsberechtigte von dem Anfechtungsgrund Kenntnis erlangt hat. Die Anfechtungserklärung erfolgt gegenüber dem Anfechtungsgegner. Nach § 121 BGB reicht es dabei aus, dass er die Erklärung unverzüglich absendet. Die Anfechtung ist grundsätzlich ausgeschlossen, sofern seit der Abgabe der Willenserklärung zehn Jahre verstrichen sind (§ 124 Abs. 3 BGB). 114

Die Anfechtung ist auch ausgeschlossen, wenn das anfechtbare Rechtsgeschäft von dem Anfechtungsberechtigten gem. § 144 BGB bestätigt wird. Die Bestätigung setzt ein entsprechendes Bewusstsein voraus. Sie kann also nur angenommen werden, wenn der Anfechtende die Anfechtbarkeit des Rechtsgeschäfts kannte oder jedenfalls für möglich hielt. Eine Bestätigung ist auch formlos möglich. Dem Verhalten muss der Wille entnommen werden können, in Kenntnis der Anfechtbarkeit an dem Rechtsgeschäft festhalten zu wollen.[138] 115

e) Wirkung der Anfechtung

Die Anfechtung hat zur Folge, dass der **Vertrag von Anfang an als nichtig anzusehen ist**. Die erbrachten Leistungen sind demnach ohne Rechtsgrund erbracht. Es bestehen keine vertraglichen Ansprüche mehr zwischen den Parteien. Dem Unter- 116

---

133 BGH NJW 1998, 302; 1977, 1055.
134 BGH NJW 1980, 2460.
135 BGHZ 2, 287, 295; NJW 1988, 2599.
136 BGHZ 2, 287, 295.
137 BGH NJW 1997, 1980 – in diesem Fall wurde vom BGH die widerrechtliche Drohung jedoch abgelehnt, die sofortige Kündigung stellte hier zwar eine Drohung mit einem empfindlichen Übel dar. Dieses war jedoch rechtmäßig, da durch die Zahlungsverzögerungen objektive Gründe für die Kündigung des Darlehensvertrags vorlagen.
138 BGH Urt. v. 2.2.1990 V ZR 266/88 = IBR 1990, 228.

nehmer steht für die erbrachte Leistung jedoch ein **bereicherungsrechtlicher Ausgleichsanspruch** zu.

117 Im Falle der Anfechtung nach § 119 BGB ist der Anfechtende gem. § 122 BGB zum Schadensersatz verpflichtet. Dabei hat er den Schaden zu ersetzen, der dadurch entsteht, dass der Vertragspartner auf die Gültigkeit der Vertragserklärung vertraut (negatives Interesse) – jedoch nicht über den Betrag des Interesses hinaus, welches er an der Gültigkeit der Erklärung hat.[139] Bei diesem **positiven Interesses** ist das volle Erfüllungsinteresse zu ersetzen. Der Vertragspartner ist dabei so zu stellen, wie er stehen würde, wenn der Vertrag ordnungsgemäß durchgeführt worden wäre.[140] In aller Regel ist das negative geringer als das positive Interesse. Der Schadensersatz ist ausgeschlossen, wenn der Anfechtungsgegner den Grund der Anfechtbarkeit kannte oder kennen musste.

II. Parteien des Werkvertrages

118 Die Parteien des Werkvertrages werden in § 631 BGB als »**Unternehmer**« und »**Besteller**« bezeichnet. Insbesondere im Baubereich werden jedoch auch die Bezeichnungen »**Auftragnehmer**« und »**Auftraggeber**« verwendet. Diese Begriffe entsprechen der Verwendung in der VOB/B.

1. Unternehmer

a) Begriff

119 Der Begriff des Unternehmers, wie er im Werkvertragsrecht verwendet wird, ist historisch gewachsen und aus sich heraus zu interpretieren, zwischenzeitlich wurde er im BGB in § 14 normiert.

120 Ein Unternehmer i.S.d. § 631 BGB kann **jede natürliche oder juristische Person** sein. Dabei kommt es weder auf die Kaufmannseigenschaft gem. § 1 HGB an, noch auf eine gewerbliche Tätigkeit als solche. Auch berufsrechtliche Anforderungen, die nach dem Gewerberecht regelmäßig vorliegen müssen, sind für die Unternehmereigenschaft als solche nicht relevant.

b) Alleinunternehmer

121 Eine Form der Unternehmereinsatzform ist der **Alleinunternehmer**. Der Alleinunternehmer übernimmt die gesamte Vertragsausführung und erledigt dabei die gesamten, zu seinem Auftrag gehörenden Arbeiten im Rahmen seines Betriebes selbst. Abzugrenzen ist der Alleinunternehmer vom Generalunternehmer und Generalübernehmer, die ebenfalls mit sämtlichen zu einem Bauwerk gehörenden Leistungen beauftragt werden. Der Unterschied zwischen **Generalunternehmer** und

---

139 BGH NJW 1984, 1950.
140 RG 91, 33.

Alleinunternehmer besteht darin, dass der Alleinunternehmer die Bauleistung gänzlich selbst erbringt, während der Generalunternehmer diese teilweise an Dritte (Subunternehmer) weitervergibt. Beim **Generalübernehmer** geht man davon aus, dass er sämtliche Leistungen an Subunternehmer vergibt. Allerdings werden diese Begriffe in Literatur, Rechtsprechung und Praxis unterschiedlich verwendet. Es sollte insoweit immer eine ausdrückliche Erläuterung erfolgen. So wird in der Praxis oftmals unter dem Generalübernehmer jemand verstanden, der zusätzlich noch Architektenleistungen (Planung, Überwachung etc.) erbringt. In der Literatur wird entsprechendes erst beim so genannten **Totalunternehmer** oder **Totalübernehmer** angenommen. Im Ergebnis bedarf es somit immer einer exakten Beschreibung zu welchen Leistungen sich der Generalunternehmer, Generalübernehmer, Totalunternehmer oder Totalübernehmer verpflichtet hat.

c) Mehrere Unternehmer
aa) Allgemeines

Es ist üblich, dass mehrere Unternehmer an der Durchführung eines Projektes beteiligt werden. Die Rechtsbeziehungen zwischen diesen Unternehmern und dem Besteller können unterschiedlicher Natur sein. Die Einschaltung mehrere Unternehmer kann sich im Rahmen einer Arbeitsgemeinschaft (ARGE), aufgrund eines Haupt- und Subunternehmerverhältnisses oder schlicht durch parallel arbeitende Unternehmen vollziehen.

bb) Arbeitsgemeinschaft

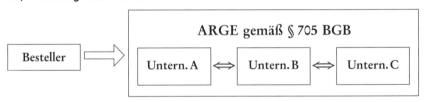

Arbeiten mehrere Unternehmen zur Herstellung eines Werkes arbeitsteilig in einer **Arbeitsgemeinschaft (ARGE)** zusammen, so handelt es sich nach h.M. um eine Gesellschaft bürgerlichen Rechts (§ 705 BGB).[141] Diese Art von Zusammenschlüssen ist in der Bauwirtschaft üblich. Vom Hauptverband der Deutschen Bauindustrie und dem Zentralverband des Deutschen Baugewerbes ist deshalb ein ARGE-Mustervertrag entwickelt worden. Die beteiligten Baufirmen schließen einen Vertrag (ARGE-Vertrag) miteinander und verfolgen auf dieser Grundlage den gemeinsamen Zweck der Errichtung eines Bauwerks für den Besteller. Gleichzeitig verpflichten sie sich in dem Vertrag zur Erbringung der nötigen Beiträge. Zwischen den einzelnen Unternehmern gelten die **Grundsätze über die Gesellschaft Bürgerlichen**

---
141 BGH IBR 2001, 258; NJW 1952, 217; zur Einstufung als OHG siehe OLG Dresden BauR 2002, 1414.

Rechts. Diese unterliegen im Einzelnen der freien Vereinbarung der Beteiligten. Dabei kann auch die Haftung im Innenverhältnis zwischen den einzelnen Gesellschaftern vertraglich abweichend vom BGB geregelt werden.

124 Der Zusammenschluss zu einer Arbeitsgemeinschaft ist in der Regel nicht von Dauer. Oftmals betrifft dieser nur einen einzigen Bauauftrag und dessen Erfüllung durch die Errichtung des Bauwerks. Als Folge ist eine Auseinandersetzung des Vermögens nach Abschluss des Projektes durchzuführen. Abweichend davon gibt es auch Arbeitsgemeinschaften, die nicht nur für ein Bauvorhaben gebildet worden sind, sondern die unabhängig von der Vergabe einzelner Aufträge ständig oder jedenfalls längere Zeit bestehen sollen. Eine Beendigung der Gesellschaft kommt dann nur unter den gesetzlichen Voraussetzungen der §§ 705 ff. BGB in Betracht. Nach § 721 Abs. 2 BGB ist in den Fällen einer Dauergesellschaft am Ende des Geschäftsjahres die Gewinnverteilung durchzuführen.

125 Die Arbeitsgemeinschaft ist aktiv und passiv parteifähig.[142] Sie kann nach der neueren Rechtsprechung des BGH als **Gesamthandsgemeinschaft** der Gesellschafter im Rechtsverkehr grundsätzlich jede Rechtsposition einnehmen und ist damit **rechtsfähig**,[143] nicht allerdings grundbuchfähig.[144]

126 Gegenüber dem Besteller ist die Arbeitsgemeinschaft dadurch gekennzeichnet, dass ihre Mitglieder für die geschuldete Leistung und die Erfüllung weiterer vertraglicher und außervertraglicher Pflichten **unbeschränkt als Gesamtschuldner haften**. Im Gegensatz zur Haftung im Innenverhältnis kann die Haftung einzelner Mitglieder der Gesellschaft im Außenverhältnis im Regelfall nicht abweichend geregelt werden.[145] Die im Gesellschaftsvertrag getroffenen Regelungen zur Haftung einzelner Mitglieder, entfalten keine Bindungswirkung nach außen. In diesem Verhältnis besteht der Grundsatz der gesamtschuldnerischen Haftung. Das bedeutet, dass jeder der Gesellschafter nach § 421 BGB in vollem Umfang für Verpflichtungen und Verbindlichkeiten der Gesellschaft haftet.[146] Der Besteller kann demnach von jedem Mitglied der ARGE den geschuldeten Betrag in voller Höhe verlangen. Zahlt eines der Gesellschaftsmitglieder auf diese Forderung, dann kann dieses von den anderen Mitgliedern der Gesellschaft unter den Voraussetzungen des § 426 Abs. 1 BGB den Ausgleich der Forderung im Innenverhältnis verlangen.

---

142 BGH BGHZ 142, 315 = BauR 2001, 775 = NJW 2001, 1056
143 BGHZ 116, 86; 136, 254; eingehend zur Rechtsfähigkeit der GbR bereits Würfele, »Haftungs- und Haftungsbeschränkungsprobleme bei der gemeinschaftlichen Berufsausübung von Rechtsanwälten«.
144 OLG Celle NJW 2006, 2194.
145 Zur Haftungsbeschränkung bei einer BGB-Gesellschaft siehe Würfele, »Haftungs- und Haftungsbeschränkungsprobleme bei der gemeinschaftlichen Berufsausübung von Rechtsanwälten«.
146 BGH BauR 2001, 775, 783.

cc) **Haupt- und Subunternehmer**

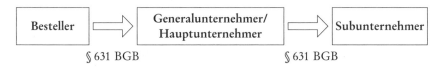

Eine Mehrheit von Unternehmern am Bau kann sich ergeben, wenn ein Haupt- bzw. Generalunternehmer vom Besteller den Auftrag zur Herstellung eines Teils bzw. des gesamten Bauwerkes übernimmt und seinerseits Teile der Arbeiten an selbstständige Unternehmer (Subunternehmer) weitergibt. Verbleibt bei einem Unternehmer ein »Hauptteil« der Bauleistung, spricht man vom **Hauptunternehmer**. Übernimmt er sämtliche Bauleistungen, die er dann teilweise weiter vergibt, spricht man vom **Generalunternehmer** (siehe oben). 127

Zu beachten ist, dass der Besteller eines Werkes nach dem Vertragsinhalt regelmäßig einen **Anspruch** darauf hat, **dass der Unternehmer die versprochene Leistung selbst erbringt**.[147] Es ist dem Unternehmer nicht ohne weiteres gestattet, die Erbringung von Teilen der geschuldeten Leistung auf andere zu übertragen.[148] Dieser Grundsatz wird in § 4 Nr. 8 VOB/B aufgegriffen. Gem. § 4 Nr. 8 VOB/B hat der Auftragnehmer die Leistung im eigenen Betrieb auszuführen. Etwas anderes gilt, wenn der Besteller zustimmt. Diese Zustimmung kann konkludent erteilt werden, z. B. dadurch, dass der Besteller ein Unternehmen beauftragt, von dem er weiß, dass er die beauftragte Leistung nicht oder nur teilweise ausführen kann. 128

Schaltet der Unternehmer einen **Subunternehmer** ein, so bleibt er der alleinige Vertragspartner des Bestellers. Auch wenn der Generalunternehmer die gesamte Bauleistung nicht selbst ausführt, schuldet er sie gegenüber dem Besteller.[149] Eine unmittelbare schuldrechtliche Beziehung zwischen dem Besteller und dem Subunternehmer entsteht nicht.[150] Der Vertrag des Hauptunternehmers mit dem Subunternehmer stellt einen selbstständigen Bauleistungsvertrag dar, aus dem sich gegenseitige Rechte und Pflichten unabhängig davon ergeben, welche Ansprüche der Bauherr oder andere Beteiligte gegen den Hauptunternehmer besitzt.[151] Der Rückgriff auf den Nachunternehmer wird anhand des eigenständigen zwischen den Parteien bestehenden Vertrages bewertet. So der BGH im Fall eines Hauptunternehmers, der von einem ebenfalls gewährleistungspflichtigen Architekten auf 129

---

147 Zum Verhältnis von Haupt- und Subunternehmer siehe auch Würfele/Gralla/Prote S. 568 Rn. 2243.
148 Zur Vollmacht des Generalübernehmers zum Abschluss von Subunternehmerverträgen für den Bauherrn: LG Dresden BauR 2001, 1917.
149 OLG Hamm NJW-RR 1992, 153.
150 BGH BauR 2004, 1151; NJW 1981, 1779.
151 BGH BauR 1974, 134; Locher, »Das private Baurecht«, 7. Auflage, Rn. 605.

Ausgleich nach § 426 BGB in Anspruch genommen wurde und seinerseits Gewährleistung von dem ausführenden Subunternehmer verlangte.[152]

130 Der Besteller kann mangels Schutzwirkung keine Rechte aus dem Subunternehmervertrag ableiten.[153] Dies wurde für den Fall entschieden, dass ein Erwerber einer Eigentumswohnung Ansprüche gegen den Subunternehmer des Veräußerers geltend machte. Die Ansprüche wurden vom OLG Hamm[154] deshalb abgelehnt, weil der Erwerber in den **Schutzbereich des Werkvertrages** zwischen Haupt- und Subunternehmer grundsätzlich nicht mit einbezogen sei. Die Beziehungen der verschiedenen Vertragsparteien bestünden jeweils nur im Rahmen des abgeschlossenen Vertrages, d. h. dem Erwerber stünden möglicherweise Ansprüche gegen den Veräußerer zu und dem Veräußerer möglicherweise gegen den von ihm beauftragten Unternehmer. **Ausnahmen** hiervon seien nur in den Fällen gegeben, in denen der Vertrag zwischen Haupt- und Subunternehmer als **Vertrag zugunsten Dritter** ausgestaltet sei.

131 Eine gesamtschuldnerische Haftung des Haupt- und des Subunternehmers gegenüber dem Besteller scheidet aus.[155] **Der Nachunternehmer schuldet seine Leistung allein dem Hauptunternehmer**, sodass die Voraussetzungen des § 421 BGB nicht vorliegen. In der Praxis werden diese Ansprüche des Hauptunternehmers gegen den Subunternehmer häufig an den Besteller **abgetreten**. Dies bewirkt, dass der Besteller »Inhaber« der Forderung gegen den Subunternehmer wird und die Ansprüche gegen den Subunternehmer persönlich und unmittelbar durchsetzen kann.

132 Dem Besteller stehen aus dem Hauptvertrag keine **Auskunftsansprüche** gegen den Hauptunternehmer auf Mitteilung des Inhaltes des Subunternehmervertrages zu. Er soll jedoch nach § 241 Abs. 2 BGB Auskunft über den Namen und die Anschrift des Subunternehmers verlangen können.[156] Betrachtet man die Vertragskette aus Sicht des Subunternehmers, wurde dessen Stellung durch das Gesetz zur Beschleunigung fälliger Zahlungen mit Wirkung zum 1. 5. 2000, insbesondere durch die Regelung des § 641 Abs. 2 BGB verstärkt. Damit wurde zwar nicht der Grundsatz der Einzelbetrachtung der Rechtsbeziehungen unterschiedlicher Stufen durchbrochen, allerdings wurden die Rechte des Subunternehmers gegenüber seinem Hauptunternehmer verbessert. Durch das geplante Forderungssicherungsgesetz sollen die Rechte des Subunternehmers zusätzlich gestärkt werden, insbesondere sollen ihm Vergütungsansprüche »erwachsen«, sofern der Hauptunternehmer ihm Auskünfte betreffend der Rechtsbeziehung zum Hauptauftraggeber verweigert.

---

152 BGH NJW 1981, 1779.
153 OLG Hamm BauR 2004, 864.
154 Vgl zu allem OLG Hamm BauR 2004, 864.
155 So entschieden vom BGH NJW 1981, 1779.
156 I.d.S. Staudinger/Peters § 631 BGB Rn. 35.

Keine Subunternehmer im vorbezeichneten Sinne sind bloße Lieferanten des Unternehmers, sowie andere Hilfspersonen, beispielsweise die Arbeitnehmer des Hauptunternehmers.

Für ein etwaiges Verschulden des Subunternehmers haftet der Hauptunternehmer gegenüber dem Besteller gem. § 278 BGB. **Aus Sicht des Bestellers ist der Subunternehmer ein Erfüllungsgehilfe** für die Erfüllung der Verbindlichkeiten aus dem Hauptvertrag.[157] Eine entsprechende Einstandspflicht des Hauptunternehmers gegenüber dem Subunternehmer für das Verhalten des **Bestellers besteht nicht**.[158] Entstehen durch ein Verhalten des Bauherrn dem Subunternehmer Schäden, so kann er diese Schäden nicht gegenüber dem Hauptunternehmer geltend machen. Dem Hauptunternehmer ist das Verhalten des Bauherrn nicht nach § 278 BGB zuzurechnen. Der Subunternehmer kann in diesem Fall den Schadensersatzanspruch aus unerlaubter Handlung unmittelbar gegenüber dem Bauherrn geltend machen.[159] Insoweit besteht kein schutzwürdiges Interesse, das eine Einstandspflicht des Hauptunternehmers gegenüber dem Subunternehmer erfordert.

133

Anders ist die Situation im Falle eines Planungsverschuldens des Bestellers. Der Hauptunternehmer muss sich gegebenenfalls ein solches Verschulden des Bestellers zurechnen lassen.[160] Insoweit ist es in der Regel Sache des Bestellers für die im Vorfeld der Werkerstellung erforderlichen Planungsunterlagen zu sorgen. Wird der Subunternehmer dadurch behindert, dass der Bauherr Planungsänderungen vornimmt, hat der Haupt- bzw. Generalunternehmer hierfür gem. § 278 BGB einzustehen. Der vorgesehene Leistungsablauf wird durch die Umplanungsmaßnahme des Bauherrn verzögert. Hierdurch können die Arbeiten des Subunternehmers nicht wie geplant durchgeführt werden. Dies ist dem Hauptunternehmer auch zurechenbar, da dieser im Verhältnis zum Subunternehmer Auftraggeber ist. **Planungsänderungen liegen grundsätzlich im Risikobereich des Auftraggebers.** Der BGH hat bereits in seiner Entscheidung vom 23. 10. 1986[161] ausgeführt, dass der als Besteller auftretende Hauptunternehmer sich gegenüber seinem Subunternehmer das Planungsverschulden des Architekten des Bauherrn über § 278 BGB zurechnen lassen muss. Das beruhe darauf, dass der Bauherr selbst eine »sorgfältige Planung« schulde, bei der er sich seines Architekten bedienen kann. Dadurch wird nach Ansicht des BGH eine besondere Pflicht des Hauptunternehmers begründet, die Planung des Bauherrn oder des Architekten zu überprüfen. Durch diese Rechtsprechung soll verhindert werden, dass der Subunternehmer unter Entlastung des Hauptunternehmers für die mangelhafte Planung einzustehen habe.

134

---

157 BauR 1976, 131; Kniffka ZfBR 1992, 1; der Subunternehmer ist jedoch kein Verrichtungsgehilfe des Hauptunternehmers i.S.d. § 831 BGB, siehe hierzu BGH BauR 1994, 780.
158 OLG Düsseldorf BauR 2001, 264.
159 OLG Düsseldorf BauR 2001, 264.
160 OLG Frankfurt BauR 1999, 49.
161 BGH BauR 1987, 86.

135 Sofern eine Nachbesserung durch den Subunternehmer erforderlich wird, muss diese gegenüber dem Hauptunternehmer angeboten werden. Dieser muss seinerseits auf den Besteller einwirken, und ihn zur Duldung der Nachbesserung durch den Subunternehmer bewegen. Aus Sicht des Bestellers handelt es sich um eine »eigene« Nachbesserung des Hauptunternehmers.

136 Der Hauptunternehmer hat zwischen den beiden selbstständig zu beurteilenden Vertragsverhältnissen mit dem Besteller einerseits und dem Subunternehmer andererseits eine »eingeklemmte« Stellung.[162] Er wird daher versuchen, die beiden Verträge möglichst zu synchronisieren. Dadurch soll verhindert werden, dass er gegenüber dem Besteller gewährleistungspflichtig ist, jedoch seinerseits keine Rückgriffsansprüche gegen seinen Subunternehmer hat – weil beide Verträge unterschiedlich ausgestaltet sind. Versucht der Hauptunternehmer mit seinen **AGB, die Risiken aus seiner Rechtsbeziehungen** zum Besteller auf den Subunternehmer zu verlagern, so sind dem nach § 307 Abs. 2 Nr. 1 BGB Grenzen gesetzt. Die Einbeziehung einzelner Bestimmungen des Hauptunternehmervertrages in den Subunternehmervertrag allein durch eine Verweisung ist in der Regel nicht möglich. Teilweise wird darauf abgestellt, dass dem Subunternehmer zumindest die Möglichkeit der Einsicht (in die anderen Vertragsunterlagen) eingeräumt werden muss.[163] Die Erwähnung »Einsicht« ist jedoch zumindest missverständlich. Unstreitig dürfte sein, dass es dem Hauptunternehmer nicht gelingen kann, die wichtigsten Bestimmungen seines Hauptunternehmervertrages in den Subunternehmervertrag »durchzustellen«. Hier wird ein Verstoß gegen § 307 Abs. 2 Nr. 1 BGB angenommen,[164] eher wohl gegen die Nr. 2 und das Transparenzgebot. Im Regelfall wird durch das Einbringen der Klauseln aus dem Vertrag zwischen Hauptauftraggeber und Besteller in das Rechtsgefüge zwischen Hauptunternehmer und Subunternehmer das Vertragswerk der beiden zuletzt Genannten unübersichtlich, teilweise widersprüchlich, oftmals intransparent.

137 Zu beachten ist allerdings, dass der Bundesgerichtshof es als zulässig angesehen hat, dass der Subunternehmer dem Hauptunternehmer auf Schadensersatz für eine Vertragsstrafe haftet, die der Hauptunternehmer mit dem Besteller vereinbart hat. Dieser wird im Regelfall das Preisgefüge des mit dem Subunternehmer geschlossenen Vertrages »sprengen«.[165] Zulässig soll dies aber nur sein, wenn der Hauptunternehmer den Subunternehmer zuvor auf die hohe Vertragsstrafensumme hingewiesen hat (Schadensminderungspflicht des HAG, § 254 BGB).

138 Im Ergebnis kann der Hauptunternehmer nicht pauschal die Risiken aus seiner Rechtsbeziehung zum Besteller dem Subunternehmer aufbürden.[166] Entsprechend

---

162 So Werner/Pastor Rn. 1058.
163 Werner/Pastor/Werner Rn. 1058 m.w.N.
164 Werner/Pastor/Werner Rn. 1058.
165 BGH BauR 2000, 1050 = IBR 2000, 265; BGH BauR 1998, 330 = IBR 1998, 105.
166 Vgl. BGH BauR 2004, 1943.

ist es unzulässig, zu vereinbaren, dass der Subunternehmer nur dann eine Vergütung erhält, wenn und soweit auch der Hauptunternehmer bezahlt wird.[167] Es ist allenfalls zulässig, Regelungen zur Abnahme,[168] der Haftung oder den Gewährleistungsfristen einschließlich der Kündigungsmöglichkeiten anzugleichen.

Nimmt der Besteller nach Abschluss des Subunternehmervertrages selbst Verhandlungen mit dem Subunternehmer auf und bestellt bei diesem zusätzliche Leistungen, die im Vertrag mit dem Hauptunternehmer nicht enthalten sind, so kommt dadurch regelmäßig ein zusätzliches unmittelbares Vertragsverhältnis zwischen dem Besteller und dem Subunternehmer zustande (s. unten, Regelungen zum Bauträgervertrag). **139**

dd) Parallel arbeitende Unternehmer

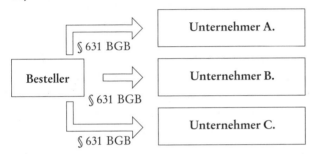

Der Besteller kann mehrere Unternehmer nebeneinander durch gesonderte Werkverträge beschäftigen. Die Beauftragung findet hier »Gewerkeweise« oder nach Bauabschnitten getrennt statt. Der Besteller wird in der Regel einen Architekten mit der Koordination und Bauüberwachung dieser Unternehmer beauftragen. Die Beziehungen der einzelnen Unternehmer zu dem Besteller beurteilen sich ausschließlich nach dem jeweiligen individuellen Vertrag. Die Unternehmer haften dem Besteller **nicht gesamtschuldnerisch**.[169] Das gilt regelmäßig auch, wenn die Leistung eines Unternehmers auf der Vorleistung eines anderen aufbaut. **140**

Demnach ist ein Unternehmer **nicht über § 278 BGB als Erfüllungsgehilfe** eines anderen Unternehmers anzusehen.[170] Koordinierungsabsprachen zwischen den Unternehmern begründen noch kein entsprechendes Schuldverhältnis.[171] Soweit die einzelnen Leistungen aufeinander aufbauen, hat der nachfolgende Unternehmer zu prüfen, ob diese eine geeignete Grundlage bilden. Die Verletzung dieser Nebenpflicht des Nachunternehmers begründet möglicherweise einen Schadensersatzanspruch nach § 280 Abs. 1 S. 1 BGB. **141**

---

167 Sog. »pay when paid«-Klausel.
168 Vgl. Schuhmann BauR 1998, 228.
169 So auch Zerr NZBau 2002, 241, 242.
170 OLG Hamm NJW-RR 1998, 163.
171 BGHZ 143, 32; BGH NJW-RR 2002, 1175.

142 Umgekehrt haftet der Besteller dem Unternehmer nicht nach § 278 BGB für den Fehler eines anderen Unternehmers.[172] Der Besteller will sich regelmäßig den einzelnen Nachunternehmern gegenüber nicht verpflichten, notwendige Vorarbeiten zu erbringen. Nach der Rechtsprechung des BGH ist grundsätzlich nur der **Architekt als Erfüllungsgehilfe** des Bestellers anzusehen, soweit er mit **Planungs- und Koordinierungsaufgaben betraut ist.** Das beruht auf dem Gedanken, dass der Besteller den Unternehmern zuverlässige Pläne zur Verfügung zu stellen und diejenigen Entscheidungen zu treffen hat, die einen reibungslosen Ablauf des Baus gewährleisten. Bedient sich der Bauherr bei der Erfüllung dieser Pflicht eines Architekten, so muss er für dessen Verschulden haften.[173] Im Gegensatz zu den Fällen des Planungs- oder Koordinierungsverschuldens des Architekten kann der Unternehmer bei mangelhafter Ausführung seiner Werkleistung dem Bauherrn nicht entgegenhalten, der Architekt habe seine Pflichten zur ordnungsgemäßen Bauaufsicht verletzt. Insoweit ist der Architekt nicht der Erfüllungsgehilfe des Bauherrn. Dieser schuldet dem Unternehmer im Rahmen des Bauvertrages keine Beaufsichtigung. Der Unternehmer hat damit **keinen Anspruch auf eine ordnungsgemäße Kontrolle durch den Architekten.**[174] Ebenso ist der **Vorunternehmer** bezüglich seiner Bauleistung – auf der der später tätige Nachunternehmer aufbaut – **nicht als Erfüllungsgehilfe des Bauherrn anzusehen.**[175]

143 Der BGH hat bereits in einer Entscheidung vom 27.6.1985[176] darauf hingewiesen, dass eine Zurechnung gem. § 278 BGB in Betracht kommen kann, wenn aufgrund besonderer Umstände anzunehmen ist, dass der Besteller gegenüber dem Nachfolgeunternehmer für die mangelfreie Erfüllung der Vorleistung einstehen will. Eine derartige Einstandspflicht kann bestehen, wenn der Besteller sich vertraglich zu einer Vorleistung verpflichtet.

Erbringt der erste Unternehmer seine Leistung jedoch mangelhaft oder verspätet, so dass der zweite Unternehmer in seiner Leistung behindert wird, gerät der Besteller dadurch regelmäßig in **Annahmeverzug.**

144 Die Verträge des Bestellers mit den einzelnen Unternehmen entfalten **keine Schutzwirkung** zugunsten der anderen Unternehmer.[177] Gegenteiliges soll nach der zitierten Entscheidung des BGH nur in engen Grenzen möglich sein. Voraussetzung für eine Ausdehnung der Sorgfaltspflichten auf einen Dritten ist, dass die an sich berechtigte Vertragspartei für das Wohl und Wehe des Dritten mitverantwortlich wird. Davon ist bei parallel arbeitenden Unternehmern nicht auszugehen. Hier sind beide Werkleistungen als selbstständig einzustufen. Zwar besteht eine gewisse

---

172 BGH BauR 1985, 561.
173 BauR 1984, 395; siehe auch Stöttler BauR 1978, 18.
174 BGH BauR 1972, 112; BauR 1978, 149; BauR 1982, 514, 516.
175 BGH BauR 1985, 561; vgl. OLG Hamm BauR 2005, 418.
176 BGH BauR 1985, 561.
177 BGH NJW 1970, 38.

Notwendigkeit, die einzelnen Arbeiten aufeinander abzustimmen, jedoch handelte es sich im vorgenannten Beispiel um voneinander abgrenzbare Arbeiten, die deutlich unterscheidbar und zeitlich nachgeordnet voneinander erbracht werden können. Wird das Werk des Vorunternehmers durch einen anderen parallel arbeitenden Unternehmer beschädigt, so scheiden zumeist Ansprüche aus dem Eigentum gegen den Schädigenden aus. Das Eigentum ist regelmäßig nach § 946 BGB durch den Einbau auf den Besteller übergegangen. Der geschädigte Unternehmer kann allerdings vom Besteller die **Abtretung dessen Ansprüche gegen den Schädigenden verlangen.**

Eine Haftung des Unternehmers gegenüber dem Besteller für die mangelhafte Leistung eines anderen Unternehmers kann sich in Einzelfällen ergeben. Eine solche Haftung wird dadurch begründet, dass der Unternehmer dem Besteller einen bestimmten Unternehmer empfiehlt und zu seiner Beauftragung rät. Er ist dabei zu einer gewissen Sorgfalt verpflichtet. Ähnlich ist die Lage, wenn ein Unternehmer damit beauftragt wird einen anderen Unternehmer zu überwachen. So soll zum Beispiel der Gerüstbauer vom Dachdecker, der das aufgestellte Gerüst benutzt, überwacht werden. Diese Überwachungstätigkeit ist grundsätzlich zu vergüten. Der Umfang der Tätigkeit hängt allein von der vertraglichen Vereinbarung mit dem Besteller ab.[178] Der Unternehmer haftet hierbei jedoch nur für **eigenes Verschulden.** 145

2. Besteller

a) Privatrechtlicher Bereich

Die Partei, die die Werkleistung entgegen nimmt, wird im **BGB Besteller** genannt, in der **VOB/B Auftraggeber**. Beim Besteller kann es sich um eine natürliche oder juristische Person (z. B. GmbH oder Aktiengesellschaft (AG)) handeln. Der Besteller kann auch Unternehmer i.S.d. § 14 BGB sein. Soweit er auch Kaufmann ist, finden gegebenenfalls die Vorschriften des Handelsgeschäfts (§§ 343 ff. HGB) Anwendung. 146

Die Bestellereigenschaft ist unabhängig vom Eigentum oder Besitz der zu bearbeitenden Sache. Sie resultiert daraus, dass der Besteller einen vertraglichen Anspruch auf Herstellung des Werkes hat. Sofern eine Mehrheit von Personen als Besteller auftreten, sind diese hinsichtlich der vom Unternehmer zu erbringenden Leistung **Gesamtgläubiger** i.S.d. § 428 BGB. Hinsichtlich der Zahlung des Werklohnes sind sie **Gesamtschuldner** gem. § 421 BGB. 147

b) Öffentlichrechtlicher Bereich

Öffentlichrechtliche Auftraggeber unterliegen besonderen Pflichten. Der Grund hierfür liegt darin, dass sie mit Steuergeldern arbeiten und dem Grundsatz einer wirtschaftlichen und sparsamen Haushaltsführung unterworfen sind. Sie sind ge- 148

---

178 BGH BauR 2000, 722.

halten, von ihnen benötigte Güter zu einem **wirtschaftlich angemessenen Preis** zu beschaffen. **§ 55 Bundeshaushaltsordnung (BHO)**, bzw. entsprechende landesrechtliche Bestimmungen fordern deshalb vor Abschluss von Verträgen über Lieferungen und Leistungen ein öffentliches Ausschreibungsverfahren.

149 Ebenso zu nennen in diesem Zusammenhang sind die Vergabe- und Vertragsordnungen (früher Verdingungsordnungen). Diese enthalten Regelungen, wonach der öffentliche Auftraggeber sowohl bei Vergabeverfahren mit **nationaler** Publizität, d. h. bei nicht Erreichen der Schwellenwerte i. S. d. § 100 Abs. 1 GWB, als auch bei **europaweiten Verfahren**, beispielsweise bei der Vergabe von Bauleistungen, den Teil A der VOB zu beachten haben. Die entsprechenden Pflichten ergeben sich bei nationalen Verfahren aus den zitierten »Verdingungsordnungen« als Verwaltungsanweisungen, bei europaweiten Ausschreibungen über § 97 Abs. 6 GWB.

150 Bei Verstößen der öffentlichen Hand gegen die Regelungen der VOB/A stehen den Vertragspartnern unterschiedliche Ansprüche zu. Es muss insoweit eine Trennung zwischen EG-Bauvorgaben oberhalb des Schwellenwertes und in der deutschen Vergabe unterhalb dieses Wertes beachtet werden. Sind die Schwellenwerte überschritten, stehen den Vertragspartnern der öffentlichen Hand subjektive **Bieterrechte** zu. Sie können ein **Vergabe-Nachprüfungsverfahren** einleiten oder auch gem. § 126 GWB **Schadensersatz** für die Kosten der Herstellung ihres Angebotes bzw. der Teilnahme am Vergabeverfahren verlangen. Von der Europäischen Gemeinschaft wurde in diesem Zusammenhang gefordert, dass auch in Deutschland dem Bieter das Recht eingeräumt wird, eine unzulässige Vergabe zu verhindern. Dies gilt derzeit allerdings nur oberhalb der Schwellenwerte. Voraussetzung ist, dass die öffentliche Hand als Auftraggeber gegen eine den Schutz von Unternehmern bezweckende Vorschrift verstoßen hat und der Bieter eine Chance gehabt hätte, den Zuschlag zu erhalten. Unterhalb der Schwellenwerte verbleibt es bei Verstößen gegen die Vorschriften der VOB/A bei allgemeinen Schadensersatzansprüchen. In diesem Bereich besteht weder ein Primärrechtschutz zur Verhinderung der Vergabe, noch der Anspruch auf Schadensersatz gem. § 126 S. 1 GWB. Soweit der Primärrechtsschutz oberhalb der Schwellenwerte gegeben ist, findet das Vergabe-Nachprüfungsverfahren in der ersten Instanz vor den Vergabekammern, in der zweiten vor den Vergabesenaten der zuständigen Oberlandesgerichte statt. Derzeit ist die Diskussion im Gange, ob bzgl. dieses unterschiedlichen Rechtsschutzes nicht der Gleicherhaltsgrundsatz des Artikels 3 GG verletzt wird.

III. Herstellung des Werks

1. Pflichten des Unternehmers

a) Hauptleistungspflichten

aa) Herstellung und Verschaffung

Durch den Abschluss des Werkvertrages besteht für den Unternehmer gem. § 631 BGB die Hauptpflicht das Werk herzustellen und zu verschaffen. Die Herstellung hat in der Weise zu erfolgen, dass das Werk **frei ist von Sach- und Rechtsmängeln**. Dies ergibt sich aus § 633 Abs. 1 BGB sowie § 640 Abs. 1 BGB, der dem Besteller das Recht einräumt ein mangelhaftes Werk nicht abzunehmen.

151

Der Umfang der übernommenen Pflichten richtet sich neben den gesetzlichen Vorgaben des § 633 BGB in erster Linie nach den konkreten vertraglichen Vorgaben.[179] Hieraus ist sowohl der geschuldete Werkerfolg zu ermitteln, als auch das Leistungssoll, das die Parteien vereinbart haben, um den Erfolg zu erreichen. Die Art und Weise wie der Unternehmer den geschuldeten Erfolg herbeiführt, bestimmt er **im Rahmen der vertraglichen Zwecksetzung autonom**. Ein Weisungsrecht des Bestellers besteht allenfalls hinsichtlich des zu erzielenden Erfolges, nicht aber in Bezug auf die einzelnen Arbeitsschritte.[180] Dies ergibt sich aus der Regelung über die Nacherfüllung in § 635 BGB. Danach kann der Unternehmer im Unterschied zum Verkäufer selbst darüber entscheiden, ob er den vertragsgemäßen Zustand des Werkes durch Beseitigung der Mängel oder durch Neuherstellung herbeiführt.

152

Im Gegensatz zum Besteller hat der Unternehmer nur ein eingeschränktes Recht zur Herstellung des Werks. Dies ergibt sich daraus, dass der Besteller über § 649 BGB den **Vertrag jederzeit kündigen** kann. Der Unternehmer behält nach § 326 Abs. 2 BGB seinen Vergütungsanspruch, soweit der Besteller eine Veranlassung zur Kündigung aus wichtigem Grund gibt oder nach § 649 BGB selbst kündigt. Die Erstellung des Werkes modifiziert den Herstellungsanspruch des Bestellers. Für den Kostenaufwand gilt die Regelung des § 635 Abs. 3 BGB. Als Folge kann der Unternehmer die Nachbesserung des Werkes **wegen unverhältnismäßigen Aufwandes** verweigern.

153

Eine wesentliche Veränderung des Herstellungsanspruchs erfolgt durch die Abnahme des Werkes seitens des Bestellers. Vor der Abnahme besteht für ihn ein klagbarer Anspruch auf **Verschaffung des Werkes**. Nach der Abnahme ist der Herstellungsanspruch als **Nacherfüllungsanspruch** selbstständig einklagbar. Vor der Abnahme gilt für den Herstellungsanspruch die regelmäßige Verjährungsfrist des § 195 BGB von drei Jahren. Nach der Abnahme bestimmt sich die Verjährung des

154

---

179 Siehe zur Leistungsbeschreibung ausführlich Würfele in: Kuffer/Wirth S. 476 ff. und in Würfele/Gralla, 1. Teil.
180 Soergel/Teichmann § 631 BGB Rn. 9.

Nachbesserungsanspruchs nach § 634 a BGB. Danach gilt für Werke, deren Erfolg in der Herstellung, Wartung oder Veränderung einer Sache besteht, eine Verjährungsfrist von 2 Jahren. Sofern es sich um ein Bauwerk i.S.d. § 634 a Abs. 1 Nr. 2 BGB handelt, eine Verjährungsfrist von 5 Jahren.

155 Neben der Herstellung steht nach § 633 Abs. 1 BGB[181] die Verschaffung des Werkes als Hauptpflicht des Unternehmers.[182] Das Werk gilt als dem Besteller verschafft, wenn die **Vergütungsgefahr** auf ihn übergegangen ist. Der Zeitpunkt des Gefahrübergangs ist sowohl für die Bestimmung der Sollbeschaffenheit des Werkes, als auch für die Feststellung von dessen Ist-Beschaffenheit maßgeblich. Mangelfrei ist das Werk zum Zeitpunkt des Gefahrüberganges nur unter der Voraussetzung, dass der Mangel nicht bereits im Werk angelegt ist.[183] Der Verschaffensanspruch besteht bezüglich des fertigen Werkes, wohingegen der Herstellungsanspruch sich auf das unfertige Werk bezieht.

156 Der Unternehmer ist verpflichtet, dem Besteller das Eigentum am fertigen Werk einzuräumen. Ferner gehört zum Verschaffensanspruch auch die Einräumung des Besitzes. Der Verschaffungsanspruch ist im Gegensatz zum Herstellungsanspruch selbstständig einklagbar. Er steht im Zusammenhang mit der Zahlungsverpflichtung des Bestellers. Die Vorleistungspflicht des Unternehmers erstreckt sich nicht auf die Verschaffungspflicht, sodass diese Zug um Zug gegen Zahlung des Werklohnes erfolgt. Der Anspruch auf Verschaffung verjährt nach §§ 195, 199 BGB in drei Jahren.

bb) Änderung, Erweiterung und Einschränkung der Leistungspflicht

157 Das gesetzliche Werkvertragsrecht enthält keine Bestimmung, die dem Auftraggeber das Recht gibt, nach Vertragsschluss durch einseitiges Verlangen eine Änderung der vereinbarten Bauleistungspflicht durchzusetzen. Teilweise wird deshalb die Auffassung vertreten, dass Änderungen der Bauleistung beim BGB-Vertrag nur durch einen Änderungsvertrag mit Einverständnis des Auftragnehmers möglich sind.[184] Anderen Ansichten zufolge ergibt sich ein Änderungsrecht des Auftraggebers bereits aus der Natur des Bauvertrages als »Langzeitvertrag«. Dieser müsse sich den wechselnden tatsächlichen Gegebenheiten anpassen.[185]

158 Der BGH hat für den Anwendungsbereich des § 1 Nr. 4 VOB/B entschieden, dass zusätzliche Leistungen, die für die Ausführung des Bauwerks erforderlich werden, auch im Rahmen eines BGB-Vertrages zu erbringen seien.[186] Dies entspräche dem

---

181 Es ist umstritten, ob sich die Verschaffenspflicht aus § 631, 640 BGB (so Bamberger/Roth/Voith § 631 BGB Rn. 49 oder aus § 633 Abs. 1 BGB ergibt (so Thode NZBau 2002, 297, 301).
182 Soergel/Teichmann § 631 BGB Rn. 9.
183 BGH NJW 1994, 1659, 1660; Palandt/Sprau § 633 Rn. 5.
184 Vygen, Bauvertragsrecht nach VOB/B und BGB, Rn. 331, 332.
185 Enders BauR 1982, 535 m.w.N.
186 BGH BauR 1996, 378.

Grundsatz von Treu und Glauben.[187] Gleiches muss für die **einseitige Änderungsbefugnis** nach § 1 Nr. 3 VOB/B unter den gleichen Voraussetzungen wie bei § 1 Nr. 4 VOB/B gelten.[188]

Die berechtigten Interessen der Parteien sind dabei gegeneinander abzugrenzen. Der Auftragnehmer verdient Schutz hinsichtlich der bindenden Wirkung des von ihm abgeschlossenen Vertrages. Andererseits hat der Auftraggeber ein berechtigtes Interesse daran rechtliche und tatsächliche Probleme, die während der Erstellung des Werkes auftreten, sachgerecht zu lösen. Im Ergebnis ist im Rahmen des § 242 BGB ein Recht des Auftraggebers anzuerkennen, die Bauleistung nach Vertragsschluss einseitig – im Rahmen des Zumutbaren – zu ändern.[189] 159

cc) Leistungszeit und Leistungsort
(1) Leistungsort
Für die Bestimmung des Leistungsortes und der Leistungszeit gelten die allgemeinen Vorschriften der §§ 269, 271 BGB. Maßgeblich ist auch hier in erster Linie die **vertragliche Vereinbarung** der Parteien. Fehlt es an einer solchen Vereinbarung, ist auf die näheren Umstände, insbesondere die Natur des Schuldverhältnisses Rücksicht zu nehmen. 160

Hinsichtlich des Leistungsortes ist zu beachten, dass die Herstellung des Werkes ein Prozess ist, der sich über einen gewissen Zeitraum erstreckt. Zu unterscheiden sind daher der Herstellungsort und zum anderen der Ort, an dem der Unternehmer das Werk abzuliefern hat (**Ablieferungsort**). Der Herstellungsort wird sich zumeist aus der Natur des Schuldverhältnisses ergeben. So sind Bauleistungen auf dem zu bebauenden Grundstück zu erbringen. Beim Ablieferungsort ist vom Grundsatz des § 269 Abs. 1 und 3 BGB auszugehen. Im Zweifel ist der Ablieferungsort danach der Wohn- oder Geschäftssitz des Unternehmers. Anderes kann sich jedoch aus der Natur des Vertrages ergeben. Bei Bauverträgen wird der Ort der Baustelle nicht nur der Herstellungs-, sondern auch der Ablieferungsort sein. 161

(2) Leistungszeit
Bezugspunkt für die Leistungszeit ist in der Regel die Ablieferung des vollständig hergestellten Gesamtwerkes.[190] Der Fälligkeitstermin richtet sich in erster Linie nach der Vereinbarung der Parteien.[191] Fehlt es an einer Terminbestimmung, kann auf die Auslegungsregel des § 271 Abs. 1 BGB zurückgegriffen werden. Aller- 162

---

187 BGH BauR 1996, 378; Keldungs in: Ingenstau/Korbion § 1 Nr. 3 VOB/B Rn. 3.
188 Vgl. hierzu auch Wirth/Würfele in: Darmstädter Baurechtshandbuch S. 547 Rn. 658. Dort wird eine grundsätzliche Geltung des § 1 Nr. 3 VOB/B auch im BGB-Vertrag befürwortet wird.
189 BGH BauR 1996, 378, 380; Keldungs in: Ingenstau/Korbion § 1 Nr. 3 VOB/B Rn. 3, im Ergebnis bejahend, jedoch mit Einschränkungen nach den Kriterien des § 1 Nr. 4 VOB/B; Staudinger/Peters § 633 BGB Rn. 11; Enders BauR 1982, 535.
190 BGH NJW-RR 1997, 1376.
191 BGH NJW 2000, 1403; BGH BauR 2004, 331.

dings sind dabei die Besonderheiten des Werkvertrages (speziell eines Bauvertrages – z.B. längere Vorlaufzeiten) zu berücksichtigen. Der Besteller kann nicht die sofortige Ablieferung verlangen. Der Unternehmer ist verpflichtet, **unverzüglich mit der Herstellung zu beginnen.** Die Ablieferung wird nach Ablauf einer angemessenen, für die Herstellung eines solchen Werkes üblichen und nach den Umständen zu erwartenden Zeit fällig.[192] Unzutreffend ist die früher vertretene Ansicht, dass es im Bauvertrag ohne Bestimmung einer Leistungszeit, keinen Verzug des Unternehmers mit dem Beginn der Arbeiten geben könne. Zutreffenderweise hat der BGH dem entgegengehalten, dass gerade auch in Bauverträgen der Besteller dem Unternehmer bei nicht rechtzeitigem Beginn in Verzug setzen kann.[193]

163 Zur Sicherung des Fertigstellungstermins werden in Bauverträgen häufig **Vertragsstrafen** vereinbart. Der Besteller kann die Zahlung einer Vertragsstrafe fordern, wenn diese wirksam vereinbart worden ist (AGB-Fragen) und die vertraglichen Voraussetzungen erfüllt sind.

164 Der Unternehmer ist zur Zahlung der vereinbarten Vertragsstrafe verpflichtet, wenn er den vereinbarten Fertigstellungstermin überschritten hat. In der Praxis ist es häufig umstritten, ob eine anfangs vereinbarte Vertragsstrafe noch Bestand hat. Oft kommt es bei der Durchführung des Bauvorhabens unter anderem durch das Verhalten des Auftraggebers zu gravierenden Störungen des Bauablaufs. Sie lassen die vereinbarten Termine obsolet werden;[194] z.B. wenn der Auftraggeber durch Zusatzaufträge oder Planänderungen die zu erbringende Bauleistung nachträglich erweitert. Bei gravierenden Eingriffen hat der Auftraggeber keinen Anspruch auf die Zahlung einer Vertragsstrafe. Der Besteller hat ebenfalls keinen Anspruch auf die Vertragsstrafe, wenn er durch eigenes Verhalten, z.B. unterlassene Mitwirkungshandlungen, die Überschreitung der Ausführungsfristen verursacht hat.

165 Vereinbaren die Parteien einvernehmlich neue Fertigstellungstermine, hängt es vom Einzelfall ab, ob die Vertragsstrafe fortgilt, die für die ursprünglichen Fertigstellungstermine vereinbart worden war. Einheitliche Grundsätze sind von der Rechtsprechung bislang noch nicht entwickelt worden. Das OLG Celle hat mit Urteil vom 5.6.2003 entschieden, dass die Vertragsstrafe für die neuen Termine nicht gelten soll. Die Parteien hatten in diesem konkreten Fall nach dem Ablauf des ursprünglichen Fertigstellungstermins neue Termine vereinbart, ohne über die Vertragsstrafe zu sprechen. Nach Ansicht des Gerichtes haben die Parteien durch die Vereinbarung neuer Fertigstellungstermine die Vertragsstrafe nachträglich aufgehoben.[195] Bei der Beurteilung des Einzelfalles gilt, je gewichtiger die Terminverschie-

---

192 BGH NJW-RR 2001, 806; 2004, 209, 210.
193 BGH NJW-RR 2001, 806; 2004, 209, 210.
194 BGH NJW 1966, 971; die Grundsätze des § 6 Nr. 2 und 4 VOB/B können auch auf den BGB-Vertrag angewendet werden, so auch Werner/Pastor Rn. 1820; Vygen/Schubert/Lang Rn. 123.
195 OLG Celle BauR 2004, 1307.

bung ist, umso weniger kann von einer Fortgeltung der Vertragsstrafenregelung ausgegangen werden; insbesondere wenn die Terminverschiebung zu gänzlich anderen Baubedingungen geführt hat.[196] Ein wesentliches Indiz ist auch der Zeitpunkt der Vereinbarung. Ist der ursprüngliche Ausführungstermin im Zeitpunkt der einvernehmlichen Verlängerung der Fertigstellungsfrist bereits verstrichen, ist davon auszugehen, dass die Vertragsstrafe für die neuen Termine nicht mehr gelten soll.[197] Von einer Fortgeltung der Vertragsstrafe kann auszugehen sein, wenn diese terminneutral (z. B. Bautage) formuliert ist.[198]

166 In der Praxis relevant sind nach wie vor Klauseln, bei denen Vertragsstrafen so formuliert werden, dass sie von vornherein mit einem Automatismus selbst dann gelten sollen, wenn die Fertigstellungstermine nachträglich geändert werden. Der Wirksamkeit derartiger Klauseln steht entgegen, dass der Unternehmer hier eine Art Blankoerklärung abgibt, dessen Tragweite er aufgrund der späteren Anpassung der Termine bei Unterzeichnung des Vertrages noch nicht absehen kann. Entgegengehalten werden kann, dass er zu diesem Zeitpunkt weiß, welches Risiko er mit der Akzeptanz einer solchen Klausel eingeht. Im Regelfall wird man entsprechende Vereinbarungen jedoch am Transparenzgebot scheitern lassen müssen.

167 Die Vereinbarung einer Vertragsstrafe kann **individuell zwischen den Parteien** getroffen werden oder im **Rahmen von Allgemeinen Geschäftsbedingungen**. Eine Individualvereinbarung unterliegt lediglich den allgemeinen gesetzlichen Grenzen. Sie ist gem. § 138 BGB unwirksam, wenn sie gegen die guten Sitten verstößt. Das kann der Fall sein, wenn die Vertragsstrafe gemessen am Interesse des Auftraggebers an rechtzeitiger Fertigstellung und an der Absicherung möglicher Schäden in hohem Maße unangemessen ist. Dies hat das OLG Celle für den Fall angenommen, dass eine Vertragsstrafe in Höhe von 75.000 € vereinbart war, die bereits nach dem ersten Tag der Fristüberschreitung fällig wurde und zwar auch dann, wenn nur noch ein Mangel vorhanden war.[199]

168 Die Vereinbarung der Vertragsstrafe ist auch durch Allgemeine Geschäftsbedingungen möglich. Wann eine Vereinbarung als Allgemeine Geschäftsbedingung einzustufen ist, beurteilt sich nach den allgemeinen Regeln des § 305 BGB. Ein wesentliches Kriterium für die Einstufung als AGB ist die **Verwendung für eine Vielzahl von Verträgen**. Davon abzugrenzen sind individuell ausgehandelte Vereinbarungen. Der BGH stellt jedoch strenge Anforderungen an diese Individualität. Nach Ansicht des Gerichts reicht es nicht aus, eine Vertragsstrafenabrede zu erörtern. Dem Auftragnehmer muss im Rahmen der Vertragsverhandlungen vielmehr die Möglichkeit eingeräumt werden, die vorgegebene Vertragsstrafenklausel

---

196 KG Urt. v. 19.10.2004 7 U 6018/99, IBR.
197 Werner/Pastor Rn. 2083.
198 Kniffka/Koeble 7. Teil Rz. 88.
199 OLG Celle Urt. v. 22.3.2001 13 U 213/00, BauR 2001, 1108.

in den für ihn nachteiligen Punkten abzuändern.[200] Sofern eine Klausel in mehreren Punkten von den Grundgedanken der gesetzlichen Regelung abweicht, müssen alle Punkte zur Disposition gestellt werden.[201]

169 Entsprechende Vertragsstrafenregelungen unterliegen zusätzlich der Inhaltskontrolle gem. §§ 307 ff. BGB. Benachteiligt eine Vertragsstrafenklausel den Vertragspartner des Verwenders unangemessen, ist sie unwirksam. In der Praxis hat sich gezeigt, dass eine Vielzahl von Vertragsstrafenklauseln der Auftraggeber **der Inhaltskontrolle nicht standhält**. Die Rechtsprechung hat verschiedene Fallgruppen für die Beurteilung der unangemessenen Benachteiligung gebildet.

170 Nach der Rechtsprechung kann sich eine unangemessene Benachteiligung des Auftragnehmers z. B. aus der Höhe der Vertragsstrafe ergeben. Unangemessen kann dabei sowohl der Tagessatz als auch die Gesamthöhe der Vertragsstrafe sein. Für Bauverträge ist eine Vertragsstrafe von 0,2 bis 0,3 % der Auftragssumme pro Arbeitstag für die Überschreitung des Fertigstellungstermins nicht beanstandet worden.[202] Ein Tagessatz in Höhe von 0,5 % der Auftragssumme ist hingegen als unangemessen hoch eingestuft worden.[203]

171 Neben der angemessenen Höhe der Tagessätze ist für eine wirksame Vereinbarung einer Vertragsstrafe in AGB ebenfalls eine **Obergrenze** zu verabreden. Diese soll verhindern, dass der Auftragnehmer mit einer unangemessen hohen Gesamtsumme belastet wird. Welche Obergrenze einzuhalten ist, hängt von den Umständen des Einzelfalles ab und kann nicht generell beurteilt werden. Der BGH hat entschieden, dass eine Vertragsstrafenregelung für Bauverträge nicht höher als 5 % der Auftragssumme betragen darf.[204]

172 Ein weiterer Unwirksamkeitsgrund kann es nach der Rechtsprechung sein, wenn die Vertragsstrafe an die Überschreitung mehrerer Fristen anknüpft und diese infolge einer Kumulation zu einer unangemessen schnellen Belastung führen.[205] Das kann der Fall sein, wenn die Zwischentermine so hintereinander liegen, dass es zu gleichzeitigen Überschreitungen kommen kann.

Zusätzlich ist zu beachten, dass die Vertragsstrafe in AGB des Auftraggebers **nicht verschuldensunabhängig vereinbart werden kann.**[206]

173 Die Vertragsstrafenregelung ist gem. §§ 341 Abs. 2, 340 Abs. 2 BGB auf einen etwaigen Schadensersatzanspruch des Auftraggebers gegen den Auftragnehmer an-

---

200 BGH NZBau 2003, 321.
201 BGH BauR 1998, 1094.
202 BGH BauR 1976, 279 und BauR 2001, 791; OLG Schleswig BauR 2005, 1641.
203 Vgl. BGH BauR 2003, 870 = NJW 2003, 1805; BGH NZBau 2000, 327.
204 BGH NZBau 2003, 321; unter Aufgabe von BGH BauR 1987, 92 (10 %).
205 OLG Hamm BauR 2000, 1202.
206 OLG Oldenburg BauR 2005, 887.

zurechnen. In Allgemeinen Geschäftsbedingungen kann von diesem Grundsatz nicht abgewichen werden.²⁰⁷

b) Nebenpflichten
aa) Allgemeines

Aus den Grundsätzen von Treu und Glauben ergeben sich eine Vielzahl von Pflichten der Vertragsparteien – u.a. aufeinander Rücksicht zu nehmen oder die jeweils andere Partei vor Schaden zu bewahren. Für den Unternehmer ergeben sich hieraus insbesondere **Pflichten zur Aufklärung und Beratung, Obhut, Verwahrung, Sicherung und Fürsorge**. 174

Sofern der Unternehmer seinen Nebenpflichten nicht nachkommt, ergeben sich **unterschiedliche Rechtsfolgen**. Kommt es aufgrund des Unterlassens von Hinweisen zu einem **Mangel des Werkes**, stehen dem Besteller die **Gewährleistungsrechte** der §§ 633 ff. BGB zu. Besteht der Schaden des Bestellers nicht in einem Mangel am Werk, steht ihm bei einer vorvertraglichen Verletzung der Aufklärungspflicht ein **Schadensersatzanspruch** aus §§ 280 Abs. 1, 241 Abs. 2, 311 Abs. 2 BGB zu, bei einer späteren Pflichtverletzung einen Anspruch aus §§ 280 Abs. 1, 241 Abs. 2 BGB. Ferner kann sich bei entsprechender Schwere der Pflichtverletzung ein Recht zur **außerordentlichen Kündigung** ergeben. 175

bb) Aufklärungs- und Beratungspflichten

Aufklärungs- und Beratungspflichten des Unternehmers bestehen im Regelfall nur in Bezug auf die beauftragte Werkleistung und die damit zusammenhängenden Umstände.²⁰⁸ Sie ergeben sich aus dem von Treu und Glauben getragenen Vertrauensverhältnis zwischen den Vertragsparteien. Sie stellen eine wesentliche Nebenpflicht des Unternehmers dar. Dies gilt u.a. deshalb, weil der Unternehmer in der Regel gegenüber dem Besteller einen Wissensvorsprung hat.²⁰⁹ Selbst wenn der Besteller sachkundig ist, werden die Hinweispflichten allenfalls eingeschränkt, nicht jedoch aufgehoben. 176

Die Hinweispflichten des Unternehmers bestehen zu jeder Zeit. Er muss bereits vor Vertragschluss darauf hinwirken, dass kein unzweckmäßiger Vertrag zustande kommt.²¹⁰ Während der Vertragsabwicklung, aber auch noch nach der Abnahme bis hin zur Verjährung der Gewährleistungsansprüche, bestehen diese Hinweispflichten des Unternehmers gegenüber dem Besteller.²¹¹ 177

---

207 BGH NJW 1985, 53; OLG Düsseldorf BauR 2003, 94.
208 OLG Düsseldorf NJW-RR 1999, 1210; OLG Köln BauR 2005, 1193.
209 BGH NJW-RR 1996, 789, 791; OLG Köln BauR 2005, 1193.
210 Er hat unter Umständen auf Fehler von Vorunternehmern oder dem Besteller hinzuweisen, BGH MDR 1983, 392; auch hat er auf Risiken und Gefahren des Werkes zu nennen, BGH NJW-RR 1987, 664; bei technischen Anlagen hat er den insoweit unerfahrenen Besteller über eine zweckmäßige Gestaltung aufzuklären, BGH BB 1987, 1843; OLG Frankfurt, BGH-Nichtannahmebeschluss, IBR 2001, 11.
211 So hat der Unternehmer nach BGH BB 1971, 415 unter Umständen nach der Abnahme Auskunft über ein zweckmäßiges Vorgehen zu erteilen; vgl. BGH IBR 2005, 306.

178 Die **Beratungspflichten** gehen über die Aufklärungspflichten hinaus. Während die Aufklärung sich in Erläuterungen erschöpft, soll die Beratung eine **Entscheidungshilfe** geben. Der Unternehmer ist immer dann zur Beratung verpflichtet, wenn sich konkrete Verdachtsmomente ergeben, dass die Durchführung des Vertrages nicht möglich ist. Insoweit ist es ausreichend, wenn nur Verdachtsmomente bestehen. Der Unternehmer muss diese dem Besteller mitteilen, im Regelfall ist er jedoch nicht verpflichtet, sie vorab auf eigene Kosten zu untersuchen.

179 Kommt der Unternehmer seinen Beratungs- und Aufklärungsverpflichtungen nicht nach, bemessen sich die in Frage kommenden Sanktionen nach der Schwere der Pflichtverletzung. Liegt eine gravierende Pflichtverletzung vor, kann der Besteller den Vertrag aus wichtigem Grund kündigen oder vom Vertrag zurücktreten.

Entsteht durch die Verletzung der Aufklärungspflicht an dem erstellten Werk ein Mangel i.S.d. § 633 BGB, stehen dem Besteller die Gewährleistungsrechte der §§ 633, 634 BGB zu.

180 Besteht der Schaden des Bestellers nicht in einem Mangel des Werkes, so stehen dem Besteller die Schadensersatzansprüche nach den §§ 280 Abs. 1, 241 Abs. 2, 311 Abs. 2 BGB zu – vorausgesetzt die Pflichtverletzung wurde beim Abschluss des Vertrages begangen. Sofern die Pflichtverletzung erst später – bei der Durchführung des Vertrages – geschieht, besteht ein Schadensersatzanspruch nach §§ 280 Abs. 1, 241 Abs. 2 BGB. Der Besteller muss sich auf einen etwa bestehenden Anspruch gegen den Unternehmer – neben seinem Mitverschulden – auch einen etwaigen Vorteil anrechnen lassen.

cc) Obhuts- und Fürsorgepflichten

181 Neben den dargestellten Aufklärungs- und Beratungspflichten treffen den Unternehmer die allgemeinen Nebenpflichten. Diese gehen dahin, bei der Durchführung des Vertrages die Rechtsgüter des Bestellers nicht zu schädigen. Diese Pflichten gelten in der Regel nur während der Durchführung des Vertrages, nicht auch danach.[212] Insbesondere ist der Unternehmer verpflichtet, die **körperliche Unversehrtheit des Bestellers zu sichern**.[213] Der Unternehmer ist verpflichtet, das Eigentum des Bestellers sorgsam zu behandeln und vor einer möglichen Beschädigung zu schützen. Zu diesem Zweck hat er angemessene und zumutbare Schutzvorkehrungen zu treffen.[214] Dies gilt im Übrigen auch für Vorunternehmerleistungen, die der Unternehmer im Rahmen seine Werkleistung verarbeiten muss. Anhand einer spezifischen Einzelfallbeurteilung ist unter Berücksichtigung der unternehmerseitigen

---

[212] OLG Zweibrücken NJW-RR 2003, 1600.
[213] BGH NJW 1989, 2115.
[214] BGH NJW 1983, 113; OLG Köln BauR 1999, 768; vgl. OLG Celle BauR 2003, 551.

Kenntnisse und Möglichkeiten der Umfang der Schutzpflicht zu bestimmen.[215] In den **Schutzbereich** des zwischen dem Besteller und dem Unternehmer geschlossenen Vertrages können auch **Dritte** einbezogen werden, denen gegenüber von dem Werk bestimmungsgemäß Gebrauch gemacht wird.

dd) Sonstige Nebenpflichten

Weitere Pflichten, z.B. eine Pflicht zur Auskunft und Rechnungslegung besteht seitens des Unternehmers nur, wenn die Parteien dies vereinbart haben. Anders kann es sein, wenn im Rahmen des Werkvertrages eine Geschäftsbesorgung zu erledigen ist.[216] **182**

In Einzelfällen ist der Unternehmer dazu verpflichtet, dem Besteller eine benötigte Bescheinigung auszustellen[217] oder Werkzeuge herauszugeben, die im Auftrag des Bestellers gefertigt wurden.[218]

2. Pflichten des Bestellers

Auch bei den Pflichten des Bestellers ist zwischen den **Hauptpflichten**, den **Nebenpflichten** und den **bloßen Obliegenheiten** zu unterscheiden. **183**

a) Zahlung der Vergütung

Die Hauptpflicht des Bestellers besteht darin, das fertig erstellte Werk nach § 640 BGB abzunehmen und die vereinbarte Vergütung gem. § 632 BGB zu entrichten. Der Vergütungsanspruch entsteht bereits mit Abschluss des Vertrages. Er wird gem. § 641 Abs. 1 BGB **mit der Abnahme der Bauleistung fällig**. **184**

b) Abnahme

Neben der Zahlungspflicht des Bestellers steht seine Pflicht zur Abnahme des vertragsgemäß hergestellten Werkes gem. § 640 BGB. Die Abnahme ist neben der Pflicht zur Zahlung des Werklohnes ebenfalls eine **Hauptleistungspflicht**. Die sonstigen Mitwirkungshandlungen des Bestellers bei der Herstellung des Werks werden als bloße Gläubigerobliegenheit angesehen. Diese können insbesondere nicht erzwungen werden. Bei der Abnahme wird diese Rechtsnatur der Mitwirkungspflichten geändert. Die Abnahme des Werkes ist eine Schuldnerpflicht, sodass der Unternehmer im Ergebnis einen Anspruch auf Abnahme des Werkes gegen den Besteller hat. **185**

---

215 BGH NJW-RR 97, 342, insbes. auch die Schürmannbau-Entscheidungen, bei denen die Beteiligten davon ausgingen, dass der Bauherr die Schutzpflichten übernimmt, BGH BauR 2003, 1383.
216 In diesen Fällen besteht auch ohne Vereinbarung eine Pflicht zur Auskunft und Rechnungslegung, so BGHZ 41, 318.
217 So OLG Köln NZBau 2000, 78.
218 So OLG Düsseldorf NJW-RR 1997, 757.

186 Die rechtsgeschäftliche Abnahme des Bestellers ist in § 640 Abs. 1 BGB geregelt. Danach ist dieser verpflichtet, das vertragsgemäß hergestellte Werk abzunehmen – sofern nicht nach der Beschaffenheit des Werkes die Abnahme ausgeschlossen ist.[219]

c) Nebenpflichten/Obliegenheiten
aa) Allgemeines

187 Die Pflichten des Bestellers beschränken sich gleichfalls nicht auf die Zahlung des Werklohns und die Abnahme des Werkes. Ihm obliegen umfangreiche Nebenpflichten, wie Mitwirkungspflichten, Aufklärungs- und Beratungspflichten; ebenso Obhuts- und Schutzpflichten, soweit diese aus dem Treueverhältnis zwischen den Vertragsparteien abzuleiten sind. Entsprechendes ergibt sich aus § 241 Abs. 2 BGB. Danach schuldet »jeder Teil« die Rücksichtnahme auf die Rechtsgüter und Interessen des jeweiligen Partners des Schuldverhältnisses.

188 Der Besteller ist zur **Information des Unternehmers verpflichtet**, sofern ihm Umstände bekannt sind, die Mängel an der Werkleistung hervorrufen können und die der Unternehmer nicht kennt.[220] Dabei ist zu beachten, dass der Unternehmer typischerweise über die größere Sachnähe verfügt und daher solche Gefahren eher erkennen kann. Eine Aufklärungs- und Beratungspflicht des Bestellers kommt daher in Betracht, wenn er gegenüber dem Unternehmer einen Informations- oder Wissensvorsprung hat. Der Besteller muss ohne besonderen Anlass die Eignung und Befähigung des Unternehmers nicht überprüfen.[221] Eine Überwachungspflicht gegenüber dem Unternehmer trifft ihn und seinen Architekten nicht.[222]

189 Verwahrungspflichten kommen auf Seiten des Bestellers eher selten vor. Selbst wenn der Unternehmer ihm gehörende Sachen – z.B. Werkzeuge – der Einwirkung des Bestellers aussetzt, ist dieser nur dazu verpflichtet, ein eigenes schädigendes Verhalten zu unterlassen. Denkbar ist, dass den Besteller die Pflicht trifft, die Rechtsgüter des Unternehmers zu schützen, wenn der Unternehmer erkennbar nicht in der Lage ist, dieses selbst zu tun – z.B. falls beim Besteller gearbeitet wird oder dessen Geräte genutzt werden.[223] Der Besteller muss alles vermeiden, was den Rechten, Rechtsgütern und Interessen des Unternehmers Schaden zufügen könnte. Hinsichtlich des Schutzes von Leben und Gesundheit des Unternehmers gilt für den Besteller § 618 BGB entsprechend.[224]

---

219 Vgl. zur Abnahme auch die Kommentierung des § 640 BGB.
220 OLG Hamm NJW-RR 1990, 667; OLG Stuttgart NJW-RR 1997, 1241; vgl. Werner/Pastor Rn. 1772.
221 BGH NJW 1993, 1191; ebenso hat er beim Bauvertrag grundsätzlich keine Überwachungspflicht gegenüber dem Unternehmer – so BGH NJW 1973, 518.
222 BGH NJW 1973, 518; so auch OLG Stuttgart VersR 1970, 531; OLG Stuttgart IBR 2006, 283.
223 BGHZ 5, 62; 26, 365, 372; OLG Düsseldorf NJW-RR 1995, 403.
224 BGHZ 5, 62, 66; OLG Düsseldorf NJW-RR 1995, 403; vgl. Werner/Pastor Rn. 1772.

190 Nebenpflichten entfalten eine **Schutzwirkung gegenüber Dritten**; insbesondere gegenüber den Hilfspersonen des Unternehmers. Hierunter fallen nicht nur die Mitarbeiter des Unternehmers, sondern die von ihm zulässig eingesetzten Subunternehmer. Verletzt der Besteller eine Nebenpflicht, können dem Unternehmer Schadensersatzansprüche nach § 280 Abs. 1 BGB zustehen.

bb) Mitwirkung

191 Mitwirkungshandlungen des Bestellers sind solche Handlungen, von denen nach dem Inhalt des Vertrages der Beginn oder die Durchführung der Arbeiten des Unternehmers abhängig sind. Das kann sowohl ein positives Tun als auch ein Unterlassen sein.

192 Der Besteller ist dazu verpflichtet, den Unternehmer bei der Erstellung des Werkes zu unterstützen. Dies wird besonders deutlich bei Werkverträgen, bei denen die Leistung des Unternehmers in der Regel auf einer planenden Leistung des Bestellers basiert. So z. B. bei einem Bauvertrag, wenn der Unternehmer auf die Angaben des Planers und dessen Zeichnungen angewiesen ist. Nur mit ihnen ist er in der Lage ein ordnungsgemäßes Werk zu erstellen. Auch in anderen Bereichen hat der Besteller Mitwirkungsverpflichtungen – z. B. indem er die Baustelle, das Material oder andere Unterlagen zur Verfügung stellt. Ein Unterlassen des Bestellers ist geboten, wenn er durch eine Handlung den Erfolg des Werkes gefährden würde. Der Besteller darf den Unternehmer bei der Erstellung des Werkes nicht behindern – z. B. durch das Aussprechen eines Hausverbotes.[225] Welche Mitwirkungshandlungen der Besteller zu erfüllen hat, ergibt sich aus der zwischen den Parteien getroffenen Vereinbarung oder aus der Verkehrssitte.

193 Die Mitwirkungsverpflichtung versteht das Gesetz in den §§ 642, 643 BGB als eine **Gläubigerobliegenheit**, deren Verletzung nicht zu einem Schadensersatzanspruch führt (allerdings können sie auch zu Neben-, sogar Hauptpflichten werden).[226] Es tritt »nur« ein Annahmeverzug des Bestellers ein. Eine bloße Obliegenheit bleibt es auch dann, wenn der Besteller die Ausführung von Teilen des Werkes selbst übernimmt. Der Unternehmer hat gegen den Besteller einen Anspruch nach § 642 BGB auf **Ersatz der Mehrkosten**, die durch eine verspätete Tätigkeit entstanden sind.

cc) Rechtsfolgen

194 Die Verletzung von **Nebenpflichten** ist in § 280 Abs. 1 BGB sanktioniert. Als Folge macht sich der Besteller schadensersatzpflichtig, sofern er eine Nebenpflicht verletzt. Unter Umständen kann durch die Verletzung einer Obliegenheit/Nebenpflicht ein **Kündigungsrecht des Unternehmers** aus wichtigem Grund gem. § 643 BGB entstehen.

---

225 So OLG Düsseldorf NJW-RR 2000, 466.
226 Vgl. Palandt/Sprau § 642 Rn. 3.

195 Die Folgen einer Verletzung von **Obliegenheiten** ergeben sich aus dem Zusammenhang. Sie können unter Umständen ein Leistungsverweigerungsrecht oder ein Kündigungsrecht begründen, jedoch **keinen Schadensersatzanspruch** nach § 280 BGB.

Der Umfang der übernommenen Bauleistungsverpflichtung richtet sich nach dem Vertrag.[227] Hieraus ist sowohl der vereinbarte Werkerfolg zu ermitteln, als auch das Leistungssoll, das die Parteien vereinbart haben, um den Erfolg zu erreichen.

Die Beschreibung der Bauleistung erfolgt im Vertrag in der Regel in mehreren Teilen. Diese Teile werden hier »Leistungsbeschreibungselemente« genannt.[228]

3. Leistungsbeschreibungselemente

196 Die einzelnen Leistungsbeschreibungselemente lassen sich in **drei Kategorien** einteilen:

- Werkerfolg
- Konkrete Leistungsbeschreibungselemente
- Standardisierte Leistungsbeschreibungselemente

197 Der **Werkerfolg** wird durch den Zweck (Funktionalität) des Bauwerks bestimmt. Die **konkreten Leistungsbeschreibungselemente** (z. B. Baubeschreibung und Leistungsverzeichnisse) beschreiben die Anforderungen und Leistungen für das konkrete Bauvorhaben. Sie werden für das jeweilige Vorhaben individuell erstellt oder angepasst. Die **standardisierten Leistungsbeschreibungselemente** werden für eine Vielzahl von Bauvorhaben erstellt. Es kann sich auch um Gesetze (z. B. BauGB, BauO NW), sonstige Normen (z. B. VOB/C) oder AGB (z. B. VOB/B) handeln.

198 Die vorgenannten einzelnen Elemente der Leistungsbeschreibung i. w. S. lassen sich nicht immer eindeutig voneinander abgrenzen. Auch wird bei der Funktionalbeschreibung der Werkerfolg meistens detailliert beschrieben, so dass zwischen Werkerfolg und ausdrücklich konkreten Regelungen kein Unterschied bestehen muss. Die Unterscheidung zwischen Werkerfolg und (restlicher) ausdrücklicher Leistungsbeschreibung ist dennoch wichtig, weil er eine Quelle möglicher Nachträge bestimmt. Ein Nachtrag kann entstehen, wenn

- die ausdrücklich vereinbarte Leistung den Werkerfolg nicht erreicht und/oder wenn
- der AG Leistungsänderungen oder Leistungserweiterungen anordnet und/oder
- eine Bauzeitverzögerung entsteht, die auf für den AN unabwendbaren Umständen beruht.

---

[227] Siehe zur Leistungsbeschreibung ausführlich Würfele in: Kuffer/Wirth S. 476 ff. und in Würfele/Gralla 1. Teil.
[228] Siehe zur Leistungsbeschreibung ausführlich Würfele/Gralla, 1. Teil.

a) Werkerfolg

Bei jedem Bauvertrag schuldet der Unternehmer einen **Erfolg**, – es sei denn es ist ausdrücklich etwas anderes vereinbart – d.h. ein **funktionsfähiges Bauwerk** bzw. Gewerk oder Teilgewerk.[229] Dies gilt unabhängig davon, ob dieser Erfolg oder das Bau-Soll detailliert beschrieben ist oder eine funktionale Baubeschreibung vorliegt. Der **Erfolg** muss ggf. durch **Auslegung bestimmt** werden. Anhand dieses Erfolges wird die konkret geschuldete Leistung wiederum durch Auslegung ermittelt. **199**

Dies hat der BGH[230] in einer Entscheidung für das Gewerk (Dach) ausdrücklich entschieden. Danach schuldet der Auftragnehmer (neben der Ausführung des detaillierten Leistungsverzeichnisses) die (ausdrücklich oder konkludent) vereinbarte **Funktionstauglichkeit**, auch wenn dieser Erfolg mit der (im Detail) vertraglich vereinbarten Ausführungsart nicht zu erreichen ist. Die Vorinstanz, das OLG Düsseldorf, hat dagegen nur auf die explizite Leistungsbeschreibung abgestellt und kam dadurch zu dem zunächst kuriosen Ergebnis, dass ein Dach nicht dicht sein müsse. Dem ist der BGH entgegengetreten, indem er ausdrücklich auf die Funktionstauglichkeit eines Daches abstellte (Ein Dach muss dicht sein). Dieses Ergebnis erscheint sachgerecht. Eine ggf. bestehende Diskrepanz zwischen zusätzlich erforderlicher Leistung (um die Funktionalität zu erreichen) und Leistungsverzeichnis, kann über einen **Nachtrag** oder sog. »**Sowiesokosten**« abgegolten werden.[231] **200**

Der **Erfolg** steht mit dieser BGH-Entscheidung »über« der gesamten Bau-Sollbeschreibung als zu **erreichendes Fixum**. Der Bauunternehmer hat dieses Ziel zu erreichen und alle dafür erforderlichen Leistungen zu erbringen. Ob er für diese Leistungen eine **zusätzliche Vergütung** verlangen kann, ist gesondert zu ermitteln. Wurde die Erreichung des Zwecks als Bau-Soll zum Pauschalpreis vereinbart, hat der AN keinen Anspruch auf eine zusätzliche Vergütung. Wurde die Leistung detailliert beschrieben, kann ein Nachtragsanspruch des AN gegeben sein, wenn sich der Zweck mit den detailliert beschriebenen Leistungen nicht erreichen lässt.[232] **201**

Aus der zitierten BGH-Entscheidung folgt, dass es einen **mangelrechtlichen Erfüllungsbegriff** und einen **vergütungsrechtlichen Erfüllungsbegriff** gibt. **202**

- **Mangelrechtlich** schuldet der Auftragnehmer ein funktionstüchtiges Werk; unabhängig davon, ob sich die Funktionstauglichkeit mit der konkret beschriebenen Leistung erreichen lässt.
- **Vergütungsrechtlich** schuldet der Auftragnehmer »nur« das vertraglich vereinbarte Bau-Soll.

---

229 BGH Urt. v. 11.11.1999 VII ZR 403/98 (OLG Düsseldorf) BauR 2000, 411 (»Dach muss dicht sein«-Entscheidung).
230 BGH Urt. v. 11.11.1999 VII ZR 403/98 (OLG Düsseldorf) BauR 2000, 411 (»Dach muss dicht sein«-Entscheidung).
231 Dieser Bereich ist in der Praxis allerdings außerordentlich schwierig zuzuordnen.
232 Dazu unten Rn. 209.

Eine **Differenz** zwischen dem mangelrechtlich und dem vergütungsrechtlich geschuldeten Werkerfolg kann Grund einer **Nachtragsforderung** sein.[233]

b) Konkrete Leistungsbeschreibungselemente

203 Konkrete Leistungsbeschreibungselemente sind Merkmale, die das bestimmte Bauwerk in seiner Ausführungsart beschreiben. Eine Mehrfachverwendung der Leistungsbeschreibungselemente für Bauwerke der gleichen Art steht dieser Definition nicht entgegen. Im Gegensatz dazu stehen standardisierte Leistungsbeschreibungselemente, die in verschiedenen Regelwerken aufgestellt sind, allgemeine Qualitätsstandards beschreiben sowie bestimmte Eigenschaften des Bauwerks vorgeben.

aa) Art der konkreten Leistungsbeschreibungselemente

204 Eine ausdrückliche auf das einzelne Bauvorhaben bezogene Beschreibung des Bau-Solls kann aufgrund einer **detaillierten** Leistungsbeschreibung oder einer **funktionalen Leistungsbeschreibung** (Leistungsprogramm) bzw. einer **Mischform** daraus erfolgen.

205 Die Art der Leistungsbeschreibung darf **nicht mit** den Begriffen **Einheitspreisvertrag** und **Pauschal(preis)vertrag** verwechselt bzw. gleichgesetzt werden. Bei den Begriffen der verschiedenen Leistungsbeschreibungsarten geht es nur um die Beschreibung der geschuldeten Bauleistung. Bei den Begriffen Einheitspreisvertrag und Pauschal(preis)vertrag handelt es sich dagegen um die Fragen der Gegenleistung für die Bauleistung, d.h. der Vergütung. Bei einem **Pauschalvertrag** wird ohne weitere Vereinbarung nur die **Vergütung pauschaliert**, nicht dagegen die Leistung. Erst für die weitere Unterscheidung zwischen den verschiedenen Pauschalvertragstypen (Detail-Pauschalvertrag, Global-Pauschalvertrag und komplexer Global-Pauschalvertrag) spielt die Art der Leistungsbeschreibung eine Rolle.[234] Hier wird bei allen Vertragstypen, die nicht dem Detail-Pauschalvertrag zuzuordnen sind, auch die Leistungsseite in unterschiedlicher Form (mehr oder weniger) pauschaliert. Beim Detailpauschalvertrag wird wie beim Einheitspreisvertrag das Bau-Soll detailliert beschrieben. Lediglich auf die Mengenangaben wird verzichtet.

Der private Auftraggeber ist bei der Wahl der Art der Leistungsbeschreibung frei. Er kann funktional, detailliert oder in jedweder Mischform den Auftrag vergeben.

206 Für **öffentliche Auftraggeber** schreibt § 9 Nr. 6 VOB/A in der Regel die **Ausschreibung** nach **Leistungsverzeichnis** vor. Indirekt ergibt sich dies auch aus § 5 Nr. 1 a) VOB/A und § 2 Nr. 2 VOB/B, wonach die Leistung grundsätzlich nach Einheitspreisen zu vergüten ist. Ein Einheitspreisvertrag basiert immer auf einem Leistungsverzeichnis. Somit ordnen auch diese Vorschriften letztendlich an, dass

---

[233] Vgl. zur Unterscheidung auch Motzke NZBau 2002, 641 ff.
[234] Dazu unten Rn. 213, 216 ff.

öffentliche Aufträge in der Regel mittels **Leistungsverzeichnis** und **Baubeschreibung** auszuschreiben sind. In begründeten Fällen kann die geforderte Bauleistung nach **Leistungsprogramm** ausgeschrieben werden – beispielsweise wenn auch der Entwurf dem Wettbewerb unterstellt werden soll (um die technisch, wirtschaftlich und gestalterisch beste sowie funktionsgerechteste Lösung der Bauaufgabe zu ermitteln, § 9 Nr. 10 VOB/A). In diesem Zusammenhang wird der Begriff des innovationsfreudigen Bauherrn genannt. Erfahrungen aus der Praxis zeigen, dass die Innovationsfreudigkeit ein Motiv des AG sein kann, aber nicht sein muss. Oftmals entsteht der Eindruck, es sollen mittels einer pauschalen Funktionalbeschreibung der Bauaufgabe die Mühen einer detaillierten Planung oder das Risiko einer unvollständigen Planung auf den AN abgewälzt werden.

In **§ 9 Nr. 1 bis 5 VOB/A** werden Regelungen vorangestellt, die für beide Ausschreibungsarten gelten.

- Nr. 1: Leistung ist **eindeutig** und **erschöpfend** zu beschreiben
- Nr. 2: dem AN darf **kein ungewöhnliches Wagnis** aufgebürdet werden
- Nr. 3: – alle die Preisermittlung beeinflussenden Umstände sind anzugeben (z. B. Boden- und Wasserverhältnisse)
  – Abschnitt 0, DIN 18299 »Hinweise für das Aufstellen der Leistungsbeschreibung« sind zu beachten
- Nr. 4: Verwendung der **verkehrsüblichen Bezeichnungen** und **Normen**
- Nr. 5: Verwendung von **bestimmten Erzeugnissen**, **Verfahren** und **Markennamen**

Diese Grundsätze wurden jedoch vor allem mit Blick auf die Ausschreibung mittels Leistungsverzeichnis verfasst. Beispielsweise die Regelung, dass dem AN kein ungewöhnliches Wagnis aufgebürdet werden darf (§ 9 Nr. 2 VOB/A), passt auf die Ausschreibung nach Leistungsprogramm nicht ohne weiteres. Hier ist es gerade Aufgabe des Bieters/AN, die erforderliche Leistung zu planen und damit die Wagnisse abzuschätzen.[235]

bb) Detaillierte Leistungsbeschreibung

Detaillierte Leistungsbeschreibung
☐ – **Baubeschreibung** oder sog. **Vorbemerkung** (§ 9 Nr. 6 VOB/A) **und** ☐ – **Leistungsverzeichnis** (§ 9 Nr. 6 VOB/A)

Bei einer detaillierten Leistungsbeschreibung ist der Auftragnehmer (vergütungsrechtlich) verpflichtet, nur das ausdrücklich beschriebene Bau-Soll zum vereinbarten Vertragspreis zu errichten. Abweichungen lösen einen Nachtragsanspruch aus, soweit nichts anderes wirksam vereinbart wurde.

---

235 Hertwig in: Motzke/Pietzcker/Prieß § 9 Rn. 2.

210 Die Art der Beschreibung gilt gleichermaßen für private und öffentliche Auftraggeber. Für öffentliche Auftraggeber greift insoweit § 9 Nr. 6 bis 9 VOB/A. Private Auftraggeber verwenden in der Regel den gleichen Aufbau einer detaillierten Leistungsbeschreibung.

211 Meistens werden weitere konkret auf das Bauvorhaben bezogene Unterlagen oder Bedingungen als Anlage beigefügt, z. B.:
- Pläne
- Zeichnungen
- Gutachten
- Bauantragsunterlagen
- Baugenehmigung

212 Ausdrücklich soll auf **Gutachten** hingewiesen werden. Gutachten können Leistungsbeschreibungselement sein. Als Baugrundgutachten sind sie sog. Beschaffenheits-Soll. Als Kontaminationsgutachten kann es sich auch um ein konkretes Leistungsbeschreibungselement handeln. Ist z. B. im Kontaminationsgutachten ein Verfahren zur Beseitigung der Kontamination beschrieben, so ist dies einzuhalten.

213 Die detaillierte Leistungsbeschreibung wird beim **Einheitspreis-** und **Detailpauschalvertrag** verwendet. Sie kann bei beiden Vertragstypen gleich aussehen. Beim Detailpauschalvertrag sind lediglich die Mengenangaben entfernt. Die Begriffe Einheitspreis- und Detailpauschalvertrag unterscheiden auf der Vergütungsseite lediglich danach, ob die ausgeführte Leistung nach den tatsächlich verwendeten Massen (Aufmaß) oder pauschal abgerechnet werden soll.

cc) Funktionale Leistungsbeschreibung
(1) Gegenstand der funktionalen Leistungsbeschreibung

214 Bei einer **funktionalen Baubeschreibung** wird die Funktion des Gewerks oder des Bauwerks exakt beschrieben. Diese Funktion muss erreicht werden. Die Leistung wird oft nicht so detailliert beschrieben, wie bei Verwendung eines Leistungsverzeichnisses. Die Bandbreite der möglichen funktionalen Leistungsbeschreibungsarten kennt keine Grenzen. Sie reicht von der **globalen (pauschalen) Leistungsbeschreibung** (z. B. ein »Stück Veranstaltungshalle«) bis zu **Funktionalbeschreibungen** mit **detaillierten Leistungsverzeichnissen**.[236] Alle funktionalen Leistungsbeschreibungen haben die **Gemeinsamkeit**, dass die **Massenangaben** fehlen. Der Unternehmer übernimmt bei einer funktionalen Leistungsbeschreibung zumindest das **Mengenermittlungsrisiko**.

215 Der Unternehmer muss die Ausführung der Bauleistung bei jeder funktionalen Beschreibungsvariante im Detail planen – soweit ihm dies übertragen wurde – und

---

236 Beispielhafte Beschreibungen für den Bau einer Klärgrube bei Kapellmann/Schiffers Band 2 S. 5 f.

trägt insoweit das **Risiko der unvollständigen Planung**. Er muss alles erstellen, was für die Zweckerreichung erforderlich ist.

(2) Arten der funktionalen Leistungsbeschreibung
Die Arten der funktionalen Leistungsbeschreibung werden nach dem **Grad der Detaillierung** unterschieden. Die nachfolgend aufgeführten Arten haben **Modellcharakter** um die funktionalen Leistungsbeschreibungen systematisch zu erfassen. An einem Ende der Bandbreite der funktionalen Leistungsbeschreibungsarten steht der **Globalpauschalvertrag**, der im Wesentlichen nur den übergeordneten Werkerfolg (»Ein Stück Veranstaltungshalle«) und die Anforderungen (geeignet für Besuch Musik- und Kunstveranstaltungen von max. 800 Personen, Gastronomie Sitzplätze für 200 Personen) vorgibt. Am anderen Ende steht der **Detailpauschalvertrag**. Bei diesem Vertragstyp ist die Leistung detailliert beschrieben. Der Auftragnehmer trägt in der Regel »lediglich« das Mengenermittlungsrisiko. In der Praxis finden sich dazwischen jedwede **Mischformen**.

216

Die Begriffe »**Einheitspreis**vertrag« und »**Pauschalpreis**vertrag« kennzeichnen lediglich die unterschiedlich gestaltete **Vergütungsseite**. Die Leistungsseite (Bau-Soll) kann – muss aber nicht – unterschiedlich sein. Beim **Detailpauschalvertrag** und beim **Einheitspreisvertrag** ist das **Bau-Soll gleichermaßen detailliert** in Leistungsverzeichnissen beschreiben. Strukturell besteht hier nur der **Unterschied** in der Abhängigkeit bzw. **Unabhängigkeit von** der auszuführenden **Menge**. »Lediglich« bei den funktionalen Leistungsbeschreibungen, die vom Detaillierungsgrad »in Richtung« **Globalpauschalpreisvertrag** »gehen«, wird das Bau-Soll im Unterschied zum Einheitspreisvertrag anders – pauschaler – beschrieben. Bei diesen Vertragstypen wird auch die **Leistungsseite pauschaliert**.[237]

217

Alle **Pauschal**verträge haben gemeinsam, dass der Auftragnehmer das Mengenermittlungsrisiko trägt und die Vergütung in diesem Sinne pauschaliert wird.

(a) Globalpauschalvertrag
Der **Global**pauschalvertrag wird dadurch gekennzeichnet, dass das Bau-Soll »global« beschrieben wird. Der Auftraggeber legt den übergeordneten **Zweck des Bauwerks** und die **allgemeinen Anforderungen** (z.B. Veranstaltungshalle, Musikveranstaltungen, max. 800 Besucher, Gastronomie für max. 200 Personen, schlüsselfertig) fest. Der Bauvertrag wird mit dieser Leistungsbeschreibung geschlossen. Der Auftragnehmer ist auf dieser Basis verpflichtet, die Planung für das Bauwerk zu erstellen und das Bauwerk »**schlüsselfertig**« (sog. **Turnkey-Verträge**)[238] zu errichten. Die Planung des Auftragnehmers kann auch das frühe Stadium der Vor- und Entwurfsplanung entsprechend § 15 Abs. 2 HOAI umfassen. Es reicht aus, dass die **Bauleistung** im Zeitpunkt des Vertragsschlusses »**bestimmbar**« ist. Gem. §§ 315, 316 BGB kann die Leistungsbeschreibung einer Vertragspartei – hier dem

218

---
237 Kapellmann in: Kapellmann/Messerschmidt § 2 VOB/B Rn. 233 S. 696.
238 Mallmann S. 18.

Auftragnehmer – überlassen werden.[239] Der Auftragnehmer ist freilich gehalten, die Planung entsprechend den vom Auftraggeber definierten Zweck und Anforderungen zu errichten.

219 Die Vereinbarung einer derart pauschalierten Leistungsbeschreibung kommt in der Praxis bei Hochbauten selten vor. Dies liegt daran, dass der Auftraggeber die Planung fast vollständig dem Auftragnehmer überlassen würde und dementsprechend Ausführungswünsche des Auftraggebers unberücksichtigt blieben. Im Gegensatz dazu ist die global-pauschalierte Leistungsbeschreibung im **Tiefbau**, insbesondere aber auch beim **Anlagenbau**,[240] ein probates Mittel, die Erreichung des Zwecks des Bauwerks (zum vereinbarten Pauschalpreis) zu sichern. Eine Anlage besteht über die Errichtung des Bauwerks hinaus aus einer Vielzahl von Einzelteilen, Maschinen, Leitungen, Rohren und ggf. EDV-Anlagen, die miteinander zu einem als Einheit funktionierenden Ganzen zusammenzufügen sind. Charakteristikum eines Anlagebauprojekts ist damit schon terminologisch ihre Komplexität.[241] Das gewünschte (Anlage-)**Bauwerk** wird oftmals **ausschließlich** nach seinen **technischen Anforderungen** beschrieben, **weil nur der wirtschaftliche Nutzen als Ergebnis zählt** und optische und gestalterische Eigenschaften keine oder nur eine untergeordnete Rolle spielen. Entweder »verschwindet« das Bauwerk in der Erde oder die Anlage wird von einer Hallenkonstruktion verdeckt. **Das Risiko der fehlerhaften Planung**, das bei dem Bau einer Anlage besonders hoch einzustufen ist, lässt sich so auf den Auftragnehmer übertragen.

220 Soll zum Beispiel eine **Leistungsbeschreibung** für eine **Fischzuchtanlage** erstellt werden, kann es ausreichen die Anlage nahezu ausschließlich nach ihrer Produktionsleistung zu bezeichnen. Dies geht wie folgt:

»Der Auftragnehmer verpflichtet sich zum Pauschalpreis von € 25.000.000,– eine Fischzuchtanlage für Lachse nebst technischer Ausrüstung und Halle sowie Mitarbeiterquartier auf dem Grundstück Gimpelstraße 3 in 00000 Neuss schlüsselfertig zu errichten.

Folgende Unterlagen und Bestimmungen werden Vertragsbestandteil und sind Teile der Leistungsbeschreibung:

a) Die Anlage soll insgesamt 60.000 Lachse aufnehmen können. Dabei soll eine jährliche Produktion von 20.000 Lachsen nach 3 Jahren erreicht werden. Laichbecken sind gesondert zu errichten.
b) Ein ringförmiges Strömungsbecken mit einer Gegenstromanlage mit einer Fließgeschwindigkeit von 10 km/h am Anschluss zum Strömungswasserkanal ist ver-

---

239 BGH BauR 1997, 127 (»Kammerschleuse«); Kapellmann in: Kapellmann/Messerschmidt § 2 Rn. 249 S. 704 m.w. N.
240 Mallmann S. 21 ff.
241 Mallmann S. 17.

einbart. Das Strömungsbecken soll gleichzeitig 10.000 Lachse aufnehmen können.

c) Die Anlage wird teilweise mit einer Halle gemäß anliegender Baubeschreibung (Anlage 1) überdacht.

d) Der Auftragnehmer garantiert diese Anforderungen, wenn der Auftraggeber sämtliche Hinweise aus dem anliegenden Betriebs- und Wartungshandbuch einhält und den ebenfalls anliegenden Wartungsvertrag mit dem Auftragnehmer abschließt.

e) Auf dem Gelände errichtet der Auftragnehmer gemäß anliegender Baubeschreibung (Anlage 2) ein zweigeschossiges Haus für die Mitarbeiter der Lachsstation. Qualitätsstandard wie das bestehende Haus, Gimpelstraße 3 in 11111 Neuss.

f) Baugrundgutachten vom 19.05.2004 (Anlage 4).

g) VOB/B und VOB/C.

h) sämtliche öffentlich-rechtliche Bestimmungen.

i) ... etc.«

221 Wird im zitierten Beispiel einer Fischzuchtanlage der Bau der Halle und des Gebäudes für die Mitarbeiter an einen Bauunternehmer vergeben und der Bau der Anlage als solches an ein anderes Unternehmen, ergibt sich eine erhebliche **Schnittstellenproblematik**. Schließlich muss die Halle sämtliche Funktionen der Anlage »zulassen«. Hier sollte die Leistungsbeschreibung der Fischzuchtanlage als Anlage der Leistungsbeschreibung der zu errichtenden Halle beigefügt sein.[242] Alternativ müssen für den Hallenbau Leistungspositionen durch den Auftraggeber nachträglich zu bereits vereinbarten Preisen bestimmbar sein. Ähnliche Probleme ergeben sich bei sog. **Losvergaben** (Fachlose oder Teillose). Auch hier müssen die Vertragsparteien darauf achten, welche Lose Voraussetzung für die jeweils anderen Teillose sind und dies in der Leistungsbeschreibung umsetzen. Klassische problematische Schnittstellen sind: Fassade/Haustechnik, Rohbau/Schallschutz, Architektenplanung/Statik, Brandschutz/Haustechnik. Gleiches kann für die Errichtung in **Bauabschnitten**[243] gelten.

222 Bei **Hochbauten** ist die Funktionalität allein selten ausreichend, um das gewünschte Bauwerk zu beschreiben. In der Regel überträgt der Auftraggeber dem Auftragnehmer die Planung daher erst ab Leistungsphase 4 (Genehmigungsplanung) oder 5 (Ausführungsplanung) und führt die davor liegenden Planungsstufen selbst aus. **Prototyp** ist der sog. Schlüsselfertigbau.[244] In der Leistungsbeschreibung kann auf die Baugenehmigung nebst Auflagen und die Bauantragsunterlagen verwiesen werden.

---

[242] Dies setzt voraus, dass der Anlagenbauer die Ausführungsplanung vollständig fertig gestellt hat.
[243] Die Begriffe Teillose können, müssen sich aber nicht überschneiden.
[244] Kapellmann in: Kapellmann/Messerschmidt § 2 VOB/B Rn. 249 S. 704.

223 Eine »**Schlüsselfertigklausel**« kann zum Beispiel wie folgt lauten:

»Der Auftragnehmer verpflichtet sich auf dem Baugrundstück Maifeld 28 in 00000 Düsseldorf eine Veranstaltungshalle für max. 800 Personen, Musik- und Kunstveranstaltungen, Gastronomie max. 200 Personen, schlüsselfertig zu errichten.

Folgende Unterlagen und Bestimmungen werden Vertragsbestandteil und sind Teile der Leistungsbeschreibung:

a) Baubeschreibung vom 26. 09. 2004 (Anlage 1)
b) Mieterbaubeschreibung vom 23. 04. 2004 (Anlage 2)
c) Bauantragsunterlagen und Baugenehmigung vom 12. 12. 2004 (Anlage 3)
d) Baugrundgutachten vom 19. 05. 2004 (Anlage 4)
e) VOB/B und VOB/C
f) sämtliche öffentlich-rechtliche Bestimmungen
g) etc.«

224 Kennzeichnend für die schlüsselfertige Errichtung ist die Zusammenfassung und Koordinierung **sämtlicher Gewerke** (Leistungsbereiche). Allein hieraus erwächst dem Auftragnehmer das Erfordernis einer umfassenden Planung. Der **Begriff »schlüsselfertig«** beinhaltet die Komponenten »**komplett**« und »**funktionstauglich**« als Werkerfolg[245] sowie die Komponenten »**planen**« und »**bauen**« auf dem Weg zum Erfolg.

225 In der Entscheidung »**Wasserhaltung I**« hatte der **BGH**[246] einen Fall einer pauschal beschriebenen Position zu beurteilen. Vom Land Niedersachen waren als öffentlicher Auftraggeber Bauarbeiten an einem Hochwasserrückhaltebecken ausgeschrieben. Die Wasserhaltung war pauschal funktional beschrieben. Der Auftragnehmer hatte eine offene Wasserhaltung kalkuliert. Aufgrund der tatsächlich vorgefundenen örtlichen Gegebenheiten zeigte sich während der Bauarbeiten, dass eine geschlossene (wesentlich teurere) Wasserhaltung erforderlich war. Der Auftragnehmer begehrte eine zusätzliche Vergütung. Der BGH verneinte einen entsprechenden Anspruch des Auftragnehmers mit der Begründung, dass mangels entsprechender Unterlagen eine offene Wasserhaltung nicht Vertragsgrundlage geworden sei. Vielmehr habe der Auftragnehmer aufgrund der funktionalen Leistungsbeschreibung »eine nach **Sachlage mögliche Wasserhaltung**« geschuldet. Der Auftragnehmer war also verpflichtet, sämtliche Leistungen zu erbringen, die für die **Erreichung der beschriebenen Funktion** erforderlich waren. Ein Korrektiv hat diese Entscheidung durch die Ausführungen des **BGH**[247] in der Entscheidung »**Wasserhaltung II**« erhalten. Dort führte der BGH aus, dass erforderliche **Leistungen**, die **von keiner Seite zu erwarten** gewesen seien, nicht Gegenstand des Bau-Soll sind.

---

245 Kapellmann in: Kapellmann/Messerschmidt § 2 VOB/B Rn. 249 S. 704.
246 BGH BauR 1992, 759 (»Wasserhaltung I«).
247 BGH BauR 1994, 236 (»Wasserhaltung II«).

226 Mengen werden beim Globalpauschalvertrag in der Regel vom Auftraggeber **nicht vorgegeben**. Es kann allerdings vorkommen, dass der Auftraggeber bezüglich einzelner Gewerke bestimmte Stückzahlen vorsieht (z.B. Anzahl der Fahrstühle, Balkone, Innenballustraden, Toiletten). Hier ist zu prüfen, ob ein gemischter Global-/Detailpauschalpreisvertrag vorliegt. Der Auftraggeber gibt in der Regel jedoch **Mengenermittlungsparameter** vor.[248] Diese Vorgaben können sich aus den Texten und/oder aus den Plänen der Ausschreibungsunterlagen ergeben. Der Auftraggeber kann z.B. die Anforderungen an eine Lüftung beschreiben (Umbau einer Veranstaltungshalle für 800 Personen, Frischluftrate pro Person 30 m³/h, vorhandene Fenster 100 a 1 qm, Kippwinkel der Fenster 30° etc.). Der Auftragnehmer kann aus dieser Beschreibung die Anforderungen an eine mechanische Lüftung und die auszuführenden Mengen berechnen. Oftmals liegt einem Globalpauschalvertrag eine auftraggeberseitige Planung (Vor-, Entwurfs- oder Genehmigungsplanung) zugrunde. Diese erfolgt im Maßstab 1:200 oder 1:100. Eine weitergehende Planung (Ausführungsplanung) sowie die **Ermittlung der Mengen obliegt dem Auftragnehmer**. Denkbar sind auch andere Formen von Mengenermittlungsparametern, z.B. Baugrund-, Brandschutz- oder Schallschutzgutachten.

227 Der Auftraggeber kann dem Auftragnehmer auch die Verpflichtung auferlegen, die Tragwerksplanung (Statik) selbst zu erstellen, um daraus die Mengen zu errechnen. Eine solche Vereinbarung ist zivilrechtlich wirksam. Dies gilt für private und öffentliche Auftraggeber. Der **BGH** hat diesen Fall für die Mengenermittlung von Stahl in der bekannten Entscheidung »**Kammerschleuse**« ausdrücklich entschieden.[249] Damit ist allerdings nicht gesagt, dass eine solche Ausschreibung vergaberechtlich zulässig ist. Allerdings ist das Vergabeverfahren mit dem Zuschlag (Vertragsschluss) beendet. Ein Vergabeverstoß wirkt sich auf die zivilrechtliche Vertragsdurchführung nicht mehr aus.

228 Der Auftraggeber hat auch die Möglichkeit, dem Auftragnehmer das Risiko der **gänzlichen Unermittelbarkeit** der Menge zu übertragen. Vertragsklauseln, die diese Risikoverlagerung (verdeckt) beinhalten, können sein: »Erdaushub bis auf Torfschicht«, »erforderliche Gründungsmaßnahmen«, »erforderliche Abbrucharbeiten«. Diesen Klauseln ist gemeinsam, dass der Auftragnehmer ein **nicht kalkulierbares Risiko** übernimmt. In der Praxis ist dem Auftragnehmer dieser Umstand nicht immer gänzlich bewusst – obwohl der Wortlaut des Vertragstextes eindeutig ist.

229 Eine andere Frage ist, ob sich der Auftragnehmer **auf Mengenermittlungsparameter verlassen** darf. Dies ist regelmäßig zu bejahen. Die vom Auftraggeber vorgegebenen Parameter müssen allerdings zutreffend sein. Der Auftragnehmer übernimmt »lediglich« das Risiko der falschen Mengenermittlung oder im zuletzt genannten Beispiel das Risiko der gänzlichen Unermittelbarkeit. In keinem Fall

---

248 Kapellmann in: Kapellmann/Messerschmidt § 2 VOB/B Rn. 234 ff. S. 697 ff.
249 BGH BauR 1997, 126 (»Kammerschleuse«).

übernimmt er das Risiko, dass die vom Auftraggeber vorgegebenen Basisdaten falsch sind. Hieraus resultierende zusätzliche Leistungen sind vom Auftraggeber zu vergüten.[250] Etwas anderes kann nur gelten, wenn der Auftragnehmer diesbezüglich in einer besonderen Risikoübernahmeerklärung die Vorgaben des Auftraggebers als eigene übernimmt. Der wirksame Abschluss einer derartigen Vereinbarung kann nur in Einzelfällen angenommen werden.

Je nach dem Grad der Detaillierung der Leistungsbeschreibung kann der zu beurteilende Vertrag als Globalpauschalvertrag oder als Mischform qualifiziert werden. Die Übergänge sind fließend.

(b) Detailpauschalvertrag

230 Der **Detail**pauschalpreisvertrag stellt das Gegenstück zum **Global**pauschalvertrag dar. Das **Bau-Soll** wird **detailliert beschrieben**. Die Leistungsbeschreibung ist (fast) identisch mit einer Leistungsbeschreibung beim Einheitspreisvertrag. Die Funktionen der Planung bis einschließlich Leistungsphase 5 (Ausführungsplanung) und die Erstellung der Leistungsverzeichnisse gemäß Leistungsphase 6 (Vorbereitung der Vergabe) des § 15 Abs. 2 HOAI verbleiben beim Auftraggeber. Er trägt grundsätzlich das Planungsrisiko. Ein Korrektiv findet diese Risikozuweisung in der **Prüfungspflicht des Auftragnehmers** gem. § 3 Nr. 3 und § 4 Nr. 3 VOB/B.[251]

231 Im Unterschied zum Einheitspreisvertrag trägt der Auftragnehmer beim Detailpauschalvertrag vergütungsrechtlich das **Mengenermittlungsrisiko**. Die Vereinbarung »Abrechnung nach Aufmaß« schließt die Annahme eines Pauschalpreises aus.[252] Dennoch liegen auch beim Pauschalpreisvertrag – wie ausgeführt – Annahmen einer auszuführenden Menge zugrunde. Ansonsten könnte der Auftragnehmer ein (Pauschalpreis-)Angebot nicht kalkulieren. Teilweise macht der Auftraggeber beim Detailpauschalpreisvertrag in den Ausschreibungsunterlagen konkrete Mengenangaben, teilweise fehlen diese. Der Auftragnehmer ist in diesen Fällen gehalten, die Mengen selbst zu ermitteln. In jedem Fall trägt er das Risiko, dass die im Vertrag angegebenen mit den ausgeführten Mengen nicht übereinstimmen.

232 Denkbar ist auch, dass der Auftraggeber zunächst ein Angebot beim Auftragnehmer bezüglich der Preise einholt und dieser Anfrage ein detailliertes sog. **Anfrage-Leistungsverzeichnis** mit Mengenangaben beifügt. Werden die Leistungen im Rahmen der Verhandlungen im Bauvertrag pauschaliert, liegt ein Detail-Pauschalvertrag vor. Bei dieser Konstellation können Streitigkeiten über den Umfang der Pauschalierung entstehen.

233 Das **KG Berlin**[253] hatte einen solchen Fall zu entscheiden. Ein Generalunternehmer hatte bei »seinem« Subunternehmer die Preise in einem detaillierten **Anfrage-Leis-**

---

250 Kapellmann in: Kapellmann/Messerschmidt § 2 VOB/B Rn. 236 S. 698
251 Zum Risiko der Unvollständigkeit, s. unten Rn. 286 ff.
252 Kapellmann in: Kapellmann/Messerschmidt § 2 VOB/B Rn. 238 S. 699.
253 KG IBR 2003, 343.

tungsverzeichnis mit Mengenangaben abgefragt. Im Zuge der Vertragsverhandlungen wurde der Werklohn wie folgt pauschaliert: Es wurden sämtliche **Vordersätze** im Anfrage-Leistungsverzeichnis sowie die diesen zugeordneten **Einheitspreise** gestrichen. Die Vordersätze wurden durch die Zahl 1 ersetzt. Das Verhandlungsprotokoll sollte in der Rangfolge der Vereinbarung vor dem Anfrage-Leistungsverzeichnis gelten. Zusätzlich wurde folgende Klausel vereinbart: »Herstellen, Liefern und Montieren der kompletten Rüstung einschließlich aller erforderlichen Nebenleistungen und Besonderen Leistungen gemäß VOB/C in fix und fertiger Leistung gebrauchsfähig, funktionsfähig und abnahmereif«.

Nach Ausführung der Leistung verlangte der Subunternehmer eine zusätzliche Vergütung für die Gerüststellung im Bereich einer noch nicht verfüllten Baugrube. Das KG lehnte diesen Anspruch mit Hinweis auf die vorrangig geltende Pauschalierungsabrede ab. **234**

Wird bei einem Detailpauschalvertrag die **Leistungsbeschreibung** nach Vertragsschluss **geändert** oder ergänzt, steht dem Auftragnehmer über § 2 Nr. 5 oder 6 VOB/B ein **Mehrvergütungsanspruch** zu. Gleiches gilt für den Einheitspreisvertrag. **235**

Liegt ein Detailpauschalpreisvertrag in einem Detaillisierungsgrad vor, der dem Einheitspreisvertrag entspricht, wird der Funktionalbeschreibungsanteil auf das Mengenermittlungsrisiko reduziert – soweit man in dem Mengenermittlungsrisiko eine funktionale Komponente erblicken will. Beschränkt man den Begriff der Funktionalbeschreibung auf Leistungen, Leistungsteile und Qualitäten und nicht auf Quantitäten (Mengen), so besteht zwischen einem **Detailpauschalpreisvertrag** und einem **Einheitspreisvertrag** auf der Leistungsseite »Bau-Soll« kein Unterschied.[254] **236**

(c) Gemischter Global-/Detailpauschalvertrag

Die Begriffe Globalpauschalvertrag und Detailpauschalvertrag haben Modellcharakter. In der Praxis finden sich zumeist **Mischformen** aus diesen beiden Polen der Leistungsbeschreibungsmöglichkeiten. So kann es vorkommen, dass einzelne Teile eines Bauwerks, z.B. einzelne Gewerke detailliert, andere Teile pauschal (funktional, global) beschrieben werden. Dies ist möglich. Es stellt sich hier die Frage nach der Planungspflicht und -verantwortlichkeit in Bezug auf mögliche Nachtragspositionen und Mängel.[255] **237**

c) Standardisierte Leistungsbeschreibungselemente

Standardisierte Leistungsbeschreibungselemente sind Leistungsbeschreibungselemente, die in **verschiedenen Regelwerken aufgestellt sind, allgemeine Qualitätsstandards beschreiben** und **bestimmte Eigenschaften des Bauwerks vorgeben**. Sie gelten für alle Bauvorhaben oder eine bestimmte Art von Bauvorhaben. **238**

---

254 Im Ergebnis so Kapellmann in: Kapellmann/Messerschmidt § 2 VOB/B Rn. 233 S. 697.
255 Zum Risiko der Unvollständigkeit s. unten Rn. 287 ff.

239 Zu diesen Leistungsbeschreibungselementen gehören alle in Bezug genommenen Texte, Gesetze, Verordnungen, DIN, die nicht konkret für das Bauvorhaben entwickelt worden sind. Hierzu zählen:
- etwaige Zusätzliche Vertragsbedingungen
- etwaige Zusätzliche Technische Vertragsbedingungen
- die Allgemeinen Technischen Vertragsbedingungen für Bauleistungen (VOB/C)
- die Allgemeinen Vertragsbedingungen für die Ausführung von Bauleistungen (VOB/B)
- die anerkannten Regeln der Technik
- Sonstige technische Regelwerke
- Öffentlich-rechtliche Vorgaben
- Herstellerrichtlinien
- Versicherungsrichtlinien

240 Die **Art der standardisierten Leistungsbeschreibungselemente** kann gleich den konkreten Leistungsbeschreibungselementen **konkret oder funktional** ausgestaltet sein. Im Unterschied zu den konkreten Leistungsbeschreibungselementen beziehen sich die funktionalen Beschreibungen regelmäßig nur auf einzelne Positionen, z.B. »Einmaliges Einrichten und Räumen der Baustelle ...« gemäß TV-Abbrucharbeiten 4.1.1 (Nebenleistung).

241 Für **öffentliche Auftraggeber** gilt § 10 VOB/A. Danach sind die Allgemeinen Vertragsbedingungen für die Ausführung von Bauleistungen (VOB/B) und die Allgemeinen Technischen Vertragsbedingungen für Bauleistungen (VOB/C), einschließlich der zusätzlichen und besonderen technischen Vertragsbedingungen sowie der zusätzlichen und besonderen Vertragsbedingungen als **Vertragsbestandteile** zu vereinbaren.

Einzelne standardisierte Leistungsbeschreibungselemente werden nachfolgend erläutert:

aa) Standard- und Musterleistungsverzeichnisse

242 **Standard- oder Musterleistungsverzeichnisse** sind detaillierte Bausollbeschreibungen von bestimmten Gewerken oder Teilgewerken, die sämtliche typischerweise zu erbringenden Leistungen in diesem Bereich – unabhängig vom konkreten Bauvorhaben – beschreiben. Sie werden bei bestimmten Leistungen als Baubeschreibung in der Rangfolge nach den für das konkrete Bauvorhaben erstellten Leistungsverzeichnissen verwendet. Ihre Einbeziehung in die Leistungsbeschreibung hat den Vorteil, dass das **Standardleistungsverzeichnis** durch ein Expertenteam **sorgfältig** aufgestellt wurde, sich bei vielen Bauvorhaben **bewährt** hat und aufgrund der Erfahrungen **fortgeschrieben** wurde. Der Planer kann auf eine **typisierte regelmäßig vollständige** Leistungsbeschreibung zurückgreifen.

Problematisch ist, dass das Standardleistungsverzeichnis nicht auf das konkrete Bauvorhaben zugeschnitten ist. Es können **Widersprüche** zwischen dem **Leistungsverzeichnis** für das **konkrete Bauvorhaben** und dem **Standardleistungsverzeichnis** auftreten. Soweit das konkrete Leistungsverzeichnis nicht fehlerhaft ist, geht es als speziellere vertragliche Vereinbarung vor. 243

Der Planer kann auch aus den gelieferten Textsequenzen des Standard- oder Musterleistungsverzeichnisses sowie den individuellen Bausollformulierungen neue Positionstexte zusammensetzen.

bb) Allgemeine Technische Vertragsbedingungen für Bauleistungen (VOB/C)

Unter der **VOB Teil C** werden die Allgemeinen Technischen Vertragsbedingungen (ATV) für Bauleistungen verstanden. Die jeweiligen **ATV** sind **unselbstständige Teile** der VOB/C. Das bedeutet, dass sich die ATV »sprungweise« fortentwickeln. Die VOB/C wird jeweils als Ganzes in neuer Fassung herausgegeben. Der Nutzer der ATV erhält mit dem Erwerb der aktuellen VOB/C somit die Sicherheit, die gültige Fassung der einschlägigen ATV anwenden zu können.[256] 244

Die VOB/C besteht zurzeit unter anderem aus den folgenden ATV (Auszug): 245

DIN 18299 Allgemeine Regelungen für Bauarbeiten jeder Art
DIN 18300 Erdarbeiten
DIN 18301 Bohrarbeiten
DIN 18302 Brunnenbauarbeiten
DIN 18303 Verbauarbeiten
DIN 18304 Ramm-, Rüttel- und Pressarbeiten
DIN 18305 Wasserhaltungsarbeiten
DIN 18306 Entwässerungskanalarbeiten
DIN 18307 Druckrohrleitungsarbeiten im Erdreich
DIN 18308 Dränarbeiten
DIN 18309 Einpressarbeiten
DIN 18310 Sicherungsarbeiten an Gewässern, Deichen und Küstendünen
DIN 18311 Nassbaggerarbeiten
DIN 18312 Untertagebauarbeiten
DIN 18313 Schlitzwandarbeiten mit stützenden Flüssigkeiten
DIN 18314 Spritzbetonarbeiten
DIN 18315 Verkehrswegebauarbeiten, Oberbauschichten ohne Bindemittel
DIN 18316 Verkehrswegebauarbeiten, Oberbauschichten m. hydraulischen Bindemitteln
DIN 18317 Verkehrswegebauarbeiten, Oberbauschichten aus Asphalt
DIN 18318 Verkehrswegebauarbeiten, Pflasterdecken, Plattenbeläge, Einfassungen
DIN 18319 Rohrvortriebsarbeiten

---

256 Wietersheim in: Englert/Katzenbach/Motzke Syst. II, S. 13.

DIN 18320 Landschaftsbauarbeiten
DIN 18325 Gleisbauarbeiten
DIN 18330 Maurerarbeiten
DIN 18331 Beton- und Stahlbetonarbeiten
DIN 18332 Naturwerksteinarbeiten
DIN 18333 Betonwerksteinarbeiten
DIN 18334 Zimmer- und Holzbauarbeiten
DIN 18335 Stahlbauarbeiten
DIN 18336 Abdichtungsarbeiten
DIN 18338 Dachdeckungs- und Dachabdichtungsarbeiten
DIN 18339 Klempnerarbeiten
DIN 18349 Betonerhaltungsarbeiten
DIN 18350 Putz- und Stuckarbeiten
DIN 18351 Fassadenarbeiten
DIN 18352 Fliesen- und Plattenarbeiten
DIN 18353 Estricharbeiten
DIN 18354 Gussasphaltarbeiten
DIN 18355 Tischlerarbeiten
DIN 18356 Parkettarbeiten
DIN 18357 Beschlagsarbeiten
DIN 18358 Rollladenarbeiten
DIN 18360 Metallbauarbeiten
DIN 18361 Verglasungsarbeiten
DIN 18363 Maler- und Lackierarbeiten
DIN 18364 Korrosionsschutzarbeiten
DIN 18365 Bodenbelagarbeiten
DIN 18366 Tapezierarbeiten
DIN 18367 Holzpflasterarbeiten
DIN 18379 Raumlufttechnische Anlagen
DIN 18380 Heizanlagen und zentrale Wassererwärmungsanlagen
DIN 18381 Gas-, Wasser- und Abwasser-Installationsanlagen innerhalb von Gebäuden
DIN 18382 Nieder- und Mittelspannungsanlagen mit Nennspannungen bis 36 kV
DIN 18384 Blitzschutzanlagen
DIN 18385 Förderanlagen, Aufzugsanlagen, Fahrtreppen etc.
DIN 18386 Gebäudeautomation
DIN 18421 Dämmarbeiten an technischen Anlagen
DIN 18451 Gerüstarbeiten

246 DIN 18299 enthält die Regelungen für Bauarbeiten jeder Art. Die **DIN 18300** ff. enthalten die gewerkespezifischen Regelungen. Die speziellen ATV nehmen Bezug zur DIN 18299 »Allgemeine Regelungen für Bauarbeiten jeder Art« und ergänzen bzw. modifizieren diese. Die ATV DIN 18299 gilt gemäß Abschnitt 1 (Geltungsbereich) ausdrücklich für alle Bauarbeiten, auch für solche, für die keine ATV in der VOB/C bestehen, z. B. TV – Abbrucharbeiten.

Die **ATV 18299 ff.** (VOB/C) gliedern sich jeweils in die folgenden **6 Abschnitte**: 247
Abschnitt 0: Hinweise für das Aufstellen der Leistungsbeschreibung
Abschnitt 1: Geltungsbereich der jeweiligen ATV
Abschnitt 2: Festlegung von Stoffen und Bauteilen; (teilweise: Boden und Fels)
Abschnitt 3: Ausführungsbestimmungen
Abschnitt 4: Festlegung von Nebenleistungen, Besondere Leistungen
Abschnitt 5: Hinweise zur Abrechnung

Dabei kommt den einzelnen Abschnitten nicht nur ihrem Inhalt nach eine unterschiedliche Bedeutung zu. Vielmehr haben sie auch eine unterschiedliche rechtliche Bedeutung.

Bei der VOB/**B** handelt es sich unstreitig bei sämtlichen Bestimmungen um Allgemeine Geschäftsbedingungen (AGB).

Bei der VOB/**C** ist zu unterscheiden: 248

Die **Abschnitte 0** werden nicht Vertragsbestandteil. Dies ist in den jeweiligen DIN explizit geregelt. Ihre Beachtung ist jedoch Voraussetzung für eine ordnungsgemäße Leistungsbeschreibung gem. § 9 VOB/A. Dem Auftraggeber kann überdies auch im eigenen Interesse nur empfohlen werden, diese Hinweise zu beachten. Sie enthalten **gewerkespezifische Besonderheiten**, die für die Aufstellung der Leistungsbeschreibung in der Regel Bedeutung haben. Ihre Nichtbeachtung kann zu berechtigten Nachträgen des Unternehmers führen.

Der **Abschnitt 1** regelt den sachlichen Geltungsbereich der jeweiligen DIN. Für diesen Abschnitt kommt es auf eine Qualifikation als AGB oder sonstige Regelung letztlich nicht an. Soweit es um die Abschnitte 4 und 5 geht, gilt Abschnitt 1 bei Vereinbarung der jeweiligen DIN ohnehin. Ist die Anwendung der DIN nicht vereinbart, wird Abschnitt 1 zur Abgrenzung der Anwendung der Allgemeinen Regeln der Technik der Abschnitte 2 und 3 herangezogen werden müssen.

Der **Abschnitt 2** (Stoffe, Bauteile) und der **Abschnitt 3** (Ausführung) beinhalten weitgehend einen **Ausschnitt aus den Allgemeinen Regeln der Technik**. Die Allgemeinen Regeln der Technik sind von jedem Bauunternehmer – auch ohne **Vereinbarung** – zu beachten (§ 633 BGB, § 13 Nr. 1 VOB/B). Die Abschnitte 2 und 3 gelten damit ohne weiteres bei jeder Baumaßnahme.[257] Dies gilt wohl auch für sonstige Regelungen in den Abschnitten 3, z. B. spezielle Anforderungen an die Prüfungs- und Hinweispflicht in der DIN 18331 (Beton- und Stahlbetonarbeiten), Abschnitt 3.1.3. Diese Regelung stellt die Konkretisierung des Grundsatzes von Treu und Glauben (§ 242 BGB) dar und gilt damit auch ohne explizite Vereinba-

---

[257] Rintelen in: Kapellmann/Messerschmidt § 1 VOB/B Rn. 19.

rung. Gleichwohl ist eine ausdrückliche Regelung sinnvoll, um Unklarheiten zu vermeiden.

Abschnitt 4 »Festlegung von Nebenleistungen, Besondere Leistungen« und **Abschnitt 5:** »Modalitäten zur Abrechnung«, stellen ebenfalls – wie die Vorschriften der VOB/B – nach herrschender Meinung **Allgemeine Geschäftsbedingungen** dar.[258]

249 Gem. § 305 Abs. 2 BGB werden AGB nur dann Bestandteil des Vertrages, wenn der Verwender bei Vertragsschluss

– die andere Vertragspartei ausdrücklich auf die AGB hinweist (oder einen Aushang am Orte des Vertragsschlusses macht) und
– die Möglichkeit der Kenntnisnahme verschafft und
– die andere Vertragspartei mit ihrer Geltung einverstanden ist.

250 Zwischen Unternehmern ist die Vereinbarung der VOB/B und VOB/C unproblematisch. Es reicht in der Regel aus, wenn in den Vertragsbedingungen deren Geltung vereinbart wird. Dabei gelten die ATV (VOB/C) »**automatisch**« mit **Vereinbarung der VOB/B als vereinbart (§ 1 Nr. 1 S. 2 VOB/B)**.[259] Mangels einer besonderen Vereinbarung wird die jeweils aktuellste **Fassung** der ATV DIN 18299 bis 18451 (VOB/C) als Ganzes Vertragsinhalt. Entscheidend ist der **Zeitpunkt des Vertragsschlusses**. Hinsichtlich der Frage, welche Fassung der VOB/B jeweils Vertragsinhalt wird, ist auf das Urteil des OLG Köln vom 20. 11. 2003 hinzuweisen.[260] In dieser Entscheidung wurde explizit ausgesagt, dass Formulierungen wie »*Vertragsinhalt soll die VOB Teil B in der neuesten Fassung sein*«, praxisuntauglich sind. Hintergrund ist die nachvollziehbare Überlegung, dass es gerade bei der VOB/B oftmals streitig sein kann, welches die aktuelle Fassung ist. Der Grund hierfür liegt darin, dass es sich nicht um ein Gesetz handelt, dass mit einem Datum bezüglich des Inkrafttretens versehen wird. Bei der VOB ist zwischen dem Zeitpunkt der Veröffentlichung im Bundesanzeiger, in den Verlagen und der Verbindlichkeitswirkung für die öffentliche Hand zu unterscheiden. So ist die VOB/B 2002 beispielsweise am 29. 10. 2002 im Bundesanzeiger[261] veröffentlicht worden, für die öffentliche Hand allerdings erst im 15. 2. 2003 (weil zu diesem Zeitpunkt die Vergabeverordnung in Kraft trat) verbindlich geworden. Die in der Vergangenheit verwendeten Standardvertragsformulierungen bedürfen insoweit einer Überarbeitung.

251 Soweit die Abschnitte 2 und 3 Allgemeine Regeln der Technik enthalten, ist darauf hinzuweisen, dass diese dem Stand im Zeitpunkt der Abnahme entsprechen müssen (§ 633 BGB, § 13 Nr. 1 VOB/B). Der Unternehmer hat auf Änderungen der ATV seit Vertragsschluss hinzuweisen (§ 4 Nr. 3 VOB/B). Soweit der Auftraggeber

---

258 Entschieden für die Abrechnungsvorschriften in Abschnitt 5: BGH BauR 2004, 1438.
259 BGH BauR 2004, 1438.
260 BauR 2005, 765 = IBR 2005, 128 m. Anm. Putzier.
261 BAnz. Nr. 202 vom 29. 10. 2002.

nicht auf die Anwendung der neuen Standards verzichtet, hat sie der Unternehmer zu erbringen. Ihm steht dann jedoch ein **Mehrvergütungsanspruch** nach § 2 Nr. 5 oder Nr. 6 VOB/B zu.

Dies gilt für **private** und **öffentliche Auftraggeber gleichermaßen**. § 10 Nr. 1 Abs. 2 VOB/A ordnet zwar für den öffentlichen Auftraggeber gesondert an, dass die VOB/C Vertragsbestandteil werden muss. Diese Vorgabe wird jedoch bereits über § 1 Nr. 1 S. 2 VOB/B erreicht. Die Vereinbarung der VOB/B ist für den öffentlichen Auftraggeber in § 10 Nr. 1 Abs. 2 VOB/A somit wiederholend zwingend vorgegeben.

252

Gegenüber **Verbrauchern** stellt sich – wie auch bei der **VOB/B** – die Frage, wie die **VOB/C** wirksam **in den Bauvertrag einbezogen** werden kann – insbesondere das Kriterium der »Möglichkeit, in zumutbarer Weise Kenntnis von den AGB zu erlangen« ist problematisch. Dass die VOB Teil C teilweise AGB-Charakter hat, wurde vom Bundesgerichtshof unter dem 17. 6. 2004[262] entschieden und oben belegt. Der Unternehmer muss dem Verbraucher in der Regel den **Text der AGB zur Verfügung stellen**. In der Praxis wird diese Einbeziehungsvoraussetzung oft nicht erfüllt. Dies gilt im Besonderen für die VOB/C. Hier stellt sich die Frage, ob auf die nicht wirksam einbezogenen Regelungen auf anderem Wege zurückgegriffen werden kann.

253

Wie oben ausgeführt – geht es letztlich um die Frage, ob die Abschnitte 4 (Nebenleistungen, Besondere Leistungen) und 5 (Abrechnung) auf anderem Wege einbezogen werden können. Aus den oben ausgeführten Gründen stellt sich diese Frage bei den anderen Abschnitten nicht. Zu Recht verneint von Rintelen[263] eine abweichende Möglichkeit der Einbeziehung gegenüber Verbrauchern. Der Verbraucher muss nur Regelungen gegen sich gelten lassen, die entweder wirksam vereinbart sind oder kraft anderer Legitimation greifen. Diskussionswürdig erscheint insoweit, ob bestimmte Abrechnungsvorschriften (Erleichterungen) kraft Verkehrssitte gelten.

254

Hinzuweisen ist auf den Umstand, dass **andere ATV**, die nicht in den VOB/C-Normen genannt sind, von dem Verweis in § 1 Nr. 1 S. 2 VOB/B nicht erfasst werden. Für andere ATV (z. B. TV-Abbrucharbeiten) muss deren **Einbeziehung gesondert vereinbart** werden – soweit es sich um AGB handelt.

255

cc) Technikstandards

Technikstandards beschreiben die **Qualität einer Leistung** ohne explizit vereinbart worden zu sein. Teilweise überschneiden sie sich mit dem Regelungsgehalt der VOB/C-Normen. Es verbleiben jedoch Standards, die nicht in den Normen der VOB/C enthalten sind und folglich eigene Geltung beanspruchen.

256

---

262 BGH NJW-RR 2004, 1248.
263 von Rintelen in: Kapellmann/Messerschmidt § 1 VOB/B Rn. 22.

257 Technikstandards sind stets zu beachten, um ein **mangelfreies Bauwerk** zu gewährleisten. Sie spielen daher zunächst für den mangelrechtlichen Erfüllungsbegriff eine Rolle. Zu prüfen ist im Einzelfall, ob der Auftragnehmer auch verpflichtet ist, sämtliche Voraussetzungen der einschlägigen Technikstandards zu der vertraglichen vereinbarten Vergütung zu erbringen. Weicht ein detailliertes Leistungsverzeichnis in einem Bereich negativ von den Technikstandards ab, kann dem Auftragnehmer ggf. eine Nachtragsforderung gegenüber dem Auftraggeber zustehen. In der Regel werden die technischen Standards wohl als **vertraglich geschuldetes Bausoll** anzusehen sein. Letztlich bleibt die Beantwortung dieser Frage einer **Einzelfallprüfung** überlassen.

258 Die Begriffsvielfalt der deutschen Technikstandards kennt in ihren einzelnen Ausformulierungen kaum Grenzen. Nicklisch[264] betont, dass es 35 unterschiedliche Standards gäbe, die zu einem bunten und geradezu verwirrenden Bild führen würden.

Seibel grenzt die drei am häufigsten verwendeten deutschen Technikstandards voneinander ab: »**Allgemein anerkannte Regeln der Technik**«, »**Stand der Technik**« und »**Stand von Wissenschaft und Technik**«.[265]

(1) »Allgemein anerkannte Regeln der Technik«

259 Der Technikstandard »Allgemein anerkannte Regeln der Technik« ist nicht legal beschrieben. Er wird in Anlehnung an die Rechtsprechung des Reichsgerichts[266] definiert als »**ganz vorherrschende Ansicht der technischen Fachleute.**« Eine »allgemein anerkannte Regel der Technik« setzt damit voraus, dass die meisten Fachleute, die diese Regel anzuwenden haben, von ihrer Richtigkeit überzeugt sind. Die »Regel« muss auch **Eingang in die Praxis** gefunden haben, **erprobt** sein und sich **bewährt** haben. Die Vertretung als Einzelmeinung oder Lehre an der Universität reicht nicht aus. Es genügt jedoch eine **Durchschnittsansicht**. Ob einzelne Personen die Regel nicht akzeptieren oder nicht kennen, ist unbeachtlich.[267]

(2) »Stand der Technik«

260 Unter Bezugnahme auf die IVU-Richtlinie[268] und ausgehend vom Umweltrecht definiert Seibel[269] den Begriff »Stand der Technik« im Wesentlichen mit der Beschreibung:

---

264 Nicklisch BB 1983, 261, (263).
265 Seibel BauR 2004, 266 ff.; vgl. auch Seibel zum europäischen Rechtsbegriff »beste verfügbare Techniken« (»best available techniques«) BauR 2005, 1109.
266 RGSt 44, 75 (79).
267 Seibel BauR 2004, 266 (267, 268).
268 Siehe dazu das Artikelgesetz zur Umsetzung der UVP-Änderungsrichtlinie, der IVU-Richtlinie und weiterer EG-Richtlinien zum Umweltschutz vom 27. 7. 2001 (BGBl. I 2001, 1950).
269 Seibel BauR 2004, 266 (267).

*»Stand der Technik ist der **Entwicklungstand fortschrittlicher Verfahren, Einrichtung oder Betriebswesen**, der die **praktische Eignung einer Maßnahme** (berücksichtigt) ...«*

Im Folgenden bezieht er die Gewährleistung von **Sicherheit** und Erreichung eines allgemeinen hohen **Schutzniveaus** in die Begriffsbildung mit ein.

(3) »Stand von Wissenschaft und Technik«
Der Begriff »Stand der Wissenschaft und Technik« ergänzt den Begriff »Stand der Technik« um den Teil »Wissenschaft«. Letztgenannter Begriff ist nicht legal definiert. Unter Bezugnahme auf das »Würgassen-Urteil« des Bundesverwaltungsgerichts[270] wird der »Stand der Wissenschaft« als die Gesamtheit der derzeit neuesten **wissenschaftlich-menschlichen Erkenntnisse** bezeichnet. Diese Erkenntnisse müssen das »**Stadium des Zweifelns und der kritischen Überprüfung**« überwunden haben.[271]

261

Seibel[272] fasst die Bestandteile »Wissenschaft« und »Stand der Technik« wie folgt zusammen:

262

»Der ›Stand von Wissenschaft und Technik‹ umfasst über das momentan praktischtechnische Erreichte (›Stand der Technik‹) hinaus auch die neuesten Ergebnisse des derzeitigen wissenschaftlichen Erkenntnisstandes (›Stand der Wissenschaft‹).«

(4) Verhältnis der Technikstandards zu einander
Das Verhältnis der Technikstandards zu einander ist umstritten. Die wohl h. M. vertritt die folgende Drei-Stufen-Theorie:[273]

263

- **1. Stufe: »Allgemein anerkannte Regeln der Technik«**
  Die allgemein anerkannten Regeln der Technik bilden die erste und damit niedrigste Stufe im Hinblick auf die Qualität des Standards. Sie beruhen auf der herrschenden Auffassung der Fachleute und einer praktischen Bewährung. Der Rechtsanwender ist darauf beschränkt, im Wege einer empirischen Feststellung die **Mehrheitsauffassung** unter den technischen Praktikern zu ermitteln.

- **2. Stufe: »Stand der Technik«**
  Der Stand der Technik verlagert den Maßstab der Qualität an die Front der technischen Entwicklung. Neue technische Verfahren setzen sich langsam durch und werden – wenn überhaupt – erst am Ende eines Prozesses anerkannt. Der Standard »Stand der Technik« **muss nicht allgemein anerkannt sein** und verkürzt so im Verhältnis zu den »allgemein anerkannten Regeln der Technik« **die Zeit bis zu seiner Anwendbarkeit**. Er ist damit **dynamischer** und **aktueller** als der Standard der ersten Stufe.

---

270 BVerwG DVBl. 1972, 678, 680.
271 Seibel BauR 2004, 266 (268).
272 Seibel BauR 2004, 266 (269).
273 Siehe ausführlich Seibel BauR 2004, 266 (269 ff.).

- 3. Stufe: »Stand von Wissenschaft und Technik«
  Dieser Standard ist gleichbedeutend mit dem **neuesten wissenschaftlichen Erkenntnisstand**. Die Möglichkeit der technischen Realisierbarkeit ist unerheblich, so dass ein Höchstmaß an Fortschrittlichkeit gewährt wird. Es ist der aktuellste und modernste Standard.

Versuchen, diese drei Stufen auf zwei[274] oder eine[275] zu reduzieren, muss eine Absage erteilt werden. Die abweichenden Meinungen berücksichtigen nicht die unterschiedlichen Voraussetzungen und Wertungen der verschiedenen Begriffe.[276]

dd) Sonstige technische Regelwerke

264 Neben den Regelungen der VOB/C und sonstigen Technikstandards gibt es zahllose weitere technische Regelwerke (z. B. Flachdachrichtlinien, diverse Merkblätter von Fachverbänden), die das Bausoll zumindest in **mangelrechtlicher Hinsicht** vorgeben. Um zu erreichen, dass diese Richtlinien vom **vergütungsrechtlichen Bausoll** umfasst sind, sind sie im Zweifel in der Leistungsbeschreibung zumindest in Bezug zu nehmen.

265 Mit Urteil vom 20. 4. 2004 hat das Brandenburgische OLG[277] entschieden, dass Leistungsverzeichnisse für Entsorgungsleistungen mangelhaft sind, wenn sie bei Altlastenverdacht den Technischen Richtlinien der Länderarbeitsgemeinschaft Abfall (LAGA) nicht entsprechen.

ee) Öffentlich-rechtliche Vorgaben

266 Der Bauherr ist verpflichtet, die öffentlichen-rechtlichen Vorgaben des **Bauplanungs- und Bauordnungsrechts** einzuhalten. Die bauordnungsrechtlichen Vorschriften stellen – insbesondere aus dem Gedanken der Sicherheit und des Umweltschutzes heraus – umfangreiche Anforderungen an die Ausführung eines Bauvorhabens. Beispiele sind Brandschutz, Abwasser- und Schmutzwasserbeseitigung, Dekontamination und spezielle Anforderungen an gefahrgeneigte Anlagen. Übernimmt der Bauherr (Auftraggeber) die Ausführungsplanung des Bauvorhabens und erstellt er, bzw. lässt er die Leistungsverzeichnisse für die Vergabe der Bauleistung erstellen, so sind die bezeichneten öffentlich-rechtlichen Anforderungen in der Planung und der Leistungsbeschreibung zu berücksichtigen. Der Auftraggeber muss die Bauleistung so beschreiben, dass die öffentlich-rechtlichen Anforderungen bei Umsetzung der Leistungsbeschreibung erfüllt werden.

267 In den in der Praxis häufig vorkommenden Globalpauschalpreisverträgen überlässt der Auftraggeber dem Auftragnehmer (zumindest) die Ausführungsplanung und

---

274 2. Stufentheorie vertreten von Battis/Gusy, Technische Normen im Baurecht, Düsseldorf 1988, Rn. 293.
275 Einheitstheorie vertreten von Nicklisch BB 1983, 261 (267).
276 Seibel BauR 2004, 266 (272).
277 Brandenburgisches OLG BauR 2005, 575.

die Erstellung der detaillierten Leistungsbeschreibung. In diesem Fall ist der Auftragnehmer verpflichtet, die öffentlich-rechtlichen Vorgaben in der Detailplanung umzusetzen.

ff) Herstellerrichtlinien

Die meisten Hersteller von Baustoffen geben zu den von ihnen vertriebenen Materialien Richtlinien heraus. In diesen Richtlinien finden sich **umfassende Hinweise auf die korrekte Art und Weise der Verwendung**, des Einbaus, der Gefahren, der Inkompatibilitäten mit anderen Baustoffen und andere Empfehlungen zum bestmöglichen Umgang mit den Stoffen.

268

Diese Herstellerrichtlinien sind vom Auftragnehmer stets zu beachten. Nicht selten haben sie auch Einfluss auf vom **Hersteller übernommene Garantien**, die kraft Vereinbarung nur eingreifen, wenn der Auftragnehmer die Herstellerrichtlinien beachtet hat. Die Beachtung dieser Richtlinien verursacht bei dem Auftragnehmer Kosten. Diese können die Kosten einer anderen Art und Weise der Herstellung, die dem Auftragnehmer bei Verwendung anderer Materialien entstehen würden, übersteigen. Der Auftragnehmer hat diese Kosten zu tragen, soweit ein bestimmter Baustoff eines bestimmten Herstellers in der betreffenden LV-Position ausgeschrieben war.

269

Das OLG Köln[278] hat entschieden, dass ein Baumangel bereits dann vorliegt, wenn eine Ungewissheit über die Risiken seines Gebrauchs besteht. Im konkreten Fall war die Dickbeschichtung nicht entsprechend den Anweisungen der Hersteller aufgebracht worden.

270

Sind die Herstellerrichtlinien bereits im Zeitpunkt des Vertragsschlusses vorhanden, so hat der Auftragnehmer sie – zum vereinbarten Preis – einzuhalten.

Dem Auftragnehmer kann daher nur angeraten werden, bei der Kalkulation seiner Preise die konkreten Herstellerrichtlinien – soweit ein bestimmter Baustoff eines bestimmten Herstellers vorgeschrieben ist – zu berücksichtigen.

gg) Versicherungsrichtlinien

Versicherungsrichtlinien legen u.a. fest, welche Risiken unter welchen Bedingungen versichert sind. Für verschiedene Bauwerke (z.B. Lagerhallen) gelten bestimmte Versicherungsrichtlinien, die die Voraussetzungen der Versicherbarkeit festlegen.

271

Aus dem Bauvertrag in Gestalt eines Globalpauschalvertrags oder bei ausdrücklicher Vereinbarung einer Versicherungsrichtlinie als Leistungszielvorgabe kann der Auftragnehmer verpflichtet sein, die Voraussetzungen der entsprechenden Vorschrift zu erfüllen. Führt er die von der Versicherung geforderte Leistung nicht aus, so hat er sie ggf. zum vertraglichen vereinbarten Festpreis nachträglich zu erbringen.

272

---

278 OLG Köln BauR 2005, 389.

273 Lag die Planung beim Auftraggeber, trägt er selbst das **Risiko der »Nicht-Versicherbarkeit« »seines«** Bauwerks. Der Auftragnehmer kann für die noch zu erbringende Leistung eine Nachtragsforderung geltend machen. Angemerkt sei, dass bezüglich der Vergütung für die zusätzliche Leistung eine Haftung des planenden Architekten gegenüber dem Auftraggeber in Betracht kommt.

4. Widersprüchliche Leistungsbeschreibungselemente

a) Rangfolge der Leistungsbeschreibungselemente

274 Vom Ausgangspunkt her sind alle Vertragsbestandteile gleichrangig.

275 Dies hat der BGH ausdrücklich in einem Urteil vom 11. 3. 1999[279] (**Vorbemerkungen**) für das Verhältnis von Vorbemerkungen und Leistungsverzeichnis entschieden. Sie genießen den gleichen Rang. Der BGH stellte weiter ausdrücklich fest:

– *Der Bieter darf die Leistungsbeschreibung einer öffentlichen Ausschreibung nach der VOB/A im Zweifelsfall so verstehen, dass der AG den Anforderung an die Ausschreibung entsprechen will.*
– *Es kommt auf die* **objektive Auslegung nach dem Empfängerhorizont** *an, nicht dagegen auf die Auslegungsvorstellungen des AG. Die Leistungsbeschreibung wird mit diesem objektiven Verständnis Vertragsinhalt.*
– *Auf den Fall bezogen argumentiert der BGH damit, dass das Leistungsverzeichnis ein Standardleistungsverzeichnis (StL) war und daher nicht konkret auf das im Streit stehende Bauvorhaben passte. Die Vorbemerkungen dagegen waren auf das Bauvorhaben bezogen.*

276 Bei Widersprüchen der einzelnen Elemente des **Vertrages gilt die vertraglich festgelegte Rangfolge.** Die Aufzählung der Vertragsbestandteile in **§ 1 Nr. 2 VOB/B enthält eine Rangfolgenbestimmung.** Bei widersprüchlichen Leistungsbeschreibungselementen geht die jeweils »höhere« Bestimmung vor. Allerdings sind zunächst die **Auslegungsregeln** (§ 133, 157 BGB) zu beachten. Somit ist an erster Stelle die Frage zu beantworten, ob überhaupt ein Widerspruch einzelner Leistungsbeschreibungselemente besteht.[280]

277 Bei nicht ausdrücklich vereinbarten Rangfolgeregeln oder gleichwertigen, sich widersprechenden Regelungen ist die **Leistungsbeschreibung gem. §§ 133, 157 BGB** aus dem objektiven Empfängerhorizont unter Berücksichtigung von Treu und Glauben und der Verkehrssitte **auszulegen.** Aber auch bei Vorliegen einer Rangfolgeklausel legt der BGH den Vertrag im Einzelfall aus.[281]

Damit ist die **Auslegung** des Vertrages gegenüber **einer Rangfolgeklausel immer vorrangig.**

---

[279] BGH BauR 1999, 897.
[280] Keldungs in: Ingenstau/Korbion § 1 Rn. 3.
[281] BGH BauR 2003, 388.

b) Widersprüche auf derselben Rangstufe

Bei Widersprüchen zwischen einzelnen Leistungsbeschreibungselementen auf derselben Rangstufe ist das Leistungsverzeichnis auszulegen.

Auslegungshilfen können sein:

- Der **Inhalt der Baubeschreibung** dient nach der Rechtsprechung des BGH vor allem auch der Auslegung des Leistungsverzeichnisses.[282]
- **§ 9 VOB/A**: Kann ein mehrdeutiges Leistungsverzeichnis unter anderem so ausgelegt werden, dass es den Anforderungen von § 9 VOB/A entspricht, darf der Bieter/AN das Leistungsverzeichnis in diesem Sinne verstehen.[283]
- der **Werkerfolg**

Bei einer **detaillierten Leistungsbeschreibung** muss der Unternehmer mit der ausgeführten Bauleistung den Zweck **(Erfolg)** des Gewerkes bzw. Bauvorhabens erreichen.

Dies hat der BGH[284] in der bereits zitierten Entscheidung für ein Gewerk (Dach) ausdrücklich entschieden.

In einem anderen Fall hat der BGH[285] *die konkret geschuldete Leistung durch Auslegung unter Zugrundelegung des Zwecks des Gebäudes ermittelt. Dies betraf einen Sachverhalt, in dem ein Unternehmer beim Bau einer Arztpraxis das im Vertrag vorgegebene Schalldämm-Maß von 42 dB für die einzubauenden Türen vor Ort nicht erreicht hat. Der Unternehmer argumentierte, er habe das Laborschalldämm-Maß erzielt. Die Leistungen seien daher vertragsgerecht. Der BGH trat dieser Argumentation entgegen, indem er in erster Linie auf den Zweck und* **Funktion des Gebäudes** *als Ärztehaus abstellte. Den DIN-Vorschriften komme insoweit eine nachrangige Bedeutung zu.* **Maßgebend** *seien immer die* **Umstände des Einzelfalles** *unter Berücksichtigung der Funktion, der Ausstattung und des Zuschnittes des Gebäudes. Im Ergebnis sei ein effektiver Schallschutz vor Ort gefragt.*

Bei der **Vertragsgestaltung** sollte gleichwohl auch in Anbetracht dieser BGH-Entscheidungen – um die Ungewissheiten einer Auslegung zu verringern – bei detaillierten Leistungsbeschreibungen zur Klarstellung darauf geachtet werden, dass die Detail-Leistungsverzeichnisse für jedes Gewerk mit funktionalen Beschreibungen – in den Grenzen des § 9 Nr. 2 VOB/A – ergänzt werden.[286] Zudem ist es sinnvoll, den übergeordneten **vertragsgemäßen Gebrauch** des Bauwerks **vertraglich**

---

[282] BGH BauR 1993, 595 (Sonderfarben).
[283] BGH BauR 1997, 466 (Bodenpositionen); BGH NJW 1994, 850 (Wasserhaltung II).
[284] BGH BauR 2000, 411 (Dach muss dicht sein).
[285] BGH BauR 1995, 538 = NJW-RR 1995, 914.
[286] Zu beachten ist jedoch, dass sog. »Komplettheitsklauseln« in der Regel nach den AGB-rechtlichen Vorschriften des BGB unwirksam sind.

(in der Baubeschreibung) festzulegen und **ausdrücklich als Bau-Soll zu vereinbaren** (wie z.B. als Zahnarztpraxis, Veranstaltungshalle etc.). Damit wird sichergestellt, dass alles gebaut werden muss, was für die Funktionsfähigkeit des Werks erforderlich ist. **In diesem Fall decken sich der mangelrechtlich und der vergütungsrechtlich geschuldete Werkerfolg.**

282 Die **Auslegung** des **Bauvertrags** und der **Leistungsbeschreibung** i.w.S. erfolgt anhand der folgenden **vier Auslegungskriterien**: Wortlaut der Leistungsbeschreibung, Sinn und Zweck des Leistungsbeschreibungselements, Systematik (Stellung des Leistungsbeschreibungselements in der gesamten Leistungsbeschreibung). Als weiteres Auslegungskriterium kann auf die Geschichte der streitigen Regelung zurückgegriffen werden. Haben die Parteien eine bestimmte Regelung schon bei anderen Bauvorhaben verwendet und ihr eine bestimmte Auslegung beigemessen, so kann daraus u.U. geschlossen werden, dass sie bei dem jetzt streitigen Bauvorhaben, der Vereinbarung die gleiche Bedeutung beimessen wollten.

5. Unvollständige Leistungsbeschreibung

283 Obwohl eine Leistungsbeschreibung in der Regel durch viele Komponenten bestimmt wird, kommt es vor, dass sie unvollständig ist. Eine unvollständige Leistungsbeschreibung kann dadurch entstehen, dass eine Leistung, die zur mangelfreien Bauwerkserstellung erforderlich ist, schlichterdings vergessen wurde. Auch ist es möglich, dass die Leistung zwar beschrieben wurde, der Leistungsbeschrieb aber ungenau ist oder Lücken bei einem Ausführungsdetail bestehen. Diese müssen dann nach Vertragsschluss durch **Auslegung** geschlossen werden.

In diesen Fällen stellt sich die **Frage**, welche Rechte und Pflichten die Vertragsparteien haben. Die **Lösung** ist in folgenden zwei Schritten zu ermitteln:

a) Bestimmung der streitigen Leistung durch ein Leistungsbeschreibungselement

284 Zunächst muss die Leistungsbeschreibung (ggf. zum zweiten Mal) sorgfältig dahingehend überprüft werden, ob tatsächlich eine Lücke vorliegt oder ob die Leistung nicht durch ein Leistungsbeschreibungselement ausdrücklich geregelt wurde. In der **Praxis** werden einzelne Leistungsbeschreibungselemente oft aus Unkenntnis oder ungenauer Prüfung außer Acht gelassen. Dies gilt insbesondere für Normen der VOB/C, öffentlich-rechtliche Vorschriften, Hersteller- oder Versicherungsrichtlinien. Wird diese Prüfung nicht exakt durchgeführt, können sich für die Vertragspartei, zu deren Lasten die Prüfung unterblieben oder falsch beantwortet wurde, erhebliche **finanzielle Einbußen** ergeben. Denkbar ist, dass der Auftraggeber eine bereits bezahlte Leistung ein zweites Mal vergütet oder der Auftragnehmer auf eine ihm zustehende zusätzliche Vergütung verzichtet.

Es ist daher zwingend, die Leistungsbeschreibung eines Bauvertrages bei Unklarheiten über die auszuführenden Leistungen **detailliert** zu **prüfen**.[287] Die einzelnen Elemente sind dabei **auszulegen**.[288]

Erst, wenn eine exakte Prüfung der Bau-Sollbeschreibung – ggf. durch Auslegung der einzelnen Leistungsbeschreibungselemente – ergibt, dass eine **Lücke** vorliegt, ist in einem nächsten Schritt zu klären, wer das **Risiko der Unvollständigkeit** trägt. 285

b) Risiko der Unvollständigkeit

Wird die streitige Leistung nicht durch ein Leistungsbeschreibungselement geregelt, muss durch **Auslegung** des Bauvertrages ermittelt werden, wer das Risiko der unvollständigen Leistungsbeschreibung trägt. 286

Eine **unvollständige Leistungsbeschreibung** beruht oftmals auf einer **unvollständigen Planung**. Bei der Planung und Aufstellung des Leistungsverzeichnisses wurde ein Umstand nicht berücksichtigt oder eine für den Werkerfolg erforderliche Leistung nicht aufgenommen. Dieser »Planungsfehler« muss einer Vertragspartei zugeordnet werden. Die Risikoverteilung erfolgt **gemäß der Verteilung der Funktionen**.[289] 287

aa) Klassische Funktionenteilung: Bauleistung beim Auftragnehmer, Planungsleistung beim Auftraggeber

Nach dem BGB und der VOB obliegt die **Ausführung** der **Bauleistung** grundsätzlich dem **Auftragnehmer**, die **Planung** dem **Auftraggeber**. Dies ist die **klassische Funktionenteilung**.[290] Dem Einheitspreis- und dem Detailpauschalpreisvertrag liegt diese Rollenverteilung zu Grunde. 288

Für den öffentlichen Auftraggeber bestimmt § 9 Nr. 1 VOB/A als Grundsatz, dass er die Leistung eindeutig und erschöpfend zu beschreiben hat. Dies geschieht entsprechend § 9 Nr. 6 VOB/A in der Regel durch eine allgemeine Darstellung der Bauaufgabe (Baubeschreibung) und ein in Teilleistungen gegliedertes Leistungsverzeichnis. Nach § 3 Nr. 1 VOB/B hat der öffentliche und private Auftraggeber dem Auftragnehmer die für die Ausführung notwendigen Unterlagen zu übergeben. Diese **notwendigen Unterlagen** bestehen aus einer **Ausführungsplanung** entsprechend § 15 Abs. 2, Leistungsphase 5 HOAI und den **Leistungsbeschreibungen** mit **Leistungsverzeichnissen** entsprechend § 15 Abs. 2, Leistungsphase 6 HOAI. Für die Erstellung dieser Unterlagen bedient sich der Auftraggeber in der Regel eines Architekten sowie der sog. Sonderfachleute für Tragwerksplanung, Technische Ausrüstung, Brandschutz, Schallschutz, Bodengutachten, Wärmeschutz 289

---

287 In der Praxis wird dies oftmals nicht ausreichend getan.
288 Zur Auslegung gilt das oben Gesagte entsprechend.
289 Roquette/Paul BauR 2004, 736.
290 Roquette/Paul BauR 2004, 736 m.w.N.

etc.[291] Der **Architekt/Ingenieur** wird als **Erfüllungsgehilfe** (§ 278 BGB) des Auftraggebers tätig.[292] Die Planung entstammt daher der **Sphäre des Auftraggebers.**

(1) Risiko der unvollständigen Planung beim Auftraggeber

290 Es erscheint interessengerecht, den Planungsfehler der Vertragspartei zuzuordnen, die die Planung nach dem Bauvertrag schuldet. Bei der klassischen Funktionenteilung ist dies der Auftraggeber. Hat der Auftraggeber oder sein Erfüllungsgehilfe (Architekt/Ingenieur) einen Umstand, der für die exakte Bestimmung des Bau-Soll erforderlich ist, nicht berücksichtigt oder eine für den Werkerfolg erforderliche Leistung nicht im Ganzen aufgenommen, ist ihm ein Planungsfehler unterlaufen. Für diesen Fehler »haftet« er. Der **Auftraggeber trägt das Risiko einer fehlerhaften Planung.**

291 Wurde der Bauvertrag auf der Basis der fehlerhaften Planung geschlossen, steht dem Auftraggeber das Recht zu, die Ausführung der fehlenden Leistung vom Auftragnehmer nach Maßgabe des § 1 Nr. 4 VOB/B zu verlangen. Dazu korrespondierend gewährt § 2 Nr. 6 VOB/B dem **Auftragnehmer** unter den dort aufgeführten weiteren Voraussetzungen einen **Vergütungsanspruch für die zusätzliche Leistung.**[293]

(2) Korrektiv durch Prüfungspflicht des Auftragnehmers

292 Bei der klassischen Funktionenteilung erfährt diese grundsätzliche Risikoverteilung durch die **Prüfungs- und Hinweispflicht des Auftragnehmers** ein Korrektiv.

293 Nach Vertragsschluss unter Einbeziehung der VOB/B hat der Auftragnehmer gem. § 3 Nr. 3 S. 2 VOB/B die durch den Auftraggeber übergebenen Unterlagen auf etwaige Unstimmigkeiten zu überprüfen – soweit es zur ordnungsgemäßen Vertragserfüllung gehört – und den Auftraggeber auf entdeckte oder **vermutete Mängel** hinzuweisen. In die gleiche Richtung geht § 4 Nr. 3 VOB/B. Beide zitierten Regelungen der VOB/B wird man hinsichtlich der grundlegenden Pflichten auch im BGB-Bauvertrag anzuwenden haben. Dies geschieht entweder über § 242 BGB (Leistung nach Treu und Glauben) oder durch die **gegenseitigen Kooperationspflichten im Bauvertrag**. Der Bundesgerichtshof hat dies mit seinem Urteil vom 28. 10. 1999[294] deutlich gemacht.

294 Gemäß den zitierten Grundsätzen ist der Auftragnehmer verpflichtet, dem Auftraggeber etwaige Bedenken gegen die Art der Ausführung, gegen die Güte der vom Auftraggeber gelieferten Stoffe/Bauteile oder gegen die Leistungen anderer Unternehmer, unverzüglich schriftlich mitzuteilen. Der Auftraggeber bleibt jedoch für seine Angaben, Anordnungen oder Lieferungen verantwortlich.

---

291 Vgl. zu den klassischen Vertragsbeziehungen am Bau Wirth/Würfele/Brooks, Rechtsgrundlagen des Architekten und Ingenieurs S. 31 ff.
292 Döring in: Ingenstau/Korbion § 3 Nr. 3 VOB/B Rn. 6 S. 1433.
293 Siehe zu § 1 Nr. 4 und § 2 Nr. 6 Keldungs in: Ingenstau/Korbion.
294 BauR 2000, 409.

Bezüglich der vom Auftraggeber in der klassischen Funktionenteilung zu erbringenden Planungsleistung haben beide Vorschriften den gleichen Inhalt. § 3 Nr. 3 S. 2 VOB/B ist von seinem Regelungsgehalt in § 4 Nr. 3 Alt. 1 VOB/B »Art der Ausführung« enthalten.[295]   **295**

Vor Vertragsschluss gelten die Regelungen des § 3 Nr. 3 und § 4 Nr. 3 VOB/B nicht unmittelbar und grundsätzlich auch nicht analog.[296] Dies findet seine Begründung zunächst in dem Umstand, dass die VOB/B als Allgemeine Geschäftsbedingung nur dann Geltung beansprucht, wenn sie bei Vertragsschluss vereinbart wurde – also notwendigerweise einen geschlossenen Bauvertrag voraussetzt. Die analoge Anwendung wird mit dem Argument verwehrt, der Bieter habe im Ausschreibungsverfahren die Leistungsbeschreibung nur unter kalkulatorischen Gesichtspunkten zu betrachten. Nur ausnahmsweise könne eine **vorvertragliche Prüfungs- und Hinweispflicht** bejaht werden, d. h. nur falls die Verdingungsunterlagen offensichtlich falsch oder unvollständig sind.[297]   **296**

Diese Beurteilung bedarf einer Relativierung. Regelmäßig muss eine **eingeschränkte Prüfungs- und Hinweispflicht des Bieters** unter Berücksichtigung des Rechtsgedankens der §§ 3 Nr. 3 und 4 Nr. 3 VOB/B – der wiederum »nur« Ausfluss des Grundsatzes von Treu und Glauben (§ 242 BGB) ist – schon im Ausschreibungsverfahren bestehen. § 311 Abs. 2 BGB erklärt § 241 Abs. 2 BGB auch vor Vertragsschluss für den Zeitraum der Aufnahme von Vertragsverhandlungen für anwendbar. § 241 Abs. 2 BGB verpflichtet jeden der (potentiellen) Vertragspartner zur Rücksicht auf die Rechtsgüter und Interessen des anderen. Daraus ergibt sich, dass der Bieter als Fachunternehmen die durch den Auftraggeber erstellte Leistungsbeschreibung nicht nur kalkulatorisch, sondern – zumindest eingeschränkt – auch **inhaltlich auf Vollständigkeit und Widerspruchsfreiheit** zu überprüfen hat. Anderenfalls würde der Bieter vorvertraglich auf Kosten des Auftraggebers einer Verpflichtung zur Rücksicht auf die Interessen des Auftraggebers enthoben. Der Grad der Verpflichtung nimmt nach Vertragsschluss zu und legitimiert die Regelungen der § 3 Nr. 3 und § 4 Nr. 3 VOB/B. Dennoch gelten vor und nach Vertragsschluss die gleichen Rechtsgedanken.   **297**

Die **Prüfungs- und Hinweispflicht** besteht vorvertraglich hiernach ebenfalls, allerdings nur **eingeschränkt**. Anderenfalls würde die Grenze des Zumutbaren überschritten – insbesondere da die Anfertigung und das Überlassen der Ausführungsunterlagen zum vertraglichen Pflichtenkreis des Auftraggebers gehört. Dessen vorrangige Verantwortlichkeit muss bestehen bleiben. Die Prüfungspflicht wird damit von zwei Überlegungen bestimmt. Einerseits darf sich der Auftragnehmer als Fachunternehmen nicht ohne weiteres auf die Ausführungsunterlagen   **298**

---
[295] Döring in: Ingenstau/Korbion § 3 Nr. 3 VOB/B Rn. 14.
[296] Oppler in: Ingenstau/Korbion § 4 Nr. 3 VOB/B Rn. 8; Merkens in: Kapellmann/Messerschmidt § 4 VOB/B Rn. 64.
[297] Merkens in: Kapellmann/Messerschmidt § 4 VOB/B Rn. 64.

des Auftraggebers verlassen. Andererseits darf sich der Auftraggeber seiner **primären Planungsverantwortung** nicht durch Verweis auf die Prüfungs- und Hinweispflicht entledigen.[298] Die **Grenze** der **Verantwortungsbereiche** zu ziehen ist schwierig und kann nur für den Einzelfall anhand verschiedener Kriterien vorgenommen werden.

299 **Erstes Abgrenzungskriterium** ist der primäre Pflichtenkreis der Vertragsparteien. Der Auftragnehmer soll bauen. Der Auftraggeber soll planen. Die Prüfungspflicht muss dem folgend einen **unmittelbaren technischen Zusammenhang** zu der **Bauleistung** aufweisen. Andere planerische Gesichtspunkte muss der Auftragnehmer nicht berücksichtigen. Lediglich dann, wenn er solche erkennt, ist er aus Treu und Glauben (§ 242 BGB) gehalten, diese dem Auftraggeber mitzuteilen.

300 **Zweites Abgrenzungskriterium** ist die **Offenkundigkeit** des Planungsmangels. Der Fachunternehmer muss die Leistungsbeschreibung auf offenkundige Mängel überprüfen. Dies gilt auch beim Einsatz von Sonderfachleuten. Enthält beispielsweise die Statik einen »ins Auge springenden Fehler«, ist der Auftragnehmer verpflichtet, diesen dem Auftraggeber anzuzeigen und ggf. seine Bedenken bezüglich der sonstigen statischen Berechnungen mitzuteilen.[299]

301 **Drittes Abgrenzungskriterium** kann die **Vertretung des Bauherrn** durch **fachkundige Berater** sein. Wird der Bauherr durch Architekten und Sonderfachleute vertreten, kann der Auftragnehmer eher davon ausgehen, dass die Planung vollständig ist. Allerdings darf er sich nicht allein von diesem Umstand leiten lassen. In vielen Fällen reicht der Hinweis auf sachkundige Berater nicht aus, die Haftung des Auftragnehmers auszuschließen.[300] Umgekehrt verschärfen sich die Anforderungen an die Prüfungspflicht, wenn der Bauherr nicht fachkundig beraten wird. Hier wird der Auftragnehmer eine vollständige und richtige Planung gerade nicht unterstellen können.

302 **Weitere Kriterien** für die Abgrenzung der Planungsverantwortlichkeit können sein:

- Besondere Fachkunde des Auftragnehmers
- Art und Weise der Beauftragung
- Hoher Termindruck
- Komplexität des Auftrags
- Besonderheiten

303 Hinsichtlich der **Fachkunde** des Unternehmers ist von Bedeutung, dass der Umfang der Prüfungspflicht **grundsätzlich objektiv** zu bestimmen ist. Es kommt also darauf an, was unter normalen Umständen bei einem auf dem betreffenden Gebiet

---

298 Döring in: Ingenstau/Korbion § 3 Nr. 3 VOB/B Rn. 4.
299 Marbach/Wend in: Englert/Katzenbach/Motzke DIN 18301 Rn. 55 S. 303.
300 Döring in: Ingenstau/Korbion § 3 Nr. 3 VOB/B Rn. 5 S. 1432 f.

tätigen Unternehmer, vorausgesetzt werden kann. Dabei muss er die anerkannten Regeln der Technik beherrschen, die entsprechenden Empfehlungen der Fachverbände und Fachpresse kennen.[301] Ein »darunter« liegendes Wissen entlastet den Unternehmer nicht. Fraglich ist allerdings, ob ein »darüber« liegendes Fachwissen zu schärferen Anforderungen führt. Die wird man wohl nur dann bejahen können, wenn der Unternehmer mit seinem überlegenen Fachwissen geworben hat oder einen Fehler der Ausschreibung erkannt hat. Bei Letzterem ist er ohne weiteres verpflichtet, den Auftraggeber auf den Fehler hinzuweisen. Allerdings wird man die positive Kenntnis dem Unternehmer in der Regel nicht nachweisen können.

Die Prüfungs- und Hinweispflicht des Auftragnehmers relativiert den Grundsatz, dass ein Planungsfehler in Form einer unvollständigen Leistungsbeschreibung in der klassischen Funktionenteilung ausschließlich in den Verantwortungsbereich des Auftraggebers fällt. Wie ausgeführt, ist anhand der aufgeführten oder weiterer Kriterien und einer wertenden **Einzelfallbetrachtung** die Verantwortung für eine unvollständige Leistungsbeschreibung zwischen Auftraggeber und Auftragnehmer entsprechend §§ 4 Nr. 3, 13 Nr. 3 VOB/B zu verteilen. **304**

Vygen[302] favorisiert im entsprechenden Einzelfall die analoge Anwendung des § 254 BGB [Mitverschulden]. Dort ist geregelt, dass die Schadensersatzverpflichtung des Schädigers **entsprechend eines Mitverschuldensanteils** des Geschädigten **gekürzt** wird. Die analoge Anwendung auf die Fälle einer unvollständigen Ausschreibung bedeutet, dass die Nachtragsvergütung des Auftragnehmers gekürzt wird. Dogmatisch geschieht dies durch die Annahme eines Schadensersatzanspruchs des Auftraggebers gem. §§ 311 Abs. 2, 241 Abs. 2, 280 BGB gegen den Bieter wegen nicht erfolgten Hinweis auf die unvollständige Leistungsbeschreibung.[303] Der Mehrvergütungsanspruch des Auftragnehmers und der Schadensersatzanspruch des Auftraggebers stehen sich gegenüber und werden analog § 54 BGB entsprechend gequotelt.[304] **305**

Dieser Lösung ist zuzugeben, dass sie beide Vertragsparteien gleichermaßen diszipliniert. Der Auftraggeber wird motiviert vollständig auszuschreiben. Der Auftragnehmer wird angehalten seiner Prüfungs- und Hinweispflicht ordnungsgemäß nachzukommen. Im Einzelfall lassen sich gerechte Entscheidungen herbeiführen. Nachteilig ist demgegenüber, dass sich die »Quote« der Verteilung nicht sicher wird prognostizieren lassen. Problematisch erscheint es auch, den Schadensersatzanspruch des Auftraggebers gem. §§ 311 Abs. 2, 241 Abs. 2, 280 BGB gegen den Bieter mit dem nicht erfolgten Hinweis auf die unvollständige Leistungsbeschreibung zu rechtfertigen. Die Kürzung der Vergütung mag gerechtfertigt sein. Darü- **306**

---

301 Oppler in: Ingenstau/Korbion § 4 Nr. 3 VOB/B Rn. 10.
302 Vygen in: Vygen/Schubert/Lang Rn. 160.
303 Zur Verletzung der Pflicht aus § 4 Nr. 3 VOB/B vgl. Riedl in: Heiermann/Riedl/Rusam § 4 VOB/B Rn. 62.
304 Vygen in: Vygen/Schubert/Lang Rn. 160.

ber hinaus wäre aber auch ein Schadensersatzanspruch gegen den Bieter im Zusammenhang mit § 26 VOB/A denkbar.[305] Die Begründung würde in der nicht aufgehobenen Ausschreibung des Auftraggebers liegen (§ 26 VOB/A). Dieser könnte sinnvoll nur durch eine enge Auslegung der Kriterien des § 26 VOB/A und/oder durch ein überwiegendes Mitverschulden des Auftraggebers begrenzt werden.

307 Damit kann aus guten Gründen die Lösung Vygens (Quotelung) als auch eine analoge Anwendung von §§ 4 Nr. 3, 13 Nr. 3 VOB/B (»Haftung« des Auftragnehmers bei Verstoß gegen die Hinweispflicht) vertreten werden. Vieles spricht für den Vorschlag Vygens, da er von den wirtschaftlichen Folgen her gesehen, den Auftragnehmer bei **beidseitigen »Pflichtverletzungen«** nicht automatisch einseitig benachteiligt. Eine **gerechte Einzelfallentscheidung** kann getroffen werden.[306]

bb) Funktionenteilung bei der funktionalen Leistungsbeschreibung: Bauleistung und überwiegender Teil der Planungsleistung beim Auftragnehmer

308 Wie ausgeführt plant bei der klassischen Funktionenteilung der Auftraggeber die Bauleistung. Auch erstellt er die Baubeschreibung und die Leistungsverzeichnisse.

309 Allerdings eröffnet § 9 Nr. 10 VOB/A dem öffentlichen Auftraggeber explizit die Möglichkeit, den **Entwurf für die Leistung dem Auftragnehmer zu übertragen**. In diesen Fällen ist die Leistung vom Auftraggeber durch ein Leistungsprogramm (sog. Funktionalausschreibung) darzustellen.[307] Die gleichen Möglichkeiten stehen dem privaten Auftraggeber zu. Diese **veränderte Aufgabenzuweisung zieht eine Verlagerung der Planungsverantwortung nach sich**.[308]

cc) Systematik Vollständigkeitsrisiko

Systematik Vollständigkeitsrisiko
☐ – **Auftragnehmerseitige Planung:**   Planungsverantwortung und Vollständigkeitsrisiko beim AN
☐ – **Auftraggeberseitige Planung:**   Planungsverantwortung und Vollständigkeitsrisiko beim AG. Korrektiv der Verantwortung des AG durch Prüfungspflicht des AN

310 Dieser Systematik gilt für jede Planungsleistung, gleich, ob es sich um die Planung für das gesamte Bauwerk oder eine Teilleistung handelt. Jedoch kann es auch in

---
305 Vygen in: Vygen/Schubert/Lang Rn. 160.
306 Vygen in: Vygen/Schubert/Lang Rn. 161.
307 Siehe zur Funktionalausschreibung oben Rn. 214 ff.
308 Roquette/Paul BauR 2004, 736, 737.

Anbetracht dieses Schemas im Einzelfall schwierig sein, zu bestimmen, wer das Vollständigkeitsrisiko zu tragen hat.

IV. Beendigung des Vertrages

1. Ordentliche Kündigung

Die Kündigung stellt eine einseitige, empfangsbedürftige, rechtsgestaltende Willenserklärung dar, die mit dem Zugang beim Empfänger wirksam wird. Die Erklärung der Kündigung kann ausdrücklich oder konkludent zum Ausdruck gebracht werden. Für den Empfänger muss jedoch **zweifelsfrei erkennbar** sein, dass das Vertragsverhältnis tatsächlich beendet werden soll.[309]   311

Durch Zugang der Kündigung wird der Werkvertrag für die Zukunft aufgehoben. Insoweit sind die durch den Vertrag für beide Parteien begründeten Pflichten beendet. Für die Zeit bis zur Kündigung des Vertrages bleibt der Vertrag jedoch als **Rechtsgrund** für die bis dahin erbrachten Leistungen bestehen.[310] Der Unternehmer ist daher nicht zur Rücknahme verpflichtet, andererseits hat er die vor der Kündigung erbrachten Leistungen vertragsgemäß zu erbringen. Bestehende Mängel sind zu beseitigen.[311] Die Gewährleistung bzw. die Mängelrechte bestehen fort.   312

a) Kündigungsrecht des Unternehmers

Das Gesetz sieht seitens des Unternehmers **kein Recht zur ordentlichen Kündigung** vor. Dem Besteller soll es nicht zugemutet werden, ständig der Gefahr einer Kündigung durch den Unternehmer ausgesetzt zu sein.   313

Dem Unternehmer stehen nur ausnahmsweise **Sonderkündigungsrechte** zu, z. B. gem. §§ 642, 643 BGB. Entsprechendes tritt ein, wenn der Auftraggeber seine **erforderliche Mitwirkung** an der Herstellung des Werkes unterlässt und dadurch in **Annahmeverzug** gerät. Hierdurch soll vermieden werden, dass die Stellung des Unternehmers durch das Bereithalten von Arbeitskräften und Betriebsmitteln über einen längeren und ungewissen Zeitraum hinweg gefährdet wird. In diesen Fällen soll auch dem Unternehmer das Recht zustehen den Vertrag vorzeitig zu beenden.   314

b) Kündigung durch den Besteller
aa) Kündigung nach § 649 BGB

Demgegenüber ist nach § 649 BGB die ordentliche Kündigung durch den Besteller **jederzeit** zulässig. Die Kündigung kann ab Vertragsschluss bis zur Vollendung **ohne Grund** erfolgen. Dem liegt die Erwägung zugrunde, dass die Erstellung des Werkes allein im Interesse des Bestellers erfolgt und dem Unternehmer kein An-   315

---
309 BGH BauR 2003, 880.
310 BGH NJW 2003, 1450, 1452; NJW 1982, 2553; NJW 1988, 140, 141.
311 Staudinger/Peters § 649 BGB Rn. 18; BGH NJW 1988, 140.

spruch darauf zuerkannt werden kann, das Werk ohne den Willen des Bestellers erstellen zu dürfen.[312]

316 Das Kündigungsrecht unterliegt keinen besonderen Voraussetzungen. Insbesondere bedarf es keines besonderen Kündigungsgrundes.[313] Dem Besteller steht das Kündigungsrecht »jederzeit«, jedoch nur »bis zur Vollendung des Werkes« zu. Das Werk ist vollendet, wenn es im Wesentlichen vertragsgemäß hergestellt und abnahmefähig ist. Dies beurteilt sich anhand der für § 640 BGB aufgestellten Kriterien. Sofern nicht nur unwesentliche Mängel vorliegen, kann die Abnahme verweigert und der Vertrag bei Vorliegen weiterer Voraussetzungen gekündigt werden. Nach erfolgter Abnahme ist die Kündigung jedoch unwirksam.

Das Kündigungsrecht des Bestellers nach § 649 BGB ist an keine **Kündigungsfrist** gebunden.[314]

bb) Vergütungsanspruch nach § 649 S. 2 BGB

317 Als Ausgleich für das freie Kündigungsrecht des Bestellers gibt § 649 S. 2 BGB dem Unternehmer einen Anspruch auf die vereinbarte Vergütung. Hierauf muss er sich jedoch ersparte Aufwendungen oder einen anderweitig erlangten oder böswillig nicht erzielten Erwerb anrechnen lassen.[315] Dadurch soll der Unternehmer so gestellt werden, dass er durch die freie Kündigung des Bestellers keine wirtschaftlichen Nachteile erleidet.[316] Dem Unternehmer steht der **ursprünglich vertragsgemäße Werklohnanspruch** zu, nicht nur ein Entschädigungsanspruch.[317]

Der Vergütungsanspruch setzt voraus, dass das Werk mangelfrei ist.[318] Vorhandene Mängel sind aufgrund der Vorleistungspflicht des Unternehmers zu beheben. Die Mangelfreiheit ist bis zur Abnahme vom Unternehmer zu beweisen.

318 Bei der Ermittlung der dem Unternehmer zustehenden Vergütung ist Ausgangspunkt die Vergütung, die ihm zustehen würde, wenn das Vertragsverhältnis durch die Kündigung nicht beendet worden wäre. Davon sind die **ersparten Aufwendungen** abzuziehen. Als erspart anrechnungsfähig sind die Aufwendungen, die der Unternehmer bei der Ausführung des Vertrages hätte machen müssen und die er wegen der Kündigung nicht mehr machen muss. Dabei ist auf die Aufwendungen des konkreten Vertrages abzustellen.[319] Dadurch, dass der Unternehmer die ersparten Aufwendungen anrechnen muss, entsteht kein aufrechenbarer Gegenanspruch

---

312 BGH NJW 2003, 3474.
313 BGH NJW 2003, 3474; RGZ 86, 107, 110.
314 BGH NJW-RR 1999, 560.
315 Glöckner BauR 1998, 669; Löwe ZfBR 1998, 121; BGH BauR 2005, 1916.
316 BGH NJW 1999, 1253, 1254; Loewe ZfBR 1998, 121; BGH BauR 2005, 1916.
317 So auch Beigel BauR 1997, 782; Staudinger/Peters § 649 BGB Rn. 7, 22; a.A. Glöckner BauR 1998, 669.
318 BGH NJW 1997, 3017.
319 BGH BauR 2005, 1916; NJW 1996, 1751; NJW 1999, 1253, 1254; NJW 1999, 1867.

gegen den Unternehmer. Der Vergütungsanspruch ist unmittelbar gemindert.[320] Macht der Unternehmer gegen den Besteller seinen Anspruch auf die vereinbarte Vergütung geltend, hat er von sich aus die Ersparnis abzuziehen, die ihm durch die Nichtausführung der Werkleistung entsteht. Der Anspruch des Unternehmers aus § 649 Abs. 2 BGB entsteht von vorneherein als Differenz zwischen der vereinbarten Vergütung einerseits und ersparten Aufwendungen und anderweitigem Erwerb andererseits. Die ersparten Aufwendungen hat er im Einzelnen vorzutragen und zu beziffern. Nicht ausreichend ist die bloße Angabe eines Prozentsatzes, sofern hierzu keine weiteren Erläuterungen gegeben werden.[321]

Nach früherer Praxis wurden die vom Unternehmer durch die Kündigung ersparten Aufwendungen häufig als Prozentsatz der Vergütung für die noch nicht erbrachten Leistungen in Abzug gebracht. Insbesondere bei Kündigung des als Werkvertrag qualifizierten Architektenvertrages wurden die ersparten Aufwendungen regelmäßig pauschal mit 40 % des Honoraranspruchs für die noch nicht erbrachten Leistungen angesetzt.[322] Der Bundesgerichtshof billigte eine solche Abrechnungsmethode zunächst.[323] Mit Entscheidung vom 8. 2. 1996[324] hat er die Anforderungen jedoch erhöht. Bereits am 21. 12. 1995 hatte der Senat – ebenfalls unter Aufgabe seiner früheren Rechtsprechung[325] – entschieden, dass der Unternehmer die **Darlegungs-** und **Beweislast** für die **Aufwendungen** trage, die auf der Grundlage seiner Kalkulation durch die Kündigung erspart worden seien – weil nur er dazu in der Lage sei.[326] Davon ausgehend war es nur konsequent, den Vortrag eines Architekten, er habe 40 % Aufwendungen erspart, als nicht schlüssig zu betrachten. Insbesondere sei dem Vortrag nicht zu entnehmen, wie er auf gerade diesen Prozentsatz gekommen sei. Es sei nicht ersichtlich, ob er von einem zutreffenden Begriff der ersparten Aufwendungen bzw. anderweitigem Erwerbs und böswillig unterlassenen Erwerbs ausgegangen sei. Die früher für Architekten geltende Rechtsprechung,[327] dass die ersparten Aufwendungen 40 % der Gesamtvergütung ausmacht, gilt deshalb heute nicht mehr.

319

Mit Urteil vom 14. 1. 1999 hat der BGH die Anforderungen an die Darlegung der ersparten Aufwendungen wieder etwas gelockert.[328] Danach soll eine differenzierte Darstellung der Kalkulation der ersparten Aufwendungen nach Einzelpositionen des Leistungsverzeichnisses dann entbehrlich sein, wenn Fehlkalkulationen einzel-

320

---

320 BGH NJW-RR 1992, 1077; BauR 1986, 577; BauR 1981, 198; Staudinger/Peters § 649 BGB Rn. 21.
321 BGH BauR 1981, 198; NJW 1999, 1253.
322 BGH BauR 1998, 716; siehe hierzu auch Wirth/Würfele/Brooks, Rechtsgrundlagen des Architekten und Ingenieurs S. 100.
323 BGH NJW 1969, 419.
324 BGH BauR 1996, 412.
325 Vgl. nur BGH BauR 1986, 577; NJW-RR 1992, 1077.
326 BGH BauR 1996, 382, 383.
327 BGH NJW 1969, 419.
328 BGH IBR 1999, 148.

ner Positionen zu Lasten des Bestellers nicht nennenswert verdeckt und auch sonst Interessen der Rechtswahrung des Bestellers nicht nennenswert berührt würden. Zur Abrechnung von Einheitspreisverträgen nach Kündigung gem. § 649 S. 1 BGB hat der Bundesgerichtshof in seiner bereits erwähnten Entscheidung vom 21. 12. 1995[329] folgende, dem Gesetzeswortlaut immanente Grundsätze entwickelt: Der Unternehmer hat zunächst den Vergütungsanspruch, der als Ausgangspunkt für die Berechnung nach § 649 S. 1 BGB heranzuziehen ist, nach den vertraglichen Einheitspreisen abzurechnen, d.h. die Einheitspreise mit denen für sie anzunehmenden Mengen zu vervielfältigen und auf dieser Basis die sich aus den einzelnen Leistungspositionen ergebenden Ansprüche zu errechnen.

321 Als **erspart anrechnungspflichtig** gelten die Aufwendungen, die der Unternehmer bei Ausführung des Vertrages hätte machen müssen und die er wegen der Kündigung nicht mehr machen muss. Dabei ist auf die Aufwendungen abzustellen, die durch die Nichtausführung des konkreten Vertrages entfallen sind. Das ist bei einem Einheitspreisvertrag am einfachsten. Die erbrachten Leistungen sind nach den Positionen des Leistungsverzeichnisses abzurechnen. Für jede Position ist die erbrachte Menge festzustellen und mit dem jeweiligen Einheitspreis zu vervielfältigen. Der Umfang der erbrachten Leistungen ist durch **Aufmaß** festzustellen. Maßgebend sind im Einzelnen die Aufwendungen, die sich nach den Vertragsunterlagen unter Berücksichtigung der Kalkulation ergeben. Dazu gehören projektbezogene Herstellungskosten, nicht jedoch der Gewinn und nicht projektbezogene Kosten.[330] Personalkosten und Subunternehmerkosten müssen nur dann angerechnet werden, wenn sie infolge der Kündigung nicht mehr aufgewendet werden müssen. Als ersparte Aufwendung gilt ebenfalls das Material, wenn es vom Unternehmer in absehbarer Zeit weiter verwendet werden kann.[331]

322 In der Praxis finden sich bei Architektenverträgen in AGB regelmäßig sog. Öffnungsklauseln. Diese gehen dahin, dass sie zwar weiterhin eine 60:40-Regelung festschreiben. Hinsichtlich der ersparten Aufwendungen und des anderweitigen Erwerbs wird dem Auftraggeber jedoch ein »Gegenvortrag« eingeräumt. Zu beachten ist, dass dem Auftragnehmer bei der Vereinbarung einer solchen Klausel die Möglichkeit abgeschnitten wird, eine höhere Vergütung als die 60 % durchzusetzen.[332] Enthalten die AGB hingegen eine 60 % Klausel ohne eine entsprechende Öffnungsklausel, stellen sie nach der Rechtsprechung des BGH sowohl einen Verstoß gegen § 309 Nr. 5 b BGB als auch gegen § 307 BGB dar. Entsprechende Klauseln sind demnach unwirksam.

323 Anders behandelt der Bundesgerichtshof die Abrechnung nach Kündigung von Pauschalpreisverträgen. Bei Pauschalpreisvereinbarungen lasse sich die Höhe der

---

329 BGH BauR 1996, 382.
330 BGHZ 143, 79.
331 BGH NJW 1996, 1282; vgl. BGH BauR 2005, 1916 = NZBau 2005, 683.
332 BGH BauR 2000, 126 = BauR 1998, 357.

Teilvergütung nur nach dem Verhältnis des Wertes der erbrachten Teilleistung zum Wert der nach dem Pauschalvertrag geschuldeten Gesamtleistung errechnen.[333] Im Jahr 1996 hat der VII. Zivilsenat Abrechnungsgrundsätze für den teilweise ausgeführten Pauschalvertrag entwickelt.[334] Diese wendet er seitdem konsequent an.[335] Zunächst hat der Unternehmer die erbrachten Leistungen einschließlich ihres Anteils an der Gesamtleistung vorzutragen. Die dafür zu entrichtende Vergütung ist als Anteil der erbrachten Leistungen am Pauschalpreis zu ermitteln. Auch beim Pauschalpreisvertrag hat der Unternehmer die Grundlagen seiner Kalkulation offen zu legen. Dazu hat er gegebenenfalls die maßgeblichen Preisermittlungsgrundlagen nachträglich zusammenzustellen und mit ihnen die ersparten Aufwendungen konkret vorzutragen.[336]

Der Unternehmer hat sich ebenso anrechnen zu lassen, was er durch anderweitige Verwendung seiner Arbeitskraft erwirbt. Dabei ist zu beachten, dass dieser Erwerb durch die Kündigung des Bestellers verursacht worden sein muss.[337] Dies ist nicht der Fall, wenn der Unternehmer seine Leistungskapazität auf andere bereits vorhandene Werkverträge verteilt hat.

324

Anzurechnen ist ebenfalls, was der Unternehmer **böswillig zu erwerben unterlässt**. Dazu ist es erforderlich, dass der Unternehmer einen ihm möglichen Erwerb in einer gegen Treu und Glauben verstoßenden Weise unterlässt.

cc) Kündigung nach § 650 BGB

Nach § 650 BGB steht dem Auftraggeber ein Kündigungsrecht für den Fall zu, dass das Werk nicht ohne **wesentliche Überschreitung** eines **Kostenanschlags** ausgeführt werden kann. Dies resultiert daraus, dass der vor Vertragsabschluss eingeholte und demnach nicht zu vergütende Kostenanschlag, für den Besteller häufig ein ausschlaggebender Grund war, den Werkvertrag gerade mit dem betreffenden Unternehmer abzuschließen. In diesem Zusammenhang kommt dem Kostenanschlag ein erhebliches Gewicht zu.

325

Die Rechtsfolgen der beiden Kündigungsrechte sind unterschiedlich. Im Gegensatz zum Vergütungsanspruch nach § 649 S. 2 BGB, im Fall der freien Kündigung nach § 649 S. 1 BGB, löst eine Kündigung nach § 650 BGB nur einen Anspruch des Auftragnehmers nach Maßgabe des § 645 Abs. 1 BGB aus. Der Unternehmer erhält lediglich einen der geleisteten Arbeit entsprechenden Teil der Vergütung sowie Ersatz der darin nicht enthaltenen Auslagen. Der Grund der unterschiedlichen Behandlung ist offensichtlich. Im Fall des § 650 BGB stammt der Kündigungsgrund aus der Sphäre des Auftragnehmers.

326

---

333 BGH BauR 1995, 691.
334 BGH BauR 1996, 846, 848.
335 BGH BauR 1997, 304, 643, 644; BauR 1998, 121, 122.
336 BGH BauR 1997, 304.
337 Saarländisches OLG BauR 2006, 854.

327 Sofern und soweit der Kostenanschlag durch Eingriffe des Auftraggebers in den Bauvertrag – insbesondere geänderte und zusätzliche Leistungen – überschritten wird, bleiben die dadurch entstandenen Mehrkosten unberücksichtigt. Der Auftraggeber ist zur Kündigung bereits dann berechtigt, wenn feststeht, dass die wesentliche Überschreitung des Kostenanschlags mit Sicherheit zu erwarten ist. Es ist nicht erforderlich, dass die wesentliche Überschreitung im Zeitpunkt der Kündigung bereits eingetreten ist.

328 Die Wesentlichkeit der Überschreitung bestimmt sich nach den Umständen des Einzelfalles.[338] In die Bewertung mit einfließen müssen jedenfalls auch die Eigenart des Werkes, der wertmäßige Umfang des Auftrages, die Schwierigkeiten der Kostenerfassung, aber auch die Interessenlage des Bestellers. Im Sinne einer groben Leitlinie soll eine Überschreitung von weniger als 10 % des Kostenanschlages in der Regel nicht als wesentlich angesehen werden können.[339] Derartige pauschale Prozentsatzgrenzen sind abzulehnen. Nur eine **konkrete Einzelfallentscheidung** erscheint angemessen.

329 § 650 BGB kommt nicht zur Anwendung, wenn der Unternehmer die Preisansätze des Voranschlages garantiert hat, wenn der Auftraggeber die Überschreitung des Kostenanschlages kannte oder wenn die Überschreitung auf Sonderwünschen beruht.[340]

330 Die Vorschrift des § 650 BGB ist in vielerlei Hinsicht problematisch. Das Gesetz geht davon aus, dass der Kostenvoranschlag lediglich eine unverbindliche Berechnung eines Fachmannes bezüglich der voraussichtlichen Kosten im Rahmen der Vertragsanbahnung beinhaltet und damit, falls er dem Vertrag zugrunde gelegt wird, für beide Seiten lediglich Geschäftsgrundlage, nicht jedoch Vertragsbestandteil, sei.[341] In den Fällen des Einheits- bzw. Pauschalpreisverträgen liegen davon abweichend ausdrückliche Regelungen vor. Im zweiten Fall sagt der Unternehmer zu, eine bestimmte Leistung zu einem bestimmten Preis zu erbringen. Im Fall des Einheitspreisvertrages verspricht der Unternehmer etwas zu bestimmten Vordersätzen (Mengenangaben) und Einheitspreisen (Preis pro Stück = vorl. Gesamtsumme) zu bauen. Einverständlich soll die Abrechnung aufgrund der ausgeführten Mengen erfolgen. In beiden Fällen greift § 650 BGB somit nicht ein.[342] § 650 BGB findet in aller Regel bei Werkleistungen im **privaten Bereich** Anwendung. Dort wird oftmals ein unverbindlicher Kostenanschlag abgegeben. Der Auftraggeber be-

---

338 Palandt/Sprau § 650 BGB Rn. 2; Staudinger/Peters § 650 BGB Rn. 22; Köhler NJW 1983, 1633.
339 So auch: MüKo/Busche § 650 BGB Rn. 10; Soergel/Teichmann § 650 BGB Rn. 11; a. A. Köhler NJW 1983, 1633; Staudinger/Peters § 650 BGB Rn. 22, wonach in erster Linie die Bestellerinteressen zu berücksichtigen sind.
340 Vgl. vertiefend die Kommentierung zu § 650 BGB.
341 Palandt/Sprau § 650 BGB Rn. 1.
342 Vgl. zu allem Würfele in: Darmstädter Baurechtshandbuch S. 541 Rn. 633.

auftragt daraufhin den Unternehmer die Leistungen auszuführen. In diesen Fällen mag die Regelung des § 650 BGB helfen.

2. Außerordentliche Kündigung

Das BGB-Werkvertragsrecht kennt kein gesetzlich normiertes Recht zur außerordentlichen Kündigung des Vertrages, weder für den Besteller noch für den Unternehmer. **331**

Gleichwohl wurde in der Vergangenheit ein außerordentliches Kündigungsrecht allgemein anerkannt. Dies wurde aus allgemeinen Rechtsgedanken hergeleitet, die sich insbesondere in den § 543 BGB (fristlose Kündigung aus wichtigem Grund beim Mietverhältnis), § 626 BGB (fristlose Kündigung aus wichtigem Grund beim Dienstverhältnis) und § 723 BGB (Kündigung durch Gesellschafter) wiederfinden. Das Schuldrechtsmodernisierungsgesetz hat mit Wirkung vom 1. 1. 2002 für alle neu geschlossenen Dauerschuldverhältnisse in § 314 BGB ein Kündigungsrecht aus wichtigem Grund eingeführt. Bei einem **Dauerschuldverhältnis** handelt es sich um eine Vertragsbeziehung, die sich nicht in einem einmaligen Leistungsaustausch erschöpft, sondern während der Vertragslaufzeit ständig neue Leistungs-, Neben- und Schutzpflichten begründet. Typisch ist, dass ein dauerndes Verhalten oder wiederkehrende Leistungen geschuldet werden; ebenso, dass der Gesamtumfang der Leistung durch die Dauer der Leistungsbeziehung entscheidend beeinflusst werden.[343] **332**

Die für den Werkvertrag charakteristische Dauer der vertraglichen Beziehung führte vor der Einführung des § 314 BGB zu einer Anwendung des außerordentlichen Kündigungsrechtes auf den Werkvertrag. Die Vertragsparteien waren, teilweise mehr als bei einem Dauerschuldverhältnis, auf eine gegenseitige Vertrauensbasis und Kooperation angewiesen. Hierin wurde eine Rechtfertigung der außerordentlichen Kündigung gesehen. Durch die Einführung des § 314 BGB wurde diese Rechtslage nicht geändert. Im Ergebnis wird daher auch weiterhin ein außerordentliches Kündigungsrecht nach § 314 BGB analog auf den Werkvertrag Anwendung finden – obwohl der Werkvertrag kein Dauerschuldverhältnis ist.[344] **333**

Vor der Kündigungserklärung ist grundsätzlich eine **Frist** zur **Abhilfe** zu setzen oder eine **Abmahnung** auszusprechen. Dies kann in Einzelfällen jedoch entbehrlich sein.[345]

---

343 Palandt/Heinrichs Einl. v. § 314 BGB Rn. 2.
344 So auch Palandt/Sprau § 649 BGB Rn. 10; Staudinger/Peters § 649 BGB Rn. 2, 36; MüKo/Busche § 649 BGB Rn. 31; Sienz BauR 2002, 181, 194; a. A. Voit BauR 2002, 1776, 1783.
345 BGH BauR 1996, 704; OLG Brandenburg BauR 2003, 1734.

a) Außerordentliche Kündigung durch den Unternehmer

334 Seitens des Unternehmers ist nur die außerordentliche Kündigung des Werkvertrages möglich. Ein ordentliches Kündigungsrecht nach § 649 BGB steht ihm grundsätzlich nicht zu. Die außerordentliche Kündigung durch den Unternehmer ist nur im Falle einer **schwerwiegenden Verletzung** vertraglicher Pflichten möglich. Sie setzt voraus, dass eine Fortsetzung des Vertragsverhältnisses **nicht mehr zumutbar** ist.

335 Hierzu zählt jedenfalls die ernsthafte und endgültige Erfüllungsverweigerung des Auftraggebers, aber auch jede andere schwerwiegende Unzuverlässigkeit der vertragsuntreuen Partei.[346] Eine Erfüllungsverweigerung kann z. B. darin gesehen werden, dass der Auftraggeber die Auftragserteilung bestreitet.[347] Andere schwerwiegende Gründe können darin gesehen werden, dass der Auftraggeber der berechtigten Forderung von Abschlagszahlungen nicht nachkommt[348] oder er dem Unternehmer nicht genügend Sonderfachleute zur Seite stellt.[349]

336 Der Unternehmer hat auch im Falle der außerordentlichen Kündigung aufgrund vertragsuntreuen Verhaltens des Bestellers einen **Anspruch** auf **Vergütung** gegen diesen. Daneben können darüber hinausgehende Schadensersatzansprüche aufgrund der durch den Besteller veranlassten Kündigung bestehen.

b) Außerordentliche Kündigung durch den Besteller

337 Der Besteller einer Werkleistung hat nach § 649 BGB – wie ausgeführt – die Möglichkeit, den Vertrag jederzeit und ohne Anlass vorzeitig »ordentlich« zu beenden. Darüber hinaus steht ihm auch das Recht zur außerordentlichen Kündigung des Vertrages aus wichtigem Grund zu. Dies ist gegeben, wenn dem Besteller die Fortsetzung des Vertrages unzumutbar ist. Entsprechendes ist der Fall, wenn der Unternehmer den Vertragszweck erheblich und auf Dauer gefährdet.[350] Die Beweislast für den Kündigungsgrund liegt beim Besteller. Dieses zusätzliche Recht des Bestellers hat seinen Grund in den Rechtsfolgen:

338 Die beiden Kündigungsregelungen **unterscheiden** sich hinsichtlich ihrer **Rechtsfolgen**. Im Fall der außerordentlichen Kündigung steht dem Unternehmer kein Vergütungsanspruch nach § 649 Abs. 1 BGB zu.[351] Dieser Anspruch entfällt gem. § 242 BGB sofern der Unternehmer durch sein Verhalten Anlass zur Kündigung

---

346 Vgl. die Aufstellung von Einzelfällen bei von Rintelen in: Kapellmann/Messerschmidt § 9 VOB/B Rn. 44–55.
347 OLG Rostock BauR 1993, 762.
348 So BGH BauR 1989, 626.
349 Wirth/Theis, Architekt und Bauherr S. 170.
350 BGHZ 144, 242 = NJW 2000, 2988 = NJW-RR 1996, 1108, 1109 = NJW 1993, 1972, 1973 = NJW 1966, 1713.
351 BGH NJW 1969, 419, 421 = NJW 1993, 1972, 1973; Staudinger/Peters § 649 BGB Rn. 40.

gegeben hat. Ansonsten könnte der Unternehmer aus seinem eigenen vertragswidrigen Verhalten Nutzen ziehen.

Die Kündigung wirkt jedoch nur ex nunc, sodass dem Unternehmer auch bei einer außerordentlichen Kündigung der Anspruch auf Vergütung für die bis zur Kündigung erbrachte Leistung grundsätzlich erhalten bleibt.[352]

3. Rücktritt

Ein Rücktrittsrecht für die Vertragsparteien kann sich aus den gesetzlichen Regelungen zum Rücktritt oder aus einer vertraglichen Vereinbarung der Parteien ergeben. Das Rücktrittsrecht steht den Vertragsparteien, wie auch die allgemeinen Vorschriften zu Leistungsstörungen, grundsätzlich neben den Kündigungsrechten zu. 339

a) Gesetzliche Rücktrittsrechte

Durch das Schuldrechtsmodernisierungsgesetz wurde das Rücktrittsrecht gem. §§ 634 Nr. 3 Alt. 1, 636, 323, 326 Abs. 5 BGB in die Gewährleistungsrechte des Bestellers mit aufgenommen. Voraussetzung für den Rücktritt vom Vertrag ist, dass der Schuldner (Unternehmer) eine fällige Leistung nicht oder nicht vertragsgemäß erbracht hat und eine vom Gläubiger (Besteller) gesetzte **angemessene Frist** zur Leistung bzw. Nacherfüllung ohne Erfolg verstrichen ist. 340

Die Neuregelung des gesetzlichen Rücktrittsrechts hat sowohl hinsichtlich der Voraussetzungen als auch hinsichtlich der Rechtsfolgen zu einer Annäherung an die Voraussetzungen und Folgen des Kündigungsrechts gem. § 8 Nr. 3 VOB/B geführt.[353] Der Unternehmer soll eine Vergütung für die bis zum Rücktritt erbrachte Teilleistung erhalten.[354] Nach § 346 Abs. 2 S. 1 BGB ist Wertersatz zu leisten, wenn die Rückgewähr oder Herausgabe nach der Natur des Erlangten ausgeschlossen ist. Danach ist der Besteller auch beim Werkvertrag zur Zahlung des Wertersatzes verpflichtet. Bei der Bemessung der Höhe ist die vertraglich bestimmte Gegenleistung zugrunde zulegen (s. dazu auch unten).[355] 341

b) Vereinbarte Rücktrittsrechte

Sofern sich eine oder beide Parteien den Rücktritt vorbehalten haben und diesen erklären, wird der Vertrag nach Maßgabe der §§ 346 ff. BGB rückabgewickelt. Mit der Ausübung des Rücktrittsrechts fällt der Werkvertrag nicht sofort weg, sondern wird in ein **Rückgewähr-Schuldverhältnis** umgewandelt. Gleichzeitig erlöschen die mit dem Abschluss des Vertrages begründeten Erfüllungsansprüche (Abwick- 342

---
352 BGH NJW 1997, 3017 = NJW 1995, 1837, 1838 = NJW 1993, 1972; OLG Düsseldorf BauR 1988, 237; Staudinger/Peters § 649 BGB Rn. 39.
353 Vygen in: Ingenstau/Korbion Vor §§ 8 und 9 VOB/B Rn. 39.
354 So Siebert/Kleine-Moeller in Kleine-Möller/Merl § 15 Rn. 26; a. A. Voit BauR 2002, 1776, 1779.
355 Palandt/Heinrichs § 346 BGB Rn. 10.

lungsschuldverhältnis).³⁵⁶ Hierbei ist umstritten, ob beim Bauvertrag ein vertragliches Rücktrittsrecht vereinbart werden kann. Nach Vygen soll hierin ein Verstoß gegen Treu und Glauben zu sehen sein, sofern nicht im Einzelfall ausnahmsweise die Gefahr der Zerstörung oder Beschädigung wirtschaftlicher Werte ausgeschlossen ist oder der Vertrag eine sachgerechte Lösung der Rückabwicklung vorsieht. Von diesen Ausnahmefällen abgesehen, könne ein vertragliches Rücktrittsrecht nur rechtswirksam sein, wenn die Auslegung des Bauvertrages die Umdeutung des Rücktrittsrechts in ein nur in die Zukunft wirkendes Kündigungsrecht zulasse.³⁵⁷ Anders sehen diese Problematik Nicklisch/Weick, wonach ein im Bauvertrag wirksam vorbehaltener Rücktritt auch als rechtswirksam anzusehen sein soll.³⁵⁸

c) Rückabwicklung des Werkvertrages

343   Nachdem das gesetzliche oder vertragliche Rücktrittsrecht ausgeübt wurde, erlöschen die zunächst begründeten Leistungspflichten.

344   Haben beide Vertragsparteien noch keine Leistung erbracht, bleibt es nach der Erklärung des Rücktritts beim Erlöschen der jeweiligen Leistungspflichten. Möglicherweise bestehende Schadensersatzansprüche bleiben von dem Rücktritt unberührt.

Sind schon Leistungen erbracht worden, muss der Vertrag rückabgewickelt werden. Die Rückgewähr vollzieht sich sowohl in Fällen des gesetzlichen, als auch in Fällen des vertraglichen Rücktritts nach den §§ 346 bis 348 BGB.

345   Der **Rückgewähranspruch** des Bestellers für Geldleistungen ist unproblematisch. Er ist auf die Rückzahlung gerichtet. Problematischer ist der Rückgewähranspruch des Unternehmers hinsichtlich der von ihm erbrachten Leistung. Soweit die Leistung zurückzugewähren ist, erfolgt dies nach § 346 Abs. 2 BGB. Danach hat der Besteller Wertersatz zu leisten, wenn die Rückgewähr oder Herausgabe nach der Natur der Sache ausgeschlossen ist. Das ist der Fall bei einer erbrachten Bauleistung, deren Rückgewähr zur Zerstörung des Bauwerks führen würde.

346   Nach ganz überwiegender Ansicht im Schrifttum wird das Rücktrittsrecht in der Praxis wie eine Kündigung behandelt. Das bedeutet, dass der Vertrag nicht wie bei dem echten Rücktritt mit Wirkung für die Vergangenheit aufgehoben und so umgestaltet wird, dass beide Parteien zur Rückgewähr der bereits empfangenen Leistung verpflichtet werden, sondern dass der Vertrag für die Zukunft aufgehoben wird. Ist im Zeitpunkt des Verzugseintritts mit der geschuldeten Bauleistung das Bauvorhaben schon teilweise errichtet, so ist ein Rücktrittsrecht im Allgemeinen nur noch hinsichtlich der nicht erbrachten Teilleistungen sinnvoll. Es wird deshalb davon ausgegangen, dass der Vertrag trotz des erklärten Rücktritts bezüglich des

---

356 Palandt/Heinrichs Einf. v. § 346 BGB Rn. 6.
357 Vygen in: Ingenstau/Korbion Vor §§ 8 und 9 VOB/B Rn. 40f.
358 Nicklisch/Weick Vor §§ 8, 9 VOB/B Rn. 23.

erfüllten Teils bestehen bleibt und bezüglich des noch nicht ausgeführten Teils gekündigt wird. Für die bereits ausgeführten Leistungsteile bleiben auch die Gewährleistungsansprüche des Auftraggebers bestehen. Dies gilt nur dann ausnahmsweise nicht, wenn die bereits erbrachten Teilleistungen für den Auftraggeber kein Interesse haben bzw. er ein Interesse an der Beseitigung (Rückbau) der bis zur Kündigung erbrachten Bauleistung darlegen kann.[359]

Diese Rechtsfolge ist nicht unproblematisch. Im Ergebnis kann sie dazu führen, dass der den Rücktritt auslösende Unternehmer für seine Teilleistung so entlohnt wird, wie wenn er ordnungsgemäß geleistet hätte. Der Besteller dagegen steht mit einem **halbfertigen Werk** da und muss sich – ohne dass die Ursache aus seiner Sphäre stammt – einen neuen Unternehmer suchen (die in § 346 Abs. 4 BGB angesprochenen »zusätzlichen« Schadensersatzansprüche setzen ein Verschulden des Unternehmers voraus). Zur Lösung dieser Fragen wird man bei der Berechnung des Wertersatzes i.S.d. § 346 Abs. 2 S. 2 BGB berücksichtigen müssen, dass der Besteller nur ein unfertiges Werk erhalten hat.[360]   347

4. Aufhebungsvertrag

a) Einvernehmliche Vertragsaufhebung

Wie jeder andere schuldrechtliche Vertrag kann auch der Werkvertrag durch eine übereinstimmende Willenserklärung beider Vertragspartner aufgehoben werden. Der Aufhebungsvertrag ist an keiner Stelle im BGB explizit erwähnt. Die Möglichkeit der einvernehmlichen Vertragsaufhebung ergibt sich jedoch aus der **Vertragsfreiheit** der Parteien. Danach können die Parteien auch über die weiteren ihnen gegenseitig noch zustehenden Ansprüche bestimmen.   348

b) Formfreiheit

Eine besondere Form ist beim Aufhebungsvertrag nicht zu wahren. Endet die Tätigkeit des Unternehmers aufgrund einer einvernehmlichen Aufhebung des schriftlich abgefassten Werkvertrages, können sich die Vertragsparteien auch mündlich wirksam auf einen bestimmten Betrag als restlichen Vergütungsanspruch einigen.[361]   349

c) Vergütung

Sofern der Aufhebungsvertrag keine Vereinbarung über die Vergütung der Parteien enthält, bestimmt sich diese nach den Umständen, die zur Aufhebung des Vertra-   350

---

359 Vygen in: Vygen/Schubert/Lang Rn. 89; Würfele in Darmstädter Baurechtshandbuch, S. 566 Rn. 730.
360 I.d.S. auch Kniffka, IBR-Online-Kommentar § 636 Rn. 17; ebenso Voit BauR 2002, 159 u. Englert, Verträge am Bau S. 343.
361 OLG Düsseldorf BauR 1987, 243.

ges geführt haben.[362] Die erbrachten Leistungen sind nach den vereinbarten Preisen abzurechnen. Für die nicht erbrachten Leistungen steht dem Unternehmer ein Vergütungsanspruch nach § 649 S. 2 BGB zu. Sofern er jedoch durch sein Verhalten Anlass zur Aufhebung des Vertrages gegeben hat, entfällt dieser Anspruch gem. § 242 BGB wie auch im Rahmen der außerordentlichen Kündigung. Die Inhalte des § 649 S. 2 BGB sollte im Aufhebungsvertrag zwischen den Parteien konkret geregelt werden.

C. VOB/B

I. Allgemeines

351 Bauverträge werden weitgehend durch die Regelungen der Vergabe- und Vertragsordnung für Bauleistungen (VOB/B) und nicht durch das im BGB geregelte Werkrecht bestimmt. Dies ist insoweit hervorzuheben, da die VOB/B weder ein Gesetz noch eine Rechtsverordnung darstellt. Es handelt sich um eine von **privater** und **öffentlicher Seite geschaffene Vergabeordnung**. Die VOB/B ist bedeutsam für die umfangreichen praktischen Fragen des Bauvertrages, die sich im Zusammenhang mit der Erstellung des Werkes, nachträglichen Leistungsänderungen sowie bei Mängeln und Verzögerungen während laufender Arbeiten stellen. Hierfür hält das Werkvertragsrecht des BGB keine befriedigenden Lösungen vor.

1. Systematik der VOB

352 Die VOB ist in drei Teile unterteilt. Diese haben rechtlich unterschiedlichen Charakter. Ihnen kommen ganz unterschiedliche Aufgaben zu.

353 **Teil A** der **VOB** stellt eine Vergabeordnung dar. Darin enthalten sind die »Allgemeinen Bestimmungen für die Vergabe von Bauleistungen«. Teil A der VOB bezieht sich demnach auf den **Geschehensablauf** bis zum endgültigen Abschluss des Bauvertrages. Sie gilt nur für **öffentliche Auftraggeber**.

354 **Teil B** der **VOB** enthält die »Allgemeinen Vertragsbedingungen für die Ausführung von Bauleistungen«. Hierin werden die rechtlichen Beziehungen der Beteiligten, sowie deren Rechte und Pflichten nach Vertragsabschluss geregelt. Die VOB/B regelt die Rechte und Pflichten der Parteien vom Vertragsabschluss bis zur vollständigen beiderseitigen Erfüllung aller sich aus dem Bauvertrag und der VOB/B ergebenden Vertragspflichten – einschließlich Gewährleistung bis zum Ablauf der Verjährungsfristen.

355 **Teil C** der **VOB** befasst sich mit den »Allgemeinen technischen Vertragsbedingungen für Bauleistungen (ATV)«. Es handelt sich um ein **technisches Regelwerk**,

---

[362] BGH NJW 1999, 2661, 2662 = NJW 2000, 3277.

dass den Parteien aufzeigen soll, was der Auftragnehmer technisch schuldet. Über § 1 Nr. 1 S. 2 VOB/B sind die Regelungen des **Teil C** der **VOB Bestandteil** jedes **VOB/B-Vertrages**. Das bedeutet, dass ihr Nichtbeachten für den Auftragnehmer die Sanktionen des Teils B auslöst. Der Teil C ist demnach als Vertragsbestandteil zu behandeln.

Der gegenständliche Anwendungsbereich der VOB wird durch den Begriff der Bauleistungen bestimmt. Er ist in § 1 VOB/A definiert. Danach sind Bauleistungen »Arbeiten jeder Art, durch die eine bauliche Anlage hergestellt, instand gehalten, geändert oder beseitigt wird«. 356

2. Regelungsinhalte

Da die Bestimmung des Teils A der VOB als solche nicht Inhalt eines Vertrages werden sollen, haben sie nicht die rechtliche Qualität von Allgemeinen Geschäftsbedingungen. 357

a) VOB/A

Die VOB/A stellt Richtlinien für die **Vergabe** von **Bauleistungen** auf, die einerseits das Interesse des Bestellers an einem möglichst günstigen Angebot wahren, andererseits zu einer möglichst gerechten Verteilung der Aufträge sowie zu einer ausgewogenen Gestaltung der Verträge führen soll. Dem dient der Grundsatz des § 2 Nr. 1 S. 1 VOB/A, wonach Bauleistungen an fachkundige, leistungsfähige und zuverlässige Bewerber zu angemessenen Preisen, und zwar im Regelfall im Wettbewerb zu vergeben sind. 358

aa) Vergabeverfahren

Um dies zu gewährleisten sieht die VOB/A für die Vergabe von Bauleistungen im **Regelfall** eine **öffentliche Ausschreibung** vor. Hierbei ist nach dem in § 17 VOB/A niedergelegten offenen Konkurrenzaufruf die Gewähr geleistet, dass Angebote von einer **unbeschränkten Zahl** von **Unternehmern** abgegeben werden können. Bei der in § 3 Nr. 3 VOB/A geregelten **beschränkten Ausschreibung** ist dieser Zugang erheblich eingeschränkt. Dieser Ausschreibungsart eröffnet den Wettbewerb nicht für jeden, sondern eine bestimmte Anzahl von Wettbewerbern wird zur Abgabe eines Angebotes aufgefordert. Diese Form der Ausschreibung wird in der VOB/A als **Ausnahme** angesehen. Hierbei werden einzelne Bewerber, die nicht aufgefordert werden, vom Wettbewerb ausgeschlossen und so um die Chance gebracht, den Zuschlag zu erhalten. Noch weniger Schutz bietet die **freihändige Vergabe** nach § 3 Nr. 4 VOB/A. Hierbei ist der Auftraggeber an keinerlei Wettbewerb gebunden. Er kann vielmehr den Auftragnehmer frei wählen und auch den Preis frei vereinbaren. Im Regelfall ist jedoch eine öffentliche Ausschreibung durchzuführen. Die anderen Verfahren können nur bei Vorliegen besonderer Voraussetzungen angewandt werden. Diese müssen es rechtfertigen ausnahmsweise von der öffent- 359 lichen Ausschreibung abzusehen. Neu als vierte Art der Vergabe ist der **wettbewerbliche Dialog**. Er wurde mit der VOB/A 2006 in den dortigen § 3 a eingefügt.

360 Das Vergabeverfahren beginnt mit der Ausschreibung der Bauleistung. Dies setzt voraus, dass die Vergabeunterlagen fertig gestellt sind. Hierzu gehören regelmäßig eine **Leistungsbeschreibung**, die die Darstellung der allgemeinen Bauaufgabe enthält, sowie das in Teilleistungen aufgegliederte **Leistungsverzeichnis gem.** § 9 Nr. 6 VOB/A. Nach § 9 VOB/A werden an die Leistungsbeschreibung strenge Anforderungen gestellt. Die Leistung ist eindeutig und erschöpfend zu beschreiben, so dass alle Bewerber die Beschreibung im gleichen Sinne verstehen müssen und ihre Preise sicher und ohne umfangreiche Vorarbeiten berechnen können. Sofern der Auftraggeber seine diesbezüglichen Pflichten verletzt, kann dies einen Schadensersatzanspruch des Auftragnehmers gegen den Auftraggeber aus § 311 Abs. 2, § 241 Abs. 2, § 280 Abs. 1 BGB rechtfertigen. Es ist jedoch auch möglich, dass gem. § 9 Nr. 10 VOB/A auf eine Leistungsbeschreibung verzichtet wird, wenn dies unter Abweichung von § 9 Nr. 6 VOB/A unter Abwägung aller Umstände zweckmäßig erscheint. In diesen Fällen untersteht die Erstellung der Leistungsbeschreibung ebenfalls dem Wettbewerb. Es soll ermittelt werden, welche Partei die zweckmäßigste Lösung für eine Bauaufgabe bietet. Die Leistung kann in diesen Fällen durch ein **Leistungsprogramm** dargestellt werden.

361 In den Vergabeunterlagen ist festzulegen, dass die VOB/B und VOB/C Bestandteile des Vertrages werden. Aus dieser Regelung in § 10 VOB/A ist der gewöhnliche Aufbau eines Bauvertrages ablesbar. Der Vertragsinhalt eines Bauvertrages wird bestimmt durch die Leistungsbeschreibungen, Besondere rechtliche Vertragsbedingungen, Besondere technische Vorschriften, die Allgemeinen Vertragsbedingungen der VOB/B sowie die Allgemeinen technischen Vorschriften der VOB/C.

362 Nach § 18 VOB/A ist der Auftraggeber bei der Übermittlung der Vergabeunterlagen dazu verpflichtet, eine **Angebotsfrist** zu bestimmen. Die Angebotsfrist läuft ab, sobald der Verhandlungsleiter im Eröffnungstermin mit der Eröffnung der Angebote beginnt. Der Bieter kann sein Angebot bis zum Beginn des Eröffnungstermins nach § 22 VOB/A zurückziehen. Darüber hinaus ist dem Bieter mit dem Anschreiben die Zuschlagsfrist i. Sinne des § 19 VOB/A bekannt zu geben. Diese ist von Bedeutung, weil die für das Angebot maßgebende Bindefrist mit dem Ablauf der Zuschlagsfrist endet.

363 Der Inhalt des Angebotes, der von den Bietern einzureichen ist, wird in § 21 VOB/A geregelt. Wie die Angebote aufbewahrt, eröffnet, geprüft und ausgewertet werden, bestimmen die §§ 22, 23, 25 VOB/A. In § 25 VOB/A ist die Wertung der Angebote geregelt. Dabei sind nur solche Bieter zu berücksichtigen, die für die Erfüllung der vertraglichen Verpflichtung die **notwendige Sicherheit** bieten. Dazu gehören sowohl die erforderliche Fachkunde und Leistungsfähigkeit, als auch die nötige Zuverlässigkeit. Unter diesen Anbietern soll der Zuschlag an den vergeben werden, der das **wirtschaftlichste Angebot** abgegeben hat. Dies muss nicht notwendig das billigste Angebot sein. Der Vertrag mit dem Bieter gilt als abgeschlossen, wenn der Zuschlag mündlich oder schriftlich mitgeteilt wurde.

bb) Rechtsschutz

Die Vergaberegeln der VOB/A wurden vor allem eingeführt, um eine sparsame Haushaltsführung der öffentlichen Auftraggeber zu gewährleisten. Sie hatten zunächst lediglich haushaltsrechtlich Bedeutung, ohne eine Außenwirkung zugunsten des an der Auftragserteilung interessierten Unternehmers zu erzeugen. 364

Dies hat sich seit dem In-Kraft-Treten des Vergaberechtsänderungsgesetzes vom 1.1.1999[363] grundlegend geändert – soweit die EG-Bauvergaben über dem sog. Schwellenwert betroffen sind. Für diese Bauvergaben wurde die von Anfang an umstrittene haushaltsrechtliche Lösung bei der Umsetzung der EG-Richtlinie zu öffentlichen Vergaben aufgegeben und durch eine wettbewerbsrechtliche Ausgestaltung ersetzt.[364] Soweit bei der öffentlichen Vergabe der sog. Schwellenwert nicht erreicht ist, bleibt es derzeit noch bei der rein haushaltsrechtlichen Verpflichtung des öffentlichen Auftraggebers im Rahmen der Ausschreibung und Vergabe von Bauleistungen die VOB einzuhalten. Die neue Regelung des Vergaberechtsänderungsgesetzes in § 97 GWB und die geänderte Vergabe-Verordnung vom 14.2.2003 bieten den an einem Vergabeverfahren beteiligten Unternehmern dagegen erheblich weitergehende Rechte. Diese sind notfalls auch gerichtlich durchsetzbar (sog. **Primärrechtsschutz**). 365

Bei Verstößen gegen die VOB/A im Rahmen von EU-Vergaben **oberhalb** des **Schwellenwertes** kann der nicht zum Zug gekommene Bieter das Vergabe-Nachprüfungsverfahren gem. § 97 GWB vor der Vergabekammer und in zweiter Instanz vor dem Vergabesenat führen. Zuvor muss ihm mitgeteilt worden sein, dass und warum der Auftraggeber beabsichtigt, den Zuschlag einem anderen Bieter zu erteilen (§ 13 VgV). Ein Zuschlag, der nach Einleitung eines Vergabe-Nachprüfungsverfahrens erteilt würde, ist unwirksam. 366

Die Rechtsstellung des Bieters, der den Zuschlag nicht erhalten hat, stellt sich bei Vergaben nach der VOB/A **unterhalb** der **Schwellenwerte** wesentlich schlechter dar. Sofern ein Vertrag unter Nichtbeachtung einzelner für den Auftraggeber zwingenden Vergabebestimmungen zustande kommt, ist dieser nicht unwirksam. Für die übergangenen und hierdurch geschädigten Bieter kommt nur ein Schadensersatzanspruch (sog. **Sekundärrechtsschutz**) nach §§ 311 Abs. 2, 241 Abs. 2, 280 Abs. 1 BGB in Betracht. Auch dies nur, sofern sie auf die Einhaltung der VOB/A vertraut haben und vertrauen durften.[365] Zu beachten ist, dass der Auftraggeber zum Schadensersatz verpflichtet ist, wenn eine schuldhafte Pflichtverletzung sei- 367

---

363 BGBl. I S. 2512.
364 Vgl. dazu die §§ 97 ff. Gesetz gegen Wettbewerbsbeschränkungen (GWB).
365 So auch Vygen in: FS Kraus 2003, 249.

nerseits vorliegt und dem Bieter darüber hinaus ein Schaden entstanden ist. In der Regel erstreckt sich dieser Schadensersatzanspruch auf das Vertrauensinteresse.[366] Dem Bieter wird der Schaden ersetzt, der durch seine Beteiligung am Vergabeverfahren entstanden ist, das sind z. B. die Kosten für die Erstellung des Angebotes etc. Ausnahmsweise erstreckt sich der Ersatzanspruch auf die Erstattung des positiven Interesses (Erfüllungsinteresse).[367] Dies ist der Fall, wenn dem übergangenen Bieter bei **ordnungsgemäßem Verfahren** der **Zuschlag** wirklich erteilt worden wäre.[368]

368 Daneben besteht eine weitere Rechtsschutzmöglichkeit in Form der **Dienstaufsichtsbeschwerde**. Sie wendet sich an die Aufsichtsbehörde des Auftraggebers. Soweit die VOB/A in Bund und Ländern als verbindlich eingeführt worden ist, handelt es sich um eine Dienstanweisung. Deren Befolgung wird von der vorgesetzten Aufsichtsbehörde sowie von den Rechnungsprüfungsbehörden überwacht. Diese Dienstanweisung bewirkt **eine Bindung** der Behörde im **Innenverhältnis**. Die Behörde ist gehalten gegenüber Dritten, nach den für sie verbindlich erklärten Regeln der VOB/A zu handeln.

b) VOB/C

369 Die in der VOB Teil C zusammengefassten Allgemeinen Technischen Vertragsbedingungen sind Bestandteil der Bauverträge, die auf der Grundlage der VOB Teil B geschlossen sind.[369]

Die VOB/C besteht derzeit aus 61 Allgemeinen technischen Vertragsbedingungen, beginnend mit den Allgemeinen Regelungen für Bauarbeiten jeder Art, DIN 18299, und endet mit den Gerüstarbeiten in der DIN 18451.

370 Jede DIN ist in sechs Abschnitte gegliedert. Alle Vorschriften sind nach dem gleichen Schema aufgebaut. Unter der Ordnungsziffer 0 finden sich Hinweise für das Aufstellen der Leistungsbeschreibungen, womit § 9 VOB/A (Beschreibung der Leistung) konkretisiert wird. Der Abschnitt 2 betrifft Stoffe und Bauteile, insbesondere die Anforderungen, die hinsichtlich Aktualität und Qualität an sie zu stellen sind. Abschnitt 3 regelt die Ausführung der Arbeiten. Von besonderer Bedeutung ist Abschnitt 4, der zwischen Nebenleistungen und Besonderen Leistungen unterscheidet. Die Abrechnung ist in Abschnitt 5 geregelt[370] (s. dazu oben unter Rn. 244 ff.).

---

366 Auch negatives Interesse genannt, BGH NJW 1998, 3636; NJW 2000, 661, Rn. 72.
367 Werner/Pastor Rn. 1887; Vygen, Bauvertragsrecht nach BGB und VOB/B, 3. Aufl. 1997 Rn. 87; Feber BauR 1989, 553; BGH NJW 1993, 520; NJW-RR 1990, 1046; OLG Düsseldorf BauR 1990, 257; BauR 1989, 195; BauR 1986, 107.
368 BGH NJW 1993, 520; Vygen, Bauvertragsrecht nach BGB und VOB/B 1997, Rn. 87; Nicklisch/Weick Vor § 13 VOB/B Rn. 29.
369 BGH NJW-RR 2004, 1248.
370 Ausführlich Würfele/Gralla S. 29 Rn. 113.

Durch die Abgrenzung der mit den Preisen abgegoltenen Nebenleistungen von den nicht abgegoltenen Besonderen Leistungen und durch die Aufstellung von Abrechnungsvorschriften haben die ATV ferner einen unmittelbaren Bezug zur Berechnung des Vergütungsanspruchs. Daraus folgt, dass es sich auch bei den Abschnitten 4 und 5 ATV der VOB/C um Vertragsbestandteile handelt, die – wie der Teil B der VOB – als Allgemeine Geschäftsbedingungen zu werten sind.[371] Für die vertragliche Einbeziehung des Teils C der VOB gelten dieselben Grundsätze wie für die Einbeziehung der Vorschriften der VOB/B. Eine **Inhaltskontrolle** der **ATV** wird teilweise mit Hinweis auf § 307 Abs. 3 BGB abgelehnt, andererseits wird darauf abgestellt, dass eine AGB-Kontrolle von Teilen der VOB/C (z.B. des Abschnittes 4) kaum praktische Auswirkungen haben würde.[372] Vertreten wird auch, dass ein Verstoß gegen das Transparenzgebot der §§ 305 c, 307 Abs. 1 S. 2 BGB dann gegeben sein könnte, wenn es sich um die Abgrenzung der Nebenleistungen von Besonderen Leistungen handelt.[373]

371

II. VOB/B-Vertrag

Im Teil B der VOB werden die rechtlichen Beziehungen der Vertragsparteien geregelt. Bei der VOB/B handelt es sich um Allgemeine Geschäftsbedingungen (AGB).

372

1. Anwendbarkeit des AGB-Rechts

Unter Allgemeinen Geschäftsbedingungen versteht man Bedingungen, die für eine Vielzahl von Verträgen vorformuliert sind und die eine Vertragspartei (Verwender) der anderen Vertragspartei bei Abschluss des Vertrages stellt. Allgemeine Geschäftsbedingungen liegen auch vor, wenn Bedingungen wie die VOB/B von dritter Seite, z.B. von Verbänden, entwickelt worden sind. Bei der VOB/B handelt es sich um **vorformulierte Bedingungen**, die für eine Vielzahl von Verträgen bestimmt sind.

373

Der BGH[374] hat darauf hingewiesen, dass »die VOB nicht ohne weiteres mit einseitigen Allgemeinen Geschäftsbedingungen auf eine Stufe zu stellen ist«. Dennoch wird die Anwendbarkeit des AGB-Rechts auf die VOB/B heute in Rechtsprechung und Schrifttum überwiegend bejaht.[375]

374

---

371 OLG Celle BauR 2003, 1040; OLG Düsseldorf NJW-RR 1992, 217, 218; Ingenstau/Korbion, Einleitung Rn. 34; MüKo/Busche § 631 BGB Rn. 197.
372 Kleine-Möller in: Handbuch des privaten Baurechts § 2 Rn. 51 u. § 4 Rn. 102; Kapellmann/Schiffers Bd. 1 Teil I Rn. 133; Tempel NZBau 2003, 465.
373 BGH zur DIN 18322, BauR 2004, 1438 = NZBau 2004, 500; Kapellmann/Schiffers Bd. 1 Teil I Rn. 133.
374 BGH NJW 1983, 816, 817.
375 BGH NJW 1988, 55; NJW 1983, 816, 817; NJW 1999, 3261; OLG Celle BauR 2005, 1177; Staudinger/Peters Vor § 631 BGB Rn. 82; Locher in: Ingenstau/Korbion Anhang 1 Rn. 89 ff.; MüKo/Busche § 631 BGB Rn. 152.

a) Begriff des Verwenders

375 Die Anwendbarkeit der AGB-rechtlichen Vorschriften des BGB auf die VOB/B ist nahezu unstreitig. Problematischer ist hingegen die Bestimmung, wer von den Parteien als **Verwender** i.S.d. § 305 Abs. 1 S. 1 BGB anzusehen ist. Dies ist deshalb bedeutsam, weil die §§ 307 ff. BGB einzelne AGB-Bestimmungen nur insoweit für unwirksam erklären, als sie zum Nachteil des Vertragspartners bzw. zu Gunsten des Verwenders auswirken. Zweifellos ist eine Partei als Verwender in diesem Sinne anzusehen, wenn die Einbeziehung der VOB/B auf ihren Vorschlag hin geschieht.

376 Für **Verbraucherverträge** besteht das Problem nicht. Es gilt insoweit die Regelung des § 310 Abs. 3 Nr. 1 BGB, wonach AGB als vom Unternehmer gestellt gelten, es sei denn sie wurden vom Verbraucher in den Vertrag eingeführt. Das gilt auch in Fällen, in denen beide Parteien den Vorschlag machen, die VOB/B in den Vertrag einzubeziehen.

377 Liegt dagegen kein Verbrauchervertrag vor, so soll nach einer im Schrifttum verbreiteten Auffassung derjenige als Verwender anzusehen sein, der durch die konkrete Klausel materiell begünstigt ist, so dass bei Verwendung von Klauselwerken beide Parteien im Einzelfall sowohl Verwender als auch Vertragsgegner sein können.[376] Dagegen soll nach der Rechtsprechung der Verwender rein formal danach bestimmt werden, welcher Vertragspartner die VOB/B in den Vertrag eingeführt hat.[377] Der Vertragsteil, der die Einbeziehung der VOB/B in den Vertrag veranlasst, könne die Auswirkungen dieser Bestimmungen vorab prüfen und erscheine insoweit auch nicht schutzwürdig.

378 Im Einzelfall bedarf es einer umfassenden Prüfung, wer die VOB/B in den Vertrag einbezogen hat. Zunächst ist das jeder, der sich im Rahmen der Verhandlungen auf diese Bestimmungen berufen hat. Wenn sich der Hergang der Verhandlungen nicht eindeutig klären lässt, spricht die Begünstigung einer Partei durch eine Klausel dafür, dass diese Partei als Verwender der betreffenden Bestimmung anzusehen ist.[378]

379 Die Regelungen der §§ 305 ff. BGB sollen keine Anwendung finden, wenn beide Parteien unabhängig voneinander die Einbeziehung der VOB/B in den Bauvertrag verlangen.[379] In diesen Fällen würden die AGB gerade nicht von einer Partei »gestellt«.[380] Beide Parteien vereinbaren hierbei einvernehmlich die Regelungen der VOB/B, sodass keiner in der schutzwürdigen Position sei, in der ihn die Klauseln des Vertragspartners möglicherweise überraschen. In diesen Fällen sei keine der Parteien als Verwender i.S.d. § 305 BGB anzusehen.

---

376 Bartsch NJW 1986, 28, 31; Sonnenschein NJW 1980, 1489, 1492; Staudinger/Schlosser (1998) § 1 AGBG Rn. 28.
377 BGH NJW 1987, 837 = NJW 1987, 2373 = NJW 1997, 2043 = BGHZ 101, 357, 359.
378 So auch OLG Düsseldorf BB 1994, 1521.
379 Palandt/Heinrichs § 305 BGB Rn. 13.
380 H.M. Ramming BB 1994, 518, 520.

Verwenden beide Vertragsparteien Allgemeine Geschäftsbedingungen, die sich inhaltlich widersprechen, und haben beide Parteien vor Vertragsabschluss erklärt, dass der Vertrag unter Zugrundelegung ihrer eigenen AGB abgeschlossen werden soll, gilt folgendes: Hinsichtlich der sich **widersprechenden Klauseln** liegt ein Dissens vor, diese Klauseln sind nicht wirksam in den Vertrag einbezogen worden. Soweit einzelne Regelungen der AGBs sich inhaltlich gleichen, so werden diese Teile Vertragsbestandteil, weil sie von beiden Parteien übereinstimmend gewollt sind. 380

b) Einbeziehung

Die Vertragsbedingungen der VOB/B haben rechtlich die Qualität von Allgemeinen Geschäftsbedingungen.[381] Sie sind für eine Vielzahl von Verträgen vorformuliert. Für die Einbeziehung der VOB/B in den Bauvertrag sind daher die Vorschriften der §§ 305 ff. BGB zu beachten. Vertragsrechtliche Geltung erlangen diese Vertragsbedingungen durch die Einigung der Vertragsparteien, mit der die VOB/B zum Vertragsinhalt erklärt wird. 381

aa) Geschäftsverkehr mit Nicht-Unternehmern

Im **nicht kaufmännischen Bereich** sind insbesondere die zwingenden Voraussetzungen des § 305 Abs. 2 BGB zu erfüllen.[382] Auch Allgemeine Geschäftsbedingungen werden nur dann Bestandteil eines Einzelvertrages, wenn die Vertragsparteien ihre Geltung hierfür vereinbart haben (**Einbeziehungsvereinbarung**). Insoweit gelten die allgemeinen Regelungen des BGB über den Abschluss von Rechtsgeschäften. Demnach müssen sich die Vertragsparteien auf die Einbeziehung der Allgemeinen Geschäftsbeziehungen in den Vertrag geeinigt haben. Dies ist der Fall, wenn der Verwender bei Vertragsabschluss oder zu dem Zeitpunkt, zu dem die AGB einbezogen werden sollen, ausdrücklich auf sie hinweist und dazu dem Verwendungsgegner die Gelegenheit gibt, in zumutbarer Weise von ihrem Inhalt Kenntnis zu nehmen. Allein das Schweigen des Verwendungsgegners auf das Einbeziehungsverlangen des Verwenders im Auftragsschreiben stellt noch keine Einverständniserklärung dar.[383] Eine stillschweigende Vereinbarung der VOB/B scheidet im Geschäftsverkehr mit einem Nicht-Unternehmer aus.[384] 382

Nach § 305 Abs. 2 Nr. 2 BGB muss der Verwender dem anderen Vertragsteil Gelegenheit geben, in zumutbarer Weise von dem Inhalt der VOB/B Kenntnis zu nehmen – es sei denn der Vertragspartner ist ein Unternehmer i. S. d. § 310 Abs. 1 BGB. Insoweit muss unterschieden werden, ob der Vertrag mit einem Privatkunden ab- 383

---

381 So die h. M., vgl. BGH NJW 1988, 142, 143 = NJW 1987, 2373, 2374; MüKo/Busche § 631 Rn. 152; Vygen in: Ingenstau/Korbion Einleitung Rn. 38; Kleine-Möller/Merl § 2 Rn. 40.
382 BGH NJW 1983, 816, 817; BauR 1983, 161; vgl. OLG Celle BauR 2005, 1176 = IBR 2005, 68.
383 OLG Köln BauR 1995, 100.
384 Locher in: Ingenstau/Korbion Anhang 1 zu VOB/B Rn. 44.

geschlossen wird oder mit einer im Baugewerbe tätigen Vertragspartei. Grundsätzlich ist dem Privatkunden ein **Text der VOB/B zur Verfügung zu stellen**, wohingegen bei einer im Baugewerbe tätigen Vertragspartei zu erwarten ist, dass sie die VOB/B als Geschäftsbedingung kennt. Der Grund ist, dass sie sich in diesem Geschäftszweig als Vertragsmuster durchgesetzt hat und niemand ohne ihre Kenntnis in dieser Branche tätig sein kann[385]

bb) Geschäftsverkehr mit Unternehmern und juristischen Personen des öffentlichen Rechts

384 Beim Geschäftsverkehr mit einer juristischen Person des öffentlichen Rechts oder einem öffentlich rechtlichen Sondervermögen ist die Sonderregelung des § 305 Abs. 2 BGB durch § 310 Abs. 1 BGB ausgeschlossen. Das bedeutet, dass im unternehmerischen Geschäftsverkehr und bei den oben genannten Personen des öffentlichen Rechts die **Einbeziehungsvoraussetzung** sowohl durch ausdrückliche Erklärung als auch durch schlüssiges Verhalten der Vertragsparteien zustande kommen kann.[386]

385 In Fällen, in denen eine ausdrückliche Erklärung des Einbeziehungswillens des Verwenders fehlt, muss er auf andere Weise deutlich erkennbar auf seine Allgemeinen Geschäftsbedingungen verweisen, bzw. seinen Einbeziehungswillen durch schlüssiges Verhalten zweifelsfrei erkennbar machen.[387]

386 Die schlüssige Einverständniserklärung des Vertragspartners setzt voraus, dass sich aus seinem Verhalten unter Würdigung aller Umstände das Einverständnis mit den Allgemeinen Geschäftsbedingungen des Verwenders entnehmen lässt.[388] Sofern er in seinen eigenen AGB zum Ausdruck gebracht hat, dass er nur bereit ist zu seinen Vertragsbedingungen abzuschließen, kann sein Verhalten nicht als Annahme gesehen werden. Bei der **Kollision** von **AGB** ist nach der neueren Rechtsprechung[389] davon auszugehen, dass die AGB beider Vertragsteile nur soweit Vertragsbestandteil werden, wie sie übereinstimmen.

387 Im unternehmerischen Geschäftsverkehr können die Allgemeinen Geschäftsbedingungen des Verwenders auch aufgrund eines kaufmännischen Bestätigungsschreibens (vgl. § 362 HGB) Geltung erlangen.[390] Wird in einem solchen Schreiben auf Allgemeine Geschäftsbedingungen verwiesen, die tatsächlich nicht Gegenstand der bestätigten Vertragsverhandlungen und der dabei erzielten Einigung waren, so werden sie aufgrund der rechtsbegründenden Wirkung dieser Bestätigung dennoch

---

385 BGH NJW 1983, 816 = BauR 1983, 161; NJW 1989, 836 = BauR 1989, 87; vgl. OLG Celle BauR 2005, 1176 = IBR 2005, 68.
386 BGH NJW 1992, 1232 = NJW 1985, 1838, 1839; Palandt/Heinrichs § 310 Rn. 4.
387 BGH NJW 1992, 1232.
388 Kleine-Möller/Merl § 4 Rn. 54.
389 BGH NJW 1991, 1606; BGH NJW 1985, 1838, 1839; OLG Köln BB 1980, 1237; früher: sog. »Theorie des letzten Wortes«, vgl. Palandt/Heinrichs § 305 Rn. 55.
390 Vgl. hierzu BGH DB 1977, 1311.

Vertragsbestandteil, wenn der Vertragspartner der Bestätigung nicht rechtzeitig widerspricht.³⁹¹

Die Aushändigung der Allgemeinen Geschäftsbedingungen an den Unternehmer ist nicht in jedem Fall notwendig. Werden die AGB dem Vertragspartner nicht ausgehändigt, so muss der Verwender in jedem Fall auf die einzubeziehenden Klauseln klar und deutlich verweisen. 388

Bei Vorhandensein mehrerer AGB muss zweifelsfrei zum Ausdruck gebracht werden, welche davon zum Vertragsinhalt werden sollen. Die Einigung kann sich auf ein einziges oder mehrere Klauselwerke beziehen. Bei einer derartigen **Staffelverweisung**, wie etwa in § 1 Nr. 1 VOB/B, ist der Tatbestand der Willenseinigung am Maßstab der **Durchschaubarkeit** des gesamten Regelwerkes zu prüfen.³⁹² Eine Staffelverweisung kann gegen § 307 BGB verstoßen, vorausgesetzt die Verwendung derartiger Klauselwerke ist wegen des unklaren Verhältnisses konkurrierender Regelungen für den Vertragspartner nicht mehr zu durchschauen.³⁹³ 389

c) Inhaltskontrolle
aa) Privilegierung der VOB/B

Die Inhaltskontrolle der VOB/B nach § 308 Nr. 5 und § 309 Nr. 8 BGB unterliegt einigen Besonderheiten im Vergleich zu sonstigen Allgemeinen Geschäftsbedingungen. Ist die **VOB/B »als Ganzes«** vereinbart, soll eine isolierte Inhaltskontrolle einzelner VOB/B-Bestimmungen auf der Grundlage der §§ 305 ff. BGB nicht in Betracht kommen. Die VOB/B ist nach der BGH Rechtsprechung eine auf die Besonderheiten des Bauvertragsrechts abgestimmte, als eine im Ganzen ausgewogene Regelung anzusehen.³⁹⁴ 390

Deshalb sollte nach der bisherigen Rechtsprechung und der h.M. in der Literatur diese Privilegierung der VOB/B jedoch nur dann eingreifen, wenn die VOB/B als Ganzes vereinbart wurde.³⁹⁵ Die zentrale Frage der Inhaltskontrolle der VOB/B war demnach, unter welchen Voraussetzungen die VOB/B nicht »im Ganzen« vereinbart war und danach die einbezogenen Einzelbestimmungen der so genannten isolierten Inhaltskontrolle nach, den §§ 305 ff. BGB unterliegen. Hier wurde darauf abgestellt, ob die **VOB/B »im Kern«** Vertragsbestandteil geworden war und ob der von ihr beabsichtigte Interessenausgleich nicht wesentlich beeinträchtigt wurde. 391

---

391 BGH NJW 1978, 2244.
392 BGH NJW 1990, 3197, 3198.
393 BGH BauR 1990, 718; OLG Düsseldorf BauR 1996, 112.
394 BGH BauR 2004, 668 = NJW 1983, 816, 818 = BauR 1991, 331 = BauR 1991, 473; Ulbrich NZBau 2004, 385; Frikell BauR 2002, 671; Pauly BauR 1996, 328, 334; Bunte BB 1984, 732.
395 BGH NJW 1983, 816, 817; Kleine-Möller/Merl § 4 Rn. 105; vgl. Gebauer BauR 2004, 1843.

392 Dieser Rechtsprechung lag die Erwägung zugrunde, dass die VOB/B einen billigen **Interessenausgleich** zwischen Auftragnehmer und Auftraggeber bezweckt. Würden einzelne Regelungen der Inhaltskontrolle unterzogen, so könnte der bezweckte Interessenausgleich gestört sein. Die VOB/B ist deshalb der Inhaltskontrolle entzogen worden, wenn der von ihr verwirklichte Interessenausgleich durch die Vertragsgestaltung nicht wesentlich beeinträchtigt worden ist.[396]

393 Diese Rechtsprechung hat der BGH mit Urteil vom 22. 1. 2004[397] aufgegeben. Aus der bisherigen Senatsrechtsprechung seien keine greifbaren Kriterien dafür abzuleiten, wann eine von der VOB/B abweichende Regelung in deren Kernbereich eingreife. Die bis dahin verwendeten Formulierungen hätten sich nicht als brauchbares Abgrenzungskriterium erwiesen. Sie ermöglichten nicht die für den Rechtsverkehr erforderliche sichere Beurteilung, inwieweit ein vertragliches Regelwerk der Inhaltskontrolle nach dem AGBG unterliege. Nötig sei aber eine Rechtsanwendung, die für die Verwender eine verlässliche Prognose ermögliche. Diesem Problem solle nunmehr dadurch Rechnung getragen werden, dass grundsätzlich jede inhaltliche Abweichung einen Eingriff in die Ausgewogenheit der VOB/B darstelle. Damit sei eine Inhaltskontrolle auch dann eröffnet, wenn nur eine geringfügige inhaltliche Abweichung von der VOB/B vorliege. Dies sei auch unabhängig davon, ob eventuell benachteiligende Regelungen im Vertragswerk durch andere Regelungen »ausgeglichen« würden.[398]

394 Die Entscheidung des BGH vom 6. 1. 2004 setzt sich nicht mit der Frage auseinander, ob ein Eingriff in die VOB auch dann zu sehen ist, wenn der Spielraum ausgenutzt wird, den die verschiedenen Öffnungsklauseln der VOB/B anbieten. Angesprochen ist beispielsweise die Möglichkeit in § 13 Nr. 4 Abs. 1 S. 1 VOB/B, wonach eine andere Verjährungsfrist im Vertrag vereinbart werden kann. Teilweise wird vertreten,[399] dass entsprechende Abänderungen keinen Eingriff darstellen. Allerdings ist dies nicht argumentationsfest. Wie beispielsweise soll die Situation beurteilt werden, wenn eine Abänderung so gravierend ist, dass allein durch sie das Vertragsgefüge »auf den Kopf gestellt« würde (beispielsweise eine Gewährleistungszeit von 12 Jahren für alle Leistungen). Der Verfasser sieht die Lösung dieser und des Problems der Inhaltskontrolle der VOB/B insgesamt darin, dass die Privilegierung (VOB als Ganzes) in der Praxis heute keine Rolle mehr spielt. Selbst die öffentliche Hand vereinbart die VOB »rein« nur noch in seltenen Fällen. Als Lösung für die Praxis sollte – solange es kein eigenes Bauvertragsrecht im BGB gibt – die VOB/B als **hervorragende Checkliste** angesehen werden. Bei der Ver-

---

396 BGH BauR 1983, 161.
397 Az. VII ZR 419/02 BauR 2004, 668 = DB 2004, 1313 = NJW 2004, 1597 = ZfBR 2004, 362.
398 Vgl. zu allem BGH BauR 2004, 668 = NJW-RR 2004, 957.
399 Joussen in: Ingenstau/Korbion § 17 Nr. 8 VOB/B Rn. 14; wohl auch Werner/Pastor Rn. 1021, aber nicht eindeutig.

tragsgestaltung sind diejenigen Klauseln, die bei einer Inhaltskontrolle dem AGB-Recht widersprechen könnten, von vornherein zu ändern.

Konsequenzen hat die Abkehr von der bisherigen Rechtsprechung des BGH unmittelbar nur für Verträge, die die VOB/B vor Inkrafttreten des Schuldrechtsmodernisierungsgesetzes betreffen. Ob die Rechtsprechung auch für Neuverträge gilt und hierbei Anwendung findet, wurde vom VII. Zivilsenat des BGH ausdrücklich offen gelassen.[400] Die Anwendung der Rechtsprechung auch auf neue Verträge erscheint auf den ersten Blick durchaus überzeugend. Die Rechtslage ist vergleichbar mit der früheren. Entscheidend ist jedoch, ob der BGH weiterhin von einer Privilegierung der VOB/B bei der Vereinbarung als Ganzes ausgeht, wie er es für die Altverträge getan hat. Zweifel ergeben sich insbesondere daraus, dass die These vertreten wird, wegen der Einzelprivilegierung von VOB/B-Bestimmungen in den §§ 308 Nr. 5, 309 Nr. 8 b ff. BGB seien alle dort nicht genannten Regelungen auch ohne Eingriff zukünftig der Einzelkontrolle zu unterwerfen.[401]

395

Ferner ist die oben angesprochene Frage von Bedeutung, wonach auch hinsichtlich des alten Rechtes unklar ist, ob als vertragliche Abweichung i. S. d. BGH-Urteils auch solche Abweichungen von der VOB/B gelten, die von der VOB/B selbst zugelassen werden. Das ist der Fall, wenn die VOB/B selbst auf mögliche vorrangige vertragliche Regelungen verweist (**Öffnungsklausel**). Eine Abweichung wird nicht deshalb eine VOB/B Regelung, weil die VOB/B eine entsprechende Öffnungsklausel enthält. Darüber hinaus, kann die durch eine Öffnungsklausel herbeigeführte Änderung einen erheblichen **Eingriff** in das System der VOB/B darstellen.[402] Insoweit müssten diese Änderungen der Inhaltskontrolle der §§ 307 ff. BGB unterliegen.

396

bb) Maßstab der Inhaltskontrolle
(1) Inhaltskontrolle nach §§ 308, 309 BGB

Das »Klauselbewertungsrecht« der Allgemeinen Geschäftsbedingungen bestimmen die §§ 307, 308 und 309 BGB. Während die §§ 308 und 309 BGB einzelne Klauselverbote enthalten, die den Vertragspartner des Verwenders besonders benachteiligen und daher unwiderlegbar unwirksam sind, findet sich in § 307 BGB eine **Generalklausel** in der ein **Auffang-Prüfungsmaßstab** für die Inhaltskontrolle festgelegt wird. Dabei werden im Katalog des § 308 BGB unbestimmte Rechtsbegriffe verwendet, die eine Einzelfall bezogene Wertung erfordern. Im Katalog der in § 309 BGB bezeichneten Klauseln sind solche Wertungsmöglichkeiten nicht enthalten.

397

---

400 BGH BauR 2004, 668.
401 So Thode in seinem Vortrag vor der Deutschen Gesellschaft für Baurecht, Wiesbaden 16. 10. 2001, Anm. von Ulbrich IBR 2004, 179; zum Ganzen auch Hartung NJW 2004, 2139, 2141.
402 Kleine-Moeller/Merl § 4 Rn. 107.

398 Die **Grund-** und **Auffangnorm** der Inhaltskontrolle ist jedoch § 307 BGB. Dort wird der Prüfungsmaßstab für die Inhaltskontrolle in einer Generalklausel festgelegt. Nach § 307 Abs. 1 S. 1 BGB sind Bestimmungen in Allgemeinen Geschäftsbedingungen unwirksam, wenn sie den Vertragspartner des Verwenders entgegen dem Gebot von Treu und Glauben unangemessen benachteiligen. Nach § 307 Abs. 2 BGB liegt eine solche Benachteiligung im Zweifel dann vor, wenn eine Bestimmung mit wesentlichen Grundgedanken der gesetzlichen Regelung, von der abgewichen wird, nicht zu vereinbaren ist oder wenn sie wesentliche Rechten und Pflichten, die sich aus der Natur des Vertrages ergeben, so einschränken, dass der Vertragszweck gefährdet ist.

399 Die Reichweite des § 307 Abs. 1 BGB geht dabei über die beiden Beispielsfälle des § 307 Abs. 2 BGB hinaus. Der Aufbau des § 307 BGB verlangt, dass die Inhaltskontrolle einer Klausel zunächst bei dem konkreter gefassten § 307 Abs. 2 BGB einsetzt, obwohl in jedem Fall eine Gesamtwertung aller Umstände nach Maßgabe des § 307 Abs. 1 erforderlich ist.[403]

400 Für die Inhaltskontrolle ist die zu prüfende Klausel mit dem Inhalt zugrunde zu legen, wie er sich ohne Rücksicht auf die Handhabung des Verwenders bei abstrakter Betrachtungsweise ergibt.[404] Dabei ist die AGB-Regelung nicht isoliert für sich zu betrachten, sondern im Zusammenhang mit etwaigen weiteren vorformulierten Bedingungen, die mit der Klausel eine inhaltlich untrennbare Einheit bilden.[405] Hingegen sind inhaltlich voneinander trennbare, einzeln verständliche Regelungen in AGB einer **gesonderten Wirksamkeitsprüfung** zugänglich, und zwar auch dann, wenn sie in einem äußeren sprachlichen Zusammenhang mit anderen – unwirksamen – Klauseln stehen. So hat der BGH[406] entschieden, dass es bei der Prüfung einer Laufzeitklausel eines Vertrages nicht geboten ist, die Regelungen über die Möglichkeit zur vorzeitigen Kündigung des Vertrages bei Verpflichtung zur Zahlung einer Abstandssumme mit zu berücksichtigen.

(2) Inhaltskontrolle nach § 307 Abs. 2 BGB

401 Soweit § 307 Abs. 2 BGB eine unangemessene Benachteiligung annimmt, wenn eine Bestimmung mit den wesentlichen Grundgedanken der gesetzlichen Regelung, von der abgewichen wird, nicht zu vereinbaren ist, so verlangt dies bei Bauverträgen eine Prüfung an Hand des Kerninhalts der §§ 631 ff. BGB. Dies unter Berücksichtigung der dem Bauvertrag anhaftenden Besonderheiten. Entscheidend ist demnach die **entgeltliche Wertschöpfung**. Das gilt sowohl für den vorleistungspflichtigen Unternehmer, als auch für den Auftraggeber, der durch den Einsatz von Mitteln das berechtigte Bestreben hat, bleibende und langfristig benutzbare Werte zu er-

---

[403] BGH BauR 1988, 92, 95.
[404] BGH NJW 1986, 1355.
[405] BGH NJW 1993, 1133, 1135; BGH NJW 1989, 582 = NJW 1992, 1097.
[406] BGH NJW 1993, 1133, 1135.

halten. Dieses Interesse bezieht sich vor allem auf die ordnungsgemäße Herstellung des Bauwerkes, letztlich also auf die Erfüllung und Gewährleistung des grundsätzlich vorleistungspflichtigen Unternehmers.

Die jeweilige gesetzliche Regelung kann daher durch Allgemeine Geschäftsbedingungen nur ersetzt werden, wenn diese eine dem Gesetz vergleichbare Güterabwägung enthalten und außerdem keine der Billigkeit widersprechende Verfolgung einseitiger Interessen des Verwenders auf Kosten des Vertragspartners darstellen.   402

Im Bereich des Bauvertrages sind regelmäßig Klauseln zu finden, die wesentliche Rechten und Pflichten, die sich aus der Natur des Vertrages ergeben, so weit modifizieren, dass die Erreichung des Vertragszweckes gefährdet wird. Es ist unzulässig, durch Allgemeine Geschäftsbedingungen wesentliche Vertragspflichten und Vertragsrechte dadurch auszuhöhlen, dass dem Vertragspartner solche Rechtspositionen genommen werden, die ihm der Vertrag nach seinem Inhalt und Zweck zu gewähren hat.[407] Zu den wesentlichen Pflichten in diesem Sinne gehören nicht nur die Hauptpflichten, sondern auch Nebenpflichten, sofern sie für die Erreichung des Vertragszweckes von besonderer Bedeutung sind.[408] Entscheidend ist dabei, dass dem Vertragspartner des Verwenders ein **Mindestmaß an Rechten und Pflichten** verbleibt, damit der Bauvertrag im angestrebten Sinne durchgeführt werden kann.   403

(3) Inhaltskontrolle nach § 307 Abs. 1 BGB/Generalklausel
Soweit keine spezielle Norm greift, muss eine Inhaltskontrolle anhand der Generalklausel des § 307 Abs. 1 BGB vorgenommen werden. Nach § 307 Abs. 1 BGB richtet sich die Unwirksamkeit einer Klausel nach einer **unangemessenen Benachteiligung** des Vertragspartner des Verwenders. Dies erfordert eine Abwägung aller rechtlich erkennbaren Interessen der Vertragsparteien. Dabei ist von Gegenstand, Zweck und Eigenart des Vertrages auszugehen.[409] Zu würdigen sind insbesondere auch der persönliche Status des Vertragspartners im Rechtsverkehr und die Verkehrssitte, im Ergebnis der gesamte Vertrag mit den dadurch begründeten gegenseitigen Rechten und Pflichten.[410] Der BGH hat bei der Beurteilung der Wirksamkeit einer Klausel, die die Nachbesserungspflicht eines Verkäufers fabrikneuer Möbel beschränkte, auch darauf abgestellt, dass eine weitgehende Berücksichtigung der Käuferinteressen umso mehr geboten sei, als es sich bei den Personen dieser Käuferschicht vielfach um solche handelt, die geschäftlich unerfahren und ungewandt sind.[411] Zwischen Angehörigen freier Berufe ist eine Haftungsausschluss-   404

---

407 BGH NJW 1993, 335; BGH WM 1988, 666, 669; Palandt/Heinrichs § 307 Rn. 32.
408 BGH BB 1984, 1449, 1450.
409 BGH NJW 1987, 2576.
410 BGH NJW 1988, 55, 57; Palandt/Heinrichs § 307 BGB Rn. 8 ff. mit Übersicht über die Beurteilungskriterien.
411 BGHZ 18, 90, 99.

klausel als unwirksam erklärt worden, weil sie im Widerspruch zu den einschlägigen Standesrichtlinien stand.[412]

2. Pflichten der Parteien

405 Hinsichtlich der Leistungspflichten der Vertragsparteien gelten auch im Rahmen eines VOB/B-Werkvertrag die allgemeinen Regeln des BGB. Insoweit wird auf die obige Darstellung der Pflichten der Parteien verwiesen. Sofern sich aus den Besonderheiten des VOB/B-Bauvertrages Abweichungen von den Regelungen des BGB ergeben, werden diese nachfolgend behandelt.

a) Leistungspflichten des Unternehmers
aa) Haupt- und Nebenpflichten

406 Der Bauvertrag begründet für den Unternehmer die Pflicht, Bauleistungen mangelfrei zu erbringen. Unter Bauleistungen sind Bauarbeiten jeder Art zu verstehen, seien es solche mit oder ohne Lieferung von Stoffen oder Bauteilen.

407 Die Haupt- und Nebenpflichten des Unternehmers ergeben sich dem Grunde nach aus den allgemeinen Regeln der §§ 631 ff. BGB, soweit diese nicht kraft privatrechtlicher Vereinbarung modifiziert sind. Die VOB/B beinhaltet hinsichtlich dieser Pflichten eine auf privatautonomer Regelungsmacht der Parteien beruhende Ergänzung der gesetzlichen Regelungen. Mit der Vereinbarung der VOB/B wird aufgrund der Verweisung in § 1 Nr. 1 VOB/B auch die VOB/C mit den dort niedergelegten Allgemeinen Technischen Vorschriften zum Vertragsbestandteil erklärt, soweit die Parteien nichts Gegenteiliges vereinbaren.

408 Grundsätzlich schuldet der Auftragnehmer als Gegenstand seiner Bauleistung den Gegenstand, der sich aus der Sach- und Rechtslage im Zeitpunkt der rechtsgeschäftlichen Abnahme bestimmt. Danach schuldet er die Leistung für die beim Abschluss des Vertrages eine Leistungspflicht begründet wurde und darüber hinaus zusätzliche und geänderte Leistungen, die nachträglich vereinbart wurden oder vom Auftraggeber im Rahmen seines einseitigen Anordnungsrechts gefordert werden können.

bb) Kooperationspflicht

409 Im Rahmen des Bauvertrages besteht neben den allgemeinen Haupt- und Nebenpflichten, eine allgemeine Pflicht der Parteien zur Kooperation. Nach der Rechtsprechung des BGH sind die Vertragsparteien eines VOB/B-Vertrages während der Vertragsdurchführung zur Kooperation verpflichtet.[413] Dies gilt auch für den BGB-Bauvertrag. Aus diesem Kooperationsverhältnis ergeben sich Obliegenheiten

---

[412] OLG Hamburg, NJW 1968, 302, 303 exemplarisch für Rechtsanwälte: siehe Bunte NJW 1981, 2657.
[413] BGH BauR 2000, 409 = BauR 1996, 542 = NJW 2001, 1932.

und Pflichten zur Mitwirkung, sowie gegenseitigen Information.[414] Entstehen während der Vertragsdurchführung Meinungsverschiedenheiten über die Notwendigkeit oder die Art und Weise einer Anpassung, ist jede Partei grundsätzlich gehalten, im Wege der Verhandlung eine Klärung und eine einvernehmliche Lösung zu suchen.

b) **Leistungspflichten des Bestellers**

Der Besteller beim Bauvertrag ist ebenso wie bei jedem anderen Werkvertrag zur Abnahme und Vergütung verpflichtet. Hinsichtlich der Vergütung, insbesondere bezgl. der Abschlagszahlungen gem. § 16 VOB/B, ergeben sich im Bereich des VOB/B-Vertrages einige Besonderheiten.[415] **410**

3. Änderung des Vertrages

Beim Bauvertrag bestimmen sich der Inhalt und der Gegenstand der Herstellungspflicht nach dem zwischen den Parteien vereinbarten Vertrag. Es sind jedoch vielfältige Gründe denkbar, aufgrund dessen sich **nachträgliche Änderungen** als unvermeidbar darstellen. **411**

Rechtlich handelt es sich bei jeder Änderung, Erweiterung oder Einschränkung der vereinbarten Bauleistung um eine Vertragsänderung. Diese kann durch eine einvernehmliche Regelung der Parteien jederzeit erfolgen. Dabei gelten die allgemeinen Regeln zum Abschluss gegenseitiger Verträge. Darüber hinaus kann der Auftraggeber beim Bauvertrag eine Änderung der Bauleistungspflicht in bestimmten Grenzen auch durch ein **einseitiges Verlangen** durchsetzen. **412**

a) **Änderung des Bauentwurfs**

§ 1 Nr. 3 VOB/B gewährt dem Auftraggeber das Recht, Änderungen des Bauentwurfs anzuordnen. Bauentwurf ist nach der h.M. der Bauinhalt. Angesprochen seien nicht die Bauumstände und damit nicht die Bauzeit.[416] Dem allgemeinen Sprachgebrauch sei zu entnehmen, dass mit dem Begriff »Entwurf« »Zeichnungen, nach denen man etwas ausführt«, gemeint seien. Da dieselbe Beschreibung der Leistung mehr oder weniger gleichwertig zeichnerisch, schriftlich oder anders ausgedrückt werden kann, sei der Begriff nicht gegenständlich, sondern funktional und damit weit auszulegen. Allerdings könnten zum Bauentwurf nur solche Bestandteile gehören, die zur Veranschaulichung der Bauleistung als solches dienten, d.h. insbesondere wörtliche Beschreibungen oder zeichnerische Darstellungen.[417] Mit Bauentwurf sei die **Gesamtheit aller Vorgaben für die bautechnische Leistung** unabhängig von der Art der Verkörperung gemeint.[418] **413**

---

414 BGH BauR 1996, 549 = BauR 2000, 409 = NJW 2001, 1932.
415 Hierzu §§ 632 Rn. 147 ff., 632 a BGB Rn. 83 ff.
416 von Rintelen in: Kapellmann/Messerschmidt § 2 VOB/B Rn. 53.
417 Leinemann/Roquette § 1 VOB/B Rn. 43.
418 von Rintelen in: Kapellmann/Messerschmidt § 2 VOB/B Rn. 51.

414 Zum Verständnis des Begriffs des »Bauentwurfs« i.S.d. § 1 Nr. 3 VOB/B ist es erforderlich, sich den Sinn der Vorschrift zu vergegenwärtigen. Beim Bauvertrag werfen die Konkretisierung des Vertragsgegenstandes und seine Umsetzung in der Realität besondere Fragen auf. Die Situation hierbei ist gekennzeichnet durch eine erhebliche Spannung zwischen Planung und Realität aus der sich der Zwang ergeben kann, die ursprüngliche Planung zu ändern.[419] Dieses Bedürfnis, die Planung nachträglich zu verändern, hat mit der Zeit immer größeren Umfang angenommen. Grund ist, dass Bauvorhaben an Komplexität stetig zugenommen haben. Entsprechend ist auch die Entwicklung in der Literatur hinsichtlich des Begriffs des »Bauentwurfs«. So führte beispielsweise Ingenstau/Korbion[420] in der ersten Auflage aus, der Bauentwurf sei als »die zeichnerische Darstellung zu verstehen, nicht jedoch Skizzen oder Ausführungszeichnungen, da diese den Vertragsinhalt nicht bestimmen, sondern lediglich erläutern.« Der Anwendungsbereich der nachträglichen Änderungen gem. § 1 Nr. 3 VOB/B wurde damals restriktiv verstanden.

415 Durch die Abkehr der Literatur von der engen Auslegung des Begriffs des »Bauentwurfs« sollte den Gegebenheiten in der Praxis Rechnung getragen werden. Bei Bauverträgen ist mit Änderungen der tatsächlichen Vorgaben auf der Baustelle zu rechnen. Eine **weite Auslegung** des § 1 Nr. 3 VOB/B soll dem Auftraggeber die Möglichkeit geben, auf diese Situationen zu reagieren. Nach heutiger Meinung ist der Begriff des Bauentwurfs weit auszulegen. Es sei nicht der Begriff des Bauentwurf i.S.d. § 19 GOA bzw. die Entwurfsplanung nach § 15 HOAI gemeint.[421] Der Bauentwurf stellt die Gesamtheit aller Vorgaben für die bautechnische Leistung des Auftragnehmers und zwar unabhängig von der Art der Verkörperung dar. Gemeint seien damit insbesondere die Leistungsbeschreibungen und Leistungsverzeichnisse, alle Pläne, Berechnungen, Muster und Proben, aber auch technische Regelungen und Anweisungen. Abzugrenzen ist der Bauentwurf nach dieser Meinung von dem **sonstigen Vertragsinhalt**. Hiervon erfasst seien die vereinbarten Bauumstände, wie z.B. Abrechnungen oder Regelungen über Gewährleistung, Sicherheiten, Vertragsstrafen etc.[422] Zu den **Bauumständen**, die von § 1 Nr. 3 VOB/B **nicht erfasst** werden, sollen unter anderem auch die Anordnungen über den zeitlichen Ablauf gehören.[423]

416 Bauumstände seien demnach alle Faktoren, die nicht das Leistungsziel an sich betreffen, sondern die **Ausführungsart** und die **Ausführungszeit**.[424] Zu dieser Ab-

---

[419] Nicklisch/Weick § 1 VOB/B Rn. 24.
[420] Ingenstau/Korbion, VOB Teil A und B, 1. Aufl. 1960 S. 321.
[421] von Rintelen in: Kapellmann/Messerschmidt § 1 VOB/B Rn. 51.
[422] Nicklisch/Weick § 1 VOB/B Rn. 25; Riedl in: Heiermann/Riedl/Rusam § 1 VOB/B Rn. 31.
[423] Wirth/Würfele in: Jahrbuch Baurecht 2006, 119; Beck'scher VOB-Komm./Jagenburg § 1 Nr. 3 VOB/B Rn. 10; Riedl in: Heiermann/Riedl/Rusam § 1 VOB/B Rn. 31 a; von Rintelen in: Kapellmann/Messerschmidt § 1 VOB/B Rn. 57.
[424] von Rintelen in: Kapellmann/Messerschmidt § 1 VOB/B Rn. 53.

grenzung kommt ein Teil der Literatur. Danach gehören die Ausführungszeit und die Ausführungsart zur Dispositionsfreiheit des Auftragnehmers und könnten deshalb vom Auftraggeber nicht einseitig angeordnet werden können.[425] Die Abgrenzung zwischen Anordnungen die vom Begriff des »Bauentwurfs« erfasst sind und solchen, die es nicht sind, wird hierbei auf die Begriffe des »Bauinhalts« bzw. der »Bauumstände« verlagert.[426] Es soll danach unterschieden werden, was zu bauen sei (Bauinhalt) und wie etwas zu bauen sei (Bauumstände).

In §§ 1 Nr. 1 und Nr. 2 sowie § 2 Nr. 1 VOB/B ist die Leistung dahingehend definiert, dass **Art und Umfang** der Leistung durch den Vertrag bestimmt werden. Entscheidend ist letztlich, das sich aus der Gesamtheit der dem Bauvertrag zugrunde liegenden Einzelbeschreibungen ergebende Leistungssoll.[427] Bausoll ist die durch den Bauvertrag nach Bauinhalt und Bauumständen näher bestimmte Leistung des Auftragnehmers zur Erreichung des vertraglich geschuldeten Leistungserfolges.[428] Der vom Auftragnehmer geschuldete **Leistungserfolg** ist also nicht notwendig durch die Summe der Vertragsunterlagen begrenzt, sondern durch die sich aus diesen ergebende, **vertraglich gewollte Gesamtleistung**. Auch wenn letztere sich erst aus dem Zusammenhang der einzelnen Vertragsbestandteile ergibt. Die **zeitliche Bemessung** eines Bauvorhabens ist diesbezüglich ein **wesentlicher Faktor** für beide Vertragsparteien des Bauvertrages. So hängen die Erstellung einer Bauleistung und insbesondere die Kalkulation des dafür zu zahlenden Preises ganz wesentlich von einer vom Auftraggeber vorgegebenen oder vom Auftragnehmer zugrunde gelegten Zeitdauer ab. Deshalb besteht ein erheblicher Teil der zu kalkulierenden Kosten aus so genannten **zeitabhängigen Kosten**. Sofern die ursprünglich bestimmte Zeit überschritten wird, verursacht dies regelmäßig zusätzliche Kosten. Obwohl der Auftraggeber nur an der Erstellung, also dem konkret geschuldeten Erfolg interessiert ist, muss er auch aufgrund der entstehenden Mehrkosten darauf bedacht sein, die Leistung innerhalb der vereinbarten Zeit zu erlangen.[429]

417

So stellte bereits Piel[430] fest, »die Erstellung jeder Bauleitung spielt sich wesentlich in der Zeit ab und führt zu zeitabhängigen Kosten«. Fast jeder Bauvertrag fordere vom Auftragnehmer nicht nur die Herstellung einer bestimmten Leistung überhaupt, sondern auch in einer vertraglich festgelegten Zeit. Die **Ausführungszeit** bestimme wesentlich den Prozess der Werkerstellung. Der Auftragnehmer schulde ein Werk, dessen Herstellungsprozess zwar weitgehend von ihm bestimmt wird, aber nicht gänzlich. Zeitlich werde er durch den Auftraggeber vertraglich festgelegt.

418

---

425 von Rintelen in: Kapellmann/Messerschmidt § 1 VOB/B Rn. 55.
426 von Rintelen in: Kapellmann/Messerschmidt § 1 VOB/B Rn. 53.
427 Riedl in: Heiermann/Riedl/Rusam § 1 VOB/B Rn. 20; Leinemann/Schoofs § 1 VOB/B Rn. 10.
428 Kapellmann in: Kapellmann/Messerschmidt § 2 VOB/B Rn. 26.
429 Piel in: FS Korbion, 349, 351; so auch Vygen in: Vygen/Schubert/Lang Rn. 1.
430 Piel in: FS Korbion, 349, 351/352.

419 Eine andere Auslegung des Begriffs des »Bauentwurfs« ist nicht interessengerecht. Hierbei muss der Umstand berücksichtigt werden, dass die VOB/B eine vertragliche Regelung darstellt, die den Besonderheiten des Bauablaufs gerecht werden will. Dazu gehören auch die **Änderungsnotwendigkeiten** hinsichtlich des **zeitlichen Ablaufs**. Diese können sich ebenso wie bei der technischen Planung auch hinsichtlich der zeitlichen Planung ergeben. Es ist demnach mit dem Sinn und Zweck der VOB/B, einen möglichst störungsfreien Ablauf des Bauvorhabens zu ermöglichen, nicht vereinbar, wenn dem Auftragnehmer das Recht zugestanden würde, bei zeitlichen Anordnungen die Leistung zu verweigern. Dies mit der Begründung, diese Anordnung sei vertragswidrig.[431]

420 Die Vergütungsregelung in § 2 VOB/B stellt das Gegenstück zu § 1 VOB/B dar. Hier wird die Vergütung des Auftragnehmers für die erbrachten Leistungen geregelt, die sich auf die Leistungsverpflichtung des Auftragnehmers aus dem Vertrag beziehen. Daraus ergibt sich, dass der Auftraggeber, sofern er dazu berechtigt ist, die Leistung gem. § 1 Nr. 1 VOB/B nach Art und Umfang zu bestimmen hat, hierfür gem. § 2 Nr. 1 VOB/B aber auch eine Vergütung zu leisten hat. Aus der Systematik der §§ 1 und 2 VOB/B sind keine Anhaltspunkte ersichtlich, warum bei § 1 Nr. 3 VOB/B eine Einschränkung hinsichtlich des Umfanges der Leistungsbestimmung bestehen sollte. Grundsätzlich erkennt der Auftragnehmer bereits mit Abschluss des Vertrages unter Vereinbarung der VOB/B seine Bereitschaft an, auch nachträgliche Anordnungen des Auftraggebers hinsichtlich der Änderungen des Bauentwurfs auszuführen.[432]

421 Die Vorschrift des § 1 Nr. 3 VOB/B soll gewährleisten, dass der Auftraggeber bei einer Änderung der Situation auf der Baustelle eine **Korrekturmöglichkeit** hat, um den Inhalt des Vertrages auch einseitig auf die geänderten Umstände anzupassen. Die Vorschrift dient ebenso dazu, Streitigkeiten zwischen den Vertragsparteien zu vermeiden, die im Ergebnis möglicherweise sogar zu einer Kündigung des Vertrages führen würden. Die gleiche Interessenlage besteht für die Parteien jedoch auch, wenn Umstände eintreten, die lediglich die Bauzeit oder andere Bauumstände betreffen. Bei der weiten Auslegung des Anordnungsrechts des Auftraggebers hinsichtlich der Bauinhalte ist nicht ersichtlich, warum dieses Anordnungsrecht sich nicht auf die Bauumstände erstrecken soll. Die Funktion des § 1 Nr. 3 VOB/B fordert eine Erstreckung auch auf die zeitlichen Anordnungen.[433] Schließlich wurde durch eine Abkehr von der engen Auslegung des Begriffs des »Bauentwurfs« auch in der Vergangenheit diesen Umständen Rechnung getragen.

422 Das Änderungsrecht des Auftraggebers nach § 1 Nr. 3 VOB/B erfasst deshalb auch die **Änderungen** der **Bauzeit**. Es erscheint inkonsequent, insbesondere im Hin-

---

431 Kniffka, IBR-Online-Kommentar Stand 3.3.2005 § 631 Rn. 235. (Randnummer zwischenzeitlich gelöscht.)
432 Piel in: FS Korbion, 349.
433 Ausführlich zu diesem Thema Wirth/Würfele in: Jahrbuch Baurecht 2006, 119 ff.

blick auf die weite Auslegung des Begriffs des Bauentwurfs, die Leistungszeit hieraus auszuklammern. Dem steht auch der Wortlaut des § 1 Nr. 3 VOB/B nicht entgegen. Auch nach der derzeit überwiegenden Auffassung ist der Begriff nicht gegenständlich, sondern funktional und damit weit auszulegen.[434] Sofern man aber den Begriff Bauentwurf als die Gesamtheit aller Vorgaben für die bautechnische Leistung unabhängig von der Art der Verkörperung auffasst, ist dies ebenfalls nicht mehr vom Wortlaut des »Bauentwurfs« als solchem erfasst.[435] Auch diese Auslegung würde demnach am Wortlaut scheitern, sodass dies nicht gegen die hier vertretene Auslegung des Begriffs des »Bauentwurfs« angeführt werden kann.

Bedenken, dass durch die Einordnung der Bauzeit unter die Änderungen des Bauentwurfs i. S. d. § 1 Nr. 3 VOB/B Planungsschwierigkeiten für den Auftragnehmer entstehen, greifen nicht. Diese Problematik ist indes nicht nur dann gegeben, wenn man die Anordnungen zur Bauzeit unter § 1 Nr. 3 VOB/B fasst. Auch sofern es sich um mittelbare Bauzeitverzögerungen handelt oder man einen Schadensersatzanspruch nach § 6 Nr. 6 VOB/B anerkennt, ergeben sich für den Auftragnehmer die gleichen Planungsschwierigkeiten. In der Praxis zeigt fast jede Inhaltsänderung nach § 1 Nr. 3 VOB/B auch Auswirkungen auf die Bauzeit. **423**

Im Ergebnis ist der Begriff des Bauentwurfs deshalb im Sinne einer umfassenden Darstellung der geschuldeten Leistung zu verstehen. Diese betrifft nicht nur die technischen, sondern auch die sonstigen Umstände des Bauens.[436]

Das Änderungsrecht nach § 1 Nr. 3 VOB/B setzt begrifflich eine bereits getroffene Leistungsvereinbarung voraus. Das gleiche gilt, wenn die Art und Weise der Bauausführung gegenüber einer etwaigen vertraglichen Bestimmung geändert wird oder wenn der Auftraggeber sie nachträglich auf eine bestimmte, vom Auftragnehmer nicht vorgesehene Alternative festlegt. Seine **Grenze** findet das Änderungsrecht des § 1 Nr. 3 VOB/B dort, wo eine **Neuplanung** beginnt. **424**

Zu beachten ist ferner, dass das Anordnungsrecht des Auftraggebers durch die Vergütungsregelung des § 2 Nr. 5 VOB/B ergänzt wird. Danach steht dem Auftragnehmer ein **Vergütungsanspruch** gegen den Auftraggeber für die aufgrund der Änderungsanordnung entstandenen Mehrkosten zu. **425**

b) Zusätzliche Leistungen

Das Recht des Auftraggebers, zusätzliche Leistungen einseitig zu verlangen, ist in § 1 Nr. 4 VOB/B geregelt. Danach hat der Auftragnehmer **die** nicht vereinbarten Leistungen auf Verlangen des Auftraggebers auszuführen, die zur Ausführung der **426**

---

434 Nicklisch/Weick § 1 VOB/B Rn. 25; Riedl in: Heiermann/Riedl/Rusam § 1 VOB/B Rn. 31; von Rinteln in: Kapellmann/Messerschmidt § 1 VOB/B Rn. 51.
435 von Rinteln in: Kapellmann/Messerschmidt § 2 VOB/B Rn. 51.
436 Wirth/Würfele in: Jahrbuch Baurecht 2006, 119.

vertraglich festgelegten Leistung erforderlich sind, außer wenn sein Betrieb auf derartige Leistungen nicht eingerichtet ist.

427 Es besteht somit eine Ausführungspflicht für solche Leistungen, die von den vereinbarten Leistungen nicht erfasst werden und zu den bisherigen hinzutreten. Dabei ist das Anordnungsrecht des Auftraggebers nach § 1 Nr. 4 VOB/B in zweifacher Hinsicht eingeschränkt. Die zusätzlichen Leistungen müssen zur Ausführung des Bauvertrages erforderlich sein, außerdem muss der Betrieb des Auftragnehmers auf die Ausführung der zusätzlichen Leistung eingerichtet sein. Im Ergebnis müssen die zusätzlichen Leistungen notwendig sein, um die vereinbarten Leistungen mangelfrei zu erbringen.[437]

Für die zusätzliche Leistung steht dem Auftragnehmer eine gesonderte Vergütung nach § 2 Nr. 6 VOB/B zu.

4. Beendigung des Vertrages

428 Die VOB/B gewährt dem Auftraggeber entsprechend der gesetzlichen Regelung des § 649 BGB ein Recht zur freien Kündigung nach § 8 Nr. 1, § 2 Nr. 4 VOB/B. Darüber hinaus haben beide Vertragsparteien das Recht, unter den Voraussetzungen der §§ 8 Nr. 1 bis Nr. 4, 9 und 6 Nr. 7 VOB/B, das Vertragsverhältnis außerordentlich zu kündigen. Die Kündigungsregelung des § 314 BGB ist neben den VOB/B-Regeln anwendbar.

a) Freie Kündigung des Auftraggebers nach § 8 Nr. 1 VOB/B

429 Das Kündigungsrecht des Auftraggebers nach § 8 Nr. 1 VOB/B deckt sich in den Voraussetzungen und den Rechtsfolgen mit dem Kündigungsrecht des Bestellers gem. § 649 BGB. Der Auftraggeber kann danach ohne Einhalten einer Frist und ohne Angabe eines Grundes den VOB/B-Vertrag kündigen.

Abweichend wird in der VOB/B jedoch verlangt, dass die Kündigung **schriftlich** erklärt wird.[438] Eine nur mündlich erklärte Kündigung ist gem. § 8 Nr. 5 VOB/B, § 125 S. 2 BGB unwirksam.

430 Im Gegensatz zum BGB wird in der VOB/B die Abwicklung des Bauvertrages nach der Erklärung der Kündigung detailliert geregelt. Danach kann der Auftragnehmer nach der Kündigung **Aufmaß** und **Abnahme** der von ihm ausgeführten Leistungen verlangen. Das Aufmaß ist erforderlich, um eine Abrechnung der erbrachten Teilleistungen zu ermöglichen. Sofern der Auftraggeber die Mitwirkung an dem Aufmaß verweigert, hat der Auftragnehmer jedenfalls einen Anspruch da-

---

[437] Heiermann/Riedl/Rusam § 1 VOB/B Rn. 40 a; Keldungs in: Ingenstau/Korbion § 1 Nr. 4 VOB/B Rn. 3.
[438] BGH NJW 1973, 1463; Werner/Pastor Rn. 1289.

rauf, seinerseits die nötigen Feststellungen auf der Baustelle zu treffen.[439] Bestreitet der Auftraggeber die Richtigkeit dieses Aufmaßes, trägt er die **Darlegungs- und Beweislast**, wenn die Überprüfung des einseitig genommenen Aufmaßes nicht mehr möglich ist.[440]

Die »Überlegenheit« vieler VOB/B-Regelungen gegenüber den für den Bauvertrag unvollständigen BGB-Regelungen, zeigt auch immer wieder der Bundesgerichtshof auf. So hat er in seinem Urteil vom 11. 5. 2006[441] ausgesprochen, dass die Folgen der Kündigung, wie sie die VOB/B in § 8 Nr. 6 VOB/B vorsieht, auch im BGB-Vertrag gelten sollen. Danach wird auch dort der Auftragnehmer Aufmaß und Abnahme nicht nur verlangen können, sondern die Abnahme ist sogar Voraussetzung für seinen Vergütungsanspruch. 431

b) Außerordentliche Kündigung des Auftraggebers nach § 8 Nr. 2 bis Nr. 4 VOB/B

Nach § 8 Nr. 2 bis Nr. 4 VOB/B hat der Auftraggeber das Recht, den Bauvertrag aus wichtigem Grund außerordentlich zu kündigen. Diese Regelungen sind nicht abschließend. Soweit aus anderen Gründen ein Recht des Auftraggebers zum Rücktritt oder zur außerordentlichen Kündigung besteht, hat der Auftraggeber auch beim VOB/B Vertrag ein Recht zur außerordentlichen Kündigung nach § 314 BGB analog.[442] 432

Nach § 8 Nr. 2 VOB/B kann der Auftraggeber kündigen, sofern sich wichtige Gründe aus der Vermögenssituation des Auftragnehmers ergeben. Eine Kündigung nach § 8 Nr. 3 VOB/B kommt in Betracht, wenn ein sonstiger wichtiger Grund vorliegt. Dies können Verzug bei der Bauausführung, verbotener Einsatz von Subunternehmern oder auch erhebliche Mängel bei der Bauausführung sein. Schließlich kommt eine Kündigung nach § 8 Nr. 4 VOB/B in Betracht, wenn der Auftragnehmer eine unzulässige Wettbewerbsabrede trifft. 433

c) Außerordentliche Kündigung des Auftragnehmers nach § 9 VOB/B

§ 9 VOB/B stellt das Gegenstück zu § 8 VOB/B dar. Er regelt das Kündigungsrecht des Auftragnehmers für den Bauvertrag. Die Kündigungsmöglichkeiten des Auftragnehmers sind im Hinblick auf die Kündigungsrechte des Auftraggebers eingeschränkt. Die Gründe für eine Kündigung durch den Auftragnehmer sind in § 9 Nr. 1 VOB/B **abschließend** aufgezählt. Daneben kommt nur eine Kündigung des Vertrages nach § 6 Nr. 7 VOB/B in Betracht. Danach kann der Auftragnehmer kündigen, wenn eine Unterbrechung des Vertrages länger als drei Monate dauert. 434

---

439 So auch Vygen in: Ingenstau/Korbion § 8 Nr. 6 VOB/B Rn. 8.
440 BGH NJW 2003, 2678.
441 BGH IBR 2006, 432.
442 Vygen in: Ingenstau/Korbion, § 8 VOB/B Rn. 13; vgl. Kraus BauR 2002, 524.

435 Die Kündigungsmöglichkeiten nach § 9 VOB/B sind in zwei Fallgruppen aufgeteilt. Die erste Gruppe regelt die Fälle, in denen der Auftraggeber eine für die Herstellung des Werkes erforderliche Mitwirkungshandlung unterlässt. Nach der zweiten Gruppe gilt es u. a. als Kündigungsgrund, wenn der Auftraggeber eine fällige Zahlung nicht leistet.

III. Besonderheiten beim Architektenvertrag

1. Inhalt und Rechtsnatur

436 Der Architekt schuldet als Werk eine geistige Leistung, das Architektenwerk.[443] Die vertragliche Verpflichtung des Architekten besteht nicht in der materiellen Erstellung des Bauwerks, sondern darin, die Interessen des Bauherrn im Zusammenhang mit der Planung und Errichtung umfassend wahrzunehmen. Dazu gehört die Planung und Überwachung des Bauvorhabens sowie die Beratung in wirtschaftlicher und technischer Hinsicht. Die Pflicht zur Beratung kann ggf. schon vor dem Erwerb des Baugrundstückes einsetzen.

437 Einen allgemein festgelegten Inhalt des Architektenvertrages gibt es nicht. Der Leistungsinhalt unterliegt der Vereinbarung zwischen den Parteien und ist gegebenenfalls durch Auslegung zu ermitteln.[444] Aus der Regelung des § 15 HOAI lässt sich entnehmen, welche Aufgaben ein Architekt bei der Erstellung von Gebäuden regelmäßig zu erfüllen hat. Zwar beinhaltet die HOAI lediglich eine preisrechtliche Regelung,[445] durch die die materiellen Regelungen des BGB nicht modifiziert werden können, gleichwohl beschreibt sie einen Teil der Aufgaben eines Architekten in chronologischer Reihenfolge – angelehnt an den Ablauf eines Bauvorhabens. In der Praxis führt die Ansicht des BGH deshalb zu Schwierigkeiten, weil in Architektenverträgen die gegenseitigen Leistungspflichten nur selten ausreichend beschrieben werden. Die Schwierigkeiten werden dadurch verstärkt, dass auch die Vorschriften des BGB keine Angaben über die Leistungspflichten eines Architekten enthalten.[446]

438 In der Praxis versuchen die Parteien dem Problem dadurch abzuhelfen, dass sie als »Architekten-Soll« die **Inhalte der Leistungsphasen** des § 15 HOAI vereinbaren, die zur Erfüllung des Vertrages erforderlich sind. Aber auch dann, wenn sich der Vertrag nicht an den Grundleistungen des § 15 HOAI orientiert, kann nach der überwiegenden Meinung[447] die HOAI wenigstens zur Vertragsauslegung heran-

---

443 BGH NJW 1965, 1175; BGH NJW 1971, 374.
444 BGH 133, 399; NJW 1999, 427; siehe vertiefend auch Wirth/Würfele/Brooks, Rechtsgrundlagen des Architekten und Ingenieurs S. 68 ff.
445 So ständige Rechtsprechung des BGH BauR 1997, 154 = BauR 1999, 187 = IBR 1999, 170 mit Anm. Wirth.
446 Ausführlich Wirth/Würfele/Brooks, Rechtsgrundlagen des Architekten und Ingenieurs S. 68 ff.
447 Kniffka/Koeble 9. Teil Rn. 127; Locher/Koeble/Frik, 8. Auflage, § 15 Rn. 7 m.w.N.

gezogen werden.[448] Dies ergibt sich daraus, dass die Leistungspflichten eines Architekten ansonsten kaum zu bestimmen sind. Fehlt demnach eine detaillierte Leistungsbeschreibung, so bieten die Leistungsbilder der HOAI Leistungsbeschreibungen an, deren Erbringung für das Erreichen des Erfolgs in der Regel erforderlich ist. Allerdings sind die Regelungen der HOAI nicht vollständig. Zu denken ist an die Bereiche der Kosten und der Bauzeit. Gleichwohl können durch Heranziehung der HOAI zur Vertragsauslegung Auslegungsfragen oftmals nachvollziehbar gelöst werden.

Der Architektenvertrag ist gesetzlich nicht explizit geregelt. Seine rechtliche Einordnung war lange Zeit umstritten.[449] Der Architektenvertrag umfasst sowohl Arbeiten, die der Rechtsnatur des Werkvertrages unterfallen, als auch Tätigkeiten, die dem Dienstvertrag zuzuordnen sein können. Die Problematik ist jedoch heute weitgehend gelöst. So hat der BGH in einer Grundsatzentscheidung im Jahre 1959 den Architektenvertrag dem Werkvertragsrecht zugeordnet.[450] Diese Rechtsprechung ist in den folgenden Jahren von ihm mehrfach bestätigt worden.[451] Sie hat auch sonst weitgehend Zustimmung gefunden.[452]

439

2. Abschluss des Architektenvertrages

Der Architektenvertrag kann grundsätzlich **formfrei** geschlossen werden. Er weist insoweit keine Besonderheiten gegenüber dem Werkvertrag auf. Er kommt durch zwei übereinstimmende, mit Bezug zueinander abgegebene Willenserklärungen zustande (Angebot und Annahme). Der Architektenvertrag kann auch **konkludent** geschlossen werden. Ein solcher Abschluss liegt nicht schon dann vor, wenn der Architekt von sich aus einzelne Architektenleistungen erbringt.[453] Ein Vertragsschluss ist erst anzunehmen, wenn der Auftraggeber den Architekten zur Erbringung der Leistung auffordert, die Leistung des Architekten entgegen nimmt oder diese verwertet.[454]

440

In der Praxis werden zwischen den Parteien im Regelfall Verhandlungen aufgenommen, ohne sogleich einen schriftlichen Vertrag zu schließen. Der Architekt entwickelt dabei oft umfassende Ideen, erstellt Skizzen oder Entwürfe. Auch mehrfache Termine sind keine Seltenheit. Die Frage, ob zwischen den Parteien be-

441

---

448 Siehe hierzu auch Motzke BauR 1999, 1251.
449 BGH BauR 1982, 79.
450 BGHZ 31, 224, 225 = NJW 1960, 431.
451 BGHZ 43, 227; BGH NJW 1964, 647.
452 OLG Hamburg MDR 1962, 650; OLG Karlsruhe MDR 1963, 795; Larenz SchuldR BT II/1 § 53 I; Staudinger/Peters Vor § 631 BGB Rn. 108; MüKo/Busche § 631 BGB Rn. 198; Esser/Weyers § 27 II 3 d.
453 OLG Hamm NZBau 2001, 508.
454 OLG Hamm NZBau 2001, 508; OLG Dresden NZBau 2001, 505, 506; Werner/Pastor Rn. 612, ausführlich hierzu Wirth/Würfele/Brooks, Rechtsgrundlagen des Architekten und Ingenieurs S. 90.

reits ein Vertrag geschlossen wurde, stellt sich regelmäßig dann, wenn der Besteller nach der Leistungsphase 2 (Vorplanung) oder 3 (Entwurfsplanung) keine weitere Ausführung wünscht. In diesen Fällen will der Architekt für seine Leistung vergütet werden, der Besteller wird dem entgegen halten, dass es sich bei den erbrachten Leistungen lediglich um **Akquisitionsleistungen** gehandelt habe. Sofern keine mündliche oder schriftliche Abrede besteht, ist allein anhand der Umstände des Einzelfalles zu ermitteln, ob ein Vertrag konkludent geschlossen wurde oder nicht. Der Architekt ist nach der Rechtsprechung des BGH für die Auftragserteilung und den Auftragsumfang darlegungs- und beweispflichtig. Erst wenn eine Auftragserteilung feststeht, greift die Vermutungsregelung des § 632 Abs. 1 BGB ein. Beim Werkvertrag gilt danach eine Vergütung als vereinbart, wenn die Herstellung des Werkes den Umständen nach nur gegen eine Vergütung zu erwarten ist.

442 Als **Indizien für einen Vertragschluss** können insbesondere herangezogen werden: Der Besteller verwertet die Architektenleistung;[455] Abschlagszahlungen, die der Besteller auf das Werk des Architekten geleistet hat; Unterschriften des Bestellers unter die vom Architekten gefertigten Bauantragsunterlagen. Nach der Einschätzung des Bundesgerichtshofes hat der Architekt seiner Beweispflicht genüge getan, wenn er glaubhaft macht, mit Kenntnis des Bauherrn Leistungen in einem »deutlichen Umfang« erbracht zu haben.[456] Ist die Auftragserteilung durch den Architekten nachgewiesen, muss der Besteller den ggf. erhobenen Einwand der Unentgeltlichkeit beweisen.

3. Leistungspflichten

443 Zum Kernbereich der Architektentätigkeit zählen nicht nur alle Handlungen, die unmittelbar auf die Bauwerkserrichtung abzielen, sondern auch zahlreiche andere Pflichten – z. B. die Prüfung der Begründetheit von Unternehmerforderungen für zusätzliche Leistungen.

444 Daneben trifft den Architekten als Sachverwalter des Bauherrn auch eine Reihe von Nebenpflichten. Er ist u. a. zur Beratung, Auskunft und zur Verschwiegenheit verpflichtet. Wichtig ist dabei besonders die Beratung. Sie ist nicht nur auf technische Fragen beschränkt, sondern kann auf wirtschaftliche, steuerliche und rechtliche Bereiche erstreckt werden.[457] Von seiner Beratungspflicht kann der Architekt aufgrund der Fachkunde seines Auftraggebers befreit sein. Auskunft muss der Architekt hauptsächlich über den Fortgang des Bauvorhabens geben. Ferner hat er dem Bauherrn Einsicht in sämtliche relevanten Unterlagen zu gewähren. Den Architekten treffen die vorvertraglichen Pflichten nach §§ 241 Abs. 2, 311 Abs. 2, 280

---

455 BGH BauR 1987, 454.
456 BGH BauR 1987, 454.
457 BGH BauR 1978, 235, 237; vgl. OLG Düsseldorf BauR 2004, 1024; OLG Hamm MDR 1970, 761; BGHZ 74, 235, 238; 70, 12, 14; BauR 1970, 179; BGH NJW 1979, 1499.

Abs. 1 BGB. Insbesondere wird er den Bauherrn darüber aufklären müssen, ob er zur Führung der Bezeichnung Architekt befugt ist. Ferner, ob der Durchführung des Bauprojektes Leistungshindernisse entgegenstehen.

Der Architekt ist **Erfüllungsgehilfe** des Bauherrn im Verhältnis zu anderen Unternehmern.[458] Der Architekt haftet nicht nur für Mängel des Architektenwerkes selbst, sondern auch für Bauwerksmängel, wenn sich seine geistige Leistung in dem mangelhaften Bauwerk verkörpert. Das geistige Architektenwerk findet insoweit seine Verwirklichung erst in der Tätigkeit des ausführenden Bauunternehmers. Fehler, die dem Architekten bei der Planung oder Bauleitung unterlaufen sind, erhalten ihre Bedeutung erst im fertigen Bauwerk. Mängel des Bauwerks sind demnach zugleich Mängel des Architektenwerks, wenn ihre Ursache im Pflichtenkreis des Architekten liegt.[459]

445

Bei der Haftung des Architekten muss unterschieden werden, welche Leistungen ihm übertragen wurden. Ist der Architekt mit der Planung beauftragt, so steht ihm ein Ermessen zu. Als mangelhaft soll eine Leistung dann zu bewerten sein, wenn sie nicht mehr sachgerecht ist. Eine Grenze des Ermessensspielraumes ist dort zu ziehen, wo der planende Architekt von den Vorgaben des Bestellers abweicht.[460] In diesem Sinne auch das OLG Düsseldorf, wonach eine Planung dann fehlerhaft ist, wenn der Architekt die finanziellen Möglichkeiten des Auftraggebers nicht hinterfragt, um dementsprechend den wirtschaftlichen Rahmen des Vorhabens abzustecken. Er hat allerdings keine allgemeine Pflicht, die Vermögensinteressen des Bauherrn zu wahren.[461] Nicht fehlerhaft sei die Planung dann, wenn eine andere als die objektiv bestmögliche Planung gewählt wurde.[462]

446

Im Bereich der **Objektüberwachung** haftet der Architekt insgesamt für das Entstehen eines mangelfreien Bauwerkes. Er hat die Aufsicht darüber, dass ein Bauvorhaben entsprechend den Ausführungsplänen, der Statik und den Leistungsbeschreibungen realisiert wird. Außerdem muss er für die Einhaltung der anerkannten Regeln der Technik Sorge tragen. Dabei ist zu unterscheiden zwischen den Regeln der Technik für seine eigenen Planungsleistungen und der Regeln, die für die Bauleistungen der Unternehmer gelten. Ebenso hat er die Leistung der anderen am Bau Beteiligten zu **überwachen** und zu **koordinieren**.

447

Wird der Architekt in die Haftung genommen, kann er oftmals bei anderen am Bau Beteiligten **Regress** nehmen. Die Verantwortlichkeit liegt vielfach nicht allein bei ihm. In Betracht kommt zum Beispiel eine Haftung des bauausführenden Unternehmers, den der Architekt nicht ausreichend überwacht hat. Nach der Rechtsprechung des BGH ist der Schadensersatzanspruch gegen den Architekten wegen

448

---

458 BGH BauR 2005, 1016; BGH BauR 2002, 86; BGH NJW 1985, 2475.
459 Vgl. BGH IBR 2003, 365; BGH NJW 1962, 1764.
460 OLG Düsseldorf BauR 1991, 791= BauR 1993, 536.
461 OLG Düsseldorf BauR 2004, 1024.
462 OLG Karlsruhe IBR 2003, 1116.

eines im Bauwerk verkörperten **Mangels der Bauaufsicht** nach Grund und Höhe unabhängig von einer Haftung des Bauunternehmers. Insbesondere sei der Besteller gegenüber dem Architekten nicht verpflichtet, die Voraussetzungen für eine Haftung des Bauunternehmers zu schaffen oder diesen in Anspruch zu nehmen.[463] Zwischen beiden Parteien besteht ein **Gesamtschuldverhältnis**. Dem Besteller steht es demnach frei, jeden Gesamtschuldner über § 421 BGB in vollem Umfang in Anspruch zu nehmen.[464] In diesem Fall steht dem Architekten ein **Ausgleichsanspruch** nach § 426 BGB gegen den Unternehmer zu. Der Unternehmer hat jedoch sein **Recht** auf **Nacherfüllung verloren**.[465]

Hat der Architekt für einen Planungsfehler einzustehen, kann er sich gegenüber dem Bauherrn nicht darauf berufen, dass der Unternehmer die fehlerhaft geplante Bauleistung obendrein nicht fachgerecht ausgeführt habe.

4. Vergütung

449 Maßgebend für die Vergütung der Architektenleistung ist im Regelfall die Honorarordnung für Architekten und Ingenieure (HOAI).[466] Zweck der HOAI ist es nicht, die Regelungen des BGB zum Vertragsrecht zu modifizieren oder das Berufsrecht der Architekten zu regeln. Die HOAI stellt lediglich **öffentliches Preisrecht** dar.[467] Geschaffen wurde sie, um einen ruinösen Preiswettbewerb der Architekten und Ingenieure zu verhindern, den Leistungswettbewerb zu fördern und die Erbringung ordnungsgemäßer Architektenleistung sicherzustellen.

450 In sachlicher Hinsicht setzt die HOAI voraus, dass es um die Honorierung einer Leistung geht, die den Leistungsbildern der HOAI entspricht.[468] Die HOAI als **bloße Honorarordnung** soll nicht die Regelung der vertraglichen Beziehung der Vertragsparteien ersetzen, sondern setzt diese voraus.

451 Die HOAI sieht **Mindest-** und **Höchsthonorare** für die Leistungen vor, die sich im Einzelnen nach den anrechenbaren Kosten des Objekts richten, sowie nach der Honorarzone, der das Objekt angehört. Die Honorarzonen nach §§ 11 ff. HOAI sind nach dem Schwierigkeitsgrad der zu lösenden Aufgaben gestaffelt. Insgesamt werden bei Gebäuden fünf Zonen unterschieden. Die Gebühren sind aus den Honorartafeln der §§ 16 HOAI zu ermitteln. Dabei gehen diese Honorartafeln davon aus, dass die gesamte Architektenleistung für das betreffende Objekt erbracht

---

463 BGH IBR 2004, 25.
464 BGHZ 51, 275.
465 Wirth/Würfele/Brooks, Rechtsgrundlagen des Architekten und Ingenieurs S. 187.
466 Verordnung über die Honorierung für Leistungen der Architekten und Ingenieure vom 17. 9. 1976, BGBl. I S. 2805, i.d. F. vom 21. 9. 1995, BGBl. I S. 1174.
467 BGH NJW 1997, 586; NJW 2003, 2020, 2021.
468 BGH NJW 1998, 1228, 1229; NJW 1997, 2329; Korbion/Mantscheff/Vygen, HOAI, Einf. Rn. 58.

wird. In § 15 HOAI werden deshalb einzelne Teilleistungen ausgeschrieben und erläutert, welche Tätigkeiten im Einzelnen zu den Leistungsphasen gehören. Damit ist im Regelfall eine objektbezogene Honorarberechung vorgesehen.

In den von der HOAI vorgesehenen Einzelfällen kann ein Zeithonorar vereinbart werden. Für dieses gilt § 6 HOAI.

Die **Fälligkeit** des **Honoraranspruchs** ist in § 8 HOAI geregelt. Danach ist neben der vertragsgemäßen Erbringung der Leistung auch die Erteilung einer prüffähigen Honorarschlussrechnung erforderlich. Unter den Voraussetzungen des § 8 Abs. 2 HOAI können auch **Abschlagszahlungen** verlangt werden. **452**

Gem. § 4 HOAI richtet sich das Honorar nach der schriftlichen Vereinbarung der Parteien. **Schriftform** ist Voraussetzung für die Wirksamkeit einer Honorarvereinbarung. Fehlt es daran, ist die Honorarvereinbarung nichtig. Folge ist, dass sich das Honorar nach den **Mindestsätzen** des § 4 Abs. 4 HOAI bestimmt. Die Mindestsätze gelten auch dann, wenn diese in der schriftlichen Vereinbarung nach § 4 Abs. 2 HOAI unterschritten wurden.[469] Ausnahmsweise können die in der HOAI festgelegten Mindestsätze durch schriftliche Vereinbarung unterschritten werden. Ebenso können die **Höchstsätze** bei außergewöhnlichen Leistungen durch schriftliche Vereinbarung überschritten werden. **453**

5. Vollmacht des Architekten

Obwohl der Architekt in der Praxis Ansprechpartner für nahezu alle am Bau Beteiligten ist, kann dennoch nicht davon ausgegangen werden, dass er die Vollmacht hat, den Bauherrn im rechtsgeschäftlichen Bereich zu vertreten. Hierfür muss eine Vollmacht besonders erteilt werden. Unproblematisch ist der Fall, in dem der Bauherr dem Architekten eine **rechtsgeschäftliche Vollmacht** gem. §§ 164 ff. BGB erteilt. Solange sich der Architekt im bezeichneten Rahmen hält, ist eine Vertretung zulässig. Die Bevollmächtigung des Architekten kann ausdrücklich oder konkludent erfolgen. Solche Bevollmächtigungen sind jedoch vielfach nicht deutlich formuliert und wegen der damit für den Bauherrn verbundenen Risiken restriktiv auszulegen. Gleichfalls ist die konkludente Vollmachtserteilung zurückhaltend zu behandeln. Der Umfang der Vollmacht sollte insbesondere hinsichtlich folgender Punkte besonders geklärt werden: Abänderungsrecht des Architekten bzgl. bestehender Verträge, Befugnis zur Erteilung von Zusatzaufträgen, Anerkennung von Unternehmerforderungen, Beauftragung von Sonderfachleuten, Abnahmebefugnisse, Entgegennahme von Erklärungen (z. B. Behinderungsanzeigen). **454**

Darüber hinaus wurde teilweise eine »**originäre**« **Vollmacht** des Architekten gesehen. Diese würde ihm bereits mit der Auftragsvergabe seitens des Bauherrn erteilt **455**

---

469 BGH NJW-RR 2004, 233.

werden – ohne dass es einer besonderen Vereinbarung bedürfe.[470] In diesem Sinne urteilte auch das OLG Hamburg, wonach der Bauherr dem Architekten bei der Beauftragung mit der Planung, Genehmigung und Überwachung eines Bauvorhabens zugleich Vollmacht zur Erteilung von Zusatzaufträgen erteilen würde.[471] Dem kann nicht gefolgt werden. Gegen einen Spielraum des Architekten als Vertreter des Bauherrn spricht die vertragliche Weisungsbefugnis des Auftraggebers sowie das auf der Vertragsfreiheit des Auftraggebers beruhende Erfordernis der rechtsgeschäftlichen Vollmacht.[472] Die Konstruktion einer »originären« Vollmacht widerspricht insoweit der Systematik des Vertretungsrechts des BGB. Um die Architektenvollmacht in diesen Fällen zu widerrufen, müsste der Besteller den Architektenvertrag insgesamt kündigen. Der Architekt hat somit keinerlei »originäre Vertretungsmacht«.

456 Hinsichtlich der Anerkennung von Leistungen des Unternehmers ist der Architekt zur **Abzeichnung von Stundenzetteln** befugt, wenn zwischen dem Bauherrn und dem Unternehmer eine **Stundenlohnvereinbarung** getroffen wurde. Er kann die Werklohnforderung der Gegenseite jedoch nicht mit Wirkung für den Bauherrn anerkennen. Der Prüfvermerk auf der Rechnung des Unternehmers dient nur der internen Information des Bauherrn und hat auch für den Unternehmer nur Informationscharakter.[473] Er hat nicht die Vollmacht, die Rechnung als prüffähig zu akzeptieren.[474]

6. Aufhebungsvertrag

457 Der Architektenvertrag kann wie jeder andere schuldrechtliche Vertrag durch übereinstimmende Willenserklärungen der Parteien aufgehoben werden. Zwar ist der Aufhebungsvertrag an keiner Stelle im BGB explizit geregelt, die Möglichkeit einer einvernehmlichen Vertragsaushebung ergibt sich jedoch aus der Vertragsfreiheit der Parteien.

458 Eine besondere Form ist hierbei nicht zu beachten. Sofern ein schriftlich geschlossener Architektenvertrag einvernehmlich endet, können sich die Parteien auch mündlich wirksam auf einen bestimmten Betrag als restlichen Vergütungsanspruch einigen.[475]

459 Sofern sich die Parteien einvernehmlich auf eine Aufhebung des Architektenvertrages einigen, muss in Bezug auf Honorarfragen darauf geachtet werden, dass der Vertrag auch tatsächlich beendet ist. Ist dies nicht der Fall, greift nach überwiegen-

---

470 So Locher/Koeble/Frik bis zur 6. Auflage, a. A. ab 7. Auflage, Einl. Rn. 49; Motzke/Wolff, S. 27.
471 OLG Hamburg IBR 2001, 491.
472 Vgl. Quack BauR 1995, 441.
473 BGH NZBau 2002, 338.
474 OLG Hamm BauR 1997, 656, 658.
475 OLG Düsseldorf BauR 1987, 243.

der Rechtsprechung § 4 HOAI ein. Danach dürfen Honorarvereinbarungen nur bei Auftragserteilung getroffen werden.[476] Die bei der Auftragserteilung versäumte Honorarregelung kann, solange der Auftrag nicht beendet ist,[477] nicht nachgeholt werden. Ein Aufhebungsvertrag in Bezug auf die Vergütung ist nur dann wirksam, wenn der Architekt seine Tätigkeit vollständig einstellt.

IV. Besonderheiten beim Baubetreuungs- und Bauträgervertrag

1. Baumodelle

Der »klassische« Bauvertrag, auf den die §§ 631 BGB Anwendung finden, setzt voraus, dass dem Auftraggeber ein Grundstück zur Verfügung steht und ein Unternehmer mit der Erstellung eines Bauwerks beauftragt wird. Hieraus können sich in Einzelfällen **Streitfragen** zur **Finanzierung** sowie der **sachgerechten Kontrolle** der Bauausführung ergeben. Diese Probleme zu lösen, kann Aufgabe der Baumodelle sein.   **460**

Der Begriff Baumodell umfasst eine Vielzahl von Leistungen eines Unternehmers, z.B. planende, bauliche, überwachende, beratende etc. Dadurch soll die Möglichkeit geschaffen werden, die Leistungen in wirtschaftlicher Sicht, also auch die Finanzierung und steuerliche Fragen, für den Erwerber zu erledigen. Im Wesentlichen haben sich dabei **vier Modelle herausgebildet**, die sich in ihrer rechtlichen Konstruktion teilweise deutlich unterscheiden: das **Baubetreuermodell**, das **Bauträgermodell**, das **Bauherrenmodell** und das **Generalübernehmermodell**.   **461**

a) Baubetreuungsmodell

Baubetreuer ist, wer gewerbsmäßig Bauvorhaben in **fremden Namen** und für **fremde Rechnung** durchführt. Voraussetzung ist dabei, dass das Grundstück im Eigentum des Betreuten steht.   **462**

b) Bauträgermodell

Bauträger ist, wer im eigenen Namen auf eigene oder fremde Rechnung ein Bauvorhaben durchführt.   **463**

c) Bauherrenmodell

Unter dem Begriff Bauherrenmodell fallen alle Verträge über die Errichtung von Häusern, die vor allem steuerliche Gesichtspunkte berücksichtigen. Ein einheitliches Bauherrenmodell existiert nicht, vielmehr handelt es sich um eine Vielzahl von Verträgen, die einen weiten Gestaltungsspielraum gestatten. Gemeinsam ist allen Bauherrenmodellen, dass der Erwerber als Bauherr auftreten soll und nicht als Käufer eines fertigen Objektes. Damit sollen ihm die **hohen Werbungskosten** zu-   **464**

---

476 BGH BauR 1988, 364; Korbion/Mantscheff/Vygen HOAI § 4 Rn. 24.
477 BGH BauR 1988, 364; OLG Düsseldorf BauR 2002, 499.

gute kommen. Deshalb muss der Erwerber insbesondere die **persönliche Haftung** für die Kredite übernehmen, die für den Grundstückserwerb und den Bau aufzunehmen sind.

d) Generalunternehmer

465 Der Bauherr beauftragt den Generalunternehmer mit der Durchführung eines Bauvorhabens, bei dem dieser einen Teil der Leistung selbst erbringen muss. Den anderen Teil der Leistung vergibt er im **eigenen Namen** und auf **eigene Rechnung** an Nach- oder Subunternehmer. Der Generalunternehmer erbringt keinerlei Betreuungsleistung. Der Vertrag zwischen dem Generalunternehmer und dem Bauherrn stellt sich als reiner Werkvertrag dar. Der Vertrag beinhaltet keine Geschäftsbesorgungsleistungen gem. § 675 BGB.

2. Baubetreuungsvertrag

a) Allgemeines

466 Als Baubetreuer wird der Betreiber eines Bauvorhabens tätig, wenn ihm eine Vollmacht des Erwerbers erteilt wird, die für das Projekt erforderlichen Verträge, insbesondere den Bauvertrag, im Namen des Erwerbers abzuschließen. Der Begriff des Baubetreuers ist von dem Begriff des Generalübernehmers abzugrenzen. Der Generalübernehmer verspricht die Lieferung eines Hauses zu einem Festpreis, ohne dass er selbst Bauleistungen ausführt. Lässt er sich zusätzlich eine Vollmacht für Verträge mit den ausführenden Firmen erteilen, verstößt das gegen § 305 c Abs. 1 BGB.[478] Kennzeichnend für den Baubetreuungsvertrag ist hingegen die Stellvertretung. Der Betreute ist in diesem Fall der Bauherr. Er ist der Vertragspartner des Unternehmers und trägt somit das Risiko, nicht der Betreuer.

467 Der Baubetreuungsvertrag ist in seiner rechtlichen Einordnung nicht eindeutig. Im Wesentlichen gleicht er dem **Architektenvertrag** und ist dem **Werkvertrag** zuzuordnen. Dies ist jedenfalls der Fall, wenn dem Baubetreuer die **Vollbetreuung** obliegt. Damit ist die wirtschaftliche und technische Durchführung des Bauvorhabens gemeint.[479] Im Einzelfall ist es denkbar, dass die Aufgaben des Baubetreuers als reine Dienstleistung angelegt sind und danach § 611 BGB Anwendung findet. Das ist anzunehmen, wenn dem Baubetreuer nur eine Teilbetreuung übertragen wurde, die sich beispielsweise auf den wirtschaftlichen Bereich beschränkt.[480]

468 Der Baubetreuungsvertrag umfasst üblicherweise die **wirtschaftliche Betreuung**. Als Folge finden neben den werkrechtlichen Vorschriften gem. § 675 BGB die Vorschriften über die **Geschäftsbesorgung** Anwendung. Nach den §§ 675, 666 BGB treffen den Baubetreuer umfassende Pflichten zur Auskunft und Rechenschaft.

---

478 BGH NZBau 2002, 561.
479 BGHZ 126, 327, 330.
480 Vgl. BGH BauR 2005, 1772; OLG Saarbrücken BauR 2005, 890; Werner/Pastor Rn. 1443.

Diese Pflichten beziehen sich zunächst auf die im Namen des Betreuten abgeschlossenen Verträge. Nach Abschluss des Bauvorhabens hat der Betreuer Rechenschaft abzulegen. Dabei hat er unter Beifügung von Belegen eine Abrechnung über Einnahmen und Ausgaben zu erstellen. Eine vertragliche Beschränkung der Pflicht zur Rechnungslegung ist in AGB nicht zulässig.

b) Vollmacht

Ein wesentliches Merkmal des Baubetreuungsvertrages zeigt sich in der Vollmacht des Betreuers, Verträge im Namen und auf Rechnung des Bauherrn abschließen zu können. Die Vollmacht wird grundsätzlich umfassend ausgestellt Sie ermächtigt den Betreuer alle Handlungen und Erklärungen vorzunehmen, abzugeben und entgegenzunehmen, die im Rahmen der Durchführung des Bauvorhabens erforderlich sind.[481] Sie wird nicht auf eine vertraglich übernommene Festpreisgarantie beschränkt. Die Vollmacht ist auch nicht auf Verträge beschränkt, die zur Erreichung des Vertragszweckes notwendig sind. Die Verträge müssen ihrer Art nach geeignet sein, den Vertragszweck zu fördern. Dies wurde vom BGH abgelehnt für den Fall, als der Baubetreuer zusätzlich einen Architektenvertrag abschloss.[482]

469

Die **Vollmachtserteilung** ist gem. § 167 Abs. 2 BGB im Regelfall formfrei möglich. Hiervon gibt es Ausnahmen. Ein Baubetreuungsvertrag, der mit dem **Grundstückserwerb** »steht und fällt« muss notariell beurkundet werden. Somit bedarf entgegen § 167 Abs. 2 BGB auch die Vollmacht des Baubetreuers der notariellen Form.[483] Der Betreuungsvertrag und der Grundstückserwerb müssen nach den Vorstellungen der Beteiligten untrennbar voneinander abhängig sein.[484] Genügt die Bevollmächtigung nicht der Form des § 311 b Abs. 1 BGB, ist sie nach § 125 BGB nichtig. Eine Zurechnung des Handelns des Betreuers für und gegen den Betreuten kann bei einer unwirksamen Vollmachtserteilung unter den Gesichtspunkten der **Rechtsscheinsvollmacht** in Betracht kommen.[485] Eine **Duldungsvollmacht** liegt vor, wenn ein Unbefugter wiederholt als Vertreter auftritt und der Vertretene dieses Verhalten kennt und duldet und sich daraus der Rechtsschein einer Bevollmächtigung ergibt. Eine **Anscheinsvollmacht** liegt vor, wenn der Vertretene das Handeln des unbefugten Vertreters zwar nicht kennt, es bei der Anwendung der im Verkehr erforderlicher Sorgfalt aber hätte erkennen und verhindern können.[486] In diesen Fällen haftet der Betreuer nicht nach § 179 BGB, insoweit besteht eine wirksame Vollmacht.

470

---

481 Staudinger/Peters Vor § 631 BGB Rn. 131.
482 BGH NJW 1978, 643.
483 BGH WM 1985, 81; WM 1987, 1369.
484 BGH NJW 1994, 2095, WM 1996, 2230; OLG Hamm BauR 1998, 545; Werner/Pastor Rn. 1091.
485 Werner/Pastor Rn. 1091.
486 BGH NJW 1981, 1727; 1982, 1513; Locher/Koeble Rn. 142 ff.

c) Haftung

471 Im Rahmen des Baubetreuungsvertrages bestehen unmittelbare werkvertragliche Beziehungen zwischen dem Betreuten und dem Werkunternehmer, ebenso zwischen dem Betreuer und dem Betreuten (evtl. gemischt mit dienstvertraglichen Elementen). Obwohl der Baubetreuer die Verträge nicht im eigenen Namen abschließt, kann er in Einzelfällen dem Unternehmer persönlich hierfür haften. Eine Haftung kann sich aus §§ 280 Abs. 1, 241 Abs. 2, 311 Abs. 2, 3 BGB ergeben. Die Eigenhaftung des Vertreters ist daraus zu folgern, dass der Baubetreuer ein besonderes **persönliches Vertrauen** für sich in Anspruch nimmt und ebenso ein **eigenes wirtschaftliches Interesse** an der Durchführung der Verträge hat. Eine Haftung aus § 179 BGB ist denkbar, wenn der Vertreter seinen durch die Vollmacht zugewiesenen Aufgabenbereich überschreitet.

472 Aus der im Wesentlichen dem Architektenvertrag gleichgestellten Einstufung des Vertrages ergibt sich eine werkvertragliche Haftung, wenn dem Betreuer die wirtschaftliche und technische Durchführung übertragen wurde.[487] Zu beachten sind in diesem Zusammenhang insbesondere die umfangreichen **Aufklärungs-** und **Beratungspflichten** des Baubetreuers. Diese sind im Baubetreuungsvertrag als Hauptleistungspflichten anzusehen und führen dazu, dass neben dem Erfüllungsanspruch des Betreuten auf Erstellung eines mangelfreien Bauwerkes, auch ein Schadensersatzanspruch nach § 634 Nr. 4 BGB treten kann.

3. Bauträgervertrag

a) Allgemeines

473 Ein Bauträgervertrag liegt vor, wenn eine natürliche oder juristische Person sich verpflichtet, ein Grundstück oder einen Grundstücksanteil zu übereignen und dort ein schlüsselfertiges Objekt **im eigenen Namen** zu errichten. Dabei trägt üblicherweise der Bauträger die gesamten Kosten der Grundstücksbeschaffung, der Planung und Umsetzung, das Kalkulationsrisiko und das Risiko der Baupreisentwicklung. Nach der Fertigstellung rechnet er mit dem Erwerber ab, wobei hier vielfach ein Festpreis zwischen den beiden vereinbart worden ist. Der Erwerber ist in der Regel dazu verpflichtet, bereits vor der Eigentumsverschaffung, gemessen am Baufortschritt, ratenweise das vereinbarte Entgelt zu leisten. Daher stellen die Raten rechtstechnisch Vorauszahlungen dar.

474 Beim Bauträgervertrag handelt es sich der Rechtsnatur nach um einen zusammengesetzten Vertrag aus **kaufvertraglichen** und **werkvertraglichen Elementen**.[488] Der durch die Regelung des § 94 BGB im Vordergrund stehende Erwerb des Grundstücks, lässt den Vertrag des Erwerbers mit dem Bauträger als Kauf erscheinen. Nach der Rechtsprechung des BGH ist ein Vertrag **beurkundungspflichtig**,

---

487 BGHZ 126, 327, 330; Werner/Pastor Rn. 1089; Dören ZfIR 2003, 497.
488 Wagner BauR 2004, 569.

wenn der Bauleistungsvertrag mit dem in Aussicht gestellten Grundstückserwerb eine rechtliche Einheit bildet und beide Vereinbarungen miteinander stehen und fallen sollen.[489]

Die Rechtsprechung wendet hinsichtlich der Gewährleistung für die Bauleistung Werkvertragsrecht an.[490] Entscheidend sei dabei allein, dass sich aus dem Inhalt und dem Zweck des Vertrages sowie aus der Interessenlage der Parteien die entscheidende Verpflichtung des Veräußerers zur Erstellung des Bauwerks ergebe.[491]

475

Diese Klarstellung war aufgrund der unterschiedlichen Regelungen des Kauf- und des Werkrechts erforderlich. Nur so konnte dem Erwerber eine Verjährungsfrist von fünf Jahren nach § 638 BGB a. F., anstelle einer Verjährung von einem Jahr nach § 477 a. F. BGB, gegeben werden. Diese Notwendigkeit ist mit dem Schuldrechtsmodernisierungsgesetz entfallen. Dem Käufer steht seit dem 1.1.2002 nach § 437 Nr. 1 BGB ebenfalls Nacherfüllung zu. Ebenso gilt über § 438 Abs. 1 Nr. 2 lit. a BGB eine fünfjährige Verjährungsfrist.

476

b) Vergütung

aa) Grundsätze

Die Vergütung des Bauträgers wird nach den werkvertraglichen Regelungen bemessen. Dies gilt, obwohl in den Bauträgerverträgen oftmals von »Kaufpreisen« die Rede ist. Der hier in Bezug genommene Festpreis ist in aller Regel ein **Pauschalpreis**. Eine Änderung der Bauausführung ohne Anordnung des Auftraggebers führt nicht automatisch zu einer Änderung des Pauschalpreises. Eine Anpassung des Pauschalpreises kann der Bauträger nur unter den Rechtsgrundsätzen der **Störung der Geschäftsgrundlage** gem. § 313 BGB erreichen. Voraussetzung ist jedoch, dass eine erhebliche zusätzliche Leistung, die nicht vorgesehen war, zu der Leistung hinzukommt. Umgekehrt kann dieser Gesichtspunkt auch zu einer Reduzierung des Pauschalpreises führen. Voraussetzung ist, dass ursprünglich vorgesehene Leistungen in erheblichem Umfang entfallen.

477

Die Fälligkeit der Vergütung ergibt sich aus dem Vertrag, der § 3 Abs. 1 MaBV zu beachten hat. Danach wird der Kaufpreis erst fällig, wenn der Vertrag rechtswirksam geworden ist, eine Sicherstellung des Eigentumserwerbs stattgefunden hat, eine Lastenfreistellung und das Vorliegen der Baugenehmigung gewährleistet ist.

478

Die **Rechtswirksamkeit** wird dadurch erreicht, dass der Notar das Vorliegen der erforderlichen Genehmigungen bestätigt und den Vertrag für rechtswirksam erklärt. Vor dem Zugang dieser Erklärung darf der Bauträger keine Leistungen des Käufers entgegennehmen. Der Eigentumserwerb kann durch die Eintragung einer **Auflassungsvormerkung gem.** § 883 BGB gesichert werden. § 3 MaBV verlangt

479

---

489 BGH BauR 1981, 67; Bormann/Graßnack/Kessen BauR 2005, 793.
490 BGHZ 61, 369, 371; NJW 1973, 1235; NJW 1981, 2344; vgl. Werner/Pastor Rn. 1444 ff.
491 BGH NJW 1979, 1406; NJW 1981, 2344, 2345; NJW 1981, 273; NJW 1980, 2800.

die Sicherung der Lastenfreistellung von allen Grundpfandrechten, die der Vormerkung im Rang vorgehen oder gleichgestellt sind und nicht übernommen werden sollen. Schließlich muss eine wirksame Baugenehmigung vorliegen.

480 Der Erwerber ist dem Bauträger zur Zahlung von »**Abschlagszahlungen**« (eigentlich »Vorauszahlungen«) verpflichtet. Diese Abschlagszahlungen richten sich nach dem Baufortschritt und sind hinsichtlich Zahl und Höhe in § 3 Abs. 2 MaBV konkretisiert. § 3 MaBV enthält keine eigenständige Regelung, sondern setzt eine Vereinbarung der Parteien über die Abschlagszahlungen voraus. Bei einer Unwirksamkeit eines von den Parteien vereinbarten Zahlungsplanes, ergibt sich die Fälligkeit der Abschlagzahlungen aus § 632 a BGB. Danach sind Abschlagszahlungen nur für erbrachte, vertragsgemäße Leistungen zu zahlen.

481 Im Hinblick auf die umstrittene Rechtsnatur des Bauträgervertrages können sich auch bezüglich der Verjährung Streitfragen ergeben. In der Literatur wird teilweise auf die zehnjährige Verjährung gem. § 196 BGB abgestellt.[492] Demgegenüber hat die Rechtsprechung vor Inkrafttreten des Schuldrechtmodernisierungsgesetzes entschieden, dass eine einheitliche Anwendung der kurzen Verjährung des § 196 Abs. 1 Nr. 1, Abs. 2 a. F. BGB zu bevorzugen sei.[493] Für die Beurteilung der Verjährung ist es entscheidend, welche Leistungsvereinbarung die Parteien getroffen haben. Fehlt es an einer entsprechenden Vereinbarung, bestimmt sich die Verjährung nach dem Zweck des Vertrages. Beim Bauträgervertrag ist es demnach maßgebend, welche Leistung wirtschaftlich im Vordergrund steht. Dies wird in aller Regel die Bauleistung sein, so dass die fünfjährige werkvertragliche Verjährung nach § 634 a Abs. 1, Nr. 2 BGB eingreift. Sofern kaufrechtliche Elemente im Vordergrund stehen, unterliegt der Vergütungsanspruch der zehnjährigen Verjährung nach § 196 BGB.

bb) Sonderwünsche

482 Ein wesentliches Kennzeichen des Bauträgervertrages liegt darin, dass der Erwerber nicht in direkte vertragliche Beziehungen mit den am Bau beteiligten Unternehmen tritt. Direkte vertragliche Beziehungen bestehen nur, wenn sich bei den so genannten **Sonderwünschen** des Betreuten ein direkter Vertrag über die Ausführung einzelner Bauabschnitte ergibt.

483 Bei schlüsselfertig angebotenen Eigenheimen liegt dem Leistungsumfang in der Regel eine Standardausführung zugrunde. Besonders bei Fliesen- und Bodenbelagsarbeiten, bei der Sanitärausstattung und im Bereich der Maler- und Lackierarbeiten, wird dem Kunden oftmals die Möglichkeit eingeräumt, anstelle der Standardausführung Sonderwünsche zu äußern. Diese sind dann gesondert zu ver-

---

[492] Palandt/Heinrichs § 196 BGB Rn. 4; Pause NZBau 2002, 648, 650; MüKo/Busche § 631 BGB Rn. 231.
[493] BGHZ 102, 167, 169; 72, 229, 232.

güten.[494] Die vertragliche Abwicklung kann vielfältig sein. Sofern der Bauträger die Abwicklung der Sonderwünsche selbst übernimmt, ergeben sich kaum Besonderheiten. Der Bauträger kann die Ausführung der Sonderwünsche im eigenen Namen anbieten, sodass der zuvor geschlossene Standardvertrag nur eine geringe Modifizierung erfährt.

Rechtliche Probleme ergeben sich häufig, wenn der Erwerber wegen der Ausführung der Sonderwünsche selbstständige vertragliche Beziehungen zu den einzelnen Unternehmen aufnimmt. Diese werden in der Regel durch **Duldungsklauseln** im Vertrag mit dem Besteller vom Bauträger gestattet. Durch die Vereinbarung des Bestellers entsteht einerseits ein selbstständiger Vertrag zur Erbringung und Vergütung der Sonderleistung mit dem Unternehmer, auf der anderen Seite fällt ein Teil des Vertrages mit dem Bauträger zur Erbringung und Vergütung der Standardausführung weg. Aus dieser Verknüpfung der beiden, grundsätzlich selbstständigen Verträge, ergeben sich rechtliche Schwierigkeiten, insbesondere hinsichtlich der Vergütung und der Gefahr sich überschneidender Gewährleistungen/Mangelrechten. **484**

Die Kosten der Standardausführung sind vom Besteller an den Bauträger zu zahlen. Die durch die Sonderwünsche zu zahlenden Mehrkosten sind an den Unternehmer zu leisten. Grundsätzlich ergeben sich Mehrkosten aus der Differenz der Kosten der Standardleistungen zu denen der Sonderwünsche. Theoretisch erscheint diese Rechnung einfach. In der Praxis beinhaltet sie jedoch erhebliche Probleme. Häufig dadurch verursacht, dass die Parteien unvollständige Vereinbarungen über die Preise der verschiedenen Leistungen treffen. Alle Parteien kennen jeweils nur die von ihnen getroffenen Vereinbarungen. Insofern liegen regelmäßig **Informationsmängel** bzgl. der **Differenzbeträge** vor. Werden diese Informationsdefizite bei den zu treffenden Vereinbarungen nicht »offen gelegt«, können bezüglich des Umfangs von Zurückbehaltungsrechten Fragen auftreten. **485**

Realistisch sind Fälle, bei denen der Erwerber an den Bauträger bereits die Beträge für die Standardausführungen gezahlt hat, der Handwerker anschließend eine desolate Luxusausführung abliefert. Hier ist der Erwerber gegenüber dem Handwerker in eine schwache Position geraten. Gleiches gilt beispielsweise dann, wenn der insolvent gewordene Bauträger die Kosten für die Standardausführung bereits erhalten hat, der Handwerker sich dessen ungeachtet gegenüber dem Erwerber weigert, die Sonderleistung auszuführen, falls er nicht den gesamten Betrag hierfür erhält. In diesen Fällen wird er regelmäßig vom Bauträger das Geld für die Standardausführungen gerade nicht erhalten haben. **486**

Die generelle Problematik liegt darin, dass der Bauträger nicht nur dem Erwerber, mit dem er Sonderleistungen vereinbart, eine mangelfreie Wohnung schuldet, sondern allen Erwerbern. Dies unabhängig davon ob er einzelne Sonder-/Eigenleis- **487**

---

494 Ausführlich hierzu auch Baden BauR 1983, 313.

tungen duldet/vereinbart. Führt nun einer der Erwerber eine solche Eigenleistung mangelhaft aus (z.B. nicht ausreichender Schallschutz einer Innentreppe), ist der Bauträger für diese Leistung gegenüber den anderen Erwerbern gewährleistungspflichtig. Ihm, dem Bauträger, stehen gleichwohl keine Gewährleistungsansprüche gegen den die Sonderleistung ausführenden Erwerber zu. Ob in den notariellen Erwerbsverträgen Entgegenstehendes vereinbart werden kann, erscheint unter AGB-Gesichtspunkten schwierig. Nicht zu verwechseln sind diese Fälle mit späteren Um- und Einbauten eines Erwerbers nach der Abnahme. Diese fallen in den Bereich des Wohnungseigentumsgesetzes.[495]

D. Sicherheiten am Bau

I. Grundlegendes

488 Beim Bauvertrag handelt es sich um einen gegenseitigen Vertrag. Es bestehen zahlreiche Haupt- und Nebenpflichten auf beiden Seiten. Diese sind »von Hause aus« nicht durch Sicherheitsleistungen geschützt. Dies ungeachtet dessen, dass es im BGB-Vertrag an vielen Stellen Regelungen zu Sicherheitsleistungen gibt, beispielsweise in den §§ 232–240 BGB und in § 448 und § 448a BGB (zusätzlich bestehen in den §§ 336-345 BGB Regelungen zur Vertragsstrafe). Weiter zu erwähnen ist die AGB-rechtliche Regelung des § 17 VOB/B. Bei nahezu allen Vorschriften handelt es sich nur um eine Art Auslegungsregeln. Dies gilt selbst für die Vorschrift des § 17 VOB/B. Dieser beginnt in seiner Ziffer 1 Abs. 1 damit, dass er Regelungen für den Fall anbietet, dass Sicherheitsleistungen vereinbart sind (Wenn Sicherheitsleistung vereinbart ist, …). Gleiches ist dem § 232 Abs. 1 BGB zu entnehmen. Auch dort findet man folgenden Wortlaut: »Wer Sicherheit zu leisten hat, …«. In der Praxis ist die Bedeutung der §§ 232 ff. BGB gering. § 17 VOB/B dagegen spielt eine größere Rolle. Dies nicht zuletzt deshalb, weil dort konkreter auf die Abwicklung des Bauvertrages eingegangen wird. Speziell zu nennen sind die dortigen Regelung für den Einbehalt bei der Zahlung von Teilbeträgen (§ 17 Nr. 6 VOB/B) und auch für deren Einzahlung auf ein Sperrkonto (§ 17 Nr. 5 VOB/B).

489 Die genannten Regelungen stehen deshalb nicht im Vordergrund, weil sie überhaupt nur dann zum Einsatz kommen können, wenn die Parteien in ihrem konkreten Vertrag tatsächlich Sicherheitsleistungen vereinbaren. Entsprechendes geschieht in der Praxis regelmäßig in so ausführlicher Art und Weise, dass Auslegungsregeln selten erforderlich sind. Zu denken ist in erster Linie an **Bankgewährleistungsbürgschaften.** Allerdings ist die eben aufgestellte Behauptung durch die tatsächlichen Erfahrungen in der Praxis wiederum in Frage zu stellen. Es ist geradezu erstaunlich, in welchem Umfang vorgefertigte Sicherheitsformulare (z.B. Bankgewährleistungsbürgschaft) zwar in sich schlüssig sind, jedoch die Besonderheiten

---

[495] Vgl. LG Arnsberg BauR 2005, 151 = IBR 2004, 699 m. Anm. Scholz.

des jeweiligen Kaufvertrages nicht ausreichend berücksichtigen. Oftmals geschieht es auch, dass Bürgschaften erstellt werden und danach noch **Vertragsänderungen** zustande kommen. Werden die Bürgschaften nicht nochmals angepasst – was aus Gründen des formalen Aufwands oftmals nicht geschieht – passen sie letztendlich nicht zu dem tatsächlich geschlossenen Vertrag. Sie setzen diesen nicht um. Eindrucksvoll lässt sich dies an der Entscheidung des BGH vom 1. 7. 2003[496] belegen. In diesem Falle war der erforderliche Kreditrahmen nach Erstellung der Bankbürgschaft sogar noch reduziert worden. Gleichwohl entschied das Gericht, dass die ursprünglich für einen höheren Kreditrahmen ausgestellte Bürgschaft wegen fehlender Deckungsgleichheit nicht gezogen werden konnte.

Vertragliche Vereinbarungen sind nicht nur deshalb vonnöten, weil die zitierten Paragraphen des BGB und der VOB/B mehr oder weniger nur Auslegungsregeln bzw. ergänzende Regeln darstellen, sondern weil auch die an anderer Stelle angebotenen Regelungen nicht ausreichen. Zu nennen sind insoweit die **Bauhandwerkersicherungshypothek** des § 648 BGB sowie die mit Wirkung zum 1. 5. 1993 in das BGB eingefügte Vorschrift der **Bauhandwerkersicherung** (§ 648 a BGB). Die zu erst genannte Sicherungshypothek hat sich deshalb nicht bewährt, weil die Grundbücher der Bauherrn durch für den Bau aufgenommene Gelder im Regelfall bereits so belegt waren, dass später angefügte Bauhandwerkersicherungshypotheken von ihren Rangstellen her nicht erfolgversprechend waren. Zudem hat die Bauhandwerkersicherungshypothek bei ihrer Schaffung die Generalunternehmer-, Generalübernehmer- bzw. Subunternehmervertragsgestaltungen nicht gesehen. Wenn der Vertragpartner nicht Eigentümer des Grundstückes ist, waren entsprechende Ansprüche regelmäßig nicht einzutragen. Die Gerichte haben nur in wenigen Fällen geholfen. Voraussetzung war, dass besonders enge Verbindungen zwischen dem Auftraggeber und dem Grundstückseigentümer bestanden.[497]

490

Wegen dieses praktischen Fehlschlagens der Bauhandwerkersicherungshypothek, wurde die sog. Bauhanderwerkersicherung (ohne Hypothek) geschaffen. Ihr Zweck war es, die Liquidität der Unternehmer zu verbessern. Mit dem geplanten **Forderungssicherungsgesetz** ist eine erneute Besserstellung der Unternehmer geplant. Normzweck dieser Regelung ist es, nicht mehr das Grundstück des Bestellers/Bauherrn als Sicherungsobjekt zu nehmen, sondern auf andere, nicht von den Banken belegte Sicherheiten auszuweichen. Ziel war es, dem Unternehmer den Zugriff auf die für den Bau beschafften Finanzierungsmittel des Bestellers zu ermöglichen. Diese Neuregelung wird man, insbesondere in Anbetracht der zwischenzeitlichen und weiter geplanten Änderung, als erfolgreich bezeichnen können. Problematisch an ihr ist allerdings, dass die Bestellerseite auf diese Weise gezwun-

491

---

496 BGH IBR 2003, 674.
497 Beispielhaft OLG Hamm BauR 1999, 407; OLG Düsseldorf NJW-RR 1993, 851; OLG Frankfurt BauR 2001, 129.

gen wird, ihr Bauvorhaben praktisch zweimal zu finanzieren. Einmal bzgl. der Sicherheit, zum anderen in Bezug auf laufende Teilzahlungen.

492 Auffällig an diesen beiden gesetzlichen Sicherheiten ist, dass sie beide für die Unternehmerseite geschaffen wurden. Für die Besteller gibt es in soweit im Gesetz keine Sicherheitsangebote. Folge ist, dass beide Vertragsparteien regelmäßig auf zusätzliche vertragliche Vereinbarungen »ausweichen«. Insbesondere bei größeren Vorhaben verlassen sich die Parteien nicht auf die Regelungen §§ 648, 648 a BGB. Dies unbeachtet der Tatsache, dass es aufgrund der Regelung des § 648 a Abs. 7 BGB nicht zulässig ist, die Bauhandwerkersicherung abzubedingen. Gleichwohl haben sich in der Praxis davon abweichende Vereinbarungen bzgl. der Absicherung beider Vertragspartner von Bauaufträgen durchgesetzt.

493 Dabei ist zunächst zu unterscheiden zwischen Sicherheiten für die Bestellerseite und solchen für die Unternehmer. Als weitere wichtige Weichenstellung ist die zeitliche Zäsur der Abnahme zu sehen. Es ist wiederum zu differenzieren zwischen Vertragserfüllungs- und Gewährleistungssicherheiten. Dabei wird deutlich, dass der Zeitraum vor der Abnahme für beide Vertragsparteien bzgl. der Frage nach Absicherung relevant ist, der Zeitraum nach der Abnahme allein für den Besteller.

494 Zweck einer Sicherheit zu Gunsten des Unternehmers ist die Sicherstellung seiner Werklohnansprüche. Aus Sicht des Bauherrn/Bestellers dagegen sollen die vertragsgemäße Bauausführung sowie die sich möglicherweise anschließenden Mängelansprüche abgedeckt sein. Sofern der Bauvertrag den Zweck der Sicherheitsleistung nicht auf Vertragserfüllungs- oder Gewährleistungsansprüche beschränkt, muss eine Auslegung vorgenommen werden. Diese wird im Regelfall dahingehen, dass grundsätzlich alle Ansprüche aus dem Bauvertrag abgedeckt werden sollten (Mängelrechte, Schadensersatzansprüche, Nebenpflichtverletzungen, Ansprüche aus Vertragsstrafe etc.).[498] Relevant in diesem Zusammenhang sind auch Ansprüche aus § 5 Nr. 4 VOB/B (Bauzeit) sowie § 6 Nr. 6 VOB/B (Behinderung). Streitig ist oftmals die Erstreckung einer **Vertragserfüllungsbürgschaft** auf eine durch Insolvenz begründete Nichterfüllung.[499]

495 Zu den verschiedenen Fragen gibt es unterschiedliche Auslegungsergebnisse. So hat der BGH entschieden, dass beim BGB-Bauvertrag eine Gewährleistungsbürgschaft neben denen erst nach der Abnahme entstehenden, auch schon die vor der Abnahme bestehende Ansprüche aus den §§ 634, 635 BGB a. F. absichern soll. Im VOB-Bauvertrag dagegen würde eine vergleichbare Bürgschaft allein die Rechte des Auftraggebers aus § 13 VOB/B, d.h. die Ansprüche nach der Abnahme absichern, nicht dagegen diejenigen aus dem Zeitraum vor der Abnahme aus § 4 Nr. 7

---

[498] BGH BauR 1982, 506 = NJW 1982, 2305.
[499] BGH NJW 1988, 907; hierzu insbesondere Thode ZfIR 2000, 165 ff.

VOB/B. Wie gesagt, hier gibt es keine abschließenden, festen Regeln.[500] Gefährlich sind Bürgschaftsformulierungen, bei denen die verpflichtende Bank festlegt, dass sie für »mängelfrei abgenommene Arbeiten« eine entsprechende Bürgschaft übernimmt. Auf diese Weise werden Ansprüche ausgeschlossen, die sich auf Mängel beziehen, die bei der Abnahme gerade vorbehalten wurden.[501]

Hieraus ergibt sich, dass die Eintrittsverspflichtung des Sicherungsgebers (der **Sicherungsfall**) ausreichend konkreter Formulierung bedarf. Geschieht dies nicht, liefern sich die beiden Parteien nicht nur den Auslegungsmechanismen der Gerichte aus, sondern Letztere haben gar keine andere Wahl als eine Auslegung vorzunehmen.[502] **496**

Die sog. **Sicherungsabrede** ist vom Grundsatz her formlos wirksam. Ausnahmen bestehen dann, wenn der Bauvertrag in Verbindung mit einer formbedürftigen Vereinbarung steht. Denkbar ist ein Zusammenspiel zwischen Grundstückskaufvertrag und Bauvertrag. Hier bedarf auch die Sicherungsabrede der notariellen Beurkundung.[503] **497**

Durch die Vereinbarung von Sicherheitsleistungen werden gesetzliche Zurückbehaltungs- bzw. Leistungsverweigerungsrechte nicht ausgeschlossen.[504] Dem Besteller stehen diese Rechte auch dann zu, wenn ihm für die damit verbundenen Gewährleistungsansprüche Sicherheit geleistet worden ist. Begründet wird dies damit, dass ein Leistungsverweigerungsrecht neben der Sicherung des Anspruches auch dazu dient, Druck auf den Unternehmer auszuüben, seinen Nacherfüllungspflichten nachzukommen. Bedient sich der Besteller allerdings während der Gewährleistungsfrist bzgl. einer Mängelbeseitigung einer bestellten Sicherheit, soll er vom Auftragnehmer nicht verlangen können, die Sicherheit wieder aufzufüllen.[505] Das OLG Koblenz hat entschieden, dass eine Bürgschaft nicht den sog. **Druckzuschlag** absichert. Dieser Dreifachfaktor (§ 641 Abs. 3 BGB) wird im Rahmen eines Zurückbehaltungsrechtes deshalb gewährt, um den Unternehmer auch tatsächlich zur Nacherfüllung »anzuhalten«. Das Gericht hat seine Entscheidung damit begründet, dass eine entsprechende Bürgschaft eben nur das reine Erfüllungsinteresse abdecke.[506] Dem entgegen steht allerdings, dass eine mögliche Überzahlung durch den Besteller, d. h. damit verbundene Rückzahlungsansprüche – von einer entsprechenden Bürgschaft im Regelfall nicht abgedeckt sind. Dies obwohl der BGH entsprechende Rückforderungsansprüche nicht als Forderung aus ungerechtfertigter **498**

---

500 Z.B. a.A. als der BGH das OLG Frankfurt NJW-RR 1988, 1365.
501 OLG Hamburg BauR 1991, 745.
502 Hierzu im Einzelnen BGH BauR 2001, 109 ff.; Kuffer BauR 2003, 155.
503 BGH NJW 1994, 2885.
504 Werner/Pastor Rn. 1244 m. w. N.; Kniffka/Koeble 10. Teil Rn. 80.
505 Werner/Pastor Rn. 1242 m. Hinweis a. Kniffka/Koeble 10. Teil Rn. 80.
506 OLG Koblenz BauR 2004, 349; ebenso OLG Oldenburg BauR 2002, 328.

Bereicherung gesehen hat, sondern ebenfalls als Erfüllungsansprüche.[507] Etwas Entgegenstehendes könne nur dann gelten, wenn dies ausdrücklich vereinbart sei.

499 Strittig sind auch Klauseln, wonach eine Vertragspartei eine Sicherheit zu stellen hat, »gemäß Muster der anderen Seite«. Hier ist regelmäßig zu fragen, welche Gestaltungsrechte dem Vertragspartner zustehen. Der BGH hat dies einschränkend dahingehend entschieden, dass der Inhalt der vertraglichen, bereits vorhandenen Sicherungsabrede durch diese Formulierung nicht abgeändert wird.[508]

II. Verjährung der Ansprüche aus einer Sicherheitsbürgschaft

500 In Folge der Schuldrechtsreform ist an Stelle der üblichen dreißigjährigen Verjährungsfrist jene durch § 195 BGB von nunmehr drei Jahren getreten. Beispielsweise Ansprüche aus einer Gewährleistungsbürgschaft fallen hierunter. Problematisch ist in diesem Zusammenhang, dass die Verjährung von Gewährleistungs-/Mängelansprüchen nach § 634 a Abs. 1 Nr. 2 BGB für Baumängel sich auf fünf Jahre beläuft. Frage ist somit, ob der Anspruch aus der Bürgschaft vor dem eigentlichen Hauptanspruch verjähren kann.[509] Zu beantworten ist, wann in diesen Fällen der Beginn der regelmäßigen Verjährungsfrist des § 195 BGB gesehen werden kann. Nach dem dortigen Abs. 1 Ziffer 1 ist Voraussetzung hierfür, dass der Anspruch entstanden ist und gem. Ziffer 2 der Gläubiger von den, den Anspruch begründenden Umständen Kenntnis erlangt hat. Fraglich ist in soweit, wann diese Zeitpunkte für die genannten Ansprüche aus Gewährleistung gegeben sind. Für die Praxis kann in diesem Zusammenhang nur vorgeschlagen werden, vertraglich eine Verlängerung der **Verjährungsfrist** im Rahmen der **Bürgschaftsabrede** zu vereinbaren. Alternativ kann später ein Verzicht auf die Einrede der Verjährung vereinbart werden. Da Letzteres wiederum vom Antragsteller nicht einseitig entschieden werden kann, sollten künftige Bürgschaftsabreden entsprechend formuliert werden.

E. Abgrenzung individueller Absprachen zu Allgemeinen Geschäftsbedingungen

501 Vom Grundsatz her unterliegen individuelle Vereinbarungen dem Prüfungsmaßstab der §§ 134, 138, 242 BGB. Im Baubereich wird allerdings regelmäßig das Recht der Allgemeinen Geschäftsbedingungen, d.h. die §§ 305 ff. BGB zusätzlich relevant werden. Wie bei allen AGB-rechtlichen Fragen, stellen auch hier die gesetzlichen Grundgedanken Eckpfeiler dar. Das Werkvertragsrecht des BGB kennt insoweit den Einbehalt von Teilen des Werklohns als Sicherheit für etwaige **Vertragserfüllungs-** oder **Gewährleistungsansprüche** nicht. In § 641 BGB ist viel-

---

507 BGH BauR 1999, 635.
508 BGH BauR 2004, 841 = NZBau 2004, 323.
509 Vgl. hierzu Schmidt/Vogel ZfIR 2002, 509, 520.

mehr ein Zug-um-Zug-Prinzip geregelt. Soweit also in der deutschen Bauwirtschaft in AGB fünf Prozent der Vertragsumme als Sicherheitsleistung vereinbart werden, können entsprechende Klauseln nur dann zulässig sein, wenn gleichzeitig ein angemessener Ausgleich für den Unternehmer vereinbart wird.[510] Ein solcher Ausgleich ist dergestalt denkbar, dass der Unternehmer die Sicherheitsleistung durch Bankbürgschaft oder i. S. d. § 17 VOB/B durch Zahlung auf ein Sperrkonto ablöst.[511]

Soweit ein Verstoß gegen die AGB-rechtlichen Vorschriften der §§ 305 ff. BGB vorliegt, ist bekannt, dass die gesamte Sicherungsvereinbarung unwirksam ist. Eine Umdeutung im Wege einer **geltungserhaltenden Reduktion** ist unzulässig.[512] Dabei ist zu beachten, dass der VII. Senat des Bundesgerichtshofes dieses Verbot in seiner bekannten Entscheidung bzgl. der Unwirksamkeit einer **Vertragserfüllungsbürgschaft auf erstes Anfordern** und deren Umdeutung in eine einfache befristete selbstschuldnerische Bürgschaft ausnahmsweise nicht beachtet hat.[513] Die zitierte Entscheidung ist auch deshalb stark kritisiert worden, weil der Bundesgerichtshof in einem vergleichbaren Fall bzgl. einer Gewährleistungsbürgschaft auf erstes Anfordern eine entsprechende Umdeutung nicht vorgenommen hat.[514]

502

Aufgrund dieser BGH-Entscheidung darf nicht verkannt werden, dass die Vereinbarung einer Bürgschaft auf erstes Anfordern im baurechtlichen Bereich individualrechtlich nach wie vor zulässig ist. Eine entsprechende Abrede muss sich allein an den bereits zitierten Prüfungsmaßstab der §§ 133, 157, 242 BGB messen lassen. Dem steht auch nicht entgegen, dass durch die VOB/B 2002 in dem dortigen § 17 Nr. 4 S. 3 die Aussage eingebracht wurde, dass sich der Auftraggeber eine Bürgschaft auf erstes Anfordern nicht zusagen lassen darf. Dies vor dem Hintergrund, dass auch die VOB Teil B nur eine vertragliche ergänzende Regelung darstellt und diese jederzeit durch eine individualrechtliche Vereinbarung abbedungen werden kann.

503

---

510 BGH BauR 1997, 829 = NJW 1997, 2598.
511 BGH BauR 2004, 325; Hierzu auch Schmitz/Vogel ZfIR 2002, 509 ff. u. OLG Frankfurt BauR 2004, 1787.
512 Joussen in: Ingenstau/Korbion § 17 Nr. 1 VOB/B Rn. 44 ff.
513 BGH BauR 2002, 1533 = NJW 2002, 3098. Hierzu auch Kuffer BauR 2003, 155.
514 BGH BauR 2005, 539. Hierzu Siegburg ZfIR 2002, 709 u. Schulze-Hagen BauR 2003, 785 ff.

§ 632
Vergütung

(1) Eine Vergütung gilt als stillschweigend vereinbart, wenn die Herstellung des Werkes den Umständen nach nur gegen eine Vergütung zu erwarten ist.

(2) Ist die Höhe der Vergütung nicht bestimmt, so ist bei dem Bestehen einer Taxe die taxmäßige Vergütung, in Ermangelung einer Taxe die übliche Vergütung als vereinbart anzusehen.

(3) Ein Kostenanschlag ist im Zweifel nicht zu vergüten.

Inhaltsübersicht

	Rn.
A. Allgemeines	1
I. Systematik	3
II. Entgeltlichkeitsvermutung nach § 632 Abs. 1 BGB	4
III. Vergütung des Kostenanschlages nach § 632 Abs. 3 BGB	6
IV. Auslegungsregel zur Höhe nach § 632 Abs. 2 BGB	7
B. BGB	8
I. Vergütungsanspruch	8
1. Entstehung	8
2. Fälligkeit	9
a) Fälligkeit bei Abnahme gem. § 641 Abs. 1 BGB	10
b) Fälligkeit ohne Abnahme	11
c) Wirkung der Abnahme	16
3. Erteilung einer Rechnung	17
a) Rechnung als Fälligkeitsvoraussetzung	18
b) Prüfbarkeit der Rechnung	20
c) Anspruch auf Erteilung einer Rechnung	23
d) Bindungswirkung der Rechnung	26
4. Verjährung/Verwirkung	29
II. Ausdrückliche Vergütungsvereinbarung	32
1. Entstehung	32
2. Bemessung der Vergütung	34
a) Grenzen der Vertragsfreiheit	35
b) Mehrwertsteuer	38
3. Berechnung der Vergütung	40
a) Allgemeines	40
b) Einheitspreisvertrag	43
c) Pauschalpreisvertrag	49
d) Stundenlohnvertrag	54
e) Selbstkostenerstattungsvertrag	60
4. Bindung der Parteien an die vereinbarte Vergütung	62
a) Anfechtung	62
b) Kalkulationsirrtum	65
c) Preisgleitklausel	69
III. Fehlende Vergütungsvereinbarung, § 632 Abs. 1 BGB	70
1. Entgeltlichkeit der Werkleistung	70
a) Pflicht zur Herstellung des Werkes	70
b) Fehlen einer Parteivereinbarung	71

		Rn.
	aa) Keine Regelung	71
	bb) Dissens, §§ 154, 155 BGB	73
	c) Maßgebliche Umstände	74
	2. Rechtsfolge	77
IV.	Vergütung von Vorarbeiten des Unternehmers, § 632 Abs. 3 BGB	80
	1. Vergütung des Kostenanschlags nach § 632 Abs. 3 BGB	81
	a) Gesetzliche Auslegungsregel	81
	b) Abweichende Vereinbarung	82
	2. Andere Anspruchsgrundlagen	84
	3. Vergütung sonstiger Vorarbeiten	87
V.	Höhe der Vergütung bei fehlender Bestimmung, § 632 Abs. 2 BGB	89
	1. Vereinbarte Vergütung	89
	2. Taxmäßige Vergütung	92
	3. Übliche Vergütung	94
	4. Bestimmung der Vergütung in sonstigen Fällen	95
VI.	Mengenänderungen, Leistungsänderungen und zusätzliche Leistungen beim BGB-Bauvertrag	96
VII.	Besonderheiten beim Architektenvertrag	98
	1. Fälligkeit des Architektenhonorars	98
	a) Vertragsgemäße Erbringung der Leistung	101
	b) Erstellung einer prüffähigen Honorarschlussrechnung	104
	c) Überreichung einer prüffähigen Honorarschlussrechnung	109
	2. Bindungswirkung der Schlussrechnung	110
	3. Verjährung	114
	a) Systematik	114
	b) Honorarforderungen	115
C.	Vergütungssicherheiten	120
I.	Allgemeines	120
II.	Vertragserfüllungsbürgschaft	123
	1. Allgemeines	123
	2. Sinn und Zweck der Vertragserfüllungsbürgschaft	124
	3. Abgrenzung zur Gewährleistungsbürgschaft	125
	4. Sicherungsumfang der Vertragserfüllungsbürgschaft	126
	a) Ansprüche auf ordnungsgemäße (mangelfreie) Leistung	127
	b) Ansprüche auf fristgerechte Erfüllung	128
	c) Modifizierte Leistungen	129
	d) Ansprüche aus Ausfallhaftung	132
	e) Ausschluss von Rückforderungsansprüchen	133
	5. Inanspruchnahme der Vertragserfüllungsbürgschaft	134
	6. Vertragserfüllungsbürgschaft auf erstes Anfordern	136
	7. Verjährung der Ansprüche	141
	8. Prozessuales	144
D.	VOB/B	145
I.	Allgemeine Vergütungsregelungen	145
II.	Nachtragsforderungen	149
	1. Mengenabweichungen	151
	a) Einheitspreisvertrag, § 2 Nr. 3 VOB/B	152
	aa) Mengenänderung unter 10% (§ 2 Nr. 3 Abs. 1 VOB/B)	154
	bb) Mengenüberschreitung über 10% (§ 2 Nr. 3 Abs. 2 VOB/B)	155
	(1) Verlangen eines neuen Preises	156
	(2) Neuer Preis für die über 110% hinausgehende Menge	160

	Rn.
cc) Mengenunterschreitung über 10 % (§ 2 Nr. 3 Abs. 3 VOB/B) . . .	162
(1) Verlangen eines neuen Preises	164
(2) Kalkulationsgrundlagen auch für den neuen Preis	165
(3) Neuer Preis für die Mindermenge	166
dd) Auswirkungen auf den Pauschalpreis (§ 2 Nr. 3 Abs. 4 VOB/B)	167
b) Pauschalpreisvertrag, § 2 Nr. 7 VOB/B	169
aa) Anwendungsbereich von § 2 Nr. 7 VOB/B	169
bb) Begriff des Pauschalpreisvertrages	175
(1) Globalpauschalvertrag	181
(2) Detailpauschalvertrag	182
cc) Voraussetzungen für Pauschalverträge bei öffentlichem AG § 5 Nr. 1 b) VOB/A	184
dd) Unterschied zwischen Pauschalpreis und Preisnachlass	186
ee) Preisanpassung in Ausnahmefällen (§ 242 BGB)	187
ff) Pauschalsummen für Teile der Leistung	190
c) BGB-Bauvertrag § 650 BGB	191
2. Leistungsmodifikationen	196
a) Selbstvornahme von Leistungen durch den AG, § 2 Nr. 4 i.V.m. § 8 Nr. 1 VOB/B	196
aa) Kündigungsrecht des AG nach § 8 Nr. 1 und 3 VOB/B	196
bb) Selbstvornahme nach § 2 Nr. 4 VOB/B	197
cc) Besonderheiten beim Pauschalpreisvertrag	209
b) Leistungsänderungen	210
aa) Durch AG angeordnet, § 1 Nr. 3 i.V.m. § 2 Nr. 5 VOB/B	211
(1) Änderung des Bauentwurfs und andere Anordnungen	212
(2) Neuberechnung des Preises	221
(3) Bauzeitverzögerung durch Leistungsänderung	224
(4) Leistungsänderungen beim BGB-Vertrag	225
bb) Ohne Auftrag, § 2 Nr. 8 VOB/B	227
c) Zusätzliche Leistungen	235
aa) Durch AG angeordnet, § 1 Nr. 4 i.V.m. § 2 Nr. 6 VOB/B	236
(1) Vorliegen einer zusätzlichen Leistung	240
(2) Verlangen der zusätzlichen Leistung	245
(3) Ankündigung	246
(4) Preisbildung	250
(5) Bauzeitverzögerung durch zusätzliche Leistungen	252
(6) Zusätzliche Leistungen beim BGB-Vertrag	253
bb) Ohne Auftrag durch AG, § 2 Nr. 8 VOB/B	254
d) Leistungsverweigerungsrecht des AN	256
e) Folgeaufträge	260
3. Prüfungsschema: Vergütungspflichtigkeit eines Nachtrags	261

A. Allgemeines

1 Der Werkvertrag ist ein gegenseitiger Vertrag, der Unternehmer schuldet die Bauleistung, der Besteller die Vergütung. Die Vergütung bildet ein wesentliches Merkmal des Werkvertrages. Sie ist bei entsprechender Vereinbarung nach § 631 Abs. 1

BGB geschuldet. Ein Rückgriff auf § 632 BGB ist in diesen Fällen nicht erforderlich.

Die Regelung des § 632 Abs. 1 BGB soll den in der Praxis häufig vorkommenden Fall verhindern, dass das Zustandekommen des Vertrages an dem Fehlen einer Vergütungsvereinbarung scheitert, weil sich die Parteien nur über die zu erbringende Werkleistung geeinigt haben. Typischer Fall ist die »Beauftragung« eines Architekten mit der Vorplanung, ohne über die Vergütung gesprochen zu haben. Hier stellt sich die Frage, ob die Leistungen des Architekten der Akquisition zugerechnet werden, oder ob von einer Vergütungspflicht ausgegangen werden kann. In diesem Fall könnte der Vertrag als nicht wirksam angesehen werden, weil es an der Bestimmung eines Teils der wesentlichen Vertragsbedingungen (essentialia negotii) fehlt. Zumindest könnte dem Unternehmer der Vergütungsanspruch versagt bleiben.

I. Systematik

Der Zweck der Regelung des § 632 BGB ist es, einerseits die grundsätzliche Entgeltlichkeit des Werkvertrages zu bestimmen. Durch das Kriterium der Entgeltlichkeit wird der Werkvertrag vom Auftrag abgegrenzt, der regelmäßig unentgeltlich erfolgt. Darüber hinaus soll vermieden werden, dass durch eine fehlende Vergütungsregelung die Folgen des Dissenses nach § 154 BGB eintreten und der Vertrag als nicht zustande gekommen anzusehen wäre.

II. Entgeltlichkeitsvermutung nach § 632 Abs. 1 BGB

Bei der Prüfung eines Vergütungsanspruchs des Unternehmers ist zunächst festzustellen, ob ein Werkvertrag wirksam zustande gekommen ist. Die Entgeltlichkeitsvermutung nach § 632 Abs. 1 BGB erstreckt sich nicht auf den Vertragsschluss als solchen.[1] Ist ein Vertrag wirksam zustande gekommen und fehlt eine Vereinbarung über das »Ob« der Vergütung, wird unter den Voraussetzungen des § 632 Abs. 1 BGB die stillschweigende Einigung über die Entgeltlichkeit vermutet.

Die dogmatische Einordnung des § 632 Abs. 1 BGB ist umstritten. Die Gesetzesbegründung spricht von einer Auslegungsregelung.[2] In der Literatur wird dem Abs. 1 überwiegend die Bedeutung einer Fiktion beigemessen.[3] Hierfür spricht der Wortlaut der Regelung, eine Vergütung »gilt als stillschweigend vereinbart«. Andererseits wird man auch in den Fällen, in denen zwar eine ausdrückliche Vergütungsvereinbarung fehlt, die Umstände des Vertragsschlusses jedoch für die Ent-

---

1 BGH NJW 1999, 3554.
2 Motive II, S. 528, auf diese Ausführungen wird im Kontext des Werkvertrages verwiesen.
3 Staudinger/Peters § 632 BGB Rn. 35; MüKo/Soergel § 632 BGB Rn. 1; Erman/Schwenker § 632 BGB Rn. 1; a. A. Soergel/Teichmann § 632 BGB Rn. 2.

geltlichkeit der Leistung sprechen, bereits bei der Anwendung der allgemeinen Grundsätze der Vertragsauslegung zu dem Ergebnis kommen, dass eine Vergütung geschuldet ist. In diesem Fall wäre für eine Fiktion kein Bedarf, denn durch die Fiktion soll eine Rechtsfolge eintreten, die ansonsten aufgrund der tatsächlichen Umstände nicht eintreten würde. Die Bedeutung der Vorschrift geht jedoch darüber hinaus. Die Frage der Vergütungspflicht erlangt eine gewisse normative Verbindlichkeit.[4] § 632 Abs. 1 BGB erfüllt hier eine doppelte Funktion. Soweit es darum geht, die Lücke zu schließen, die die Parteien durch das Fehlen einer ausdrücklichen Vergütungsregelung gelassen haben, bestätigt diese Vorschrift die allgemeinen Auslegungsgrundsätze und stellt insoweit eine Auslegungsregel dar. Soweit die Vorschrift darüber hinaus eine Vergütungspflicht anordnet, kommt ihr die Wirkung einer Fiktion zu.

III. Vergütung des Kostenanschlages nach § 632 Abs. 3 BGB

6 Der § 632 Abs. 3 BGB ist durch das Schuldrechtsmodernisierungsgesetz neu aufgenommen worden. Der Gesetzgeber wollte hierdurch Rechtsklarheit schaffen.[5] Die Frage, ob ein Kostenanschlag zu vergüten ist, hat im Vorfeld dieser Regelung häufig zu Streitigkeiten geführt. Nach der neu eingeführten Regelung ist ein Kostenanschlag »im Zweifel« nicht zu vergüten. Nach Ansicht des Gesetzgebers entspricht es dem allgemeinen Rechtsbewusstsein, dass eine Vergütungspflicht für einen Kostenanschlag einer eindeutigen Vereinbarung bedarf. Entsprechende Bemühungen des Unternehmers, den Kostenanschlag zu Erstellen zählen nach der berechtigten Erwartung des Bestellers zu den Gemeinkosten des Werkunternehmers.[6] Einschränkungen können sich ergeben, wenn die Erstellung des Angebots und des Kostenanschlags sehr aufwändig sind und hohe Planungskosten erfordern. Hier kann die Vertragsauslegung im Einzelfall ergeben, dass der Kostenanschlag zu vergüten ist. Beispiele können Planungen von Systemen im Industriebau sein (z.B. Palletteneinlagerungstiefen bei Hochregallagern, Materialflussplanungen als Voraussetzungen für die Planung des Bodenbelags in einer Industriehalle).

IV. Auslegungsregel zur Höhe nach § 632 Abs. 2 BGB

7 Ist ein Werkvertrag zustande gekommen und ist die grundsätzliche Vergütungspflicht ausdrücklich oder stillschweigend vereinbart, fehlt aber die Vereinbarung über **die Höhe** der Vergütung, enthält § 632 Abs. 2 BGB eine Auslegungsregel. Nach der allgemeinen Regelung des § 316 BGB steht im Zweifel dem Gläubiger der Gegenleistung, hier dem Unternehmer, das Recht zu, die Vergütungshöhe zu bestimmen. Im Rahmen des Werkrechts soll nach § 632 Abs. 2 BGB die Höhe der

---

4 BGH NJW-RR 1996, 952.
5 RegE BT-Drucks. 14/6040 S. 260.
6 RegE BT-Drucks. 14/6040 S. 260.

Vergütung § 632 BGB

Vergütung nach objektiven Kriterien bemessen werden.[7] Der § 632 Abs. 2 BGB stellt insoweit eine Sonderregelung dar und verdrängt als lex specialis die allgemeine Regelung des § 316 BGB.

B. BGB

I. Vergütungsanspruch

1. Entstehung

Grundsätzlich gilt beim Werkvertrag eine Vergütung als stillschweigend vereinbart, wenn die Herstellung des Werkes nur gegen eine Vergütung zu erwarten ist. Das ergibt sich aus § 632 Abs. 1 BGB. Der Anspruch entsteht mit dem Abschluss eines Werkvertrages i.S.d. § 631 BGB. Ein Werkvertrag kommt durch die Einigung zweier Parteien über die wesentlichen Bestandteile des Vertrages zustande. Hierzu müssen die Parteien zwei übereinstimmende Willenserklärungen mit Bezug aufeinander abgegeben haben (Angebot und Annahme). Ob überhaupt ein Vertrag zustande gekommen ist, kann z. b. bei den schon erwähnten »Anfangsleistungen« eines Architekten besonders fraglich sein. Die Auslegung muss in diesen Fällen zum Ergebnis kommen, dass ein Vertrag geschlossen worden ist. Erst dann greift die Regel des § 632 BGB. Für die Frage des Vertragsschlusses müssen ggf. die Handlungen der Parteien ausgelegt werden. Es müssen alle Umstände des Einzelfalls berücksichtigt werden. Hat z.B. der Architekt umfangreiche Leistungen (z.B. mehrere Vorentwürfe, Verhandlungen mit Behörden, Ortsbesichtigungen, Kostenermittlungen, Beratungstermine, Aufmaße) erbracht und der Auftraggeber diese verwertet, wird von einem Vertragsschluss ausgegangen werden können. Ausreichend wird auch sein, wenn der Auftraggeber aufgrund der Leistungen des Architekten vom Bauvorhaben Abstand nimmt. § 632 BGB ordnet dann eine Vergütungspflicht an. Die Höhe der Vergütung richtet sich nach der HOAI.

8

2. Fälligkeit

Der Vergütungsanspruch des Unternehmers entsteht im Zeitpunkt des Vertragsabschlusses. Die Fälligkeit tritt gem. § 641 BGB mit der Abnahme des Werkes ein. Die Vorschrift des § 641 BGB ist ein Ausdruck dafür, dass der Unternehmer das Risiko dafür trägt, dass seine Leistungen nicht zu dem von ihm geschuldeten Erfolg führen. Das Gesetz legt dem Unternehmer eine Vorleistungspflicht auf und durchbricht den Grundsatz der §§ 320, 322 BGB, wonach die eigene Leistung Zug um Zug gegen Erbringung der Gegenleistung geschuldet ist. Beim Autokauf zum Beispiel wird das Auto Zug um Zug gegen den Kaufpreis übergeben und übereignet. Beim Werkvertrag dagegen muss der Unternehmer erst – zumindest teilweise –

9

---

[7] Soergel/Teichmann § 632 BGB Rn. 3.

leisten, bevor er eine Vergütung erhält. Bei umfangreichen Vorproduktionen (z. B. Stahlbau oder Stahlbetonfertigteilen) kann dies für den Auftragnehmer ein erhebliches Liquiditätsrisiko darstellen.

a) Fälligkeit bei Abnahme gem. § 641 Abs. 1 BGB

10 Nach § 641 Abs. 1 BGB ist die Vergütung bei der Abnahme des Werkes zu entrichten. Mit der Abnahme wird der Vergütungsanspruch des Unternehmers auf Zahlung des Werklohnes fällig. Ohne Abnahme tritt grundsätzlich keine Fälligkeit ein, andererseits ist die Fälligkeit auch regelmäßig von keinen weiteren Voraussetzungen abhängig. Insbesondere hindern etwaige Mängel des Werkes die Fälligkeit nicht, auch wenn sich der Besteller bei der Abnahme seine Rechte hinsichtlich dieser Mängel ausdrücklich vorbehält.[8] Dem Besteller steht in diesem Fall ein Leistungsverweigerungsrecht nach § 320 BGB zu.

b) Fälligkeit ohne Abnahme

11 Den Parteien eines Werkvertrages steht es frei, die Fälligkeitsvoraussetzungen abweichend von den gesetzlichen Bestimmungen zu regeln. Sie können vorsehen, dass der Anspruch auf Teile des Werklohns bereits vor der Abnahme fällig wird, indem sie Abschlags- oder Vorauszahlungen vereinbaren. Die Parteien können die Fälligkeit auch von weiteren Voraussetzungen abhängig machen, z. B. in dem sie die VOB/B (§ 14 VOB/B) vereinbaren. Hierdurch wird die Fälligkeit von der Erteilung einer prüffähigen Schlussrechnung abhängig gemacht.[9]

12 Darüber hinaus ist eine Abnahme in bestimmten gesetzlich geregelten Fällen nicht erforderlich. Nach § 646 BGB findet eine Abnahme nicht statt, wenn dies aufgrund der Beschaffenheit des Werkes ausgeschlossen ist. In diesem Fall wird der Anspruch auf den Werklohn bereits mit der Vollendung des Werkes fällig. Bei Bauwerken findet nahezu immer eine Abnahme statt oder es greift eine Abnahmefiktion ein. § 646 BGB greift in aller Regel nicht ein.

13 Ist das Werk abnahmefähig, weigert sich jedoch der Besteller die Abnahme zu erklären, so kann der Unternehmer nach § 640 Abs. 1 S. 3 BGB die Fälligkeit dadurch herbeiführen, dass er dem Auftraggeber eine angemessene Frist für die Abnahme setzt. Nach § 640 Abs. 1 S. 3 BGB steht es einer rechtsgeschäftlichen Abnahme gleich, wenn der Besteller das Werk trotz der bestehenden Verpflichtung nicht innerhalb einer ihm vom Unternehmer bestimmten angemessenen Frist abnimmt. Nach Ablauf der gesetzten Frist wird die Abnahme fingiert. Auf ein Verschulden des Bestellers kommt es nicht an.[10] Die Vorschrift des § 640 Abs. 1 S. 3 BGB ist in der Praxis ein scharfes Schwert, weil der Unternehmer die einseitige Möglichkeit erhält, die Abnahme zu fingieren und die Fiktion mit einer Erklärung

---

8 BGH NJW 2004, 502, 505.
9 Palandt/Sprau § 641 BGB Rn. 9; OLG Koblenz NJW-RR 2002, 807.
10 Palandt/Sprau § 640 BGB Rn. 8.

seinerseits herbeizuführen. Er hat damit die »Macht«, einseitig die Wirkungen der Abnahme herbeizuführen.

Ebenfalls kann sich der Unternehmer nach § 641 a BGB die Mängelfreiheit des Werkes von einem Gutachter bescheinigen lassen. Dieses Verfahren ist allerdings wenig praktikabel. Weitere Fälle, in denen die Fälligkeit auch ohne Abnahme eintreten kann, sind von der Rechtsprechung entwickelt worden. So soll die Fälligkeit ohne eine vorherige Abnahme eintreten, wenn der Besteller die Abnahme des Werkes ernsthaft und endgültig verweigert, obwohl er hierzu verpflichtet ist, weil das Werk vertragsgemäß ist oder allenfalls unwesentliche Mängel aufweist.[11] **14**

Nach Ansicht der Rechtsprechung wird der Anspruch auf Werklohn auch dann ohne Abnahme fällig, wenn der Besteller vor der Fertigstellung des Werkes seine erforderliche Mitwirkung ernsthaft und endgültig verweigert.[12] Die endgültige Abnahmeverweigerung des Bestellers kann schwer nachzuweisen sein. Es empfiehlt sich daher in jedem Fall eine Fristsetzung nach § 640 Abs. 1 S. 3 BGB. **15**

c) Wirkung der Abnahme

Die Abnahme – unabhängig ob rechtsgeschäftliche oder fiktive Abnahme – bewirkt, dass die Herstellungsverpflichtung des Unternehmers aus dem Werkvertrag entfällt. Seine Leistungspflichten beschränken sich nunmehr auf das bereits erstellte Werk. Der Unternehmer hat damit seine Vorleistungspflicht aus dem Vertrag erfüllt und kann hierfür seinen Zahlungsanspruch geltend machen. Das ergibt sich aus der Regelung des § 641 BGB. Hierbei handelt es sich um eine werkvertragliche Fälligkeitsregelung. Die Vorschrift soll einerseits das Interesse des Bestellers an der Herstellung eines mangelfreien Werkes, andererseits das Interesse des Unternehmers an einer zügigen Vergütung seiner Leistung schützen. Der Vergütungsanspruch des Unternehmers wird mit der Abnahme, also wenn der Besteller das Werk als im Wesentlichen vertragsgemäß annimmt, fällig. Die Verpflichtung der Abnahme und die Zahlungsverpflichtung fallen zeitlich zusammen. Es gilt der Grundsatz für synallagmatische Schuldverhältnisse, dass die gegenseitigen Leistungen Zug um Zug zu erfolgen haben. Der Unternehmer ist bei der Verschaffung des Werkes nicht mehr vorleistungspflichtig. **16**

3. Erteilung einer Rechnung

In aller Regel wird über eine Werkleistung eine Rechnung erteilt werden. Die Bedeutung der Rechnung wird unterschiedlich beurteilt. **17**

---

11 BGHZ 50, 175; BGH NJW 1996, 1280; OLG Köln NJW-RR 1999, 853; BGH NJW 1990, 3008, 3009.
12 BGH NJW-RR 1986, 211.

a) Rechnung als Fälligkeitsvoraussetzung

18 Beim BGB-Werkvertrag ist die Übergabe einer prüfbaren Schlussrechnung, im Unterschied zum VOB/B-Vertrag[13] und den Regelungen der HOAI[14] grundsätzlich keine Fälligkeitsvoraussetzung für den Werklohnanspruch.[15] Die Parteien können Abweichendes frei vereinbaren.[16] Diese Vereinbarung kann auch durch die Verwendung von AGBs erfolgen.[17]

19 Eine generelle stillschweigende Vereinbarung der Rechnung als Fälligkeitsvoraussetzung kann beim BGB-Bauvertrag nicht angenommen werden.[18] Auch ist bei BGB-Verträgen nicht von einem Handelsbrauch auszugehen, demzufolge die Rechnungsstellung eine Fälligkeitsvoraussetzung darstellen soll. In jedem Fall ist der Vertrag jedoch auszulegen. Hat z. B. der Unternehmer die Bauleistungen aufgrund einer Stundenlohnvereinbarung im Rahmen eines BGB-Bauvertrags erbracht, ist wohl davon auszugehen, dass der Unternehmer diese prüfbar abzurechnen hat. Ein solches Recht muss zumindest aus § 242 BGB hergeleitet werden, weil der Besteller sonst nach Abschluss der Arbeiten eine willkürlich benannte Summe zahlen müsste ohne diese nachvollziehen zu können. Im Einzelfall sollte daher die prüfbare Schlussrechnung auch beim BGB-Bauvertrag Fälligkeitsvoraussetzung sein.

b) Prüfbarkeit der Rechnung

20 Im Rahmen der HOAI und der VOB/B unterliegen die Rechnungen dem Gebot der Prüfbarkeit (§§ 8 Abs. 1 HOAI, §§ 14 Nr. 1, 16 Nr. 1 Abs. 1 S. 2, Nr. 3 Abs. 1 VOB/B). Nach der Rechtsprechung muss eine Schlussrechnung so gestaltet sein, dass dem Besteller eine Überprüfung in sachlicher und rechnerischer Hinsicht möglich ist.[19] Dazu reicht es regelmäßig aus, dass die vom Unternehmer vorgelegten Unterlagen zusammen mit der Schlussrechnung alle Angaben enthalten, die der Auftraggeber zur Beurteilung der Frage benötigt, ob das geltend gemachte Honorar den vertraglichen Vereinbarungen entsprechend abgerechnet worden ist. Ferner soll ein objektiver Mindeststandart bei der Erstellung der Rechnung aus Gründen der Rechtssicherheit eingehalten werden. In welchem genauen Umfang die Rechnung aufgeschlüsselt sein muss, stellt eine Frage des Einzelfalles dar. Es ist dabei auf die Kenntnisse des Auftraggebers abzustellen. Das erscheint sachgemäß. Die Erstellung einer prüffähigen Schlussrechnung dient den Informations- und Kontrollinteressen des Bestellers.[20] Ist der Besteller durch besondere Kenntnisse auch

---

13 Zu den Anforderungen einer prüfbaren Schlussrechnung siehe BGH NJW-RR 2004, 445.
14 § 8 HOAI sieht eine prüffähige Rechnung als Fälligkeitsvoraussetzung für den Anspruch auf Zahlung des Architektenhonorars an.
15 BGH NJW 1981, 814; 1982, 1815; OLG Bamberg BauR 2003, 1227, 1228.
16 OLG Frankfurt NJW-RR 2000, 750; OLG Düsseldorf OLGRp 1999, 94.
17 OLG Düsseldorf NJW-RR 1999, 527.
18 BGH NJW 1981, 814; OLG Köln BauR 1996, 725.
19 BGH BauR 1997, 1065.
20 BGH NJW-RR 1999, 95.

mit Hilfe einer nicht im Detail aufgeschlüsselten Rechnung in der Lage, die Prüffähigkeit der Rechnung zu beurteilen, gibt es keine Veranlassung höhere Anforderungen an die Rechnung zu stellen. Demgemäß sind die Anforderungen an die Prüffähigkeit umso geringer, je fachkundiger der AG ist.[21]

Im Rahmen eines BGB-Werkvertrages kommt der Prüfbarkeit der Rechnung grundsätzlich keine eigene Wirkung zu. Aus dem Gebot von Treu und Glauben (§ 242 BGB) ergibt sich jedoch, dass die Rechnung auch im BGB-Werkvertrag prüfbar sein muss.[22] Die Prüfbarkeit der Rechnung setzt nicht die Richtigkeit dergleichen voraus.[23]

21

Stellt der Unternehmer dem Besteller keine den Anforderungen der Prüfbarkeit entsprechende Rechnung, stehen dem Besteller wohl Gegenrechte zur Verfügung. Bis zur Konkretisierung der Forderung durch den Unternehmer steht ihm wohl zumindest ein Zurückbehaltungsrecht nach § 273 BGB zu. Danach hat der Besteller, wenn er aus demselben rechtlichen Verhältnis einen Anspruch gegen den Gläubiger hat, ein Recht die Leistung solange zu verweigern, bis der Gläubiger seinen Anspruch erfüllt.[24] Der Besteller kann demnach die Zahlung der Vergütung unter den Voraussetzungen des § 273 BGB verweigern, bis der Unternehmer ihm eine prüffähige Schlussrechnung vorlegt. Darüber hinaus tritt für den Besteller kein Schuldnerverzug ein, wenn er aufgrund der mangelhaften Rechnung die Zahlung der Vergütung verweigert.[25]

22

c) Anspruch auf Erteilung einer Rechnung

Im Anwendungsbereich der VOB/B folgt der Anspruch des Bestellers auf Erteilung einer prüffähigen Rechnung aus § 14 Nr. 1 VOB/B.[26] Hierin sind die Voraussetzungen für eine ordnungsgemäße Abrechnung aufgezählt. Dies setzt selbstverständlich – jedoch ungeschrieben – voraus, dass eine schriftlich abgefasste Rechnung aufgestellt und dem Auftraggeber vorgelegt wird. Diese sollte vom Aufbau her gesehen dem Angebot entsprechen. Bei Vorliegen eines Leistungsverzeichnis (LV) z.B. muss eine prüfbare Abrechnung dem Aufbau des angebotenen LV entsprechen.

23

Nach § 14 Abs. 1 S. 1 UStG hat der Besteller, sofern er zum Vorsteuerabzug berechtigt ist, gegen den Unternehmer einen Anspruch auf Erteilung einer Rechnung, die seinen steuerlichen Belangen genügt.[27] Die Rechnung muss die Umsatzsteuer gesondert ausweisen und den Besteller als Leistungsempfänger bezeichnen.

24

---

21 BGH BauR 2000, 1511; OLG Brandenburg BauR 2000, 913.
22 OLG Düsseldorf, BauR 1996, 594; OLG Celle BauR 1997, 1052.
23 BGH NJW 1998, 135.
24 OLG München NJW 1988, 270.
25 OLG Frankfurt BauR 1997, 856.
26 OLG Dresden BauR 2000, 103.
27 BGHZ 103, 285; 120, 315.

§ 632 BGB   Vergütung

25 Darüber hinaus kann der Besteller in entsprechender Anwendung des § 666 BGB beim BGB-Bauvertrag einen Anspruch auf Erteilung einer nachvollziehbaren, prüffähigen Rechnung haben. In § 666 BGB ist geregelt, dass der Beauftrage dem Auftraggeber beim Geschäftsbesorgungsvertrag über den Stand der Geschäftsführung Auskunft geben und Rechenschaft ablegen muss. Die Interessenlage bei der Abrechnung eines Werkvertrags ist damit vergleichbar. Der Besteller kann in manchen Fällen nicht ohne weiteres ersehen, wie sich der Werklohn in der konkreten Höhe zusammensetzt. Es besteht ein berechtigtes Interesse daran, zu erfahren aus welchen Berechnungsposten der gesamte Vergütungsanspruch sich zusammensetzt und berechtigt ist. Wie ausgeführt kann sich ein solcher Anspruch des Bestellers auch aus § 242 BGB ergeben.[28]

d) Bindungswirkung der Rechnung

26 Hinsichtlich der einmal erteilten Rechnung ist es umstritten, in wieweit diese Rechnung den Unternehmer bindet. Dabei gelten für den Bauvertrag andere Grundsätze als für den Architektenvertrag.

27 Beim Architektenvertrag ging die frühere Rechtsprechung des BGH[29] davon aus, dass eine einmal erteilte Rechnung eine Bindungswirkung entfalten müsse. Dabei wurde der Grundsatz aufgestellt, dass eine Bindungswirkung grundsätzlich bestehe und der Architekt nur aus wichtigem Grund von seiner einmal gestellten Rechnung absehen könne.[30] Die neuere BGH-Rechtsprechung[31] schränkt diesen starren Grundsatz der Bindung an die Schlussrechnung ein und stellt verstärkt auf die Rechtsgrundsätze des § 242 BGB (Treu und Glauben) ab. Danach entfaltet die Schlussrechnung zugunsten des Bestellers Bindungswirkung, wenn der Besteller aufgrund der Umstände darauf vertrauen konnte und durfte, dass die Leistung des Architekten in der Schlussrechnung abschließend berechnet ist. Dabei stellt das Gericht zunächst auf das Verbot eines widersprüchlichen Verhaltens des Unternehmers ab, im weiteren prüft das Gericht im Rahmen einer umfassenden Interessensabwägung beider Parteien, ob der Unternehmer etwa seinen Anspruch verwirkt haben kann. Dabei kommt es maßgeblich darauf an, ob der Besteller auf die Rechnung vertrauen durfte und vertraut hat, so dass die Nachforderung unzumutbar ist.[32] Auf dieses Vertrauen kann sich der Besteller nicht berufen, wenn er selbst die mangelnde Prüffähigkeit der Rechnung gerügt hat, da er in diesem Fall gerade kein Vertrauen in die Schlussrechnung setzt.[33]

28 Beim Bauvertrag geht der BGH nur sehr eingeschränkt von einer Bindung der Schlussrechnung aus. Grundsätzlich kann der Unternehmer die erteilte Schluss-

---

28 Heinrichs in Palandt/Heinrichs § 271 BGB Rn. 7.
29 BGH BauR 1990, 382.
30 BGHZ 62, 208; 101, 357, 102, 392; BGH NJW 1978, 319; NJW-RR 1990, 725.
31 BGH BauR 1993, 236 = NJW 1993, 661; BauR 1997, 677 (680); BauR 1998, 579.
32 OLG Düsseldorf NJW-RR 1996, 1421; BGH NJW 1993, 659.
33 BGH NJW 1998, 952.

rechnung korrigieren. Die Rechtsprechung zu den Architekten- und Ingenieurverträgen wird nicht ohne weiteres auf den Bauvertrag übertragen.[34]

4. Verjährung/Verwirkung

Hinsichtlich der Verjährung des Werklohnanspruchs gelten die allgemeinen Vorschriften der §§ 195, 199 BGB. Nach der Neuregelung der Verjährung durch das Schuldrechtsmodernisierungsgesetz gilt für alle Ansprüche (gem. § 195 BGB) eine einheitliche Verjährungsfrist von drei Jahren. Der Beginn der Verjährung nach § 195 BGB bestimmt sich, anders als die vorherige Regelung, nicht ausschließlich anhand objektiver Kriterien. Zusätzlich ist erforderlich, dass der Gläubiger von den anspruchsbegründenden Umständen und der Person des Schuldners Kenntnis erlangt hat oder ohne grobe Fahrlässigkeit hätte erlangen müssen. Um die Verjährung auch bei Fehlen des subjektiven Moments eintreten zu lassen, bestimmt § 199 Abs. 4 BGB, dass ohne Rücksicht auf die Kenntnis die Verjährung spätestens 10 Jahre nach der Entstehung der Forderung eintritt. 29

Für die Verjährung von Mängelansprüchen im Werkvertrag gilt gem. § 634 a BGB eine Verjährungsfrist von zwei Jahren bei einem Werk, dessen Erfolg in der Herstellung einer Sache oder in der Erbringung von Planungsleistungen besteht und eine Verjährung von fünf Jahren bei der Erstellung oder Planung eines Bauwerkes. Die Verjährungsfrist beginnt in diesen Fällen mit der Abnahme des Werkes zu laufen. 30

Eine Verwirkung der Vergütungsforderung kann eintreten, wenn der Unternehmer über einen längeren Zeitraum untätig bleibt (Zeitmoment) und dadurch beim Besteller der Eindruck entsteht, der Unternehmer werde seinen Anspruch nicht mehr geltend machen (Umstandsmoment). Das Zeitmoment ist stets vom Einzelfall abhängig und wird nur im Ausnahmefall vor Eintritt der Verjährung anzunehmen sein. Als zweite Voraussetzung setzt die Verwirkung voraus, dass der Schuldner sich infolge der Untätigkeit des Gläubigers auf die Nichtgeltendmachung des Anspruchs eingerichtet hat und einrichten durfte. 31

II. Ausdrückliche Vergütungsvereinbarung

1. Entstehung

Die Vergütungsverpflichtung des Bestellers ergibt sich beim Werkvertrag nach § 631 Abs. 1 BGB aus einer Parteivereinbarung. Diese Vereinbarung kann auch konkludent erfolgen, wenn dem Besteller bekannt ist, dass der Unternehmer nur bei entsprechender Vergütung den Vertrag abschließt. In diesen Fällen richtet sich der erklärte Wille zum Abschluss eines entsprechenden Werkvertrages erkennbar 32

---
34 Werner/Pastor Rn. 1374.

§ 632 BGB   Vergütung

auch auf die Vergütung. Wurde die Höhe der Vergütung geregelt, ist für die Anwendung des § 632 Abs. 2 BGB kein Platz.

33   Wurde die Vergütungshöhe dagegen nicht festgesetzt, greift § 632 Abs. 2 BGB ein: Die nach § 632 Abs. 2 BGB geschuldete Vergütung bemisst sich nach dem in entsprechenden Werkverträgen üblichen Preis. Demgegenüber gilt bei der Regelung des § 631 Abs. 1 BGB die Vergütung als geschuldet, die die Parteien vereinbart haben. Die Üblichkeit der Vergütungshöhe findet dabei keine Berücksichtigung. Entscheidend ist allein die Vereinbarung. Die vereinbarte Vergütung kann ggf. nach § 119 Abs. 1 Fall 1 BGB angefochten werden, wenn sich eine der Vertragsparteien bei Abschluss des Vertrages über die Vergütung geirrt hat.[35]

2.   Bemessung der Vergütung

34   Die Parteien sind bei der Vereinbarung der Vergütung grundsätzlich frei. In § 631 Abs. 1 BGB wird über die Art der Vergütung keine Aussage getroffen. Die Vergütung kann demnach in jeder möglichen Art bestehen. Sie wird jedoch in aller Regel in Geld bemessen sein. Es können jedoch auch Dienstleistungen oder Sachleistungen geschuldet sein. Treffen Werkleistungen und Dienstleistungen in einem Vertrag zusammen, handelt es sich um gemischte Verträge, auf die im wesentlichen Werkvertragsrecht anzuwenden ist.

a)   Grenzen der Vertragsfreiheit

35   Den Vereinbarungen der Parteien sind Grenzen durch die Regelungen der §§ 123, 138 und § 134 BGB gesetzt. Insbesondere dem § 138 BGB kommt bei der Vereinbarung der Vergütung eine besondere Bedeutung zu. In der Praxis können Preisabreden bestehen, die dadurch geprägt sind, dass ein auffälliges Missverhältnis zwischen Leistung und Gegenleistung besteht, und die aus diesem Grund gegen § 138 Abs. 2 BGB verstoßen. Das setzt voraus, dass ein Vertragspartner unter Ausbeutung der Unerfahrenheit oder einer Zwangslage des anderen Vertragspartners, sich für eine Leistung Vermögensvorteile versprechen lässt, die in einem erheblichen Missverhältnis zur Leistung stehen. Maßgeblicher Zeitpunkt für die Beurteilung ist der Zeitpunkt des Vertragsabschlusses. Zu berücksichtigen sind dabei die preislichen Einzelansätze nach Einheits- und Pauschalpreisen unter Berücksichtigung der Mengen im Verhältnis zum wirklichen Wert der vorgesehenen Leistung im mangelfreien Zustand.[36] Ein auffälliges Missverhältnis wurde in einem Fall angenommen, in dem der Auftragnehmer das Vierfache der üblichen Vergütung verlangt hat, obwohl das Angebot so abgefasst war, dass es den Eindruck eines erheblichen niedrigeren Preises erweckte.[37] Im Raum Düsseldorf hatte ein Dachdecker in einem be-

---

35 Lessmann JuS 1969, 478, 480.
36 KGR 1994, 218.
37 KG NJW-RR 1995, 1422.

stimmten Zeitraum viele Hausbesitzer angeschrieben und eine Dachsanierung zu einem zunächst geringen Preis angeboten und nach Vertragsdurchführung darauf verwiesen, dass ein Einheitspreis vereinbart worden sei und sich »bedauerlicherweise« Mehrmengen ergeben hätten. Den vermeintlichen Vergütungsanspruch wollte der Unternehmer bis zur Androhung von Gewalt durchsetzen. Hier stellte sich neben der ein oder anderen strafrechtlichen Frage u. a. die Frage, ob der Vertrag von Anfang an wegen Verstoß gegen die guten Sitten nach § 138 BGB unwirksam war. Derartige Fälle sind in der Praxis sicherlich die Ausnahmen. Häufiger kommen Fälle vor, in denen der Unternehmer zur Erlangung des Auftrags dem »Einkäufer« der Bauleistung auf Seiten des Auftraggebers persönliche Vorteile verschafft, z. B. Einladungen, Geschenke, Bauleistungen im privaten Bereich des Einkäufers (§ 299 StGB Bestechlichkeit und Bestechung im geschäftlichen Verkehr). Hier sind in der Praxis kreative Wege der Beteiligten zu beobachten. Auch diese Verträge können unwirksam sein (§ 134 BGB i.V.m. § 299 StGB); zumindest, wenn der Vertrag sonst nicht mit diesem Unternehmer zustande gekommen wäre.

Für Architekten und Ingenieure greifen zwingende preisrechtliche Bestimmungen (HOAI), die bei der Vereinbarung des Werklohnes beachtet werden müssen.[38] Die HOAI »Verordnung über die Honorare für Leistungen der Architekten und der Ingenieure« stammt in ihrer Urfassung aus dem Jahre 1977.[39] Sie löste die aus dem Jahr 1950 stammende Verordnung über die Gebühren für Architekten (GOA) ab. Zwischenzeitlich sind fünf Novellen zur HOAI erlassen worden. Die letzte mit Wirkung zum 1.1.1996. Die HOAI stellt zwingendes Preisrecht dar. Als Preisrecht werden Rechtsvorschriften bezeichnet, die den Preis für Güter und Leistungen bestimmen. Dies geschieht in der HOAI bezüglich der Vergütungssätze für Architekten- und Ingenieurleistungen. Das Preisrecht beschränkt den freien Wettbewerb. Vergleichbare Regelungen sind das Arzneimittelgesetz, in dem die Preise für Arzneimittel festgelegt sind oder die Taxi-Beförderungssätze im Personenbeförderungsgesetz. Zuwiderhandlungen gegen die Honorarvorgaben der HOAI führen zu Gesetzesverstößen, darüber hinaus sind sie standeswidrig. Das Ziel der Verordnungsgeber bei der Einführung der HOAI war, die Schaffung eines ausgewogenen Preis-Leistungs-Gefüge auf dem Bausektor. Die Höchstsätze sollen den Auftraggeber vor überhöhten Honoraren schützen und durch die daraus resultierende Begrenzung des Anstiegs der Baukosten zur Dämpfung des Mietanstiegs beitragen. Andererseits sollen die Mindestsätze die Auskömmlichkeit des Architekten- und Ingenieurhonorars sichern.

Ausgangspunkt für den Honoraranspruch des Architekten ist § 4 Abs. 1 HOAI, wonach die Vergütung sich nach der Vereinbarung der Parteien ergibt, welche im Rahmen der Mindest- bzw. Höchstsätze ausgehandelt wurde. Verhandlungsspiel-

---

38 Vgl. zur Vergütung von Architekten und Ingenieuren vertiefend auch Wirth/Würfele/Brooks, Rechtsgrundlagen des Architekten und Ingenieurs S. 219 ff.
39 BGBl. I S. 2805.

raum haben die Parteien insoweit, als die Vergütungshöhe im Rahmen der von der HOAI vorgegebenen Mindest- und Höchstsätze ausgehandelt werden.

b) Mehrwertsteuer

38 Bei Privatpersonen als Besteller umfasst der vereinbarte Preis grundsätzlich auch die Mehrwertsteuer, die als rechtlich unselbstständiger Teil des zu zahlenden Preises in dem vereinbarten Endpreis enthalten ist.[40] Die Mehrwertsteuer kann demnach nicht zu dem vereinbarten Preis hinzugerechnet werden,[41] soweit nichts anderes vereinbart wurde.

39 Zwischen Unternehmern gilt: Sind beide Parteien vorsteuerabzugsberechtigt, stellt die Mehrwertsteuer lediglich einen Durchlaufposten dar. Hierdurch ist unter Kaufleuten ein entsprechender Handelsbrauch entstanden, dass die Preisangaben als netto zu verstehen sind.[42] Dies gilt auch im Baubereich.[43]

3. Berechnung der Vergütung

a) Allgemeines

40 Die Berechnung der vereinbarten Vergütung ist nicht gesetzlich geregelt. Die Parteien sind in ihren Vereinbarungen frei. Sie können je nach den individuellen Gegebenheiten des Vertrages die für sie geeignete Berechnungsweise wählen. Kombinationen sind möglich.

41 Für die Bestimmung der Vergütung kommt im Wesentlichen eine Berechnung durch eine Pauschalsumme, nach Einheitspreisen, nach Stundenlohnsätzen oder nach Selbstkosten des Unternehmers in Betracht. Einheitspreisverträge und Pauschalverträge zählen zu den Leistungsverträgen. Bei den beiden anderen Berechnungsmodellen zielt der Vertrag darauf ab, den Aufwand des Unternehmers zu erstatten.

42 Mit Ausnahme des Selbstkostenerstattungsvertrages sind alle Arten der Preisbildung als Gegenstand der nach Ort und Branche üblichen Vergütung i.S.d. § 632 Abs. 2 BGB denkbar. Beim VOB/B-Bauvertrag wird der Einheitspreis als vereinbart angesehen, soweit keine andere Berechnungsart gewählt wurde (§ 2 Nr. 2 VOB/B). Die Berechnungsart kann auch konkludent festgelegt werden. Sie ist ggf. durch Auslegung zu ermitteln.

b) Einheitspreisvertrag

43 Die »klassische« Form der Vergütungsvereinbarung ist der Einheitspreisvertrag. Bei einem Einheitspreisvertrag wird die Leistung detailliert nach Positionen (Ord-

---

40 BGHZ 58, 295; 103, 287.
41 BGH WM 1973, 677; OLG Düsseldorf BauR 1971, 121.
42 So insbesondere Schaumburg NJW 1975, 1261, sowie Staudinger/Peters § 632 BGB Rn. 25; a.A. MüKo/Busche § 631 BGB Rn. 98; Soergel/Teichmann § 631 BGB Rn. 26.
43 Keldungs in: Ingenstau/Korbion § 2 VOB/B Rn. 105.

nungszahlen) unter Angabe der Menge (Vordersatz), Leistungsbeschreibung, Preis pro Einheit und vorläufiger Gesamtsumme aufgelistet. Die Abrechnung nach Bauausführung soll nach tatsächlich ausgeführter Menge (Aufmaß) erfolgen.[44]
Die Höhe der einzelnen Einheitspreise obliegt der Vereinbarung der Parteien.
Dem Einheitspreisvertrag liegt zwingend eine detaillierte Leistungsbeschreibung zugrunde.

Bei einer detaillierten Leistungsbeschreibung ist der Auftragnehmer (vergütungsrechtlich) verpflichtet, nur das ausdrücklich beschriebene Bau-Soll zum vereinbarten Vertragspreis zu errichten. Abweichungen lösen einen Nachtragsanspruch aus, soweit nicht abweichend etwas wirksam vereinbart wurde. **44**

Detaillierte Leistungsbeschreibung

1. Baubeschreibung <u>oder</u> sog. **Vorbemerkung** (§ 9 Nr. 6 VOB/A) <u>und</u>
2. **Leistungsverzeichnis** (§ 9 Nr. 9 VOB/A)

Die Art der Beschreibung gilt gleichermaßen für private und öffentliche Auftraggeber. Für öffentliche Auftraggeber gilt insoweit § 9 Nr. 6 bis 9 VOB/A. Private Auftraggeber verwenden in der Regel den gleichen Aufbau einer detaillierten Leistungsbeschreibung. **45**

Meistens werden weitere konkret auf das Bauvorhaben bezogene Unterlagen oder Bedingungen als Anlage beigefügt, z. B.: **46**

– Pläne
– Zeichnungen
– Gutachten
– Bauantragsunterlagen
– Baugenehmigung

Ausdrücklich soll auf Gutachten hingewiesen werden. Gutachten können Leistungsbeschreibungselement sein. Als Baugrundgutachten sind sie sog. Beschaffenheits-Soll. Als Kontaminationsgutachten kann es sich auch um ein konkretes Leistungsbeschreibungselement handeln. Ist z. B. in dem Kontaminationsgutachten ein Verfahren zur Beseitigung der Kontamination beschrieben, so ist dies einzuhalten. **47**

Die detaillierte Leistungsbeschreibung wird beim Einheitspreis- und Detailpauschalvertrag verwendet. Sie kann bei beiden Vertragstypen genau gleich aussehen. Beim Detailpauschalvertrag sind lediglich die Mengenangaben entfernt. Die Begriffe Einheitspreis- und Detailpauschalvertrag unterscheiden lediglich auf der Vergütungsseite danach, ob die ausgeführte Leistung nach den tatsächlich verwendeten Massen (Aufmaß) oder pauschal abgerechnet werden soll. **48**

---

44 Kapellmann/Schiffers Bd. 2 Rn. 31.

c) Pauschalpreisvertrag

49 Der Pauschalpreisvertrag ist begrifflich dadurch definiert, dass die Vergütungsseite pauschaliert wird. Nicht notwendig einhergeht damit, dass auch die Leistungsseite pauschaliert wird. Ob pauschal bezahlt wird oder ob die Vergütung nach Menge und Einheitspreis bezahlt wird, hat zunächst nichts damit zu tun, welche Art von Leistung erstellt werden soll.[45]

Auf der Leistungsseite kann polarisierend davon gesprochen werden, dass es auf der einen Seite den sog. Detail-Pauschalvertrag und auf der anderen Seite den sog. Globalpauschalvertrag gibt.

50 Beim Detail-Pauschalvertrag werden die Leistungen genau so exakt beschrieben wie beim Einheitspreisvertrag. Im Unterschied zum Einheitspreisvertrag ist es jedoch für die Begriffsbestimmung des Pauschalvertrags zwingend, dass der AN ein Mengenermittlungsrisiko trägt, d.h. dass die Schlussrechnung nicht aufgrund der tatsächlichen ausgeführten Menge wie beim Einheitspreis erfolgt, sondern die Vergütung unabhängig von der ausgeführten Menge bereits bei Abschluss des Vertrages fixiert ist. Sämtliche Änderungen des Leistungsbildes aufgrund von Eingriffen des Auftraggebers, die zu geänderten oder zusätzlichen Leistungen führen, bleiben bei dieser grundsätzlichen Definition dabei ebenso außer Betracht, wie Änderungsmöglichkeiten aufgrund »Wegfalls der Geschäftsgrundlage«. Die Vergütung ist also lediglich losgelöst von den tatsächlich ausgeführten Mengen.

51 Beim Global-Pauschalvertrag ist auch die Leistungsseite kurz und global beschrieben. Möglich ist es, die Bauleistung fast ausschließlich funktional zu beschreiben, z.B. »Veranstaltungshalle für 800 Personen, Küche für 200 Personen« oder »Fischzuchtanlage für Lachse, Jahresproduktion 60.000, mit einem Strömungsbecken, 5 Laichbecken, 2 Quarantänebecken, 1 Produktions- und Kühlhalle, mit Verwaltungsgebäude für 30 Angestellte gemäß anliegendem Raumbuch«. Der Global-Pauschalvertrag gewährt den größten Schutz vor Nachtragsforderungen des Unternehmers. Er bietet sich besonders bei Gewerbebauten an, die »nur« einen Produktionszweck haben und bei denen die Gestaltung zweitrangig ist. Bei repräsentativen Gebäuden ist i.d.R. eine detailliertere Beschreibung erforderlich. In den meisten Leistungsbeschreibungen werden Funktional- und Detailelemente gemischt.[46]

Zwischen Detail-Pauschalvertrag und Global-Pauschalvertrag als jeweilige »Pole« der Pauschalvertragstypen gibt es eine »stufenlose« Bandbreite der mehr oder weniger pauschal beschriebenen Leistungen.[47]

52 Die Arten der funktionalen Leistungsbeschreibung werden nach dem Grad der Detaillierung unterschieden. Die nachfolgend aufgeführten Arten haben Modell-

---

45 Kapellmann/Schiffers Bd. 2 Rn. 33.
46 Ausführlich zur Leistungsbeschreibung Würfele/Gralla S. 1 ff.
47 Ausführliche Ausführungen zum Pauschalpreisvertrag bei Kapellmann/Schiffers Bd. 2 Rn. 1 ff., 33 ff.

charakter, um die funktionalen Leistungsbeschreibungen systematisch zu erfassen. An einem Ende der Bandbreite der funktionalen Leistungsbeschreibungsarten steht der Globalpauschalvertrag, der im Wesentlichen nur den übergeordneten Werkerfolg (»Ein Stück Veranstaltungshalle«) vorgibt. Am anderen Ende steht der Detailpauschalvertrag, bei diesem Vertragstyp ist die Leistung detailliert beschrieben. Hier trägt der Auftragnehmer in der Regel »lediglich« das Mengenermittlungsrisiko. In der Praxis finden sich dazwischen jedwede Mischformen.

Die Begriffe »Einheitspreisvertrag« und »Pauschalpreisvertrag« kennzeichnen lediglich die unterschiedlich gestaltete Vergütungsseite. Die Leistungsseite (Bausoll) kann – muss aber nicht – unterschiedlich sein. Beim Detailpauschalvertrag und beim Einheitspreisvertrag ist das Bausoll gleichermaßen detailliert in Leistungsverzeichnissen beschrieben. Strukturell besteht hier nur der Unterschied in der Abhängigkeit bzw. Unabhängigkeit von der auszuführenden Menge. »Lediglich« bei den funktionalen Leistungsbeschreibungen, die vom Detaillierungsgrad »in Richtung« Globalpauschalpreisvertrag »gehen« wird das Bausoll im Unterschied zum Einheitspreisvertrag anders – pauschaler – beschrieben. Bei diesen Vertragstypen wird auch die Leistungsseite pauschaliert.[48]   53

Alle Pauschalverträge haben gemeinsam, dass der Auftragnehmer das Mengenermittlungsrisiko trägt und die Vergütung in diesem Sinne pauschaliert wird.

d) Stundenlohnvertrag

Die Vergütung im Werkvertrag kann auch nach Stundensätzen vereinbart werden. Eine Vergütung nach Stundenlöhnen steht dem Wesen des Werkvertrages nicht entgegen.   54

Die Abrechnung nach Stundensätzen orientiert sich nicht an dem zu erbringenden Leistungserfolg, sondern nach dem Aufwand für die geleistete Arbeit. Bei der Vereinbarung eines Stundenlohnvertrages steht der Umfang der Vergütung erst am Ende der Werkleistung fest und kann vorher auch nur schwer geschätzt werden. Dies birgt das Risiko für den Besteller, die geschuldete Vergütungshöhe nicht im Vorhinein zu kennen. Dem Unternehmer wird zudem kein Anreiz zu zügigem und wirtschaftlichem Arbeiten gegeben.   55

In der Baupraxis werden meistens »nur« »angehängte« Stundenlohnarbeiten vereinbart. Angehängte Stundenlohnarbeiten sind Arbeiten geringen Umfangs, die in der Regel sowohl hinsichtlich ihrer Entstehung als auch ihres Umfangs im Zeitpunkt der Auftragsvergabe nicht abschließend bekannt sind. Für diese Arbeiten soll eine Vergütung gemessen an der Zahl der aufgewendeten Arbeitsstunden entrichtet werden. Die Beschreibung des Bausoll erfolgt ähnlich der Beschreibung bei den Grundpositionen, lediglich bezüglich der Vergütung wird ein Stundenlohn   56

---

48 Kapellmann in: Kapellmann/Messerschmidt § 2 VOB/B Rn. 233, S. 696.

vereinbart, z. B. 18,00 €/h. Es ist zu empfehlen, auch über die zu verwendenden Materialen eine Preisabsprache herbeizuführen.

57 Angehängte Stundenlohnarbeiten werden sie genannt, weil sie an einen Einheitspreisvertrag »angehängt« werden. Im Gegensatz zum (originären) Stundenlohnvertrag wird die Bauleistung bei angehängten Stundenlohnarbeiten im Wesentlichen in Leistungsverzeichnissen beschrieben und nach Einheitspreisen abgerechnet. Denkbar ist auch die Kombination mit einem Pauschalpreisvertrag; insbesondere mit einem Detailpauschalpreisvertrag.

§ 5 Nr. 2 VOB/A ordnet für den öffentlichen Auftraggeber an, dass nur Bauleistungen geringen Umfangs, die überwiegend Lohnkosten verursachen, im Stundenlohn vergeben werden dürfen.

58 Das Vergabehandbuch des Bundes (Ausgabe 2002) weist den öffentlichen Auftraggeber in 4.3 darauf hin, dass angehängte Stundenlohnarbeiten nur in dem unbedingt erforderlichen Umfang unter den Voraussetzungen des § 5 Nr. 2 VOB/A vergeben werden dürften.

59 Grundlage für die Abrechnung auf Basis von Stundenlöhnen sind die sog. »Stundenlohnzettel«, die der Unternehmer dem Besteller zur Unterzeichnung vorlegt. Die Gegenzeichnung der Stundenlohnzettel ist ein »Anerkenntnis der dortigen Angaben zu Art und Umfang der Arbeiten«. Sie hat die Wirkung eines deklaratorischen Schuldanerkenntnisses.[49] Das bedeutet, dem Besteller wird die Beweislast dafür übertragen, dass die Stundenlohnzettel unrichtig sind und dass ihm die Unrichtigkeit nicht bekannt war.[50] Der Besteller muss die Stundenzettel nur dann abzeichnen, wenn sie ihm ordnungsgemäß vorgelegt werden. Hat er Einwendungen gegen die inhaltliche Richtigkeit der Stundenzettel, muss er entsprechende Vorbehalte machen. Dadurch wird den Stundenzetteln die Wirkung genommen.

e) Selbstkostenerstattungsvertrag

60 Ein Selbstkostenerstattungsvertrag liegt vor, wenn die Vergütung des Unternehmers in der Erstattung der anfallenden Selbstkosten zuzüglich eines Zuschlags für den Unternehmergewinn besteht. In der VOB sind die Voraussetzungen des Selbstkostenerstattungsvertrags in § 5 VOB/A für öffentliche Auftraggeber geregelt.

61 Die Preisbildung beim Selbstkostenerstattungsvertrag ähnelt strukturell der des Stundenlohnvertrages. Der Unterschied liegt darin, dass Stundenlohnverträge bei Leistungen mit geringerem Umfangs üblich sind, Selbstkostenerstattungsverträge dagegen typischerweise bei Verträgen mit größerem Leistungsvolumen, bei denen es zu Beginn nur schwer möglich ist, die Leistung eindeutig zu beschreiben, wie es für eine konkrete Preisermittlung notwendig ist.

---

49 Keldungs in: Ingenstau/Korbion § 15 Nr. 3 VOB/B Rn. 17.
50 BGH NJW 1958, 1535; NJW 1970, 2295.

4. Bindung der Parteien an die vereinbarte Vergütung

a) Anfechtung

Die Preisvereinbarung kann, wie jede andere Willenserklärung auch, nach den allgemeinen Regeln der §§ 119 ff. BGB angefochten werden. Dies gilt nach § 119 Abs. 1 BGB, wenn der Erklärende bei der Abgabe einer Willenserklärung über deren **Inhalt im Irrtum** war[51] oder eine **Erklärung diesen Inhaltes nicht abgeben wollte**.[52] Er kann die Erklärung anfechten, wenn anzunehmen ist, dass er sie bei Kenntnis der Sachlage und bei verständiger Würdigung des Falles nicht abgegeben haben würde. **62**

Die Anfechtung nach § 123 BGB kommt in Betracht, wenn eine **arglistige Täuschung** oder **Drohung** vorliegt. Hierdurch soll die rechtsgeschäftliche Entschließungsfreiheit geschützt werden.[53] Daneben ist eine Anfechtung auch möglich, wenn eine Willenserklärung durch widerrechtliche Drohung herbeigeführt worden ist. Die widerrechtliche Drohung ist das Inaussichtstellen eines künftigen Übels, das den Erklärenden in eine Zwangslage versetzt.[54] Bei dem Bedrohten muss der Eindruck entstehen, dass der Eintritt des Übels vom Willen des Drohenden abhängig ist.[55] **63**

Eine Anfechtung nach § 119 Abs. 2 BGB setzt voraus, dass bei Abgabe der Erklärung ein **Irrtum über solche Eigenschaften** der Person oder der Sache vorlag, die als **verkehrswesentlich** angesehen werden. Der Erklärende irrt hierbei nicht über den Erklärungsinhalt, sondern über die außerhalb der Erklärung liegende Wirklichkeit.[56] Damit ist der Irrtum nach § 119 Abs. 2 BGB ein ausnahmsweise beachtlicher Motivirrtum. **64**

b) Kalkulationsirrtum

In Fällen, in denen sich der kalkulierte Aufwand höher erweist, als ursprünglich angenommen, ist es für den Unternehmer ungünstig, an den vereinbarten Preis gebunden zu sein. **65**

Nach einer früher vertretenen Ansicht sollten diese Fälle des so genannten Kalkulationsirrtums über eine Anfechtung nach § 119 Abs. 1 BGB zu lösen sein, sofern der Irrtum für die andere Seite erkennbar war (externer Kalkulationsirrtum).[57] Im Gegensatz dazu wurde der interne Kalkulationsirrtum als unbeachtlich eingestuft.[58] **66**

---

51 Lessmann JuS 1969, 478, 480.
52 OLG Oldenburg NJW 2004, 168.
53 BGHZ 51, 141, 147.
54 BGHZ 2, 287, 295; NJW 1988, 2599.
55 BGHZ 2, 287, 295.
56 OLG Stuttgart OLGZ 83, 304.
57 OLG Köln MDR 1959, 660.
58 BGH BauR 1972, 381.

67 In Abkehr zu dieser Rechtsprechung beurteilt der BGH nunmehr den Kalkulationsirrtum als einen unbeachtlichen Motivirrtum, der nicht nach § 119 Abs. 2 BGB angefochten werden kann.[59] Danach sind sowohl interne als auch externe Kalkulationsfehler grundsätzlich unbeachtlich.[60] Dies gilt gleichermaßen, wenn der Erklärungsempfänger den Irrtum des Erklärenden hätte erkennen können,[61] ihn tatsächlich aber nicht erkannt hat. Dem Geschäftspartner ist es lediglich verboten, den erkannten Berechnungsfehler des Erklärenden auszunutzen, sofern dieses Festhalten an einem solchen Vertrag gegen Treu und Glauben verstoße. Eine unzulässige Rechtsausübung kann darin liegen, dass der Empfänger ein Vertragsangebot annimmt und auf die Durchführung des Vertrages besteht, obwohl er wusste, dass das Angebot auf einem Kalkulationsfehler beruht.[62] In diesen Fällen kommt ein Anspruch des Auftragnehmers auf Vergütungsanpassung in Betracht.[63]

68 Die beschränkte Relevanz des Motivirrtums hat ihren Grund hauptsächlich im Bedürfnis nach Rechts- und Verkehrssicherheit. Eine hierauf gestützte Anfechtung kann daher nur in Ausnahmefällen angenommen werden.

c) Preisgleitklausel

69 Eine Änderung der vereinbarten Preise nach Vertragsschluss ist möglich, wenn die Parteien eine Preisgleitklausel vereinbart haben. Bei Einheitspreisverträgen gilt Folgendes: Im »Normalfall« sind Einheitspreise so kalkuliert, dass innerhalb einer bestimmten Zeitspanne eine bestimmte Anzahl von Leistungen und Mengen auszuführen ist, die in den Vordersätzen festgeschrieben sind. Wenn die tatsächlich ausgeführten Massen erheblich davon abweichen, können die Einheitspreise ihre Angemessenheit verlieren. Im Geltungsbereich der VOB/B ergibt sich eine Zulässigkeit der Preisanpassung aus § 2 Nr. 3 VOB/B bei Abweichungen über 10 %. Einheitspreisverträge können darüber hinaus auch Gleitklauseln enthalten, mit denen der Unternehmer andere als mengenmäßig verursachte Erhöhungen seiner Einstandskosten auffangen will (z. B. Materialpreiserhöhungen) oder den Besteller an entsprechenden Einsparungen beteiligen möchte.[64] Mit Preisgleitklauseln können Materialpreiserhöhungen unabhängig von einer Mengenänderung geltend gemacht werden. In der Praxis werden sie oft für Stahl getroffen.

---

59 Singer JZ 1999, 342; BGH JZ 1999, 365, 366.
60 BGHZ 46, 268, 273; NJW 1980, 180.
61 BGH NJW-RR 1995, 1360; 1986, 569; NJW 1980, 180.
62 BGH JZ 1999, 365.
63 Vgl. Beschluss BGH v. 14.10.2004 BauR 2005, 1186.
64 So auch Staudinger/Peters § 632 BGB Rn. 5 und 23.

III. Fehlende Vergütungsvereinbarung, § 632 Abs. 1 BGB

1. Entgeltlichkeit der Werkleistung

a) Pflicht zur Herstellung des Werkes

Fehlt eine Vergütungsvereinbarung zwischen den Parteien, dann gilt nach § 632 Abs. 1 BGB eine Vergütung als vereinbart, wenn die Herstellung des Werkes nur gegen eine Vergütung zu erwarten ist. Im Rahmen dieser Vorschrift wird vorausgesetzt, dass der Unternehmer zur Herstellung eines Werkes verpflichtet ist, der Werkvertrag zwischen den Parteien also wirksam zustande gekommen ist. Dies setzt gleichsam voraus, dass hinsichtlich der Erbringung der Leistung beide Parteien übereinstimmende Willenserklärungen abgegeben haben, die sich auf eine Rechtsbindung erstrecken. Die Fiktion des § 632 Abs. 2 BGB ersetzt lediglich die fehlende Vergütungsvereinbarung, nicht jedoch den Abschluss des Vertrages über die zu erbringende Werkleistung.[65] In Fällen, in denen nicht festgestellt werden kann, ob der Unternehmer eine rechtliche Bindung eingehen wollte, greift § 632 Abs. 1 BGB daher nicht ein. Ob ein Vertrag geschlossen werden sollte, muss ggf. durch Auslegung ermittelt werden.

70

b) Fehlen einer Parteivereinbarung

aa) Keine Regelung

Weitere Voraussetzung für die Anwendbarkeit des § 632 Abs. 1 BGB ist das Fehlen einer Vergütungsvereinbarung. Die Vorschrift findet keine Anwendung soweit die Parteien eine Vergütungsvereinbarung, gleich welchen Inhaltes, getroffen haben.[66] Haben sich die Parteien darüber geeinigt, dass grundsätzlich eine Vergütung erfolgen soll, und dabei lediglich die Höhe offen gelassen, greift nur § 632 Abs. 2 BGB ein, § 632 Abs. 1 BGB findet in diesem Fall keine Anwendung. Die Regelung greift auch dann nicht ein, wenn die Parteien vereinbart haben, dass die Leistung unentgeltlich erfolgen soll. Eine Vergütung ist dann nicht geschuldet.

71

Eine Vergütungsvereinbarung fehlt, wenn die Frage der Vergütung von den Parteien überhaupt nicht angesprochen worden ist, sondern nur die Werkleistung konkretisiert worden ist. Sofern es sich um eine Leistung handelt, deren Erbringung nur gegen eine Vergütung zu erwarten ist, ergibt sich die Vergütungspflicht auch aus den allgemeinen Regeln über die Auslegung von Verträgen. Aus Sicht eines objektiven Empfängers muss eine entsprechende Erklärung des Unternehmers zur Erbringung der Werkleistung so verstanden werden, dass der Unternehmer diese Leistung nur gegen Zahlung einer Vergütung erbringen will.[67] Wenn der Besteller die Werkleistung unter diesen Umständen annimmt, erklärt er damit sein

72

---

65 BGH NJW 1997, 3017; NJW 1999, 3554; OLG Düsseldorf BauR 1991, 613.
66 BGH ZfBR 1995, 16, Staudinger/Peters § 632 BGB Rn. 33.
67 MüKo/Busche § 632 BGB Rn. 3; so auch Staudinger/Peters § 632 BGB Rn. 35.

Einverständnis mit der Vergütungspflicht. Die Vorschrift des § 632 Abs. 1 BGB bestätigt damit nur das bereits durch Auslegung erzielte Ergebnis.

bb) Dissens, §§ 154, 155 BGB

73   Eine Vergütungsvereinbarung fehlt auch dann, wenn die Parteien die Frage der Vergütung zwar berücksichtigt und möglicherweise auch besprochen haben, jedoch keine Einigung zwischen den Parteien erzielt werden konnte. Hierbei sind Fälle des versteckten Dissenses nach § 155 BGB denkbar. Dieser liegt vor, wenn die Parteien zwar der Meinung waren, sie hätten eine Einigung über die Vergütung erzielt, diese Einigung aber nicht zustande gekommen ist. Nach § 155 BGB ist in diesen Fällen anzunehmen, dass der Vertrag zumindest mit dem Inhalt zustande gekommen ist, über den Einigkeit erzielt worden ist. Der Unternehmer wäre demnach zur Erbringung der Leistung ohne konkret vereinbarte Vergütung verpflichtet. Diese Wirkung soll nach § 632 Abs. 1 BGB grade nicht eintreten. Eine Anwendung der Regelung des § 632 Abs. 1 BGB auf die Situation eines Dissenses nach §§ 154, 155 BGB kommt jedoch nur dann in Betracht, wenn die Parteien den Vertrag auch ohne eine Einigung hinsichtlich der Vergütung abschließen wollten, in allen anderen Fällen gilt der Vertrag wegen des Dissenses als nicht abgeschlossen.

c) Maßgebliche Umstände

74   Haben die Parteien einen Werkvertrag abgeschlossen, bei dem eine Vereinbarung über die Vergütung fehlt, hängt die Vergütungspflicht davon ab, ob die Herstellung des Werkes den Umständen nach nur gegen eine Vergütung zu erwarten ist.

75   Nach § 632 Abs. 1 BGB entscheiden demnach die objektiven Umstände, ob eine Vergütung geschuldet wird.[68] Die Umstände i.S.d. § 632 Abs. 1 BGB sind alle objektiven Faktoren. Es kommt dabei auf die Verkehrsauffassung unter Berücksichtigung der konkreten Gegebenheiten des Einzelfalles an. Dabei sind die Umstände maßgeblich aus der Sicht des Bestellers zu bewerten.

76   Welche Umstände konkret heranzuziehen sind, kann nur im jeweiligen Einzelfall entschieden werden. Als Kriterium kann herangezogen werden, ob der Unternehmer im Rahmen seiner gewerblichen Tätigkeit arbeitet[69] oder im Rahmen eines freundschaftlichen oder nachbarschaftlichen Verhältnisses. Maßgeblich ist auch der Umfang der Tätigkeit und die Dauer der Leistung. Allein das Fehlen einer Vergütungsvereinbarung ist kein taugliches Kriterium im Rahmen des § 632 Abs. 1 BGB, denn das Fehlen einer Vereinbarung ist die Voraussetzung zur Anwendbarkeit der Vorschrift und kann nicht gleichsam auch ein Beurteilungskriterium sein. In die Wertung können nur Kriterien einbezogen werden, die nach außen erkennbar ge-

---

68 OLG Köln NJW-RR 2002, 1425.
69 OLG Köln NJW-RR 1994, 1208, wonach die gewerblichen Tätigkeiten eines Unternehmers grundsätzlich zu vergüten seien; OLG Frankfurt NJW-RR 1997, 120.

worden sind. Die subjektiven Vorstellungen der Parteien finden keine Berücksichtigung.[70]

Die Darlegungs- und Beweislast für die Umstände, die eine Entgeltlichkeit begründen, trifft den Unternehmer.[71] Die dagegen sprechenden Umstände muss der Besteller beweisen.

2. Rechtsfolge

Die dogmatische Einordnung des § 632 Abs. 1 BGB ist umstritten. Teilweise wird die Regelung des § 632 BGB als eine Auslegungsregelung angesehen.[72] In der Literatur wird § 632 Abs. 1 BGB überwiegend die Bedeutung einer Fiktion beigemessen.[73] Hierfür spricht der Wortlaut der Regelung, eine Vergütung »gilt als stillschweigend vereinbart«. Andererseits wird man auch in den Fällen, in denen zwar eine Vergütungsvereinbarung fehlt, die Umstände des Vertragsschlusses jedoch für die Entgeltlichkeit der Leistung sprechen, bereits bei der Anwendung der allgemeinen Grundsätze der Vertragsauslegung zu dem Ergebnis kommen, dass eine Vergütung geschuldet ist. In diesem Fall wäre für eine Fiktion kein Bedarf. Auch ohne die Fiktion wäre die Vergütung geschuldet.

77

Die Bedeutung der Vorschrift geht jedoch teilweise darüber hinaus. Die Frage der Vergütungspflicht wird zumindest teilweise dem Willen der Parteien entzogen und erlangt eine normative Verbindlichkeit.[74] § 632 Abs. 1 BGB erfüllt hier eine doppelte Funktion: Soweit es darum geht, die Lücke zu schließen, die die Parteien durch das Fehlen einer ausdrücklichen Vergütungsregelung gelassen haben, bestätigt diese Vorschrift die allgemeinen Auslegungsgrundsätze und stellt insoweit eine Auslegungsregel dar. Soweit die Vorschrift darüber hinaus eine Vergütungspflicht normativ anordnet, obwohl eine solche bei Anwendung der allgemeinen Regeln zu verneinen wäre, kommt ihr die Wirkung einer Fiktion zu.

78

Der Werkvertrag kann unter diesen Umständen nicht wegen eines Irrtums über die Entgeltlichkeit nach § 119 BGB angefochten werden. Wenn dem Unternehmer nach den Umständen des Einzelfalles eine Vergütung zusteht, kann der Besteller diesem Anspruch grundsätzlich ebenfalls keinen Gegenanspruch aus §§ 241 Abs. 2, 311 Abs. 2 BGB entgegenhalten, mit der Begründung, der Unternehmer hätte ihn über die Vergütungsfolge aufklären müssen.[75]

79

---

70 Staudinger/Peters § 632 BGB Rn. 33.
71 BGH BauR 1997, 1060.
72 Motive II, S. 528, auf diese Ausführungen wird im Kontext des Werkvertrages verwiesen.
73 Staudinger/Peters § 632 BGB Rn. 35; MüKo/Soergel § 632 BGB Rn. 1; Erman/Schwenker § 632 BGB Rn. 1; a. A. Soergel/Teichmann § 632 BGB Rn. 2.
74 BGH NJW-RR 1996, 952.
75 Staudinger/Peters § 632 BGB Rn. 35; OLG Saarbrücken NJW-RR 1999, 1035.

IV. Vergütung von Vorarbeiten des Unternehmers, § 632 Abs. 3 BGB

80 Die Regelung des § 632 Abs. 3 BGB wurde durch das Schuldrechtsmodernisierungsgesetz[76] neu eingefügt. Hierdurch wurde klargestellt, dass ein Kostenanschlag im Gegensatz zu den Werkleistungen im Zweifel nicht zu vergüten ist. Der Vertragsschluss wird durch den Kostenanschlag vorbereitet. Zu den Vorarbeiten gehören z.B. das Anfertigen von Zeichnungen, Massenberechnungen, Leistungsbeschreibungen und die Preisbildung. Diese Vorbereitungshandlungen können für den Unternehmer mit erheblichen Kosten verbunden sein.

1. Vergütung des Kostenanschlags nach § 632 Abs. 3 BGB

a) Gesetzliche Auslegungsregel

81 Durch die Einführung des § 632 Abs. 3 BGB besteht nunmehr eine Auslegungsregel, die besagt, dass ein Kostenanschlag im Zweifel nicht zu vergüten ist. Demnach ist eine Erklärung, durch die sich der Unternehmer zur Erstellung des Kostenanschlages verpflichtet, nicht dahin gehend zu verstehen, er werde diese Leistung nur gegen Vergütung erbringen. Auch vor der Einführung des § 632 Abs. 3 BGB wurde in Rechtsprechung und Literatur überwiegend davon ausgegangen, dass die Erstellung des Kostenanschlages kostenfrei erfolgt.[77] Hierbei handelt es sich um reine Akquisitionskosten. Der Kostenanschlag wird vom Unternehmer im eigenen Interesse erstellt.

b) Abweichende Vereinbarung

82 Den Parteien steht es frei, eine von der gesetzlichen Regel des § 632 Abs. 3 BGB abweichende Regelung zu treffen und eine Vergütung für die Erstellung eines Kostenvoranschlages zu vereinbaren. Den Abschluss einer solchen Vereinbarung hat der Unternehmer zu beweisen. Es ist nicht bereits von einer Vergütungspflicht auszugehen, wenn es sich um eine besonders qualifizierte Leistung handelt.[78]

83 In der Praxis wird der Unternehmer die Angebotskosten ohnehin auf die zu vereinbarenden Preise umlegen. In Ausnahmefällen – bei besonderem Aufwand für die Angebotserstellung oder der mehrfachen Angebotsmodifikation – wird ein besonderes Honorar für die Erstellung des Angebots vereinbart.

Eine Klausel, die dem Besteller die Kosten für die Vorarbeiten auferlegt, ist als eine überraschende Klausel i.S.d. § 305 c BGB anzusehen, soweit in der jeweiligen Branche keine gegenteilige Übung besteht,[79] und damit unwirksam.

---

[76] 26.11.2001, BGBl. I S. 3138.
[77] Statt aller: BGH NJW 1979, 2202; MüKo/Busche § 632 BGB Rn. 5; Soergel/Teichmann § 632 BGB Rn. 8.
[78] BGH NJW 1979, 2202; OLG Düsseldorf BauR 1991, 613.
[79] BGH NJW 1982, 765, 766.

2. Andere Anspruchsgrundlagen

Durch die Regelung des § 632 Abs. 3 BGB wird zwar grundsätzlich festgelegt, dass ein Kostenanschlag nicht zu vergüten ist, andere Anspruchsgrundlagen sind hiervon jedoch nicht betroffen. 84

Hat der Unternehmer beispielsweise Ansprüche gegen den Besteller gem. §§ 280 Abs. 1, 241 Abs. 2, 311 Abs. 2 BGB wegen der Verletzung einer Pflicht aus einem vorvertraglichen Vertrauensverhältnis, dann stehen dem Unternehmer diese Ansprüche uneingeschränkt zu. Eine solche Pflichtverletzung kann darin liegen, dass der Besteller den Unternehmer mit der Erstellung eines Kostenanschlages beauftragt, obwohl er den Auftrag bereits anderweitig vergeben hat und nie einen Vertrag mit dem Unternehmer abschließen wollte.[80] 85

In diesem Zusammenhang soll auf eine zunehmende Entwicklung bei Sachverständigengutachten hingewiesen werden. Nicht selten holt ein Sachverständiger für Mangelbeseitigungsarbeiten verschiedene Angebote bei Unternehmern ein, ohne darauf hinzuweisen, dass eine Beauftragung nicht geplant ist. Dies ist m. E. unzulässig und verpflichtet den Sachverständigen zum Schadensersatz gegenüber dem Unternehmer, wenn der Unternehmer von einer möglichen Beauftragung ausgegangen ist und ausgehen durfte. 86

3. Vergütung sonstiger Vorarbeiten

Zu den sonstigen Vorarbeiten – außer dem Kostenanschlag – zählen z. B. die Herstellung von Entwürfen, Modellen, Leistungsbeschreibungen, Massenberechnungen u. ä. Diese können neben dem Kostenanschlag als selbstständige Vorarbeiten zu bewerten sein. 87

Haben die Parteien eine Vereinbarung über die Erbringung der Vorarbeiten und der Vergütung getroffen, besteht hinsichtlich der Vergütungspflicht keine Besonderheiten. Nach § 631 BGB ist von der Entgeltlichkeit der Leistung auszugehen.

Besteht hingegen keine Vereinbarung zwischen den Parteien, ist danach zu differenzieren, ob der Unternehmer den Auftrag erhalten hat oder nicht. In Fällen in denen ein Vertragsabschluss den Vorarbeiten nachfolgt, ist davon auszugehen, dass die Vorarbeiten von der Vergütung des Werkes mit abgegolten sind. Erhält der Unternehmer den Auftrag zur Herstellung des Werkes jedoch nicht, gilt folgendes: Es besteht keine gesetzliche Regelung dahin gehend, dass Vorarbeiten eines Unternehmers zu vergüten sind. Der Gesetzgeber hat angesichts der Vielzahl von Vorarbeiten, die unter Umständen nicht vergleichbar sind, das Problem nicht generell geregelt.[81] Es ist daher anhand der Umstände des Einzelfalles zu beurteilen, ob die 88

---

80 OLG Düsseldorf BauR 1991, 613.
81 Begr. zum RegE des Gesetzes zur Modernisierung des Schuldrechts, BT-Drucks. 14/6040 S. 260.

jeweiligen Vorarbeiten vergütungspflichtig sind, oder nicht. Indizien für eine Vergütungspflicht sind z. B. ein überwiegendes Interesse des Bestellers an den Vorarbeiten oder die Erbringung von besonders umfangreichen Vorarbeiten durch den Unternehmer, die auch im Hinblick auf einen späteren Vertragsabschluss nicht kostenlos zu erwarten sind. Es spricht gegen eine Vergütungspflicht, wenn der Unternehmer die Vorarbeiten aus eigenem Antrieb aufnimmt. Üblich ist, dass Vorarbeiten nicht zu vergüten sind. Im Hinblick darauf ist restriktiv von einer Vergütungspflicht von Vorarbeiten auszugehen.[82]

V. Höhe der Vergütung bei fehlender Bestimmung, § 632 Abs. 2 BGB

1. Vereinbarte Vergütung

89 Die Höhe der geschuldeten Vergütung bei fehlender Vereinbarung wird in § 632 Abs. 2 BGB geregelt.

90 Eine Bestimmung der Höhe der Vergütung liegt nicht nur dann vor, wenn sie zahlenmäßig exakt bezeichnet ist. Ausreichend ist, wenn sich aus dem Vertrag die Maßstäbe ergeben, nach denen die Vergütung zu berechnen ist. Bei einem Nachtragsauftrag geht der Wille der Parteien im Zweifel dahin, dass die Preise des Ursprungsauftrages zugrunde zu legen sind. Dies ist auch in § 2 Nr. 5 und 6 VOB/B in dieser Weise geregelt.

91 Eine Vergütungsvereinbarung fehlt auch, wenn die Parteien zwar eine Vereinbarung hinsichtlich der Vergütung getroffen haben, beide Parteien den Vertrag jedoch zu unterschiedlichen Beträgen abschließen wollen. Dabei handelt es sich um einen Dissens, der durch die Regelung des § 632 Abs. 2 BGB ohne weiteres nicht behoben werden kann. Vielmehr ist die Wirksamkeit des Vertrages nach §§ 154, 155 BGB zu bewerten. Nur wenn danach ein Vertrag überhaupt wirksam zustande gekommen ist, kann die Vorschrift des § 632 Abs. 2 BGB Anwendung finden.

2. Taxmäßige Vergütung

92 »Taxen« über die Regelung der Vergütung sind unter hoheitlicher Mitwirkung entstandene festgelegte Vergütungssätze[83] und Gebührenordnungen.[84]

93 Eine Gebührenordnung, die keine hoheitliche Festsetzung enthält, kann nicht als »Taxe« i. S. d. § 632 Abs. 2 BGB angesehen werden. Es ist jedoch nicht ausgeschlossen, dass diese Gebührenordnung die »übliche Vergütung« im Sinne dieser Vorschrift darstellt. Auch die Gebührenordnungen für Rechtsanwälte, Architekten, Ärzte etc. fallen unter den Begriff der »Taxe« im Sinne dieser Vorschrift.[85]

---

82 Ebenso BGH NJW 1979, 2202; MüKo/Busche § 632 BGB Rn. 11.
83 BGH NZBau 2001, 17; MüKo/Soergel § 632 BGB Rn. 13.
84 MüKo/Busche § 632 BGB Rn. 21; Staudinger/Peters § 632 BGB Rn. 37.
85 H.M., Erman/Seiler § 632 BGB Rn. 6; MüKo/Busche § 632 BGB Rn. 21.

3. Übliche Vergütung

Fehlt eine Taxe nach der die Vergütung bemessen werden kann, wird auf die übliche Vergütung zurückgegriffen. Üblich ist die Vergütung, die zur Zeit des Vertragsschlusses für nach Art, Umfang und Güte gleiche Leistungen nach allgemeiner Auffassung der beteiligten Kreise am Ort der Werkleistung gewährt wird.[86] Maßgeblich ist, was objektiv als üblich anzusehen ist. Die Vergleichbarkeit setzt voraus, dass ähnliche Verhältnisse in einer Vielzahl von Einzelfällen vorkommen.[87] Es kommt dabei nicht darauf an, was die betreffenden Kreise subjektiv als angemessen ansehen. Die allgemeine Geltung muss den Parteien nicht bewusst sein. Die üblichen Vergütungssätze sind regelmäßig nicht exakt festgelegt, sondern bewegen sich in einem bestimmten Rahmen.

94

4. Bestimmung der Vergütung in sonstigen Fällen

In manchen Fällen ist weder eine taxmäßige noch eine übliche Vergütung zu ermitteln. Zunächst kommt eine Bestimmung der Vergütungshöhe nach den Grundsätzen einer ergänzenden Vertragsauslegung in Betracht.[88] Führt auch die ergänzende Vertragsauslegung zu keinem Ergebnis, kann nach den §§ 315, 316 BGB die Vergütung durch den Unternehmer oder durch das Gericht festgelegt werden.[89] Soll eine Leistung durch eine Vertragspartei bestimmt werden, so muss diese Bestimmung gem. § 315 BGB nach billigem Ermessen getroffen werden. Anderenfalls ist die Bestimmung unwirksam. Im Rahmen des eingeräumten Ermessensspielraum, muss die bestimmende Partei, die beiderseitigen Interessen der Vertragsparteien zu Grunde legen.

95

VI. Mengenänderungen, Leistungsänderungen und zusätzliche Leistungen beim BGB-Bauvertrag

Im Gegensatz zur VOB/B beschäftigt sich im BGB kein Paragraph mit sog. Nachtragsforderungen für Mengenänderungen, Leistungsänderungen und zusätzlichen Leistungen. Dementsprechend stellt sich die Frage, wie beim BGB-Bauvertrag »Nachträge« zu behandeln sind. Aufgrund der besonderen praktischen Bedeutung von Nachträgen auf der Baustelle haben wir die Nachtragssystematik[90] ausnahmsweise ausführlich anhand der VOB/B-Regelungen erläutert und jeweils am Ende eines Themenbereichs die Rechtslage beim BGB-Bauvertrag erörtert. So ist gewährleistet, dass die Probleme gleichermaßen bei Vorliegen eines VOB/B-Bauvertrags und eines BGB-Bauvertrags zugeordnet und gelöst werden können.

96

---

86 BGH BB 1969, 1413.
87 BGH NJW 2001, 151, 152; Palandt/Sprau § 632 BGB Rn. 15.
88 BGH NJW-RR 2000, 1560; siehe auch BGH NJW 1985, 1895.
89 BGH NJW 1966, 539, 1969, 1855.
90 Ausführliche Darstellung auch bei Würfele/Gralla 3. Kapitel.

97 Die Nachträge werden nach

- Mengenabweichungen[91]
- Leistungsänderungen und[92]
- zusätzlichen Leistungen[93]

unterschieden.

VII. Besonderheiten beim Architektenvertrag

1. Fälligkeit des Architektenhonorars

98 Die Fälligkeit der in den Leistungsbildern der Honorarordnung für Architekten und Ingenieure aufgelisteten Leistungen richtet sich nach § 8 HOAI. Soweit Leistungen außerhalb der HOAI abgerechnet werden, ist § 8 HOAI nicht anwendbar.[94] Insoweit gelten allein die Reglungen des BGB.

§ 8 Abs. 1 HOAI lautet: »*Das Honorar wird fällig, wenn die Leistung vertragsgemäß erbracht und eine prüffähige Honorarschlussrechnung überreicht worden ist.*«

99 Aus § 8 Abs. 1 HOAI ergeben sich drei Voraussetzungen für die Fälligkeit des Honorars:

- vertragsgemäße Erbringung der Leistung
- Erstellung einer prüffähigen Honorarschlussrechnung
- Überreichung einer prüffähigen Honorarschlussrechnung

100 Im Gegensatz zum Bauvertrag ist beim Architektenvertrag die Abnahme im Rahmen des § 8 HOAI keine Fälligkeitsvoraussetzung. § 8 HOAI ändert insoweit das materielle Werkvertragsrecht des § 641 BGB ab. Nach § 641 Abs. 1, Satz 1 BGB ist die Vergütung bei der Abnahme zu entrichten. Es werden deshalb Bedenken erhoben, ob § 8 HOAI von der Ermächtigungsvorschrift des Art. 10 § 2 MRVG gedeckt ist.[95] Die h. M. und der BGH bejahen dies,[96] so dass die Fälligkeitsvoraussetzungen in § 8 HOAI abschließend sind.

a) Vertragsgemäße Erbringung der Leistung

101 Der Architekt muss nachweisen, dass er die vom ihm zu erbringende Leistung vertragsgemäß erbracht hat.

---

91 Siehe Rn. 151 ff., 191.
92 Siehe Rn. 210 ff., 225.
93 Siehe Rn. 235 ff., 253.
94 Siehe zum Architektenrecht ausführlich Wirth/Würfele/Brooks, Rechtsgrundlagen des Architekten und Ingenieurs.
95 Locher/Koeble/Frick § 8 Rn. 2; Korbion/Mantscheff/Vygen § 8 Rn. 4; Jochem § 8 HOAI Rn. 1; Hartmann § 8 HOAI Rn. 1.
96 BGH BauR 1981, 582, so auch OLG Düsseldorf BauR 1982, 294; OLG Hamm BauR 1986, 231.

Bis zur Entscheidung des BGH vom 24. 6. 2004[97] reichte es im Wesentlichen aus, wenn der Architekt/Ingenieur nachwies, dass er das mit der beauftragten Leistungsphase beabsichtigte Arbeitsergebnis erreicht hat; u. U. sogar, dass das Bauvorhaben mangelfrei errichtet worden ist.[98] **102**

Seit der Entscheidung des BGH vom 24. 6. 2004[99] ist der vom Architekten geschuldete Gesamterfolg im Regelfall nicht darauf beschränkt, dass er die Aufgaben wahrnimmt, die für die mangelfreie Errichtung des Bauwerks erforderlich sind. Vielmehr wird der Auftraggeber auch ein Interesse an den einzelnen Arbeitsschritten haben. Er wird regelmäßig ein Interesse an den Arbeitsschritten haben, die es ihm ermöglichen zu überprüfen, ob der Architekt den geschuldeten Erfolg vertragsgemäß bewirkt hat, die ihn in die Lage versetzen, etwaige Gewährleistungsansprüche gegen Bauunternehmer durchzusetzen und die erforderlich sind, die Maßnahmen zur Unterhaltung des Bauwerks und dessen Bewirtschaftung zu planen. Eine an den Leistungsphasen des § 15 HOAI orientierte vertragliche Vereinbarung begründet im Regelfall, dass der Architekt die vereinbarten Arbeitsschritte als Teilerfolg des geschuldeten Gesamterfolgs schuldet. Erbringt der Architekt einen derartigen Teilerfolg nicht, ist sein Werk mangelhaft. **103**

Der Architekt ist daher seit der Entscheidung des BGH vom 24. 6. 2004[100] gehalten, die Erbringung der beauftragten (Teil-)Leistungen sämtlichst vorzutragen und ggf. zu beweisen.

b) Erstellung einer prüffähigen Honorarschlussrechnung

Weitere Voraussetzung ist die Überreichung einer **prüffähigen** Honorarschlussrechnung.[101] Diese Rechung stellt die abschließende Berechung des Honorars für die gesamte vertragsgemäße Leistung dar. Es ist nicht erforderlich, dass der Auftragnehmer sie als Schlussrechnung bezeichnet, es muss sich aber zweifelsfrei ergeben, dass er damit sein **Honorar endgültig berechnet** und keine Nachberechnungen vorbehalten will. **104**

An die **Prüffähigkeit** der Honorarschlussrechnung werden hohe Anforderungen gestellt. Es gilt der Grundsatz, dass der Auftraggeber einen Anspruch darauf hat, dass die Berechung des Honorars transparent sein muss. Im Einzelnen muss die Rechnung so aufgestellt und gegliedert sein, dass der Auftraggeber in der Lage ist, zu überprüfen, ob sie **sachlich und rechnerisch** richtig ist.[102] Er muss ihr entnehmen können, welche Leistungen im Einzelnen berechnet worden sind und auf welchem Wege und unter Zugrundelegung welcher Parameter die Berechung vor- **105**

---

97 BauR 2004, 1640 = NJW 2004, 2588.
98 Einzelheiten bei Werner/Pastor Rn. 786, 787.
99 BauR 2004, 1640 = NJW 2004, 2588.
100 BauR 2004, 1640 = NJW 2004, 2588.
101 Dazu ausführlich Wirth/Würfele/Brooks, Rechtsgrundlagen des Architekten und Ingenieurs S. 263 ff.
102 BGH BauR 1997, 1065.

genommen worden ist. Dazu gehört auch, dass die Leistungen und Vergütungen so weit wie möglich aufgegliedert werden. So ist z.B. bei einem Honorar, welches nach Zeitaufwand zu ermitteln ist, der Zeitaufwand für jede Einzelleistung zu quantifizieren. Sind dem Auftragnehmer einzelne Grundleistungen einer Leistungsphase in Auftrag gegeben worden, so müssen die Honoraranteile für jede Einzelleistung aufgeführt werden.

106 Wie weit diese Aufgliederung im Einzelnen zu gehen hat, lässt sich nicht allgemein, sondern nur nach den Umständen des Einzelfalles entscheiden.[103] Dabei spielt auch die Sachkunde des jeweiligen Auftraggebers eine Rolle. Die konkreten Anforderungen ergeben sich letztlich aus dem **Informations- und Kontrollinteresse** des jeweiligen Auftraggebers, denn die Prüffähigkeit der Honorarschlussrechnung ist **kein Selbstzweck**. Die Ermittlung der anrechenbaren Kosten nach der Kostenberechung, dem Kostenanschlag bzw. der Kostenfestsetzung gem. DIN 276 in der Fassung von 1981 ist grundsätzlich Fälligkeitsvoraussetzung für den Honoraranspruch des Architekten.[104]

Der Auftraggeber ist nach Treu und Glauben mit solchen Einwendungen gegen die Prüffähigkeit der Schlussrechnung ausgeschlossen, die er nicht spätestens innerhalb einer Frist von **2 Monaten nach Zugang** der Rechnung vorgebracht hat.[105]

107 Dass die Schlussrechung **sachlich und rechnerisch richtig** ist, ist keine Voraussetzung der Prüffähigkeit. Ein etwaiger Rechenfehler oder die Berechung einer nicht erbrachten und nicht in Auftrag gegebenen Leistung, verpflichtet den Auftragnehmer demnach nicht, eine neue Rechung zu erstellen, sofern der Auftraggeber in der Lage ist, mit den ihm zur Verfügung stehenden Kenntnissen die Fehlerquelle und den Umfang des Fehlers zu ermitteln.[106]

108 Die Fälligkeit der Honorarforderung setzt **zwingend** die Erteilung einer prüffähigen Honorarschlussrechnung voraus. Dies gilt auch für den Fall, dass die Vertragsparteien ein Pauschalhonorar[107] vereinbart haben. Allerdings sind in diesem Fall die Anforderungen an die Schlussrechnung niedriger als oben dargestellt. Im Falle einer vorzeitigen Vertragsbeendigung,[108] z.B. durch Kündigung, ist ebenfalls die prüffähige Schlussrechnung eine Voraussetzung für die Fälligkeit der Vergütung. Hierbei sind an die Prüffähigkeit der Schlussrechnung ebenfalls hohe Anforderungen zu stellen. Die Schlussrechnung ist für den Auftrag insgesamt zu erteilen. Sie ist demnach nur prüffähig, wenn die erbrachten von den nicht erbrachten Leistungen

---

103 Die Rechtsprechung hat einzelne Kriterien aufgestellt: BGH BauR 1999, 1318; BauR 2000, 124; BauR 2000, 591; BauR 1998, 1108; BauR 1999, 63.
104 BGH BauR 2004, 316 = NZBau 2004, 216.
105 BGH BauR 2004, 316 = NZBau 2004, 216.
106 Werner/Pastor, Rn. 971, S. 478.
107 Werner/Pastor, Rn. 977, S. 487.
108 BGH BauR 2000, 589 = ZfBR 2000, 172.

abgegrenzt werden. Der Auftragnehmer trägt die Darlegungs- und Beweislast für die erbrachten Leistungen.

c) Überreichung einer prüffähigen Honorarschlussrechnung

Letzte Voraussetzung für die Fälligkeit ist schließlich, dass die Rechnung dem Auftraggeber überreicht wurde, ihm also zugegangen ist. Dafür muss die Rechung in einem Schriftstück verkörpert sein, eine mündliche Mitteilung reicht nicht aus. Der Zugang der Rechung setzt voraus, dass sie so in den Machtbereich des Empfänger gelangt ist, dass unter normalen Umständen damit zu rechnen war, dass dieser hiervon Kenntnis erlangen konnte.[109] Dazu genügt es regelmäßig, wenn die Rechung in den Briefkasten geworfen oder an der Haustür einem Angestellten übergeben wird. Kommt es auf den genauen Zeitpunkt der Kenntnisnahme an, so ist auf den Zeitpunkt abzustellen, in welchem der Empfänger normaler Weise Kenntnis nehmen konnte, z.B. bei Einwurf in den Briefkasten am Nachmittag oder Abend wird der Zugang am nächsten Morgen erfolgen, da der Briefkasten in der Regel morgens geleert wird.

109

2. Bindungswirkung der Schlussrechnung

Die Bindung der Architekten an die einmal gestellte Schlussrechnung stellt eine Besonderheit dar. Sie wurde von der Rechtsprechung entwickelt, obwohl hierzu keinerlei gesetzliche Grundlage bestand.[110] Begründet wurde dies damit, dass der Auftraggeber hinsichtlich des Inhaltes der Schlussrechnung geschützt werden solle. Er müsse sich darauf verlassen können, dass keine weiteren Ansprüche gestellt werden können.

110

Die früher in der Rechtssprechung vertretene Bindung des Architekten an seine einmal erteilte Schlussrechung und damit das Verbot, nachträglich weitere Rechnungsposten oder eine höhere Honorarforderungen geltend zu machen, ist seit 1992 vom BGH[111] eingeschränkt worden. Ausnahmen von der Bindung können bestehen, wenn der Auftragnehmer sich die Nachberechnung ausdrücklich **vorbehalten** hat oder wenn es sich um ganz **offensichtliche Fehler** handelt. Eine Korrektur der Honorarschlussrechnung ist auch immer dann noch möglich, wenn Gründe für eine **Anfechtung wegen Irrtums** oder **arglistiger Täuschung** vorliegen. Bei der Bindung an die Schlussrechung handelt es sich also nicht um einen Grundsatz, der starr angewendet werden darf. Soweit es sich aus den nach § 242 BGB zu berücksichtigenden Umständen des Einzelfalles ergibt, kann der Auftragnehmer die Schlussrechung beim Vorliegen eines wichtigen Grundes auch nachträglich zu seinen Gunsten korrigieren. Dabei trägt der Auftragnehmer die Darlegungs- und Beweislast für die Umstände, die es ihm unzumutbar machen, an der

111

---
109 BGH NJW 1983, 929.
110 BGH BauR 1985, 582.
111 BGH Urt. v. 5.11.1992 NJW 1993, 659; BGH Urt. v. 22.5.1997 NJW 1997, 2329.

von ihm erteilten Rechnung festzuhalten. Hierzu ist darzulegen, warum er seine Rechnung fehlerhaft zu niedrig erteilt hat und welche Umstände ihn dazu berechtigen, sich von der einmal erteilten Schlussrechung wieder zu lösen.

112 In der Praxis ist die Frage relevant, ob der Auftragnehmer auch an eine nicht prüffähige Rechnung gebunden ist. Die herrschende Meinung bejaht dies.[112] Abgestellt wird darauf, dass es sich um eine vergleichbare Konstellation handelt, wie sie der BGH zur Frage der Schlusszahlung nach § 16 Nr. 3 VOB/B entscheiden habe. Entscheidend war dabei die Argumentation, dass auch bei einer nicht prüffähigen Rechnung die »Schlusszahlungswirkungen« eintreten können. Auch würde sich der Unternehmer anderenfalls mit seinem eigenen Verhalten – Erteilung der Rechnung – in Widerspruch setzen. Im Ergebnis führt dies dazu, dass nicht die Prüffähigkeit der Rechnung entscheidend ist, sondern allein die Frage, ob beim Rechnungsempfänger Vertrauen bezüglich der Berechtigung der Abrechnung entstanden ist. Zudem würde der Auftragnehmer, der eine nicht prüfbare Rechnung gestellt hat, besser gestellt als derjenige Auftragnehmer, der eine prüfbare Rechnung gestellt hat. Denn ersterer wäre nicht an seine Rechnung gebunden und könnte diese leichter »korrigieren« als der »ordentlich abrechnende« und gebundene Architekt.

113 Letzteres führt in der Praxis allerdings dazu, dass die Bindungswirkung dann entfällt, wenn der Auftraggeber bald nach Rechnungserhalt deren fehlende Prüfbarkeit rügt. In diesem Fall tut er kund, dass bei ihm grade kein Vertrauen auf eine abschließende Rechnung entstanden ist.[113]

3. Verjährung

a) Systematik

114 **Honorarforderungen** des Architekten verjähren gem. § 195 BGB in 3 Jahren. Diese regelmäßige Verjährungsfrist beginnt nach § 199 BGB mit dem Schluss des Jahres, in dem der Anspruch entstanden ist und der Gläubiger Kenntnis von den den Anspruch begründenden Umständen erlangt hat oder ohne grobe Fahrlässigkeit erlangen müsste.

Für **Nebenpflichtverletzungen**, die unmittelbar zu einem Schaden geführt haben, der **keinen Mangel** darstellt, gilt ebenfalls § 195 BGB.

Für **Haupt-** und **Nebenpflichtverletzungen**, die zu einem **Mangel** geführt haben, greift § 634a BGB ein.

---

112 OLG Hamm BauR 1989, 351; OLG Köln NJW-RR 1999, 1109; Hesse in: Korbion/Mantscheff/Vygen § 8 Rn. 33; Locher/Koeble/Frik § 8 HOAI Rn. 42.
113 BGH BauR 1993, 236; KG NJW-RR 1995, 536; OLG Köln NJW-RR 1999, 1109.

b) Honorarforderungen

Honorarforderungen des Architekten verjähren – wie ausgeführt – in 3 Jahren, und diese Verjährungsfrist beginnt nach § 199 BGB mit dem Schluss des Jahres, in dem der Anspruch entstanden ist und der Gläubiger Kenntnis von den den Anspruch begründenden Umständen erlangt hat oder ohne grobe Fahrlässigkeit erlangen müsste. Voraussetzung für die Entstehung der Forderung ist die Fälligkeit des Anspruchs. Wann die Fälligkeit der Forderung eintritt, bestimmt sich im Rahmen des oben dargestellten, entweder nach der Vereinbarung der Parteien oder in Ermangelung einer Vereinbarung nach § 8 HOAI. Danach ist im Grundsatz die Voraussetzung für den Beginn der Verjährung die **Überreichung einer prüffähigen Schlussrechnung**. Wann die Fälligkeit einer Forderung eintritt, wurde bereits oben aufgeführt, in Einzelfällen gelten für die Verjährung Besonderheiten.[114]

115

Der Auftraggeber kann sich nach Treu und Glauben dann nicht auf die fehlende Prüffähigkeit berufen, wenn die Rechung auch **ohne die objektiv unverzichtbaren Angaben seinen Kontroll- und Informationsinteresse genügt**. In diesen Fällen handelt der Auftraggeber rechtsmissbräuchlich. Dieser Ausschluss der Einwendungen führt jedoch nicht dazu, dass die Rechnung prüffähig ist, sondern vielmehr dazu, dass die Fälligkeit zu bejahen ist. In diesen Fällen beginnt die **Verjährung**, wenn dieser Umstand für den Architekten erkennbar **nach außen zutage tritt**.[115]

116

Ist die Schlussrechnung nur in Teilen prüffähig, kann der Architekt die Zahlung eines Guthabens verlangen, dass unter Berücksichtigung eventueller Voraus- und Abschlagszahlungen bereits feststeht.

117

Bei einer **teilweise prüffähigen** Schlussrechung, beginnt die Verjährung grundsätzlich erst mit der Erteilung einer **insgesamt prüffähigen** Schlussrechung zu laufen. Eine Anknüpfung der Verjährung an unterschiedliche Fälligkeitstermine wäre mit dem Gebot der Rechtsklarheit und Rechtssicherheit nicht zu vereinbaren.[116]

118

In Fällen in denen der Auftragnehmer erst gar **keine Rechung** erstellt, kann der Auftraggeber eine angemessene Frist zur Erstellung der Schlussrechung setzen kann und der Auftragnehmer sich im Falle der **Nichteinhaltung der Frist** nach Treu und Glauben so behandeln lassen muss, als sei die Honorar-Schlussrechung innerhalb dieser Frist erteilt worden. Nach Ablauf dieser Frist beginnt dann auch die **Verjährung** zu laufen.[117]

119

---

114 Vgl. hierzu Wirth/Würfele/Brooks, Rechtsgrundlagen des Architekten und Ingenieurs S. 261 ff. m.w.N.
115 Ausführlich Werner/Pastor, Rn. 971 c, S. 481.
116 BGH Urteil v. 27.11.2003, BauR 2004, 316.
117 BGH Urteil v. 21.6.2001, BauR 2001, 1610.

C. Vergütungssicherheiten

I. Allgemeines

120 Nach der gesetzlichen Grundvorstellung, die sich u. a. aus § 632a BGB ergibt, geht der Unternehmer in Vorleistung und der Besteller bezahlt bereits erbrachte Bauleistungen; sei es bei Fertigstellung, sei es als Abschlagszahlung während der Bauausführung.

121 Eine Möglichkeit für den Unternehmer eine Sicherheit zu erlangen bietet § 648a BGB.[118] Danach kann der Unternehmer eines Bauwerks vom Besteller Sicherheit für die von ihm zu erbringenden Vorleistungen verlangen. Unabhängig davon kann der Unternehmer versuchen, eine vertragliche Vereinbarung zu erreichen, in der sich der Besteller verpflichtet, eine Zahlungsbürgschaft als Sicherheit zu geben. Diese sichert das Vorleistungsrisiko des Unternehmers ab. Eine solche Regelung dürfte in der Praxis allerdings kaum zu erhalten sein.

122 Leistet der Besteller Vorauszahlungen, z.B. aus steuerlichen, haushaltsrechtlichen oder subventionsrechtlichen Gründen, so wird der Unternehmer in der Regel eine Vorauszahlungsbürgschaft aufs erste Anfordern zu stellen haben. Die Abrede »aufs erste Anfordern« dürfte in diesem Fall auch wirksam sein, weil der Besteller entgegen der generellen Vorleistungspflicht des Unternehmers seinerseits in Vorleistung geht und daher eine andere Interessenlage besteht als bei »Vertragserfüllungs- oder Gewährleistungsbürgschaften«.

II. Vertragserfüllungsbürgschaft

1. Allgemeines

123 Die Vertragsparteien können die Art der Sicherheitsleistung im Rahmen ihrer Vertragsautonomie vereinbaren. In der Bauwirtschaft ist es üblich, bauvertragliche Ansprüche durch Bankbürgschaft zu sichern. Die Bürgschaft ist nach § 765 Abs.1 BGB ein einseitig verpflichtender Vertrag, in dem sich der Bürge verpflichtet, für die Verbindlichkeit eines Dritten einzustehen. Die Bürgschaft begründet eine von der Verpflichtung des Hauptschuldners verschiedene, rechtlich selbstständige Verpflichtung des Bürgen, die ihren Rechtsgrund in sich selbst trägt und daher grundsätzlich unabhängig von dem Bestand der Hauptschuld ist.[119] Die Schuld des Bürgen ist akzessorisch, d.h. sie ist eine von Entstehung, Erlöschen, Umfang, Zuordnung und Durchsetzbarkeit der Hauptschuld dauernd abhängige Hilfsschuld.[120] Aus dem der Bürgschaftserklärung zu entnehmenden Bürgschaftszweck können sich Abweichungen ergeben.[121]

---
118 Siehe vor allem die dortige Kommentierung.
119 Vgl. BGH NZBau 2001, 311.
120 Palandt/Sprau Einf. v. § 765 BGB Rn. 1.
121 Vgl. BGH NJW 2005, 2157.

2. Sinn und Zweck der Vertragserfüllungsbürgschaft

Die Vertragserfüllungsbürgschaft sichert die Erfüllungsansprüche des Auftraggebers bis zum Zeitpunkt der Abnahme ab. Der Auftraggeber möchte sich durch die Vertragserfüllungsbürgschaft vor dem Risiko schützen, einen finanziellen Schaden zu erleiden, weil der Auftragnehmer seine Leistung nicht oder nicht fristgerecht erfüllt und insolvent wird. Insbesondere bei Großbauvorhaben muss bei Ausfall eines Unternehmers zeitnah ein leistungsstarker Ersatzunternehmer gefunden werden, um das Bauvorhaben termingerecht fertig zu stellen. Der klassische Bauherr als Auftraggeber ist diesem Zeitdruck ausgesetzt, weil er seinerseits häufig bereits Miet- und Pachtverhältnisse abgeschlossen hat, die fristgemäß erfüllt werden müssen. Diesem Termindruck ist auch der eingesetzte Generalunternehmer als Auftraggeber von Subunternehmern ausgesetzt. Oftmals drohen bei nicht fristgerechter Fertigstellung des Bauprojekts Vertragsstrafen. Die nachfolgenden Unternehmer, die auf eine bereits angefangene Bauleistung aufbauen müssen, werden die Notsituation des Auftraggebers nutzen, um höhere Preise durchzusetzen. Dies resultiert daraus, dass der Auftraggeber nur einen kurzen Verhandlungs- und Vergabezeitraum zur Verfügung hat und zum anderen Schwierigkeiten bestehen, wenn der nachfolgende Unternehmer die Gewährleistung für die bereits vorhandene Bausubstanz übernehmen soll. Die Vertragserfüllungsbürgschaft soll das Kostenrisiko des Auftraggebers minimieren.

3. Abgrenzung zur Gewährleistungsbürgschaft

Die Vertragserfüllungsbürgschaft ist streng von der Bürgschaft für Mängelansprüche, der sog. Gewährleistungsbürgschaft zu unterscheiden. Aus dogmatischer Sicht wird die Gewährleistung noch in das Erfüllungsstadium eingeordnet. In der Baurechtspraxis ist allerdings eine durch den Sprachgebrauch übliche Trennung zwischen den beiden Bürgschaftsarten üblich. Die Gewährleistungsbürgschaft sichert sämtliche Mängelrechte des Auftraggebers nach Abnahme, unabhängig davon, ob die zugrunde liegenden Mängel bei Abnahme bekannt waren bzw. erkannt und gerügt wurden.[122]

Die Vertragserfüllungsbürgschaft gilt auch für die bei der Abnahme vorbehaltenen Mängel sowie für Mängelansprüche, die vor der Abnahme bereits entstanden sind und in entsprechende Zahlungsansprüche umgewandelt worden sind.[123]

Letztendlich ist über den reinen Wortlaut einer verwendeten Klausel hinaus, der Regelungsgehalt anhand einer einzelfallbezogenen Auslegung der Sicherungsvereinbarung zu ermitteln.[124]

---

122 Vgl. OLG Frankfurt NJW-RR 1987, 82; OLG Stuttgart BauR 1976, 435; Kleine-Moeller/Merl § 12 Rn. 1323.
123 Kleine-Moeller/Merl § 12 Rn. 1325, 1326.
124 Kainz in: Kuffer/Wirth, 2. Kap. D. Rn. 215.

4. Sicherungsumfang der Vertragserfüllungsbürgschaft

126 Folgende Ansprüche des Auftraggebers sind nach Rechtsprechung[125] und Schrifttum[126] von der Vertragserfüllungsbürgschaft abgesichert:

> **Gesicherte Ansprüche des Auftraggebers**
>
> – Ansprüche des Auftraggebers auf eine vollständige und fristgerechte Leistungserfüllung,
> – Ansprüche des Auftraggebers auf eine mangelfreie Werkleistung zum Zeitpunkt der Abnahme
> – Ansprüche auf Schadensersatz und Verzug gem. §§ 280, 286 ff. BGB, § 6 Nr. 6, § 8 Nr. 3 i.V.m. § 5 Nr. 4 VOB/B;
> – Vertragsstrafe bei Nichterfüllung bestimmter Vertragsfristen;
> – Schadensersatzansprüche nach § 4 Nr. 7 Satz 2 VOB/B wegen nicht ordnungsgemäßer Leistung während der Bauausführung;
> – Rückforderungsansprüche auf Überzahlung, wenn diese Ansprüche auf Schadensersatz wegen Nichterfüllung resultieren.
> – Im Einzelfall Erweiterung auf Ansprüche wegen modifizierter Leistungen nach § 1 Nr. 3 und Nr. 4 VOB/B

a) Ansprüche auf ordnungsgemäße (mangelfreie) Leistung

127 Die Vertragserfüllungsbürgschaft sichert die Ansprüche des Auftraggebers auf eine mangelfreie Werkleistung zum Zeitpunkt der Abnahme (§ 4 Nr. 7 VOB/B).[127] Die Vertragserfüllungsbürgschaft deckt darüber hinaus die dem Auftraggeber zustehenden Schadensersatzansprüche wegen Nichterfüllung gegen den Auftragnehmer.[128]

b) Ansprüche auf fristgerechte Erfüllung

128 Die Vertragserfüllungsbürgschaft erfasst Ansprüche auf eine fristgerechte Erfüllung, insbesondere Ansprüche des Auftraggebers aus Verzug nach §§ 280, 286 ff. BGB; § 6 Nr. 6, § 8 Nr. 3 i.V.m. § 5 Nr. 4 VOB/B. Die bauvertragliche Vereinbarung einer zu zahlenden Vertragsstrafe für den Fall der schuldhaften Terminüberschreitung wird ebenfalls von der Vertragserfüllungsbürgschaft erfasst.

c) Modifizierte Leistungen

129 Gerade bei der Durchführung komplexer Großbauvorhaben sind Nachträge an der Tagesordnung. Der Leistungsumfang des Bauvertrages wird aufgrund ange-

---

[125] Vgl. BGH BauR 1982, 506; BGH BauR 1988, 220.
[126] Joussen in: Ingenstau/Korbion § 17 Nr. 1 VOB/B Rn. 15 ff.; Kainz in: Kuffer/Wirth 2. Kap. D. Rn. 216.
[127] OLG Düsseldorf BauR 1998, 553.
[128] BGH BauR 1988, 220; OLG Celle 1997, 1057.

ordneter Leistungsänderungen oder notwendig werdender Zusatzleistungen modifiziert. Diesen Umständen trägt § 1 Nr. 3 und Nr. 4 VOB/B Rechnung. Der Auftragnehmer kann für die geänderten und/oder zusätzlichen Leistungen einen Mehrvergütungsanspruch geltend machen (§ 2 Nr. 5 und Nr. 6 VOB/B). Die vereinbarte Sicherungsabrede, die ausdrücklich oder konkludent auf den konkreten Bauvertrag oder die Bauleistung Bezug nimmt, erfasst derartige Vertragsänderungen, die vielfach zu einer Erhöhung der Vergütung führen.[129] Für einen Bauvertrag unter Einbeziehung der VOB/B folgt dies aus dem Umstand, dass die Sicherungsabrede insgesamt auf die VOB/B Bezug nimmt. Die dort enthaltenen Leistungsanordnungsrechte und die damit einhergehende Möglichkeit einer Leistungserweiterung werden von der Sicherungsabrede erfasst. Dies bedeutet, dass der Auftraggeber ohne weitergehende Vereinbarung berechtigt ist, bei einer getroffenen Sicherungsabrede dem Grunde nach auch eine Sicherheit für die geänderte oder zusätzliche Leistung zu verlangen.

Fraglich ist, ob im Verhältnis des Auftraggebers zum Bürgen, der Bürgschaftstext der übergebenen Vertragserfüllungsbürgschaft ebenfalls modifizierte Leistungen bzw. deren ordnungsgemäße und fristgerechte Erbringung umfasst. Bei der rechtlichen Würdigung ist zu berücksichtigen, dass der Bürge bei Vertragsabschluss noch keine genaue Kenntnis darüber hat, in welchem Umfang Nachtragsleistungen zur Ausführung kommen. Das OLG Braunschweig hat in seinem Urteil vom 2. 2. 1998[130] entschieden, dass eine Bürgschaft auf erstes Anfordern keine Forderungen aus zusätzlichen Aufträgen während der Bauausführung sichert, wenn nicht ein derartiger Geltungsumfang der Bürgschaft ausdrücklich im Text festgehalten ist. In dem konkreten Fall bezog sich der Bürgschaftstext auf den genau bezeichneten Generalunternehmervertrag sowie die seinerzeit bereits bekannten Nachträge »1 bis 4«. Die Erstreckung der Bürgschaft auf weitere Nachträge hätte durch eine spätere, ausdrückliche Erklärung des Bürgen erfolgen müssen.[131] Die Bürgschaft bezog sich bereits ursprünglich auf bestimmt bezeichnete Nachträge, so dass eine spätere Erweiterung nicht vom Sicherungsumfang erfasst war.

130

In den meisten Fällen wird eine Vertragserfüllungsbürgschaft bereits vor Baubeginn übergeben, so dass dem Bürgen zu diesem Zeitpunkt ausschließlich die ursprüngliche bauvertragliche Leistungsverpflichtung bekannt ist. Modifizierte Leistungen während des Bauablaufs können grundsätzlich zur Anwendung von § 767 Abs. 1 Satz 3 BGB führen. Die Verpflichtung des Bürgen wird gem. § 767 Abs. 1 Satz 3 BGB durch ein Rechtsgeschäft nicht erweitert, das der Hauptschuldner nach der Übernahme der Bürgschaft vornimmt. Es handelt sich bei der Anord-

131

---

129 Joussen in: Ingenstau/Korbion § 17 Nr. 1 VOB/B Rn. 28; Schmitz/Vogel ZfIR 2002, 509, 513.
130 OLG Braunschweig IBR 1998, 370.
131 OLG Braunschweig IBR 1998, 370.

nung modifizierter Leistungen allerdings nicht um ein neuartiges Rechtsgeschäft. Vielmehr übt der Auftraggeber mit der Anordnung einer Leistungsänderung nach § 1 Nr. 3 VOB/B oder einer zusätzlichen Leistung nach § 1 Nr. 4 VOB/B ein Gestaltungsrecht aus, welches auf dem ursprünglich vereinbarten Bauvertrag basiert. Der Bürge kannte demnach bereits vorher die bestehenden Risiken. Haben die Parteien hingegen einen BGB-Vertrag geschlossen, ohne dass sich der Auftraggeber ein ausdrückliches Anordnungsrecht vorbehalten hat, wird man davon ausgehen dürfen, dass nachträgliche Leistungsänderungen nicht von der Vertragserfüllungsbürgschaft erfasst werden.[132] Der Auftraggeber sollte aber in jedem Fall dafür Sorge tragen, dass der Bürgschaftstext eine ausdrückliche Regelung zur Deckung von Leistungsmodifikationen enthält.

d) Ansprüche aus Ausfallhaftung

132 Nach überwiegender Meinung im Schrifttum[133] wird über eine Vertragserfüllungsbürgschaft auch die Ausfallhaftung des Auftraggebers wegen Verletzung der Pflicht zur Zahlung von Mindestlöhnen etc. durch dessen Auftragnehmer bzw. Subunternehmer gedeckt. Aus § 1 a AEntG (Arbeitnehmer-Entsendegesetz) haftet ein Unternehmer, der einen anderen Unternehmer mit Bauleistungen beauftragt hat, wie ein Bürge dafür, dass der von ihm beauftragte Auftragnehmer bzw. dessen Subunternehmer die jeweils geltenden Mindestlöhne sowie die Beiträge an eine gemeinsame Einrichtung der Tarifvertragsparteien zahlen.

e) Ausschluss von Rückforderungsansprüchen

133 Die Vertragserfüllungsbürgschaft sichert keine Rückforderungsansprüche nach einer Überzahlung. Die Rückforderungsansprüche sind vertragliche Erstattungsansprüche und keine Ansprüche aus ungerechtfertigter Bereicherung nach §§ 812 ff. BGB. Rückforderungsansprüche nach § 812 BGB werden nicht von der Vertragserfüllungsbürgschaft erfasst, weil es sich dabei nicht mehr um eine nicht vertragsgemäße Leistung des Auftragnehmers i. S. d. § 17 Nr. 1 Abs. 2 VOB/B handelt.[134] In der Praxis werden diese Ansprüche allerdings meistens ausdrücklich in den Bürgschaftstext aufgenommen.

5. Inanspruchnahme der Vertragserfüllungsbürgschaft

134 Der Auftraggeber kann die Sicherheit in Form einer Vertragserfüllungsbürgschaft nur in Anspruch nehmen, wenn der Sicherungsfall eingetreten ist. Zur klaren Abgrenzung und Bestimmung des Sicherungsfalls ist eine vertragliche Regelung empfehlenswert. Andernfalls wird es zwischen Auftraggeber und Auftragnehmer

---

132 Joussen in: Ingenstau/Korbion § 17 Nr. 1 VOB/B Rn. 29; Thierau in: Jahrbuch Baurecht 2000, 66, 74.
133 Joussen in: Ingenstau/Korbion § 17 Nr. 1 VOB/B Rn. 21; Maser in: FS Jagenburg, 557, 560; a. A. OLG Stuttgart BauR 2002, 1093.
134 Joussen in: Ingenstau/Korbion § 17 Nr. 1 VOB/B Rn. 19.

bereits Uneinigkeit in der Frage geben, ob die Vertragserfüllungsbürgschaft »gezogen« werden kann. Aufgrund der verschiedenen, denkbaren Konstellationen sollte der Sicherungsfall in der Sicherungsabrede geregelt werden. Fehlt eine ausdrückliche Vereinbarung der Parteien über den Sicherungsfall, so ist der Vertrag unter Berücksichtigung der Interessen beider Parteien auszulegen.[135] Für den Fall der Vereinbarung einer Gewährleistungsbürgschaft versteht der BGH[136] unter dem Sicherungsfall bei einer interessengerechten Auslegung des Willens der Parteien, dass der Sicherungsnehmer berechtigt ist, die Sicherheit für die vom Sicherungszweck erfassten geldwerten Gewährleistungsansprüche (Vorschuss auf Mangelbeseitigungskosten, Erstattung der Aufwendungen für Mängelbeseitigung, Schadensersatz, Minderung) zu verwerten. Der Sicherungsfall ist erst gegeben, wenn der gesicherte Anspruch in eine Geldforderung übergegangen ist, also nicht bereits, wenn der Auftraggeber einen Nachbesserungsanspruch geltend macht.[137]

Der Sicherungsfall bei der Vertragserfüllungsbürgschaft tritt nicht bereits bei der Eröffnung des Insolvenzverfahrens ein. Der Insolvenzverwalter hat vielmehr zunächst unter Fristsetzung nach § 103 Abs. 2 InsO eine Wahl zwischen Erfüllung und Nichterfüllung zu treffen. Lehnt der Insolvenzverwalter die Vertragserfüllung ab, kann der Auftraggeber als Bürgschaftsgläubiger den ihm zustehenden Schadensersatzanspruch gegenüber dem Bürgen geltend machen. Eine Geltendmachung ist auch rechtmäßig, wenn der Auftraggeber den Vertrag berechtigt gekündigt hat, etwa nach § 8 Nr. 2 VOB/B und ihm ein Schadensersatzanspruch nach § 8 Nr. 2 Abs. 2 VOB/B zusteht. 135

6. Vertragserfüllungsbürgschaft auf erstes Anfordern

Die Besonderheit dieses Bürgschaftsmodells besteht darin, dass der Bürge auf einfaches, vertragsgerechtes Verlangen des Bürgschaftsgläubigers sofort zahlen muss. Einwendungen und Einreden aus dem Hauptschuldverhältnis werden zeitlich zurückgestellt und können erst nach der Zahlung des Bürgen in einem Rückforderungsprozess geltend gemacht werden.[138] 136

Der Bürge kann allerdings zwei Einwendungen bei der Bürgschaft auf erstes Anfordern erheben.

Der Bürge kann geltend machen, dass die dem Zahlungsbegehren des Gläubigers zu Grunde liegende Hauptforderung nach der Vertragsurkunde nicht Gegenstand des Bürgschaftsvertrags ist. Aufgrund der Akzessorietät der Bürgschaft wird nur die von der Sicherungsabrede gedeckte Hauptverbindlichkeit erfasst.[139] Dement- 137

---

135 Kuffer BauR 2003, 155.
136 BGH BauR 2001, 1893, 1894.
137 BGH BauR 2001, 1893, 1894.
138 BGH NZBau 2001, 311.
139 OLG München WM 1996, 1856.

sprechend können Mängelansprüche nach der Abnahme nur bei Vorliegen einer Gewährleistungsbürgschaft, nicht jedoch bei einer Vertragserfüllungsbürgschaft geltend gemacht werden.

138 Der Bürge kann als weitere mögliche Einwendung geltend machen, dass der Gläubiger unter klar erkennbarer Ausnutzung einer nur formalen Rechtsstellung missbräuchlich handelt. Dies ist der Fall, wenn sich die Einwände des Bürgen aus dem unstreitigen Sachverhalt oder aus dem Inhalt der Vertragsurkunden ohne weiteres ergeben.[140]

139 Der BGH hat in einem Urteil vom 18. 4. 2002[141] entschieden, dass eine Regelung in Allgemeinen Geschäftsbedingungen des Bestellers unwirksam ist, die den Bauunternehmer dazu verpflichtet, zur Sicherung von Vertragserfüllungsansprüchen eine Bürgschaft auf erstes Anfordern zu stellen. Der BGH begründet seine Entscheidung mit dem Argument, dass die Bürgschaft auf erstes Anfordern zu Lasten des Auftragnehmers unangemessen über das Sicherungsbedürfnis des Auftraggebers hinausgehe. Aufgrund einer solchen Bürgschaft könne der Auftraggeber von der bürgenden Bank ohne näheren Nachweis des Sicherungsfalls die Auszahlung der Bürgschaftssumme verlangen. Dies begründe die Gefahr, dass der Auftraggeber das Sicherungsmittel in Anspruch nehme, obwohl der Bauunternehmer seine Bauleistung ordnungsgemäß erbracht hat. Der Bauunternehmer sei dann gezwungen, gegen den Auftraggeber wegen unberechtigter Inanspruchnahme der Bürgschaft vorzugehen. Dabei trage der Unternehmer das Risiko der zwischenzeitlichen Insolvenz des Auftraggebers.

Die Verpflichtung eines Bauunternehmers, zur Sicherung von Vertragserfüllungsansprüchen eine Bürgschaft auf erstes Anfordern zu stellen, ist auch in Allgemeinen Geschäftsbedingungen eines öffentlichen Auftraggebers unwirksam.[142]

140 Der Vertrag ist bei Verträgen, die bis zum 31. 12. 2002 abgeschlossen wurden, ergänzend dahin gehend auszulegen, dass der Auftragnehmer eine unbefristete, selbstschuldnerische Bürgschaft schuldet.[143] Die Schuldnerin kann in diesem Fall nicht die Herausgabe der Bürgschaftsurkunde auf erstes Anfordern, sondern nur die Abgabe einer schriftlichen Erklärung der Gläubigerin verlangen, wonach diese zum Ausdruck bringt, dass sie die Bürgschaft nicht auf erstes Anfordern, sondern nur als selbstschuldnerische Bürgschaft geltend machen werde.[144]

Die ergänzende Vertragsauslegung kommt für Verträge, die nach dem 31. 12. 2002 geschlossen worden sind, nicht mehr in Betracht.[145]

---

140 BGH NZBau 2001, 311.
141 BGH BauR 2002, 935.
142 BGH BauR 2004, 1143.
143 BGH BauR 2004, 1143; BGH BauR 2002, 1533.
144 BGH BauR 2004, 500; BGH BauR 2003, 1385.
145 BGH BauR 2004, 1143.

7. Verjährung der Ansprüche

Die Ansprüche aus einer Vertragserfüllungsbürgschaft verjähren nach der regelmäßigen Verjährungsfrist von drei Jahren gem. § 195 BGB. 141

Nach § 199 Abs. 1 BGB beginnt die regelmäßige Verjährungsfrist mit dem Schluss des Jahres, in dem der Anspruch entstanden ist und der Gläubiger von den den Anspruch begründenden Umständen und der Person des Schuldners Kenntnis erlangt oder ohne grobe Fahrlässigkeit erlangen müsste. Der Anspruch verjährt gem. § 199 Abs. 4 BGB ohne Rücksicht auf die Kenntnis oder grob fahrlässige Unkenntnis in zehn Jahren von seiner Entstehung an. 142

In der Regel entsteht der Anspruch des Gläubigers gegen den Bürgen gleichzeitig mit der Hauptforderung. Für die Praxis empfiehlt es sich, sowohl in der Sicherungsabrede als auch in dem Bürgschaftstext eine klare Regelung zu treffen, wonach die Ansprüche aus der Bürgschaft unter keinen Umständen früher verjähren als die gesicherte Forderung. Kainz[146] schlägt nachstehende Regelung vor: 143

»Die Bürgschaft ist unbefristet. Sie erlischt mit der Rückgabe der Bürgschaftsurkunde. Ansprüche aus der Bürgschaft verjähren in keinem Fall früher als die gesicherte Forderung. Im Höchstfall gilt die Frist des § 202 Abs. 2 BGB.«

8. Prozessuales

Der Auftraggeber ist als Bürgschaftsgläubiger umfassend darlegungs- und beweispflichtig.[147] Sein prozessualer Vortrag hat folgende Positionen zu umfassen: 144

- Entstehen und Fälligkeit der Hauptverbindlichkeit,
- Vorliegen des Sicherungsfalls,
- Grund für die Haftung des Bürgen aus dem Bürgschaftsvertrag.

D. VOB/B

I. Allgemeine Vergütungsregelungen

§ 1 Nr. 1 VOB/B legt fest, dass sich die **Leistungsverpflichtung** für den Bauunternehmer **nach dem Vertrag** bestimmt. Als Bestandteil des Vertrages gelten auch die Allgemeinen Technischen Vertragsbedingungen für Bauleistungen (VOB/C). In § 1 Nr. 2 VOB/B wird für Widersprüche im Vertrag eine Reihenfolge von einzelnen Leistungsbeschreibungselementen festgelegt. Inzident wird damit ausgedrückt, welche **Leistungsbeschreibungselemente als Bestandteile** des Vertrages in Betracht kommen. Dabei ist die Aufzählung in § 1 Nr. 2 VOB/B nicht abschließend. 145

---
146 Kainz in: Kuffer/Wirth 2. Kap. D. Rn. 232.
147 BGH NJW 1989, 1606; BGH NJW 1988, 906.

146 § 2 VOB/B regelt den Vergütungsanspruch in der VOB/B. Danach erhält der Unternehmer eine Vergütung für die erbrachte Bauleistung. Die Vorschrift des § 2 VOB/B ist das Gegenstück zur Regelung des § 1 VOB/B, der Bezug nimmt auf die vertragliche Leistungspflicht des Unternehmers. Dadurch wird deutlich, dass im Rahmen der VOB/B, wie auch im BGB-Werkvertragsrecht, die Erbringung der Leistung nur gegen eine Vergütung zu erwarten ist. Dabei stehen sich Leistung und Gegenleistung synallagmatisch gegenüber.

147 § 2 Nr. 1 VOB/B stellt klar, dass die vereinbarten Preise nur die vereinbarten Leistungen abdecken. Dies ist eigentlich eine Selbstverständlichkeit, deutet jedoch den Unterschied zwischen dem mangelrechtlichen und dem vergütungsrechtlichen Bausoll an.[148]

148 Bezüglich der verschiedenen Vertragsarten in § 2 Nr. 2 VOB/B kann auf die obige Kommentierung verwiesen werden. Hier ergeben sich keine Unterschiede zum BGB-Bauvertrag. Nach § 2 Nr. 2 VOB/B wird allerdings der Einheitspreisvertrag als die vereinbarte Abrechnungsart angesehen, wenn keine andere vereinbart wurde.

II. Nachtragsforderungen

149 Ein in der Praxis sehr wichtiges Thema sind »Nachtragsforderungen«.[149] Nachfolgend sollen die sich mit Nachtragsforderungen beschäftigenden Regelungen des § 2 VOB/B vorgestellt werden. Wie oben bereits ausgeführt, wird jeweils am Ende des jeweiligen Themenbereichs die Rechtslage bei Vorliegen eines BGB-Bauvertrags erläutert.

150 Die Nachträge werden nach

– Mengenabweichungen
– Leistungsänderungen und
– zusätzlichen Leistungen

unterschieden.

1. Mengenabweichungen

151 Mengenabweichungen sind **zufällige Über- oder Unterschreitungen** der Mengenansätze von Leistungen (sog. **LV-Vordersatz**), die einer Position im Leistungsverzeichnis zugeordnet sind. Ob eine Über- oder Unterschreitung vorliegt, wird für jede durch einen Einheitspreis bestimmte Position gesondert bestimmt.[150] Dabei werden die LV-Vordersätze und die tatsächlich ausgeführten Mengen (Aufmaß) miteinander verglichen.

---

148 Würfele/Gralla, S. 3 ff. Rn. 12.
149 Siehe hierzu ausführlich Würfele/Gralla, Nachtragsmanagement.
150 BGH BauR 1976, 135.

Eine angeordnete Mengenänderung fällt unter § 2 Nr. 5 oder Nr. 6 VOB/B.
- § 2 Nr. 3 VOB/B gilt nur für den **Einheitspreis(VOB/B)vertrag**.
- Für **Pauschalpreis(VOB/B)verträge** gilt § 2 Nr. 7 VOB/B.
- Für **BGB-Bauverträge** greift keine ausdrückliche Regelung ein.

a) Einheitspreisvertrag, § 2 Nr. 3 VOB/B

Bei einem Einheitspreisvertrag wird die Leistung detailliert nach Positionen (Ordnungszahlen) unter Angabe der Menge (Vordersatz), Leistungsbeschreibung, Preis pro Einheit und vorläufiger Gesamtsumme aufgelistet. Die Abrechnung nach Bauausführung soll nach tatsächlich ausgeführter Menge (Aufmaß) erfolgen.[151] **152**

§ 2 Nr. 3 VOB/B unterscheidet 4 Fälle der Mengenabweichung: **153**

- Mengenabweichungen von nicht mehr als 10% (Nr. 3 Abs. 1)
- Mengenüberschreitungen von mehr als 10% (Nr. 3 Abs. 2)
- Mengenunterschreitungen von mehr als 10% (Nr. 3 Abs. 3)
- Änderung des Pauschalpreises im Rahmen des Einheitspreisvertrages (Nr. 3 Abs. 4)

aa) Mengenänderung unter 10% (§ 2 Nr. 3 Abs. 1 VOB/B)

Weicht der vereinbarte LV-Vordersatz (Mengenansatz) bei einer einzelnen Position nicht um mehr als 10% ab, so gilt der vertraglich festgelegte Einheitspreis. Zur Klarstellung soll erwähnt werden, dass der Unternehmer auch für die Mengen zwischen 100% und 110% eine Vergütung erhält, nämlich auf der Basis des ursprünglich vereinbarten Einheitspreises. Diese Regelung beruht auf der Überlegung, dass bei einer Abweichung der Mengen unter 10% das Gleichgewicht von Leistung und Gegenleistung noch nicht gestört ist und einer Anpassung der Preise demzufolge noch nicht erfolgen soll. Eine Abweichung von unter 10% liegt im »normalen« Risiko beider Vertragsparteien. Sie müssen sich demnach an den vereinbarten Preisen festhalten lassen.[152] **154**

bb) Mengenüberschreitung über 10% (§ 2 Nr. 3 Abs. 2 VOB/B)

Für die über 10% hinausgehende Überschreitung des Mengenansatzes ist auf Verlangen ein neuer Preis unter Berücksichtigung der Mehr- oder Minderkosten zu vereinbaren. **155**

(1) Verlangen eines neuen Preises

Die Änderung des Einheitspreises kann von beiden Parteien, also dem Auftraggeber als auch dem Auftragnehmer verlangt werden, da sowohl eine Erhöhung als auch einer Verminderung des Einheitspreises in Betracht kommen kann. Wird ein **156**

---

151 Kapellmann/Schiffers Bd. 2 Rn. 31.
152 BGH NJW 1987, 1820 = BauR 1987, 217; Riedl in: Heiermann/Riedl/Rusam § 2 VOB/B Rn. 82.

Verlangen nicht gestellt, verbleibt es bei dem vereinbarten Einheitspreis. In der Praxis wird das Verlangen in der Regel vom Auftraggeber ausgehen, weil die Einheitspreise der Positionen mit Mengenmehrungen über 10 % im Normalfall niedriger sind.[153]

157 Können sich die Parteien nicht einigen, so wird ein Einheitspreis entsprechend dem § 315 ff. BGB ggf. durch das Gericht bestimmt.[154] Nach der herrschenden Meinung gibt Abs. 2 den Parteien lediglich das Recht, die Vereinbarung eines insoweit neuen Preises zu verlangen, als durch die Minimierung Mehr- oder Minderkosten entstanden sind. Die dem Vertrag zugrunde liegende Kalkulationsgrundlagen sind also auch für den neuen Einheitspreis bezüglich der Mehrmengen maßgeblich.[155]

158 Es liegt auf der Hand, dass die Höhe des neuen Preises zu Streitigkeiten führen kann. Es ist daher zu empfehlen und wird auch in der Praxis meistens so vereinbart, dass die Kalkulationsgrundlagen in einem verschlossenen Umschlag verwahrt werden und bei Eintritt der Mengenüberschreitung eingesehen werden. Im Einzelfall kann es auch sinnvoll sein, weitere Detailregelungen zu treffen.

159 Zeitlich ist das Anpassungsverlangen nicht beschränkt. § 2 Nr. 3 VOB/B enthält insoweit keine Regelung. Der Verlust des Rechts kann auch nicht aus einer Versäumung der Frist nach § 16 Nr. 3 VOB/B hergeleitet werden. Denn das Verlangen nach Preisanpassung ist nicht Gegenstand dieser Regelung.[156]

(2) Neuer Preis für die über 110 % hinausgehende Menge
160 Der neue Einheitspreis gilt nur für die über 110 % hinausgehende Menge.

161 Bei der Änderung des Einheitspreises kann es sich um eine Erhöhung wie um eine Verminderung des Preises handeln:

– **Erhöhung des Einheitspreises:**
Die Erforderlichkeit eines höheren Einheitspreises kann sich z.B. daraus ergeben, dass der AN zwischenzeitlich neues Material nur zu gestiegenen Preisen erwerben kann. Ferner kann eine Erhöhung der Umsatzsteuer zu einer Erhöhung des Einheitspreises führen. Möglich sind auch erhöhte Kosten für erhöhten Personaleinsatz.

– **Verminderung des Einheitspreises:**
Eine Verminderung des Einheitspreises kann sich daraus ergeben, dass die fixen Kosten (Baustelleneinrichtungs-, Baustellengemein- und allgemeinen Geschäftskosten) sich auf die größere Menge verteilen und dadurch geringere Einzelkosten der Teilleistungen (EKT) entstehen.

---

153 Drittler BauR 2005, 307 (308).
154 OLG Celle BauR 1982, 381; Riedl in: Heiermann/Riedl/Rusam § 2 VOB/B Rn. 84.
155 Keldungs in: Ingenstau/Korbion § 2 Nr. 3 VOB/B Rn. 18; Riedl in: Heiermann/Riedl/Rusam § 2 VOB/B Rn. 85.
156 BGH Urt. v. 14. 4. 2005 VII ZR 14/04 BauR 2005, 1152.

Vergütung § 632 BGB

Hinzuweisen ist noch darauf, dass ursprünglich gewährte Preisnachlässe auch auf den neu zu bildenden Einheitspreis zu gewähren sind.[157]

cc) Mengenunterschreitung über 10 % (§ 2 Nr. 3 Abs. 3 VOB/B)

Bei einer über 10 % hinausgehenden Unterschreitung des Mengenansatzes ist auf Verlangen der Einheitspreis für die tatsächlich ausgeführte Menge der Leistung oder Teilleistung zu erhöhen, soweit der Auftragnehmer nicht durch Erhöhung der Mengen bei anderen Ordnungszahlen (Positionen) oder in anderer Weise einen Ausgleich erhält. Die Erhöhung des Einheitspreises soll im Wesentlichen dem Mehrbetrag entsprechen, der sich durch Verteilung der Baustelleneinrichtungs- und Baustellengemeinkosten und der allgemeinen Geschäftskosten auf die verringerte Mengen ergibt. Die Umsatzsteuer wird entsprechend dem neuen Preis vergütet. Die Erhöhung des Einheitspreises rechtfertigt sich durch das Entfallen der Kalkulationsgrundlage. 162

Damit gilt zunächst spiegelbildlich das gleiche wie bei einer Mengenüberschreitung. Bei einer Unterschreitung bis zu 10 % (einschließlich) verbleibt es beim bisherigen Preis. In diesem Fall wird also kein neuer Preis gebildet. Auch die Unterschreitung um mehr als 10 % (z. B. 10,1 %) muss sich wie die Überschreitung in § 2 Nr. 3 Abs. 2 VOB/B jeweils auf eine einzelne Position beziehen. Im Unterschied zur Mengenüberschreitung allerdings wird der erhöhte Einheitspreis auf die gesamte verminderte Mengen – also 100 % – angewendet. 163

(1) Verlangen eines neuen Preises
Auch bei der Unterschreitung des Mengenansatzes ist ein neuer Einheitspreis nur auf Verlangen zu bilden. Dieser kann grundsätzlich auch hier vom AN oder vom AG verlangt werden. In der Praxis kommt jedoch nur ein Verlangen des AN in Betracht, weil die Vorschrift nur eine Preiserhöhung vorsieht.[158] 164

(2) Kalkulationsgrundlagen auch für den neuen Preis
Wie bei der Mengenüberschreitung sollten auch hier die Kalkulationsgrundlagen des bisher vereinbarten Einheitspreises gelten. § 2 Nr. 3 Abs. 3 S. 2 VOB/B spricht – wie bereits zitiert – aus, dass die Erhöhung des Einheitspreises im Wesentlichen den Mehrbetrag entsprechen soll, der sich durch Verteilung der Baustelleneinrichtungs- und Baustellengemeinkosten und der allgemeinen Geschäftskosten auf die verringerte Menge ergibt. Dies ist konsequent. Die erhöhten sonstigen Kosten (Gemeinkosten der Baustelle [BGK] und allgemeinen Geschäftskosten [AGK]) verteilen sich auf eine geringere Menge von Teilleistungen, nämlich die Einzelkosten der Teilleistung (EKT).[159] Damit ist denknotwendigerweise eine Erhöhung der Einzelkosten der Teilleistungen verbunden. 165

---

157 Riedl in: Heiermann/Riedl/Rusam § 2 VOB/B Rn. 86.
158 Drittler BauR 2005, 307 (308).
159 Übersicht über die Kalkulationsgrundlagen bei Biermann, S. 31.

(3) Neuer Preis für die Mindermenge

166 Wie bereits ausgeführt – ist der neue Preis für die gesamte Mindermenge (= 100 %) zu bilden.

dd) Auswirkungen auf den Pauschalpreis (§ 2 Nr. 3 Abs. 4 VOB/B)

167 Nach § 2 Nr. 3 Abs. 4 VOB/B ist auch eine Pauschalsumme auf Verlangen zu ändern, wenn von der unter einem Einheitspreis erfassten Leistung oder Teilleistung andere Leistungen abhängig sind, für die eine Pauschalsumme vereinbart wurde.

168 Die Abhängigkeit muss darin bestehen, dass sich die Pauschalsumme auf die Leistungen bezieht für die ein Einheitspreis vereinbart ist, z. B. wenn für die Einrichtung und Räumung der Baustelle eine Pauschale vereinbart ist. Dabei reicht die Zusammenfassung in einem Vertrag nicht aus. Vielmehr müssen die Leistungen, die pauschal zu vergüten sind und für die ein Einheitspreis gebildet wurde, in einem sachlichen Zusammenhang stehen. Die Einheitspreispositionen müssen um mehr als 10 % abgewichen sein. Eine tatsächliche Änderung der Einheitspreise ist nicht erforderlich. Die Parteien können lediglich die Änderung der Pauschale vereinbaren.[160] Umgekehrt können die Vertragspartner auch eine Änderung nach § 2 Nr. 3 Abs. 2 oder 3 VOB/B isoliert vereinbaren – ohne die Pauschale mit einzubeziehen.[161]

b) Pauschalpreisvertrag, § 2 Nr. 7 VOB/B
aa) Anwendungsbereich von § 2 Nr. 7 VOB/B

169 Gem. § 2 Nr. 7 Abs. 1 S. 4 VOB/B gilt **§ 2 Nr. 3 VOB/B** (Änderungen des Preises bei Mengenmehrungen oder Mengenminderungen über 10 %) **nicht für den sog. Pauschal(preis)vertrag**. Dies ergibt sich aus dem Umkehrschluss des Satzes 4 der Nr. 7, in dem heißt, dass die Nr. 4 (Selbstvornahme von Leistungen durch AG), Nr. 5 (Änderungen des Bauentwurfs) und Nr. 6 (Zusätzliche Leistungen) unberührt bleiben.

170 Auf den Pauschalpreisvertrag sind also die **Nummern 4, 5 und 6 anzuwenden**. Bei den Regelungen in Nr. 4, 5, 6 handelt es sich jeweils um Leistungsabweichungen aufgrund einer Anordnung oder eines Tätigwerdens des Auftraggebers. **In diesen Fällen** liegt also ein **Eingriff in das Leistungsverhältnis durch den Auftraggeber** vor. Greift der Auftraggeber in ein von vornherein feststehenden Leistungsinhalt ein, in dem er einseitig die Leistung ändert, so soll dem AN auch bei Abschluss eines Pauschalpreisvertrages nicht das Recht genommen werden, eine Änderung des Preises bzw. eine zusätzliche Vergütung der Leistung entsprechend den Voraussetzungen der Nrn. 4, 5 und 6 herbeizuführen.

---

160 Riedl in: Heiermann/Riedl/Rusam § 2 VOB/B Rn. 93.
161 Keldungs in: Ingenstau/Korbion § 2 Nr. 3 VOB/B Rn. 45.

171 Damit ist Nr. 7 eine Sonderreglung für den Pauschalpreisvertrag für eine zufällige Mengenänderung. Nr. 7 ersetzt also die Regelung der Nr. 3 bei Vorliegen eines Pauschalpreisvertrages. **Nr. 3 und Nr. 7 stehen daher in einem Alternativverhältnis.** Sie schließen sich gegenseitig aus. Alle anderen Vorschriften sind auch auf den Pauschalpreisvertrag anzuwenden.

Der Regelungsgegenstand des § 2 Nr. 7 VOB/B ist damit herausgearbeitet. Nr. 7 gilt bei einer zufälligen Änderung der ausgeführten Mengen.

172 Vorstehende Grundsätze hat der **BGH** ausdrücklich im Zusammenhang mit der Anordnung einer Leistungsänderung gem. § 1 Nr. 3 VOB/B aufgestellt. Er führt aus, dass jede Partei nach **§ 2 Nr. 5 VOB/B** das Recht habe, die Vereinbarung eines neuen Preises unter Berücksichtigung der Mehr- oder Minderkosten zu verlangen. Dies **gilt auch für den Pauschalfestpreis bei jeder geänderten Leistung.**[162]

173 In einem Urteil vom 25. 3. 2003[163] bestätigt der BGH diese Grundsätze für zusätzliche Leistungen. Das Bausoll bestimmt sich bei einem Pauschalvertrag nicht nur durch den Umfang der Leistung, sondern auch durch die Art der Leistung (qualitativer Bauinhalt); ändert der AG seine Kriterien, die bestimmen, was er für den vereinbarten Preis gefertigt haben will, und verlangt er mehr Leistung, so ist diese **zusätzlich nach § 2 Nr. 7 Abs. 1 S. 4, Nr. 6 VOB/B zu vergüten.**

Nr. 7 findet also nur Anwendung bei der zufälligen Mengenänderung im Rahmen eines Pauschalpreisvertrages.

174 § 2 Nr. 7 VOB/B verdrängt damit die Regelung des § 2 Nr. 3 VOB/B bei Vorliegen eines Pauschalpreisvertrages. Alle anderen Regelungen des § 2 VOB/B, insbesondere Nr. 4 (Herausnahme von Leistungen durch den Auftraggeber), 5 (Neuer Preis bei Änderung des Bauentwurfs) und 6 (besondere Vergütung für zusätzliche Leistungen), aber auch Nr. 8 (Vergütung für eigenmächtige Leistungen des Auftragnehmers) und 9 (Vergütung für nicht geschuldete Unterlagen) sind auch auf den Pauschalvertrag anwendbar. Wird bei einem Detailpauschalvertrag die Leistungsbeschreibung nach Vertragsschluss geändert oder ergänzt, kann der Auftragnehmer nach Nr. 5 oder 6 einen Mehrvergütungsanspruch geltend machen.

bb) Begriff des Pauschalpreisvertrages

175 Zunächst ist daher der **Begriff des Pauschalpreisvertrages** zu wiederholen. Wie bereits ausgeführt, wird der Pauschalpreisvertrag begrifflich dadurch definiert, dass die **Vergütungsseite** pauschaliert wird. **Nicht notwendig einhergeht damit, dass auch die Leistungsseite pauschaliert wird.** Ob pauschal bezahlt wird oder ob die Vergütung nach Menge und Einheitspreis bezahlt wird, hat zunächst nichts damit zu tun, welche Art von Leistung erstellt werden soll.[164]

---

162 BGH BauR 2002, 1847.
163 BGH BauR 2003, 892.
164 Kapellmann/Schiffers Bd. 2 Rn. 33.

Auf der Leistungsseite kann polarisierend davon gesprochen werden, dass es auf der einen Seite den sog. **Detail-Pauschalvertrag** und auf der anderen Seite den sog. **Globalpauschalvertrag** gibt.

176 Beim Detail-Pauschalvertrag werden die **Leistungen** genau so **exakt beschrieben** wie beim Einheitspreisvertrag. Im Unterschied zum Einheitspreisvertrag ist es jedoch für die **Begriffsbestimmung des Pauschalvertrags zwingend**, dass der **AN ein Mengenermittlungsrisiko trägt**, d. h. dass die Schlussrechnung nicht aufgrund der tatsächlichen ausgeführten Menge wie beim Einheitspreis erfolgt, sondern die Vergütung unabhängig von der ausgeführten Menge bereits bei Abschluss des Vertrages fixiert ist. Sämtliche Änderungen des Leistungsbildes aufgrund von Eingriffen des Auftraggebers, die zu geänderten oder zusätzlichen Leistungen führen, bleiben bei dieser grundsätzlichen Definition dabei ebenso außer Betracht, wie Änderungsmöglichkeiten aufgrund »Wegfalls der Geschäftsgrundlage«. **Die Vergütung ist also lediglich losgelöst von den tatsächlich ausgeführten Mengen.**

177 Nach § 2 Nr. 7 S. 2 und 3 VOB/B hat der AG einen Anspruch auf Anpassung des Pauschalpreises wegen Mengenunterschreitung unabhängig davon, ob die Leistung infolge der verringerten Mengen mangelhaft ist. Das Recht zur Minderung wegen einer mangelhaften Leistung folgt eigenen Regeln. Dem AG stehen **neben den Gewährleistungsansprüchen Einwendungen gegen die Vergütung** zu.[165]

178 Die Klausel in einem auf der Grundlage eines detaillierten Leistungsverzeichnisses mit Mengenangaben geschlossenen Pauschalpreisvertrages, nach der Mehr- oder Mindermassen von 5 % als vereinbart gelten, regelt das **Mengenrisiko**. Sie ist dahin zu verstehen, dass bei einer nicht durch Planänderungen bedingten Mengenabweichung in den einzelnen Positionen, die über 5 % hinausgeht, auf Verlangen ein neuer Preis nach Maßgabe des § 2 Nr. 7 Abs. 1 S. 2 und 3 VOB/B gebildet werden muss.[166]

Beim **Global-Pauschalvertrag** ist auch die Leistungsseite kurz und global beschrieben.

Zwischen Detail-Pauschalvertrag und Global-Pauschalvertrag als jeweilige »Pole« der Pauschalvertragstypen gibt es eine **»stufenlose« Bandbreite der mehr oder weniger pauschal beschriebenen Leistungen.**[167]

179 Die Arten der funktionalen Leistungsbeschreibung werden nach dem **Grad der Detaillierung** unterschieden. Die nachfolgend aufgeführten Arten haben **Modellcharakter** um die funktionalen Leistungsbeschreibungen systematisch zu erfassen. An einem Ende der Bandbreite der funktionalen Leistungsbeschreibungsarten

---

165 BGH 2004, 78.
166 BGH 2004, 78.
167 Ausführliche Ausführungen zum Pauschalpreisvertrag bei Kapellmann/Schiffers Bd. 2 Rn. 1 ff., 33 ff.

steht der **Globalpauschalvertrag**, der im Wesentlichen nur den übergeordneten Werkerfolg (»Ein Stück Veranstaltungshalle«) vorgibt. Am anderen Ende steht der **Detailpauschalvertrag**. Bei diesem Vertragstyp ist die Leistung detailliert beschrieben. Hier trägt der Auftragnehmer in der Regel »lediglich« das Mengenermittlungsrisiko. In der Praxis finden sich dazwischen jedwede **Mischformen**.

Die Begriffe »**Einheitspreis**vertrag« und »**Pauschalpreis**vertrag« kennzeichnen lediglich die unterschiedlich gestaltete **Vergütungsseite**. Die Leistungsseite (Bausoll) kann – muss aber nicht – unterschiedlich sein. Beim **Detailpauschalvertrag** und beim **Einheitspreisvertrag** ist das **Bausoll gleichermaßen detailliert** in Leistungsverzeichnissen beschrieben. Strukturell besteht hier nur der **Unterschied** in der Abhängigkeit bzw. **Unabhängigkeit von** der auszuführenden **Menge**. »Lediglich« bei den funktionalen Leistungsbeschreibungen, die vom Detaillierungsgrad »in Richtung« Globalpauschalpreisvertrag »gehen« wird das Bausoll im Unterschied zum Einheitspreisvertrag anders – pauschaler – beschrieben. Bei diesen Vertragstypen wird auch die Leistungsseite pauschaliert.[168] 180

Alle **Pauschal**verträge haben gemeinsam, dass der Auftragnehmer das Mengenermittlungsrisiko trägt und die Vergütung in diesem Sinne pauschaliert wird.[169]

(1) Globalpauschalvertrag
Der **Global**pauschalvertrag wird dadurch gekennzeichnet, dass das Bausoll »global« beschrieben wird. Der Auftraggeber legt den übergeordneten **Zweck des Bauwerks** und die **allgemeinen Anforderungen** (z. B. Veranstaltungshalle, Musikveranstaltungen, max. 800 Besucher, Gastronomie für max. 200 Personen, schlüsselfertig) fest. Der Bauvertrag wird mit dieser Leistungsbeschreibung geschlossen. Der Auftragnehmer ist auf dieser Basis verpflichtet, die Planung für das Bauwerk zu erstellen und das Bauwerk »**schlüsselfertig**« zu errichten. 181

(2) Detailpauschalvertrag
Der **Detail**pauschalpreisvertrag ist das Gegenstück zum Globalpauschalvertrag. Das **Bausoll** wird **detailliert beschrieben**. Die Leistungsbeschreibung ist identisch mit der Leistungsbeschreibung beim Einheitspreisvertrag. Im Unterschied zum Einheitspreisvertrag trägt der Auftragnehmer beim Detailpauschalvertrag das Mengenermittlungsrisiko. Weicht die ausgeführte Menge von der vertraglich vorgesehenen Menge ab, bleibt der Preis gleich; es sei denn, dass ein Festhalten an der Pauschalsumme nicht zumutbar ist (§ 2 Nr. 7 VOB/B). 182

In der Praxis wird vielfach übersehen, dass der Auftraggeber gleichermaßen das Mengenermittlungsrisiko trägt. Die Vergabe eines Auftrags zu einem Pauschalfestpreis – in der Regel an einen Generalunternehmer – birgt die Gefahr, dass sich der Unternehmer die Übernahme »seines Mengenermittlungsrisikos« bezahlen lässt. Zudem kalkuliert der Generalunternehmer einen Zuschlag auf die Subunterneh- 183

---

168 Kapellmann in: Kapellmann/Messerschmidt § 2 VOB/B Rn. 233, S. 696.
169 Siehe hierzu ausführlich 2. Teil, 4. Kapitel.

merpreise und die eigenen Kosten. Dieser grundsätzlich »berechtigte« Zuschlag fällt nicht selten zu hoch aus.

cc) **Voraussetzungen für Pauschalverträge bei öffentlichem AG § 5 Nr. 1 b) VOB/A**

184 § 5 Nr. 1 b) VOB/A sieht für den öffentlichen Auftraggeber vor, dass die Bauleistungen nur pauschal (Paschalpreisvertrag) vergeben werden sollen, wenn die **Leistung nach Ausführungsart und Umfang genau bestimmt** ist und mit einer Änderung bei der Ausführung nicht zu rechnen ist. In der Praxis muss oft beobachtet werden, dass auch öffentliche Auftraggeber Pauschalpreisverträge vereinbaren, wenn diese Voraussetzungen nicht gegeben sind. Es gibt also auch bei der öffentlichen Hand ungeachtet der Empfehlung des § 5 Nr. 1 b VOB/A alle Formen von Pauschalverträgen.

185 Die Regelung z. B., dass dem AN kein **ungewöhnliches Wagnis** aufgebürdet werden darf (**§ 9 Nr. 2 VOB/A**), passt auf die Ausschreibung nach Leistungsprogramm nicht ohne weiteres, weil es hier gerade Aufgabe des Bieters/AN ist, die erforderliche Leistung zu planen und damit die Wagnisse abzuschätzen.[170] In diese Richtung geht auch die Judikatur des BGH und die herrschende Meinung in der Literatur,[171] indem sie einen vergaberechtlichen Verstoß gegen § 9 Abs. 2 VOB/A nicht mit der vertragsrechtlichen Unwirksamkeit der entsprechenden Klausel sanktioniert oder dem Bieter einen Nachtrag gewährt. Dem Bieter soll nicht die Möglichkeit einer Spekulation eröffnet werden. Er soll nicht auf eine nachträgliche Kompensation für ein übernommenes Risiko vertrauen dürfen. Freise[172] weist allerdings zutreffend auf folgendes »Argumentationspatt« hin: Wie die vorbezeichnete herrschende Meinung darauf abzielt, dem AN mittels der Nachtragsverweigerung in erzieherischer Weise das Spekulieren abzugewöhnen, könnte auch daran gedacht werden, dem AN einen Nachtrag zu gewähren, um dem AG einen Verstoß gegen § 9 Abs. 2 VOB/A abzugewöhnen. Letztlich können beide Lösungen zu gerechten und ungerechten Lösungen führen, je nachdem, ob der AN oder AG die Situation für sich ausnutzt.

dd) **Unterschied zwischen Pauschalpreis und Preisnachlass**

186 Wie ausgeführt – gilt § 2 Nr. 7 VOB/B für alle Pauschalpreisvertragstypen. In allen Fällen des Pauschalpreisvertrages wollten die Parteien, dass der AN das Mengenermittlungsrisiko trägt. Mit diesem Abgrenzungskriterium lässt sich auch der **Unterschied zwischen einem Pauschalpreis und einem Preisnachlass** bestimmen. Oft wird bei einem Einheitspreisvertrag am Ende des Leistungsverzeichnisses eine runde Summe gebildet (Abrundung). Neben der Summe steht dann z. B. »Pauschal + Mehrwertsteuer« geschrieben. In diesen Fällen ist der Vertrag auszulegen, ob

---

170 Hertwig in: Motzke/Pietzcker/Prieß § 9 VOB/A Rn. 2.
171 Quack ZfBR 2003, 107.
172 Freise BauR 2003, 1791.

wirklich ein Pauschalpreisvertrag vereinbart werden sollte oder lediglich ein Preisnachlass vorliegt. Steht neben einer solchen »Pauschale« der Zusatz »Maßgebend ist die ausgeführte Menge« so kann davon ausgegangen werden, dass es sich um einen Einheitspreisvertrag mit einem Preisnachlass handelt, weil deutlich wird, dass die Parteien das Mengenermittlungsrisiko dem AN übertragen wollten.

ee) Preisanpassung in Ausnahmefällen (§ 242 BGB)

Liegt also ein »echter« Pauschalpreisvertrag vor, so gilt § 2 Nr. 7 VOB/B bezüglich der Veränderung der ausgeführten Mengen gegenüber den Annahmen bei Vertragsschluss. Die **Kernaussage trifft § 2 Nr. 7 Abs. 1 VOB/B.** Danach **bleibt die Vergütung unverändert,** wenn die ausgeführte Leistung von der vertraglich vorgesehenen Leistung abweicht. Insoweit hat Nr. 7 Abs. 1 lediglich deklaratorische Bedeutung. Er sagt letztlich nur aus, dass das gelten soll, was vereinbart wurde, d. h. eine Pauschalvergütung unabhängig von der tatsächlich ausgeführten Menge. **Lediglich in den Fällen, in denen die ausgeführte Leistung von der vertraglich vorgesehenen Leistung so erheblich abweicht, dass ein Festhalten an der Pauschalsumme nicht zumutbar ist (§ 242 BGB), ist auf Verlangen ein Ausgleich unter Berücksichtigung der Mehr- oder Minderkosten zu gewähren.** Für die Bemessung des Ausgleichs ist von den Grundlagen der Preisermittlung auszugehen. Auch diese Aussage des § 2 Nr. 7 Abs. 1 VOB/B hat letztlich keine eigenständige Bedeutung. Dieser Grundsatz, dass eine Anpassung vorzunehmen ist, wenn sich die Grundlagen des Vertrages ändern, ist seit jeher Ausfluss des allgemeinen Grundsatzes von **Treu und Glauben nach § 242 BGB.** Seit dem 1. 1. 2002 gilt zudem der **neue § 313 BGB.** Darin heißt es: *Haben sich Umstände, die zur Grundlage des Vertrages geworden sind, nach Vertragsschluss schwerwiegend verändert und hätten die Parteien den Vertrag nicht oder mit anderem Inhalt geschlossen, wenn sie diese Veränderungen vorausgesehen hätte, so kann Anpassung des Vertrages verlangt werden, soweit einem Teil unter Berücksichtigung aller Umstände des Einzelfalles, insbesondere der vertraglichen oder gesetzlichen Risikoverteilung, das Festhalten am unveränderten Vertrag nicht zugemutet werden kann.*

187

An das Vorliegen dieser Voraussetzungen sowohl des § 2 Nr. 7 Abs. 1 VOB/B, des § 242 BGB sowie des § 313 BGB sind **strenge Anforderungen** zu stellen. Aus Gründen der Vertragstreue und damit der Rechtssicherheit muss daran festgehalten werden, dass ein Vertragsteil seine Verpflichtungen so, wie der andere sie verstehen konnte, einzuhalten hat.[173] Die **Abweichung** der ausgeführten Leistung von der vertraglich vorgesehenen Leistung **ist** immer dann **erheblich,** wenn ein **Festhalten am ursprünglichen Pauschalpreis zu einem untragbaren,** mit Recht und Gerechtigkeit nicht mehr zu vereinbarenden **Ergebnis führen würde.** Die Anforderung an die Zumutbarkeit sind umso größer, je eher ein Abweichen beim Vertrag vorhersehbar war und der eindeutige Wille der Parteien zum Ausdruck kam, an

188

---

173 Riedl in: Heiermann/Riedl/Rusam § 2 VOB/B Rn. 148.

dem vereinbarten Pauschalpreis festzuhalten.[174] Letztlich handelt es sich **immer** um eine **Einzelfallentscheidung**. Ein fester Prozentsatz um den die ausgeführte Menge die vertraglich vereinbarte Menge übersteigen muss gibt es nicht. In Anlehnung an § 2 Nr. 3 VOB/B muss die Abweichung sicherlich deutlich über 10 % liegen. Nach Auswertung veröffentlichter Entscheidungen wird man sogar von einem Prozentsatz von über 20 % ausgehen müssen.[175] Zutreffend weist Keldungs[176] darauf hin, dass sich eine **starre Grenze nicht ziehen** lässt. Auch bei Übersteigen der Kosten über 20 % der gesamten Pauschalsumme kann nicht ohne weiteres ein Ausgleich verlangt werden.

189 Zu betonen ist noch einmal, dass auch § 2 Nr. 7 VOB/B letztendlich nur für zufällige Änderungen gilt. Sobald es sich um einen Eingriff durch den Auftraggeber handelt, werden die Nrn. 4, 5 und 6 anwendbar sein. Hier ist dann gesondert zu prüfen welche der vorbezeichneten Ziffern einschlägig ist. Die Besonderheiten des Pauschalpreisvertrages bezüglich der Tatbestände der Nrn. 4, 5 und 6 müssen anhand der dort aufgeführten Voraussetzungen und Besonderheiten des Pauschalpreisvertrages herausgearbeitet werden. Mit Nr. 7 haben diese besonderen Probleme nichts zu tun.

ff) Pauschalsummen für Teile der Leistung

190 § 2 Nr. 7 Abs. 2 VOB/B ordnet an, dass wenn nichts anderes vereinbart ist, Abs. 1 auch für Pauschalsummen gilt, die nur für Teile der Leistungen vereinbart worden sind. Nr. 3 Abs. 4 bleibt unberührt. Auch diese Vorschrift hat letztendlich nur deklaratorische Bedeutung.[177] Sie ist eine Selbstverständlichkeit.

Vereinbarungen über pauschalierte Teilleistungen im Rahmen von Einheitspreisverträgen kommen relativ häufig vor. Typisch ist die Position »Baustelle einrichten und räumen, pauschal X €«.

c) BGB-Bauvertrag § 650 BGB

191 Die Mengenänderung wird im Werkvertragsrecht im BGB (§§ 631 ff. BGB) nicht erwähnt. Lediglich § 650 BGB beschäftigt sich vom Ansatz her mit einer Überschreitung der Kosten bezogen auf die zunächst vom AN veranschlagten Kosten.

192 Ist eine wesentliche Überschreitung des Anschlags zu erwarten, so hat der Unternehmen den Besteller unverzüglich Anzeige zu machen (§ 650 Abs. 2 BGB). In diesem Falle hat der Auftraggeber ein Kündigungsrecht. Der Unternehmer kann dann nur die ausgeführten Leistungen vergütet verlangen (§ 645 BGB).

---

174 BGH WM 1961, 1188; Riedl in: Heiermann/Riedl/Rusam § 2 VOB/B Rn. 149.
175 Riedl in: Heiermann/Riedl/Rusam § 2 VOB/B Rn. 150. Kapellmann in: Kapellmann/Messerschmidt § 2 VOB/B Rn. 279, geht bei Mehrkosten von mehr als 20 % bezogen auf die gesamte Pauschalvergütung in der Mehrzahl der Fälle von einer Störung der Geschäftsgrundlage aus.
176 Keldungs in: Ingenstau/Korbion § 2 Nr. 7 VOB/B Rn. 25.
177 Kapellmann/Schiffers Bd. 2 Rn. 32.

Vergütung § 632 BGB

193 Unterlässt der Unternehmer die Anzeige so handelt es sich um eine Pflichtverletzung des Unternehmers. Der Unternehmer ist gem. § 280 BGB zum Schadensersatz verpflichtet. Zu Ersetzen ist das sog. negative Interesse, d. h. der Besteller ist so zu stellen, wie er bei rechtzeitiger Anzeige stehen würde. Hätte der Unternehmer den Vertrag gekündigt, so hat der Bauunternehmer nur den Anspruch aus § 645 BGB für die bereits geleisteten Arbeiten bezogen auf den fiktiven Zeitpunkt der Kündigung.

194 § 650 BGB kommt nicht zur Anwendung, wenn der Unternehmer die Preisansätze des Voranschlags garantiert hat, wenn der Auftraggeber (Besteller) die Überschreitung des Kostenvoranschlags kannte oder wenn die Überschreitung auf Sonderwünschen beruhte.

195 Die Vorschrift des § 650 BGB ist in vielerlei Hinsicht problematisch. Das Gesetz geht davon aus, dass der Kostenvoranschlag lediglich eine unverbindliche Berechnung eines Fachmannes bezüglich der voraussichtlichen Kosten im Rahmen der Vertragsanbahnung ist und damit, falls er dem Vertrag zugrunde gelegt wird, für beide Seiten lediglich Geschäftsgrundlage, nicht jedoch Vertragsbestandteil ist.[178] Bei den hier diskutierten **Einheits-** und **Pauschalpreisverträgen** liegt eine ausdrückliche Regelung vor. Im zweiten Fall sagt der Unternehmer zu, eine bestimmte Leistung zu einem bestimmten Preis zu erbringen. Im Fall des Einheitspreisvertrages verspricht der Unternehmer etwas zu bestimmten Vordersätzen (Mengenangaben) und Einheitspreisen (= vorläufige Gesamtsumme) zu bauen. Einverständlich soll die Abrechnung aufgrund der ausgeführten Menge erfolgen. In beiden Fällen greift § 650 BGB m. E. nicht ein.[179] § 650 BGB greift daher in der Regel bei Werkleistungen im privaten Bereich ein. Dort wird oft ein unverbindlicher Kostenvoranschlag gemacht. Der Auftraggeber (Besteller) beauftragt dann den Unternehmer die Leistungen auszuführen. In diesen Fällen mag die Regelung des § 650 BGB helfen. Sie ist in diesem Zusammenhang jedoch nicht weiter zu erörtern. Erstens, weil – wie ausgeführt – in den vorliegenden Fällen etwas anderes vereinbart wurde und zweitens, weil § 10 Nr. 1 Abs. 2 VOB/A anordnet, dass in den Verdingungsunterlagen vorzuschreiben ist, dass die allgemeinen Vertragsbedingungen für die Ausführung von Bauleistungen (VOB/B) Vertragsbestandteile werden. Folglich sollen hier vor allem die VOB/B-Regelungen dargestellt werden.

---

178 Sprau in Palandt § 650 BGB Rn. 1, 2, 3.
179 Umstritten.

2. Leistungsmodifikationen

a) Selbstvornahme von Leistungen durch den AG, § 2 Nr. 4 i.V.m. § 8 Nr. 1 VOB/B

aa) Kündigungsrecht des AG nach § 8 Nr. 1 und 3 VOB/B

196 § 8 Nr. 1 Abs. 1 VOB/B gibt dem Auftraggeber das **Recht, den Bauvertrag** bis zur Vollendung der Leistung **jederzeit zu kündigen**. Er benötigt hierzu nicht das Vorhandensein eines wichtigen Grundes. Mit dieser Kündigung wird der Vertrag für die Zukunft aufgehoben. Dieses einseitige Recht wird durch Abs. 2 ausgeglichen. Danach steht dem AN auch für die nicht ausgeführte Leistung die vereinbarte Vergütung zu. Er muss sich jedoch dasjenige anrechnen lassen, was er in Folge der Aufhebung des Vertrages an Kosten erspart oder durch anderweitige Verwendung seiner Arbeitskraft und seines Betriebes erwirkt oder zu erwerben böswillig unterlässt (§ 649 BGB).[180]

§ 8 Nr. 3 Abs. 1 S. 2 VOB/B ermöglicht dem Auftraggeber die Entziehung des Auftrags auch für **in sich abgeschlossenen Teile der vertraglichen Leistungen** zu beschränken.

bb) Selbstvornahme nach § 2 Nr. 4 VOB/B

197 § 2 Nr. 4 VOB/B **verweist als Rechtsfolge** auf § 8 Nr. 1 Abs. 2 VOB/B.

Danach steht auch für den in § 2 Nr. 4 VOB/B geregelten Fall der Selbstvornahme dem AN ein Anspruch auf die vereinbarte Vergütung abzüglich ersparter Aufwendungen oder böswillig unterlassenem anderweitigem Erwerb zu.

198 Rechtsdogmatisch stellt sich die Frage, ob es sich hierbei um eine Teilkündigung handelt oder nicht. Für eine Teilkündigung spricht, dass dem AN – zumindest faktisch – ihm vertraglich übertragene Teilleistungen oder Teile von Teilleistungen entzogen werden, bevor der AN sie ausführen kann. Nichts anderes ist inhaltlich eine Teilkündigung nach § 8 Nr. 3 Abs. 1 S. 2 VOB/B. Allerdings verweist § 2 Nr. 4 VOB/B gerade nicht auf § 8 Nr. 3 Abs. 1 S. 2 VOB/B, so dass § 8 Nr. 3 Abs. 1 S. 2 VOB/B gerade nicht explizit anwendbar ist. Somit kann bei § 2 Nr. 4 VOB/B keine Teilkündigung nach § 8 Nr. 1 VOB/B vorliegen, denn sonst hätte es der Bestimmung des § 2 Nr. 4 VOB/B erst gar nicht bedurft. In diesem Fall wären die Regelungen des § 8 Nr. 3 Abs. 1 und des § 2 Nr. 4 VOB/B identisch. § 2 Nr. 4 VOB/B muss jedoch eine eigenständige Bedeutung haben.

199 Nr. 4 nennt Beispiele von Selbstvornahmehandlungen. Wie sich aus diesen Beispielen ergibt, kann die Selbstvornahme von Teilleistungen oder Teile von Teilleistungen erfolgen. Es ist jedoch zu fordern, dass die **Leistungselemente** zumindest in dem Sinne in sich abgeschlossen sind, dass sie im **Bereich der Vergütung für sich**

---

180 Keldungs in: Ingenstau/Korbion § 2 Nr. 4 VOB/B Rn. 211.

getrennt berechenbar sind.[181] Leistungselemente, die sich in dieser Hinsicht nicht voneinander trennen lassen sind einer Selbstvornahme nicht zugänglich. Hierin sind sich alle Autoren einig. Lediglich in der dogmatischen Einordnung der Selbstvornahme bestehen Unterschiede.[182]

200 Meines Erachtens gilt Folgendes: Ob es sich dabei auch um in sich abgeschlossene Leistungselemente handeln muss i.S.d. § 12 Nr. 2 VOB/B (Teilabnahme von in sich abgeschlossenen Leistungen) ist fraglich und wird zu verneinen sein. Käme es auf den gleichen Begriff der in sich abgeschlossenen Leistungen an wie bei § 12 Nr. 2 VOB/B oder § 8 Nr. 3 Abs. 1 S. 2 VOB/B, so bestünde kein Unterschied zu der Kündigungsregelung des § 8 Nr. 1 und Nr. 3 VOB/B. Denn in diesen Fällen könnte eine Kündigung ohnehin nach § 8 Nr. 3 VOB/B erfolgen. **§ 2 Nr. 4 VOB/B** erlangt nur selbstständige Bedeutung, wenn es für die Abgeschlossenheit der Leistung i.S.d. Nr. 4 nur darauf ankommt, dass sie im Bereich der **Vergütung für sich berechenbar sind.**[183] Damit mag es eine Schnittmenge geben zu den in sich abgeschlossenen Leistungen i.S.d. § 12 Nr. 2 VOB/B sowie des § 8 Nr. 3 Abs. 1 S. 2 VOB/B, weil diese Leistungen stets selbstständig berechnet werden können. Außerhalb dieser Schnittmenge verbleibt jedoch ein **eigener Anwendungsbereich** für die Vorschrift des § 2 Nr. 4 VOB/B.

201 Nach übereinstimmender Meinung setzt Nr. 4 voraus, dass der Auftraggeber **eindeutig und unmissverständlich erklären** muss, dass er eine bestimmte genau bezeichnete Leistung selbst übernimmt. Dieses Begehren hat er rechtzeitig vor Durchführung der Leistung dem AN mitzuteilen. Insofern handelt es sich um eine **empfangsbedürftige Willenserklärung** (§ 130 BGB), die allerdings für den Bereich der Nr. 4 nicht der in § 8 Nr. 5 VOB/B vorgeschriebenen Schriftform bedarf, da die hier erörterte Selbstvornahmeregelung eine eigenständige Bedeutung hat und lediglich auf § 8 Nr. 1 Abs. 2 VOB/B als Rechtsfolge verweist.[184]

202 Erfüllt der Auftraggeber die Voraussetzungen des § 2 Nr. 4 VOB/B nicht, nämlich dem AN anzuzeigen, dass er die Leistungen selbst ausführt oder kann er z.B. den Zugang der Anzeige beim AN nicht beweisen, so liegt ein Fall der **vom Gläubiger zu vertretenen Unmöglichkeit** vor. § 2 Nr. 4 VOB/B kommt nicht zur Anwendung. Es greift § 275 Abs. 1 i.V.m. § 326 Abs. 2 BGB.

203 »Ist der Gläubiger (AG) *für den Umstand, aufgrund dessen der Schuldner nach § 275 Abs. 1 bis 3* (hier: Unmöglichkeit der Bauleistung durch Selbstausführung durch den AG) *nicht zu leisten braucht, allein oder weit überwiegend verantwortlich ... so behält der Schuldner* (AN) *den Anspruch auf die Gegenleistung (Vergütung).*«

---

181 Keldungs in: Ingenstau/Korbion § 2 Nr. 4 VOB/B Rn. 5.
182 Zum Meinungsstreit Übersicht bei Riedl in: Heiermann/Riedl/Rusam § 2 VOB/B Rn. 95.
183 Keldungs in: Ingenstau/Korbion § 2 Nr. 4 VOB/B Rn. 5.
184 Keldungs in: Ingenstau/Korbion § 2 Nr. 4 VOB/B Rn. 6.

Der Bauunternehmer behält also den Anspruch auf die vereinbarte Vergütung, muss sich jedoch Ersparnisse anrechnen lassen.

204 Fallbeispiel:

Ein Rohbauunternehmen aus Düsseldorf war beauftragt, einen Rohbau in Duisburg (3-geschossiges Bürogebäude eines Reiseveranstalters) zu bauen. Nach einer Bauzeit von 3 Wochen kam es zum Streit über die Einhaltung der Ausführungsfristen durch den AN. Der AG schickte eines Morgens – ohne vorherige Ankündigung oder Fristsetzung zur Ausführung – eine eigene Kolonne auf die Baustelle um das dritte Stockwerk zu errichten.

205 Da der AG die Voraussetzungen des § 2 Nr. 4 VOB/B nicht erfüllt hatte, liegt ein Fall der vom Gläubiger (AG) zu vertretenden Unmöglichkeit vor. Der AN behält den Anspruch auf die vereinbarte Vergütung abzüglich ersparter Aufwendungen nach § 326 Abs. 2 BGB.

206 Neben § 326 Abs. 2 BGB kann der AN vom AG Schadensersatz wegen Nichterfüllung nach §§ 283, 280 BGB bei Vorliegen der weiteren Voraussetzungen verlangen. Daneben besteht ggf. noch ein Anspruch aus § 241 Abs. 2 i.V.m. § 280 BGB für Ansprüche, die nicht von § 326 Abs. 2 BGB erfasst werden.[185]

207 Letztlich besteht auch nur in den zuletzt genannten Ansprüchen gem. § 280 BGB der Unterschied zu der Regelung des § 2 Nr. 4. Denn wie bereits ausgeführt, muss sich der AN auch im Rahmen eines Anspruches für vom Gläubiger zu vertretenden Unmöglichkeit gem. § 326 Abs. 2 S. 2 BGB die ersparten Aufwendungen oder das böswillig Unterlassene anrechnen lassen.[186] Diese Regelung entspricht § 8 Nr. 1 Abs. 2 VOB/B bzw. § 649 BGB.

208 Die in der Praxis vorkommenden **Anwendungsfälle von § 2 Nr. 4 VOB/B** sind vielschichtig. Sie reichen von der bauseitigen Beschaffung von Arbeitsstoffen bis hin zur Ausführung von jedweden Teilleistungen in Eigenleistung. Die Aufzählung in § 2 Nr. 4 VOB/B ist keinesfalls abschließend.

cc) Besonderheiten beim Pauschalpreisvertrag

209 Beim Pauschalpreisvertrag ist die Vergütung in erbrachte und nicht erbrachte Leistungen aufzuspalten. Die erbrachten Leistungen werden nach den entsprechenden Preisermittlungsgrundlagen abgerechnet. Für die nicht erbrachten Leistungen werden von der entsprechenden Kalkulation noch die ersparten Aufwendungen abgezogen.[187] Im Ergebnis werden also »nur« die ersparten Aufwendungen abgezogen.

---

185 Riedl in: Heiermann/Riedl/Rusam § 2 VOB/B Rn. 96 a.
186 Riedl in: Heiermann/Riedl/Rusam § 2 VOB/B Rn. 93.
187 Riedl in: Heiermann/Riedl/Rusam § 2 VOB/B Rn. 155.

b) Leistungsänderungen

Bei Leistungsänderungen kann danach unterschieden werden, ob sie durch den AG angeordnet worden sind oder ob sie ohne Anweisung erfolgt sind. 210

aa) Durch AG angeordnet, § 1 Nr. 3 i.V.m. § 2 Nr. 5 VOB/B

Nachfolgend werden die Rechtsfolgen einer Leistungsänderung kraft Anordnung dargestellt. 211

(1) Änderung des Bauentwurfs und andere Anordnungen

Von § 2 Nr. 5 VOB/B werden hinsichtlich der Vergütung Änderungen des Bauentwurfs (§ 1 Nr. 3 VOB/B) und andere Anordnungen erfasst. 212

Gem. § 1 Nr. 3 VOB/B hat der Auftraggeber das Recht, Änderungen des Bauentwurfs anzuordnen. Unter **Bauentwurf** versteht man die Darstellung der Bauleistung in Form der zeichnerischen Darstellung sowie der zugrunde liegenden schriftlichen Leistungsbeschreibung.[188] Gegenstand einer Änderungsanordnung kann alles sein, was in den konkreten Bauentwurf eingreift und die Leistungsverpflichtung ändert. In Abgrenzung zur zusätzlichen Leistung in § 2 Nr. 6 VOB/B muss es sich bei der Leistungsänderung um eine bereits vereinbarte Leistung handeln, die »nur« anders ausgeführt wird.[189] 213

Eine Änderung ist es z.B. wenn aufgrund von geänderten Anordnungen der Baubehörde oder einer Straßenbehörde, z.B. die ursprünglich geplante Verkehrsführung geändert werden muss.

§ 2 Nr. 5 VOB/B gilt uneingeschränkt auch für den Pauschalpreisvertrag bei geringfügigen Abweichungen[190] Dies ergibt sich aus § 2 Nr. 7 Abs. 1 S. 4 VOB/B.

Der BGH hat in einer Entscheidung vom 9. 4. 1992[191] *(Wasserhaltung I) zum Pauschalpreisvertrag ausgeführt, dass § 2 Nr. 5 VOB/B nicht anzuwenden ist, wenn die geänderte Leistung bereits vom bestehenden vertraglichen Leistungsumfang umfasst ist. Diese Aussage ist eine Selbstverständlichkeit. Was vertraglich geschuldet ist, muss zum vereinbarten Pauschalpreis gebaut werden. Die Schwierigkeit besteht darin, den vertraglichen Leistungsumfang für den konkreten Einzelfall herauszuarbeiten.* 214

Im zugrunde liegenden Rechtsstreit hatte die Klägerin (AN) Bauarbeiten am Hochwasserrückhaltebecken S., Sielbauwerk Polder II durchgeführt. Der AN verlangte zusätzliche Vergütung für aufwendigere geänderte Leistungen. Anstatt der zunächst vorgesehenen offenen Wasserhaltung musste eine geschlossene Wasserhal- 215

---

188 Keldungs in Ingenstau/Korbion § 1 Nr. 3 VOB/B Rn. 35; Riedl in Heiermann/Riedl/Rusam § 1 VOB/B Rn. 31.
189 Keldungs in: Ingenstau/Korbion § 1 Nr. 3 VOB/B Rn. 32.
190 BGH BauR 2002, 1847.
191 BGH BauR 1992, 759 (Wasserhaltung I).

tung gebaut werden. Im Leistungsverzeichnis war die Wasserhaltung **pauschal ausgeschrieben**. Planungsunterlagen gab es nicht. Der AN hatte die Wasserhaltung pauschal mit DM 9.000,– angeboten. Nach seiner Behauptung hat er aus den in den Verdingungsunterlagen enthaltenen Gründungsempfehlungen geschlossen, dass eine **offene Wasserhaltung** ausreichen würde. Im Verlaufe der Arbeiten stellte sich heraus, dass nur eine **geschlossene Wasserhaltung**, den Zweck erfüllen würde.

216 Das OLG Braunschweig bejahte den Anspruch auf Mehrvergütung nach § 2 Nr. 5 VOB/B. Der BGH lehnte ihn mit folgender Begründung ab:

§ 2 Nr. 5 VOB/B greift nur dann ein, wenn die geänderte Leistung nicht bereits schon vom bestehenden vertraglichen Leistungsumfang umfasst ist. Eine Erklärung des AG zu einer Bauleistung ist immer **abzugrenzen** von *§ 4 Nr. 1 Abs. 3 VOB/B* **(Konkretisierung der Bauleistung)**. Es kommt also darauf an, ob der AG mit der Anordnung eine **neue zusätzliche** bzw. **geänderte Leistung** in Auftrag geben möchte oder nur eine **Konkretisierung der Bauleistung** anordnet.

Im vorliegenden Fall hat der **AN pauschal den Erfolg versprochen eine Wasserhaltung zu errichten**. Ob diese in offener oder geschlossener Weise erfolgen sollte, wurde nicht ausdrücklich geregelt. Der AN ist diese Verpflichtung eingegangen ohne Planungsunterlagen für die Art der Ausführung zu sehen. Damit war er dem Risiko ausgesetzt, über die von ihm kalkulierte Ausführung hinaus erhebliche Mehrleistung erbringen zu müssen, ohne dafür eine zusätzliche Vergütung beanspruchen zu können. Dieses Risiko war für ihn umso höher, als er das Angebot auch ohne vorliegende Statik des Spundwandkastens abgegeben hat. Er wusste daher zum Zeitpunkt der Abgabe des Angebotes nicht, ob die von ihm unterstellte Statik für die von ihm geplante Art der offenen Wasserhaltung geeignet war. Damit ist der AN bewusst das Risiko eingegangen, einen Erfolg zu versprechen, ohne die Ausführungsart, bei der sehr unterschiedliche Kosten entstehen können, konkret zu vereinbaren. Der BGH sieht die geschlossene Wasserhaltung daher als vertraglich vereinbarte Leistung an. Ein Anspruch nach § 2 Nr. 5 VOB/B entfällt. Eine evtl. vorliegende Anordnung kann daher nur als Anordnung i. S. v. § 4 Nr. 1 Abs. 3 VOB/B gesehen werden. Bei fehlendem Einverständnis des AN hätte er Einwendungen gem. § 4 Nr. 1 Abs. 4 VOB/B erheben müssen.

Diese Entscheidung ist auch bedeutsam vor dem Hintergrund, dass der AN die Leistung pauschal mit DM 9.000,00 angeboten hat und ihm nachher Kosten in Höhe von DM 180.000,00 **(Differenz über DM 170.000,–)** entstanden sind.

217 Dies verdeutlicht die **Gefahr, die ein AN eingeht, wenn er eine Leistung pauschal verspricht**, ohne sich über die Ausführungsart im Einzelnen vor Abschluss des Vertrages Gedanken zu machen. Interessant ist auch, dass das beklagte Land hier möglicherweise gegen § 9 VOB/A verstoßen hat. Ein solcher Verstoß bleibt jedoch bei Abschluss des Vertrages in der Regel ohne Rechtsfolgen. Die **Geltung der VOB/A endet nämlich im Zeitpunkt des Vertragsschlusses**, da

es sich um Bestimmungen für die Vergabe von Bauleistungen und nicht um Vertragsbedingungen für die Ausführung von Bauleistungen handelt.[192]

Die Grundsätze der Entscheidung Wasserhaltung I werden bestätigt durch die Entscheidung des BGH vom 11. 11. 1993[193] **(Wasserhaltung II)**. Bei dem dort zu entscheidenden Sachverhalt hatte eine Tiefbaufirma zusätzliche Vergütung für die Kosten einer Wasserhaltung im Betrag von DM 32.240,68 verlangt. Der AN war der Auffassung, dass die Beklagte die Grundwasserverhältnisse nicht ausreichend beschrieben habe. 218

Der BGH betont in dieser Entscheidung noch einmal, dass es immer auf die **Auslegung der Leistungsbeschreibung nach dem objektiven Empfängerhorizont der potentiellen Bieter** ankommt. Dabei ist zunächst nach dem Wortlaut auszulegen. Allerdings ist gem. § 133 BGB nicht am buchstäblichen Wortlaut zu haften, vielmehr ist der erklärte **wirkliche Wille zu erforschen**. Nach dem Wortlaut der hier streitigen Leistungsbeschreibung hatte der AN die Kanalbaugrube durch Wasserhaltungsmaßnahmen seiner Wahl trocken zu halten. Danach war die insoweit geforderte Leistung über den zu erreichenden Erfolg (funktional) vollständig beschrieben. Der Wortlaut deckt Maßnahmen jeder Art ab, die erforderlich sind, dieses Ziel zu erreichen. Nach Ihrem Wortlaut war die Leistungsbeschreibung damit vollständig. Dennoch muss – wie ausgeführt – nach dem wirklichen Willen geforscht werden. Dabei kann der mögliche **Bieter darauf vertrauen**, dass **der öffentliche AG sich** grundsätzlich an die Bestimmung des § 9 VOB/A (hier: Nr. 2: kein ungewöhnliches Wagnis) hält. Es kann sich daher auch bei eindeutigem Wortlaut nach den Umständen des Einzelfalles ergeben, dass völlig ungewöhnliche und von keiner Seite zu erwartende Leistungen von der Leistungsbeschreibung ausgenommen sind. Ob dies im konkreten Fall so ist oder nicht konnte der BGH mangels Entscheidungsreife nicht feststellen. 219

Von § 2 Nr. 5 VOB/B werden auch **andere Anordnungen** des Auftraggebers erfasst, die die Grundlagen des Preises ändern. Der Begriff ist weit zu verstehen. Er bezieht sich auf die Art und Weise der Bauausführung, wie **Änderung der vorgesehenen Bauzeit**.[194] Dabei muss es sich um eine rechtswirksame Anordnung handeln. Diese ist nach dem BGH als einseitige empfangsbedürftige rechtsgeschäftliche Willenserklärung, mit der ein einseitiges Leistungsbestimmungsrecht des Auftraggebers verbunden ist, zu qualifizieren.[195] 220

(2) Neuberechnung des Preises
Für die **Neuberechnung des Preises** bei geänderter Bauleistung ist der Zeitpunkt des Beginns der Ausführung der veränderten Bauleistung maßgeblich.[196] Der AG 221

---
192 Vygen in: Vygen/Schubert/Langen Rn. 16.
193 BGH BauR 1994, 236 (Wasserhaltung II).
194 Keldungs in: Ingenstau/Korbion § 2 Nr. 5 VOB/B Rn. 16.
195 BGH Urt. v. 14. 7. 1994 VII ZR 186/93 BauR 1994, 760.
196 BGH BauR 1972, 381.

trägt damit das Risiko von Kostensteigerungen. Dies ist sachgerecht, weil er den Eingriff in die Bauleistung vorgenommen hat.[197]

222 Bei der Neufestlegung sind die Mehr- oder Minderkosten auf der Grundlage der Vertragskalkulation zu berücksichtigen. Basis ist also die bereits vertraglich vereinbarte Vergütung. Der AN kann sein Preiserhöhungsverlangen also nicht auf »übliche Preise« stützen, sondern muss eine **Vergleichsrechnung aufgrund der Urkalkulation** vornehmen. Aus dieser muss sich ergeben, dass die Änderung der Leistung sich auf die Grundlagen der Preisermittlung auswirkt.[198]

223 Ferner ist darauf hinzuweisen, dass der Auftragnehmer nicht nur eine neue Vergütung für die geänderte Leistung verlangen kann, sondern auch u. U. in entsprechender Anwendung des § 8 Nr. 1 VOB/B einen Ersatz seiner Aufwendungen für die entfallende Leistung verlangen kann.[199]

(3) Bauzeitverzögerung durch Leistungsänderung

224 Oft führen Änderungen des Bauentwurfs auch zu massiven Störungen im Bauablauf und damit zu **Bauzeitverzögerungen.** Mehrkosten bei Bauzeitverzögerungen entstehen oft in beträchtlicher Höhe, da Geräte und Maschinen wegen Änderung des Leistungsumfanges oder geänderte örtliche Einsatzbedingungen oft tagelang nicht genutzt werden können oder eine hochwertige Taktschalung wegen nachträglicher Konstruktionsänderung nicht in der vorgesehenen Folge aus dem geplanten Bauablauf eingesetzt werden kann. Gerade dieser planmäßiger Einsatz aller Produktionsfaktoren auf der Baustelle ist aber oberstes Gebot und Voraussetzung für ein wirtschaftliches Ergebnis, das der Kalkulation entspricht.[200]

(4) Leistungsänderungen beim BGB-Vertrag

225 Beim BGB-Vertrag erscheint eine einseitige Leistungsänderung auf den ersten Blick dogmatisch nicht möglich. Dies liegt daran, dass Leistungsänderungen vertragliche Änderungen sind, die nur mit beiderseitigem Einverständnis erfolgen können. Im Rahmen von § 1 Nr. 3 VOB/B ist dies möglich, weil es sich dabei um eine allgemeine Geschäftsbedingung handelt, bei der der AG bereits bei Vertragsschluss zustimmt, dass der AG ein einseitiges Änderungsrecht erhält. Allerdings hat der **BGH** für den Anwendungsbereich des § 1 Nr. 4 VOB/B entschieden, dass **zusätzliche Leistungen**, die für die Ausführung des Bauwerks erforderlich werden, **auch im Rahmen eines BGB-Vertrags** zu erbringen sind. Dies entspringt dem Grundsatz von Treu und Glauben.[201] **Gleiches muss m. E. für die einseiti-**

---

197 Keldungs in: Ingenstau/Korbion § 2 Nr. 5 VOB/B Rn. 25; Riedl in: Heiermann/Riedl/Rusam § 2 Nr. 5 VOB/B Rn. 115.
198 Riedl in: Heiermann/Riedl/Rusam § 2 VOB/B Rn. 115 ff., 155.
199 OLG Celle Urt. v. 6.1.2005 22 U 223/01 BauR 2005, 885.
200 Vygen in Vygen/Schubert/Langen Rn. 152.
201 BGH BauR 1996, S. 378; Keldungs in: Ingenstau/Korbion § 1 Nr. 4 VOB/B Rn. 1.

ge **Änderungsbefugnis** nach § 1 Nr. 3 VOB/B unter den gleichen Voraussetzungen wie bei § 1 Nr. 4 VOB/B gelten.[202]

Die Anwendung der Rechtsgedanken aus § 1 Nr. 3 und 4 VOB/B, die letztlich auf § 242 BGB basieren, ist sachgerecht. Für den Anwendungsbereich von § 1 Nr. 4 VOB/B ergibt sich diese Auffassung neben dem Argument von Treu und Glauben auch aus dem Gesichtspunkt, dass der Unternehmer verpflichtet ist, ein mangelfreies Werk zu erbringen. Die Herstellung eines mangelfreien Werks ist u. U. jedoch nur durch die Erbringung von Leistungen möglich, die von dem Regelungsbereich des § 1 Nr. 4 VOB/B erfasst sind. Ist der Unternehmer ohnehin schon verpflichtet, bestimmte Leistungen zu erbringen, so muss der AG derartige Leistungen erst recht anordnen können.

bb) Ohne Auftrag, § 2 Nr. 8 VOB/B

Nach § 2 Nr. 8 Abs. 1 VOB/B[203] besteht der **Grundsatz**, dass Leistungen, die der Auftragnehmer ohne Auftrag oder unter eigenmächtiger Abweichung vom Vertrag ausführt **nicht vergütet** werden. Auf Verlangen des Auftraggebers hat sie der Auftragnehmer auch innerhalb einer angemessenen Frist zu beseitigen. Nach Fristsetzung kann dies auch durch Ersatzvornahme des Auftraggeber geschehen. Der Unternehmer haftet außerdem für andere Schäden, die dem Auftraggeber hieraus entstehen.

Für Ansprüche, die dem Auftraggeber gegen den Auftragnehmer dadurch entstehen, dass der Auftragnehmer eine Geschäftsführung ohne Auftrag besorgt, ist Anspruchsgrundlage § 678 BGB, den die VOB in einen vertraglichen Anspruch umgestaltet hat.[204]

Ist der AN bei Ausführung der Leistungen **eigenmächtig vom Vertrag abgewichen**, so wird **in der Regel auch ein Mangel vorliegen**. Die Rechtsfolgen richten sich vor Abnahme nach § 4 Nr. 7 VOB/B und nach der Abnahme nach § 13 Nr. 7 VOB/B.

Eine **Ausnahme** zu Abs. 1 bildet Abs. 2 in der Nr. 8. Danach steht dem AN eine Vergütung zu, wenn der **Auftraggeber** solche **Leistungen nachträglich anerkennt**. Bei diesem Anerkenntnis handelt es sich nicht um ein Anerkenntnis im Rechtssinne gem. § 781 BGB. Das Anerkenntnis bedeutet lediglich eine Zustimmung des Auftraggebers. Diese kann formlos geschehen. Die Zustimmung kann sich daher auch aus einem konkludenten (schlüssigen) Verhalten oder einem mündlichen Anerkenntnis ergeben.[205] Abschlagszahlungen reichen als Anerkenntnis grundsätzlich nicht aus. Auch im Schweigen des AG kann ggf. eine Zustimmung

---

202 Keldungs in: Ingenstau/Korbion § 1 Nr. 3 VOB/B Rn. 3.
203 Zur AGB-rechtlichen Wirksamkeit vgl. Oberhauser BauR 2005, 919 (933).
204 Riedl in: Heiermann/Riedl/Rusam § 2 VOB/B Rn. 164.
205 BGH Urt. v. 6. 12. 2001 VII ZR 452/00 BauR 2002, 465 (466).

zu Erblicken sein. Dies kann der Fall sein, wenn der AN dem AG nach Verhandlungen über die erbrachten Leistungen ein kaufmännisches Bestätigungsschreiben übersendet und der AG hierauf schweigt. Aus den Gesamtumständen kann sich das Schweigen des AG gem. § 242 BGB im Einzelfall als Zustimmung auffassen lassen. Dies gilt auch bei öffentlichen AG.[206] Eine Zustimmung durch konkludentes Handeln kann gegeben sein, wenn der AG klar und deutlich die Notwendigkeit ausgeführter veränderter oder zusätzlicher Leistungen erkennt und gerade deswegen weiterbauen lässt.[207]

231 Im Ergebnis muss die Auslegung der Umstände eindeutig den Willen des AG ergeben, dass er mit der zusätzlich erbrachten Leistung doch einverstanden ist und die Bauleistung zu seinen Gunsten billigt.[208] Allein daraus, dass der **AG die zusätzliche Leistung behält**, kann **noch nicht auf seinen Willen geschlossen werden, eine Zustimmung** bzw. das gezeichnete Anerkenntnis **zu erteilen**. Es mag Belange des Auftraggebers geben, die es als zweckmäßig erscheinen lassen, das vertragswidrige Werk oder den vertragswidrigen Teil des Werkes bestehen zu lassen, obwohl er die zusätzlich oder geändert erbrachte Leistung eigentlich nicht haben will. Es bleibt dem AG überlassen, selbst darüber zu entscheiden, ob er die zusätzliche Leistung behalten will oder nicht bzw. von seinem Beseitigungsanspruch gem. § 2 Nr. 8 Abs. 1 S. 2 VOB/B Gebrauch zu machen oder nicht.[209]

232 Nach § 2 Nr. 8 Abs. 3 VOB/B bleiben die Vorschriften des BGB über die Geschäftsführung ohne Auftrag (GoA) gem. §§ 677 ff. BGB unberührt. Das heißt unter den dort gegebenen Voraussetzungen hat der AN gegen den AG einen Anspruch auf Vergütung der ausgeführten Leistungen.

233 Zur Abgrenzung von § 2 Nr. 8 VOB/B und GoA weist Oberhauser[210] darauf hin, dass die Vorschriften der GoA keine Anwendung finden, wenn es sich um zusätzliche Leistungen handelt, die mangelrechtlich – weil zur Erfolgserreichung notwendig – vom Auftragnehmer geschuldet sind. Denn der Anwendungsbereich der GoA ist erst eröffnet, wenn die Leistung außerhalb des Bau-Soll liegt.

234 Voraussetzungen der GoA sind:

– Die Führung eines fremden Geschäftes (Fremdgeschäftsführungswillen). Der AN muss in dem Willen handeln, ein Geschäft (Ausführung der Bauleistung) für einen anderen (AG) zu führen.
– Die Übernahme des Geschäfts muss sowohl dem Interesse wie auch dem wirklichen – hilfsweise dem mutmaßlichen – Willen des Geschäftsherrn entsprechen.

---

206 Riedl in: Heiermann/Riedl/Rusam § 2 VOB/B Rn. 165 a.
207 Keldungs in: Ingenstau/Korbion § 2 Nr. 8 VOB/B Rn. 23.
208 Keldungs in: Ingenstau/Korbion § 2 Nr. 8 VOB/B Rn. 332; OLG Stuttgart BauR 1993, 743.
209 Keldungs in: Ingenstau/Korbion § 2 Nr. 8 VOB/B Rn. 318.
210 Oberhauser BauR 2005, 919 (923).

Das Willenserfordernis entfällt, wenn der Geschäftsführer (AN) der Erfüllung einer im öffentlichen Interessen liegenden Pflicht (z.B. Verkehrssicherungspflicht) dient (§ 679 BGB).

Liegen diese Voraussetzungen vor, kann der AN vom AG Ersatz seiner Aufwendungen gem. § 683 BGB verlangen (§ 670 BGB). Der Aufwendungsersatz besteht bei der sog. berechtigten GoA nach der h.M. in der üblichen Vergütung.[211]

Beim **BGB-Vertrag** richten sich die Ansprüche des Auftragnehmers für nicht angeordnete Leistungen ausschließlich nach §§ 677 ff. BGB oder ggf. nach §§ 812 ff. BGB.[212]

c) Zusätzliche Leistungen

Zusätzliche Leistungen sind Leistungen, die im Vertrag nicht vorgesehen sind. Es handelt sich um Leistungen, die vom AN erbracht werden bzw. erbracht werden sollen, ohne dass diese Leistungen vom bisherigen Bausoll umfasst sind. Auch bei den zusätzlichen Leistungen kann ähnlich wie bei den Leistungsänderungen dann unterschieden werden, ob sie durch den AG angeordnet worden sind oder nicht.

aa) Durch AG angeordnet, § 1 Nr. 4 i.V.m. § 2 Nr. 6 VOB/B

Nach **§ 1 Nr. 4** VOB/B hat der AN auf Verlangen des AG **Leistungen** mit auszuführen, die **zwar nicht vereinbart** sind, **die aber zur Ausführung der vertraglichen Leistungen erforderlich werden** und auf die der Betrieb des AN eingerichtet ist. Der AN ist in diesen Fällen zur Weiterarbeit verpflichtet.[213] Andere Leistungen, also Leistungen die entweder nicht erforderlich sind oder auf die der Betrieb des AN nicht eingerichtet ist, können dem AG nur mit seiner Zustimmung übertragen werden. Hier gilt der allgemeine Vertragsgrundsatz, dass beide Parteien das Recht haben eine Leistung zu vereinbaren oder auch nicht.

Es muss sich also um Leistungen handeln, die vom bisherigen Bausoll nicht erfasst sind, die aber dennoch zur Ausführung des Auftrages erforderlich sind; das bedeutet, dass ohne die Vertragsleistungen ein nicht oder nicht fachgerecht ausgeführtes Werk entstehen würde. Daraus ergibt sich ferner, dass die **zusätzlichen Leistungen von der ursprünglich geschuldeten Leistung abhängig** sein müssen, sie also in einem **sachlichen Zusammenhang** stehen.[214] Damit besteht auch schon die **Abgrenzung zu den sog. Folgeaufträgen** fest. Bei der zusätzlichen Leistung i.S.d. § 1 Nr. 4 i.V.m. § 2 Nr. 6 VOB/B muss die zusätzliche Leistung in einem Sachzusammenhang – also unmittelbarem Zusammenhang – mit der geschuldeten Vertragsleistung stehen. Bei dem Folgeauftrag handelt es sich um einen selbstständigen neuen Auftrag. Der AG hat hier nicht das einseitige Recht, einen solchen

---

211 BGH Urt. v. 21.10.1999 III ZR 319/98 BGHZ 143, 9.
212 Ausführlich Leupertz BauR 2005, 775.
213 BGH BauR 2003, 892 (893).
214 Riedl in: Riedl/Heiermann/Rusam § 1 VOB/B Rn. 40.

Folgeauftrag anzuordnen. Vielmehr müssen bei einer selbstständigen neuen Leistung beide Parteien einen neuen Vertrag abschließen. Das bedeutet: Der AN muss dem Wunsch des AG nach einer neuen Bauleistung ausdrücklich zustimmen.

238 Die **Vergütungsfolge regelt § 2 Nr. 6 VOB/B.** Danach hat der AN den Anspruch auf besondere Vergütung, wenn der AG eine im Vertrag nicht vorgesehene Leistung fordert. Er muss diesen Anspruch jedoch dem AG ankündigen, bevor er mit der Ausführung der Leistung beginnt. Dem einseitigen Anordnungsrecht des AG, eine zusätzliche Leistung anzuordnen, steht damit ein Vergütungsanspruch des AN gegenüber. Dies entspricht dem Wesen des gegenseitigen Vertrages im Schuldrecht des BGB, dass die Leistung in einem Austauschverhältnis stehen. Dieses Recht kann auch in AGB nicht ausgeschlossen werden.

239 Nach Nr. 6 bestehen folgende Voraussetzungen:

1. Es muss sich um eine zusätzliche Leistung handeln, d.h. die ausgeführte Leistung bzw. auszuführende Leistung darf nicht von dem bisher geschuldeten Bausoll umfasst sein.
2. Der AG muss diese Ausführung verlangt haben.
3. Der AN muss diesen zusätzlichen Vergütungsanspruch vor Beginn der Ausführung angezeigt haben oder
4. die Anzeige muss entbehrlich sein.

(1) Vorliegen einer zusätzlichen Leistung

240 Notwendige Zusatzleistungen sind Arbeiten, die, ohne Vertragsleistung oder Nebenleistung zu sein, aus zwingenden rechtlichen oder tatsächlichen Gründen zur Erbringung von Teilleistungen erforderlich sind. Zu ihrer Erbringung ist der AN gem. § 1 Nr. 4 VOB/B verpflichtet. Eine notwendige Leistung kann insbesondere auch dann vorliegen, wenn sie zur fachgerechten Mangelbeseitigung erbracht werden muss. Die dadurch bedingten Mehrkosten geben dem AN ggf. ein Zuschussanspruch für sog. Sowiesokosten.[215]

241 In diesem Zusammenhang ist nochmals auf die bereits zitierte Entscheidung des Bundesgerichtshofs vom 11. 11. 1999 (Dach muss dicht sein)[216] einzugehen. Der BGH hat hier entschieden, dass ein Dach dicht sein muss. Wörtlich führt er aus:

»*Ist die Funktionstauglichkeit für den vertraglich vorausgesetzten oder gewöhnlichen Gebrauch versprochen und ist dieser Erfolg mit der vertraglich vereinbarten Ausführung nicht zu erreichen, schuldet der AN die vereinbarte Funktionstauglichkeit. (…) An dieser Erfolgshaftung ändert sich nichts, wenn die Parteien eine bestimmte Ausführungsart vereinbart haben, mit der die geschuldete Funktionstauglichkeit des Werkes nicht erreicht werden kann. Sowiesokosten sind im Rahmen der Gewährleistung zu berücksichtigen*«.

---

215 BGH BauR 2000, 411; BGH BauR 1984, 395.
216 BGH BauR 2000, 411.

Im weiteren Text des Urteils fordert der BGH das OLG Düsseldorf auf, die erforderlichen Feststellungen zum Vertragssoll und den davon vorhandenen Abweichungen zu treffen. Diese Entscheidung zeigt deutlich, wie sehr die Gerichte, im Vorfeld eines Rechtsstreits jedoch auch die Vertragsparteien und deren Berater, gehalten sind, sorgfältig zu prüfen, welche Leistungen vertraglich geschuldet sind. Eine evtl. Diskrepanz zwischen dem vertraglichen Leistungssoll und dem übergeordneten Zweck kann im Rahmen von Sowiesokosten oder im Rahmen einer zusätzlichen Leistung nach § 1 Nr. 4 i.V.m. § 2 Nr. 6 auszugleichen sein. Der entscheidende Ansatzpunkt ist damit das vertraglich vereinbarte Bausoll. Es ist insbesondere zu prüfen, ob die Funktionstauglichkeit selber in dem Vertrag als versprochenes Bausoll vereinbart worden ist oder eine so detaillierte Ausführungsart vereinbart wurde, die den übergeordneten Vertragszweck nicht erreichen kann. Die Abgrenzung ist hier äußerst schwierig, wie auch die abweichende Entscheidung des OLG Düsseldorf zeigt. **242**

Erteilt der Auftraggeber im Rahmen eines Werkvertrags »Zusatzaufträge«, stellt sich aber im nachhinein heraus, dass es sich tatsächlich um Mängelbeseitigungsarbeiten handelt oder sonst um Leistungen, die der Auftraggeber schon nach dem Ursprungsauftrag zu erbringen hat, schuldet der Auftraggeber dafür eine (zusätzliche) Vergütung nur, wenn er eine solche Forderung in Ansehung dieser Frage anerkannt hat oder die Parteien sich hierüber verglichen haben.[217] Diese Entscheidung des OLG Celle[218] wurde vom BGH[219] bestätigt. Im Gegensatz dazu urteilte das KG Berlin[220] ohne weitere Einschränkungen, dass der Auftraggeber an einen Nachtragsauftrag auch dann gebunden ist, wenn die Leistung bereits im Hauptauftrag enthalten war. Zur Begründung führt es aus, dass der Zusatzauftrag die speziellere Vereinbarung ist. Im Ergebnis ist tendenziell wohl dem KG zuzustimmen. Die Parteien haben sich offensichtlich in einem Zusatzauftrag über einen streitigen Punkt geeinigt, nämlich, ob es sich um eine zusätzliche Leistung handelt oder nicht. Könnte der Auftraggeber sich später darauf berufen, dass die »zusätzliche Leistung« bereits vom Hauptauftrag umfasst war, ist eine Zusatzvereinbarung sinnlos. Zutreffend stellt Quack[221] in seiner Anmerkung zu der zitierten BGH-Entscheidung daher die Frage, ob Nachtragsvereinbarungen nichts mehr wert sind. Im Ergebnis verneint er allerdings die Frage und will entsprechende Vereinbarungen nach Prüfung zumindest als Beweisvereinbarungen werten. Als Fazit kann m.E. nur konstatiert werden, dass jeweils im Einzelfall sehr genau zu prüfen ist, welche Qualität die jeweilige Nachtragsvereinbarung hat. Im Grundsatz sollte sie aus den genannten Gründen als wirksam erachtet werden. Einem Missbrauch durch den Auftragnehmer kann m.E. nur im Einzelfall beggenet werden. **243**

---

217 OLG Celle Urt. v. 14.10.2004 5 U 148/03 BauR 2005, 106.
218 OLG Celle Urt. v. 14.10.2004 5 U 148/03 BauR 2005, 106.
219 BGH Urt. v. 26.4.2005 X ZR 166/04 BauR 2005, 1317.
220 KG Urt. v. 4.11.2004 10 U 300/03 BauR 2005, 723.
221 BauR 2005, 1320.

Wie ausgeführt kann auch bei einem **Pauschalpreisvertrag § 2 Nr. 6 VOB/B Anwendung** finden. § 2 Nr. 7 Abs. 1 Satz 4 VOB/B ordnet dies ausdrücklich an.

244 Vereinbaren die Parteien als konkretes Bausoll eine Ausschachtungstiefe für z. B. eine Kläranlage, Eisenbahntrasse oder Straße von 1,60 m in einem Pauschalpreisvertrag und wird im Verlauf der Arbeiten deutlich, dass nur eine Ausschachtungstiefe von 2,10 m die Funktionalität des Bauwerks gewährleistet, so steht dem AN eine Zusatzvergütung nach § 2 Nr. 6 VOB/B bei Vorliegen der weiteren Voraussetzungen zu.[222]

(2) Verlangen der zusätzlichen Leistung

245 Wie bereits ausgeführt muss die Leistung verlangt werden. Eine **Formvorschrift existiert nicht**, die Forderung kann schriftlich, mündlich, ausdrücklich aber auch durch konkludentes (schlüssiges) Verhalten oder Stillschweigen erfolgen. Ein konkludentes Verhalten kann insbesondere vorliegen, wenn unerwartete geänderte Umstände eintreten (z. B. bei den Bodenverhältnissen), die Zusatzleistung offensichtlich erforderlich sind und der AG den AN weiterbauen lässt, ohne dieser Leistung zu widersprechen.[223]

(3) Ankündigung

246 Der AN muss den Anspruch auf besondere Vergütung – wie bereits ausgeführt – dem AG ankündigen, bevor er mit der Ausführung beginnt. Diese **Ankündigung ist grundsätzlich Anspruchsvoraussetzung**.

247 Dieser Grundsatz erfährt einige **Ausnahmen**. Ausnahmen müssen möglich sein, weil die Ankündigung keinen Selbstzweck hat. Sie dient vielmehr dem Schutz des AG. Der AG soll sich so früh wie möglich auf unvermeidbare Kostenerhöhungen einstellen können, um disponieren zu können. Ferner soll der AG frühzeitig in die Lage versetzt werden, zu prüfen, ob es sich bei der angekündigten Leistung um eine zusätzliche handelt, oder ob sie von der ursprünglichen Leistungsbeschreibung umfasst ist.[224] In den Fällen, in denen der AG dem Schutz nicht bedarf, sind Ausnahmen zuzulassen. Der AG ist dann nicht über die drohende Kostenerhöhung zu informieren, wenn dem AG aus anderen Umständen deutlich ist, dass eine zusätzliche Leistung erbracht wird, für die ein zusätzliches Entgelt verlangt wird. Hier sind Ausnahmen interessengerecht. Denn anderenfalls würde der AN für eine zusätzliche Leistung, aus deren Ausführung ihm selbst Kosten entstehen, einen Verlust erwirtschaften.

248 Der BGH[225] hält die Ankündigung daher zu Recht für entbehrlich, wenn für den Auftraggeber nach den Umständen des Einzelfalls – aus objektiver Sicht – hinreichend klar erkennbar ist, dass die Zusatzleistung nur gegen eine Vergütung er-

---

222 Kapellmann/Schiffers Bd. 2 Rn. 478.
223 Riedl in: Heiermann/Riedl/Rusam § 2 VOB/B Rn. 129 a.
224 OLG Frankfurt am Main NZBau 2003, 379.
225 BGH BauR 1996, S. 542; Keldungs in: Ingenstau/Korbion § 2 Nr. 6 VOB/B Rn. 14.

bracht werden wird. Dies gilt auch, wenn dem Auftraggeber keine Alternative zur sofortigen Ausführung der Zusatzleistung bleibt. Die Ankündigung kann auch entbehrlich sein, wenn der Auftragnehmer die Ankündigung schuldlos versäumt hat. Allerdings ist der **Auftragnehmer** für die Entbehrlichkeit der Anspruchsankündigung **darlegungs- und beweispflichtig**,[226] Insoweit sind strenge Anforderungen zu stellen, um nicht den Zweck des § 2 Nr. 6 in Frage zu stellen. Es müssen stets die Umstände des Einzelfalles konkret dargestellt werden.[227]

Die Anspruchsankündigung ist nicht formbedürftig. Sie kann auch mündlich erfolgen. Es ist jedoch dringend aus **Beweisgründen** zu empfehlen dies **schriftlich** zu tun.

Der Höhe nach braucht die zusätzliche Forderung nicht bezeichnet zu werden. 249
Die **Ankündigung** muss **gegenüber dem AG** erfolgen. Grundsätzlich ist davon auszugehen, dass diese Ankündigung **nicht gegenüber dem Architekten** des AG erfolgen darf, weil es sich hierbei um eine rechtsgeschäftliche Anzeige handelt. Etwas anderes gilt selbstverständlich, wenn der Architekt auch befugt ist rechtsgeschäftliche Änderungen der Bauleistungen im Namen und für Rechnung des AG vorzunehmen.

(4) Preisbildung
§ 2 Nr. 6 Abs. 2 VOB/B ordnet an, dass sich die **neue Vergütung** nach den 250
Grundlagen der Preisermittlung (**Urkalkulation**) und den besonderen Kosten der geforderten Leistung zu richten hat.

Dies **gilt auch für den Pauschalpreisvertrag**. Die Mehrleistungen sind jedoch 251
nach Einheitspreisen abzurechnen, wenn sich die Parteien für die zusätzlichen Leistungen nicht auf eine neue Pauschale einigen. Dies gilt auch für Leistungen, für die zwar ursprünglich ein Pauschalpreis vereinbart wurde, die jedoch durch die zusätzliche Leistung teilweise ersetzt werden. Wirkt sich also die Mehrleistung auf eine »Pauschalleistung« aus, so wird der gesamte betroffene Bereich nach Einheitspreisen abgerechnet.

(5) Bauzeitverzögerung durch zusätzliche Leistungen
Auch durch zusätzliche Leistungen kann sich die Ausführung des Bauvorhabens 252
verzögern. Inhaltlich gilt das Gleiche wie bei Bauzeitverzögerungen aufgrund geänderter Leistungen. Insoweit kann auf oben verwiesen werden.

(6) Zusätzliche Leistungen beim BGB-Vertrag
Bezüglich der zusätzlichen Leistungen im Rahmen der Abwicklung eines BGB- 253
Vertrags gilt ebenfalls das Gleiche wie bei geänderten Leistungen. Auch insoweit kann auf das oben Gesagte verwiesen werden.

---

226 Keldungs in: Ingenstau/Korbion § 2 Nr. 6 VOB/B Rn. 14.
227 Riedl in: Heiermann/Riedl/Rusam § 2 VOB/B Rn. 130 ff.

bb) Ohne Auftrag durch AG, § 2 Nr. 8 VOB/B

254 Hier gelten die Ausführungen zu den Leistungsabweichungen entsprechend.

Wenn es sich bei den ohne Anordnung ausgeführten Leistungen um Arbeiten handelt, die für die mangelfreie Erbringung der Bauleistung erforderlich sind, können die Vorschriften des § 2 Nr. 8 VOB/B und/oder der GoA[228] einschlägig sein.

255 Beim **BGB-Vertrag** wird bei notwendigen Leistungen auch auf das Rechtsinstitut der »**Sowiesokosten**« im Wege des Vorteilsausgleichs zurückgegriffen. Es steht der Leistung des Auftragnehmers regelmäßig eine äquivalente Ersparnis in Höhe der sog. »Sowiesokosten« gegenüber.[229] Daraus resultiert ein Kostenerstattungsanspruch des Auftragnehmers gegen den Auftraggeber. Dieses Ergebnis kann aber dann nicht gelten, wenn der Auftragnehmer die Planung der Bauleistung aufgrund funktionaler Vorgaben des Auftraggebers selbst geplant hat und die Vergütung pauschaliert wurde. In diesem Fall schuldet der Unternehmer nach dem Grundsatz, »Wer plant der haftet«, den Werkerfolg zum ursprünglich vereinbarten Preis. Letztlich kommt es auf die konkrete Fallgestaltung an.

d) Leistungsverweigerungsrecht des AN

256 Die Frage, inwieweit der Auftragnehmer berechtigt ist, die Ausführung von geänderten oder zusätzlichen Leistungen zu verweigern, wenn der Auftraggeber eine Vergütungsvereinbarung verweigert oder verzögert ist umstritten.[230]

257 Eindeutig dürfte der Fall noch zu beurteilen sein, in dem der Auftraggeber jeglichen zusätzlichen Zahlungsanspruch ablehnt und der Auftragnehmer technisch in der Lage ist, nur den geänderten oder zusätzlichen Leistungsteil abzulehnen. In dieser Konstellation besteht ein Leistungsverweigerungsrecht des Auftragnehmers.[231] Einen solchen Fall hatte der BGH zu entscheiden.[232] Dort hat der BGH ausgesprochen, dass der Auftragnehmer bei Vorliegen einer zusätzlichen Leistung zur Leistungsverweigerung berechtigt ist, wenn der Auftraggeber eine Vergütung endgültig verweigert. Im konkreten Fall ging es um die Frage, ob der Auftragnehmer die neue Verdübelung eines Gerüsts schuldete oder nicht.

In der Praxis wird sich die Bauleistung jedoch oft nicht in die von Anfang an geschuldete und die aufgrund der Anordnung nach § 1 Nr. 3 VOB/B oder § 1 Nr. 4 VOB/B geschuldete trennen lassen.

---

228 Zur GoA bei nicht bestellten Bauleistungen ausführlich Leupertz BauR 2005, 775 ff. und Oberhauser BauR 2005, 919 ff.
229 BGH Urt. v. 22.3.1984 VII ZR 50/82 BGHZ 90, 344 ff. (346).
230 Vygen BauR 2005, 431.
231 Vygen BauR 2005, 431 (432).
232 BGH Urt. v. 24.6.2004 VII ZR 271/01 BauR 2004, 1613.

Vygen[233] schlägt in diesen Fällen vor, wie folgt zu unterscheiden: 258

- Erkennt der Auftraggeber den Nachtragsanspruch des Auftragnehmers weder dem Grunde noch der Höhe nach an, so kann der Auftragnehmer die Ausführung der nachträglich angeordneten und ggf. auch der ursprünglich geschuldeten Leistung verweigern.[234]
- Erkennt der Auftraggeber den Nachtragsanspruch dem Grunde nach und damit teilweise der Höhe nach an, so kann der Auftragnehmer die Ausführung nicht verweigern.

Diese Unterscheidung ist sachgerecht. Im ersten Fall zeigt der Auftraggeber, dass 259
er definitiv nicht zahlen will. Es kann dem Auftragnehmer nicht zugemutet werden, vorzuleisten in dem Wissen, die ihm zustehende Vergütung nur klageweise durchsetzen zu können. Gleichwohl ist mit Vygen darauf hinzuweisen, dass der Auftragnehmer ein hohes Risiko eingeht, wenn er die weitere Ausführung der Leistung verweigert. Sollte sich später im Rahmen eines Rechtsstreits herausstellen, dass die Nachtragsforderung und damit die Leistungsverweigerung unberechtigt war, so hat der Auftragnehmer Schadensersatz zu leisten. Im zweiten Fall, d. h., wenn der Auftraggeber den Nachtragsanspruch dem Grunde nach anerkennt, besteht zu Recht kein Leistungsverweigerungsrecht des Auftragnehmers. Es ist oft schwierig, die exakten Nachtragskosten vor Ausführung der Arbeiten zu berechnen. Zudem kann die Nachtragsberechnung einige Zeit in Anspruch nehmen. Es wäre in dieser Konstellation nicht gerechtfertigt, wenn der Auftragnehmer die Arbeiten einstellen könnte. Das Bauvorhaben muss weiter betrieben werden. Die Nachteile eines Baustopps stehen außer Verhältnis zu den Nachteilen aus einer nicht vor Ausführung getroffenen Vereinbarung über die exakte Höhe der Nachtragskosten. Über die Nachtragsforderung kann der Höhe nach später eine Einigung getroffen werden.

e) Folgeaufträge

Leistungen, die nicht in einem Zusammenhang mit den Vertragsleistungen i. S. d. 260
§ 1 Nr. 4 VOB/B stehen, können vom AG nur in einem neuen selbstständigen Vertrag in Auftrag gegeben werden.[235] Das Zustandekommen richtet sich – wie bei jedem anderen Vertrag auch – nach den Vorschriften des BGB (§§ 145 ff. BGB). Die VOB/B findet hier zunächst nicht ohne weiteres Anwendung. Sie kann allerdings für den neuen Vertrag wieder vereinbart werden. Dies kann durch schlüssiges Verhalten (konkludent) geschehen. Die Abgrenzung zwischen zusätzlichen Leistungen und neuen selbstständigen Folgeaufträgen kann im Einzelfall schwierig sein.

---

233 Vygen BauR 2005, 431 (432).
234 So auch LG Erfurt Urt. v. 11. 3. 2004 7 O 354/03 BauR 2004, 564.
235 Vgl. zur Abgrenzung auch Motzke NZBau 2002, 641 ff.

3. Prüfungsschema: Vergütungspflichtigkeit eines Nachtrags

261
1. Stufe: Feststellung des Bausoll
2. Stufe: Feststellung des Bauist
3. Stufe: Feststellung der Abweichung Bauist von Bausoll
4. Stufe: Feststellung der Vergütungspflichtigkeit der Abweichung

- Mengenabweichungen (§ 2 Nr. 3 oder 7 VOB/B)

  → Einheitspreisvertrag § 2 Nr. 3 VOB/B
  - Mengenabweichungen < oder = 10 % (Abs. 1): Vergütung bleibt unverändert
  - Mengenüberschreitungen > 10 % (Abs. 2): Neue Vergütung für Menge > 110 %
  - Mengenunterschreitungen > 10 % (Abs. 3): Vergütungserhöhung 100 % Menge
  - Änderung des Pauschalpreises i. R. des Einheitspreisvertrages (Nr. 3 Abs. 4)

  → Pauschalpreisvertrag § 2 Nr. 7 VOB/B
  - Grundsatz: Vergütung bleibt unverändert
  - Ausnahme: Abweichung ist erheblich i. S. d. § 242 BGB

- Selbstvornahme von Leistungen (§ 2 Nr. 4 VOB/B)

  → AN behält Vergütungsanspruch für nicht ausgeführte Leistung § 2 Nr. 4 i. V. m. § 8 Nr. 1 Abs. 2 S. 1 VOB/B
  → AN muss sich die ersparten Aufwendungen und anderweitigen Erwerb oder böswillig unterlassenen Erwerb anrechnen lassen § 2 Nr. 4 i. V. m. § 8 Nr. 1 Abs. 2 S. 2 VOB/B

- Leistungsänderungen (§ 2 Nr. 5 VOB/B)

  → Anordnungen des AG
  - Änderungen des Bauentwurfs
  - andere Anordnungen, z. B. Änderung der Bauzeit
  → Änderungen der Grundlagen des Preises (Urkalkulation)
  → Neue Vergütung auf Basis der Urkalkulation

- Zusätzliche Leistungen (§ 2 Nr. 6 VOB/B)

  → Abhängigkeit der zusätzlichen Leistung von der vereinbarten Leistung (Sachzusammenhang)
  → Verlangen des AG
  → Anzeige der Leistung und des Vergütungsanspruchs durch AN (Ausnahmen!)
  → Neue Vergütung auf Basis der Urkalkulation

- Selbstständige neue Leistungen (Folgeaufträge)

  → Keine Abhängigkeit der neuen Leistung von der vereinbarten Leistung
  → Neuer Vertragsschluss nach den Regeln des BGB (§§ 145 ff. BGB)

§ 632 a
Abschlagszahlungen

Der Unternehmer kann von dem Besteller für in sich abgeschlossene Teile des Werkes Abschlagszahlungen für die erbrachten vertragsmäßigen Leistungen verlangen. Dies gilt auch für erforderliche Stoffe oder Bauteile, die eigens angefertigt oder angeliefert sind. Der Anspruch besteht nur, wenn dem Besteller Eigentum an den Teilen des Werkes, an den Stoffen oder Bauteilen übertragen oder Sicherheit hierfür geleistet wird.

Inhaltsübersicht

	Rn.
A. Allgemeines	1
I. Normzweck	1
II. Anwendungsbereich	3
1. Zeitlich	3
2. Sachlich	4
III. Abweichende Vereinbarungen	5
1. Individualvertraglich	5
2. Durch AGB	6
B. BGB	7
I. Abschlagszahlungen	7
1. Begriff	7
2. Abgrenzung zur Vorauszahlung	9
II. Anspruch auf Abschlagszahlungen	12
1. Leistung des Unternehmers	13
a) In sich abgeschlossene Teile des Werkes	14
b) Vertragsgemäße Leistung	29
c) Stoffe oder Bauteile	32
2. Sicherung des Bestellers	39
a) Eigentumsübertragung	40
b) Sicherheitsleistung	46
III. Ausgestaltung des Anspruchs	49
1. Fälligkeit	49
2. Höhe der Abschlagszahlung	51
3. Verhältnis zum Schlusszahlungsanspruch	52
4. Einwendungen	54
5. Verjährung	56
IV. Besonderheiten	57
1. Prozessuales	57
2. Architekten und Ingenieurvertrag	64
a) Anspruchsvoraussetzungen nach § 8 Abs. 2 HOAI	66
aa) Forderung des Architekten	67
bb) Nachgewiesene Leistung	68
cc) Angemessene zeitliche Abstände	72
dd) Höhe der Abschlagszahlungen	73
b) Beendigung der Leistung	74
c) Rückforderung von Abschlagszahlungen	75
d) Rechtsfolgen der Abschlagszahlung	77
3. Bauträgervertrag (MABV)	79

	Rn.
C. VOB/B	84
I. Abschlagszahlungen nach § 16 Nr. 1 VOB/B	84
II. Anspruchsvoraussetzungen nach § 16 Nr. 1 Abs. 1 VOB/B	86
1. Antrag des Unternehmers	88
2. Nachgewiesene vertragsgemäß erbrachte Leistung	92
3. Abschlagszahlungen für Stoffe oder Bauteile	95
4. Sicherheitsleistung	99
III. Einbehalte nach § 16 Nr. 1 Abs. 2 VOB/B	101
1. Einbehalte von Gegenforderungen	102
2. Andere Einbehalte	107
IV. Fälligkeit der Abschlagszahlungen § 16 Nr. 1 Abs. 3 VOB/B	112
1. Fälligkeitsregelung	112
2. Nichtleisten auf fällige Abschlagszahlungen	116
V. Weitere Rechtsfolgen von Abschlagszahlungen nach § 16 Nr. 1 Abs. 4 VOB/B	119

A. Allgemeines

I. Normzweck

1 Die Vorschrift des § 632 a BGB wurde durch das Gesetz zur Beschleunigung fälliger Zahlungen vom 30. 3. 2000[1] in das Werkvertragsrecht eingefügt. Nach alter Rechtslage gab es im BGB-Werkvertragsrecht, mit Ausnahme eines Anspruchs aus Treu und Glauben in Einzelfällen, keinen Anspruch auf Abschlagszahlungen. Der Werklohn wurde insgesamt erst mit der Abnahme fällig. Nur, wenn der Auftragnehmer Abschlagszahlungen mit dem Auftraggeber vertraglich vereinbart hatte, die nach Baufortschritt fällig wurden, konnte er Abschlagszahlungen verlangen. Als Vorbild für die Regelung des § 632 a BGB diente die Regelung des § 16 VOB/B, welche mit einigen Modifikationen in das BGB übernommen wurde.[2]

2 Durch die Einführung von gesetzlichen Abschlagszahlungen soll der Unternehmer auch ohne eine entsprechende vertragliche Vereinbarung einen Anspruch auf Abschlagszahlungen erhalten. Seine Vorleistungspflicht wird dadurch reduziert.[3] Die besondere Gefahr der Vorleistungspflicht liegt für den Unternehmer darin, dass er einerseits Kosten (z. B. Material, Lohn, Geräte, Allgemeine Geschäftskosten) hat, die erst später durch Zahlung der vereinbarten Vergütung ausgeglichen werden und er andererseits das Eigentum an den eingesetzten Baustoffen in der Regel nach §§ 946, 94 BGB verliert. Nach §§ 946, 94 BGB erwirbt der Besteller das Eigentum an den eingesetzten Baustoffen und sonstigen eingebrachten Materialien (z. B. Heizungs- und Sanitärinstallation) kraft Gesetzes indem die eingesetzten Stoffe und Materialien fest mit dem Grundstück (incl. Gebäude) verbunden werden. Der Unternehmer verliert in der Folge sämtliche Rechte an den eingebauten Materialien.

---

1 Gesetz zur Beschleunigung fälliger Zahlungen vom 30. 3. 2000, BGBl. I S. 330.
2 Palandt/Sprau § 632 a BGB Rn. 1.
3 Vgl. zur Begründung des Gesetzesentwurfes, BT-Drucks. 14/1246 S. 1.

Um diese Gefahr zu reduzieren, helfen dem Unternehmer Abschlagszahlungen während des Baufortschritts. Der Unternehmer erhält dadurch eine höhere Liquidität während der Bauphase und verringert das Risiko, das ihm durch eine Insolvenz des Auftraggebers droht. Allerdings ist der Anspruch auf Abschlagszahlungen »eben auch nur ein Anspruch«. Im Falle der Nichtzahlung bleibt dem Unternehmer nur die Möglichkeit, diesen Anspruch einzuklagen. Die gerichtliche Durchsetzung kostet jedoch Zeit und (weiteres) Geld. Damit ist der Unternehmer dem – teilweise missbräuchlich vorgetragenen Einwand – des Bestehens von Mängeln ausgesetzt. Dieses Risiko lässt sich allerdings – außer durch Vorauszahlungen – kaum ausschließen. Selbst eine Zahlungsbürgschaft (§ 648 a BGB) vermag nicht das Liquiditätsrisiko zu vermeiden, das durch einen Gerichtsprozess entsteht. Sie erhöht aber den Druck auf den Auftraggeber und sichert das Insolvenzrisiko des Auftraggebers ab.

Die Vorschrift regelt ausschließlich die Zahlung zwischen den Vertragsparteien, nicht den Abschluss des Vertrages oder die Preisbemessung und gehört damit systematisch zu den Vergütungsregelungen.

II. Anwendungsbereich
1. Zeitlich

Der Anwendungsbereich der Regelung beschränkt sich gem. Art. 229 § 1 Abs. 2 Satz 1 EGBGB auf die ab dem 1. 5. 2000 abgeschlossenen Verträge. **3**

2. Sachlich

Der sachliche Anwendungsbereich umfasst grundsätzlich Werkverträge jeder Art. Der Anlass zur Einführung des § 632 a BGB wurde zwar durch Bauverträge gegeben. Der Anwendungsbereich ist darauf jedoch nicht beschränkt. Die Ausgestaltung der Norm, insbesondere der Begriff des »in sich geschlossenen Teil des Werkes« ist teilweise auf starke Kritik gestoßen. **4**

III. Abweichende Vereinbarungen
1. Individualvertraglich

Die Regelung des § 632 a BGB ist dispositiv. Die Parteien können von der gesetzlichen Regelung abweichende individualvertragliche Abreden treffen. Die abweichende Vereinbarung kann sowohl zugunsten des Unternehmers wie auch zugunsten des Bestellers getroffen werden. Die Parteien können den Anspruch auf Abschlagszahlungen gänzlich ausschließen[4] oder die Voraussetzungen hierfür erleichtern. **5**

---

[4] Siehe auch Diehr ZfBR 2001, 435.

2. Durch AGB

6 Soll von der gesetzlichen Regelung durch die Vereinbarung entsprechender AGB abgewichen werden, müssen diese den Anforderungen der §§ 307 ff. BGB entsprechen.

Grundsätzlich ist davon auszugehen, dass ein völliger Ausschluss des Anspruchs auf Abschlagszahlungen nach § 632 a BGB durch AGBs den Unternehmer gem. § 307 Abs. 2 Satz 1 BGB unangemessen benachteiligt.[5]

B. BGB

I. Abschlagszahlungen

1. Begriff

7 Abschlagszahlungen sind Zahlungen des Bestellers auf bereits erbrachte Teilleistungen des Unternehmers; in der Regel Zahlungen entsprechend dem Baufortschritt.[6] Die Abschlagszahlung bemisst sich nach dem Umfang der ausgeführten Teilleistungen.[7]

8 Die Abschlagszahlungen sind keine abschließende Vergütung für Teile des Werkes, auch wenn die Fälligkeit der Abschlagszahlungen gem. § 632 a BGB an die Erbringung von Teilleistungen geknüpft wird. Abschlagszahlungen sind lediglich Anzahlungen auf die Vergütung des Gesamtwerkes des Vertrages.[8] Sie haben einen vorläufigen Charakter. Die Zahlung der Abschläge erfolgt in Anrechnung auf die vom Unternehmer nach Abschluss aller Leistungen zu beanspruchende Gesamtvergütung.[9] Die Abschlagszahlungen haben keinen Einfluss auf die Mängelhaftung des Unternehmers. Insbesondere können sie nicht als eine Teilabnahme des Werkes angesehen werden.[10] Abschlagszahlungen kommen bei sämtlichen Bauvertragstypen in Betracht.

2. Abgrenzung zur Vorauszahlung

9 Abschlagszahlungen nach § 632 a BGB sind von Vorauszahlungen abzugrenzen. Die Vorauszahlung stellt auch eine Anzahlung auf das Gesamtwerk dar.[11] Allerdings werden die Vorauszahlungen unabhängig von einer bereits erbrachten (Teil-)Leistung des Unternehmers erbracht. Durch eine Vorauszahlung wird das gesetz-

---

5 Kniffka ZfBR 2000, 229.
6 Palandt/Sprau § 632 a BGB Rn. 4; MüKo/Busche § 632 a BGB Rn. 2.
7 BGH BauR 1986, 361, 365.
8 BGH NJW 1999, 2113.
9 BGH BauR 1986, 361.
10 Palandt/Sprau § 632 a BGB Rn. 4.
11 MüKo/Busche § 632 a BGB Rn. 2.

liche Leitbild des Werkvertrages umgekehrt. In diesem Fall entfällt die Vorleistungspflicht des Unternehmers. Dieser hat bereits zum Zeitpunkt des Baubeginns eine Vergütung für die noch zu erbringende Bauleistung erhalten. Der Besteller kann ein Interesse daran haben, die Bauleistung im Voraus zu bezahlen, weil er sich dadurch z. B. steuerliche Vorteile verspricht oder ein Budget zeitlich gebunden ist.

Die Gewährung von Vorauszahlungen bedarf einer individuellen vertraglichen Vereinbarung zwischen Besteller und Unternehmer.[12] Wegen der grundlegenden Veränderung des bauvertragsrechtlichen Vorleistungsprinzips können Vorauszahlungen nicht wirksam in Allgemeinen oder Besonderen Vertragsbedingungen des Unternehmers enthalten sein.[13] Die Vereinbarung von Vorauszahlungen in AGB stellt eine unangemessene Benachteiligung des Bestellers i. S. d. § 307 Abs. 2 Nr. 1 BGB dar, weil vom wesentlichen Grundgedanken der Vorleistungspflicht des Unternehmers in § 641 BGB abgewichen wird.[14] Aufgrund des besonderen Anzahlungscharakters besteht weder nach §§ 631 ff. BGB noch nach §§ 2, 16 VOB/B ein eigenständiger Anspruch des Unternehmers auf die Vornahme von Vorauszahlungen durch den Besteller.[15] Die individualvertragliche Vorauszahlungsvereinbarung ist in der Praxis regelmäßig Bestandteil des zwischen den Parteien abgeschlossenen Bauvertrages. Die inhaltliche Ausgestaltung der Vorauszahlungsvereinbarung hat im Idealfall folgende Positionen zu umfassen:

10

– Umfang der Vorauszahlung,
– Zeitpunkt der Zahlungsvornahme,
– Absicherung der Vorauszahlung,
– Verrechnung der geleisteten Vorauszahlung,
– Verzinsung.

Typischer Weise versucht der Unternehmer eine Verrechnung der Vorauszahlungen auf die letzten Abschlagsrechnungen zu erreichen, um gegen Ende der Bauarbeiten, wenn Streit um die Mangelfreiheit der Bauleistung entsteht, dennoch seine Vergütung zu erhalten und um durch die früheren Abschlagszahlungen eine höhere Liquidität zu erhalten. Aus Auftraggebersicht ist dies strikt abzulehnen, weil der Auftraggeber/Besteller sich sonst seiner »Druckposition« des Zurückbehaltungsrechts gegen Ende der Bauarbeiten begibt.

11

II. Anspruch auf Abschlagszahlungen

Der Anspruch auf Abschlagszahlungen ist ein selbstständiger Teil des Vergütungsanspruchs gem. § 631 Abs. 1 Hs. 2 BGB. Der Unternehmer kann vom Besteller für

12

---

12 Beck'scher VOB-Komm./Motzke § 16 Nr. 2 VOB/B Rn. 2.
13 Kapellmann/Messerschmidt § 16 VOB/B Rn. 156.
14 Kapellmann/Messerschmidt § 16 VOB/B Rn. 156.
15 Nicklisch/Weick § 16 VOB/B Rn. 27.

einen in sich abgeschlossenen Teil des Werkes eine Abschlagszahlung für die erbrachten vertragsgemäßen Leistungen verlangen.

1. Leistung des Unternehmers

13 Voraussetzung für den Anspruch auf Abschlagszahlung ist, dass der Unternehmer bereits eine (Teil-)Leistung im Rahmen der gegenüber dem Besteller eingegangenen vertraglichen Gesamtverpflichtung erbracht hat.[16] Die (Teil-)Leistung kann

- aus einem in sich abgeschlossenen Teil des Werks (§ 632 a Satz 1 BGB) oder
- aus eigens angefertigten Stoffen oder Bauteilen bestehen, die für die Herstellung des Werks erforderlich sind (§ 632 a Satz 2 BGB).

a) In sich abgeschlossene Teile des Werkes

14 Durch die Leistung des Unternehmers muss ein in sich abgeschlossener Teil des Gesamtwerkes entstanden sein. Der Begriff des »in sich abgeschlossenen Teil des Werkes« war dem BGB vor der Einführung des § 632 a BGB fremd.

15 Die VOB/B enthält in § 12 Nr. 2 und § 16 Nr. 4 den Begriff des »in sich abgeschlossenen Teils der Leistung«. Im Rahmen des § 12 Nr. 2 VOB/B besteht für ein in sich abgeschlossenen Teil des Werkes ein Anspruch auf eine Teilabnahme. Die Teilabnahme setzt voraus, dass die Gebrauchstauglichkeit des Werkes geprüft werden kann. Das ist nur dann möglich, wenn der Teil des Werkes unabhängig von der Erstellung des Gesamtwerkes auf die Tauglichkeit geprüft werden kann.[17] Die Beurteilung der Abgeschlossenheit eines Leistungsteils richtet sich nach der Verkehrsanschauung. Leistungsteile sind »in sich abgeschlossen«, wenn der betreffende Teil der Leistung von der Gesamtleistung funktional trennbar und dementsprechend selbstständig gebrauchsfähig ist.[18]

16 Der vertraglich geschuldete Einbau einer Heizungs- und Sanitäranlage in einem Haus ist funktional und vom Gebrauch her trennbar, so dass eine in sich abgeschlossene Teilleistung vorliegt.[19] Demgegenüber stellen Decken- oder Stockwerke eines Rohbaus keinen in sich abgeschlossenen Teil der Bauleistung dar, weil sie für sich genommen weder funktions- noch gebrauchstauglich sind.[20] Dies gilt beispielsweise auch für eine Treppenanlage, bei der Treppe und Geländer nicht funktional trennbar sind.[21]

---

16 MüKo/Busche § 632 a BGB Rn. 3.
17 BGHZ 50, 160.
18 Oppler in: Ingenstau/Korbion § 12 VOB/B Rn. 99; Heiermann/Riedl/Rusam § 12 VOB/B Rn. 27; Leinemann/Sterner § 12 VOB/B Rn. 62.
19 BGH BauR 1975, 423.
20 BGH NJW 1968, 1524.
21 BGH BauR 1985, 565.

Diese enge Auslegung des Begriffs des »in sich abgeschlossenen Teils der Leistung« in § 12 Nr. 2 VOB/B ist vor dem Hintergrund der weit reichenden Rechtsfolgen der Teilabnahme sachgerecht.

Allerdings ist der Begriff der »in sich abgeschlossenen Teile des Werkes« im Zusammenhang mit § 632 a BGB nach zutreffender Ansicht weit auszulegen.[22]

Bei der Einführung der Vorschrift des § 632 a BGB war die Intention des Gesetzgebers die Minimierung des Vergütungsrisikos auf Seiten des Unternehmers. Folgt man der engen Auslegung, dann sind in der Praxis kaum Fälle denkbar, in denen der Unternehmer einen Anspruch auf Abschlagszahlungen gegen den Besteller hat. Häufig werden die Teile des Werkes nicht unabhängig vom Gesamtwerk auf ihre Gebrauchstauglichkeit überprüft werden können. Darüber hinaus hatte auch der Gesetzgeber bei der Einführung des § 632 a BGB nicht die Regelung des § 12 VOB/B herangezogen. Vielmehr sollte die Formulierung des § 632 a BGB mit den praktischen Ergebnissen des § 16 Nr. 1 VOB/B übereinstimmen. Es sollte eine Sicherung der Werthaltigkeit der Leistung erreicht werden, für die der Unternehmer einen Abschlag erlangen soll.[23] Mit der Teilabnahme nach § 12 Nr. 2 VOB/B sind aber noch darüber hinausgehende Ziele verbunden. Mit der Erklärung der Abnahme durch den Auftraggeber tritt eine Beweislastumkehr zu seinen Ungunsten ein. Es ist nicht mehr der Auftragnehmer darlegungs- und beweispflichtig für die Erstellung eines mangelfreien Werkes, sondern umgekehrt der Auftraggeber dafür, dass Mängel vorliegen.[24] Ein so weitgehender Schutz des Auftraggebers ist im Rahmen des § 632 a BGB überflüssig.

Auch der Satz 2 des § 632 a BGB unterstützt die Ansicht, dass eine enge Auslegung des Begriffes des abgeschlossenen Teils des Werks nicht praktikabel ist. Nach § 632 a Satz 2 BGB ist eine Abschlagszahlung auch für die Lieferung von Stoffen und Bauteilen zu zahlen. Eine Lieferung von Stoffen und Bauteilen ist im Ergebnis lediglich als Vorarbeit zu werten, in keinem Fall wird hierdurch bereits ein selbstständiger Teil des Gesamtwerkes erstellt. Dementsprechend ergibt sich aus der Vorschrift des § 632 a BGB selbst die Wertung, dass eine dem engen Begriff des § 12 VOB/B entsprechende Leistung eines abgeschlossenen Teils des Werkes für die Leistung von Abschlagszahlungen nicht erforderlich sei.

Geht man demnach mit der herrschenden Meinung[25] von einem weiten Begriff des abgeschlossenen Teils des Werkes aus, muss dieser dennoch konkretisiert werden. Es gibt zahlreiche Ansätze durch welche Voraussetzungen der Begriff eingegrenzt

---

22 Kniffka ZfBR 2000, 229; Motzke NZBau 2000, 490; MüKo/Busche § 632 a BGB Rn. 4; Palandt/Sprau § 632 a BGB Rn. 5; Staudinger/Peters § 632 a BGB Rn. 6.
23 BT-Drucks. 14/1246 S. 6 linke Spalte.
24 Oppler in: Ingenstau/Korbion § 12 VOB/B Rn. 102, 50.
25 Vgl. hierzu insbesondere Staudinger/Peters § 632 a BGB Rn. 6; Motzke NZBau 2000, 489, 490; Kniffka ZfBR 2000, 229; Voppel BauR 2001, 1167; Ullmann NJW 2002, 1073, 1075.

20 Die Auslegung hat den Gesetzeszweck zu berücksichtigen. Ausgehend von dem in der Gesetzesbegründung angeführten Begriff der Werthaltigkeit, kann eine abgeschlossene Teilleistung angenommen werden, wenn diese für den Besteller einen selbstständigen Wert darstellt. Wann dies der Fall ist, wird zum Teil nach objektiven und zum Teil nach subjektiven Kriterien beurteilt. So wird vertreten, dass für die Werthaltigkeit einer Teilleistung auf die fiktive Situation eines Auftraggeberwechsels abgestellt werden könnte: Unterstellt der Bauvertrag würde gekündigt, könnte dann ein Drittunternehmer die vom Unternehmer bereits erstellte Teilleistung verwenden oder müsste er diese Leistung notwendig nochmals erbringen, um den Werkerfolg zu bewirken. In diesem Fall hat der Besteller bereits einen Wert erhalten, der die Abschlagszahlungen als zumutbar erscheinen lässt.[27]

werden kann. Voppel[26] stellt dabei auf die Abnahmefähigkeit ab, wodurch der Begriff im Ergebnis wieder der engen Auslegung unterworfen wird.

21 Andere stellen als maßgebliches Kriterium auf den Willen der Parteien ab.[28] Der Parteiwille für den Zuschnitt von Teilleistungen komme bereits in der Ausgestaltung der Verträge zum Ausdruck. So definiere der Besteller die Leistungsabschnitte selbst. Beim Einheitspreisvertrag könnte unproblematisch auf die Positionen des Leistungsverzeichnisses abgestellt werden. Entsprechendes gelte für den Detail-Pauschalvertrag, der ebenfalls in einem Leistungsverzeichnis eigenständige Teilerfolge bestimme. Schwierigkeiten ergeben sich hingegen beim Global-Pauschalvertrag. Hier wird vorgeschlagen, wie bei der Kündigung eines Global-Pauschalvertrages vorzugehen. Dazu müsste die erbrachten Teilleistungen anhand der Auftragskalkulation in abrechenbare Einheiten aufgeteilt werden.

22 Im Ergebnis ist wohl zunächst darauf abzustellen, ob die Abschlagszahlung abrechnungsfähig ist.[29] Dies setzt voraus, dass die Abschlagsforderung auch konkret zu belegen ist. Neben der Abrechnungsfähigkeit der Leistung muss als weiteres Kriterium ein messbarer Baufortschritt durch die Teilleistung erzielt worden sein.[30] Ein messbarer Baufortschritt liegt z.B. vor, wenn auf die erbrachte Bauleistung andere Gewerke aufbauen können und damit die Leistung einen eigenständigen Wert hat.

23 »In sich abgeschlossene Teile des Werkes«

Kriterien zur Beurteilung:

- Abrechnungsfähigkeit
- messbarer Baufortschritt
- eigenständiger Wert

---

26 Voppel BauR 2001, 1167.
27 Voppel BauR 2001. 1167.
28 Voppel BauR 2001, 1167.
29 Voppel BauR 2001, 1167.
30 Ullmann NJW 2002, 1073.

Abschlagszahlungen　　　　　　　　　　　　　　　　　　§ 632 a BGB

Interessanterweise ist das Recht auf Abschlagszahlungen nach § 632 a BGB – nicht 24
das Recht auf Abschlagszahlungen im allgemeinen – aufgrund der Voraussetzung
»in sich abgeschlossene Teile des Werks« im Geschäftsverkehr eher eine »Drohung« als eine »Verheißung«. Berühmt und viel diskutiert ist folgende Klausel:

»Verlangt der Unternehmer eine Sicherheit nach § 648 a BGB, so richtet sich die Fälligkeit der Abschlagszahlung nach § 632 a BGB«.

Dahinter steht folgender Sachverhalt: Der Unternehmer eines VOB/B-Bauvertrags 25
erhält gem. § 16 Abs. 1 VOB/B Abschlagszahlungen »auf Antrag« »in möglichst kurzen Zeitabständen« und/oder kraft Vereinbarung nach Zahlungsplan. Verlangt er nun vom Auftraggeber eine Sicherheit nach § 648 a BGB (Zahlungsbürgschaft) soll er »als Strafe« nur Abschlagszahlungen nach § 632 a BGB für in sich abgeschlossene Teile erhalten; also eigentlich gar nicht. Als Rechtfertigung dient die Aussage des Auftraggebers: »Du willst das Gesetz (§ 648 a BGB), du bekommst das Gesetz (§ 632 a BGB).«

Das LG München I[31] hat eine solche Klausel im Wesentlichen mit dem Argument, 26
dass das BGB der Maßstab sei und nicht die VOB/B, für zulässig erachtet. Eine unangemessene Benachteiligung i. S. d. § 307 Abs. 2 Nr. 1 BGB könne nicht in der Vereinbarung einer gesetzlichen Werkvertragsregelung liegen. Die Anwendung des § 648 a BGB wird durch die umstrittene Klausel von keiner zusätzlichen Voraussetzung abhängig gemacht oder eingeschränkt. Lediglich als Rechtsfolge der Geltendmachung einer Sicherheit gem. § 648 a BGB wird die Geltung von § 632 a BGB vereinbart. Eine Benachteiligung könne schon deshalb nicht gegeben sein, weil von der gesetzlichen Regelung gerade nicht abgewichen wird. Aus dem Umstand, dass die VOB/B eine vorteilhaftere Abschlagszahlungsregelung enthält, könne nicht geschlossen werden, dass für den Auftragnehmer im Rahmen der Inhaltskontrolle nach § 307 Abs. 2 Nr. 1 BGB immer die aus seiner Sicht vorteilhafteste Regelung Anwendung findet.

Dagegen wendet sich Kniffka,[32] der in dieser Klausel einen Verstoß gegen die ge- 27
setzliche Regelung des § 307 Abs. 2 Nr. 1 BGB sieht. Werde in einem Vertrag die Sicherheit davon abhängig gemacht, dass sich der Vertragsinhalt ändert, so sei dies eine Beschränkung des Verlangens nach Sicherheit. Dieser Auffassung schließt sich Hofmann[33] an, für den entscheidend ist, dass sich der Auftragnehmer sein nach dem Gesetz unabdingbares Sicherungsrecht mit einer für ihn schmerzhaften Vertragsänderung – nämlich dem Verlust einer sinnvollen Abschlagszahlungsregelung erkaufen müsse. Dies halte den Auftragnehmer häufig davon ab, seinen gesetzlichen Anspruch auf Sicherheit geltend zu machen.

---

31 Urt. v. 8. 2. 2005 11 O 15194/04 IBR 2005, 2001.
32 Kniffka, IBR-Online-Kommentar § 648 a Rn. 131.
33 Hofmann BauR 2006. 763, 765.

28 In der Praxis haben die Bauvertragsparteien häufig einen individuellen Zahlungsplan vereinbart. Nach § 305 b BGB haben individuelle Vertragsabreden Vorrang vor Allgemeinen Geschäftsbedingungen. Dies bedeutet, dass die o.g. Klausel in Allgemeinen Geschäftsbedingungen unwirksam ist, soweit sie mit einem individuellen Zahlungsplan kollidiert.[34]

b) Vertragsgemäße Leistung

29 Eine weitere Voraussetzung für den Anspruch des Unternehmers auf Abschlagszahlung ist die vertragsmäßige Leistungserbringung. Es werden zu der Frage, in welchem Fall eine vertragsmäßige Leistungserbringung vorliegt, unterschiedliche Auffassungen vertreten. Insbesondere ist umstritten, welche Auswirkungen Mängel der Bauleistung haben.

30 Nach der amtlichen Begründung zum Gesetzesentwurf können Abschlagszahlungen gem. § 632 a BGB nur für mangelfreie Leistungen verlangt werden.[35] Das hätte zur Folge, dass ein Anspruch auf Abschlagszahlungen nicht besteht, wenn – selbst unwesentliche – Mängel an der Leistung geltend gemacht werden. Die Mangelfreiheit wäre demnach eine Anspruchsvoraussetzung. Dieser Auffassung ist kritisch entgegenzuhalten, dass gerade während der Bauphase oft mangelhafte Bauleistungen vorliegen. Dies hat zur Folge, dass der Unternehmer faktisch nur eine geringe Chance hat, Abschlagszahlungen geltend zu machen. Die an sich für den Unternehmer vorteilhafte Regelung des § 632 a BGB würde damit ins Leere laufen.[36] Ferner hat der Unternehmer in dem Zeitraum vor der Abnahme die Mangelfreiheit zu beweisen. Es würde somit allein die bloße Behauptung der Mangelhaftigkeit durch den Auftraggeber ausreichen, um den Anspruch des Unternehmers auf Leistung einer Abschlagszahlung eine Zeitlang zu vereiteln.[37] Teilweise wird eine Einschränkung dahin gehend angenommen, dass nur eine im Wesentlichen mangelfreie Bauleistung zur Entstehung des Anspruchs auf Abschlagszahlung führt.[38] Unwesentliche Mängel sollen in Anlehnung an die Regelung des § 640 Abs. 1 Satz 2 BGB der vertragsmäßigen Leistungserbringung nicht entgegenstehen.

31 Das überwiegende Schrifttum lässt den Anspruch des Unternehmers auf Abschlagszahlungen auch im Falle des Vorliegens von Mängeln entstehen.[39] Die Auffassung wird damit begründet, dass der Besteller bei einer mangelhaften Leistung von seinem Zurückbehaltungsrecht nach § 320 BGB Gebrauch machen kann und hier-

---

34 LG München I IBR 2005, 2001; Hofmann BauR 2006, 763, 765; a. A. Oberhauser BauR 2004, 1864, 1866.
35 BT-Drucks. 14/1246 S. 6; so auch Rodemann BauR 2002, 863, 866; Kirberger BauR 2001, 492, 498.
36 Vgl. Kirberger BauR 2001, 492, 499,
37 Vgl. Motzke NZBau 2000, 489, 492.
38 Palandt/Sprau § 632 a BGB Rn. 5.
39 Vgl. Böhme BauR 2001, 525, 531; Kniffka ZfBR 2000, 227, 229; Motzke NZBau 2000, 489, 491; U. Locher in: Ingenstau/Korbion § 16 Nr. 1 VOB/B Rn. 2; so auch hinsichtlich § 16 Nr. 1 VOB/B: BGH BauR 1979, 159, 161; BGH BauR 1991, 81, 82.

durch ausreichend geschützt sei.[40] Dieser Lösungsweg berücksichtigt die vorhandenen Mängel auf der Einwendungsebene. Die Fälligkeit der Abschlagszahlung richtet sich allein danach, ob der Unternehmer die erbrachten Bauleistungen, für die ein Abschlag verlangt wird, nachprüfbar auflistet und diese einen messbaren Baufortschritt bewirkt haben. Die Mängeleinrede begründet lediglich ein Leistungsverweigerungsrecht nach § 320 BGB. Der Umfang des Leistungsverweigerungsrechts ergibt sich u. E. aus der analogen Anwendung des § 641 Abs. 3 BGB. Der Besteller darf mindestens das Dreifache der für die Mangelbeseitigung erforderlichen Kosten also sog. Druckzuschlag zurückbehalten.[41]

c) Stoffe oder Bauteile

Der Auftraggeber kann darüber hinaus nach § 632a Satz 2 BGB Abschlagszahlungen für erforderliche Stoffe oder Bauteile verlangen. Durch die in § 632a Satz 2 BGB enthaltene Formulierung »Das gilt auch ...«, wird auf die Regelung des Satz 1 verwiesen. Es stellt sich die Frage, ob das umstrittene Kriterium des »abgeschlossenen Teils der Leistung« auch eine Voraussetzung für den Anspruch auf Abschlagszahlung nach § 632a Satz 2 BGB ist. Die ganz überwiegende Meinung[42] wendet das Kriterium des »abgeschlossenen Teils« nicht auf die Vorschrift des § 632a Satz 2 BGB an und geht davon aus, dass es sich bei der Regelung um eine Rechtsfolgenverweisung handelt. Dieser Lösung ist zuzustimmen. Die Abgeschlossenheit der Teilleistung wie nach § 632a Satz 1 BGB ist nicht erforderlich. Es ist unter praktischen Erwägungen nur schwer vorstellbar, die Lieferung von Stoffen oder Bauteilen als einen »abgeschlossenen Teil der Werkleistung« anzusehen.

32

Der Unternehmer, z.B. der »Fertigbetonteil-Rohbauer«, wird durch die Kosten der Fremdanfertigung von vorgefertigten Bauelementen erheblich belastet. Er hat ein berechtigtes – ggf. existenzielles – Interesse, den darauf entfallenen Vergütungsteil möglichst zeitnah vom Besteller zu erhalten.

33

Voraussetzung für den Anspruch auf Abschlagszahlung ist, dass die Stoffe oder Bauteile für die geforderte Leistung eigens angefertigt oder angeliefert worden sind. Erforderlich ist nach § 632a Satz 2 BGB, dass es sich jeweils um objektbezogene, eigens für das vertraglich vereinbarte Werk bestimmte Leistungen handelt.

34

Bauteile sind bewegliche Sachen, die – hergestellt aus einzelnen bzw. verschiedenen Baustoffen – nach ihrem Einbau eine selbstständige Einzelfunktion am Bauwerk haben. Es kann sich sowohl um individuell als auch in Serie hergestellte spätere Bestandteile des Baukörpers handeln (z.B. Fenster, Türen, Leitungen, Einbautrep-

35

---

40 Vgl. Böhme BauR 2001, 525, 531; Kniffka ZfBR 2000, 227, 229; Motzke NZBau 2000, 489, 491; U. Locher in: Ingenstau/Korbion § 16 Nr. 1 VOB/B Rn. 2; so auch hinsichtlich § 16 Nr. 1 VOB/B: BGH BauR 1979, 159, 161; BGH BauR 1991, 81, 82.
41 Vgl. BGH NJW 1992, 1633.
42 Böhme BauR 2001, 525, 527; MüKo/Busche § 632a BGB Rn. 5; Motzke NZBau 2000, 489, 492; Niemöller in: FS Jagenburg, 689, 694; Palandt/Sprau § 632a BGB Rn. 5; kritisch Kniffka ZfBR 2000, 227, 229.

pen, Trennwände). Die Bauteile müssen eigens für die Baustelle des Bestellers angefertigt worden sein. Allerdings ist es ohne Bedeutung, ob es sich um eine Sonder- oder aber Serienfertigung handelt.[43]

Baustoffe sind das zur Be- und Verarbeitung bei der Ausführung der Bauleistung erforderliche Material (z.B. Steine, Zement, Kleber, Holzbohlen, Nägel, Nieten).[44]

36 Der Unternehmer kann ebenfalls für die auf die Baustelle gelieferten Baustoffe und Bauteile Abschläge beanspruchen. Es kommt darauf an, dass die Baustoffe und Bauteile bereits auf die Baustelle geliefert wurden und dort befindlich sind.[45] Ferner müssen die angelieferten Stoffe auch tatsächlich für die Baumaßnahme des Bestellers bestimmt sein.

37 Die Anlieferung muss auf die Baustelle erfolgen. Es ist erforderlich, dass die Baustoffe in den Machtbereich des Bestellers verbracht worden sind. Hierdurch sollen die Kontrollinteressen des Bestellers geschützt werden. Ausnahmen von dem Grundsatz, dass die Baustoffe in den Machtbereich des Bestellers gelangt sein müssen, gelten aufgrund der schützenswerten Interessen des Bestellers nicht.

38 Dies gilt auch für das zweite Tatbestandsmerkmal das Anfertigen von Bauteilen. Auch die besonders angefertigten Bauteile müssen zum Entstehen des Anspruchs auf Abschlagszahlung in den Machtbereich des Bestellers gelangt sein. Der Besteller hat auch daran schützenswerte Kontrollinteressen.

2. Sicherung des Bestellers

39 Der Anspruch des Unternehmers auf Abschlagszahlung besteht nach § 632a Satz 3 BGB nur, wenn dem Besteller Eigentum an den Teilen des Werkes, an den Stoffen oder Bauteilen übertragen wird oder Sicherheit dafür geleistet wird. Der Besteller hat ein Wahlrecht zwischen Eigentumsübertragung oder aber anderweitiger Sicherheitsleistung.[46]

a) Eigentumsübertragung

40 Aufgrund des Einbaus der Baustoffe und Bauteile in das Bauvorhaben kommt es zum gesetzlichen Eigentumserwerb des Grundstückseigentümers nach § 946 BGB. Wird eine bewegliche Sache mit einem Grundstück dergestalt verbunden, dass sie wesentlicher Bestandteil des Grundstücks wird, so erstreckt sich das Eigentum an dem Grundstück auf diese Sache.

41 Nach § 94 Abs. 1 BGB gehören zu den wesentlichen Bestandteilen eines Grundstücks die mit dem Grund und Boden fest verbundenen Sachen, insbesondere Ge-

---

43 Vgl. Leinemann § 16 VOB/B Rn. 24.
44 Vgl. Ingenstau/Korbion § 1 VOB/B Rn. 53.
45 Vgl. Nicklisch/Weick § 16 VOB/B Rn. 15.
46 Vgl. Leinemann § 16 VOB/B Rn. 26.

bäude. Zu den wesentlichen Bestandteilen eines Gebäudes gehören wiederum die zur Herstellung des Gebäudes eingefügten Sachen gem. § 94 Abs. 2 BGB.

Sobald beispielsweise der Rohbauunternehmer eine aus Kalksandstein und Zement gefertigte Trennwand errichtet, wird diese wesentlicher Bestandteil des Gebäudes und damit gleichzeitig des Grundstücks. Dies bedeutet, dass der Grundstückseigentümer durch den Einbau automatisch Eigentümer des verbauten Bauteils bzw. Baustoffs wird. Handelt es sich bei dem Besteller der Bauleistung auch gleichzeitig um den Grundstückseigentümer, so hat der Besteller durch die Verbindung der Bauteile und Baustoffe mit dem Grundstück das Eigentum erworben. Der Unternehmer ist in diesem Fall berechtigt, eine entsprechende Abschlagszahlung zu verlangen, weil der Besteller ausreichend abgesichert ist. 42

Im Umkehrschluss bedeutet dies, dass die bloße Bereitstellung und/oder Anlieferung der Baustoffe auf der Baustelle regelmäßig nicht zu einer Übertragung des Eigentums führt. Wirtschaftlich und rechtlich werden die Baustoffe und Bauteile weiterhin dem Unternehmer zugeordnet. Sofern der Besteller sich bezüglich seines Wahlrechts für die Übertragung des Eigentums entscheidet, richtet sich diese Eigentumsübertragung an den bereitgestellten und/oder angelieferten Sachen nach §§ 929 ff. BGB. Zur Übertragung des Eigentums ist es hiernach erforderlich, dass die Baustoffe und Bauteile dem Auftraggeber übergeben werden und beide darüber einig sind, dass damit der Eigentumsübergang verbunden sein soll. Diese Vereinbarung kann ausdrücklich oder im Einzelfall auch durch schlüssige Erklärungen der Parteien erfolgen.[47] 43

Anders ist jedoch der Fall zu beurteilen, wenn der Eigentümer und der Besteller nicht identisch sind. In diesem Fall erlangt, der Eigentümer des Grundstückes auch das Eigentum an den durch den Unternehmer eingebauten Teilen. Der Unternehmer ist nicht in der Lage das Eigentum, wie in § 632 a BGB verlangt, auf den Besteller zu übertragen. 44

Die Eigentumsübertragung von Stoffen und Bauteilen erfolgt durch die Übereignung nach den §§ 929 ff. BGB. Eine solche Übertragung genügt jedoch nicht immer dem Sicherheitsinteresse des Bestellers. Zum einen wird eine Eigentumsübertragung häufig daran scheitern, dass der Bauunternehmer aufgrund eines vereinbarten Eigentumsvorbehaltes seines eigenen Lieferanten selbst kein Eigentum wirksam übertragen kann. Da gem. § 632 a Satz 3 BGB das Wahlrecht zwischen der Eigentumsübertragung und der Sicherheitsleistung besteht, kann der Besteller in diesem Fall eine Sicherheitsleistung verlangen. 45

b) Sicherheitsleistung

Der Wortlaut des § 632 a Satz 3 BGB verlangt, dass »hierfür« Sicherheit geleistet werden muss. Es bleibt unklar, welche Ansprüche die Sicherheitsleistung abdecken 46

---

47 BGH MDR 1970, 410.

muss. Nach der Gesetzesbegründung müsse auch Sicherheit dafür geleistet werden, dass das Material beim Einbau nicht beschädigt oder zerstört werde. Es soll sich danach praktisch um eine Gewährleistungsbürgschaft handeln.[48] Die Begründung bezog sich auf den Gesetzesentwurf, in dem Sicherheit für Stoffe und Bauteile vorgesehen war, die eigens angefertigt oder angeliefert wurden. Für bereits in das Bauwerk eingebaute Leistungen reichte es hingegen aus, dass der Bauunternehmer diese Leistung vertragsgemäß erbracht hat.

47 In welcher Form Sicherheiten zu leisten sind, richtet sich nach den §§ 232 ff. BGB. Die Sicherungsmittel sind gem. § 232 Abs. 1 BGB:

– Hinterlegung von Geld und Wertpapieren,
– Verpfändung von Forderungen, die in das Bundesschuldbuch oder in das Landesschuldbuch des Landes eingetragen sind,
– Verpfändung beweglicher Sachen,
– Bestellung von Schiffshypotheken an Schiffen oder Schiffsbauwerken, die in einem deutschen Schiffsregister oder Schiffsbauregister eingetragen sind,
– Bestellung von Hypotheken an inländischen Grundstücken,
– Verpfändung von Forderungen, für die eine Hypothek an einem inländischen Grundstück besteht, oder durch Verpfändung von Grundschulden oder Rentenschulden an inländischen Grundstücken.

48 Die Stellung einer Bankbürgschaft ist gem. § 232 Abs. 2 BGB ein subsidiäres Sicherungsmittel. Der Sicherungsgeber muss in diesem Fall nachweisen, dass er Sicherheiten durch die Hinterlegung von Geld und Wertpapieren oder weitere Sicherheiten nach § 232 Abs. 1 BGB nicht leisten kann. In der Baupraxis findet allerdings der Grundsatz von Treu und Glauben Berücksichtigung, wonach sich die Stellung einer Bankbürgschaft als praktikabelste Lösung erweist und damit zulässig ist. Üblicherweise verständigen sich die Parteien auf die Übergabe einer selbstschuldnerischen Bürgschaft eines Kreditinstitutes zur Erfüllung des Sicherheitenverlangens.[49] Insbesondere die Hinterlegung von Geld durch den Unternehmer würde dem Normzweck des § 632 a BGB widersprechen. Sinn und Zweck der Regelung ist es gerade, den Unternehmer teilweise von seiner Vorleistungspflicht zu entlasten. Sobald der Sicherheitszweck erreicht ist, muss die Sicherheit vom Besteller zurückgegeben werden.[50]

III. Ausgestaltung des Anspruchs

1. Fälligkeit

49 Die Fälligkeit des Anspruchs nach § 632 a BGB tritt ein, wenn die abgeschlossene Teilleistung vertragsgemäß erbracht wurde und der Unternehmer den Anspruch

---

48 BT-Drucks. 14/1246.
49 Vgl. Nicklisch/Weick § 16 VOB/B Rn. 18.
50 Staudinger/Peters § 632 a BGB Rn. 8.

gegen den Besteller geltend macht. Liegen die Voraussetzungen des Anspruchs vor, tritt die Fälligkeit nach § 271 BGB sofort nach dem Verlangen des Auftragnehmers ein.

Eine gesonderte Abnahme der Teilleistung ist für die Fälligkeit des Anspruchs auf Abschlagszahlung nicht erforderlich. Die Erteilung einer prüffähigen Rechnung ist, abweichend von der Regelung des § 16 Nr. 1 Satz 2 VOB/B, keine Fälligkeitsvoraussetzung.[51] Der Unternehmer hat jedoch nur einen Anspruch auf Zahlung von Abschlagszahlungen für eine vertragsgemäße Erbringung eines abgeschlossenen Teils des Werkes. Die vertragsgemäße Leistungserbringung muss der Unternehmer dem Besteller nachvollziehbar und prüfbar darlegen.[52] In dieser Hinsicht hat der Besteller, wie auch beim Vergütungsanspruch nach § 632 BGB ein Leistungsverweigerungsrecht nach § 273 BGB, wenn der Unternehmer den Zahlungsanspruch nicht nachvollziehbar darlegt.[53]

50

2. Höhe der Abschlagszahlung

Maßgebend für die Höhe der Abschlagszahlung ist nicht der Verkehrs- und Handelswert der jeweiligen Gegenstände, sondern die vertragliche Vereinbarung der Parteien. Die Abschlagszahlungen richten sich nach den im Bauvertrag explizit ausgewiesenen Leistungen sowie nach dem tatsächlichen Preis-/Leistungsgefüge des abgeschlossenen Vertrages.[54] Zur Ermittlung der Abschlagszahlungshöhe muss in diesem Fall der anteilige Vertragswert für die Baustoffe und Bauteile ermittelt werden.

51

3. Verhältnis zum Schlusszahlungsanspruch

Der Anspruch auf Abschlagszahlung nach § 632 a BGB tritt zurück, wenn der Unternehmer seine Gesamtvergütung abschließend berechnen und geltend machen kann.[55] Damit ist der Anspruch auf Abschlagszahlungen subsidiär zum Anspruch auf die Gesamtvergütung. Die Subsidiarität ergibt sich aus dem Wesen der Abschlagszahlung als Anzahlung auf den Gesamtvergütungsanspruch. Dadurch ist die Geltendmachung neben dem Gesamtvergütungsanspruch nicht möglich.

52

Grundsätzlich gilt: Ist eine Leistung fertig gestellt, kann keine Abschlagszahlung mehr verlangt werden. Unabhängig von der Fertigstellung ist eine Schlussrechnung auch dann zu erteilen, wenn der Bauvertrag gekündigt wurde. Sofern eine Ab-

53

---

51 Kniffka ZfBR 2000, 227, 229; Motzke NZBau 2000, 489, 493.
52 Palandt/Sprau § 632 a BGB Rn. 8; Staudinger/Peters § 632 a BGB Rn. 10; für den BGB-Werkvertrag OLG Celle BauR 1997, 1052; a. A. Motzke NZBau 2000, 489, 493.
53 Palandt/Sprau § 632 a BGB Rn. 8; Staudinger/Peters § 632 a BGB Rn. 10.
54 Vgl. Staudinger/Peters § 632 a BGB Rn. 9; Kapellmann/Messerschmidt § 16 VOB/B Rn. 128; Leinemann § 16 VOB/B Rn. 29.
55 BGH NJW 2000, 2818; OLG Hamm NJW-RR 1999, 528.

nahme nicht erfolgt ist, kann der Auftragnehmer auch nach Erteilung der Schlussrechnung den einmal begründeten Anspruch auf Abschlagszahlung für den Fall hilfsweise geltend machen, dass er eine Abnahme oder deren unberechtigte Verweigerung nicht nachweisen kann[56] oder der Gesamtvergütungsanspruch aus anderen Gründen nicht durchsetzbar ist.[57] In diesem Fall ist es gerechtfertigt, dem Auftragnehmer den Anspruch auf Abschlagszahlungen weiterhin zu gewähren. Er kann die bis zum Zeitpunkt der Abnahme erbrachten Leistungen abrechnen.

4. Einwendungen

54 Der Besteller kann wegen zu erwartender Mängel keine Einwendungen gegen den Anspruch machen. Wegen bereits festgestellter Mängel hat der Besteller ein Zurückbehaltungsrecht nach §§ 641 Abs. 3, 320 BGB.

55 Aus der Vereinbarung über Voraus- und/oder Abschlagszahlungen im Bauvertrag ergibt sich die Verpflichtung des Auftragnehmers auf Abrechnung. Kommt er dieser Pflicht nicht nach, verhält er sich vertragswidrig. In diesem Fall kann der Auftraggeber Klage auf Zahlung eines Überschusses erheben. Hierbei muss er allerdings eine eigene Berechnung vorlegen, die er unter zumutbarer Ausschöpfung seiner Quellen zu erstellen hat. Es reicht demnach nicht aus, sich allein auf die fehlende Abrechnung des Auftragnehmers zu berufen.[58]

5. Verjährung

56 Der Anspruch nach § 632 a BGB verjährt selbstständig nach den allgemeinen Regeln der §§ 195, 199 BGB in 3 Jahren. Auch nach Eintritt der Verjährung kann der Unternehmer den Anspruch auf Abschlagszahlung in die Schlussrechnung mit aufnehmen.[59] Dadurch kann der Unternehmer seinen Anspruch als Teil des Gesamtvergütungsanspruchs auch dann noch geltend machen, wenn der Anspruch auf Abschlagszahlung bereits verjährt ist.

IV. Besonderheiten

1. Prozessuales

57 Der Unternehmer kann den Anspruch auf Abschlagszahlungen selbstständig einklagen.

58 Die Klage auf Abschlagszahlung ist nicht mehr zulässig – soweit sie noch nicht anhängig ist – wenn sämtliche vertraglichen Leistungen vom Auftragnehmer bereits

---

56 BGH BauR 2000, 1482.
57 BGH NJW 2000, 2818.
58 BGH ZfBR 1999, 196, 199.
59 BGH NJW 1999, 713; str. Otto BauR 2000, 350.

fertig gestellt sind. In diesem Fall ist der Unternehmer gehalten, eine prüfbare Schlussrechnung vorzulegen und nach Eintritt der Fälligkeit der Schlusszahlung, den Anspruch auf Schlusszahlung geltend zu machen.[60] Die Klage auf Abschlagszahlung scheidet ebenfalls aus, wenn der Bauvertrag durch Kündigung beendet worden ist. Nach erfolgter Kündigung muss Schlussrechnung gelegt werden.[61]

Für den Fall, dass der Unternehmer bereits Klage auf Abschlagszahlung erhoben hat und später zur Schlussabrechnung und deren klageweiser Geltendmachung in der Lage ist, wird differenziert beurteilt, ob es sich bei entsprechender Umstellung der Klage um eine Klageänderung nach § 263 ZPO handelt. 59

Der BGH hatte zunächst vertreten, dass es sich bei der Umstellung der Klage um keine Klageänderung nach § 263 ZPO handele, weil es sich bei Abschlagszahlungs- und Schlusszahlungsanspruch um einen einheitlichen Streitgegenstand handele.[62] Diese Rechtsprechung hat der BGH zeitweilig geändert und vertrat die Auffassung, dass es sich bei der Umstellung um eine Klageänderung handele.[63] Nunmehr hat der BGH in einer architektenrechtlichen Auseinandersetzung diese Rechtsprechung wiederum aufgegeben: 60

»Verfolgt der Architekt mit der Berufung nicht mehr seine Abschlags-, sondern eine Teilschlussforderung, so ist das gemäß § 264 Nr. 3 ZPO nicht als eine Änderung der Klage anzusehen.«[64]

Der überwiegende Teil des Schrifttums[65] folgt aus dem Charakter der Abschlagszahlung als vorläufige Anzahlung auf den sich aus der Schlussrechnung unter Verrechnung mit den Abschlagszahlungen ergebenden endgültigen Vergütungsanspruch, dass es sich um einen einheitlichen Lebenssachverhalt und somit nicht um einen neuen Streitgegenstand handelt. Eine Umstellung des Klageantrags sei aus diesem Grund nach § 264 Nr. 1 ZPO zu beurteilen. 61

Die Auffassung des Schrifttums und die aktuelle Meinung des BGH sind unter dogmatischen Gesichtspunkten vorzugswürdig, da der Abschlags- und Schlusszahlungsanspruch ein- und denselben Lebenssachverhalt betrifft und eine Differenzierung nur hinsichtlich der unterschiedlichen Zeitabfolgen bzw. Fälligkeitszeitpunkte möglich ist. 62

---

60 OLG Hamm BauR 1999, 776.
61 BGH BauR 1987, 453; BGH BauR 1985, 456; OLG Hamm BauR 2002, 638; OLG Hamm BauR 1999, 776.
62 BGH BauR 1985, 456, 458.
63 BGH BauR 1999, 267.
64 BGH BauR 2005, 400.
65 Heiermann/Riedl/Rusam § 16 VOB/B Rn. 9 a; Beck'scher VOB-Komm./Motzke § 16 Nr. 1 VOB/B Rn. 13; Nicklisch/Weick § 16 VOB/B Rn. 25; Werner/Pastor Rn. 1229; U. Locher in: Ingenstau/Korbion § 16 Nr. 1 VOB/B Rn. 42; von Rintelen in: Jahrbuch Baurecht 2001, 25, 30 ff.; eine andere Auffassung vertreten: Kniffka/Koeble Teil 6 Rn. 185; Otto BauR 2000, 350, 355.

63 Die Beweislast für die Voraussetzungen des Anspruchs nach § 632 a BGB trägt der Unternehmer.[66] Die Beweislast für die geltend gemachten Einwendungen trägt der Besteller. Macht der Besteller einen Anspruch auf Rückzahlung eines Überschusses geltend, trägt er die Beweislast dafür, dass sich aufgrund der geleisteten Abschlagszahlungen eine Rückforderung ergibt.[67]

2. Architekten und Ingenieurvertrag

64 Nach der speziellen Regelung des § 8 Abs. 2 HOAI kann der Auftragnehmer (Architekt/Ingenieur) in »angemessenen zeitlichen Abständen« für nachgewiesene Leistungen Abschlagszahlungen fordern. Die Vorschrift gilt unabhängig davon, ob die Parteien eine entsprechende Vereinbarung getroffen haben.[68] Die Regelung des § 8 Abs. 2 HOAI ist trotz § 632 a BGB anwendbar.[69]

65 Ein Rückgriff auf § 632 a BGB kommt in Betracht, wenn § 8 Abs. 2 HOAI nicht anwendbar ist, etwa weil die anrechenbaren Kosten außerhalb der Honorartafeln liegen. Außerdem besteht ein Rückgriffserfordernis, wenn die Parteien von § 8 Abs. 2 HOAI abweichende vertragliche Regelungen gem. § 8 Abs. 4 HOAI getroffen haben, die im Verhältnis zu § 632 a BGB noch ungünstiger sind. Hier kann eine AGB-Inhaltskontrolle die Unwirksamkeit der vertraglichen Regelung ergeben, wodurch automatisch die Anwendbarkeit des § 632 a BGB eröffnet ist.[70] Der Auftragnehmer hat bei Anwendung des § 632 a BGB die »in sich abgeschlossenen Teile des Werkes« darzulegen. Vollständig erbrachte Leistungsphasen, aber auch wesentliche Teilleistungen sind als abgeschlossene Teile anzusehen.[71] Dies gilt allerdings nicht für die bloße Erbringung von Teilen aus Teilleistungen, z. B. die technische Abnahme von Bauleistungen bei Leistungsphase 8.

a) Anspruchsvoraussetzungen nach § 8 Abs. 2 HOAI

66 Der Anspruch auf Abschlagszahlungen ist an die in § 8 Abs. 2 HOAI genannten Voraussetzungen gebunden.

aa) Forderung des Architekten

67 Zunächst ist erforderlich, dass der Auftragnehmer seinen Anspruch auf Abschlagszahlung geltend macht. Die Fälligkeit der Abschlagszahlung tritt nicht automatisch mit dem Leistungsfortschritt ein, sondern der Auftragnehmer muss die Abschlagszahlung verlangen. Verlangt der Auftragnehmer keine Abschlagszahlung, obwohl ihm nach Zeitablauf und Leistung eine zusteht, dann wird diese dennoch nicht fäl-

---

66 OLG Düsseldorf NJW-RR 2000, 312.
67 BGHZ 140, 365; 175; NJW 2002, 1567, 1568.
68 BGH NJW 1981, 2351, 2354.
69 Locher/Koeble/Frik § 8 Rn. 58.
70 Vgl. Locher/Koeble/Frik § 8 Rn. 58.
71 Locher/Koeble/Frik § 8 Rn. 58.

lig. Für die Fälligkeit der Forderung der Abschlagszahlung muss die Forderung dem Auftraggeber zugehen. Es soll auch eine mündliche Aufforderung zur Zahlung ausreichen, weil eine Abschlagszahlung die »Überreichung« einer Rechnung nicht voraussetzt.[72] Dieser Ansicht kann m. E. nicht gefolgt werden. Der Auftragnehmer ist – zumindest aus den Gesichtspunkten von Treu und Glauben – gehalten, eine prüffähige Rechnung zu überreichen. Anderenfalls sind Abschlagsforderungen für den Auftraggeber überhaupt nicht nachvollziehbar und es besteht eine erhebliche Gefahr von Überzahlungen. Für den Architekten dient die prüffähige Abschlagsrechnung der Selbstkontrolle.

bb) Nachgewiesene Leistung

Der Auftragnehmer bzw. Architekt kann gem. § 8 Abs. 2 HOAI Abschlagszahlungen nur für nachgewiesene, vertragsgemäß erbrachte Leistungen verlangen. Anhand dieser Voraussetzung ist eine klare Abgrenzung zu Vorauszahlungen möglich. 68

Im Gegensatz zu § 632 a BGB besteht die Berechtigung nicht nur bei vollständiger Erbringung von Leistungsphasen oder Teilleistungen, sondern auch bei Teilen von Grundleistungen.[73] Dies ist vor allem bei komplexen und länger dauernden Bauvorhaben von Bedeutung. Hier kann eine Abschlagszahlung, z. B. für die Ausführungsplanung oder Überwachung der Bauausführung, für die Liquidität des Architekten sehr wichtig sein, selbst wenn noch nicht alle Grundleistungen der Leistungsphase erbracht worden sind. 69

Der Auftragnehmer hat substantiiert darzulegen, auf welche Leistungen sich die Abschlagszahlung bezieht.[74] Üblicherweise führt der Auftragnehmer diesen Nachweis in der Form, dass er den Auftraggeber über den Stand der Leistungen unterrichtet und seine Angaben auf Verlangen belegt, z. B. durch Vorlage von Berechnungen etc. Die nachgewiesenen Leistungen müssen sich dabei aus der Rechnung konkret ergeben. Der Nachweis umfasst auch die Darlegung, dass die Teilleistung vertragsgemäß erbracht ist. Es kommt in diesem Zusammenhang nicht darauf an, ob hinsichtlich der nachgewiesenen Leistungen eine Teilabnahme stattgefunden hat oder nicht, vielmehr genügt es, wenn die Teilleistungen »abnahmefähig« sind.[75] Im Falle einer mangelhaften Leistungserbringung wird der Anspruch auf Abschlagszahlung fällig, wenn das Architektenwerk lediglich unwesentliche Mängel aufweist.[76] Der Auftraggeber hat in diesem Fall ein Zurückbehaltungsrecht nach § 320 BGB hinsichtlich des Vergütungsanteils für die mangelhafte Leistung. Die Abschlagsforderung wird hingegen nicht fällig, wenn das Werk gravierende Mängel aufweist.[77] 70

---

72 Korbion/Mantscheff/Vygen § 8 Rn. 53.
73 Korbion/Mantscheff/Vygen § 8 Rn. 54.
74 Locher/Koeble/Frik § 8 Rn. 59.
75 Vgl. BGH BauR 1986, 596; BGH BauR 1974, 215.
76 Vgl. Locher/Koeble/Frik § 8 Rn. 61, 8; Kniffka/Koeble 12. Teil Rn. 314, 319, 322.
77 Vgl. Locher/Koeble/Frik § 8 Rn. 61, 11.

71 Nach der Rechtsprechung des BGH[78] wird eine Abschlagsforderung erst fällig, wenn dem Auftraggeber eine prüffähige Abschlagsrechnung zugegangen ist. Der Auftragnehmer hat konkrete Angaben zu den anrechenbaren Kosten, der angewendeten Honorarzone und hinsichtlich der erbrachten Leistung zu machen.[79]

cc) Angemessene zeitliche Abstände

72 Unter der Voraussetzung eines »angemessenen zeitlichen Abstands«, ist nicht das Verstreichen einer bestimmten Zeit zu verstehen, sondern ein angemessener Leistungsfortschritt.[80] Das Kriterium des Leistungsfortschritts bietet einen brauchbaren Anknüpfungspunkt für die Bestimmung des Zeitpunktes der Fälligkeit und der Höhe, der zu leistenden Abschlagszahlungen.[81] Es ist nicht sachdienlich, nur aufgrund des Ablaufs einer bestimmten Zeit, ohne die gleichzeitige Erbringung eines nennenswerten Leistungsfortschritts, eine Abschlagszahlung zu verlangen. Umgekehrt ist bei einem wesentlichen Fortschritt der Bauleistung die Zeit, die zwischen den Abschlagszahlungen liegt, nicht von Bedeutung. Die Abstände zwischen den einzelnen Abschlagszahlungen müssen des Weiteren angemessen sein. Die Angemessenheit kann nur unter Berücksichtigung aller relevanten Umstände des Einzelfalls beurteilt werden. Als ein Anhaltspunkt dürfte zu beachten sein, dass spätestens am Ende einer jeden Leistungsphase eine Abschlagszahlung gefordert werden kann.[82]

dd) Höhe der Abschlagszahlungen

73 Die Höhe der Abschlagszahlungen ergibt sich nicht aus der HOAI, insbesondere ist dort kein »Ratenzahlungsplan« enthalten. Die Höhe orientiert sich an der nachgewiesenen Leistung. Dem Sinn und Zweck des § 8 Abs. 2 HOAI entsprechend darf mit der Abschlagsforderung nicht mehr verlangt werden, als tatsächlich auf die erbrachten Leistungen entfällt.[83]

b) Beendigung der Leistung

74 Die Beendigung der Leistung schließt einen Anspruch des Auftragnehmers auf Abschlagszahlungen aus. Sie kann durch vollständige Abwicklung des Vertrages, eine Kündigung oder durch eine einverständliche Vertragsaufhebung erfolgen.[84] Ab dem Zeitpunkt der Beendigung des Vertragsverhältnisses ist der Auftragnehmer bzw. Architekt verpflichtet, seine Zahlungsansprüche mit einer entsprechenden Honorarschlussrechnung zu verfolgen. Abschlagszahlungen kann er nicht mehr fordern,

---

78 BGH BauR 1999, 267.
79 Locher/Koeble/Frik § 8 Rn. 60; Thode/Wirth/Kuffer § 25 Rn. 36; a.A. Korbion/Mantscheff/Vygen § 8 Rn. 59, die geringere Anforderungen an die Abschlagsrechnung stellen.
80 Thode/Wirth/Kuffer § 25 Rn. 35.
81 Korbion/Mantscheff/Vygen § 8 Rn. 56.
82 Vgl. Korbion/Mantscheff/Vygen § 8 Rn. 56.
83 Korbion/Mantscheff/Vygen § 8 Rn. 59.
84 BGH BauR 1991, 81; OLG Düsseldorf BauR 2002, 117.

weil diese durch die Beendigung des Vertrages überholt sind.[85] Es ist allerdings zu beachten, dass im Einzelfall die Geltendmachung von Abschlagszahlungen nach Vertragsbeendigung als Anspruch auf die Honorarschlusszahlung auszulegen sein kann.[86] Auch kommt eine Umdeutung in eine Teilklage aus der Schlussrechnung in Betracht.[87] Ausnahmsweise können Abschlagszahlungen nach Beendigung des Vertrages geltend gemacht werden, wenn der Auftraggeber sie anerkannt hat und das Anerkenntnis nach Erteilung der Schlussrechnung abgegeben wurde.[88]

c) Rückforderung von Abschlagszahlungen

Im Rahmen der Abwicklung des Vertragsverhältnisses besteht die Möglichkeit, dass der Auftragnehmer bzw. Architekt überzahlt wurde. In der Praxis kommt dies vor allem bei zu hohen Abschlagsforderungen in Betracht. Übersteigt die Summe der geleisteten Abschlagszahlungen das Gesamthonorar, hat der Besteller einen vertraglichen Rückzahlungsanspruch und keinen Bereicherungsanspruch.[89] Die Höhe des Rückzahlungsanspruches ergibt sich aus der Differenz zwischen geleisteten Abschlagszahlungen und dem Gesamthonorar. 75

In Rechtsprechung und Schrifttum wird kontrovers diskutiert, ob der Auftraggeber die Abschlagszahlungen insgesamt zurückverlangen kann, wenn der Architekt trotz vertragsgemäßer Leistungserbringung nicht prüfbar abrechnet. Sofern der Architekt keine prüfbare Schlussrechnung vorlegt, vertritt die obergerichtliche Rechtsprechung[90] und ein Teil des Schrifttums[91] die Auffassung, dass der Auftraggeber den gesamten gezahlten Betrag als Bereicherungsanspruch zurückverlangen kann. Der BGH[92] hat entschieden, dass aus einer bauvertraglichen Vereinbarung über Voraus- oder Abschlagszahlungen die Verpflichtung des Auftragnehmers folgt, seine Leistungen ordnungsgemäß abzurechnen. Der Charakter der Abschlagszahlungen als vorläufige Zahlungen bedingt die Verpflichtung des Auftragnehmers Auskunft darüber zu erteilen, ob und inwieweit eine endgültige Vergütung den geleisteten Zahlungen gegenübersteht.[93] Der Auftraggeber hat einen vertraglichen Anspruch auf Auszahlung des Überschusses. Rechnet der Auftraggeber nicht ab, kann der Auftraggeber die Klage auf Zahlung eines Überschusses mit einer eigenen Berechnung begründen. Soweit dem Auftraggeber eine nähere Spezifizierung nicht möglich ist, kann er sich auf den Vortrag beschränken, der bei zu- 76

---

85 Vgl. OLG Köln BauR 1973, 324, für den Bauvertrag BGH BauR 1987, 453; BGH BauR 1985, 456; Korbion/Mantscheff/Vygen § 8 Rn. 58.
86 OLG Köln ZfBR 1993, 27.
87 OLG Hamm NJW-RR 1994, 1433.
88 OLG Köln NJW-RR 1992, 1438.
89 BGH BauR 1999, 635; BGH BauR 1990, 379, 381.
90 KG BauR 1998, 348; OLG Düsseldorf BauR 1994, 272; OLG Köln BauR 1995, 585.
91 Löffelmann/Fleischmann Rn. 1383.
92 BGH BauR 1999, 635; so auch Thode/Wirth/Kuffer § 25 Rn. 39.
93 BGH BauR 1999, 635, 639.

mutbarer Ausschöpfung der ihm zur Verfügung stehenden Quellen seinem Kenntnisstand entspricht.[94]

d) Rechtsfolgen der Abschlagszahlung

77 Der Anspruch auf Abschlagszahlung ist ein selbstständiger schuldrechtlicher Anspruch i. S. d. § 241 Abs. 1 BGFB und verjährt damit auch selbstständig.[95] Die Verjährungsfrist beträgt gem. §§ 195, 199 Abs. 1 Nr. 1 BGB drei Jahre.

78 Aufgrund ihres vorläufigen Charakters entfalten die geleisteten Abschlagszahlungen hinsichtlich der Honorarforderung keine Erfüllungswirkung. Die Feststellung der endgültigen Vergütung erfolgt erst durch die Honorarschlussrechnung, in welche die Abschlagszahlungen als unselbstständige Rechnungsposten einzustellen sind.[96] Eine noch nicht erfüllte Abschlagsrechnung verliert mit der erteilten Honorarschlussrechnung die rechtliche Eigenständigkeit.

3. Bauträgervertrag (MABV)

79 Die Makler- und BauträgerVO (MaBV) in der Fassung der Bekanntmachung vom 29. 6. 2000 ist für Bauverträge bei denen Makler, Bauträger oder Baubetreuer nach § 34c Abs. 1 GewO beteiligt sind, zu beachten. Ein Bauträgervertrag ist rein zivilrechtlicher Natur und wird zwischen den Parteien nach den allgemeinen rechtsgeschäftlichen Grundsätzen abgeschlossen. Ausschließlich der Bauträger ist Adressat der MaBV. Diese regelt den Bauträger betreffende gewerberechtliche Gebote und Verbote. Die Regelung des § 3 MaBV enthält ein nur an den Bauträger gerichtetes öffentlich-rechtliches Entgegennahmeverbot. Dort werden die Voraussetzungen festgelegt, die kumulativ vorliegen müssen, damit der Bauträger berechtigt ist, von dem Erwerber Zahlungen entgegenzunehmen.

80 Die Regelung des § 3 Abs. 2 MaBV lässt den Abschluss einer Abschlagszahlungsvereinbarung nur in bestimmten Teilbeträgen nach Baufortschritt zu:

»Der Gewerbetreibende darf in den Fällen des Absatzes 1 die Vermögenswerte ferner in bis zu sieben Teilbeträgen entsprechend dem Bauablauf entgegennehmen oder sich zu deren Verwendung ermächtigen lassen. Die Teilbeträge können aus den nachfolgenden Vomhundertsätzen zusammengesetzt werden:

1. 30 vom Hundert der Vertragssumme in den Fällen, in denen Eigentum an einem Grundstück übertragen werden soll, oder 20 vom Hundert der Vertragssumme in den Fällen, in denen ein Erbbaurecht bestellt oder übertragen werden soll, nach Beginn der Erdarbeiten,

---

94 BGH BauR 1999, 635.
95 BGH BauR 1999, 267.
96 BGH BauR 1997, 468; BGH BauR 1999, 267.

2. von der restlichen Vertragssumme
- 40 vom Hundert nach Rohbaufertigstellung, einschließlich Zimmererarbeiten,
- 8 vom Hundert für die Herstellung der Dachflächen und Dachrinnen,
- 3 vom Hundert für die Rohinstallation der Heizungsanlagen,
- 3 vom Hundert für die Rohinstallation der Sanitäranlagen,
- 3 vom Hundert für die Rohinstallation der Elektroanlagen,
- 10 vom Hundert für den Fenstereinbau, einschließlich der Verglasung,
- 6 vom Hundert für den Innenputz, ausgenommen Beiputzarbeiten,
- 3 vom Hundert für den Estrich,
- 4 vom Hundert für die Fliesenarbeiten im Sanitärbereich,
- 12 vom Hundert nach Bezugsfertigkeit und Zug um Zug gegen Besitzübergabe,
- 3 vom Hundert für die Fassadenarbeiten,
- 5 vom Hundert nach vollständiger Fertigstellung.«

81 Eine zu Lasten des Erwerbers von der vorstehenden Regelung betrags- oder leistungsmäßige Abweichung verstößt gegen § 12 MaBV und hat die Nichtigkeit der betreffenden Vereinbarung nach § 134 BGB zur Folge.[97] Die Nichtigkeit dieser abweichenden Abschlagszahlungsvereinbarung hat keinen Einfluss auf die übrigen Vereinbarungen des Vertragsverhältnisses, so dass diese weiterhin wirksam bleiben.

82 An die Stelle der unwirksamen Vereinbarung tritt nicht ersatzweise ein § 3 Abs. 2 MaBV konformer Zahlungsplan. Dieser normierte Zahlungsplan hat nur gewerberechtlichen Gehalt und regelt keine zivilrechtlichen Fragen. Dies macht einen Rückgriff auf das dispositive Gesetzesrecht erforderlich. Statt der unwirksamen Abschlagszahlungsvereinbarung gilt die Regelung des § 641 Abs. 1 BGB, wonach die Vergütung erst mit der Abnahme fällig wird;[98] nicht gilt § 632 a BGB.

83 Das OLG Celle führt hinsichtlich der Geltung von § 632 a BGB in seinem Urteil vom 06. 08. 2003[99] aus:

»§ 632 a BGB tritt hier aber nicht als gesetzliche Vorschrift an die Stelle der nichtigen vertraglichen Fälligkeitsabsprache. Denn § 632 a BGB findet auf Bauträgerverträge keine Anwendung. Der Bauträger, sofern er als Gewerbetreibender unter die MaBV fällt, darf nur unter den Voraussetzungen des § 3 MaBV in Abweichung von den allgemeinen Fälligkeitsregelungen Abschlagszahlungen von dem Erwerber des Objekts entgegennehmen. Werden die Vorgaben der MaBV nicht erfüllt, ist es dem Bauträger verboten, Zahlungen von dem Erwerber zu fordern. Dieses Verbot kann nicht dadurch umgangen werden, dass dem Bauträger gestattet wird, Abschlagszahlungen unter den Voraussetzungen des § 632 a BGB zu beanspruchen.«

---

97 Vgl. BGH BauR 2000, 881; BGH BauR 1999, 53.
98 BGH IBR 2001, 118.
99 OLG Celle BauR 2004, 1007.

Im Ergebnis hat dies zur Folge, dass von dem Erwerber keine Abschlagszahlungen – auch nicht nach § 632 a BGB – zu leisten sind, wenn zu seinen Lasten von den Vorgaben des § 3 MaBV abgewichen wird.

C. VOB/B

I. Abschlagszahlungen nach § 16 Nr. 1 VOB/B

84 Haben die Parteien wirksam die VOB/B in das Vertragsverhältnis einbezogen, richtet sich der Anspruch des Unternehmers auf Abschlagszahlungen nach § 16 VOB/B, sofern keine abweichenden individualvertraglichen Vereinbarungen von den Vertragsparteien getroffen wurden.

85 Der Begriff der Abschlagszahlungen wird sowohl im BGB also auch in der VOB/B identisch verstanden. Abschlagszahlungen werden als anteilige Zahlungen auf bereits erbrachte Gegenleistungen verstanden.[100] Es handelt sich um vorläufige Zahlungen, die abschießend mit der Schlussrechnung verrechnet werden.[101]

II. Anspruchsvoraussetzungen nach § 16 Nr. 1 Abs. 1 VOB/B

86 Nach § 16 Nr. 1 VOB/B sind Abschlagszahlungen beim Bauvertrag auf Antrag in Höhe des Wertes der jeweils nachgewiesenen vertragsgemäßen Leistung einschließlich des ausgewiesenen, darauf entfallenden Umsatzsteuerbetrages in möglichst kurzen Zeitabständen zu gewähren. Dieser Anspruch ist im Gegensatz zu der Regelung der Abschlagszahlungen im BGB, unabhängig davon, ob der Auftragnehmer in sich abgeschlossene Teilleistungen erbracht hat. Auch anders als beim BGB Vertrag ist in § 16 Nr. 1 Abs. 1 Satz 2 VOB/B explizit geregelt, dass die Leistungen durch eine prüfbare Aufstellung nachzuweisen sind. Die Aufstellung muss eine rasche und sichere Beurteilung der Leistungen ermöglichen.

87 Nach § 16 Nr. 1 Satz 3 VOB/B gelten als zu vergütende Leistungen, die für die geforderte Leistung eigens angefertigten und bereitgestellten Bauteile, sowie die auf der Baustelle angelieferten Stoffe und Bauteile, wenn dem Auftraggeber nach seiner Wahl das Eigentum an ihnen übertragen ist oder Sicherheit gegeben wird.

Nachstehend werden die einzelnen Voraussetzungen eines Abschlagszahlungsanspruchs des Unternehmers beleuchtet:

1. Antrag des Unternehmers

88 Die Abschlagszahlungen sind ausschließlich auf Antrag des Unternehmers zu leisten. Es besteht ohne einen derartigen Zahlungsantrag keine Verpflichtung des

---
100 BGH BauR 1984, 166, 168.
101 BGH BauR 1986, 361; Nicklisch/Weick § 16 VOB/B Rn. 8.

Bestellers, eigenständige Abschlagszahlungen vorzunehmen. Für den Antrag besteht kein besonderes Formerfordernis. Der Antrag soll demnach auch mündlich gestellt werden können.[102] In der Praxis empfiehlt sich regelmäßig aus Beweisgründen die Schriftform zu wählen. Es handelt sich bei dem Antrag um eine empfangsbedürftige Willenserklärung.[103] In der Regel wird der Antrag mit der Vorlage einer Abschlagsrechnung zum Ausdruck gebracht werden.[104]

In welchen Abständen der Auftragnehmer die Abschlagszahlungen beantragt, bleibt ihm selbst überlassen. Insbesondere gilt abweichend von § 632 a BGB, dass der Auftragnehmer nicht erst einen abgeschlossenen Teil des Werkes erbracht haben muss, bevor er eine Abschlagszahlung verlangen kann. Die Abschlagszahlungen sind nach § 16 Nr. 1 Abs. 1 Satz 1 VOB/B in möglichst kurzen Zeitabständen zu gewähren. Haben die Parteien eine vertragliche Vereinbarung getroffen, so richten sich die zeitlichen Abstände nach den vereinbarten Zahlungsplänen.

89

Sofern die Parteien keine Vereinbarung zu den zeitlichen Abständen getroffen haben, kommt es zur Beurteilung der Angemessenheit der zeitlichen Abstände auf folgende Faktoren entscheidend an:

90

- Art und Umfang der ausgeführten Bauleistungen,
- Höhe der jeweiligen Abschlagsforderungen,
- Besonderheiten der jeweiligen Baustelle.[105]

Der Auftragnehmer soll zwischen den einzelnen Abschlagsforderungen eine beachtliche Bauleistung, d. h. vergütungsmäßig eindeutig nachvollziehbare Leistungsteile fertig gestellt haben.[106] Dabei ist bei der praktischen Bauabwicklung im Rahmen der VOB/B zu berücksichtigen, dass durch die Abschlagszahlungen der Grundsatz der unternehmerischen Vorleistungspflichtigkeit erhalten bleiben soll.[107]

91

2. Nachgewiesene vertragsgemäß erbrachte Leistung

Vertragsgemäße Leistungen sind im Bauvertrag grundsätzlich alle Leistungen, die vom Auftraggeber im Rahmen des Vertrages geschuldet sind. Der Auftragnehmer hat diese Leistungen durch eine prüfbare Aufstellung nachzuweisen, die eine rasche und sichere Beurteilung der Leistungserbringung ermöglicht.[108]

92

---

102 Franke/Kemper/Zanner/Grünhagen § 16 VOB/B Rn. 17; Beck'scher VOB-Komm./Motzke § 16 VOB/B Rn. 22.
103 U. Locher in: Ingenstau/Korbion § 16 Nr. 1 VOB/B Rn. 42.
104 Vgl. Franke/Kemper/Zanner/Grünhagen § 16 VOB/B Rn. 17; Heiermann/Riedl/Rusam § 16 VOB/B Rn. 25; Nicklisch/Weick § 16 VOB/B Rn. 13.
105 Heiermann/Riedl/Rusam § 16 VOB/B Rn. 31.
106 BGH, BauR 2002, 1257; von Rintelen in: Jahrbuch BauR 2001, 25.
107 BGH, BauR 2002, 1257.
108 Vgl. U. Locher in: Ingenstau/Korbion § 16 Nr. 1 VOB/B Rn. 14.

93 Dazu ist es erforderlich, dass der Auftragnehmer die entsprechenden Leistungen schriftlich zusammenstellt und sie entsprechend den vereinbarten Vergütungssätzen abrechnet. Die mit der Rechnungsprüfung befasste Person des Auftraggebers muss den Bauleistungsstand sowie die darauf entfallende anteilige Vergütung nachvollziehen können.[109] Die Aufstellung ist wohl entsprechend den Kriterien der Prüffähigkeit einer Schlussrechnung nach § 14 VOB/B vorzunehmen.[110] Folgende Kriterien sind auch im Rahmen der Abschlagsrechnung zu erfüllen:

– Beifügung von Leistungsnachweisen, sofern in der Abschlagsrechnung auf diese verwiesen wird;
– Überschlägige Mengenaufstellungen bei Abrechnung nach Einheitspreisen;
– Konkretes Aufmaß, sofern die erbrachte Leistung nur auf diese Weise nachvollzogen werden kann.

94 Der Unternehmer kann für eine insgesamt mangelhafte und/oder vertragswidrige Bauleistung keine Vergütung beanspruchen. Soweit die in der Abschlagsrechnung dokumentierte Bauleistung nur teilweise mangelbehaftet ist, steht dem Besteller ein Zurückbehaltungsrecht hinsichtlich der geforderten Abschlagszahlung zu.[111] Der Umfang des Zurückbehaltungsrechts orientiert sich am Druckzuschlag nach § 641 Abs. 3 BGB.[112] Der Besteller kann demnach mindestens das Dreifache der voraussichtlichen Kosten für die Mängelbeseitigung zurückhalten.

3. Abschlagszahlungen für Stoffe oder Bauteile

95 Gem. § 16 Nr. 1 Abs. 1 Satz 3 VOB/B gelten auch die für die Leistung eigens angefertigten und bereitgestellten Bauteile, sowie die auf der Baustelle angelieferten, aber noch nicht eingebauten Stoffe oder Bauteile, als insoweit erbrachte Leistungen. Der Auftragnehmer kann grundsätzlich auch hierfür Abschlagszahlungen verlangen. Diese Regelung korrespondiert mit § 632 a BGB.

96 Der Unternehmer hat einen Anspruch auf Abschlagszahlung, wenn er die für die geforderte Bauleistung erforderlichen Bauteile zum einen zweckentsprechend eigens angefertigt und zum anderen bereitgestellt hat. Diese beiden Voraussetzungen müssen kumulativ vorliegen. Die Bauteile müssen für das konkrete Bauvorhaben angefertigt worden sein. Es muss sich nicht um Einzelteile oder maßgenaue Bauteile z. B. Fensterelemente handeln, sondern es kommen grundsätzlich auch Serienanfertigungen in Betracht, soweit diese eindeutig dem entsprechenden Bau-

---

[109] U. Locher in: Ingenstau/Korbion § 16 Nr. 1 VOB/B Rn. 14.
[110] U. Locher in: Ingenstau/Korbion § 16 Nr. 1 VOB/B Rn. 14.
[111] U. Locher in: Ingenstau/Korbion § 16 Nr. 1 VOB/B Rn. 8; Kapellmann/Messerschmidt § 16 VOB/B Rn. 108; Beck'scher VOB-Komm./Motzke § 16 Nr. 1 VOB/B Rn. 28; Nicklisch/Weick § 16 VOB/B Rn. 11.
[112] U. Locher in: Ingenstau/Korbion § 16 Nr. 1 VOB/B Rn. 8; Kapellmann/Messerschmidt § 16 VOB/B Rn. 108; Beck'scher VOB-Komm./Motzke § 16 Nr. 1 VOB/B Rn. 28; Nicklisch/Weick § 16 VOB/B Rn. 11.

vorhaben zuzuordnen sind. Eine reine Vorratsfertigung ohne konkreten Verwendungszweck genügt nicht.

Die Bereitstellung der angefertigten Bauteile nach § 16 Nr. 1 Abs. 1 Satz 3 VOB/B erfordert eine räumliche oder jedenfalls durch eindeutige Kennzeichnung erfolgte Aussonderung der Teile, damit diese hinreichend von anderen Bauteilen, die nicht spezifisch dem Bauvorhaben zuzuordnen sind, unterschieden werden können.[113]   97

Der Unternehmer kann neben den vorgenannten Bauteilen auch Abschlagszahlungen für auf die Baustelle angelieferte Stoffe und Bauteile fordern.   98

4. Sicherheitsleistung

Als zusätzliche Voraussetzung für die Forderung von Abschlagszahlungen für Stoffe und Bauteile ist entsprechend § 632 a BGB eine Sicherheitsleistung des Unternehmers erforderlich. Der Besteller hat ein Wahlrecht zwischen der Übertragung des Eigentums an den betreffenden Stoffen und Bauteilen oder der anderweitigen Stellung einer ausreichenden Sicherheit.   99

Die Stellung der Sicherheit wird grundsätzlich nach § 17 VOB/B erfolgen. In der Baupraxis bietet es sich an, spätestens vor Leistung der Abschlagszahlung eine detaillierte Regelung hinsichtlich Art und Umfang der Sicherheit zu vereinbaren. Andernfalls bestimmt der Unternehmer ohne eine explizite Vereinbarung die Art der Sicherheitsleistung nach § 17 Nr. 3 VOB/B.[114]   100

III. Einbehalte nach § 16 Nr. 1 Abs. 2 VOB/B

Der Auftraggeber hat gem. § 16 Nr. 1 Abs. 2 VOB/B das Recht, bei der Leistung von Abschlagszahlungen zu seinen Gunsten bestehende Gegenforderungen einzubehalten. Andere Einbehalte sind nur zulässig, wenn sie im Vertrag und in den gesetzlichen Bestimmungen vorgesehen sind. Diese deklaratorische Regelung stellt klar, dass dem Auftraggeber trotz fälliger Abschlagsforderung alle ihm vertraglich und außervertraglich zustehenden Gegenforderungen uneingeschränkt verbleiben.[115]   101

1. Einbehalte von Gegenforderungen

Nach § 16 Nr. 1 Abs. 2 VOB/B ist der Besteller berechtigt, etwaige Gegenforderungen, die er gegen den Unternehmer hat, einzubehalten. Es bestehen hinsichtlich des Grundes der Gegenforderungen keine Beschränkungen. Der Gegenanspruch kann sich sowohl aus dem Vertrag ergeben, als auch aus einem sonstigen Rechtsverhältnis oder aus einer unerlaubten Handlung.   102

---

113 U. Locher in: Ingenstau/Korbion § 16 Nr. 1 VOB/B Rn. 19.
114 Beck'scher VOB-Komm./Motzke § 16 Nr. 1 VOB/B Rn. 35.
115 Kapellmann/Messerschmidt § 16 VOB/B Rn. 129.

103 Es müssen die Voraussetzungen der Aufrechnung gem. § 387 BGB vorliegen. Die Forderungen müssen gegenseitig, gleichartig und fällig sein. Den beiden Parteien müssen die Forderungen gegenseitig zustehen und die jeweils andere Partei muss der Gläubiger der Forderung sein.[116]

104 Zu diesen Ansprüchen zählen insbesondere:
– Rückzahlungsansprüche aus festgestellter Überzahlung,[117]
– begründete Schadensersatzansprüche,
– Ansprüche aus bereits verwirkter Vertragsstrafe.[118]

105 Die Gleichartigkeit der Forderungen setzt voraus, dass beide Ansprüche z.B. Geldforderungen sind. Schließlich muss die Hauptforderung erfüllbar gem. § 271 BGB sein. Die Gegenforderung mit der aufgerechnet werden soll, muss vollwirksam und fällig sein.

106 Die Wirkungen der Aufrechnung treten durch den Einbehalt nicht ein, d.h. der Einbehalt führt nicht zum Erlöschen der wechselseitigen Zahlungsansprüche.[119] Der Einbehalt ist wie die Abschlagszahlung nur als eine vorläufige Maßnahme ohne endgültigen Charakter anzusehen und soll erst im Rahmen der Endabrechnung zu einer Aufrechnung der gegenseitigen Forderungen führen.[120]

2. Andere Einbehalte

107 Andere Einbehalte können nach § 16 Nr. 1 Abs. 2 Satz 2 VOB/B nur erfolgen, wenn dies im Vertrag oder in den gesetzlichen Bestimmungen vorgesehen ist.

108 Haben die Parteien einen Sicherheitseinbehalt gem. § 17 Nr. 6 Abs. 1 VOB/B vereinbart, wird dieser Einbehalt von der Regelung des § 16 Nr. 1 Abs. 2 Satz 2 VOB/B erfasst. Der Besteller ist in diesem Fall befugt, die Sicherheitsleistung in Teilbeträgen von seinen zu entrichtenden Abschlagszahlungen einzubehalten.

109 Der Besteller kann weiterhin einen Einbehalt vornehmen, wenn der Unternehmer die Bauleistung mangelhaft ausgeführt hat. Die Ansprüche des Bestellers bei mangelhafter Bauleistung vor der Abnahme ergeben sich aus § 4 Nr. 7 VOB/B. Der Besteller hat zur Durchsetzung seiner Mangelbeseitigungsansprüche ein Leistungsverweigerungsrecht an der fälligen Abschlagsforderung nach § 320 BGB.

110 Im Falle einer prozessualen Auseinandersetzung trägt der Unternehmer die Darlegungs- und Beweislast dafür, dass der mitgeteilte Einbehalt unter Berücksichti-

---

[116] U. Locher in: Ingenstau/Korbion § 16 VOB/B Rn. 62; Nicklisch/Weick § 16 VOB/B Rn. 22.
[117] BGH BauR 1977, 351, 352.
[118] Beck'scher VOB-Komm./Motzke § 16 Nr. 1 VOB/B Rn. 49.
[119] Vgl. Kleine-Moeller/Merl § 10 Rn. 80.
[120] Vgl. Kleine-Moeller/Merl § 10 Rn. 80.

gung der festzustellenden Mängel unangemessen hoch ist.[121] Macht der Unternehmer die Abschlagsforderung klageweise geltend und bestätigt sich während des Prozesses die Mangelhaftigkeit der Bauleistung, so ist der Besteller nur Zug um Zug gegen Beseitigung der Mängel zur Zahlung des Abschlagsbetrages zu verurteilen.[122]

Das Verhältnis zwischen Sicherheits- und Mängeleinbehalt gestaltet sich wie folgt: Die Vereinbarung einer von Abschlagszahlungen einzubehaltenden Sicherheit nach § 17 Nr. 6 Abs. 1 Satz 1 VOB/B hindert den Auftraggeber grundsätzlich nicht, wegen mangelhafter Bauleistung eine an sich fällige Zahlung zu verweigern. Während die Sicherheit dazu dient, die vertragsgemäße Ausführung der Leistung und die Gewährleistung sicherzustellen, bezweckt die Leistungsverweigerung gem. § 320 BGB über die Sicherung des Anspruchs hinaus, auf den Auftragnehmer Druck auszuüben, damit er die ihm obliegende Bauleistung umgehend erbringt.[123] Daher kann die Einrede des § 320 BGB nicht durch Sicherheitsleistung abgewendet werden (§ 320 Abs. 1 Satz 3 BGB).[124] Die Einbehaltung fälliger Abschlagszahlungen verfolgt den Zweck, die Ansprüche des Bestellers nach § 4 Nr. 7 Satz 1 VOB/B durchzusetzen und den Unternehmer zur umgehenden Mängelbeseitigung anzuhalten.

111

IV. Fälligkeit der Abschlagszahlungen § 16 Nr. 1 Abs. 3 VOB/B

1. Fälligkeitsregelung

Gem. § 16 Nr. 1 Abs. 3 VOB/B beträgt die Frist zur Leistung der jeweils geforderten Abschlagszahlung 18 Werktage nach Zugang der ordnungsgemäß vom Auftragnehmer angefertigten prüfbaren Aufstellung. Durch die Neufassung in der VOB/B 2002 wurde klargestellt, dass der Zugang der Rechnung sowie der Ablauf der Frist Fälligkeitsvoraussetzungen sind.

112

Für den Beginn der Frist ist der Zeitpunkt des Zugangs der vollständigen und prüfbaren Abschlagsrechnung beim Auftraggeber entscheidend.[125] Reicht der Auftragnehmer unvollständige Unterlagen ein, läuft die Frist erst von dem Zeitpunkt an, in dem er die an ihn gestellten Anforderungen erfüllt hat. Eine Fälligkeit des Anspruchs auf Abschlagszahlung kommt nur unter den Voraussetzungen des § 16 Nr. 1 Abs. 1 VOB/B in Betracht. Nur wenn die jeweils maßgebenden Voraussetzungen voll erfüllt sind, tritt die Fälligkeit ein.

113

---

121 BGH BauR 1997, 133.
122 BGH BauR 1991, 81, 82.
123 BGH BauR 1981, 577, 580; BGH BauR 1978, 398, 400.
124 BGH BauR 1981, 577, 580.
125 Beck'scher VOB-Komm./Motzke § 16 Nr. 1 VOB/B Rn. 56; Franke/Kemper/Zanner/Grünhagen § 16 VOB/B Rn. 36.

114 Für die Berechnung der Frist gelten die §§ 186–193 BGB. Der Samstag wird als Werktag bei der Berechnung der Fristen mit berücksichtigt.[126] Fällt jedoch der letzte Tag der Frist auf einen Sonntag oder einen gesetzlich anerkannten Feiertag, so endet die Frist gem. § 193 BGB erst mit dem Ablauf des nächstfolgenden Werktages.

115 Für die Rechtzeitigkeit der Leistung kommt es auf die Erbringung der Leistungshandlung durch den Schuldner an und nicht auf den Zeitpunkt des Leistungserfolges. Bezahlt der Auftraggeber mittels der Übersendung eines Schecks, hat er die Leistungshandlung bereits dann erbracht, wenn er den Scheck zur Post aufgegeben hat.[127]

2. Nichtleisten auf fällige Abschlagszahlungen

116 Kommt der Auftraggeber seiner Zahlungsverpflichtung nach § 16 Nr. 1 Abs. 3 VOB/B nicht nach, hat der Auftragnehmer einen klagbaren Anspruch hierauf.[128] Zu beachten ist jedoch, dass der Anspruch nur solange zulässig ist, bis sämtliche vertraglichen Leistungen vom Auftragnehmer erbracht sind. Ab diesem Zeitpunkt kann der Auftragnehmer eine prüfbare Schlussrechnung vorlegen und diesen Anspruch gerichtlich geltend machen.[129]

117 Eine Klage auf Abschlagszahlungen scheidet auch dann aus, wenn der Vertrag durch Kündigung beendet worden ist. Denn durch die Kündigung wird der Auftragnehmer in die Lage versetzt, eine endgültige Abrechnung zu erstellen, mit deren Begleichung der Vertrag endet.[130]

118 Kommt der Auftraggeber seiner Zahlungsverpflichtung nicht innerhalb der Frist von 18 Werktagen nach, steht dem Auftragnehmer das Recht aus § 16 Nr. 5 Abs. 3 VOB/B zu. Hiernach kann der Auftragnehmer dem Auftraggeber eine angemessene Nachfrist zur Zahlung setzen. Nach fruchtlosem Fristablauf hat der Auftragnehmer Anspruch auf Verzugszinsen und sonstigen Vertragsschaden. Unter den Voraussetzungen des § 9 Nr. 1 und 2 VOB/B kann der Auftragnehmer den Vertrag kündigen.

V. Weitere Rechtsfolgen von Abschlagszahlungen nach § 16 Nr. 1 Abs. 4 VOB/B

119 Die Abschlagszahlungen haben vorläufigen Charakter. Diesen Umstand betont § 16 Nr. 1 Abs. 4 VOB/B als deklaratorische Regelung.

120 Die Leistung von Abschlagszahlungen stellt keine konkludente Abnahme von Teilen der Bauleistung durch den Besteller dar. Die Abschlagszahlungen können gera-

---

126 BGH BauR 1978, 485.
127 BGH BauR 1998, 398.
128 Siehe dazu Hochstein BauR 1971, 7.
129 OLG Hamm BauR 1999, 776.
130 BGH BauR 1987, 453; OLG Hamm NJW-RR 1993, 1490; BauR 1999, 776.

de auch – im Gegensatz zu § 632 a BGB – für ausgeführte Bauleistungen gefordert werden, die nicht als in sich abgeschlossene Teile der Gesamtleistung i. S. d. § 12 Nr. 2 VOB/B gelten.

Ebenfalls bleibt die Haftung des Unternehmers durch die Vornahme von Abschlagszahlungen in jeder Hinsicht unberührt. Der Besteller drückt mit der Abschlagszahlung keinen Verzicht hinsichtlich Mängelbeseitigung, Schadensersatz- und Vertragsstrafenansprüchen sowie sonstigen Ansprüchen, die im konkreten Zusammenhang mit dem Bauvorhaben stehen, aus.[131]

121

Die Vornahme von Abschlagszahlungen entfaltet auch keine weitergehenden Bindungs- oder Präklusionswirkungen.[132] Der Besteller erkennt durch die Zahlung weder ausdrücklich noch konkludent die Forderungsberechtigung des Unternehmers an. Im Rahmen der endgültigen Schlussrechnungsprüfung kann der Besteller auch Positionen beanstanden, die bereits von Abschlagszahlungen erfasst waren.

122

---

131 Kratzenberg NZBau 2002, 177, 183; Kapellmann/Messerschmidt § 16 VOB/B Rn. 150; U. Locher in: Ingenstau/Korbion § 16 Nr. 1 VOB/B Rn. 43.
132 Nicklisch/Weick § 16 VOB/B Rn. 26.

§ 633
Sach- und Rechtsmangel

(1) Der Unternehmer hat dem Besteller das Werk frei von Sach- und Rechtsmängeln zu verschaffen.

(2) Das Werk ist frei von Sachmängeln, wenn es die vereinbarte Beschaffenheit hat. Soweit die Beschaffenheit nicht vereinbart ist, ist das Werk frei von Sachmängeln,
1. wenn es sich für die nach dem Vertrag vorausgesetzte, sonst
2. für die gewöhnliche Verwendung eignet und eine Beschaffenheit aufweist, die bei Werken der gleichen Art üblich ist und die der Besteller nach der Art des Werks erwarten kann.

Einem Sachmangel steht es gleich, wenn der Unternehmer ein anderes als das bestellte Werk oder das Werk in zu geringer Menge herstellt.

(3) Das Werk ist frei von Rechtsmängeln, wenn Dritte in Bezug auf das Werk keine oder nur die im Vertrag übernommenen Rechte gegen den Besteller geltend machen können.

Inhaltsübersicht

	Rn.
A. Grundlagen	1
I. Systematik	2
1. Neufassung	2
2. Normzweck	5
3. Anwendungsbereich	6
II. Abgrenzung der §§ 633 ff. BGB von sonstigen Rechten	7
1. Allgemeines Leistungsstörungsrecht	7
2. Sonstige Rechte	20
a) Schadensersatz nach §§ 280 ff. BGB	20
b) Störung der Geschäftsgrundlage, § 313 BGB	21
c) Unerlaubte Handlung, § 823 BGB	22
B. BGB	24
I. Herstellung des Werkes	25
1. Werkleistung	25
2. Modifizierung des Herstellungsanspruchs	27
II. Verschaffung des mangelfreien Werkes, § 633 Abs. 1 BGB	28
III. Sachmangel, § 633 Abs. 2 BGB	30
1. Beschaffenheitsvereinbarung, § 633 Abs. 2 S. 1 BGB	36
a) Bedeutung der Beschaffenheit im Mangelrecht	36
b) Abgrenzung der Beschaffenheitsvereinbarung zur zugesicherten Eigenschaft/Garantie	46
aa) Zugesicherte Eigenschaft	46
bb) Abgrenzung zur Garantie	52
2. Verwendungseignung, § 633 Abs. 2 S. 2 BGB	59
a) Vertraglich vorausgesetzte Verwendung	61
b) Gewöhnliche Verwendung	63
3. Anderes Werk, zu geringe Menge, § 633 Abs. 2 S. 3 BGB	65

			Rn.
		4. Anerkannte Regeln der Technik	67
		5. Abgrenzung Verschleiß – Mangel	74
	IV.	Rechtsmangel	77
C.	Korrespondierende VOB/B-Regelungen – § 13 VOB/B		80
	I.	Allgemeines	81
		1. Neufassung	81
		2. Systematik	85
	II.	Haftung nach § 13 Nr. 1 VOB/B	86
		1. Sachmangel	86
		a) Beschaffenheitsvereinbarung	88
		b) Anerkannte Regeln der Technik	95
		c) Vertraglich vorgesehene Verwendung	99
		d) Gewöhnliche Verwendung	102
		2. Rechtsmängel	103
	III.	Leistung nach Probe § 13 Nr. 2 VOB/B	104
		1. Begriff	105
		2. Zeitpunkt der Vereinbarung	106
		3. Abweichungen von der Probe	108
		4. Mangel der Probe	109
	IV.	Einschränkung der Sachmängelhaftung – Anwendung des Rechtsgedankens des § 13 Nr. 3 VOB/B im BGB	110
		1. Ausschlussgründe	113
		a) Leistungsbeschreibung des Auftraggebers	116
		b) Anordnungen des Auftraggebers	119
		c) Vom Auftraggeber gelieferte oder vorgeschriebene Baustoffe/-teile	121
		d) Vorleistungen anderer Unternehmer	124
		2. Ursächlichkeit/Tatsächlicher Haftungsübergang	125
		3. Prüfungs- und Mitteilungspflicht des Auftragnehmers	129
		a) Umfang der Prüfungspflicht	130
		b) Entfallen der Prüfungs- und Hinweispflicht	134
		c) Mitteilungspflicht	135
		aa) Adressat der Mitteilung	136
		bb) Inhalt der Mitteilung	137
		4. Rechtsfolgen	138
		a) Erfüllung der Prüfungs- und Hinweispflicht	138
		b) Verletzung der Prüfungs- und Hinweispflicht	143
		c) Beweislast	145
D.	Bezüge zum Prozessrecht		149
E.	Besonderheiten beim Architekten- und Ingenieurvertrag		155
F.	Besonderheiten bei Verträgen mit Sonderfachleuten und Projektsteuerern		164

§ 633 BGB — Sach- und Rechtsmangel

A. Grundlagen

1 § 633 Abs. 1 BGB Sach- und Rechtsmängel

Sachmängel § 633 Abs. 2 BGB (Drei Stufen)	Rechtsmängel § 633 Abs. 3 BGB
1. Vereinbarte Beschaffenheit?	Rechte Dritter verletzt?
2. Eignung für im Vertrag vorausgesetzte Verwendung?	
3. Eignung für die gewöhnliche Verwendung? Beschaffenheit, die bei Werken dieser Art üblich ist?	

I. Systematik

1. Neufassung

2 § 633 BGB ist durch das **Schuldrechtsmodernisierungsgesetz** neu gefasst worden. Während sein Abs. 1 unverändert geblieben ist, sind sowohl Abs. 2 als auch Abs. 3 verändert worden. Die Definition des Sachmangels in Abs. 2 wurde weitgehend der entsprechenden Vorschrift im Kaufrecht, § 434 Abs. 1 BGB, angepasst. Als Folge ist ein dreistufiger Mangelbegriff entstanden.

3 Ein Sachmangel liegt gem. § 633 BGB vor, wenn das Bauwerk nicht die vereinbarte Beschaffenheit aufweist. Soweit eine **Beschaffenheitsvereinbarung** fehlt, ist das Werk frei von Mängeln, wenn es sich für die nach dem Vertrag vorausgesetzte oder für die gewöhnliche Verwendung eignet und eine Beschaffenheit aufweist, die bei Werken gleicher Art üblich ist und die der Besteller nach der Art des Werkes erwarten kann. Vorrangig wird auf die Beschaffenheitsvereinbarung der Parteien abgestellt. Erst nachrangig auf die Eignung zur vertraglichen Verwendung und im Übrigen auf die Eignung zur gewöhnlichen Verwendung. Damit ist weitgehend der subjektive Mangelbegriff gesetzlich festgeschrieben worden. Die Qualitätsvereinbarung steht selbst dann an erster Stelle, wenn die übliche Verwendungsqualität besser ist als die vereinbarte. Ist z. B. die ausgeführte höher gelegene Terrasse qualitativ besser als die vereinbarte tiefer gelegene, handelt es sich gleichwohl um eine Abweichung von der vereinbarten Beschaffenheit und damit um einen Mangel.

4 Mit der Neufassung des § 633 Abs. 3 BGB sollte klargestellt werden, dass ein vorhandener **Rechtsmangel** auf der Rechtsfolgenseite wie ein Sachmangel behandelt wird. Die alte Fassung enthielt hierüber zwar keine explizite Regelung, dennoch wurden bereits früher, durch eine analoge Anwendung der kaufrechtlichen Regelung des § 434 BGB a. F., ähnliche Ergebnisse erzielt.

2. Normzweck

Durch die Regelung des § 633 BGB wird die Leistungspflicht des Unternehmers, die in der Herbeiführung des vereinbarten Werkerfolgs gem. § 631 BGB besteht, konkretisiert. Der Unternehmer ist nicht nur zur Herstellung des Bauwerkes verpflichtet, sondern zur **mangelfreien Erstellung** des versprochenen Werkes. Die mangelfreie Herstellung stellt demnach eine primäre Leistungspflicht des Unternehmers dar. Kommt er dieser Pflicht nicht nach, liegt ein Fall der Nichterfüllung vor. **Mangelrechtlich** schuldet der Unternehmer immer ein mangelfreies Werk. **Vergütungsrechtlich** schuldet er »nur« das vertraglich vereinbarte Bau-Soll.[1] Im Einzelfall kann sich aus der Differenz ein Nachtrag ergeben. Ist z. B. in einem Detail-Leistungsverzeichnis der Dachaufbau exakt vom Auftraggeber beschrieben worden, reicht dieser aber nicht aus, die Dichtigkeit des Daches zu gewährleisten, schuldet der Unternehmer »mangelrechtlich« ein dichtes Dach. »Vergütungsrechtlich« kann dies anders sein. Die fehlende Leistung, um das Dach abzudichten, kann einen Nachtrag darstellen.[2] Zuvor sind Hinweispflichten des Unternehmers zu berücksichtigen. Anders wird der Fall zu beurteilen sein, wenn der Unternehmer die Konstruktion des Dachs selbst geplant hat. In diesem Fall dürfte ein Nachtragsanspruch nicht bestehen. Allerdings können einem Schadensersatzanspruch wegen schuldhafter fehlerhafter Planung Sowieso-Kosten entgegengehalten werden.

5

3. Anwendungsbereich

Die §§ 633 ff. BGB finden nur beim »reinen« Werkvertrag Anwendung. Betrifft der Vertrag die Lieferung herzustellender beweglicher Sachen, richtet sich die Mängelhaftung über § 651 BGB ausschließlich nach den kaufrechtlichen Regelungen.[3] Bei gemischten Verträgen sind die Vorschriften der §§ 633 ff. BGB auf solche Leistungen anwendbar, die werkvertraglichen Charakter haben. Verpflichtet sich der »Verkäufer« zur Errichtung eines Bauwerks, richten sich die Rechte des Erwerbers wegen Mängeln des Bauwerks nach den werkvertraglichen Regelungen.[4] Das gilt auch, wenn das Bauwerk zum Zeitpunkt der Veräußerung bereits teilweise oder vollständig errichtet war.[5]

6

---

1 Ausführlich zum Werkerfolg § 631 BGB und Würfele/Gralla/Würfele Rn. 12 ff.
2 BGH BauR 2000, 411 (Dach-muss-dicht-sein-Entscheidung); dazu Würfele/Gralla/Würfele Rn. 14.
3 Vgl. hierzu die Ausführungen in diesem Kommentar von Langenecke zu § 651 BGB.
4 BGH NJW 1973, 1235; OLG Zweibrücken IBR 2003, 308.
5 BGHZ 74, 205; BGHZ 87, 112; BGH NJW 1987, 2373; BGH BauR 2006, 510; BGH IBR 2006, 125.

II. Abgrenzung der §§ 633 ff. BGB von sonstigen Rechten

1. Allgemeines Leistungsstörungsrecht

7 Die §§ 633 ff. BGB regeln die dem Besteller bei Mängeln des Bauwerks zustehenden Rechte. Die Herstellung eines mangelhaften Bauwerks ist als **Unterfall der Nichterfüllung** anzusehen. Als Folge ist an sich auch der Anwendungsbereich des Allgemeinen Leistungsstörungsrechts (Schadensersatz, Rücktritt etc.) eröffnet. Die Regelungen der §§ 633 ff. BGB bilden allerdings vom Grundsatz her eine abschließende Sonderregelung und müssten vorrangig gegenüber den allgemeinen Regelungen sein.

8 Das Schuldrechtsmodernisierungsgesetz hat die Sachmängelhaftung des Bürgerlichen Gesetzbuches neu strukturiert. Auf das Verhältnis der einzelnen Mängelrechte zueinander wird im Folgenden eingegangen. Zuvor sind allerdings die Fragen zu klären, ob sich die Mängelrechte und das Allgemeine Leistungsstörungsrecht gegenseitig ausschließen, ob sie ganz oder teilweise nebeneinander anzuwenden sind und inwieweit zwischen den Stadien vor und nach der Abnahme zu unterscheiden ist. Die gestellten Fragen spielen in der Praxis eine bedeutsame Rolle. Zu denken ist an die Fälle, bei denen der Besteller während der Bauausführung (lange vor der Abnahme) Mängel an den Arbeiten eines Gewerkes entdeckt. Sofern die VOB/B nicht wirksam in das Vertragsverhältnis einbezogen wurde, stehen dem Auftraggeber die Rechte aus § 4 Nr. 7 VOB/B nicht zu. Kann er den Unternehmer zur Mängelbeseitigung auffordern? Sicherlich – aber welche Sanktionen stehen ihm zu, wenn der Unternehmer ihn damit vertröstet, dass er den Mangel bis zur Abnahme beseitigen werde? Muss der Besteller zusehen, wie auf seinem Grund und Boden ein mangelhaftes Werk entsteht?

9 An sich stehen dem Besteller in Fällen einer mangelhaften Werkleistung die Mangelrechte aus § 634 BGB zu. Wie ausgeführt, handelt es sich in diesen Fällen um einen Unterfall der Nichterfüllung bzw. Leistungsstörung. Die Literatur spricht insoweit von einer **qualifizierten Leistungsstörung**.[6] Dem Wortlaut des § 634 BGB ist eine zeitliche Zäsur, ob die dort aufgeführten Rechte vor oder nach der Abnahme bestehen, nicht zu entnehmen. Auch durch die zahlreichen aufgeführten Verweisungsnormen ergibt sich nichts Eindeutiges. Allenfalls durch die Verweisung in § 634 Nr. 3 auf § 323 BGB ist dem dortigen Abs. 1 zu entnehmen, dass eine »fällige« Leistung vorliegen muss (ebenso in § 281 Abs. 1 S. 1 BGB). Die alte Fassung des § 634 Abs. 1 S. 2 BGB gab dem Besteller das Recht, bereits vor der Ablieferung des Werkes die Mangelbeseitigung zu fordern. Eine derartige Regelung fehlt in der Neufassung. Ausnahmsweise spricht § 323 Abs. 4 BGB dem Gläubiger ein Rücktrittsrecht bereits vor Eintritt der Fälligkeit zu, wenn offensichtlich ist, dass die Voraussetzungen des Rücktritts eintreten werden. Ein bestehendes Rücktrittsrecht

---
[6] Drossart BrBp 2004, 356.

ist für den Besteller der Werkleistung allerdings wenig hilfreich, da er in der Regel an einer mangelfreien Bauleistung interessiert ist und keine vollständige Rückabwicklung wünscht. Ob ihm ein Schadensersatzanspruch hilft, ist ebenfalls offen. Ein solcher könnte ihm vor Abnahme zustehen. So bietet § 281 Abs. 1 BGB eine Fristsetzung zur Leistung an, allerdings einer fälligen Leistung. Ist diese nicht erst zum Zeitpunkt der Abnahme fällig (wenn keine Zwischenfristen vereinbart sind)? Die anderen Regelungen sprechen durchweg von Fristen zur Nacherfüllung, so § 635 Abs. 1, § 637 Abs. 1 BGB und auch § 281 Abs. 1 S. 1 BGB. Wenn Erleichterungen gewährt werden, dann bezüglich der Fristsetzung, so § 637 Abs. 2 i. V. m. § 323 Abs. 2 BGB, nicht aber in der Frage der Fälligkeit von dem Anspruch auf Erfüllung.

Vieles spricht somit dafür, dass die Mangelrechte erst nach Ablauf der Erfüllungsfrist eingesetzt werden können.

Vor der Schuldrechtsreform hatte die Rechtsprechung deutlich gemacht, dass eine Mangelfreiheit erst zum Zeitpunkt der Abnahme gegeben sein müsse. Ab diesem Zeitpunkt wurden dem Besteller nur noch Gewährleistungsrechte eingeräumt, ein Rückgriff auf Ansprüche des Allgemeinen Leistungsstörungsrechts wurde ihm verwehrt.[7] Die Frage ist, ob die Schuldrechtsreform hieran etwas ändern wollte. In der Literatur wird dies verneint.[8] Aus dieser Erkenntnis wird gefolgert, dass bis zum Zeitpunkt der Abnahme nur das Allgemeine Leistungsstörungsrecht zur Anwendung komme, nach der Abnahme die Mangelrechte.[9] 10

Als Folge stünde dem Besteller bis zur Abnahme »nur« sein Erfüllungsanspruch zu. Dieser würde der regelmäßigen Verjährung des § 195 BGB unterliegen. Zusätzlich sollte er über § 323 BGB vom Vertrag zurücktreten (verschuldensunabhängig) und im Falle des Vertretenmüssens über die §§ 280 Abs. 1, Abs. 3, 281 BGB Schadensersatz statt der Leistung verlangen können.[10] 11

Hinsichtlich beider Ansprüche muss dies wegen der **Fälligkeitsvoraussetzungen** (§ 323 Abs. 1 S. 1, § 281 Abs. 1 S. 1 BGB) in Frage gestellt werden – Ausnahme § 323 Abs. 4 BGB. Der Besteller müsste zu einem Zeitpunkt vor der Abnahme die Fälligkeit belegen können. Nicht zustehen sollen dem Besteller vor der Abnahme die Ansprüche auf Selbstvornahme, Kostenvorschuss und Minderung. Als Folge wird gegen die Trennung der allgemeinen Rechte gegenüber den Gewährleistungsrechten eine ungerechtfertigte Schlechterstellung des Bestellers für den Zeitraum bis zur Abnahme gesehen.[11] Die Vertreter dieser Ansicht geben die Rechte aus der Ge- 12

---

7 BGHZ 62, 83, 86 f.; BGH NJW 1999, 2046 ff.
8 Drossart BrBp 2004, 356.
9 Palandt/Sprau Vorb. v. § 633 BGB Rn. 6, 7.
10 Drossart BrBp 2004, 356.
11 Drossart BrBP 2004, 356, 357.

währleistung deshalb schon vor der Abnahme.[12] Teilweise wird dies allerdings von der Frage der Fälligkeit der Leistung abhängig gemacht.[13] Demgegenüber wird wiederum eingewandt, dass das Gewährleistungsrecht/Mangelrecht auf einem Nacherfüllungsanspruch aufbaue. Dieser würde eine vorherige Erfüllung begriffsnotwendig voraussetzen und damit zur Zäsur der Abnahme führen.[14] Auch wird argumentiert, dass ein Fälligkeitszeitpunkt vor der Abnahme kaum zu bestimmen sei.[15]

13 Als Lösung wird angeboten, dem Besteller nur in Ausnahmefällen vor der Abnahme Mängelrechte zuzusprechen. So beispielsweise in den Fällen, in denen offensichtlich sei, dass der Unternehmer die Mängel bis zur Abnahme nicht werde beseitigen können.[16] Dem ist entgegenzuhalten, dass diese Konstellationen in den seltensten Fällen belegbar sind. Damit ist dieses Kriterium praktisch kaum brauchbar. Zu Recht wird in diesem Zusammenhang darauf hingewiesen, dass die VOB in ihrem Teil B in § 4 Nr. 7 eine Lösung anbietet. Für die Praxis stellt sich deshalb die Frage, ob § 4 Nr. 7 VOB/B AGB-fest ist.

14 Die Baupraxis zeigt, dass die Regelungen der VOB/B nur noch in den seltensten Fällen unverändert vereinbart werden. Selbst die öffentliche Hand modifiziert die VOB/B-Regelungen bei der Vergabe von Bauaufträgen. Jede VOB/B-Regelung sollte deshalb im Zuge einer vorsorglichen Vertragsprüfung auf ihre AGB-Festigkeit geprüft werden. Gleichwohl empfiehlt es sich, im BGB-Bauvertrag eine den § 4 Nr. 7 VOB/B entsprechende Regelung zu vereinbaren. Das in § 4 Nr. 7 VOB/B enthaltene Kündigungsrecht sollte allerdings nicht unmittelbar in die werkvertragliche Regelung übernommen werden. (Das BGB-Werkvertragsrecht gibt dem Besteller vor Abnahme der Bauleistung allenfalls ein Rücktrittsrecht nach § 323 Abs. 4 BGB, welches im Rahmen des Bauvertrages keinen praktischen Nutzen für den Besteller hat, s. oben).

15 Als Vorschlag sollte zum Zwecke des Interessenausgleichs zwischen Unternehmer und Besteller eine zweifache Fristsetzung vertraglich vereinbart werden. Zunächst hat der Besteller eine angemessene Frist zur Mangelbeseitigung zu setzen (auch für einen Teil des Werkes). Kommt der Unternehmer dieser Aufforderung nicht fristgerecht nach, kann der Besteller eine zweite Frist setzen, verbunden mit der Androhung, das Vertragsverhältnis bei fruchtlosem Ablauf außerordentlich zu kündigen (wie in der VOB/B, auch teilkündigen). Der Unternehmer wird damit ausreichend auf die drohenden Konsequenzen seiner Untätigkeit hingewiesen. Eine solche Re-

---

12 Leupertz/Merkens § 11 Rn. 12; wohl auch Vorwerk BauR 2003, 1, 8 ff.; Kniffka, IBR-Online-Kommentar § 634 Rn. 12.
13 Leupertz/Merkens § 11 Rn. 12; ebenso Vorwerk BauR 2003, 1, 8 ff.; Kniffka, IBR-Online-Kommentar § 634 Rn. 12.
14 Drossart BrBp 2004, 357.
15 Drossart BrBp 2004, 357 m. Hinweis auf Kniffka, IBR-Online-Kommentar § 634 Rn. 13 ff. u. Leupertz/Merkens § 11 Rn. 11 ff.
16 Drossart BrBp 2004, 357; BGH NJW 2000, 133 f.; Palandt/Sprau Vorb. v. § 633 BGB Rn. 7.

gelung trägt dem Umstand Rechnung, dass der Besteller auch bei Vereinbarung eines BGB-Bauvertrages die Möglichkeit haben muss, sich von einem Unternehmer durch Kündigung zu trennen, der zur vertragsgemäßen Leistungserbringung außer Stande ist.

16 Selbstverständlich stellt sich auch hier die Frage, ob damit von wesentlichen Grundgedanken der gesetzlichen Regelung abgewichen wird. M. E. ist dies zu verneinen. Die aufgezeigte Diskussion über das Verhältnis der Gewährleistungsrechte zu den Allgemeinen Leistungsstörungsrechten macht deutlich, dass der Gesetzgeber in diesem Punkt keine klare Linie verfolgt.

17 In der Praxis ist deshalb zu einer die §§ 631 ff. BGB ergänzenden und klarstellenden Regelung zu raten. Die Überlegungen des § 4 Nr. 7 VOB/B sind dabei heranzuziehen. Soweit eine solche Regelung nicht getroffen ist, wird man mit der wohl h. M. Folgendes festhalten müssen:

18 Bei der Abgrenzung zwischen Allgemeinem Leistungsstörungsrecht und den Mängelrechten ist eine **zeitliche Zäsur** zu ziehen. Diese tritt mit der Abnahme des Werkes ein. Die Geltendmachung der Rechte aus §§ 633 ff. BGB ist in der Regel erst nach der Abnahme möglich. Nur in Einzelfällen können auch vor bzw. ohne eine erfolgte Abnahme die Rechte aus §§ 633 ff. BGB geltend gemacht werden. Vor der Abnahme des Bauwerks hat der Besteller einen auf die mangelfreie Errichtung des Bauwerkes gerichteten Erfüllungsanspruch. Seine Rechte auch hinsichtlich etwaiger Mängel am Bauwerk richten sich nach den allgemeinen Vorschriften.

19 Nach der Abnahme beschränkt sich der Erfüllungsanspruch des Bestellers auf das hergestellte und durch die Abnahme konkretisierte Werk (mit den ihm anhaftenden Mängeln). Zu diesem Zeitpunkt kann der Besteller nur noch die Rechte aus § 634 BGB geltend machen.

2. Sonstige Rechte

a) Schadensersatz nach §§ 280 ff. BGB

20 Die allgemeinen Vorschriften über den Schadensersatz nach § 280 BGB gelten im Rahmen eines Werkvertrages vor und nach der Abnahme uneingeschränkt. Nach der Abnahme kann ein Schadensersatzanspruch unter den Voraussetzungen der §§ 633, 634 Nr. 4, 280 ff. BGB bestehen. Die Pflichtverletzung muss zu einem Mangel des Werkes geführt haben.

b) Störung der Geschäftsgrundlage, § 313 BGB

21 Die Grundsätze der Störung der Geschäftsgrundlage gem. § 313 BGB finden keine Anwendung, wenn die Umstände, die die Störung begründen, gleichzeitig zu einem Mangel führen.[17] Das gilt auch, wenn der Mängelanspruch gem. § 634 BGB

---
17 Vgl. BGHZ 98, 103; BGH WM 2003, 1964.

nicht durchsetzbar ist,[18] z. B. wenn Verjährung eingetreten ist oder die Haftung vertraglich ausgeschlossen wurde.[19]

c) Unerlaubte Handlung, § 823 BGB

22 Ein Anspruch aus § 823 Abs. 1 BGB wegen der Beschädigung fremden Eigentums kann auch dann vorliegen, wenn die verletzende Handlung oder Unterlassung im Rahmen eines Vertragsverhältnisses erfolgt und sich aus diesem Ansprüche auf Schadloshaltung ergeben. Die miteinander konkurrierenden Ansprüche aus Vertrag und aus § 823 Abs. 1 BGB sind nach ihren Voraussetzungen und Rechtsfolgen grundsätzlich selbstständig zu beurteilen.[20]

23 Ein Anspruch aus unerlaubter Handlung gem. § 823 Abs. 1 BGB besteht nicht, wenn der geltend gemachte Schaden lediglich den auf der Mangelhaftigkeit beruhenden Unwert der Sache für das Nutzungs- und Äquivalenzinteresse des Bestellers ausdrückt.[21] Grundsätzlich deckt sich der Mangelunwert der mangelhaften Leistung mit dem erlittenen Schaden am Eigentum, soweit der Mangel selbst der Schaden der Bauleistung ist und nicht darüber hinausgeht.[22] Allein die Herstellung einer mangelhaften Sache stellt **keine Eigentumsverletzung** dar. Der Besteller hat insoweit nie mangelfreies Eigentum erworben.[23] Etwas anderes gilt, wenn sich der Mangel auf andere, zunächst unversehrte Teile des Werkes erstreckt oder auf Gegenstände des Bestellers auswirkt und diese beschädigt werden.[24] Beschädigt der Bauunternehmer bei Errichtung einer Industriehalle die Halle selbst und das daneben bereits von einem anderen Unternehmer errichtete Hochregallager, so liegt bezüglich der Halle ein Mangel vor. Dieser ist nach §§ 633 ff. BGB zu beurteilen. Hinsichtlich des Hochregallagers kommt ein Anspruch aus § 823 BGB in Betracht.

B. BGB

24 Durch den Abschluss des Werkvertrages besteht für den Unternehmer gem. § 631 BGB die Hauptpflicht das Werk herzustellen und zu verschaffen. Die Herstellung hat in der Weise zu erfolgen, dass das Werk **frei von Sach- und Rechtsmängeln ist**. Dies ergibt sich aus § 633 Abs. 1 BGB sowie § 640 Abs. 1 BGB.

---

18 OLG Düsseldorf NJW 1971, 438.
19 BGHZ 98, 103; OLG Oldenburg Urt. v. 28. 5. 1991 5 U 12/91.
20 Vgl. BGHZ 67, 359, 363; BGHZ 96, 221, 229.
21 BGH IBR 2005, 220.
22 BGH BauR 2003, 1211; BGH BauR 2003, 123
23 BGH NJW 2001, 1346.
24 BGHZ 96, 221; BGH NJW 1998, 2282; so auch Palandt/Sprau Vor § 633 BGB Rn. 17; Staudinger/Peters § 634 BGB Rn. 142 ff.

I. Herstellung des Werkes

1. Werkleistung

Der Umfang der übernommenen Pflichten richtet sich nach dem Vertrag. Hieraus ist sowohl der vereinbarte Werkerfolg zu ermitteln, als auch das konkrete Leistungssoll, das die Parteien vereinbart haben, um den Erfolg zu erreichen. Die Art und Weise wie der Unternehmer den geschuldeten Erfolg herbeiführt (Bauverfahren) bestimmt er im Rahmen der vertraglichen Zwecksetzung selbst. Ein Weisungsrecht des Bestellers besteht allenfalls hinsichtlich des zu erzielenden Erfolges, nicht aber in Bezug auf einzelne Arbeitsschritte.[25] Das ergibt sich aus der Regelung über die Nacherfüllung in § 635 BGB. Danach kann der Unternehmer selbst darüber entscheiden, ob er den vertragsgemäßen Zustand des Werkes durch Beseitigung der Mängel oder durch Neuherstellung herbeiführt. In vielen Bauverträgen sind aber auch Bauverfahrensfragen konkret beschrieben. Bei umfangreichen Erdarbeiten kann es z. B. sinnvoll sein, auch den Bauablauf detailliert zu regeln – um etwa den LKW-Verkehr wegen Kreuzungsverkehr zu regeln oder die Funktion von Versorgungsleitungen zeitweise unterbrechen zu können – ohne dass deren Nutzung beeinträchtigt wird. Dies könnte z. B. dadurch geschehen, dass die Unterbrechungszeiträume auf nicht gebuchte Zeiten einer Veranstaltungshalle gelegt werden.

Der Werkerfolg ist der Maßstab für die Erfolgshaftung des Unternehmers. Er besteht regelmäßig darin, das nach dem Vertrag geschuldete Bauwerk **funktionstauglich** und zwecksentsprechend zu errichten. Diesen Erfolg muss der Unternehmer herbeiführen, um seine Herstellungsverpflichtung zu erfüllen. Solange dieser Erfolg nicht herbeigeführt ist, ist der Vertrag nicht erfüllt.

Die Regelungen im BGB zur Herstellung des Werkes geben dem Unternehmer verständlicherweise keine konkreten Pflichten auf. Deshalb ist es erforderlich, die Pflichten des Unternehmers im Bauvertrag konkret darzustellen.[26]

2. Modifizierung des Herstellungsanspruchs

Eine Veränderung des Herstellungsanspruchs vollzieht sich mit der Abnahme des Werkes durch den Besteller. Vor der Abnahme besitzt der Besteller einen Anspruch auf Verschaffung des Werkes. Nach der Abnahme besteht der Herstellungsanspruch als Nacherfüllungsanspruch. Der Nacherfüllungsanspruch stellt das primäre Mangelrecht dar. Vor der Abnahme gilt für den Herstellungsanspruch die regelmäßige Verjährungsfrist von drei Jahren gem. § 195 BGB. Nach der Abnahme bestimmt

---

25 Soergel/Teichmann § 631 BGB Rn. 9.
26 Vgl. zu den Möglichkeiten der Leistungsbeschreibung vertiefend die Kommentierung des § 631 BGB und ausführlich in Würfele/Gralla/Würfele Rn. 1 ff. (Die Leistungsbeschreibung).

sich die Verjährung des Nachbesserungsanspruchs nach § 634a BGB. Danach gilt gem. § 634a Abs. 1 Nr. 2 BGB bei Bauwerksleistungen eine Verjährungsfrist von 5 Jahren.

II. Verschaffung des mangelfreien Werkes, § 633 Abs. 1 BGB

28 Neben der Pflicht zur mangelfreien Herstellung eines Werkes wurde in die Neufassung des § 633 Abs. 1 BGB die Pflicht des Unternehmers zur Verschaffung des Werkes aufgenommen. Der Inhalt der **Verschaffenspflicht** des Unternehmers und ihre dogmatische Einordnung ist zweifelhaft.[27] Die amtliche Begründung des Gesetzesentwurfs enthält keine Erläuterungen zum Inhalt und zum Verhältnis der Verschaffenspflicht zu den gegenseitigen Primärpflichten der Vertragsparteien des Werkvertrages. Die Probleme, den Inhalt der Verschaffenspflicht zu bestimmen, ergeben sich aus der Stellung dieser Pflicht im Zusammenhang mit der Definition des Sachmangels. Die Verschaffenspflicht ist nicht wie die anderen Leistungspflichten in § 631 BGB normiert. Dieser Zusammenhang lässt als Interpretation des Umfanges der Verschaffenspflicht allein die mangelfreie Übergabe des hergestellten Werkes an den Besteller zu. Bei einem Bauvertrag erwirbt der Besteller ohnehin nach §§ 946, 93 BGB Eigentum an den Bauteilen. Eine darüber hinausgehende Verschaffenspflicht soll deshalb überflüssig sein.[28] Etwas anderes gilt im Verhältnis zwischen Haupt- und Subunternehmer – hier entsteht kein Eigentum.

29 Der Unternehmer hat dem Besteller das Bauwerk jedenfalls dann »verschafft«, wenn die Vergütungsgefahr auf den Besteller übergegangen ist. Dies ist in der Regel der Zeitpunkt der Abnahme gem. § 640 BGB oder der Beginn des Annahmeverzuges (wobei hier zwischen der Leistungs- und der Vergütungsgefahr zu trennen ist). Obwohl die Leistungsgefahr mit dem Annahmeverzug noch nicht »vollständig« übergeht (§ 300 BGB), verbessert sich die Position des Gläubigers im Bereich der leichten Fahrlässigkeit.

III. Sachmangel, § 633 Abs. 2 BGB

30 Der Unternehmer ist verpflichtet, das Werk frei von Sach- und Rechtsmängeln zu verschaffen. Wann ein Sachmangel vorliegt, ist der Definition des § 633 Abs. 2 BGB zu entnehmen. Dabei ist die Systematik der Norm folgende:

– Haben die Parteien eine bestimmte Beschaffenheit vereinbart, wird vorrangig auf diese abgestellt (§ 633 Abs. 2 S. 1 BGB).
– Fehlt eine Vereinbarung über die Beschaffenheit, muss sich das Werk nach § 633 Abs. 2 S. 2 Nr. 1 BGB für die nach dem Vertrag vorausgesetzte Verwendung eignen.

---

[27] So Thode NZBau 2002, 297.
[28] So Weyer BauR 2003, 613, 615.

– Falls die vertraglichen Vereinbarungen keine Angaben zur vorausgesetzten Verwendungseignung enthalten, wird gem. § 633 Abs. 2 S. 2 Nr. 2 BGB auf die gewöhnliche Verwendung und die übliche Beschaffenheit als Maßstab abgestellt.
– Zudem ist ein Sachmangel gegeben, wenn etwas anderes als das bestellte Werk oder das Werk in zu geringer Menge hergestellt wird (§ 633 Abs. 2 S. 3 BGB).

Das Gesetz definiert in der Norm des § 633 BGB den Mangel nicht positiv. Vielmehr bestimmt es negativ unter welchen Voraussetzungen das Werk **frei von Mängeln ist**. Dabei stellt jede Abweichung von der vereinbarten Beschaffenheit einen Sachmangel dar. Ein Mangel liegt nach der Definition des § 633 Abs. 2 S. 1 BGB immer dann vor, wenn die **IST-Beschaffenheit** des Werkes von der **SOLL-Beschaffenheit** abweicht. Die Ist- Beschaffenheit richtet sich nach dem tatsächlichen Zustand des Werkes bei der Übergabe an den Besteller. Die Soll-Beschaffenheit wird nach den in § 633 Abs. 2 BGB aufgestellten Kriterien festgelegt. 31

Bei der Ermittlung der Soll-Beschaffenheit kommt dem **Parteiwillen** die **höchste Priorität** zu.[29] Dadurch wird der **subjektive Fehlerbegriff** als maßgebliches Kriterium zur Bestimmung eines Sachmangels festgelegt. Bestehen Zweifel hinsichtlich des Vertragsinhaltes, ist dieser durch Auslegung zu ermitteln – insbesondere wenn der Vertragsinhalt unklar, widersprüchlich oder lückenhaft ist. 32

Allerdings ist das Tatbestandsmerkmal der »**vereinbarten Beschaffenheit**« nicht isoliert von den übrigen Kriterien zu betrachten. Entspricht das Werk der vereinbarten Beschaffenheit, ist es jedoch nicht funktionstauglich, liegt kein mangelfreies Werk i. S. d. § 633 BGB vor.[30] 33

Nur **wenn es an einer konkreten Beschaffenheitsvereinbarung fehlt** – also zweitrangig –, muss nach § 633 Abs. 2 S. 2 Nr. 1 BGB die Eignung für den nach dem Vertrag vorausgesetzten Verwendungszweck überprüft werden.[31] Dabei ist davon auszugehen, dass nahezu kein Werk bezüglich seiner Beschaffenheit abschließend beschrieben ist. Regelmäßig werden nur Teile des Werkes beschaffenheitsmäßig festgelegt. Aus dem Verwendungszweck lassen sich Rückschlüsse darauf ziehen, welche Eigenschaften das Werk haben muss. Angesprochen ist damit besonders der von den Parteien zugrunde gelegte Verwendungszweck, auch wenn dieser von der üblichen Verwendung abweicht. Auch hierbei wird die subjektive Vereinbarung der Parteien bezüglich der Verwendung vor die gewöhnliche Verwendung gestellt. Ist z. B. das geplante Haus als Ärztehaus geplant, so müssen die Schallschutzanforderungen »mangelrechtlich« diesem Verwendungszweck genügen. 34

---

29 MüKo/Busche § 633 BGB Rn. 8; BGH NZBau 2004, 672, 673; a. A. Mundt NZBau 2003, 73, 76/77, der den Wortlaut für missglückt hält und die verschiedenen Tatbestandsmerkmale gleichrangig nebeneinander prüft.
30 BGHZ 153, 279, 283.
31 Sienz BauR 2002, 181.

35 Ist auch **kein Verwendungszweck vereinbart**, kommt es nach § 633 Abs. 2 S. 2 Nr. 2 BGB darauf an, ob das Werk sich für die gewöhnliche Verwendung eignet und eine Beschaffenheit aufweist, die bei Werken der gleichen Art üblich ist und die der Besteller nach der Art des Werkes erwarten kann. Erst in der dritten Stufe wird aufgrund einer fehlenden Parteivereinbarung auf die objektiven Kriterien zurückgegriffen.

1. Beschaffenheitsvereinbarung, § 633 Abs. 2 S. 1 BGB

a) Bedeutung der Beschaffenheit im Mangelrecht

36 Die Parteien können die Beschaffenheit des Werkes frei vereinbaren. Haben sie eine bestimmte Beschaffenheit vereinbart, stellt jede Abweichung hiervon einen Sachmangel dar. Es ist bei der Beurteilung ohne Belang, ob durch die Abweichung von der vereinbarten Beschaffenheit der **Wert oder die Gebrauchstauglichkeit beeinträchtigt** wird.[32] Hierin liegt ein wesentlicher Unterschied zur alten Regelung des § 633 Abs. 1 BGB. Dort war Voraussetzung für einen Mangel (Ausnahme: Es lag eine zugesicherte Eigenschaft vor), dass ein Fehler dazu geführt hat, dass der Wert oder die Tauglichkeit des Werkes zu dem gewöhnlichen oder dem nach dem Vertrag vorausgesetzten Gebrauch aufgehoben oder gemindert war.

37 In diesem Sinne entschied der BGH in seinem Urteil vom 7. 3. 2002.[33] Der Unternehmer hatte ein Haus um 1,15 m höher gegründet als vertraglich vorgesehen. Diese Höhergründung führte nach Angaben des Sachverständigen zu einer wirtschaftlich und technisch besseren Leistung als die ursprünglich vorgesehene ebenerdige Bauweise. Dennoch lag nach Ansicht des BGH ein Sachmangel vor, da die Ausführungsart nicht der Vereinbarung der Parteien entsprach. Dies unabhängig davon, ob die Ausführungsart besser war als die ursprünglich vorgesehene (in den Besprechungen des Urteils wurde allerdings teilweise übersehen, dass bezüglich einer Terrasse zusätzliche Kosten entstanden waren).

38 Zur **Beschaffenheit eines Werks** gehören alle ihm auf Dauer anhaftenden physischen Merkmale. Ebenso zählen hierzu die tatsächlichen, wirtschaftlichen, sozialen und rechtlichen Beziehungen des Werks zu seiner Umwelt. Voraussetzung ist, dass sie nach der Verkehrsanschauung Einfluss auf die **Wertschätzung** und die **Brauchbarkeit** des Werks haben können.[34]

39 Die Parteien können eine Vereinbarung über die Beschaffenheit durch jede Abmachung treffen, die zum Ausdruck bringt, dass das Werk bestimmte Anforderungen erfüllen soll. Diese kann insbesondere auch dadurch festgelegt werden, dass die Anforderungen an das Werk konkret bezeichnet werden. In Bauverträgen wird dies häufig durch die Zugrundelegung einer Funktionalbeschreibung oder eines

---

32 BGH NZBau 2002, 571; OLG Celle BauR 2003, 1408; Mundt NZBau 2003, 73, 75; Preussner BauR 2002, 231.
33 BGH NZBau 2002, 571.
34 Mahler in: jurisPK-BGB, 3. Aufl. 2006, § 633 BGB Rn. 16.

Leistungsverzeichnisses der Fall sein. Der Unternehmer bringt mit dem Vertragsabschluss auf der Grundlage der Leistungsbeschreibung zum Ausdruck, dass er damit einverstanden ist, dass das Leistungsverzeichnis Grundlage des Vertrages wird und die qualitativen Anforderungen an das Werk bestimmt.[35]

Die Parteien können die Beschaffenheit des Werkes – wie erwähnt – auch **funktional** beschreiben. Haben die Parteien neben einer konkreten Art der Ausführung des Werkes zusätzlich vereinbart, dass das Werk funktionstauglich sein muss und stellt sich heraus, dass das Werk die zugrunde gelegte Funktion **bei der gewählten Ausführungsart nicht erfüllen** kann, ist das Bauwerk mangelhaft. Der Unternehmer schuldet in jedem Fall eine funktionstaugliche und zweckentsprechende Leistung.[36] Etwaige Zusatzarbeiten sind gegebenenfalls **gesondert zu vergüten**. **40**

Der BGH[37] hat in einer Entscheidung für das Gewerk Dach ausdrücklich entschieden, dass der Auftragnehmer neben der Ausführung des detaillierten Leistungsverzeichnisses die vereinbarte Funktionstauglichkeit schuldet. Dies gelte auch, wenn mit der im Detail vertraglich vereinbarten Ausführungsart der Erfolg nicht zu erreichen ist. Die Vorinstanz, das OLG Düsseldorf, hat dagegen nur auf die explizite Leistungsbeschreibung abgestellt und kam dadurch zu dem Ergebnis, dass ein Dach nicht dicht sein müsse. Dem ist der BGH entgegen getreten, indem er ausdrücklich auf die Funktionstauglichkeit eines Daches abstellte (ein Dach muss dicht sein). Die anders lautende Entscheidung des OLG Düsseldorf kam deshalb zustande, weil dieses von einer Deckungsgleichheit des **mangelrechtlichen-** und des **vergütungsrechtlichen Erfüllungsbegriffes** ausgegangen ist. Der Lösung des BGH ist allerdings der Vorzug zu geben. **41**

Das OLG Dresden[38] hat entschieden, dass der Auftraggeber vom Auftragnehmer sogar eine regelwidrige Ausführung verlangen kann, sofern diese vereinbart wurde. Der Auftragnehmer soll nicht berechtigt sein, von der vereinbarten Ausführung abzuweichen, auch wenn diese den Vorgaben der Bauordnung und der technischen Regelwerke widerspricht. Nach der Ansicht des Gerichts stellt eine Abweichung von den vereinbarten Ausführungen einen Mangel i. S. d. § 633 BGB dar.[39] Den Einwand, dass die vertraglich vereinbarte Beschaffenheit zu einem Verstoß gegen die Bauordnung und die allgemein anerkannten Regeln der Technik geführt hätten, ließ das OLG nicht gelten. Dies ist in gewisser Hinsicht konsequent. Es führt zu einem »Recht des Auftraggebers« ein mangelhaftes Bauwerk zu bestellen. An eine Beschaffenheitsvereinbarung, die ein qualitativ minderes Werk vorsieht, sind allerdings hohe Anforderungen zu stellen. Der Unternehmer schuldet dem Besteller auch in diesen Fällen an sich ein Werk, das sich zur üblichen Verwendung eignet. **42**

---

35 BGHZ 134, 245, BGH NJW 1999, 2432; NJW 2002, 1954, 1955.
36 BGHZ 139, 16, 18.
37 BGH BauR 2000, 411.
38 OLG Dresden BauR 2003, 1242.
39 A. A. Lailach BauR 2003, 1474.

Wenn die vorgesehene Ausführungsart zu unüblichen Qualitätseinbußen des Werkes führt, muss der Unternehmer den Besteller unmissverständlich hierauf hinweisen (**Hinweispflichten**).[40]

43 Praktische Relevanz kann dies bei kunstvollen Bauten erlangen, die bewusst von der **DIN** abweichen sollen. Für den Unternehmer sind derartige Fallgestaltungen problematisch. Zunächst obliegt ihm immer eine umfängliche Hinweispflicht. Zum anderen wirkt er vorsätzlich an der Erstellung eines den Regeln der Technik widersprechenden Werkes mit. Damit verliert er regelmäßig seinen **Haftpflichtversicherungsschutz**.

44 Aufgrund der Komplexität von Bauvorhaben bereitet die Ermittlung des Bau-Solls häufig Schwierigkeiten. Die Leistungsbeschreibung ist in vielen Fällen unvollständig, ungenau oder wenig aussagekräftig. Die Leistungsbeschreibungen und Baupläne, die dem Vertrag zugrunde liegen, sind nach dem **Empfängerhorizont** gem. §§ 133, 157 BGB dahin gehend auszulegen, welcher Verwendungszweck und welcher Leistungserfolg geschuldet ist.[41] Für **Widersprüche** bzgl. der einzelnen Leistungsbeschreibungselemente enthalten die Verträge oftmals **Rangfolgeklauseln**. Diese Klauseln entfalten in der Praxis nur geringen Nutzen, weil der Vertrag als Ganzes gem. §§ 133, 157 BGB aus dem objektiven Empfängerhorizont unter Berücksichtigung von Treu und Glauben und der Verkehrssitte **auszulegen** ist.

45 Fehlen konkrete Äußerungen der Parteien zu der Beschaffenheit des Werkes, können ggf. Rückschlüsse aus den **Umständen des Vertragsabschlusses** gezogen werden.[42] Eine Beschaffenheitsvereinbarung kann grundsätzlich formfrei getroffen werden. Besteht allerdings für den Vertrag ein Formerfordernis, dann gilt dieses ebenso hinsichtlich der Beschaffenheitsvereinbarung.

b) **Abgrenzung der Beschaffenheitsvereinbarung zur zugesicherten Eigenschaft/Garantie**
aa) **Zugesicherte Eigenschaft**

46 Bis zur Schuldrechtsreform spielte gerade im Baubereich die zugesicherte Eigenschaft eine besondere, um nicht zu sagen eine herausragende Rolle (§ 633 Abs. 1 BGB a. F.). Nach altem Recht musste jede Leistungsbeschreibung eines Bauvertrages darauf untersucht werden, ob die im Einzelnen vorgegebenen Positionen »nur« **Beschreibungselemente** enthielten, oder ob es sich um zugesicherte Eigenschaften handelte. Gelang es dem Besteller, zugesicherte Eigenschaften von vornherein auszuhandeln oder konnte er später vor Gericht dieses dahin gehend überzeugen, dass Positionen des Leistungsverzeichnisses als zugesicherte Eigenschaften zu bewerten waren, war es für ihn deutlich leichter Ansprüche durchzusetzen.

---

40 Staudinger/Peters § 633 BGB Rn. 165.
41 BGH NZBau 2002, 324; BGH JZ 1999, 797.
42 OLG Nürnberg NJW-RR 2001, 82, 83.

Erleichtert wurde die Position des Bestellers zunächst dahin gehend, dass der Unternehmer bei Vorliegen einer zugesicherten Eigenschaft hierfür gewährleistungsmäßig auch dann gehaftet hat, wenn der Wert oder die Tauglichkeit des Werkes zu dem gewöhnlichen oder nach dem Vertrag vorausgesetzten Gebrauch weder aufgehoben noch gemindert war. Dies stellte die einschneidende Abgrenzung zur bloßen Fehlerhaftigkeit eines Werkes dar. Damit verbunden war die Schlussfolgerung, dass der Unternehmer auch für das Fehlen unerheblicher Eigenschaften gehaftet hat. Diese mussten gerade keine Auswirkungen auf das Werk haben. Es reichte aus, dass der Besteller deutlich gemacht hatte, dass er diese Eigenschaft – gleich welche Auswirkung ihr Fehlen auf das Werk haben würde – unbedingt forderte. Dies musste allerdings vertraglich abgesichert sein. Die Rechtsprechung ging nur in den seltensten Fällen von konkludenten oder stillschweigenden Zusicherungen aus. Im Kaufrecht sah § 463 BGB zusätzlich vor, dass Schadensersatz wegen Nichterfüllung nur bei Fehlen einer zugesicherten Eigenschaft (Ausnahme: Arglist, § 463 BGB a. F.) gewährt wurde. 47

Als Folge dieser besonderen Bedeutung gab es immer wieder Auslegungsstreitigkeiten, welche Positionen in einer Leistungsbeschreibung als reine Produktangaben etc. oder als zugesicherte Eigenschaften einzustufen waren. Dabei musste wiederum zwischen dem Kaufrecht und dem Werkvertragsrecht unterschieden werden. Im Kaufrecht wurde eine zugesicherte Eigenschaft angenommen, wenn der Verkäufer durch eine ausdrückliche oder stillschweigende Erklärung vertragsverbindlich dem Käufer zu erkennen gab, dass er für den Bestand der in Rede stehenden Eigenschaft und aller Folgen ihres Fehlens einstehen wollte. Im Werkvertragsrecht dagegen nahm man eine solche Zusicherung dann an, wenn der Unternehmer das Versprechen abgab, das Werk mit einer bestimmten Eigenschaft auszustatten. Nicht gefordert wurde, dass er gleichzeitig zum Ausdruck gebracht hatte, er werde für alle Folgen eines Fehlens der Eigenschaft einstehen.[43] 48

Ein Motiv der Schuldrechtsreform, die zugesicherte Eigenschaft im Kauf- und Werkvertragsrecht abzuschaffen, waren die damit verbundenen Schwierigkeiten der Abgrenzung zu bloßen Leistungsbeschreibungselementen. Sie führten zu einer unüberschaubaren Fülle von Gerichtsentscheidungen. 49

Im Zuge der Schuldrechtsreform wird diskutiert, ob von nun an, aufgrund des neu gestalteten § 633 BGB, in jeder Leistungsbeschreibung eine zugesicherte Eigenschaft zu sehen sei. Immerhin schuldet der Unternehmer die Verschaffung des Werkes mit den vereinbarten Beschaffenheiten. Soweit diese nicht vorliegen, weist das Werk einen Sachmangel auf. Dem sind Teile der Literatur entgegen getreten, beispielsweise wurde vorgeschlagen, zwischen **Pflichtenbeschaffenheitsangaben** und **Beschaffenheitsvereinbarungen** zu unterscheiden. Nur bei Letzteren soll es 50

---

43 BGHZ 96, 111.

sich um »wirklich gewollte Beschaffenheitszusagen« – wohl im Sinne einer zugesicherten Eigenschaft – handeln.[44]

51 Auf gesetzgeberischer Seite sind die geschilderten Streitfragen noch nicht angekommen bzw. gelöst. Für die Praxis gibt es deshalb nur die Lösung, die Sachmängelhaftung hinsichtlich der verschiedenen Produkt-, Ausführungsvorgaben etc. zusätzlich vertraglich festzulegen. Geschieht das nicht, sieht sich der Unternehmer der Gefahr ausgesetzt, dass sämtliche **leistungsbestimmende Angaben** als vereinbarte Beschaffenheiten angesehen werden und er damit sehr nah an die frühere Haftung i. S. d. zugesicherten Eigenschaften gerät.

bb) Abgrenzung zur Garantie

52 Wie geschildert wollte die Schuldrechtsreform die Unsicherheit der Vertragsparteien bzgl. der Abgrenzung bloßer Leistungsbeschreibungen zu zugesicherten Eigenschaften beseitigen. Als Folge trat die Beschaffenheitsvereinbarung i. S. d. § 633 Abs. 2 S. 1 Hs. 2 BGB auf den Plan. Gleichzeitig wurde die Frage der Verantwortlichkeit des Schuldners in § 276 BGB neu geregelt. Gegenüber dem Wortlaut a. F. (Haftungsvorsatz und Fahrlässigkeit) spricht § 276 BGB nun davon, dass der Schuldner Vorsatz und Fahrlässigkeit zu vertreten hat, *»wenn eine strengere oder mildere Haftung weder bestimmt noch aus dem sonstigen Inhalt des Schuldverhältnisses insbesondere aus der Übernahme einer Garantie oder eines Beschaffenheitsrisikos zu entnehmen ist.«*

53 Es taucht insoweit das Wort der **Garantie** auf. Damit stellt sich die Frage, ob unter einer Garantie etwas zu verstehen ist, dass einer zugesicherten Eigenschaft entspricht und ob ein **Beschaffenheitsrisiko** einer Beschaffenheitsvereinbarung i. S. d. § 633 Abs. 2 S. 1 BGB gleichzusetzen ist. Im Ergebnis kann festgehalten werden, dass § 276 BGB n. F. die grundlegende Norm dafür darstellt, dass ein Schuldner grundsätzlich nur dann haftet, wenn er die Störung des Schuldverhältnisses durch ein vorwerfbares Verhalten (Vorsatz oder Fahrlässigkeit) verursacht oder mit verursacht hat.[45] Allerdings hat die Schuldrechtsreform nichts daran geändert, dass es von diesem Grundsatz zahlreiche Ausnahmen gibt. Es wird insoweit von den sog. **schuldunabhängigen Einstandspflichten** gesprochen.[46] Ein Beispiel für eine solche Ausnahme stellt die verschuldensunabhängige **werkvertragliche Erfolgshaftung** des § 633 BGB dar. Hinzu tritt im § 276 BGB n. F. auch noch eine »strengere Haftung«, beispielsweise aus der Übernahme einer Garantie.

54 Problemtisch ist, dass der Begriff der Garantie im Bürgerlichen Gesetzbuch nicht konkret geregelt ist. Im Kaufrecht wird in § 443 BGB von **Beschaffenheits-** und **Haltbarkeitsgarantien** gesprochen. Dies hilft allerdings nicht weiter, insbesondere nicht im Werkvertragsrecht. Nahe liegend dürfte sein, dass bei Übernahme einer

---

44 Motzke BTR 2003, 1 ff.
45 Palandt/Heinrichs § 276 BGB Rn. 3.
46 Palandt/Heinrichs § 276 BGB Rn. 3.

Garantie von einer **verschuldensunabhängigen Einstandspflicht** gesprochen werden kann. In der Literatur wird allerdings betont, dass dies nicht sein müsse.[47] Es wird deshalb vorgeschlagen, dass bei jeder Garantieübernahme eine Auslegung i. S. d. §§ 133, 157 BGB vorzunehmen sei. Dies vor dem Hintergrund, dass mit einer Garantie im Regelfall sowohl für den Käufer als auch den Besteller Rechte angesprochen werden, die neben die gesetzlichen Gewährleistungs-/Mangelrechte treten. Welchen Umfang diese haben, hängt von der besagten Auslegung ab.

Die Unterscheidung zwischen selbstständigen und unselbstständigen Garantien hilft dabei nicht weiter. In der Literatur wird von einer **unselbstständigen Garantie** gesprochen, wenn eine Erweiterung der gesetzlichen Haftung für Mängel gewährt wird. Eine **selbstständige Garantie** soll das Einstehen des Garantiegebers für einen Erfolg beinhalten, der über die Sachmängelhaftung hinausgeht.[48] Denkbar sind auch sog. **Risikogarantien**. Von ihnen spricht man, wenn nicht besondere Beschaffenheits- oder Haltbarkeitsmerkmale angesprochen werden, sondern beispielsweise ein Schadensrisiko für besondere Vorfälle.[49]

55

Im Ergebnis sollte immer dann, wenn eine »Garantie« in Rede steht, sofort nachgefragt werden, welche ergänzenden Rechte dem Garantienehmer eingeräumt werden. Problematisch sind im Baurecht dabei insbesondere die Fälle, bei denen Produzenten für ihre Produkte Garantien bis zu zehn oder mehr Jahren geben. Nutznießer dieser Garantien sollen dabei nicht nur die unmittelbaren Vertragspartner sein (z. B. der Baustoffhandel als Bezieher der Produkte des produzierenden Unternehmens), sondern auch Dritte. Zu denken ist insoweit an den im Baustoffhandel einkaufenden Handwerker oder den Bauherrn, bei dem der Handwerker das Produkt einbaut. Problematisch an diesen Garantien ist, dass sie gerade keine verlängerte Gewährleistung/Mangelrechte darstellen müssen. Oftmals wird rein für das Produkt eine verlängerte **Ersetzungsverspflichtung** seitens des produzierenden Unternehmens gegeben. Wird ein solches Produkt schadhaft, besteht für denjenigen, der in der Verbraucherkette beispielsweise für den Einbau des schadhaften Produktes haftet (der Dachdecker), keine ausreichende Rückgriffmöglichkeit. Er wird zwar neues Material (Ziegel, Fassadenplatten, Heizkessel etc.) von der Produktionsfirma erhalten. Damit sind aber nicht seine Ein- und Ausbaukosten, Aufwand für Gerüststellung, Arbeitslohn etc. abgedeckt.

56

Letztendlich wird damit auch die Frage beantwortet, ob die Garantie i. S. d. § 276 Abs. 1 S. 1 BGB n. F. der bisherigen zugesicherten Eigenschaft entspricht. Dies wird in der Literatur teilweise bejaht.[50] Ob dies vor Gericht hilft, erscheint fraglich. Der Gesetzgeber hat die geschilderte Problematik nicht ausreichend erkannt. Als Vorschlag für die Praxis ist dem Garantienehmer zu raten, die geschilderten

57

---

47 Palandt/Heinrichs § 276 BGB Rn. 29.
48 Palandt/Putzo § 443 BGB Rn. 4.
49 Palandt/Putzo § 443 BGB Rn. 4.
50 Palandt/Heinrichs § 276 BGB Rn. 29 m. w. N.; hierzu auch OLG Koblenz NJW 2004, 1670.

Punkte bezüglich Zweck und Umfang der Garantie vor Vertragsabschluss zu eindeutig zu klären. Soweit Unklarheiten bestehen, sind vertragliche Anpassungen vorzunehmen.

58 Das **Beschaffungsrisiko**, bzw. dessen Übernahme (§ 276 Abs. 1 S. 1 Hs. 2 Alt. 2 BGB n. F.), spielt im Werkvertragsrecht eine untergeordnete Rolle. Von größerer Bedeutung ist es dagegen im Recht des **Baustoffhandels**, beispielsweise beim Einkauf des Handwerkers im Baumarkt oder dessen Erwerb der Materialien vom Produzenten. Insoweit wird auf die Ausführungen zum Baustoffhandel in diesem Kommentar verwiesen.

2. Verwendungseignung, § 633 Abs. 2 S. 2 BGB

59 Liegt keine Beschaffenheitsvereinbarung vor, bestimmt sich die Mangelfreiheit der Leistung danach, ob sich das Werk für die im Vertrag vereinbarte Verwendung eignet. Lässt sich nicht feststellen, welche Verwendungseignung die Parteien vorausgesetzt haben, ist auf die gewöhnliche Verwendung abzustellen, die bei Werken der gleichen Art üblich ist. Das Kriterium der Verwendungseignung findet somit nur Anwendung, wenn keine Beschaffenheitsvereinbarung durch die Parteien vorgenommen wurde.

60 In Bauverträgen werden im Rahmen von Leistungsbeschreibungen und Leistungsverzeichnisse in der Regel Vereinbarungen der Parteien über die Beschaffenheit der Bauleistung bestehen. Zwar wird der Inhalt des Vertrages oft erst durch Auslegung zu ermitteln sein, da das Merkmal der Verwendungseignung selten genannt wird.

a) Vertraglich vorausgesetzte Verwendung

61 Die Parteien können individuell festlegen, was die **Zweckbestimmung** des Bauwerkes sein soll (z. B. Veranstaltungshalle, Einzelhandelsobjekt, Restaurant, Museum, Ärztehaus, etc.). Es ist erforderlich, dass beide Parteien den Zweck übereinstimmend vereinbaren. Eine einseitige Äußerung durch den Besteller genügt nicht.

62 Eignet sich das Werk nicht für die vertraglich vorausgesetzte Verwendung, ist das Werk – auch bei Beachtung der anerkannten Regeln der Technik – mangelhaft. Dies ist insbesondere der Fall, wenn der gewöhnliche Gebrauchs- oder Ertragswert des Werks eingeschränkt ist, das Werk das Risiko einer geringeren Haltbarkeit oder Nutzungsdauer aufweist oder erhöhte Betriebs-/Instandhaltungskosten gegeben sind.

b) Gewöhnliche Verwendung

63 Ist der Verwendungszweck vertraglich nicht vorgegeben, kommt es auf die Eignung zur gewöhnlichen Verwendung an. Das Werk muss sich für die gewöhnliche Verwendung eignen und eine Beschaffenheit aufweisen, die bei Werken der gleichen Art üblich ist und die der Auftraggeber nach der Art der Sache erwarten

kann. »Gewöhnlich« ist die Verwendung, die nach der Verkehrsanschauung unter Berücksichtigung der durchschnittlichen Lebensverhältnisse ausgeübt wird. Die Prüfung der Eignung des Werkes für die gewöhnliche Verwendung richtet sich nach den Erwartungen eines durchschnittlichen Empfängers der Leistung.

Bei Bauverträgen kann es unter Umständen schwierig sein, eine übliche Beschaffenheit festzustellen.[51] Dies betrifft mehr noch die gestalterische Ebene als die technische. Teile der Literatur gehen zutreffenderweise davon aus, dass es in der Praxis bei Bauverträgen zu nahezu keiner Anwendung des Merkmals der gewöhnlichen Verwendung kommen wird. Bauverträge seien ohne einen irgendwie definierten »Verwendungszweck« nicht denkbar. Demnach sei die Frage des Sachmangels über § 633 Abs. 2 S. 2 Nr. 1 BGB zu lösen.[52]   64

3. Anderes Werk, zu geringe Menge, § 633 Abs. 2 S. 3 BGB

Einem Sachmangel steht es gleich, wenn ein anderes als das bestellte Werk oder das Werk in zu geringe Menge hergestellt wird. Ein anderes Werk ist gegeben, wenn ausgehend vom Vertragszweck die Werkleistung nach ihrer Art und Bestimmung nicht der vertraglichen entspricht. Nach der Abnahme des Werkes erleichtert dieser klarstellende Absatz 2 des § 633 BGB die Durchsetzung von Mängelrechten gegen den Unternehmer. Der Besteller muss nicht mehr nachweisen, ob es sich bei dem Bauwerk um ein anderes (**aliud**) als das bestellte Werk handelt oder um eine Schlechtleistung. Ohne die Klarstellung könnte die Erbringung einer anderen als der bestellten Werkleistung nur über das Allgemeine Leistungsstörungsrecht beurteilt werden. Sofern der Besteller von der »anderen« Ausführung bei der Abnahme Kenntnis hat, steht ihm nach der Abnahme ein Anspruch auf Neuherstellung nicht mehr zu. In der Abnahme wird die Billigung der vorliegenden Werkleistung als vertragsgemäß gesehen.   65

Ebenfalls einem Sachmangel steht es gleich, wenn ein Werk in einer zu geringen Menge gefertigt wird. Davon umfasst sind nicht bloße Teilleistungen. Angesprochen sind nur die Werke, die dem Besteller als vollständige Leistung angeboten werden. Andernfalls steht dem Besteller ein Erfüllungsanspruch gegen den Unternehmer zu. Er kann gegen diesen nach den allgemeinen Regeln des Leistungsstörungsrechts vorgehen.   66

4. Anerkannte Regeln der Technik

Im Werkvertragsrecht spielen bei der Ermittlung der Soll-Beschaffenheit des Vertrages die anerkannten Regeln der Technik[53] eine besondere Rolle. Die Einhaltung der anerkannten Regeln der Technik stellt eine bauvertragliche Leistungspflicht des   67

---

51 Funke in: Jahrbuch Baurecht 2002, 217, 222.
52 Werner/Pastor Rn. 1458.
53 Würfele/Gralla/Würfele Rn. 106 ff., 119 ff.

Auftragnehmers dar. In der gesetzlichen Regelung des § 633 BGB wird dieses Kriterium nicht ausdrücklich gefordert. Die h. M. sieht die Einhaltung dieses Kriteriums jedoch als ein ungeschriebenes Tatbestandsmerkmal an.[54] Der Gesetzgeber hat in der Neufassung des § 633 BGB darauf verzichtet, die anerkannten Regeln der Technik in den Tatbestand mit aufzunehmen. Die Begründung hierfür geht dahin, dass die anerkannten Regeln der Technik generell vom Auftragnehmer als eine Art **Mindeststandard**[55] geschuldet seien.[56]

68 »Der Begriff der allgemein anerkannten Regeln der Baukunst ist nicht schon dadurch erfüllt, dass eine Regel bei völliger wissenschaftlicher Erkenntnis sich als richtig und unanfechtbar darstellt, sondern sie muss auch allgemein anerkannt, d.h. durchweg in den Kreisen der betreffenden Techniker bekannt und als richtig anerkannt sein.«[57] Die technische Entwicklung und die wissenschaftliche Erkenntnis sind einem ständigen Fortschritt unterworfen. Mit diesem ändern sich auch die technischen Regeln der Baukunst und Technik.[58]

69 **Mangelrechtlich** ist der Stand der Technik zum Zeitpunkt der Abnahme maßgeblich, **vergütungsrechtlich** der Zeitpunkt des Vertragsschlusses.[59] Ausgehend vom Begriff des Sachmangels in § 633 BGB schuldet der Unternehmer ein mangelfreies Werk zum Zeitpunkt der Abnahme. In längerfristigen Bauverträgen können sich die anerkannten Regeln der Technik, die zum Zeitpunkt des Vertragsschlusses gültig waren, bis zur Abnahme verändern. Dem Unternehmer kann in diesem Fall ein Mehrvergütungsanspruch zustehen, falls weitere Voraussetzungen vorliegen.

70 Hier sind zu nennen die Normen des Deutschen Institutes für Normung (DIN),[60] des Verbandes der Deutschen Elektrotechniker (VDE-Bestimmungen)[61] und sonstige Handwerksregeln.[62] Mit Aufnahme in diese Regelwerke steht nicht zwingend fest, dass es sich dabei um anerkannte Regeln der Technik handelt. Es wird jedoch eine widerlegliche Vermutung dahin gehend aufgestellt.[63] Neben den anerkannten Regeln der Technik können auch **Herstellerrichtlinien** zum mangel- und vergütungsrechtlichen Bau-Soll gehören.[64]

---

54 Sienz BauR 2002, 181, 182.
55 BGH BauR 1998, 872; hierzu auch Seibel NZBau 2006, 523 ff.
56 Voppel BauR 2002, 843, 847; Amtliche Begründung BT-Drucks. 14/640 S. 616 f.
57 So die Definition des RG RGSt 44, 76; s. auch den aktuellen Diskussionsstand bei Seibel BauR 2004, 266.
58 BGHZ 90, 354.
59 BGHZ 139, 16.
60 BGHZ 139, 16, 19; BGH NJW-RR 1991, 1445, 1447; BGH BauR 2002, 627, 628 (DIN 1988: Absperrung der Versorgungsleitungen); BGH BauR 2000, 1770 (DIN 18195: drückendes Grundwasser); OLG Frankfurt BauR 2002, 324 (DIN 4109: Schallschutz für Wohnungseingangstüren); OLG Karlsruhe BauR 2003, 98; Tempel NZBau 2003, 465, 468.
61 OLG Hamm BauR 1990, 105.
62 OLG Düsseldorf NJW-RR 1999, 1656.
63 Staudinger/Peters § 633 BGB Rn. 170.
64 OLG Köln BauR 2005, 1681.

Die Parteien können die Einhaltung der anerkannten Regeln der Technik ausdrücklich im Vertrag vereinbaren. Jedoch sind auch ohne eine solche Abrede die Regeln der Technik als Maßstab heranzuziehen.[65] Ein Verstoß gegen sie begründet regelmäßig einen Sachmangel.[66] So sind z. B. Bauwerksabdichtungen im Bereich von Randanschlüssen als regelwidrig verworfen worden, weil sie nicht normgemäß 15 cm hoch geführt waren. Diesem Ergebnis stand nicht entgegen, dass im konkreten Fall eine Führung in dieser Höhe aufgrund einer Überdachung des Türbereichs tatsächlich nicht nötig war, um die Dichtigkeit zu gewährleisten.

71

Ähnlich entschied auch das OLG Köln in einem Fall, in dem vor der Änderung der Regelwerke, aber zu einer Zeit als diese bereits in Fachkreisen diskutiert wurden, Kupferrohrleitungen hartgelötet wurden. Nach Änderung der Regelwerke wurde der Austausch der gesamten Rohrleitungen verlangt, obwohl es 4–5 Jahre nach der Ingebrauchnahme noch nicht zu Rohrbrüchen gekommen war und es nicht sicher war, ob es aufgrund der Hartlötung der Kupferrohre überhaupt zu solchen kommen würde (Stichwort: Mangel ohne Schaden).[67]

72

Fragen ergeben sich, wenn der Unternehmer zwar die anerkannten Regeln der Technik beachtet hat, das Werk aber gleichwohl mangelhaft ist. Dieser Fall ist durch die Rechtsprechung[68] eindeutig dahin gehend entschieden worden, dass allein die Einhaltung der anerkannten Regeln der Technik nicht ausreicht. Maßstab für die Beurteilung, ob das Werk mangelfrei ist, ist die Definition des Sachmangels des § 633 BGB.

73

5. Abgrenzung Verschleiß – Mangel

Praxisrelevant sind die Fälle, in denen der Unternehmer dem Besteller bzgl. eines nach der Abnahme auftretenden Mangels entgegen hält, dass dieser zwar nicht vom Besteller fahrlässig oder vorsätzlich verursacht sei, dass es sich jedoch um eine Art »natürliche Entwicklung« in Form des Verschleißes des Produktes handle. Denkbar ist die Nutzung von Glühbirnen nach werkvertraglichem Erwerb eines Hauses vom Bauträger. Kann man für Glühbirnen eine fünfjährige Verjährung der Mängelansprüche annehmen? Wohl nicht. Damit wird allerdings auch bereits deutlich, dass die Abgrenzung des **Mangels** zur Frage eines **Verschleißes** bzw. einer **Abnutzung** von der Art des Produktes bzw. des Werkstoffes abhängt.

74

Besonders relevant sind entsprechende Fragen im Bereich der technischen Gebäudeausstattung. Im Regelfall wird man von grundsätzlichen Beweislast-Überlegun-

75

---

65 So auch AnwK/Raab § 633 BGB Rn. 33.
66 BGHZ 139, 16, 19; 139, 244, 247; BGH NJW-RR 2002, 1533, 1534; OLG Düsseldorf NJW-RR 1996, 146, 147.
67 OLG Köln OLG Report 1997, 831.
68 Zunächst BGH NJW 1968, 43 – Flachdachurteil und im Anschluss OLG Frankfurt BauR 1983, 156 – Blasbachtalbrückenentscheidung, gegen das der BGH die Revision nicht angenommen hat; im Weiteren BGH BauR 1985, 567 und BauR 1995, 230.

gen auszugehen haben. Danach trifft zunächst den Besteller die Beweislast dafür, dass nach der Abnahme ein Mangel gegeben ist. Der Unternehmer seinerseits muss dann »entgegenhalten«, dass es sich hierbei nicht um eine mangelhafte Leistung handelt, sondern um Abnutzungserscheinungen, die auch einem mangelfreien Werk anhaften können. Dies wird ihm nur in Ausnahmefällen gelingen. Sinnvoll ist es insoweit vorab vertragliche Regelungen zu treffen. Geschieht dies nicht, besteht die Gefahr von Beweislasturteilen zu Lasten des Unternehmers.

76 Dem Unternehmer obliegt somit die Beweislast dafür, dass die in Rede stehenden Teile der üblichen Gewährleistungszeit nicht standhalten können. Helfen kann ihm dabei ein Beweis des ersten Anscheins dahin gehend, dass bestimmte Teile über einen Zeitraum von mehreren Monaten oder Jahren unbeanstandet benutzt wurden.[69] Ein solcher Beweis besagt, dass die Teile nicht von Anfang an mangelhaft gewesen sein konnten, anderenfalls hätten sie nicht so lange gehalten. In diesen Fällen wird wiederum der Besteller einen solchen **Anscheinsbeweis** widerlegen müssen.[70]

IV. Rechtsmangel

77 Der Unternehmer hat gem. § 633 Abs. 1 BGB das Werk frei von Sach- und Rechtsmängeln zu verschaffen. Nach § 633 Abs. 3 BGB ist ein Werk frei von Rechtsmängeln, wenn Dritte keine oder nur solche Rechte bezüglich des Werkes geltend machen können, die der Besteller vertraglich übernommen hat. Hat der Besteller die Rechte im Vertrag übernommen, liegt kein Rechtsmangel vor.

78 Der Rechtsmangel wurde in das Werkvertragsrecht neu eingeführt. Der Gesetzgeber hatte beim Rechtsmangel vor allem den Bereich des Urheberrechts und des gewerblichen Rechtsschutzes vor Augen.[71] Für die baurechtliche Praxis ist das Urheberrecht des Architekten von Interesse.[72] Dies beispielsweise dann, wenn der Unternehmer zur Errichtung eines Hauses Pläne eines Architekten verwendet, hierzu jedoch nicht berechtigt ist. Relevant sind auch Fälle des Patentschutzes. Beispielsweise wenn der Unternehmer eine patentierte Kühllösung für ein Hochregallager anbietet. In diesem Fall ist er verpflichtet, dem Besteller ein wirksames Nutzungsrecht einzuräumen.

79 Der Gesetzgeber hat bisher nicht eindeutig geklärt, ob öffentlich-rechtliche Beschränkungen einen Rechts- oder einen Sachmangel darstellen. So sollen öffentlich-rechtliche Beschränkungen, wie etwa das Fehlen einer Baugenehmigung für das errichtete Werk, die die Gebrauchstauglichkeit des Werkes beeinträchtigen,

---

[69] In diesem Sinne Ingenstau/Korbion § 13 Nr. 5 VOB/B Rn. 20.
[70] Hierauf hat sich das OLG Hamburg in der zitierten Entscheidung auch berufen, OLG Hamburg BauR 2001, 1749 m. Anm. Wirth.
[71] BT-Drucks. 14/6040 S. 261.
[72] Kniffka, IBR-Online-Kommentar § 633 Rn. 44.

nach der Rechtsprechung keinen Rechtsmangel, sondern einen Sachmangel darstellen.[73] Die Entscheidung dieser Frage ist rein akademischer Natur, weil die Rechtsfolgen in beiden Fällen identisch sind.

Weiterhin können zu den Rechtsmängeln auch dingliche Rechte bzw. Belastungen an einem Grundstück zählen, die gleichzeitig mit dem Werk übergehen. Dieser Problemkreis eröffnet sich vor allem bei sog. Bauträgerverträgen.[74]

C. Korrespondierende VOB/B-Regelungen – § 13 VOB/B

§ 13 Mängelansprüche 80

1. Der Auftragnehmer hat dem Auftraggeber seine Leistung zum Zeitpunkt der Abnahme frei von Sachmängeln zu verschaffen. Die Leistung ist zur Zeit der Abnahme frei von Sachmängeln, wenn sie die vereinbarte Beschaffenheit hat und den anerkannten Regeln der Technik entspricht. Ist die Beschaffenheit nicht vereinbart, so ist die Leistung zur Zeit der Abnahme frei von Sachmängeln,
a) wenn sie sich für die nach dem Vertrag vorausgesetzte, sonst
b) für die gewöhnliche Verwendung eignet und eine Beschaffenheit aufweist, die bei Werken der gleichen Art üblich ist und die der Auftraggeber nach Art der Leistung erwarten kann.
2. Bei der Leistung nach Probe gelten die Eigenschaften der Probe als vereinbarte Beschaffenheit, soweit nicht Abweichungen nach der Verkehrssitte als bedeutungslos anzusehen sind. Dies gilt auch für Proben, die erst nach Vertragsabschluss als solche anerkannt sind.

I. Allgemeines

1. Neufassung

Die VOB/B 2002 ist in weiten Teilen dem **Mängelrecht des BGB angeglichen** 81 worden. Die VOB/B 2006 enthält diesbezüglich keine Änderungen. Der Auftragnehmer hat nach § 13 Nr. 1 VOB/B dem Auftraggeber das Werk frei von Sachmängeln zu verschaffen. Neben dem subjektiven Fehlerbegriff des § 633 BGB, der wortgleich in die VOB/B übernommen wurde, ist das Werk nach dem Wortlaut des § 13 Nr. 1 VOB/B zudem mangelhaft, wenn es nicht den anerkannten Regeln der Technik entspricht. Die anerkannten Regeln der Technik bilden im Rahmen der VOB/B einen eigenständigen Prüfungsmaßstab. Im Bereich des BGB fallen sie regelmäßig unter den Oberbegriff der »üblichen Beschaffenheit«.[75] Sie geben das Mindestmaß dessen wieder, was allgemein von der Beschaffenheit einer Leistung

---
73 Vgl. BGH BauR 1989, 219.
74 Vgl. dazu ausführlich Kniffka, IBR-Online Kommentar § 633 Rn. 58 ff.
75 Siegburg in: FS Jagenburg, 839, 844.

erwartet wird und vom Auftraggeber nach der Art des Werks erwartet werden darf. Im Ergebnis kommt den anerkannten Regeln der Technik in beiden Regelungswerken die gleiche Bedeutung zu. Allein der Anknüpfungspunkt ist verschieden.

82 § 13 Nr. 2 VOB/B enthält außerdem eine Regelung für die Leistung nach Probe. Danach gelten bei Leistungen nach Probe (Muster) die Eigenschaften der Probe als vereinbart – soweit nicht Abweichungen bedeutungslos sind. Das BGB-Werkvertragsrecht enthält keine entsprechende Regelung (siehe hierzu unten Rn. 104).

83 Die VOB/B enthält im Gegensatz zum BGB keine ausdrückliche Regelung, dass das Bauwerk frei von Rechtsmängeln sein muss. In der Praxis spielen Rechtsmängel im Bauvertrag keine große Rolle. Liegen in einem Bauvertrag Rechtsmängel vor, ist auf diese das Mängelhaftungsrecht des BGB anzuwenden.[76]

84 Nach § 633 Abs. 2 S. 3 BGB steht es einem Sachmangel gleich, wenn der Auftragnehmer ein anderes als das bestellte Werk oder das Werk in zu geringen Mengen herstellt. Der Deutsche Vergabe- und Vertragsausschuss (DVA) hat von einer entsprechenden Ergänzung des § 13 Nr. 1 VOB/B abgesehen. Es sei insoweit fraglich, ob derartige Fallgestaltungen im Bauvertragsrecht in der Praxis eine Rolle spielten.[77] Hinsichtlich dieses Merkmals enthält § 13 VOB/B deshalb keine Regelung.

2. Systematik

85 – § 13 Nr. 1 bis Nr. 3 VOB/B bestimmen die Voraussetzungen, den Umfang und die Grenzen der Haftung des Auftragnehmers für sein Bauwerk im VOB/B-Vertrag.
– Die Verjährung der Mängelrechte ist in § 13 Nr. 4 VOB/B geregelt.
– Die eigentlichen Mängelrechte des Auftraggebers sind in § 13 Nr. 5 bis Nr. 7 VOB/B enthalten. Dort werden der Inhalt und das Umfang der Rechte des Auftraggebers festgelegt. Die Grundregel enthält § 13 Nr. 5 VOB/B. Grundsätzlich steht dem Auftraggeber zunächst ein Nacherfüllungsanspruch gegen den Auftragnehmer aus § 13 Nr. 5 VOB/B zu. Nach § 13 Nr. 6 VOB/B hat der Auftraggeber in Ausnahmefällen ein Recht auf Minderung der Vergütung des Auftragnehmers. Im Rahmen der Voraussetzung des § 13 Nr. 7 VOB/B kann dem Auftraggeber zusätzlich ein Schadensersatzanspruch aufgrund mangelhafter Leistung des Auftragnehmers zustehen.

---

[76] Weyer BauR 2003, 613; Kemper BauR 2002, 1613; Kniffka, IBR-Online-Kommentar § 633 Rn. 65.
[77] Beschluss des Vorstandes des DVA vom 2.5.2002, Begründung II. 5 b. am Ende.

II. Haftung nach § 13 Nr. 1 VOB/B

1. Sachmangel

Nach § 13 Nr. 1 VOB/B hat der Auftragnehmer dem Auftraggeber seine Leistung zum Zeitpunkt der Abnahme frei von Sachmängeln zu verschaffen. Die mangelfreie Übergabe des Werks stellt nach § 631 BGB eine Hauptleistungspflicht des Unternehmers dar. Diesbezüglich sieht § 13 Nr. 1 VOB/B wie das BGB eine dreistufige Prüfung vor. Der Sachmangel wird hierbei nicht definiert, vielmehr wird negativ festgelegt, wann ein Werk frei von Sachmängeln ist.[78]

86

- Grundsätzlich ist die Leistung nach § 13 Nr. 1 S. 2 VOB/B frei von Sachmängeln, wenn sie zur Zeit der Abnahme die vereinbarte Beschaffenheit aufweist und den anerkannten Regeln der Technik entspricht.
- Haben die Parteien keine Vereinbarung über die Beschaffenheit getroffen, muss nach § 13 Nr. 1 S. 3 Alt. a) VOB/B das Werk für die nach dem Vertrag vorausgesetzte Verwendung geeignet sein.
- Falls den vertraglichen Vereinbarungen keine Angaben zur vorausgesetzten Verwendungseignung entnehmbar sind, wird gem. § 13 Nr. 1 S. 3 Alt. b) VOB/B auf die gewöhnliche Verwendung und die übliche Beschaffenheit als Maßstab abgestellt.

Die beiden Voraussetzungen des § 13 Nr. 1 S. 2 VOB/B, die »vereinbarte Beschaffenheit« und die »anerkannten Regeln der Technik«, müssen kumulativ vorliegen, damit das Werk als mangelfrei angesehen werden kann. Insoweit hat die VOB/B dies besser geregelt als die entsprechende Regelung im BGB. Jede Voraussetzung ist unabhängig von der anderen zu beurteilen.

87

a) Beschaffenheitsvereinbarung

Die vereinbarte Beschaffenheit ist eindeutig festgelegt, wenn der Bauvertrag, das Leistungsverzeichnis oder sonstige Vertragsbestandteile ausdrückliche Angaben enthalten. Dabei kann es vorkommen, dass die Beschaffenheit einzelner Leistungsmerkmale vereinbart ist oder eine generelle Beschreibung des Leistungsniveaus vorliegt, die als Maßstab für die Qualität der einzelnen Leistungselemente zu beachten ist. Vereinbaren die Parteien z. B. die Übergabe eines schlüsselfertig hergestellten Bauwerks, so muss die Leistung alle Merkmale aufweisen, die für ein **schlüsselfertiges Bauwerk** nach allgemeiner Ansicht erforderlich sind.[79]

88

Unter einer Beschaffenheit versteht man sowohl den rein physischen Zustand einer Sache als auch alle tatsächlichen und rechtlichen Umstände, die die Beziehung der Sache zu ihrer Umwelt betreffen. Voraussetzung ist, dass sie die Brauchbarkeit oder den Wert der Sache beeinflussen, weil diese Kriterien dem Wert dauerhaft an-

89

---

78 Leinemann/Schliemann § 13 VOB/B Rn. 17.
79 BGH BauR 2001, 823, BauR 1984, 395; OLG Celle BauR 1998, 801.

lasten.[80] Insbesondere die baurechtliche Genehmigungsfähigkeit des Bauvorhabens, sowie die fehlende Zulassung einzelner verwendeter Baustoffe, können zu einem Mangel des Werks führen.[81] Nicht zur vereinbarten Beschaffenheit zählt die Vereinbarung, das Werk mangelfrei herzustellen. Dadurch wird die gesetzliche Pflicht des Auftragnehmers lediglich vertraglich festgelegt, jedoch nicht im Einzelnen konkretisiert. Ebenfalls keine vereinbarte Beschaffenheit stellt die Vergütung des Auftragnehmers und der objektive Wert des Werkes dar.

90 Ein Mangel liegt vor, wenn der Ist-Zustand der Leistung von der vertraglich vereinbarten Soll-Beschaffenheit der Leistung abweicht. Jede Abweichung von der vereinbarten Beschaffenheit stellt bereits einen Mangel dar.[82] Auch eine Leistung des Auftragnehmers, die wirtschaftlich oder technisch eine bessere Leistung darstellt als die geschuldete, kann als mangelhaft angesehen werden.[83] Eine qualitativ höherwertige Leistung muss als mangelhaft angesehen werden, wenn sie in sonstiger Hinsicht von dem Auftrag abweicht.[84] In Einzelfällen ist dem Auftraggeber eine geringe Abweichung nach Treu und Glauben zumutbar.

91 Vom BGH wurde – wie schon oben ausgeführt – entschieden, dass eine um 1,15 m höhere Gründung eines Hauses einen Mangel darstellt. Entgegen der Ansicht der Vorinstanz, die einen Mangel mit dem Hinweis auf die technische und wirtschaftliche Besserleistung im Vergleich zur Planung verneint hatte, spielte dies nach der Meinung des VII. Zivilsenats keine Rolle. Maßstab für die Feststellung, ob ein Mangel vorliegt, sei ausschließlich der vom Unternehmer vertraglich geschuldete Werkerfolg – nicht dagegen die aus Sicht eines Sachverständigen oder des Gerichts vorzugswürdige Bauausführung.[85]

92 Zur Feststellung der vereinbarten Beschaffenheit ist in erster Linie der Vertrag heranzuziehen[86] – dort z. B. ein Verweis auf das Leistungsverzeichnis, eventuell getroffene Nebenabreden, Architektenpläne und dergleichen. Der vereinbarte Preis kann einen Hinweis auf die vertragliche Qualitätserwartung darstellen. Allein aus einem **günstigen Angebot** kann jedoch nicht darauf geschlossen werden, dass die üblichen Qualitätsanforderungen unterschritten werden sollten.[87]

93 § 13 Nr. 1 S. 2 VOB/B fordert ebenso wie § 633 Abs. 2 S. 1 BGB keine ausdrückliche Vereinbarung der Beschaffenheit. Die Beschaffenheit kann **konkludent** ver-

---

80 BGH NJW 2005, 218; OLG Bamberg IBR 2005, 1282; Leinemann/Schliemann § 13 VOB/B Rn. 18.
81 BGH BauR 1981, 69 zum Nachweis der Tragfähigkeit von Dübeln.
82 Weyer in: Kapellmann/Messerschmidt § 13 VOB/B Rn. 19; MüKo/Busche § 633 BGB Rn. 9; Kniffka/Koeble 6. Teil Rn. 35.
83 Ingenstau/Korbion § 13 Nr. 1 VOB/B Rn. 115 ff.
84 BGH BauR 2002, 1536.
85 BGH BauR 2002, 1536.
86 BGH BauR 1995, 230.
87 BGH BauR 2000, 411.

einbart werden. An eine stillschweigende Vereinbarung sind allerdings strenge Anforderungen zu stellen. Dazu müsste in dem nach außen zu Tage getretenen Verhalten der Parteien ein Wille zu erkennen sein, eine entsprechende Vereinbarung zu treffen. Macht der Auftraggeber einen entsprechenden Anspruch geltend, muss er darlegen und beweisen, dass in den Verhandlungen mit dem Vertragspartner eine entsprechende Vereinbarung Vertragsbestandteil geworden ist.[88] Subjektive Wünsche des Auftraggebers, die in keiner Weise nach außen erkennbar waren, müssen bei dieser Prüfung unberücksichtigt bleiben.

Entschieden wurde dies, als die Parteien eines Bauvertrages die Errichtung einer Komfort- bzw. Luxuswohnung zum Vertragsgegenstand gemacht haben. Nach dem OLG München soll bei einer solchen Wohnung unter Umständen wegen der dadurch zum Ausdruck gebrachten Beschaffenheitsabrede ein erhöhter Schallschutz geschuldet sein.[89] Allein die Bezeichnung im Vertrag, dass Stahlbeton-Massivdecken mit schwimmendem Estrich als Unterboden zur Errichtung der erforderlichen Schall- und Wärmedämmung verwendet werden sollte, reiche für eine solche Annahme aber nicht aus. **94**

b) Anerkannte Regeln der Technik

Die Leistung muss darüber hinaus den anerkannten Regeln der Technik entsprechen. Hierzu wird zunächst auf Rn. 67 verwiesen. **95**

Obwohl der Wortlaut die Beachtung der »anerkannten Regeln der Technik« nur in § 13 Nr. 1 S. 2 VOB/B vorsieht, wird zu Recht die Auffassung vertreten, dass sie im Rahmen des § 13 VOB/B in allen drei Stufen zu berücksichtigen seien.[90] Dies ergibt sich daraus, dass in der dritten Stufe die »Regeln der Technik« im Begriff der »Beschaffenheit die bei Werken gleicher Art üblich ist«, enthalten sind.[91] Ähnliches gilt auch für die zweite Stufe. Dort wird die »nach dem Vertrag vorausgesetzte Verwendung« in aller Regel eine Beschaffenheit fordern, die den anerkannten Regeln der Technik entspricht. **96**

Eine mangelhafte Werkleistung kann vorliegen, obwohl bei der Errichtung des Werkes die anerkannten Regeln der Technik eingehalten wurden. Dies kann der Fall sein, wenn die Parteien eine Beschaffenheit vereinbart haben, die über die allgemeinen Regeln der Technik hinausgeht. **97**

Entschieden wurde vom BGH der Fall, dass zwischen Auftragnehmer und Auftraggeber konkludent eine vertragsmäßige Beschaffenheit vereinbart wurde, die über die anerkannten Regeln der Technik hinausging. Der Auftragnehmer hatte die beim Einbau von Glasscheiben üblichen Toleranzen eingehalten. Ein Mangel wur- **98**

---

88 OLG Saarbrücken IBR 2005, 691.
89 OLG München BauR 1992, 517.
90 Kemper BauR 2002, 1613.
91 So Kemper in BauR 2002, 1613.

de vom BGH dennoch angenommen, weil der Auftragnehmer den Einsatzbereich der Glasscheiben gekannt habe und diese insoweit mit geringeren Toleranzen hätte einbauen müssen.[92]

c) Vertraglich vorgesehene Verwendung

99 Ist auf der ersten Stufe keine Beschaffenheit vertraglich vereinbart, ist die Leistung mangelfrei, wenn sie sich zu der nach dem Vertrag vorausgesetzten Verwendung eignet.

100 Maßgeblich sind die subjektiv geäußerten Absichten der Vertragsparteien über den künftigen Gebrauch des Werkes. Die Parteien müssen diesen beabsichtigten Zweck erkennbar zum Ausdruck gebracht haben. Eine ausdrückliche Nennung ist dabei nicht erforderlich. Es reicht aus, wenn die Verwendung des Werkes **konkludent** zum Ausdruck gebracht wird. Einseitige Vorstellungen einer Partei reichen nicht aus. Es ist davon auszugehen, dass der Auftraggeber ein fehlerfreies Bauwerk wünscht, das er für den vorgestellten Gebrauch nutzen kann. Geschuldet ist demnach ein **funktionstaugliches** und **zweckentsprechendes Werk**. Das gilt ebenso, wenn mit der von den Parteien vereinbarten Ausführungsart die geschuldete Funktionstauglichkeit nicht erreicht werden kann.[93]

101 Der maßgebliche **Verwendungszweck** des Bauwerks ist gem. §§ 133, 157 BGB nach dem **objektiven Empfängerhorizont** unter Berücksichtigung von Treu und Glauben durch Auslegung zu ermitteln. Entscheidend ist die Gesamtheit der Vertragsunterlagen. Zur Sicherstellung, dass die ausgeführten Leistungen den gewollten Zweck erfüllen, ist dem Besteller zu empfehlen, den vertragsgemäßen Gebrauch des Bauwerks vertraglich festzulegen, z. B. als Zahnarztpraxis oder Tennishalle für internationale Turniere.

d) Gewöhnliche Verwendung

102 Wurde weder eine bestimmte Beschaffenheit noch eine konkrete Verwendung des Werks vereinbart, ist das Werk frei von Sachmängeln, wenn es sich für die gewöhnliche Verwendung eignet und eine Beschaffenheit aufweist, die bei Werken der gleichen Art üblich ist und die der Auftraggeber nach der Art der Leistung erwarten darf. In dieser dritten Stufe kommt es ausschließlich auf **objektive Kriterien** an.

Die gewöhnliche Verwendung beinhaltet die nach objektiven Maßstäben zu bestimmende übliche, den durchschnittlichen Lebensverhältnissen entsprechende Nutzung der Leistung.

---

92 BGH NZBau, 2002, 611 = IBR 2002, 536.
93 So der BGH NJW-RR 2000, 465.

2. Rechtsmängel

Eine Regelung über die Haftung des Auftragnehmers für Rechtsmängel ist in § 13 VOB/B nicht enthalten. Nach § 633 Abs. 3 BGB ist das Werk frei von Rechtsmängeln, wenn Dritte in Bezug auf das Werk keine oder nur die im Vertrag übernommenen Rechte gegen den Besteller geltend machen können. Im Rahmen der VOB/B fehlt eine vergleichbare Regelung. Somit finden die Regelungen des BGB entsprechende Anwendung.[94]

103

III. Leistung nach Probe § 13 Nr. 2 VOB/B

Das BGB enthält keine Regelungen über die Leistung nach Probe. Der frühere § 494 BGB a. F. enthielt für das Kaufrecht eine Regelung, nach der Eigenschaften der Probe oder des Musters als zugesichert galten. Der Begriff der »zugesicherten Eigenschaft« ist im BGB-Werkvertrag durch das Schuldrechtsmodernisierungsgesetz gestrichen worden. In der Begründung zum Entwurf dieses Gesetzes heißt es, der Fall in dem der Kaufgegenstand nicht der Probe entspreche, solle wie eine nicht erfüllte vereinbarte Beschaffenheit zu werten sein.[95] Dementsprechend stellt die Leistung nach Probe des § 13 Nr. 2 VOB/B ein Spezialfall der Haftung für die vereinbarte Beschaffenheit nach § 13 Nr. 1 VOB/B dar.

104

1. Begriff

Vereinbaren die Parteien eine Leistung nach Probe, so gelten die Eigenschaften der Probe als **vereinbarte Beschaffenheit**, soweit nicht Abweichungen nach der Verkehrssitte als bedeutungslos anzusehen sind.[96] Das heißt, der Auftragnehmer schuldet die Leistung so, als seien die Eigenschaften der Probe in Detail in den Vertrag aufgenommen. Dabei ist die Probe auch im Zusammenhang mit den anderen Vertragsbestandteilen zu sehen.

105

2. Zeitpunkt der Vereinbarung

Eine Leistung nach Probe kann von den Parteien bis zum Abschluss des Vertrages vereinbart werden. Liegt keine ausdrückliche Beschaffenheitsvereinbarung vor, kann sich die Beschaffenheit aus der Art und Weise sowie der Beschaffenheit der Probe selbst ergeben. Wenn der Auftragnehmer Proben anbietet oder diese dem Angebot beifügt, gelten deren Eigenschaften als Beschaffenheitsvereinbarung neben der Leistungsbeschreibung oder dem Leistungsprogramm.

106

---

94 Kemper BauR 2002, 1613.
95 BT-Drucks. 14/6040 S. 207.
96 Weyer in: Kapellmann/Messerschmidt § 13 VOB/B Rn. 51; hierzu Beschluss des Vorstandes des DVA vom 2. 5. 2002, Begründung II. 6.

107 Nach § 13 Nr. 2 S. 2 VOB/B kann eine entsprechende Beschaffenheit auch dann als vereinbart gelten, wenn die Probe erst nach Vertragsschluss anerkannt wurde. Der Begriff »**anerkannt**« setzt voraus, dass die Probe nicht nur von einem Vertragsteil vorgelegt wurde, sondern dass der andere Vertragsteil die Probe als maßgebliches Muster für die Bauausführung akzeptiert.[97] Der Wille der Vertragspartner muss dabei deutlich zum Ausdruck kommen. Die rein informatorische Vorlage von Proben reicht nicht aus.

3. Abweichungen von der Probe

108 Weicht die Ausführung des Werkes von den Eigenschaften der Probe ab, handelt es sich um einen Mangel des Werkes. Das soll nach § 13 Nr. 2 S. 1 VOB/B nicht gelten, wenn es sich um Abweichungen handelt, die nach der Verkehrssitte als bedeutungslos anzusehen sind. Liegen solche geringfügigen Abweichungen vor, muss der Auftraggeber diese hinnehmen, ohne dass er hieraus Mängelrechte ableiten kann.[98] Bei der Beurteilung, ob die Abweichung von der Probe geringfügig ist, ist die objektive Sicht der mit dem Baugeschehen vertrauten Kreise maßgeblich.

4. Mangel der Probe

109 Möglich ist auch, dass die Probe selbst mangelhaft ist. Dabei ist zu unterscheiden, von welchem Vertragspartner die Probe zum Vertragsbestandteil gemacht wurde. Hat der Auftragnehmer die Probe erstellt und setzt sich in der Bauleistung der in der Probe bereits enthaltene Mangel weiter fort, ist der Auftragnehmer nach § 13 Nr. 1 VOB/B gewährleistungspflichtig. Sofern der Auftraggeber die Probe in den Vertrag eingeführt hat, ist der Auftragnehmer für die ihm obliegenden Aufklärungs- und Beratungspflichten verantwortlich. Liegt eine arglistige Täuschung vor, ist der täuschende Vertragsteil für die daraus entstehenden Mängel haftbar.

IV. Einschränkung der Sachmängelhaftung – Anwendung des Rechtsgedankens des § 13 Nr. 3 VOB/B im BGB

110 Das Risiko der mangelhaften Bauleistung kann in Ausnahmefällen dem Auftraggeber zugewiesen werden. Eine entsprechende Regelung enthält § 13 Nr. 3 VOB/B:

> »Ist ein Mangel zurückzuführen auf die Leistungsbeschreibung oder auf Anordnungen des Auftraggebers, auf die von diesem gelieferten oder vorgeschriebenen Stoffe oder Bauteile oder die Beschaffenheit der Vorleistung eines anderen Unternehmers, haftet der Auftragnehmer, es sei denn, er hat die ihm nach § 4 Nr. 3 obliegende Mitteilung gemacht.«

---

[97] Heiermann/Riedl/Rusam § 13 VOB/B Rn. 45; Ingenstau/Korbion § 13 Nr. 2 VOB/B Rn. 6.
[98] Heiermann/Riedl/Rusam § 13 VOB/B Rn. 46; Ingenstau/Korbion § 13 Nr. 2 VOB/B Rn. 7.

Eine § 13 Nr. 3 VOB/B entsprechende Regelung besteht im Rahmen des BGB-Werkvertragsrechts nicht. Es entspricht aber dem allgemeinen Grundsatz von Treu und Glauben gem. § 242 BGB, dass es Ausnahmen von der Haftung des Auftragnehmers geben muss. Dies in den Fällen, in denen die Mängel ihre Ursache in der Risikosphäre des Auftraggebers haben. Man wird insoweit die Regelung des § 13 Nr. 3 VOB/B auch im BGB anzuwenden haben. In der Literatur wird insoweit von einem dem zivilen Vertragsrecht innewohnenden allgemein gültigen Grundsatz gesprochen.[99] **111**

Nach § 13 Nr. 3 VOB/B kann der Auftragnehmer von seiner aus § 13 Nr. 1 VOB/B folgenden Haftung befreit werden, wenn einer der genannten **Ausschlussgründe** sowie die Voraussetzungen der **Bedenkenanzeige** nach § 4 Nr. 3 VOB/B vorliegen. Diese Regelung fordert zusätzlich, dass der Auftragnehmer seiner Prüfungs- und Hinweispflicht nachgekommen sein muss. **112**

§ 13 Nr. 3 VOB/B beinhaltet eine Ausnahmevorschrift, die eng auszulegen ist.[100] Eine Risikoübernahme durch den Auftraggeber in anderen als den aufgezählten Fällen ist nicht gewollt.[101]

1. Ausschlussgründe

Die Ausschlussgründe des § 13 Nr. 3 VOB/B sind abschließend. Ihnen ist gemein, dass ein ursprünglich in **Sphäre des Auftraggebers liegendes Risiko** (für die Mangelhaftigkeit) sich bei der Ausführung der Leistung durch den Auftragnehmer realisiert.[102] In den vier genannten Fällen des § 13 Nr. 3 VOB/B findet eine Risikoverlagerung von der grundsätzlichen **Erfolgshaftung** des Auftragnehmers auf den Auftraggeber statt. **113**

Bei der Prüfung, ob eine **Haftungserleichterung** in Betracht kommt, sind die Umstände des jeweiligen Einzelfalles maßgeblich. Es verbietet sich eine schematische Lösung des jeweiligen Falles. Der BGH hat die Ausnahmeregelung des § 13 Nr. 3 VOB/B dahin gehend ausgelegt, dass nicht jede Anordnung des Auftraggebers – aus denen sich der Mangel des Werkes ergibt – zu einer Haftungsbefreiung für den Auftragnehmer führt. § 13 Nr. 3 VOB/B solle die Haftung des Auftraggebers nur in dem Maße einschränken, wie es nach **wertender Betrachtung** gerechtfertigt sei.[103] **114**

Bei der Prüfung des Einzelfalles ist der Umfang der vertraglich übernommenen Leistungspflicht ebenso zu berücksichtigen, wie die Mitverursachung des Mangels durch andere am Bau Beteiligte. Beruht der Baumangel beispielsweise maßgeblich **115**

---

99 Heiermann/Riedl/Rusam § 13 VOB/B Rn. 49; Ingenstau/Korbion § 13 Nr. 3 VOB/B Rn. 2.
100 BGH BauR 1977, 420; Heiermann/Riedl/Rusam § 13 Nr. 3 VOB/B Rn. 49.
101 OLG Frankfurt BauR 1983, 156.
102 OLG Frankfurt BauR 1983, 156; Heiermann/Riedl/Rusam § 13 VOB/B Nr. 3 Rn. 49.
103 BGH BauR 1996, 702.

auf einem Planungsfehler des Architekten, trägt dieser in der Regel die überwiegende Verantwortung – selbst dann, wenn der ausführende Unternehmer seine Prüfungs- und Hinweispflicht verletzt hat.[104]

Ebenso entschied der BGH den Fall, dass ein Handwerker, der mit der Reparatur eines Rohres beauftragt worden war, andere Rohre nicht auf ihre Dichtigkeit überprüfte. Diese Pflicht habe er vertraglich nicht übernommen.[105]

a) Leistungsbeschreibung des Auftraggebers

116 Eine Haftungsbeschränkung kommt in Betracht, wenn der Mangel auf eine fehlerhafte Leistungsbeschreibung zurückzuführen ist, die vom Auftraggeber entsprechend § 9 Nr. 1–9 VOB/A gefertigt und zum Gegenstand des Vertrages gemacht worden ist. Gleiches gilt, wenn der Architekt des Auftraggebers die Pläne erstellt hat. Der Auftraggeber haftet für seinen Architekten nach § 278 BGB.

117 Der Auftragnehmer kann sich auf eine Haftungsbeschränkung nur berufen, wenn die Vorgaben der Leistungsbeschreibung für ihn verbindlich sind. Ist die Leistungsbeschreibung für den Auftragnehmer nicht verbindlich, greift § 13 Nr. 3 VOB/B nicht ein. Der Auftragnehmer kann sich auch dann nicht auf die **Haftungsbeschränkung** des § 13 Nr. 3 VOB/B berufen, wenn er die Leistungsbeschreibung selbst angefertigt hat.[106] In diesen Fällen ist für eine Haftungsbeschränkung kein Bedarf. Der Auftragnehmer arbeitet nach einem Plan, den er selbst erstellt hat. Der Mangel kommt dabei nicht aus der **Sphäre des Auftraggebers**. Das gilt ebenso in den Fällen, in denen die Vertragsparteien die Leistungsbeschreibung gemeinsam erstellen und zum Vertragsgegenstand machen. Es gilt der Grundsatz: »Wer plant, der haftet!«

118 Der Umfang der Prüfungspflicht des Auftragnehmers hängt im Rahmen des § 13 Nr. 3 VOB/B ebenso wie bei § 4 Nr. 3 VOB/B neben der Fachkunde des Bauunternehmers auch davon ab, in welchem Umfang der Bauherr Sonderfachleute einsetzt.[107] Grundsätzlich besteht eine **Prüfungspflicht des Auftragnehmers**. Diese Prüfungspflicht hat ihre Grenzen in der Fachkenntnis, die von einem ordnungsgemäßen Auftragnehmer des maßgebenden Berufszweiges verlangt werden kann und muss.[108]

b) Anordnungen des Auftraggebers

119 Unter Anordnungen des Auftraggebers sind eindeutige und zwingende Anweisungen zu verstehen, die dem Auftragnehmer **keine andere Wahl** hinsichtlich der Ausführung der Bauleistung lassen.[109] Anordnungen nach § 13 Nr. 3 VOB/B können

---

104 OLG Naumburg IBR 2003, 206.
105 BGH NZBau 2000, 328.
106 BGH BauR 1975, 420.
107 OLG Celle NZBau 2001, 98.
108 BGH BauR 1977, 420; Heiermann/Riedl/Rusam § 13 VOB/B Rn. 56.
109 OLG Hamm BauR 1988, 481.

insbesondere Anordnungen nach § 4 Nr. 1 Abs. 3 und 4 VOB/B sowie Anordnungen nach §§ 1 Nr. 3, 2 Nr. 5 VOB/B sein.

Der Auftraggeber ist befugt, **Konkretisierungs-Anordnungen** nach § 4 Nr. 1 Abs. 3 VOB/B zu treffen – soweit sie zur Ausführung der Leistung notwendig sind. Der Auftragnehmer ist in den Grenzen des § 4 Nr. 1 Abs. 4 VOB/B gehalten, diese Anordnungen zu befolgen. Solche Anordnungen sind für den Auftragnehmer bindend. Eine Weisung in diesem Sinne liegt nicht vor, wenn der Auftraggeber eine **Empfehlung** hinsichtlich der Durchführung des Vertrages erteilt, dem Auftragnehmer jedoch ausdrücklich freie Wahl lässt. In diesem Fall besteht für den Auftragnehmer keine Zwangslage und für eine Risikoverlagerung der Mängelhaftung kein Bedarf. Hier relevante Anordnungen sind von Weisungen i. S. d. § 1 Nr. 3 und des § 1 Nr. 4 VOB/B sowie in der Rechtsfolge von § 2 Nr. 5 oder § 2 Nr. 6 VOB/B abzugrenzen. Diese zuletzt genannten Anordnungen ändern den Vertragsinhalt und dürfen nur vom Auftraggeber persönlich oder dessen bevollmächtigten Personen abgegeben werden. Die Konkretisierungs-Anordnungen nach § 4 Nr. 1 Abs. 3 VOB/B werden in der Praxis zulässigerweise auch vom bauleitenden Architekten des Auftraggebers ausgesprochen.

120

Eine Anordnung muss nicht unbedingt ausdrücklich ergehen. Sie kann auch stillschweigend erteilt werden. Im Einzelfall muss aber unzweifelhaft auf eine endgültige und bestimmte Willensrichtung geschlossen werden können.

c) Vom Auftraggeber gelieferte oder vorgeschriebene Baustoffe/-teile

Eine Haftungsbeschränkung für die Fälle, in denen der Auftraggeber die Baustoffe/-teile vorschreibt oder liefert, kommt allenfalls in Betracht, wenn der Auftraggeber den Einbau der Teile vom Auftragnehmer eindeutig und vertraglich bindend verlangt. Es muss dem Auftragnehmer somit **keine andere Wahl** bleiben, als die Vorgaben des Auftraggebers zu erfüllen.[110] Die Benennung bestimmter Baustoffe, von denen es eine Vielzahl an Varianten gibt, reicht als bindende Vorgabe nicht aus. Die Vorgabe muss sich auf ein bestimmtes individualisierbares Fabrikat oder Modell beziehen.[111]

121

Liefert der Auftraggeber die betreffenden Bauteile selbst auf die Baustelle, gelten die gleichen Grundsätze. Entscheidendes Kriterium ist, dass der Auftragnehmer die Auswahl der Baustoffe nicht selbst treffen kann. Diese eingeschränkte Wahlmöglichkeit rechtfertigt eine Risikoverlagerung auf den Auftraggeber. Hinsichtlich der Lieferung von Bauteilen muss eine Einschränkung dahin gehend erfolgen, dass eine Haftungsbeschränkung nur erfolgt, wenn der Auftraggeber diese Baustoffe ausgewählt hat. Hat der Auftragnehmer die Baustoffe ausgewählt und nur die Be-

122

---

110 OLG Hamm BauR 1988, 481; BGH BauR 1984, 510.
111 Ingenstau/Korbion § 13 Nr. 3 VOB/B Rn. 38; Heiermann/Riedl/Rusam § 13 VOB/B Rn. 54.

stellung und Lieferung erfolgt durch den Auftraggeber, besteht kein Raum für eine Risikoverlagerung auf den Auftraggeber.

123 Der Auftragnehmer hat bezüglich der vom Auftraggeber vorgeschriebenen sowie hinsichtlich der durch ihn angelieferten Teile eine **Prüfungspflicht**.[112] Er muss sich Gewissheit verschaffen, dass die gelieferten Teile für die Herstellung eines mangelfreien Werkes geeignet sind. Dabei sind die **Anforderungen an die Prüfungspflicht** hoch zu setzen. Allerdings ist der Auftragnehmer insbesondere nicht verpflichtet, bei den vom Auftraggeber angelieferten Stoffen oder Bauteilen Laboranalysen oder ähnlich umfangreiche Untersuchungen durchzuführen. Es reicht in der Regel aus, wenn er eine Prüfung durch Betrachten, Nachmessen oder eine übliche Belastungsprobe durchführt.

d) Vorleistungen anderer Unternehmer

124 Der Auftragnehmer muss die Vorleistung eines anderen Unternehmers, auf der seine eigene Werkleistung aufbaut, dahin gehend überprüfen, ob diese ordnungsgemäß durchgeführt wurde und sich als Vorleistung für entsprechende darauf aufbauende Leistungen des Auftragnehmers eignet.[113] Die Pflicht des Auftragnehmers ist nicht so weitgehend, dass er die Arbeiten des Vorunternehmers überwachen muss. Kann der Auftragnehmer erkennen, dass die Vorarbeiten mangelhaft sind und baut er dennoch mit seiner Leistung darauf auf, haftet er für die an seiner Leistung entstehenden Mängel.[114] Die Prüfungspflicht des Auftragnehmers betrifft nur solche Vorleistungen, die einen natürlichen Zusammenhang mit seiner eigenen Leistung haben und seine eigenen Leistungen in irgendeiner Weise berühren.[115]

2. Ursächlichkeit/Tatsächlicher Haftungsübergang

125 Ein Haftungsübergang setzt voraus, dass der Mangel der Werkleistung auf Umstände zurückzuführen ist, die aus der **Risikosphäre des Auftraggebers** stammen. Die Ursache aus dem Risikobereich des Auftraggebers muss geeignet sein, nach dem gewöhnlichen Verlauf der Dinge den Mangel herbeizuführen.[116] Der Wortlaut des § 13 Nr. 3 VOB/B ist in der vorliegenden Form allerdings missverständlich. Nimmt man ihn »wörtlich«, würde in der Praxis der Auftragnehmer im Regelfall bereits dann von seiner Gewährleistungspflicht befreit, wenn der Besteller ein bestimmtes Produkt ausgesucht hat. Nach dem Wortlaut würde es ausreichen, dass der Besteller dieses in seiner Leistungsbeschreibung vorgegeben hat. Wäre der Auftragnehmer in diesen Fällen seiner Hinweispflicht nachgekommen, würde jeg-

---

112 Ingenstau/Korbion § 13 Nr. 3 VOB/B Rn. 36.
113 OLG Bremen BauR 2001, 1599; OLG Hamm BauR 2001, 1120.
114 BGH BauR 2001, 1414; OLG Hamm BauR 2001, 1761; BauR 2001, 1120.
115 Vgl. BGH NJW-RR 2001, 1102 – Fliesenleger; OLG Düsseldorf BauR 2000, 1339; Jagenburg NJW 1986, 3118, 3121.
116 Kleine-Möller/Merl § 12 Rn. 106 ff.; Heiermann/Riedl/Rusam § 13 VOB/B Rn. 49.

liches Materialrisiko und damit die grundsätzliche verschuldensunabhängige **werkvertragliche Erfolgshaftung** des Auftragnehmers auf den Auftraggeber übergehen. Dies kann nicht gewollt sein. Der Mangel muss deshalb adäquat kausal auf den Auftraggeber zurückzuführen sein.

Aus diesem Grunde reicht das Vorliegen eines oder mehrerer der o. g. Voraussetzungen (Anordnungen des Auftraggebers, von diesem gelieferte oder vorgeschriebene Stoffe oder Bauteile, Beschaffenheit der Vorleistung eines anderen Gewerks) allein nicht aus, einen Haftungsübergang auf den Auftraggeber herbeizuführen. Hinzutreten muss, dass der Auftragnehmer seinen aufgeführten Prüfungs- und Mitteilungspflicht nachgekommen ist. Jedoch auch dies reicht noch nicht aus. Ein Haftungsübergang tritt tatsächlich nur dann ein, wenn der Unternehmer bei einer **wertenden Betrachtung** von seiner werkvertraglichen Erfolgshaftung befreit werden soll.[117] Dabei ist auf das Maß abzustellen, in dem durch Entscheidungen des Bestellers die Eingriffsmöglichkeiten des Unternehmers in den Geschehensablauf eingeschränkt werden. Je spezieller eine Order eines Bestellers ist, bzw. je konkreter Baustoffe vorgeschrieben werden, umso weiter kann die **Freistellungswirkung** reichen.[118]

126

Am anschaulichsten lässt sich die Notwendigkeit einer wertenden Betrachtung an den sog. »**Ausreißer-Fällen**« beschreiben.[119] Bei dieser Konstellation wurde vom Bundesgerichtshof eine Haftungsverlagerung abgelehnt. Als Ausgangspunkt hatte der Auftraggeber die Verwendung einer bestimmten Art von Sichtbetonsteinen einer ebenfalls benannten Firma angeordnet. Der Auftragnehmer befolgte diese Anweisungen. Die Steine waren mangelhaft. Allerdings war diese Art der Steine an sich uneingeschränkt tauglich und vielfach bewährt. Der festgestellte Mangel haftete lediglich der tatsächlich verwendeten Sendung Steine an – zum Zeitpunkt des Einbaus/der Abnahme nicht erkennbar. Der VII. Zivilsenat entschied hierzu, dass es bei der **Gewährleistungspflicht des Auftragnehmers verbliebe**. Er haftete insoweit weiterhin für den von ihm vom Grundsatz her geschuldeten werkvertraglichen Erfolg. Dies gilt auch dann, wenn nicht aufzuklären ist, welche von zwei möglichen vom Auftragnehmer gesetzten Ursachen für den Mangel verantwortlich ist.[120]

127

Nicht direkt entschieden hat das Gericht den Fall, dass der Besteller von einem Baustoff eine bestimmte einzelne Partie selbst ausgesucht hat bzw. die Steine vom Besteller selbst erworben und an die Baustelle geliefert werden. Auch hier wird man wieder unter dem Blickwinkel einer wertenden Betrachtungsweise prüfen müssen, ob (unterstellt diese Steinart war geeignet und der Unternehmer ist seinen Untersuchungspflichten nachgekommen) es nun gerechtfertigt ist, den Unterneh-

128

---

117 BGH BauR 1996, 702 = NJW 1996, 2372.
118 Ingenstau/Korbion § 13 Nr. 3 VOB/B Rn. 43.
119 BGH BauR 1996, 702 = NJW 1996, 2372; Werner/Pastor Rn. 1517.
120 Vgl. OLG Karlsruhe IBR 2002, 306.

mer von der werkvertraglichen Erfolgshaftung zu entlasten. Zieht man die Urteilsbegründung des BGH heran,[121] ist ein Haftungsübergang auf den Besteller anzunehmen. Folglich wird man, so man dem BGH folgt, in beiden Fällen eine Haftungsverlagerung auf den Besteller annehmen müssen. Dies gilt allerdings wiederum nicht, wenn der Auftragnehmer Einfluss auf die Auswahl des Baustoffes hatte.[122]

3. Prüfungs- und Mitteilungspflicht des Auftragnehmers

129 Vom Wortlaut her ist die Haftung des Auftragnehmers für entstandene Mängel gem. § 13 Nr. 3 VOB/B ausgeschlossen, wenn der Auftragnehmer seiner Mitteilungspflicht aus § 4 Nr. 3 VOB/B nachgekommen ist. Zu beachten ist aber immer die oben geschilderte wertende Betrachtungsweise. Der Wortlaut des § 13 Nr. 3 VOB/B ist insoweit missverständlich und bedarf einer Anpassung. Die Prüfungs- und Hinweispflicht des § 4 Nr. 3 VOB/B ist als notwendige Voraussetzung in § 13 Nr. 3 VOB/B enthalten.

a) Umfang der Prüfungspflicht

130 Der Prüfungsumfang wird im Rahmen einer Einzelfallbetrachtung in mehrfacher Hinsicht abgesteckt: **erstens** objektiv, nach Art und Umfang der Leistungsverpflichtung und des Leistungsobjektes, **zweitens** durch die branchenüblichen Kenntnisse/Erfahrungen des Auftragnehmers, die bei ihm als Bauhandwerker allgemein vorausgesetzt werden müssen und schließlich **drittens** subjektiv, durch die Person des Auftraggebers oder des für die Bauleitung bestellten Vertreters.[123]

131 Grundsätzlich ist die Prüfungspflicht des Unternehmers durch die vertraglich geschuldete Leistungspflicht begrenzt. Im Rahmen seiner geschuldeten Leistung wird von ihm das dem neuesten Stand der Technik entsprechende **Normalwissen** verlangt.[124] Nicht entscheidend ist, ob der Auftragnehmer nach seinem eigenen Dafürhalten Bedenken hat oder nicht. Maßgebend ist vielmehr, ob ein sachkundiger und erfahrener Unternehmer nach Prüfung des Sachverhaltes Bedenken haben müsste.[125]

132 Der Umfang der Prüfungspflicht variiert je nach der Situation des Einzelfalles.[126] Hat der Auftraggeber einen Architekten mit der Objektüberwachung und Koordination der am Bau Beteiligten beauftragt oder einen Sonderfachmann hinzugezo-

---

121 BGH BauR 1996, 702.
122 Vgl. Beck'scher VOB-Komm./Ganten § 13 Nr. 3 VOB/B Rn. 30.
123 Dähne BauR 1976, 225, 227.
124 BGH BauR 2003, 1054.
125 So auch Kaiser BauR 1981, 311, 313; Heiermann/Riedl/Rusam § 13 Nr. 3 VOB/B Rn. 56.
126 OLG Hamm BauR 2003, 406 – keine allgemeine Untersuchung auf Asbestbelastung bei Hausumbau; OLG Celle NJW-RR 2002, 594 – Prüfungspflicht des Zimmermannes hinsichtlich der Geschossdeckenstatik; OLG Düsseldorf BauR 2002, 323.

gen, reduziert sich die Prüfungspflicht des Auftragnehmers. Es ist andererseits zu beachten, dass die Prüfungspflicht des Auftragnehmers nicht schon dadurch entfällt, dass sich der Auftraggeber die Sachkunde seines Bauleiters zurechnen lassen muss.[127] Darüber hinaus ist auf die jeweiligen **Fachkenntnisse der Parteien** abzustellen. Je geringer die Fachkenntnisse des Auftraggebers bzw. je größer die Fachkenntnisse des Auftragnehmers sind, desto höhere Anforderungen sind an die Prüfungs- und Mitteilungspflicht zu stellen.[128]

Der Auftragnehmer hat die Bedenken gegen die vorgesehene Art der Ausführung, gegen die Güte und Brauchbarkeit der vom Auftraggeber gelieferten Stoffe und Bauteile oder gegen die Leistung anderer Unternehmer unverzüglich mitzuteilen. In Einzelfällen kann der Auftragnehmer der Pflicht dadurch nachkommen, dass er dem Auftraggeber ein Nachtragsangebot unterbreitet, in dem alle notwendigen Änderungen für eine ordnungsgemäße Werkleistung enthalten sind. **133**

b) Entfallen der Prüfungs- und Hinweispflicht

Die Prüfungs- und Hinweispflicht des Auftragnehmers kann in Einzelfällen gänzlich entfallen. Es ist möglich, dass die Parteien die Prüfungspflicht des Auftragnehmers wirksam **abbedungen** haben.[129] Dabei kann der Auftraggeber ausdrücklich darauf verzichtet haben, dass das herzustellende Werk eine bestimmte Beschaffenheit aufweist. Ein solcher Verzicht muss sich jedoch eindeutig aus den Erklärungen des Auftraggebers oder seines Vertreters ergeben. **Schlüssig** kann der Auftraggeber auf die Prüfungspflicht des Auftragnehmers verzichten, indem er beispielsweise aufgrund seiner eigenen Fachkunde oder die seines Architekten die Überprüfung selbst vornimmt und das Ergebnis dem Auftragnehmer als für ihn bindend vorgibt.[130] Ferner ist es möglich, dass der Auftraggeber das Risiko für eine bestimmte Bauausführung übernimmt.[131] **134**

c) Mitteilungspflicht

Hat der Auftragnehmer bei der Prüfung des Werkes festgestellt, dass Mängel bei der Ausführung des Werkes bestehen oder entstehen können, ist er verpflichtet, diese dem Auftraggeber mitzuteilen. Die Anzeige muss inhaltlich unter Angabe der maßgeblichen Tatsachen so abgefasst sein, dass der Auftraggeber über die Sachlage zutreffend, vollständig und zweifelsfrei informiert wird. **135**

---

127 BGH BauR 2001, 622, 623; a. A. OLG Düsseldorf BauR 1994, 764, wonach die Prüfungs- und Hinweispflicht des Auftragnehmers im Hinblick auf eine widersprüchliche Leistungsbeschreibung »ohne Bedeutung« sei, wenn die Leistungsbeschreibung von einem Fachingenieur stamme.
128 BGH ZfBR 1991, 61.
129 Korbion BauRB 2003, 182, 183; Kaiser BauR 1981, 311, 313.
130 Kaiser BauR 1981, 311, 313.
131 Werner/Pastor Rn. 1521.

aa) Adressat der Mitteilung

136 Der Auftragnehmer muss die Mitteilung gegenüber dem Auftraggeber oder seinem vertraglich befugten Vertreter aussprechen.[132] Nach der Rechtsprechung soll eine Mitteilung gegenüber dem Architekten des Auftraggebers ausreichen.[133] Ist der Architekt mit der Planung oder Bauleitung beauftragt, findet diese Auffassung auch in der Literatur Zustimmung.[134] Gibt es »nur« einen Bauleiter oder hat der Architekt einen solchen beauftragt, wird die Entgegennahme von Mitteilungen nach § 4 Nr. 3 VOB/B regelmäßig dessen Aufgabenbereich überschreiten. Betrifft die Mitteilung einen Fehler des Architekten, hat die Mitteilung unmittelbar an den Auftraggeber zu erfolgen.[135] Das gilt insbesondere, wenn der Architekt trotz bereits erfolgten Hinweises durch den Auftragnehmer nicht von seiner Planung abrücken will.[136]

bb) Inhalt der Mitteilung

137 Es reicht aus, dem Auftraggeber die bestehenden Fehler bzw. Bedenken unter Darlegung der maßgeblichen Tatsachen mitzuteilen. Der Auftraggeber soll über bestehende Probleme informiert werden. Vorschläge zur Abhilfe muss der Auftragnehmer dem Auftraggeber nicht machen.[137]

4. Rechtsfolgen

a) Erfüllung der Prüfungs- und Hinweispflicht

138 Erkennt der Auftragnehmer bei seiner Prüfung einen Mangel und teilt diesen dem Auftraggeber innerhalb der vorgeschriebenen Frist schriftlich mit, bestehen zwei Reaktionsmöglichkeiten seitens des Auftraggebers.

139 Der Auftraggeber kann zum einen den Hinweis des Auftragnehmers beachten und die erforderlichen Maßnahmen veranlassen, um eine ordnungsgemäße Erstellung des Werkes zu gewährleisten. Zum anderen kann er ungeachtet der Bedenken des Auftragnehmers hinsichtlich der drohenden Mängel nichts unternehmen und auf seinen bisherigen Anordnungen bestehen.

Im ersten Fall muss der Auftragnehmer die geänderten Anordnungen des Auftraggebers nochmals hinsichtlich eventuell bestehender Mängel prüfen und diese ggf. dem Auftraggeber erneut anzeigen.

140 Treten im zweiten Fall Mängel auf, hinsichtlich derer der Auftragnehmer zuvor seine Bedenken angemeldet hatte, soll er hierfür gem. § 13 Nr. 3 VOB/B nicht haf-

---

132 BGH NJW 1975, 1217; BauR 1978, 54; Heiermann/Riedl/Rusam § 13 Nr. 3 VOB/B Rn. 59 a.
133 BGH NJW 1969, 653; NJW 1973, 518; NJW 1974, 188; OLG Celle BauR 2002, 93 (Architekt/örtl. Bauleiter).
134 Ingenstau/Korbion § 4 Nr. 3 VOB/B Rn. 72.
135 BGH NJW 1973, 518; BauR 1978, 54; BGH BauR 1997, 301.
136 BGH NJW 1973, 518.
137 OLG Celle NJW 1960, 102; hierzu ausführlich Ingenstau/Korbion § 4 Nr. 3 Rn. 62 f.

ten – so der Wortlaut. Nach § 13 VOB/B haftet der Auftragnehmer grundsätzlich nicht für Mängel, die aufgrund von Anordnungen, Leistungsverzeichnissen oder vom Auftraggeber gelieferten Stoffe und Bauteile entstehen. Diese **Risikoverlagerung** findet jedenfalls dann statt, wenn der Auftragnehmer seiner Prüfungs- und Hinweispflicht nach § 4 Nr. 3 VOB/B ordnungsgemäß nachgekommen ist. Zu beachten ist zusätzlich die oben geschilderte wertende Betrachtungsweise.

Dabei ist der Auftragnehmer vom Grundsatz her verpflichtet, die Anordnungen des Auftraggebers auch in Anbetracht seiner eigenen Bedenken zu befolgen und die Herstellung des Werks durchzuführen. Teilweise wird ein **Leistungsverweigerungsrecht** für den Auftragnehmer in den Fällen verlangt, in denen der Auftraggeber auf die Bedenken des Auftragnehmers nicht eingeht.[138] Nach Teilen der Literatur steht dem Auftragnehmer ein Leistungsverweigerungsrecht deshalb zu, weil die Anordnung des Auftraggebers, die Herstellung des Werkes auf eine Art durchzuführen, die gegen die Regeln der Technik verstößt, nicht mehr mit dem Grundsatz von Treu und Glauben zu vereinbaren sei.[139]

141

Dem ist vom Grundsatz her zuzustimmen, allerdings ist eine differenzierte Betrachtung notwendig. Nach dem Wortlaut des § 4 Nr. 1 Abs. 4 S. 1 VOB/B steht dem Auftragnehmer ein **Leistungsverweigerungsrecht** zu, wenn die Durchführung der Anordnung des Auftraggebers gegen gesetzliche oder behördliche Bestimmungen verstoßen würden. Dies ist missverständlich. Es kann dem Auftraggeber nicht in jedem Falle verwehrt werden, dass er bei der Herstellung seiner Werkleistung auf die Einhaltung der Regeln der Technik verzichtet. Es müssen weitere Gründe hinzutreten, die es dem Auftragnehmer unzumutbar machen, das Werk ungeachtet bestehender Bedenken auszuführen. Dem Auftragnehmer kann danach aus Treu und Glauben ein Leistungsverweigerungsrecht zustehen, wenn er dem Auftraggeber nicht nur ordnungsgemäß seine Bedenken mitteilt, sondern, wenn seine Prüfung das Ergebnis hat, dass die vorgesehene Art der Herstellung des Bauwerks zum Eintritt eines erheblichen Leistungsmangels oder sonstigen, nicht nur geringfügigen Schadens führen werde.[140] Insbesondere bei der Gefährdung Dritter ist ein Leistungsverweigerungsrecht gegeben. Dies auch wenn diese Gefährdung erst später eintritt. Beispiel: Der Bauherr wünscht einen unzulässigen Abstand der Treppengeländerstangen – Jahre später stürzt ein Kleinkind hindurch. Im Übrigen wird der Unternehmer in diesen Fällen seinen Haftpflichtversicherungsschutz verlieren, da er vorsätzlich an der Erstellung eines Werkes entgegen den Regeln der Technik mitgewirkt hat (vgl. AHB § 4 II, 1).

142

---

138 Heiermann/Riedl/Rusam § 13 VOB/B Rn. 63, unter Verweis auf BGH BauR 1985, 77, 78.
139 Heiermann/Riedl/Rusam § 13 VOB/B Rn. 63.
140 Ingenstau/Korbion § 4 Nr. 3 VOB/B Rn. 79, der m. E. zu weitgehend fordert, dass das Prüfungsergebnis des Auftragnehmers »mit an Sicherheit grenzender Wahrscheinlichkeit« gelten müsse.

b) Verletzung der Prüfungs- und Hinweispflicht

143 Kommt der Auftragnehmer seiner Prüfungs- und Hinweispflicht nicht ordnungsgemäß nach und entsteht ein Mangel, zu dessen Anzeige der Auftragnehmer verpflichtet gewesen wäre, so haftet der Auftragnehmer nach § 13 Nr. 5–7 VOB/B in vollem Umfang für diesen Mangel. Dies gilt auch dann, wenn der Mangel aus der Risikosphäre des Auftraggebers herrührt.[141]

144 In Einzelfällen ist es jedoch möglich, dass sich der Auftragnehmer auf ein Mitverschulden des Auftraggebers gem. § 254 BGB berufen kann.[142] Das ist denkbar, wenn der Auftraggeber eine **fehlerhafte Anweisung** gegeben hat und gleichsam der Auftragnehmer eine mangelhafte Ausführung geleistet hat. In diesem Fall haben der Auftraggeber und der Auftragnehmer bei der Entstehung des Mangels zusammengewirkt. Mithin kommt ein Mitverschulden des Auftraggebers nach § 254 BGB in Betracht.

c) Beweislast

145 Der Auftragnehmer trägt die Beweislast für das Vorliegen der Voraussetzungen des § 13 Nr. 3 VOB/B. Er muss darlegen, dass eine Ausnahme von seiner werkvertraglichen Erfolgshaftung gegeben sein kann. Er hat insoweit die verschiedenen Tatbestandsvoraussetzungen des Wortlautes des § 13 Nr. 3 VOB/B zu belegen. Hierzu zählen alternativ das Vorliegen einer Anordnung des Auftraggebers, die Zurückführbarkeit des Mangels auf dessen Leistungsbeschreibung, auf von diesem gelieferte oder vorgeschriebene Stoffe bzw. Bauteile oder die Ursächlichkeit der Beschaffenheit der Vorleistung eines anderen Unternehmers für den eingetretenen Mangel.

146 Auch wird der Auftragnehmer zu belegen haben, dass er die weiteren Tatbestandsvoraussetzungen des § 13 Nr. 3 VOB/B erfüllt hat, dh seiner Mitteilungspflicht nachgekommen ist.[143] Dem widerspricht nicht, dass »zwischenzeitlich« für die Tatsache, dass eine Anzeigepflicht i. S. d. § 13 Nr. 3, § 4 Nr. 3 VOB/B vorgelegen hat, die Beweispflicht beim Auftraggeber anzusiedeln ist.[144] Der Wortlaut des § 13 Nr. 3 VOB/B »… es sei denn, er hat …« zeigt dies. Ist dem Auftraggeber entsprechendes gelungen, muss der Auftragnehmer die Erfüllung seiner Pflichten aus § 4 Nr. 3 VOB/B belegen. Der Auftragnehmer kann sich dadurch entlasten, dass er darlegt und beweist, dass er entweder dem Auftraggeber die erforderlichen Hinweise erteilt hat[145] oder dass der Schaden auch dann eingetreten wäre, wenn der Auftragnehmer den erforderlichen Hinweis erteilt hätte; insbesondere weil der Auftrag-

---

141 BGH BauR 1981, 383.
142 BGH NJW 1984, 1676, 1677.
143 I. d. S. auch Ingenstau/Korbion § 4 Nr. 3 VOB/B Rn. 20.
144 Vgl. Ingenstau/Korbion § 13 Nr. 3 VOB/B Rn. 57 m. Hinweis a. Oppler in: Ingenstau/Korbion § 4 Nr. 3 VOB/B Rn. 20.
145 BGH BauR 1973, 313, 315.

geber seine Hinweise ohnehin nicht beachtet hätte (was wirklichkeitsfremd ist) oder der Schaden auch so eingetreten wäre.[146]

§ 4 Nr. 3 VOB/B ist insoweit als eine vertragliche Pflicht des Auftragnehmer ausgestaltet. Hieraus folgt, dass er für die Erfüllung dieser Pflicht beweispflichtig ist. Für das Bestehen einer solchen Pflicht im konkreten Fall trägt wiederum der Auftraggeber die Beweislast. 147

Ist es dem Auftragnehmer gelungen (im BGB-Vertrag dem Unternehmer) sämtliche Tatbestandsvoraussetzungen des § 13 Nr. 3 VOB/B zu belegen – ohne dass er seine Pflichten aus § 4 Nr. 3 VOB/B verletzt hat – wird man dem Auftraggeber (BGB: Besteller) die Beweislast dafür auferlegen müssen, dass es sich i. S. d. zitierten Entscheidung des Bundesgerichtshofes vom 14. 3. 1996 um einen »**Ausreißer**« gehandelt hat. Die Auftraggeberseite wird insoweit darzulegen haben, dass das von ihr vorgeschlagene Material an sich geeignet war. Gelingt ihr dies, wird die Wirkung des § 13 Nr. 3 VOB/B praktisch wieder aufgehoben. 148

D. Bezüge zum Prozessrecht

Die Beweislast für das Vorliegen von Werkmängeln ist von zentraler Bedeutung – sowohl bei der Geltendmachung von Mängelrechten des Bestellers, als auch bei der Klage des Unternehmers auf Zahlung der Vergütung. 149

Die Beweislastverteilung im Prozess richtet sich nach materiellem Recht, nicht nach der Rolle der Partei im Rechtsstreit. Der Unternehmer ist zur mangelfreien Erstellung des Werkes verpflichtet. Die Beweislast für die tatsächlich erbrachte Leistung liegt bis zur Abnahme bei ihm.[147] Nach der Abnahme tritt eine Beweislastumkehr ein,[148] die Beweislast wechselt vom Unternehmer zum Besteller. Der Besteller muss nach der Abnahme darlegen und beweisen, dass das Werk mangelhaft ist. Die Umkehrung der Beweislast tritt ein, weil der Besteller mit der Abnahme des Werkes zu erkennen gibt, dass er das Werk als im Wesentlichen vertragsgemäß billigt. Zu § 640 Abs. 1 S. 3 BGB gelten allerdings Sonderregeln.[149] Die Beseitigung der bei Abnahme vorbehaltenen Mängel hat der Unternehmer zu beweisen. Insoweit sind die Wirkungen der Abnahme für sie gerade nicht eingetreten, obwohl insgesamt eine Abnahme vorliegt. 150

Der Besteller kommt seiner Darlegungspflicht in ausreichendem Maße nach, wenn er die tatsächlich auftretenden Fehler in seinem objektiven Erscheinungsbild behauptet und belegt (**Symptomtheorie**).[150] Die Ursachen und technischen Zusam- 151

---

146 BGH BauR 1973, 379; BauR 1985, 198.
147 BGH NJW 1993, 1972, 1974; NJW-RR 1999, 347, 349.
148 BGH NJW-RR 1997, 339; NJW 2002, 223.
149 Hierzu ist auf die Kommentierung zu § 640 BGB zu verweisen.
150 BGH BauR 2000, 261; BauR 2002, 613, 617.

menhänge müssen nicht im Einzelnen dargelegt werden.[151] Neben der Darstellung der Tatbestandsmerkmale soll der Vortrag des Bestellers auch Einzelheiten enthalten, die die Darstellung der Mängel anschaulicher gestaltet. Die Verständlichkeit für das Gericht und den Prozessgegner ist insoweit maßgeblich. Erfüllt die Darstellung des Bestellers die Erfordernisse nicht, so ist nach § 139 ZPO der Partei vom Gericht ein Hinweis zu erteilen, dass eine weitere Spezifizierung des Vortrages hinsichtlich einzelner Punkte erwünscht ist.[152]

152   Die Substantiierung der Parteivorträge ist zu betonen. Sind z. B. nur einzelne Fenster von einer Fensterfront defekt, sind die defekten Fenster exakt zu beschreiben. Dies kann auch durch einen dem Schriftsatz beigefügten Plan erfolgen, auf dem die mangelhaften Fenster gekennzeichnet sind.

153   Erwähnt werden muss in diesem Zusammenhang eine Entscheidung des OLG Hamburg,[153] in der über die Beweislast bzgl. der Ursächlichkeit der Mängel nach Abnahme gestritten wurde. Der Mangel trat nach Abnahme auf (Lösen von Gipsputz). Da mehrere Unternehmer tätig waren, war strittig, welche Ursache zum Herabfallen des Gipsputzes geführt hatte. Der Unternehmer bestritt insoweit eine ihm anzulastende objektive Pflichtwidrigkeit. Zu Hilfe kam ihm dabei die Aussage des Sachverständigen, der auch »andere Ursachen« als eine Pflichtwidrigkeit des Gipsers als Mangelursache für möglich hielt.

154   Das OLG entschied insoweit, dass der Bauherr seiner Beweislast nicht nachgekommen sei. Die **Symptomrechtsprechung**[154] half ihm dabei im Rahmen der Beschreibung des Mangels nicht. Wie die Entscheidung zeigt, können bzgl. des ursächlichen Zusammenhangs zwischen Mangel und der Zurechnung zum jeweiligen Unternehmer Streitfragen auftreten.[155] Insoweit wird man auch von einer Beweislast des Bestellers dafür ausgehen müssen, dass der Mangel im Zusammenhang mit einer bestimmten Tätigkeit des in Rede stehenden Unternehmers steht. Werden mehrere Unternehmer an demselben Werk tätig, kann dies streitig werden. Insbesondere dann, wenn sachverständig festgestellt wird, dass neben der Tätigkeit des/der Unternehmer auch noch andere Ursachen den Mangel herbeigeführt haben können (z. B. Unterfangungsarbeiten).[156]

---

151 BGH BauR 2002, 613, 617; BGH BauR 2000, 261.
152 BGH BauR 1990, 488, 490; BGH NJW 1989, 717.
153 OLG Hamburg BauR 2001, 1749 m. Anm. Wirth.
154 BGH NJW-RR 2002, 743.
155 OLG Hamburg BauR 2001, 1749 m. Anm. Wirth.
156 Hierzu instruktiv BGH BauR 2005, 1331; BauR 1975, 130 ff.

E. Besonderheiten beim Architekten- und Ingenieurvertrag

Der Architekt/Ingenieur haftet entsprechend dem Werkunternehmer gem. §§ 633, 634 BGB für Sach- und Rechtsmängel seines Werkes. Ein Mangel liegt vor, wenn eine Abweichung der erbrachten von der geschuldeten Leistung vorliegt. Die Leistungspflicht des Architekten ergibt sich primär aus dem Architektenvertrag. In der Regel schuldet der Architekt eine **mangelfreie Planung** (Entwurfs-, Genehmigungs- und/oder Ausführungsplanung) und/oder **Objektüberwachung** – abhängig von der beauftragten Leistung. Ist die Leistungspflicht nicht hinreichend konkret festgelegt, muss sie nach §§ 133, 157 BGB durch Auslegung des Vertrages bestimmt werden. Maßgeblich ist allein der zwischen den Parteien abgeschlossene Vertrag. Die Architektenleistung wird insbesondere nicht anhand der Leistungsbilder der HOAI bestimmt. Deren Leistungsbilder stellen lediglich preisrechtliche Bestimmungen dar und enthalten keine normativen Leitbilder anhand derer die Leistungspflichten des Architektenvertrages zu bestimmen sind.[157] In der Praxis wird jedoch oftmals auf die Grundleistungen des § 15 HOAI verwiesen, soweit es um das Leistungsbild »Objektplanung« eines Architekten geht.

155

Grundsätzlich schuldet der Architekt die Herbeiführung des vertraglich vereinbarten **Werkerfolges**. Es ist zu prüfen, ob der Mangel des Bauwerks auf einer vertragswidrigen Leistung des Architekten beruht. Dies bestimmt sich nach dessen Leistungspflichten.[158] Auch beim Architektenwerk ist der **subjektive Fehlerbegriff** maßgeblich. Danach kommt es bei der Bestimmung, ob ein Mangel vorliegt, vornehmlich auf die vereinbarte Beschaffenheit an. Eine allein auf das Bauwerk bezogene Betrachtungsweise wird den vielfältigen Leistungsverpflichtungen eines Architekten nicht gerecht. Offensichtlich scheitert sie in den Fällen, in denen die Leistung des Architekten vor der Erstellung des Bauwerks endet.

156

Weist die Planung des Architekten einen Mangel auf, der bei der Verwirklichung des Werkes zu einem Mangel am Bauwerk führt, haftet der Mangel dem Architektenwerk unmittelbar an.[159] Der Umfang der zu erbringenden Planung ergibt sich aus dem zwischen den Parteien abgeschlossenen Vertrag. In der Rechtsprechung sind entsprechende Fallgruppen zur Beurteilung der Mangelhaftigkeit eines Architektenwerks gebildet worden. Danach soll ein Mangel u. a. vorliegen, wenn:

157

– die Planung des Architekten nicht genehmigungsfähig ist,[160]
– die Planung nicht den Regeln der Technik entspricht,[161]
– die Planung lückenhaft ist,[162]
– die Planung nicht mit den vertraglichen Vereinbarungen übereinstimmt.

---

157 BGH BauR 1999, 187, 188; BGH NJW 2004, 2588.
158 BGH ZfBR 2004, 160.
159 BGH BauR 2000, 128.
160 Siehe auch die Übersicht dazu bei Bönker NZBau 2003, 80; BGH BauR 2001, 667; BauR 1999, 1195; BauR 2002, 114.
161 KG NZBau 2002, 160.
162 BGH BauR 2000, 1330.

158 Neben der Planung muss der Architekt den Bauablauf **koordinieren**. Er hat in technischer, wirtschaftlicher und zeitlicher Hinsicht für einen störungsfreien Ablauf des Bauvorhabens Sorge zu tragen.[163] Entsprechende Koordinierungsaufgaben bestehen insbesondere im Rahmen der Bauüberwachung.[164] Die Haftung des Architekten bei der Objektüberwachung richtet sich nach den im Einzelfall zwischen den Parteien getroffenen Vereinbarungen. Die Objektüberwachung umfasst neben dem Koordinieren der am Bau Beteiligten vor allem das Überwachen der Ausführung des Objekts auf Übereinstimmung mit der Baugenehmigung, den Ausführungsplänen, der Leistungsbeschreibungen und den anerkannten Regeln der Technik.[165]

159 Die Überwachungspflicht des Architekten intensiviert sich beim Vorliegen besonders mangelträchtiger Arbeiten oder spezieller Sachverhalte, so z. B.:

- Ausschachtungsarbeiten[166]
- Isolierungsarbeiten[167]
- Dacharbeiten[168]
- Nachbesserungsarbeiten.

160 Zusätzlich treffen den Architekten zahlreiche weitere Pflichten. Die Rechtsprechung knüpft an die Stellung des Architekten als »Sachwalter der Interessen des Bauherrn« an: So soll der Architekt insbesondere eine wirtschaftlich einwandfreie Planung zu erbringen haben.[169]

161 Ähnlich entschied der BGH[170] in einem Fall, in dem ein Architekt vor Baubeginn zu einer Kostenschätzung für eine von ihm zu planende Leistung aufgefordert wurde. Beide Parteien wussten, dass der Architekt den Auftrag erhalten würde, wenn sich die Kosten im Rahmen des Finanzierbaren hielten. Gleichzeitig wurde mit der Kostenschätzung ein Kostenlimit für die Planungsleistungen vereinbart. Der Architekt bekam den Auftrag. Im weiteren Verlauf der Planung übersandte er eine Kostenberechnung an den Bauherrn, die weit höhere Kosten aufwies. Nach Erhalt der höheren Berechnung kündigte der Bauherr den Architektenvertrag. Der Architekt erstellte eine Honorarrechnung auf der Basis der höheren Kostenschätzung. Der BGH entschied, dass eine Berechnung des Honorars nur auf der Basis der niedrigeren Kostenschätzung zulässig sei. In der Überschreitung des ursprünglichen Kostenrahmens hat er einen Mangel des Architektenwerks gesehen. Auf-

---

163 OLG Hamm BauR 2001, 1761, 1764; Werner/Pastor Rn. 1493 m. w. N.
164 BGHZ 31, 224, 227; BGHZ 68, 169, 174; BGH BauR 1976, 138, 139.
165 BGH BauR 2000, 1513; BGH BauR 1999, 187; OLG Frankfurt BauR 2004, 1329; OLG Karlsruhe BauR 2004, 363.
166 BGH BauR 2001, 273.
167 BGH BauR 2000, 1330.
168 OLG Düsseldorf BauR 1998, 810.
169 Werner/Pastor Rn. 1775; Wirth/Würfele/Brooks, Rechtsgrundlagen des Architekten und Ingenieurs S. 127.
170 BGH BauR 2003, 566.

grund dieses Mangels könne der Architekt die höhere Kostenberechnung nicht zugrunde legen. Ansonsten würde er aufgrund seiner mangelhaften Leistung sogar eine höhere Vergütung erhalten.[171] Er würde damit für den Mangel sogar belohnt werden. Im Übrigen wird der Architekt in diesen Fällen überhaupt nur einen Werklohn erhalten, wenn der Bauherr die vorliegenden Teilleistungen verwertet.

Zu beachten ist ferner, dass der Architekt regelmäßig die Verpflichtung hat, auf eigene Fehler bzw. eigenes Verschulden hinzuweisen. Das wird aus der Stellung des Architekten als »Sachwalter des Bauherrn« gefolgert. Man spricht in diesem Zusammenhang von der Sekundärhaftung des Architekten. Kommt der Architekt dieser Informationspflicht nicht nach, kann er sich gegenüber dem Besteller schadensersatzpflichtig machen. Nach Einschätzung des BGH bleibt die Aufklärungspflicht des Architekten über die Beendigung des Architektenvertrages hinaus bestehen.[172] **162**

In diesem Sinne hat auch das OLG München[173] entschieden: Bei der Beanstandung von Mängeln durch den Bauherrn muss der Architekt die Ursache und die Möglichkeiten einer Behebung umfassend untersuchen und den Bauherrn über das Ergebnis der Untersuchung unterrichten. Die Unterrichtung beinhaltet die Aufklärung über eigene Fehler. Sie sei eine direkte Verpflichtung aus dem Architektenvertrag. Unterlasse der Architekt eine entsprechende Untersuchung/Aufklärung über eigene Fehler, begehe er eine Verletzung seiner vertraglichen Pflichten. Dies auch dann, wenn er zuvor nicht auf Mängel aufmerksam gemacht wurde. Ein entsprechender Hinweis durch den Bauherrn sei in der Praxis oftmals der tatsächliche Anlass für eine Untersuchung und Aufklärung durch den Architekten. Rechtliche Voraussetzung für eine entsprechende Aufklärung über eigene Fehler sei dies jedoch nicht.[174] Der Architekt sollte bei der Mitteilung eigener Fehler allerdings zurückhaltend verfahren, um nicht übereilt – möglicherweise ungerechtfertigte – Schuldanerkenntnisse abzugeben. Außerdem sind derartige Erklärungen zuvor mit dem Haftpflichtversicherer abzustimmen, damit ein Verstoß gegen Bestimmungen des Haftpflichtversicherungsvertrages vermieden wird. **163**

F. Besonderheiten bei Verträgen mit Sonderfachleuten und Projektsteuerern

Neben dem Architekten haften auch die beauftragten Sonderfachleute, wie etwa der Tragwerksplaner, für die ordnungsgemäße Herstellung des Werkerfolges. Die Beurteilung der Mangelhaftigkeit der Werkleistung des Sonderfachmannes richtet **164**

---

171 BGH BauR 2003, 566, 567; Böhme BauR 2004, 397.
172 BGH BauR 2002, 1718.
173 OLG München IBR 2000, 614.
174 OLG München IBR 2000, 614.

sich nach den vereinbarten vertraglichen Regelungen und dem bautechnischen Anforderungsprofil. Der Sonderfachmann schuldet ein dauerhaft mangelfreies und funktionstaugliches Werk. Die Verzahnung der Tätigkeit des Architekten und Sonderfachmannes führt zu erheblichen Abgrenzungsschwierigkeiten bei der Haftungszuordnung. In der Praxis empfiehlt es sich, die jeweiligen vertraglichen Leistungspflichten klar zu trennen und die Verantwortlichkeit eindeutig zuzuweisen. Insbesondere sollten Schnittstellenproblematiken im Vorfeld geregelt werden. Die Rechtsprechung hat im Einzelfall Abgrenzungen vorgenommen.

165 Das OLG Frankfurt[175] hat entschieden, dass ästhetische und gestalterische Gesichtspunkte nicht vom Sonderfachmann beachtet werden müssen. Der Sonderfachmann hatte bei seiner Planung der Heizungsanlage Heizkörper mit einer Höhe von 50 cm anstatt Kleinkonvektoren vorgesehen. Die Fachplanung entsprach den allgemein anerkannten Regeln der Technik. Auch wenn diese Lösung als optisch wenig ansprechend und ästhetisch misslungen empfunden wird, begründe dies keinen Mangel der Planungsleistungen des Sonderfachmannes. Bei dem Ingenieurvertrag stehe die technisch-konstruktive und nicht die gestalterische Leistung im Vordergrund. Ästhetische und gestalterische Gesichtspunkte muss der Bauherr selbst oder sein planender Architekt vorgeben.[176]

166 Der Tragwerksplaner darf nicht ohne eigene Nachprüfung auf Angaben des Architekten vertrauen. Das OLG Karlsruhe[177] vertritt die Auffassung, dass eine fachgerechte Tragwerksplanung nur unter Berücksichtigung der Baugrundverhältnisse möglich ist. Sind dem Tragwerksplaner die Bodenverhältnisse nicht bekannt, muss er sich über sie vergewissern und ggf. für seine sachgerechte Information durch andere Beteiligte sorgen.[178] Andernfalls hat der Tragwerksplaner für die Mangelhaftigkeit seiner Planung einzustehen.

167 Die Abwicklung komplexer Großbauvorhaben hat darüber hinaus zum verstärkten Einsatz von unabhängigen Projektsteuerern geführt. Der Projektsteuerer haftet grundsätzlich für die von ihm erbrachte Leistung. Aufgrund der individuellen Einsatzformen des Projektsteuerers muss im Einzelfall zunächst entschieden werden, ob Werk- oder Dienstvertragsrecht anzuwenden ist. Die Beurteilung richtet sich nach dem objektiven Pflichtenkreis. Der Projektsteuerer erbringt in der Vielzahl der Fälle eine erfolgsbezogene technische Steuerungsleistung, die werkvertraglichen Charakter hat.[179] Ein Sachmangel ist nach § 633 Abs. 2 BGB gegeben, wenn die Leistung des Projektsteuerers nicht die vereinbarte Beschaffenheit hat. Es muss insofern eine Abweichung des Steuerungs-Ist vom Steuerungs-Soll vorliegen. Das

---

175 OLG Frankfurt BauR 2000, 598.
176 OLG Frankfurt BauR 2000, 598.
177 OLG Karlsruhe BauR 2002, 1884.
178 OLG Karlsruhe BauR 2002, 1884.
179 Eschenbruch, Recht der Projektsteuerung, Rn. 1142.

vereinbarte Steuerungs-Soll ist im Einzelfall durch Auslegung zu ermitteln.[180] Die weitere Beurteilung richtet sich nach den bereits erläuterten allgemeinen Grundsätzen der werkvertraglichen Erfolgshaftung.

---

180 Vgl. ausführlich dazu Eschenbruch, Recht der Projektsteuerung, Rn. 1148.

§ 634
Rechte des Bestellers bei Mängeln

Ist das Werk mangelhaft, kann der Besteller, wenn die Voraussetzungen der folgenden Vorschriften vorliegen und soweit nicht ein anderes bestimmt ist,
1. nach § 635 Nacherfüllung verlangen,
2. nach § 637 den Mangel selbst beseitigen und Ersatz der erforderlichen Aufwendungen verlangen,
3. nach den §§ 636, 323 und 326 Abs. 5 von dem Vertrag zurücktreten oder nach § 638 die Vergütung mindern und
4. nach den §§ 636, 280, 281, 283 und 311a Schadensersatz oder nach § 284 Ersatz vergeblicher Aufwendungen verlangen.

Inhaltsübersicht

	Rn.
A. Baurechtlicher Regelungsgehalt	1
I. Allgemeines und Systematik	1
1. Aufbau	1
2. Reihenfolge der Mängelansprüche	2
3. Anwendbarkeit der §§ 634 ff. vor und nach Abnahme	4
II. Das Nacherfüllungsrecht des Werkunternehmers	7
III. Befreiungsmöglichkeiten des Unternehmers von der Haftung für Mängel am Werk	11
1. Vertragliche Vereinbarungen und rechtsgeschäftliche Risikoübernahmen	11
2. Haftungsbefreiung im Allgemeinen	14
a) Ursächlichkeit fehlerhafter Vorgaben des Bestellers oder fehlerhafter Vorleistungen anderer Unternehmer	17
b) Pflicht des Unternehmers zur sorgfältigen Prüfung der bestellerseitigen Vorgaben/Baustoffe/Vorleistungen	20
c) Pflicht des Unternehmers zur Mitteilung von Bedenken	24
IV. Mängelverantwortung der verschiedenen Baubeteiligten	33
1. Mitverschulden des Bestellers und ihm zurechenbarer Personen	33
2. Ausgleich mehrerer zur Leistung Verpflichteter (Gesamtschuldnerausgleich)	40
3. Beteiligung des Bestellers an den Kosten im Rahmen der Mängelhaftung	48
a) Beteiligung des Bestellers an den sog. »Sowiesokosten«	48
b) Vorteilsausgleichungen, Abzüge neu für alt und Abzüge für Gebrauchsvorteile	50
4. Bauträgervertrag	52
B. Relevanz für die Baupraxis	53
1. Nacherfüllung gem. §§ 634 Nr. 1, 635 BGB	54
2. Selbstvornahme und Aufwendungsersatz, §§ 634 Nr. 2, 637 BGB	56
3. Rücktritt oder Minderung, §§ 634 Nr. 3, 636, 323 und 326 Abs. 5 bzw. § 638 BGB	60

	Rn.
4. Regelung zum Schadensersatz oder Ersatz für vergebliche Aufwendungen, §§ 634 Nr. 4, 636, 280, 281, 283, 311a sowie 284 BGB	65
C. Korrespondierende VOB/B-Regelung: § 13 VOB/B	69
D. Rechtsprechungsübersicht	70

A. Baurechtlicher Regelungsgehalt

I. Allgemeines und Systematik

1. Aufbau

§ 634 BGB wurde im Rahmen des Schuldrechtsmodernisierungsgesetzes neu gefasst. Die Norm fasst nunmehr die Ansprüche des Bestellers im Falle des Vorliegens eines Mangels[1] zusammen. Die näheren Einzelheiten aller Ansprüche des Bestellers werden in weiteren Vorschriften (§§ 635 ff., §§ 280 ff., § 323 BGB) geregelt. § 634 BGB verweist bezüglich der Rechtsfolgen für den **Rücktritt** (§§ 634 Nr. 3, 636 BGB), den **Schadensersatz** (§§ 634 Nr. 4, 636 BGB) und den **Ersatz vergeblicher Aufwendungen** (§ 634 Nr. 4 BGB) weitgehend auf die Vorschriften des allgemeinen Schuldrechts. Werkvertragsspezifische Regelungen finden sich hingegen für den **Nacherfüllungsanspruch** (§§ 634 Nr. 1, 635 BGB), der als Leitanspruch des Gesetzgebers gedient hat,[2] sowie für das **Selbstvornahmerecht** des Bestellers (§§ 634 Nr. 2, 637 BGB). Schließlich besteht ein Recht des Bestellers auf **Minderung** des Werklohnanspruchs (§§ 634 Nr. 2, 638 BGB). Die vorgenannten Mängelrechte sind teilweise als Ansprüche (z. B. Schadensersatz), teils als Gestaltungsrechte (z. B. Minderung) sowie teilweise als Befugnisse (z. B. Selbstvornahmerecht) gestaltet worden. Unsystematisch ist allerdings, dass § 634 BGB die zentrale Anspruchsnorm hinsichtlich des Nacherfüllungsanspruchs ist, denn § 635 BGB regelt den Anspruch selbst nicht.[3]

1

---

1 Vgl. zum Mangelbegriff § 633 Rn. 7 BGB.
2 RegEntw. S. 625.
3 Kniffka, IBR-Online-Kommentar Bauvertragsrecht, Stand 10.4.2006 § 634 Rn. 3.

§ 634 BGB Rechte des Bestellers bei Mängeln

Das nachstehende Schema zeigt überblicksartig die mögliche Rechte des Bestellers bei Mängeln der Werkleistung:

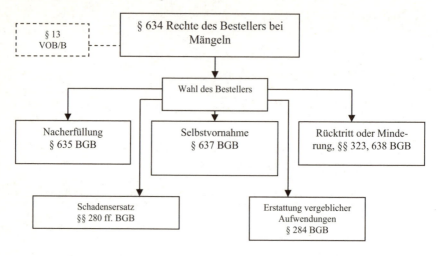

2. Reihenfolge der Mängelansprüche

2 Mit diesem Nacherfüllungsanspruch des Bestellers geht das »Recht« des Unternehmers auf Nacherfüllung einher: so muss ihm der Besteller die Chance geben, Mängel an seinem Werk selbst zu beseitigen.[4] Nutzt er diese Chance nicht, so kann der Besteller auf die weiteren Ansprüche wegen der Mängel zugreifen (so genannte »2. Andienung«).[5] Der Besteller verliert seinen Erfüllungsanspruch nach neuem Recht auch dann nicht, wenn er dem Unternehmer eine Frist gesetzt hat und diese fruchtlos verstrichen ist.[6] Diese Regelung ist auch sinnvoll: durch die Warnung mit Fristsetzung soll dem Unternehmer gezeigt werden, dass ernsthafte (und wirtschaftlich erheblich nachteilige) Konsequenzen drohen können, wenn er nicht fristgerecht seiner Erfüllungsverpflichtung nachkommt. Ein Rechtsverlust für den häufig noch an einer Erfüllung interessierten Besteller ist vom Gesetzgeber nicht intendiert.[7] Die Frage, wie lange sich der Besteller überlegen darf, welches der möglichen Rechte er geltend machen will, ist bislang nicht abschließend entschieden. Man wird sich hier an den konkreten Umständen des Einzelfalls unter Berücksichtigung der Grundsätze von § 242 BGB (Treu und Glauben) orientieren müssen.[8]

---

[4] Zu der Frage, ob dem Unternehmer tatsächlich ein »Recht« zur Mangelbeseitigung/Nacherfüllung zusteht, vgl. unten auf S. 6 und bei Jansen BauR 2005, 1089.
[5] WPP/Wirth § 634 Rn. 2; zur zeitlichen Grenze Derleder NJW 2003, 998 und 2777.
[6] BGH NJW 2003, 1526 = BauR 2003, 693.
[7] So auch Sienz BauR 2002, 184.
[8] Palandt/Sprau § 634 Rn. 2 m.w.N.; BGH NJW 2002, 669.

Rechte des Bestellers bei Mängeln § 634 BGB

Der Nacherfüllungsanspruch aus §§ 634 Nr. 1, 635 BGB geht gem. § 281 Abs. 4 BGB unter, wenn Schadensersatz begehrt wird. Gleiches gilt, wenn Aufwendungsersatz nach einer Selbstvornahme begehrt wird, während beim Vorschussanspruch nur eine vorläufige Situation entsteht. Eine Selbstbeseitigung wiederum schließt einen Rücktritt systematisch aus, während neben dem Aufwendungsersatzanspruch noch Schadensersatzansprüche nach § 634 Nr. 4 BGB bestehen. Entsprechendes gilt für das Minderungsrecht. Wenn nach der Selbstvornahme ein Minderwert bestehen bleibt, so kann der Besteller entsprechend nach § 638 BGB vorgehen. Weiter ermöglicht § 325 BGB die Geltendmachung sowohl des so genannten **großen** als auch des **kleinen Schadensersatzes**. Wechsel von der Minderung zum Rücktritt und umgekehrt sind systembedingt nicht möglich.[9] 3

3. Anwendbarkeit der §§ 634 ff. vor und nach Abnahme

Im Gesetz findet sich keine Differenzierung zwischen Rechten und Ansprüchen vor und nach der Abnahme der Werkleistung. § 634 BGB stellt nur darauf ab, ob die Leistung mangelbehaftet ist oder nicht. Vor der Abnahme kann nach allgemeiner Meinung der Besteller jedenfalls die Rechte des allgemeinen Leistungsstörungsrechts (§§ 280 ff., 323 ff. BGB) geltend machen.[10] So kann der Besteller, wenn der Unternehmer nach Fristablauf für die Fertigstellung nicht oder nicht vollständig geleistet hat, dem Unternehmer eine Frist zur Mangelbeseitigung setzen und nach erneutem Ablauf der Frist Schadensersatz nach § 281 BGB begehren oder nach § 323 BGB vom Vertrag zurücktreten. 4

Hingegen ist noch nicht abschließend geklärt, ob der Besteller auch bereits in der Phase vor der Abnahme die Bestimmungen aus § 637 BGB (Selbstvornahme) oder § 638 BGB (Minderung) zur Anwendung bringen kann. Zwar sprechen einige gewichtige Argumente dafür, dass diese Bestimmungen nach der Systematik des neuen Mängelhaftungsrechts im BGB vor der Abnahme nicht angewendet werden können,[11] allerdings finden sich auch weder im Gesetz noch in den Begründungen dazu Indizien dafür, dass der Gesetzgeber durch die neue Systematik die bislang von der Rechtsprechung vorgegebene Parallelität der Ansprüche aus der Gewährleistung im Rahmen des Werkvertrags und der Ansprüche aus dem allgemeinen Leistungsstörungsrecht aufgeben wollte. So würde es wohl auch wenig Sinn machen, wenn der Besteller, welcher die Abnahme infolge Mangelhaftigkeit der Werkleistung verweigert, kein Recht auf Selbstvornahme oder auf Minderung haben soll. Auch begrifflich kann Erfüllung und Nacherfüllung nicht sinnvoll getrennt werden[12] mit der weiteren Folge, dass § 635 BGB auch vor der Abnahme anzuwen- 5

---

9 WPP/Wirth § 634 Rn. 3.
10 Kniffka a.a.O., § 634 Rn. 10.
11 Vgl. dazu im Einzelnen bei Kniffka a.a.O., Rn. 11.
12 Vorwerk BauR 2003, 1.

den ist. Konsequent wird man die weiteren Mängelrechte des Bestellers ebenso vor der Abnahme zur Anwendung bringen können.[13]

6 Im gleichen Zusammenhang mit der vorstehenden Frage, ob die §§ 634 ff. BGB auch vor der Abnahme anzuwenden sind, ist auch die weitere Frage zu betrachten, ob Ansprüche wegen Mängeln auch bereits vor einem vertraglich vereinbarten Fertigstellungstermin geltend gemacht werden können. Es kommt hier auf die Fälligkeit des Nacherfüllungsanspruchs an. Wie oben bereits gezeigt, ist die Durchsetzbarkeit des Nacherfüllungsanspruchs Voraussetzung für die Anwendbarkeit der weiteren Ansprüche im Mängelhaftungsrecht. Ein Pendant zu § 4 Nr. 7 VOB/B fehlt an dieser Stelle.[14] Dies ist insbesondere deswegen zu bedauern, als der Gesetzgeber durch einen »Ergänzungsentwurf« auf das Erfordernis der Einführung bauvertraglicher Bestimmungen in das Werkvertragsrecht hingewiesen wurde.[15] Allerdings wird man mit Kniffka argumentieren können, der darauf hinweist, dass das Werkvertragsrecht nach dem BGB dem besonderen Charakter des Bauvertrags als Langzeitvertrag nicht in hinreichendem Maße gerecht werden kann, weil es alle anderen Typen von Werkverträgen auch abdecken muss.[16] Im Rahmen des § 4 Nr. 7 VOB/B kann der Besteller jederzeit Mangelbeseitigung vom Unternehmer verlangen und den Schaden neben der Leistung liquidieren. Voraussetzung für diese Ansprüche ist aber, dass dem Auftragnehmer der Auftrag entzogen wurde, was wiederum eine Fristsetzung zur Mängelbeseitigung mit Kündigungsandrohung erforderlich macht (§§ 4 Nr. 7, 8 Nr. 3 VOB/B). Jedenfalls wird man im Rahmen der gesetzlichen Vorschriften annehmen können, dass nach Maßgabe des § 271 BGB bzw. bei vereinbartem Fertigstellungszeitpunkt der Erfüllungsanspruch zu eben den dort genannten Zeitpunkten fällig wird, und dementsprechend vorher auch kein Nacherfüllungsanspruch fällig und damit durchsetzbar sein kann. Von diesem allgemeinen Grundsatz wird aber dann eine Ausnahme zu machen sein, wenn Leistungen mängelbehaftet sind, auf die anderen Leistungen aufbauen, so dass eine Mängelbeseitigung durch die Fortführung der Arbeiten unmöglich oder massiv verkompliziert wird. Hier wird man unter Heranziehung des § 242 BGB eine frühzeitige Geltendmachung der Mangelbeseitigung zugestehen müssen, ein Verweis auf den Ablauf der Fertigstellungsfrist kann zu erheblichen unbilligen Ergebnissen führen. Ein weiteres Argument für eine ausnahmsweise vorfristige Geltendmachung von Mängelhaftungsansprüchen ergibt sich aus § 323 Abs. 4 BGB: Danach kann der Besteller sofort den Rücktritt auch vor dem Eintritt der Fälligkeit einer Leistung erklären, wenn offensichtlich ist, dass ein Mangel zum Fertigstellungszeitpunkt vorliegen wird, und z. B. der Besteller endgültig und ernsthaft

---

13 Teilweise a. A.: Drossart Baurecht und Baupraxis 2004, 356.
14 Grauvogl § 634 Rn. 2 BGB in: Wirth/Sienz/Englert Verträge am Bau nach der Schuldrechtsreform.
15 AK Schuldrechtsmodernisierungsgesetz des Instituts für Baurecht Freiburg, Baurechtlicher Ergänzungsentwurf zum Schuldrechtsmodernisierungsgesetz, Sonderdruck zu BauR Heft 4/2001.
16 Kniffka a. a. O., Rn. 13.

erklärt hat, eine Mangelbeseitigung nicht vorzunehmen.[17] Den so zum Ausdruck gebrachten Rechtsgedanken der vorfristigen Geltendmachung der Mängelhaftungsansprüche wird man auch auf Mängelbeseitigung und Schadensersatz übertragen können. § 280 BGB (Schadensersatz neben der Leistung) kann auch vor Ablauf der Fertigstellungsfrist angewendet werden, weil der Anspruch bereits mit der Schadensentstehung fällig wird.[18]

II. Das Nacherfüllungsrecht des Werkunternehmers

Der Werkunternehmer hat nach der gesetzlichen Regelung keinen Anspruch gegen den Besteller dergestalt, dass er die Erfüllung seiner Verpflichtung durchsetzen könnte gegen den Willen des Bestellers. Wenn und soweit sich der Besteller weigert, notwendigen Mitwirkungsverpflichtungen nachzukommen, ergeben sich die Folgen aus §§ 642 ff. BGB.[19] Wenn der Besteller weitergehende Ansprüche gegen den Unternehmer, insbesondere die §§ 637 ff. BGB, durchzusetzen beabsichtigt, muss er grundsätzlich dem Unternehmer die Möglichkeit einräumen, die Nacherfüllung zu erbringen. Man spricht vom »**Recht des Unternehmers zur zweiten Andienung**«. Dabei ist aber in dogmatischer Hinsicht anzumerken, dass es sich hier nicht um ein durchsetzbares Recht des Unternehmers handelt, wie Jansen zutreffend ausführt.[20] Ein solches Recht lässt sich nämlich aus dem Gesetz nicht herleiten. Die Rechtsfolgen einer mangelnden Mitwirkung des Bestellers ergeben sich vielmehr aus den §§ 642, 643 und ggf. 649 BGB. Wenn der Besteller von dem Unternehmer Mangelbeseitigung einfordert, so muss er ihm dazu auch entsprechend eine Möglichkeit der Vornahme dieser Mangelbeseitigung einräumen. Ohne eine entsprechende Aufforderung zur Mangelbeseitigung mit Fristsetzung kann der Besteller nicht die weiteren Rechte nach § 634 Nr. 2–4 BGB gegen den Unternehmer geltend machen. Richtigerweise wird man also hier eine Obliegenheit des Bestellers annehmen müssen. Kommt er dieser nicht nach, so wird der Verzug des Unternehmers verhindert und ein Entschädigungsanspruch bzw. ein Kündigungsrecht des Unternehmers ausgelöst (§§ 642, 643 BGB). Sofern vertraglich etwas anderes nicht vereinbart ist, gibt es ein Recht zur Mangelbeseitigung auf Seiten des Unternehmers nicht.

7

Eröffnet der Besteller dem Unternehmer die Möglichkeit der »2. Andienung« mit entsprechender Fristsetzung, so muss der Besteller ein Nacherfüllungsangebot jedenfalls dann nicht mehr annehmen, wenn die gesetzte angemessene Frist fruchtlos verstrichen war und der Unternehmer erst danach ein solches Angebot getätigt

8

---

17 Vgl. Kniffka a.a.O. § 634 Rn. 16.
18 Schalk § 280 Rn. 2 BGB in: Wirth/Sienz/Englert Verträge am Bau nach der Schuldrechtsreform.
19 Vgl. Jansen BauR 2005, 1089.
20 Jansen BauR 2005, 1089.

hat.[21] Die Möglichkeit der »2. Andienung« erlischt nach der Rechtsprechung auch dann, wenn der Unternehmer die Mängelbeseitigung endgültig und ernsthaft verweigert hat.[22]

9   Damit ist auch die Situation interessengerecht lösbar, wenn der Unternehmer nach Fristablauf eine Nacherfüllung anbietet, der Besteller aber bereits einen anderen Unternehmer beauftragt hat zur ersatzweisen Erfüllung. Interessengerecht kann es hier nur sein, dem Besteller das Recht zuzubilligen, das verspätete Angebot des ersten Unternehmers, der sich mehrfach vertragsuntreu verhalten hat, zurückzuweisen.[23] Doch auch dieses Recht, eine verspätete Nacherfüllung zurückweisen zu können, muss in seiner Ausübung den Regeln von Treu und Glauben (§ 242 BGB) unterliegen. So können beispielsweise eine nur marginale Fristüberschreitung und eine bislang fehlende anderweitige Disposition auf Seiten des Bestellers dazu führen, dass eine Zurückweisung des Nacherfüllungsangebots treuwidrig sein kann, z. B. wenn der Unternehmer plausibel machen kann, dass ihn an der Verzögerung kein Verschulden trifft und der Besteller noch nicht anderweitig disponiert hat und deshalb ggf. noch kein Schaden entstanden sein kann.

10 Der Ablauf der gesetzten Frist zur Nacherfüllung führt nicht dazu, dass der Besteller eine solche Nacherfüllung nicht mehr begehren kann. Allerdings muss er, wenn er eine Nacherfüllung verlangt, diese auch zulassen, ansonsten verhält er sich rechtsmissbräuchlich.[24] Dementsprechend hat nach der Rechtsprechung der Besteller dann keine auf Zahlung gerichtete Mängelansprüche, wenn der Unternehmer eine ihm gesetzte Frist zur Mangelbeseitigung verstreichen hat lassen, der Besteller ihn dann erneut aufgefordert hat, dann innerhalb der neuerlich gesetzten Frist das tatsächliche Angebot des Unternehmers ablehnt und einen dritten Unternehmer mit der ersatzweisen Mangelbeseitigung beauftragt.[25] Ein nochmaliges Gestatten der Mangelbeseitigung in Form einer neuerlichen Aufforderung beseitigt den Verzug des Unternehmers nicht; der Besteller kann also grundsätzlich ohne weiteres zur Selbstvornahme oder zum Rücktritt übergehen.[26] Nur wenn der Unternehmer ernsthaft nach außen hin und innerhalb einer angemessenen Zeit nach dem Begehren des Bestellers kundtut, dass er die Mangelbeseitigung vorzunehmen bereit ist, wäre die Ablehnung durch den Besteller rechtsmissbräuchlich.[27]

---

21 BGH BauR 2003, 693= BGHZ 154, 119 = NJW 2003, 1526 = IBR 2003, 185.
22 BGH BauR 2000, 1479 = NJW 2000, 421 = IBR 2000, 491.
23 Dem Vorschlag von Sienz BauR 2002, 181, kann nicht gefolgt werden: eine Verpflichtung zur freien Kündigung des Drittunternehmers und die Geltendmachung von Schadensersatz gegen den Erstunternehmer mit entsprechenden weiteren Kostenfolgen und Risiken auf Seiten des Bestellers ist nicht zu rechtfertigen, zumal sich der Erstunternehmer mehrfach vertragsbrüchig gezeigt hat.
24 Vgl. Kniffka a.a.O. § 634 Rn. 22.
25 BGH BauR 2004, 380, 504 = NJW 2004, 1525 = IBR 2004, 64.
26 BGH IBR 2006, 230.
27 Vgl. dazu OLG Köln IBR 2005, 15 = BauR 2005, 439 (Ls.).

III. Befreiungsmöglichkeiten des Unternehmers von der Haftung für Mängel am Werk

1. Vertragliche Vereinbarungen und rechtsgeschäftliche Risikoübernahmen

Der Unternehmer hat grundsätzlich für eine mangelbehaftete Leistung ein zu stehen. Von diesem Grundsatz gibt es Abweichungen, wenn die Parteien z.B. vertraglich eine Haftungsbefreiung vereinbart haben (§ 639 BGB). Eine solche ist – unter den dort noch näher geschilderten Einzelheiten – grundsätzlich anwendbar, außer es liegt ein arglistiges Verschweigen eines Mangels oder eine Beschaffenheitsgarantie seitens des Unternehmers vor.[28]

Weiter kommen so genannte »rechtsgeschäftliche Risikoübernahmen« durch den Besteller selbst in Betracht. Wie der Begriff bereits andeutet, übernimmt der Besteller im Rahmen der vertraglichen Vereinbarung das Risiko eines ganz oder teilweise nicht vollständig funktionierenden oder zweckgemäßen Werkes. Dabei ist regelmäßig eine sorgfältige Auslegung des Vertrags unter Heranziehung aller Vertragsbestandteile vorzunehmen.[29] Die Rechtsprechung nimmt eine Risikoverlagerung nicht bereits deswegen an, weil der Besteller beim Abschluss des Vertrags von dem versprochenen Werk bestimmte Vorstellungen hinsichtlich des Werks hat und die vereinbarte Ausführung nicht geeignet ist, diese Vorstellungen zu verwirklichen. Andernfalls – so der BGH – hätte es jeder Unternehmer selbst in der Hand, seiner Verantwortung für die Tauglichkeit des angewendeten Systems zu entgehen, indem er es zum Gegenstand seines Angebots macht. Erforderlich ist vielmehr eine rechtsgeschäftliche Risikoübernahme durch den Besteller.[30] Auch reicht es für eine Auslegung, wonach der Besteller das Risiko habe übernehmen wollen, nicht aus, wenn eine bestimmte Ausführungsart, die den anerkannten Regeln der Technik nicht entspricht, vereinbart wurde.[31] Weiter kann eine Risikoübernahme nicht daraus abgeleitet werden, dass der Besteller bestimmte Planungsleistungen selbst übernommen hat oder Vorleistungen durch andere Unternehmen zu erbringen sind. Ähnlich problematisch wird es aus Unternehmersicht, wenn z.B. die Errichtung eines Werkes riskant erscheint, weil etwa eine neue Technologie vereinbart wurde. Dann kann der Unternehmer für dieses Risiko des Scheiterns des Erfolgs ein zu stehen haben, wenn die Vertragsauslegung ergibt, dass ein bestimmter konkreter Erfolg trotz dieses Risikos geschuldet wird.[32] Die Rechtspre-

---

28 Vgl. dazu unten § 639 BGB im Einzelnen.
29 BGH BauR 2005, 1314 = NZBau 2005, 456 = IBR 2005, 418.
30 BGH Urt. v. 17.5.1984 VII ZR 169/82.
31 BGH BauR 1999, 37= BGHZ 139, 244 = NJW 1998, 3707 = IBR 1998, 527.
32 Diese Erfolgsverpflichtung für den Unternehmer kann gerade bei komplexen Tiefbauleistungen ein enormes Risikopotential bedeuten: im Zuge ständig schwindender Ertragsmargen im Tief- und Spezialtiefbaubereich wird der technologische Fortschritt permanent vorangetrieben. Einige Fälle in der Praxis haben gezeigt, dass die Technologie nicht immer bis zum letzten Grad ausgereift ist und dementsprechend nicht die gewünschten Erfolge zeigt. Wenn in einer solchen Situation der Unternehmer dennoch das Erfolgsrisiko voll-

chung nimmt aber beispielsweise eine Risikoübernahme durch den Besteller dann an, wenn der Unternehmer vor Abschluss des Vertrags oder zumindest vor Beginn der Ausführung der Leistungen den Besteller über die Risiken aufgeklärt und der Besteller sich rechtsgeschäftlich mit der Risikoübernahme einverstanden erklärt hat.[33] Der Besteller muss aber dezidiert auf die Risiken hingewiesen werden, wobei der BGH hier strenge Anforderungen stellt.[34]

13 Im Rahmen des Architektenvertrags gelten vorstehende Grundsätze entsprechend:[35] Das Risiko einer fehlerhaften Planung, das grundsätzlich beim Architekten liegt, kann im Einzelfall durch entsprechende rechtsgeschäftliche Vereinbarung beim Bauherrn bleiben. Dazu fordert die Rechtsprechung allerdings, dass der Architekt den Bauherrn umfassend über die Bedeutung und Tragweite z.B. der fehlerhaften Planung aufgeklärt und belehrt hat.[36]

2. Haftungsbefreiung im Allgemeinen

14 Wenn ein Mangel an der Werkleistung und kein Fall eines rechtsgeschäftlichen Haftungsausschlusses oder keine rechtsgeschäftliche Risikoübernahme durch den Besteller vorliegt, so hat der Werkunternehmer verschuldensunabhängig für den Erfolg der Werkleistung einzustehen. Nach der Systematik des Gesetzes in den §§ 633 ff. BGB haftet er auch, wenn er den Mangel nicht verschuldet hat, d.h. auch dann, wenn der Mangel auf einer Ursache beruht, die (ggf. auch teilweise) im Verantwortungsbereich entweder eines Vorunternehmers, auf dem der Unternehmer aufbaut, oder im Verantwortungsbereich des Bestellers liegt.[37] Diese verschuldensunabhängige Haftung gilt für die Ansprüche des Bestellers auf Nacherfüllung, auf Erstattung der Mängelbeseitigungskosten, auf Vorschuss sowie für die Gestaltungsrechte auf Rücktritt und Minderung. All diese sind generell verschuldensunabhängig. Lediglich der Schadensersatzanspruch gem. § 280 BGB und der Anspruch auf Ersatz vergeblicher Aufwendungen gem. § 284 BGB sind verschuldensabhängig ausgestaltet.

15 Wie Kniffka[38] richtig ausführt, ist dieser hier dargestellte Ausnahmetatbestand von der Grundregel der verschuldensunabhängigen Haftung des Unternehmers nicht im Gesetz, sondern in § 13 Nr. 3 VOB/B festgelegt worden. Danach gilt:

ständig – etwa gar noch im Rahmen einer Funktionalausschreibung mit »Rundumsorglospaket« – übernommen hat, kann dies erhebliche wirtschaftliche Nachteile für den Unternehmer bedeuten.
33 BGH Urt. v. 17.5.1984 VII ZR 169/82; BGHZ 91, 206 = BauR 1984, 510.
34 BGH BauR 2000, 411 = IBR 2000, 65; BauR 2005, 1314 = NZBau 2005, 456 = IBR 2005, 418; OLG Düsseldorf BauR 2002, 802.
35 Vgl. Kniffka a.a.O. § 634 Rn. 28 BGB.
36 Vgl. z.B. BGH BauR 1999, 786, 934 = NJW 1999, 2112 = IBR 1999, 326; BauR 1999, 1195 = NJW-RR 1999, 1105 = IBR 1999, 376; BauR 2002, 1872 = NJW 2003, 287 = IBR 2002, 671; BauR 1996, 732 = NJW 1996, 2370 = IBR 1996, 373.
37 BGH Urt. v. 22.3.1984 VII ZR 286/82; BGHZ 90, 354 = BauR 1984, 401; BauR 1984, 395.
38 Kniffka a.a.O. § 634 Rn. 30 ff.

»Ist ein Mangel zurückzuführen auf die Leistungsbeschreibung oder auf Anordnungen des Auftraggebers (Bestellers), auf die von diesem gelieferten oder vorgeschriebenen Stoffe oder Bauteile oder die Beschaffenheit der Vorleistung eines anderen Unternehmers, so haftet der Unternehmer, es sei denn, er hat die ihm nach § 4 Nr. 3 VOB/B obliegende Mitteilung gemacht.«

Entsprechend dem in § 13 Nr. 2 VOB/B in Bezug genommenen § 4 Nr. 3 VOB/B gilt:

»Hat der Auftragnehmer Bedenken gegen die vorgesehene Art der Ausführung (auch wegen der Sicherung gegen Unfallgefahren), gegen die Güte der vom Besteller gelieferten Stoffe oder Bauteile oder gegen die Leistungen anderer Unternehmer, so hat er sie dem Besteller unverzüglich – möglichst schon vor Beginn der Arbeiten – schriftlich mitzuteilen; der Besteller bleibt jedoch für seine Angaben, Anordnungen oder Lieferungen verantwortlich.«

Diese Regelung ist – wie der BGH in fortgesetzter Rechtsprechung hervorhebt – ein allgemeiner Rechtsgedanke im Rahmen des Bauvertragsrechtes, der auch inhaltlich im BGB-Bauvertrag zur Anwendung kommt.[39] Diese Formulierung aus der VOB/B, Ausgabe 2002, bringt den vorstehend formulierten allgemeinen Rechtsgedanken im Bauvertragsrecht zum Ausdruck. Danach ist es so, dass der Unternehmer sich grundsätzlich in einer Erfolgsverpflichtung für den geschuldeten Werkerfolg befindet. § 13 Nr. 3 VOB/B stellt einen Ausnahmetatbestand zur Haftungsbefreiung unter bestimmten engen Voraussetzungen dar, die der Unternehmer darzulegen und gegebenenfalls auch zu beweisen hat.

a) Ursächlichkeit fehlerhafter Vorgaben des Bestellers oder fehlerhafter Vorleistungen anderer Unternehmer

Zunächst ist es für eine Befreiung des Werkunternehmers von der Haftung für aufgetretene Mängel am Werk notwendig, dass dieser spezifische Mangel entweder auf die Leistungsbeschreibung oder auf Anordnungen des Besteller zurückzuführen ist, oder auf die von dem Besteller gelieferten oder vorgeschriebenen Stoffe oder Bauteile oder auf die Beschaffenheit der Vorleistung eines anderen Unternehmers (§ 13 Nr. 3 VOB/B). Hinzu kommen zu diesen beiden – letztlich vom Besteller gestellten – Vorgaben/Vorleistungen noch dem Unternehmer zwingend vorgeschriebene Anordnungen/Vorgaben, z. B. durch behördliche Anweisungen etwa im Rahmen einer Zulassung im Einzelfall oder einer Baugenehmigung mit weiteren dazugehörigen Genehmigungsunterlagen, oder etwa auch eine Vorgabe durch das konkret dem Unternehmer für die Herstellung einer Baugrube zur Verfügung gestellte Baugrundstück. Nur in diesem konkreten Grundstück kann der Unternehmer den von ihm vertraglich geschuldeten Werkerfolg (= eine trockene Baugrube) erbringen. Der Boden ist somit dem Unternehmer vom Besteller dezidiert vorge-

---

39 BGH BauR 1987, 86; BauR 1987, 79; BauR 1996, 702 = IBR 1996, 317.

schrieben, nur in diesem kann die Werkleistung erbracht werden. Weist nun dieser »Baustoff« Baugrund von dem vertraglich vorgesehenen (insbesondere durch entsprechende Untersuchung erkundeten) Baugrund in situ ab, so kann ein hieraus resultierender Mangel der Werkleistung auf den Baustoff Baugrund zurückgeführt werden, den der Besteller gestellt hat, so dass es zu einer Enthaftung (= Haftungsbefreiung) des Unternehmers gem. § 13 Nr. 3 VOB/B, der entsprechend auch im BGB-Werkvertragsrecht als allgemeiner Leitgedanke zur Anwendung kommt, kommen kann.[40]

18   Bei allen diesen Vorgaben, wie sie § 13 Nr. 3 VOB/B entsprechend erfordert, ist es wesentlich, dass diese Anordnungen auf jedem Fall aus dem Verantwortungs- und Risikobereich des Auftraggebers stammen müssen. Anders wäre es also dann, wenn der Unternehmer von dem Besteller nur allgemeine, generelle Vorgaben erhält, so dass ihm keine dezidierte Ausführung konkret vorgeschrieben wird, sondern ihm eine Auswahl unter verschiedenen Verfahrensmöglichkeiten verbleibt.[41] Die Rechtsprechung sieht diese deswegen als erforderlich an, als die Haftungsbefreiung entsprechend § 13 Nr. 3 VOB/B nur dann in Betracht kommt, wenn der Unternehmer auch seiner Pflicht zur Äußerung von Bedenken und zum Hinweis des Auftraggebers auf mögliche Mängel/Schäden nachkommt. Dies ist dann nicht der Fall, wenn eben gerade – wie die zitierten Urteile zeigen – der Unternehmer bei der Verfahrenswahl frei ist. Damit würde dem Unternehmer dezidiert nichts vorgeschrieben, und dementsprechend wäre ein konkreter Hinweis bezüglich eines dezidierten Verfahrens auch verfehlt.

19   Wenn man also mit der Rechtsprechung eine dezidierte Vorgabe seitens des Bestellers hinsichtlich einer bestimmten Verfahrensart, eines bestimmten Baustoffes (z. B. ein konkretes Baugrundstück) oder das Aufbauen einer Leistung auf der Vorleistung eines anderen Unternehmers fordert, so ist sorgfältig zu prüfen, ob nicht auch möglicherweise der Unternehmer auf die Bestellung des Bestellers maßgeblichen Einfluss genommen hatte. Kniffka verweist in seinem Online-Kommentar auf die Entscheidungen des BGH, wonach lediglich Vorschläge oder ein bloßes Einverstandensein des Bestellers keine Anordnungen im Sinne des § 13 Nr. 3 VOB/B darstellen mit der weiteren Folge, dass eine entsprechende Haftungsbefreiung aus diesem Sachverhalt heraus nicht in Betracht kommt.[42] Gleiches ist nach dem BGH anzunehmen, wenn der Besteller lediglich das Angebot des Unternehmers wiedergibt; in diesem Falle wird letztlich nur das vom Unternehmer auszuführen sein, was er selbst angeboten hat.[43]

---

40 Vergleiche dazu ausführlich Englert/Grauvogl/Maurer, Handbuch des Baugrund- und Tiefbaurechtes, Rn. 902 ff., mit zahlreichen weiteren Ausführungen, insbes. zum Stichwort »Baugrundrisiko«.
41 BGH BauR 2005, 1314 = IBR 2005, 418; BGHZ 91, 206.
42 Kniffka a.a.O. § 634 Rn. 34; BGH BauR 1975, 421; BauR 2005, 1314 = IBR 2005, 418.
43 BGH Urt. v. 15. 3. 1971 VII ZR 153/69.

b) **Pflicht des Unternehmers zur sorgfältigen Prüfung der bestellerseitigen Vorgaben / Baustoffe / Vorleistungen**

§ 13 Nr. 3 VOB/B sieht ausweislich des Wortlautes vor, dass der Unternehmer von der Haftung befreit wird, wenn er der ihm nach § 4 Nr. 3 VOB/B obliegenden Mitteilungspflicht nachgekommen ist, wenn er also entsprechende Bedenken gegen die vorgesehene Art der Ausführung, gegen die Güte der vom Besteller gelieferten Stoffe oder Bauteile oder gegen die Leistung anderer Unternehmer hat. Diese Bedenkensanzeige hat schriftlich und möglichst unverzüglich im Sinne des § 121 BGB zu erfolgen. Voraussetzung dafür, dass der Besteller eine entsprechende Enthaftung nach § 13 Nr. 3 VOB/B herbeiführen kann ist also zunächst, dass er auch entsprechende Bedenken inne hat. Dazu ist es wiederum erforderlich, dass er die Anordnungen und sonstigen Vorgaben des Bauherrn (vgl. oben) als auch etwaige Vorleistungen von anderen Unternehmern sorgfältig überprüft. Hierdurch soll sichergestellt werden, dass diese »Vorleistungen« im allgemeinen Sinn auch geeignet und entsprechend beschaffen sind, dass der Unternehmer durch seine eigene Werkleistung ein erfolgreiches Werk herbeiführen kann. Wie die Rechtsprechung immer wieder hinweist, handelt es sich dabei um eine wesentliche, zentrale Aufgabe des Unternehmers im Rahmen seiner werkvertraglichen Verpflichtung dem Besteller gegenüber.[44] Gerade auch die Prüfung der Vorleistungen anderer Unternehmer auf Geeignetheit und Kompatibilität mit der vom Unternehmer zu erbringenden eigenen Werkleistung ist eine wesentliche Aufgabe: Ist beispielsweise die Gründung eines Bauwerkes, welche von einem Spezialtiefbauunternehmen vorzunehmen ist, mangelhaft, so kann der Rohbauunternehmer nur sehr gefährdet seine Bauleistung darauf aufbauen. Wenn die Gründung z. B. nicht hinreichend tragfähig ist, kann es massive Gefährdungen für das darauf aufzubauende Hochhaus ergeben mit der Folge, dass Mängel in der Gründung sich letzten Endes in Setzungsrissen im Hauptbauwerk manifestieren, und dafür dann der Rohbauunternehmer in Anspruch genommen wird durch den Besteller. Dementsprechend ist es jedem Unternehmer nur zu raten, die Vorleistungen, Planungen und auch sonstigen Vorgaben des Bestellers und sonstiger vorleistender Unternehmen sorgfältig zu prüfen und ggf. Bedenken kundzutun, damit darauf aufbauend der Unternehmer auch eine mangelfreie Werkleistung erbringen kann. Kritisch zu betrachten ist hier, wie weit diese Verpflichtung des Unternehmers zur Prüfung der Vorgaben und Vorleistungen anderer gehen kann. Die Rechtsprechung hat sich hier mit dem Grundsatz der »Zumutbarkeit«, die nach den besonderen Umständen des Einzelfalles zu bewerten ist, beholfen. Kommt der Unternehmer im Rahmen des Zumutbaren seinen entsprechend danach bestehenden Verpflichtungen nicht nach und wird dadurch das Gesamtbauwerk beeinträchtigt, so ist seine eigene Werkleistung mangelhaft.[45]

---

[44] BGH BauR 2005, 1314 = IBR 2005, 418; BauR 2005, 1016 = IBR 2005, 306.
[45] BGH BauR 1987, 79; BauR 1983, 70; BauR 1989, 467; IBR 2000, 113 = BauR 2000, 262.

21 Im Rahmen der Prüfungspflicht, die wie gesagt nach den Umständen des Einzelfalles zu bewerten ist, ist auch die Fachkundigkeit auf Seiten des Unternehmers wie auch auf Seiten des Bestellers besonders zu berücksichtigen. Die Rechtsprechung geht grundsätzlich davon aus, dass der Unternehmer die zur Herstellung des Werkes erforderlichen fachlichen Kenntnisse und Fertigkeiten inne hat und das dazu notwendige Wissen und Können haben muss.[46] Je gefahrträchtiger die Bauleistung selbst ist und die Wahrscheinlichkeit deshalb umso höher ist, dass gegebenenfalls in den Folgegewerken Mängel auftreten, umso höher werden die Sorgfaltsverpflichtung des Unternehmers und dementsprechend die Prüfungsanforderung nach der Rechtsprechung sein. Nicht ohne weiteres nachzuvollziehen ist allerdings die Rechtsprechung dahingehend, dass allein aus der Tatsache, dass sich ein Unternehmer als »Spezialunternehmer« ausweist, besonders hohe Anforderungen an seine Prüfpflichten gestellt werden. Hier werden häufig allgemeine Firmierungen als Auslegungskriterium für die Bemessung des Prüfmaßstabes in überzogener Weise herangezogen.[47]

22 Wiederholt hatte die Rechtsprechung darüber zu entscheiden, ob der Unternehmer auch die entsprechenden Detailkenntnisse haben müsse, welche die bestellerseitigen Architekten und Ingenieure, allgemein gesprochen Fachplaner, innehaben. Die Rechtsprechung hat dazu wiederholt entschieden, dass derartige detaillierte und tiefgehende Kenntnisse auf Seiten des Unternehmers i.d.R. nicht vorliegen müssten, weil dementsprechend auch der Besteller entsprechend beraten sei.[48] Allerdings ist es nicht so, dass allein das Vorhandensein eines besonderen Fachplaners oder Architekten den Unternehmer bereits von seinen Prüfungs- und Hinweispflichten entbinden würde. Die Rechtsprechung hat insoweit anerkannt, dass zwar die Prüfpflichten des Unternehmers beschränkt sein können, insbesondere wenn der Besteller selbst fachkundig ist oder eben fachkundige Berater an seiner Seite weiß, die eine entsprechende Prüfung selber vornehmen können. Eine Prüfpflicht des Unternehmers wird nur dann gänzlich wegfallen können, wenn der Unternehmer sich vollständig hierauf verlassen kann, dass eine umfassende und eingehende Prüfung durch die Fachberater des Bestellers auch entsprechend vorgenommen wurden, die seine eigene insoweit ersetzen würde, und er auch sich berechtigterweise darauf verlassen kann, dass seine eigene Prüfung kein anderes Ergebnis erbringen würde.[49] »Ins Auge springende« Fehler, Lücken oder Widersprüchlichkeiten der Fachplanung hat der Unternehmer entsprechend eingehend zu prüfen und – wie weiter noch dargestellt werden wird – dem Besteller anzuzeigen, er darf sich also insoweit auf die Fachplanung nicht verlassen, wenn hier evident Fehler, Lücken

---

46 BGH BauR 2002, 945 = IBR 2002, 305; BauR 2005, 1314 = IBR 2005, 418; BauR 1987, 681.
47 BGH BauR 1987, 86.
48 OLG Celle BauR 1996, 259; OLG Düsseldorf OLGR 1994, 276; OLG Düsseldorf BauR 2001, 638; OLG Hamm NJW-RR 1994, 1111; OLG Köln NJW-RR 1994, 1110.
49 BGH BauR 1977, 420; OLG München BauR 2003, 278.

oder Widersprüchlichkeiten auftreten.[50] Auch die Anweisungen einer bestellerseitigen Bauleitung sind nicht ungeprüft zu übernehmen, sondern im Zweifel auch entsprechend zu prüfen bzw. zu hinterfragen.[51]

Weiter bestehen Sorgfaltsverpflichtungen zur Prüfung auf Seiten des Unternehmers, wenn durch den Leistungsbeschrieb des Bestellers der Einsatz von bislang neuartigen und gegebenenfalls sogar noch gar nicht erprobten Stoffen oder Bauteilen bzw. der Einsatz völlig neuer Verfahren oder Bauweisen vorgesehen ist. Insbesondere muss sich der Unternehmer, der ja die Verantwortung für den Erfolg übernommen hat, entsprechend informieren, ob mit diesen neuen Verfahren/Baustoffen, also den Vorgaben des Bestellers, tatsächlich der Werkerfolg erreicht werden kann.[52] Hat der Unternehmer allerdings keine Erkenntnis bzw. Bedenken hinsichtlich der Eignung des neuartigen Materials, muss er den Besteller darüber auch nicht aufklären. Hier ist eine Einzelfallentscheidung vorzunehmen, wobei das spezifische Fachwissen des Unternehmers, der allgemein am Markt übliche Informationsstand und sonstige Rahmenbedingungen gesondert zu prüfen sind. Es ist auch davon auszugehen, dass der Unternehmer in einem solchen Fall eines neuartigen Werkstoffes die Eignung vor der Verwendung nicht separat beproben bzw. eingehend fachtechnisch untersuchen muss.[53]

23

c) Pflicht des Unternehmers zur Mitteilung von Bedenken

Hat der Unternehmer Bedenken gegen die Art der Ausführung oder die ihm vorgegebenen Baustoffe oder Verfahrensweisen, so muss der Unternehmer – entsprechend § 4 Nr. 3 VOB/B – Bedenken hiergegen anmelden. Vorweg ergeht die – soeben dargestellte – Prüfungspflicht des Unternehmers, daran schließt sich diese Bedenkenhinweispflicht entsprechend an. So kann sich der Unternehmer auch nicht darauf berufen, er habe die mangelnde Eignung der Vorgaben des Bestellers oder die mangelnde Eignung der gelieferten bzw. vorgegebenen Werkstoffe oder Vorleistungen anderer Unternehmer nicht erkennen können, wenn er bei sorgfältiger Prüfung diese mangelnde Eignung hätte erkennen können. Durch die über die Prüfungspflicht noch hinausgehende Hinweispflicht des Unternehmers soll erreicht werden, dass der Unternehmer auch den Besteller als »Herrn des Bauvorhabens« informiert und damit auch in die Lage versetzt, adäquat auf die Bedenken des Unternehmers zu reagieren. Damit sollen letztlich unnötige Kosten vermieden und Schaden von dem Besteller abgewendet werden. Wie § 4 Nr. 3 VOB/B vorgibt, sind die Bedenken dem Besteller unverzüglich anzuzeigen, d. h. alsbald nach der ebenfalls vorzunehmenden sorgfältigen Prüfung der bestellerseitigen Vorgaben, Anordnungen etc. Unverzüglich wird hier i. S. v. § 121 BGB (ohne schuldhaftes Zögern) auszulegen sein.

24

---

50 BGH BauR 1989, 467; OLG Stuttgart BauR 1995, 850; OLG Celle BauR 2002, 821 m. w. N.; OLG Hamm BauR 2003 1052.
51 BGH BauR 2001, 622 = IBR 2001, 177.
52 BGH BauR 1984, 401.
53 BGH BauR 2002, 945 = IBR 2002, 305; BauR 1987, 79.

25 Entsprechend § 4 Nr. 3 VOB/B hat die Bedenkenmitteilung in schriftlicher Form zu erfolgen, was aber nach der Rechtsprechung nicht als zwingendes konstitutives Merkmal für eine mögliche Haftungsbefreiung nach § 13 Nr. 3 VOB/B gilt. So hat die Rechtsprechung es auch als ausreichend angesehen, wenn ein mündlicher Hinweis umfassend, eindeutig und inhaltlich klar und vollständig erteilt wurde. Die Schriftform dient nach richtiger Ansicht[54] vorrangig dem Zwecke der Beweissicherung, so dass auch im Rahmen eines BGB-Bauvertrages ein mündlicher, hinreichend konkreter und vollständiger Hinweis an den Besteller durch den Unternehmer für die Haftungsbefreiung ausreichend ist.[55]

26 Der Unternehmer muss im Rahmen seiner Hinweiserteilung an den Besteller eingehend und umfassend erläutern, welche Gefahren und nachteiligen Folgen sich aus den mangelhaften Vorgaben, Vorleistungen etc. aus seiner Sicht konkret ergeben. Er muss dem Besteller damit letztlich die Möglichkeit einer umfassenden Bewertung einräumen, lediglich allgemeine und pauschale Ausführungen reichen hier nicht aus.[56]

27 Interessant in diesem Zusammenhang ist auch die Frage, inwieweit mit der vorstehend erläuterten Bedenkenhinweispflicht auch eine Verpflichtung des Unternehmers einhergeht, dem Bauherrn/Besteller, konkrete Vorschläge für eine anderweitige Ausführung/anderweitige Verwendung von anderen Materialien, etc. zu unterbreiten, damit die von dem Unternehmer befürchteten Mängel ausbleiben. Wie § 4 Nr. 3 VOB/B richtigerweise ausführt, verbleibt es bei der Verantwortung des Bestellers für seine Angaben, Anordnungen oder Lieferungen. Wenn Vorunternehmerleistungen mangelhaft oder nicht hinreichend geeignet sind, so muss der Besteller dafür selbst Sorge tragen, damit dann der Unternehmer die Chance hat, darauf aufbauend eine mangelfreie Werkleistung zu erbringen. Eine Verpflichtung, konkrete Gestaltungsvorschläge zu unterbreiten, ist daraus nicht zu leiten, sofern nichts anderes vertraglich hierzu vereinbart ist. Unterbreitet allerdings der Unternehmer im Zusammenhang mit seinem Bedenkenhinweis auch einen konkreten Vorschlag, wie die von ihm befürchteten Mängel beseitigt werden könnten, so übernimmt er damit auch im bestimmten Umfange Verantwortung für die entsprechende Planung und gleichzeitig das Risiko, dass sein Vorschlag fehlerbehaftet sein könnte. Hieraus kann dann eine Haftung des Unternehmers entstehen, so dass dem Unternehmer hier eher dazu zu raten ist, seiner Prüfungs- und Bedenkenhinweispflicht sorgfältig nachzukommen, eine Entscheidung über die Behebung des Problems aber entsprechend § 4 Nr. 3 VOB/B vom Besteller einzufordern.[57]

---

54 Kniffka a.a.O. § 634 Rn. 49.
55 BGH BauR 1978, 139; OLG Düsseldorf BauR 1996, 260; OLG Hamm BauR 1995, 852; OLG Köln BauR 1996, 549; BGH NJW 1975, 1217.
56 OLG Düsseldorf BauR 2001, 638.
57 OLG Celle BauR 2000, 1073.

28 Wichtig erscheint an dieser Stelle der Hinweis, dass der Bedenkenhinweis des Unternehmers am Besten dem Besteller direkt, oder – soweit vertraglich vereinbart – an einen zum Empfang eines solchen Hinweises ermächtigten Vertreter oder Empfangsboten des Bestellers adressiert sein sollte. Als Empfangsbote ist nach der Rechtsprechung anzusehen, wer entweder von dem Empfänger zur Entgegennahme von Erklärungen ermächtigt worden ist, oder wer nach der allgemein üblichen Verkehrsauffassung als ermächtigt anzusehen ist, derartige Willenserklärungen oder entsprechend gleichstehende Mitteilungen mit Wirkung für und gegen den Erklärungsempfänger entgegen zu nehmen und zur Übermittlung an den Empfänger grundsätzlich geeignet und bereit ist.[58] Der planende Architekt des Bestellers ist nach der Rechtsprechung grundsätzlich nicht als Empfangsbote anzusehen, insbesondere, wenn der Bedenkenhinweis während der Bauausführung erteilt wird, der planende Architekt jedoch nicht gesondert noch einmal mit der Bauüberwachung beauftragt ist. Allerdings ist hier auf die Umstände des Einzelfalles besonders abzustellen. Ein bauleitender/bauüberwachender Architekt bzw. ein Bauleiter des Bestellers wird häufig als Empfangsbote anzusehen sein, wobei auch hier auf die Umstände des Einzelfalles abzustellen ist. Legt gerade der Besteller die gesamte Bauabwicklung in die Hände seines Bauleiters oder bauüberwachenden Architekten, so wird man nach der Verkehrsanschauung daraus ableiten können, dass auch eine Bestellung zum Empfangsboten gewollt ist. Häufig wird gerade dazu auch im Vertrag eine entsprechende Regelung vorhanden sein. Im Zweifel ist allerdings auch hier danach zu differenzieren, wie gewichtig der Bedenkenhinweis ausfällt: Je gravierender die Auswirkungen sein können, um so dringender ist dem Unternehmer anzuraten, im Zweifel immer seinen Bedenkenhinweis an den Besteller direkt zu richten, um hier nicht letztlich aufgrund einer formalen Unzulänglichkeit einen Fehler zu machen und dann – obwohl er den Mangelgrund erkannt und auch einen entsprechenden Hinweis getätigt hat – trotzdem in der Haftung sein zu müssen, weil man den falschen Adressaten ausgewählt hat.

29 Sollte der – gelegentlich vorkommende – Fall eintreten, dass ein grundsätzlich empfangsbevollmächtigter Architekt oder Bauleiter die Information durch den Unternehmer zwar entgegen nimmt, aber nicht an den Besteller weiterleitet oder sich generell Bedenken nicht anschließt/keine Reaktion zeigt, so muss der Unternehmer in jedem Falle Bedenken an den Besteller weiterleiten, er darf sich nicht mit dem bloßen Hinweis an den Empfangsbevollmächtigten begnügen.[59] Dies gilt insbesondere auch dann, wenn die Bedenken des Unternehmers ihre Ursache in einer möglicherweise unrichtigen Planung des Architekten selbst haben. Gerade in dieser Situation wird es angezeigt sein, nicht nur dem Architekten, sondern auch den Bauherrn/Besteller selbst über diese möglicherweise unzureichende Planung in Kenntnis zu setzen. In diesem Zusammenhang kann es dann wiederum anders

---

58 BGH BauR 2002, 945 = IBR 2002, 305.
59 BGH BauR 1978, 139; BauR 1989, 467; BauR 1997, 301 = IBR 1997, 277; BauR 2001, 622 = IBR 2001, 177.

sein, wenn der beteiligte Bauleiter oder Architekt die Bedenken des Unternehmers vernünftigerweise und mit guten Argumenten entkräften kann, so dass der Unternehmer darauf vertrauen durfte, dass ein Mangel an seiner Werkleistung nicht auftreten würde. Ein solches Agieren des Architekten wird sich zumindest der Besteller dann zu einem bestimmten Grade anrechnen lassen müssen, so dass es dann auch entsprechend der Rechtsprechung des OLG Celle zu einer Haftungsbefreiung des Unternehmers kommen kann.[60]

30 Problematisch ist die Situation für den Unternehmer, wenn er seiner Prüf- und Bedenkenhinweispflicht zwar nachgekommen ist, der Besteller allerdings nicht auf seinen Bedenkenhinweis reagiert. Zwar ist nach § 4 Nr. 3, § 13 Nr. 3 VOB/B der Unternehmer allen seinen Verpflichtungen nachgekommen, so dass man grundsätzlich von einer Haftungsbefreiung ausgehen könnte, allerdings ist auch in diesem Zusammenhang § 242 BGB (der Grundsatz von Treu und Glauben) zu berücksichtigen. So wird also eine ablehnende Reaktion des Bestellers abzuwarten sein, im Zweifelsfall eine Nachfrage zu erfolgen haben. Eine abschließende Entscheidung durch den Bundesgerichtshof bleibt abzuwarten. Vorsorglich sollte aber – auch unter dem Aspekt der Schadensminimierung – eine ausdrückliche Entscheidung durch den Bauherrn/Besteller herbeigeführt werden.[61]

31 Ist also der Unternehmer seiner Prüf- und Bedenkenhinweispflicht in gebotenem, oben dargestelltem Umfang nachgekommen, so kommt er in entsprechender Anwendung des § 13 Nr. 3 VOB/B von der Haftung für einen etwaig auftretenden Mangel frei mit der weiteren Folge, dass er auch keine Nacherfüllung nach § 634 BGB schuldet. Ebenfalls sind die anderen Mängelhaftungsansprüche gegen ihn, wie sie sich aus § 634 BGB ergeben, nicht anzuwenden, dies gilt auch für etwaige Mangelfolgeschäden, z. B. § 280 BGB. Weiter ist es so, dass eine Haftungsbefreiung entsprechend §§ 4 Nr. 3 und 13 Nr. 3 VOB/B auch dann gegeben ist, wenn der Unternehmer die mangelnde Eignung der Vorleistung des Bestellers oder eines anderen Vorunternehmers nicht erkannt hat und auch nicht erkennen brauchte, weil sie entsprechend z. B. nicht erkennbar war. Gleiches gilt, wenn ein Hinweis des Unternehmers zwar nicht erfolgt ist, aber feststeht, dass auch im Falle eines solchen erfolgten Hinweises der Besteller auf der bereits angeordneten Vorgehensweise unter Verwendung der Vorleistungen anderer Unternehmer oder des vorgegebenen Baustoffes beharrt hätte. Dann wäre die Pflichtverletzung des Unternehmers (nicht erfolgter Hinweis) gerade nicht kausal für den eingetretenen Mangel der Werkleistung des Unternehmers geworden.[62]

32 Da der Unternehmer mit dieser Systematik seine Befreiung von der Haftung für eingetretene Mängel beabsichtigt, trägt er die Darlegungs- und Beweislast für die Erfüllung der Prüf- und Bedenkenhinweispflicht. Gerade auch durch die Umfor-

---

[60] OLG Celle Urt. v. 4. 6. 2003 5 U 14/03; BGH BauR 2004, 1992 (Ls.) = IBR 2004, 614.
[61] Vgl. Kniffka a. a. O. § 634 Rn. 58.
[62] BGH BauR 2003, 1753 = IBR 2003, 681; BauR 2003, 1915 = IBR 2003, 551.

mulierung von § 13 Nr. 3 in der VOB/B in der Fassung der Ausgabe 2002 wurde dies nochmals besonders hervorgehoben. Der Unternehmer hat also zu beweisen, dass er im Rahmen der ihm obliegenden Prüfung der Anordnungen des Bestellers bzw. Vorleistungen anderer Unternehmer einen Mangel nicht entdeckt hat und auch nicht erkennen brauchte, dass er einen erkennbaren Mangel entdeckt und in der angemessenen Form dem richtigen Adressaten gegenüber zum rechten Zeitpunkt darauf hingewiesen hat, sowie dass ein gebotener, aber unterlassener Bedenkenhinweis beim Besteller trotzdem zu keiner anderen Anordnung geführt hätte bzw. der Besteller auf der unrichtigen Anordnung oder mangelhaften Vorleistung beharrt hätte.

IV. Mängelverantwortung der verschiedenen Baubeteiligten

1. Mitverschulden des Bestellers und ihm zurechenbarer Personen

Stellt sich heraus, dass die Mangelhaftigkeit der Werkleistung des Unternehmers und/oder weiter daraus resultierender Schaden auf einem konkreten Fehler des Bestellers oder ihm zurechenbarer Personen beruhen sollte, so hat der Besteller anteilig den Schaden nach den allgemeinen Regelungen der §§ 254, 278 BGB zu tragen, der Unternehmer wird dementsprechend anteilig von seiner Schadenstragungspflicht/von seiner Mängelhaftung befreit. Die Rechtsprechung hat diesen allgemeinen Grundsatz des § 254 BGB, der dem Wortlaut nach zunächst nur für die Leistung von Schadensersatz gilt, auf die Mängelhaftung allgemein angewendet, so dass sich gegebenenfalls der Besteller auch bei grundsätzlich berechtigter Weise geltend gemachter Nacherfüllung in angemessenem Umfang an Mangelbeseitigungskosten beteiligen muss bzw. bei einer geltend gemachten Minderung sich ein entsprechendes Mitverschulden anrechnen lassen muss, so dass es nur eine geringere Minderung ergäbe, als ohne ein entsprechendes Mitverschulden.[63] Nach § 254 Abs. 1 BGB ist es so, dass die Verpflichtung zum Ersatz sowie der Umfang des zu leistenden Ersatzes von den Umständen des Einzelfalls und insbesondere davon abhängt, inwieweit der Schaden vorwiegend von dem einen oder anderen Teil verursacht worden ist. Verschulden im Sinne der Vorschrift liegt dann vor, wenn eben der Besteller als Verletzter eine Sorgfalt außer Acht lässt, die ein vernünftiger, ordentlicher und verständiger Mensch zur Vermeidung eines eigenen Schadens anzuwenden pflegt, was aus ganz unterschiedlichen Gründen der Fall sein kann.[64] Die Rechtsprechung nimmt beispielsweise ein erhebliches Eigenverschulden des Bestellers an, wenn dieser – obwohl ihm ein entsprechender Hinweis vorliegt – potentiellen Gefahren nicht nachgeht oder entsprechende zusätzliche Erkundungen (z. B. ein Baugrundgutachten entsprechend DIN 4020) nicht beschafft. So ist es beispielsweise auch, wenn der Unternehmer den Besteller auf die Notwendigkeit einer Baugrunduntersuchung hinweist, der Besteller dem Unternehmer aber das

33

---

63 BGH BauR 1984, 305.
64 BGH NJW 1991, 165 = IBR 1991, 21.

ihm selbst durchaus vorliegende Gutachten nicht überreicht, obwohl gerade dieses Gutachten auf Gefahren bei der Errichtung des Bauwerkes hinweist. In diesem Falle hat die Rechtsprechung ein massives Eigenverschulden bejaht.[65] Weiterhin hat die Rechtsprechung ein erhebliches Eigenverschulden im Sinne des § 254 Abs. 1 BGB angenommen, wenn der Besteller z.B. in einer Nachunternehmer-Kette als Hauptunternehmer ungeprüfte Leistungen eines anderen Subunternehmers von sich selbst übernommen und darauf aufgebaut hat, ohne diese hinreichend zu prüfen. Dann kann er im Verhältnis zum Hauptbauherrn/Hauptbesteller entsprechendes eigenes Verschulden innehaben, so dass er auch den Schaden anteilig zu tragen hat.[66] Dem hingegen ist ein Mitverschulden des Bestellers dann nicht anzunehmen, wenn er einem kompetenten Bauunternehmer auf der Basis eines entsprechenden Vertrages gerade keine Planung zu stellen hat und dies auch tatsächlich nicht tut.[67]

34 Des Weiteren hat ein Bauherr/Besteller neben eigenem Verschulden auch unter bestimmten Voraussetzungen für das Verschulden von Erfüllungsgehilfen gem. § 278 BGB ein zu stehen. Wesentliche Voraussetzung dafür ist es, dass der Besteller gegenüber dem in Anspruch genommenen eine eigene Verbindlichkeit zu erfüllen hat. Liegt diese Voraussetzung vor und hat gerade dieser Erfüllungsgehilfe einen Fehler begangen, so muss sich der Besteller selbst das Verschulden des Erfüllungsgehilfen gem. §§ 254, 278 BGB zurechnen lassen. Es ist also bei jedem einzelnen weiteren Beteiligten sorgfältig zu prüfen, ob sich der Besteller zur Erfüllung von Verbindlichkeiten aus dem Vertrag gegenüber dem Unternehmer eines Erfüllungsgehilfen bedient, denn nur dann ist eine Verschuldenszurechnung über vorgenannten Vorschriften möglich. Im Einzelnen dazu:

Hinsichtlich des **Bauleiters**, den ein Besteller auf seiner Baustelle einsetzt, gilt, dass der Besteller sich ein etwaiges Verschulden nicht zurechnen lassen muss, wenn dieser Bauleiter im Rahmen seiner Bauaufsicht Fehler begeht. Der BGH hat hierzu entschieden, dass der Besteller dem Unternehmer zwar gegebenenfalls eine ausführungsreife Planung, jedoch keine Bauaufsicht schuldet, was auch gegenüber einem Vorunternehmer gilt. Anders kann dies allenfalls dann sein, wenn der Bauleiter auch entsprechende Planungsvollmacht hatte und entsprechende Anordnungen erteilt hat.[68]

35 Die Rechtsprechung hat für **Planer und andere Sonderfachleute** des Bauherrn die Rechtsprechung dahingehend entwickelt, dass sich der Besteller gegenüber dem Unternehmer Planungs- und sog. Koordinierungsverschulden der Fachleute zurechnen lassen muss.[69] Wenn also der Besteller dem Unternehmer eine Planung nach dem vorliegenden Werkvertrag schuldet, so sind die zur Planung eingesetzten

---

65 BGH BauR 1984, 395.
66 BGH BauR 2003, 1213 = IBR 2003, 351.
67 OLG Celle IBR 2005, 14.
68 BGH BauR 1982, 514.
69 BGH BauR 1984, 395; BauR 1985, 561.

Fachleute auch Erfüllungsgehilfen des Bauherrn gegenüber dem Unternehmer aus dieser Verpflichtung heraus. Hierzu können neben dem planenden Architekt auch ein weiterer eingeschalteter Fachmann, Ingenieure sowie sonstige Sonderfachleute (Bodengutachter, Tragwerksplaner etc.) in Betracht kommen. Ähnliches kann auch gelten im Verhältnis zwischen einem Generalunternehmer und einem Nachunternehmer. Gleiches gilt im Grundsatz ebenfalls, wenn ein Werkmangel einerseits auf fehlerhafter planerischer Gestaltung, andererseits aber auch auf unzureichender und damit mangelhafter Ausführung beruht und mit der Mangelbeseitigung letztlich beide unzureichenden Werke behoben würden. Hier ist es dann so zu beurteilen, dass zwar der Unternehmer dem Besteller gegenüber zur Nacherfüllung verpflichtet ist, der Unternehmer allerdings den Besteller hinsichtlich der Haftungsquote beteiligen kann, wenn eine unzureichende Planung vorgelegen hat, die der Besteller dem Unternehmer nach dem Vertrag geschuldet hatte.[70] Sollte im Einzelfall der Besteller dem Unternehmer nicht nur eine ordentliche Planung, sondern ggf. auch eine Koordinierung der Leistung des Unternehmers mit anderen Unternehmerleistungen schulden, so hat er ggf. auch für eigenes Verschulden sowie eine unzureichende Koordinierung durch seine Fachplaner bzw. bauleitenden und bauüberwachenden Architekten ein zu stehen. Ein Mitverschulden ist unter Umständen dann anzunehmen, wenn der Besteller bauen lässt, ohne z. B. eine Prüfstatik abzuwarten. Grundsätzlich ist es zwar so, dass die Einschaltung des **Prüfstatikers** im Wesentlichen alleine im öffentlichen Interesse erfolgt und deshalb grundsätzlich den Unternehmer wegen eines Fehlers der Statik nicht entlasten kann.[71] Allerdings wird es von der Rechtsprechung auch so gesehen, dass der Besteller selbst gegen eigene Obliegenheiten verstoßen kann, so dass ein Mitverschulden in Betracht kommen kann, wenn es wegen Fehlern in der Statik zu weiteren Folgeschäden kommt, die abgewendet hätten werden können, wenn der Besteller bis zur Vorlage der Prüfstatik gewartet hätte.[72]

Hinsichtlich der **Vorleistungen anderer Unternehmer**, die vor dem eigentlichen Unternehmer ihre Leistung erbracht haben, ist es so, dass der Unternehmer auch für Mängel an seinem Werk einzutreten hat, die auf einer unrichtigen, d. h. mangelhaften Vorleistung der anderen Unternehmer beruhen (vgl. oben Rn. 20). Allerdings kann sich der Unternehmer von dieser Haftung für daraus resultierende Mängel befreien, wenn er den Prüfungs- und Bedenkenhinweispflichten der §§ 4 Nr. 3, 13 Nr. 3 VOB/B (im Rahmen des BGB-Bauvertrages in entsprechender Anwendung) rechtzeitig und in adäquater Form nachkommt. Dieser Haftungsbefreiungstatbestand kann aber nur verhindern, dass bereits ein Anspruch dem Grunde nach gegen den Unternehmer seitens des Bestellers geltend gemacht werden kann. Ist ein Anspruchsgrund festgestellt, so kann der Unternehmer gegenüber dem Besteller ein **Mitverschulden** eines Vorunternehmers nicht haftungsbe-

36

---

70 OLG Hamm BauR 2001, 828; OLG Brandenburg BauR 2001, 102.
71 OLG Hamm OLGR 1992, 3; OLG Düsseldorf BauR 2002, 506.
72 Vgl. Kniffka a. a. O. § 634 Rn. 87 m. w. N.

grenzend einwenden, denn nach der Rechtsprechung des Bundesgerichtshofes gilt im Regelfall der Vorunternehmer nicht als Erfüllungsgehilfe des Bestellers im Verhältnis zum Unternehmer, da i. d. R. anzunehmen ist, dass der Besteller gegenüber dem Unternehmer keine Verpflichtung zur mangelfreien Vorunternehmerleistung übernommen hat.[73] Kniffka[74] hat noch darauf hingewiesen, dass ein Unternehmer auch nicht eine Mitverantwortung des Bestellers für einen Prüfungspflichtverstoß eines nachfolgenden Unternehmers einwenden kann, der einen Mangel am Gewerk des Unternehmers nicht bemerkt hat, da insoweit kaum eine Erfüllungsgehilfeneigenschaft vorliegen könnte. Lässt aber der Bauherr/Besteller selbst in Kenntnis eines Mangels des Werkes des Unternehmers weiterbauen, so dürfte eigenes Verschulden des Bestellers vorliegen, so dass er auch möglicherweise sogar ganz überwiegend aus daraus entstehenden (teilweise auch sehr erheblichen) Folgekosten haften wird, und diese nicht vollständig von dem Unternehmer ersetzt verlangen kann.

37 Wenn nun, nachdem eine **Haftungsverteilung** zwischen den verschiedenen Baubeteiligten dem Grunde nach feststeht, eine Aufteilung dieser **Haftungsquoten** ansteht, so ist anhand der Umstände des konkreten Einzelfalles eine verursachungsgewichtende Verteilung zwischen dem Unternehmer, dem Besteller und ggf. zuzurechnenden Erfüllungsgehilfen vorzunehmen. Der Besteller hat insbesondere sich entsprechend seiner Verursachungsquote auch an den Nacherfüllungskosten sowie ebenfalls an den nicht auf Nacherfüllung gerichteten Ansprüchen zu beteiligen. Planungsfehler, Ausführungsfehler und etwaige unterlassene Bedenkenhinweise sind sorgfältig unter Würdigung aller Umstände des Einzelfalles zu prüfen und abzuwägen. Die Rechtsprechung hat wiederholt herausgearbeitet, dass auch ein Bedenkenhinweispflichtverstoß eines Unternehmers durchaus von erheblichem Gewicht sein kann, da gerade ein solcher Pflichtverstoß kausal für einen Mangel sein kann bzw. häufig ist. Es ist in diesem Zusammenhang sorgfältig zu prüfen, ob der Unternehmer unschwer Planungsfehler hätte erkennen können und damit die Mängel sicher hätte voraussehen müssen; in einem solchen Fall kann es nach der Rechtsprechung auch sein, dass das Verschulden des Bestellers vollständig hinter das Verschulden des Unternehmers zurücktritt und der Unternehmer dementsprechend voll haften muss, z. B. dann, wenn ein Architektenplanungsfehler geradezu »ins Auge springend« ist.[75] Eine Mithaftung des Bestellers kommt auch dann in Betracht, wenn er selbst einen planerischen Fehler hätte unschwer erkennen können und müssen, er jedoch auf einen Hinweis oder eine Änderung verzichtet hat, um Kosten einzusparen.[76] Wie das OLG Brandenburg auch ausgewiesen hat, kann

---

73 BGH Urt. v. 27. 6. 1985 V ZR 23/84; BGHZ 95, 128; BauR 2000, 722 = IBR 2000, 217.
74 A. a. O. § 634 Rn. 92.
75 BGH BauR 2005, 1016 = IBR 2005, 306; OLG Stuttgart BauR 1992, 856; OLG Düsseldorf OLGR 1994, 216; BGH BauR 1991, 79; OLG Hamm BauR 1995, 852; OLG Köln OLGR 1995, 314; OLG Bamberg BauR 2002, 1708.
76 BGH BauR 1984, 395.

auch im Einzelfall ein Verschuldensbeitrag des Unternehmers gänzlich zurücktreten, wenn ein Bauherr- oder Planungsfehler so massiv ist oder eine gravierende Verletzung einer Koordinationsverpflichtung des Bestellers vorliegt, dem gegenüber das Verschulden des Unternehmers nur verschwindend gering erscheint.[77]

Auch im Verhältnis des Bestellers gegenüber einem Werkunternehmer, der eine Planung schuldet, also ein entsprechender »Planungsunternehmer« kommt eine **Mithaftung des Bestellers** nach den o.g. Kriterien, also nach den Grundsätzen der §§ 254, 278 BGB in Betracht. Ein eigenes Verschulden ist nach den oben stehenden Kriterien zu berücksichtigen. Für andere Beteiligte kann dies nur zurechenbar sein, wenn er gegenüber dem individuellen Planer eine entsprechende Verbindlichkeit begründet hat, dies gilt in der Regel nicht für den Unternehmer, da dieser in der Vertragsbeziehung zwischen Bauherr/Besteller und dem Planer als Unternehmer kein Erfüllungsgehilfe sein dürfte. Für das wiederum interessante und komplexe Beziehungsgeflecht und potentielle Verschulden von anderen **Fachplanern** gilt, dass sich dieses der Besteller im Verhältnis zu einem Planer nur dann zurechnen lassen muss, wenn er diesem individuellen Planer bestimmte Leistungen schuldete, für die er sich wiederum anderer Fachleute bedient hatte. Dies muss anhand jedes konkreten Einzelfalles und den individuellen Umständen geprüft werden. Grundsätzlich ist es nach der Rechtsprechung hier so, dass insbesondere Planer und Sonderfachleute (z.B. Bodengutachter, etc.) gesamtschuldnerisch gegenüber dem Besteller vollständig haften, soweit ihre fehlerhafte Planung daraus resultiert, dass sie erkennbar fehlerhafte Vorgaben anderer Planer oder Sonderfachleute übernommen haben. Dies wird damit begründet, dass Planer und Sonderfachleute zusammen wirken, um eine Grundlage für die Bauausführung zu schaffen. Ist es allerdings so, dass die Unrichtigkeit der übernommenen Vorgaben dem nach durchschnittlichen Kriterien zu bewertenden fachkompetenten Planer nicht erkennbar sind, so haftet dieser Planer auch nicht, außer es kann ihm ein selbständiger eigener Fehler vorgeworfen werden.[78]

38

Nimmt schließlich der Besteller den von ihm beauftragten Bauleiter in Anspruch, so kann dieser regelmäßig weder Ausführungsfehler des Unternehmers, noch ein Verschulden des planenden Architekten oder anderer Fachplaner haftungsmindernd einwenden, denn der Besteller schuldet dem Bauüberwacher weder eine mangelfreie Planung, noch eine mangelfreie Ausführung. Letzterer hat vielmehr dafür Sorge zu tragen, dass eine vertragsgerechte Planung in dem Bauvorhaben ordentlich umgesetzt wird.[79]

39

---

77 OLG Brandenburg BauR 2003, 1054.
78 BGH BauR 2003, 1613 = IBR 2003, 552; OLG Köln Urt. v. 14.9.1999 22 U 30/99; BGH Beschl. v. 25.1.2001 VII ZR 398/99.
79 Vgl. Kniffka a.a.O. § 634 Rn. 99 m.w.N.

2. Ausgleich mehrerer zur Leistung Verpflichteter (Gesamtschuldnerausgleich)

40 Durch das gemeinsame Wirken vieler verschiedener Baubeteiligter an einem Bauwerk ergibt sich zwangsläufig, dass verschiedene Fehler der einzelnen Beteiligten auch – einzeln oder gemeinsam – zu Mängeln an dem Gesamtwerk beitragen können. Hier kann es bereits in der frühen Planungsphase zu Fehlern kommen, es können Fehler während der Bauausführung oder der Bauüberwachung geschehen, nicht selten bauen auch verschiedene Unternehmer ihre Werkleistungen aufeinander auf, wobei auch Fehler bei dem ersten Unternehmer zu Mängeln bei einem späteren Unternehmer führen, obwohl dieser den Fehler des Voruntersnehmers möglicherweise hätte erkennen können. Vorstehend wurde bereits beschrieben, welche Ausführungs-, Prüfungs- und Bedenkenhinweispflichten dem Einzelnen beteiligten treffen können. Kommt es hier bei mehreren Beteiligten zu Verstößen, so kann u. U. der Besteller von mehreren Beteiligten Nacherfüllung begehren oder gegebenenfalls auch andere Mängelhaftungsansprüche geltend machen. Wenn die allgemeinen Voraussetzungen für die Annahme einer Gesamtschuld i.S.d. § 421 Satz 1 BGB vorliegen, so können mehrere Baubeteiligte auch gesamtschuldnerisch haften. Nach den Grundzügen der Rechtsprechung zu § 421 BGB ist es so, dass ein Gesamtschuldverhältnis dann anzunehmen ist, wenn die Pflichten der einzelnen Schuldner nach der Interessenlage des Gläubigers im Grundsatz inhaltsgleich sind. Dies ist anzunehmen, wenn die Schuld demselben Zweck dient, also jeder der Schuldner auf seine Art für die Beseitigung desselben Schadens einzustehen hat, welcher dem Besteller dadurch entstanden ist, dass jeder einzelne der Schuldner seine individuellen vertraglichen Pflichten verletzt hat.[80] Auf der Basis dieser zitierten Entscheidung des Bundesgerichtshofes hat die Rechtsprechung in der Folge verschiedene »Kooperationen am Bau« untersucht und individuell geprüft und entschieden, ob gesamtschuldnerische Haftungsverhältnisse vorliegen. Danach ist es nach der Maßgabe des Bundesgerichtshofes grundsätzlich so, dass zwischen einem Unternehmer und einem bauleitenden Architekten eine gesamtschuldnerische Haftung besteht, wenn zum einen der Unternehmer seinen werkvertraglichen Leistungspflichten zur Herstellung des Werkes und zum anderen der Architekt seine Aufsichtspflichten verletzt hat, und diese beiden Pflichtverletzungen zu einem Mangel am Bauwerk geführt haben.[81] Des Weiteren hat der Bundesgerichtshof eine gesamtschuldnerische Haftung zwischen dem planenden und dem bauleitenden Architekten im Grundsatz bejaht.[82] Auch ist es so, dass grundsätzlich ein gesamtschuldnerisches Verhältnis zwischen Unternehmer und Architekt anzunehmen ist, wobei Kniffka richtigerweise darauf hinweist, dass eine Haftungsbegrenzung in der Höhe zu berücksichtigen ist, mit welcher beide Gesamtschuldner haften.[83]

---

[80] BGH NJW 1969, 653.
[81] BGHZ 43, 227 = NJW 1965, 1175.
[82] BGH BauR 1989, 97.
[83] Kniffka a.a.O. § 634 Rn. 120; BGH BauR 2002, 1536 = IBR 2002, 552.

Haben mehrere Unternehmer einzeln oder gemeinsam einen Mangel am Bauwerk verursacht, so können diese gemeinsam dem Besteller gegenüber haften. Dies ist insbesondere dann zu bejahen, wenn die Unternehmen sich dazu verpflichtet haben, dieselbe Leistung dem Besteller zu erbringen, was ggf. auch im Hinblick auf eine ARGE in Betracht kommt. Gleiches ist anzunehmen, wenn ein Vorunternehmer und ein darauf folgender Nachunternehmer gemeinsam einen Mangel produziert haben, der nur einheitlich beseitigt werden kann.[84] War eine Vorleistung eines Unternehmers mangelhaft und baut ein nachfolgender Unternehmer darauf auf, so können beide gesamtschuldnerisch für die Mangelbeseitigung haften. Weiter kann ein Vorunternehmer nicht nur die Herstellung eines mangelfreien Zustands seines eigenen Gewerkes schulden, sondern auch ggf. für andere Gewerke einzustehen haben, wenn er im Rahmen seiner eigenen Nacherfüllung/Mangelbeseitigung andere Gewerke beschädigt hat.[85] Ein darauf folgender Unternehmer schuldet grundsätzlich nur die Mangelbeseitigung an seinem eigenen Gewerk, überschneiden sich diese Leistungen aber mit den Mangelbeseitigungsverpflichtungen des vorhergehenden Unternehmers, so kommt wiederum eine gesamtschuldnerische Haftung beider in Betracht.[86]

41

Liegt – wie vorstehend geschildert – also eine sog. **gesamtschuldnerische Haftungslage** vor und wird ein Gesamtschuldner von dem Gläubiger (in der Regeln dann der oder die Besteller) in Anspruch genommen, so kann der in Anspruch genommene Schuldner von dem anderen Schuldner einen entsprechenden **Ausgleich nach § 426 BGB** entsprechend dem Anteil seiner Mitverantwortung begehren. § 426 Abs. 1 BGB ist – wie die Rechtsprechung wiederholt herausgearbeitet hat – auf Freistellung von der Verbindlichkeit gegenüber den Gläubigern in Höhe des Anteils gerichtet, den der Ausgleichsverpflichtete gegenüber dem ausgleichsberechtigten Gesamtschuldner zu tragen hat; wird der Gläubiger allerdings schon vorab befriedigt, so verwandelt sich dieser Freistellunganspruch in einen Zahlungsanspruch gegen den anderen Mitgesamtschuldner.[87] Derjenige, der von dem anderen Gesamtschuldner nunmehr den Ausgleich begehrt, hat im Zweifelsfall darzulegen und zu beweisen, dass die Voraussetzungen seines Ausgleichsanspruchs nach § 426 BGB bestehen. Grundsätzlich ist es so, dass entsprechend § 426 Abs. 1 BGB die Gesamtschuldner im Verhältnis zueinander zu gleichen Anteilen verpflichtet sind, soweit nicht ein anderes bestimmt ist. Die Rechtsprechung hat bereits früh entschieden, dass bei Mangelfällen sich die Quote nach dem Maß des Verursachungsbeitrages der einzelnen Gesamtschuldner richtet und dabei im Rahmen des § 254 BGB zu werten ist, wie der oder die aufgetretenen Mängel und etwaig entstande-

42

---

[84] BGH BauR 2003, 1379 = IBR 2003, 468.
[85] BGH Urt. v. 10. 4. 2003 VII ZR 251/02.
[86] BGH BauR 2003, 1379 = IBR 2002, 468; Ganten BauR 1987, 187; Stamm NJW 2003, 2941.
[87] BGH NJW 1995, 652; BGHZ 23, 361.

43 Sodann ist zu prüfen, welche Anteile die **einzelnen Beteiligten** an der Gesamtschadens- bzw. Mangelsituation innehaben. Die Rechtsprechung hat über die Jahre hier gewisse Leitlinien entwickelt, die aber sehr stark einzelfallabhängig sind, so dass eine starre Systematisierung sich bereits deswegen verbietet. Nach einer gefestigten Meinung ist es zunächst so, dass derjenige Beteiligte, der »nur« seine Bedenkenhinweispflicht verletzt hat, weniger stark beteiligt sein soll, als derjenige, der durch seinen unmittelbaren Beitrag den Mangel gesetzt hat (z.B. fehlerhaftes Bodengutachten, fehlerhafte statische Berechnungen, fehlerhafte Planung).[89] Allerdings wird man hier eine gewisse Relativierung vorzunehmen haben, denn der Unternehmer, der seine Prüfungs- und Bedenkenhinweispflicht vernachlässigt hat, hat nach der Rechtsprechung des Bundesgerichtshofes auch einen wesentlichen Beitrag für das Entstehen des Mangels getätigt, der entsprechend zu berücksichtigen ist.[90] Der Bundesgerichtshof hat auch in einer neueren Entscheidung nochmals die Bedeutung der Prüfungs- und Bedenkenhinweispflicht hervorgehoben.[91]

44 Weiter hat die Rechtsprechung entschieden, dass derjenige, der lediglich seine Aufsichtspflicht verletzt hat, gegenüber denjenigen oder demjenigen, die ihre Herstellung mangelhaft erbracht haben, im geringeren Umfange haftet. Allerdings wird dies auch nicht so allgemein begründet werden können.[92] Zusammenfassend ist hier allerdings festzustellen, dass immer anhand der Umstände des Einzelfalles geprüft werden muss, welche Seite den größeren Verursachungsbeitrag erbracht hat, was der tatrichterlichen Würdigung unterliegt.

45 Hat ein Gesamtschuldner den Gläubiger befriedigt, kann er im Rahmen des **Ausgleichsanspruches** von den anderen Gesamtschuldnern nur Ersatz für den Umfang erlangen, der seinen eigenen Anteil übersteigt, wobei er von den einzelnen Gesamtschuldnern nur den Anteil verlangen kann, den diese im Innenverhältnis der Gesamtschuldner zu tragen haben. In diesem Zusammenhang ist auch noch § 426 Abs. 1 S. 2 BGB zu beachten, wonach im Falle eines »Ausfalls« eines Gesamtschuldners sich die übrigen Beteiligten dessen Anteil entsprechend anteilig aufzuteilen haben.

46 Fraglich ist in diesem Zusammenhang auch, ob ein Ausgleichsberechtigter von den anderen Gesamtschuldnern anteilig seine Prozesskosten erstattet verlangen kann, die ihm bei seiner Rechtswahrnehmung im Prozess gegen den Gläubiger entstanden sind. § 426 Abs. 1 BGB erfasst gerade die Prozesskosten nicht. Der Bundesgerichtshof hat in einer Entscheidung aus dem Jahre 2003 erkannt, dass Prozesskos-

---

88 BGH NJW 1965, 1175; BGH NJW 1969, 653.
89 Ingenstau/Korbion/Wirth 15. Aufl., § 13 VOB/B Rn. 323; Werner/Pastor Rn. 1993.
90 BGH BauR 1991, 79; OLG Celle IBR 2004, 12.
91 BGH BauR 2005, 1016 = IBR 2005, 306.
92 BGH NJW 1965, 1175; OLG Frankfurt IBR 2004, 330.

ten des vom Gläubiger in Anspruch genommenen Gesamtschuldners von anderen Gesamtschuldnern zu erstatten sind, wenn und so weit diese dadurch veranlasst wurden, dass die anderen Gesamtschuldner den in Anspruch genommenen Gesamtschuldner durch Verweigerung oder verzögerliche Erfüllung ihrer Pflicht zur anteiligen Befriedigung des Gläubigers gezwungen haben, ein ungünstiges Prozessrisiko einzugehen oder gar sich einer offensichtlich berechtigten Klage auszusetzen.[93] Wie Kniffka ausführt,[94] sind die Folgekosten aus einem Verzug, der nach § 280 Abs. 1 und Abs. 2 BGB in Verbindung mit § 286 BGB erstattungsfähig ist, in Form der durch den höheren Streitwert bedingten Prozesskosten kausal durch die Nichterfüllung der Freistellung verursacht und deshalb grundsätzlich erstattungsfähig. Der übrige Gesamtschuldner kann sich dann gegebenenfalls dadurch entlasten, dass er nachweist, dass ihn kein Verschulden trifft, so dass der verschuldensabhängige Schadensersatzanspruch nach § 280 Abs. 1 S. 2 BGB ausscheiden könnte. Dies ist nach der Rechtsprechung des Bundesgerichtshofs z. B. dann der Fall, wenn sich der Ausgleichsverpflichtete sachverständig hat beraten lassen und aufgrund dieser Beratung objektiv nachvollziehbar der Meinung sein dürfte, er müsse keinen Schadensersatz leisten bzw. keinen Ausgleich vornehmen.

Sonderfall: Der gestörte Gesamtschuldnerausgleich

Der **gestörte Gesamtschuldnerausgleich** ist ein schuldrechtliches Phänomen, dass auch in vielen Bauprozessen immer wieder auftritt, wobei es insbesondere darum geht, dass einer oder mehrere der Gesamtschuldner ein privilegiertes Verhältnis zum Gläubiger haben, von diesem also nicht oder nur mit bestimmten Einschränkungen in Anspruch genommen werden können. In diesem Zusammenhang stellt sich dann immer die Frage, ob diese bevorzugte Stellung auch im Verhältnis der Gesamtschuldner untereinander Platz greift oder nicht. Die Rechtsprechung hat hier in den letzten Jahrzehnten wesentliche Eckpunkte herausgearbeitet. Insbesondere ist z. B. hervorzuheben, dass eine solche bevorzugte Stellung nicht den Ausgleichsberechtigten benachteiligen darf, also der Ausgleichsanspruch eines nicht privilegierten Gesamtschuldners nicht beeinträchtigt wird.[95] Besonders **Privilegierungen**, die erst nach der Entstehung einer Gesamtschuld zwischen dem Gläubiger und einem Gesamtschuldner **vereinbart** werden, können nicht zu Lasten eines anderen Gesamtschuldners sich auswirken (entsprechend § 423 BGB).[96] Beachtenswert ist hier, dass – sowohl bei einem Erlass als auch bei einem Vergleich – beide für alle übrigen Gesamtschuldner ebenfalls gelten, wenn die Vertragsschließenden das gesamte Schuldverhältnis regeln wollten.[97] Ob das gesamte Schuldverhältnis aufgehoben werden soll, hat derjenige zu beweisen, der sich darauf beruft. Streitig diskutiert wird heutzutage insbesondere noch die Frage, ob die Privilegierung

47

---

93 BGH BauR 2003, 1379 = IBR 2003, 468.
94 A.a.O. § 634 Rn. 139 ff.
95 BGHZ 12, 213; BGH NJW 1972, 942; Werner/Pastor Rn. 2007.
96 BGHZ 47, 376.
97 BGH BauR 2003, 1379 = IBR 2003, 468.

auch auf das Verhältnis des Gläubigers zum anderen, an sich nicht privilegierten Gesamtschuldners übertragen werden kann, oder ob die Privilegierung letztlich nur für den bevorzugten Gesamtschuldner wirtschaftlich sich als nutzlos erweist, weil sie im Innenverhältnis mit den anderen Gesamtschuldnern dann wieder »aufgehoben« wird. Kniffka weist verschiedene Varianten zu der Frage »Kurze Verjährung«, »Einräumung des Mängelbeseitigungsrechts«, »Privilegierungen durch Einigung nach Eintritt des Mangelfalls« aus und führt dazu im wesentlichen aus, dass hier die individuelle Privilegierung vorliegt und deren Zweck spezifisch untersucht werden müsse, wobei es häufig auch auf die ganz konkreten Umstände des Einzelfalles ankommen soll. Zusammenfassend weist Kniffka darauf hin, dass der BGH anerkannt hat, dass gerade Privilegierungsvereinbarungen als Vertrag zu Gunsten des nicht beteiligten Gesamtschuldner ausgelegt werden können, dass dieser nicht mehr oder nur beschränkt in die Haftung genommen werden kann, was insbesondere in den Fällen gelten soll, in denen nach den Gesamtumständen der Besteller davon ausgehen muss, dass der Vergleichspartner eine abschließende Lösung sucht, die eine weitere Inanspruchnahme durch Innenausgleich des weiteren Gesamtschuldners ausschließt, es also zu einer beschränkten Gesamtwirkung kommen soll.[98]

3. Beteiligung des Bestellers an den Kosten im Rahmen der Mängelhaftung

a) Beteiligung des Bestellers an den sog. »Sowiesokosten«

48 Die Rechtsprechung hat zu den sog. »**Sowiesokosten**« den Grundsatz entwickelt, dass der Besteller verpflichtet sein kann, sich an den Kosten der Mängelhaftung des Unternehmers zu beteiligen. So hat z.B. der Besteller, wenn er durch die Mangelbeseitigung außerhalb einer ohnehin bestehenden vertraglichen Verpflichtung des Unternehmers Vorteile erlangt, diese dem Unternehmer auszugleichen.[99] Nach dem BGH darf des Weiteren ein Unternehmer nicht mit solchen Maßnahmen und den daraus resultierenden Kosten belastet werden, um die das Werk bei von Anfang an ordnungsgemäßer Ausführung ohnehin teurer geworden wäre.[100] Ebenso gilt, dass Maßnahmen zur Mängelbeseitigung als anrechnungsfähige Sowiesokosten zu betrachten sind, wenn der gewünschte Erfolg nur durch die Vergabe von Zusatzaufträgen oder eines völlig anderen, teureren Auftrags von vornherein hätte erreicht werden können.[101] In diesem Zusammenhang ist noch zu berücksichtigen, dass Kosten, um die das Werk von vornherein teurer geworden wären (also Sowiesokosten), auf den Preisstand der damaligen Ausführungszeit zurück zu berechnen

---

98 Kniffka a.a.O, § 634 Rn. 155 ff.; BGH Urt. v. 21.3.2000 IX ZR 39/99; OLG Hamm BauR 1997, 1650.
99 BGHZ 91, 206; BGH BauR 1990, 84 = IBR 1990, 60.
100 BGH BauR 1990, 360 = IBR 1990, 429.
101 BGHZ 90, 344 = BauR 1984, 310; BGH BauR 2002, 86 = IBR 2002, 466.

sind, da dem Besteller Inflationssteigerungen nicht angerechnet werden können, zumindest nicht im Grundsatz.[102]

Damit also genau geprüft werden und festgelegt werden kann, was der Unternehmer an Sowiesokosten anrechnen kann, muss zunächst einmal die von dem Unternehmer nach dem Werkvertrag geschuldete Leistung dezidert ermittelt und durch Auslegung des Vertrages unter Berücksichtigung aller seiner Bestandteile exakt festgelegt werden. Es kommt also auch hier sehr wesentlich darauf an, was nach dem Vertrag bereits geschuldet ist. Je weniger konkret der Besteller seine Leistungsbeschreibung formuliert hat, umso eher wird man annehmen können, dass im Zweifel auch ein weitergehender Leistungsbereich des Unternehmers besteht, so dass er unter Umständen Mehrkosten in einem Bereich, in dem er gegenüber dem Besteller eine z.B. Baukostengarantie erklärt hat, keine Sowiesokosten anrechnen kann.[103] Problematisch kann die Weitergabe von Sowiesokosten dann sein, wenn sie zu einer Benachteiligung des Bestellers führen würde. So ist bspw. vom Bundesgerichtshof eine Anrechnung von Sowiesokosten abgelehnt worden in einem Fall, in dem ein Generalunternehmer, der von seinem Subunternehmer wegen eines Planungsfehlers Schadensersatz begehrte und jener wiederum Sowiesokosten entgegenstellte, wobei der Generalunternehmer keinen Abzug gegenüber dem Bauherren machen konnte, da er einen Pauschalfestpreis vereinbart hatte. Diese Rechtsprechung erscheint aber durchaus nicht unproblematisch: Der Hauptunternehmer wird schon nachweisen müssen, dass er bei von vornherein korrekter Ausführung bzw. Planung den erhöhten Preis auch an seinen Besteller hätte weitergeben können und nur jetzt im Nachgang dies nicht mehr tun kann. Ansonsten erscheint es unbillig, hier nicht auch dem Nachunternehmer einen Abzug der Sowiesokosten zu gestatten.[104]

b) Vorteilsausgleichungen, Abzüge neu für alt und Abzüge für Gebrauchsvorteile

Einen Abzug als sog. Vorteilsausgleichung »neu für alt« für eine nach einer entsprechenden Mangelbeseitigung gegebenenfalls verlängerte Lebensdauer des Werkes wurde bislang von der Rechtsprechung zu Recht immer abgelehnt. Der Unternehmer hätte es hier ja in der Hand, seiner Mangelbeseitigungsverpflichtung zunächst durch längeres Zuwarten/erhebliche Verzögerung für längere Zeit zu entgehen, und dann die weitere längere Lebensdauer – so sie denn bestehen sollte – als bereinigendes und damit kürzendes Moment seiner Mängelhaftungsverpflichtung ins Feld zu führen. Dies widerspricht aber der klaren gesetzgeberischen Intention im Rahmen des Bau-Werkvertragsrechtes.[105]

---

102 BGH BauR 1993, 722 = IBR 1994, 18.
103 BGH BauR 1994, 776 = IBR 1995, 2; OLG Hamm NZBau 2004, 445.
104 BGH BauR 1990, 84 = IBR 1990, 60; Urt. v. 8.7.1993 VII ZR 176/91.
105 BGH BauR 2002, 86 = IBR 2002, 466.

51 Ob ein Abzug für Gebrauchsvorteile zu machen ist, ist jedenfalls nach neuem Recht noch streitig, insbesondere wenn man die Regelung des § 635 Abs. 4 BGB berücksichtigt. Danach kann der Unternehmer vom Besteller Rückgewähr des mangelhaften Werkes nach Maßgabe der §§ 346–348 BGB verlangen, wenn er das Werk im Rahmen der Mängelhaftung neu herstellt. Es kann hier im Rahmen des § 346 Abs. 1 BGB auch zur Erstattung der gezogenen Nutzungen kommen, was nicht unumstritten ist. Nach dem klaren Wortlaut des Gesetzes und der Gesetzesbegründung ist hier eine Nutzungsentschädigung zu leisten, was bedeutet, dass der Bauherr als Besteller Gebrauchsvorteile herauszugeben hätte. Diese werden in Geld nach dem objektiven Wert beurteilt. Es gibt nach der Gesetzesänderung durch das Schuldrechtsmodernisierungsgesetz auch keinen ersichtlichen Grund, die Ersatzpflicht für Gebrauchsvorteile nicht auch für die anderen Fälle der Mängelhaftung anzunehmen, in welchen der Sache nach die Kosten für eine Neuherstellung verlangt werden. Das bedeutet also, dass Gebrauchsvorteile auch anzurechnen sind, wenn der Bauherr als Besteller z.B. Kostenerstattung, Vorschuss, Minderung oder Schadensersatz in Höhe der Neuherstellungskosten verlangt. Wie sich diese konkret gestalten und zu berechnen sind, muss anhand der Umstände des Einzelfalles bewertet werden, so dass sich an der bisherigen Rechtslage nichts Gravierendes ändern dürfte.[106]

4. Bauträgervertrag

52 In der Baupraxis häufig sind auch Fälle, in welchem ein Bauträger einem Erwerb ein neu errichtetes oder aber auch (zum Teil grundlegend) saniertes Bauwerk oder einen Teil davon veräußert. **Nach bisherigem Recht** hatte der BGH angenommen, dass ein solcher Vertrag sowohl kaufvertragliche als auch werkvertragliche Komponenten beinhaltet.[107] Hinsichtlich des Grundstückserwerbs wurde nach der Rechtsprechung Kaufrecht, hinsichtlich der Mängelhaftung an dem Bauwerk wurde das Werkvertragsrecht angewendet.[108] Hiernach hatte der Bauträger eine mangelfreie Herstellung des Bauwerks geschuldet. Dies sollte auch gelten, wenn das Bauwerk bereits fertig gestellt war.[109] Für das neue Recht ist – obwohl dies derzeit noch diskutiert wird – davon auszugehen, dass es bei den bisherigen Grundsätzen verbleiben wird. Insbesondere wenn Herstellungspflichten des Bauträgers bestehen, ist das Werkvertragsrecht heranzuziehen.[110] Bei einer **Veräußerung eines sanierten Bauwerks** ist zu differenzieren, ob keine Herstellungspflichten des Veräußerers bestehen (dann ist i.d.R. ausschließlich Kaufrecht anzuwenden), oder ob der Veräußerer auch Herstellungspflichten übernommen hat (dann kommt es wiederum darauf an,

---

106 BGHZ 91, 206 = BauR 1984, 510; BGHZ 108, 65 = BauR 1989, 606; OLG Hamm NJW-RR 1993, 1236; OLG Brandenburg ZFBR 2001, 114; OLG Düsseldorf BauR 2002, 892.
107 BGHZ 74, 204; 92, 123; NJW 1985, 925.
108 Vgl. dazu ausführlich Kniffka a.a.O. § 634 Rn. 161.
109 BGH BauR 2006, 99 = IBR 2006, 31; BauR 2005, 542 = IBR 2005, 154.
110 Siehe zum Streitstand Kniffka a.a.O. § 634 Rn. 164 ff.

ob ein Verstoß gegen die Herstellungspflichten vorliegt mit der Folge der Anwendung von Werkvertragsrecht,[111] oder eine der sonstigen Verpflichtungen aus dem Vertrag verletzt wurde, die dann i.d.R. nach Kaufrecht zu beurteilen ist).[112]

B. Relevanz für die Baupraxis

In der Baupraxis ist es so, dass »tagtäglich« bundesweit Prozesse über Mängel am Bau und die daraus resultierenden Konsequenzen und Rechte der verschiedenen Beteiligten zu führen sind. Nachstehend soll nur in gebotener Kürze eine Gesamtübersicht und Kurzausführung zu den verschiedenen Möglichkeiten des Unternehmers erfolgen, in der Kommentierung der nachstehenden Paragraphen wird dann hierauf im Einzelnen dezidiert eingegangen. Praktisch ist es so, dass § 634 BGB aufgrund seiner Verweisungs- bzw. Katalogfunktion immer im Zusammenhang mit einer der nachstehenden Normen (§§ 635 ff. BGB) zur Anwendung kommt.

53

1. Nacherfüllung gem. §§ 634 Nr. 1, 635 BGB

Bei einem Bauvertrag nach den §§ 631 ff. BGB ist in den §§ 634 Nr. 1, 635 BGB der Nacherfüllungsanspruch als modifizierte Form des Erfüllungsanspruches eingeführt.[113] Dieser modifizierte Anspruch war auch schon im Werkvertragsrecht vor der Schuldrechtsmodernisierung als »Nachbesserungsanspruch« in § 633 Abs. 2 BGB a.F. geregelt. In dieser bisherigen Fassung war jedoch nach dem Wortlaut nur eine Nachbesserung, nicht aber auch eine Neuherstellung vorgesehen. Allerdings konnte auch nach der Rechtsprechung diese Nachbesserung bis zur Neuherstellung des Bauwerks reichen, wenn auf andere Weise ein mangelfreier Zustand nicht erreicht werden konnte.[114] Diese weitgehende Verpflichtung des Herstellers wurde durch die neue Regelung gesetzlich verankert. Durch den Werkvertrag wird der Werkunternehmer verpflichtet, das vereinbarte Werk mangelfrei herzustellen. Kommt er dieser Verpflichtung nicht nach, kann der Besteller Nacherfüllung verlangen. Zu entscheiden ist, ob der Werkunternehmer diesen Anspruch des Bestellers auch durch Herstellung eines neuen Werkes erfüllen kann und wem die Wahl zwischen Mangelbeseitigung oder Neuherstellung zusteht.[115]

54

Erhalten bleibt auch weiterhin, dass der Unternehmer die Mangelbeseitigung verweigern kann, wenn sie nur mit unverhältnismäßigen Kosten möglich ist, § 635

55

---

111 BGH BauR 2006, 99 = IBR 2006, 29.
112 In Teil D – Rechtsprechungsübersicht werden noch weitere Beispiele, insbesondere zur Abgrenzung, angeführt.
113 Grauvogl in: Wirth/Sienz/Englert Teil 2 Rn. 3; Kniffka a.a.O. § 635 Rn. 2 m.w.N.; Grauvogl in: Englert/Grauvogl/Maurer Rn. 872.
114 BGH BauR 1998, 123 = NJW-RR 1998, 233; Ingenstau/Korbion § 13 Nr. 5 VOB/B Rn. 479 ff.; MüKo/Busche, § 633 Rn. 106.
115 Amtliche Begründung BT-Drucks. 14/6040, S. 685.

Abs. 3 BGB. Dies steht im Einklang mit der Regelung des § 275 Abs. 2 BGB aus dem allgemeinen Leistungsstörungsrecht. Denn danach kann der Schuldner die Leistung ebenfalls verweigern, soweit dieser einen Aufwand erfordert, der unter Beachtung des Inhaltes des Schuldverhältnisses und der Gebote von Treu und Glauben in einem groben Missverhältnis zu dem Leistungsinteresse des Gläubigers steht. Mithin wird also festgeschrieben, was auch bisher schon in der Rechtsprechung zu den Grenzen der Nachbesserungspflicht Geltung hatte.[116]

2. Selbstvornahme und Aufwendungsersatz, §§ 634 Nr. 2, 637 BGB

56 Nachrangig zur Nacherfüllung hat der Besteller nach erfolglosem Fristablauf nach den §§ 634 Nr. 2, 637 BGB die Möglichkeit eines Anspruches auf Selbstvornahme zur Beseitigung vorhandener Mängel. Diesen Anspruch auf »Ersatzvornahme« gab es auch schon im § 633 BGB a. F. Für den Bereich des Bauvertragsrechts entspricht die Regelung der Bestimmung des § 13 Nr. 5 Abs. 2 VOB/B, wonach der Besteller berechtigt ist, bei mangelhaften Bauleistungen nach dem erfolglosen Fristablauf zur Nacherfüllung den Mangel selbst zu beseitigen und die hierfür entstandenen Aufwendungen vom Unternehmer ersetzt zu verlangen.

57 Nach altem Bauvertragsrecht im Rahmen des BGB war Voraussetzung für die Ersatzvornahme, dass der Unternehmer mit der Mangelbeseitigung (schuldhaft) in Verzug geraten war. Dies ist in der nunmehrigen Neuregelung nach § 637 Abs. 1 BGB anders: Notwendig ist hier lediglich eine erfolglos abgelaufene, vom Besteller gesetzte angemessene Frist zur Nacherfüllung, das Vorliegen eines schuldhaften Verzuges i. S. e. ebenso schuldhaften Verzögerung der Mangelbeseitigung ist nicht mehr erforderlich. Dies kann in der Baupraxis durchaus Härten auf Seiten des Unternehmers bedeuten: Erfolgt beispielsweise durch den Besteller eine angemessene Fristsetzung, ist sie für den Unternehmer auch dann zu beachten, wenn beispielsweise wegen einer Vielzahl von Arbeiten oder anderen Umständen (z. B. Betriebsurlaub, Streik, etc.) die Einhaltung der Frist gefährdet oder nahezu unmöglich ist. Auf diese neue Situation müssen sich dem entsprechend alle Unternehmer rechtzeitig durch entsprechende zeitliche Disposition einstellen. Eine Fristsetzung ist weiterhin in den Fällen des § 323 Abs. 2 BGB entbehrlich, wenn

– der Auftragnehmer die Leistung (= Mangelbeseitigung) ernsthaft und endgültig verweigert,
– der Schuldner die Mangelbeseitigung zu einem im Vertrag bestimmten Termin oder innerhalb einer bestimmten Frist nicht bewirkt und der Gläubiger im Vertrag den Fortbestand seines Leistungsinteresses an die Rechtzeitigkeit der Leistung gebunden hat, oder

---

[116] BGH BauR 1997, 601; OLG Celle BauR 1998, 401; BGH NJW 1973, 138; BGH NJW 1995, 1836; Palandt/Sprau a.a.O. § 633 Rn. 7.

– besondere Umstände vorliegen, die unter Abwägung der beiderseitigen Interessen den sofortigen Rücktritt rechtfertigen.

Es war schon bisher nach der Rechtsprechung keine Fristsetzung dann erforderlich, wenn der Unternehmer von vornherein jede Mangelbeseitigung kategorisch verweigert hatte; dies wurde jetzt auch im Gesetz so kodifiziert.[117] Ebenso ist eine Fristsetzung dann entbehrlich, wenn Besteller und Unternehmer gerade für die Mangelbeseitigung einen bestimmten Termin als Fixtermin vereinbart haben, etwa, weil bis spätestens zu diesem Termin zur Vermeidung weiterer Nachteile die Übergabe einer mangelfreien Baugrube an den Rohbauunternehmer erfolgen sollte. Die bloße Vereinbarung vom Vertragstermin und deren Ablauf wird dagegen ausreichen, da ja sonst ein Nacherfüllungsanspruch ins Leere laufen würde. Schließlich können noch besondere Umstände eine Fristsetzung dann entbehrlich machen, wenn sich z.B. der Unternehmer bereits während der Ausführung der Bauleistungen wiederholt und nachhaltig als unzuverlässig oder vertragsuntreu gezeigt hat. Der Besteller wird diese Register aber nur im Notfall ziehen – zumindest ist ihm dies zu raten –, trägt er dann doch auch das Risiko, dass er die »besonderen Umstände« auch beweisen muss. Schließlich kann die Selbstvornahme nach § 637 Abs. 2 S. 3 BGB auch dann erfolgen, wenn eine Nachbesserung durch den Unternehmer fehlgeschlagen ist, für den Besteller wegen einer etwaigen Unzuverlässigkeit oder fehlender Leistungsfähigkeit nicht mehr zumutbar ist. Dies kann nach der Rechtsprechung auch dann der Fall sein, wenn eine Vielzahl von Mängeln an der Bauleistung bestehen oder der Besteller auf ein Nachbesserungsverlangen überhaupt nicht reagiert.[118]

Schließlich steht dem Besteller auch ein Anspruch auf Bezahlung eines Kostenvorschusses gem. § 637 Abs. 3 BGB zu. Bereits nach »altem Recht« war ein solcher Anspruch durch die Rechtsprechung eingeführt und fester Bestandteil des Rechts der Mangelbeseitigung. Der Vorschuss umfasst alle erforderlichen Aufwendungen für die Mangelbeseitigung, allerdings ist die Grenze der Selbstvornahme dort erreicht und als selbstständiger Anspruch für den Besteller nicht mehr gegeben, wo der Unternehmer in berechtigter Weise nach § 635 Abs. 3 BGB die Nacherfüllung verweigern darf. In jenen Fällen verbleibt dem Besteller eines Bauwerks oder einer Bauleistung nur die Möglichkeit, die weiteren Rechte aus § 634 Nr. 3 (Rücktritt oder Minderung) bzw. § 634 Nr. 4 (Schadensersatz) BGB geltend zu machen.

3. Rücktritt oder Minderung, §§ 634 Nr. 3, 636, 323 und 326 Abs. 5 bzw. § 638 BGB

Im bis zum 31.12.2001 geltenden Werkvertragsrecht war § 634 Abs. 1 BGB alte Fassung das Recht des Bestellers zur Erklärung und Durchführung der Wande-

---
117 BGH NJW 2002, 1577 = NZV 2002, 327.
118 BGH BauR 1985, 83; BGH BauR 1992, 296; BGH NZBau 2002, 327.

lung. Eine vergleichbare Regelung fehlt in der VOB/B gänzlich. Es gilt für den Bereich der Bauleistungen auch weiterhin, dass ein Rücktritt vom Vertrag nach Fertigstellung und Abnahme, also während Verjährung von Mängelansprüchen eher die Ausnahme bilden wird. Der Rücktritt hat zur Folge, dass der gesamte Vertrag rückabgewickelt werden muss. Die Rückabwicklung in Form der Rückgabe der Bauleistung und Rückzahlung der Vergütung nach erklärtem Rücktritt wird es im neuen Werkvertragsrecht voraussichtlich relativ selten geben. Bauleistungen sind regelmäßig mit Grund und Boden verbunden, ebenso würde die Rückgabe eines ganzen Gebäudes voraussetzen, dass dieses zerstört wird. Es wird vom Gesetzgeber eingeräumt, dass »*der Rücktritt im Werkvertragsrecht mitunter praktische Schwierigkeiten auslöst und insbesondere bei Verträgen über die Errichtung von Bauwerken auf einem Grundstück des Bestellers technisch nicht durchführbar ist*«.[119]

61   Es wird also damit berücksichtigt, dass die Einräumung eines gesetzlichen Rücktrittsrechts für den Bauvertrag in einer Vielzahl von Fällen kaum möglich sein dürfte. Deshalb ist in den Gewährleistungsregeln des § 13 Nr. 5–7 der VOB/B von jeher die Wandelung am Bauvortrag ausgeschlossen.

62   Im Ergebnis ist trotz der praktischen Schwierigkeiten im Bereich des Bauvertragsrechts der Anspruch auf Erklärung des Rücktritts vom Vertrag durch den Besteller bzw. durch den Bauherrn berechtigt. So ist bei bestimmten Leistungen durchaus denkbar, dass eine Rückabwicklung erfolgen kann. Liefert der Besteller mangelhafte Fliesen, müssen diese im Wege der Mangelbeseitigung ebenfalls ausgetauscht werden. Dann können sie aber vom Unternehmer auch bei einem Rücktritt vom Vertrag ausgebaut werden. Auch bei anderen Ausbaugewerken ist dieses Vorgehen denkbar. In diesen Fällen ist es dem leistungsuntreuen Unternehmer zuzumuten, seine ohnehin mangelhafte Leistung wieder vollständig auszubauen. Andererseits wird ein Verlangen des Unternehmers auf Rückgewähr von solchen Bauleistungen nicht zulässig sein, wenn diese mit anderen Bauleistungen untrennbar verbunden sind, oder wenn die Rückgabe zur Zerstörung eines Bauwerks führen würde.[120] In jenen Fällen wird dem Unternehmer nur ein Anspruch auf Wertersatz nach § 346 Abs. 2 BGB zuzugestehen sein. Ist die Bauleistung selbst mangelhaft und wird deshalb der Rücktritt erklärt, wird regelmäßig auch der »Wert« der Bauleistung reduziert, nur dieser wäre dann zu ersetzen.[121]

63   Voraussetzung für den Rücktritt vom Vertrag nach den §§ 634 Nr. 3, 636 BGB ist ebenfalls die vorangegangene erfolglose Nacherfüllung. Die Fristsetzung ist ebenso wie bei der Selbstvornahme in den Fällen des § 323 Abs. 2 BGB bzw. des nahezu inhaltsgleichen § 281 Abs. 2 BGB hinfällig, in diesen Fällen kann sofort der Rücktritt verlangt werden. Schließlich bleibt dem Besteller auch die Möglichkeit, an

---

119 Amtliche Begründung BT-Drucks. 14/6040 S. 619.
120 BGH BauR 2002, 154.
121 Englert in: Wirth/Sienz/Englert Teil 2 Rn. 3.

Stelle des Rücktritts von seinem als Gestaltungsrecht ausgebildeten Recht auf Minderung der Vergütung nach den §§ 634 Nr. 3, 638 BGB Gebrauch zu machen. Dieses bisher schon bestehende Institut im Gewährleistungsrecht auf Herabsetzung der Vergütung gilt auch weiterhin. Es muss gerade auch im Bereich des Bauvertragsrechts und zur Vermeidung der soeben beschriebenen Schwierigkeiten beim Rücktritt vom Vertrag des Bestellers die Entscheidung dem Besteller überlassen bleiben, das mangelhafte Werk zu behalten und dafür eine geringere Vergütung entrichten zu müssen. Dies wird vor allem dann in Erwägung zu ziehen sein, wenn die Mängel der Leistung nicht sonderlich erheblich sind und die Gebrauchstauglichkeit ebenfalls nicht oder nur unwesentlich beeinträchtigen. Voraussetzung ist auch wieder die erfolglose Nacherfüllung, auf ein Verschulden bei der Fristversäumung kommt es nicht an. Problematisch kann sich die Berechnung der Minderung (= Höhe/Ermittlung des Minderungsbetrages) gestalten. Hier hat der Gesetzgeber eine neue Formel in § 638 Abs. 3 BGB eingeführt. Die Vergütung soll im Fall der Minderung in dem Verhältnis herabzusetzen sein, in welchem zur Zeit des Vertragsschlusses der Wert des Werkes in mangelfreiem Zustand zu dem wirklichen Wert gestanden haben würde. Schließlich soll die Minderung der Vergütung gegebenenfalls auch durch Schätzung ermittelt werden. Bisher galt für die Berechnung der Minderung die sog. relative Berechnungsmethode. Die Minderung berechnete sich danach nach folgender Formel:

mangelfreier Wert / mangelhaften Wert = voller Werklohn / X.

Anknüpfungspunkt war dabei also der Wert der Werkleistung.

Die Beibehaltung der bisherigen Minderungsberechnung wäre sicherlich sinnvoll gewesen. Einerseits wird im Gesetzestext des § 638 Abs. 3 BGB auf den Zeitpunkt des Vertragsabschlusses abgestellt, andererseits darauf hingewiesen, dass nach der Rechtsprechung beim Bauvertrag für die Wertbestimmung auf die Fertigstellung oder die Abnahme des Werks abzustellen ist; dieser Zeitpunkt sei auch für andere Werkleistungen sachgerecht, da erst jetzt überhaupt eine Wertbestimmung möglich sei. Mit dieser Aussage ist allenfalls der Meinungsstreit beendet, ob auf den Zeitpunkt des Vertragsschlusses, denjenigen der Fertigstellung des Werkes oder auf den Zeitpunkt der Feststellung des Mangels abzustellen ist.[122] Dabei hat der Gesetzgeber mit dem ausdrücklichen Hinweis auf eine im Einzelfall erforderliche Schätzung der Minderung für die Judikatur ein breites Feld für die Einzelfallentscheidungen eröffnet.

---

122 Palandt/Sprau a.a.O. § 634 Rn. 8; MüKo/Busche § 634 Rn. 34; Werner/Pastor Rn. 166 m.w.N.

4. Regelung zum Schadensersatz oder Ersatz für vergebliche Aufwendungen, §§ 634 Nr. 4, 636, 280, 281, 283, 311 a sowie 284 BGB

65 Die Mängelansprüche des Bestellers werden im Vergleich zur Regelung im Recht vor der Schuldrechtsmodernisierung um einen weiteren Anspruch ergänzt. Nach § 634 Nr. 4 BGB steht dem Besteller ein Schadensersatzanspruch anstatt der Leistung nach den allgemeinen Bestimmungen der Leistungsstörungen in den §§ 280 ff. BGB zur Seite. Diese Regelung ersetzt den bisherigen Schadensersatzanspruch nach § 635 BGB a. F. Danach konnte der Besteller im Rahmen seiner ihm zustehenden Gewährleistungsrechte statt der Wandelung oder Minderung Schadensersatz verlangen, wenn der Unternehmer ein mangelhaftes Werk hergestellt und zugleich den Mangel zu vertreten hatte, mithin auf Seiten des Unternehmers ein Verschulden nach § 276 BGB a. F. vorlag. Dieser unmittelbare Schadensersatz unterlag auch den Verjährungsfristen des alten § 638 BGB. Es ergaben sich hier immer Abgrenzungsprobleme zum Schadensersatzanspruch aus positiver Vertragsverletzung (PVV) oder aus Verschulden bei Vertragsschluss (CIC), vor allem dann, wenn es sich um Schäden handelte, die mittelbar mit Mängeln des Bauwerkes zusammenhingen (sog. Mangelfolgeschäden).

66 Die amtliche Begründung des Gesetzgebers schaffte hier mehr Rechtsklarheit und ermöglichte eine einfache Anwendung. Sie weißt auch zu Recht auf die bisherigen Schwierigkeiten nach dem alten Schuldrecht hin:

»Alle Versuche, den engeren Mangelfolgeschaden, dessen Ersatz sich nach § 635 BGB mit den kurzen Verjährungsfristen des § 638 BGB richtet, von den entfernteren Mangelfolgeschäden, deren Ersatz nach dem ... der positiven Forderungsverletzung innerhalb von 30 Jahren verlangt werden kann, abzugrenzen, sind nicht überzeugend und für die Rechtsanwendung wenig hilfreich. Die kasuistische Rechtsprechung hat keine eindeutigen Abgrenzungskriterien geschaffen (und konnte dies wohl auch nicht), da die Grenze zwischen mittelbaren entfernteren Mangelfolgeschäden zu unmittelbaren Mangelfolgeschäden nur in jedem Einzelfall unter Berücksichtigung der Besonderheiten der Werkleistung gezogen werden kann.«[123]

67 Diese Schadensersatzansprüche des Bestellers sollten im Bereich der Mängelhaftung durch die Verweisung der allgemeinen Vorschriften der §§ 280 ff. BGB (Leistungsstörung) beseitigt werden. Der Besteller hat also künftig einen Schadensersatzanspruch beim Vorliegen eines mangelhaften Werkes, wenn die Pflichtverletzung vom Unternehmer zu vertreten ist, gleichgültig ob der Schaden durch den Mangel entstanden ist, nicht mit dem Mangel zusammenhängt oder zwar mit dem Mangel zusammenhängt, aber dessen entferntere Folge ist. Damit wird die überaus unbefriedigende Unterscheidung zwischen Mangelschaden, Mangelfol-

---

[123] Amtl. Begründung BT-Drucks. 14/6040 S. 621 f.; Ingenstau/Korbion § 13 Nr. 4 VOB/B Rn. 277 ff. m. w. N.

geschaden und sonstigen Schäden entbehrlich – jedenfalls nach der Intention des Gesetzgebers.[124]

Beachtlich ist auch, dass dem Besteller – im Gegensatz zu den Ansprüchen auf Nacherfüllung, selbst Vornahme und Minderung nach § 634 Nr. 1–3 BGB – auch dann und wie bisher die Ansprüche aus den §§ 280 ff. BGB zustehen, wenn er sich diese Rechte erfolgt hätte und Schadensersatz bei der Abnahme nach § 640 Abs. 2 BGB nicht vorbehalten hat. Ergänzend ist darauf hinzuweisen, dass auch bei diesem Anspruch des Bestellers eine vorhergehende Frist zur Nacherfüllung erfolglos abgelaufen sein muss.

68

C. Korrespondierende VOB/B-Regelung: § 13 VOB/B

Mit § 634 BGB korrespondiert § 13 VOB/B (nachfolgend beschrieben in der Fassung der Ausgabe 2002), der ausweislich der Überschrift »Mängelansprüche« beschreibt. Diese stellen sich zusammengefasst wie folgt dar:

69

1. Der Besteller hat bei bestehenden Mängeln den Anspruch auf Nachbesserung der Leistung gegen den Unternehmer, § 13 Nr. 5 Abs. 1 VOB/B. § 634 Nr. 1 BGB enthält hier eine inhaltsgleiche Regelung. Bis zur Durchführung der Nachbesserung steht dem Besteller in beiden Fällen ein Leistungsverweigerungsrecht bezüglich der geschuldeten Vergütung zur Seite, § 320 BGB.

2. Hat der Unternehmer trotz erfolgter Aufforderung zur Mangelbeseitigung und vergeblicher Fristsetzung nichts unternommen, kann der Besteller im Wege der Selbstvornahme den Mangel beseitigen und die ihm hieraus entstandenen Kosten vom Unternehmer ersetzt verlangen. § 13 Nr. 5 Abs. 2 VOB/B unterscheidet sich hier nicht von §§ 634 Nr. 3, 637 BGB.

3. Fordert der Besteller Mangelbeseitigung binnen einer bestimmten Frist und bleibt der Unternehmer untätig, kann der Besteller den Mangel durch einen Drittunternehmer nachbessern lassen. Auch hier wächst dem Besteller ein Kostenerstattungsanspruch gegen den Unternehmer. § 13 Nr. 5 Abs. 2 VOB/B und § 637 Abs. 1 BGB sind hier inhaltsgleich.

4. Nach vergeblicher Aufforderung zur Mangelbeseitigung unter Fristsetzung wird dem Besteller ein Anspruch auf Bezahlung eines Vorschusses in Höhe der zu erwartenden oder erforderlichen Kosten der Mängelbeseitigung zugebilligt, sobald die rechtliche Voraussetzung für eine Ersatzvornahme nach § 13 Nr. 5 Abs. 2 VOB/B oder des § 637 Abs. 3 BGB vorliegen.[125] Voraussetzung ist ledig-

---

124 BT-Drucks. 14/6040 S. 622.
125 Ingenstau/Korbion § 13 VOB/B Rn. 551; Vygen a.a.O. Rn. 475, 479.

lich, dass der Besteller den Mangel auch tatsächlich beseitigen will und auch nicht zeitlich später hiervon Abstand nimmt.[126]

5. Weiterhin hat der Besteller Anspruch auf Minderung der Vergütung nach § 13 Nr. 6 VOB/B. Hier ist zu unterscheiden:
   - Gem. § 13 Nr. 6 VOB/B ist Voraussetzung für die Minderung, dass die Beseitigung des Mangels unmöglich ist oder sie einen unverhältnismäßigen Aufwand erfordern würde und deshalb vom Unternehmer abgelehnt wird; schließlich kann der Besteller Minderung der Vergütung auch Verlangen, wenn für ihn die Beseitigung des Mangels unzumutbar ist.
   - Nach §§ 634 Nr. 3, 638 BGB kann der Besteller Minderung ohne weiteres nach Ablauf einer gesetzten Frist zur Nacherfüllung verlangen.

6. Nur beim BGB-Werkvertrag steht dem Besteller auch ein Anspruch auf Rücktritt vom Vertrag nach § 634 Nr. 3 BGB zu. § 13 VOB/B enthält keine vergleichbare Regelung, allerdings wird hier § 634 Nr. 3 BGB ergänzend anwendbar sein.

7. In § 13 Nr. 7 VOB/B werden schließlich die Schadensersatzansprüche des Bestellers in Angleichung an die neuen gesetzlichen Bestimmungen im BGB geregelt.
   - § 13 Nr. 7 Abs. 1 VOB/B trägt der Bestimmung des § 309 Nr. 7 a BGB Rechnung, wonach die Haftung für Schäden aus der Verletzung des Lebens, des Körpers oder der nach § 309 Nr. 7 a BGB in den allgemeinen Geschäftsbedingungen nicht ausgeschlossen werden kann.
   - § 13 Nr. 7 Abs. 2 VOB/B regelt die Haftung des Auftragnehmers bei vorsätzlich oder grob fahrlässig verursachten Mängeln für alle Schäden und trägt damit der Bestimmung des § 309 Nr. 7 b BGB Rechnung.
   - In § 13 Nr. 7 Abs. 3 VOB/B werden schließlich die bereits in den Vorausgaben der VOB/B bestandenen Regelungen zu Haftungsbeschränkungen zusammengefasst. Dies hat den Effekt, dass durch die Aufnahme des Begriffes »vereinbarte Beschaffenheit« an die Stelle der bisherigen »zugesicherte Eigenschaft« eine deutliche Haftungserweiterung eintritt.[127]

Die neue VOB/B in der Fassung der Ausgabe 2006 erhielt im Rahmen des § 13 Nr. 4 VOB/B redaktionelle Klarstellungen. Wesentliche inhaltliche Änderungen haben sich nicht ergeben.

---

126 Heiermann/Riedl/Rusam § 13 VOB/B Rn. 70 c m.w.N.; Merl, Handbuch des privaten Baurechts § 12 Rn. 289.
127 Vgl. Kniffka, IBR-Online-Kommentar, § 636 Rn. 60; Kemper, Die neue Regelung der Mängelansprüche in § 13 VOB/B – 2002, BauR 2002, 1613 ff., Grauvogl in: Englert/Grauvogl/Maurer, Rn. 881 m.w.N.

D. Rechtsprechungsübersicht

Zu den in den einzelnen Ausführungen erwähnten Entscheidungen des Bundesgerichtshofs und der Instanzgerichte erscheinen folgende Entscheidungen für die Baupraxis als hilfreich: 70

Pflicht zur Baugrundüberprüfung: BGH Urt. v. 30. 10. 1975 VII ZR 239/73; Betonprüfung: BGH Urt. v. 19. 1. 1989 VII ZR 87/88; Vertrauen auf Fachkunde des Bauherrn, BGH Urt. v. 30. 6. 1977 VII ZR 325/74 = BauR 1977, 420; Vertrauen auf Fachkunde des Herstellers: OLG Düsseldorf NJW-RR 1993, 1433; Vertrauen auf Prüfung durch den Hersteller zur Eignung des verwendeten Materials: BGH Urt. v. 9. 4. 1959 VII ZR 99/58; Estrichleger muss keine Spezialkenntnisse hinsichtlich Akustik haben: OLG Düsseldorf OLGR 1994, 267; Vertrauen auf Statik durch Fertigbauer: OLG Hamm NJW-RR 1994, 1111; Vertrauen auf Fachkunde des Hauptunternehmers: Pflastersteine: OLG Brandenburg BauR 2001, 102; Vertrauen des Estrichlegers auf Gefälleplanung: OLG Brandenburg BauR 2002, 1709; Anfälligkeit von Material gegen Bewuchs: OLG Koblenz BauR 2003, 96; Eignung von Verfüllmaterial für den Bodenaufbau: OLG Hamm BauR 2003, 101; Planung einer Kläranlage: OLG Dresden BauR 2003, 262; Aspestuntersuchung: OLG Hamm BauR 2003, 406; Dämmung eines Warmwasserbehälters: OLG Hamm BauR 2003, 1054; Fugenbreiten: OLG Brandenburg BauR 2003, 1054; Kenntnis über mangelnde Raumbeständigkeit von NV-Asche: OLG Köln Urt. v. 22. 1. 2002 22 U 201/01; OLG Düsseldorf NZBau 2000, 431; OLG Köln Urt. v. 27. 1. 2003 12 U 73/00; BGH Urt. v. 12. 5. 2005 VII ZR 45/04; Erwerb eines weitgehend fertig gestellten Bauwerks, das vom Veräußerer im Einvernehmen mit dem Erwerber kurzzeitig genutzt wurde: BGHZ 74, 204; Veräußerung einer fertig gestellten Eigentumswohnung: BGH BauR 1981, 571; Veräußerung eines Musterhauses, BGH BauR 1982, 493; Veräußerung einer leerstehenden Eigentumswohnung rund 2½ Jahre nach Fertigstellung, BGH BauR 1985, 314; Veräußerung eines 90 Jahre alten Hauses mit erneuerten Boden- und Wandbelägen, neuem Außenputz und Anstrich, erneuerten Wasser- und Elektroleitungen, Einbau einer Gasheizung, Erneuerung der Treppen, Türen und eines Teils der Fenster und der Dacheindeckung: BGH BauR 2005, 542 = IBR 2005, 154; Neubau hinter historischer Fassade mit neuer Dacheindeckung; Erneuerung der Be- und Entwässerungsanlage, der gesamten Elektrik; Einbau einer Ölzentralheizung mit Warmwasseraufbereitung; Errichtung eines Hobbyraums für jede Wohnung im Keller, Umwandlung eines Trockenraums in einen Partykeller: BGH BauR 1987, 439; Umwandlung von Garagen- und Werkstatträumen in Eigentumswohnungen: BGH BauR 1988, 464; Umwandlung eines Bungalows in ein Haus mit Eigentumswohnungen: BGH BauR 1989, 597; Nachträglich eingebaute Innendrainage: Schadensersatz für Folgekosten: KG Urt. v. 6. 6. 2006 7 U 197/05; Schadensersatz und Sowiesokosten: OLG Karlsruhe Urt. v. 7. 3. 2006 8 U 200/05. 71

§ 634a
Verjährung der Mängelansprüche

(1) Die in § 634 Nr. 1, 2 und 4 bezeichneten Ansprüche verjähren
1. vorbehaltlich der Nummer 2 in zwei Jahren bei einem Werk, dessen Erfolg in der Herstellung, Wartung oder Veränderung einer Sache oder in der Erbringung von Planungs- oder Überwachungsleistungen hierfür besteht,
2. in fünf Jahren bei einem Bauwerk und einem Werk, dessen Erfolg in der Erbringung von Planungs- oder Überwachungsleistungen hierfür besteht, und
3. im Übrigen in der regelmäßigen Verjährungsfrist.

(2) Die Verjährung beginnt in den Fällen des Absatzes 1 Nr. 1 und 2 mit der Abnahme.

(3) Abweichend von Absatz Nr. 1 und 2 und Absatz 2 verjähren die Ansprüche in der regelmäßigen Verjährungsfrist, wenn der Unternehmer den Mangel arglistig verschwiegen hat. Im Fall des Absatzes 1 Nr. 2 tritt die Verjährung jedoch nicht vor Ablauf der dort bestimmten Frist ein.

(4) Für das in § 634 bezeichnete Rücktrittsrecht gilt. § 218. Der Besteller kann trotz einer Unwirksamkeit des Rücktritts nach § 218 Abs. 1 die Zahlung der Vergütung insoweit verweigern, als er auf Grund des Rücktritts dazu berechtigt sein würde. Macht er von diesem Recht Gebrauch, kann der Unternehmer vom Vertrag zurücktreten.

(5) Auf das in § 634 bezeichnete Minderungsrecht finden § 218 und Absatz 4 Satz 2 entsprechende Anwendung.

Inhaltsübersicht

	Rn.
A. Baurechtlicher Regelungsgehalt	1
I. Allgemeine Anmerkungen	1
II. Systematische Aufteilung des § 634a BGB	3
1. Vorbemerkung	3
2. Herstellung eines Bauwerkes und Planungs- und Überwachungsleistungen für ein Bauwerk (§ 634a Abs. 1 Nr. 2 BGB)	4
3. Herstellung, Wartung oder Veränderung einer Sache (§ 634a Abs. 1 Nr. 1 BGB)	12
4. Sonstige Werke (§ 634a Abs. 1 Nr. 3 BGB)	14
5. Arglistig verschwiegene Mängel (§ 634a Abs. 4 BGB)	15
6. Beginn der Verjährungsfristen (§ 634a Abs. 2 BGB)	19
7. Unwirksamkeit von Rücktritt und Minderung (§ 634a Abs. 4 und Abs. 5 BGB)	24
8. Abweichende Vereinbarungen zur Verjährung	28
B. Relevanz für die Baupraxis	36
1. Hemmung und Neubeginn der Verjährung	36
2. Besonderheiten im Rahmen des Architekten- und Ingenieurrechts	50
C. Korrespondierende VOB/B-Regelung	54
D. Sonstige Regelungen	63
E. Rechtsprechungsübersicht	65

Verjährung der Mängelansprüche § 634a BGB

A. Baurechtlicher Regelungsgehalt

I. Allgemeine Anmerkungen

Im Rahmen der Schuldrechtsmodernisierung, die mit Wirkung zum 1.1.2002 in Kraft trat, wurde neben den Mängelhaftungsrechten auch das Verjährungsrecht im Werkvertrag eingehend überarbeitet. Der Zweck der Verjährungsregelungen, insbesondere im Mängelhaftungsrecht ist dergestalt, dass es gilt, Streitigkeiten der Vertragsparteien über Mängelansprüche zu einem Zeitpunkt zu vermeiden, an welchem die Ursache für die Beeinträchtigung des Werks nur noch schwerlich oder gar nicht mehr festgestellt werden kann. Es soll dem Unternehmer somit nach Ablauf einer vom Gesetzgeber definierten Frist die Abwehr unbegründeter Ansprüche erleichtert werden. Allerdings kann es auch so sein, dass nach diesem Fristablauf berechtigte Ansprüche des Bestellers abgewehrt werden können, wobei dann in einem solchen Falle das Ziel der Schaffung von Rechtsfrieden im Vordergrund steht.[1] § 634a BGB schafft Sonderregelungen für die Verjährung von Ansprüchen wegen Mängeln eines Werks, die von den übrigen Verjährungsregelungen des allgemeinen Schuldrechtes in den §§ 195 ff. BGB abweichen. Wesentlicher Umstand dafür ist, dass die Herstellung eines Werks mit einer Vielzahl von Besonderheiten verbunden ist, welche eine vollständige Übernahme der allgemeinen Verjährungsregelungen mit der 3-jährigen Regelverjährung gem. § 195 BGB nicht als angemessen erscheinen lassen. Im Grundsatz gilt die 2-jährige Frist gem. § 634a Abs. 1 Nr. 1 BGB, die mit der Abnahme beginnt. Gem. § 634a Abs. 2 Nr. 2 BGB verjähren Mängelansprüche wegen werkvertraglichen Leistungen an einem Bauwerk in fünf Jahren nach der Abnahme. Für sonstige Werkvertragsleistungen gilt die regelmäßige Verjährungsfrist, welche einerseits an die Pflichtverletzung, andererseits an die Kenntnis oder grob fahrlässige Unkenntnis des Bestellers anknüpft. Eine Verjährung wegen mangelhafter Leistung ist also gegenüber der allgemeinen Verjährung – jedenfalls im Regelfall – verkürzt, die Höchstfrist von zehn Jahren gilt nur im Falle des § 634a Abs. 1 Nr. 3 BGB, also nicht bei der Herstellung eines Bauwerkes, hier verbleibt es bei der höchst gesetzlichen Höchstfrist von fünf Jahren gem. § 634a Abs. 1 Nr. 2 BGB. Dem Werkvertragsrecht und den darin enthaltenen Verjährungsregeln ist immanent, dass die Ursachen und Auswirkungen von Mängeln an der Werkleistung mit fortschreitender Zeit nur noch schwierig nachzuvollziehen und die Ursachen dennoch problematisch zu beweisen sind, da mit eben dieser fortschreitenden Zeit es zunehmend schwierig wird zu differenzieren, ob überhaupt die Werkleistung einen Mangeln aufweist, oder ob die an ihr auftretenden Beeinträchtigungen nicht ggf. auch auf Verschleiß bzw. Alterung zurückzuführen sind, oder ob nicht sogar Dritte die Werkleistung beschädigt haben. Beweisbelastet für das Vorliegen des Mangels mit der Ursächlichkeit des Unternehmers ist der Besteller, dem mit zunehmender Fortdauer dieser Beweis erfahrungsgemäß immer schwieriger fällt. Selbst die Beiziehung von fachkundigen Sachverständigen hat in einer Vielzahl von

1

---

1 Palandt/Heinrichs § 195 Rn. 7; Kniffka a.a.O., § 634a Rn. 3.

Prozessen ergeben, dass die Ursächlichkeit und das Vorliegen des Mangels an sich nur noch sehr schwierig nachgewiesen werden können, so dass es für den Besteller immer schwerer wird, den ihm obliegenden Beweis zu führen.[2]

2 Der Regelung in § 634a BGB unterfallen alle in § 634 BGB genannten Mängelansprüche. Die Tatsache, dass der Vorschussanspruch nach § 637 Abs. 3 BGB nicht erwähnt ist, ist richtigerweise als redaktionelles Versehen des Gesetzgebers zu werten. Auch er verjährt nach § 634a BGB.[3] Die Regelungen zum Rücktritt und der Minderung, beides als Gestaltungsrechte ausgestaltet, können nicht verjähren, da es sich bei ihnen nicht um Ansprüche handelt, § 194 Abs. 1 BGB. Für diese beiden ist aber auf der Basis der §§ 634a Abs. 4 i.V.m. 218 BGB vorgesehen, dass Unwirksamkeit der Ausübung dieser Gestaltungsrechte eintreten kann, wenn der beiden Gestaltungsrechten zu Grunde liegende Anspruch auf Nacherfüllung verjährt ist und der Unternehmer sich darauf beruft. Weiter ist es so, dass § 634a BGB nicht die Verjährung solcher Ansprüche betrifft, die nicht aus dem Werkvertrag unmittelbar abgeleitet werden. Beim Kauf eines Bauwerkes ist über § 438 BGB die Verjährung der Mängelansprüche dort geregelt; bei einem Vertrag, welcher die Lieferung herzustellender oder zu erzeugender beweglicher Sachen zum Gegenstand hat, finden die Gewährleistungsvorschriften des Kaufs gem. § 651 S. 1 BGB Anwendung. Folgeansprüche, welche sich aus der Ausübung der Mängelrechte ergeben, z. B. der aus dem Rücktritt folgende Rückgewähranspruch aus § 346 Abs. 1 BGB, verjähren nicht nach § 634a BGB, sondern nach §§ 195ff. BGB. Gleiches gilt auch für Ansprüche aus § 280 BGB. Beim Zusammentreffen eines Mangelfolgeschadens mit einem Schaden aus einer Schutzpflichtverletzung wird vorgeschlagen, insgesamt § 195 BGB anzuwenden.[4] Der Erfüllungsanspruch des Bestellers aus § 631 BGB, der den Mängelrechten des § 634 BGB zeitlich vorausgeht, verjährt allerdings nicht nach § 634a BGB, sondern nach den allgemeinen Regeln der §§ 195, 199 BGB. Dies gilt auch, wenn infolge nicht vorliegender Abnahme, auf die in § 634a Abs. 2 BGB abgestellt wird, ein Besteller bereits in einem Ausnahmefall berechtigter Weise vor Abnahme die Mängelrechte aus § 634 BGB geltend macht.[5] Des Weiteren ist es so, dass bei Verschulden bei Vertragsverhandlungen im Sinne der §§ 241 Abs. 2, 311 Abs. 2 BGB dieser Schadensersatzanspruch dem § 634 Nr. 4 BGB zuzuordnen ist und damit der Schadensersatzanspruch nach § 634a BGB verjährt, wenn ein Mangel an dem Werk durch das pflichtwidrige Verhalten (z. B. wenn der Besteller den Unternehmer nicht über die Gefälligkeit des Werkes aufklärt oder unzureichend berät) entsteht.[6] Kommt es nicht zu einem Werkmangel, sondern tritt ein anderer Schaden auf, so ergibt sich der Schadensersatzanspruch

---

2 MüKo/Busche § 634a Rn. 8.
3 Kniffka a.a.O., § 634a Rn. 5.
4 MüKo/Busche § 634a Rn. 10; Canaris, Schuldrechtsmodernisierung 2002, S. XXVIIIff.; Staudinger/Peters § 634a Rn. 139.
5 BGH NJW 2000, 133 (zum alten Recht).
6 BGHZ 88, 131; BGH NJW 1984, 2938 (zum alten Recht).

aus § 280 Abs. 1 BGB mit der Folge, dass das allgemeine Verjährungsrecht der §§ 195 ff. BGB zur Anwendung kommt. Auch bei allen übrigen Ansprüchen aus allgemeinem Leistungsstörungsrecht (z. B. § 280 Abs. 1, 2 i.V.m. § 286 BGB) sowie bei Nebenpflichtverletzungen ist es so, dass die Ansprüche nach dem allgemeinen Verjährungsrecht zu bewerten sind.[7] Konkurrierende deliktsrechtliche Ansprüche aus dem §§ 823 ff. BGB werden ebenfalls nach den allgemeinen Regeln bewertet.[8]

II. Systematische Aufteilung des § 634 a BGB

1. Vorbemerkung

§ 634 a BGB regelt die Verjährung von Mängelansprüchen bei verschiedenartigen Leistungen, so dass eine Dreiteilung des Absatzes 1 gegeben ist. Bei § 634 a Abs. 1 Nr. 1 und 2 BGB ist der maßgebliche Zeitpunkt für den Beginn der Verjährungsfrist die Abnahme der Werkleistung. Bei § 634 a Abs. 1 Nr. 3 BGB hängt der Verjährungsbeginn von der Pflichtverletzung bzw. dem Ende des Jahres, in welchem die Kenntnis erlangt worden ist oder infolge grober Fahrlässigkeit nicht erlangt worden ist, ab. Im Einzelfall ist deshalb wichtig, vorab zu prüfen, welcher Sachverhalt von Absatz 1 Nr. 1 bis 3 vorliegt, da dies zum einen für den Beginn der Verjährungsfrist relevant ist, zum anderen aber auch für die Dauer der anzuwendenden Verjährungsfrist. Dabei ist generell zu beachten, dass hier keine sachenrechtlichen Wertungen in die Prüfung einzuführen sind, sondern zu fragen ist, ob sich mit der Werkherstellung typischerweise das Risiko verwirklicht hat, welches den Grund für die gesetzliche Differenzierung bildet.[9] Wenn der Besteller den Unternehmer mit der Herstellung verschiedener Werke beauftragt hat und dies in einem einheitlichen Vertrag zusammengefasst wurde, so gilt nach der Rechtsprechung grundsätzlich für alle Werke die jeweils längere Verjährungsfrist.[10]

3

2. Herstellung eines Bauwerkes und Planungs- und Überwachungsleistungen für ein Bauwerk (§ 634 a Abs. 1 Nr. 2 BGB)

Nach Maßgabe des § 634 a Abs. 1 Nr. 2 BGB verjähren Ansprüche wegen Mängeln am Bauwerk gem. § 634 Nr. 1, 2 und 4 BGB nach Ablauf von fünf Jahren nach der Abnahme. Diese Regelung war auch bereits im alten Werkvertragsrecht entsprechend vorgesehen. Die Forderung, eine längere Frist einzuführen, hat der Gesetzgeber nicht aufgegriffen und nimmt dabei in Kauf, dass Mängel bei der Herstellung eines Bauwerks auch erst nach Ablauf von fünf Jahren auftreten können, so

4

---

7 MüKo/Busche § 634 a Rn. 12; BGHZ 45, 372; BGH NJW 1983, 2439.
8 Palandt/Sprau § 634 a Rn. 6; Staudinger/Peters § 634 a Rn. 10.
9 Zum früheren Recht BGH NJW 1999, 2434.
10 MüKo/Busche § 634 a Rn. 16; OLG Düsseldorf NJW-RR 2000, 1336; OLG Oldenburg NJW-RR 2000, 545.

dass eine Durchsetzung der Rechte aus diesem Mangel dann nicht mehr möglich ist.[11] Anzumerken ist allerdings, dass die früher problematische Differenzierung zwischen nahen und engen Mangelfolgeschäden mit der Konsequenz unterschiedlicher Verjährungsfristen durch die nunmehrige einheitliche Regelung behoben ist.

5 Nach § 634a Abs. 1 Nr. 2 BGB verjähren Ansprüche wegen Mängeln bei einem Bauwerk. Damit sind Arbeiten am Bauwerk genannt, wobei unter einem Bauwerk eine unbewegliche, durch Verwendung von Arbeit und Material in Verbindung mit dem Erdboden hergestellte Sache verstanden wird.[12] Hierunter fallen Bauten aller Art, egal ob Hoch- oder Tiefbauarbeiten.[13] Wie fest die Verbindung mit dem Grundstück sein muss, bestimmt sich nach dem spezifischen Risiko, welches mit der Gebäudeerrichtung verbunden ist und welches der Grund für die unterschiedlichen Verjährungsfristen des § 634a BGB ist.[14] Eben dieser Zweckbindung folgend muss beurteilt werden, ob die von der Rechtsprechung geforderte Festigkeit der Verbindung mit dem Grundstück vorliegt.[15] Dabei kann bereits allein die Schwere der Sache zu einer ausreichend festen Verbindung führen, diese kann aber auch über feste Verschraubungen oder Anschlüsse hergestellt werden. Auf dieser Basis hat die Rechtsprechung entschieden, dass eine als Zufahrt für Kraftfahrzeuge dienende Hofpflasterung eines Autohauses, bestehend aus Betonformsteinen auf einem Schotterbett, als Bauwerk im Sinne des § 638 Abs. 1 S. 1 BGB a.F. einzuordnen ist.[16]

6 Unter den Begriff des Bauwerkes fallen neu errichtete Gebäude und andere von Menschen aus Material geschaffene Sachen. Zu diesen Bauwerken gehören Leistungen des Hochbaus und des Tiefbaus sowie auch die Leistungen der Bearbeitung der Erdoberfläche als Vorbereitung für die Errichtung des Bauwerkes, wesentlich ist die Zuordnung der Leistungen zur Errichtung des Bauwerks in seiner funktionellen Gesamtheit.[17] In Teil D Rechtsprechungsübersicht sind wesentliche Auszüge aus der mannigfaltigen Kasuistik zusammengestellt.

7 Erbringt der Unternehmer hingegen Leistungen an bereits bestehenden Bauwerken, so ist mit der Rechtsprechung eine Differenzierung vorzunehmen. Es sind nur solche Arbeiten an bestehenden Bauwerken als Arbeiten am Bauwerk im Sinne des § 638 BGB a.F., also gem. § 634a Abs. 1 Nr. 2 BGB n.F. zu bewerten, welche für Konstruktion, Bestand, Erhaltung und Benutzbarkeit des Gebäudes von wesent-

---

[11] Dies wurde häufig kritisiert und es wurde wiederholt von der Literatur angeregt, bei einer Neuregelung zu ändern, vgl. Kniffka ZfBR 1993, 97; Lang NJW 1995, 2063; Beigel BauR 1988, 142. Dieser Streit ist allerdings durch die nunmehrige gesetzliche Regelung rein akademisch, auch der Hinweis auf die Regelung in anderen, benachbarten Rechtsordnungen ändert daran nichts.
[12] BGH NJW-RR 2003, 1320.
[13] OLG Stuttgart BauR 1991, 462; BGH NJW 1971, 2219.
[14] BGH Urt. v. 30.1.1992, VII ZR 86/90.
[15] BGH a.a.O.; OLG Düsseldorf BauR 2001, 648.
[16] BGH BauR 1992, 502 = IBR 1992, 225; BauR 1993, 217 = IBR 1993, 144.
[17] Kniffka a.a.O., § 634a Rn. 17.

licher Bedeutung sind, wenn die eingebauten Teile mit dem Gebäude fest verbunden werden.[18] Ob also eine Arbeit für Konstruktion, Bestand, Erhaltung und Benutzbarkeit des Gebäudes von wesentlicher Bedeutung ist, ist nach den Umständen des Einzelfalles zu bewerten; maßgeblich für die Beurteilung ist die Zweckbestimmung, unter Einsatz nicht unerheblicher finanzieller Mittel das Gebäude durch eine dessen Substanz schützende und erhaltende Renovierung wieder herzustellen, die nach Umfang und Bedeutung den Neubauarbeiten gleichkommt.[19] Zur Abgrenzung ist unter anderen Faktoren auch das Risiko der späten Erkennbarkeit von Mängeln heranzuziehen.[20]

Arbeiten im Rahmen eines Werkvertrages, bei denen der Unternehmer Gegenstände, die für ein bestimmtes Bauwerk verwendet werden sollten, in Kenntnis dieser Verwendungsabsicht auf der Grundlage eines Werkvertrages bearbeitet oder herstellt, wurden nach der bisherigen Rechtslage als Arbeiten am Bauwerk eingestuft, um dem Unternehmer, welcher das hergestellte Teil einbaute, den Rückgriff für den Fall zu ermöglichen, dass der ihn beliefernde Unternehmer mangelhaft gearbeitet hatte. Ob dies nach neuem Recht ebenfalls gilt, ist bislang noch nicht geklärt: Ist Werkvertragsrecht anwendbar, gelte ohne die Korrektur der Rechtsprechung die 2-jährige Frist gem. § 634a Abs. 1 Nr. 1 BGB, wäre Kaufvertragsrecht gem. § 651 BGB anzuwenden, so würde über § 438 Nr. 2 b BGB regelmäßig die 5-jährige Verjährungsfrist gelten, so dass davon auszugehen sein wird, dass auch in Zukunft zum Schutze des Unternehmers, welcher die Sache einbaut, die Grundsätze der hier zitierten Rechtsprechung anzuwenden sind.[21]

8

Nach den vorstehenden Kriterien nicht als Arbeiten am Bauwerk einzustufen, da nicht substanzverändernd, sind solche Arbeiten, die alleine der Verschönerung dienen, wie z.B. Malerarbeiten oder Maurerarbeiten, die sich in Schönheitsreparaturen erschöpfen.[22] Gleiches gilt für die Reparatur oder Herstellung einer mit dem Gebäude nicht fest verbundenen Markise oder die Aufstellungen eines mit der Erde nicht fest verbundenen Wintergartens.[23] Arbeiten an einem Grundstück, wie sie nach früherem Recht vorgesehen waren, verjährten nach damaligem Recht nach einem Jahr. Heute ist die Abgrenzung der Arbeiten zwischen § 634a Abs. 1 Nr. 1 und 2 BGB vorzunehmen. Bei Pflasterarbeiten ist ein Bauwerk nach der Rechtsprechung anzunehmen, da diese Arbeiten nicht eine bloße Bodenbearbeitung darstellen und es zu einer Verbindung des Pflastermaterials mit dem Grundstück

9

---

18 BGH BauR 1984, 64.
19 BGH BauR 1970, 47; BauR 1999, 570 = IBR 1999, 273; BauR 2003, 1391 = IBR 2003, 473.
20 BGH BauR 1992, 369 = IBR 1992, 175; BauR 1999, 570 = IBR 1999, 273. Unten in Teil D ist auch hierzu eine Zusammenstellung der wichtigsten Kasuistik enthalten.
21 BGH BauR 2000, 1189 = IBR 2000, 371; BauR 2002, 1260 = IBR 2002, 304; Kniffka a.a.O., § 634a Rn. 26.
22 BGHZ 19, 319; OLG Celle NJW 1954, 1607.
23 OLG Hamm NJW-RR 1992, 1272; OLG Köln VersR 1990, 436.

kommt.²⁴ Beschränken sich die Arbeiten an dem Grundstück allerdings lediglich auf die Einwirkung auf den Erdboden oder dessen Umgestaltung, z. B. durch gärtnerische Arbeiten oder Bodenbewegungen, so sind keine Arbeiten an einem Bauwerk gegeben, mit der Folge, dass die kürzere, 2-jährige Verjährungsfrist gem. § 634a Abs. 1 Nr. 1 BGB gilt.²⁵

10 Nach der Rechtsprechung können auch sog. technische Anlagen als Bauwerke einzustufen sein, wenn eine Verbindung mit dem Erdboden gegeben ist, vergleichbar bei Gebäuden, wobei es ausreichend ist, dass eine enge und auf längere Dauer angelegte Verbindung mit dem Erdboden besteht, welche auch allein durch Schwere und Gewicht herbeigeführt werden kann; eine unlösbare Verbindung ist nach der Rechtsprechung nicht erforderlich.²⁶

Planungs- und Überwachungsleistungen

11 Mängelhaftungsansprüche des Bestellers wegen mangelbehafteten Planungs- oder Überwachungsleistungen verjähren nach fünf bzw. zwei Jahren. Die Einordnung der Leistungen hängt wesentlich davon ab, für welche Arbeiten diese Planungs- und Überwachungsleistungen ausgeführt worden sind. Wird die Planung bzw. die Überwachung für ein Bauwerk erbracht, so gilt die 5-jährige Mängelhaftungsfrist. Ist also z.B. die Planung für eine Erneuerung oder den Neubau eines Bauwerkes gedacht, so gilt die 5-jährige Frist, beginnend ab Abnahme der Planungs- oder Überwachungsleistung. Unter den Begriff der Planungsleistungen für ein Bauwerk fallen zum einen die Leistungen von Architekten, zum weiteren aber auch Leistungen der Ingenieure und Sonderfachleute (z. B. Tragwerksplaner, Planer von Verkehrsanlagen und sonstigen Anlagen). Planung im Sinne des Begriffes des § 634a BGB sind alle geistigen Leistungen, welche dazu gedacht sind, das Bauwerk funktions- und zweckentsprechend entstehen zu lassen. Dabei wird man sich an den Vorgaben der Honorarordnung für Architekten und Ingenieure (HOAI) orientieren können.²⁷ Als Überwachungsleistungen sind jene Leistungen einzustufen, welche die Überwachung der Erstellung des Bauwerkes zum Gegenstand haben, nicht jedoch die Überwachung eines bereits fertig gestellten Bauwerks, z. B. im Rahmen von Qualitätsüberwachungsleistungen etwa auf Gutachterbasis oder die Leistungen von Projektsteuerern sowie reine Beratungsleistungen von Architekten und Ingenieuren.²⁸ Für diese letztgenannten Leistungen gilt die Verjährungsfrist aus § 634a Abs. 1 Nr. 3 BGB mit der regelmäßigen Verjährung, was im Einzelfall für den betroffenen Unternehmer erheblich nachteilig sein kann, da die Höchstfrist

---

24 BGH NJW-RR 1993, 592; OLG Schleswig BauR 1991, 463; a. A.: OLG Stuttgart BauR 1991, 462.
25 MüKo/Busche § 634a Rn. 26 m.w.N.
26 BGH BauR 1999, 570 = IBR 1999, 273; NJW 2002, 664 = IBR 2002, 303; BauR 2003, 1391 = IBR 2003, 473.
27 Kniffka a.a.O., § 634a Rn. 33.
28 BGH BauR 2002, 315 = IBR 2002, 87, 88; OLG Nürnberg IBR 2002, 81.

von zehn Jahren für Schadensersatzansprüche zur Anwendung kommen kann gem. § 199 Abs. 3 Nr. 1 BGB.[29]

3. Herstellung, Wartung oder Veränderung einer Sache (§ 634a Abs. 1 Nr. 1 BGB)

Nach dem Wortlaut des § 634a Abs. 1 Nr. 1 BGB erfasst die Norm Ansprüche wegen Mängeln an Werken, welche die Herstellung, Wartung oder Veränderung einer Sache zum Gegenstand haben. Diese Ansprüche verjähren in zwei Jahren nach der Abnahme. Hierunter fallen insbesondere Wartungsarbeiten und Veränderungsarbeiten sowie Reparaturen, u. a. auch Arbeiten an einem Grundstück wie z. B. Gärtnerarbeiten, Abbrucharbeiten zur Vorbereitung von Bauarbeiten sowie Rohdungsarbeiten.[30] Ebenso unterfallen der Vorschrift des § 634a Abs. 1 Nr. 1 BGB Planungs- und Überwachungsleistungen für die vorgenannten Arbeiten, also solche, welche nicht für Konstruktion, Bestand, Erhaltung und Benutzbarkeit des Gebäudes von wesentlicher Bedeutung sind (z. B. Planungs- und Überwachungsleistungen für reine Grundstücksarbeiten, wie etwa Leistungen von Landschafts- und Gartenarchitekten).[31] Bei den Planungs- und Überwachungsleistungen für bewegliche Sachen ist abzugrenzen, ob der Vertrag gem. § 651 BGB dem Kaufrecht und damit die Ansprüche der Verjährungsregelung des § 438 Abs. 1 Nr. 3 BGB unterfallen, oder dem Werkvertragsrecht zuzuordnen sind mit der Folge, dass die Verjährungsregelung sich aus § 634a Abs. 1 Nr. 1 BGB ergibt. Zwar beträgt in beiden Fällen die Verjährungsfrist zwei Jahre, allerdings ist für den Verjährungsbeginn im ersteren Fall die Übergabe der Sache entscheidend, im letzteren Falle die Abnahme der Planungsleistung. Hier ist auf den Schwerpunkt der vertraglichen Verpflichtung abzustellen. Stellt die Planungs- und Überwachungsleistung den Schwerpunkt dar, so greift das Werkvertragsrecht gem. § 631 BGB, während für den Fall, dass die Verpflichtung zur Herstellung und Lieferung im Vordergrund steht mit der Folge, dass die §§ 651, 438 BGB zur Anwendung kommen.

Wenn in einem einheitlichen Vertrag verschiedene Arbeiten zusammengefasst sind, bei denen sowohl Leistungen enthalten sind, die § 634a Abs. 1 Nr. 1 BGB unterfallen, als auch solche, welche § 634a Abs. 1 Nr. 2 BGB unterfallen, so ist eine zusammenfassende, wertende Gesamtschau vorzunehmen. Wenn bei natürlicher Betrachtungsweise die Arbeiten an einem Grundstück – zusammen mit Bauerrichtungsarbeiten – zu bewerten sind, so ist einheitlich die 5-jährige Verjährungsfrist anzuwenden.[32]

---

29 Schulze-Hagen IBR 2002, 87; Kniffka a. a. O., § 634a Rn. 35.
30 BGH BauR 2004, 1798 = IBR 2004, 562; BauR 2005, 1019 = IBR 2005, 253.
31 BGH BauR 1993, 219 = IBR 1993, 159, zum alten Recht.
32 BGH BauR 1994, 101 = IBR 1994, 47; BGH BauR 1973, 246; OLG Düsseldorf BauR 2001, 648; Kniffka a. a. O., § 634a Rn. 39 m. w. N.

4. Sonstige Werke (§ 634a Abs. 1 Nr. 3 BGB)

14 Bei den übrigen Werkleistungen und daran anhaftenden Mängeln richtet sich die Verjährung der Mängelhaftungsansprüche nach § 634a Abs. 1 Nr. 3 BGB. Gegenstand dieser Arbeiten sind regelmäßig nicht solche, die die Herstellung, Wartung oder Veränderung einer beweglichen oder unbeweglichen Sache zum Gegenstand haben, sondern unkörperliche Arbeitsergebnisse, z.B. Beratungsleistungen, Transportleistungen und sonstige geistige Leistungen wie z.B. Gutachten.[33] Hierunter fällt unter anderem auch das gerade bei Tiefbauarbeiten besonders bedeutsame Baugrundgutachten gem. DIN 4020 (Geotechnische Untersuchungen für bautechnische Zwecke).[34]

5. Arglistig verschwiegene Mängel (§ 634a Abs. 4 BGB)

15 Die speziellen Verjährungsfristen des § 634a Abs. 1 und Abs. 2 BGB sind dann nicht anzuwenden, wenn arglistig verschwiegene Mängel vorliegen, dann ist vielmehr gem. § 634a Abs. 3 S. 1 BGB die regelmäßige Verjährungsfrist anzuwenden, wenn der Unternehmer den Mangel arglistig verschwiegen hat. Allerdings ist in diesem Zusammenhang § 634a Abs. 3 S. 2 BGB zu berücksichtigen, welcher bewirkt, dass etwaige Mängelansprüche im Falle arglistigen Verhaltens des Unternehmers nicht vor Ablauf der in § 634a Abs. 1 Nr. 2 BGB bestimmten 5-Jahresfrist verjähren können. Den Vorwurf arglistigen Verschweigens hat der Besteller zu beweisen.[35] Maßgeblicher Zeitpunkt für die Pflicht des Unternehmers, für möglich gehaltene oder bekannte Mängel dem Besteller mitteilen, ist der Zeitpunkt der Abnahme. Hingegen kommt es nicht auf die Übergabe des Werkes an, vielmehr ist der Unternehmer bis zur Billigung des Werkes durch den Besteller verpflichtet, bekannte oder für möglich gehaltene Mängel mitzuteilen.[36] Somit kann auf der Basis der regelmäßigen Verjährung eine maximale Frist von 10 Jahren für alle anderen Ansprüche als Schadensersatzansprüche gem. § 199 Abs. 4 BGB in Betracht kommen. Diese Frist beginnt wiederum mit der Entstehung des Anspruches. Bei Schadensersatzansprüchen, welche auf Verletzung des Lebens, des Körpers, der Gesundheit oder der Freiheit beruhen, können bei fehlender Kenntnis bzw. grob fahrlässiger Unkenntnis oder mangels Entstehung noch 30 Jahre Ansprüche geltend gemacht werden, sofern der Mangel arglistig verschwiegen wurde.

16 **Ein arglistiges Verschweigen eines Mangels** liegt dann vor, wenn der Unternehmer den Mangel zu irgendeinem Zeitpunkt während der Herstellung des Werkes

---

33 BGHZ 67, 1; 72, 257.
34 Zur besonderen Bedeutung der geotechnischen Untersuchungen für bautechnische Zwecke, vgl. Englert/Fuchs, Die Fundamentalnorm für die Errichtung von Bauwerken: DIN 4020 BauR 2006, 1047 ff.; Englert/Grauvogl/Maurer 3. Kapitel mit zahlreichen weiteren Nachweisen.
35 BGH BauR 1975, 419.
36 Kniffka in: FS Heiermann, S. 201; BGHZ 62, 63 = NJW 1974, 553.

wahrgenommen, seine Bedeutung als erheblich für den Bestand oder die Benutzung der Leistung erkannt hat, ihn aber dem Besteller wider dem Grundsatz von Treu und Glauben (§ 242 BGB) nicht mitgeteilt hat.[37] Der Besteller kann nach dem vorgenannten Grundsatz von Treu und Glauben davon ausgehen, dass der Unternehmer ihn über etwaige bekannte Mängel des Werkes aufklärt, sofern diese nicht völlig geringfügig und unbedeutend sind. Ist dem Unternehmer bewusst, dass dem Besteller ein Mangel nicht bekannt ist bzw. nicht bekannt sein könnte und er das von dem Unternehmer angebotene Werk in Kenntnis des Mangels nicht als Vertragserfüllung annehmen werde, so liegt arglistiges Verschweigen vor, wenn der Unternehmer den Besteller hierüber nicht aufklärt.[38] Auch entlastet die Kenntnis eines Architekten, welcher den Besteller bei der Abnahme vertritt, von dem Mangel den Unternehmer nicht von seiner Aufklärungspflicht. Musste der Unternehmer davon ausgehen, dass in Folge der Schwere des Mangels der Besteller das Werk nicht abnehmen würde, wenn er den Mangel kennen würde, so kommt es nach der Rechtssprechung nicht darauf an, ob der bei der Abnahme anwesende Architekt den Mangel bemerkt hat oder sogar geduldet hat.[39] Weiter ist von einem arglistigen Verschweigen eines Mangels auszugehen, wenn dieser dem Unternehmer bei der Abnahme bekannt war und nicht offenbart wird, obwohl eine Offenbarung geboten ist. Hier reicht es nach der Rechtsprechung bereits aus, dass der Unternehmer die vertragswidrige Ausführung kennt, z.B. wissentlich von Vorgaben des Bestellers abweicht oder eine solche Abweichung durch seine Angestellten duldet. Ebenso ist es zu bewerten, wenn ein Bauunternehmer oder ein Architekt bewusst von den Auflagen der Genehmigungsbehörde abweichen und dies dem Besteller nicht mitteilen.[40] Weiter ist von einem arglistigen Verschweigen eines Mangels auszugehen, wenn der Unternehmer einen nicht erprobten Baustoff verwendet und den Besteller in treuwidriger Weise hierauf sowie auf die mit der Verwendung des Baustoffes verbundenen Risiken nicht hinweist.[41] Schließlich handelt auch der bauüberwachende Architekt arglistig, wenn er verschweigt, dass er die Bauüberwachung gar nicht vorgenommen hat.[42] Hingegen wird nach der Rechtsprechung es als nicht notwendig angesehen, dass der Unternehmer die Folgen einer vertragswidrigen Ausführung bewusst in Kauf genommen hat, insbesondere verlangt die Arglist keine Schädigungsabsicht oder einen eigenen Vorteil auf Seiten des Unternehmers.[43] Selbst bloße beschönigende Angaben des Unternehmers bei der Abnahme, wonach bestimmte Mangelerscheinungen (z.B. Feuchtigkeitser-

---

37 BGHZ 117, 318 = NJW 1992, 1754; OLG Braunschweig BauR 2000, 109; OLG Köln BauR 2001, 1271.
38 BGH NJW-RR 1991, 1269.
39 BGH NJW 1976, 516.
40 BGH BauR 2004, 1776 = IBR 2004, 612; BauR 1986, 215; VersR 1970, 744.
41 BGH BauR 2002, 1401 = IBR 2002, 468.
42 BGH IBR 2004, 563.
43 BGH BauR 2002, 1401 = IBR 2002, 468; Kniffka a.a.O., § 634a Rn. 58; MüKo/Busche § 634a Rn. 38, m.w.N.

scheinungen) üblich seien und mit der Zeit verschwinden würden, können bereits als Arglist ausgelegt werden. Gleiches gilt, wenn der Unternehmer auf Fragen des Bestellers bzw. Erwerbers ohne konkrete Anhaltspunkte oder Kenntnis ins Blaue hinein unrichtige Angaben macht.[44]

17 Besonders beschäftigt hat den Bundesgerichtshof auch die Frage, ob und gegebenenfalls in welchem Umfang sich der Unternehmer eine Kenntnis bezüglich vorhandener Mängel seiner Mitarbeiter zurechnen lassen muss. Nach dem Bundesgerichtshof hat sich der Unternehmer solche Arglist seiner Mitarbeiter zurechnen zu lassen, deren er sich bei der Erfüllung seiner Offenbarungspflichten über den Besteller bedient. Hierbei kommen insbesondere Bauleiter des Unternehmens oder anderes Führungspersonal in Betracht, während bei sonstigen Mitarbeitern (z. B. Maurer, Verputzter, Zimmerleute, etc.) hiervon grundsätzlich nicht auszugehen sein wird. Dies ist allerdings nach den Umständen des Einzelfalles zu bewerten und kommt insbesondere auch darauf an, wie komplex und kurzfristig einsehbar ein Mangel tatsächlich ist.[45]

Sonderfall:

18 Die Rechtssprechung hat einen Sonderfall für die Konstellation entwickelt, dass ein Unternehmer, welcher eine Werkleistung durch Arbeitsteilung herstellen lässt, für ein so genanntes »**Organisationsversagen**« einzustehen hat, welches dazu führt, dass Mängel zum maßgeblichen Zeitpunkt bei der Abnahme nicht entdeckt werden können.[46] Nach dem neuen Recht auf der Basis der Schuldrechtsmodernisierung haftet der Unternehmer im Regelfall max. 10 Jahre, wobei aber auch für Schadensersatzansprüche wie beim arglistig verschwiegenen Mangel eine 30-jährige Frist maßgeblich sein kann.[47] Nach der Rechtssprechung geht es hier insbesondere darum, dass sich der Unternehmer durch die Arbeitsteilung nicht der Kenntnis des Mangels bei der Abnahme einfach entledigen kann, indem er sich anderer Personen bedient. Aus diesem Grunde hat der Unternehmer dafür Sorge zu tragen durch organisatorische Maßnahmen, dass eine ordentliche Überwachung und Prüfung des Werkes stattfindet. Diese Organisation hat sicherzustellen, dass Mängel der Ausführung im Bereich des Möglichen entweder sofort oder jedenfalls bei der Abnahme erkannt werden. Nach den Umständen des Einzelfalles ist dabei zu bewerten, ob eine hinreichende Kontrolle und fortlaufende Überwachung im angemessenen Umfange gegeben ist. Dabei muss der Unternehmer diese Prüfung und Überwachung solchen Personen anvertrauen, die dazu auch hinreichend fachlich qualifiziert sind und die erforderlichen Kenntnisse haben. Bei Großbaustellen (vgl.

---

44 BGH NJW 1993, 1703 = IBR 1993, 228; BGH NJW 1981, 864.
45 BGHZ 66, 43; Kniffka a. a. O., § 634 a Rn. 61 ff.; MüKo/Busche § 634 a Rn. 463, m. w. N.
46 BGHZ 117, 318 = NJW 1992, 1754; OLG Düsseldorf NJW-RR 1998, 1315; BGH BauR 2005, 550 = IBR 2005, 80.
47 Kniffka a. a. O., § 634 a Rn. 65; Acker/Bechthold NZBau 2002, 529.

z. B. die Baumaßnahme »*Lehrter Bahnhof*« in Berlin) kann es auch notwendig sein, dass der Unternehmer für eine hinreichende Überwachung und Prüfung im angemessenen Umfange Sorge zu tragen. Zu diesen Organisationspflichten ist weiter zu zählen, dass der Unternehmer Arbeiten an ausgewählte Subunternehmer bzw. eigene Arbeitskräfte vergibt. Der Bundesgerichtshof hat beispielsweise auch in der Beauftragung von unqualifizierten Subunternehmern ein Organisationsverschulden[48] gesehen. Bei solchen Unternehmern muss dann der Unternehmer eine ausgedehnte Kontrolle und Überwachung ausüben, und den Herstellungsprozess angemessen überwachen, sowie bei der Abnahme das Werk sorgfältig prüfen.[49] Liegt eine solche Organisationspflichtverletzung vor, so kommt eine Haftung des Unternehmers für vorhandene Mängel dann in Betracht, wenn der Mangel bei richtiger Organisation erkannt worden wäre. Ist dies nicht der Fall, liegt keine Kausalität der Organisationspflichtverletzung vor mit der Folge, dass eine Haftung des Unternehmers nicht in Betracht kommt. Für die Voraussetzungen einer Arglist oder eines Organisationsfehlers trägt der Besteller die Darlegungs- und Beweislast.[50] Einem durch einen solchen erzeugten Anschein für fehlende Organisation und vorhandene Kausalität kann der Unternehmer dadurch entgegentreten, dass er nachweist, dass er seine Baustelle richtig und in angemessenem Umfange organisiert hat, insbesondere seine Bauleiter bzw. Subunternehmer sorgfältig ausgesucht, eingesetzt und nach der Schwierigkeit des Bauvorhabens auch angemessen überwacht hat.[51]

6. Beginn der Verjährungsfristen (§ 634 a Abs. 2 BGB)

Die Verjährungsfristen des § 634 a Abs. 1 Nr. 1 und 2 BGB beginnen gem. § 634 a Abs. 2 BGB mit der Abnahme der Werkleistung zu laufen. Wird die Werkleistung nur in Teilen abgenommen, so beginnt die Verjährung mit der Abnahme des entsprechenden Teiles.[52] Die Abnahme erfordert die Entgegennahme der Leistung nach der Fertigstellung verbunden mit der Erklärung, dass die Leistung als in der Hauptsache vertragsgemäß anerkannt wird. Die 5-Jahres-Frist berechnet sich nach § 188 Abs. 2 BGB. Der Verjährungsbeginn bei Abnahmefiktionen (§ 640 Abs. 1 S. 3 BGB, § 641 a Abs. 1 S. 1 BGB, § 12 Nr. 5 VOB/B) fällt ebenso auf den Zeitpunkt der Wirksamkeit der Abnahmefiktion entsprechend der vorgenannten Vorschriften. Werden bei der Abnahme Mängel vorbehalten, so beginnt dennoch die Verjährung zu laufen, wenn eine Abnahme insgesamt erklärt wird.[53] Weiter hat der Bundesgerichtshof entschieden, dass auch nach einem gekündigten Bauvertrag die Verjährung erst mit der Abnahme zu laufen beginnt, wobei nach neuester Recht-

19

---

[48] BGHZ 66, 43.
[49] BGH BauR 2005, 550 = IBR 2005, 80.
[50] Kniffka ZfBR 1993, 255; ders. a. a. O., § 634 a Rn. 74.
[51] Kniffka a. a. O., § 634 a Rn. 75.
[52] BGH BauR 1983, 573.
[53] Kniffka a. a. O., § 634 a Rn. 43.

sprechung des BGH die Abnahme erforderlich ist, um die Fälligkeit der Schlussrechnung des Unternehmers herbeizuführen.[54] In Ausnahmefällen kann ein Fristenanlauf aufschiebend bedingt sein, was häufig bei Bauträgerverträgen in Betracht kommen kann. Insbesondere wenn sich der Bauträger im Vertrag mit dem Erwerber von Haftung für Mängelansprüchen frei zeichnet unter Abtretung von eigenen Ansprüchen gegen die Baubeteiligten, so wird nach der Rechtsprechung der Beginn der Verjährungsfrist des Bauträgers, die subsidiär in Betracht kommen kann, als aufschiebend bedingt anzusehen sein bis zu dem Zeitpunkt, an welchem feststeht, dass die Inanspruchnahme des anderen Baubeteiligten, z.B. eines Handwerkers, – aus welchem Grunde auch immer – fehlgeschlagen ist. Dies subsidiäre Haftung des Bauträgers wird allerdings dann nicht wieder aufleben, wenn eine Inanspruchnahme des anderen Baubeteiligten unmittelbar aus Gründen scheitert, welche der Käufer selbst zu vertreten hat.[55]

20 Wird die Abnahme durch den Besteller verweigert, so läuft die Verjährungsfrist für Mängelansprüche grundsätzlich nicht an. Verweigert allerdings der Besteller zu Recht die Abnahme endgültig (weil z.B. die Mängel so gravierend sind), so beginnen die Verjährungsfristen nicht zu laufen. Wird in einem solchen Fall bei endgültiger Verweigerung allerdings zu Unrecht die Abnahme nicht erklärt, gilt die Abnahme als erfolgt (§ 640 Abs. 1 S. 3 BGB), mit der weiteren Folge, dass dann die Verjährungsfristen gem. § 634a Abs. 1 BGB zu laufen beginnen. Liegt eine berechtigte Abnahmeverweigerung vor, kann die Frist des § 634a Abs. 1 BGB nicht zu laufen beginnen, es läuft vielmehr die für den Erfüllungsanspruch maßgebliche Frist der §§ 199, 195 BGB.[56]

21 Der Lauf dieser Frist ist gehemmt, solange das Bauvorhaben begonnen, jedoch nicht fertig gestellt ist. Sobald feststeht, dass es nicht mehr fertig gestellt wird, läuft die Verjährungsfrist des Erfüllungsanspruches.[57] Verweigert der Unternehmer die Mangelbeseitigung endgültig, so gilt Vorstehendes nicht. Wird die Abnahme wegen wesentlichen Mängeln zu Recht verweigert, treten die Abwirkungen insbesondere so lange nicht ein, so lange noch Erfüllung verlangt werden kann bzw. der Mangel beseitigt ist, so dass danach die Abnahme zu erfolgen hat oder eben zu Unrecht verweigert wird.[58] Rügt der Besteller zu Unrecht Mängel oder sind diese unwesentlich, so hätte er an und für sich Abnahme zu erklären. Allerdings treten die Abnahmewirkungen nicht sofort ein und beginnt dementsprechend die Verjährungsfrist nicht sofort zu laufen, so lange nicht feststeht, dass die Abnahmeverweigerung des Bestellers endgültig ist. Es wird hierzu vertreten, dass der An-

---

54 BGH BauR 2003, 689 = IBR 2003, 191; IBR 2006, 432.
55 BGHZ 92, 123 = NJW 1984, 2573; OLG Düsseldorf BauR 1990, 752; OLG Düsseldorf NJW-RR 1992, 1108; BGH NJW-RR 1991, 342; NJW 1980, 282; MüKo/Busche § 634a Rn. 45 m.w.N.
56 BGH BauR 2000, 128 = IBR 2000, 30.
57 Kniffka a.a.O., § 634a Rn. 47.
58 BGH BauR 2004, 670 = IBR 2004, 128.

nahmeverzug des Bestellers mit der Abnahme zum Beginn der Verjährung führt.[59] Wichtiger wäre es, die Wirkung des Annahmeverzugs gem. §§ 644, 300 BGB zu beurteilen. Der Unternehmer ist insofern gehalten, gem. § 640 Abs. 1 S. 3 BGB dem Besteller eine angemessene Frist zur Erklärung der Abnahme zu setzen. Erfolgt diese erneut nicht, so tritt die Abnahmewirkung entsprechend der vorher genannten Vorschrift ein und der Verjährungslauf beginnt – wie oben dargestellt.

Für den Lauf der Verjährungsfrist ist es im Übrigen unerheblich, ob der Mangel offenkundig ist und dem Besteller bekannt ist, oder ob der Mangel verdeckt ist und damit der Besteller regelmäßig keine Chance hat, diesen zu erkennen. Mängelansprüche für verdeckte und damit nicht ohne weiteres wahrnehmbare Mängel verjähren ebenso wie offenkundige Mängel innerhalb der Fristen des § 634 a Abs. 1 Nr. 1 und 2 BGB. Es ist in diesem Zusammenhang darauf hinzuweisen, dass die in der Baupraxis häufig vertretene Ansicht, verdeckte Mängel würden erst nach 30 Jahren verjähren, mit der geltenden Rechtslage nicht übereinstimmt. Von diesen hier beschriebenen verdeckten Mängeln sind die so genannten »versteckten«, d. h. arglistig verschwiegene Mängel abzugrenzen. Zu den Verjährungsfristen bei arglistigem Verschweigen eines Mangels, vergleiche die Ausführungen oben bei Rn. 15 ff. 22

Bei Werkleistungen gem. § 634 a Abs. 1 Nr. 3 BGB gelten die Maßgaben der §§ 199, 195 BGB, wonach die regelmäßige 3-jährige Verjährung mit dem Schluss des Jahres beginnt, in welchem der Anspruch entstanden ist (§ 199 Abs. 1 Nr. 1 BGB) und der Gläubiger von den den Anspruch begründenden Umständen und der Situation des Schuldners Kenntnis erlangt hat oder ohne grobe Fahrlässigkeit hätte erlangen müssen (§ 199 Abs. 1 Nr. 2 BGB).[60] 23

7. Unwirksamkeit von Rücktritt und Minderung (§ 634 a Abs. 4 und 5 BGB)

Wie sich aus § 634 a Abs. 4 und 5 BGB ergibt, ist auf die Rechte des Bestellers auf Rücktritt bzw. Minderung § 218 BGB anzuwenden. Dies ist folgerichtig, da beide Rechte im Gegensatz zum früheren Recht als Gestaltungsrechte formuliert worden sind, so dass sie einer Verjährung gem. § 194 Abs. 1 BGB nicht unterliegen. Ansonsten könnte der Besteller das Verjährungsrecht für Ansprüche umgehen, wenn er sich auf den Rücktritt berufen könnte, obwohl sein Erfüllungsanspruch bereits verjährt ist. 24

§ 218 BGB regelt, dass der Rücktritt wegen nicht oder nicht vertragsgemäß erbrachter Leistungen unwirksam ist, wenn der Anspruch auf die Leistung oder der Nacherfüllungsanspruch verjährt ist, und der Schuldner sich darauf beruft. Dieses Berufen steht der Einrede der Verjährung gleich, so dass eine Gleichschaltung mit der Verjährung des Anspruchs auf Nacherfüllung darin zu sehen ist.[61] Der Zeit- 25

---

59 Staudinger/Peters § 634 a Rn. 37.
60 Vgl. MüKo/Busche § 634 a Rn. 53 m.w.N.
61 Vgl. Kniffka a.a.O., § 634 a Rn. 171.

punkt der Geltendmachung der Einrede ist nach der Begründung des Gesetzes nicht relevant, so dass sich der Schuldner noch bis zum Schluss der mündlichen Verhandlung auf diese Einrede gem. § 218 BGB berufen kann. Ein auf diese Weise gem. §§ 634a Abs. 4 S. 1 BGB i.V.m. § 218 Abs. 1 S. 1 und 2 BGB erklärter unwirksamer Rücktritt würde zunächst dazu führen, dass der Besteller weiter zur Zahlung des Werklohnes verpflichtet bleiben würde, was allerdings unbillig erscheint. So ist es gem. § 634a Abs. 4 S. 2 BGB so, dass der Besteller in diesem Falle die so genannte Mängeleinrede erheben kann und in der Folge die Zahlung der Vergütung verweigern darf. Hat er allerdings den Werklohn bereits vollständig bezahlt, so gilt, dass das zuviel Bezahlte nicht zurückgefordert werden kann, §§ 218 Abs. 2, 214 Abs. 2 S. 1 BGB. Macht nunmehr der Besteller von seinem Zahlungsverweigerungsrecht gem. § 634a Abs. 4 S. 2 BGB Gebrauch, so kann der Unternehmer vom Vertrag zurücktreten, § 634a Abs. 4 S. 3 BGB. Entscheidet sich der Unternehmer für diesen Rücktritt, so muss er die bereits erfolgten Werklohnzahlungen an den Besteller zurückgewähren und erhält seine Leistung zurück bzw. erhält Wertersatz. Dabei ist der Minderwert wegen des Mangels der Leistung zu berücksichtigen. Sollte der Unternehmer keinen Rücktritt wählen, so bleibt es beim Einbehalt des Bestellers. Wenn dieser unter dem Wert der Minderung liegt, ist das für den Unternehmer durchaus vorteilhaft, weil der Besteller den Differenzbetrag nicht zurückverlangen kann.

26 § 634a Abs. 5 BGB weist darauf hin, dass § 218 BGB und § 634a Abs. 4 S. 2 BGB auf das Gestaltungsrecht der Minderung entsprechend anzuwenden sind. Damit ist also eine Herabsetzung der Vergütung nach Verjährung der Erfüllungs- und der Nacherfüllungsansprüche ausgeschlossen. Dementsprechend kann der Besteller, wenn er die Vergütung noch nicht bezahlt hat, die Bezahlung verweigern, soweit die Minderung berechtigt gewesen wäre. Eine Rücktrittsausübung durch den Unternehmer kommt – in Abweichung zu den Regelungen beim Rücktritt – hier jedoch nicht in Betracht.[62]

27 Schließlich sei an dieser Stelle noch auf die Sondervorschrift des § 215 BGB hingewiesen, wonach eine Verjährung die Geltendmachung einer Aufrechnung oder eines Zurückbehaltungsrechts nicht ausschließt, wenn der Anspruch in dem Zeitpunkt noch nicht verjährt war, in dem erstmals aufgerechnet oder die Leistung verweigert werden konnte. Eine Aufrechnung mit verjährten Ansprüchen ist grundsätzlich nicht möglich wegen Ansprüchen solcher Mängel, die in nicht verjährter Zeit nicht erkannt oder nicht gerügt worden sind. Gleiches gilt auch für solche Mängel, welche erst nach Ablauf der Mängelleistungsfrist aufgetreten sind; in beiden Fällen ist keine Aufrechnungslage in unverjährter Zeit eingetreten gewesen. Selbiges gilt für die Ausübung des Zurückbehaltungsrechts nach § 215 BGB. Hier kann der in Anspruch genommene Besteller unter den in § 215 BGB genannten Voraussetzungen die Zahlung der Vergütung auch dann in Höhe des mindestens 3-fachen der Mangelbeseitigungskosten verweigern, wenn der Nacherfüllungsan-

---

62 Vgl. MüKo/Busche § 634a Rn. 58, m.w.N.

spruch bereits verjährt ist. Hier ist es so, dass der Besteller sogar das Zurückbehaltungsrecht deswegen auch noch wegen solcher Mängel geltend machen kann, die bereits während der Gewährleistungsfrist aufgetreten, dem Unternehmer jedoch nicht angezeigt worden sind, denn es kommt nicht auf die Kenntnis des Unternehmers von dem Mangel an.[63]

8. Abweichende Vereinbarungen zur Verjährung

Grundsätzlich ist es möglich, dass die Parteien eines Werkvertrages eine Vereinbarung über die Verjährung abschließen, wobei dabei die Vorgabe des § 202 BGB zu berücksichtigen ist. Nach § 202 Abs. 1 BGB kann bei Haftung wegen Vorsatz die Verjährung nicht im Voraus durch Rechtsgeschäft erleichtert werden. Nach § 202 Abs. 2 BGB kann die Verjährung durch Rechtsgeschäft nicht über eine Verjährungsfrist von 30 Jahren ab dem gesetzlichen Verjährungsbeginn hinaus erschwert werden. Grundsätzlich denkbar sind allerdings abweichende Vereinbarungen über den Beginn, die Dauer oder die Hemmung von Verjährungsfristen, insbesondere eine Verkürzung oder Verlängerung der Verjährung ist insoweit zulässig.[64]

28

Soweit die Verjährungsfristen durch Individualvereinbarung zwischen den Parteien modifiziert werden, ist – bis auf §§ 202 und 138 BGB – ein weiter Gestaltungsraum für die Parteien vorhanden. Verjährungserschwerende Vereinbarungen können bereits bei dem ursprünglichen Vertragsabschluss, aber auch erst später getroffen werden. Allerdings ist hier die Obergrenze des § 202 Abs. 2 BGB zu berücksichtigen. Ob ein individuelles Aushandeln vorliegt, ist anhand der Umstände des Einzelfalles sorgfältig zu prüfen. Des Weiteren ist es denkbar, dass eine bereits einmal getroffene Vereinbarung über die Verjährung noch nachträglich durch die Parteien geändert wird. Häufig wird bei der Abnahme noch eine zusätzliche Regelung zur Verjährung in das Abnahmeprotokoll – abweichend vom Vertrag – aufgenommen. Solange diese Regelung eindeutig und hinreichend präzise ist, steht dem grundsätzlich nichts entgegen. Ist in einem vorgedruckten Abnahmeprotokoll die Variante 2 Jahre/5 Jahre vorgesehen und wurde keine eindeutige Markierung vorgenommen, so gilt die vertraglich vereinbarte Verjährung, weil die Wahlmöglichkeit nicht genutzt worden ist.[65]

29

Häufig enthalten allerdings Allgemeine Geschäftsbedingungen eine Bestimmung, durch welche Beginn, Dauer und Hemmungstatbestände der Verjährung abweichend von den gesetzlichen Regelungen festgelegt werden. Eine Bestimmung in solchen allgemeinen Geschäftsbedingungen, durch welche bei Verträgen gegenüber Lieferungen neu hergestellter Sachen und über Werkleistungen die Verjährung von

30

---

63 Kniffka a.a.O., § 634a Rn. 167.
64 BGH NJW-RR 2000, 164; MüKo/Busche § 634a Rn. 59ff.; Kniffka a.a.O., § 634a Rn. 180ff.
65 BGH BauR 2005, 590 = IBR 2005, 294.

Ansprüchen gegen den Verwender wegen eines Mangels z. B. im Falle des § 634 a Abs. 1 Nr. 2 BGB erleichtert wird, ist gem. § 309 Nr. 8 b ff. BGB unwirksam; dies gilt allerdings dann nicht für solche Verträge, in die die VOB/B als Ganzes einbezogen ist. Sieht allerdings die Klausel eine Erleichterung der Verjährung von Ansprüchen des Verwenders selbst vor, so ist diese Klausel nach der Rechtsprechung als wirksam zu bewerten.[66] Eine solche Erleichterung der Verjährung kann z. B. durch eine kürzere Frist ab Abnahme vorgesehen sein, oder aber z. B. durch eine Vorverlegung des Beginns der Verjährung vor der Abnahme. So hat die Rechtsprechung beispielsweise eine Klausel als unwirksam angesehen, nach welcher die Verjährung mit der Bezugsfertigkeit beginnt, oder eine Klausel, wonach die Verjährung mit der Übergabe einer Eigentumswohnung an den Erwerber beginnen sollte.[67] Schließlich ist eine Erleichterung der Verjährung auch dann anzunehmen, wenn die gesetzlich vorgesehenen Hemmungs- oder Neubeginnstatbestände zugunsten des Verwenders modifiziert werden.

31 Auch im kaufmännischen Verkehr sind die Regelungen des § 309 Nr. 8 b ff. BGB zwar nicht unmittelbar, jedoch über § 307 BGB mit einer sog. »Indizwirkung« behaftet, wonach es also einer besonderen Interessenlage bedarf, dass eine Abweichung von den gesetzlichen Vorschriften gerechtfertigt ist. Dies gilt zum einen für die vorgesehenen Verjährungsfristen, zum anderen aber auch über die Vorschriften hinsichtlich Hemmung und Neubeginn sowie bezüglich eines Anerkenntnisses.[68] Auch Kaufleute im Betrieb ihres Handelsgewerbes benötigen grundsätzlich den Schutz der 5-jährigen Verjährungsfrist, weil Mängel am Bauwerk spät auftreten können, und eine Verkürzung dem Gebot von Treu und Glauben widersprechen würde, § 307 Abs. 1 BGB.[69] Die von einem mit Pflasterarbeiten für Straßenoberflächen beauftragten Unternehmer verwendete Klausel: »*Werden bei der Abnahme keine Mängelrügen vorgebracht, dann gilt die Abnahme als ohne Beanstandung erfolgt. Gewährleistungsansprüche des Auftraggebers wegen bei Abnahme erkennbaren Mängeln sind ausgeschlossen, wenn diese Mängel nicht binnen einer Frist von 2 Wochen seit Abnahme der … (Auftragnehmerin) gegenüber schriftlich vorgebracht werden. Gewährleistungsansprüche wegen Mängeln, die bei der Abnahme nicht erkennbar waren, sind ausgeschlossen, wenn sie vom Auftraggeber nicht binnen einer Frist von 2 Wochen nach Erkennbarkeit schriftlich gegenüber der … (Auftragnehmerin) vorgebracht werden.*« verstößt nach der Rechtsprechung auch bei Verwendung im kaufmännischen Bereich gegen § 9 AGBG (= § 307 BGB n. F.) und ist deshalb unwirksam.[70]

---

66 BGH BauR 1987, 205.
67 BGH BauR 1987, 438; BauR 2004, 1171 = IBR 2004, 376; BauR 2004, 1148 = IBR 2004, 371.
68 BGH BauR 2005, 383 = IBR 2005, 142; BauR 1984, 390.
69 BGH NZBau 2002, 387 = IBR 2002, 359; BGH BauR 1984, 390.
70 BGH BauR 2005, 383 = IBR 2005, 142.

Verjährung der Mängelansprüche § 634 a BGB

32 Bei Verträgen über die Lieferung herzustellender beweglicher Sachen gilt gem. § 651 BGB Kaufrecht. Für die Lieferung von Baumaterialien, gleich ob sie vom Lieferanten hergestellt oder nur weiterveräußert werden, ist gem. §§ 475 Abs. 2, 437 BGB eine Mängelhaftungsfrist von mindestens 2 Jahren zwingend. Jedoch gilt Vorstehendes gem. § 475 Abs. 3 BGB nicht für individuelle Vereinbarungen über den Ausschluss oder die Beschränkung der Verjährung von Schadensersatzansprüchen. Solche Ansprüche können also durch eine individuelle Vereinbarung hinsichtlich der Verjährung verkürzt werden.[71]

33 Eine Verlängerung von Verjährungsfristen für Mängelansprüche kann auch in allgemeinen Geschäftsbedingungen grundsätzlich vorgesehen werden, wobei § 309 Nr. 8 b ff. BGB nicht zur Anwendung kommt, sondern sich eine solche Vereinbarung dann am Maßstab des § 307 Abs. 1 und 2 BGB zu messen hat. Dabei ist darauf abzustellen, ob die Verlängerung der Verjährungsfrist mit dem Grundgedanken der gesetzlichen Regelung noch in Einklang steht oder aber eine unangemessene Benachteiligung des Unternehmers durch diese Verlängerung herbeigeführt würde. Eine solche Verlängerung ist deshalb nur dann zulässig, wenn sie durch ein besonderes Interesse des Bestellers gerechtfertigt ist.[72]

34 Gerade bei Bauleistungen, bei welchen Mängel häufig erst spät auftreten, kann eine Verlängerung der gesetzlichen Verjährungsfrist zulässig sein. Hierunter fallen regelmäßig Leistungen an Flachdächern, bei welchen die Rechtsprechung auch eine Verjährungsfrist von 10 Jahren und einem Monat als zulässig bewertet hat.[73] Bei all diesen Vereinbarungen ist allerdings darauf zu achten, dass die Verlängerung der Verjährung eindeutig geregelt sein muss und nicht zu einer nicht mehr nachvollziehbaren Haftungsverlängerung des Unternehmers führt. Die Rechtssprechung hat beispielsweise eine Klausel für unwirksam erachtet, wonach die Verjährung trotz Abnahme erst nach vollständiger Mangelbeseitigung beginnen soll.[74] Weiter ist eine Klausel unwirksam, wonach die Gewährleistungsfrist des Nachunternehmers gegenüber dem Generalunternehmer erst beginnen soll mit der Abnahme der Werkleistung des Generalunternehmers durch den Bauherren selbst, und enden soll erst 2 Monate nach Ablauf der von dem Bauherren gegenüber dem Generalunternehmer bestehenden 5-jährigen Gewährleistungsfrist. Diese Klausel im Nachunternehmervertrag enthält keine Begrenzung nach oben und stellt eine unangemessene Benachteiligung des Nachunternehmers dar, da er keinen Einfluss auf die Abnahme der Werkleistung durch den Bauherren gegenüber dem Generalunternehmer hat.[75]

35 Eine Modifikation der 4-jährigen Gewährleistungsfrist aus § 13 Nr. 4 VOB/B in eine 5-jährige Gewährleistungsfrist ist nach der Rechtssprechung zulässig, denn es

---

71 Kniffka a.a.O., § 634 a Rn. 195 ff.
72 BGHZ 132, 383 = NJW 1996, 2155.
73 BGH BauR 1996, 707 = IBR 1996, 315.
74 OLG Celle BauR 2001, 259.
75 BGH BauR 2001, 621 = IBR 2001, 168; Kniffka a.a.O., § 634 a Rn. 200 m.w.N.

liegt kein Verstoß gegen das gesetzliche Leitbild mit einer 5-jährigen Gewährleistungsfrist vor.[76]

B. Relevanz für die Baupraxis

1. Hemmung und Neubeginn der Verjährung

36 Für die Baupraxis besonders relevant ist die Frage, unter welchen Voraussetzungen eine bereits laufende Verjährungsfrist durch außergerichtliche oder gerichtliche Akte der beteiligten Parteien in ihrem weiteren Lauf gehemmt werden kann, oder unter welchen Voraussetzungen eine bereits laufende oder auch bereits abgelaufene Frist neu anlaufen kann. Die Hemmung einer Verjährungsfrist bewirkt einen Stillstand des Laufs der Verjährungszeit, so dass der Hemmungszeitraum nicht in die Verjährungsfrist eingerechnet wird, § 209 BGB. Ein Neubeginn führt dazu, dass die Verjährungsfrist neu zu laufen beginnt, § 212 BGB. Nach der Symptomrechtsprechung des Bundesgerichtshofes reicht es aus, wenn der Besteller die Mangelerscheinung in ausreichend präzisem und eindeutigem Umfang beschreibt; damit macht er den Mangel selbst zum Gegenstand seiner Rüge. Die Wirkungen dieser Rüge beziehen sich dabei jeweils auf den der Mangelerscheinung zu Grunde liegenden Fehler, die entsprechend von der Hemmung oder dem Neubeginn umfasst sind.[77] Die Hemmungs- und Neubeginnstatbestände beziehen sich auf denjenigen Anspruch wegen eines konkreten Mangels, der Gegenstand des Tatbestandes ist. Die Ansprüche wegen eines einzelnen Mangels können deshalb unterschiedlich verjähren. Allerdings ist zu beachten, dass nach § 213 BGB die Hemmung und der Neubeginn der Verjährung auch für Ansprüche, welche aus demselben Grund wahlweise neben dem Anspruch oder an seiner Stelle gegeben sind, gelten. Dies bedeutet, dass die verschiedenen Ansprüche wegen eines einheitlichen Mangels aus Bauverträgen grundsätzlich einheitlich verjähren, soweit die Voraussetzungen des § 213 BGB vorliegen. Demnach kann die Klage auf Nacherfüllung wegen eines Mangels auch die Verjährung aller weiteren Ansprüche hemmen, die aus der Nacherfüllung abgeleitet werden können, z.B. der Anspruch auf Kostenersatz, Kostenvorschuss, Minderung oder Schadensersatz statt der Leistung sowie Rücktritt. Wenn ein Wahlrecht nicht gegeben ist, sondern die Ansprüche nebeneinander bestehen, muss von Seiten des Anspruchinhabers dafür Sorge getragen werden, dass die einzelnen Ansprüche auch besonders gehemmt bzw. zum Neuanlauf gebracht werden. So hemmt die Klage auf Nacherfüllung oder Vorschusszahlung nicht den Anspruch auf Ersatz des Mangelfolgeschadens aus § 280 Abs. 1 BGB. Dies ist darin begründet, dass dieser Anspruch nicht an die Stelle des Erfüllungsanspruches

---

[76] BGH BauR 1987, 84; BauR 1993, 723 = IBR 1993, 453.
[77] BGH BauR 1990, 356 = IBR 1990, 209.

treten kann.⁷⁸ Immer besteht der Anspruch auf Schadensersatz wegen Mangelfolgeschäden (§ 280 Abs. 1 BGB) neben den weiteren Mangelansprüchen. Auch ein Anspruch auf Verzugsschaden besteht unabhängig von dem Anspruch auf Nacherfüllung, so dass auch insoweit eine unabhängige Hemmung herbeigeführt werden muss. Wie oben bereits dargestellt, unterbricht die Hemmung den Lauf einer Verjährungsfrist mit der Folge, dass der Zeitraum, währenddessen Hemmung vorliegt, in die Verjährungsfrist nicht eingerechnet wird, § 209 BGB. Insoweit wird die Verjährungsfrist um den Zeitraum der Hemmung verlängert. Dies führt dazu, dass der Anspruchsinhaber die laufende Frist durch diese Unterbrechungen ständig neu berechnen muss.

Der in der Praxis häufigste Fall der Hemmung ist der Hemmungstatbestand durch so genannte **Rechtsverfolgung**, unter den mehrere verschiedene Tatbestände im Rahmen des § 204 Abs. 1 BGB fallen können. Nachfolgend sind einige ausgewählte und besonders praxisrelevante Hemmungstatbestände näher ausgeführt: 37

So hemmt die Erhebung einer **Klage auf Leistung** oder auf **Feststellung des Anspruches**, auf **Erteilung der Vollstreckungsklausel**, auf **Erlass eines Vollstreckungsurteils** gem. § 204 Abs. 1 Nr. 1 BGB während der Dauer des Verfahrens und dem sich daran anschließenden Zeitraum von 6 Monaten den Lauf der Verjährung. Maßgeblicher Zeitpunkt ist die Zustellung der Klage. Wird die Klage in unverjährter Zeit anhängig und demnächst zugestellt, so wirkt die Zustellung gem. § 167 ZPO n. F. in unverjährte Zeit zurück. Wenn ein Anspruch z. B. auf Schadensersatz oder Aufwendungsersatz nur in Teilen geltend gemacht wird, so hemmt die Klageverjährung nur für den geltend gemachten Teil.⁷⁹ Eine Teilklage ist aber dann nicht anzunehmen, wenn der Kläger mit dem bezifferten Antrag erkennbar nicht die Klage auf diesen Betrag beschränken will, sondern den sich aus dem Sachverhalt ergebenden, ihm insgesamt zustehenden Betrag verlangt. Wenn sich dann später herausstellt, dass der Schaden bei dem gleich bleibenden Sachverhalt höher ist und die Klage deswegen erhöht werden muss, so hat die Rechtssprechung erkannt, dass insoweit eine Verjährung nicht gegeben ist, weil der Anspruch zunächst nicht geltend gemacht worden ist.⁸⁰ Gleiches ist nach der Rechtssprechung in vergleichbaren Fällen anzunehmen, wenn z. B. der Unternehmer auf der Basis seiner mit einem Aufmaß unterlegten Schlussrechnung Werklohn einklagt und sich nach der Beweisaufnahme durch Sachverständigengutachten herausstellt, dass er sogar einen höheren Anspruch hat. Auch hinsichtlich der auf diese Weise erhöhten Forderung kann die Einrede der Verjährung nicht geltend gemacht werden, sofern der Streitgegenstand gleich bleibt, also der Unternehmer z. B. nicht versucht, eine bisher nicht erfasste Position nachzuschieben.⁸¹ Ebenso zu bewerten ist es, wenn mit einer Leistungsklage zunächst Mangelbeseitigungskosten im Wege des Vorschusses

---

78 Kniffka a. a. O., § 634 a Rn. 92 m. w. N.
79 BGH BauR 1976, 292; NJW 2002, 2167 = IBR 2002, 360.
80 BGH BauR 1982, 398.
81 Kniffka a. a. O., § 634 a Rn. 116 m. w. N.

geltend gemacht werden, und zunächst ein niedriger Betrag angesetzt wird, und sich später herausstellt, dass die tatsächlichen Kosten höher ausfallen. In diesem Falle kann der Anspruchsinhaber auch noch an den Anspruch auf Zahlung des höheren Betrages zur Beseitigung desselben Mangels verlangen.[82] Hält allerdings der Anspruchsinhaber den Beklagten nur für verpflichtet, eine bestimmte Quote der Mangelbeseitigungskosten zu bezahlen, so hemmt dies nicht den Rest des Anspruches hinsichtlich der Verjährung.[83] Die Zustellung eines Mahnbescheides hemmt den Lauf der Verjährungsfrist, § 204 Abs. 1 Nr. 3 BGB.

38 Wird im Laufe eines anhängigen Prozesses eine **Aufrechnung** erklärt, so hemmt diese gem. § 204 Abs. 1 Nr. 5 BGB ebenfalls den Lauf der Verjährung in dem Umfange, in dem die Aufrechnung reicht. Die Aufrechnung beschränkt sich der Höhe nach auf den Betrag der Hauptforderung.[84] Die Aufrechnungserklärung hemmt auch dann, wenn sie im Rahmen der mündlichen Verhandlung nur mündlich erklärt wird. Allerdings hemmt die Geltendmachung eines Zurückbehaltungsrechts die Verjährung nicht, ebenso wenig wie ein Beweisantrag des Bestellers wegen behaupteter Mängel im Prozess den Anspruch auf Zahlung des verklagten Bestellers hemmt.[85]

39 Ein weiterer häufiger Hemmungstatbestand ist die **Zustellung einer Streitverkündung** gem. § 204 Abs. 1 Nr. 6 BGB. Wichtig ist dabei, dass die Zustellung von Amts wegen vorgenommen wird, so dass es sich für die Prozessbevollmächtigten empfiehlt, sorgfältig zu prüfen, ob das Gericht die Streitverkündung auch zugestellt hat. Die Hemmungswirkung tritt ein, wenn die Streitverkündung ordnungsgemäß und zulässig ist. Liegt kein Fall der möglichen Vorgreiflichkeit gem. § 72 ZPO vor, ist die Streitverkündung unzulässig. Die Streitverkündung soll den Streitverkünder durch die Bindungswirkung gem. §§ 74, 68 ZPO vor dem Risiko in Schutz nehmen, dass er wegen der materiell-rechtlichen Verknüpfung der – vor und nach dem Prozess geltend gemachten bzw. geltend zu machenden – Ansprüche mehrere Prozesse führen muss, dabei aber Gefahr läuft, alle zu verlieren, obwohl er zumindest einen gewinnen müsste.[86] Die Zulässigkeit der Streitverkündung wird im Folgeprozess, nicht im Prozess, in welchem die Streitverkündung ausgesprochen wurde, durch das Gericht geprüft. Es kommt dabei nicht darauf an, ob der Streitverkündete dem Rechtsstreit beigetreten ist. Ist die Streitverkündung unzulässig, so tritt auch keine Hemmungswirkung ein. Mittlerweile ist unstreitig und durch die Rechtssprechung hinreichend abgesichert, dass eine Streitverkündung auch im selbstständigen Beweisverfahren zulässig ist und hemmende Wirkung innehat. Auch dort muss sie entsprechend von Amts wegen zugestellt werden.[87]

---

82 BGH BauR 1989, 81; NJW 1976, 856.
83 BGH BauR 2004, 1148 = IBR 2004, 371.
84 BGH BauR 1990, 747 = IBR 1990, 586.
85 BGH NJW 1973, 38.
86 BGHZ 116, 95 = IBR 1992, 258.
87 Kniffka/Koeble 18. Teil Rn. 4; Kniffka a.a.O., § 634 a Rn. 125 ff.; BGH BauR 1997, 347 = IBR 1997, 172.

40 Weiter wird der Lauf von Verjährungsfristen durch die Stellung eines **Antrags auf Durchführung eines selbstständigen Beweisverfahrens** nach § 204 Abs. 1 Nr. 7 BGB gehemmt. Maßgeblich ist die Zustellung des Antrages, so dass auch hier darauf geachtet werden muss, dass der Antrag zugestellt wird. Wird die Zustellung vom Gericht angeordnet und erfolgt sie demnächst, gilt für die Hemmung die Rückwirkungsregel des § 167 ZPO. Beachtenswert ist, dass das selbstständige Beweisverfahren die Verjährung des Vergütungsanspruches des Unternehmers nicht hemmt, so dass gegebenenfalls für die Hemmung gesondert Sorge getragen werden muss.[88] Anders als bei der Streitverkündung hemmt auch ein unbegründeter und selbst ein unzulässiger Antrag auf Durchführung des selbstständigen Beweisverfahrens den Lauf der Verjährungsfrist.[89] Das selbstständige Beweisverfahren endet grundsätzlich dann, wenn das einzuholende Sachverständigengutachten an die Parteien übermittelt wurde. Kommt es zu einer mündlichen Erläuterung des Gutachtens durch den Sachverständigen, so endet die Beweisaufnahme und damit das Verfahren mit dem Verlesen oder der Vorlage zur Durchsicht des Sitzungsprotokolls über die Einvernahme des Sachverständigen. Wird kein Antrag auf Erläuterung des Gutachtens gestellt oder erfolgt dies nicht in engem zeitlichem Zusammenhang mit dem zugestellten Gutachten, so endet das Beweisverfahren. Die Angemessenheit der Frist bestimmt sich nach den Umständen des Einzelfalles, insbesondere nach dem Umfang des Beweisverfahrens und der Komplexität der Angelegenheit. Wird die Fortführung des Verfahrens durch das Gericht abgelehnt, so endet es, unabhängig davon, ob die gesetzte Frist angemessen war.

41 Wird eine Hemmung durch so genannte Rechtsverfolgung erzielt, so endet der Hemmungstatbestand 6 Monate nach der rechtskräftigen Entscheidung oder anderweitigen Beendigung des eingeleiteten Verfahrens, so dass dem Anspruchsinhaber ausreichend Zeit zur Überprüfung dahingehend, ob er weitere Maßnahmen gegen den Schuldner einleiten will, verbleibt. Insbesondere ist gerade bei selbstständigen Beweisverfahren diese Zeit erforderlich, um eingehend zu prüfen, ob hieraus weitere Ansprüche abgeleitet werden können. Betreiben die Parteien das Verfahren nicht weiter, so gerät es in Stillstand, so dass an die Stelle der Beendigung des Verfahrens die letzte Verfahrenshandlung der Parteien, des Gerichts oder der sonstigen Beteiligten tritt. Die Hemmung beginnt erneut, wenn eine Partei das Verfahren weiter betreibt, § 204 Abs. 2 BGB. Ruht das Verfahren, so ist es mittlerweile nicht mehr zweifelsfrei, ob hieraus eine dauerhafte Hemmung erreicht werden kann. In diesem Falle wäre es anzuraten, zur Erreichung größtmöglicher Rechtssicherheit eine Vereinbarung über eine Verjährungsverlängerung mit dem jeweiligen Schuldner zu treffen, um den sichersten Weg einzuschlagen.

42 Im Falle von Klagerücknahme oder Prozessurteil verbleibt es bei dem oben geschilderten Grundsatz, dass die Hemmung 6 Monate nach Prozessurteil oder Klage-

---

88 OLG Saarbrücken NJW-RR 2006, 163; a. A.: Kniffka a. a. O., § 634a Rn. 130.
89 BGH BauR 1983, 255.

rücknahme endet. Hier wurde bewusst nicht an der bisherigen Regelung des § 212, § 212 a BGB festgehalten, wonach die Hemmung rückwirkend entfallen konnte.[90]

43 Neben der Hemmung durch Rechtsverfolgung ist ein weiterer wesentlicher Tatbestand der Hemmung die Hemmung der Verjährung bei **Verhandlungen** gem. § 203 BGB. Solange also Schuldner und Gläubiger Verhandlungen über den Anspruch oder die den Anspruch begründenden Umstände führen, ist die Verjährung gehemmt, bis der eine oder andere Teil die Fortsetzung der Verhandlungen verweigert. Gem. § 203 S. 2 BGB tritt die Verjährung frühestens 3 Monate nach Ende der Hemmung ein. Dieser in der Praxis sehr sinnvolle Hemmungstatbestand deckt einen weiten Bereich insbesondere bei der Prüfung des Vorhandenseins von Mängeln oder der Beseitigung von Mängeln ab. Das hierfür erforderliche »Verhandeln« wurde von der Rechtssprechung wie auch bei der vergleichbaren Regelung im alten Recht (§ 852 BGB a. F.) weit interpretiert. Danach reichte bereits jeder Meinungsaustausch über die Schadens- bzw. Mangelfall zwischen den Beteiligten aus, sofern nicht sofort und endgültig und eindeutig jeder Ersatz abgelehnt wurde. Maßgebend ist nach der Rechtsprechung, wie der Gläubiger die Äußerung des Schuldners oder seines Vertreters verstehen konnte.[91] Nach der Rechtsprechung kann es ausreichen, dass der Verzicht auf die Einrede der Verjährung erklärt wird.[92] Wird ein widerruflicher Vergleich geschlossen, dem eine Verhandlung zu Grunde lag, so ist die Hemmung ebenfalls bewirkt, sie endet 3 Monate nach Widerruf des Vergleiches.[93] Weiter hat die Rechtsprechung entschieden, dass eine Hemmung anzunehmen ist, wenn der in Anspruch genommene Erklärungen in dergestalt abgibt, dass sie den Anspruchnehmer berechtigterweise annehmen lassen, der Verpflichtete lasse sich auf eine Erörterung über die Berechtigung von Mängelansprüchen ein, eine Vergleichsbereitschaft muss dabei noch nicht signalisiert werden.[94]

44 Sagt deshalb der Unternehmer beispielsweise zu, die gerügten Mängel prüfen zu wollen, so ist nach der Rechtsprechung eine Hemmung anzunehmen.[95] Weiter hemmt regelmäßig die Zusage der Versicherung des Unternehmers oder Architekten, den Mangel zu prüfen, die Verjährung, gleichgültig ob der Unternehmer oder der Anspruchsinhaber die Versicherung involviert hat. Weiter ist es so, dass der Unternehmer aufgrund der Regulierungsvollmacht die Zusage der Prüfung durch die Versicherung auch gegen sich gelten lassen muss.[96] Wird der Mangel geprüft, so ist regelmäßig die Verjährung gehemmt. Dabei ist es bereits auskömmlich, wenn der Unternehmer seine Einstandspflicht überprüft, was nicht vor Ort ge-

---

90 Kniffka a. a. O., § 634 a Rn. 150.
91 BGH Urt. v. 2. 2. 2006 III ZR 61/05 m. w. N.
92 BGH NJW 2004, 1654 = IBR 2004, 240.
93 BGH Urt. v. 4. 5. 2005 VIII ZR 93/04.
94 BGH NJW-RR 2001, 1168 = IBR 2002, 78.
95 BGH BauR 1999, 1019 = IBR 1999, 306, 307.
96 BGH BauR 1983, 87; BauR 2005, 705 = IBR 2005, 220.

schehen muss. Eine Prüfung kann auch durch andere Personen für den Unternehmer erfolgen.[97]

Nimmt der Unternehmer Mangelbeseitigungsarbeiten vor, so hemmen auch diese die Verjährungsfrist. Die Rechtsprechung hat sogar dann eine Hemmung angenommen, wenn der Unternehmer die Nachbesserungsversuche nur aus Gefälligkeit bzw. Kulanz ohne Anerkenntnis einer Rechtspflicht unternommen hat, denn nach der Rechtsprechung kommt es im Rahmen des Sinn und Zweckes der Hemmungstatbestände nur auf das tatsächliche Bemühen einer Mangelbeseitigung an.[98] Teilweise hat die Rechtsprechung Mangelbeseitigungsarbeiten auch als Anerkenntnis i.S.d. § 212 I Nr. 1 BGB gewertet, woraus ein Neubeginn der Verjährung resultieren würde. 45

In der Praxis wird es immer dann problematisch, wenn der Anspruchsinhaber Verhandlungen über Mängelansprüche nicht mit dem Schuldner geführt hat, sondern mit Dritten, z.B. mit weiteren Mithaftenden oder Versicherungen. Derartige Verhandlungen mit »Außenstehenden« hemmen den Anspruch gegenüber dem Unternehmer nicht ohne weiteres. Verhandeln i.S.d. § 203 BGB liegt aber nach der Rechtsprechung dann vor, wenn der in Anspruch genommene Unternehmer dem Besteller mitteilt, dass er seiner Versicherung den Schaden gemeldet und diese Prüfung zugesagt habe.[99] Weiter sind Verhandlungen, die mit anderen außenstehenden Personen, die nicht zur Verhandlung bevollmächtigt sind, ausgesprochen gefährlich. So können beispielsweise Bauleiter und Architekten in aller Regel mangels Vollmacht Verhandlungen i.S.d. § 203 BGB nicht führen. 46

Die Hemmung gem. § 203 S. 1 BGB endet, wenn ein Teil die Fortsetzungen der Verhandlungen verweigert, § 203 S. 2 BGB. Dies ist jedenfalls dann anzunehmen, wenn der Unternehmer jede Verantwortung oder weitere Diskussion ablehnt oder den Mangel augenscheinlich nicht beseitigt oder dieses erklärt hat. Allein die Beendigung von Mangelbeseitigungsarbeiten reicht zur Beendigung der Hemmung nicht aus, wenn sich die Arbeiten aus der Sicht des Besteller nur aus Mangelbeseitigungsversuch darstellt, dessen Erfolg von beiden Parteien noch abgewartet werden soll.[100] 47

Erlahmen die Verhandlungen allmählich, ohne dass sicher gesagt werden kann, wann sie beendet wurden, so endet die Hemmung in dem Zeitpunkt, in welchem nach Treu und Glauben der nächste Schritt zu erwarten gewesen wäre, was in der Praxis durchaus problematisch ist. Diese Unsicherheit geht i.d.R. zu Lasten des Schuldners, denn er muss das Ende der Hemmung darlegen und beweisen. Es wird also in einem solchen Falle regelmäßig eine Auslegung nach den Umständen des 48

---

97 BGH BauR 2002, 108 = IBR 2002, 29.
98 BGH BauR 1977, 348.
99 BGH BauR 1983, 87; BauR 1985, 202.
100 BGH BauR 1989, 603.

Einzelfalles stattzufinden haben. Jeder anwaltliche Berater tut deshalb gut daran, insbesondere auf Schuldnerseite, eine eindeutige und unmissverständliche Erklärung in dieser Weise abzugeben. Ist bereits eine Beendigung der Verhandlungen eingetreten, so kann durch Wiederaufnahme eine erneute Hemmung in Betracht kommen.[101] Ist das Ende der Verhandlungen festgestellt und läuft die restliche Verjährungsfrist weniger als 3 Monate, so ist es nach § 203 BGB so, dass dennoch 3 Monate keine Verjährung eintreten kann, so dass der Gläubiger ausreichend Zeit hat, angemessene Konsequenzen aus den nicht erfolgreichen Gesprächen zu ziehen.

49 Weiter kommen in Betracht die Fälle des § 212 BGB, wonach ein **Neuanlauf der Verjährung** in Betracht kommt. Besonders wichtig ist hierbei die Variante des § 212 Abs. 1 Nr. 1 BGB, wonach der Schuldner dem Gläubiger gegenüber den Anspruch durch Abschlagszahlung, Zinszahlung, Sicherheitsleistung oder in anderer Weise anerkennt. In Anerkenntnis ist anzunehmen, wenn sich aus dem tatsächlichen Verhalten des Schuldners gegenüber dem Gläubiger klar und unzweideutig ergibt, dass sich der Schuldner des Bestehens der Schuld bewusst ist und angesichts dessen der Berechtigte darauf vertrauen darf, dass sich der Schuldner nicht nach Ablauf der Verjährungsfrist alsbald auf Verjährung berufen wird. Es genügt jedes zur Kenntnisnahme des Berechtigten bestimmte und geeignete Verhalten. Ein die Schuld bestätigendes Anerkenntnis führt stets zum Neubeginn der Verjährung.[102] Die Verjährungsfristen des § 634 a BGB beginnen neu zu laufen, wenn der Unternehmer dem Besteller gegenüber einen gegebenen Mangelanspruch anerkennt, § 212 BGB. Jedes zur Kenntnisnahme des Berechtigten bestimmte und geeignete Verhalten reicht grundsätzlich als Anerkenntnis im vorbeschriebenen Sinne aus.[103] Erklärt der Unternehmer dem Besteller gegenüber, er wolle den Mangel beseitigen, so wird auch diese Aussage – jeweils nach den Umständen des Einzelfalles – als Anerkenntnis zu werten sein.[104]

Die Verjährungsfrist nach einem Anerkenntnis beginnt mit der Beendigung der Nachbesserungsarbeiten bzw. deren Abnahme, da während der Zeit der Mangelbeseitigung eine Hemmung anzunehmen ist.[105]

2. Besonderheiten im Rahmen des Architekten- und Ingenieurrechts

50 Die in § 634 a Abs. 1 Nr. 2 BGB genannte 5-jährige Frist gilt auch gegenüber Architekten und Ingenieuren für Mangelhaftigkeit der Planungs- und Überwachungsleistungen. Dabei hat der Architekt allerdings nicht nur regelmäßig ordentliche Planungsleistungen abzuliefern, sondern auch dem Besteller bei der Behebung von Leistungsmängeln zur Seite zu stehen. Dabei kann es sich einerseits

---

101 BGH NJW-RR 2001, 1168 = IBR 2002, 78.
102 BGH BauR 1994, 103 = IBR 1994, 139; Urt. v. 29. 1. 2002 VI ZR 230/01.
103 BGH BauR 2005, 710 = IBR 2005, 193.
104 BGH BauR 2005, 710 = IBR 2005, 193.
105 BGH Urt. v. 27. 9. 2000 VIII ZR 155/99; Kniffka a. a. O., § 634 a Rn. 54 m. w. N.

um Mängel in der Werkleistung der beteiligten Unternehmen handeln, er hat allerdings auch die Mängelursachen aufzuklären, auch wenn es hierbei um seine eigene Planungs- und Überwachungsfehler gehen sollte. Nimmt er diese Unterstützungsfunktion nicht oder nicht ausreichend wahr, so liegt darin eine Pflichtverletzung des Architekten. Unterlässt er es beispielsweise, die Ursachen einer in unverjährter Zeit aufgetretenen Mangelerscheinung zu untersuchen und den Bauherrn umfassend über die Ursache und Möglichkeiten zu informieren, so haftet der Architekt für diese Pflichtverletzung, auf eine Verjährung des Gewährleistungsanspruches kann er sich nicht berufen.[106]

Voraussetzung für diese als »Sekundärhaftung« bezeichnete Haftung des Architekten ist eine Pflicht aus dem Architektenvertrag zur Beratung und Betreuung des Bauherrn, die der Architekt verletzt haben muss. Gerade die Pflicht zur Aufklärung auch über eigene Fehler ergibt sich aus den übernommenen Betreuungsaufgaben des Architekten, was in der Rechtsprechung immer wieder festgestellt wurde.[107] Der Architekt ist primärer Ansprechpartner des Bestellers und hat die Sachwalterstellung für den Bauherrn inne. 51

Spezialisten und Sonderfachleute, die in die Planungsarbeiten mit einbezogen werden, haben i.d.R. keine vergleichbare Sachwalterstellung, so dass sie der Sekundärhaftung nicht ohne weiteres unterfallen, was sich aber nach den Einzelheiten des Vertrages und den Bauumständen ergeben muss. Der mit Betreuungsaufgaben befasste Architekt und Ingenieur muss einer Mangelrüge des Bauherrn sorgfältig nachgehen und zwar ohne Rücksicht darauf, ob er selbst Fehler gemacht haben könnte. Eine solche Aufklärung hat unverzüglich zu erfolgen.[108] 52

Verletzt also der Architekt oder Ingenieur eine solche Betreuungspflicht gegenüber dem Besteller, so muss er für den daraus entstehenden Schaden dem Besteller einstehen. Hierzu können unter Umständen Prozess- und Verfahrenskosten gegenüber dem Unternehmer, der nicht erfolgreich in Anspruch genommen werden konnte, gehören. Weiter ist es so, dass wegen der Ansprüche aus dieser Pflichtverletzung eine eigene Verjährungsfrist gegen den Architekten oder Ingenieur zu laufen beginnt, wobei dieser Anspruch innerhalb der Regelfrist verjährt.[109] Die Verjährung beginnt nach den Neuregelungen des Verjährungsrechts unter den Voraussetzungen des § 199 BGB, also mit Entstehung des Anspruches und Kenntnis des Bestellers von den in Anspruch begründenden Tatsachen und der Person des Schuldners. Eine Verjährung beginnt deshalb nicht automatisch mit der Abnahme, wenn die vorgenannten Voraussetzungen zu diesem Zeitpunkt noch nicht vorliegen.[110] 53

---
106 BGH BauR 1978, 235; BauR 1985, 97; BauR 1986, 112; BauR 2002, 1718 = IBR 2002, 554; BauR 2004, 1171 = IBR 2004, 376.
107 BGH BauR 2002, 108 = IBR 2002, 28.
108 BGH BauR 2002, 1718 = IBR 2002, 554.
109 BGH BauR 1985, 232; 1978, 235.
110 Vgl. Kniffka a.a.O., § 634a Rn. 83ff.; MüKo/Busche § 634a Rn. 75ff.

C. Korrespondierende VOB/B-Regelung

Stand der VOB/B in der Fassung der Ausgabe 2002

54 Nach § 13 Nr. 4 Abs. 1 VOB/B verjähren Mängelanprüche, soweit im Vertrag keine Verjährungsfrist vereinbart ist, bei Bauwerken innerhalb von 4 Jahren, bei Arbeiten an einem Grundstück und für vom Feuer berührte Teile von Forderungsanlagen nach 2 Jahren. Abweichend von Satz 1 des § 13 Nr. 4 Abs. 1 VOB/B beträgt die Verjährungsfrist für feuerberührte und Abgas dämmende Teile von industriellen Forderungsanlagen 1 Jahr. Bei maschinellen und elektrotechnischen/elektronischen Anlagen oder Teilen davon, bei denen die Wartung Einfluss auf die Sicherheit und Funktionsfähigkeit hat, beträgt gem. § 13 Nr. 4 Abs. 2 VOB/B die Verjährungsfrist für Mängelansprüche abweichend von Abs. 1 2 Jahre, wenn der Auftraggeber sich dafür entschieden hat, dem Auftragnehmer die Wartung für die Dauer der Verjährungsfrist nicht zu übertragen. Die Fristen beginnen gem. § 13 Nr. 4 Abs. 3 VOB/B mit der Abnahme der gesamten Leistung; nur für in sich abgeschlossene Teile der Leistung beginnt sie mit der Teilabnahme (§ 12 Nr. 2 VOB/B). Den Regelfristen des § 13 Nr. 4 VOB/B unterliegen alle in den §§ 13 Nr. 5–7 VOB/B geregelten Ansprüche. Diese Regelfristen beziehen sich also nicht nur auf die vom Verschulden unabhängigen Ansprüche auf Mangelbeseitigung bzw. Nachbesserung und Ersatzvornahme, sondern auch auf die einem Verschulden unterliegenden Ansprüche auf Schadensersatz gem. § 13 Nr. 7 VOB/B, letzterer umfasst sowohl Mangelschäden als auch Mangelfolgeschäden. Für die Bereiche des Rücktritts und der Minderung gelten die BGB-Regeln.[111]

55 Die Verjährungsfristen auf der Basis der Ausgabe der VOB/B 2002 gelten für alle Verträge, die unter Einbeziehung der VOB/B seit dem 15.2.2003 geschlossen worden sind, an diesem Tag ist die VOB/B Ausgabe 2002 in Kraft getreten. Für versicherbare Schäden gelten die gesetzlichen Verjährungsfristen, § 13 Nr. 7 Abs. 4 VOB/B (5 Jahre ab Abnahme).

56 Vom gesetzlichen Regelungsbild abweichend ist, dass nach Abnahme einer Mangelbeseitigungsleistung für diese Leistung eine Verjährungsfrist neu beginnt, sie beträgt 2 Jahre und beginnt mit dem schriftlichen Mangelbeseitigungsverlangen. Die 2 Jahre während Frist endet jedoch nicht vor Ablauf der Regelfrist oder der im Vertrag vereinbarten Frist gem. § 13 Nr. 5 Abs. 1 S. 3 VOB/B. Dies ist auch dann anwendbar, wenn die Mangelbeseitigung vorgenommen wurde, obwohl die Gewährleistungsansprüche bereits verjährt waren, was von der BGB-Regelung abweicht.[112]

57 Beachtenswert ist weiter, dass durch den Zugang eines schriftlichen Mangelbeseitigungsverlangens im Rahmen eines VOB/B-Bauvertrages unterbrochen wird, und eine eigenen 2-jährige Verjährungsfrist anläuft. Die Verjährung kann aber trotz An-

---

111 BGHZ 58, 332 = NJW 1972, 1280.
112 BGH Urt. v. 15.6.1989 VII ZR 14/88.

laufs dieser Frist nicht vor Ablauf der Regelfrist von 4 Jahren oder der an ihrer Stelle im Vertrag vereinbarten Frist eintreten, § 13 Nr. 5 Abs. 1 S. 2 VOB/B. Beginnt der Lauf einer nach § 13 Nr. 4 S. 1 VOB/B vereinbarten, gem. § 13 Nr. 5 Abs. 1 S. 2 VOB/B auf 5 Jahre verlängerten Verjährungsfrist nach den gesetzlichen Bestimmungen neu, z. B. weil der Unternehmer den Mangel anerkannt hat, so wird die vereinbarte Frist erneut in Gang gesetzt, also nicht zwingend die kürzere 2-jährige Frist der VOB/B.[113]

Die Unterbrechung durch schriftliches Mangelbeseitigungsbegehren muss dem Unternehmer nachweisbar zugehen. Sie hat in schriftlicher Form zu erfolgen. Diese Unterbrechung ist nur einmal möglich, eine wiederholte schriftliche Mängelrüge setzt also nur einmal die Frist aus § 13 Nr. 4 VOB/B in Gang.[114]

58

Eine Nachabnahme der Mängelbeseitigungsarbeiten erneut laufende Frist aus § 13 Nr. 4 Abs. 1 S. 3 VOB/B kann allerdings nach Ansicht der Rechtsprechung erneut durch eine schriftliche Mangelanzeige unterbrochen werden. Die Verjährung kann in Kombination mit gesetzlichen Tatbeständen mehrmals gehemmt oder zum Neubeginn gebracht werden.[115]

59

Die Verjährungsfristen aus § 13 Nr. 4 VOB/B können eine Verkürzung der gesetzlichen Verjährungsfristen darstellen. Dies ist – auch wenn die VOB/B allgemeine Geschäftsbedingungen nach Ansicht der Rechtsprechung darstellen – gem. § 309 Nr. 8 b ff. BGB unschädlich, wenn die VOB/B insgesamt in den Bauvertrag miteinbezogen ist, dann wird § 13 Nr. 4 Abs. 2 VOB/B einer Inhaltskontrolle nicht unterzogen. Dies war bislang vor Änderung durch die Schuldrechtsmodernisierung geltende Rechtslage, da die vollständige Privilegierung der VOB/B angenommen wurde, was allerdings seither streitig ist. Zahlreiche Stimmen verneinen mittlerweile die vollständige Privilegierung der VOB/B mit der Konsequenz, dass jedenfalls in Verbraucherverträgen die alte 2-jährige Verjährungsfrist der VOB/B nicht gelten kann. Weiter ist fraglich, ob die 4-jährige Frist aus § 13 Nr. 4 VOB/B ausreichend konkurrend kompensiert wird, um insgesamt die Wirksamkeit aufrechterhalten zu können. Dies wird gegenwärtig streitig diskutiert und ist noch nicht abschließend entschieden.[116]

60

Durch die Neufassung der **VOB/B in der Ausgabe 2006**, die voraussichtlich im Oktober 2006 in Kraft treten wird, wurden folgende Modifikationen vorgenommen:

61

§ 13 Nr. 4 Abs. 1 und 2 VOB/B werden neu wie folgt gefasst:

»(1) Ist für Mängelansprüche keine Verjährungsfrist im Vertrag vereinbart, so beträgt sie für Bauwerke 4 Jahre, für andere Werke, deren Erfolg in der Herstellung, Wartung oder Veränderung einer Sache besteht und für die vom Feuer berührten

---

113 BGH BauR 2005, 710 = IBR 2005, 193; Urt. v. 9. 10. 1986 VII ZR 184/85.
114 BGH BauR 1990, 723 = IBR 1990, 500.
115 OLG Hamm NJW-RR 93, 287; BGH BauR 1990, 212 = IBR 1990, 218; BauR 1999, 1331 = IBR 1999, 519.
116 Vgl. zum Streitstand Kniffka a. a. O., § 634 a Rn. 212 ff.

Teile von Feuerungsanlagen 2 Jahre. Abweichend von Satz 1 beträgt die Verjährungsfrist für feuerberührte und abgasdämmende Teile von industriellen Feuerungsanlagen 1 Jahr.

(2) Ist für Teile von maschinellen und elektrotechnischen/elektronischen Anlagen, bei denen die Wartung Einfluss auf Sicherheit und Funktionsfähigkeit hat, nichts anderes vereinbart, beträgt für diese Anlagenteile die Verjährungsfrist für Mängelansprüche abweichend von Abs. 1 zwei Jahre, wenn der Auftraggeber sich dafür entschieden hat, dem Auftragnehmer die Wartung für die Dauer der Verjährungsfrist nicht zu übertragen; dies gilt auch, wenn für weitere Leistungen eine andere Verjährungsfrist vereinbart ist.«

62 § 13 Nr. 4 Abs. 1 S. 1 VOB/B (2006) wurde sprachlich an die gesetzliche Formulierung des § 634 a Abs. 1 Nr. 1 BGB angepasst, »Arbeiten an einem Grundstück« gibt es weder hier noch dort künftig mehr. Für z.B. Landschaftsbauarbeiten gilt die 2-jährige Gewährleistungszeit, sonstige Werke würden nach BGB nach drei Jahren verjähren, nach der VOB/B (2006) allerdings bereits nach zwei Jahren. Schließlich nicht in der VOB/B geregelt ist die Verjährung von Planungs- und Überwachungsleistungen, die nach der gesetzlichen Verjährungsfrist verjähren (§ 634 a Abs. 1 Nr. 2 BGB). § 13 Nr. 4 Abs. 2 VOB/B (2006) greift eine bislang bereits in der Literatur vertretene Auffassung auf, wonach diese Regelung auch bei Vereinbarung längerer Fristen als der Regelverjährungsfrist zur Anwendung kommen soll, sofern Absatz 2 nicht ausdrücklich abbedungen wurde. Dies soll durch ausdrückliche Regelung nochmals für die Praxis klargestellt werden. Weiter hat der Normgeber hervorgehoben, dass durch die Formulierung des § 13 Nr. 4 Abs. 2 VOB/B (2006) die Regelung der Verjährungsfrist speziell auf solche Teile der Anlagen beschränkt ist, bei denen die Wartung Einfluss auf die Sicherheit und Funktionsfähigkeit hat.[117]

D. Sonstige Regelungen

Übergangsrecht zur Verjährung

63 Auf der Basis des Art. 2 des Gesetzes zur Modernisierung des Schuldrechtes ergibt sich aus Art. 229 des Einführungsgesetztes zum Bürgerlichen Gesetzbuch (EGBGB) eine Änderung im Übergangsrecht zur Verjährung. Art. 229 § 6 EGBGB regelt was folgt:

§ 6 (Überleitungsvorschrift zum Verjährungsrecht nach dem Gesetz zur Modernisierung des Schuldrechts vom 26. November 2001)

(1) Die Vorschriften des Bürgerlichen Gesetzbuches über die Verjährung in der seit dem 1. Januar 2002 geltenden Fassung finden auf die an diesem Tag bestehenden

---

[117] Dazu im Einzelnen mit ausführlicher Begründung: Beschluss des Deutschen Vergabe- und Vertragsausschuss für Bauleistungen (DVA) – Hauptausschuss Allgemeines zu Änderungen der VOB Teil B Beschl. v. 27. 6. 2006, online verfügbar unter www.ibr-online.de.

und noch nicht verjährten Ansprüche Anwendung. Der Beginn, die Hemmung, die Ablaufhemmung und der Neubeginn der Verjährung bestimmen sich jedoch für den Zeitraum vor dem 1. Januar 2002 nach dem Bürgerlichen Gesetzbuch in der bis zu diesem Tag geltenden Fassung. Wenn nach Ablauf des 31. Dezember 2001 ein Umstand eintritt, bei dessen Vorliegen nach dem Bürgerlichen Gesetzbuch in der vor dem 1. Januar 2002 geltenden Fassung eine vor dem 1. Januar 2002 eintretende Unterbrechung der Verjährung als nicht erfolgt oder als erfolgt gilt, so ist auch insoweit das Bürgerliche Gesetzbuch in der vor dem 1. Januar 2002 geltende Fassung anzuwenden.

(2) Soweit die Vorschriften des Bürgerlichen Gesetzbuches in der seit dem 1. Januar 2002 geltenden Fassung an Stelle der Unterbrechung der Verjährung deren Hemmung vorsehen, so gilt eine Unterbrechung der Verjährung, die nach den anzuwendenden Vorschriften des Bürgerlichen Gesetzbuches in der vor dem 1. Januar 2002 geltenden Fassung vor dem 1. Januar 2002 eintritt und mit Ablauf des 31. Dezember 2001 noch nicht beendigt ist, als mit dem Ablauf des 31. Dezember 2001 beendigt und die neue Verjährung ist mit Beginn des 1. Januar 2002 gehemmt.

(3) Ist die Verjährungsfrist nach dem Bürgerlichen Gesetzbuch in der seit dem 1. Januar 2002 geltenden Fassung länger als nach dem Bürgerlichen Gesetzbuch in der bis zu diesem Tag geltenden Fassung, so ist die Verjährung mit dem Ablauf der im Bürgerlichen Gesetzbuch in der bis zu diesem Tag geltenden Fassung bestimmte Frist vollendet.

(4) Ist die Verjährungsfrist nach dem Bürgerlichen Gesetzbuch in der seit dem 1. Januar 2002 geltenden Fassung kürzer als nach dem Bürgerlichen Gesetzbuch in der bis zu diesem Tag geltenden Fassung, so wird die kürzere Frist von dem 1. Januar 2002 an berechnet. Läuft jedoch die im Bürgerlichen Gesetzbuch in der bis zu diesem Tag geltenden Fassung bestimmte längere Frist früher als die im Bürgerlichen Gesetzbuch in der seit diesem Tag geltenden Fassung bestimmten Frist ab, so ist die Verjährung mit dem Ablauf der im Bürgerlichen Gesetzbuch in der bis zu diesem Tag geltenden Fassung bestimmten Frist vollendet.

(5) Die vorstehenden Absätze sind entsprechend auf Fristen anzuwenden, die für die Geltendmachung, den Erwerb oder den Verlust eines Rechts maßgebend sind.

(6) Die vorstehenden Absätze gelten für die Fristen nach dem Handelsgesetzbuch und dem Umwandlungsgesetz entsprechend.

Gerade für Altfälle, die vor dem Übergangszeitpunkt bereits begonnen haben und sich bis Gegenwärtig immer noch erstrecken, gerade bei den 5-jährigen Gewährleistungsfristen (Ansprüche am Bauwerk), ergeben sich aus diesen Übergangsvorschriften zahlreiche Problemfälle und Fallen, so dass sorgfältigst geprüft werden muss, welche Fristabläufe konkret bestehen, welche Hemmungs- und Neuanlauftatbestände nunmehr nach dem Übergangsrecht Platz greifen. Auf die einschlägige Kommentarliteratur hierzu darf an dieser Stelle ergänzend verwiesen werden.[118]

E. Rechtsprechungsübersicht

65 LG Münster IBR 2006, 1015; Mängeleinrede bei Zahlungsverzug: BGH IBR 2006, 489; Bauträger ist kein Sachwalter: LG Siegen NZBau 2005, 703 = IBR 2006, 96; Verjährung von Architektenleistungen: OLG Köln BauR 2006, 156 (Ls.) = IBR 2006, 38; Organisationsverschulden und Verjährung: OLG Oldenburg/BGH IBR 2006, 20; Verjährungsbeginn bei Architektenleistungen: OLG Jena/BGH BauR 2005, 1684 (Ls.) = IBR 2005, 1231; Deliktische Mangelhaftung eines Architekten: BGH BauR 2005, 705 = IBR 2005, 220; Architektenhaftung und Verjährung: OLG Saarbrücken/BGH BauR 2005, 769 (Ls.) = IBR 2005, 161; Beratungshaftung und Verjährung: OLG Koblenz/BGH BauR 2005, 153 (Ls.) = IBR 2005, 695; Haftung des Tragwerksplaners: OLG Karlsruhe BauR 2004, 1994 (Ls.) = IBR 2005, 630; Organisationsverschulden eines Generalübernehmers: OLG Naumburg/BGH BauR 2004, 1476 = IBR 2005, 563; Beginn der Architektenhaftung: KG NZBau 2004, 337 = IBR 2004, 436; Arglistige Täuschung über Baustoffe: LG Hamburg BauR 2004, 1349 (Ls.) = IBR 2004, 309; Architektenhaftung wegen fehlerhafter Rechnungsprüfung: OLG Karlsruhe IBR 2003, 557; Haftung und Verjährung im Anlagenbau: BGH BauR 2003, 1391 = IBR 2003, 473.

---

118 Vgl. Kniffka a. a. O., § 634a Rn. 256 ff.; Wirth/Sienz/Englert S. 480 ff.; Weyer BauR 2001, 1807; Mansel, Das neue Schuldrecht in der anwaltlichen Praxis S. 371; OLG Düsseldorf IBR 2006, 130; Gsell NJW 2002, 1297.

§ 635
Nacherfüllung

(1) Verlangt der Besteller Nacherfüllung, so kann der Unternehmer nach seiner Wahl den Mangel beseitigen oder ein neues Werk herstellen.

(2) Der Unternehmer hat die zum Zwecke der Nacherfüllung erforderlichen Aufwendungen, insbesondere Transport-, Wege-, Arbeits- und Materialkosten zu tragen.

(3) Der Unternehmer kann die Nacherfüllung unbeschadet des § 275 Abs. 2 und 3 verweigern, wenn sie nur mit unverhältnismäßigen Kosten möglich ist.

(4) Stellt der Unternehmer ein neues Werk her, so kann er vom Besteller Rückgewähr des mangelhaften Werkes nach Maßgabe der §§ 346 bis 348 verlangen.

Inhaltsübersicht

	Rn.
A. Baurechtlicher Regelungsgehalt	1
I. Allgemeine Anmerkungen	1
II. Nacherfüllung gem. § 635 Abs. 1 BGB	4
1. Begehren der Nacherfüllung	4
2. Wahl des Unternehmers	6
a) Neuherstellung	7
b) Nachbesserung	8
c) Meinungsverschiedenheiten über die richtige Art der Nacherfüllung	11
3. Vereinbarungen über die Nacherfüllung	14
4. Kostenbeteiligung des Bestellers	15
III. Kostentragungspflicht des Unternehmers gem. § 635 Abs. 2 BGB	16
IV. Ausschluss des Nacherfüllungsanspruches und Leistungsverweigerungsrechte des Unternehmers	18
1. Untergang des Nacherfüllungsanspruches	18
2. Annahmeverzug	19
3. Unmöglichkeit der Nacherfüllung	20
4. Unverhältnismäßigkeit der Kosten (§ 635 Abs. 3 BGB)	22
5. Unverhältnismäßiger Aufwand (§ 275 Abs. 2 BGB)	24
6. Unzumutbarkeit persönlicher Leistungserbringung (§ 275 Abs. 3 BGB)	29
V. Rückgewehr des mangelhaften Werkes gem. § 635 Abs. 4 BGB	30
B. Relevanz für die Baupraxis	32
C. Korrespondierende VOB/B-Regelung	33
D. Rechtsprechungsübersicht	34

A. Baurechtlicher Regelungsgehalt

I. Allgemeine Anmerkungen

1 Der Nacherfüllungsanspruch der §§ 634 Nr. 1, 635 BGB ersetzt den nach altem Schuldrecht bestehenden sog. »Nachbesserungsanspruch«. Der Besteller kann hiernach Nacherfüllung verlangen, wobei dies auch bereits vor der Abnahme geltend gemacht werden kann (vgl. § 634 BGB Rn. 4 ff.).

2 Wie bereits bei § 634 BGB ausgeführt, haftet der Unternehmer unabhängig von einem Verschulden dafür, dass das Werk frei von Mängeln ist. Er muss also einen Mangel auch dann beseitigen, wenn ihm kein Vorwurf zu machen ist, weil er etwa unerkannt fehlerhaftes Material verwendet hat oder zwar zum Zeitpunkt der Leistung den anerkannten Regeln der Technik gefolgt ist oder nach ordnungsgemäßen Herstellervorschriften gearbeitet hat und bei durchschnittlich anzunehmendem Fachwissen darauf sich auch verlassen durfte.[1]

3 Eine Pflicht zur Nacherfüllung kann ausscheiden, wenn der Unternehmer seiner Bedenken- und Hinweispflicht entsprechend § 4 Nr. 3 VOB/B[2] nachgekommen ist oder ein Verstoß gegen diese Verpflichtung für den aufgetretenen Mangel nicht kausal war. Des Weiteren ist es so, dass für diejenigen Mängel der Besteller keine Nacherfüllung verlangen kann, die er bei der Abnahme kannte und für die er sich seine Rechte nicht bei der Abnahme vorbehalten hat (vgl. § 640 Abs. 2 BGB). Allerdings besteht dann immer noch die Möglichkeit, Schadensersatz nach §§ 634 Nr. 4, 636, 280, 281, 283 und 311 a BGB zu verlangen. Es ist nicht erforderlich, dass der Nacherfüllungsanspruch durch den Besteller in Schriftform geltend gemacht wird. Es kann auch eine mündliche Mängelrüge und ein entsprechendes Nacherfüllungsbegehren ausreichend sein. Zu Beweiszwecken wird es aber sinnvoll sein, die Schriftform zu wählen. Einer Fristsetzung bedarf es grundsätzlich nicht, insbesondere wenn eine Fertigstellungsfrist vereinbart war und bereits abgelaufen ist.[3]

---

[1] BGH BauR 2006, 375 = IBR 2006, 16.
[2] Vgl. § 634 BGB Rn. 4 ff.; Oppler in: Ingenstau/Korbion § 4 Nr. 3 VOB/B Rn. 21 ff.
[3] BGH BauR 2004, 1616 = IBR 2004, 494.

Nacherfüllung § 635 BGB

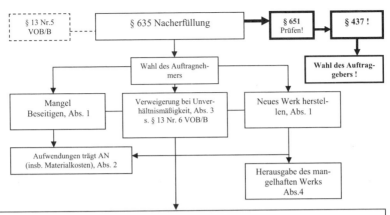

Das vorstehende Schaubild zeigt den Regelungsgehalt des § 635 BGB.

II. Nacherfüllung gem. § 635 Abs. 1 BGB

1. Begehren der Nacherfüllung

Voraussetzung für den Nacherfüllungsanspruch nach § 635 Abs. 1 BGB ist es zum einen, dass ein Mangel des Werkes vorliegt (vgl. oben bei § 633 BGB) sowie dass der Besteller seinen Anspruch ausdrücklich geltend macht gem. §§ 634 Nr. 1, 635 Abs. 1 BGB. Es reicht also nicht aus, dass sich der Besteller lediglich bei der Abnahme allgemein die Mängelrechte nach z. B. § 634 BGB wegen der ihm bekannten Mängel vorbehält. Vielmehr muss er – wenn er aus einem Mangel und dem daraus resultierenden Nacherfüllungsanspruch Rechtsfolgen ableiten will – diese Nacherfüllung einverlangen und dabei den Mangel so genau bezeichnen, dass der Unternehmer auch in der Lage ist, eine Nacherfüllung vorzunehmen. Die Begriffswahl ist dabei nicht entscheidend, weil ja dem Unternehmer im Rahmen des § 635 Abs. 1 BGB sowieso ein Wahlrecht zwischen den Varianten der Herstellung eines mangelfreien Werkes zur Verfügung steht.[4] Es ist also wichtig, dass der Besteller bei seinem Nacherfüllungsverlangen den Mangel dezidiert bezeichnet, ein bloß allgemeines Behaupten ist nicht geeignet, entsprechende nachteilige Rechtsfolgen zu Lasten des Unternehmers auszulösen. Gleiches gilt, wenn der Mangel lediglich so

---

4 MüKo/Busche § 635 BGB Rn. 8.

pauschal und allgemein beschrieben ist, dass ihn der Unternehmer nicht auffinden kann.[5] Dabei dürfen die Anforderungen an den zumeist fachunkundigen Besteller in diesem Bereich nicht überzeichnet werden. Allerdings muss der Mangel so genau bezeichnet werden (insbesondere im Falle einer Klage auf Nacherfüllung), dass auch eine Zwangsvollstreckung aus diesem Urteil praktisch durchsetzbar ist. Der Besteller muss also vom Schuldner so konkret eine Mangelbeseitigung verlangen und dabei die Mängel möglichst exakt bezeichnen, damit der Besteller auch erkennen kann, was er konkret tun soll.[6] Die Rechtsprechung hat mittlerweile auch entschieden, dass ein Privatgutachten, welches die Mängel bzw. die Symptome des Mangels vernünftig und verständlich darstellt, ausreichend ist und auch im Rahmen des Prozesses als sog. »qualifizierter Parteivortrag« Verwendung finden und in Bezug genommen werden kann.[7] Rein praktisch ist es sinnvoll, den Mangel so gut es geht örtlich einzugrenzen, hierzu können Skizzen, Pläne, Fotos, Sachverständigengutachten oder auch Video- oder DVD-Aufnahmen von beträchtlichem Nutzen sein.

5   Nach der sog. »Symptomrechtsprechung« des BGH muss der Besteller den Mangel nicht in allen Einzelheiten konkret beschreiben und begründen, sondern er ist lediglich verpflichtet, eine genaue Beschreibung des von ihm gerügten Mangels in konkreter Form im Rahmen seiner Rüge vorzubringen.[8] Diese konkrete Bezeichnung ist in der Regel so ausreichend, dass der Mangel selbst und seine Ursachen – ggf. unter Hinzuziehung eines Sachverständigen – dann ermittelt werden können.[9] Es ist nicht erforderlich, dass der Besteller exakte technische Erläuterungen dazu zum Gegenstand seiner Mängelrüge macht und ebenso wenig die vermeintlich verletzten anerkannten Regeln der Technik bezeichnet.[10] Nennt der Besteller bei der Beschreibung der Symptome zusätzlich aus seiner Sicht Ursachen für die Entstehung des Mangels, und stellt sich später heraus, dass es sich um andere tatsächliche Ursachen handelt, so ist dies nicht schädlich. Der Unternehmer ist nämlich immer verpflichtet, den Mangel, der sich aus der Mangelbeschreibung ergibt, vollständig zu beseitigen.[11] Allein der Hinweis auf die Mangelerscheinung reicht bereits zur Geltendmachung aller Mängel, die mit dem bezeichneten Bild eines Mangels im Zusammenhang stehen.[12] Dementsprechend ist mit den von dem Besteller angegebenen Stellen eine Beschränkung der Mangelbeseitigungsverpflichtung des Unternehmers nicht verbunden, die Ursachen sind schon von der Mangelrüge stets vollständig umfasst, und der Unternehmer ist verpflichtet, den Mangel ent-

---

5 OLG Köln IBR 2005, 15.
6 BGH BauR 1993, 111 = NJW 1993, 1394 = IBR 1993, 3.
7 BGH BauR 2005, 1012 = IBR 2005, 308; BauR 2005, 861 = IBR 2005, 243.
8 BGH BauR 2001, 1897 = IBR 2001, 659.
9 BGH BauR 1980, 574.
10 BGH BauR 1999, 899 = IBR 1999, 460; BauR 2000, 261 = IBR 2000, 164.
11 Vgl. Kniffka, IBR-Online-Kommentar § 635 Rn. 16.
12 OLG Hamm NJW 2003, 3568, 3569.

sprechend umfassend zu beseitigen.[13] In diesem Zusammenhang hat der BGH etwa die Angabe einer Stelle, an der Wasser in einer Wohnung auftrat, nur als Hinweis auf einen festgestellten Schaden, nicht aber als Begrenzung des Mangelbeseitigungsverlangens des Bestellers ausgelegt.[14]

2. Wahl des Unternehmers

Macht der Besteller von seinem Anspruch auf Nacherfüllung dem Unternehmer gegenüber Gebrauch, so steht wiederum dem Unternehmer gem. § 635 Abs. 1 BGB das Wahlrecht zu, entweder den Mangel zu beseitigen oder aber ein neues Werk herzustellen. Dieses Wahlrecht entspricht auch bereits dem früheren Wahlrecht des Unternehmers, auf welche Art und Weise er den Mangel beseitigen will.[15] Anders als im Kaufvertragsrecht, wo das Wahlrecht zwischen Nachbesserung und der Herstellung dem Käufer zusteht, hat hier der Unternehmer dieses Wahlrecht inne. Argumentiert wird hierzu damit, dass der Unternehmer das Risiko des Fehlschlagens seiner Handlungen trägt und demnach auch die Wahl der Mittel zur Erreichung des mit dem Besteller vereinbarten Ziels haben muss.[16] An anderer Stelle wird auch damit argumentiert, dass der Unternehmer aufgrund größerer Sachnähe leichter entscheiden kann, ob der Mangel durch Nachbesserung leichter behoben werden kann oder ob es notwendig wird, das Werk insgesamt neu herzustellen.[17]

a) Neuherstellung

Es hat also der Unternehmer grundsätzlich das Recht, zur Erreichung des vertraglich vereinbarten Erfolges das Werk vollständig neu herzustellen, wobei hier Einschränkungen nach dem Gebot von Treu und Glauben (§ 242 BGB) gemacht werden können, wenn in schikanöser Weise dieses Recht ausgeübt wird. Das ist etwa dann denkbar, wenn durch die Neuherstellung des vertraglich geschuldeten Werkes in den Gewerbe- bzw. Geschäftsbetrieb des Unternehmers so eingegriffen wird, dass sich hieraus massive Nachteile für den Besteller ergeben, die diesem letztlich nicht zumutbar erscheinen.

b) Nachbesserung

Der in der Praxis am häufigsten vorkommende Schritt, den der Unternehmer regelmäßig wählen wird, ist die Nachbesserung, insbesondere bei Bauarbeiten. Dieser Schritt darf gewählt werden, wenn sicher ist, dass durch diese Maßnahmen der vertraglich geschuldete Erfolg auch vollständig und ohne Einschränkungen herbeigeführt werden kann. Ist hingegen dieser vertraglich geschuldete Erfolg nur durch eine Neuherstellung des Werkes zu erreichen, so hat der Unternehmer diese und

---

13 BGH BauR 2002, 784 = IBR 2002, 187; BauR 2001, 1897 = IBR 2001, 659.
14 BGH BauR 1992, 507 = IBR 1992, 523; BauR 2001, 630 = IBR 2001, 128.
15 BGH NJW-RR 1997, 1106; BauR 1988, 97.
16 MüKo/Busche, § 635 Rn. 10.
17 Kniffka, IBR-Online-Kommentar § 635 Rn. 18 m.w.N.

alleine diese auch vorzunehmen, und zwar selbst dann unabhängig davon, ob das Werk bereits abgenommen wurde oder nicht. Der Nacherfüllungsanspruch des Bestellers verdichtet sich dann zu einem Anspruch einer bestimmten Art und Weise der Erfüllung (nämlich der Neuherstellung), wenn der Mangel nur dadurch, nicht aber auf andere Art und Weise beseitigt werden kann.[18]

9 Wenn der Unternehmer Nacherfüllung im Wege der Nachbesserung anbietet, diese aber bereits erkennbar den vertraglich geschuldeten Erfolg nicht vollständig herbeiführt, so braucht der Besteller diese grundsätzlich nicht zu akzeptieren, sondern kann das Angebot des Unternehmers zurückweisen. Der Besteller muss eine unvollständige Mangelbeseitigung gerade nicht zulassen.[19] Ebenso ist es, wenn ein Mangel auf eine Art und Weise beseitigt werden soll, die den vertraglich geschuldeten Erfolg des Werkes nicht erreichen kann. So ist beispielsweise eine Nacherfüllung nicht vertragsgerecht und nicht zu akzeptieren, bei welcher die Fenster mit einem fehlerhaften Wärmedurchlass gegen Fenster getauscht werden sollen, die nicht der vereinbarten Optik entsprechen.[20] So kann insbesondere der Besteller darauf beharren, dass alle Einzelheiten der vertraglichen Vereinbarung eingehalten werden, auch im Rahmen der Nachbesserung. Er muss nicht eine qualitativ schlechtere Ausführung dulden und sich vom Unternehmer einen Minderwert des Werkes durch Zahlung ausgleichen lassen.[21] Anders ist die Situation gelagert, wenn im Vertrag eine bestimmte Ausführungsweise nicht vereinbart ist, sondern lediglich im Rahmen der Leistungsbeschreibung ein bestimmter Erfolg und eine Funktionalität eines Werkes vorgegeben ist. Dann hat es der Besteller zu dulden, dass der Unternehmer auf eine von ihm für adäquat gehaltene Art und Weise die zunächst mangelhafte Ausführung beseitigt und den werkvertraglichen Erfolg herbeiführt, da durch die globalere Leistungsbestimmung (§ 315 BGB) der Unternehmer nicht so stringent wie im Regelfall gebunden ist, und damit in der Art und Weise der Leistungserreichung freier ist als bei einem definierten vertraglich festgelegten Vorgehen.[22]

10 Wenn eine unzureichende Nacherfüllung abgelehnt wird, kann es im Einzelfall so sein, dass der Unternehmer dann dem Besteller gegenüber zu Recht im Hinblick auf unverhältnismäßige Kosten die Nacherfüllung verweigert, so dass der Besteller dann nur noch Ansprüche auf Schadensersatz oder Minderung geltend machen kann. Rein praxisbezogen ist es häufig so, dass sich die Parteien sinnvoller Weise auf einen Kompromiss dergestalt einigen, dass statt einer vollständigen Neuherstellung eine Nachbesserung vorgenommen wird, die dem vertraglich geschuldeten Erfolg so nahe als möglich kommt, jedoch noch mit maßvollen und realistischen Aufwendungen auf Unternehmerseite stattfindet. Als Ausgleich dafür wird der

---

18 BGH BauR 1986, 93; BGH NJW-RR 1997, 1106.
19 BGH BauR 2004, 1616 = IBR 2004, 494.
20 BGH BauR 2005, 1473 = IBR 2005, 491.
21 BGH BauR 2003, 1209 = IBR 2003, 349; OLG Hamm NJW-RR 2006, 166.
22 BGH BauR 1981, 284.

Unternehmer dem Besteller häufig eine Ausgleichszahlung anbieten. Wird dies so vereinbart, ist dies als eine Änderung des Vertrages anzusehen, die für beide Seiten bindend ist. Beachtlich ist in diesem Zusammenhang der Maßstab der Unangemessenheit: Dieser ermittelt sich gerade nicht aus einem Vergleich der Kosten der Maßnahme, die den Erfolg nicht vollständig herstellt und die Kosten der Maßnahme, die den Erfolg herstellt, sondern nach allgemeinen Grundsätzen danach, ob die Kosten der geschuldeten Maßnahme außer Verhältnis zum Erfolg dieser Maßnahme stehen.[23]

c) Meinungsverschiedenheiten über die richtige Art der Nacherfüllung

Nach § 635 Abs. 1 BGB hat der Unternehmer das Wahlrecht, ob er durch Neuherstellung oder durch Nachbesserung dem Nacherfüllungsanspruch des Bestellers genügen will. Der Besteller hat insoweit keine Wahl. Er kann lediglich die Beseitigung des Mangels verlangen, er kann also insbesondere nicht eine bestimmte Art und Weise der Mangelbeseitigung einverlangen. Dies kann ausnahmsweise dann anders sein, wenn eine Neuherstellung nach den Umständen ausscheidet und nur eine Nachbesserung den vertraglich geschuldeten Erfolg herbeiführen kann.[24] Wenn Meinungsverschiedenheiten darüber herrschen, wie eine Nachbesserung vertragsgerecht zu erfolgen hat, haben letztlich beide Seiten ein Risiko, wenn darüber keine Einigung zu Stande kommt. Unter Umständen kann der Besteller eine unzureichende Nachbesserungsmaßnahme des Unternehmers zurückweisen mit der Folge, dass er zum einen den Werklohn gem. § 641 Abs. 3 BGB zurückbehalten kann und nach Setzung einer angemessenen Frist, die fruchtlos ablaufen muss, zur Selbstvornahme auf Kosten des Unternehmers fortschreiten kann. Auf der anderen Seite läuft der Besteller, der eine angemessene und vertragsgerechte Nachbesserungsmaßnahme des Unternehmers ablehnt, Gefahr, sich vertragswidrig zu verhalten und in Annahmeverzug gem. § 294 BGB zu geraten. Dies hat zur Folge, dass zum einen die Verantwortung auf den Besteller übergeht, zum anderen der Unternehmer Werklohn verlangen und bei fortbestehendem Annahmeverzug gerichtlich in dieser Weise durchsetzen kann, dass er Zahlung Zug um Zug gegen Mangelbeseitigung oder vor der Abnahme Zahlung nach Mängelbeseitigung verlangt und den Annahmeverzug feststellen lässt. Diesen Annahmeverzug kann der Besteller aber jederzeit durch Annahme der Mangelbeseitigung aufheben.[25]

Nachteilig kann es für den Besteller dann sein, wenn er zu Unrecht eine adäquate Nacherfüllung des Unternehmers zurückgewiesen und einen anderen Unternehmer mit der Mangelbeseitigung beauftragt hat und diese auch vorgenommen wurde. Dann hat er grundsätzlich keinen Kostenerstattungsanspruch gegen den Unternehmer, da er dem Unternehmer das ihm zustehende Recht auf Nacherfüllung

11

12

---

23 OLG Hamm BauR 2001, 1262; BauR 2001, 1757.
24 BGH BauR 1997, 638 = IBR 1997, 372.
25 BGH BauR 2004, 1616 = IBR 2004, 494.

durch die Beauftragung des anderen Unternehmers vereitelt hat (hierzu wird bei § 637 BGB noch näher ausgeführt).

13 Für die Praxis ist beiden Seiten dazu zu raten, eine Einigung über die Art und Weise der vorzunehmenden Mangelbeseitigung zu erzielen. Auf der Basis des vom Bundesgerichtshof auch bestätigten Kooperationsgebotes am Bau ist beiden Seiten anzuraten, an einer solchen Einigung mitzuwirken, wobei bislang unklar ist, ob diese Parteien dazu auch verpflichtet sind. Hier kommt es sicherlich auf die Umstände des Einzelfalles an, ggf. kann hier ein Anspruch aus § 241 Abs. 2 BGB bestehen.

3. Vereinbarungen über die Nacherfüllung

14 Schließen die Parteien eine Vereinbarung über eine bestimmte Art der Nacherfüllung, so sind diese Vereinbarungen grundsätzlich für beide Seiten verbindlich. Wenn etwa eine etwas minderwertige Nachbesserung (weil eine vollständige Nachbesserung zu unverhältnismäßigen Kosten führen würde) vereinbart wird i.V.m. einem finanziellen Ausgleich für die verbleibenden Nachteile, so kann der Besteller nach Abschluss dieser Vereinbarung davon nicht mehr einseitig Abstand nehmen. Ebenso ist es, wenn die Parteien eine geldwerte Abgeltung eines Mangels vereinbart haben: Dann kann auch keine Neuherstellung oder Nachbesserung mehr verlangt werden. Hier wird aber jeweils im Einzelfall sehr sorgfältig zu prüfen sein, was die Parteien mit ihrer Vereinbarung genau abgelten bzw. regeln wollten. Die Rechtsprechung hat zu derartigen Vereinbarungen festgestellt, dass ein Verzicht auf die vertraglichen Mängelansprüche nicht darin gesehen werden kann, dass eine bestimmte Art der Mangelbeseitigung vereinbart wird. Stellt sich diese später als völlig ungeeignet heraus, so kann der Besteller nach der Rechtsprechung des Bundesgerichtshofes seine Ansprüche weiter verfolgen.[26]

4. Kostenbeteiligung des Bestellers

15 Zur Frage der Kostenbeteiligung des Bestellers (Mitverschulden des Bestellers, Vorteilsausgleich und »Sowieso«-Kosten) sei an dieser Stelle auf die generellen Ausführungen bei § 634 BGB Rn. 48 verwiesen.

III. Kostentragungspflicht des Unternehmers gem. § 635 Abs. 2 BGB

16 Aus § 635 Abs. 2 BGB ergibt sich die Pflicht des Unternehmers, die zum Zweck der Nacherfüllung der erforderlichen Aufwendungen zu tragen. Diese Regelung entspricht der für das Kaufrecht geltenden Regelung des § 439 Abs. 2 BGB. In § 635 Abs. 2 BGB sind beispielhaft die Transport-, Wege-, Arbeits- und Materialkosten genannt. Die Nacherfüllungsverpflichtung des Unternehmers beschränkt

---

26 BGH Urt. v. 6.12.2001 VII ZR 19/2000.

sich nicht lediglich darauf, die eigene mangelhafte Leistung nachträglich noch in einen mangelfreien Zustand zu versetzen, sondern sie umfasst auch alles, was vorbereitend und umrahmend erforderlich ist, um den Mangel an der eigenen Leistung zu beseitigen. Dazu können auch die Kosten für einen Architekten gehören, der zur Beaufsichtigung der Nacherfüllung vom Besteller beauftragt werden musste.[27]

Der Unternehmer wird auch für Kosten aufzukommen haben, die zur Vorbereitung der Nacherfüllung bzw. zur Wiederherstellung des ursprünglichen Zustandes erforderlich sind.[28] Solchen Wiederherstellungskosten wird man auch weitere Kosten zuzuordnen haben, die bei der Beseitigung von Schäden anfallen, welche infolge der Nacherfüllung an sonstigen Rechtsgütern des Bestellers aufgetreten sind.[29] Nach der Rechtsprechung nicht von der Kostentragungspflicht des Unternehmers nach § 635 Abs. 2 BGB umfasst sind solche Kosten, welche dem Besteller unabhängig von der Nacherfüllung infolge der ursprünglich mangelhaften Herstellung des Werkes entstanden sind, da insoweit keine Kausalität vorliegt. Es handelt sich dabei um Folgeschäden, welche der Besteller an anderen Rechtsgütern erleidet. Dafür kann er aber unter Umständen einen Schadensersatzanspruch gem. § 280 BGB geltend machen.

17

IV. Ausschluss des Nacherfüllungsanspruches und Leistungsverweigerungsrechte des Unternehmers

1. Untergang des Nacherfüllungsanspruches

Der Nacherfüllungsanspruch des Bestellers kann dann untergehen, wenn er durch die Ausübung eines Gestaltungsrechtes (z.B. Rücktritt, Minderung oder Schadensersatz statt der Leistung) Abstand von dem Nacherfüllungsanspruch genommen hat. Allerdings verliert der Besteller seinen Nacherfüllungsanspruch nicht, wenn er ein Gestaltungsrecht ausüben will, dafür aber die Voraussetzungen nicht gegeben sind, weil z.B. keine angemessene Frist zur Nacherfüllung gesetzt worden ist. Wenn er eine Selbstvornahme erfolgreich selbst durchgeführt hat, ist der Anspruch auf Mangelbeseitigung/Nacherfüllung durch den Unternehmer infolge Unmöglichkeit nicht mehr durchsetzbar.

18

2. Annahmeverzug

Durch bloßen Annahmeverzug der Nacherfüllung geht der Nacherfüllungsanspruch des Bestellers nicht unter. Der Besteller hat es jederzeit in der Hand, die Nacherfüllung zuzulassen und damit den Verzug zu beenden.[30]

19

---

27 MüKo/Busche, § 635 BGB Rn. 16 m.w.N.
28 BGHZ, 113, 251 = NJW 1991, 1604; BGH NJW-RR 1999, 813, 814.
29 BGH NJW 1963, 805.
30 BGH BauR 2004, 1616 = IBR 2004, 494; BauR 2002, 794 = IBR 2002, 179.

3. Unmöglichkeit der Nacherfüllung

20 Die Nacherfüllung ist gem. § 275 Abs. 1 BGB ausgeschlossen, wenn eine Mangelbeseitigung objektiv nicht möglich ist. Dann kann der Besteller die Rechte aus §§ 280, 283 ff., 311 a und 326, 275 Abs. 4 BGB geltend machen. Schadensersatz kann der Besteller vom Unternehmer verlangen, wenn der Unternehmer den durch den Mangel entstandenen Schaden zu vertreten hat. Gem. § 280 Abs. 1 BGB kann auf Schadensersatz statt der Leistung begehrt werden, außer wenn der Mangel unerheblich ist, § 283 Abs. 2 i. V. m. § 281 Abs. 1 S. 3 BGB. Verlangt der Besteller Schadensersatz statt der Leistung, so ist der Unternehmer zur Rückforderung des Geleisteten nach den §§ 346 bis 348, 283 S. 2, 283 Abs. 5 BGB berechtigt. Es ist auch denkbar, dass der Besteller im Falle einer unmöglichen Nacherfüllung Schadensersatz gem. § 284 BGB für vergebliche Aufwendungen verlangen kann. Ist eine Leistung bereits von Anfang an unmöglich, gilt § 311 a BGB.

21 Eine objektive Unmöglichkeit i. S. d. § 275 Abs. 1 BGB ist anzunehmen, wenn der Mangel weder durch technische oder rechtliche Maßnahmen behoben werden kann. Eine solche objektive Unmöglichkeit ist z. B. dann anzunehmen, wenn der Mangel einer Stahlbetonarbeit darin liegt, dass eine mindere als die vertraglich zugesicherte Betongüte verwendet worden ist, oder wenn die für die Nacherfüllung erforderlichen öffentlich-rechtlichen Genehmigungen objektiv nicht eingeholt werden können.[31] Ein solcher Fall der objektiven Unmöglichkeit liegt auch vor, wenn der Mangel an sich zwar durch geeignetere Maßnahmen beseitigt werden könnte, dadurch aber das Werk selbst in seiner Konzeption und der Gesamtsubstanz grundlegend verändert würde, so dass im Ergebnis ein anderer Erfolg als der ursprünglich vereinbarte vertragliche Erfolg eintreten würde.[32]

4. Unverhältnismäßigkeit der Kosten (§ 635 Abs. 3 BGB)

22 Nach der Regelung des § 635 Abs. 3 BGB kann der Unternehmer einer Nacherfüllung neben den Fällen des § 275 Abs. 2 u. 3 BGB (vergleiche unten) verweigern, wenn diese nur mit unverhältnismäßigen Kosten möglich ist. Beachtlich ist hier, dass – anders als im Kaufrecht, wo im Rahmen des § 439 Abs. 3 S. 2 BGB eine vergleichbare Regelung niedergelegt ist – hier der Werkunternehmer das Wahlrecht zwischen Nachbesserung und Nacherfüllung im Wege von Neuleistung innehat. Aufwendungen für die Beseitigung eines Werkmangels sind nach der Rechtsprechung dann unverhältnismäßig, wenn der damit in Richtung auf die Beseitigung des Mangels erzielte Erfolg oder Teilerfolg bei Abweichung aller Umstände des Einzelfalles in keinem vernünftigen Verhältnis zur Höhe des dafür geltend ge-

---

[31] BGH NJW 1963, 816; OLG Düsseldorf BauR 1984, 294.
[32] BGH NJW 2001, 1642.

machten Geldaufwandes steht.[33] Diese so genannte Unverhältnismäßigkeit des Aufwandes i. S. d. § 635 Abs. 3 BGB wird man annehmen können, wenn einem objektiv geringen Interesse des Bestellers an einer völlig ordnungsgemäßen Vertragsleistung ein ganz überwiegender und deshalb unangemessener Aufwand gegenübersteht. Die Rechtssprechung hat entschieden, dass eine Nachbesserung wegen hoher Kosten regelmäßig dann nicht verweigert werden kann, wenn die Funktionstüchtigkeit eines Werkes spürbar beeinträchtigt ist.[34] So kann es also auch sein, dass die Mängelbeseitigungskosten sogar den Werklohn übersteigen, ohne das eine Unverhältnismäßigkeit gegeben sein muss. Insbesondere dann, wenn z. B. der Wohnwert eines Bauwerkes erheblich beeinträchtigt ist, wird regelmäßig ohne Rücksicht auf die Kosten eine Mangelbeseitigung vom Besteller gefordert und vom Unternehmer nicht verweigert werden können. Nach der Rechtssprechung kann es auch darauf ankommen, ob der Unternehmer den Mangel verschuldet hat oder eine Zusicherung des Unternehmers vorliegt.[35] Starre Grenzen hat die Rechtssprechung bezüglich der Unverhältnismäßigkeit der Kosten bislang nicht festgelegt, so dass es stets zu einer Einzelfallbetrachtung kommen wird. Anders als im Rahmen des § 275 Abs. 2 BGB ist jedenfalls kein grobes Missverhältnis zwischen den in die Abwägung einzustellenden Rechnungsposten erforderlich. Vielmehr kommt es hier auf die objektive Kosten-/Wert-Relation an. Besonders interessant ist, ob im Rahmen der Unverhältnismäßigkeit besonders zu bewerten ist, dass der verbleibende Minderwert besonders hoch ist. Je höher ein solcher verbleibender Minderwert ist, umso weniger ist eine Annahme gerechtfertigt, es sei eine Unverhältnismäßigkeit der Mängelbeseitigungskosten gegeben, wobei es aber auch hier auf die Umstände des Einzelfalles ankommt.[36]

Die Rechtsfolgen eines solchen Verweigerungsrechts des Unternehmers sind insbesondere darin zu sehen, dass dann der Besteller ohne weiteres seine Rechte auf Rücktritt bzw. Minderung ohne weitere Fristsetzung ausüben kann. Der Minderwert im Rahmen der Minderung berechnet sich nach den technischen merkantilen Nachteilen, welche dem Besteller entstehen. Des Weiteren kann der Besteller dann auch – statt der Nacherfüllung – Schadensersatz statt der Leistung (§ 281 BGB) verlangen, allerdings nur, wenn dem Unternehmer ein Verschulden vorzuwerfen ist. Dabei kann der Schadensersatzanspruch des Bestellers nach dem ihm für die Mangelbeseitigung entstehenden Aufwendungen berechnet werden.[37] Hat der Unternehmer hingegen den Mangel nicht zu vertreten, besteht der Schadensersatzan-

23

---

33 BGH BauR 2006, 382 = IBR 2006, 131; BauR 2006, 377 = IBR 2006, 85; BauR 2002, 613 = IBR 2002, 128; BauR 1995, 546 = IBR 1995, 413.
34 BGH NJW 1996, 3269 = IBR 1997, 12; OLG Düsseldorf BauR 1993, 82; OLG Hamm BauR 2001, 1262.
35 BGH BauR 2006, 377 = IBR 2006, 85; BauR 1997, 1032 = IBR 1998, 15.
36 Vgl. Kniffka, IBR-Online-Kommentar § 635 Rn. 44; a. A.: Wirth in: Ingenstau/Korbion, § 13 Nr. 6 VOB/B; Quack IBR 2003, 411.
37 Vgl. Kniffka, IBR-Online-Kommentar § 635 Rn. 45.

spruch nicht, sondern es ist eine Minderung nach dem Verkehrswert vorzunehmen.[38]

5. Unverhältnismäßiger Aufwand (§ 275 Abs. 2 BGB)

24 § 275 Abs. 2 u. 3 BGB sind – wie § 635 Abs. 3 BGB dies unmissverständlich zum Ausdruck bringt – neben dem Leistungsverweigerungsrecht aus dem Werkvertragsrecht heraus anwendbar. Nach § 275 Abs. 2 BGB kann ein Schuldner die Leistung verweigern, soweit dieser einen Aufwand erfordert, der unter Beachtung des Inhalts des Schuldverhältnisses und der Gebote von Treu und Glauben in einem groben Missverhältnis zu dem Leistungsinteresse des Gläubigers steht. Bei der Bestimmung der dem Schuldner zuzumutenden Anstrengungen ist zu berücksichtigen, ob der Schuldner das Leistungshindernis zu vertreten hat. Hier ist festzuhalten, dass §§ 275 Abs. 2 u. 3 BGB als Regelung, die im allgemeinen Schuldrecht enthalten ist, auch für das Werkvertragsrecht anwendbar sind.

25 § 275 Abs. 2 BGB gestattet dem Schuldner, die Leistung zu verweigern, im Falle der so genannten praktischen Unmöglichkeit. Dies ist abzugrenzen von der Regelung in § 275 Abs. 1 BGB, in welcher eine Leistung objektiv unmöglich ist, also von niemandem erbracht werden kann. In § 275 Abs. 2 BGB hingegen ist es so, dass die Leistung zwar von dem Schuldner erbracht werden kann, allerdings zu einem völlig unvernünftigen Aufwand, der unter Berücksichtigung des Schuldverhältnisses und der Gebote von Treu und Glauben dem Schuldner nicht zugemutet werden kann. Es kommt also auf ein grobes Missverhältnis zwischen dem Leistungsinteresse des Gläubigers und den Aufwendungen des Schuldners (sowohl Geld als auch Tätigkeiten und ähnliche persönliche Anstrengungen) an. Die Begründung im Regierungsentwurf weist in diesem Zusammenhang darauf hin, dass die hohen Anforderungen an dieses Missverhältnis deshalb gerechtfertigt sind, weil der Schuldner bei einer erfolgreichen Einrede von seiner Leistungspflicht frei wird, der Gläubiger also jeden Anspruch auf die Leistung verliert.[39]

26 § 275 Abs. 2 BGB ist insbesondere von § 635 Abs. 3 BGB abzugrenzen. Wie bereits der Wortlaut zeigt, sind beide Vorschriften sehr eng miteinander verbunden, ohne – wie Kniffka richtig hervorhebt – völlig identisch zu sein.[40] Man wird hier annehmen können, dass in beiden Fällen die Durchsetzung des Leistungsinteresses des Gläubigers, also des Bestellers, missbräuchlich sein muss. Es deutet aber der Wortlaut darauf hin, dass wohl die Schwelle des § 275 Abs. 2 BGB höher ist als diejenige des § 635 Abs. 3 BGB, weil in dem einen Fall ein grobes Missverhältnis, in dem anderen Fall eine reine Unverhältnismäßigkeit ausreichen soll. Man wird § 275 Abs. 2

---

38 MüKo/Busche § 635 BGB Rn. 42.
39 RegEntwurf, S. 294.
40 Kniffka, IBR-Online-Kommentar § 635 Rn. 51 m.w.N.

BGB deshalb nur in besonderen Ausnahmefällen also sehr restriktiv anzuwenden haben.[41]

Wie der Wortlaut des § 275 Abs. 2 BGB zeigt, ist dieses Leistungsverweigerungsrecht als Einrede gestaltet mit der Folge, dass der Schuldner diese Einrede erheben muss mit der weiteren Folge, dass nicht nur er gem. § 275 Abs. 2 BGB von seiner Leistungspflicht befreit wird, sondern gem. § 326 Abs. 1 BGB auch der Besteller. Eine Ausnahme ist dann gegeben, wenn der Besteller für den Umstand, der zur Unmöglichkeit führt, allein oder weit überwiegend verantwortlich ist, § 326 Abs. 2 BGB mit der Folge, dass der Werkunternehmer den Anspruch auf die Gegenleistung, also in der Regel den Werklohn, behalten wird, wobei allerdings § 326 Abs. 5 BGB zu beachten ist, wonach der Gläubiger im Falle der Leistungsbefreiung des Unternehmers zurücktreten kann. Hat der Werkunternehmer die Unmöglichkeit zu vertreten, so kommt weiter ein Schadensersatzanspruch gem. §§ 280, 283–285, 311 a i.V.m. 275 Abs. 4 BGB in Betracht.

27

Inwieweit § 275 Abs. 2 BGB im Rahmen des Nacherfüllungsanspruchs bzw. der Nacherfüllung nach § 635 Abs. 1 BGB Anwendung findet, ist umstritten. Während der Gesetzgeber den Fall vor Augen hatte, dass z.B. der Lieferant des Werkunternehmers den Mangel zu vertreten hat, und der Werkunternehmer die Mangelhaftigkeit des Werkes gerade nicht zu vertreten hat, und deshalb ein massiver Aufwand zur Nacherfüllung dem Unternehmer nicht zuzumuten sein soll,[42] stellt die Wissenschaft insbesondere darauf ab, dass diese Wertung im allgemeinen Schuldrecht verfehlt sei und einen massiven Eingriff in die Erfolgshaftung des Werkvertragsrechts bedeuten würde.[43] Das Verschulden ist hier nur ein Aspekt, der berücksichtigt werden muss. Allerdings darf dies nicht dazu führen, dass die Mängelhaftungsverpflichtung des Unternehmers völlig außer Kraft gesetzt wird. Dabei ist insbesondere auch das Leistungsinteresse des Bestellers von vorrangiger Bedeutung und dementsprechend zu berücksichtigen. § 275 Abs. 2 BGB kann nur in besonderen Ausnahmefällen dann zur Anwendung kommen, die vergleichbar der Unmöglichkeit in § 275 Abs. 1 BGB gelagert sind.[44]

28

6. Unzumutbarkeit persönlicher Leistungserbringung (§ 275 Abs. 3 BGB)

Nach § 275 Abs. 3 BGB kann der Unternehmer die Leistung verweigern, wenn er sie persönlich zu erbringen hat und sie ihm unter Abwägung des seiner Leistung entgegenstehenden Hindernisses und dem Leistungsinteresse des Gläubigers nicht zugemutet werden kann, was im Rahmen der Mängelbeseitigung praktisch kaum vorstellbar ist. Eine persönliche Leistungserbringung durch den Schuldner (hier

29

---

41 Zur Abgrenzung des § 275 Abs. 2 BGB zu § 635 BGB vgl. Kniffka, IBR-Online-Kommentar § 635 Rn. 52.
42 RegEntwurf, S. 627, kritisiert bei Kniffka ZFBR 1993, 99; Canaris JZ 2001, 499.
43 Sienz BauR 2002, 187.
44 RegEntwurf, S. 543.

dem Unternehmer) ist im Rahmen des Bauvertragsrechts eher ein Ausnahmefall, denkbar allerdings beim Architekten, Ingenieur oder Projektsteuerer.

V. Rückgewähr des mangelhaften Werkes gem. § 635 Abs. 4 BGB

30 Nach § 635 Abs. 4 BGB kann der Unternehmer Rückgabe des mangelhaften Werkes nach Maßgabe des § 346 bis 348 BGB verlangen, wenn er ein neues Werk herstellt. Wenn die Leistung des Unternehmers ohne Probleme zurückgegeben werden kann, ist dies unproblematisch. Wird z. B. eine Einbauküche falsch geliefert, so kann diese zurückgegeben werden, wenn eine neue, korrekt hergestellte an ihrer Stelle eingebaut wird, so dass ein gerechter Ausgleich der beiderseitigen Interessen gegeben ist. Insbesondere kann auch der Unternehmer ein Interesse daran haben, das mangelhafte Werk zu behalten und anderweitig zu verwenden. Schwierig wird es allerdings in jenen Fällen, wenn die eingebaute Bauleistung nicht mehr unproblematisch entnommen werden kann, z.B. ein Fliesenbelag fest mit dem Untergrund verbunden ist, Heizungsrohre in einer Wand verlegt sind, oder z.B. ein Estrich falsch vergossen wurde und neu hergestellt werden muss. Dann stellt sich regelmäßig die Frage, ob der Besteller nach § 346 Abs. 2 BGB Wertersatz zu leisten hat. Die Rückgabe dürfte nach § 346 Abs. 2 Nr. 1 BGB in den vorgenannten problematischen Fällen aufgrund der Natur der Leistung ausgeschlossen sein, und dann auch beim Besteller infolge des Mangels ohne Wert verbleiben, so dass dann kein Wertersatz zu leisten ist. Es kann aber auch andere Fälle geben: Kommt zu der unzureichenden Werkleistung eine zusätzliche hinzu, so dass also ein gewisser Wert verbleibt, ist die ursprüngliche Leistung nicht völlig wertlos, so dass unter Umständen eine Wertersatzpflicht in Betracht kommt.[45]

31 Die Pflicht zur Rückgewähr des mangelhaften Werkes nach den §§ 346 ff. BGB kann auch die Pflicht zur Herausgabe der gezogenen Nutzungen beinhalten, was allerdings in der Literatur als bedenklich angesehen wird.[46] Rein praktisch wäre eine solche Herausgabe von gezogenen Nutzungen ein Anspruch auf Ersatz der Gebrauchsvorteile, was der bislang von der Rechtssprechung abgelehnten Vorteilsausgleichung entspräche. Die Rechtssprechung hat dies bislang mit dem Argument abgelehnt, dass der Unternehmer dadurch, dass er den Vertragszweck nicht zugleich, sondern unter Umständen erst später durch eine Nacherfüllung herbeigeführt hat, der keine Besserstellung erfahren darf. Der Besteller muss gerade durch den Mangel häufig Gebrauchsnachteile hinnehmen und es ist nicht nachzuvollziehen, dass hier dem Unternehmer einseitig ein Ausgleich zugestanden wird. Unabhängig davon wird man aber § 346 Abs. 1 BGB dennoch anzuwenden haben, auch wenn dem erhebliche Bedenken entgegenstehen. Die Rechtssprechung wird hier diesen Anspruch auf ein realistisches und gerechtes Maß anzupassen haben.[47]

---

45 BGH Urt. v. 17. 5. 1984 VII ZR 169/82.
46 Kniffka ZfBR 1993, 97; Gsell NJW 2003, 1969.
47 Ebenso Kniffka, IBR-Online-Kommentar § 635 Rn. 64 ff.

B. Relevanz für die Baupraxis

Dieser modifizierte Erfüllungsanspruch, der in dieser Form durch das Schuldrechtsmodernisierungsgesetz eingeführt wurde, ist auch im Werkvertragsrecht von zentraler Bedeutung. Besonders streitig sind häufig die Fälle, in denen es darum geht zu entscheiden, ob der Unternehmer den Anspruch des Bestellers durch Herstellung eines neuen Werkes zu erfüllen hat, oder ob nicht eine Nachbesserung in Betracht kommen kann. Gerade jene Fälle werden in der Praxis häufig streitig und Gegenstand auch von erheblichen prozessualen Auseinandersetzungen.

32

C. Korrespondierende VOB/B-Regelung

In der VOB/B in der Fassung der Ausgabe 2002 hat sich an der Regelung des Nachbesserungsanspruchs, § 13 Nr. 5 Abs. 1 S. 1 VOB/B nichts geändert. Der Anspruch ist inhaltsgleich mit dem Anspruch auf Nacherfüllung gem. § 635 BGB, dessen Absätze 1–4 voll anwendbar sind. Im Rahmen der Neufassung der Ausgabe 2006 der VOB werden sich insoweit keine Änderungen ergeben.

33

D. Rechtsprechungsübersicht

Zum neuen § 635 BGB ergab eine Rechtsprechungsrecherche noch keine obergerichtliche oder höchstrichterliche Rechtsprechung. Es darf an dieser Stelle deshalb auf die oben zitierte Rechtsprechung zur bisherigen Rechtslage nach altem Recht verwiesen werden.

34

§ 636
Besondere Bestimmungen für Rücktritt und Schadensersatz

Außer in den Fällen der §§ 281 Abs. 2 und 323 Abs. 2 bedarf es der Fristsetzung auch dann nicht, wenn der Unternehmer die Nacherfüllung gemäß § 635 Abs. 3 verweigert oder wenn die Nacherfüllung fehlgeschlagen oder dem Besteller unzumutbar ist.

Inhaltsübersicht

		Rn.
A.	Baurechtlicher Regelungsgehalt	1
	I. Allgemeine Anmerkungen	1
	II. Rücktritt des Bestellers	2
	1. Voraussetzungen des Rücktritts	3
	2. Rechtsfolgen des Rücktritts	14
	III. Schadensersatzansprüche des Bestellers	19
	1. Schadensersatz gem. § 280 Abs. 1 BGB	20
	2. Schadensersatz gem. §§ 281 Abs. 1, 280 Abs. 1 BGB	22
	3. Mängelansprüche und Verzug	31
	4. Ersatz vergeblicher Aufwendungen (§ 284 BGB)	32
	5. Verschulden	33
B.	Relevanz für die Baupraxis	34
C.	Korrespondierende VOB/B-Regelung	35
D.	Rechtsprechungsübersicht	37

A. Baurechtlicher Regelungsgehalt

I. Allgemeine Anmerkungen

1 Die in § 634 Nr. 3 und 4 BGB vorgesehenen Mängelhaftungsrechte des Bestellers (Rücktritt und Schadensersatz) werden durch Verweisung in das allgemeine Schuldrecht näher definiert. § 636 BGB wiederum modifiziert die allgemeinen Voraussetzungen der beiden vorgenannten Mängelansprüche des Bestellers im Hinblick auf das Erfordernis der Fristsetzung. Grundsätzlich kann der Besteller vom Unternehmer nur Schadensersatz statt der Leistung verlangen bzw. vom Vertrag zurücktreten (§§ 281 Abs. 1, 323 Abs. 1 BGB), wenn er dem Unternehmer erfolglos eine angemessene Frist zur Beseitigung des Mangels gesetzt hat. Unter bestimmten Voraussetzungen kann diese Fristsetzung jedoch entfallen, diese Voraussetzungen sind bereits im allgemeinen Schuldrecht vorgesehen, §§ 281 Abs. 2 und 3, 323 Abs. 2 und 3, 326 Abs. 5 BGB. § 636 BGB fügt diesen Ausnahmetatbeständen noch weitere Ausnahmen hinzu. Die nach altem Recht in Verbindung mit der angemessenen Fristsetzung noch erforderliche Ablehnungsandrohung ist nach neuem Recht nicht mehr erforderlich; sie hat sich in der Rechtspraxis häufig als unpraktikabel erwiesen. Nunmehr operiert das Gesetz mit der reinen »Fristenlösung«.[1]

---
[1] MüKo/Busche § 636 BGB Rn. 2 m.w.N.

II. Rücktritt des Bestellers

Gem. § 634 Nr. 3 Alt. 1 BGB kann der Besteller nach Ablauf einer angemessenen Frist im Falle der Mangelhaftigkeit des Werkes vom Vertrag zurücktreten. § 634 Nr. 3 Alt. 1 BGB verweist insoweit auf die im allgemeinen Schuldrecht vorgesehenen Rücktrittsvoraussetzungen der §§ 323, 326 Abs. 5 BGB. Die Rechtsfolgen des Rücktrittes ergeben sich wiederum aus den §§ 346 ff. BGB. Bei dem Rücktritt handelt es sich um eine Gestaltungserklärung; der Rücktritt schließt eine weitere Vertragserfüllung aus. Der nachträgliche Übergang zur Wahl des Erfüllungsanspruches ist ausgeschlossen. Allerdings kann nach dem Rücktritt noch Schadensersatz gem. § 325 BGB weiterhin begehrt werden. Der Rücktritt steht dem Besteller verschuldensunabhängig zu. Allerdings ist es grundsätzlich so, dass der Rücktritt nur in Betracht kommt, wenn der Nacherfüllungsanspruch fällig ist. Steht dem Unternehmer ein Leistungsverweigerungsrecht nach § 635 Abs. 3 BGB zu, so kann der Besteller keinen Rücktritt verlangen.

1. Voraussetzungen des Rücktritts

Das vom Unternehmer herzustellende Werk muss zunächst einen **Mangel** aufweisen. Weiter muss der Nacherfüllungsanspruch des Bestellers fällig sein, es darf also kein Leistungsverweigerungsrecht (z. B. § 635 Abs. 3 BGB) der Fälligkeit entgegenstehen. Des Weiteren muss der Besteller dem Unternehmer gem. § 323 Abs. 1 BGB eine **angemessene Frist zur Nacherfüllung setzen**. Die früher noch ergänzend erforderliche Ablehnungsandrohung ist heute nicht mehr notwendig. Diese Fristsetzung – die zumindest im Grundsatz erforderlich ist – dient dazu, dem Unternehmer bei Werkmängeln eine Chance auf eine so genannte »2. Andienung« zu geben, ihm also die Möglichkeit zur Nacherfüllung einzuräumen. Hinsichtlich der Fristsetzung, der Angemessenheit der Fristen sowie zur hinreichend präzisen Fristbestimmung wird auf die Ausführungen bei § 634 BGB Rn. 7 ff.[2] verwiesen. Angemerkt sei an dieser Stelle, dass die zu setzende Frist gem. § 323 Abs. 1 BGB angemessen sein muss, was von den Umständen des Einzelfalles abhängt. Zum einen sind die Komplexität der jeweiligen Bauleistung, aber auch die konkreten Umstände z. B. der Baustelle besonders zu berücksichtigen. Allgemein ist festzuhalten, dass nicht alleine darauf abzustellen ist, welche Zeitspanne der Unternehmer für die Nacherfüllung und für die vorbereitenden Maßnahmen benötigt, sondern darauf, welches Interesse der Besteller an einer möglichst raschen Mangelbeseitigung hat. Für die Angemessenheit der Frist ist deshalb primär die Zeitspanne maßgebend, die ein zügig arbeitender Unternehmer benötigt, um das konkrete mangelhafte Werk in einen mangelfreien Zustand zu versetzen. Dabei ist dem Unternehmer ein massiver Arbeitskräfte- und Geräteeinsatz (auch gegebenenfalls verbunden mit besonderen

---

2 MüKo/Busche § 636 BGB Rn. 5 ff.

finanziellen Aufwendungen) zuzumuten, falls die Mangelhaftigkeit des Werkes in besonderer Weise die Interessenlage des Bestellers berührt.³

4   Ist die vom Besteller dem Unternehmer gesetzte **angemessene Frist fruchtlos abgelaufen**, so kann der Besteller vom Vertrag zurücktreten. Hat der Unternehmer nach der Fristbestimmung durch den Besteller zwar die Mangelbeseitigung begonnen, aber bis zum Ablauf der Frist nicht oder nicht erfolgreich beendet, so muss sich der Besteller im Grundsatz nicht auf eine Verlängerung der Frist einlassen, selbst wenn der Unternehmer bei Ablauf der Frist schon den wesentlichen Teil der zu erbringenden Leistung ausgeführt hat, wobei hier selbstverständlich der Grundsatz von Treu und Glauben (§ 242 BGB) zu berücksichtigen ist. Anders herum kann es so sein, dass der Besteller wegen eines Mangels auch vor Ablauf der Fertigstellungsfrist bzw. vor Ablauf der Nachfrist zurücktreten kann, wenn offensichtlich ist, dass diese Frist vom Unternehmer nicht eingehalten wird, oder falls bereits feststeht, dass die Nacherfüllung innerhalb der Frist fehlschlagen wird.⁴ Liegen lediglich unerhebliche Mängel vor, so ist der Rücktritt ausgeschlossen, § 323 Abs. 5 S. 2 BGB. Der Begriff der Unerheblichkeit ist dahingehend zu interpretieren, dass kein wesentlicher Mangel vorliegt (vgl. etwa § 640 Abs. 1 S. 2 BGB). Hat der Besteller den Zustand, der zum Rücktritt berechtigen würde, überwiegend oder gar alleine zu vertreten, so ist gem. § 323 Abs. 6 BGB der Rücktritt ausgeschlossen. Gleiches gilt, wenn der vom Schuldner nicht zu vertretene Umstand zu einer Zeit auftritt, zu welcher der Gläubiger in Verzug der Annahme ist. Dies kann z.B. vorkommen, wenn der Mangel auf einer fehlerhaften Leistungsbeschreibung oder etwa einem unrichtigen Baugrundgutachten beruht, was in der Praxis durchaus häufig vorkommen kann. Gerade die Untersuchungen der Boden- und Wasserverhältnisse werden in der Praxis häufig nur unzureichend und nicht in dem Umfang, den die dafür einschlägige DIN 4020 (Geotechnische Untersuchungen für bautechnische Zwecke) vorsieht, von den Bauherren veranlasst, um damit Projektkosten von einigen tausend Euro einzusparen. Häufig ist es aber dann in der späteren Bauphase so, dass sich herausstellt, dass der Baugrund erheblich problematisch ist, so dass umfangreiche zusätzliche Leistungen ausgeführt werden müssen und weitere, häufig auch kostspielige, Umplanungen mit entsprechendem Terminverzug des Projektes erforderlich werden.⁵ Liegt eine solche Verantwortung des Bestellers in weit überwiegendem Maße vor, so kann eine an den Kriterien des § 254 BGB orientierte Bewertung erfolgen. Diese Frage, ob danach ein Rücktritt ausgeschlossen ist, ist nach den Kriterien des jeweiligen Einzelfalles zu bewerten.

5   Weiter sind die Fälle in der Praxis nicht selten, in welchen sich der Gläubiger im **Verzug der Annahme** (§ 323 Abs. 6 BGB) befindet. Dies kann z.B. dann der Fall sein, wenn der Unternehmer die von ihm eingeforderte Nacherfüllung erbringen

---

3 BGH NJW-RR 1993, 309; MüKo/Busche § 636 BGB Rn. 7.
4 BGH NJW-RR 2003, 13; Kniffka, IBR-Online-Kommentar § 636 Rn. 5 ff.
5 Englert/Fuchs, Die Fundamentalnorm für die Errichtung von Bauwerken: DIN 4020, BauR 2006, 1047, mit zahlreichen weiteren Nachweisen.

will, der Besteller ihn aber z.B. nicht mehr auf das Baustellengelände lassen will und ein Baustellenverbot verhängt. Ist also die vom Unternehmer angebotene Mangelbeseitigungsmaßnahme theoretisch ausreichend, so gerät der Besteller in Annahmeverzug, wenn er die Mangelbeseitigung durch den Unternehmer nicht zulässt; ein Rücktritt wäre in dieser Situation nach § 323 Abs. 6 BGB ausgeschlossen. Ist allerdings von vorne herein ersichtlich, dass die vorgesehene Mangelbeseitigungsmaßnahme nicht Erfolg versprechend oder nicht ausreichend ist, muss der Besteller eine solche Maßnahme nicht zulassen. Dies dürfte aber im Einzelfall als durchaus schwierig zu bewerten sein. Wenn nicht der Besteller im Wesentlichen dieselbe Fach- und Sachkunde hinsichtlich der auszuführenden Leistungen hat, ist eine solche Ablehnung und ein darauf fußender Rücktritt vom Vertrag also für den Besteller durchaus mit Gefahren verbunden. Deshalb wäre dem Besteller in dieser Situation anzuraten, die angebotene Mangelbeseitigungsmaßnahme des Unternehmers durch einen sachkundigen Berater prüfen zu lassen.

Beachtlich ist schließlich weiter, dass der Gläubiger neben bzw. nach dem Rücktritt gem. § 325 BGB weiterhin das Recht innehat, Schadensersatz zu verlangen. Dies gilt zum einen für den Ersatz von Mangelfolgeschäden, zum anderen aber auch für den Schadensersatz statt der Leistung gem. § 281 BGB. **6**

Von der vorstehenden Grundregel des § 323 Abs. 1 BGB, wonach es regelmäßig einer Setzung einer angemessenen Nachfrist bedarf, gibt es jedoch auch Ausnahmen.

So ist eine **Fristsetzung entbehrlich**, wenn ein Fall des § 323 Abs. 2 BGB vorliegt, oder aber gem. § 636 BGB die Fristsetzung entbehrlich ist, weil der Unternehmer die Nacherfüllung gem. § 635 Abs. 3 BGB verweigert oder die Nacherfüllung fehlgeschlagen oder dem Besteller unzumutbar ist. Den anwaltlichen Beratern wird im Zweifel allerdings zu raten sein, zur Erzielung von größtmöglicher Rechtssicherheit für ihre Mandanten dennoch eine Fristsetzung zu empfehlen, um eine mögliche Haftung zu vermeiden, weil insbesondere Begriffe wie »Zumutbarkeit«, »endgültige Verweigerung« oder »Fehlschlagen« auslegungsfähige und damit nur in eingeschränktem Rahmen vorher zu bewertende Begriffe darstellen. **7**

Die eine Fallgruppe der Entbehrlichkeit der Fristsetzung gem. **§ 323 Abs. 2 BGB** setzt jeweils voraus, dass der Anspruch des Gläubigers fällig ist. Eine ernsthafte und endgültige Erfüllungsverweigerung (§ 323 Abs. 2 Nr. 1 BGB) ist nur unter strengen Voraussetzungen anzunehmen, wobei es dabei jeweils auf die konkreten Umstände des Einzelfalles ankommt. Erforderlich ist, dass der Unternehmer jenseits vernünftiger Zweifel unter keinen Umständen mehr zur Erfüllung bereit ist, womit eine Fristsetzung durch den Besteller als bloße und sinnlose Formalität erscheinen würde. Es muss also in der Konsequenz ausgeschlossen sein, dass sich der Unternehmer durch eine weitere Fristsetzung und Aufforderung zur Leistung noch umstimmen ließe.[6] Die bloße Ablehnung der Leistung oder das Erheben von **8**

---

[6] BGH NJW 2002, 1571; NJW-RR 1993, 882; OLG Düsseldorf BauR 2001, 646.

Einwendungen sowie das Bestreiten des Klageanspruches reichen grundsätzlich für sich genommen noch nicht aus. Allerdings kann beispielsweise eine solche ernsthafte und endgültige Erfüllungsverweigerung dann angenommen werden, wenn der Unternehmer die Aufnahme oder Fortführung der Arbeiten zur Herstellung des Werkes grundlos verweigert oder die Erfüllung des Vertrages zum ursprünglich vereinbarten Preis ablehnt.[7] Ein von der Rechtssprechung bereits bewertetes Indiz für eine endgültige Erfüllungsverweigerung kann es z.B. sein, wenn der Bauunternehmer die Baustelle komplett beräumt, Baucontainer und Geräte von der Baustelle abzieht und seine Mitarbeiter auf eine andere Baustelle entsendet.[8]

9   Eine weitere Fallgruppe der Entbehrlichkeit der Fristsetzung ist ein so genanntes **Fixgeschäft** nach § 323 Abs. 2 Nr. 2 BGB, wenn der Schuldner die Leistung zu einem im Vertrag bestimmten Termin oder innerhalb einer bestimmten Frist nicht bewirkt und der Gläubiger im Vertrag den Fortbestand seines Leistungsinteresses an die Rechtzeitigkeit der Leistung gebunden hat. Mit anderen Worten: Das Geschäft muss mit der Leistungszeit »stehen oder fallen«.[9]

10 Schließlich ist eine Fristsetzung dann nicht erforderlich, wenn gem. § 323 Abs. 2 Nr. 3 BGB **besondere Umstände** vorliegen, welche unter Abwägung der beiderseitigen Interessen den sofortigen Rücktritt rechtfertigen. Ein solcher Umstand wird anzunehmen sein, wenn das Interesse des Bestellers an der Herstellung des Werks in Folge einer verzögerten Leistungserbringung durch den Unternehmer entfällt. Hieran werden hohe Anforderungen gestellt. Dies kann z.B. dann der Fall sein, wenn der Besteller das Werk wegen der verspäteten Erbringung überhaupt nicht verwenden kann.[10]

11 Gem. §§ **326 Abs. 5, 275 Abs. 1–3, 323 BGB ist eine Fristsetzung entbehrlich**, wenn die Leistungserbringung durch den Unternehmer gem. § 275 Abs. 1 BGB unmöglich ist, oder wenn ein Ausschluss des Nacherfüllungsanspruchs gem. § 275 Abs. 2 und 3 BGB im Raume steht. In diesem Zusammenhang ist hinsichtlich der Unverhältnismäßigkeit des Aufwandes bzw. der Unzumutbarkeit der persönlichen Leistungserbringung (§ 275 Abs. 2 und 3 BGB) auf die Ausführungen bei § 635 BGB Rn. 29 zu verweisen.

Weiter ist eine **Fristsetzung gem. § 636 BGB entbehrlich**, wenn der Unternehmer die Nacherfüllung gem. § 635 Abs. 3 BGB verweigert oder wenn die Nacherfüllung fehlgeschlagen oder dem Besteller unzumutbar ist.

Wenn sich der Unternehmer auf das Leistungsverweigerungsrecht gem. § 635 Abs. 3 BGB (vgl. § 635 BGB Rn. 22) zu Recht, so ist eine Fristsetzung entbehrlich und der Rücktritt darf sofort erklärt werden.

---

7 BGHZ 143, 89 = NJW 2000, 807; MüKo/Busche § 636 BGB Rn. 13 m.w.N.
8 BGH NJW 1974, 1080.
9 MüKo/Busche § 636 BGB Rn. 17.
10 BGH NJW-RR 1997, 622.

Ist die **Nacherfüllung fehlgeschlagen**, so ist ebenfalls eine Fristsetzung gem. § 636 BGB entbehrlich. Ein solches Fehlschlagen der Nacherfüllung ist anzunehmen, wenn feststeht, dass durch diese Maßnahme der vertraglich vereinbarte Erfolg nicht herbeigeführt werden kann. Hat der Besteller die Mängelanzeige mit der Aufforderung zur Nacherfüllung bereits mit einer Fristsetzung verbunden und ist die Nacherfüllung fruchtlos fehlgeschlagen, so kann der Besteller bereits aus diesem Grunde zurücktreten. Ist eine solche Fristsetzung nicht mit der Aufforderung zur Nacherfüllung verbunden worden, die Nacherfüllung aber ebenfalls fehlgeschlagen, so wird zwar möglicherweise aus dieser Sicht eine weitere Fristsetzung ratsam sein, allerdings wird sich der Besteller – anders als im Kaufrecht – nicht auf einen weiteren oder mehrere Nacherfüllungsversuche einlassen müssen, wenn die Nacherfüllung bereits im ersten Versuch nicht zielführend war.[11]

12

Schließlich ist gem. § 636 BGB eine Fristsetzung vor Rücktritt dann nicht erforderlich, wenn die **Nacherfüllung dem Besteller unzumutbar** ist. Hier kommt es auf eine Abwägung der Bestellerinteressen mit den Interessen des Unternehmers nicht an, es ist vielmehr – in der Regel – alleine die Sicht des Bestellers maßgebend. Dabei ist das besondere Interesse des Bestellers an der sofortigen Ausübung des Rücktrittsrechts ohne Fristsetzung zu bewerten. Es ist allerdings darauf hinzuweisen, dass eine Entbehrlichkeit der Fristsetzung eine Ausnahme darstellt, und deshalb nur in besonders gelagerten Ausnahmefällen dieser Tatbestand vorliegen dürfte. Ein solcher Ausnahmetatbestand kann dann gegeben sein, wenn der Unternehmer schuldhaft das zwischen den Parteien notwendigerweise vorauszusetzende Vertrauensverhältnis schwer erschüttert oder gänzlich zerstört hat. In einem solchen Falle muss der Besteller eine Nacherfüllung durch den Unternehmer nicht mehr hinnehmen, wenn eine solche Vertrauensbasis nicht mehr gegeben ist.[12] Eine Frist zur Nacherfüllung ist auch in denjenigen Fällen entbehrlich, in welchen dem Unternehmer eine Mangelbehebung innerhalb gemessener Frist gar nicht möglich ist, wenn die Besorgnis besteht, dass der Unternehmer sich seiner Verpflichtung entzieht oder unzumutbare Bedingungen für die Mangelbeseitigung eintreten würden. Dies kann z.B. dann der Fall sein, wenn die Mangelbeseitigung im Betrieb des Bestellers zu einer massiven Betriebsstörung führen würde oder die Eröffnung des Geschäftsbetriebes behindern würde.[13]

13

2. Rechtsfolgen des Rücktritts

Durch den Rücktritt gem. § 323 BGB wandelt sich das Vertragsverhältnis in ein Rückgewähr- und Abwicklungsverhältnis um, wobei die bisherigen Leistungsansprüche und Leistungspflichten erlöschen. Gem. § 346 Abs. 1 BGB sind die emp-

14

---

11 Vgl. MüKo/*Busche*, § 636 BGB Rn. 21 m.w.N.
12 BGHZ 46, 242; BGH NJW 1976, 143; BGH LM § 634 Nr. 1.
13 Werner/Pastor, Der Bauprozess, 11. Auflage, Rn. 1657; BGH BauR 1982, 496; BauR 1975, 137; BGH NJW 2002, 1571.

15 Die Rückgewährpflicht gem. § 346 Abs. 1 BGB ist problematisch, wenn Gegenstand der Rückgabepflicht eine Bauleistung ist. Nach § 346 Abs. 2 Nr. 2 BGB kann eine Leistung an und für sich nicht zurückgewährt werden, wenn der Rückgewährschuldner den empfangenen Gegenstand verbraucht, veräußert, belastet, verarbeitet oder umgestaltet hat. Eine Rückgewähr einer solchen Leistung würde häufig zur Zerstörung oder zu einem wesentlichen Eingriff in die Bausubstanz führen. Der Tatbestand ist allerdings regelmäßig deswegen nicht direkt anwendbar, da nicht der Besteller, sondern der Unternehmer die Bauleistung verändert, belastet, verarbeitet oder umgestaltet. Allerdings wird man den Ausschluss des Rückgewähranspruches über § 346 Abs. 2 Nr. 1 BGB begründen können, wonach die Rückgewähr oder Herausgabe nach der Natur des Erlangten ausgeschlossen ist.[14]

16 Liegt also ein Ausschluss der Rückgabepflicht vor, so ist grundsätzlich gem. § 346 Abs. 2 BGB durch den Besteller Wertersatz zu leisten. Dieser Ersatz richtet sich nach dem objektiven Wert der Leistung, die nicht zurückgegeben werden braucht. Dabei ist bei der Berechnung des Wertansatzes die im Vertrag bestimmte Gegenleistung zu Grunde zu legen, § 346 Abs. 2 S. 2 BGB. Dabei handelt es sich grundsätzlich um den vereinbarten Werklohn, wobei dieser auf den objektiven Wert des Werkes zu reduzieren ist. Im Ergebnis führt dies dazu, dass der Rücktritt in Verbindung mit dem zu leistenden Wertersatz wie eine Minderung wirkt.[15] Kann eine Bauleistung vom Grundstück des Bestellers wieder entfernt werden oder die Bauleistung mitsamt dem Grundstück an den Unternehmer zurückgegeben werden (z. B. beim Bauträgervertrag), so bleibt § 346 Abs. 1 BGB grundsätzlich anwendbar, wobei selbstverständlich auch die anderen Varianten des § 346 Abs. 2 S. 1 BGB in Betracht kommen können. Die Pflicht zum Wertersatz kann gem. § 346 Abs. 3 S. 1 BGB entfallen, wobei ein Bereicherungsanspruch des Rückgewährgläubigers gem. § 346 Abs. 3 S. 2 BGB verbleiben kann.

17 Weiter sind gem. § 346 Abs. 1 BGB gezogene Nutzungen herauszugeben und Gebrauchsvorteile zu ersetzen (§ 100 BGB). Die Gebrauchsvorteile werden grundsätzlich nach der zeitanteiligen linearen Wertminderung im Vergleich zwischen tatsächlichem Gebrauch und voraussichtlicher Gesamtnutzungsdauer berechnet.[16] Bei Grundstücken kann nach der Rechtsprechung auf den objektiven Mietwert abgestellt werden.[17] Bei Wohnungseigentum, das zum Zwecke der Vermietung erworben wurde, kommt es auf den objektiven Mietwert an.[18] Bei selbst genutztem Eigen-

---

14 Kniffka, IBR-Online-Kommentar § 636 Rn. 15.
15 Kniffka, IBR-Online-Kommentar § 636 Rn. 17; Englert, Verträge am Bau nach der Schuldrechtsreform, S. 343; Gaier WM 2002, 1.
16 BGH NJW 1996, 250.
17 BGH NJW 1992, 892.
18 BGH IBR 2006, 264.

tum ist eine zeitanteilige lineare Wertminderung vorzunehmen.[19] Wenn Nutzungen nicht gezogen werden, obwohl sie bei ordnungsgemäßer Wirtschaft hätten gezogen werden können, so ist der Gläubiger zum Wertersatz verpflichtet, § 347 Abs. 1 S. 1 BGB. Weiter ist es gem. § 347 Abs. 2 S. 1 BGB so, dass der Schuldner bei Rückgabe des Gegenstandes, bei Leistung von Wertersatz, bei Ausschluss der Wertersatzpflicht gem. § 346 Abs. 3 Nr. 1 oder 2 BGB die ihm notwendiger Weise entstandenen Verwendungen ersetzt verlangen kann, § 347 Abs. 2 S. 1 BGB. Notwendige Verwendungen sind dann gegeben, wenn diese der Erhaltung, Wiederherstellung oder Verbesserung der Sache dienen.[20] Als notwendig werden weiter Verwendungen bewertet, die nach einem objektiven Maßstab zum Zeitpunkt der Vornahme zur Erhaltung oder ordnungsgemäßen Bewirtschaftung erforderlich sind.[21] Schließlich gehören zu den notwendigen Verwendungen insbesondere Kosten für die üblicherweise anfallende Erhaltung und für Reparaturen, unabhängig davon, ob und in welchem Umfang sie zu einer Erhöhung des Wertes des Gegenstandes geführt haben. Ist der Gläubiger bereichert, sind sonstige Aufwendungen gem. § 347 Abs. 2 S. 2 BGB ebenfalls zu erstatten. Hierunter fallen insbesondere sog. »nützliche Verwendungen«, ggf. aber auch »nutzlose« Verwendungen. Nicht ersatzfähig sind Aufwendungen, die der Schuldner in der Zeit nach der Rechtshängigkeit des Rückgewähranspruchs gemacht hat, §§ 292 Abs. 2 i.V.m. 994 Abs. 2 BGB.

18 Ist es zu einer Rückgabeverpflichtung gekommen, so stellt sich die Frage, ob der Unternehmer die Bauleistung zurückzunehmen hat bzw. zurückbauen muss. Hat der Besteller an einem solchen Rückbau ein besonderes Interesse, so wird jedenfalls unter Anwendung von § 242 BGB ein Rückbau anzunehmen sein. Liegt allerdings ein Fall des § 346 Abs. 2 S. 1 Nr. 1 BGB vor, so wird ein Rückbau kaum möglich sein.[22]

III. Schadensersatzansprüche des Bestellers

19 Wie § 634 Nr. 4 BGB erläutert, kann der Besteller vom Unternehmer im Falle der Mangelhaftigkeit des Werkes Schadensersatz gem. §§ 280, 281, 283 und 311a BGB verlangen.

1. Schadensersatz gem. § 280 Abs. 1 BGB

20 Der Schadensersatzanspruch nach § 280 Abs. 1 BGB regelt Schäden neben der Leistung, die also unabhängig von dem eigentlichen Erfüllungsanspruch auftreten. Für den Anspruch nach § 280 Abs. 1 BGB ist eine Fristsetzung zur Nacherfüllung nicht erforderlich. In Betracht kommen zum einen Schäden, welche am Bauwerk

---

19 BGH BauR 2006, 103 = IBR 2006, 32.
20 BGH Urt. v. 14.6.2002 V ZR 79/01.
21 BGHZ 64, 333; BGH NJW 1996, 921.
22 Kniffka, IBR-Online-Kommentar § 636 Rn. 31.

als Folgeschäden auftreten können (z. B. Folgen einer fehlerhaften Feuchtigkeitsisolierung, die sich durch Schäden am Wandanstrich, Tapeten oder verlegten Fußböden äußern).[23] Weiter sind erstattungsfähig nach § 280 Abs. 1 BGB Schäden, die nicht mehr im unmittelbaren Zusammenhang mit dem Mangel eingetreten sind (Schäden durch auflaufendes Wasser, Folgen eines Einbruchs nach fehlerhaftem Einbau einer Alarmanlage oder Beschädigung von Gegenständen nach Absturz eines nicht richtig befestigten Regals).[24] Des Weiteren fallen hierunter Kosten für die Anmietung einer Ersatzwohnung während der Mangelbeseitigungszeit oder entgangener Gewinn wegen der Mangelhaftigkeit der Leistung oder wegen der laufenden Mangelbeseitigung.[25] Hierunter fallen auch Sachverständigenkosten, soweit sie nicht zu den Mangelbeseitigungskosten unmittelbar zuzuordnen sind, z. B. die Begutachtung des Mangels und Feststellung der Mangelbeseitigungskosten.[26] Schließlich fallen in den Begriff des Mangelfolgeschadens gem. § 280 Abs. 1 BGB Personenschäden, für die ein Schmerzensgeldanspruch nach § 253 Abs. 2 BGB in Betracht kommt.

21 Nutzungsausfall kann auch in den Bereich der Mangelfolgeschäden fallen, wenn z. B. die Wohnung für die Lebenshaltung von zentraler Bedeutung ist und diese infolge des Mangels nicht benutzt werden kann. Der Nutzungsausfall ist hier aber nur dann gegeben, wenn das Haus überhaupt nicht benutzbar ist.[27] Wird eine Tiefgarage infolge eines Baumangels unnutzbar, so kann nach der Rechtsprechung Nutzungsausfall verlangt werden.[28] Schließlich fällt auch ein sog. merkantiler Minderwert unter den Mangelfolgeschaden nach § 280 Abs. 1 BGB. Ein solcher tritt immer dann auf, wenn trotz ordnungsgemäßer Nachbesserung ein Minderwert verbleibt, welcher trotz ordnungsgemäßer Instandsetzung auftritt, weil bei einem großen Teil des Publikums vor allem wegen des Verdachts verborgen gebliebener Schäden eine den Preis beeinflussende Abneigung gegen den Erwerb besteht.[29]

2. Schadensersatz gem. §§ 281 Abs. 1, 280 Abs. 1 BGB

22 Wird vom Unternehmer die geschuldete Leistung nicht oder nicht wie geschuldet erbracht, so kann der Besteller unter den Voraussetzungen des § 280 Abs. 1 BGB Schadensersatz statt der Leistung verlangen, wenn er dem Unternehmer fruchtlos eine angemessene Frist zur Leistung oder Nacherfüllung bestimmt hat. Hierunter fallen alle Schäden, welche durch eine ordnungsgemäße Nacherfüllung durch den Unternehmer hätten verhindert werden können. Es muss nach dieser Vorschrift

---

23 BGH BauR 1975, 130; BauR 1990, 466 = IBR 1990, 515; NJW 1963, 805.
24 BGH NJW 1979, 1651; NZBau 2002, 514 = IBR 2002, 368; BGHZ 115, 32 = NJW 1991, 2418 = IBR 1991, 475.
25 BGHZ 46, 238; 67, 1; OLG München Urt. v. 17. 6. 2004 7 U 148/03.
26 BGHZ 54, 352 = BauR 1971, 51; BauR 2002, 86 = IBR 2002, 466.
27 BGHZ 98, 212; 101, 325; BGH NJW 1987, 771.
28 BGH Urt. v. 10. 10. 1985 VII ZR 292/84.
29 BGH BauR 1991, 744 = IBR 1992, 1.

dem Unternehmer also eine Gelegenheit gegeben werden, durch Nacherfüllung seiner Leistungspflicht nachzukommen und vermeidbare Schäden zu verhindern. § 281 BGB differenziert zwischen dem sog. »kleinen Schadensersatz« gem. § 281 Abs. 1 BGB und dem sog. »großen Schadensersatz« gem. § 281 Abs. 5 BGB.

Will der Besteller das mangelbehaftete Werk trotz des Mangels behalten, kann er unter den gegebenen Voraussetzungen Schadensersatz gem. **§ 281 Abs. 1 BGB** verlangen. Der Anspruch auf Erfüllung bleibt insoweit bestehen, soweit die Leistung wie geschuldet erbracht worden ist; für den nicht erbrachten Teil besteht als Kompensation des Bestellers der vorgenannte Schadensersatzanspruch. Hinsichtlich Fristsetzung, Fristbestimmung und Fristablauf ist auf die oben beim Rücktritt gemachten Ausführungen zu verweisen (vgl. Rn. 3). Bereits der eingetretene Mangel gilt als Schaden.[30] Der Schaden ist grundsätzlich nach § 249 BGB zu erstatten, wobei eine Naturalrestitution nicht in Betracht kommt. Der Erfüllungsanspruch ist gem. § 281 Abs. 4 BGB allerdings ausgeschlossen, so dass eine Nacherfüllung, Minderung und Rücktritt nicht mehr geltend gemacht werden können, sondern nur ein geldwerter Ausgleich gem. § 249 BGB.[31] Eine Fristsetzung, die nach § 281 Abs. 1 S. 1 BGB grundsätzlich erforderlich ist, kann unter den Voraussetzungen des § 636 (vgl. oben Rn. 7) sowie unter den Voraussetzungen des § 281 Abs. 2 BGB und unter den Voraussetzungen der §§ 283, 275 Abs. 1 bis 3 BGB entbehrlich sein. Gem. § 281 Abs. 2 BGB ist eine Fristsetzung entbehrlich, wenn der Schuldner die Leistung ernsthaft und endgültig verweigert, oder wenn besondere Umstände vorliegen, die unter Abwägung der beiderseitigen Interessen die sofortige Geltendmachung des Schadensersatzanspruches rechtfertigen. Hinsichtlich der ernsthaften und endgültigen Erfüllungsverweigerung im Rahmen des § 281 Abs. 2 1. Variante BGB ist auf die Ausführungen oben beim Rücktritt zu verweisen (vgl. Rn. 11). Der Ausschluss des Nacherfüllungsanspruches (§§ 283, 275 Abs. 1 bis 3 BGB) macht ebenfalls eine Fristsetzung entbehrlich.[32]

23

Wird der Schaden im Rahmen des **kleinen Schadensersatz** (§ 281 Abs. 1 S. 1 BGB) durch die Minderung im Verkehrswert bewertet, so ist die Differenz zwischen Verkehrswert mit und ohne Mangel unter Berücksichtigung des Berechnungsmodus des § 638 Abs. 3 BGB zu berechnen.[33]

24

Ein mangelbedingter Minderwert kann auch nach den Aufwendungen berechnet werden, die zur vertragsgemäßen Herstellung des Werkes notwendig sind, wozu alle Kosten gehören, die nach § 637 Abs. 1 BGB erstattungsfähig sind sowie alle weiteren Kosten, z.B. eine notwendige Hotelunterbringung oder die Auslagerung

25

---

30 BGH Urt. v. 27.6.2002 VII ZR 238/01.
31 BGH BauR 2004, 1617 = IBR 2004, 493.
32 MüKo/Busche § 636 BGB Rn. 27 ff.
33 BGH BauR 1995, 388 = IBR 1995, 303.

von Mobiliar.³⁴ Wird nach dieser Methode der Schadensersatz berechnet, so kann der Unternehmer einwenden, die Sanierungsmethode wäre auch preisgünstiger möglich gewesen, so dass das Gericht hierüber Sachverständigenbeweis einzuholen hat.³⁵ Des Weiteren ist hier zu berücksichtigen, dass nach § 251 Abs. 2 BGB der Ersatzpflichtige den Gläubiger in Geld entschädigen kann, wenn die Herstellung nur mit unverhältnismäßigen Aufwendungen möglich ist. So kann in Extremfällen der nach den Mangelbeseitigungskosten berechnete Schadensersatz (ggf. teilweise) verweigert werden, wenn der Schadensersatz unverhältnismäßig hoch sein sollte. Auch können ein technischer Minderwert bzw. ein merkantiler Minderwert Berücksichtigung finden. Der so berechnete Schadensersatzanspruch auf der Basis der Mangelbeseitigungskosten steht dem Besteller auch dann zu, wenn er das Grundstück veräußert, bevor er den zur Mangelbeseitigung erforderlichen Betrag erhalten hat.³⁶

26 Ist der Unternehmer als **Bauträger oder Generalunternehmer** tätig und kann er von seinem Besteller nur noch partiell oder gar nicht in Anspruch genommen werden, so ist nach richtiger Ansicht auch der Subunternehmer gegenüber dem Bauträger/Generalunternehmer nur noch in dem Umfange haftbar, in welchem der Bauträger oder Generalunternehmer selber haftet.³⁷ Hat der Hauptunternehmer allerdings dem Besteller einen Betrag bezahlt (z.B. auf Basis einer gütlichen Einigung oder auch eines Prozessurteils), so kann er diesen Betrag vom Nachunternehmer erstattet verlangen.³⁸

27 Gem. § 281 Abs. 1 S. 3, Abs. 5 BGB kann der Besteller auf Schadensersatz statt der ganzen Leistung (**großer Schadensersatz**) verlangen, wenn der Mangel erheblich ist. Dann gibt der Besteller die Leistung insgesamt zurück und verlangt Kompensation in dem Umfang der Nichterfüllung des gesamten Vertrages. Häufiger Fall der Schadensberechnung ist die Aufstellung der Mehrkosten, die durch eine anderweitige Fertigstellung entstanden sind und alle weiteren Schäden, die durch die Nichterfüllung noch entstehen bzw. entstehen können. Dabei ist von den Kosten der Werklohn des Altunternehmers abzuziehen, der nicht mehr bezahlt werden muss. Auch kann im Wege des Schadensersatzes eine Befreiung von Verbindlichkeiten verlangt werden.³⁹ Weiter können hiernach auch Nutzungsausfall, Ausschreibungsausfall, etc. gem. § 281 Abs. 1 BGB verlangt werden.⁴⁰ Denkbar wäre auch die Variante der Berechnung nach dem eingetretenen Vermögensverlust durch das Scheitern des Objektes, also die Befreiung von einer Verbindlichkeit. Den be-

---

34 BGH BauR 2003, 1209 = IBR 2003, 349, 350; BauR 2003, 1211 = IBR 2003, 294; OLG Celle BauR 2003, 403.
35 BGH BauR 2005, 1626 = IBR 2005, 528.
36 BGH BauR 2004, 1617 = IBR 2004, 493, BGHZ 99, 81; 77, 134; 61, 369.
37 Kniffka, IBR-Online-Kommentar § 636 Rn. 56 m.w.N.
38 BGH BauR 2001, 793 = IBR 2001, 173; BauR 2002, 1086 = IBR 2002, 358.
39 BGH BauR 1978, 224.
40 Kniffka, IBR-Online-Kommentar § 636 Rn. 60.

reits gezahlten Werklohn kann der Besteller zurückverlangen. Wurde das Werk des Unternehmers durch den Besteller bereits genutzt, so sind ggf. angefallene Nutzungsvorteile auszugleichen. Wenn das Objekt vermietet worden ist, besteht der Nutzungsvorteil in den erzielten Mieten.[41] Der Nutzungsausfall kann gem. § 287 ZPO im Prozess geschätzt werden.

Bei unerheblichen Mängeln (die Leistung wurde also nicht wie vertraglich vereinbart erbracht) kann der Schadensersatz statt der ganzen Leistung vom Besteller nicht verlangt werden, § 281 Abs. 1 S. 3 BGB. Diese Abgrenzung ist im Einzelfall durchaus schwierig und durch die Rechtsprechung noch nicht weitergehend ausgearbeitet. Kniffka stellt darauf ab, ob das Interesse des Bestellers an einer ordnungsgemäßen Erfüllung des Vertrages ausreichend gewahrt ist, wenn er auf einen kleinen Schadensersatzanspruch verwiesen wird. Es soll darauf ankommen, ob die erbrachte Leistung und der für das Defizit zu zahlende Geldbetrag in ihrer Addition das Leistungsinteresse des Bestellers abdecken oder nicht.[42] Beachtlich ist, dass die unerhebliche Pflichtverletzung des § 281 Abs. 1 S. 3 BGB nicht mit den unwesentlichen Mängeln des § 640 BGB verwechselt werden darf. Unwesentlichkeit ist ein Kriterium für die Abnahmepflicht. Eine Unwesentlichkeit nach der für die Abnahme geltenden Rechtsprechung ist gegeben, wenn der Mangel an Bedeutung soweit zurücktritt, dass es unter Abwägung der beiderseitigen Interesse für den Besteller zumutbar ist, eine zügige Abwicklung des gesamten Vertragsverhältnisses nicht länger aufzuhalten und deshalb nicht mehr auf den Vorteilen zu bestehen, die sich ihm vor vollzogener Abnahme bieten.[43]

28

Sind bereits Teilleistungen erbracht worden, so gilt das Prinzip des § 281 Abs. 1 S. 2 BGB, so dass nur für den nicht erbrachten Teil der Leistung Schadensersatz begehrt werden kann. Im Ausnahmefall des § 281 Abs. 1 S. 2 BGB kann der Gläubiger Schadensersatz statt der ganzen Leistung verlangen, obwohl der Schuldner eine Teilleistung bereits bewirkt hat, wenn der Gläubiger an der Teilleistung keinerlei Interesse hat. Letztere Variante wird in der Praxis wohl eher die Ausnahme sein, wenn nach teilweise erbrachter Leistung der Besteller damit im Sinne der vertragsgerechten Zweckvorsehung nichts anfangen kann, z.B. wenn Marmorplatten einer bestimmten, einmaligen Struktur einzubauen sind, das vorhandene Kontingent aber nicht reicht.[44]

29

Sobald der Gläubiger gem. § 281 Abs. 1 BGB Schadensersatz statt der Leistung begehrt, ist der Anspruch auf die Leistung gem. § 281 Abs. 4 ausgeschlossen, soweit der Schadensersatz begehrt wird. Der Erfüllungsanspruch bleibt hinsichtlich des Teiles, der nicht Gegenstand des Schadensersatzbegehrens ist, bestehen. Wird stattdessen gem. § 281 Abs. 1 S. 3, Abs. 5 Schadensersatz statt der ganzen Leistung ver-

30

---

41 BGH IBR 2006, 264.
42 Kniffka, IBR-Online-Kommentar § 636 Rn. 66; Canaris JZ 2001, 499 m.w.N.
43 BGH BauR 1981, 284.
44 Vgl. Schalk, Verträge am Bau nach der Schuldrechtsreform S. 238.

langt, so erlischt der Erfüllungsanspruch vollständig und es gelten die Rechtsregelungen der §§ 346 ff. BGB, § 281 Abs. 5 BGB. Es kommt hier darauf an, dass bei dem Begehren von Schadensersatz sorgfältig erklärt wird, welche Variante des Schadensersatzes verlangt wird, im Zweifel wird der sog. »kleine Schadensersatz« anzunehmen sein. Wird der Erfüllungsanspruch ausgeschlossen, so scheiden auch der Anspruch auf Minderung sowie die Variante des Rücktritts aus. Deshalb kommt es besonderes darauf an, dass die Erklärung des Bestellers, die gerade im Falle des § 281 Abs. 1 und 5 BGB rechtsgestaltende Wirkung hat, besonders sorgfältig formuliert wird und Zweideutigkeiten vermieden werden.

3. Mängelansprüche und Verzug

31 Das Verhältnis zwischen § 286 BGB (Ansprüche aus Verzug) und §§ 280, 281 BGB (Schadensersatz wegen Pflichtverletzung bzw. statt der Leistung) ist bislang durch die Rechtsprechung noch nicht hinreichend geklärt. Wenn durch die Verzögerung der Mangelbeseitigung Mangelfolgeschäden entstehen, ist wohl § 280 Abs. 1 BGB anzuwenden, denn § 286 BGB betrifft den Schadensersatz, der entsteht, dass der Schuldner seine Leistungspflicht bei Fälligkeit nicht erfüllt. Hingegen sind §§ 280 Abs. 2, 286 BGB anzuwenden, wenn der Schaden allein durch eine Verzögerung verursacht worden ist. Muss z. B. der Besteller einer Elektroheizung als Folge des Verzugs des Heizungsbauers mit erheblichen Mehrkosten bis zur Erledigung der Arbeiten eine Elektroheizung betreiben, so ist dieser Aufwand als Schadensersatz gem. §§ 280 Abs. 2, 286 BGB zu erstatten.

4. Ersatz vergeblicher Aufwendungen (§ 284 BGB)

32 Die Norm gibt dem Besteller das Recht, anstelle des Schadensersatzes statt der Leistung Ersatz der Aufwendungen zu verlangen, welche der Besteller im Vertrauen auf den Erhalt der Leistung gemacht hat und billiger Weise machen durfte, es sei denn, deren Zweck wäre auch ohne die Pflichtverletzung des Unternehmers nicht erreicht worden. Dieser Anspruch tritt an die Stelle des Schadensersatzanspruches statt der Leistung, so dass auch dessen Voraussetzungen gegeben sein müssen, insbesondere Verschulden vorliegt. So können z. B. die sog. »frustrierten Aufwendungen« erstattet werden, z. B. Notarkosten, Maklerkosten, Steuern und sonstige Nebenkosten, aber auch solche Aufwendungen, die in das erworbene Objekt investiert worden sind und durch die Rückabwicklung nunmehr nutzlos sind. § 347 Abs. 2 BGB begrenzt den Anspruch nicht, selbst wenn er neben dem Rücktritt geltend gemacht wird.[45] Dieser Erstattungsanspruch für vergebliche Aufwendungen bei Investitionen in ein Objekt wird anteilig gekürzt, soweit die Aufwendungen auch dem Erwerber zu Gute gekommen sind. Nach der nunmehrigen Formulie-

---

[45] Vgl. Kniffka, IBR-Online-Kommentar § 636 Rn. 87 ff.; BGH Urt. v. 20. 7. 2005 VIII ZR 275/04.

rung sind überschießende, »exzessive« Aufwendungen nicht erstattungsfähig. Der Gläubiger kann nur solche Aufwendungen erstattet verlangen, die er im Vertrauen auf den Erhalt der Leistung gemacht hat und billiger Weise auch machen durfte. Wie die Norm klar zum Ausdruck bringt, kann entweder nur der Ersatz vergeblicher Aufwendungen verlangt werden oder der Schadensersatz statt der Leistung. Streitig ist gegenwärtig noch, ob die Norm des § 284 BGB auch – erweiternd – zur Anwendung kommt, wenn der Besteller nicht Schadensersatz statt der Leistung fordert, sondern Erfüllung, ob also neben dem Erfüllungsanspruch noch Anspruch auf frustrierte Aufwendungen gem. § 284 BGB in Betracht kommen. Eine solche erweiternde Anwendung des § 284 BGB wird aber wohl nicht in Betracht kommen, da diese Regelung daran knüpft, dass die Voraussetzungen des Schadensersatzanspruches statt der Leistung vorliegen, so dass in der Regel die Nacherfüllung ausscheidet.[46]

5. Verschulden

Schadensersatzansprüche gem. §§ 280, 281 und 284 BGB kommen nur in Betracht, wenn der Unternehmer diese schuldhaft verursacht hat, das Verschulden bestimmt sich nach § 276 BGB. Verschulden ist insbesondere dann anzunehmen, wenn eine technisch fehlerhafte Werkherstellung oder eine fehlerhafte Stoffwahl vorliegt. Besonders gravierend und besonders häufig ist der Verstoß gegen die allgemein anerkannten Regeln der Technik. Die Rechtsprechung hat angenommen, dass derjenige fahrlässig handelt, der in seinem Fachgebiet bestehende allgemein anerkannte Regeln der Technik (z.B., aber nicht ausschließlich DIN-Normen oder vergleichbare Regelwerke),[47] oder wer die in einer bestimmten Branche üblichen Sitten und Gebräuche missachtet.[48] Fahrlässigkeit kann auch dann vorliegen, wenn die Ursache des aufgetretenen Mangels gar nicht aus dem Verantwortungsbereich des Unternehmers herrührt, sondern in Anweisung oder sonstigen Maßnahmen des Bestellers und in der untauglichen Vorleistung eines anderen Unternehmers zu suchen ist. In einem solchen Falle hat der Unternehmer aber seiner Prüfungs- und Bedenkenmitteilungspflicht zu genügen, die er unter Umständen auch fahrlässig verletzen kann, so dass ein Schadensersatzanspruch hieraus resultieren kann.[49] Ggf. hat sich der Unternehmer auch gem. § 278 BGB das Verschulden seiner Erfüllungsgehilfen zurechnen zu lassen.[50]

33

---

46 Vgl. Kniffka, IBR-Online-Kommentar § 636 Rn. 87 ff.
47 Beck'scher VOB-Komm./Motzke Systematische Einführungen IV – VOB Teil C und der BGB-Bauvertrag, Rn. 15 ff., zur Bedeutung von DIN-Normen und vergleichbaren Regelwerken bei BGB-Bauverträgen.
48 OLG Hamm NJW-RR 1991, 731.
49 Vgl. § 634 BGB Rn. 24 ff.
50 Zur Zurechnung des Verschuldens von Erfüllungsgehilfen im Rahmen von Schadensersatzansprüchen vgl. § 634 BGB Rn. 33 ff.

B. Relevanz für die Baupraxis

34 In der Praxis stellt sich heraus, dass der Rücktritt gem. §§ 634 Nr. 3 1. Variante, 323, 326 Abs. 5 BGB ausgesprochen selten vorkommt. Dies liegt zum einen im Wesentlichen daran, dass die Rückabwicklung nur unbefriedigend für den Besteller ist, der in der Regel ja ein Interesse an dem Bauwerk hat. In der Regel wird der Besteller das Ziel anstreben, entweder den Mangel durch eine ersatzweise Vornahme (§ 637 BGB) beseitigen zu und die dabei entstehenden Kosten sich erstatten zu lassen. Sind die Abweichungen nicht so gravierend, dass die Nutzung völlig ausgeschlossen wäre, so wird der Besteller häufig auch mit einer eingeschränkten Mangelbeseitigung in Verbindung mit einer entsprechenden Abgeltung (= Minderung gem. § 638 BGB) einverstanden sein. Häufig lassen sich in außergerichtlichen Gesprächen solche einen Prozess vermeidende Lösungen am Verhandlungstisch erzielen. Wesentlich häufiger ist im Gegensatz zum Rücktritt die Regelung des § 634 Nr. 4 BGB, nämlich das Begehren von Schadensersatz gem. §§ 280 ff. BGB. Wie sich aus der oben erwähnten und im Teil D. (Rn. 37) noch erweiterten Kasuistik ergibt, beschäftigen derlei Ansprüche der Besteller die Gerichte häufig, so dass gerade die Schadensersatzansprüche von hoher Praxisrelevanz sind.

C. Korrespondierende VOB/B-Regelung

35 Die VOB/B in der Fassung der Ausgabe 2002 enthält keine Rücktrittsregelung. In der Literatur wurde bislang vertreten, dass mit § 13 der VOB/B die Wandelung (und im neuen Recht der Rücktritt) bei Vereinbarung der VOB/B als Vertragsgrundlage ausgeschlossen sei.[51] Der BGH hat diese Frage bislang in seiner Rechtsprechung offen gelassen.[52] Schadensersatz ist in einem VOB/B-Vertrag in § 13 Nr. 7 geregelt. Dieser sieht vor:

»7.

(1) Der Auftragnehmer haftet bei schuldhaft verursachten Mängeln für Schäden aus der Verletzung des Lebens, des Körpers oder der Gesundheit.

(2) Bei vorsätzlich oder grob fahrlässig verursachten Mängeln haftet er für alle Schäden.

(3) Im übrigen ist dem Auftraggeber der Schaden an der baulichen Anlage zu ersetzen, zu deren Herstellung, Instandhaltung oder Änderung die Leistung dient, wenn ein wesentlicher Mangel vorliegt, der die Gebrauchsfähigkeit erheblich beeinträchtigt und auf ein Verschulden des Auftragnehmers zurückzuführen ist. Einen darüber hinausgehenden Schaden hat der Auftragnehmer nur dann zu ersetzen,

---

51 Wirth in: Ingenstau/Korbion, § 13 VOB/B Rn. 657.
52 BGHZ 42, 232.

a. wenn der Mangel auf einen Verstoß gegen die anerkannten Regeln der Technik beruht,

b. wenn der Mangel in dem Fehlen einer vertraglich vereinbarten Beschaffenheit besteht oder

c. soweit der Unternehmer den Schaden durch Versicherung seiner gesetzlichen Haftpflicht gedeckt hat oder durch eine solche zu tarifmäßigen, nicht auf außergewöhnliche Verhältnisse abgestellten Prämien und Prämienzuschlägen bei einem im Inland zum Geschäftsbetrieb zugelassenen Versicherer hätte decken können.

(4) Abweichend von Nr. 4 gelten die gesetzlichen Verjährungsfristen, soweit sich der Auftragnehmer nach Abs. 3 durch Versicherung geschützt hat oder hätte schützen können oder soweit ein besonderer Versicherungsschutz vereinbart ist.

(5) Eine Einschränkung oder Erweiterung der Haftung kann in begründeten Sonderfällen vereinbart werden.«

Die Haftungsregelung des § 13 Nr. 7 Abs. 3 S. 2 BGB ist mittlerweile sehr weit gefasst, da fast alle Mangelfälle von dieser Regelung umfasst werden, welche auf eine Abweichung von der vertraglich vereinbarten Beschaffenheit abstellt. Selbst wenn dies nicht der Fall ist, so liegt doch häufig ein Verstoß gegen die anerkannten Regeln der Technik vor, so dass die Schadensersatzhaftung nach vorgenannter Norm sehr weit ist. Schließlich ist noch die Frage offen, ob die Regelung in § 13 Nr. 7 Abs. 1 und 2 VOB/B der Fassung der Ausgabe 2002 eine Differenzierung zwischen engen und entfernten Mangelfolgeschäden gem. dem § 13 Nr. 7 VOB/B a. F. beinhaltet. Die Rechtsprechung hat dieses Problem auch in einem jüngeren Urteil angesprochen, in dem es allerdings noch um § 13 Nr. 7 VOB/B a. F. ging und bei jener Entscheidung ausdrücklich darauf hingewiesen, dass die Rechtsprechung zur alten Fassung ergangen ist.[53]

Die neue Ausgabe der VOB/B in der Fassung 2006 bringt hierzu keine abweichenden Regelungen, so dass vorstehende Ausführungen weiterhin Bestand haben.

D. Rechtsprechungsübersicht

Bauüberwachungsvertrag – nicht hinreichende Überwachung: OLG Naumburg Urt. v. 29. 5. 2006 1 U 27/06; Fehlschlagen einer Nachbesserung: OLG Bremen Urt. v. 7. 9. 2005 1 U 32/ 05 a; Rücktritt vom Bauvertrag nach drei erfolglosen Nachbesserungsversuchen: OLG Bremen IBR 2006, 196; Rücktritt bei nichtgenehmigungsfähiger Planung: OLG Karlsruhe/BGH IBR 2006, 101; Rücktritt vom Bauträgervertrag, BauR 2006, 103 = IBR 2006, 32; Nachbesserung gescheitert – Ersatzvornahme!: OLG Bremen/BGH BauR 2006, 154 (Ls.) = IBR 2005, 673; Schadensersatz bei unvollständiger Detailplanung des Architekten: OLG Hamburg/BGH BauR 2005,

---

53 BGH BauR 2004, 1653 = IBR 2004, 451.

1220 (Ls.) = IBR 2005, 337; Haftung von Architekt und Unternehmer bei Planungsfehlern: OLG Karlsruhe BauR 2005, 879 = IBR 2005, 197; OLG Oldenburg/ BGH IBR 2004, 706; Organisationsverschulden und Schadensersatz, OLG Naumburg/BGH BauR 2004, 1476 = IBR 2004, 563; Rücktritt bei verschleppter Planung: OLG Köln/BGH BauR 2004, 1344 (Ls.) = IBR 2004, 378; Schadensersatz des Architekten bei zu aufwändiger Planung: OLG Hamburg BauR 2004, 687 = IBR 2004, 211; Definition und Verhältnismäßigkeit des »großen Schadensersatzes«: BGH Urt. v. 29. 6. 2006 VII ZR 86/05.

§ 637
Selbstvornahme

(1) Der Besteller kann wegen eines Mangels des Werkes nach erfolglosem Ablauf einer von ihm zur Nacherfüllung bestimmten angemessenen Frist den Mangel selbst beseitigen und Ersatz der erforderlichen Aufwendungen verlangen, wenn nicht der Unternehmer die Nacherfüllung zu Recht verweigert.

(2) § 323 Abs. 2 findet entsprechende Anwendung. Der Bestimmung einer Frist bedarf es auch dann nicht, wenn die Nacherfüllung fehlgeschlagen oder dem Besteller unzumutbar ist.

(3) Der Besteller kann von dem Unternehmer für die zur Beseitigung des Mangels erforderlichen Aufwendungen Vorschuss verlangen.

Inhaltsübersicht

	Rn.
A. Baurechtlicher Regelungsgehalt	1
I. Allgemeine Anmerkungen zum Selbstvornahmerecht	1
II. Essentielle Voraussetzungen des Anspruches gem. § 637 Abs. 1 BGB	2
1. Recht des Bestellers auf Mangelbeseitigung	2
2. Setzung einer angemessenen Frist zur Mangelbeseitigung	3
a) Fristsetzung und Aufforderung zur Mangelbeseitigung	3
b) Angemessene Fristsetzung	6
c) Entbehrlichkeit der Fristsetzung (§ 637 Abs. 2 BGB)	7
III. Rechtsfolge: Recht zur Selbstvornahme und Anspruch auf Ersatz der erforderlichen Aufwendungen	8
1. Erforderliche Aufwendungen	9
2. Vorschuss gem. § 637 Abs. 3 BGB	19
3. Rückzahlung des Vorschusses und Abrechnung	24
B. Relevanz für die Baupraxis	28
C. Korrespondierende VOB/B-Regelung	31
D. Rechtsprechungsübersicht	32

A. Baurechtlicher Regelungsgehalt

I. Allgemeine Anmerkungen zum Selbstvornahmerecht

Kommt der Unternehmer seiner Verpflichtung zur Beseitigung eines Mangels im Wege der Nacherfüllung (§ 635 BGB) nicht binnen angemessener Frist nach entsprechender Aufforderung durch den Besteller nach, so kann der Besteller den Mangel selbst beseitigen oder beseitigen lassen und hat dann einen Anspruch gem. § 637 Abs. 1 BGB auf Erstattung der für die Beseitigung erforderlichen Aufwendungen. Dieser Anspruch ist verschuldensunabhängig, um die Erfolgshaftung des Werkunternehmers zu sichern. Wesentlich ist in diesem Falle, dass der Unternehmer zunächst die Chance haben muss, ebenfalls im Grundsatz, das von ihm hergestellte Werk im Wege der Nacherfüllung nachzubessern bzw. neu herzustellen 1

(Recht der »zweiten Andienung«). Wenn ihm diese Chance nicht gegeben wird, so hat der Besteller grundsätzlich nach der Rechtsprechung zum alten Recht wie auch nach der einschlägigen Meinung in der Wissenschaft zum neuen Recht keinen Anspruch auf Erstattung der bei ihm angefallenen Kosten für die unberechtigter Weise vorgenommene Mangelbeseitigung. Der Besteller, der die Voraussetzungen für den werkvertraglichen Anspruch auf Ersatz von Nachbesserungskosten bzw. Schadensersatz nicht erfüllt, kann also weder Aufwendungsersatz verlangen noch Ansprüche aus § 812 BGB geltend machen.[1] Auch unter entsprechender Heranziehung von § 326 Abs. 2 BGB lässt sich gut vertreten, dass der Besteller mit seiner eigenen Selbstvornahme die Unmöglichkeit der Nacherfüllung herbeigeführt hat. Wenn er also zur Selbstvornahme noch nicht berechtigt war, weil er die Voraussetzungen nicht ordentlich geschaffen hat, so behält der Unternehmer den Anspruch auf Werklohnzahlung, muss sich aber nach § 326 Abs. 2 S. 2 BGB dasjenige anrechnen lassen, was er infolge der Befreiung von der Leistung erspart oder durch anderweitige Verwendung seiner Arbeitskraft erwirbt oder zu erwerben böswillig unterlassen hat.

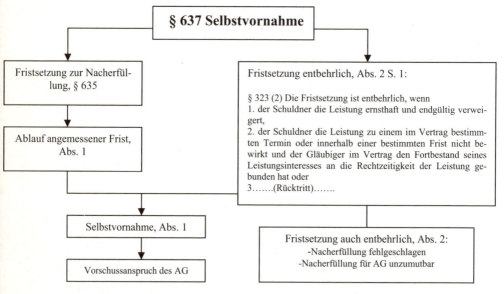

Das vorstehende Schema zeigt den Regelungsgehalt des § 637 BGB.

---

1 BGH NJW 1968, 43; BauR 1988, 82; BauR 1987, 689; LG Kiel NJW 2004, 1761 für die Regelungen des Kaufrechts, Kniffka BauR 2005, 1024.

II. Essentielle Voraussetzungen des Anspruches gem. § 637 Abs. 1 BGB

1. Recht des Bestellers auf Mangelbeseitigung

Ein Anspruch auf Erstattung erforderlicher Aufwendungen gem. § 637 Abs. 1 BGB zu Gunsten des Bestellers besteht, wenn er vom Unternehmer die Beseitigung eines Mangels (vgl. dazu § 633 BGB) verlangen kann. Kann der Unternehmer zu Recht die Nacherfüllung verweigern, dann kann der Besteller auch keine Nacherfüllung verlangen und demnach auch keinen Aufwendungsersatz nach § 637 Abs. 1 BGB. Oben bei § 635 BGB wurde bereits ausführlich erläutert, unter welchen Voraussetzungen der Unternehmer die Erfüllung zu Recht verweigern kann: Wenn die Nacherfüllung unmöglich geworden ist gem. § 275 Abs. 1 BGB; wenn dem Unternehmer ein Leistungsverweigerungsrecht gem. den §§ 275 Abs. 2 und 3, 635 Abs. 3 BGB zusteht; wenn sich der Besteller den Anspruch auf Nacherfüllung gem. § 640 Abs. 2 BGB bei der Abnahme nicht vorbehalten hat; wenn dem Unternehmer ein Leistungsverweigerungsrecht gem. §§ 273, 320 BGB zusteht; wenn der Unternehmer die Nacherfüllung nicht vornehmen konnte, weil der Besteller seinen Mitwirkungspflichten nicht nachgekommen war, oder wenn ein Anspruch auf Nacherfüllung gem. § 281 Abs. 4 BGB untergegangen war.

2. Setzung einer angemessenen Frist zur Mangelbeseitigung

a) Fristsetzung und Aufforderung zur Mangelbeseitigung

Der Besteller kann selbst einen bestehenden Mangel beseitigen, wenn er dem Unternehmer vorher eine angemessene Frist zur Mangelbeseitigung gesetzt hat. Eine solche Fristsetzung kann auch bereits vor der Abnahme in Betracht kommen (vgl. oben § 634 BGB Rn. 6). Vor Ablauf des Fertigstellungstermins wird dies regelmäßig allerdings nicht möglich sein. Allerdings gibt es davon Ausnahmen in den Fällen, in welchen dem Besteller ein Zuwarten bis zum Ablauf der Fertigstellungsfrist nicht zugemutet werden kann (z.B. wenn das streitgegenständliche, mangelbehaftete Werk Grundlage für weitere Folgegewerke ist, z.B. wenn die Gesamtbaumaßnahme in ein enges zeitliches Korsett eingebunden ist und etwa die Baugrubenarbeiten mangelbehaftet sind, und der anschließende Rohbauunternehmer bereits unmittelbar im Anschluss eine Leistung erbringen soll, oder der Unternehmer beispielsweise die Mangelbeseitigung ernsthaft und endgültig verweigert hat).[2]

Der Besteller hat also zunächst den Unternehmer zur Beseitigung des Mangels aufzufordern, wobei auf die Symptom-Rechtsprechung des Bundesgerichtshofes hinzuweisen ist (vgl. oben § 634 BGB Rn. 7 ff.).

Verlangt der Besteller im Rahmen seiner Mangelbeseitigungsaufforderung mehr, als der Unternehmer eigentlich nach dem Vertrag schuldet, so ist zu prüfen, ob diese

---

2 Vgl. Kniffka, IBR-Online-Kommentar § 637 Rn. 12 am Ende m.w.N.

Aufforderung dennoch ausreicht: Ist davon auszugehen, dass es dem Besteller im Wesentlichen um die Beseitigung des Mangels geht und er auch bereit ist, die Beseitigung zur Bewirkung der tatsächlich geschuldeten Leistung zu akzeptieren, so wird auch eine zunächst »überschießende« Aufforderung zur Mangelbeseitigung als wirksam zu betrachten sein. Anders wird es sein, wenn der Besteller deutlich zum Ausdruck bringt, dass er andernfalls die Mangelbeseitigung überhaupt nicht akzeptiert. Ein Besteller wird allerdings regelmäßig solche Nachbesserungen, die ihm eine ordnungsgemäße und vertragsgerechte Nutzung des bestellten Werkes ermöglicht, nicht zurückweisen, selbst wenn er der Ansicht ist, dass er noch mehr von dem Unternehmer verlangen kann.[3] Die vorgenannte Mangelbeseitigungsaufforderung hat der Besteller mit einer Fristsetzung zu verknüpfen. Wird keine Frist ausdrücklich genannt, so ist nach der Rechtsprechung des Bundesgerichtshofes davon auszugehen, dass er die Mangelbeseitigung in angemessener Frist begehrt.[4] Nach dem Gesetzeswortlaut hat die zu bestimmende Frist angemessen zu sein, was sich jeweils nach den Umständen des Einzelfalles bemisst. Eine Frist wird als angemessen angesehen, wenn während ihres Laufs die Mängel unter den zumutbaren und möglichen Anstrengungen des Unternehmers beseitigt werden können.[5] Die Fristsetzung hat nicht den Zweck, den Schuldner in eine Lage zu versetzen, nun erst die Bewirkung seiner Leistung in die Wege zu leiten, sondern sie soll ihm nur noch eine letzte Gelegenheit geben, die Erfüllung abzuschließen.[6]

5   Wird vom Besteller eine zu kurze Frist gesetzt, so ist die Fristsetzung an und für sich nicht unwirksam. Dann wird es vielmehr so sein, dass statt der kurzen Frist eine angemessene Frist läuft, außer der Besteller hätte von vornherein zum Ausdruck gebracht, dass er die Leistung nach der von ihm gesetzten Frist endgültig ablehnen würde. Häufig ist es in der Praxis so, dass nicht nur eine Frist zur Mangelbeseitigung gesetzt wird, sondern auch eine Frist zur Aufnahme der Mangelbeseitigungsarbeiten bzw. eine Frist zur Äußerung des Unternehmers dahingehend, ob er bereit ist, die Mängel binnen einer bestimmten weiteren Frist zu beseitigen. Nach der Rechtsprechung ist es so, dass die beiden letztgenannten Fristsetzungen grundsätzlich nicht als ausreichend i.S.d. § 637 Abs. 1 BGB anzusehen sind, da sie häufig nicht hinreichende Warnfunktion innehaben.[7]

b) Angemessene Fristsetzung

6   Läuft eine vom Besteller richtigerweise unter konkreter Benennung eines zu beseitigenden Mangels gesetzte angemessene Frist ab, ohne dass der Unternehmer die Mangelbeseitigung vorgenommen und vollendet hat, so kommt der Aufwendungserstattungsanspruch gem. § 637 Abs. 1 BGB in Betracht. Wurde allerdings eine

---

[3] BGH BauR 2006, 418 (Ls.) = IBR 2006, 17.
[4] BGH BauR 2002, 782 = IBR 2002, 183.
[5] BGH Urt. v. 11.6.1964 VII ZR 216/62.
[6] OLG Stuttgart BauR 2003, 108.
[7] BGH IBR 2006, 322; BauR 2000, 98 = IBR 2000, 12; OLG Düsseldorf BauR 2001, 645.

Mangelbeseitigung vom Besteller selbst vorgenommen, ohne dass auf der Basis von § 637 Abs. 1 BGB dem Unternehmer eine angemessene Frist unter Benennung des Mangels gesetzt wurde, so scheiden alle Erfüllungsansprüche des Bestellers, gleich aus welchem Rechtsgrund (z. B. § 812 BGB; Geschäftsführung ohne Auftrag) aus. Gleiches gilt, wenn der Besteller während der noch laufenden Frist die Arbeiten des Unternehmers endgültig ablehnt, ohne dass die besonderen Ausnahmen vorliegen, z. B. ein Abwarten der Frist unzumutbar wäre.[8]

c) Entbehrlichkeit der Fristsetzung (§ 637 Abs. 2 BGB)

In bestimmten Fällen kann eine Fristsetzung zur Mangelbeseitigung entbehrlich sein:

- **Ernsthafte und endgültige Erfüllungsverweigerung des Unternehmers**
  Nach der Rechtsprechung des Bundesgerichtshofes ist es generell so, dass eine Fristsetzung dann entbehrlich ist, wenn sie von vornherein reine Förmelei wäre, also z. B. der Unternehmer die Leistung ernsthaft und endgültig verweigert. Dabei müssen die Gesamtumstände des konkreten Einzelfalles geprüft werden dahin, ob der Unternehmer endgültig seinen Vertragspflichten nicht nachkommen will, so dass es ausgeschlossen erscheint, dass er sie nach einer Fristsetzung doch noch vornehmen wolle.[9] In Ausnahmefällen kann aber eine solche Fristsetzung dennoch notwendig sein, etwa wenn z. B. eine Verjährungseinrede für den Fall erhoben wird, dass eine Fristsetzung mit Ablehnungsandrohung wirksam sein sollte und der Unternehmer durch Vornahme der Mangelbeseitigungsleistungen kund getan hat, dass er sich der Mangelbeseitigungspflicht nicht entziehen will.

  Weiter wird man eine ernsthafte und endgültige Erfüllungsverweigerung dann nicht annehmen können, wenn der Unternehmer insbesondere die Mängel nicht bestreitet, sondern sich nur gegen die von dem Besteller gewünschte Art der Mangelbeseitigung wehrt, weil er z. B. eine andere Art der Nachbesserung für ebenso ausreichend und dem Vertrage entsprechend ansieht.[10] Ist aber die vom Unternehmer angebotene Art der Mangelbeseitigung ersichtlich unzureichend und würde nur eine mindere Leistung herbeiführen oder würden dadurch nicht alle gerügten Mängel beseitigt, so kann eine ernsthafte und endgültige Erfüllungsverweigerung vorliegen mit der weiteren Konsequenz des Anspruches des Bestellers nach § 637 Abs. 1 BGB.

- **Fixgeschäft**
  Es bedarf auch dann keiner Fristsetzung, wenn der Unternehmer die Leistung nach dem mit dem Besteller geschlossenen Vertrag zu einem bestimmten Zeitpunkt oder innerhalb einer bestimmten Frist zu bewirken und dies nicht tut, und insbesondere der Besteller im Vertrag den Fortbestand seines Interesses an

---

[8] BGH BauR 2002, 1847 = IBR 2002, 601.
[9] BGH NJW 2002, 1577 = IBR 2002, 302.
[10] BGH BauR 2004, 501 = IBR 2004, 64.

dem Vertrag an die Rechtzeitigkeit der Leistung des Unternehmers gebunden hat. Besteht nach Ablauf dieses Termins auf Seiten des Bestellers kein Interesse mehr an der Leistung des Unternehmers, und ist dies vertraglich auch entsprechend geregelt, so wäre eine Fristsetzung überflüssig. Allerdings wird in solchen Fällen dann auch häufig ein Interesse des Bestellers an einer Selbstvornahme fraglich sein.

- **Besondere Umstände i. S. d. § 323 Abs. 2 Nr. 3 BGB**
Solche außergewöhnlichen Umstände im Sinne der Norm können dann vorliegen, wenn - nach der Rechtsprechung - z. B. das Vertrauen des Bestellers in die Leistungsbereitschaft oder Leistungsfähigkeit des Unternehmers aufgrund der bisherigen Vorfälle im Rahmen des Vertragsverhältnisses massiv zerrüttet ist, so dass das Zulassen einer Nacherfüllung durch den Unternehmer dem Besteller nicht zugemutet werden kann. Die absolute Höhe der Kosten der Mangelbeseitigung ist noch kein Kriterium, da nicht ohne weiteres der Besteller davon ausgehen kann, dass der Unternehmer seine Nacherfüllungsverpflichtungen infolge der hohen Kosten ablehnen würde. Vielmehr ist es so, dass der Einwand von unverhältnismäßig hohen Kosten eine Einrede des Unternehmers darstellt, welche dieser zwar grundsätzlich ausüben kann, dies aber nicht zwingend tun muss.[11]

- **Fehlschlagen der ausgeführten Nacherfüllung**
Ein Fehlschlagen der Nacherfüllung kann sich durch eine objektive oder subjektive Unmöglichkeit, Unzulänglichkeit, unberechtigte Verweigerung, ungebührliche Verzögerung oder den misslungenen Versuch einer Nacherfüllung darstellen. Weiter wird eine solche anzunehmen sein, wenn der Unternehmer trotz einer Aufforderung durch den Besteller eine Nacherfüllung nicht in angemessener Frist vornimmt, auch wenn die Fristsetzung durch den Besteller im Einzelfall mit der entsprechenden Aufforderung nicht verbunden war.[12] Weiter ist eine Nacherfüllung als fehlgeschlagen anzusehen, wenn eine Frist gesetzt worden ist und bereits vor Ablauf dieser Frist es sich eindeutig herausstellt, dass die Frist nicht eingehalten werden kann.[13] Ebenso werden vergleichbare Fälle zu bewerten sein, bei welchen sich der Bauunternehmer auf eine Aufforderung hin, mit den Arbeiten zu beginnen oder sich binnen einer bestimmten Frist zu seiner Bereitschaft, die Mängel zu beseitigen, nicht äußert. Wann eine Nachbesserung des Bauwerks dann als fehlgeschlagen zu bewerten ist, ist nach den konkreten Umständen des Einzelfalles zu bewerten. Im Einzelfall kann schon nach einem einmaligen gescheiterten Nacherfüllungsversuch ein Fehlschlagen feststehen, die Rechtsprechung hat allerdings auch mehrere Versuche teilweise zugebilligt.[14] Es kann nicht starr davon ausgegangen werden, dass eine Nacherfüllung als ge-

---

11 BGH Urt. v. 21.12.2005 VIII ZR 49/05.
12 Vgl. Palandt/Heinrichs § 309 BGB Rn. 62 m.w. N.
13 BGH BauR 2002, 1847 = IBR 2002, 601.
14 BGH BauR 1982, 493; BauR 1985, 83.

scheitert gilt, wenn zwei erfolglose Versuche vorliegen. Es ist hier jeweils anhand des konkreten Einzelfalles zu prüfen, welche Rechte, Pflichten, Risiken und Möglichkeiten sich aus dem Vertrag ergeben.[15]

– **Unzumutbarkeit der Nacherfüllung für den Besteller gem. § 637 Abs. 2 S. 2 Alt. 2 BGB**
 Diese Fallgruppe kommt in der Praxis häufig vor. Hierunter fallen insbesondere die Fälle, bei welchen der Unternehmer durch sein bisheriges Verhalten das Vertrauen in seine Leistungsfähigkeit und Leistungsbereitschaft so stark zerrüttet hat, dass es gerade dem Besteller nicht mehr zumutbar ist, mit diesem Unternehmer noch die Nacherfüllung zu versuchen. Dies kann z. B. daran liegen, dass der Unternehmer auf die berechtigten Mängelrügen des Bestellers überhaupt nicht reagiert hat, oder die Mängel so zahlreich und so gravierend sind, dass das Vertrauen in die Leistungsfähigkeit des Unternehmers zu Recht zerstört ist.[16] Weiter kann ein Fall dieser Fallgruppe vorliegen, wenn z. B. der Besteller bei eigenen Sanierungsmaßnahmen Mängel des Gewerks des Unternehmers feststellt und diese dann mit erledigt, weil die Gesamtsanierung bzw. die Gesamtmaßnahme besonders eilig ist und ein Zuwarten nicht zuzumuten ist.[17] Eine Fristsetzung wird – auch im Falle einer Insolvenz des Unternehmers – regelmäßig trotzdem notwendig sein, damit der Insolvenzverwalter eine Entscheidung darüber herbeiführen kann, ob er die vertraglichen Pflichten des Gemeinschuldners erfüllen will.[18]

III. Rechtsfolge: Recht zur Selbstvornahme und Anspruch auf Ersatz der erforderlichen Aufwendungen

Liegen die vorgenannten Voraussetzungen der mangelbehafteten Leistungen und des fruchtlosen Ablaufes einer angemessenen Frist, verbunden mit einer entsprechenden Mangelbeseitigungsaufforderung, vor, so ist der Besteller berechtigt, gem. § 637 Abs. 1 BGB den Mangel eines Werkes selbst zu beseitigen. Dementsprechend kann er die insoweit anfallenden erforderlichen Aufwendungen erstattet verlangen und ggf. auch nach § 637 Abs. 3 BGB für noch künftig entstehende Aufwendungen einen angemessenen Vorschuss verlangen (dazu unten im Einzelnen näher).

8

1. Erforderliche Aufwendungen

Durch den Zusatz »erforderlich« wird deutlich, dass der Besteller nicht alle Aufwendungen ersetzt verlangen kann, sondern nur solche, welche der Besteller im Zeitpunkt der Mangelbeseitigung als vernünftiger, wirtschaftlich denkender Bau-

9

---

15 Vgl. Kniffka, IBR-Online-Kommentar § 637 Rn. 28.
16 BGH NJW 2002, 1571 = IBR 2002, 302.
17 BGH BauR 2002, 940 = IBR 2002, 189.
18 OLG Celle BauR 1995, 856.

herr aufgrund sachkundiger Beratung oder Feststellung aufwenden konnte und musste, wobei es sich um eine vertretbare Maßnahme der Schadensbeseitigung handeln muss.[19] Weil der Besteller in diesem Fall keine Verpflichtung zur Selbstvornahme hat, kann er dem Unternehmer eine verspätete Nacherfüllung aber dennoch gestatten. Hat der Unternehmer die Verspätung zu vertreten, ist er dem Besteller unter Umständen zum Schadensersatz gem. § 280 Abs. 1 BGB verpflichtet.

10 Wird eine entsprechende Selbstvornahme vorgenommen und ist der Mangel dementsprechend beseitigt, kann der Unternehmer alle zur ordnungsgemäßen Herstellung des Werkes erforderlichen Aufwendungen erstattet verlangen. Dabei kommt es insbesondere auf den Umfang der Mangelbeseitigung für die Herstellung des vertraglich geschuldeten Werkes an, wobei sich der Erstattungsanspruch nicht auf die geringeren Kosten einer Ersatzlösung, welche den vertraglich geschuldeten Erfolg nicht herbeiführt, reduzieren lässt.[20] Insbesondere muss sich der Besteller nicht darauf beschränken lassen, dass der durch eine nicht vertragsgemäße Nacherfüllung verbleibende Minderwert durch einen Minderungsbetrag abgegolten wird (was aber in der Praxis häufig so einvernehmlich geregelt wird).[21] Tritt ein Fall von unverhältnismäßig hohen Kosten ein, so gelten die unter § 635 BGB gemachten Ausführungen auch hier entsprechend mit der Folge, dass sich der Besteller unter Umständen mit einer Minderung oder einem Schadensersatzanspruch begnügen muss.

11 Der BGH hat in wiederholten Fällen das Recht des Bestellers herausgearbeitet, den Ersatz der vollen Kosten der Mangelbeseitigung zu verlangen. Einen Verweis auf eine geringwertigere Sanierungsvariante zu deutlich niedrigeren Kosten muss der Besteller nicht akzeptieren. Zwar sind diese Lösungsvarianten häufig auch der Ansatz von gerichtlichen Vergleichsvorschlägen, allerdings muss er sich eine solche Sanierung nicht aufzwingen lassen, wenn der vertraglich geschuldete Erfolg damit nicht erreicht wird. Im Rahmen des § 637 Abs. 1 BGB sind zum einen die bereits in § 635 Abs. 2 BGB kommentierten Aufwendungen im erforderlichen Umfange zu erstatten (Transport-, Wege-, Arbeits- und Materialkosten). Weiter ist all das zu erstatten, was vorbereitend erforderlich ist, um den Mangel an der eigenen Leistung zu beheben sowie um nach durchgeführter Mangelbeseitigung den davor bestehenden Zustand wieder herzustellen.[22] Weiter gehören auch solche Kosten zu den Mangelbeseitigungskosten, welche anfallen, um Schäden am Eigentum des Bestellers, welche durch die Mangelbeseitigung zwangsläufig entstehen (z. B. Bauteilöffnung), zu beseitigen.[23] Hierzu gehören unter Umständen die Arbeiten eines Malers, Maurers, Putzarbeiters, Reinigungsarbeiters sowie Architektenleistungen,

---

19 BGH BauR 1991, 329 = IBR 1991, 215; BauR 1989, 97.
20 BGH BauR 2003, 1209; BGHZ 154, 301 = IBR 2003, 349, 350.
21 BGH BauR 2003, 1209; BGHZ 154, 301 = IBR 2003, 349, 350; BauR 1997, 638 = IBR 1997, 371, 372.
22 BGH BauR 2003, 1211 = IBR 2003, 294; BauR 1986, 211.
23 BGH BauR 1979, 333; BauR 2003, 1211 = IBR 2003, 294.

welche im Zusammenhang mit der Nachbesserung einer fehlerhaft verlegten Abflussleitung notwendig geworden sind, so dass diese Aufwendungen von dem Unternehmer erstattet werden müssen.[24] Weiter gehören zu den erstattungsfähigen Aufwendungen des Bestellers die Kosten der Untersuchung des Werkes daraufhin, ob die vom Unternehmer vorgeschlagene Mangelbeseitigung hinreichend ist, wenn konkreter Verdacht dafür besteht, dass diese Eignung nicht gegeben ist.[25] Im Übrigen ist die Erforderlichkeit anhand der Umstände des Einzelfalles zu prüfen. Der Besteller darf sich eines dritten Unternehmers bedienen zur Mangelbeseitigung und muss diese nicht selbst vornehmen. Ggf. kann auch die Beiziehung eines Planers berechtigter Weise notwendig werden.

Gutachterkosten für die Ermittlung der richtigen Art und Weise der Mangelbeseitigung sind erstattungsfähig – soweit diese zur Auffindung des zu beseitigenden Mangels notwendig sind, denn das Verlangen einer Nachbesserung setzt voraus, dass die Schadensursache festgestellt worden ist.[26] Wird ein Mangel allerdings erst aufgespürt bzw. ein Objekt außerhalb der Mangelbeseitigung überwacht, so sind die Gutachterkosten regelmäßig nicht erstattungsfähig.[27] Entgegen sind Gutachterkosten für den Beleg der geeigneten Mangelbeseitigung erstattungsfähig, während Gutachterkosten über Ursache und Ausmaß der eingetretenen und vielleicht noch zu erwartenden Mängel als Mangelfolgeschaden zu bewerten und deshalb nicht nach § 637 Abs. 1 BGB, sondern nach § 280 Abs. 1 BGB erstattungsfähig sind.[28] In der gleichen Entscheidung hat der BGH eine Unterscheidung dahingehend wie folgt getroffen: Kosten für Gutachten, die der Mangelbeseitigung selbst dienen, können erstattet verlangt werden, wenn dem Unternehmer die Gelegenheit dazu gegeben wurde, den Mangel zu beseitigen. Im Gegenzug dazu sind Gutachterkosten ohne Fristsetzung dann erstattungsfähig, wenn sie dazu dienen und erforderlich sind, den Mangel zu erfassen und die Durchsetzung der Mängelrechte vorzubereiten oder im Falle eines Prozesses zu erleichtern.[29] Fallen Aufwendungen an, die vertraglich von dem Unternehmer nicht geschuldete Leistungen betreffen, so sind diese grundsätzlich auch nicht zu erstatten. Wird eine qualitativ höherwertige Leistung ausgeführt, so sind die dafür anfallenden Aufwendungen nur in der Höhe erstattungsfähig, wie sie für die vertraglich geschuldete Leistung angefallen wären. In Ausnahmefällen können aber auch Kosten für eine teurere Ausführung erstattungsfähig sein, wenn es dazu ganz besondere Gründe gibt, ansonsten wäre eine Kostenbeteiligung des Bestellers denkbar.

---

24 BGH BauR 1979, 333.
25 OLG Hamm BauR 1995, 199.
26 BGH NJW-RR 1999, 813 = IBR 1999, 365.
27 OLG Köln Urt. v. 17.5.2000 26 U 50/99; Revision nicht angenommen, Beschl. v. 23.5.2002 VII ZR 243/00.
28 BGH Urt. v. 13.9.2001 VII ZR 393/00.
29 Vgl. Kniffka, IBR-Online-Kommentar § 637 Rn. 37.

13 Wie der Gesetzeswortlaut unmissverständlich klarlegt, muss der Unternehmer dem Besteller die Aufwendungen nach § 637 Abs. 1 BGB erstatten, die zur Mangelbeseitigung bei objektiv vernünftiger Würdigung erforderlich sind. Scheitert ein solcher Nachbesserungsversuch, und durfte der Besteller bei verständiger, objektiver Würdigung diesen Nachbesserungsversuch für geeignet erachten, so hat der Unternehmer auch im Falle des Scheiterns der Nachbesserung die Kosten dem Besteller zu erstatten, trägt also das Risiko einer unverschuldeten Fehleinschätzung.[30] Es wird im Einzelfall zu prüfen sein, ob eine schuldlose Fehleinschätzung des Bestellers vorliegt, oder ob es nicht angezeigt gewesen wäre, sich sachverständig beraten zu lassen, gerade dann, wenn es sich um eine komplizierte und schwierige Baufachfrage handelte, die durch einen Fachmann zu planen bzw. zu definieren war.[31] Schlagen die Mangelbeseitigungsleistungen eines Drittunternehmers fehl, weil er fehlerhaft geleistet hat, sind diese Aufwendungen nicht erforderlich im Sinne der hier vorliegenden Norm, so dass der Besteller dafür auch keine Erstattung verlangen kann. Vielmehr kann er gegenüber dem Drittunternehmer – ohne zunächst vergüten zu müssen, eine Mangelbeseitigung verlangen, bevor er den dort vereinbarten Werklohn zu bezahlen hat.

14 Schließlich gehören sonstige Vermögensnachteile, welche der Besteller aus Anlass der Mangelbeseitigung erleidet, nicht zu den erforderlichen Aufwendungen. Diese sind vielmehr Mangelfolgeschäden i.S.d. § 280 Abs. 1 BGB, welche der Besteller nach jener Norm erstattet verlangen kann, wenn entsprechendes Verschulden des Unternehmers vorliegt (z.B. Nutzungsausfall, entgangener Gewinn, etc.).[32]

15 Der Besteller muss sich allerdings nicht zwingend eines dritten Unternehmers zur Mangelbeseitigung bedienen, sondern kann die Arbeit auch in Eigenleistung vornehmen, wobei er dann den um die Sozialversicherung bereinigten Stundenlohn eines Arbeiters verlangen kann, nicht die Vergütung eines Unternehmers.[33] Die Höhe der zuzubilligenden Vergütung wird häufig gem. § 287 ZPO zu schätzen sein. Wenn der Besteller allerdings selbst einen Gewerbebetrieb ausübt, wie dies häufig im Verhältnis zwischen Hauptunternehmer und Nachunternehmer der Fall ist, und beseitigt der Hauptunternehmer dann unter Einsatz seiner eigenen Mitarbeiter und Gerätschaften den Mangel selbst, so kann er seine Aufwendungen einschließlich der anteiligen Gemeinkosten erstattet verlangen, nicht jedoch den üblicherweise kalkulierten Gewinn.[34]

16 Die von einem dritten Unternehmer begehrten Vergütungskosten können als erforderliche Aufwendungen erstattet werden, wobei der Besteller allerdings keine beliebig hohen Kosten produzieren darf. Gibt es eine preiswertere Sanierung, die den

---

30 BGH BauR 2003, 1209 = IBR 2003, 349; OLG Karlsruhe BauR 2005, 879.
31 BGH BauR 1989, 97.
32 BGH BauR 1997, 129 = IBR 1997, 53, 55.
33 BGH BauR 1989, 97.
34 KG VersR 1979, 233; Wirth in: Ingenstau/Korbion § 13 Nr. 5 VOB/B Rn. 179.

vertraglich geschuldeten Erfolg herbeiführt, insbesondere auch dem Besteller zumutbar ist, so hat er diese zu wählen.[35] Wenn sich der Besteller allerdings sachverständig hat beraten lassen, so kann er Ersatz seiner Aufwendungen auch dann verlangen, wenn sich später herausstellt, dass die von ihm durchgeführte Sanierung zu aufwendig war und eine preiswertere Möglichkeit bestanden hätte.[36] Der Besteller muss also nicht wissender und fachkundiger als der von ihm beigezogene Fachmann sein. Hat er also keinen Anlass, der Beratung des Fachmannes zu misstrauen, kann er die von jenem vorgeschlagene Mangelbeseitigung durchführen lassen und die dafür anfallenden Kosten geltend machen.[37] Insbesondere ist zu berücksichtigen, dass der Besteller nicht im Interesse des nachbesserungsunwilligen oder säumigen Unternehmers besondere Anstrengungen unternehmen muss, um den mit Abstand preisgünstigsten Drittunternehmer zu finden. Einen überhöhten Preis kann er im Gegenzug sogar dann akzeptieren, wenn ihm keine andere Wahl bleibt, oder weil die Sanierung besonders dringend ist. Auch kann der Besteller nicht auf eine niedrigere Kostenschätzung eines Sachverständigen verwiesen werden, wenn die tatsächlichen Aufwendungen bei erforderlicher Sanierung höher waren.[38]

Sind die Kosten zwischen dem Zeitpunkt der Entstehung des Selbstvornahmerechts und der tatsächlichen Beseitigung längere Zeiträume vergangen und die Aufwendungen deswegen gestiegen, so kann der Besteller dennoch grundsätzlich auch den Ersatz der erforderlichen Aufwendungen verlangen, wobei allerdings dann ggf. § 254 BGB zur Anwendung kommen kann. Dabei kommt es aber sehr stark auf die Umstände des Einzelfalles an, so dass nicht ohne weiteres ein Mitverschulden des Bestellers angenommen werden kann. Es muss zum einen die Entwicklung der Baupreise, aber auch der allgemeinen Lebenshaltungskosten geprüft werden. Nur wenn sich ab dem Zeitpunkt, zu welchem die Mangelbeseitigung nach Treu und Glauben hätte vorgenommen werden müssen, eine nennenswerte Differenz zu Lasten des Unternehmers ergibt, kann der Einwand des § 254 BGB überhaupt Erfolg haben. Es wäre aber auch dann noch zu berücksichtigen, ob der Unternehmer den für die Schadensbeseitigung erforderlichen Betrag angelegt hat oder Kreditzinsen erspart hat, weil er einen Kredit zurückführen konnte. Diesen Vorteil müsste er sich wiederum anrechnen lassen. Abschließend wäre ein Verstoß gegen § 254 BGB nur dann anzunehmen, wenn der Besteller bei der Verzögerung der Mangelbeseitigung die negative Preisentwicklung zu Lasten des Unternehmers vorhersehen konnte, was aber im Hinblick auf die steigenden Preise – auch am Bau – allgemein durchaus angenommen werden dürfte. Allerdings zeigt die kleine Zahl an Rechtsprechung zu diesem Einwand, dass diese Fälle in der Praxis nur

17

---

35 OLG Hamm BauR 1994, 783.
36 BGH BauR 2003, 1209 = IBR 2003, 349.
37 OLG Celle BauR 2004, 1018; OLG Karlsruhe BauR 2005, 879.
38 OLG Düsseldorf OLGR 1995, 281; OLG Nürnberg BauR 2001, 415; OLG Karlsruhe BauR 2005, 879.

sehr selten Erfolg haben.[39] Der vorsteuerabzugsberechtigte Besteller kann die Mehrwertssteuer nicht erstattet verlangen, die Beweislast für fehlende Vorsteuerabzugsberechtigung liegt in der Regel beim Besteller.[40]

18 Wird ein Anspruch nach § 637 Abs. 1 BGB geltend gemacht, so muss der Besteller dem Unternehmer gegenüber die erstattungsfähigen Aufwendungen nachvollziehbar abrechnen, so dass ersichtlich ist, welcher Mangel mit welchen Aufwendungen beseitigt wurde.[41] Deshalb muss jeder Mangel sorgfältig bezeichnet werden und die dabei jeweils angefallenen Mangelbeseitigungsmaßnahmen jedenfalls in groben Zügen beschrieben werden und sich jeweils ergeben, welcher Betrag für diese Mangelbeseitigung aufgewendet wurde. Pauschale Abrechnungen von Drittunternehmern sowie reine Stundenlohnarbeiten müssen dann ggf. noch textlich ergänzt werden, damit der Unternehmer in die Lage versetzt wird, die abgerechneten Arbeiten zu prüfen, ob sie zur Ersatzvornahme notwendig waren. Die Darlegungs- und Beweislast für das Bestehen – dem Grunde und der Höhe nach – des Anspruches nach § 637 Abs. 1 BGB richtet sich nach den allgemeinen Grundsätzen, so dass zunächst ein Mangel nachgewiesen werden muss. Nach Abnahme trägt der Besteller die Beweislast. Die Beweislast dafür, dass die abgerechneten Aufwendungen getätigt wurden und diese erforderlich waren, liegt ebenfalls beim Besteller.

2. Vorschuss gem. § 637 Abs. 3 BGB

19 Der Anspruch auf Aufwendungserstattung nach § 637 Abs. 1 BGB trifft all jene Fälle, in welchen der Besteller die Selbstvornahme bereits durchgeführt hat. Allerdings kann der Besteller durchaus ein berechtigtes und schutzwürdiges Interesse daran haben, bereits vor Mangelbeseitigung einen Vorschuss für die voraussichtlich anfallenden erforderlichen Aufwendungen zu erhalten, was bislang auch schon Gegenstand der Rechtsprechung war.[42] Diese richterliche Rechtsfortbildung wurde nunmehr vom Gesetzgeber im Rahmen der Schuldrechtsmodernisierung aufgegriffen und in § 637 Abs. 3 BGB gefasst. Dieser Anspruch auf Vorschussleistung steht im Wesentlichen unter denselben Voraussetzungen wie der Anspruch auf Erstattung der bereits angefallenen Kosten, so dass insoweit nach oben verwiesen werden kann.

20 Ein Vorschussanspruch kann nicht geltend gemacht werden, wenn der Unternehmer die Nacherfüllungsleistung berechtigter Weise verweigert hat und demnach der Besteller eine Mangelbeseitigung überhaupt nicht fordern kann. Gleiches gilt, wenn der Besteller gar nicht vorhat, den Mangel zu beseitigen oder die Mangelbeseitigung nicht vornehmen kann, weil das Bauwerk z. B. veräußert ist oder der

---

39 BGH BauR 2004, 869 = IBR 2004, 195.
40 OLG Düsseldorf BauR 1996, 396; OLG Celle IBR 2004, 564; BGH BauR 1993, 722 = IBR 1994, 18.
41 BGH Beschl. v. 16. 9. 1999 VII ZR 419/98.
42 BGHZ, 68, 372; BGHZ 94, 330, 334.

Mangel schon anderweitig beseitigt wurde.⁴³ Hat der Besteller den vertraglich vereinbarten Werklohn an den Unternehmer noch nicht vollständig bezahlt, so kann sich der Besteller aus dem zurückbehaltenen Werklohn befriedigen, so dass – jedenfalls anteilig – ein Vorschussanspruch nicht besteht.⁴⁴ Dieses Geld kann der Besteller nämlich dann zur Mangelbeseitigung verwenden bzw. im Prozess gegenüber dem Werklohnanspruch die Aufrechnung erklären. Weiter ist hier zu ergänzen, dass der Vorschussanspruch abgetreten werden kann.

Da eine Mangelbeseitigung in diesem Falle noch nicht vorgenommen ist, können die voraussichtlich erforderlichen Aufwendungen nur geschätzt werden, was das Gericht im Zweifel nach § 287 ZPO tun kann. Zu den Schätzgrundlagen und dem Mangel ist auf der Basis der Symptomrechtsprechung entsprechend von den Parteien vorzutragen. Zur Höhe muss der Besteller nur in der Tiefe vortragen, wie er dazu selbst in der Lage ist. In diesem Grunde kann nach der Rechtsprechung allein die Angabe des vom Besteller selbst geschätzten Mangelbeseitigungsbetrages ausreichen, die Vorlage von Kostenvoranschlägen oder gar Sachverständigengutachten, mit welchen die geltend gemachten Kosten untermauert werden, ist nach der Rechtsprechung nicht erforderlich. Insbesondere muss der Besteller keine sachverständige Beratung in Anspruch nehmen, um die voraussichtlichen Kosten zu substantiieren, so dass im Zweifelsfall Sachverständigenbeweis zu erheben ist.⁴⁵ **21**

Durch Sachverständigengutachten wird das Gericht regelmäßig die tatsächlichen Grundlagen für den Vorschussanspruch klären, soweit diese unter Streit stehen. Dies betrifft nicht nur den geltend gemachten Mangel, sondern auch die voraussichtlichen Mangelbeseitigungsaufwendungen. In Höhe des von dem Sachverständigen geschätzten Kostenumfanges besteht dann auch ein Anspruch auf Zahlung dieses Betrages, auch wenn sich dann herausstellen sollte, dass nur etwas weniger tatsächlich erforderlich ist. Denn der Unternehmer kann eine entsprechende Rückzahlung des Überschusses verlangen. Wenn der Sachverständige verschiedene Arten der Mangelbeseitigung herausarbeitet, die zu unterschiedlichen Kosten führen, ist diejenige Methode zu Grunde zu legen, die als die günstigste auch den nach dem Vertrag geschuldeten Erfolg herbeiführt. Bei Streit über die Möglichkeiten der kostengünstigsten Sanierung trägt der Besteller die Beweislast. Bei Streit über die Erfolg versprechende Sanierung gehen Unklarheiten des Beweisergebnisses zu Lasten des Bestellers.⁴⁶ Kann der Sachverständige im Zweifel nicht sicher voraussagen, ob eine kostengünstige oder kostenträchtige Sanierung notwendig sein wird, so kann Vorschuss nur in Höhe des niedrigeren Ergebnisses zugesprochen werden. Es besteht lediglich Anspruch auf Zahlung des niedrigeren Betrages, der ungeklärte **22**

---

43 BGH BauR 1984, 406; BauR 1982, 66; OLG Nürnberg NZBau 2003, 614.
44 BGH BauR 2000, 881 = IBR 2000, 274; OLG Hamm NJW-RR 1998, 885.
45 BGH BauR 1989, 199; BauR 1985, 355; BauR 1999, 631 = IBR 1999, 206; BauR 2003, 1247 = IBR 2003, 365; BauR 2003, 385 = IBR 2003, 126; BauR 2001, 789 = IBR 2001, 254.
46 BGH BauR 2003, 1211 = IBR 2003, 294.

Rest kann ggf. später prozessual über einen Feststellungsantrag abgedeckt und später nachgefordert werden.[47]

Ein Anspruch auf Vorschuss kann wiederholt geltend gemacht werden, so lange der Mangel nicht beseitigt ist; ein einmaliges Verlangen begrenzt den Anspruch nicht.

23 Im Falle des Verzugs oder der Rechtshängigkeit ist der Anspruch auf die Vorschussleistung entsprechend den gesetzlichen Verzugsvorschriften zu verzinsen (5 Prozentpunkte über dem Basiszins, § 288 Abs. 1 BGB; der erhöhte Zinssatz gem. § 288 Abs. 2 BGB kommt nicht in Betracht, weil keine Entgeltforderung im Streit stehen kann[48]). Der Anspruch auf Vorschuss verjährt nach den Maßgaben des § 634a BGB, die Verjährung beginnt grundsätzlich mit der Abnahme. Die gerichtliche Geltendmachung des Vorschussanspruches im Wege der Leistungsklage (vgl. dazu im Detail unter B. Relevanz für die Baupraxis) hemmt die Verjährung, wobei auch spätere Erhöhungen von der hemmenden Wirkung der Vorschussklage erfasst sind.[49]

3. Rückzahlung des Vorschusses und Abrechnung

24 Wenn der Kostenvorschuss nicht verbraucht wird, ist er dem Unternehmer zurückzubezahlen, so dass die Pflicht zur Zahlung eines Vorschusses seitens des Unternehmers einhergeht mit der Pflicht des Bestellers, eine Abrechnung vorzunehmen.[50] Der Rückzahlungsanspruch ergibt sich nach der Rechtsprechung bereits aus dem Vertrag, und ist deshalb nicht nach Bereicherungsrecht zu bewerten.[51]

25 Nach durchgeführter Mangelbeseitigung hat der Besteller dem Unternehmer gegenüber die Aufwendungen zur Mangelbeseitigung abzurechnen. Der Besteller muss also die von ihm getätigten Aufwendungen für die Mangelbeseitigung nachweisen, über den erhaltenen Kostenvorschuss Abrechnung erteilen und den überschießenden Betrag, der nicht in Anspruch genommen wurde, einschließlich Zinsen zurückerstatten.[52] Wenn der Besteller einwendet, zur Abrechnung sei er noch nicht in der Lage, so ist er dafür beweisbelastet.[53] Bei der Abrechnung sind zusätzlich zum Vorschuss gezahlte Verzugs- und Prozesszinsen nicht zu berücksichtigen, diese verbleiben beim Besteller.[54]

---

47 Vgl. Kniffka, IBR-Online-Kommentar § 637 Rn. 66 m.w.N.
48 Vgl. OLG Karlsruhe Urt. v. 28.10.2004; BGH IBR 2006, 135.
49 BGH BauR 2005, 1070 (Ls.) = IBR 2005, 364.
50 BGH BauR 1985, 569; BauR 1988, 592; BauR 1986, 345.
51 Werner/Pastor Rn. 1605; OLG Schleswig, NJW-RR 1998, 1105.
52 BGH BGHZ 94, 330; BauR 1984, 406; BGHZ 105, 103; BauR 1985, 569.
53 BGH NJW 1990, 1475.
54 BGH NJW 1985, 2325; KG BauR 1983, 468; OLG Düsseldorf BauR 1980, 468; MüKo/Busche § 637 BGB Rn. 22 m.w.N.

Wenn der Mangel nicht innerhalb einer angemessenen Frist durch den Besteller beseitigt wurde, so muss der Besteller Abrechnung erteilen und den Vorschuss an den Unternehmer zurückbezahlen. Die Angemessenheit der Frist hängt von den Umständen des Einzelfalles ab, es kann auch eine Frist von über einem Jahr in Betracht kommen.[55]

26

Der Unternehmer muss für den Erhalt von Vorschuss für einen bestimmten Mangel vortragen und Beweis antreten; die Beweislast für eine noch nicht vorliegende Abrechnungsmöglichkeit liegt beim Besteller, er muss auch beweisen, dass der Vorschuss durch die angeblich erforderlichen Aufwendungen verbraucht ist.[56] Wirtschaftlich betrachtet kann der Anspruch auf Kostenvorschuss nach § 637 Abs. 3 BGB mit dem Schadensersatzanspruch nach § 634 Nr. 4 BGB einhergehen und auf dasselbe Ziel ausgerichtet sein. Allerdings sind die tatbestandlichen Voraussetzungen beider Ansprüche unterschiedlich ausgestaltet, so dass beide Ansprüche nicht als einheitlicher Streitgegenstand aufzufassen sind; in der Praxis ist jedoch der Übergang von dem einen auf das andere Klageziel regelmäßig als sachdienlich bewertet worden.[57] Der Unternehmer kann von dem Besteller die Rückzahlung des Vorschusses durch Erhebung der Leistungsklage begehren. Wenn er noch keine Information über die Verwendung des Vorschusses hat, kann er entsprechende Auskunft und Rechnungslegung gem. §§ 666, 259 BGB begehren und diese auch gerichtlich geltend machen.[58]

27

B. Relevanz für die Baupraxis

In der Praxis wird der Anspruch auf Aufwandserstattung nach § 637 Abs. 1 BGB bzw. auf Vorschussleistung nach § 637 Abs. 3 BGB durch Erhebung einer Leistungsklage unter Berücksichtigung der Vorgaben des § 253 Abs. 2 Nr. 2 ZPO prozessual geltend gemacht. Streitgegenständlich ist dabei die Zahlung eines Vorschusses, welcher sich auf Grundlage eines Sachverhaltes darstellt, aus dem der Anspruch hergeleitet wird. Der Vorschussanspruch ist nichts Endgültiges, wie die Rechtsprechung eindeutig festgehalten hat, wobei die Verurteilung des Unternehmers zur Zahlung eines bestimmten Vorschusses nicht eine noch weitergehende Verurteilung ausschließt. Der Vorschussanspruch wird mit Klageerhebung insgesamt rechtshängig, auch wenn zunächst ein niedrigerer Betrag geltend gemacht wird.[59] Die Geltendmachung des Vorschussanspruches im Wege der Leistungsklage hemmt die Verjährung des Anspruches, die sich grundsätzlich aus § 634a BGB er-

28

---

55 Wirth in: Ingenstau/Korbion § 13 Nr. 5 VOB/B Rn. 192 m.w.N.; Staudinger/Peters § 634 BGB Rn. 84; OLG Celle NJW-RR 1994, 1174; BGH BauR 1990, 358 = IBR 1990, 205.
56 BGH BauR 1990, 358 = IBR 1990, 205.
57 OLG Köln BauR 1996, 548; MüKo/Busche § 637 BGB Rn. 25 m.w.N.
58 Werner/Pastor Rn. 1605; Kniffka, IBR-Online-Kommentar § 637 Rn. 89 ff.
59 BGH BauR 1989, 81; BauR 1986, 345; BauR 1986, 576.

gibt. Auch spätere Erhöhungen des Leistungsantrages sind von der Hemmungswirkung der Vorschussklage umfasst, sofern sie nur denselben Mangel betreffen.[60] Ein Vorschussbegehren wird nach der Rechtsprechung dahingehend auszulegen sein, dass eine Nachschusspflicht für den Fall festgestellt werden soll, dass der ausgeurteilte Vorschuss nicht ausreichend ist. Das so gefasste Zahlungsurteil beinhaltet in gewissem Umfange auch ein Feststellungsurteil hinsichtlich dieser Nachschusspflicht, was sich auch daraus ergibt, dass der Bundesgerichtshof in seiner Rechtsprechung eine Feststellungsklage neben einer Vorschussklage als entbehrlich betrachtet.[61] Es wird damit also – wie Kniffka herausstellt – dem Grunde nach die Verpflichtung des Unternehmers festgestellt, die voraussichtlichen Mangelbeseitigungskosten zu tragen, auch wenn das im Tenor des Urteils noch keinen Ausdruck findet. Es beginnt also insoweit nach altem Verjährungsrecht nicht nach Ende der Unterbrechung die 5-jährige Frist neu. Nach neuem Recht läuft nicht die alte Verjährungsfrist nach Maßgabe des § 204 Abs. 2 BGB weiter.[62]

29 Prozessual betrachtet bedeutet eine Erhöhung der Bezifferung des Vorschusses keine Klageänderung, was sich bereits aus § 264 Nr. 2 ZPO ergibt. Ein Urteil über den beantragten Vorschuss entfaltet Rechtskraftwirkung hinsichtlich des Anspruchsgrundes, allerdings nicht hinsichtlich der Anspruchshöhe, da eine Erhöhung bzw. ein Nachschuss jederzeit möglich ist. In einem Zweitprozess wären alle Einwendungen gegen den Grund des Anspruches möglich, soweit sie auch mit einer Vollstreckungsgegenklage (§ 767 ZPO) geltend gemacht werden könnten. So kann der Unternehmer im Zweitprozess beispielsweise geltend machen, dass die Gesamtkosten der Mangelbeseitigung nicht höher sind als die der ersten Verurteilung zu Grunde gelegen haben.[63]

30 Der Besteller auf der anderen Seite kann weiteren Vorschuss auf der Grundlage des festgestellten Sachverhaltes über das bereits ausgeurteilte Maß hinaus im Wege einer neuerlichen Vorschussklage begehren. Es muss aus dem Klagevortrag eindeutig hervorgehen, in welchem Punkt z. B. die Kostenschätzung eines früheren Sachverständigen fehlerhaft war und es deshalb zu höheren Kosten kommt.[64] Wie bereits angedeutet, hat die Rechtsprechung einen Feststellungsantrag an und für sich für überflüssig bewertet, gleichwohl das Feststellungsinteresse des Bestellers nicht verneint[65]

---

[60] BGHZ 66, 138; BGH BauR 2005, 1070 (Ls.); DB 2005, 1516; MDR 2005, 1096; NJW-RR 2005, 1037; NZBau 2005, 514; WM 2005, 1617; IBR 2005, 364.
[61] BGH BauR 1986, 345; BauR 1989, 606.
[62] Kniffka, IBR-Online-Kommentar § 637 Rn. 76.
[63] BGH BauR 1985, 569; BauR 1988, 468.
[64] BGHZ, 66, 138; OLG München NJW-RR 1994, 785; OLG Koblenz Urt. v. 1. 9. 1999 9 U 106/97; Revision nicht angenommen durch Beschl. v. 7. 9. 2000 VII ZR 365/99.
[65] BGH BauR 1986, 345; BauR 1989, 606.

C. Korrespondierende VOB/B-Regelung

Die korrespondierende VOB/B-Regelung findet sich in § 13 Nr. 5 Abs. 2 VOB/B. Die Regelungen des Gesetzes und der VOB/B sind weitestgehend angeglichen, soweit es um die Selbstvornahmevoraussetzungen und den Anspruch auf Aufwendungsersatz geht. Auch durch die Fassung der VOB/B in der Ausgabe 2006 haben sich insoweit keine Änderungen ergeben. Beachtlich ist hier noch das Recht des Auftraggebers zur Beseitigung von Mängeln, die sich bereits während der Ausführung ergeben im Rahmen des § 4 Nr. 7 VOB/B, welches außer der Erfüllungsverweigerung erst nach Auftragsentziehung gem. § 8 Nr. 3 VOB/B besteht.[66] Kommt der Unternehmer der Pflicht zur Beseitigung des Mangels nicht innerhalb der angemessenen Frist nach, so kann ihm der Besteller im Rahmen der Voraussetzungen des § 8 Nr. 3 VOB/B den Auftrag entziehen. Die Androhung der Kündigung ist im Hinblick auf die Warnungswirkung sorgfältig und unmissverständlich zu formulieren. Kündigt der Besteller dann schriftlich und nach ordentlicher Fristsetzung mit Kündigungsandrohung den Vertrag rechtmäßig gem. § 8 Nr. 3 VOB/B, so kann der Besteller zur Selbstvornahme schreiten und die Kosten von dem Unternehmer erstattet verlangen. Unter engen Voraussetzungen kann im Einzelfall auch von einer Kündigung abgesehen werden.[67] Die Kündigung kann sich auf den ganzen Vertrag, aber auch auf einen abgeschlossenen Leistungsteil beschränken. Eine vor Fristablauf ausgesprochene Kündigung kann – nach den Umständen des Einzelfalles – entweder als unwirksam angesehen werden, oder ggf. als freie Kündigung i. S. d. § 8 Nr. 1 VOB/B mit den Konsequenzen der dort geregelten sog. »Kündigungsvergütung«.

31

D. Rechtsprechungsübersicht

Fristverlängerung bei deklaratorischem Anerkenntnis: KG Urt. v. 6. 4. 2006 8 U 99/05; Vereinbarung über Mängelbeseitigung: LG Wiesbaden IBR 2006, 490; Mangelbeseitigung: Bedeutung einer Beginnsfrist, BGH IBR 2006, 322; Zinshöhe bei Vorschussanspruch: OLG Karlsruhe/BGH IBR 2006, 135; Haftungsausschluss in AGB des Unternehmers: OLG Brandenburg BauR 2006, 418 (Ls.) = IBR 2006, 89; Kostenvorschuss trotz Nachbesserung des Unternehmers: OLG Nürnberg BauR 2005, 1970 (Ls.) = IBR 2006, 87; Erforderlichkeit von Mahnung und Fristsetzung trotz mehrfacher Nachbesserungsversuche: OLG Rostock IBR 2005, 532; Verhältnis von Kostenvorschuss und Leistungsverweigerungsrecht nach § 648 a BGB, OLG Köln BauR 1680 (Ls.) = IBR 2005, 480; Nachbesserungsmöglichkeit nach mehrfach gescheitertem Nachbesserungsversuch: OLG Frankfurt/BGH BauR 2005, 1368

32

---

66 BGH NJW-RR 2002, 160.
67 BGH BauR 1997, 1027 = IBR 1998, 12; NJW 2000, 2997 = IBR 2000, 491; BauR 2001, 1577 = IBR 2001, 601.

(Ls.) = IBR 2005, 366; Hemmungswirkung der Vorschussklage: BGH BauR 2005, 1070 (Ls.) = NZBau 2005, 1037 = IBR 2005, 364; Unterschied zwischen Kostenvorschuss und Schadensersatz: BGH BauR 2005, 386 = IBR 2005, 181; Risiko der Angemessenheit der Ersatzvornahmekosten: OLG Karlsruhe BauR 2005, 879 = IBR 2005, 81; Kostenvorschuss bei fehlender Nachbesserungsabsicht: OLG Düsseldorf BauR 2004, 191 (Ls.) = IBR 2004, 686.

§ 638
Minderung

(1) Statt zurückzutreten, kann der Besteller die Vergütung durch Erklärung gegenüber dem Unternehmer mindern. Der Ausschlussgrund des § 323 Abs. 5 Satz 2 findet keine Anwendung.

(2) Sind auf der Seite des Bestellers oder auf der Seite des Unternehmers mehrere beteiligt, so kann die Minderung nur von allen oder gegen alle erklärt werden.

(3) Bei der Minderung ist die Vergütung in dem Verhältnis herabzusetzen, in welchem zur Zeit des Vertragsschlusses der Wert des Werkes in mangelfreiem Zustand zu dem wirklichen Wert gestanden haben würde. Die Minderung ist, soweit erforderlich, durch Schätzung zu ermitteln.

(4) Hat der Besteller mehr als die geminderte Vergütung gezahlt, so ist der Mehrbetrag vom Unternehmer zu erstatten. § 346 Abs. 1 und § 347 Abs. 1 finden entsprechende Anwendung.

Inhaltsübersicht

		Rn.
A.	Baurechtlicher Regelungsgehalt	1
	I. Allgemeine Anmerkungen	1
	II. Voraussetzungen der Minderung	2
	III. Berechnung der Minderung (§ 638 Abs. 3 BGB)	4
	IV. Rechtsfolgen	6
B.	Relevanz für die Baupraxis	8
C.	Korrespondierende VOB/B-Regelung	10
D.	Rechtsprechungsübersicht	12

A. Baurechtlicher Regelungsgehalt

I. Allgemeine Anmerkungen

Im Rahmen der Mängelhaftung kann der Besteller – statt vom Vertrag zurückzutreten oder andere Mängelhaftungsrechte gegen den Unternehmer geltend zu machen – auch die Minderung in der Form durchsetzen, dass die Werklohnforderung entsprechend der durch den Mangel verursachten Wertbeeinträchtigung des Werkes herabgesetzt wird. Der **Begriff der Minderung** ist streng zu trennen von dem Begriff der Wertminderung. Ersterer betrifft die Herabsetzung des Werklohnes, während die Wertminderung darüber Auskunft gibt, in welchem Umfang der Wert der Werkleistung ohne Mangel durch den Mangel herabgesetzt wird. Der Besteller kann ein Interesse daran haben, das mangelbehaftete Werk zu behalten und als Ausgleich den Werklohn zu verringern. Entgegen der Regelung im alten Recht, welches noch eine Einigung über die Minderung voraussetzte, ist die Minderung nunmehr als einseitiges Gestaltungsrecht des Bestellers ausgestaltet worden. Dies

1

bedeutet, dass der Besteller eine einseitige, empfangsbedürftige, unwiderrufliche und bedingungsfreie Erklärung gegenüber dem Unternehmer abzugeben hat und an diese Wahl nach Zugang der Erklärung beim Unternehmer gebunden ist. Wenn er also Minderung verlangt hat, kann er wegen desselben Mangels nicht mehr vom Vertrage zurücktreten.

II. Voraussetzungen der Minderung

2 Zunächst ist es erforderlich, dass ein Mangel am geschaffenen Werk vorliegt. Weiter muss der Besteller dem Unternehmer – wie auch bei den anderen Mängelhaftungsrechten – eine entsprechende Frist zur Nacherfüllung setzen und diese Frist muss fruchtlos verstreichen. Der Wortlaut des § 638 Abs. 1 BGB zeigt, dass der Besteller statt zurückzutreten die Vergütung entsprechend mindern kann. Daraus ist abzuleiten, dass das Minderungsrecht nur dann Bestand hat, wenn die Voraussetzungen für die Ausübung des Rücktrittsrechtes vorliegen (vgl. § 636 BGB Rn. 3 ff.). Die Fristsetzung ist nur dann entbehrlich, wenn sie auch für den Rücktritt entbehrlich gewesen wäre, was oben näher ausgeführt wird. Anders als beim Rücktritt ist die Minderung auch dann zulässig, wenn lediglich ein unerheblicher Mangel i.S.d. § 323 Abs. 5 S. 2 BGB besteht, diese Vorschrift findet nach § 638 Abs. 1 S. 2 BGB hier gerade keine Anwendung.

3 Die **Minderungserklärung** ist eine einseitige, empfangsbedürftige Willenserklärung, die gegenüber dem Unternehmer mündlich oder schriftlich abgegeben werden kann. Sie ist bedingungsfeindlich zu erklären und ab dem Zeitpunkt des Zugangs beim Unternehmer nicht mehr widerruflich. Insbesondere muss die Minderungserklärung aufzeigen, welchen Mangel der Besteller rügt und auf welchen Mangel sich demzufolge die Minderung bezieht. Es ist hier hinsichtlich der Konkretisierung dieses Bezugs auf dieselben Kriterien abzustellen, die auch an eine Erklärung des Bestellers auf Begehren einer Nacherfüllung anzuwenden sind (vgl. oben § 634 BGB Rn. 2). Bei Vorliegen mehrerer Mängel ist es nicht erforderlich, die Erklärung gesondert für jeden Mangel abzugeben, sondern es reicht eine einheitliche Minderungserklärung aus, wenn und soweit die einzelnen konkreten und von der Minderungserklärung umfassten Mängel hinreichend bestimmt bezeichnet werden. Des Weiteren sollte diese Erklärung auch einen entsprechenden absoluten Minderungsbetrag oder einen entsprechenden vom-Hundert-Satz angeben. Bei Mehrheit von Personen auf der Besteller- oder Unternehmerseite ist die Erklärung nur einheitlich abzugeben (vgl. § 638 Abs. 2 BGB). Bei z.B. einem Gesamthandsverhältnis oder einer Wohnungseigentümergemeinschaft kann der einzelne Beteiligte (z.B. ein einzelner Wohnungseigentümer) wegen Mängeln am Gemeinschaftseigentum grundsätzlich nicht ohne die mitwirkende Zustimmung der anderen Wohnungseigentümer eine Minderung vornehmen.[1]

---

[1] Vgl. Kniffka, IBR-Online-Kommentar § 638 Rn. 14.

III. Berechnung der Minderung (§ 638 Abs. 3 BGB)

§ 638 Abs. 3 BGB bestimmt, wie die Minderung zu berechnen ist. Danach ist bei der Minderung die Vergütung des Unternehmers in dem Verhältnis herabzusetzen, in welchem zur Zeit des Vertragsschluss der Wert der Sache in mangelfreiem Zustand zu dem wirklichen Wert gestanden haben würde. Daraus folgt, dass die dem Unternehmer vertraglich zustehende Vergütung für die mangelfreie Leistung im gleichen Verhältnis herabzusetzen ist, in dem sich der Wert der mangelfreien Leistung zum Wert der mit Mangeln behafteten Leistung befindet. Der Wert der Sache im mangelfreien Zustand ist objektiv zu bestimmen, auf subjektive Motive des Bestellers kommt es hier nicht an.[2] Im Regelfall wird auf die üblicherweise geschuldete Vergütung als Maßstab für die Bemessung des Wertes der Sache im mangelfreien Zustand abzustellen sein. Mit der Rechtsprechung wird weiter davon auszugehen sein, dass die Minderung grundsätzlich in Höhe der Nachbesserungskosten erfolgen kann.[3] Anderes wird nur dann gelten können, wenn der Unternehmer gem. § 275 Abs. 2 und 3 BGB ein Leistungsverweigerungsrecht hat, dann wird auf die Formel des § 638 Abs. 3 BGB zurückzugreifen sein. Für den Fall, dass die Minderung aufgrund tatsächlicher Schwierigkeiten nicht konkret berechnet werden kann, kann gem. § 287 ZPO durch Schätzung die Minderung ermittelt werden, § 638 Abs. 3 S. 2 BGB. Wesentlich für die Berechnung des maßgebenden Minderwertes der mangelbehafteten Leistung sind zwei Komponenten: Zum einen der sog. technische Minderwert, unter welchem all jene Nachteile des Werkes zu verstehen sind, die durch den Mangel beim Gebrauch und der Benutzung des Werkes entstehen.[4] Zum anderen bestimmt sich der Minderwert einer mangelbehafteten Leistung auch durch den sog. merkantilen Minderwert, also die Wertbeeinträchtigung, welche das Werk am Markt erleidet, weil einem Vergleich zur vertragsgemäßen Ausführung geringeres Vertrauen in die Qualität des Werkes bestehen kann.[5] Bei der Schätzung der Minderung gem. § 638 Abs. 3 S. 2 BGB kann auf einschlägige Sachverständigengutachten zurückgegriffen werden.[6]

Bei der **Minderung eines Architektenhonorars** wegen einer mangelhaften Architektenleistung ist zu berücksichtigen, dass eine Minderung insofern stattfindet, wenn zwischen den Parteien nach dem Vertragswillen einige Leistungen mit einem bestimmten Vergütungsanteil bewertet worden sind.[7]

---

[2] MüKo/Busche, § 638 BGB Rn. 10 m. w. N.
[3] BGHZ 58, 181; Pauly BauR 2002, 1321.
[4] BGH NJW 2003, 1188.
[5] BGH NJW 2003, 1188; MüKo/Busche, § 638 BGB Rn. 11 ff.
[6] BGHZ 77, 320.
[7] BGH BauR 2004, 1640 = IBR 2004, 513; Kniffka, FS für Vygen, 20 ff.

IV. Rechtsfolgen

6 Durch die dem Unternehmer zugegangene Minderungserklärung des Bestellers wird der Vergütungsanspruch des Unternehmers um den zur Minderung berechtigenden Betrag reduziert. Der Vertrag im Übrigen bleibt von der Gestaltungswirkung der Minderungserklärung unberührt. Macht der Unternehmer nur einen Teil seines Werklohnanspruches geltend, so kann die berechnete Minderung nicht schlicht dem geltend gemachten Vergütungsteil entgegen gehalten werden, sondern sie ist vielmehr von der gesamten Werklohnforderung abzusetzen. Bei Wertlosigkeit des Werkes ist der Werklohn bis auf Null zu mindern. In diesem Fall ist das mangelhafte Werk dem Unternehmer wie im Falle des Rücktritts herauszugeben.[8] Wenn ein Mangel, hinsichtlich dessen der Besteller von seinem Minderungsrecht Gebrauch macht, auch vom Besteller oder dessen Erfüllungsgehilfen mit verursacht ist, so muss sich der Besteller sein eigenes Fehlverhalten im Rahmen des § 254 BGB entgegen halten lassen, so dass der Minderungsbetrag um den Betrag des mitwirkenden Verschuldens des Bestellers zu kürzen ist, welcher der Quote des Mitverursachens durch den Besteller entspricht.[9]

7 Tritt eine Überzahlung des Unternehmers ein, so kann der Besteller gegen den Unternehmer nach § 638 Abs. 4 S. 1 BGB den überschießenden Betrag zurückverlangen, wobei gem. § 638 Abs. 4 S. 2 BGB die §§ 346 Abs. 1 und 347 Abs. 1 BGB entsprechend anzuwenden sind. Erwirtschaftete Zinsen sind herauszugeben, auch nicht gezogene Nutzungen wie z. B. Zinsen, welche hätten erwirtschaftet werden können, sind zu erstatten.[10]

B. Relevanz für die Baupraxis

8 Problematisch ist für die Praxis, ob ein Besteller nach der Ausübung des Gestaltungsrechts der Minderung noch auf den Schadensersatzanspruch statt der Leistung gem. § 281 BGB übergehen kann. Dies ist bislang ausgesprochen streitig geblieben. Zum einen wird vertreten, dass nach § 325 BGB das Recht, Schadensersatz zu begehren, nicht durch den Rücktritt ausgeschlossen ist. Gem. § 638 Abs. 1 Satz 1 BGB kann der Besteller statt vom Vertrag zurück zu treten die Minderung ausüben. Dementsprechend kann vertreten werden, dass § 325 BGB entsprechend auf die Minderung anzuwenden ist.[11] Beim Minderungsverhältnis kommt es allerdings nicht zu einem Rückabwicklungsverhältnis, der Erfüllungsanspruch des Bestellers bleibt hingegen bestehen. Ein Schadensersatzanspruch statt der Leistung ist deshalb mit der Minderung nach richtiger Ansicht nicht zu vereinbaren. Es lässt

---

8 BGHZ, 42, 232 = NJW 1965, 152; OLG Köln NJW-RR 1993, 666.
9 BGH NJW 1966, 39.
10 Vgl. Sienz BauR 2002, 190.
11 Vgl. Kniffka, IBR-Online-Kommentar § 638 Rn. 4 m.w.N.

sich deshalb gut vertreten, dass durch die Minderung eine abschließende Rechtslage gestaltet wird, welche die spätere Wahl des Schadensersatzanspruchs statt der Leistung ausschließt, was insbesondere für den beratenden Juristen (sei es den begleitenden Rechtsanwalt oder auch den firmeninternen Juristen) gesondert zu prüfen und besonders zu berücksichtigen ist: Auf diese Weise kann unter Umständen ein für den Besteller interessanterer Schadensersatzanspruch – so denn Verschulden des Unternehmers vorliegt! – ausgeschlossen sein. Dies dürfte eine nicht unerhebliche Haftungsfalle für den begleitenden Juristen sein.[12]

Anders ist es allerdings, wenn neben der Minderung Schadensersatz neben der Leistung gem. § 280 BGB begehrt wird, denn dieser Schadensersatzanspruch hängt nicht vom Fortbestand des Erfüllungsanspruches ab.

Wird wegen einem Mangel am Architekten- oder Ingenieurwerk, welcher einen Mangel am Bauwerk verursacht hat, eine Minderung begehrt, so scheiden, wenn kein Verschulden des Architekten oder Ingenieurs vorliegt, Schadensersatzansprüche aus. Auch eine Nacherfüllung scheitert häufig deshalb, weil eine »ausbessernde Nacherfüllung« den Baumangel am konkreten Bauwerk nicht ändern kann. Somit verbleibt häufig alleine die Möglichkeit, das Architektenhonorar zu mindern. Wie Busche richtig hinweist, darf bei der Berechnung dieser Minderung nach § 638 Abs. 3 BGB nicht die Wertbeeinträchtigung am Bauwerk den Maßstab für die Rechnung der Honorarminderung abgeben. Vielmehr ist der Wert des mangelhaften Architektenwerks zum Wert des mangelfreien Architektenwerks in Beziehung zu setzen.[13]

C. Korrespondierende VOB/B-Regelung

Im Rahmen der VOB/B ist die korrespondierende Norm zu finden in § 13 Nr. 6 VOB/B. Gegenüber dem Gesetzeswortlaut ist die Regelung in § 13 Nr. 6 VOB/B jedoch erheblich einschränkend, denn der Auftraggeber kann die Minderung nur dann ausüben, wenn die Beseitigung des Mangels für den Auftraggeber unzumutbar ist, bzw. als solche unmöglich ist, oder wenn sie einen unverhältnismäßig hohen Aufwand erfordern würde und deshalb vom Auftragnehmer verweigert wird. Es bedeutet, dass die Minderung hier zurückgesetzt ist und nur dann in Betracht kommt, wenn eine Nacherfüllung oder das Recht zur Selbstvornahme ausscheiden.

Solange also die Beseitigung des Mangels nicht unzumutbar oder unmöglich ist, bzw. nicht unverhältnismäßig hoher Aufwand entsteht, bleibt der Auftraggeber auf die Ansprüche auf Mangelbeseitigung oder das Recht zur Selbstvornahme gem. § 13 Nr. 5 Abs. 1 und 2 VOB/B beschränkt. Bei ordnungsgemäßer Vereinbarung

---

12 Palandt/Sprau § 634 BGB Rn. 5.
13 BGHZ 58, 181 = NJW 1972, 821; BGHZ 42, 232 = NJW 1965, 152; MüKo/Busche § 638 BGB Rn. 24 m.w.N.

der VOB/B wird die Werkvertragsregelung zur Minderung gem. §§ 634 Nr. 3 2. Variante, 638 BGB durch § 13 Nr. 6 VOB/B verdrängt.[14] Bei der Bewertung der Unzumutbarkeit der Mangelbeseitigung ist nicht darauf abzustellen, ob die Mangelbeseitigung gerade durch den Auftragnehmer dem Auftraggeber nicht zugemutet werden kann, sondern dahin, ob die Mangelbeseitigung generell gleich von wem sie ausgeführt wird, unzumutbar erscheint. Es ist ein strenger Maßstab dabei anzulegen. Die oben bei § 634 BGB genannten Kriterien zur Unzumutbarkeit bzw. zum unverhältnismäßigen Aufwand sind entsprechend heranzuziehen.[15]

D. Rechtsprechungsübersicht

12 Straßenbau mit Mängeln – Minderung oder Schadensersatz: BGH BauR 2006, 382 = IBR 2006, 131; Mängel an einem Hallendach: OLG Celle IBR 2006, 132; Mangelhafter Schallschutz zwischen Doppelhaushälften: OLG Koblenz IBR 2006, 98; Unebenheiten am Fußboden von Schlaf- und Badezimmer: OLG Schleswig/BGH IBR 2006, 86; Mängel bei Fliesenarbeiten: BGH BauR 2006, 377 = IBR 2006, 85; Mangelhafte Straßenbahngleise: IBR 2006, 19; Mangelhafte Heizungsrohre: OLG Stuttgart/BGH BauR 2006, 153 (Ls.) = IBR 2005, 674.

---

14 MüKo/Busche § 638 BGB Rn. 21.
15 Wirth in: Ingenstau/Korbion § 13 Nr. 6 VOB/B Rn. 17; Kapellmann/Messerschmidt/Weyer § 13 VOB/B Rn. 293.

§ 639
Haftungsausschluss

Auf eine Vereinbarung, durch welche die Rechte des Bestellers wegen eines Mangels ausgeschlossen oder beschränkt werden, kann sich der Unternehmer nicht berufen, soweit er den Mangel arglistig verschwiegen oder eine Garantie für die Beschaffenheit des Werkes übernommen hat.

Inhaltsübersicht

		Rn.
A.	Baurechtlicher Regelungsgehalt	1
	I. Allgemeine Anmerkungen	1
	II. Vereinbarung einer Haftungsbegrenzung	2
	III. Unwirksamkeit der Haftungsbegrenzungsvereinbarung	3
	IV. Haftungsbegrenzungen in Allgemeinen Geschäftsbedingungen	7
	1. Allgemeine Ausführungen	7
	2. Spezifische Regelungen	8
B.	Relevanz für die Baupraxis	12
C.	Korrespondierende VOB/B-Regelung	13
D.	Rechtsprechungsübersicht	14

A. Baurechtlicher Regelungsgehalt

I. Allgemeine Anmerkungen

Nach § 639 BGB, der an die Stelle des § 637 BGB a.F. tritt, ist ein **Haftungsausschluss wegen Mängeln** grundsätzlich möglich. Sinn der Vorschrift ist es, die Privatautonomie der Parteien des Werkvertrages in bestimmten, normierten Grenzen zu halten. Grundsätzlich ist davon auszugehen, dass die in § 634 BGB genannten Rechte des Bestellers bei dem Vorhandensein von Mängeln dispositiv sind, also von den Parteien inhaltlich modifiziert oder sogar vollständig ausgeschlossen werden können. Dabei ist darauf hinzuweisen, dass § 639 BGB selbst nicht disponibel ist. Die Vorschrift dient dem Schutz des Bestellers, der häufig über die geringere Verhandlungsmacht verfügt, und ergänzt somit insbesondere die §§ 138 und 242 BGB, die die Verhandlungsfreiheit der Parteien definieren. Zu berücksichtigen ist insbesondere, dass z.B. nach § 276 Abs. 3 BGB die Haftung wegen Vorsatz dem Schuldner nicht im Voraus erlassen werden kann. Weiter zu berücksichtigen sind die Vorschriften zu den möglichen Regelungen in Allgemeinen Geschäftsbedingungen, §§ 305 ff. BGB (vergleiche unten unter Rn. 7).

1

II. Vereinbarung einer Haftungsbegrenzung

Zunächst muss, damit der Anwendungsbereich des § 639 BGB eröffnet ist, eine vertragliche Vereinbarung der Einschränkung der Mängelrechte zwischen den Parteien vorliegen. Eine solche ist gegeben, wenn z.B. der Inhalt oder die Ausübung

2

der in § 634 BGB genannten Rechte zu Lasten des Bestellers verändert wurden. Es ist eine individuelle Auslegung des Vertrages vorzunehmen, wobei die §§ 138 und 242 BGB sowie §§ 305 ff. BGB besondere Berücksichtigung finden. Der konkrete Umfang der Einschränkung ergibt sich aus der Vereinbarung, die allgemeinen Regeln zur Auslegung von Vereinbarungen gem. §§ 133, 157 BGB sind dabei entsprechend zu berücksichtigen. Im Rahmen der Vertragsauslegung sind insbesondere auch die Interessen der drittbeteiligten Parteien zu berücksichtigen, wobei diese nicht alleine der tragende Aspekt für einen konkludenten Haftungsanschluss sein können.[1] Bei Vertragslücken kommt unter Umständen eine ergänzende Vertragsauslegung in Betracht, wobei bei typisierten Verträgen wie dem Werkvertrag ergänzend zunächst auf die gesetzliche Regelung zurückzugreifen ist, die einen Haftungsausschluss für den Regelfall gerade nicht kennt.[2] Ein so genannter »**Gewährleistungsausschluss**« in einem Bestätigungsschreiben erstreckt sich z. B. gerade nicht auf eine vorangegangen Beschaffenheitsvereinbarung, wohl aber auf Mangelfolgeschäden, da diese im Rahmen des § 280 BGB nunmehr Teil der Mängelhaftung sind.[3] Es kann auch im Einzelfall zweifelhaft sein, ob eine Beschränkung oder ein Ausschluss von Mängelrechten darüber hinaus auch als Haftungsausschluss bezüglich anderer, auf Nebenpflichtverletzungen des Unternehmers beruhender Ansprüche anzuwenden ist. Bei Allgemeinen Geschäftsbedingungen, die einen Haftungsausschluss zum Inhalt haben, gehen Zweifel bei der Auslegung zu Lasten des Verwenders, § 305 c Abs. 2 BGB. Wichtig ist in diesem Zusammenhang, vertragliche Abreden, die von vornherein die Anforderung an die Beschaffenheit des Werkes gegenüber der üblichen Beschaffenheit reduzieren, von Haftungsausschlussklauseln abzugrenzen. Im ersteren Falle liegt bereits keine Haftungsausschlussvereinbarung vor, die nach den hier beschriebenen Grundsätzen zu bewerten wären.[4]

III. Unwirksamkeit der Haftungsbegrenzungsvereinbarung

3   Diese somit durch Auslegung der Vereinbarung ermittelte Haftungsbegrenzungsvereinbarung kann unter bestimmten Bedingungen unwirksam sein: So ist eine solche Haftungsbegrenzungsvereinbarung gem. § 639 BGB nicht durchgreifend, wenn der Unternehmer entweder den Mangel arglistig verschwiegen hat oder eine Garantie für die Beschaffenheit des Werkes übernommen hat.

4   Ein **arglistiges Verschweigen von Mängeln** führt dazu, dass die Ausschlussvereinbarung hinsichtlich der verschwiegenen, nicht aber auch hinsichtlich anderer Mängel unwirksam ist. Der maßgebliche Zeitpunkt für die Erheblichkeit arglistigen Verschweigens ist spätestens der Zeitpunkt der Abnahme bzw. der Vollendung des

---

[1] BGHZ 83, 334 = NJW 1982, 1700.
[2] MüKo/Busche § 638 BGB Rn. 4.
[3] BGHZ 93, 338, Palandt/Sprau § 639 BGB Rn. 3 m.w.N.
[4] MüKo/Busche § 639 BGB Rn. 7.

Werkes.[5] Eine nach diesem Zeitpunkt eintretende Kenntniserlangung ist auf den Haftungsausschluss ohne Einfluss. Jedoch kann es gem. § 280 Abs. 1 BGB so sein, dass der Unternehmer den Besteller auf Schadensersatz wegen Nebenpflichtverletzung verpflichtet ist, falls er dem Besteller keine Mitteilung wegen des Mangels macht und der Besteller deswegen einen Schaden erleidet.[6] Im Übrigen ist hinsichtlich der Ausprägung des arglistigen Verschweigens auf die Ausführungen oben bei § 634a BGB Rn. 15f. zu verweisen.

Auch ist ein Haftungsausschluss unwirksam, wenn eine **Garantie für die Beschaffenheit des Werkes** von dem Unternehmer übernommen wurde. Einhellig wird vertreten, dass § 639 BGB von der so genannten unselbstständigen Garantie ausgeht.[7] Der Begriff der Garantie ist im Gesetz nicht legaldefiniert, obwohl er in verschiedenen Vorschriften (§ 276 Abs. 1, § 442 Abs. 1 S. 2, § 477 Abs. 1, § 639 BGB) verwendet wird. Die Gesetzbegründung erläutert, dass bei der Verwendung des Begriffs »Garantie« bei § 276 Abs. 1 BGB an eine Eigenschaftszusicherung bei Kauf-, Miete-, Werkvertrag usw. gedacht war, was allerdings insbesondere beim Werkvertrag nicht unproblematisch ist.[8] Die Auslegung des Begriffs Garantie im Rahmen des § 639 BGB kann also nicht an dem früheren Begriff der »zugesicherten Eigenschaften« ohne weiteres orientiert werden. Die Beschränkung des Haftungsausschlusses ist durchaus bedeutsam, denn es gibt in der Praxis zahlreiche Zusicherungen, die dann dem früher dem Kaufrecht zu entnehmenden geltenden strengeren Maßstabs (zugesicherte Eigenschaft) entsprechen würden.[9] Auch im Bereich des Anlagenbaus ist die Problematik der Garantie nicht unwesentlich: Gerade bei vertraglichen Beschränkungen von Mangelfolgeschäden stellt sich die Frage, ob derartige Beschränkungen § 639 BGB unterfallen. Es stellt sich hier insbesondere die Situation so dar, dass § 639 BGB umfassend gilt und damit auch die Mangelfolgeschäden abdeckt, die in § 634 Nr. 4 BGB in Verbindung mit § 280 BGB geregelt sind. Allerdings ist es so, dass Erklärungen, aus welchen sich ergibt, dass der Unternehmer keinerlei Einstandspflicht übernimmt, keine Garantien im Rahmen dieses § 639 BGB darstellen. Es ist hier unter besonderer Auslegung der gewollten vertraglichen Verpflichtungen beider Seiten zu prüfen, ob eine »Garantie« tatsächlich vorliegt – alleine der Gebrauch des Wortes »Garantie« ist nicht maßgeblich.[10]

Nach § 639 BGB ist es also so, dass sich ein Unternehmer auf eine haftungsausschließende oder haftungsbeschränkende Vereinbarung, die § 639 BGB nicht beachtet, nicht berufen kann. Durch die neu gefasste Norm kommt nunmehr deutlicher

---

5 BGHZ 62, 63 = NJW 1974, 553.
6 MüKo/Busche § 639 BGB Rn. 8.
7 Kniffka, IBR-Online-Kommentar § 639 Rn. 3; Palandt/Sprau § 639 BGB Rn. 5; MüKo/Busche § 639 BGB Rn. 9.
8 BGH Urt. v. 10.10.1985 VII ZR 303/84; BGH NJW-RR 1996 = IBR 1996, 491.
9 Kniffka, IBR-Online-Kommentar § 639 Rn. 6 m.w.N.
10 Von Westphalen ZIP 2002, 545 m.w.N.; Kniffka, IBR-Online-Kommentar § 639 Rn. 7; Palandt/Sprau § 639 BGB Rn. 5 m.w.N.

als im alten Recht zum Ausdruck, dass der Normzweck der Regelung den Schutz des Bestellers im Auge hat. Davon soll allerdings nicht die Wirksamkeit des Werkvertrages insgesamt in Frage gestellt werden. Vielmehr ist lediglich dem Unternehmer die Berufung auf eine Vereinbarung hinsichtlich der arglistig verschwiegenen bzw. von einer Garantie umfassten Mängel verwehrt.[11]

IV. Haftungsbegrenzungen in Allgemeinen Geschäftsbedingungen

1. Allgemeine Ausführungen

7   Wenn Mängelhaftungsbegrenzungen von Seiten des Unternehmers im Rahmen von Allgemeinen Geschäftsbedingungen enthalten sind, sind diese Klauseln zum einen an dem Maßstab des § 639 BGB zu messen, andererseits aber auch nach den Vorschriften über die Inhaltskontrolle der Allgemeinen Geschäftsbedingungen, wie sie in den §§ 305 ff. BGB geregelt sind. Unmittelbar anwendbar sind die Klauselverbote der §§ 308, 309 BGB, soweit es sich um AGB handelt, die nicht gegenüber einem Unternehmer, einer juristischen Person des öffentlichen Rechts oder einem öffentlich-rechtlichen Sondervermögen verwendet werden (§ 310 Abs. 1 S. 1 BGB). Auch wenn der Vertragspartner des Verwenders zu dem vorbezeichneten Personenkreis gehört, können die Wertungen der Klauselverbote jedoch über die Generalklausel des § 307 BGB berücksichtigt werden (vgl. § 310 Abs. 1 S. 2 BGB). Auch gegenüber Unternehmern und vergleichbaren, in der Verhandlungsmacht regelmäßig stärkeren anderen Personen, wie sie § 310 Abs. 1 S. 1 BGB vorsieht, kann sich der Unternehmer nicht von elementaren Pflichten des Werkvertragsrechts freizeichnen, die für die Herbeiführung des vertraglich geschuldeten Erfolgs wesentlich sind und deren Einhalt der Besteller berechtigterweise erwarten darf.[12] So kann der Besteller, auch wenn er zu einem weniger schutzwürdigen Personenkreis gehört, zumindest erwarten, dass ein unbedingter, vom Verschulden unabhängiger und die Nebenkosten deckender Anspruch auf Nacherfüllung und im Falle des Scheiterns oder einer Verzögerung der Nacherfüllung ein Recht zum Rücktritt oder ein Anspruch auf Schadensersatz verbleiben.[13]

2. Spezifische Regelungen

8   Bedeutsam ist die modifizierte Regelung zur Darstellung von Ersatzansprüchen. Die nunmehr in § 309 Nr. 5 BGB enthaltene Regelung (früher § 11 Nr. 5 AGBG) sieht vor, dass eine Pauschalierung von Schadensersatz oder Ersatz einer Wertminderung unwirksam ist, wenn dem anderen Teil nicht ausdrücklich der Nachweis gestattet wird, einen Schaden oder eine Wertminderung als nicht gegeben oder wesentlich niedriger als die Pauschale nachzuweisen.

---

11 MüKo/Busche § 639 BGB Rn. 10; Schuhmann NZBau 2003, 602.
12 BGH NJW-RR 1993, 560.
13 BGH NJW 1981, 1510; NJW-RR 1993, 560.

9 Weiter sind modifizierte Regelungen zum **Haftungsausschluss** (§ 309 Nr. 7 BGB; früher § 11 Nr. 7 AGBG) für einen Ausschluss oder eine Begrenzung der Haftung für Schäden aus der Verletzung des Lebens, des Körpers oder der Gesundheit, die auf einer fahrlässigen Pflichtverletzung des Verwenders oder einer vorsätzlichen oder fahrlässigen Pflichtverletzung eines gesetzlichen Vertreters oder Erfüllungsgehilfen des Verwenders beruhen, unwirksam. Hinzuweisen ist in diesem Zusammenhang auch, dass eine Unwirksamkeit nach § 309 Nr. 7 BGB eintritt, wenn eine Verjährung für Ansprüche der genannten Art erleichtert wird, was eine Haftungsbegrenzung im Sinne der Norm darstellen würde. Ist eine solche verjährungserleichternde Klausel so verfasst, dass sie die Verjährung der Ansprüche als Verletzung der genannten absoluten Rechtsgüter nicht trennbar regelt, kann die Klausel insgesamt nichtig sein.[14]

10 Gem. § 309 Nr. 8 a BGB ist eine Klausel unwirksam, welche eine Bestimmung, die bei einer vom Verwender zu vertretenden, nicht in einem Mangel der Kaufsache oder des Werks bestehenden Pflichtverletzung das Recht des anderen Vertragsteils, sich vom Vertrag zu lösen, ausschließt oder einschränkt. Das Rücktrittsrecht wegen Mängeln, § 636 BGB, ist gem. § 309 Nr. 8 b lit. bb BGB nicht klauselfest, was daran liegt, dass der Rücktritt in aller Regel bei Bauleistungen zu erheblichen Schwierigkeiten bei der Rückabwicklung führt, weil die Bauleistung ganz oder teilweise nicht zurückgegeben werden kann. Allerdings trifft diese Erwägung nicht 1:1 auf den Bauträgervertrag zu, weshalb der BGH eine Klausel für unwirksam gehalten hat, welche nach altem Recht die Wandelung ausschloss.[15]

11 Schließlich sind entsprechend § 309 Nr. 8 b BGB (früher § 11 Nr. 10 AGBG) Klauseln unwirksam bei Verbraucherverträgen für Werkleistungen, in welchen für den Fall des Fehlschlagens der Nachbesserung lediglich die Möglichkeit von Minderung und Rücktritt vorgesehen waren. Das Transparenzgebot kann es erfordern, dass auch die gesetzliche Möglichkeit des Schadensersatz statt der Leistung in der Klausel erwähnt wird, soweit Schadensersatz statt der Leistung nicht wirksam ausgeschlossen worden ist. Auch dies wird künftig bei Formulierungen entsprechender adäquater Klauseln zu berücksichtigen sein.[16] Im Übrigen sei hinsichtlich der Einzelfalljurisprudenz zum alten und neuen AGB-Rechts auf Palandt/Sprau § 639 BGB Rn. 9ff. sowie das Werk Markus/Kaiser/Kapellmann, AGB-Handbuch, Bauvertragsklauseln, 2005, verwiesen.

---

14 Vgl. Kniffka, IBR-Online-Kommentar § 639 Rn. 11; Leenen JZ 2001, 552.
15 BGH BauR 2002, 310 = IBR 2002, 18.
16 Vgl. Kniffka, IBR-Online-Kommentar § 639 Rn. 14ff; von Westphalen NJW 2002, 12.

B. Relevanz für die Baupraxis

12 In der Baupraxis, insbesondere im Rahmen der anwaltlichen Tätigkeit, kommen häufig Haftungsausschlussklauseln gerade auch in Allgemeinen Geschäftbedingungen der verschiedenen Vertragsbeteiligten vor. Hierbei ist gerade dem beratenden Anwalt anzuraten, die neue Rechtslage auf der Basis der Schuldrechtsmodernisierung bei der Überprüfung und Neugestaltung von Vertragsklauseln sorgfältig unter Einbeziehung der einschlägigen Rechtssprechung zu berücksichtigen. Die wesentlichen Maßstäbe ergeben sich neben § 639 BGB aus den allgemeinen Vorschriften zu Allgemeinen Geschäftsbedingungen, §§ 305 ff. BGB. Auf die bevorstehenden Ausführungen zu den nächsten Ausschlussklauseln sei an dieser Stelle verwiesen.

C. Korrespondierende VOB/B-Regelung

13 In der VOB findet sich grundsätzlich keine unmittelbar korrespondierende Regelung, § 639 BGB ist aber auch im Rahmen eines VOB/B-Bauvertrages anzuwenden, da die Norm nicht disponibel ist. Eine dennoch in diesem Kontext zu erwähnende Regelung enthält § 13 Nr. 3 VOB/B, der dem Unternehmer ein Freikommen von der Haftung für einen Mangel ermöglicht, wenn der Mangel auf die Leistungsbeschreibung oder auf Anordnungen des Auftraggebers, auf die von diesem gelieferten oder vorgeschriebenen Stoffe oder Bauteile oder die Beschaffenheit der Vorleistungen eines anderen Unternehmers zurückzuführen ist, es sei denn, der Unternehmer hat die ihm nach § 4 Nr. 3 VOB/B obliegende Mitteilung nicht gemacht, obwohl er sie hätte machen konnte bzw. hätte machen können.[17]

D. Rechtsprechungsübersicht

14 »Garantie« im Werkvertragsrecht: OLG Hamm BauR 2005, 1686 (Ls.) = IBR 2005, 531.

---

17 Vgl. die Ausführungen zu §§ 4 Nr. 3, 13 Nr. 3 VOB/B oben bei § 634 BGB Rn. 24.

§ 640
Abnahme

(1) Der Besteller ist verpflichtet, das vertragsmäßig hergestellte Werk abzunehmen, sofern nicht nach der Beschaffenheit des Werks die Abnahme ausgeschlossen ist. Wegen unwesentlicher Mängel kann die Abnahme nicht verweigert werden. Der Abnahme steht es gleich, wenn der Besteller das Werk nicht innerhalb einer ihm vom Unternehmer bestimmten angemessenen Frist abnimmt, obwohl er dazu verpflichtet ist.

(2) Nimmt der Besteller ein mangelhaftes Werk gemäß Absatz 1 Satz 1 ab, obschon er den Mangel kennt, so stehen ihm die in den § 634 Nr. 1 bis 3 bezeichneten Rechte nur zu, wenn er sich seine Rechte wegen des Mangels bei der Abnahme vorbehält.

Inhaltsübersicht

		Rn.
A.	Baurechtlicher Regelungsinhalt	1
I.	Wesen der Abnahme	2
II.	Voraussetzungen	5
	1. Anspruch des Unternehmers	5
	2. Abnahmevoraussetzungen im Einzelnen	8
	a) Vollständige Herstellung des Werks	9
	b) Werk im Wesentlichen vertragsgemäß	12
	c) Abnahme bei Tiefbauwerken und Bauhilfsgewerken	19
	3. Zeitpunkt der Abnahmeverpflichtung	21
	4. Abweichende Vereinbarungen	23
	5. Aufgedrängte Abnahme	29
	6. Exkurs: Besonderheiten bei Architekten-, Ingenieur- und Statikerleistungen	30
	7. Abnahme nach Kündigung	35
III.	Abnahmeformen nach dem BGB	37
	1. Rechtsgeschäftliche Abnahme (§ 640 Abs. 1 S. 1 BGB)	38
	a) Ausdrückliche Abnahme	39
	b) Stillschweigende/konkludente Abnahme	41
	2. Fingierte Abnahme (§ 640 Abs. 1 S. 3 BGB)	44
	3. Teilabnahme	49
IV.	Mängelvorbehalt (§ 640 Abs. 2 BGB)	51
V.	Stellvertretung bei der Abnahme	59
	1. Abnahme durch den Architekten	60
	2. Besonderheit im Haupt-/Subunternehmerverhältnis	63
	3. Abnahme bei Wohnungseigentumsgemeinschaften	64
VI.	Rechtsfolgen der Abnahme	68
	1. Erfüllungswirkung	69
	2. Fälligkeit der Vergütung	70
	3. Gefahrübergang auf den Besteller	71
	4. Übergang der Beweislast auf den Besteller	73
	5. Beginn der Mängelhaftung des Unternehmers	76
	6. Verlust von Mängelansprüchen	77
	7. Verlust des Vertragsstrafenanspruchs	78

§ 640 BGB — Abnahme

		Rn.
	VII. Klage auf Abnahme	79
B.	Relevanz für die Baupraxis	87
C.	Korrespondierende VOB/B-Regelung: § 12	91
D.	Rechtsprechungsübersicht	92

A. Baurechtlicher Regelungsinhalt

1 § 640 BGB nimmt im »Lebenslauf« eines Bauvorhabens eine **zentrale Stellung** ein: Er markiert die Schnittstelle zwischen dem Werk in der Phase seines Entstehens und dem »fertigen« Werk. Die Abnahme eines Bauvorhabens hat für beide Beteiligten – Auftraggeber (im BGB-Sprachgebrauch: »Besteller«) und Auftragnehmer (im BGB »Unternehmer«) – weit reichende Bedeutung. Sie bildet den Abschluss der Erfüllung und stellt sozusagen die »Aushändigung« des Produkts dar, das der Unternehmer für den Besteller hergestellt hat. Die Leistungs- und Vergütungsgefahr geht damit auf den Besteller über, ebenso die Schutzpflichten für das Werk. Die Abnahme verleiht dem Vergütungsanspruch des Unternehmers Fälligkeit und löst im Gegenzug seine Mängelhaftungsverpflichtungen aus.

I. Wesen der Abnahme

2 Die Abnahme ist ein **zweigliedriger Begriff**. Er umfasst zwei wesentliche Bestandteile – zum einen die **körperliche Hinnahme des Werks** und zum anderen die **Billigung des Werks als vertragsgemäß**. Der Abnahmebegriff ist an keiner Stelle legaldefiniert. Die ständige Rechtsprechung und Literatur geht aber einhellig von der Zweigliedrigkeit des Abnahmebegriffs aus.[1]

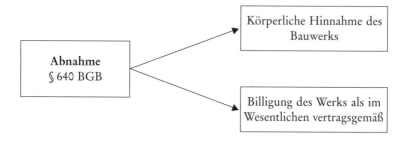

Abb: zweigliedriger Abnahmebegriff

---

1 BGH Urt. v. 24.11.1969 VII ZR 177/67 NJW 1970, 421; BGH Urt. v. 15.11.1973 VII ZR 110/71 BauR 1974, 67; BGH Urt. v. 30.6.1983 VII ZR 185/81, ZfBR 1983, 260.

Mit dem Gesetz zur Beschleunigung fälliger Zahlungen vom 30. 3. 2000 war klarstellend § 640 Abs. 1 S. 2 BGB eingefügt worden; demnach darf der Besteller die Abnahme nicht wegen unwesentlicher Mängel verweigern. Demnach sind frühere Urteile dahin gehend einzuschränken, dass eine erfolgte Abnahme nicht zwingend eine Billigung als mangel*frei* beinhaltet, sondern der Auftraggeber das Werk als *im Wesentlichen* bzw. *der Hauptsache nach* vertragsgemäß[2] billigt, da der Besteller ein Werk nach dem ausdrücklichen Wortlaut des § 640 Abs. 1 S. 2 BGB auch dann abzunehmen hat, wenn unwesentliche Mängel vorliegen. 3

Die **Rechtsnatur der Abnahmeerklärung** ist **umstritten**.[3] Sie wird sowohl als **rechtsgeschäftliche** als auch als **rechtsgeschäftsähnliche Erklärung** eingestuft.[4] Ein Rechtsgeschäft besteht aus einer oder mehreren Willenserklärungen, die alleine oder in Verbindung mit anderen Tatbestandsmerkmalen die gewollte Rechtsfolge herbeiführen.[5] Rechtsgeschäftsähnliche Handlungen sind Erklärungen, die auf einen tatsächlichen Erfolg gerichtet sind und deren Rechtsfolgen kraft Gesetzes eintreten.[6] Unter anderem Englert/Grauvogl/Maurer sehen die Billigung eines Bauwerks als im Wesentlichen vertragsgemäß als eine einseitige, nicht notwendig empfangsbedürftige Willenserklärung des Bestellers.[7] Nachdem das Gesetz in § 640 BGB die Rechtsfolgen der Abnahme nicht ausdrücklich vorgibt, liegt diese Einstufung als Rechtsgeschäft nahe. Der Meinungsstreit ist für die Praxis aber **letztlich unerheblich**, da in beiden Fällen die Vorschriften über die Willenserklärungen (im Falle der geschäftsähnlichen Handlung entsprechend) anzuwenden sind,[8] unter anderem also die Regelungen über die Geschäftsfähigkeit (§§ 104 ff. BGB) und die für die Baupraxis besonders bedeutsamen Regelungen über die Stellvertretung (§§ 164 ff. BGB),[9] auf die unten noch näher einzugehen sein wird. 4

II. Voraussetzungen

1. Anspruch des Unternehmers

Die Abnahme ist eine **Hauptpflicht des Bestellers**, auf die der **Unternehmer** einen **Anspruch** hat und bezüglich der daher grundsätzlich § 320 BGB Anwendung findet;[10] sie ist nicht nur eine bloße Obliegenheit des Bestellers i. S. d. § 642 BGB.[11] 5

---

2 Kniffka, IBR-Online-Kommentar § 640 Rn. 4.
3 Palandt/Sprau § 640 BGB Rn. 3.
4 Thode ZfBR 1999, 116; Kniffka, IBR-Online-Kommentar § 640 Rn. 6.
5 Palandt/Heinrichs Überbl. v. § 104 BGB Rn. 2.
6 Palandt/Heinrichs Überbl. v. § 104 BGB Rn. 6.
7 Englert/Grauvogl/Maurer Rn. 713.
8 Palandt/Heinrichs Überbl. v. § 104 BGB Rn. 7.
9 jurisPK-BGB/Mahler § 640 Rn. 10.
10 BGHZ 107, 75, 77, NJW 1989, 1602; BGH NJW 1972, 99; MüKo/Busche § 640 BGB Rn. 36; jurisPK-BGB/Mahler § 640 Rn. 15; Palandt/Sprau § 640 BGB Rn. 8; PWW/Wirth § 640 Rn. 3.
11 MüKo/Busche § 640 BGB Rn. 36.

6 **Voraussetzungen für einen Abnahmeanspruch** des Auftragnehmers gegen den Auftraggeber ergeben sich unmittelbar aus der gesetzlichen Regelung in § 640 Abs. 1 S. 1 und 2 BGB. Demnach ist der Besteller verpflichtet, ein vertragsgemäß hergestelltes Werk (= **Abnahmereife**) abzunehmen, sofern nicht nach der Beschaffenheit des Werks die Abnahme ausgeschlossen ist (= **Abnahmefähigkeit**). Wegen unwesentlicher Mängel kann die Abnahme nicht verweigert werden. Eine Abnahmepflicht des Bestellers besteht gemäß Rechtsprechung des BGH[12] erst, wenn das Werk vollständig und mangelfrei[13] hergestellt ist.

7 Als weitere ungeschriebene Voraussetzung wird gesehen, dass ein **Abnahmeverlangen** des Unternehmers vorliegt, das jedoch auch konkludent erfolgen kann[14] – etwa durch einen Hinweis, dass die Arbeiten abgeschlossen sind oder durch Abziehen der Mitarbeiter und der Baustelleneinrichtung. Weitere ungeschriebene Voraussetzung ist, dass der Besteller grundsätzlich die Gelegenheit haben muss, die Vertragsgemäßheit der Leistung zu überprüfen.[15]

Im Überblick:

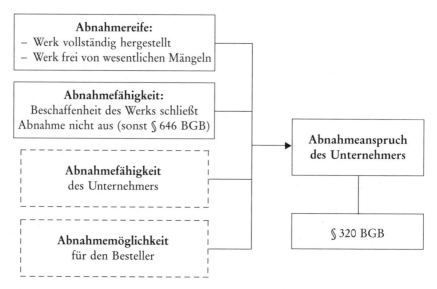

Abb.: Voraussetzungen für einen Abnahmeanspruch des Unternehmers

---

12 BGH Urt. v. 29. 6. 1993 X ZR 60/92.
13 Nach der Einfügung des Abs. 1 S. 2 in § 640 BGB durch das Gesetz zur Beschleunigung fälliger Zahlungen ist diese Entscheidung des BGH konsequenterweise dahin gehend zu relativieren, dass das Werk nicht »mangelfrei«, sondern »frei von wesentlichen Mängeln« sein muss.
14 Kniffka, IBR-Online-Kommentar § 640 Rn. 22.
15 Kniffka, IBR-Online-Kommentar § 640 Rn. 22.

2. Abnahmevoraussetzungen im Einzelnen

Im Folgenden werden die entscheidenden Voraussetzungen für das Bestehen eines Anspruchs des Bestellers auf Abnahme näher dargestellt. Die Kommentierung beschränkt sich an dieser Stelle auf die **Abnahmereife**. Diese liegt vor, sobald ein Werk vollständig hergestellt und im Wesentlichen vertragsgemäß ist (§ 640 Abs. 1 S. 1 BGB), also allenfalls unwesentliche Mängel aufweist. Entscheidender Zeitpunkt für die Beurteilung ist der der Vornahme der Abnahme.[16] Die Abnahmefähigkeit des Werks wird unten im Rahmen des § 646 BGB ausführlich dargestellt. Die oben unter Rn. 7 erfassten ungeschriebenen weiteren Abnahmevoraussetzungen des Abnahmeverlangens des Unternehmers und der Abnahmemöglichkeit für den Besteller bedürfen aufgrund ihrer klaren Aussage keiner ausführlicheren Erläuterung. Die Einzelprüfung, inwiefern eine Bauleistung abnahmereif ist, wird obsolet, wenn der Auftraggeber dem Auftragnehmer die Abnahme bereits angeboten hat: Dies schließt eine spätere Berufung des Bestellers auf fehlende Abnahmereife aus.[17]

a) Vollständige Herstellung des Werks

Denknotwendig muss ein Werk im Wesentlichen vollständig hergestellt sein, um vertragsgemäß sein zu können.[18] **Abzustellen** ist dabei **auf den konkret** vom Auftragnehmer **geschuldeten Leistungsumfang**.[19] Schuldet ein Unternehmer bauvertraglich etwa die Herstellung von 150 Metern einer näher beschriebenen Straße, kann diese Verpflichtung nicht bereits vertragsgemäß erfüllt sein, wenn der Auftragnehmer erst 145 Meter der Straße gebaut hat oder etwa nur den Unterbau und noch nicht die vertraglich geschuldete Tragschicht aufgebracht hat. Umgekehrt freilich reicht die vollständige Herstellung des Werks allein nicht aus, um zwingend Vertragsgemäßheit annehmen zu müssen. Die vollständige Fertigstellung einer Bauleistung ist nicht so weit auszulegen, dass alle Arbeiten erbracht und darüber hinaus auch sämtliche Mängel bereits beseitigt sein müssen.[20] Dies gibt letztlich § 640 Abs. 1 S. 2 BGB ausdrücklich vor. Fehlen jedoch wesentliche Restarbeiten, ist die Bauleistung noch nicht fertiggestellt.[21]

Eine vollständige Herstellung liegt auch bereits vor, wenn **nur noch geringfügige Restarbeiten ausstehen**, die für die abschließende Beurteilung der Bauleistung ohne Bedeutung sind und die Funktionsfähigkeit des Werks nicht berühren. Die vollständige Fertigstellung setzt aber **nicht zwingend** die **Funktionsfähigkeit** des

---

16 P/W/W § 640 Rn. 3; MüKo/Busche § 640 BGB Rn. 10.
17 OLG Hamburg Beschl. v. 9.7.2003 10 W 4/03 IBR 2003, 528.
18 MüKo/Busche § 640 BGB Rn. 11, hält dagegen eine Vollendung des Werks seit der Rechtslage seit dem 1.5.2000 ohne nähere Begründung nicht mehr für erforderlich.
19 Kleine-Moeller/Merl § 11 Rn. 8.
20 OLG Hamm Urt. v. 24.9.1993 12 U 175/92 DNotZ 1994, 870.
21 OLG Düsseldorf Urt. v. 21.12.2001 22U 66/01; im konkreten Fall verneinte das Gericht das Vorliegen der Fertigstellung, weil bei einer zu errichtenden Tiefgarage das Tor fehlte.

Gesamtwerks voraus. Diese ist ausschließlich nach der vertraglichen Leistungsbeschreibung des konkreten Bauvertrags zu beurteilen. Dies ist von praktischer Bedeutung insbesondere dann, wenn ein Unternehmer nur mit der Herstellung einer (unter Umständen für die Funktionsfähigkeit des Gesamtwerks völlig unbedeutenden) Teilleistung beauftragt ist. Die Fertigstellung ist nicht erst dann anzunehmen, wenn das Gesamtbauvorhaben »fertig« und funktionsfähig ist, sondern bereits, wenn die Arbeiten für die **vertraglich geschuldete Teilleistung** abgeschlossen sind. In diesem Fall kommt es nur auf die vollendete Herstellung der vertragsgegenständlichen Teile einer Funktionseinheit an, nicht auf die erst durch die ergänzende Leistungen später eintretende Funktionsfähigkeit. Die vollständige Fertigstellung der Bauleistung ist auch nicht zwingend mit der **Benutzbarkeit** des Werks gleichzusetzen.[22] Fehlen noch erhebliche Arbeiten, wie etwa bei der geschuldeten Errichtung eines Wohnhauses das Aufbringen des Außenputzes und das Rohbauplanum, ist eine Fertigstellung zu verneinen.[23] Schuldet der Unternehmer die schlüsselfertige Herstellung eines Bauwerks, ist Fertigstellung erst anzunehmen, wenn uneingeschränkte und dauerhafte Bezugsfertigkeit gegeben ist.[24] Inwieweit das **Fehlen einer geschuldeten Dokumentation oder Anleitung** dazu führt, dass die Bauleistung insgesamt nicht vollständig fertiggestellt ist, ist im Einzelfall zu beurteilen. Die Fertigstellung ist zu verneinen, wenn die Dokumentation – etwa bei komplexeren technischen Anlagen oder bei »erklärungsbedürftigen Investitionsgütern des Maschinen- und Anlagenbaus« – erforderlich ist zur sachgerechten Nutzung des Werks.[25] In derartigen Fällen kann der Besteller die Abnahme verweigern, bis der Unternehmer ihm die vereinbarte Dokumentation bzw. Anleitung vollständig ausgehändigt hat.

11 Die **objektive Unvollständigkeit** der Bauleistung **schließt** nach BGH[26] jedoch eine **konkludente Abnahme** grundsätzlich **nicht** von vornherein automatisch **aus**. In einem solchen Fall müssen jedoch »gewichtige Umstände« vorliegen, die die Abnahme rechtfertigen, der Auftragnehmer habe das Werk als vertragsgemäße Leistung anerkannt.[27]

b) Werk im Wesentlichen vertragsgemäß

12 Eine Bauleistung ist dann als im Wesentlichen vertragsgemäß anzusehen, wenn es **keine oder allenfalls unwesentliche Mängel** aufweist. Solche berechtigen den Auftraggeber gemäß dem im Zuge des Gesetzes zur Beschleunigung fälliger

---

22 Kleine-Moeller/Merl § 11 Rn. 8.
23 OLG Stuttgart Urt. v. 26. 7. 1989 11 U 13/89.
24 BGH Urt. v. 27. 5. 1974 VII ZR 151/72.
25 BGH Urt. v. 3. 11. 1992 X ZR 83/90; BGH Urt. v. 29. 6. 1993 X ZR 60/92 NJW-RR 1993, 1461; jurisPK-BGB/Mahler § 640 Rn. 17.
26 BGH Urt. v. 18. 2. 2003 X ZR 245/00 BauR 2004, 337.
27 Im hier entschiedenen Fall verneinte der BGH die schlüssige Abnahme einer EDV-Anlage, weil der AN dem AG die zum Betrieb erforderliche Lizenz nicht verschafft hatte;

Zahlungen eingeführten § 640 Abs. 1 S. 2 BGB[28] nicht zur Verweigerung der Abnahme.

Unter welchen Voraussetzungen ein **Mangel unwesentlich** ist, hängt vom Einzelfall ab. Die **beiderseitigen Interessen von Auftraggeber und Auftragnehmer sind gegeneinander abzuwägen**. Von Bedeutung sind auch die **Art** und der **Umfang** des Mangels.[29] Auch eventuelles Verschulden (und ein Verschuldensgrad) findet Berücksichtigung.[30]

13

Unwesentlich ist ein Mangel dann, wenn es dem Besteller zumutbar ist, die Leistung als im Wesentlichen vertragsgemäße Erfüllung anzunehmen und sich mit den Mängelrechten nach § 634 BGB zu begnügen. Dies ist an Hand von Art und Umfang des Mangels sowie seiner konkreten Auswirkungen nach den Umständen des Einzelfalls unter Abwägung beiderseitiger Interessen zu beurteilen.[31] Im Rahmen der Abwägung ist das Interesse des Bestellers an einer mangelfreien Leistung einerseits dem Interesse des Unternehmers gegenüberzustellen, relativ zu den zu erwartenden Mängelbeseitigungskosten eine zeitnahe Fälligkeit seines Werklohnanspruchs zu erreichen. Ein Werk ist demnach abnahmereif, wenn vorhandene Restmängel nach allen Umständen des Einzelfalls an Bedeutung so weit zurücktreten, dass es unter Abwägung beiderseitiger Interessen dem Auftraggeber zumutbar ist, einen zügige Vertragsabwicklung nicht aufzuhalten und deshalb nicht mehr auf den Vorteilen zu bestehen, die sich ihm vor Abnahme bieten.[32] Weitere Kriterien, die in die Abwägung einzustellen sind, sind etwa, ob Einzelheiten in Rede stehen, deren Bedeutung der Besteller im Rahmen der Vertragsverhandlungen bereits ausdrücklich deutlich herausgestellt hat, sowie auch nicht nur, welche Kosten, sondern auch, welche möglichen Risiken mit der Beseitigung des konkreten Mangels verbunden sein können.[33]

14

Weist die streitgegenständliche Bauleistung **mehrere Mängel** auf, ist nicht jeder einzelne Mangel auf seine Wesentlichkeit hin zu untersuchen, sondern eine **Gesamtbetrachtung** anzustellen, da sich auch die Abnahme auf die Vertragsgemäßheit des Werks insgesamt bezieht.[34] Somit kann im Rahmen der Gesamtbetrachtung ein

15

---

28 Die Vorschrift ist § 13 Nr. 3 VOB/B nachgebildet, so dass die hierzu ergangene Rechtsprechung zur Wesentlichkeit eines Mangels übernommen werden kann, vgl. dazu Motzke NZBau 2000, 489/94; MüKo/Busche § 640 BGB Rn. 12, sieht dagegen vorzunehmende Einschränkungen diesbezüglich, da die Formulierung der VOB- und der BGB-Regelung vom Wortlaut her nicht identisch sind;
29 BGH NJW 1992, 2481; MüKo/Busche § 640 BGB Rn. 13; P/W/W § 640 Rn. 4; jurisPK-BGB/Mahler § 640 Rn. 19.
30 P/W/W § 640 Rn. 4.
31 BGH NJW 1981, 1448; BGH NJW 1992, 2481; Palandt/Sprau § 640 BGB Rn. 9.
32 BGH Urt. v. 26. 2. 1981 VII ZR 287/79; BGH Urt. v. 15. 6. 2000 VII ZR 30/99; BGH Urt. v. 30. 4. 1992 VII ZR 185/90; OLG Dresden Urt. v. 8. 2. 2001 16 U 2057/00 BauR 2001, 949; IBR 2001, 417.
33 jurisPK-BGB/Mahler § 640 Rn. 20.
34 Staudinger/Peters § 640 BGB Rn. 34.

wesentlicher Mangel zu bejahen sein, der zur Abnahmeverweigerung berechtigt, wenn mehrere an sich unwesentliche Mängel gemeinsam eine wesentliche Beeinträchtigung des Werks ergeben. Andererseits hat der BGH in einem konkreten Fall bereits einen an einem von 25 zu errichtenden Reihenhäusern festgestellten erheblichen Schallmangel mit einem Beseitigungsaufwand von rund 30.000 DM bei einem Gesamtbauvolumen von 6 Mio. DM als wesentlichen Mangel eingestuft, der den Auftraggeber zur Abnahmeverweigerung bezüglich der gesamten Reihenhausanlage berechtigte.[35]

16 Ein wesentlicher Mangel wird in der Regel anzunehmen sein, wenn er die **Gebrauchstauglichkeit** des Werks für den Besteller **beeinträchtigt**.[36] Dies gilt ebenso für einen Mangel, der **Relevanz für die Sicherheit** des Werks hat, wenn von ihm ein erhebliches Gefahrenpotenzial ausgeht.[37] Im konkreten Fall hatte das OLG Hamm trotz relativ geringfügiger Mangelbeseitigungskosten (ca. 2.000 € bei einer Auftragssumme von insgesamt 1,5 Mio. €) einen wesentlichen Mangel angenommen: Zwischen einem Parkplatz und einem 79 cm tiefer liegenden Gehweg fehlte ein Geländer zur Absturzsicherung. Eine Bauleistung ist nach Ansicht des BGH auch dann nicht abnahmefähig, wenn das **Werk nicht den Regeln der Technik entspricht**. Es kommt nicht darauf an, ob es bereits zu einem Bauschaden gekommen ist.[38] Das Urteil ist zur Rechtslage vor Einführung des § 640 Abs. 1 S. 2 BGB ergangen und heute dahingehend zu relativieren, dass eine weitergehende Prüfung zu verlangen ist, inwieweit die Abweichung von den Regeln der Technik einen wesentlichen Mangel darstellt.

17 Bloße **geringfügige optische Beeinträchtigungen** stellen in der Regel keinen wesentlichen Mangel dar. Derartige **Schönheitsfehler** sind durch Minderung abzugelten.[39] Geringfügige, noch fehlende Restarbeiten, können ebenfalls einem unwesentlichen Mangel gleichstehen.[40]

18 Ein **Irrtum des Auftraggebers über das (Nicht-)Vorliegen, die Schwere oder die Reichweite eines Mangels** ist dabei **unbeachtlich**. Ein solcher eröffnet dem Besteller nicht die Möglichkeit zur Irrtumsanfechtung. Dies wäre mit dem Gewährleistungsrecht nicht vereinbar und insoweit lediglich als ein unbeachtlicher Motivirr-

---

35 OLG Dresden Urt. v. 18. 2. 1999 7 U 2222/98; BGH Beschl. v. 22. 2. 2001 VII ZR 79/99 (Revision nicht angenommen); IBR 2001, 358.
36 Palandt/Sprau § 640 BGB Rn. 9; MüKo/Busche § 640 BGB Rn. 13; Heinze NZBau 2001, 233, 237.
37 OLG Hamm Urt. v. 26. 11. 2003 12 U 112/02 IBR 2005, 420.
38 OLG Celle Urt. v. 6. 5. 1999 14 U 163/98; BGH Beschl. v. 27. 7. 2000 VII ZR 215/99 (Revision nicht angenommen).
39 OLG Hamm Urt. v. 24. 3. 2003 17 U 88/02 BauR 2003, 1403; NJW-RR 2003, 965; in dem Urteil ging es um die Optik von Türschwellen bei der geschuldeten Errichtung einer Reihenwohnhausanlage; P/W/W § 640 Rn. 4.
40 Palandt/Sprau § 640 BGB Rn. 9.

tum einzustufen.[41] Eine Anfechtung der Abnahmeerklärung wegen widerrechtlicher Drohung ist dagegen unter bestimmten Gesichtspunkten möglich.[42]

c) Abnahme bei Tiefbauwerken und Bauhilfsgewerken

Bei **Tiefbaugewerken** wird sich häufig das **Problem** stellen, dass die **Bauleistung** in den Baugrund eingebracht wird und damit »**im Boden verschwindet**«. Bereits die Frage, ob die Tiefbauleistung vollständig erbracht wurde, lässt sich regelmäßig nicht per Augenschein prüfen. Ist etwa eine Hochdruckinjektionssohle zum Abschluss einer tiefen Baugrube nach unten oder eine Dichtwand herzustellen, ist nach Produktion der einzelnen Säulen von der Geländeoberkante aus in keiner Weise sichtbar, ob alle geschuldeten Säulen hergestellt wurden. Auch kann der Auftraggeber nicht einfach optisch überprüfen, ob die Säulen wirklich den geforderten Durchmesser und die geschuldete Höhe aufweisen und die Tiefbauleistung damit im Wesentlichen vertragsgemäß ist. Eine Abnahme nach § 640 BGB ist denkbar, wenn sich etwa durch Herstellprotokolle, wie sie Großbohrgeräte regelmäßig erstellen, oder durch Pumpversuche zweifelsfrei nachweisen lässt, dass das Tiefbauwerk fertiggestellt und im Wesentlichen vertragsgemäß ist. Andernfalls ist der Tatbestand von § 640 Abs. 1 S. 1 Hs. 2 BGB erfüllt und eine Abnahme des Werks aufgrund von dessen Beschaffenheit ausgeschlossen. In diesem Fall ersetzt die Fertigstellung gem. § 646 BGB die Abnahme.

19

Für **(Tief-)Bauhilfsgewerke** sei an dieser Stelle lediglich auf die Voraussetzung hingewiesen, dass es sich um ein abnahmefähiges, in sich abgeschlossenes, abtrennbares Werk handeln muss, um eine eigenständige Abnahme im Sinne der BGB-Regelung vornehmen zu können. Tiefbau(hilfs-)gewerke sind Tiefbaugewerke, die eine zeitlich vorübergehende oder dauernde Hilfsfunktion insbesondere zu Sicherungszwecken übernehmen und nicht Bestandteil des eigentlichen Bauwerks werden, sondern als vorbereitende und/oder begleitende Baumaßnahme dem Bauwerk dient und Voraussetzung für dessen Errichtung ist. Als Beispiele sind Gerüste und Schalungen ebenso zu nennen wie etwa ein »Berliner Verbau« mit Rückverankerung oder Spundwände.[43] Zur Rolle der Abgrenzung temporärer und dauernder Tiefbau(hilfs)gewerken und zu den weiteren technischen und rechtlichen Details sei auf die ausführliche Darstellung der Abnahme von Tiefbauleistungen in Englert/Grauvogl/Maurer[44] verwiesen.

20

---

41 BGH Urt. v. 18.2.1965 VII ZR 40/63; Kniffka, IBR-Online-Kommentar § 640 Rn. 7.
42 BGH Urt. v. 4.11.1982 VII ZR 11/82 NJW 1983, 384; Kniffka, IBR-Online-Kommentar § 640 Rn. 7.
43 Englert/Grauvogl/Maurer Rn. 710.
44 Handbuch des Baugrund- und Tiefbaurechts, Kap. K.

3. Zeitpunkt der Abnahmeverpflichtung

21 Die **BGB-Regelung sieht** anders als die korrespondierende Vorgabe in § 12 Nr. 1 VOB/B **keine Frist** für die Vornahme der Abnahme **vor**. Bei einem VOB-Vertrag hat der Auftraggeber das Werk innerhalb von zwölf Werktagen abzunehmen, sofern keine andere Frist vereinbart ist. Nachdem das BGB diesbezüglich keine Regelung trifft, hat der Besteller in der Konsequenz das Werk auf Verlangen des Unternehmers gem. § 271 BGB **sofort und ohne Zögern abzunehmen**.[45] Der Abnahmezeitpunkt ist unabhängig vom vertraglichen Fertigstellungstermin – die Abnahme setzt somit nicht den Ablauf der vertraglich vereinbarten Leistungsfrist voraus.[46]

22 Im **Haupt-/Subunternehmerverhältnis** ist der Hauptunternehmer bereits dann zur unverzüglichen **Abnahme der Nachunternehmerleistungen** verpflichtet, sobald diesbezüglich die Abnahmevoraussetzungen vorliegen (Abnahmereife) und der Nachunternehmer die Abnahme verlangt. Der Hauptunternehmer kann nicht die Abnahme verweigern mit dem Argument, er selbst könne gegenüber seinem Auftraggeber noch keine Abnahme verlangen.[47]

4. Abweichende Vereinbarungen

23 Es **steht** aber auch **den Parteien** eines BGB-Bauvertrags **frei**, eine von den Vorgaben des § 640 BGB **abweichende vertragliche Vereinbarung über den Abnahmezeitpunkt, die Form der Abnahme und die Abnahmereife** zu treffen. Dies gilt ebenso für die Regelungsgegenstände des § 640 Abs. 1, S. 2 und 3 BGB.[48] **Unproblematisch** sind in dieser Hinsicht **individualvertragliche Regelungen**.

24 **Differenziert** sind derartige Vereinbarungen **zu sehen**, wenn sie im Rahmen von **vorformulierten Vertragsbedingungen** getroffen werden. Das ist etwa der Fall, wenn Regelungen in den in Bauverträgen vielfach üblichen Zusätzlichen Vertragsbedingungen getroffen werden, die im Regelfall für mehrere Verträge vorformuliert sind und damit auf ihre AGB-Qualität hin zu prüfen sind. Derartige Klauseln sind dann auf ihre Wirksamkeit nach den AGB-Kriterien im Rahmen einer **Inhaltskontrolle** aufgrund der **§§ 305 ff. BGB** zu prüfen. Die Rechtsprechung diesbezüglich ist ebenso umfangreich wie unübersichtlich, so dass die konkrete Vereinbarung entsprechend intensiv zu überprüfen ist.

25 Praktisch bedeutsam ist etwa, dass eine vorformulierte Regelung unwirksam ist, nach der die Abnahme einer Unternehmerleistung davon abhängig gemacht wird, dass der Bauherr eine Gesamtabnahme nach Endfertigstellung des gesamten Bau-

---

[45] Kniffka, IBR-Online-Kommentar § 640 Rn. 23; MüKo/Busche § 640 BGB Rn. 36; LG Koblenz Urt. v. 19. 8. 1994 8 O 85/93.
[46] Kleine-Moeller/Merl § 11 Rn. 7.
[47] Kleine-Moeller/Merl § 11 Rn. 68 unter Verweis auf OLG Düsseldorf.
[48] MüKo/Busche § 640 BGB Rn. 38.

werks vornimmt. Eine solche Vereinbarung benachteiligt den Unternehmer unangemessen, da damit der Zeitpunkt der Abnahme seiner Leistung ungewiss und ohne zeitliche Begrenzung hinausgeschoben werden kann.[49] Diese Entscheidungspraxis ist insbesondere bedeutsam für **Subunternehmerverträge**. Eine Abnahmeregelung in dem Klauselwerk eines Haupt- bzw. Generalunternehmers, wonach die vertragsgemäß fertiggestellte Leistung eines Nachunternehmers erst als abgenommen gelten solle, wenn sie im Rahmen der Abnahme des Gesamtvorhabens vom Auftraggeber des Haupt- bzw. Generalübernehmers abgenommen wird, verstößt nach der Rechtsprechung des Bundesgerichtshofs gegen das AGB-Gesetz.[50] Als unwirksam eingestuft hat die Rechtsprechung ferner Klauseln, wonach eine Abnahme erst angenommen werden soll nach Bezugsfertigkeit der letzten Wohneinheit in einer Wohnanlage,[51] nach Eingang der letzten bestätigten Mängelanzeige[52] sowie eine Bestimmung, dass die Wirkungen der Abnahme nicht eintreten sollen vor einer ausdrücklichen Bestätigung durch den Auftraggeber unabhängig davon, wie lange er das fertig hergestellte Werk bereits in Gebrauch genommen hat.[53]

Der BGH hat jedoch für Nachunternehmerverträge und Generalunternehmerverträge eine **Ausnahme** zugelassen, nach der unter bestimmten Voraussetzungen ausnahmsweise der Abnahmezeitpunkt für die Subunternehmerleistung auch formularmäßig so lange hinausgeschoben werden kann, bis das Gesamtwerk fertig gestellt ist. Dies ist aber bei derartigen Vertragskonstellationen nicht generell möglich, sondern nur unter der engen Voraussetzung, dass besondere Gründe vorliegen müssen, die Abnahmezeitpunkte deckungsgleich zu wählen, etwa, wenn die Vertragsgemäßheit des Werks des Subunternehmers nur hinreichend beurteilt werden kann in Zusammenhang mit einer zeitlich später auszuführenden Leistung eines anderen (Sub-)Unternehmers.[54] 26

Ebenso **unwirksam** ist eine **formularmäßige Vereinbarung einer Abnahmefiktion**, nach der das Vertragsobjekt »spätestens mit dem Einzug« als abgenommen gilt.[55] Als unzulässig wurde auch eine Klausel eingestuft, die regelte, dass der Werkvertrag nicht als ordnungsgemäß erbracht galt, solange der Unternehmer nicht ein ordnungsgemäß geführtes Bautagebuch vorlegte.[56] Vereinbaren Parteien auf der Basis einer formularmäßigen Regelung, dass die Abnahme davon abhängen 27

---

49 BGHZ 107, 75, 77, NJW 1989, 1602, 1603.
50 So BGH Urt. v. 17.11.1994 VII ZR 245/93 BauR 1995, 526, zur Gesetzeslage gemäß dem AGBG vor dem Schuldrechtsmodernisierungsgesetz; nachdem das frühere AGB-Gesetz letztlich unverändert in §§ 305 ff. BGB übernommen wurde, ist die Rechtsprechung auch auf die aktuelle Rechtslage anwendbar; hierzu Englert/Grauvogl/Maurer Rn. 734.
51 BGH NJW 1985, 731.
52 BGH BauR 1971, 128.
53 OLG Düsseldorf Urt. v. 14.7.1995 22 U 46/95.
54 BGHZ 107, 75, 78, NJW 1989, 1602.
55 OLG Hamm Urt. v. 24.11.1993 12 U 29/93; das Gericht nahm zur Regelung in BGB a.F. einen Verstoß gegen § 11 Nr. 10f AGBG an.
56 LG Koblenz Urt. v. 19.8.1994 8 O 685/93.

soll, dass ein **Dritter die Mangelfreiheit bescheinigt** – hier etwa der Erwerber einer vom Unternehmer zu errichtenden Eigentumswohnung – ist dies ebenso unwirksam.[57] **Nicht wirksam möglich** ist es auch, im Rahmen von AGB die Regelung des § 640 Abs. 1 S. 2 BGB vollständig abzubedingen. Hierin sieht die Rechtsprechung ebenfalls eine unangemessene Benachteiligung des Unternehmers i. S. d. § 307 Abs. 2 BGB.[58]

28 Bei **Tiefbau(hilfs)gewerken** ist bei derartigen Vertragsklauseln **besondere Vorsicht geboten**. Solche Bauleistungen stehen regelmäßig zeitlich am Anfang einer (häufig größeren) Gesamtbaumaßnahme, so dass gerade hier Vertragsbedingungen negative Wirkungen entfalten können. Bereits im Stadium des Vertragsschlusses sollten daher derartige »Abnahmebedingungen«, die die Abnahme zeitlich unbestimmt hinausschieben, mit dem Auftraggeber einvernehmlich und angemessen abgeändert (im Sinne einer dann individuellen Vereinbarung, die nicht mehr der AGB-Inhaltskontrolle unterliegt) oder gänzlich gestrichen werden.

5. Aufgedrängte Abnahme

29 **Umstritten** ist, ob der Besteller dem (Bau)Unternehmer eine Abnahme »aufdrängen« kann, also bereits dann freiwillig und **gegen den Willen des Auftragnehmers** ein Bauwerk abnehmen kann, wenn die vertraglichen Leistungen noch nicht vollständig erbracht sind. Der Besteller könnte ein Interesse etwa daran haben, wenn er die (Vor-)Leistungen eines Bauunternehmers einem Nutzer oder weiteren Bauunternehmer zu einem bestimmten Termin übergeben muss. Ein Teil der Literatur hält diese Möglichkeit für gegeben, da es dem Besteller frei stehe, auch ein nicht fertiges Werk abzunehmen und damit das Risiko zu übernehmen, dass er damit ein unvollständiges Werk übernimmt und möglicherweise übersieht, sich noch nicht ausreichend erkennbare Mängel vorzubehalten. Die Gegenmeinung lehnt die Möglichkeit einer aufgedrängten vorzeitigen Abnahme ab und verweist darauf, dass nur ein abnahmereifes Werk abgenommen werden könne und der Unternehmer bei einer verfrühten Abnahme Gefahr laufe, rechtliche Nachteile zu erleiden. Darüber hinaus bleibe dem Auftraggeber die Möglichkeit, den Werkvertrag nach § 649 S. 1 BGB zu kündigen, wenn er das Werk frühzeitig nützen wolle.[59] Aufgrund der Tatsache, dass es sich bei der Abnahmeerklärung um eine einseitige Willenserklärung des Bestellers handelt, wird es in der Praxis problematisch sein, sie im Falle einer aufgedrängten Abnahme als rechtsfolgenlos zu deklarieren. Nachdem der Unternehmer aus dem Bauvertrag nicht nur eine Pflicht, sondern auch das Recht herleiten kann, das geschuldete Werk vollständig zu erbringen, ist eine **aufgedrängte Abnahme als Vertragsverletzung** anzusehen.[60] Gegen die ihm entstehenden Nachteile – eine nur teilweise erbrachte Leistung ergibt per se etwa zunächst einen

---

57 Werner/Pastor Rn. 1359 f.
58 Palandt/Sprau § 640 BGB Rn. 12.
59 Kniffka, IBR-Online-Kommentar § 640 Rn. 24; Kleine-Moeller/Merl § 11 Rn. 68.
60 So auch Kniffka, IBR-Online-Kommentar § 640 Rn. 24.

reduzierten Werklohnanspruch – ist der **Unternehmer in diesem Fall zu schützen**, ob durch eine Auslegung der vorzeitigen Abnahmeerklärung als Kündigungserklärung des Auftraggebers i.S.d. § 649 S.1 BGB mit den entsprechenden Folgen oder jedenfalls nach Treu und Glauben (§ 242 BGB), wonach der Besteller aus seiner eigenen Vertragsverletzung nicht auch noch Vorteile für sich herleiten kann.

6. Exkurs: Besonderheiten bei Architekten-, Ingenieur- und Statikerleistungen

Im Rahmen von Bauvorhaben sind in der Praxis vor allem bei größeren Projekten neben dem Architekten auch **Sonderfachleute** beteiligt, zum Beispiel Tragwerksplaner, Vermessungsingenieure oder Bodengutachter. Die Besonderheit ihrer Werkleistungen besteht darin, dass der **Schwerpunkt ihrer Tätigkeit im geistigen Bereich** liegt, während etwa ein Maurer oder Zimmerer im Ergebnis in erster Linie ein körperliches Werk herstellt. Bei den geistigen Leistungen stellt sich die Besonderheit, dass der Zeitpunkt der Fertigstellung und damit die Abnahmereife schwieriger zu beurteilen ist. Deren Werk fällt nicht unter § 646 BGB, sondern ist grundsätzlich abnahmefähig.[61] **30**

Architekt und Ingenieur schulden zwar nicht das Bauwerk als körperliche Sache. Nach der Rechtsprechung des BGH schuldet der Architekt grundsätzlich als Gesamterfolg das **mangelfreie Entstehenlassen eines Bauwerks**. Darüber hinaus hat der BGH mit seiner Entscheidung vom 24.06.2004[62] angenommen, dass der **Architekt** unter bestimmten Voraussetzungen nicht nur den Gesamterfolg, sondern **auch einzelne**, an den Leistungsphasen des § 15 HOAI orientierte **Teilerfolge schuldet**. **31**

Die **Abnahme des Bauwerks an sich** durch den Besteller gegenüber den Bauunternehmern **reicht nicht aus** und **ist andererseits auch nicht erforderlich** für die Annahme einer gleichzeitigen Abnahme des Architekten-/Ingenieurwerks, kann aber im Einzelfall ein Indiz dafür sein.[63] Ist der Architekt mit einer **Vollarchitektur** mit allen Leistungsphasen nach § 15 HOAI beauftragt, nahm die h.M. bislang eine Abnahmereife des Architektenwerks erst an, wenn alle Leistungsphasen, also auch Leistungsphase 9 (Objektbetreuung), vollständig erbracht waren. Das wirft für die Praxis freilich das Problem auf, dass auch Leistungen im sehr frühen Zeitraum eines Bauvorhabens wie Voruntersuchungen nach Leistungsphase 1 erst abgenommen werden können, wenn das Bauwerk komplett fertiggestellt ist.[64] **32**

Dies führt in der Praxis dazu, dass eine Vollendung des Architektenwerks zeitlich kaum absehbar ist, nachdem zur Tätigkeit in Leistungsphase 9 insbesondere die Überprüfung des Bauwerks auf Mängel innerhalb der Mängelhaftungsfrist der Bauunternehmer zählt. Die Abnahme des Architektenwerks wird damit unzumut- **33**

---

61 BGH BauR 1971, 60f.; NJW 1964, 647.
62 VII ZR 259/02 IBR 2004, 412; NZBau 2004, 509; BauR 2004, 1640; NJW 2004, 2588.
63 Palandt/Sprau § 640 BGB Rn.7.
64 BGH NJW 1994, 1276, BauR 1994, 392ff.; OLG Düsseldorf NJW-RR 1992, 1174f.; OLG Köln, BauR 1992, 803; Werner/Pastor Rn.2094.

bar hinausgeschoben, was bei der Rechtsprechung jedoch nicht auf Bedenken stößt.[65] Für die Praxis ist daher zu empfehlen, dem dadurch zu begegnen, die Verpflichtung zur Teilabnahme nach Abschluss der Leistungsphase 8 zu vereinbaren. Nimmt man die Erfolgshaftung des Architekten auch für die an den Leistungsphasen des § 15 HOAI orientierten **vereinbarten Arbeitsschritte als geschuldete Teilerfolge** an,[66] müsste man konsequenterweise auch in sich geschlossene Teilleistungen darin sehen, die jeweils für sich abnahmereife Werke darstellen. Nachdem das BGB anders als die VOB/B aber nicht ausdrücklich Teilabnahmen vorsieht, müssten Anspruch und Verpflichtung zu solchen Teilabnahmen entweder vertraglich vereinbart oder einvernehmlich durchgeführt werden.

34 Schuldet der Architekt, Ingenieur oder technische Gutachter nur eine **Planungsleistung, Berechnungen** oder eine **gutachterliche Stellungnahme**, ist diese vollständig erbracht, wenn er sein Werk in Form der schriftlichen Unterlagen dem Besteller übergibt.[67] Die Abnahme wird in der Praxis in der Regel darin zu sehen sein, dass der Besteller die Unterlagen entgegen nimmt und – etwa durch die weitere Verwendung der Ergebnisse oder durch vorbehaltlose Zahlung der Honorarrechnung – konkludent als vertragsgemäß billigt.[68] Hat der Unternehmer eine **Bauleitertätigkeit** zu erbringen, entfällt die Möglichkeit der unmittelbaren Verkörperung etwa in Form von Plänen o. Ä. Die Abnahme liegt in diesem Fall in der (ausdrücklichen oder konkludenten) Anerkennung der erbrachten Leistung durch den Besteller als vertragsgemäß.[69]

7. Abnahme nach Kündigung

35 **Kündigt** ein **Besteller vorzeitig** einen Bauvertrag, bedarf es nach nunmehriger Rechtsprechung des BGH[70] dennoch einer Abnahme, um die Fälligkeit der Kündigungsvergütung zu begründen, auch wenn die Leistung, gemessen am ursprünglichen Bauvertrag, nicht vollständig erbracht und damit eigentlich nicht abnahmereif ist.[71] Die **Kündigung selbst** ist **keine konkludente Abnahme**.[72] Die Abnahme nach einer erfolgten Kündigung stellt eine **Endabnahme** und nicht nur eine Teilabnahme dar. Es wird allgemein gebilligt, dass der Auftraggeber, wenn er von sich aus vorzeitig den Bauvertrag kündigt, auch den Nachteil hinzunehmen hat, dass sich die Tauglichkeit der Stückwerk gebliebenen Leistung unter Umständen erst nach anderweitiger Vollendung des Werks beurteilen lässt.[73]

---

65 BGH NJW 1994, 1276.
66 BGH NJW 1994, 1276.
67 BGHZ 48, 257, 262 f.
68 BGHZ 72, 257, NJW 1979, 214 f.; OLG München NJW-RR 1988, 85 f.; Kleine-Moeller/Merl § 11 Rn. 139.
69 Palandt/Sprau § 640 BGB Rn. 7.
70 BGH Urt. v. 11. 5. 2006 VII ZR 146/04.
71 Ausführlicher dazu unten Rn. 92 ff.
72 jurisPK-BGB/Mahler § 640 Rn. 17.
73 Kleine-Moeller/Merl § 11 Rn. 73 f.

36 Die vertragliche Leistung ist gem. § 637 BGB auch dann als im Wesentlichen vertragsgemäß erbracht anzusehen, **wenn der Besteller eine Selbstvornahme durchgeführt hat.** Die Selbstvornahme ersetzt in diesem Fall die Erfüllungshandlung des Unternehmers, so dass der Besteller **auch in diesem Fall zur Abnahme verpflichtet** ist. Im Regelfall wird die Bauleistung bei dieser Konstellation eine konkludente Abnahme durch Nutzung des Werks oder durch Abnahme der Leistung des Drittunternehmers anzunehmen sein.[74] Eine Abnahmefiktion nach § 640 Abs. 1 S. 3 BGB ist auch im Fall einer vorzeitigen Kündigung möglich.[75]

III. Abnahmeformen nach dem BGB

37 Auf der Basis der **BGB-Regelung** sind grundsätzlich zunächst **zwei grundlegende Abnahmeformen** zu unterscheiden: Zum einen die **rechtsgeschäftliche Abnahme** und zum anderen die **fingierte Abnahme**. Letztere ist nicht gleichzusetzen mit der stillschweigenden (konkludenten) Abnahme – hierbei handelt es sich um eine Unterform der rechtsgeschäftlichen Abnahme.[76]

Im Überblick:

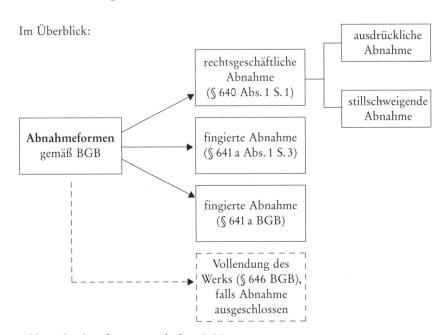

Abb.: Abnahmeformen nach dem BGB

---

74 Thode ZfBR 1999, 116 ff.; Kniffka ZfBR 1998, 113 f.; Kniffka, IBR-Online-Kommentar § 640 Rn. 25.
75 Kniffka, IBR-Online-Kommentar § 640 Rn. 26.
76 Palandt/Sprau § 640 BGB Rn. 6.

1. Rechtsgeschäftliche Abnahme (§ 640 Abs. 1 S. 1 BGB)

38 Grundvoraussetzung für die rechtsgeschäftliche Abnahme ist zunächst, das diese **nicht aufgrund der Beschaffenheit des Werks** i.S.d. § 640 Abs. 1 S. 1 Hs. 2 BGB, **ausgeschlossen** ist, weil es sich etwa um ein unkörperliches Werk handelt. Ein solches kann körperlich nicht entgegengenommen werden. Rein unkörperliche Werke[77] sind in der Baupraxis untypisch, da ein Bauwerk regelmäßig körperliche Gestalt annehmen wird wie dies bei einem Mauerwerk, einem zu errichtenden Radweg, Fenstern, Pflasterarbeiten oder einer Kanalrohrleitung der Fall ist. Hat sich ein geistiges Werk wie eine Planungsleistung oder ein Gutachten in Schriftstücken oder Pläne verkörpert, kann das Werk auch rechtsgeschäftlich abgenommen werden.[78]

a) Ausdrückliche Abnahme

39 Die ausdrückliche Abnahme ist die »**Grundform**« der Abnahmevarianten. Sie bedeutet die **körperliche Hinnahme des Werks** in Form der Besitzübertragung, verbunden mit der **Anerkennung** des Werks **als in der Hauptsache vertragsgemäße Leistung**.[79] Entscheidend für das Vorliegen einer ausdrücklichen Abnahme ist, dass der **Besteller seinen Abnahmewillen positiv zum Ausdruck bringt**. Dies kann etwa durch die eine entsprechende Aussage des Auftraggebers geschehen, mit der er dem Auftragnehmer bestätigt, dass er seine Leistung abnimmt, für »in Ordnung« oder »mangelfrei« befindet. Es ist dabei nicht zwingend erforderlich, dass der Besteller ausdrücklich den Begriff »Abnahme« verwendet. Eine Möglichkeit der ausdrücklichen Abnahme liegt auch darin, dass der Besteller zum Beispiel ein **Abnahmeprotokoll** unterschreibt.[80] Hierbei sollten Besteller und Unternehmer auf klare und eindeutige Formulierungen achten, um späteren Streit zu vermeiden, ob nun eine Abnahme erklärt oder verweigert wurde. Enthält ein Abnahmeprotokoll etwa die Formulierung, dass die Abnahme erteilt werde, sobald der Unternehmer genau beschriebene Mängel beseitigt habe, liegt darin noch keine Abnahmeerklärung, sondern **lediglich** die **Ankündigung einer Abnahme**. In diesem Fall reicht es für den Unternehmer auch nicht aus, die benannten Mängel zu beseitigen, um die Abnahmewirkungen auszulösen. Er muss vielmehr auf eine ausdrückliche Abnahme hinwirken.[81] Eine **Unterschrift auf einem Stundenzettel/Regiebericht** des Unternehmers bedeutet nicht eine Abnahme, wenn nicht weitere Umstände

---

[77] Klassische Beispiele für unkörperliche Leistungen generell sind Beförderungsleistungen, Musikaufführungen oder andere geistige Leistungen.
[78] BGH NJW 1967, 2259; BGH NJW 2000, 133f., NZBau 2000, 22; NJW 1999, 2113; NJW-RR 1992, 1078.
[79] BGH Urt. v. 18.9.1967 VII ZR 88/65; BGH Urt. v. 25.4.1996 X ZR 59/94; BGH Urt. v. 27.2.1996 X ZR 3/94; Palandt/Sprau § 640 BGB Rn. 3; P/W/W § 640 Rn. 6; jurisPK-BGB/Mahler § 640 Rn. 8.
[80] MüKo/Busche § 640 BGB Rn. 6.
[81] OLG Saarbrücken Urt. v. 24.6.2003 7 U 930/01–212; BGH Beschl. v. 12.5.2005 VII ZR 211/03 (Nichtzulassungsbeschwerde zurückgewiesen).

hinzukommen, die darauf schließen lassen. Daraus ist nur herleitbar, dass der Auftraggeber die Zahl der aufgelisteten Stunden bestätigt.[82]

Nicht ausreichend ist, wenn der Besteller etwa **nur intern**, im Kreise seiner eigenen Mitarbeiter oder Familie, die Bauleistung als vertragsgemäß bezeichnet, da in diesem Fall der Abnahmewillen nicht für den Unternehmer erkennbar ist, die Billigung des Werks jedoch eine empfangsbedürftige Willenserklärung ist.[83] 40

Eine körperliche Hinnahme des Werks ist obsolet, **wenn sich das Werk schon im Besitz des Bestellers befindet**. In diesem Fall reicht die Anerkennung der Leistung als im Wesentlichen vertragsgemäß für die Abnahme aus.[84]

b) Stillschweigende/konkludente Abnahme

Auch bei der stillschweigenden/konkludenten Abnahme handelt es sich um eine Form der rechtsgeschäftlichen Abnahme in **Abgrenzung zur fingierten Abnahme**. Der entscheidende Unterschied zur ausdrücklichen Abnahme liegt darin, dass bei der konkludenten Abnahme ebenso ein **Abnahmewille** des Bestellers vorliegt, dieser aber **nicht ausdrücklich** zum Ausdruck gebracht wird, **sondern** dass sich der Abnahmewille hier **aus dem Verhalten des Auftraggebers schließen lässt**. Das Verhalten des Bestellers ist hierbei nach den allgemeinen Grundsätzen für Willenserklärungen nach §§ 133, 157 BGB nach den konkreten Umständen des Einzelfalls **auszulegen**.[85] Auf das Vorliegen eines Abnahmewillens darf jedoch aus den Gesamtumständen **nicht vorschnell** geschlossen werden. Die Anforderungen dürfen bei der Auslegung nicht zu gering gestellt werden.[86] 41

Eine häufige Form der konkludenten Abnahme liegt in der **Inbenutzungnahme** der Bauleistung sowie im **Fehlen von Mängelrügen innerhalb einer angemessenen Prüffrist**.[87] Entscheidende Voraussetzung auch für die Möglichkeit einer stillschweigenden Abnahme ist jedoch, dass die Bauleistung fertiggestellt und im Wesentlichen vertragsgemäß ist.[88] Wie lange der Besteller das Bauwerk nützen muss, damit eine konkludente Abnahme vorliegt, ist nicht pauschal zu beurteilen. Die **erforderliche Nutzungszeit** hängt von den jeweiligen Umständen des Einzelfalls ab, insbesondere von deren Art und Umfang. Erforderlich ist diejenige Nutzungszeit, innerhalb welcher Zeit sich der Besteller nach den konkreten Umständen in zumutbarer Weise hinreichende Kenntnis über die Beschaffenheit der Leistung verschaffen kann.[89] Bei einem Einzug in ein Haus sind dem Auftraggeber zumindest 42

---

82 BGH Urt. v. 13.5.2004 VII ZR 301/02 NZBau 2004, 548; IBR 2004, 492.
83 Englert/Grauvogl/Maurer Rn. 713.
84 MüKo/Busche § 640 BGB Rn. 9; Staudinger/Peters § 640 BGB Rn. 8.
85 BGH NJW-RR 1992, 1078; OLG Köln BauR 1992, 514; MüKo/Busche § 640 BGB Rn. 9.
86 BGH Urt. v. 25.4.1996 X ZR 59/94; BGH Urt. v. 16.11.1993 X ZR 7/92; jurisPK-BGB/Mahler § 640 Rn. 11.
87 BGH Urt. v. 10.6.1999 VII ZR 170/98 BauR 1999, 2103; IBR 1999, 405.
88 BGH Urt. v. 8.1.2004 VII ZR 198/02 ZfBR 2004, 269; IBR 2004, 128.
89 Kleine-Moeller/Merl § 11 Rn. 22.

zwei rügelos vergangene Wochen als angemessene Prüfzeit zuzubilligen.[90] Die Inbenutzungnahme führt nicht zu einer konkludenten Abnahme, wenn der Besteller die Bauleistung erkennbar nur probeweise oder aus einer Zwangslage heraus nützt oder das Bauwerk bei Ingebrauchnahme erhebliche Mängel aufweist.[91]

43 Haben die Parteien eine **ausdrückliche Abnahme vereinbart**, ist eine konkludente Abnahme nur wirksam möglich, wenn die anderweitige Vereinbarung zuvor ausdrücklich aufgehoben wurde. Auch diese Aufhebung kann wiederum konkludent geschehen. Hieran sind allerdings sehr strenge Anforderungen zu stellen.[92] Liegt Abnahmereife vor, ist nach jahrelanger Nutzung des Bauwerks die Berufung auf eine fehlende förmliche Abnahme trotz deren ausdrücklicher Vereinbarung jedoch als treuwidrig anzusehen.[93]

In der **vorbehaltlosen Schlusszahlung** liegt ein wesentliches Indiz für eine stillschweigende Abnahme,[94] selbst wenn der Besteller einen Teil der Gesamtvergütung als Sicherheitsleistung einbehält.[95] Eine **konkludente Abnahme ist zu bejahen** unter anderem auch für folgende Sachverhalte: Übergabe des Bauwerks an den Endabnehmer,[96] Freigabe einer Sicherheitsleistung,[97] Zurverfügungstellung des Bauwerks für weitere Leistungen sowie Änderungen oder Verbesserungen[98] oder eine Veräußerung des Bauwerks.[99] **Keine schlüssige Abnahme** ist zu sehen im Erstellen eines gemeinsamen Aufmaßes[100] oder im Prüfvermerk eines Architekten, dass die Schlussrechnung sachlich und rechnerisch richtig sei.[101]

2. Fingierte Abnahme (§ 640 Abs. 1 S. 3 BGB)

44 Im Unterschied zur rechtsgeschäftlichen Abnahme und insbesondere zur stillschweigenden/konkludenten Abnahme liegt bei der fingierten Abnahme **nicht positiv** ein **Abnahmewille** vor. Es handelt sich vielmehr um eine **Abnahmefiktion**, bei der die **Abnahmewirkungen bei Vorliegen bestimmter Voraussetzungen kraft Gesetzes eintreten**.[102] Insoweit ist die fingierte Abnahme exakt abzugrenzen

---

90 OLG Hamm Urt. v. 10. 5. 2001 21 U 101/00; OLG Hamm Urt. v. 29. 10. 1992 23 U 3/92.
91 BGH BauR 1994, 242, 244; OLG Düsseldorf BauR 1992, 72; OLG Hamm BauR 1993, 604; OLG München NJW 1991, 2158.
92 BGH Urt. v. 22. 12. 2000 VII ZR 310/99; OLG Bamberg Urt. v. 24. 2. 2005 1 U 157/04.
93 OLG Jena Urt. v. 25. 5. 2005 4 U 159/02 IBR 2005, 527.
94 OLG Naumburg Urt. v. 8. 7. 2004 4 U 29/04; BGH Beschl. v. 30. 3. 2006 VII ZR 182/04 (Nichtzulassungsbeschwerde zurückgewiesen); im konkreten Fall bejahte das Gericht die konkludente Abnahme einer Architektenleistung.
95 Kleine-Moeller/Merl § 11 Rn. 20.
96 OLG Hamm NJW 1993, 340.
97 BGH NJW 1963, 806.
98 OLG Karlsruhe BauR 1971, 55.
99 Kleine-Moeller/Merl § 11 Rn. 20.
100 BGH NJW 1974, 646.
101 LG Köln, Schäfer/Finnern 2.50, Bl. 12.
102 Palandt/Sprau § 640 BGB Rn. 10; MüKo/Busche § 640 BGB Rn. 25.

von der stillschweigenden/konkludenten Abnahme, die, wie oben dargestellt, eine Form der rechtsgeschäftlichen Abnahme darstellt.[103]

§ 640 Abs. 1 S. 3 BGB sieht als Voraussetzung vor, dass der Besteller das Werk nicht innerhalb einer ihm vom Unternehmer bestimmten angemessenen Frist abnimmt, obwohl er dazu verpflichtet ist.

Die Abnahmefiktion nach § 640 Abs. 1 S. 3 BGB tritt also nur ein, wenn **kumulativ** folgende **Voraussetzungen** gegeben sind: 45

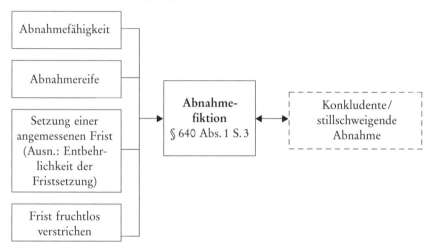

Abb.: Voraussetzungen der fingierten Abnahme i. S. d. § 640 Abs. 1 S. 3 BGB

Gesetzliche Voraussetzung ist, dass der Besteller zur Abnahme des Bauwerks verpflichtet ist. Das heißt: Um die Abnahmewirkungen im Wege des § 640 Abs. 1 S. 3 BGB herbeiführen zu können, muss die Bauleistung zunächst **abnahmefähig** i. S. d. § 640 Abs. 1 S. 1 Hs. 2 BGB sein.[104] Ferner muss **Abnahmereife** vorliegen, das Werk also im Wesentlichen vertragsgemäß sein.[105] 46

Darüber hinaus muss der Besteller entgegen seiner Verpflichtung das Werk nicht abgenommen haben innerhalb einer ihm **vom Unternehmer gesetzten, angemessenen Frist**. Die Frist kann der Unternehmer formlos stellen, es ist keine Schriftform nötig.[106] Die Frist ist als **angemessen** anzusehen, wenn der Besteller innerhalb dieser Zeit das Werk nach seiner konkreten Beschaffenheit unter gewöhnlichen Verhältnissen abnehmen kann, das heißt, dass dem Besteller etwa eine gewisse 47

---

103 Vgl. oben Rn. 41 ff.
104 Vgl. oben Rn. 9 ff.
105 Vgl. oben Rn. 12 ff.
106 Palandt/Sprau § 640 BGB Rn. 10.

Nutzungszeit zuzubilligen ist.[107] Es kann also keine pauschale Vorgabe gemacht werden für die Dauer der Frist, sondern die Dauer ist abhängig von Art und Umfang des Werks und den weiteren Umständen des Einzelfalls. Zur **Bestimmung der Angemessenheit** kann letztlich auf die zur konkludenten Abnahme dargestellten Grundsätze verwiesen werden.[108] Setzt der Unternehmer eine Frist, die als **unangemessen kurz** anzusehen ist, ist die Fristsetzung **nicht deshalb wirkungslos**: In diesen Fällen gilt dann stattdessen automatisch die jeweils angemessene Frist.[109] **Verstreicht die Frist**, ohne dass der Besteller das Bauwerk abgenommen hat, tritt automatisch **kraft Gesetzes** die **Abnahmewirkung** ein. Setzt der Unternehmer eine zwar angemessen lange Frist, erfolgt diese Fristsetzung aber bereits vor Eintritt der Abnahmereife des Werks, bleibt die Frist dennoch ohne Rechtsfolgen für den Besteller.[110]

48 In **Einzelfällen** kann die **Fristsetzung entbehrlich** sein. Dies ist jedoch **umstritten**. Eine Ansicht orientiert sich an der Rechtslage zur Entbehrlichkeit einer Mahnung in § 286 Abs. 2 Nr. 3 BGB oder an den Fall etwa der Erfüllungsverweigerung durch den Unternehmer in § 636 BGB und hält eine Fristsetzung für entbehrlich und eine »überflüssige Förmelei«, wenn Auftraggeber ohnehin die Abnahme ausdrücklich und endgültig verweigert hat.[111] Die Gegenmeinung hält auch in einem solchen Fall die Setzung einer Frist für erforderlich.[112] Letzterer Ansicht ist zu folgen, da § 640 Abs. 1 S. 3 BGB in seinem Wortlaut ausdrücklich eine Fristsetzung fordert und keine Regelung enthält, die der in §§ 286 oder 636 BGB entspräche. Für die Baupraxis muss dieser Meinungsstreit nicht zu einer Rechtsunsicherheit führen: Dem Unternehmer ist zu empfehlen, **in jedem Fall dem Auftraggeber** – möglichst schriftlich mit Zugangsnachweis, um das Vorliegen dieser Voraussetzung in einem möglichen späteren Prozess eindeutig beweisen zu können – eine **angemessene Abnahmefrist zu setzen**, auch wenn der Besteller zuvor bereits erkennen hat lassen, dass er auf keinen Fall gedenke, die Leistung abzunehmen. Wichtig ist aber auch in diesem Fall, dass sich der Bauunternehmer bewusst sein muss, dass nur die Fristsetzung nicht ausreicht, sondern sein Werk vor allem abnahmereif sein muss, das heißt, allenfalls unwesentliche Mängel aufweisen darf, da andernfalls die Abnahmefiktion nicht eintritt.

Die weitere mögliche Form der fingierten Abnahme mit Vorliegen einer **Fertigstellungsbescheinigung** gem. § 641a BGB wird dort kommentiert.

---

107 MüKo/Busche § 640 BGB Rn. 26.
108 Vgl. oben Rn. 12 ff.
109 Kniffka ZfBR 2000, 227, 230.
110 BGH Urt. v. 15. 3. 1996 V ZR 316/94; jurisPK-BGB/Mahler § 640 Rn. 27.
111 OLG Brandenburg Urt. v. 8. 1. 2003 4 U 82/02 IBR 2003, 470; jurisPK-BGB/Mahler § 640 Rn. 27.
112 Palandt/Sprau § 640 BGB Rn. 10; MüKo/Busche § 640 BGB Rn. 27.

3. Teilabnahme

Im Gegensatz zu der Regelung in § 12 Nr. 2 VOB/B sieht § 640 BGB eine **Teilabnahme nicht ausdrücklich** vor. Aufgrund dessen hat der Unternehmer gegen den Besteller **nicht automatisch** einen **Rechtsanspruch auf die Vornahme einer Teilabnahme**. Ein Anspruch auf Abnahme von Teilleistungen besteht nur, wenn die Vertragspartner dahin gehend eine **ausdrückliche Vereinbarung** getroffen haben.[113] Eine solche vertragliche Regelung lässt § 641 Abs. 1 S. 2 BGB ausdrücklich zu. Sie ist beiden Parteien in geeigneten Fällen zu empfehlen, um spätere unnötige Auseinandersetzungen über die Frage der Mangelfreiheit der Teilleistungen vermeiden zu können. Auch eine Vereinbarung, dass bei einem BGB-Bauvertrag § 12 Nr. 2 VOB/B entsprechend anwendbar sein soll, ist zulässig und hält einer isolierten Inhaltskontrolle (die hier vorzunehmen ist, wenn nicht die VOB/B als Ganzes vereinbart ist) Stand.[114]

49

Ohne eine solche explizite Vereinbarung ist der **Besteller bei einem BGB-Bauvertrag grundsätzlich nicht verpflichtet, Teilleistungen abzunehmen**. Dies gilt sowohl für Fälle, in denen die Teilleistung mit den übrigen Vertragsleistungen in keinem technischen Zusammenhang steht, als auch für solche Teilleistungen, die nach Weiterführung der Arbeiten hinsichtlich ihrer Funktionstüchtigkeit später nicht mehr hinreichend überprüfbar sind. Natürlich steht es einem Besteller auch ohne ausdrückliche Vereinbarung frei, auf Verlangen des Unternehmers auch im Rahmen eines BGB-Bauvertrags freiwillig Teilleistungen abzunehmen.[115]

50

IV. Mängelvorbehalt (§ 640 Abs. 2 BGB)

Nimmt der **Besteller** ein mangelhaftes Werk nach § 640 Abs. 1 S. 1 BGB ab, obwohl er einen oder mehrere Mängel kennt, stehen ihm die **Mängelansprüche** aus § 634 Nr. 1 bis 3 BGB nach § 640 Abs. 2 BGB **nur dann zu, wenn er sich seine Rechte wegen des Mangels bei der Abnahme vorbehält**. Es besteht die Möglichkeit, § 640 Abs. 2 BGB – auch in Form einer AGB-Klausel – vollständig **abzubedingen**.[116]

51

Zunächst ist festzuhalten, dass die Rechtsfolge des § 640 Abs. 2 BGB – der Verlust bestimmter Mängelrechte – nach seinem Wortlaut nur bei Fällen der rechtsgeschäftlichen Abnahme (unerheblich ob ausdrücklich oder konkludent) eintritt, **nicht** dagegen **bei fiktiver Abnahme** i. S. d. § 640 Abs. 1 S. 3 BGB.

52

Der **Besteller muss den Mangel positiv kennen**. Auch dies ergibt sich aus dem Wortlaut der gesetzlichen Bestimmung. Bloßes Kennenmüssen reicht nicht aus.

53

---

113 Nicklisch/Weick § 12 VOB/B Rn. 50.
114 Kleine-Moeller/Merl § 11 Rn. 69.
115 Kleine-Moeller/Merl § 11 Rn. 67.
116 Staudinger/Peters § 640 BGB Rn. 64.

Anders als im Kaufrecht bei § 442 BGB reicht es im BGB-Werkvertragsrecht auch nicht aus, wenn dem Besteller der Mangel in Folge grober Fahrlässigkeit unbekannt geblieben ist.[117] Die Kenntnis muss sich auf den konkreten Mangel erstrecken. Die Kenntnis einer Wert- oder Tauglichkeitsminderung des Werks ist nicht mehr erforderlich.[118] Die erforderliche positive Kenntnis eines Mangels ist nicht bereits anzunehmen, wenn der Besteller nur das äußere Erscheinungsbild des Mangels kennt. Vielmehr ist zu verlangen, dass der Auftraggeber aufgrund des äußeren Mangelbildes auf einen Mangel i.S.d. § 633 Abs. 2 BGB schließen kann und insoweit eine Ursache-Wirkungs-Beziehung erkennen kann.[119] Entscheidender Zeitpunkt, in dem der Besteller den Mangel kennen muss, ist der der Abnahme.[120]

54 Der **relevante Zeitpunkt für die Erklärung des Vorbehalts** ergibt sich wiederum aus dem Gesetzeswortlaut: Der Besteller muss sich seine **Mängelrechte** nach § 640 Abs. 2 BGB **»bei der Abnahme«** vorbehalten. Ein Vorbehalt vor[121] oder nach[122] der Abnahme ist demnach nicht erheblich. Ein vor der Abnahme – zum Beispiel vor Nutzungsbeginn – erklärter Vorbehalt erhält dem Besteller auch im Fall einer stillschweigenden Abnahme die Mängelansprüche nicht. Eine Ausnahme machte der BGH für einen Vorbehalt, den ein Besteller »in einem unmittelbaren zeitlichen Zusammenhang mit der Abnahme« erklärt hatte, »so dass der Auftragnehmer noch bei Abnahme davon ausgehen muss, der Auftraggeber halte seine Mängelansprüche aufrecht«.[123] Diese Ausnahme ist jedoch sehr eng auszulegen, um den insoweit eindeutigen Wortlaut des § 640 Abs. 2 BGB nicht auszuhebeln. Der Besteller muss den Vorbehalt ebenso bis zum Abschluss der Abnahme erklärt haben, bei ausdrücklicher Abnahme also etwa bis zur Unterzeichnung des Abnahmeprotokolls.[124] Bei konkludenter Abnahme ist der Vorbehalt bis zum Ende der für die stillschweigende Abnahme erforderlichen Nutzungszeit[125] zu erklären.[126]

55 Der Besteller muss in seiner **Vorbehaltserklärung** nicht die genauen technischen Zusammenhänge des vorbehaltenen Mangels darlegen. Er kann sich inhaltlich **auf die Bezeichnung der Mangelsymptome beschränken**, wenn sich hinreichend daraus ergibt, dass der Besteller hierin einen Mangel sieht. Die Mängel sind entweder nach den Mangelfolgen oder den Mangelursachen zu beschreiben und möglichst genau zu lokalisieren.[127] Für die Vorbehaltserklärung gilt **grundsätzlich kein Form-**

---

117 MüKo/Busche § 640 BGB Rn. 30.
118 Palandt/Sprau § 640 BGB Rn. 13; MüKo/Busche § 640 BGB Rn. 28; P/W/W § 640 Rn. 14.
119 BGH NJW 1970, 383 ff.
120 MüKo/Busche § 640 BGB Rn. 30.
121 BGH NJW 1983, 384 f.; NJW 1977, 898; BGH Schäfer/Finnern, Z 2411, 34; Staudinger/Peters § 640 BGB Rn. 57.
122 Staudinger/Peters § 640 BGB Rn. 58; MüKo/Busche § 640 BGB Rn. 31.
123 BGH NJW 1975, 1701; BauR 1973, 192; NJW 1961, 116.
124 BGH BauR 1973, 192.
125 S. o. Rn. 41 ff.
126 Kleine-Moeller/Merl § 11 Rn. 102.
127 MüKo/Busche § 640 BGB Rn. 32; Kleine-Moeller/Merl § 11 Rn. 97.

erfordernis, wenn nicht die Parteien ein solches ausdrücklich vereinbart haben. Ist eine schriftliche Abnahme vereinbart, reicht ein mündlicher Vorbehalt nicht aus.[128] Um jegliche Unsicherheit zu vermeiden, ist für die Praxis dem Besteller wiederum zu raten, in jedem Fall zeitgerecht seine Mangelvorbehalte schriftlich zu erklären. Auf diese Weise kann er späteren Beweisnöten vorbeugen.

Den **Vorbehalt hat grundsätzlich der Besteller selbst zu erklären.** Ein **Dritter** kann den Vorbehalt im Wege der **Stellvertretung** nur dann wirksam für den Besteller erklären, wenn er hierzu oder insgesamt zur Vornahme der Abnahme für den Auftraggeber bevollmächtigt ist. Dies gilt ebenso für den Architekten. Dem Besteller sind jedoch Vorbehalte zuzurechnen, die ein Dritter erklärt, den er zur Unterstützung bei der Abnahme zugezogen hat. Erklärt also etwa der **Architekt im Beisein des Bestellers während der Abnahme** einen Vorbehalt bezüglich eines Mangels gegenüber dem Bauunternehmer, gilt dies als wirksamer Vorbehalt i. S. d. § 640 Abs. 2 BGB. Nimmt der hierzu bevollmächtigte Architekt für den Besteller ab, macht er sich unter Umständen gegenüber seinem Auftraggeber schadensersatzpflichtig, wenn er gebotene Vorbehalte nicht geltend macht.[129]

56

Rechtsfolge des § 640 Abs. 2 BGB ist anders als im Kaufrecht bei § 442 BGB nicht, dass alle Mängelansprüche abgeschnitten sind.[130] Gemäß dem Wortlaut der Regelung verschließt eine vorbehaltlose Abnahme trotz Mangelkenntnis dem Besteller den **Verlust der Mängelrechte gem.** § 634 Nr. 1 (Nacherfüllung), **Nr. 2** (Selbstvornahme) und Nr. 3 (Rücktritt und Minderung) **und der Einrede gem.** § 641 Abs. 3 BGB (Zurückbehaltungsrecht bezüglich der Werklohnzahlung mindestens in dreifacher Höhe der Mängelbeseitigungskosten). **Ausdrücklich ausgenommen ist jedoch** § 634 Nr. 4 BGB (Schadensersatz nach §§ 636, 280, 281, 283 und 311 a BGB oder Ersatz vergeblicher Aufwendungen nach § 284 BGB). Diese Ansprüche bleiben dem Besteller auch erhalten, wenn er trotz Kenntnis eines Mangels eine Bauleistung ohne Erklärung eines Vorbehalts abnimmt. **Auch eine Abnahme, bei der der Besteller einen Vorbehalt erklärt, stellt rechtstechnisch eine wirksame Abnahme dar.** Das heißt, dass auch in diesem Fall der Vergütungsanspruch des Unternehmers fällig wird. Der Besteller kann aber nach §§ 641 Abs. 3, 320 BGB mindestens das Dreifache der zu erwartenden Mängelbeseitigungskosten zurückhalten.[131]

57

Zur **Beweislast**: Will sich der **Unternehmer** über § 640 Abs. 2 BGB gegen Mängelansprüche wehren, indem er vorträgt, der Besteller habe vorbehaltlos abgenommen, obwohl er den nunmehr gerügten Mangel im Abnahmezeitpunkt gekannt hat, **muss er sowohl das Vorliegen der rechtsgeschäftlichen Abnahme als auch**

58

---

128 MüKo/Busche § 640 BGB Rn. 32; Kleine-Moeller/Merl § 11 Rn. 97.
129 Kleine-Moeller/Merl § 11 Rn. 106.
130 P/W/W § 640 Rn. 14.
131 OLG Brandenburg Urt. v. 20. 3. 2003 12 U 14/02 IBR 2003, 472; jurisPK-BGB/Mahler § 640 Rn. 35.

die Kenntnis beweisen. Der **Besteller** hat die Umstände zu beweisen, aus denen sich der erklärte Vorbehalt ergibt.[132]

V. Stellvertretung bei der Abnahme

59 Für die Praxis ist unerheblich, ob man die Abnahme als Rechtsgeschäft[133] oder als rechtsgeschäftsähnliche Handlung betrachten will – jedenfalls sind die **Regelungen zur Stellvertretung (§§ 164 ff. BGB) anzuwenden**, wenn nicht der Besteller, sondern ein Dritter die Abnahme vornimmt. Insoweit gelten auch hier die Grundsätze der **Duldungs-** und der **Anscheinsvollmacht**.[134] **Praktisch bedeutsam** sind für das Bauvertragswesen **insbesondere drei Fragen** zur Vertretung des Bestellers bei der Abnahme: Zum einen die Abnahme durch den Architekten des Bestellers, zum anderen die Abnahme durch den Auftraggeber im Haupt-/Subunternehmerverhältnis und schließlich die Frage der Abnahme des Gemeinschafts- und Sondereigentums bei Wohnungseigentumsgemeinschaften.

1. Abnahme durch den Architekten

60 Für die **Abnahme durch den Architekten** gelten letztlich keinerlei Besonderheiten: Er kann rechtswirksam für den Besteller nur dann eine Abnahme vornehmen, wenn er dazu besonders ermächtigt ist. Die ständige Rechtsprechung geht davon aus, dass der Architekt **grundsätzlich nicht originär bevollmächtigt** ist, für den Besteller automatisch auch wirksam eine rechtsgeschäftliche Abnahme durchführen zu können. Zwar sieht das entsprechende Leistungsbild des § 15 Nr. 8 HOAI, sofern der Architekt im konkreten Fall entsprechend beauftragt wurde, ausdrücklich vor, dass dieser zur »Abnahme der Bauleistung« sowie zur »Feststellung von Mängeln« verpflichtet ist. Dies **verpflichtet – und berechtigt – den Architekten jedoch nur zur technischen Vorprüfung** der Ordnungsgemäßheit der Leistung, das heißt zur »technischen Abnahme«, wie dies die VOB in § 12 Nr. 2 b ausdrücklich vorsah.[135]

61 **Vertretungsmacht** zu einer wirksamen rechtsgeschäftlichen Abnahme hat der Architekt dagegen **nur, wenn diese ausdrücklich oder konkludent** (etwa dadurch, dass der Bauherr den Architekten mit der Wahrnehmung eines zur rechtsgeschäftlichen Abnahme anberaumten Termins beauftragt[136]) **vom Besteller erteilt** wurde **oder sich aus besonderen Umständen ergibt**, z.B. einer entsprechenden Auslegung des Architektenvertrags oder einer dem Architekten erteilten Weisung. Aus der Tatsache allein, dass ein Architekt im Rahmen eines Bauvorhabens vom Besteller

---

132 Palandt/Sprau § 640 BGB Rn. 13.
133 So die h. M.; vgl. oben Rn. 2 ff.
134 Palandt/Sprau § 640 BGB Rn. 5; jurisPK-BGB/Mahler § 640 Rn. 10.
135 Kleine-Moeller/Merl § 11 Rn. 131.
136 Palandt/Heinrichs § 167 BGB Rn. 1.

beauftragt wurde, kann noch nicht ohne Weiteres auf eine Vollmachtserteilung geschlossen werden, die auch die Vertretungsmacht für die rechtsgeschäftliche Abnahme umfasst. Hat der für ein Bauvorhaben bestellte Architekt den Bauvertrag selbst mit Vollmacht und im Namen des Bauherrn geschlossen und sieht der von ihm gestellte Bauvertrag ausdrücklich eine förmliche Abnahme durch den Architekten vor, so hat dieser Vollmacht zur rechtsgeschäftlichen Abnahme.[137]

Auch ohne ausdrückliche oder konkludente Vollmachtserteilung kann der Architekt wirksam für den Besteller eine rechtsgeschäftliche Abnahme vornehmen, wenn für ihn eine **Duldungs- oder Anscheinsvollmacht** anzunehmen ist. Ob eine solche gegeben ist, ist nach den allgemeinen Regelungen zu prüfen.[138] Mögliche Indizien für eine Duldungs- und Anscheinsvollmacht können etwa sein, wenn der Architekt umfangreich (etwa im Rahmen einer beauftragten Vollarchitektur) für den Bauherrn tätig geworden ist, stellvertretend für den Bauherrn den Bauvertrag geschlossen hat und regelmäßig für diesen Tages- oder Wochenberichte unterzeichnet hat, also auch bereits rechtsgeschäftliche Vertretungshandlungen für den Besteller übernommen hat.[139] Zu weiteren Aspekten einer Vertretung durch einen Architekten siehe oben Rn. 56. 62

2. Besonderheit im Haupt-/Subunternehmerverhältnis

Ausnahmsweise muss der Besteller eine **Abnahme durch einen Dritten gegen sich gelten lassen**, so bei Abnahme durch den Auftraggeber im Haupt-/Subunternehmerverhältnis.[140] Nimmt der Besteller das Werk des Unternehmers als im Wesentlichen vertragsgemäß ab und hat der Unternehmer zur Herstellung dieser Bauleistung (teilweise) einen Subunternehmer beauftragt, muss der Unternehmer dies auch im Verhältnis zu seinem Subunternehmer gelten lassen.[141] Das heißt: Im **Dreiecksverhältnis Bauherr-Unternehmer-Subunternehmer** reicht es für die Abnahme der Subunternehmerleistung aus, wenn der Bauherr die Abnahme des Gesamtwerks erklärt hat. Dem Hauptunternehmer ist dann eine **Verweigerung der Abnahme gegenüber dem Subunternehmer** mit dem Argument, seine Leistung sei nicht vertragsgemäß, **abgeschnitten**. Dies würde gegen Treu und Glauben verstoßen. Sofern im Rahmen der Abnahme der Gesamtleistung Mängel durch den Bauherrn festgestellt worden sein sollten, hindern diese im Verhältnis Unternehmer-Subunternehmer ebenso nicht die Abnahme, sondern dienen nur dem Erhalt der Mängelansprüche des Unternehmers gegen seinen Nachunternehmer.[142] Verweigert der Unternehmer gegenüber dem Subunternehmer dennoch (in diesem Fall 63

---

137 OLG Düsseldorf Urt. v. 28. 6. 1996 22 U 256/95; OLG Düsseldorf Urt. v. 12. 11. 1996 21 U 68/96; Staudinger/Peters § 640 BGB Rn. 11; jurisPK-BGB/Mahler § 640 Rn. 14.
138 S. etwa Palandt § 173 Rn. 9 ff.
139 OLG Düsseldorf Urt. v. 12. 11. 1996 21 U 68/96.
140 OLG Köln NJW-RR 1997, 756; OLG Naumburg MDR 2001, 1289; P/W/W § 640 Rn. 9.
141 OLG Köln Urt. v. 23. 2. 1996 19 U 231/95 NJW-RR 1997, 756; IBR 1997, 189.
142 OLG Köln Urt. v. 23. 2. 1996 19 U 231/95 NJW-RR 1997, 756.

unberechtigt) die Abnahme, tritt dadurch **dennoch Fälligkeit der Subunternehmervergütung** ein. Bietet ein Bauträger dem Bauherrn die Werkleistung des Subunternehmers als abnahmereif an oder rechnet er diese sogar bereits ab, stellt das eine konkludente Abnahme der Werkleistung des Subunternehmers durch den Bauträger dar.[143] Im Übrigen wird auf die weiteren Besonderheiten gem. Rn. 22 verwiesen.

3. Abnahme bei Wohnungseigentumsgemeinschaften

64 Die Besonderheit besteht bei der Abnahme von Wohnungseigentum darin, dass zwischen Sonder- und Gemeinschaftseigentum zu differenzieren ist. Nach § 1 Abs. 2 WoEigG gehört dem jeweiligen Wohnungseigentümer zum einen seine Wohnung als solche (= Sondereigentum) und zum anderen ein Miteigentumsanteil an den außerhalb der Wohnung zu der Anlage gehörenden Bestandteilen (= Gemeinschaftseigentum). **Unproblematisch** ist die **Abnahme des Sondereigentums** an sich oder (auch späterer) Bauleistungen (z.B. Reparaturen) daran: Hierfür ist der jeweilige Wohnungseigentümer zuständig. Er kann sich nach den o.g. Gesichtspunkten zu §§ 164ff. BGB auf Wunsch durch Bevollmächtigung auch eines Dritten bei der Abnahme bedienen.

65 Weitere Besonderheiten sind beim **Erwerb des Wohnungseigentums** zu beachten.[144] Besteller i.S.d. § 640 Abs. 1 BGB ist beim Bauträgervertrag nicht die Wohnungseigentümergemeinschaft, die im Zeitpunkt des Vertragsschlusses regelmäßig noch gar nicht besteht, sondern der einzelne Wohnungseigentümer. Die **Abnahme des Gemeinschaftseigentums** beim Erwerb ist keine laufende Angelegenheit. Auch können die Wohnungseigentümer den Verwalter nicht durch Mehrheitsbeschluss bevollmächtigen. Eine wirksame Bevollmächtigung liegt in diesem Fall nur vor, wenn jeder einzelne Wohnungseigentümer dem Verwalter eine entsprechende Vollmacht erteilt hat. Grund dafür ist, dass jeder einzelne Wohnungseigentümer mit dem Erwerbsvertrag auch einen Anspruch auf mangelfreies Gemeinschaftseigentum erhält, über die die Gemeinschaft der Wohnungseigentümer auch nicht durch Mehrheitsentscheidung nach Belieben disponieren kann.[145] Hat die Mehrheit der Wohnungseigentümer dem Auftragnehmer die Abnahme erklärt, entfaltet das für die nicht zustimmenden Wohnungseigentümer keine Verbindlichkeit – sie müssen die Abnahme in diesem Fall nicht gegen sich gelten lassen.[146] Dies entfaltet insbesondere Bedeutung für »Nachzügler-Käufer« einer so genannten »liegen ge-

---

143 OLG Düsseldorf Urt. v. 16.11.1995 5 U 49/95; OLG Naumburg Urt. v. 22.3.2001 3 U 77/00; OLG Jena Urt. v. 17.6.1998 2 U 997/97 IBR 1998, 520; jurisPK-BGB/Mahler § 640 Rn. 13.
144 Kleine-Moeller/Merl § 11 Rn. 134ff.
145 BayObLG Urt. v. 30.4.1999 2Z BR 153/98; hierzu ist das später ergangene BGH-Urt. v. 20.9.2000 V ZB 58/99 zu den sog. »Zitterbeschlüssen« zu beachten; jurisPK-BGB/Mahler § 640 Rn. 23.
146 BGH Urt. v. 21.2.1985 VII ZR 72/84.

bliebenen« Wohneinheit, der in Folge dessen keine Schlechterstellung gegenüber früheren Käufern erleidet.[147] Nimmt auch nur ein Wohnungseigentümer das Gemeinschaftseigentum nicht ab, bleiben auch allen anderen Wohnungseigentümern der Gemeinschaft die Ansprüche erhalten.[148]

Zulässig sind **Teilabnahmen**, im Rahmen derer die jeweiligen Wohnungseigentümer zunächst das Sondereigentum und zu einem anderen Zeitpunkt – etwa erst zeitlich danach – das Gemeinschaftseigentum abnehmen.[149] Mit einer Abnahme des Sondereigentums kann gleichzeitig eine Abnahme des Abnahme des Gemeinschafseigentums verbunden sein. Eine **schlüssige Abnahme des Gemeinschaftseigentums**, z. B. durch Benutzung, ist grundsätzlich möglich. Die Inbenutzungnahme alleine reicht hierfür jedoch nicht aus, für die Annahme einer schlüssigen Abnahme ist hier eine längere, nach dem Einzelfall zu bemessende Nutzungsdauer zu verlangen.[150] Dies ist im Einzelfall zu prüfen und durch Auslegung zu ermitteln.[151] **66**

Die **Abnahme von Bauleistungen am Gemeinschaftseigentum** ist ebenso wie der Abschluss von Werkverträgen diesbezüglich Angelegenheit gemeinschaftlicher Verwaltung i. S. d. § 21 Abs. 1 WEG. Gem. § 27 Abs. 2 Nr. 2 WEG ist der Verwalter zur Abnahme berechtigt, soweit es sich um eine Angelegenheit der laufenden Verwaltung handelt.[152] **67**

VI. Rechtsfolgen der Abnahme

An die **Abnahme – unerheblich, ob rechtsgeschäftlich oder fingiert**[153] – knüpft das Gesetz eine Reihe für beide Vertragspartner bedeutsame **Rechtsfolgen**. Diese **treten mit Abnahme ein**. Das ist bei der rechtsgeschäftlichen Abnahme der Moment der ausdrücklichen Erklärung beziehungsweise im Falle einer stillschweigenden Abnahme der Zeitpunkt, in dem die Abnahme als konkludent erklärt anzusehen ist, also zum Beispiel die angemessene Prüfzeit für den Besteller nach seinem Einzug in das zu errichtende Haus als abgeschlossen anzusehen ist.[154] Bei der fingierten Abnahme[155] treten die Abnahmewirkungen ein, sobald die gesetzlichen Voraussetzungen für die Abnahmefiktion erfüllt sind.[156] **68**

---

147 MüKo/Mahler § 640 BGB Rn. 65.
148 Ott NZBau 2003, 233 ff.; MüKo/Busche § 640 BGB Rn. 65.
149 BGH Urt. v. 30. 6. 1983 VII ZR 185/81 WM 1983, 1104 f.; BauR 1983, 573 ff.; Bühl BauR 1984, 237 ff.
150 Kleine-Moeller/Merl § 11 Rn. 135.
151 BGH Urt. v. 4. 6. 1981 VII ZR 9/80; BGHZ 81, 35 ff.; jurisPK-BGB/Mahler § 640 Rn. 23.
152 jurisPK-BGB/Mahler § 640 Rn. 23.
153 MüKo/Busche § 640 BGB Rn. 46.
154 Vgl. oben Rn. 41 ff.
155 Vgl. oben Rn. 44 ff.
156 P/W/W § 640 Rn. 2.

§ 640 BGB — Abnahme

Im Überblick:

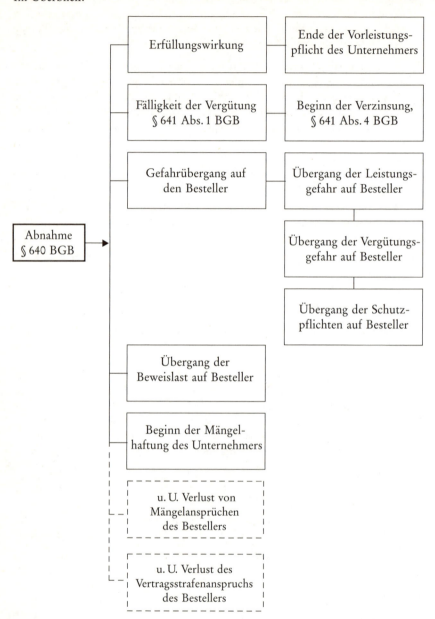

Abb.: Rechtsfolgen der Abnahme

Im Einzelnen:

1. Erfüllungswirkung

Durch die Abnahme bringt der Besteller zum Ausdruck, dass er die Bauleistung des Unternehmers für im Wesentlichen vertragsgemäß hält, die Leistung damit als vollständig erfüllt und im Wesentlichen vertragsgemäß ansieht. Der Besteller sieht das konkrete Bauwerk damit als »fertig« an, den konkreten Bauvertrag damit als »abgeschlossen« und erfüllt. Mit der Abnahme **endet** also das **Erfüllungsstadium des Vertrags**.[157] Damit endet zugleich die **Vorleistungspflicht des Bauunternehmers**, unabhängig davon, ob das Werk mangelfrei ist oder nicht.[158] Die Leistungsverpflichtung des Bauunternehmers konzentriert sich ab diesem Zeitpunkt nicht mehr auf die Erfüllung des Vertrags, also auf die Herstellung des geschuldeten Bauwerks. Dieser Primäranspruch des Bestellers auf Erfüllung, also auf Herstellung des Werks, wird systematisch **verdrängt durch den Anspruch auf Mängelbeseitigung**, der freilich im Extremfall deckungsgleich mit einem Anspruch auf Neuherstellung sein kann. Mit der Abnahme **erlöschen auch die Kündigungsrechte des Bestellers** nach § 649 BGB wie auch nach § 326 BGB, §§ 8, 9 VOB/B.

69

2. Fälligkeit der Vergütung

Mit der Abnahme wird der Werklohnanspruch des Unternehmers gegen den Besteller **fällig**.[159] Das heißt, dass dann der Besteller i.S.d. § 271 Abs. 1 BGB die Vergütung im Zweifel sofort zu entrichten hat, wenn die Parteien nicht eine andere Vereinbarung über das Zahlungsziel getroffen haben. Dies gibt **§ 641 Abs. 1 BGB** ausdrücklich vor, der aber auch Ausnahmen vorsieht, bei denen die Fälligkeit auch ohne Abnahme eintritt.[160] Nach **§ 641 Abs. 2 BGB** hat der Besteller den Vergütungsanspruch des Bauunternehmers darüber hinaus ab der Abnahme **zu verzinsen**. **Bis zur Abnahme** kann der Besteller die Zahlung der Vergütung gem. **§ 320 Abs. 1 BGB** verweigern.

70

3. Gefahrübergang auf den Besteller

Die Gefahrtragung regeln ausführlich §§ 644, 645 BGB.[161] Mit der Abnahme gehen die **Leistungsgefahr**, die **Vergütungsgefahr** und die **Schutzpflichten** für das Bauwerk vom Unternehmer **auf den Besteller über**.

71

Bis zur Abnahme trägt der Bauunternehmer die **Leistungsgefahr**, das heißt, er muss gegebenenfalls seine Leistung von Grund auf und auf seine Kosten neu her-

72

---

157 Thode ZfBR 1999, 116; Palandt/Sprau § 640 BGB Rn. 11.
158 BGH BauR 1984, 395; Englert/Gravogl/Maurer Rn. 716.
159 BGH Urt. v. 29. 6. 1993 X ZR 60/92.
160 Vgl. unten Kommentierung zu § 641 BGB.
161 Vgl. unten Kommentierung zu § 644 BGB.

stellen, wenn sie vor der Abnahme untergehen sollte oder beschädigt wird, es sei denn, der Besteller befindet sich im Annahmeverzug. Der Unternehmer hat ferner die **Vergütungsgefahr** zu tragen, dass er keinen Werklohn beanspruchen kann, wenn seine Bauleistung durch einen nicht von den Parteien zu vertretenden Umstand untergehen sollte. Anders als in der VOB/B (dort § 4 Nr. 5) sind im BGB zwar keine vom Bauunternehmer zu wahrenden **Schutzpflichten** ausdrücklich normiert. Dennoch muss der Unternehmer auch im reinen BGB-Bauvertrag aufgrund seiner vertraglichen Nebenpflichten bis zur Abnahme seine Bauleistung schützen gegen Verlust und Beschädigung etwa durch Bauzäune, Abdeckplanen oder ähnliche Vorkehrungen.[162]

4. Übergang der Beweislast auf den Besteller

73 Die Abnahme bewirkt ferner, dass die **Beweislast für behauptete Mängel vom Unternehmer auf den Besteller übergeht**.[163] Dies ist in der Praxis ein wichtiger Aspekt der Abnahme, der sich letztlich aus § 363 BGB ergibt. Die Frage der Beweislast ist nicht selten prozessentscheidend, wenn etwa die Beweislage im Einzelfall dürftig ist. Beispielhaft sei auf Tiefbauleistungen verwiesen, bei denen der Nachweis der Vertragsgemäßheit oft aufwändig und schwer zu erbringen ist, wenn etwa das Bauwerk wie bei Ankern oder Bohrpfählen »unsichtbar« im Baugrund »verschwindet«. Vor der Abnahme ist der Bauunternehmer beweispflichtig dafür, dass seine Leistung frei von Mängeln ist. Nach der Abnahme muss der Besteller beweisen, dass Mängel vorhanden sind.[164] Dies erfasst auch die Beweislast für die Frage, ob die Bauleistung von der üblichen Beschaffenheit (§ 633 Abs. 2 Nr. 2 BGB) abweicht.[165]

74 Nach einer Ansicht gilt die Beweislastumkehr zu Gunsten des Unternehmers auch für **Mängel, die sich der Besteller i. S. d. § 640 Abs. 2 BGB vorbehalten hat**.[166] Dem ist jedoch nicht zuzustimmen. Der BGH[167] hat klargestellt, dass in diesem Fall auch nach Abnahme der Unternehmer die Beweislast trägt, wenn der Auftraggeber seinen Vorbehalt hinreichend substantiiert erklärt hat. Dies ist auch folgerichtig, um Sinn und Zweck des Vorbehalts in § 640 Abs. 2 BGB nicht auszuhebeln.[168]

75 Diese **Rechtsfolge der Beweislastumkehr kann nicht durch eine AGB-Klausel wirksam ausgehebelt werden**. Derartige Bestimmungen des Auftraggebers, etwa

---

162 Vgl. dazu unten die Kommentierung zu §§ 644, 645 BGB; außerdem: Englert/Grauvogl/Maurer Rn. 363; Kleine-Moeller/Merl § 11 Rn. 81.
163 BGH Urt. v. 15. 3. 1973 VII ZR 175/72; BGH Urt. v. 29. 6. 1981 VII ZR 299/80; BGH Urt. v. 16. 12. 2003 X ZR 129/01.
164 BGH BauR 1993, 469 ff.; NJW 1992, 2481; ZfBR 1988, 184.
165 Kleine-Moeller/Merl § 11 Rn. 93.
166 Kleine-Moeller/Merl § 11 Rn. 93.
167 Urt. v. 24. 10. 1996 VII ZR 98/94.
168 So auch Englert/Grauvogl/Maurer Rn. 717.

in zusätzlichen oder besonderen Vertragsbedingungen, dass die Beweislast für die Ordnungsgemäßheit der Leistung auch nach Abnahme beim Unternehmer verbleiben soll, verstoßen gegen § 307 Abs. 1, 2, § 309 Nr. 12 a BGB.[169]

5. Beginn der Mängelhaftung des Unternehmers

Gemäß § 634 a Abs. 2 BGB **beginnt** im Regelfall[170] mit der Abnahme die **Verjährungsfrist für die Mängelansprüche des Bestellers (»Gewährleistungsfrist«).** Diese dauert bei einem Bauwerk und einem Werk, dessen Erfolg in der Erbringung von Planungs- oder Überwachungsleistungen hierfür besteht, **fünf Jahre** (§ 634 a Abs. 1 Nr. 2 BGB). Der Auftraggeber kann nicht durch eine Verweigerung der Abnahme den Beginn der Gewährleistungsfrist beliebig hinausschieben: Die **Verjährungsfrist beginnt auch mit einer endgültigen Verweigerung der Abnahme.**[171] Eine **Kündigung** des Auftraggebers steht einer Abnahmeverweigerung jedoch nicht gleich. Kündigt der Besteller, ist dennoch eine Abnahme erforderlich, um die Gewährleistungsfrist in Gang zu setzen.[172] Häufig wird allerdings mit der Kündigung wegen Mängeln auch eine endgültige Abnahmeverweigerung verbunden sein.[173]

76

6. Verlust von Mängelansprüchen

Behält sich der Besteller bei der Abnahme nicht seine Mängelansprüche ausdrücklich vor für Mängel, die er im Zeitpunkt der Abnahme positiv kennt, ist ihm der Weg zu seinen Mängelrechten aus **§ 634 Nr. 1** (Nacherfüllung), **Nr. 2** (Selbstvornahme) und **Nr. 3** (Rücktritt und Minderung) **und die Einrede gem. § 641 Abs. 3 BGB** (Zurückbehaltungsrecht bezüglich der Werklohnzahlung mindestens in dreifacher Höhe der Mängelbeseitigungskosten) **abgeschnitten.** Ausdrücklich **erhalten bleibt dem Besteller jedoch auch in diesem Fall § 634 Nr. 4 BGB** (Schadensersatz nach §§ 636, 280, 281, 283 und 311 a BGB oder Ersatz vergeblicher Aufwendungen nach § 284 BGB).[174]

77

7. Verlust des Vertragsstrafenanspruchs

Wie für die Mängelansprüche[175] gilt auch für potenzielle Vertragsstrafenansprüche des Bestellers: Behält er sich diese nicht ausdrücklich bei der Abnahme vor, verliert er jeglichen Vertragsstrafenanspruch.[176]

78

---

169 Englert/Grauvogl/Maurer Rn. 717.
170 Näher s. Komm. dort.
171 BGH Urt. v. 30. 9. 1999 VII ZR 162/97.
172 BGH Urt. v. 19. 12. 2002 VII ZR 103/00.
173 Kniffka, IBR-Online-Kommentar § 640 Rn. 20.
174 S. o. Rn. 51 ff.
175 Vgl. oben Rn. 77, Rn. 51 ff.
176 Ausführlich dazu s. Exkurs »Vertragsstrafe«.

VII. Klage auf Abnahme

79 Die Abnahme ist, wie oben dargestellt, eine Hauptleistungspflicht des Bestellers,[177] das heißt, dass der Unternehmer einen subjektiven Anspruch darauf, dass seine Auftraggeber die Leistung abzunehmen hat. Voraussetzung ist freilich, dass die Abnahmevoraussetzungen vorliegen, das heißt, der Besteller muss das versprochene Werk hergestellt und dem Besteller als solches angeboten haben, wobei unwesentliche Mängel einer Abnahme nach § 640 Abs. 1 S. 2 BGB nicht entgegenstehen.[178] Die erfolgte Abnahme ist Voraussetzung für die Fälligkeit des Vergütungsanspruchs des Auftragnehmers, § 641 Abs. 1 S. 1 BGB.[179]

80 Die **Abnahme** als solches ist als bauvertragliche Hauptpflicht auch **selbstständig einklagbar**.[180] Bei der Abnahme handelt es sich um eine **unvertretbare Handlung**. Es ist strittig, ob die Abnahme bereits mit Rechtskraft des Urteils eintritt (§ 894 ZPO) oder erst mit dessen Vollstreckung des Urteils (§ 888 ZPO) eintritt.[181] Nachdem Abnahme nicht nur die Billigung als vertragsgemäß beinhaltet, sondern ebenso die körperliche Hinnahme des Werks, ist der Ansicht der Vorzug zu geben, die eine Abnahmewirkung erst mit Vollstreckung des Urteils einsetzen lässt. Eine Klage auf Abnahme ist nicht mehr möglich, wenn der Besteller i. S. d. § 281 Abs. 4 BGB Schadensersatz wegen Nichterfüllung gewählt hat. Dann hat sich der Besteller endgültig gegen eine Erfüllung entschieden.[182]

81 Eine **Klage**, die **isoliert auf Abnahme** gerichtet ist, ist für die Geltendmachung des Vergütungsanspruchs aber **in der Praxis nicht erforderlich** und wegen der oben aufgezeigten Vollstreckungsproblematik auch **meist nicht überaus hilfreich**. Zum Teil wird vertreten, dass eine isolierte Klage auf Abnahme seit Einführung von Abs. 1 S. 3 in § 640 BGB im Zuge des Gesetzes zur Beschleunigung fälliger Zahlungen in den meisten Fällen sogar als unzulässig anzusehen sein dürfte, da in Folge der Möglichkeit der fingierten Abnahme über § 640 Abs. 2 S. 2 BGB das Rechtsschutzbedürfnis für eine Klage nur auf Abnahme fehlen dürfte.[183]

82 Stattdessen kann der Unternehmer **gleich Klage auf Vergütung erheben**. Im Zuge der Leistungsklage kann er **gegebenenfalls inzident** auf **Feststellung** klagen, **dass das Werk wirksam abgenommen wurde**. Geht es dem Unternehmer lediglich um seine Vergütungsansprüche, ist ein gesonderter Feststellungsantrag nicht zwingend erforderlich. Das erkennende Gericht wird das Vorliegen einer wirksamen Abnah-

---

177 PWW/Wirth § 640 Rn. 3; Palandt/Sprau § 640 BGB Rn. 5.
178 MüKo/Busche § 640 BGB Rn. 10, 12.
179 BGH Urt. v. 29. 6. 1993 X ZR 60/92.
180 BGH Urt. v. 26. 2. 1981 VII ZR 287/79; MüKo/Busche § 640 BGB Rn. 42; Kniffka/Koeble 6. Teil Rn. 28.
181 Kniffka, IBR-Online-Kommentar § 640 Rn. 29; MüKo/Busche § 640 Rn. 42 ff.; jurisPK-BGB/Mahler § 640 Rn. 4.
182 Vgl. BGH Urt. v. 27. 2. 1996 X ZR 3/94.
183 MüKo/Busche § 640 BGB Rn. 43; Palandt/Sprau § 640 BGB Rn. 8.

me dann im Rahmen seiner Prüfung der Fälligkeitsvoraussetzungen des eingeklagten Werklohnanspruchs zu prüfen haben. Ein gesonderter Feststellungsantrag kann jedoch Bedeutung erlangen für die Frage der Mängelhaftung, wenn mit dem Urteilstenor ein genauer Abnahmezeitpunkt fixiert wird, mit dem dann gem. § 634 a Abs. 2 BGB die Verjährungsfrist für die Mängelhaftungsansprüche des Bestellers beginnt.

In der Praxis birgt eine isolierte **Klage auf Abnahme** ebenso wie die Klage unmittelbar auf Werklohn nach fingierter Abnahme **nicht unerhebliche Risiken für den Auftragnehmer**: In beiden Fällen ist für ein obsiegendes Urteil gegen den Besteller erforderlich (im Falle einer direkten Vergütungsklage neben den weiteren Voraussetzungen, dass ein vertraglicher Anspruch auf die konkrete Entlohnung entweder aufgrund eines wirksamen Vertrags – etwa einer nachträglichen Erweiterung des Vertrags – oder aufgrund etwa der Vorschriften über die Geschäftsführung ohne Auftrag, §§ 677 ff. BGB, besteht), dass das Werk tatsächlich im Wesentlichen vertragsgemäß ist und allenfalls unwesentliche Mängel i.S.d. § 640 Abs. 1 S. 2 BGB bestehen. Klagt der Auftragnehmer auf Abnahme und kommt ein gerichtlicher Sachverständiger im Prozess zu dem Ergebnis, dass die Bauleistung doch **wesentliche Mängel** aufweist, wird das Gericht den Anspruch auf Abnahme verneinen und die **Klage abweisen**. Dasselbe gilt für den Fall einer **Vergütungsklage nach fingierter Abnahme**: Stellt ein Gerichtsgutachter wesentliche Mängel an dem streitgegenständlichen Bauwerk fest, ist auch eine fingierte Abnahme nicht erfolgt und die Werklohnklage mangels Fälligkeit als unbegründet abzuweisen. Seit der Reform der Zivilprozessordnung wird man jedenfalls vor Abweisung der Klage als unbegründet einen **richterlichen Hinweis** an den Kläger gem. § 139 ZPO fordern müssen.

83

Ist sich der Unternehmer unsicher, ob sein Werk tatsächlich im Wesentlichen vertragsgemäß ist, ist ihm daher dringend anzuraten, vor Erhebung einer Klage – insbesondere bei höherwertigen Bauleistungen aufgrund des entsprechend höheren Prozesskostenrisikos – vorab etwa durch einen Privatgutachter (zu finden unter anderem über die IHK, die Handwerkskammer oder Architektenkammer) oder durch ein **selbstständiges Beweisverfahren** (das den Vorteil bietet, dass die Feststellungen des Sachverständigen in diesem Fall für beide Parteien bereits verbindlich sind, während der Besteller die Ergebnisse eines Privatgutachtens prozessual einfach anzweifeln kann, so dass dann ein erneutes Gutachten im Klageverfahren eingeholt werden müsste) bestätigen zu lassen, dass – im Idealfall – keine wesentlichen Mängel bestehen und der Auftraggeber die ausdrückliche Abnahme zu Unrecht verweigert hat.

84

In jedem Fall ist dem klagenden Unternehmer – ob er gleich auf Vergütung oder isoliert auf Abnahme klagt – dringend zu empfehlen, **zur Frage der Abnahme seines Werks ausreichend substantiiert vorzutragen**.[184] Es wird selten ausreichen

85

---

[184] Kniffka/Koeble 6. Teil Rn. 28.

– außer im Fall, dass diese Frage im konkreten Fall zwischen den Parteien unstrittig ist – nur vorzutragen, dass die Bauleistung abgenommen sei. Stattdessen ist zu empfehlen, **detailliert vorzutragen zu den tatsächlichen Umständen**, aus denen der Unternehmer herleitet, dass seine Leistung entweder ausdrücklich rechtsgeschäftlich, fingiert (§ 640 Abs. 1 S. 3 BGB) oder konkludent vom Besteller abgenommen wurde. Dies kann z. B. geschehen durch die Vorlage von Abnahmeprotokollen als Beweismittel oder auch das Angebot von Zeugen, wenn ein ausdrückliches Protokoll nicht gefertigt wurde. Gesteigerter Bedarf nach qualifiziertem Vortrag besteht insbesondere, wenn etwa statt eines Abnahmeprotokolls nur eine Mängelliste des Bestellers vorliegt. In diesem Fall ist ausführlich vorzutragen, woraus der Unternehmer dennoch das Vorliegen einer wirksamen Abnahme herleitet. Aus diesem Grund ist dem Unternehmer – ebenso aber auch dem Besteller – zu raten, im Falle einer Abnahme **Wert auf Fertigung eines** zutreffenden und umfassenden im Idealfall **gemeinsamen Protokolls zu legen** und gegebenenfalls möglichst unabhängige potenzielle Zeugen hinzuzuziehen, um im Falle eines Prozesses nicht beweisfällig bleiben zu müssen.

86 Will sich der Besteller gegen eine Vergütungs- oder Abnahmeklage des Unternehmers mit der Argumentation wehren, eine Abnahme liege nicht vor, sollte er diesen **Vortrag tunlichst bereits in der ersten Instanz einführen**. Bestreitet der Auftragnehmer nämlich erstmals in der zweiten Instanz die Abnahme des Werks, kann das Bestreiten gem. § 531 Abs. 2 ZPO als verspätet zurückgewiesen werden. Zwar handelt es sich bei dem Begriff der Abnahme um einen Rechtsbegriff. Dieser enthält aber einen Tatsachenkern, dem der Besteller schon in der ersten Instanz entgegengetreten hätte müssen.[185]

B. Relevanz für die Baupraxis

87 Die Abnahme und damit die Grundregel des § 640 BGB hat zentrale Relevanz für die Baupraxis, ist **»Dreh- und Angelpunkt« des Bauvertrags**.[186] Dies gilt ebenso für Bauverträge, die »nur« den Regelungen des BGB folgen, wie für Bauverträge, in die die VOB und damit auch der VOB Teil B, Allgemeine Vertragsbedingungen für die Ausführung von Bauarbeiten (DIN 1961), wirksam einbezogen wurde. Auch diese Verträge folgen nicht ausschließlich den Vorgaben der VOB/B, sondern ebenso den »Grundregeln« des BGB und »nur« zusätzlich den VOB-Regelungen.

88 Die Abnahme eines Bauwerks ist ein **entscheidender Schnittpunkt für Bauvorhaben, unabhängig von ihrer Größenordnung und Ausführungsdauer**. Die Rechtsfolgen, die eine Abnahme auslöst, sind für Auftraggeber und -nehmer weit

---

185 jurisPK-BGB/Mahler § 640 Rn. 41.
186 Grauvogl: FS für K. Bauer, 397 ff.; Jagenburg BauR 1980, 406 ff.; Englert/Grauvogl/Maurer Rn. 704.

reichend, ob es sich um einen Vertrag mit einem Bauhandwerker etwa über die Ausbesserung von schadhaften Putzstellen handelt oder einen Bauvertrag einer Arbeitsgemeinschaft (ARGE) über die Errichtung einer Großschleuse. In allen Fällen ist die **Abnahme** der **entscheidende Wendepunkt** vom Entstehungsprozess zum fertigen Bauwerk.

Der Auftraggeber übernimmt im Rahmen der Abnahme das Bauwerk und beurteilt, ob es nach seiner Ansicht dem entspricht, was er in Auftrag gegeben hat. Unabhängig vom Umfang der auszuführenden Leistungen markiert die Abnahme den **Abschluss der Erfüllung**, den **Beginn der Mängelhaftung** und begründet die **Fälligkeit des Vergütungsanspruchs**. Der einzige Unterschied ist letztlich der Prüfungsumfang und -aufwand. Während bei Bauverträgen mit überschaubarem Umfang der Besteller selbst relativ problemlos in der Lage sein wird, zu beurteilen, ob das Werk vertragsgemäß ist oder nicht, erfordert dies bei Großprojekten systembedingt einen wesentlich größeren Aufwand. Nicht selten wird bei Großbauvorhaben, die aus einer Vielzahl von (Spezial-)Gewerken bestehen, der Bauherr **bereits bei der Abnahme einen Sachverständigen begleitend hinzuziehen**, um eine fachkundige Beurteilung über die Ausführung zu erhalten. Einen solchen Sachverständigen wird man in aller Regel als Privatgutachter des Auftraggebers einzustufen haben, es sei denn, Besteller und Unternehmer haben sich im Vorfeld gemeinsam auf einen Gutachter geeinigt und vereinbart, dessen Urteil als gemeinsame Feststellung zu akzeptieren.

Bei größeren Bauvorhaben, für die regelmäßig die Geltung der VOB vereinbart ist, sind **Teilabnahmen** häufiger. Die Ursache hierfür ist darin zu finden, dass sich größere Bauvorhaben über längere Zeiträume hinziehen und vielfach über eine Reihe von Jahren andauern. Viele Bauteile bauen außerdem aufeinander auf, so dass in vielen Fällen bei einer einzigen Abnahme am Ende der Bauausführung gar nicht mehr alle Gewerke auf ihre vertragsgemäße Ausführung überprüft werden könnten – etwa beim Bau eines Hochhauses, bei dem die Tiefbau- und Spezialtiefbaulose für die Herstellung der Baugrube und der Gründung systembedingt »unsichtbar werden«, sobald das aufsteigende Bauwerk errichtet wird. Ebenso gilt dies beispielsweise für Mauerarbeiten, sobald der Putz aufgetragen wird. In solchen Fällen sollte insbesondere der Auftragnehmer Wert darauf legen, dass rechtzeitig zumindest technische Teilabnahmen oder **Zustandsfeststellung** i.S.d. § 16 Nr. 6 Abs. 4 VOB/B durchgeführt werden. So kann der Unternehmer verhindern, dass sein Werk in einem späteren Stadium der Durchführung des Projekts nicht mehr prüfbar ist und er dann – vermeidbare – Hürden auf dem Weg zur Geltendmachung seines Vergütungsanspruchs zu überwinden hat.

C. Korrespondierende VOB/B-Regelung: § 12

91 In der VOB/B regelt § 12 die Abnahme.[187] Trotz gewisser Abweichungen **unterscheidet sich die VOB-Regelung nicht grundsätzlich von der nach § 640 BGB.**[188] Im **Unterschied** zur Regelung in § 640 BGB ist die VOB-Regelung **wesentlich detaillierter und speziell auf die Bedürfnisse der Baupraxis zugeschnitten.** § 12 Nr. 1 VOB/B etwa macht das Entstehen der Abnahmeverpflichtung des Auftraggebers ausdrücklich vom entsprechenden Verlangen des Auftragnehmers abhängig. Die Abnahme ist – praxisgerechter als die theoretische sofortige Abnahmeverpflichtung im BGB – bei VOB-Verträgen auf Verlangen innerhalb einer **Frist von zwölf Werktagen** vorzunehmen. Das Vorliegen der **Abnahmereife** ist nach dem Wortlaut der VOB **nicht erforderlich.**[189] § 12 Nr. 2 VOB/B regelt ausdrücklich die Teilabnahme in sich abgeschlossener Leistungen. § 12 Nr. 3 VOB/B korrespondiert mit § 640 Abs. 1 S. 2 BGB und bildete die »Vorlage« für die Einführung der Regelung bezüglich unwesentlicher Mängel in das BGB. § 12 Nr. 4 VOB/B regelt die förmliche Abnahme als besondere Art der ausdrücklichen Abnahme i.S.d. § 640 Abs. 1 BGB als Regelfall für einen VOB-Vertrag. Wie das BGB-Werkvertragsrecht in § 640 Abs. 1 S. 3 sieht auch § 12 Nr. 5 VOB/B die **Möglichkeit einer fiktiven Abnahme** vor. In beiden Fällen handelt es sich nicht um eine stillschweigende, vom Abnahmewillen des Auftraggebers getragene Abnahme, sondern um eine Abnahme, die an bestimmte äußere Ereignisse anknüpft, ohne darauf Rücksicht zu nehmen, ob der Auftraggeber abnahmewillig ist.[190] Ausdrücklich geregelt ist in § 12 Nr. 6 VOB/B die **Rechtsfolge des Gefahrübergangs** spätestens mit der Abnahme. Diese Rechtsfolge tritt auch bei der Abnahme nach § 640 BGB ein,[191] obgleich sie im Gesetzeswortlaut nicht ausdrücklich erscheint.

D. Rechtsprechungsübersicht

92 Einen entscheidenden Wandel in der jüngeren Rechtsprechung hat eine **Entscheidung des BGH vom 11.5.2006**[192] mit sich gebracht. Sie betrifft die Frage der **Abnahme im Falle einer vorzeitigen Kündigung des Bauvertrags**. Demnach wird der Werklohnanspruch eines Bauunternehmers auch nach der Kündigung des Bauvertrags nur dann fällig, wenn der Auftraggeber zuvor die bis dahin vom Unter-

---

[187] Zu den Einzelheiten der VOB-Regelung siehe die einschlägige Kommentierung zu § 12 in Ingenstau/Korbion; Heiermann/Riedl/Rusam; Kapellmann/Messerschmidt u. a.
[188] MüKo/Busche § 640 BGB Rn. 50ff.; Palandt/Sprau § 640 BGB Rn. 14; P/W/W § 640 Rn. 15; Englert/Grauvogl/Maurer, insb. Rn. 731ff.
[189] P/W/W § 640 Rn. 15.
[190] MüKo/Busche § 640 Rn. 58.
[191] Kniffka, IBR-Online-Kommentar § 640 Rn. 12ff.
[192] BGH Urt. v. 11.5.2006 VII ZR 146/04 IBR 2006, 432.

nehmer erbrachten Bauleistungen abgenommen hat. Der VII. Senat des BGH hat damit seine **bisherige, anders lautende Rechtsprechung**[193] **aufgegeben.**

In seinem Urteil vom 11.5.2006 weist der BGH nun darauf hin, dass die **Abnahme gem. § 641 Abs. 1 BGB Voraussetzung für die Fälligkeit des Werklohnanspruchs** ist. Soweit es um die Vergütungsforderung aus einem Bauvertrag gehe, bestehe insoweit kein rechtfertigender Grund, von dieser Voraussetzung abzusehen, wenn der Unternehmer infolge der Kündigung des Vertrags lediglich eine Teilleistung erbracht habe. Hierzu heißt es in dem Urteil: »Die Kündigung, die den Vertrag für die Zukunft beendet, beschränkt den Umfang der vom Unternehmer geschuldeten Werkleistung auf den bis zur Kündigung erbrachten Teil und seinen Vergütungsanspruch ebenfalls auf diesen Teil der ursprünglich geschuldeten Leistung.[194] Der nunmehr im geschuldeten Leistungsumfang reduzierte Bauvertrag richtet sich bezüglich der Fälligkeit der Vergütungsforderung weiterhin nach den werkvertraglichen Regelungen, wie sie auch für den ursprünglichen Vertragsumfang galten. Es ist kein rechtlich tragfähiger Grund dafür ersichtlich, an die Fälligkeitsvoraussetzungen des für den erbrachten Leistungsteil geschuldeten Vergütungsanspruchs geringere Anforderungen zu stellen, als sie für den Fall des vollständig durchgeführten Vertrags bestehen. Vielmehr würde eine Reduzierung dieser Anforderungen, ein Verzicht auf die Abnahme als Fälligkeitsvoraussetzung, dazu führen, dass der Unternehmer, ohne dass hierfür ein überzeugender Grund zu ersehen ist, selbst in denjenigen Fällen besser gestellt würde, in denen er Anlass zur Kündigung gegeben hat.« Der BGH weist jedoch klarstellend darauf hin, dass die Gleichstellung bezüglich der Fälligkeitsvoraussetzungen jedoch **erfordert, dass** eine **Abnahme auch der nur teilweise erbrachten Leistung grundsätzlich möglich ist.** Bei der bis zur Kündigung teilweise erbrachten Leistung, müsse es sich also um hinreichend abgrenzbare Teilleistungen handeln.

Das entscheidende VII. Senat des BGH räumt ein, dass eine Abnahme als Voraussetzung für die Fälligkeit der Vergütungsforderung des Unternehmers für die bis zur Kündigung erbrachten Leistungen **in der Praxis durchaus zu Problemen führen könne**: »Der Senat verkennt nicht, dass sich diese Überprüfung im Einzelfall zuweilen als schwierig herausstellen kann, etwa dann, wenn die Abgrenzung zwischen noch nicht erbrachter oder mangelhaft erbrachter Teilleistungen fraglich ist. Derartige **Abgrenzungsschwierigkeiten** sind dem Werkvertragsrecht aber auch im Übrigen keineswegs fremd und können sachgerecht bewältigt werden. Sie können es nicht rechtfertigen, von einer rechtlich geregelten Fälligkeitsvoraussetzung abzusehen.«

Die neue Rechtsprechung des BGH in dieser Frage ist zu begrüßen. Die bisherige Linie, auf eine Abnahme als Fälligkeitsvoraussetzung zu verzichten, nur weil ein

---

193 BGH Urt. v. 9.10.1986 VII ZR 249/85.
194 Unter Verweis auf BGH Urt. v. 25.3.1993 VII ZR 17/92 sowie BGH Urt. v. 19.12.2002 VII ZR 103/00.

Bauvertrag vorzeitig beendet wurde, war systematisch nicht überzeugend begründbar. Unerheblich, ob alle Teilleistungen eines Bauvertrags bis zum geplanten Ende zur Ausführung gelangen oder nur einzelne Teile bis zur Kündigung, muss dem Besteller das Recht zugebilligt werden, zu prüfen, ob das, was der Unternehmer abgeliefert hat, tatsächlich vertragsgemäß ist oder nicht. Es ist auch **kein nachvollziehbarer Grund ersichtlich, warum ein Auftragnehmer nach vollständiger Vertragserfüllung schlechter gestellt werden sollte** – er muss die Hürde der Abnahme durch den Besteller nehmen, damit sein Vergütungsanspruch fällig wird – als ein Unternehmer, der unter Umständen das vorzeitige Ende der Ausführung durch sein eigenes vertragsuntreues Verhalten erst verursacht hat.

Ein zeitlich später ergangenes Urteil des OLG Brandenburg[195] steht mit der oben dargestellten neuen Rechtsprechung des BGH nicht im Widerspruch: Das Gericht **verneint das Erfordernis einer Abnahme zur Begründung der Fälligkeit des Werklohns nur für den Fall einer einvernehmlichen vorzeitigen Beendigung eines Bauvertrags.** Verlangt der Auftraggeber keine weitere Erfüllung des Bauvertrags mehr und ist der Bauunternehmer damit einverstanden, wird der Werklohnanspruch des Unternehmers fällig, ohne dass eine Abnahme erforderlich ist. Im vom OLG Brandenburg entschiedenen Fall hatte der Bauunternehmer vorgetragen, dass die gerügten Mängel bereits beseitigt seien und ihm der Bauherr Kosten von seiner Vergütungsforderung abgezogen hatte. Eine weitere Mängelbeseitigung durch das Bauunternehmen war nicht mehr gefordert. Der Bauvertrag hat sich nach Ansicht des Gerichts dadurch in ein Abrechnungsverhältnis umgewandelt, so dass der Werklohn auch ohne ausdrückliche Abnahme fällig sei. Das Gericht ging im Übrigen von einer Abnahmereife der bis dahin erbrachten Leistungen aus.

Die Entscheidung ist für die Baupraxis insoweit bedeutsam, als **im Einzelfall exakt abzugrenzen** ist, **ob** die vorzeitige Beendigung des Bauvertrags tatsächlich auf einer (systematisch einseitig erklärten) **Kündigung** beruht **oder** auf eine **einvernehmliche vorzeitige Aufhebung** zurückgeht. Nur in letzterem Fall ist die Abnahme entbehrlich für die Begründung der Fälligkeit des Vergütungsanspruchs des Bauunternehmers. Diese Abgrenzung kann in Einzelfällen durchaus Schwierigkeiten bereiten, so dass es sich wiederum für alle Beteiligten empfiehlt, rechtzeitig Beweismittel zu schaffen und zu sichern, um ihre Position im Falle einer späteren gerichtlichen Auseinandersetzung belegen zu können.

---

195 Urt. v. 9.8.2006 17 U 168/04, IBR-Online-Werkstattbeitrag.

§ 641
Fälligkeit der Vergütung

(1) Die Vergütung ist bei der Abnahme des Werkes zu entrichten. Ist das Werk in Teilen abzunehmen und die Vergütung für die einzelnen Teile bestimmt, so ist die Vergütung für jeden Teil bei dessen Abnahme zu entrichten.

(2) Die Vergütung des Unternehmers für ein Werk, dessen Herstellung der Besteller einem Dritten versprochen hat, wird spätestens fällig, wenn und soweit der Besteller von dem Dritten für das versprochene Werk wegen dessen Herstellung seine Vergütung oder Teile davon erhalten hat. Hat der Besteller dem Dritten wegen möglicher Mängel des Werkes Sicherheit geleistet, gilt dies nur, wenn der Unternehmer dem Besteller Sicherheit in entsprechender Höhe leistet.

(3) Kann der Besteller die Beseitigung eines Mangels verlangen, so kann er nach der Abnahme die Zahlung eines angemessenen Teils der Vergütung verweigern, mindestens in Höhe des Dreifachen der für die Beseitigung des Mangels erforderlichen Kosten.

(4) Eine in Geld festgesetzte Vergütung hat der Besteller von der Abnahme des Werkes an zu verzinsen, sofern nicht die Vergütung gestundet ist.

Inhaltsübersicht

	Rn.
A. Geltung der Regelung	1
B. Baurechtlicher Regelungsinhalt	2
I. Bauspezifische Neutralität der Regelung; bauspezifische Besonderheiten und Fälligkeit des Vergütungsanspruchs	3
1. Disponibilität des § 641 BGB	6
2. Parteivereinbarung über die Leistungszeit	7
a) Gebot zur Rechtsklarheit von ausdrücklichen Fälligkeitsvereinbarungen	8
b) Stillschweigende Fälligkeitsvereinbarungen	9
c) Fälligkeit nach der Natur der Sache – Übertragung von § 16 Nr. 3 VOB/B auf einen BGB-Bauvertrag	10
II. Anwendungsbereich des § 641 – Zusammenhang mit § 632a	11
III. Die Regelfälligkeit – Gesamtabnahme und Teilabnahme des Werks	13
1. Schlusszahlungsvoraussetzungen – § 641 Abs. 1 S. 1	14
a) Unerheblichkeit der Forderungshöhe und der Rechnungsstellung	15
aa) Unerheblichkeit der Bestimmtheit der Forderungshöhe	17
bb) Unerheblichkeit der Rechnungsstellung	20
cc) Baubetriebswirtschaftliche Zusammenhänge – Aufmaß und Rechnungsstellung	21
dd) Bauprozessuale Zusammenhänge	25
(1) Bauprozessuale Zusammenhänge nach Maßgabe des § 641 Abs. 1 BGB	26
(2) Hinweispflichten des Gerichts	31

		Rn.
	(3) Abweisung der Klage bei fehlender Prüfbarkeit – Unbegründetheit der Werklohnforderung	32
	(4) Abweisung der Klage als zur Zeit unbegründet (§ 641 Abs. 1 S. 1)	34
b)	Fälligkeit – Rechnungsstellung und Verzug bei § 641 Abs. 1 S. 1 BGB	38
	aa) Verzugseintritt	39
	bb) Zinszahlungspflicht (§ 641 Abs. 4 BGB) und Rechnungsstellung	44
c)	Prüfbarkeit und Richtigkeit einer Schlussrechnung	45
	aa) Bauprozessuale Bedeutung	46
	bb) Differenzierung zwischen Prüfbarkeits- und Richtigkeitselementen	47
	cc) Prüfbarkeitsanforderungen in Ausrichtung am Auftraggeber	48
	dd) Prüfbarkeitsfaktoren und bauprozessuale Bezüge	50
	ee) Prüfbarkeitsanforderungen und Sachverständiger	51
d)	Rechtsfolgen einer Schlussrechnung – Zahlung auf eine Schlussrechnung	52
2. Teilzahlungsvoraussetzungen (§ 641 Abs. 1 S. 2 BGB)		53
a) Abnahme des Werks in Teilen		54
b) Bedeutungslosigkeit einer bloßen technischen Zustandsfeststellung		55
c) Bestimmtheit der Vergütung für die einzelnen Teile		56
3. Anspruch auf Rechnungsstellung – Leistungsverweigerungsrecht		57
a) Baubetriebswirtschaftliche – bauvertragstypische Besonderheiten		58
b) Leistungsverweigerungsrecht		59
IV. Fälligkeit in Leistungsketten (§ 641 Abs. 2 BGB)		60
1. Geltung		61
2. Voraussetzungen und Regelungsziel		62
a) Vertragstrukturen		63
b) Vertragsnatur		65
c) Leistungsidentität und Leistungsstand		66
d) Anspruchsqualität und Zahlungen		69
e) Mängel und Einrede des nichterfüllten Vertrages		71
3. Sicherheitsleistung und Fälligkeitseintritt (§ 641 Abs. 2 S. 2 BGB)		73
4. Auskunftsanspruch und prozessuale Bezüge		74
V. Fälligkeit bei gestörten Bauverträgen – sonstige abnahmeunabhängige Fälligkeitstatbestände		76
1. Geregelte Störungsfälle		77
a) Kündigung des Bauvertrages		78
b) Tatbestände nach § 645 BGB		81
c) Tatbestände nach §§ 643, 645 BGB		83
2. Ungeregelte Störungsfälle		84
a) Störung durch Verhalten des Auftraggebers		85
b) Störungen durch Verhalten des Auftragnehmers – Reaktion des Auftraggebers		86
VI. Rechtsfolgen nach Abnahme aufgetretener Mängel (§ 641 Abs. 3 BGB)		87
1. Zusammenhang mit § 320 BGB – Darlegungs- und Beweislast		88
2. Voraussetzungen des Leistungsverweigerungsrechts		89
a) Anwendungsbereich		90
aa) Zeitlicher Anwendungsbereich		91
bb) Sachlicher Anwendungsbereich		92

	Rn.
b) Mängelbeseitigungsanspruch – Verlusttatbestände	93
c) Höhe des Leistungsverweigerungsrechts	96
3. Rechtsfolgen	99
a) Materiellrechtliche Rechtsfolgen	100
b) Prozessuale Folgen	102
VII. Verzinsungspflicht (§ 641 Abs. 4 BGB)	107
VIII. Vereinbarungen und Klauseln	108
C. Zusammenhang mit § 648 BGB	111
D. Zusammenhang mit § 648 a BGB	112
E. Korrespondierende VOB/B-Regelung	113
F. Korrespondierende Regelung im Planerrecht – § 8 HOAI	117
G. Auswirkungen des geplanten Forderungssicherungsgesetzes	118
H. Rechtsprechung	121

A. Geltung der Regelung

Durch das Gesetz zur Beschleunigung fälliger Zahlungen vom 30. 3. 2000[1] wurden die Regeln zur sog. Durchgriffsfälligkeit in Abs. 2 und zum Druckzuschlag in Abs. 3 eingefügt. Der bisherige Absatz 2 wurde dadurch der nunmehrige Abs. 4. Der Abs. 1 blieb unverändert. Nach der in Art. 229 § 1 Abs. 2 EGBGB getroffenen Regelung gilt § 641 Abs. 2 nur für die ab 1. 5. 2000 geschlossenen Verträge, wogegen nach der klaren gesetzlichen Anordnung § 641 Abs. 3 BGB auch auf vor dem 1. 5. 2000 geschlossene Verträge Anwendung findet. Damit verdrängt § 641 Abs. 3 BGB auch für Altverträge für den Zeitraum nach der rechtsgeschäftlichen Abnahme die Anwendbarkeit des § 320 BGB. Im **Erfüllungsstadium** bleibt es nach dem ausdrücklich auf den Zeitpunkt nach der Abnahme beschränkten Anwendungsbereich des § 641 Abs. 3 BGB bei der Maßgeblichkeit des § 320 BGB. Das macht einen Unterschied, denn zu § 320 BGB gilt die Regel, dass ein Besteller, der wegen eines Baumangels die Bezahlung des Werklohns verweigert, nichts zur Höhe der Mängelbeseitigungskosten vorzutragen braucht.[2] § 320 BGB sieht nämlich eine Beschränkung des Leistungsverweigerungsrechts auf einen entsprechenden Teil grundsätzlich nicht vor. Vielmehr hat der Auftragnehmer darzutun, dass der einbehaltene Betrag unter Berücksichtigung des Druckszuschlags unverhältnismäßig und deshalb unbillig hoch ist. § 641 Abs. 3 BGB **ändert** diese **Beweislastregelung** zugunsten des Auftragnehmers und zu Lasten des Auftraggebers: Der Auftraggeber muss die Höhe der Mängelbeseitigungskosten dartun und beweisen, was selbstverständlich auch gilt, wenn mehr als das Dreifache des Mängelbeseitigungsaufwands einbehalten wird.

1

---

[1] BGBl. I S. 300.
[2] BGH Urt. v. 4. 7. 1996 VII ZR 125/95 BauR 1997, 133 = IBR 1997, 14.

B. Baurechtlicher Regelungsinhalt

2 Die Vorschrift hat für den Baubereich erheblichen Stellenwert, weist jedoch keine bauspezifischen Besonderheiten auf.

I. Bauspezifische Neutralität der Regelung; bauspezifische Besonderheiten und Fälligkeit des Vergütungsanspruchs

3 Im Gegensatz z.B. zu § 634a Abs. 1 Nr. 2, § 648 oder § 648a BGB enthält die Vorschrift keinerlei bauspezifische Besonderheiten. Die Norm ist von abstrakt genereller Zuschnitt, so dass die tatbestandlichen Voraussetzungen und Rechtsfolgen auf jeden Werkvertrag zutreffen, gleichgültig welches Werkversprechen abgegeben worden ist. Sache der Parteien eines Bauvertrages ist es, bauvertragliche Besonderheiten zum Anlass für eine bauspezifische Fälligkeitsvereinbarung zu nehmen.

4 Die Besonderheiten eines Bauvertrages machen die unterschiedlich möglichen Bauvertragstypen aus. Bei einem **Pauschalvertrag**, nach welchem bestimmte Leistungen zu einem von vornherein festgelegten Preis (Pauschalpreis als Vertragspreis) erbracht werden, liegt die Vergütungshöhe fest. Der Auftraggeber weiß damit i.d.R. bei der Abnahme, welche Vergütung zu bezahlen ist. Das ist bei einem **Einheitspreisvertrag** völlig anders, weil die zu zahlende Vergütung mit der Angebotsendsumme nicht identisch ist. Die Vergütungshöhe ergibt sich aus Aufmaß und der Multiplikation mit den einzelnen Einheitspreisen, die allein die Vertragspreise ausmachen. Damit wird Auftraggeber und Auftragnehmer die Höhe der Vergütung erst mit der vom Auftragnehmer vorzunehmenden Abrechnung bekannt, die ein Aufmaß voraussetzt. Da Abnahme und Aufmaßnahme strikt zu trennen sind, und regelmäßig die Aufmaßnahme der Abnahme nachfolgt, beginnt die Verjährungsfrist für die Vergütungsansprüche aus einem Bauvertrag bei einem Einheitspreisvertrag gemäß §§ 641, 199 Abs. 1 BGB ab der rechtsgeschäftlichen Abnahme (Schluss des Jahres, § 199 Abs. 1 BGB) unabhängig von der allein über die Rechnungsstellung in Erfahrung zu bringenden Vergütungshöhe zu laufen. Soweit teilweise die Auffassung vertreten wird, zum Eintritt der Fälligkeit sei zumindest die Mitteilung der geforderten Vergütung erforderlich,[3] deckt sich dieser Standpunkt nicht mit der in § 641 Abs. 1 BGB zum Ausdruck kommenden Rechtslage. Bei einem Stundenlohnvertrag gilt dasselbe, weil die Stundenanzahl den Werklohnanspruch neben Geräteeinsatzkosten und Materialkosten der Höhe nach bestimmt. Allerdings ist unter Fälligkeitsgesichtspunkten zwischen der **Höhe des Werklohnanspruchs** und der **Rechnungsstellung** grundsätzlich zu unterscheiden, wenn auch im Baubereich die Vergütungshöhe regelmäßig erst über Aufmaßnahme und Rechnungsstellung ermittelt wird.

---

3 Bamberger/Roth/Voit § 641 Rn. 4.

Fälligkeitsvereinbarungen der Vertragsparteien in Abhängigkeit von einer Rechnungsstellung wie auch von bestimmten Qualitäten dieser Rechnungsstellung setzen die Disponibilität des § 641 BGB voraus. § 641 BGB begründet die Fälligkeit unabhängig von der Kenntnis des Auftraggebers von der Höhe des Vergütungsanspruchs und einer Rechnungsstellung, was sich aus dem Wortlaut der Vorschrift wie auch aus § 286 Abs. 3 BGB ergibt. § 286 Abs. 3 BGB verknüpft den Verzugseintritt mit dem Ablauf von 30 Tagen nach Fälligkeit und Zugang einer Rechnung oder einer gleichwertigen Zahlungsaufstellung. Das verdeutlicht, dass der Gesetzgeber die Fälligkeit grundsätzlich unabhängig von einer Rechnungsstellung konzipiert (vgl. näher Rn. 15). 5

1. Disponibilität des § 641 BGB

§ 641 BGB ist insgesamt disponibel. Die Regelung ist im Zusammenhang mit § 271 BGB als der für die Leistungszeit und damit die Fälligkeit grundlegenden Vorschrift, wie auch mit § 199 Abs. 1 Nr. 1 BGB zu sehen. § 641 BGB weicht von § 271 Abs. 1 BGB insofern ab, als der Unternehmer als Gläubiger des Vergütungsanspruchs die Zahlung des Werklohns gerade nicht sofort verlangen kann, sondern erst bei der Abnahme. Das bedingt die **Vorleistungspflicht** des Unternehmers. § 641 BGB ändert jedoch nichts an der den Vertragspartnern durch § 271 Abs. 1 BGB eingeräumten Möglichkeit, die Zeit für die Leistung durch Vertrag zu bestimmen.[4] Einschränkungen dieser Dispositionsfreiheit der Parteien durch eine gesetzlich zwingende Bestimmung sind nicht erkennbar (bezüglich § 641 Abs. 2 BGB siehe Rn. 60 ff.). Eine mit der Anordnung in § 648 a Abs. 7 BGB vergleichbare Regelung fehlt. 6

2. Parteivereinbarung über die Leistungszeit

Derartige Parteivereinbarungen können ausdrücklich und stillschweigend geschlossen werden. Auch Klauseln kommen in Betracht. Für einen Bauvertrag liegt es – insoweit analog zu § 16 Nr. 3 Abs. 1 VOB/B – nahe, die Fälligkeit neben der rechtsgeschäftlichen Abnahme mit der Rechnungsstellung zu verknüpfen und eine entsprechende vertragliche Vereinbarung zu treffen. 7

a) Gebot zur Rechtsklarheit von ausdrücklichen Fälligkeitsvereinbarungen

Die Fälligkeit kann mittels Parteivereinbarung auch von der Prüfbarkeit der Rechnung abhängig gemacht werden. Bei ausdrücklichen Vereinbarungen haben die Parteien auf einen eindeutigen Regelungsinhalt zu achten, da am Ende des Jahres des Fälligkeitseintritts (§ 199 Abs. 1 BGB) die Verjährung zu laufen beginnt, und deswegen die Rechtssicherheit nach Vereinbarungsklarheit verlangt. Wird die Fälligkeit von der Rechnungsstellung abhängig gemacht, ist damit nicht zugleich de- 8

---

[4] PWW/Jud § 271 Rn. 5; PWW/Wirth § 641 Rn. 13.

ren Prüfbarkeit Fälligkeitsvoraussetzung. Auch im Wege der Auslegung nach §§ 133, 157 BGB lässt sich eine solche Erweiterung nicht erreichen, denn die Regelung ist ihrem Inhalt nach eindeutig. § 16 Nr. 3 Abs. 1 VOB/B wie auch § 8 Abs. 1 HOAI heben ausdrücklich auch auf die Prüfbarkeit als Fälligkeitsvoraussetzung ab, was nicht geboten wäre, wenn mit jeder vorgesehenen Rechnungsstellung deren Prüfbarkeit gleichfalls gefordert wäre. Das folgt so auch aus § 286 Abs. 3 BGB, wo zur Verzugsbegründung lediglich auf eine Rechnung oder eine gleichwertige Zahlungsaufstellung abgehoben wird. Die **Prüfbarkeit** wird nicht vorausgesetzt.[5]

b) Stillschweigende Fälligkeitsvereinbarungen

9   Allein der Umstand, dass Abrechnungsbedarf zur Ermittlung der Höhe des Vergütungsanspruchs besteht, begründet keine stillschweigende und von § 641 Abs. 1 BGB abweichende Fälligkeitsvereinbarung.[6] Denn dieser Umstand ist für zahlreiche Werkverträge typisch und entspricht daher voll dem typischen Regelungsgehalt des § 641 BGB. Vereinbaren die Parteien Abschlagszahlungen, lässt der wegen der bloßen Vorläufigkeit dieser Zahlungen[7] bestehende Abrechnungsbedarf nach §§ 133, 157 BGB gleichfalls keinen Schluss auf eine inhaltlich von § 641 Abs. 1 BGB abweichende stillschweigende **Fälligkeitsabrede** zu.[8] Die entgegengesetzte Auffassung kommt mit § 632a BGB in Konflikt. Der Gesetzgeber hat dem Unternehmer mit dem Beschleunigungsgesetzes ab 1. 5. 2000 auch ohne eine entsprechende Vereinbarung das Recht auf Abschlagszahlungen verschafft, womit das Gesetz von einem Abrechnungsbedarf ausgeht. Eine inhaltliche Änderung des § 641 Abs. 1 BGB etwa dahin, dass bei Geltendmachung von Abschlagszahlungen Fälligkeit erst durch die Abrechnung mittels Schlussrechnung eintritt, wurde jedoch nicht vorgenommen. Da **vereinbarte Abschlagszahlungen** im Grundsatz der gesetzlichen Regelung in § 632a BGB entsprechen und der unverändert gebliebene § 641 Abs. 1 BGB die Fälligkeit lediglich von der rechtsgeschäftlichen Abnahme abhängig macht, kann ohne weitere Anhaltspunkte die bloße Vereinbarung von Abschlagszahlungen nicht als stillschweigend zustande gekommene und von § 641 Abs. 1 BGB abweichende Fälligkeitsabrede interpretiert werden.

Auch die Vereinbarung eines **gemeinsamen Aufmaßes** besagt nichts über eine von § 641 BGB abweichende Fälligkeitsregelung.[9]

---

5   PWW/Schmidt-Kessel § 286 Rn. 20; Palandt/Heinrichs § 286 Rn. 29, 30.
6   Vgl. dazu OLG Frankfurt NJW-RR 2005, 169.
7   BGH Urt. v. 30. 9. 2004 VII ZR 187/03 BauR 2004, 1940 = NZBau 2005, 41 = NJW-RR 2004, 139 = IBR 2004, 676.
8   A. A. wohl PWW/Wirth § 641 Rn. 3 mit Verweis auf OLG Düsseldorf BauR 1997, 1052 und OLG Hamm BauR 1997, 656.
9   BGH Urt. v. 29. 4. 1999 VII ZR 127/98 BauR 1999, 1185 = NJW-RR 1999, 1180 = IBR 1999, 510, 511.

c) Fälligkeit nach der Natur der Sache – Übertragung von § 16 Nr. 3 VOB/B auf einen BGB-Bauvertrag

Keiner besonderen Fälligkeitsvereinbarung würde es bedürfen, wenn die Anforderungen des § 16 Nr. 3 VOB/B gleichsam als sich aus der Natur der Sache – nämlich der Natur eines Bauvertrages – ergebende Umstände auf einen Bauvertrag übertragen werden könnten. Hierfür ist jedoch kein Raum. Der BGH[109] hat dies für die Fälligkeit im Sinne der Verjährungsvorschriften verneint, was auch für die Fälligkeit der Vergütung selbst gilt; denn § 199 Abs. 1 Nr. 1 BGB setzt für den Beginn der Verjährung u.a. die Anspruchsentstehung voraus, was grundsätzlich die Fälligkeit des Anspruchs bedingt. Die Fälligkeit des Werklohnanspruchs eines Unternehmers aus einem Bauvertrag ist auch unabhängig von der **Kenntnis** der **Vergütungshöhe**.[11] Allerdings lässt § 271 BGB, der die Fälligkeit bei fehlender Zeitbestimmung dahin festlegt, der Gläubiger könne die Leistung sofort verlangen und der Schuldner sie sofort bewirken, den Schluss zu, dass ohne Vergütungshöhe Fälligkeit nicht eintreten kann. Davon weicht § 641 Abs. 1 BGB jedoch gerade ab. Danach ist die Vergütung bei Abnahme fällig, was sich inhaltlich als Sonderregelung im Verhältnis zu § 271 BGB erweist (siehe Rn. 14 ff.).

10

II. Anwendungsbereich des § 641 – Zusammenhang mit § 632 a

Der Anwendungsbereich des § 641 BGB erschließt sich im Vergleich zu § 632 a BGB. § 632 a BGB hat Abschlagszahlungen zum Gegenstand. Das rechtfertigt den Schluss, dass § 641 Abs. 1 S. 1 BGB seit 1.5.2000 (Zeitpunkt des Inkrafttretens des Beschleunigungsgesetzes) den Schlusszahlungsanspruch betrifft und § 641 Abs. 1 S. 2 BGB den Vergütungsanspruch hinsichtlich abnahmefähiger Teilwerke. § 641 Abs. 1 BGB hat **Abschlagsforderungen** nicht zum Gegenstand. Problematisch ist der Anwendungsbereich des § 641 Abs. 2 BGB. Regelt § 632 a BGB die Abschlagsforderung insgesamt eigenständig, könnte die Auffassung vertreten werden, § 641 Abs. 2 BGB gelte für Abschlagszahlungen nicht.[12] § 632 a BGB entfaltet seine Wirkungen jedoch nur im jeweiligen Vertragsverhältnis und verschafft dem letzten Unternehmer in der Leistungskette einen eigenständigen Abschlagszahlungsanspruch gegen den Besteller unabhängig davon, ob dessen Auftraggeber dem Besteller eine Zahlung geleistet hat. Da für § 632 a BGB eine Zahlung des Auftraggebers in der Leistungskette an den Hauptunternehmer völlig bedeutungslos ist, darauf aber gerade § 641 Abs. 2 BGB abhebt und die dortige Regelung auch dann zur Anwendung kommt, wenn der Besteller vom Dritten Teile seiner Vergütung erhält, schließt § 632 a BGB bei **Leistungsketten** die Anwendbarkeit des § 641 Abs. 2

11

---

109 BauR 1981, 199.
11 A. A. Werner/Pastor Rn. 1371; Bamberger/Roth/Voit § 641 Rn. 4.
12 So PWW/Wirth § 641 Rn. 7; Kirberger BauR 2001, 492; Kniffka ZfBR 2000, 227, 231; Böhme BauR 2001, 525, 532; MüKo/Busche § 641 Rn. 23 BGB a.E.; Palandt/Sprau § 641 Rn. 7; a. A. Peters NZBau 2000, 169, 172; Staudinger/Peters § 641 Rn. 39.

BGB gerade nicht aus. § 641 Abs. 2 BGB hat einen völlig anderen Sachverhalt zum Gegenstand, der bei Leistungsketten (Auftraggeber [= Dritter i.S.d. § 641 Abs. 2 BGB] – Hauptunternehmer [= der Besteller i.S. § 641 Abs. 2 BGB] – Subunternehmer [= Unternehmer i.S.d. § 641 Abs. 2 BGB]) greift und daran anknüpft, dass der Auftraggeber eine Zahlung an den Hauptunternehmer für auch vom Subunternehmer erbrachte Leistungen leistet. Allerdings muss bezüglich der Anwendbarkeit des **§ 641 Abs. 2 BGB auf Abschlagszahlungen** unterschieden werden, ob die Vorschrift zur Fälligkeit von Abschlagsforderungen des Subunternehmers führen soll oder lediglich nach vollständiger Fertigstellung des Werks durch den Subunternehmer geeignet ist, die Fälligkeit der Schlussrechnungsforderung in Höhe von Zahlungen (auch Abschlagszahlungen) des Dritten an den Hauptunternehmer zu begründen (siehe Rn. 67, 69).

12 **Vorauszahlungen** sind nicht Regelungsgegenstand des § 641 BGB und zwar weder in Abs. 1 noch in Abs. 2. Vorauszahlungen des Auftraggeber widersprechen der Vorleistungspflicht des Werkvertrags, die sich gerade aus § 641 Abs. 1 BGB ableitet, und sind demgemäss nur bei entsprechender Vereinbarung zu erbringen.

III. Die Regelfälligkeit – Gesamtabnahme und Teilabnahme des Werks

13 Grundsätzlich hängt die Fälligkeit des Werklohnanspruchs des Unternehmers von der **rechtsgeschäftlichen Abnahme**[13] des Werks ab. Damit genügt die bloße **Abnahmefähigkeit** nicht. Hat der Auftraggeber das Werk nicht abgenommen, obwohl es i.S.d. § 640 Abs. 1 S. 2 BGB abnahmefähig ist, kann dennoch auf Zahlung mit der Begründung geklagt werden, das Werk sei abnahmefähig und der Besteller habe die Abnahme zu Unrecht verweigert.[14] Teilweise wird die Auffassung vertreten, es müsse nunmehr gemäß § 640 Abs. 1 S. 3 BGB die dort vorgesehene Frist gesetzt und fruchtlos verstrichen sein, um zu einer fiktiven Abnahme zu kommen,[15] was letztlich mit der Frage zusammenhängt, ob die Notwendigkeit der rechtsgeschäftlichen Abnahme abweichend von der Grundregel in § 641 Abs. 1 BGB auch Ausnahmen kennt.[16] Die **technische Abnahme**, Probeläufe oder Abnahmeprüfungen wie sie im technischen Ausbaubereich – z.B. bei raumlufttechnischen Anlagen, DIN 18379 Abschnitt 3.5, und bei Heizungs- und Warmwassererwärmungsanlagen, DIN 18380 Abschnitt 3.6, noch Teil der Unternehmerleistung sind, genügen zur Herbeiführung der Werklohnfälligkeit nicht. Was die Fälligkeitsvoraussetzungen im Einzelnen betrifft, ist zwischen § 641 Abs. 1 S. 1 und S. 2 BGB zu unterscheiden.

---

13 Vgl. dazu § 640 Rn. 2 ff.
14 BGH Urt. v. 15.5.1990 X ZR 128/88 NJW 1990, 3008.
15 Kirberger BauR 2001, 492, 493.
16 Siehe Rn. 76 ff.

Fälligkeit der Vergütung § 641 BGB

1. Schlusszahlungsvoraussetzungen – § 641 Abs. 1 S. 1

Der Werklohnanspruch des Unternehmers, der nach vorausgegangenen Abschlagszahlungen oder einer Vorauszahlung als Schlusszahlungsanspruch einzuordnen ist, ist nach § 641 Abs. 1 S. 1 BGB fällig, wenn eine rechtsgeschäftliche Abnahme stattgefunden hat. Satz 1 betrifft in Abgrenzung zum Satz 2 den Anspruch auf den gesamten Werklohn und nicht Teilansprüche, die nach einer Teilabnahme gefordert werden können. 14

a) Unerheblichkeit der Forderungshöhe und der Rechnungsstellung

Auf weitere Kriterien stellt das Gesetz nicht ab. Das gilt so auch für einen Bauvertrag, denn das Werkvertragsrecht des BGB erfasst den Bauvertrag. Das Werkvertragsrecht berücksichtigt die Vergütungssicherungsinteressen des Unternehmers eines Bauwerks in §§ 648 und 648a BGB und regelt in § 634a Abs. 1 Nr. 2 BGB die Verjährungsfristen für Sachmängelansprüche bei Mängeln an einem Bauwerk und Planungs- sowie Überwachungsleistungen für ein Bauwerk eigenständig. Unabhängig vom spezifischen Werkvertragsinhalt hebt § 641 Abs. 1 BGB generell im Hinblick auf die Vorleistungspflicht des Unternehmers auf die Abnahme des Werks ab, soweit nicht § 646 BGB ausnahmsweise die Vollendung genügen lässt. Diese Umstände rechtfertigen den Schluss, dass der Gesetzgeber, der in einigen Beziehungen die Besonderheiten des Bauvertrags berücksichtigt hat, bewusst werkunabhängig und unabhängig von der speziellen Ermittlungsart des Vergütungsanspruchs für die Fälligkeit nur auf die Abnahme abgestellt hat. Die Besonderheiten der Bauwerksleistungen rechtfertigen keine ergänzende Gesetzesauslegung, um mit Rücksicht auf abrechnungsspezifische Besonderheiten neben der Abnahme weitere Fälligkeitsvoraussetzungen zu begründen. Das betrifft sowohl die Höhe des Vergütungsanspruchs als auch die Rechnungsstellung. 15

Die gesetzliche Regelung geht dabei ersichtlich davon aus, dass das vertraglich übernommene Werk hergestellt worden ist. Tatbestände, bei denen Abwicklungsstörungen die Werkherstellung endgültig ausschließen, sind eigenständig zu beurteilen und werden von § 641 BGB nicht erfasst (siehe Rn. 76 ff.). 16

aa) Unerheblichkeit der Bestimmtheit der Forderungshöhe

Werner/Pastor[17] setzen neben der Abnahme voraus, dass im Zeitpunkt der Abnahme die Höhe der Forderung des Unternehmers bestimmt ist. Das geht über die gesetzlichen Anforderungen hinaus und lässt sich weder aus § 641 Abs. 1 BGB noch aus dem Systemzusammenhang ableiten. Wenn der Satz 2 des Abs. 1 bei der Abnahme von Teilen des Werks darauf abhebt, die Vergütung sei für jeden Teil bei dessen Abnahme unter der Voraussetzung zu entrichten, dass die Vergütung für die einzelnen Teile bestimmt ist, rechtfertigt das Fehlen dieser Einschränkung im Satz 1 den Schluss, dass die Bestimmtheit der Vergütung für Satz 1 absolut bedeutungslos ist, wobei dahin gestellt bleiben kann, wie diese Aussage im Satz 2 über- 17

---
17 Rn. 1371; so auch Bamberger/Roth/Voit § 641 Rn. 4.

haupt zu verstehen ist (siehe Rn. 56). Die Forderung nach der Bestimmtheit der Anspruchshöhe kann auch nicht über § 271 BGB als selbstverständliche Voraussetzung im Rahmen von § 641 BGB angesehen werden. § 271 BGB regelt die Leistungszeit und damit die Fälligkeit subsidiär, nämlich wenn die Leistungszeit weder bestimmt ist noch sich aus den Umständen entnehmen lässt, dahin, dass dann der Gläubiger die Leistung sofort verlangen und der Schuldner sie sofort bewirken kann. Diese Subsidiärregelung setzt die Kenntnis des Anspruchs, bei einem Vergütungsanspruch die Forderungshöhe als selbstverständlich voraus.

18 Durch § 641 BGB wird entsprechend § 271 Hs. 1 BGB gerade eine gesetzliche Bestimmung der **Leistungszeit** so vorgenommen, dass auf die Abnahme der Werkleistung abgestellt wird. Diese eindeutige Leistungszeitbestimmung hat der Gesetzgeber nicht mit der Einschränkung versehen, dass der Schuldner zu diesem Zeitpunkt die Leistung auch bewirken können müsse, was die Kenntnis der Forderungshöhe voraussetzen würde.

19 Dass die **Forderungshöhe** noch nicht ermittelt und dem Auftraggeber bekannt sein muss, folgt auch aus § 641 Abs. 4 BGB. Danach hat der Auftraggeber eine in Geld festgesetzte Vergütung von der Abnahme des Werks an zu verzinsen, sofern nicht die Vergütung gestundet ist. § 641 Abs. 1 S. 1 BGB ordnet die Fälligkeit der Vergütung bei der Abnahme des Werks gerade nicht in Abhängigkeit davon an, dass die Vergütung bereits in Geld festgesetzt sein müsste. Hätte der Gesetzgeber die Fälligkeit in **Abhängigkeit von der ermittelten Forderungshöhe** gewollt, hätte nur formuliert werden müssen, dass die in Geld festgesetzte Vergütung bei der Abnahme des Werkes zu entrichten ist.

bb) Unerheblichkeit der Rechnungsstellung

20 Das OLG Bamberg[18] ist der Auffassung, auch bei einem BGB-Bauvertrag könne nicht auf eine Rechnung verzichtet werden, die dem Auftraggeber die Prüfung der Rechnung ermögliche, und behandelt die Rechnungsstellung ersichtlich neben der Abnahme als eine Fälligkeitsvoraussetzung. Das Gericht geht jedoch nicht so weit, auch die Prüfbarkeit der Rechnung als Fälligkeitsvoraussetzung bei einem BGB-Bauvertrag zu deklarieren. Dem schließen sich Werner/Pastor bei fehlender Bestimmtheit der Forderungshöhe an.[19] Andere erklären die Erstellung einer Schlussrechnung bei Vereinbarung einer **Schlussrechnungspflicht**, was auch stillschweigend erfolgen könne, zur Fälligkeitsvoraussetzung.[20] Die Gerichte[21] operieren dabei mit den bauspezifischen Besonderheiten einzelner Bauvertragstypen, aus denen sich eine **Abrechnungsnotwendigkeit** ergibt. Der BGH vertritt demgegenüber hinsichtlich der Rechtslage des BGB den Standpunkt, dass die Erteilung einer

---

18 Urt. v. 15.1.2003 3 U 46/02 BauR 2003, 1227.
19 Rn. 1371.
20 PWW/Wirth § 641 Rn. 3 mit Verweis auf OLG Celle MDR 1998, 1476; OLG Frankfurt NJW-RR 2005, 169; OLG Bamberg OLGR 2003, 132.
21 Z.B. das OLG Frankfurt NJW-RR 2005, 169; der BGH NJW-RR 1989, 148.

prüffähigen Rechnung keine Fälligkeitsvoraussetzung ist und eine Forderung auch ohne Rechnungsstellung verjähren kann.[22]

cc) Baubetriebswirtschaftliche Zusammenhänge – Aufmaß und Rechnungsstellung

Die baubetriebswirtschaftlichen Zusammenhänge machen die verschiedenen, den Baubereich beherrschenden Bauvertragstypen aus, mit denen regelmäßig die Offenheit des schließlich für die erbrachte Bauleistung zu zahlenden Betrages verbunden ist. Das ist nicht einmal bei einem Pauschalpreisvertrag oder einem Festpreisvertrag absolut anders, weil die Abwicklung auch eines BGB-Bauvertrages von Abweichungen gekennzeichnet sein kann, was nicht ohne Einfluss auf die Vergütung ist.   21

Typisch sind der Einheitspreisvertrag als Leistungsvertrag[23] und der Stundenlohnvertrag als Aufwandsvertrag,[24] selbst wenn das vom Unternehmer abgegebene Angebot mit einer Angebotsendsumme endet. Denn der schließlich zu zahlende Betrag ergibt sich beim Einheitspreisvertrag aus der Ermittlung der Massen, die mit dem jeweiligen Einheitspreis multipliziert werden,[25] und bei einem Stundenlohnvertrag aus der Anzahl der Stunden und dem sonstigen Geräte- und Materialaufwand.[26] Damit sind die tatsächlich ausgeführten Leistungen bzw. der Aufwand für die Bemessung der Forderungshöhe maßgeblich, nicht aber ein im Angebot lediglich prognostizierter Betrag, wie er sich in der **Angebotsendsumme** wiederspiegelt. Die Behandlung der Fälligkeit bestimmt sich jedoch nach dem Gesetz und nicht nach baubetriebswirtschaftlichen und spezifischen bauabrechnungstechnischen Gegebenheiten.   22

In Kenntnis dieser Gegebenheiten und in Kenntnis gerade auch der Schlussrechnungsnotwendigkeit bei der durch das Beschleunigungsgesetz eingeführten Abschlagszahlungsverpflichtung hat der **Gesetzgeber** jedoch davon abgesehen, neben der rechtsgeschäftlichen Abnahme eine **Rechnungsstellung** als **Fälligkeitsvoraussetzung** zu deklarieren.   23

Aus der faktischen Notwendigkeit einer Schlussrechnung, was bei einem Einheitspreisvertrag regelmäßig die **Erstellung eines Aufmaßes** hinsichtlich der erbrachten Leistungen bedingt, kann auch nicht ohne weiteres darauf geschlossen werden, die Parteien hätten sich **stillschweigend** auf **Aufmaß** und **Schlussrechnung** als Fälligkeitsvoraussetzung geeinigt. Das OLG Frankfurt[27] ist in der Annahme einer solchen stillschweigend zustande gekommenen Fälligkeitsvereinbarung großzügig,   24

---

22 BGH Urt. v. 27.11.2003 VII ZR 288/02 BauR 2004, 316, 320 = BGHZ 157, 118 = NJW-RR 2004, 445 = IBR 2004, 79, 80, 148; BGH Urt. v. 18.12.1980 VII ZR 41/80, BauR 1981, 199 = BGHZ 79, 176, 178.
23 Vgl. § 5 Nr. 1a VOB/A.
24 Vgl. § 5 Nr. 2 VOB/A.
25 Vgl. § 2 Nr. 2 VOB/B.
26 Vgl. § 15 Nr. 3 VOB/B.
27 Urt. v. 12.8.2004 26 U 77/03 NJW-RR 2005, 169.

wenn es den Umstand des Einheitspreisvertrages, die eventuelle Notwendigkeit weiterer im Stundenlohn zu erbringender und damit letztlich erst für die Abrechnung im einzelnen festzustellenden Leistungen für ausreichend hält. Die Anknüpfung an eine BGH-Entscheidung[28] ist deshalb fragwürdig, weil diese Entscheidung einen Gerüststellungs- und Vorhaltungsvertrag zum Inhalt hatte, womit für die Abrechnung auch die Nutzungszeit von maßgeblicher Bedeutung war. Über die Nutzungszeit aber entschied der Auftraggeber und nicht der Auftragnehmer, der diese Nutzungszeit auch erst in Erfahrung bringen musste. Maßgeblich ist sowohl aus der Sicht des Beschleunigungsgesetzes und eines neueren BGH-Urteils,[29] dass allein die **Vereinbarung** eines **gemeinsamen Aufmaßes** nicht den Schluss zulässt, die Parteien hätten damit eine Vereinbarung über die Fälligkeit des Werklohns getroffen. Die Vereinbarung, ein gemeinsames Aufmaß zu nehmen, ist keine Vereinbarung über die Fälligkeit des Werklohns, sondern damit wird der Zweck verfolgt, den Umfang der tatsächlich erbrachten Leistungen gemeinsam festzustellen. Umso weniger ist allein die **Faktenlage**, die zur Bestimmung der Werklohnforderung eine Rechnungsstellung und vorausgehend eine Aufmaßnahme notwendig macht, geeignet, eine **stillschweigende Fälligkeitsvereinbarung** über die gesetzlichen Voraussetzungen hinaus anzunehmen.

dd) Bauprozessuale Zusammenhänge

25 Bezüglich der bauprozessualen Zusammenhänge ist danach zu unterscheiden, ob die Beurteilung allein nach Maßgabe des § 641 Abs. 1 BGB erfolgt, oder ob die Parteien eine von der gesetzlichen Regelung abweichende und auch auf die Rechnungsstellung abhebende Fälligkeitsabrede getroffen haben.

(1) Bauprozessuale Zusammenhänge nach Maßgabe des § 641 Abs. 1 BGB

26 Wenn § 641 Abs. 1 für die Fälligkeit lediglich auf die rechtsgeschäftliche Abnahme abstellt, bedeutet das nicht, dass die Rechnungsstellung für die Durchsetzung einer Werklohnforderung generell bedeutungslos wäre. Ohne Rechnung ist eine Werklohnforderung regelmäßig nicht **schlüssig** in einem Rechtsstreit darzulegen. Der Unternehmer hat gegenüber dem Auftraggeber nach § 631 Abs. 1 Hs. 2 BGB Anspruch auf Entrichtung der vereinbarten Vergütung. Ein klageweise geltend gemachter Anspruch ist nur dann schlüssig, wenn diejenigen Tatsachen vorgetragen werden, die in Verbindung mit einem Rechtssatz geeignet und erforderlich sind, das geltend gemachte Recht zu begründen.[30] Da Anspruchsgrundlage für den Unternehmer § 631 Abs. 1 Hs. 2 BGB ist, hat der Unternehmer demnach in der Klage die vereinbarte Vergütung darzustellen. Das bedeutet mit Rücksicht auf die baubetriebswirtschaftlichen Zusammenhänge und den vertraglich vereinbarten Bauver-

---

28 Urt. v. 6.10.1988 VII ZR 367/87 NJW-RR 1988, 148.
29 Urt. v. 29.4.1999 VII ZR 127/98 BauR 1999, 1185 = NJW-RR 1999, 1280 = ZfBR 1999, 319 = IBR 1999, 511.
30 BGH Urt. v. 24.2.2005 VII ZR 141/03 BauR 2005, 857, 859 = BGHZ 162, 259 = NJW 2005, 1653 = NZBau 2005, 387 = IBR 2005, 246.

tragstyp notwendig bei einem Einheitspreisvertrag und einem Stundenlohnvertrag die Erstellung einer Rechnung, aus der sich die Forderungshöhe ergibt. Die **Rechnung** ist im Prozess nicht Fälligkeitsvoraussetzung, sondern **Schlüssigkeitsvoraussetzung**. Die erforderliche Schlüssigkeit verlangt hinsichtlich der Rechnung auch, dass sie den Anforderungen an die **Prüfbarkeit** entspricht. Denn nur eine prüfbare Rechnung ermöglicht die Prüfung der Begründetheit des geltend gemachten Anspruchs im Prozess. Bei einem BGB-Bauvertrag muss der Unternehmer seinen Werklohnanspruch schlüssig darlegen, wofür genügen kann, wenn er seine Forderung auf eine Rechnung stützt, die den Anspruch prüfbar untermauert.[31] Auch die **Prüfbarkeit** der Rechnung ist demnach **Schlüssigkeits-** und damit **Begründetheitsvoraussetzung**[32] und nicht Fälligkeitsvoraussetzung[33] mit der Folge, dass bei fehlender Prüfbarkeit der geltend gemachte Anspruch als unbegründet abzuweisen ist.

Soweit der BGH[34] bei einem BGB-Werkvertrag die Prüffähigkeit einer Rechnung unter dem Aspekt der Fälligkeit prüft, ist die Entscheidung nicht irrtumsfrei; denn die Fälligkeit ist nach § 641 BGB allein von der Abnahme und weder von einer Rechnungsstellung noch von deren Prüffähigkeit abhängig.   27

Schlüssig erfolgt die Darlegung eines Anspruchs, wenn sich aus dem Tatsachenvortrag ergibt, für welche vertragliche geschuldete und erbrachte Leistung der Werklohn in welcher Höhe verlangt wird, damit sowohl der Auftraggeber als auch das Gericht in die Lage versetzt werden, die Berechtigung der Forderung zu prüfen. Die **Begründetheit** des Anspruchs setzt damit auch die **Prüfbarkeit der Rechnung** voraus.[35] Im Prozess ist eine Rechnung prüfbar, wenn das **Gericht** in die Lage versetzt wird, die Berechtigung der Forderung gemessen an den vertraglichen Vereinbarungen zu überprüfen. Da die Prüfbarkeit der Rechnung nicht Fälligkeitsvoraussetzung ist, ist nicht darauf abzustellen, ob der Auftraggeber in die Lage versetzt wird, die Berechtigung der Forderung am Maßstab des Vertrags zu prüfen; dieser Gesichtspunkt zählt nur, wenn die Prüfbarkeit einer Rechnung Fälligkeitsvoraussetzung ist.[36] Die **Prüfbarkeit** der Rechnung als **Schlüssigkeits- und Begründetheitsvoraussetzung** eines im Prozess geltend gemachten Werklohnanspruchs beurteilt sich danach, welche Tatsachen zur **Überzeugungsbildung** des Gerichts maßgebend sind. So hat das OLG Celle[37] für die prüfbare Abrechnung eines BGB-Bauvertrages nach Einheitspreisen ein Aufmaß nicht für zwingend er-   28

---

31 OLG Hamm BauR 1997, 656.
32 OLG Dresden BauR 1998, 787, 790; OLG Hamm OLGR 1996, 113.
33 A. A. OLG Frankfurt BauR 1997, 856.
34 Urt. v. 21. 9. 2004 X ZR 244/01 BauR 2004, 1941 = NZBau 2004, 672 = ZfBR 2005, 166 = IBR 2004, 611.
35 OLG Dresden BauR 1998, 787, 790.
36 Vgl. BGH Urt. v. 22. 5. 2003 VII ZR 143/02 BauR 2003, 1207, 1208 = NJW 2003, 2678 = NZBau 2003, 497 = ZfBR 2003, 567 = IBR 2003, 347.
37 BauR 1999, 496.

forderlich gehalten, sondern hat seine Entscheidung auf der Grundlage eines Gutachtens eines Sachverständigen getroffen, der auf Materialverbrauchsunterlagen und Lohnlisten zurückgegriffen hat. Der BGH[38] hat es für ausreichend gehalten, wenn Aufmaßblätter mit fortlaufender Seitenberechnung vorgelegt werden und den Anspruch des Auftraggebers auf eine Zuordnung der einzelnen Positionen zu den einzelnen Aufmaßblättern nach Maßgabe der zugrundeliegenden vertraglichen Vereinbarung verneint. Auch diese Ausführungen stehen jedoch im – unzutreffenden – Zusammenhang mit der Prüffähigkeit einer Rechnung als Fälligkeitsvoraussetzung, auf welche bei Geltung allein des § 641 BGB jedoch gerade nicht abzuheben ist.

29   Welche **Anforderungen an die Prüfbarkeit** zu stellen sind, hängt vom Einzelfall ab. Die Anforderungen zu § 14 Nr. 1 VOB/B und die dazu ergangene Rechtsprechung können nicht unbesehen übernommen werden. Wenn § 14 Nr. 1 VOB/B zwar als eine Art Leitlinie gelten mag, sind doch die Einzelfallerfordernisse maßgeblich.[39] Diese Rechtsprechung, die in erster Linie auf die Informations- und Kontrollinteressen des Auftraggebers abstellt,[40] hat mit dem Focus auf die Interessenlage des Auftraggebers die Rechnung und deren **Prüffähigkeit als Fälligkeitsvoraussetzung** im Auge, wie das bei einem VOB/B-Bauvertrag nach § 16 Nr. 3 VOB/B auch zwingende geboten ist. Das ist jedoch nicht der bei einem BGB-Bauvertrag einschlägige Maßstab, da die Rechnung und deren Prüffähigkeit nach BGB-Regeln gemäß § 631 Abs. 1 Hs. 2 BGB Teil der Begründetheitsprüfung ist. Maßgeblich ist deshalb, welche Voraussetzungen aus der **Sicht des Gerichts** zu erfüllen sind, damit die Überzeugung von der Berechtigung der Werklohnforderung gewonnen werden kann. Allerdings hat das Gericht dabei auch die vertraglichen Vereinbarungen zu berücksichtigen, wenn die Parteien damit ein Einvernehmen auch hinsichtlich des Forderungsnachweises hergestellt haben.

Beispiel:
30   Haben die Parteien einen Einheitspreisvertrag geschlossen und stellt der Auftragnehmer seine Rechnung so, dass er den Stunden-, Material- und Geräteaufwand auflistet, fehlt es wegen der Anknüpfung an die vertraglichen Abrechnungsregeln an der Prüffähigkeit und damit der Schlüssigkeit des geltend gemachten Anspruchs. Schlüssigkeit liegt nämlich vor, wenn Tatsachen i. V. m. einem Rechtssatz geeignet sind, das geltend gemachte Recht als in der Person des Klägers entstanden anzunehmen.[41] Bestimmen die vereinbarte Vergütung, auf welche der Unternehmer auf der Grundlage des Vertrages und § 631 Abs. 1 BGB Anspruch hat, aber die

---

38 Urt. v. 21. 9. 2004 X ZR 244/01 BauR 2004, 1941 = NZBau 2004, 672 = ZfBR 2005, 166 = IBR 2004, 611.
39 Kniffka, IBR-Online-Kommentar § 641 Rn. 28.
40 BGH Urt. v. 2. 5. 2002 VII ZR 325/00 BauR 2002, 1406 = NZBau 2002, 508 = NJW-RR 2002, 1177 = ZfBR 2002, 672 = IBR 2002, 351.
41 BGH Urt. v. 24. 2. 2005 VII ZR 141/03 BauR 2005, 857, 859 = BGH 182, 259 = NJW 2005, 1653 = NZBau 2005, 387 = IBR 2005, 246; Urt. v. 15. 7. 1997 XI ZR 154/96 BauR 1998, 140, 142 = BGHZ 138, 254 = NJW 1997, 2754.

Grundsätze des Einheitspreises, kann die Vergütung nicht in Ausrichtung an den Grundsätzen eines anderen Vertragstyps (statt Leistungsvertragsgrundsätze gestützt auf Aufwanderstattungsansprüche) schlüssig gemacht werden. In einem solchen Fall ist die Klage als unbegründet abzuweisen (siehe Rn. 32).

(2) Hinweispflichten des Gerichts
Ist die Rechnung zur Überzeugung des Gerichts nicht prüffähig, hat es den Unternehmer unmissverständlich darauf hinzuweisen, welche Anforderungen seiner Ansicht nach noch nicht erfüllt sind, und dem Unternehmer Gelegenheit zu geben, dazu ergänzend vorzutragen (§ 139 ZPO). Allgemeine, pauschale oder missverständliche Hinweise auf die fehlende Prüffähigkeit genügen nicht.[42] Denn die Prüffähigkeit einer Rechnung kann durchaus im Rahmen des Prozesses durch schriftsätzlichen Vortrag herbeigeführt werden,[43] was selbstverständlich deshalb ist, weil die Prüffähigkeit bei einem BGB-Bauvertrag Teil der Begründetheitsprüfung des geltend gemachten Anspruchs ist und eine diesbezügliche Entscheidung des Gerichts nach dem Stand der letzten mündlichen Verhandlung zu treffen ist (§§ 300, 286, 296 a ZPO). Hintergrund dieser **Hinweispflicht** ist letztlich das Verbot von Überraschungsentscheidungen. Auf tatsächliche oder rechtliche Gesichtspunkte, die eine Partei erkennbar übersehen oder für unerheblich gehalten hat, darf das Gericht nach § 139 Abs. 2 ZPO seine Entscheidung in der Hauptsache nur stützen, wenn es darauf hingewiesen und Gelegenheit zur Äußerung gegeben hat. Das gilt auch für solche Gesichtspunkte, die das Gericht anders als beide Parteien beurteilen. Die Hinweispflichten sind auch bei Vertretung der Parteien durch Rechtskundige zu erfüllen, wenn der Prozessbevollmächtigte die Rechtslage ersichtlich falsch beurteilt.[44] Die Hinweise sind so früh wie möglich zu erteilen und aktenkundig zu machen (§ 139 Abs. 4 ZPO).

(3) Abweisung der Klage bei fehlender Prüfbarkeit – Unbegründetheit der Werklohnforderung
Ist die vom Unternehmer gestellte Schlussrechnung nicht prüfbar, erfolgt **keine Klageabweisung als zur Zeit unbegründet**. Vielmehr wird die Klage endgültig mit der Folge abgewiesen, dass der Unternehmer, dem es gelingt, innerhalb der Berufungsbegründungsfrist die Rechnung prüfbar aufzustellen, Berufung einlegen muss. Ansonsten ist der Anspruch rechtskräftig abgewiesen. Eine Abweisung einer Werklohnklage als zur Zeit unbegründet ist nur dann berechtigt, wenn es an der Fälligkeit des geltend gemachten Anspruchs fehlt.[45] Eine **vor Fälligkeit erhobene**

---
42 BGH Urt. v. 11. 2. 1999 VII ZR 399/97 BauR 1999, 635, 636 = BGHZ 140, 365 = NJW 1999, 1867 = ZfBR 1999, 349 = IBR 1999, 199, 200, 201.
43 BGH Urt. v. 4. 5. 2000 VII ZR 394/97 BauR 2000, 1191, 1192 = ZfBR 2000, 471.
44 BGH Urt. v. 16. 5. 2002 VII ZR 197/01 NJW-RR 2002, 1436 = BauR 2002, 1432 = ZfBR 2002, 678.
45 BGH Urt. v. 11. 2. 1999 VII ZR 399/97 = BauR 1999, 635 = BGHZ 140, 365 = NJW 1999, 1867 = ZfBR 1999, 196 = IBR 1999, 199, 200, 201; BGH Urt. v. 27. 10. 1994 – VII ZR 217/93 BauR 1995, 126, 128 = NJW 1995, 399.

Klage ist als zur Zeit unbegründet abzuweisen, weil im Zeitpunkt der Entscheidung des Gerichts ungewiss ist, ob die Klage endgültig abgewiesen werden muss oder eine Verurteilung auszusprechen ist.[46] Ist für die Fälligkeit nach der gesetzlichen Rechtslage jedoch allein auf § 641 Abs. 1 BGB abzustellen und haben damit wegen der Maßgeblichkeit allein der rechtsgeschäftlichen Abnahme die Rechnung wie auch deren Prüfbarkeit Bedeutung lediglich unter dem Gesichtspunkt der Begründetheit des geltend gemachten Anspruchs, scheidet eine Abweisung der Klage als zur Zeit unbegründet aus, wenn sich die Rechnung nach dem Stand der letzten mündlichen Tatsachenverhandlung und nach Gelegenheit zur präzise geäußerten Hinweisen zur Überzeugung des Gerichts als nicht prüffähig und damit auch als nicht begründet erweist.[47] Soweit das OLG Dresden[48] bei fehlender Prüffähigkeit die Schlüssigkeit bejaht, dann aber die Klage als zur Zeit unbegründet abweist, bleibt unbeachtet, dass die Abweisung einer Klage als zur Zeit unbegründet nur dann erfolgen kann, wenn es ausschließlich an der Fälligkeit des Anspruchs fehlt.[49]

33 Für den ausschließlich gesetzlichen Anwendungsbereich des § 641 Abs. 1 BGB ist die Auffassung einschränkungsbedürftig, die **Kontrolle der Prüffähigkeit** einer Rechnung erfolge **nicht von Amts** wegen. Dieser Standpunkt ist ausschließlich bei einem VOB-Bauvertrag wegen der §§ 14, 16 Nr. 3 VOB/B wie auch im Bereich des Planerrechts wegen § 8 Abs. 1 HOAI und weiter gerechtfertigt, wenn die Vertragsparteien sonst vertraglich die Rechnungsstellung und deren Prüffähigkeit über § 641 Abs. 1 BGB als Fälligkeitsvoraussetzung vereinbart haben. Nur dann kommt es auch auf die den Umfang der Prüfung bestimmenden und begrenzenden **Informations-** und **Kontrollinteressen** des Auftraggebers an, womit dieser durch sein Verhalten über die Notwendigkeit einer Fälligkeitsprüfung gleichsam disponieren kann. Wenn das OLG Bamberg[50] ausführt, auch im Bauprozess seien die in den Rechtsstreit eingeführten Rechnungen nicht von Amts wegen auf ihre Prüffähigkeit hin zu kontrollieren, beruht diese Feststellung auf der Grundlage eines abgeschlossenen VOB-Bauvertrages, womit die Prüfbarkeit der Rechnung nach § 16 Nr. 3 Abs. 1 VOB/B als Fälligkeitsvoraussetzung vorgesehen ist.[51] Dasselbe gilt für einen Architektenvertrag, wenn das OLG Köln[52] ausführt, das Gericht könne die Frage der Prüfbarkeit einer Honorarforderung nicht von Amts wegen zum Gegenstand der Verhandlung machen. Bezüglich der Fälligkeit verbleibt es bei den Grundsätzen des Zivilprozesses, womit wegen der Dispositions- und Verhandlungsmaxime des Gericht von Amts wegen nicht mehr verlangen kann, als der

---

46 BGH Urt. v. 27.10.1994 VII ZR 217/93, BauR 1995, 126, 128 = BGHZ 127, 254 NJW 1995, 399 = ZfBR 1995, 73 = IBR 1995, 64, 65.
47 Kniffka, IBR-Online-Kommentar § 641 Rn. 51.
48 BauR 1998, 787, 790.
49 BGH Urt. v. 27.10.1994 VII ZR 217/93, BauR 1998, 126, 128 = BGHZ 127, 254 = NJW 1995, 399 = ZfBR 1995, 73 = IBR 1995, 64, 65.
50 BauR 2004, 1188.
51 Kapellmann/Messerschmidt/Messerschmidt § 14 Rn. 15.
52 BauR 2002, 1581.

Gegner fordert.[53] Sind die **Prüfbarkeitsanforderungen** kein Selbstzweck, sondern dienen sie dem Kontroll- und Informationsinteresse des Auftraggebers, gilt dies jedoch lediglich hinsichtlich Fälligkeit des Vergütungsanspruchs, nicht aber für die Begründetheitsprüfung. Die Feststellungen des BGH,[54] prüffähig sei eine Abrechnung, wenn der Auftraggeber in die Lage versetzt wird, die Berechtigung der Forderung gemessen an den vertraglichen Vereinbarungen zu prüfen, stehen ersichtlich ausschließlich im Zusammenhang mit dem Aspekt der Prüffähigkeit als Fälligkeitsvoraussetzung; denn den Rahmen für die Aussage, dass die Prüffähigkeit sich letztlich am Prüfungshorizont des Auftraggebers orientiere, bildet die Feststellung des BGH, eine Abweisung der Klage als zur Zeit unbegründet komme wegen zu bejahender Prüffähigkeit nicht in Betracht. Nur über die **Prüfbarkeit einer Rechnung als Fälligkeitskriterium** vermag der Auftraggeber durch sein Verhalten zu disponieren und dann, wenn die Fälligkeitsvoraussetzungen in Abrede gestellt werden, das Gericht zur Auseinandersetzung mit den Prüfbarkeitsbedingungen zu veranlassen. Ist die Prüfbarkeit einer Rechnung jedoch Teil der Schlüssigkeits- und demnach der Begründetheitsprüfung, wie das § 641 BGB bei fehlender abweichender Vereinbarung vorsieht, ist das Gericht von Amts gehalten, den vorgetragenen Sachverhalt unter die in Betracht kommende anspruchsbegründenden Regelungen zu subsumieren. Die Begründetheitsprüfung steht nur insoweit zur Disposition der Parteien, als der Beklagte den geltend gemachten Anspruch anerkennt und darauf antragsgemäß nach § 307 ZPO ein Anerkenntnisurteil ergeht. Denn in einem solchen Fall ist das entscheidende Gericht der Prüfung der materiellrechtlichen Anspruchsgrundlagen enthoben. Die Schlüssigkeit und die Begründetheit sind dann nicht mehr Prüfungsgegenstand.

(4) Abweisung der Klage als zur Zeit unbegründet (§ 641 Abs. 1 S. 1)
Im gesetzlichen Rahmen des § 641 Abs. 1 S. 1 BGB wird eine Klage als zur Zeit unbegründet nur dann abgewiesen, wenn dem Unternehmer die Darstellung und der Nachweis der rechtsgeschäftlichen Abnahme nicht gelingen. Die fehlende Prüfbarkeit der gestellten Schlussrechnung ist Grund für eine Abweisung der Klage als zur Zeit unbegründet[55] nur dann, wenn die Vertragspartner vertraglich die Fälligkeit der Werklohnforderung von der Erstellung einer prüffähigen Schlussrechnung abhängig gemacht haben (siehe Rn. 7). Hierfür muss der Beklagte die fehlende Prüfbarkeit innerhalb einer **Frist von zwei Monaten** nach Zugang der Rechnung in Abrede gestellt haben. Der BGH[56] hat die Erhebung des Einwands der fehlenden Prüfbarkeit als Fälligkeitsvoraussetzung gegenüber einer Architektenhonorar-

---
53 Koeble BauR 2000, 785.
54 Urt. v. 11.2.1999 VII ZR 399/97 BauR 1999, 635, 637 = BGHZ 140, 365 = NJW 1999, 1867 = ZfBR 1999, 196 = IBR 1999, 199, 200, 201.
55 Vgl. dazu BGH Urt. v. 27.10.1994 VII ZR 217/93 BauR 1995, 126, 128 = NJW 1995, 399; BGH Urt. v. 11.2.1999 VII ZR 399/97 BauR 1999, 635, 637 = BGHZ 140, 365 = NJW 1999, 1867 = ZfBR 1999, 196 = IBR 199, 200, 201.
56 Urt. v. 27.11.2003 VII ZR 288/02 BauR 2004, 316, 319 = BGHZ 157, 118 = NJW-RR 2004, 445 = ZfBR 2004, 262 = IBR 2004, 79, 80.

rechnung nach Ablauf einer Frist von zwei Monaten nach Rechnungszugang wegen Verstoßes gegen Treu und Glauben und das **Kooperationsgebot** als rechtsmissbräuchlich qualifiziert und damit für unbeachtlich erklärt. Ob hinsichtlich dieser Frist, die in Ausrichtung an der Regelung der VOB/B (§ 16 Nr. 3 Abs. 1 VOB/B) bestimmt worden ist, Harmonisierungsbedarf mit Rücksicht auf § 286 Abs. 3 BGB besteht, wird in Rn. 40, 41 erörtert. Diesen für Erhebung der Prüfbarkeitseinrede gegen eine Honorarschlussrechnung eines Architekten aufgefundenen Zeitraum hat der BGH auch mit Rücksicht auf die in § 16 Nr. 3 Abs. 1 VOB/B genannten Zweimonatsfrist bestimmt. Diese Rechtsprechung hat der BGH auf einen VOB-Bauvertrag ausgedehnt und mit der in § 16 Nr. 3 Abs. 1 VOB/B genannten Zweimonatsfrist das Gebot für den Auftraggeber verknüpft, beachtlich nur innerhalb dieses Zeitraums Einwendungen gegen die Prüfbarkeit einer Schlussrechnung als Fälligkeitsvoraussetzung erheben zu können.[57] Haben die Parteien eines BGB-Bauvertrages die Prüfbarkeit einer Schlussrechnung vertraglich als Fälligkeitsvoraussetzung vorgesehen, spricht nichts dagegen, auch ohne Regelung einer Ausübungsfrist im Vertrag die Prüfbarkeitseinrede zeitlich zu befristen. Jede Rechtsausübung steht unter dem Gebot von Treu und Glauben und hat bei einem Bauvertrag das **Kooperationsgebot**[58] zu beachten. Haben die Parteien die Prüfbarkeit der Schlussrechnung als Fälligkeitsvoraussetzung vereinbart, hat der Auftraggeber nach Treu und Glauben und gemäß dem Kooperationsgebot die Rechnung alsbald nach Zugang zu prüfen. Denn die als Fälligkeitsvoraussetzung vereinbarte Prüffähigkeit hat auch den Zweck, das Abrechnungsverfahren zu vereinfachen und zu beschleunigen. Damit ist nicht vereinbar, wenn der Auftraggeber die Beurteilung der Prüffähigkeit hinausschiebt, um diese dann später in Frage zu stellen. Der BGH erklärt damit die Erfüllung der Prüfbarkeitsvoraussetzungen letztlich nicht als ein Risiko des Auftragnehmers, sondern nimmt den Auftraggeber in die Pflicht. Der Auftragnehmer soll vielmehr in die Lage versetzt werden, auf der Grundlage der rechtzeitig erhobenen Prüfbarkeitseinwendungen eine den Anforderungen gerecht werdende neue Schlussrechnung zu stellen. Werden Einwendungen innerhalb eines Zeitraumes von 2 Monaten nach Rechnungszugang nicht erhoben, darf der Auftragnehmer das Verhalten des Auftraggebers dahin verstehen, dass der Auftraggeber die erteilte Schlussrechnung als geeignete Grundlage für die Abrechnung akzeptiert und als Fälligkeitsvoraussetzung auch bei klageweiser Durchsetzung nicht mehr in Frage stellen will. Dabei sind nur solche Einwände des Auftraggebers gegen die Prüfbarkeit beachtlich, mit der die Teile der Rechnung und die Gründe bezeichnet werden, die nach Auffassung des Auftraggebers den Prüfbarkeitsmangel ausmachen. Der **pauschale Einwand**, es fehle an der Prüfbarkeit, ist unbeachtlich

---

[57] BGH Urt. v. 23. 9. 2004 VII ZR 173/03 BauR 2004, 1937, 1939 = NJW-RR 2005, 167 = NZBau 2004, 40 = ZfBR 2005, 56 = IBR 2005, 5, 63.
[58] Vgl. dazu BGH Urt. v. 28. 10. 1999 VII ZR 393/98 BauR 2000, 409 = BGHZ 143, 89 = NJW 2000, 807 = NZBau 2000, 130 = IBR 2000, 110.

Fälligkeit der Vergütung § 641 BGB

und letztlich so zu behandeln, als wäre er nicht erhoben worden.[59] Der pauschale Einwand des Auftraggebers, es fehle an der Prüfbarkeit, ist zudem unbeachtlich, wenn das Büro des Auftraggebers die Schlussrechnung über die erbrachten und auch abgerechneten Leistungen geprüft und als prüfbar bezeichnet hat.[60]

Hat der Auftraggeber beachtlich punktuell Prüfbarkeitseinwendungen erhoben, erhält dieses Vorgehen unabhängig von der Reaktion des Auftragnehmers nicht die Möglichkeit, nach Ablauf der Zweimonatsfrist den Einwendungskanon zu erweitern. Bei **teilweiser Unprüfbarkeit der Schlussrechnung** und ausbleibender Nachberechnung durch den Auftragnehmer, der diese Rechnung rechtshängig macht, kann nämlich die Rechnung bei berechtigter Beanstandung nicht insgesamt als unprüfbar behandelt werden. Die Klage darf hinsichtlich des prüfbar abgerechneten Teils nicht als zur Zeit unbegründet abgewiesen werden,[61] sondern insoweit ist in die Begründetheitsprüfung einzutreten. Das setzt notwendig voraus, dass insoweit nicht nach Ablauf des für Erhebung der Fälligkeitseinwendungen zustehenden Zeitraums von 2 Monaten nach Rechnungszugang weitere Fälligkeitseinwendungen erhoben werden können. 35

Hat der Auftraggeber wegen Fristablaufs die Möglichkeit verloren, die fehlende Prüfbarkeit als Fälligkeitsvoraussetzung in Abrede zu stellen, sind damit die **sachlichen Richtigkeitseinwendungen** gegen die Rechnung nicht ausgeschlossen. Selbst wenn die Argumente gegen die Richtigkeit der Schlussrechnung zugleich einen Angriff gegen die Prüffähigkeit beinhalten, bleibt der Auftraggeber unbeschränkt in der Lage, die sachliche Berechtigung der Schlussrechnung anzugreifen.[62] Der Auftraggeber muss demnach akzeptieren, dass auf Grund seiner Säumnis von der Fälligkeit der Schlussrechnung ausgegangen wird, was jedoch die Begründetheitsprüfung in keiner Weise präjudiziert. 36

Diese zeitliche Befristung für die Geltendmachung der fehlenden Prüfbarkeit der Schlussrechnung wirft die Frage auf, ob im Rahmen des § 641 BGB auch der **Einwand** der **fehlenden Abnahme als Fälligkeitsvoraussetzung** den Geboten von Treu und Glauben und dem Kooperationsgebot mit der Folge unterliegt, dass der Einwand zwei Monate nach Zugang einer Rechnung über die Werklohnforderung nicht mehr erhoben werden kann. Das ist zu verneinen. Ob die rechtsgeschäftliche Abnahme als Fälligkeitsvoraussetzung gegeben ist. liegt ausschließlich im Risiko- 37

---

59 BGH Urt. v. 27. 11. 2003 VII ZR 288/02 BauR 2004, 316, 320 = BGHZ 157, 118 = NJW-RR 2004, 445 = ZfBR 2004, 262 = IBR 2004, 79, 80.
60 BGH Urt. v. 22. 11. 2001 VII ZR 168/00 BauR 2002, 468 = NJW 2002, 676 = NZBau 2002, 90 = ZfBR 2002, 248 = IBR 2002, 68.
61 BGH Urt. v. 17. 8. 1998 VII ZR 160/96 BauR 1999, 265, 266 = NJW-RR 1999, 312 = ZfBR 1999, 88; BGH Urt. v. 30. 9. 1999 VII ZR 206/98 BauR 2000, 126 = NJW 2000, 205 = NZBau 2000, 140 = ZfBR 2000, 47 = IBR 2000, 28.
62 BGH Urt. v. 27. 11. 2003 VII ZR 288/02 BauR 2004, 316, 320 = BGHZ 157, 118 = NJW-RR 2004, 445 = ZfBR 2004, 262 = IBR 2004, 79, 80; BGH Urt. v. 23. 9. 2004 VII ZR 173/03 BauR 2004, 1937 = NZBau 2005, 40 = NJW-RR 2005, 167 = ZfBR 2005, 56 = IBR 2005, 5, 63.

bereich des Auftragnehmers. Die Abnahme ist Fälligkeitsvoraussetzung kraft Gesetzes und vom Auftragnehmer herbeizuführen. Haben die Vertragspartner eine prüffähige Schlussrechnung als Fälligkeitsvoraussetzung vereinbart, soll der Auftraggeber in die Lage versetzt werden, die Berechtigung der Forderung zu prüfen. Der damit verfolgte Schutzzweck zugunsten des Auftraggebers bedingt dessen Aktivität in einer angemessenen Zeit. Bezüglich der Abnahme als Fälligkeitsvoraussetzung nach § 641 Abs. 1 S. 1 BGB liegt der Fall anders. Hierbei handelt es sich um eine allgemeine vom Gesetz vorgesehen Voraussetzung, die keine spezifische Schutzwirkung zugunsten des Auftraggebers verfolgt, sondern objektiv unabhängig von rechtzeitig erhobenen Rügen des Auftraggebers vorliegen muss.

b) Fälligkeit – Rechnungsstellung und Verzug bei § 641 Abs. 1 S. 1 BGB

38 Dennoch ist die Rechnungsstellung im Rahmen des gesetzlichen Tatbestandes des § 641 Abs. 1 S. 1 BGB nicht bedeutungslos. Zwar tritt Fälligkeit ohne Rücksicht auf die Rechnungsstellung allein durch die rechtsgeschäftliche Abnahme ein. Die Rechnungsstellung ist für den **Verzugseintritt** und für die **Zinszahlungspflicht** nach § 641 Abs. 4 BGB bedeutsam.

aa) Verzugseintritt

39 Nach § 286 Abs. 3 BGB kommt der Auftraggeber ohne Rücksicht auf eine Mahnung (§ 286 Abs. 1 BGB) oder sonstige in § 286 Abs. 2 BGB genannte Umstände in Verzug, wenn er nicht innerhalb von 30 Tagen nach Fälligkeit und Zugang einer Rechnung oder einer gleichwertigen Zahlungsaufstellung leistet, was jedoch gegenüber einem Verbraucher (§ 13 BGB) nur bei besonderem Hinweis auf die Folgen in der Rechnung oder der Zahlungsaufstellung gilt. Ob die Rechnung prüffähig sein muss, damit der Ablauf der 30-tägigen Frist verzugsbegründend ist, ist strittig.[63] Nach der wohl allgemein überwiegenden Auffassung muss die Rechnung für den Auftraggeber prüfbar aufgestellt worden sein, um Verzugswirkungen auszulösen.[64] Unabhängig davon, ob diese Auffassung durch die **Zahlungsverzugsrichtlinie** der EU[65] zwingend geboten ist, die in Art. 3 Abs. 1 b) i) von der Rechnung oder einer gleichwertigen Zahlungsaufstellung spricht, ohne von dieser Rechnung ausdrücklich besondere Qualitäten zu fordern, stellt sich die Frage, ob die Prüfbarkeit objektiv vorliegen muss oder im Prozess von einem Verzug auch bei fehlender Prüfbarkeit dann auszugehen ist, wenn der Auftraggeber innerhalb der 30-Tagesfrist

---

[63] Das Erfordernis der Prüffähigkeit bejahen z.B. Erman/Hager § 286 Rn. 52 und MüKo/Ernst § 286 BGB Rn. 80; ohne ausdrückliche Positionierung PWW/Schmidt-Kessel § 286 Rn. 20 und Palandt/Heinrichs § 286 Rn. 29, wenn dort auch von einer gegliederten Aufstellung die Rede ist.

[64] Erman/Hager § 286 Rn. 52; Bamberger/Roth/Grüneberg § 286 Rn. 42; MüKo/Ernst § 286 BGB Rn. 80.

[65] Richtlinie 2000/35/EG des Europäischen Parlaments und des Rates vom 29.6.2000 zur Bekämpfung von Zahlungsverzug im Geschäftsverkehr, Abl. Nr. L 200 vom 8.8.2000 S. 35, z.B. abgedruckt in Schulze/Zimmermann, Basistexte zum Europäischen Privatrecht, 2. Aufl., S. 73 ff.

keine Einwendungen gegen die Prüfbarkeit vorgebracht hat. Ist die Prüffähigkeit Fälligkeitsvoraussetzung, stellt der BGH in seiner Rechtsprechung deshalb, weil dem Auftraggeber die Prüfung der Forderungsberechtigung ermöglicht werden soll, die Erhebung des Einwands innerhalb eines Zeitraums von 2 Monaten zur Disposition des Auftraggebers.[66] Hat der Auftraggeber innerhalb dieser Zeit keine Einwendungen gegen die Prüfbarkeit vorgebracht, ist der durch die Ausgestaltung der Prüffähigkeit als Fälligkeitsvoraussetzung eingeräumte Schutz verloren, weswegen dann von der Fälligkeit auszugehen ist.[67]

Wird für den **Verzugseintritt** gleichfalls **Prüfbarkeit der Rechnung** vorausgesetzt und soll damit letztlich die Voraussetzung dafür geschaffen werden, dass der Schuldner eine sachgerechte Prüfung der Rechnung und der Berechtigung der Werklohnforderung vornehmen kann,[68] liegt es nahe, mit der 30-Tagesfrist in § 286 Abs. 3 BGB eine Ausschlussfrist für die Erhebung von Prüfbarkeitseinwendungen zu verbinden. Hat § 286 Abs. 3 BGB die Bedeutung einer **Schutzvorschrift** zugunsten des Schuldners wie auch des Gläubigers mit der Folge, dass der Schuldner nach Treu und Glauben innerhalb von 30 Tagen gehalten ist, Einwendungen gegen die Prüfbarkeit vorzubringen, anderenfalls solche Einwendungen ausgeschlossen sind, besteht materiellrechtlicher Harmonisierungsbedarf. 40

Unabhängig davon kann bei einer rein objektiv gebotenen Sicht der bei § 286 Abs. 3 BGB für erforderlich gehaltenen Prüfbarkeit der Rechnung oder anderweitigen Zahlungsaufstellung der Standpunkt nicht aufrecht erhalten werden, die Prüfbarkeit einer Rechnung werde unter Fälligkeitsgesichtspunkten nur auf Beanstandung hin geprüft. Ist die Prüfbarkeit einer Rechnung objektive Voraussetzung für den Verzugseintritt, weil andere verzugsbegründenden Umstände ausscheiden, muss das Gericht im Streitfall die Prüfbarkeitsvoraussetzungen unter Verzugsgesichtspunkten von Amts wegen prüfen. Vieles spricht dafür, dass der Auftraggeber als Schuldner den durch die Ausgestaltung der Prüffähigkeit als Verzugsvoraussetzung nach § in 286 Abs. 3 BGB eingeräumten Schutz gleichfalls verliert, wenn die Einwendungen nicht in der Frist von 30 Tagen erhebt. Ist das der Fall, muss notwendig bei vertraglicher Vereinbarung der Prüffähigkeit als Fälligkeitsvoraussetzung die Frist für die Erhebung der Einwendungen auf die in § 286 Abs. 3 BGB genannte Frist von 30 Tagen reduziert werden. 41

Haben die Vertragspartner eines Bauvertrages die Prüfbarkeit der Rechnung als Fälligkeitsvoraussetzung vereinbart, spricht alles dafür, dass diese Prüfbarkeit auch **Verzugsvoraussetzung** ist. Unter diesen Umständen dürfte es nicht konzis sein, bei der Prüfbarkeit als Verzugsvoraussetzung auf einen objektiven Maßstab mit der Folge der Prüfung von Amts wegen und bei der Prüfbarkeit als Fälligkeitsvoraus- 42

---

66 BGH Urt. v. 27.11.2003 VII ZR 288/02 BauR 2004, 316, 319 = BGHZ 157, 118 = NJW-RR 2004, 445 = ZfBR 2004, 262 = IBR 2004, 79, 80.
67 BGH Urt. v. 27.11.2003 VII ZR 288/02 BauR 2004, 316, 319 = BGHZ 157, 118 = NJW-RR 2004, 445 = ZfBR 2004, 262 = IBR 2004, 79, 80.
68 So Bamberger/Roth/Grüneberg § 286 Rn. 42.

setzung auf die Dispositionsbefugnis des Auftraggebers innerhalb einer bestimmten Prüfungszeit abzustellen.

43 Das hat zur Konsequenz, dass ein Auftraggeber in einem Bauvertrag nur innerhalb von 30 Tagen die Möglichkeit zur Erhebung von Einwendungen gegen die Prüfbarkeit der Rechnung hat, wenn die Parteien die Prüfbarkeit zur Fälligkeitsvoraussetzung erklärt haben.

bb) Zinszahlungspflicht (§ 641 Abs. 4 BGB) und Rechnungsstellung

44 Nach § 641 Abs. 4 BGB hat der Besteller (Auftraggeber) eine in Geld festgesetzte Vergütung von der Abnahme des Werkes an zu verzinsen, sofern die Vergütung nicht gestundet ist. In Geld festgesetzt ist die Vergütung nicht nur dann, wenn die Parteien einen unverändert gebliebenen Festpreis oder Pauschalpreis vereinbart haben, sondern auch, wenn der Auftragnehmer im Zeitpunkt der Abnahme den Werklohnanspruch bereits beziffert hat.[69] Das setzt bei einem Einheitspreis- oder Stundenlohnvertrag die Erstellung einer Rechnung voraus, damit dem Besteller der Rechnungsbetrag bekannt ist (siehe Rn. 107). Die Prüfbarkeit der Rechnung wird hierfür nicht vorausgesetzt.

c) Prüfbarkeit und Richtigkeit einer Schlussrechnung

45 Haben die Parteien vertraglich die Prüfbarkeit der Rechnung als Fälligkeitsvoraussetzung vereinbart, ist zwischen **Prüfbarkeit** und der **Richtigkeit** einer Rechnung zu unterscheiden. Gilt für den Prüfbarkeitseinwand nach BGH[70] eine Einwendungsfrist als Ausschlussfrist, kann im Rechtsstreit unabhängig davon die Richtigkeit der rechtshängig gemachten Rechnung bestritten werden.

aa) Bauprozessuale Bedeutung

46 Führt die fehlende Prüfbarkeit einer als Fälligkeitsvoraussetzung vereinbarten Rechnung bei rechtzeitiger Geltendmachung des Prüfbarkeitseinwands zur **Abweisung der Klage als zur Zeit unbegründet**,[71] ist eine Klage bei fehlender Richtigkeit endgültig als unbegründet abzuweisen. Das hat Auswirkungen auf die **Rechtskraft** der getroffenen Entscheidung. Erfolgt die Abweisung der Klage als derzeit unbegründet, kann die Vergütungsklage erneut erhoben werden, ohne dass der Rechtskrafteinwand nach § 322 ZPO greift. Das gilt sowohl bei fehlender rechtsgeschäftlicher Abnahme als auch dann, wenn nach der Vereinbarung der Parteien eine prüfbare Rechnung Fälligkeitsvoraussetzung ist.[72] Das ermöglicht dem

---

69 Bamberger/Roth/Grüneberg § 641 Rn. 31.
70 Urt. v. 27. 11. 2003 VII ZR 288/02 BauR 2004, 316, 319 = BGHZ 157, 118 = NJW-RR 2004, 445 = ZfBR 2004, 262 = IBR 2004, 79, 80; Urt. v. 23. 9. 2004 VII ZR 173/03 BauR 2004, 1973 = NZBau 2005, 40 = NJW-RR 2005, 167 = ZfBR 2005, 56 = IBR 2005, 5, 63.
71 BGH Urt. v. 11. 2. 1999 VII ZR 399/97 BauR 1999, 635 = BGHZ 140, 365 = NJW 1999, 1867 = ZfBR 1999, 196 = IBR 1999, 199, 200, 201; Urt. v. 27. 1. 1994 VII ZR 217/93 BauR 1995, 126, 128 = BGHZ 127, 254 = NJW 1995, 399 = ZfBR 1995, 73 = IBR 1995, 64, 65.
72 BGH Urt. v. 17. 9. 1998 VII ZR 160/96 BauR 1999, 265 = BGHZ 143, 169, 172 = NJW 2000, 590, 591 = ZfBR 1999, 88; Urt. v. 11. 2. 1999 VII ZR 399/97 BauR 1999, 635 = BGHZ 140, 365, 368 = NJW 1999, 1867 = ZfBR 1999, 196 = IBR 1999, 199, 200, 201.

Auftragnehmer die Erhebung einer neuen Klage; alternativ ist zu erwägen, gegen das Urteil Berufung mit Vortrag der nunmehr vorliegenden Fälligkeitsvoraussetzung einzulegen. Unter dem Gesichtspunkt der Prozessförderungsverpflichtung besteht keine Möglichkeit der Zurückweisung verspäteten Vorbringens nach § 531 Abs. 2 Nr. 3 ZPO. Denn die **Prozessförderungspflicht** verpflichtet nicht zur Schaffung materiellrechtlicher Tatbestandsvoraussetzungen, sondern lediglich dazu, vorhandenen Prozessstoff vorzubringen, also nicht gleichsam scheibchenweise vorhandenen Tatsachenstoff in das Verfahren einzuführen.[73] Deshalb kann eine nach der letzten mündlichen Verhandlung in erster Instanz erstellte Schlussrechnung in der Berufung nicht auf der Grundlage der §§ 529, 531 Abs. 2 ZPO unberücksichtigt bleiben.[74] Hat der Beklagte die Abweisung der Klage als nicht nur derzeit unbegründet, sondern endgültig oder total unbegründet beantragt, wird er durch die Abweisung als zur Zeit unbegründet beschwert, was die Möglichkeit der **Berufungseinlegung** rechtfertigt.[75] Hinsichtlich der genauen Rechtskraftwirkungen eines Urteils, das die Klage als zur Zeit unbegründet abweist, insbesondere ob damit positive und zur eigentlichen Anspruchsgrundlage gehörenden Elemente, z.B. der im Streit befindliche Vertragsschluss, rechtskräftig festgestellt sind, bestehen in der Literatur Differenzen.[76]

bb) Differenzierung zwischen Prüfbarkeits- und Richtigkeitselementen

Deshalb ist zwischen Beanstandungen der Prüfbarkeit und der Richtigkeit einer Rechnung zu unterscheiden. Soll mittels der die Prüfbarkeit ausmachenden Umstände dem Auftraggeber die Möglichkeit verschafft werden, die Richtigkeit der Rechnung auch hinsichtlich der Vertragsvereinbarungen nachzuprüfen,[77] haben Prüfbarkeitsrügen Gesichtspunkte zum Gegenstand, die den Ausschluss der Prüfungsmöglichkeit zur Folge haben. **Abrechnungsfehler** berühren nicht die Prüfbarkeit, sondern die Richtigkeit. Für die Prüfbarkeit ist nicht entscheidend, ob die Berechnung sachlich richtig oder falsch ist.[78] Eine Rüge betrifft die Richtigkeit der Rechnung, wenn das Rechenwerk als falsch gerügt wird. Fehlt bei der Schlussrechnung eines **Einheitspreisvertrages** das Aufmaß, ist die Rechnung nicht prüfbar;[79] liegt ein Aufmaß vor, werden jedoch die Ansätze bestritten, geht es der Rüge um

---

73 BGH Urt. v. 9.10.2003 VII ZR 335/02 BauR 2004, 115, 116 = NZBau 2004, 98 = NJW-RR 2004, 167 = ZfBR 2004, 58 = IBR 2003, 705.
74 BGH Urt. v. 6.10.2005 VII ZR 229/03 BauR 2005, 1959 = NZBau 2005, 692 = NJW-RR 2005, 1687 = ZfBR 2006, 34 = IBR 2005, 717.
75 BGH Urt. v. 4.5.2000 VII ZR 53/99 BauR 2000, 1182 = BGHZ 144, 242 = NJW 2000, 2988 = NZBau 2000, 375 = ZfBR 2000, 427 = IBR 2000, 414, 426, 466.
76 Vgl. dazu Heinrichs BauR 1999, 17 ff. und Deckers BauR 1999, 987 ff.
77 BGH Urt. v. 22.5.2003 VII ZR 143/02 BauR 2003, 1207, 1208 = NJW 2003, 2678 = NZBau 2003, 497 = ZfBR 2003, 567 = IBR 2003, 347.
78 BGH Urt. v. 11.2.1999 VII ZR 399/97 BauR 1999, 635, 637 = BGHZ 140, 365 = NJW 1999, 1867 = ZfBR 1999, 196 = IBR 1999, 199, 200, 201.
79 Vgl. BGH Urt. v. 29.9.2004 X ZR 244/01 BauR 2004, 1941 = NZBau 2004, 672 = ZfBR 2004, 166 = IBR 2004, 611.

die Richtigkeit der Schlussrechnung. Fehlen bei einer **Stundenlohnabrechnung** die vom Auftraggeber unerzeichneten Taglohnzettel, geht der Rechnung die Prüfbarkeit ab; wird die Richtigkeit der in den Taglohnzetteln enthaltenen Stunden-, Geräte und Materialansätze bestritten, geht es dem Auftraggeber um die Richtigkeit der Rechnung. Bei **Kündigung** eines Bauvertrags im Abwicklungsstadium ist wegen § 649 S. 2 BGB hinsichtlich der Prüfbarkeitsvoraussetzungen zu unterscheiden, ob lediglich die bis zur Kündigung erbrachten Leistungen abgerechnet werden,[80] oder der Vergütungsanspruch insgesamt abzüglich der ersparten Aufwendungen hinsichtlich der gekündigten Leistungen und des anderweitigen Erwerbs (§ 649 S. 2 BGB) geltend gemacht wird. Die Prüfbarkeit im Fall der Abrechnung nach § 649 S. 2 BGB setzt eine detaillierte Auseinandersetzung und Darstellung gerade bei einem **Pauschalvertrag** voraus. Dabei hat die Rechnung die erbrachten und die nicht erbrachten Leistungen aufzulisten. Da die Höhe der Vergütung für die erbrachten Leistungen nach dem Verhältnis des Werts der erbrachten Teilleistungen zu dem Wert der Gesamtleistung zu errechnen ist, muss der Unternehmer das Verhältnis der bewirkten Leistungen zur vereinbarten Gesamtleistung und das Verhältnis des Preisansatzes für die Teilleistungen zu dem Pauschalpreis darlegen. Rechnungen, die diese Differenzierungen nicht beachten, sind nicht prüfbar.[81] Das bedeutet im Einzelfall: Die ausgeführten Leistungen sind durch Aufmaßnahme und Aufmaßlisten zu belegen. Die nicht ausgeführten Leistungen ergeben sich aus dem Vergleich mit dem Leistungsumfang nach dem Vertrag, insbesondere aus einem Leistungsverzeichnis. Das beinhaltet die Darstellung des Verhältnisses der bewirkten Leistungen zur vereinbarten Gesamtleistung. Das Verhältnis des Preisansatzes für die Teilleistungen zu dem Pauschalpreis ist ausreichend dargelegt, wenn den ausgeführten und den nicht ausgeführten Leistungen jeweils Einheitspreise zugrunde liegen und die Kalkulation offen gelegt wird. Sind bezüglich einzelner Leistungspositionen vor Kündigung lediglich Materiallieferungen erfolgt, erfasst die Position aber auch den Einbau, ist Prüfbarkeit dann gesichert, wenn die Kalkulation offen gelegt wird und sich aus dieser auch der Ansatz der Montagekosten ergibt. Ob diese Ansätze richtig sind, betrifft nicht die Prüffähigkeit, sondern die Richtigkeit. Die Darlegung hat auch die ersparten Aufwendungen und den anderweitigen Erwerb zu erfassen.[82] Für die Darstellung der ersparten Aufwendungen ist regelmäßig über das Leistungsverzeichnis hinaus auch die Kalkulation vorzulegen; lediglich der Hinweis, man habe mit einem Materialanteil von 25 %, einem Lohnanteil von 45 % und einem Regieanteil von 6 % gerechnet, reicht nicht aus.[83]

---

[80] Dazu BGH Urt. v. 30. 9. 1999 VII ZR 250/98 BauR 2000, 100 = NZBau 2000, 73 = NJW-RR 2000, 309 = ZfBR 2000, 46 = IBR 2000, 7.
[81] BGH Urt. v. 26. 10. 2000 VII ZR 99/99 BauR 2000, 251 = NJW 2001, 521 = NZBau 2001, 85 = ZfBR 2001, 102 = IBR 2001, 55; vgl. umfassend Kniffka in: Jahrbuch Baurecht 2000, 1 ff.
[82] BGH Urt. v. 21. 12. 1995 VII ZR 198/94 BauR 1996, 382 = BGHZ 131, 362 = NJW 1996, 1282 = ZfBR 1996, 143 = IBR 1996, 181.
[83] OLG Celle BauR 1998, 1016.

cc) Prüfbarkeitsanforderungen in Ausrichtung am Auftraggeber

Die an eine Schlussrechnung zu stellenden Prüfbarkeitsanforderungen erfüllen keinen Selbstzweck. Die Anforderungen im Einzelnen ergeben sich aus den Informations- und Kontrollinteressen des Auftraggebers. Diese bestimmen und begrenzen den Umfang der Differenzierung der für die Prüfbarkeit erforderlichen Angaben in der Schlussrechnung. Die nach Prüfbarkeitsanforderungen gebotene **Aufschlüsselung** der **Schlussrechnung** ist eine Frage des Einzelfalles. Entscheidend ist, dass der Auftraggeber hierdurch wie auch durch die der Schlussrechnung beizufügenden **Anlagen** in die Lage versetzt wird, die Rechnung in der gebotenen Weise auf ihre Richtigkeit hin zu prüfen. Abgesehen von den Besonderheiten der Vertragsgestaltung und der Vertragsdurchführung hängt dies auch von den Kenntnissen und Fähigkeiten des Auftraggebers und seiner Hilfspersonen ab.[84] Als **Rechnungsanlagen** kommen in Betracht: Aufmaßlisten, Mengenberechnungen, Taglohnzettel, Zeichnungen und Ähnliches. Die **Rechnung selbst** muss sich am Vertrag ausrichten. Ein Einheitspreisvertrag kann nicht nach Stundenlohngrundsätzen und umgekehrt prüfbar abgerechnet werden. Die Schlussrechnung eines Einheitspreisvertrages orientiert sich am Leistungsverzeichnis und übernimmt die dort gewählte Postenreihenfolge wie auch die gewählte Bezeichnung. Über den Vertragsinhalt hinaus erbrachte Leistungen werden getrennt behandelt oder bei Positionsbezug der jeweils in Betracht kommenden Position als Ergänzung/Nachtrag hinzugefügt. Fehlen in der Rechnung die laufenden Nummern, die das Leistungsverzeichnis aufweist, geht allerdings die Prüfbarkeit nicht allein deshalb verloren. Gleiches gilt, wenn die Rechnung zwar die Nummern übernimmt, nicht aber die Bezeichnungen. Grundsätzlich sollte zur Sicherstellung der Nachprüfbarkeit und Berechenbarkeit auch eine Verknüpfung zwischen den der Rechnung beigefügten Anlagen und der Rechnung selbst hergestellt werden, was beinhaltet, dass die Aufmaßlisten einen Positionsbezug zu den Positionen der Rechnung enthalten sollten. Allerdings hat der BGH dies vom Inhalt der vertraglichen Vereinbarungen abhängig gemacht.[85]

48

Im Einzelfall kann sich aus den Umständen ergeben, dass dem Auftraggeber die Berufung auf die fehlende Prüfbarkeit im Prozess verwehrt ist. Das ist bei folgenden Fallgestaltungen zu bejahen: Wenn der Auftraggeber die Rechnung geprüft und auf der Grundlage des Prüfungsergebnisses eine Widerklage auf Rückzahlung zuviel gezahlten Werklohns erhoben hat;[86] wenn der Auftraggeber die Rechnungsposten überhaupt nicht bestreitet, schadet das fehlende Aufmaß nicht;[87] dasselbe gilt, wenn für die Ermittlung ersparter Aufwendungen bezüglich der kündigungs-

49

---

84 BGH Urt. v. 26.10.2000 VII ZR 99/99 BauR 2000, 251 = NZBau 2001, 85 = ZfBR 2001, 102 = IBR 2001, 55.
85 BGH Urt. v. 21.9.2004 X ZR 244/01 BauR 2004, 1941 = NZBau 2004, 672 = ZfBR 2005, 166 = IBR 2004, 611.
86 BGH Beschl. v. 9.6.2005 VII ZR 84/04, IBR 2005, 690.
87 BGH Urt. v. 11.2.1999 VII ZR 91/98 BauR 1999, 632 = NJW 1999, 2036 = ZfBR 1999, 194 = IBR 1999, 202.

bedingt nicht erbrachten Leistungen eine Kalkulation fehlt, der Auftraggeber aber im Prozess die Abrechnung insoweit nicht bestreitet.[88] Hat der Besteller gegenüber seinem Auftraggeber abgerechnet, kann er nach Treu und Glauben im Verhältnis zu seinem Subunternehmer sich nicht auf die fehlende Prüfbarkeit dessen Rechnung berufen.[89] Da die Prüfbarkeit auch im Laufe des Rechtsstreits hergestellt werden kann,[90] ist mit diesem Vorgang der Verlust des Einwands verbunden. Der Einwand der fehlenden Prüfbarkeit muss **fristgerecht** vorgebracht werden (siehe oben Rn. 34 ff.).

dd) Prüfbarkeitsfaktoren und bauprozessuale Bezüge

50 Der Auftragnehmer kann bei Sicherstellung bestimmter Prüfbarkeitsfaktoren die Beweisführung im Streit um die Richtigkeit der Schlussrechnung beeinflussen. Das **gemeinsame Aufmaß** hat diesbezügliche Wirkungen. Der BGH billigt dem Auftragnehmer dann, wenn er berechtigt ist, die rechtsgeschäftliche Abnahme zu verlangen, auch einen Anspruch auf ein gemeinsam zu nehmendes Aufmaß zu. Bleibt der Auftraggeber dem Termin fern, und ist ein neues Aufmaß oder eine Überprüfung eines einseitig durch den Auftragnehmer genommenes Aufmaß nicht mehr möglich, hat der Auftraggeber im Vergütungsprozess des Auftragnehmers vorzutragen und notfalls auch zu beweisen, welche Massen zutreffen oder die vom Auftragnehmer genannten Massen unzutreffend sind.[91] Nimmt der Auftragnehmer das Aufmaß lediglich einseitig und bezieht er den Auftraggeber nicht durch entsprechende Aufforderung zur Teilnahme an einem gemeinsamen Aufmaß mit ein, ist der Auftragnehmer bei Bestreiten des Aufmaßergebnisses durch den Auftraggeber in der **Darlegungs- und Beweislast**.[92] Allerdings ist ein **pauschales Bestreiten** unbehelflich, wenn der Auftragnehmer die Massen detailliert dargestellt hat.[93] Bestätigt der Auftraggeber die einseitig vom Auftragnehmer genommenen Massen und ist später eine Prüfung der Massen nicht mehr möglich, muss der Auftraggeber im Prozess vortragen und beweisen, welche Massen zutreffen und welche nicht.[94] Angesichts dieser Darlegungs- und Beweislastumkehr durch Aufmaßbestätigungen stellt sich die Frage, ob schon ein vom bauleitenden Architekten bestätigtes Aufmaß des Unternehmers, das diesem direkt auch vom Architekten zugeht, diese Folgen hat. Das ist zu verneinen. Ausreichend ist nur ein vom Auftraggeber **bestä-**

---

[88] BGH Urt. v. 11.2.1999 VII ZR 399/97 BauR 1999, 635 = BGHZ 140, 365 = NJW 1999, 1867 = ZfBR 1999, 196 = IBR 1999, 199, 200, 201.
[89] BGH Urt. v. 22.12.2005 VII ZR 316/03 BauR 2006, 678, 679.
[90] BGH Urt. v. 4.5.2000 VII ZR 394/97 BauR 2000, 1191, 1192 = NJW-RR 2000, 471 = ZfBR 2000, 471; Reck NZBau 2004, 128.
[91] BGH Urt. v. 22.5.2003 VII ZR 143/02 BauR 2003, 1207 = NJW 2003, 2678 = NZBau 2003, 497 = ZfBR 2003, 567 = IBR 2003, 347.
[92] BGH Urt. v. 24.7.2003 VII ZR 79/02 BauR 2003, 1892 = NJW-RR 2004, 92 = NZBau 2004, 41 = ZfBR 2004, 37 = IBR 2003, 665, 666.
[93] BGH NJW 1990, 78, 80.
[94] BGH Urt. v. 24.7.2003 VII ZR 79/02 BauR 2003, 1892 = NJW-RR 2004, 92 = NZBau 2004, 41 = ZfBR 2004, 37 = IBR 2003, 665, 666.

tigtes **Aufmaß**, es sei denn, dass der bauleitende Architekt insoweit bevollmächtigt ist. Dafür spricht, dass im Allgemeinen eine Vollmacht zur Vornahme des gemeinsamen Aufmaßes bejaht wird.[95] Ein gemeinsames vom Auftragnehmer und Auftraggeber genommenes Aufmaß entfaltet Bindungswirkungen, wobei die exakte rechtliche Einordnung höchstrichterlich noch nicht entschieden ist.[96] Ungeachtet der Frage, ob es sich um ein deklaratorisches Schuldanerkenntnis oder um einen bloßen Beweisvertrag handelt, ist damit jedenfalls verbunden, dass dann, wenn der Auftraggeber das Zahlenwerk des gemeinsam genommenen Aufmaßes bestreitet, ihn insoweit die Darlegungs- und notfalls auch die Beweislast trifft.[97] Keinesfalls werden sonstige Einwendung, wie z.b. dass eine Leistung von einer anderen Position erfasst ist oder die Leistung nach sonstigen Regeln nicht gesondert abrechnungsfähig ist, ausgeschlossen.[98]

ee) Prüfbarkeitsanforderungen und Sachverständiger

Ob eine Rechnung den Prüfbarkeitsanforderungen entspricht, ist eine Rechts- und nicht eine Sachverständigenfrage.[99] Das folgt notwendig daraus, dass die Prüfbarkeitsvoraussetzungen nicht an einem generellen Maßstab gemessen werden, sondern daran, was das Kontroll- und Informationsinteresse des Auftraggebers fordert.[100]

51

d) Rechtsfolgen einer Schlussrechnung – Zahlung auf eine Schlussrechnung

Wenn auch der Auftragnehmer mit seiner Schlussrechnung seine Forderung abschließend berechnet, ist damit **kein Forderungsverzicht** verbunden. Die Schlussrechnung begründet für den Auftraggeber auch keinen Vertrauenstatbestand in dem Sinne, dass sich der Unternehmer, der eine Nachberechnung vornimmt, widersprüchlich verhält. Die zu § 8 HOAI entwickelte Rechtsprechung des BGH[101] bezüglich der Bindungswirkung der Schlussrechnung ist in das Bauvertragsrecht nicht übernommen worden. Nicht einmal im Bereich der VOB/B beansprucht die Schlussrechnung eine Bindungswirkung in dem Sinne, dass Nachforderungen nicht mehr gestellt werden könnten. Diese Wirkung kommt erst der Schlusszahlung zu, wenn ihr entsprechende Warnhinweise (§ 16 Nr. 3 Abs. 2 VOB/B) vorausgegangen sind.

52

---

95 OLG Oldenburg BauR 1997, 523; näher zu Vollmachtsfragen bei Architekten Pauly BauR 1998, 1145.
96 Koeble/Kniffka, Kompendium, 5. Teil Rn. 167.
97 Vgl. OLG Brandenburg BauR 2003, 542; OLG Karlsruhe BauR 2003, 1244; OLG Nürnberg MDR 1999, 802.
98 BGH BauR 1992, 371.
99 OLG Stuttgart BauR 1999, 514; vgl. auch BGH Urt. v. 16.12.2004 VII ZR 16/03 BauR 2005, 735 = NJW-RR 2005, 669 = ZfBR 2005, 355 = IBR 2005, 271; etwas abweichend OLG Stuttgart IBR 2005, 436.
100 BGH Urt. v. 2.5.2002 VII ZR 325/00 BauR 2002, 1406 = NZBau 2002, 508 = NJW-RR 2002, 1177 = ZfBR 2002, 672 = IBR 2002, 351.
101 Urt. v. 19.2.1998 VII ZR 236/96 BauR 1998, 579, 582 = NJW 1998, 952 = ZfBR 1998, 186 = IBR 1998, 211, 212, 303.

2. Teilzahlungsvoraussetzungen (§ 641 Abs. 1 S. 2 BGB)

53 Teilzahlungsvoraussetzungen regelt § 641 Abs. 1 S. 2 BGB. **Teilzahlungen** sind von **Abschlagszahlungen** nach § 632 a BGB zu unterscheiden. Zwar mildern beide die Risiken der Vorleistungspflicht des Auftragnehmers. Mit Teilzahlungen sind jedoch andere Rechtswirkungen verbunden als mit einer Abschlagszahlung. Ist mit einer Abschlagszahlung nach § 632 a BGB die Abrechnungsnotwendigkeit verbunden, stellt die Teilzahlung eine mit der Schlusszahlung bei Abnahme des gesamten Werks vergleichbare Zahlung für das abgenommen Teilwerk dar. Nachfolgende Rechnungen befassen sich mit den dann weiter erbrachten Teilleistungen; sie müssen die vorhergehenden Teilrechnungen nicht mehr aufnehmen. Die Teilzahlung nach § 641 Abs. 1 S. 2 BGB ist eine endgültige und nicht nur eine vorläufige, wie das bei einer Abschlagszahlung der Fall ist.[102] Voraussetzungen für eine Teilzahlung sind die Abnahme des Werks in Teilen und dass die Vergütung für die einzelnen Teile bestimmt sind.

a) Abnahme des Werks in Teilen

54 § 641 Abs. 1 S. 2 BGB statuiert **keine Pflicht** des Auftraggebers zur Abnahme des Werks in Teilen. Die Bestimmung setzt eine solche anderweitig begründete Pflicht vielmehr voraus. § 640 BGB verpflichtet den Auftraggebers zur Abnahme des vertragsmäßig hergestellten Werks insgesamt und kennt keine Pflicht zur Teilabnahme.[103] Die **Teilabnahmepflicht** setzt eine entsprechende Regelung im Vertrag voraus, was auch durch Allgemeine Geschäftsbedingungen erfolgen kann. Solche vom Auftragnehmer gestellte Klauseln unterliegen jedoch wegen der Abweichung von Grundgedanken der gesetzlichen Regelung (§ 640 BGB) der Kontrolle nach Maßgabe des § 307 Abs. 2 BGB. Im Einzelfall könnte erwogen werden, dem Auftragnehmer einen Anspruch auf eine Teilabnahme als Voraussetzung für eine Teilzahlung dann einzuräumen, wenn der Auftrageber die Leistung des Auftragnehmers nutzen möchte. Grundlage könnte das für beide Seiten geltende und aus einem Bauvertrag als einem Langzeitvertrag ableitbare Kooperationsgebot sein. Will der Auftraggeber z. B. im ersten Stock in den Nassbereichen den Innenputz verfliesen, obwohl der Verputzer mit dem Innenputz bei dem mehrstöckigen Objekt insgesamt noch nicht fertig ist, wird es Treu und Glauben entsprechen, dass der Verputzer einen Anspruch auf Abnahme des bezogen auf den ersten Stock auch in sich abgeschlossene Teilwerks hat. Dem Auftraggeber wird es seinerseits aber kaum verwehrt werden können, zur Vermeidung der mit einer rechtsgeschäftlichen Teilabnahme verbundenen Folgen dem Auftragnehmer eine bloße **technische Zustandsfeststellung** anzubieten.

---

102 Staudinger/Peters § 641 Rn. 110.
103 Vgl. Rn. 49 zu § 640 BGB.

b) Bedeutungslosigkeit einer bloßen technischen Zustandsfeststellung

§ 641 Abs. 1 S. 2 BGB setzt eine vollwertige rechtsgeschäftliche Abnahme mit allen auch sonst mit einer Abnahme verbundenen Rechtsfolgen voraus. Eine bloße **technische Feststellung des Zustands** von Teilen des Werks z. B. i. S. v. § 4 Nr. 10 VOB/B, zu der es auch im BGB-Bauvertrag insbesondere dann kommen kann, wenn diese Teile der Leistung durch die weitere Ausführung der Prüfung und Feststellung entzogen werden, reicht nicht aus. Im Einzelfall ist mit Rücksicht auf das beidseitig geltende Kooperationsgebot eine Prüfung erforderlich, ob gerade bei Fortsetzung der Arbeiten durch den Auftraggeber, mit denen ein Verlust der Qualitätsprüfung der Leistungen des Vorunternehmers verbunden ist, eine **Teilabnahmepflicht** begründbar ist[104] oder eine **technische Zustandsfeststellung** den beiderseitigen Interessen ausreichend Rechnung trägt. Allerdings ist mit einer derartigen technischen Zustandsfeststellung angesichts der in § 644 BGB getroffenen Regelung bei Fehlen einer diesbezüglichen Vereinbarung im Bauvertrag auch kein Übergang der Preisgefahr und kein Ende der Schutzpflicht hinsichtlich des Werks verbunden, es sei denn, dass die Erfüllung dieser Schutzpflicht unmöglich ist.

55

c) Bestimmtheit der Vergütung für die einzelnen Teile

Weitere Voraussetzung für eine Teilzahlungsverpflichtung ist, dass die Vergütung für die einzelnen Teile bestimmt ist. Das bedeutet nicht, dass zum Zeitpunkt der Abnahme bereits die Werklohnforderung der Höhe nach fix bestimmt sein müsste. **Bestimmbarkeit** reicht aus. Diese Voraussetzungen sind auch bei einem Einheitspreisvertrag erfüllt, wenn für die abgenommene Teilleistung Einheitspreise vereinbart worden sind oder die Teilleistung nach Stundenlohn gemäß vereinbarten Stundensätzen abzurechnen ist. Die abgenommene Teilleistung muss lediglich nach der vertraglichen Vergütungsvereinbarung abrechnungsfähig sein. Das ist zu bejahen, wenn die **Abrechnungsparameter** für die Teilleistung, die bei einem Einheitspreisvertrag meistens aus einzelnen Leistungspositionen nach dem Leistungsverzeichnis bestehen wird, vertraglich festgelegt sind. Daran fehlt es auch nicht, wenn die Parteien die Vergütung nicht vereinbart haben und der Werklohnanspruch deshalb nach den sich aus § 632 BGB ergebenden Kriterien zu bestimmen ist. Die Teilleistung ist dann nach Maßgabe der üblichen Vergütung zu bestimmen. Der Eintritt der Fälligkeit ist bei fehlender diesbezüglicher Vereinbarung der Parteien wie bei Abs. 1 S. 1 gleichfalls nicht von einer Rechnungsstellung abhängig.

56

3. Anspruch auf Rechnungsstellung – Leistungsverweigerungsrecht

Ist die Rechnung nach der Vereinbarung der Vertragsparteien Fälligkeitsvoraussetzung, hat der Auftraggeber einen Anspruch auf Erstellung einer schriftlichen Rechnung. Die Erfüllung dieses Anspruchs ist regelmäßig gesichert, weil ohne Rechnung die Werklohnforderung nicht fällig wird. Unabhängig davon ergibt sich

57

---

104 So Staudinger/Peters § 641 Rn. 108.

der **Anspruch auf Rechnungsstellung** aus dem Kooperationsgebot i.V.m. § 241 Abs. 2 BGB, wenn der Auftraggeber ein berechtigtes Interesse hat. Dem Auftraggeber muss, damit die ihn treffende Zahlungspflicht als Hauptpflicht überhaupt erfüllt werden kann, die Forderungshöhe bekannt gegeben werden. Berechtigte Umstände, die darüber hinaus eine schriftliche Detaillierung der Forderungshöhe begründen sind: Der Auftraggeber hat die Möglichkeit, die Rechnung in einer Leistungskette auf Dritte durchzustellen (§ 670 BGB), der Auftraggeber ist nach § 14 Abs. 1 S. 1 UStG zum Vorsteuerabzug berechtigt;[105] der Besteller hat die Möglichkeit zur Abschreibung nach steuerrechtlichen Gesichtspunkte (AfA). Dem Auftraggeber ist jedoch jedenfalls bei Bauverträgen **generell ein Anspruch auf Ausstellung einer prüffähigen Rechnung** deshalb zuzubilligen, weil der Auftraggeber die Möglichkeit haben muss, die Berechtigung der geltend gemachten Werklohnforderung zu prüfen. Bei **Leistungsketten** wie sie in § 641 Abs. 2 BGB vorausgesetzt werden, wird der Hauptunternehmer (i.S.d. § 641 Abs. 2 BGB der Besteller) schon von sich aus gegenüber dem Dritten (Investor, Auftraggeber) eine sehr differenzierte Rechnung erstellen, um bei Zahlung auf diese Rechnung exakt den Betrag feststellen zu können, der an den Subunternehmer für dessen Leistung, auf die gezahlt worden ist, auskehren zu können. Aus dem Subunternehmerverhältnis wird sich nach §§ 242, 241 Abs. 2 BGB ein Anspruch des Subunternehmers gegen den Hauptunternehmer ableiten lassen, dass dieser im Verhältnis zum Hauptunternehmer eine entsprechend differenzierte Rechnung aufzustellen hat.

Auch die in § 48 Abs. 1, 2 EStG genannten Tatbestände der **Bauabzugssteuer** machen die Erstellung einer Rechnung notwendig und begründen eine entsprechende Verpflichtung.

a) Baubetriebswirtschaftliche – bauvertragstypische Besonderheiten

58 Im Einzelnen können sich aus baubetriebswirtschaftlichen und bauvertragstypischen Besonderheiten Ausnahmen ergeben. Haben sich die Parteien auf einen **Globalpauschalvertrag** geeinigt, dem kein detailliertes Leistungsverzeichnis zugrunde liegt, mag es angehen, dass dem Auftraggeber lediglich nach Beendigung der Werkleistung der Pauschalbetrag ohne nähere Aufschlüsselung genannt wird, wenn der Vertrag ohne Änderungen abgewickelt worden ist. Bei einem Detailpauschalvertrag, einem Einheitspreis- und Stundenlohnvertrag bemisst sich die Vergütungshöhe nach Art und Umfang der erbrachten Werkleistung. Das löst den Prüfungsbedarf des Bestellers aus. Dabei geht es nicht nur um das Interesse des Auftraggebers an der ordentlichen Führung der eigenen Unterlagen,[106] sondern der Besteller hat das Recht auf Nachvollzug eine Gesamtforderung, die sich nach der Vertragsstruktur aus einzelnen Rechenoperationen bezüglich unterschiedlicher

---

105 BGH Urt. v. 24.2.1988 VIII ZR 64/87 BGHZ 103, 285; BGH Urt. v. 2.12.1992 VIII ZR 50/92 NJW 1993, 536 = BGHZ 120, 315.
106 Für Staudinger/Peters § 641 Rn. 26 ein Argument für die Bejahung eines Anspruchs auf Erteilung einer Rechnung.

Leistungseinheiten zusammensetzt. Diese Voraussetzungen sind vertragstypisch bei Einheitspreis- und Stundenlohnverträgen wie auch bei einem Detailpauschalvertrag gegeben. Die Pflicht zur Rechnungsstellung ist jedoch keine Haupt-, sondern eine **Nebenpflicht**.

b) Leistungsverweigerungsrecht

Ohne Rechnung steht dem Besteller unter den in Rn. 57 genannten Voraussetzungen ein Zurückbehaltungsrecht nach § 273 BGB zu. Eine Beachtung von Amts wegen findet nicht statt;[107] der Besteller muss das Zurückbehaltungsrecht ausüben, was § 273 Abs. 1 BGB deutlich damit zum Ausdruck bringt, dass der Schuldner die geschuldete Leistung verweigern kann. Die Ausübung hindert den Fälligkeitseintritt, der bei fehlender abweichender Vereinbarung der Vertragsparteien gemäß § 641 Abs. 1 BGB allein von der rechtsgeschäftlichen Abnahme abhängt, nicht. § 273 Abs. 1 BGB spricht davon, dass der Schuldner berechtigt ist, die geschuldete Leistung zu verweigern. Mahnt der Werkunternehmer, der bisher keine Rechnung gestellt, sondern dem Besteller nach rechtsgeschäftlicher Abnahme lediglich die Höhe der Werklohnforderung mitgeteilt hat, die Zahlung an, hindert die Berufung des Bestellers auf das Zurückbehaltungsrecht wegen fehlender Rechnungsstellung den Verzugseintritt. Denn Verzug setzt die Durchsetzbarkeit des Anspruchs voraus, woran es unabhängig von der Berufung auf ein Leistungsverweigerungsrecht dann fehlt, wenn die Voraussetzungen der Einrede des nichterfüllten Vertrages vorliegen (§ 320 BGB).[108] Dies ist anders bei dem **Zurückbehaltungsrecht** nach § 273 BGB, das der Ausübung bedarf, um die Durchsetzbarkeit des fälligen Zahlungsanspruchs zu verhindern. Ein infolge einer Mahnung nach § 286 Abs. 1 BGB bereits eingetretener Verzug endet jedoch nicht allein mit der Berufung auf den Anspruch auf Rechnungsstellung und das darauf gestützte Zurückbehaltungsrecht; der Besteller muss zugleich seine Zahlung Zug um Zug gegen die Gestellung der Rechnung anbieten.[109]

IV. Fälligkeit in Leistungsketten (§ 641 Abs. 2 BGB)

§ 641 Abs. 2 BGB enthält für dort näher beschriebene Vertragsverhältnisse, die zutreffend mit Leistungsketten qualifiziert werden,[110] eine eigenständige Fälligkeitsregelung. Diese schließt jedoch die Anwendung des Abs. 1 nicht aus, was sich schon daraus ergibt, dass die Fälligkeit des Vergütungsanspruchs spätestens bei Eintritt näher bestimmter Umstände eintreten soll.

---

107 PWW/Jud § 273 Rn. 18.
108 PWW/Jud § 286 Rn. 7
109 BGH NJW 1971, 421; Palandt/Heinrichs § 286 Rn. 35.
110 MüKo/Busche § 641 BGB Rn. 18.

§ 641 BGB   Fälligkeit der Vergütung

1. Geltung

61 Der Abs. 2 wurde durch das Beschleunigungsgesetz vom 30. 3. 2000[111] mit Wirkung ab 1. 5. 2000 eingeführt. Nach der Überleitungsregelung in Art. 229 Abs. 2 EGBGB gilt § 641 Abs. 2 BGB nicht für Verträge, die vor dem 1. 5. 2000 abgeschlossen worden sind. Die Vorschrift begründet eine sog. **Durchgriffsfälligkeit**, weil der Umstand der Zahlung in einem Schuldverhältnis zur Fälligkeit in einem anderen Schuldverhältnis führt, also Durchgriff wenn auch in eingeschränktem Umfang ermöglicht.

2. Voraussetzungen und Regelungsziel

62 Die Vorschrift setzt zwei Vertragsverhältnisse voraus, was im Bereich des Baurechts wegen der Einschaltung von **Subunternehmern** nicht selten ist. Solche Konstellationen sind jedoch auch im Planerbereich bei Einschaltung eines Generalplaners mit weiterer Beauftragung von **Subplanern** bekannt. Die Regelung erteilt dem Grundsatz der Relativität und damit dem Gebot der jeweils eigenständigen Abwicklung einzelner Schuldverhältnisse eine Absage und verknüpft zwei Schuldverhältnisse soweit Zahlungsvorgänge betroffen sind. Ist damit die Regelung dogmatisch begründeten Bedenken ausgesetzt,[112] belegt sie andererseits die Macht des Gesetzgebers über die Dogmatik. Der Vergütungsanspruch des letzten Unternehmers (Subunternehmer) in der Leistungskette wird abweichend von § 641 Abs. 1 BGB von der rechtsgeschäftlichen Abnahme seiner Leistung durch seinen Auftraggeber (Hauptunternehmer) los gelöst und davon abhängig gemacht, ob der Hauptunternehmer seinerseits vom Besteller, den Abs. 2 als Dritten bezeichnet, für die Leistungen des Subunternehmers eine Vergütung erhalten hat. Das Gesetz knüpft damit ausschließlich an **Zahlungsvorgängen** im Hauptvertragsverhältnis an; der Subunternehmer soll an solchen Zahlungsvorgängen partizipieren, wenn die Zahlung im Hauptvertragsverhältnis auch für Leistungen des Subunternehmers erbracht worden ist.

a) Vertragstrukturen

63 Die im Baubereich typische und für Abs. 2 einschlägige Leistungskette sieht wie folgt aus: Der Auftrageber beauftragt einen Hauptunternehmer, Bauträger oder Generalunternehmer. Diese beauftragen einen Subunternehmer. Auf den Planerbereich übertragen: Der Auftraggeber beauftragt einen Generalplaner, dieser vergibt im eigenen Namen Teile seiner Planungsleistungen an Subplaner. Das Gesetz bezeichnet den Auftraggeber, der zur besseren Unterscheidung auch als Investor benannt werden kann. als Dritten. Dieser Dritte ist im Hauptvertrag i. S. d. § 631 Abs. 1 BGB der Besteller. Den vom Investor beauftragten Unternehmer (Hauptunternehmer, Bauträger oder Generalunternehmer) bezeichnet Abs. 2 als Besteller.

---
111 BGBl. I S. 330.
112 Staudinger/Peters § 641 Rn. 38.

Im Sinne des § 631 Abs. 1 BGB ist er Besteller im Verhältnis zum Subunternehmer und Unternehmer i.S.d. § 631 Abs. 1 BGB im Hauptvertrag. Der Unternehmer, um dessen Werklohn es in Abs. 2 geht, ist der Subunternehmer, der in der Kette der Letzte ist.

Das Schema sieht wie folgt aus:

```
                          Hauptvertrag              Subvertrag
Investor = Dritter = Auftraggeber ------- HU/GU* = Besteller ------- SU/Subpl** = Unternehmer
    * HU = Hauptunternehmer              ** SU = Subvertrag
      GU = Generalunternehmer               Subpl = Subplaner
```

Der Besteller muss den Subvertrag im eigenen Namen abschließen, darf also nicht lediglich Stellvertreter des Dritten sein, wie das z.B. bei einem Baubetreuer der Fall ist. Stellvertretungstatbestände schließen nämlich die Entstehung einer Leistungskette in abgestuften Verträgen aus. In welcher zeitlichen Reihenfolge die Verträge in der Kette zustande kommen, ist gleichgültig und im Baugeschehen auch völlig unterschiedlich. Allein aus der Formulierung in Abs. 2 Hs. 1, die mit »dessen Herstellung der Besteller einem Dritten versprochen hat« grammatikalisch mit dem Perfekt arbeitet, kann nicht auf eine zeitliche Vertragsabfolge mit Vorrangigkeit des Hauptvertrages geschlossen werden. **64**

b) Vertragsnatur

Unklarheiten bestehen darüber, ob Haupt- und Subvertrag Werkverträge sein müssen oder ob es ausreicht, wenn der Subvertrag, aus dem der Vergütungsanspruch abgeleitet wird und um dessen Fälligkeit es geht, Werkvertragsnatur aufweist. Busche[113] ist mit Verweis auf Voit[114] der Auffassung, der Subvertrag müsse Werkvertragscharakter aufweisen. Dieser Standpunkt ist zutreffend. Da Abs. 2 die Fälligkeit des Vergütungsanspruchs des Subunternehmers behandelt und diese Regelung Gegenstand werkvertraglicher Bestimmungen ist, muss der Subvertrag Werkvertragscharakter aufweisen. Ein Liefervertrag nach § 651 BGB reicht nicht aus, wofür auch kein Bedarf besteht, weil bei Anwendung des Kaufrechts die aus § 433 BGB ableitbaren Pflichten Zug um Zug zu erfüllen sind. Regelmäßig wird auch der Hauptvertrag Werkvertragscharakter aufweisen, weil der Besteller dem Dritten die Herstellung eines Werks versprochen hat; diese Verpflichtung kann jedoch auch Teil einer Gesamtverpflichtung mit der Folge sein, dass der Hauptvertrag den Charakter eines Geschäftsbesorgungsvertrages aufweist. **65**

c) Leistungsidentität und Leistungsstand

Der Besteller (Hauptunternehmer) muss von dem Dritten (Investor = Auftraggeber) eine Zahlung zumindest auch für das Werk (oder für Teile) davon erhalten haben, das der Subunternehmer erstellt und der Besteller dem Dritten versprochen hat. Erforderlich ist damit Leistungsidentität, wobei jedoch eine **teilweise Identi-** **66**

---
113 MüKo § 641 BGB Rn. 22.
114 In Bamberger/Roth § 641 Rn. 15.

tät ausreichend ist. Der Abs. 2 bringt dies über den Einschub »wenn und soweit« im 3. Hs. zum Ausdruck. Ist der Besteller gegenüber dem Dritten – wie regelmäßig – zu weiteren (Werk-)Leistungen verpflichtet, hindert dies die Anwendung des Abs. 2 nicht.[115] Was der Subunternehmer dem Hauptunternehmer schuldet, muss zumindest auch Vertragsinhalt zwischen Hauptunternehmer und dem Dritten sein. Der Werklohnanspruch des Subunternehmers ist deshalb unabhängig von der rechtsgeschäftlichen Abnahme seiner Leistung in dem Umfang fällig, als der Besteller (Hauptunternehmer) eine exakt auf das Werk oder das Teilwerk des Subunternehmers entfallende Zahlung erhalten hat. Nicht entscheidend ist, ob und in welcher Höhe dem Hauptunternehmer ein Zahlungsanspruch zusteht. Erhält der Hauptunternehmer keinerlei Zahlungen, läuft die Vorschrift leer und der Subunternehmer muss auf Abs. 1 zurückgreifen. Die praktische Schwierigkeit der Regelung besteht in der Feststellung des auf den Subunternehmer entfallenden Zahlungsanteils. Die Vorschrift ist für den Subunternehmer nur dann vorteilhaft, wenn tatsächlich Zahlungen erfolgen. Da der Auftraggeber jedoch aus durchaus unterschiedlichen Gründen Zahlungen verweigern kann, die mit **Leistungsmängeln** des Subunternehmers keineswegs zusammen hängen müssen, knüpft die Vorschrift zwar an Zahlungen an, ist jedoch unter Gerechtigkeitsgesichtspunkten nicht frei von Zweifeln. Das Erfordernis der **Leistungsidentität** besagt noch nichts darüber, welchen **Leistungsstand** die Werkleistung des Subunternehmers erreicht haben muss, um auf Abs. 2 zurückgreifen zu können. Damit verbunden ist die Frage, welche Forderungen des Subunternehmers durch Zahlungsvorgänge im Hauptvertragsverhältnis fällig gestellt werden. Reicht eine Teilleistung im Subunternehmerverhältnis aus, auf welche der Dritte im Verhältnis zum Hauptunternehmer Zahlungen leistet, wird die Fälligkeit einer Abschlagsforderung begründet. Setzt Abs. 2 die Erstellung des Werks durch den Subunternehmer insgesamt voraus, wird bei Zahlungen im Hauptvertragsverhältnis lediglich die Fälligkeit des Schlusszahlungsanspruchs in dem Umfang begründet, als auf das dann vollendete Werk des Subunternehmers Zahlungen geleistet werden. Dieser Vorgang führt dann zu Teilfälligkeiten mit entsprechenden Folgen für die Verjährung nach § 199 Abs. 1 BGB: Die Werklohnforderung verjährt dann nicht mehr einheitlich, sondern nach Maßgabe der zahlungsbedingten Fälligkeitsdaten.

67 Kniffka[116] und Kirberger[117] vertreten ebenso wie die meisten Kommentatoren[118] den Standpunkt, der Subunternehmer müsse seine Leistung vollständig erbracht haben (**totaler Leistungsstand**). Hierfür wird auf den systematischen Zusammenhang und die Materialien abgehoben.[119] Peters[120] vertritt den gegenteiligen Stand-

---

115 MüKo/Busche § 641 BGB Rn. 21.
116 ZfBR 2000, 227, 231.
117 BauR 2001, 492; so auch Böhme BauR 2001, 525, 532.
118 PWW/Wirth § 641 Rn. 7; Palandt/Sprau § 641 Rn. 7; MüKo/Busche § 641 BGB Rn. 24.
119 BT-Drucks. 14/1246 S. 7.
120 NZBau 2000, 169, 172; Staudinger/Peters § 641 Rn. 39.

punkt und ist damit der Auffassung, der Subunternehmer erhalte eine Absicherung auch für von ihm erbrachte Leistungsteile und darauf entfallende Abschlagsforderungen. Die Systematik wie auch der Wortlaut des Gesetzes sprechen für die erstgenannte Auffassung, also dafür, dass über § 641 Abs. 2 BGB keine Fälligkeit einer Abschlagsforderung des Subunternehmers durch Zahlungen des Dritten an den Hauptunternehmer auf ein noch unfertiges Werk des Subunternehmer begründet wird. Damit wird für § 641 Abs. 2 BGB die vollständige und damit **abnahmereife Fertigstellung** des Subunternehmerwerks vorausgesetzt. § 641 Abs. 1 BGB regelt Schluss- oder Teilschlusszahlungsansprüche. Der Wortlaut des Abs. 2 spricht davon, dass der Dritte (Investor) Zahlungen an den Besteller (Hauptunternehmer) für das versprochene Werk wegen dessen Herstellung leistet. Es heißt nicht »wegen dessen ganzer oder teilweiser Herstellung«. Dafür reicht eine **Teilleistung** durch den Subunternehmer **nicht** aus. Aus der BT-Drucksache 14/1246 S. 7 lassen sich für diesen Standpunkt gleichfalls Argumente ableiten, wenn auch im Rahmen dieses Gesetzentwurfs der Wortlaut der dem nunmehrigen Abs. 2 entsprechende Entwurfstext auch einen abweichenden Standpunkt zuließ.[121]

Dieser Standpunkt wirft gleichzeitig die Frage auf, ob Abs. 2 eine Fälligkeitsregelung im **gekündigten Subunternehmerverhältnis** sein kann, wenn der Dritte auf das kündigungsbedingte Teilwerk eine Zahlung erbringt. Wenn der BGH[122] nunmehr den Standpunkt vertritt, nach Kündigung eines Bauvertrages werde die Werklohnforderung grundsätzlich erst mit der Abnahme der bis dahin erbrachten Werkleistungen fällig, womit von der früheren Auffassung abgerückt wird, auf die Abnahme komme es nicht an, eröffnet sich der Anwendungsbereich des § 641 Abs. 2 BGB. Denn nach der Kündigung scheidet eine Fertigstellung durch den gekündigten Subunternehmer aus, der auch schlussrechnen muss. 68

d) Anspruchsqualität und Zahlungen

Das bedeutet zugleich, dass Abs. 2 im Subunternehmerverhältnis **keine Fälligkeitsregelung für Abschlagsforderungen**, sondern nur für den **Schlusszahlungsanspruch** ist. Die Eigenart der Regelung besteht wegen der Voraussetzung, dass die Werkleistung des Subunternehmers vollendet sein muss, darin, dass damit für den Subunternehmer eigentlich die Bedingungen für ein Abnahmeverlangen und damit die Schaffung der Fälligkeitsvoraussetzungen nach § 640 Abs. 1 S. 3 BGB oder eine klageweise Geltendmachung des Zahlungsanspruchs vorliegen, dennoch aber das 69

---

121 Abs. 3 hatte gelautet: »Die Vergütung des Unternehmers für ein Werk, dessen Herstellung der Besteller einem Dritten versprochen hat, wird spätestens fällig, soweit der Besteller von dem Dritten für dieses Werk eine Vergütung erhalten hat.« Dieser Text, insbesondere der Textteil »für dieses Werk« konnte noch dahin verstanden werden, dass Werkteile ausreichen sollten. Nunmehr formuliert das Gesetz aber ausdrücklich »für das versprochene Werk wegen dessen Herstellung seine Vergütung oder Teile davon erhalten hat.«
122 Urt. v. 11.5.2006 VII ZR 146/04 BauR 2006, 1294 = NJW 2006, 2475 = NZBau 2006, 569 = IBR 2006, 432.

§ 641 BGB   Fälligkeit der Vergütung

Gesetz die Fälligkeit mit Zahlungsvorgängen im Hauptvertrag verknüpft. Das kann Folgen für die Beurteilung von Leistungsverweigerungsrechten haben. Die Regelung erfasst auch **nicht die Fälligkeit von Teilschlusszahlungsansprüchen**, weil für diese nach Abs. 1 S. 1 eine Teilabnahmevereinbarung vorliegen müsste. **Welche Zahlungen des Investors (Dritter) an den Hauptunter**nehmer fälligkeitsauslösend auch im Subunternehmerverhältnis sind, ist strittig. Selbstverständlich kommt eine **Schlusszahlung** in Betracht. **Vorauszahlungen** scheiden deshalb aus, weil nach dem Gesetzeswortlaut zugunsten des Subunternehmers Zahlungsvorgänge im Hauptvertrag Fälligkeit nur in dem Umfang auslösen sollen, als der Hauptunternehmer wegen der Herstellung des Werks seine Vergütung oder Teile davon erhalten hat. Den Zahlungen muss deshalb schon eine Leistung gegenüber stehen. Fraglich ist, ob **Abschlagszahlungen** des Dritten an den Besteller ausreichen. Das ist zu bejahen. Denn Abs. 2 nennt als fälligkeitsbegründend den Erhalt der Vergütung oder von Teilen davon. Vergütungsteile sind aber auch **Abschlagszahlungen**.[123]

70   Die Fälligkeitsregelung des Abs. 2 geht ins Leere, wenn der Hauptunternehmer (Besteller) keine Zahlung erhält, was nicht notwendig mit der Leistungsqualität des Subunternehmers zusammen hängen muss. Hat der Subunternehmer seine Leistung fertig gestellt und der Hauptunternehmer diese neben anderen Leistungen – auch Teilleistungen – anderer Gewerke dem Besteller in Rechnung gestellt, worauf jedoch deshalb keine Zahlung erfolgt, weil der Besteller wegen Mängeln der anderen Gewerke die **Einrede des nichterfüllten Vertrages** mit der Folge erheben kann, dass unter Berücksichtigung des Mängelbeseitigungsaufwands und nach § 320 BGB die vom Hauptunternehmer in Rechnung gestellte Forderung verbraucht ist, bleibt die Fälligkeitsbegründung aus, auch wenn dem Subunternehmer die hierfür ursächlichen Umstände nicht zurechenbar sind.

e) Mängel und Einrede des nichterfüllten Vertrages

71   Auch wegen der Zweischneidigkeit dieses im Ergebnis merkwürdigen Abs. 2 stellt sich die Frage, ob bei Fälligkeitsgründung nach Maßgabe des Abs. 2 der Hauptunternehmer sich auf ein mängelbedingtes **Leistungsverweigerungsrecht** nach Abs. 3 berufen kann. Kennzeichnend ist nämlich, dass der Auftraggeber (Dritter) gezahlt hat und damit ganz oder teilweise von der Geltendmachung eines mangelbedingten Leistungsverweigerungsrechts abgesehen hat. Nach dem Zweck der Vorschrift soll dann, wenn der Dritte (Investor) kein Leistungsverweigerungsrecht geltend macht, auch dem Hauptunternehmer derartiges verwehrt sein.[124] Dafür ist auch das LG Lübeck,[125] dagegen jedoch das OLG Nürnberg.[126] Da Abs. 2 lediglich eine Fäl-

---

123 Kniffka ZfBR 2000, 227, 231; Merkens BauR 2001, 515, 518: Kirberger BauR 2001, 492.
124 PWW/Wirth § 641 Rn. 8; Palandt/Sprau § 641 Rn. 8; MüKo/Busche § 641 BGB Rn. 27; Breyer/Bohn BauR 2004, 1066; Kniffka ZfBR 2000, 227, 232; a. A. Bamberger/Roth/Voit § 641 Rn. 24.
125 BauR 2003, 1423.
126 BauR 2004, 516.

ligkeitsregelung und keine Aussage zu einem Leistungsverweigerungs- oder Einrederecht enthält, sind die allgemeinen Regeln einschlägig.[127] Fälligkeits- und Leistungsverweigerungsregeln stehen selbständig nebeneinander. Weder § 273 BGB noch § 320 BGB lässt die Fälligkeit des einredebehafteten Anspruchs entfallen; nur Prozess- und Fälligkeitszinsen können nicht gefordert werden, da der geltend gemachte Vergütungsanspruch i.S.d. §§ 291, 641 BGB noch nicht fällig ist.[128] Gegenteiliges kann auch nicht aus § 641 Abs. 3 BGB abgeleitet werden. Danach kann der Auftraggeber nach der Abnahme im Mangelfall ein Leistungsverweigerungsrecht in Höhe mindestens des Dreifachen des Mängelbeseitigungsaufwandes in Anspruch nehmen. Die Vorschrift enthält keine Einschränkung für den Fall, dass Abs. 2 zur Anwendung kommt. Der fälligkeitsbegründende Umstand des Abs. 2 schließt auch nicht aus, dass es zu einer rechtsgeschäftlichen Abnahme kommt, was allein schon wegen des Laufs der Verjährungsfristen für die Sachmängelansprüche bedeutsam ist. Auch aus der Regelung über die Sicherheitsleistung in Abs. 2 S. 2 kann ein Ausschluss des Leistungsverweigerungsrechts nicht abgeleitet werden.[129] Denn diese Regelung enthält nur einen Ausschnitt, den kennzeichnet, dass der Besteller (Hauptunternehmer) dem Dritten (Investor) wegen Mängeln Sicherheit leistet.[130] Daraus kann nur geschlossen werden, dass der Hauptunternehmer selbstverständlich vom Besteller bezüglich des Werks des Subunternehmers ausgeübte Mängelrechte an den Subunternehmer durchstellen kann.

Bedenken gegen diese Auffassung könnten sich allerdings daraus ergeben, dass unter richtiger Zugrundelegung des Erfordernisses einer vollständigen Erstellung des Subunternehmerwerks der Subunternehmer auch einen Anspruch auf Abnahme der Werkleistung unter den in § 640 Abs. 1 BGB genannten Voraussetzungen hat. Das berechtigt zur Frage, welcher Vorteil dann mit Abs. 2 verbunden ist. Dieser liegt jedoch lediglich darin, dass eine Verweigerung der Abnahme durch den Hauptunternehmer bei Leistung des Dritten auch auf die Werkleistung des Subunternehmers den Fälligkeitseintritt nach Abs. 2 nicht hindern kann. Die Zahlung durch den Dritten bewirkt jedoch keinen Verlust eines mangelbedingten **Leistungsverweigerungsrechts** im Verhältnis zwischen Besteller (Hauptunternehmer) und Subunternehmer. Eine solche Betrachtungsweise würde massiv die Grundsätze der Relativität der Schuldverhältnisse missachten und müsste sich wesentlich eindeutiger aus dem Gesetz ergeben, das selbstverständlich Einschränkungen vornehmen könnte.

72

---

127 Bamberger/Roth/Voit § 641 Rn. 24.
128 Palandt/Heinrichs § 320 Rn. 12; BGH Urt. v. 14.1.1971 VII ZR 3/69, NJW 1971, 615, 616 = BGHZ 55, 198; BGH Urt. v. 4.6.1973 VII ZR 112/72, BGHZ 61, 46.
129 So aber Kniffka ZfBR 2000, 227, 232.
130 Bamberger/Roth/Voit § 641 Rn. 24.

3. Sicherheitsleistung und Fälligkeitseintritt (§ 641 Abs. 2 S. 2 BGB)

73 Hat der Besteller (Hauptunternehmer) wegen möglicher Mängel des Werks dem Dritten (Investor, Auftraggeber) eine Sicherheit geleistet, tritt nach der Regelung in Abs. 2 S. 2 Fälligkeit nur ein, wenn auch der Unternehmer (Subunternehmer) eine Sicherheit in entsprechender Höhe leistet. Das bedeutet weder Identität in der Qualität der Sicherheitsleistung noch in deren Höhe. Hat der Dritte (Investor) die (Gesamt-)Leistung des Hauptunternehmers (Besteller) bereits abgenommen, kann es sich bei der Sicherheitsleistung des Bestellers um eine **Gewährleistungssicherheit** handeln, wogegen der Subunternehmer mangels Abnahme noch im Erfüllungsstadium steht und deshalb eine **Erfüllungssicherheit** zu stellen hat. Der Höhe nach besteht deshalb keine Identität, weil der Besteller (Hauptunternehmer) im Hinblick auf die ihn treffende Gesamtleistung volumenmäßig eine völlig andere Sicherheit aufzubringen hat, als der Subunternehmer, dem es lediglich um die Absicherung der Ansprüche des Bestellers wegen der am Subunternehmerwerk möglicherweise auftretenden Mängel geht.[131] Dem Wortlaut ist die Beschränkung auf die das Subunternehmerverhältnis kennzeichnenden Verhältnisse deshalb zu entnehmen, weil mit der Sicherheitsleistung wegen möglicher Mängel des Werks nicht das Werk des Hauptunternehmers, sondern das des Subunternehmers gemeint ist. Da erst mit der Gestellung der Sicherheit die Fälligkeit des Vergütungsanspruchs begründet wird, ist hinsichtlich des Beginns der Verjährung nach § 199 Abs. 1 BGB darauf abzustellen.

4. Auskunftsanspruch und prozessuale Bezüge

74 Der Subunternehmer kann aus Abs. 2 Vorteile für sich nur ziehen, wenn er um die Vorgänge im Hauptvertrag zwischen dem Dritten (Investor) und Hauptunternehmer (Besteller) weis. Aus §§ 241 Abs. 2, 242 BGB sind zugunsten des Subunternehmers **Auskunftsansprüche** gegenüber dem Hauptunternehmer ableitbar.[132] Zudem könnte unter **Kooperationsgesichtspunkten** gerechtfertigt sein, dem Subunternehmer ab dem Zeitpunkt der an den Hauptunternehmer gemeldeten Fertigstellung seiner Werkleistung einen Anspruch auf Überlassung der vom Hauptunternehmer an den Dritten gestellten Rechnung zuzugestehen, in welcher der Hauptunternehmer gegenüber dem Dritten die Werkleistung des Subunternehmers weiter berechnet. Der Anspruch auf Auskunft betrifft den Rechnungsinhalt und die Zahlung einschließlich der Höhe der auf das Werk des Subunternehmers geleisteten Zahlung.

75 Im Streit erweist sich ein solches Vorgehen als wenig praktikabel. Denn der Subunternehmer müsste in Form einer **Stufenklage** (§ 254 ZPO) zunächst auf Auskunft, dann auf Abgabe einer eidesstattlichen Versicherung der Richtigkeit der

---

131 Vgl. zum Problem näher Heinze NZBau 2001, 301, 302; Kniffka ZfBR 2000, 227, 232.
132 MüKo/Busche § 641 BGB Rn. 28.

erteilten Auskunft und schließlich in der dritten Stufe auf Zahlung klagen. Bis dahin wird jedoch regelmäßig ein Vorgehen nach § 640 Abs. 1 BGB zur Fälligkeit geführt haben. Zudem stellt sich die Frage, ob angesichts der Notwendigkeit der vollständigen Werkerstellung durch den Subunternehmer für die prozessuale Geltendmachung eines über § 641 Abs. 2 BGB fällig gestellten Werklohnanspruchs im Wege der Stufenklage überhaupt ein **Rechtsschutzbedürfnis** besteht. Denn der Subunternehmer kann dann auch regelmäßig mit der Behauptung der Abnahmereife **sofort Zahlungsklage** erheben. Ist die Abnahme im Subunternehmervertrag durch eine Klausel auf einen Zeitraum von 4 bis 6 Wochen nach Fertigstellung hinausgeschoben,[133] wird bis dahin ein solcher Auskunftsanspruch jedenfalls klageweise nicht rechtskräftig abgewickelt sein. Unter diesen Gesichtspunkten ist jedenfalls gegenwärtig eine Rechtsverfolgung aus §§ 631 Abs. 1, 641 Abs. 2 BGB kaum praktikabel. § 641 Abs. 2 BGB spielt deshalb in der Praxis auch keine Rolle.

V. Fälligkeit bei gestörten Bauverträgen – sonstige abnahmeunabhängige Fälligkeitstatbestände

Vermittelt § 641 Abs. 1 BGB den Eindruck, die Fälligkeit könne ohne rechtsgeschäftliche Abnahme nicht eintreten, macht Abs. 2 hierfür – jedoch beschränkt auf den Sonderfall der Leistungskette – bereits eine Ausnahmen. Beide Absätze gehen vom Regelfall eines ungestört abgewickelten Bauvertrages aus und betreffen damit nicht solche Fallgestaltungen, die ein Störungstatbestand kennzeichnet. Geregelte Störungstatbestände sind von ungeregelten zu unterscheiden.

76

1. Geregelte Störungsfälle

Ob das Gesetz überhaupt geregelte Störungsfälle mit der Folge des Verzichts auf die Abnahme als Fälligkeitsvoraussetzung kennt, ist nicht eindeutig. Denn der BGH hat den bisher gleichsam als Paradebeispiel hierfür behandelten Tatbestand der **Kündigung** des Werkvertrags nunmehr in Abkehr von seiner bisherigen Rechtsprechung[134] nach Vorankündigungen[135] gegenteilig dahin entschieden, dass auch nach Kündigung eines Bauvertrages die Werklohnforderung grundsätzlich erst mit der Abnahme der bis dahin erbrachten Werkleistung fällig wird.[136] Das Argument des BGH geht dahin, es sei kein rechtfertigender Grund ersichtlich, von der Abnahmenotwendigkeit abzusehen, wenn der Unternehmer infolge der Kündigung des Vertrages lediglich eine Teilleistung erbracht hat. Da im Allgemeinen der Unternehmer bei gestörter Bauabwicklung Teilleistungen erbracht haben wird, könn-

77

---

133 Vgl. BGH Urt. v. 23. 2. 1989 VII ZR 89/87, BauR 1989, 322 = BGHZ 107, 75 = NJW 1989, 1602 = ZfBR 1989, 158.
134 Urt. v. 9. 10. 1986 VII ZR 249/85 BauR 1987, 95 = NJW 1987, 382 = ZfBR 1987, 38.
135 BGH Urt. v. 19. 12. 2002 VII ZR 103/00 BauR 2003, 689 = BGHZ 153, 244 = NJW 2003, 1450 = NZBau 2003, 265 = ZfBR 2003, 352 = IBR 2003, 190, 191.
136 BGH Urt. v. 11. 5. 2006 VII ZR 146/04 BauR 2006, 1294 = NJW 2006, 2475 = NZBau 2006, 569 = IBR 2006, 432.

te daraus grundsätzlich ein Abnahmeerfordernis als Fälligkeitsvoraussetzung abgeleitet werden.

a) Kündigung des Bauvertrages

78 Wenn der BGH[137] deshalb, weil die Kündigung den Vertrag für die Zukunft beendet und den Umfang der Werkleistung auf das bis zur Kündigung Erbrachte beschränkt, keinen rechtlich tragfähigen Grund für den Verzicht auf die Abnahme als Fälligkeitsvoraussetzung bei Abnahmefähigkeit zu erkennen vermag, bleibt nach hier vertretener Auffassung die Stellung des § 649 BGB unbeachtet. Ersichtlich behandelt diese Bestimmung einen Sonderfall, der systematisch dem in § 641 BGB behandelten Tatbestand als Regelfall nachfolgt. Ist § 641 BGB der Grundfall, der im Zusammenhang mit § 640 BGB von der Vollendung, also der Fertigstellung des Werks, ausgeht, hat § 649 BGB den Sonderfall eines abgebrochenen Bauvertrages zum Gegenstand. Für diesen Sonderfall regelt § 649 BGB den Vergütungsanspruch, wobei Anspruchsgrundlage weiterhin § 631 BGB ist. Die Besonderheit des Regelungsinhalts des § 649 BGB besteht u. a. darin, dass die Fälligkeit des Vergütungsanspruchs nach dem Wortlaut der Vorschrift gerade unabhängig von der Abnahme bestimmt wird. § 649 S. 1 BGB eröffnet die Kündigungsmöglichkeit. Satz 2 knüpft im 1. Hs. am Tatbestand der Kündigung an und bestimmt im 2. Hs. die Rechtsfolge, dass nämlich der Unternehmer berechtigt ist, die vereinbarte Vergütung zu verlangen. Wenn nach BGH die Fälligkeit dieses Vergütungsanspruchs dennoch die Abnahme voraussetzen soll, bleibt unbeachtet, dass § 649 S. 2 BGB die Fälligkeit des Vergütungsanspruchs gerade völlig selbständig und unabhängig von der Abnahmevoraussetzung regelt. Wenn der Unternehmer im Fall der Kündigung berechtigt ist, die Vergütung zu verlangen, besagt die Vorschrift nach ihrem Wortlaut, dass eine Abnahme gerade nicht vorausgesetzt wird. § 649 BGB bestimmt die Fälligkeitsvoraussetzungen im Kündigungsfall abschließend und eigenständig und knüpft gerade nicht an § 641 BGB an. Der BGH geht stillschweigend davon aus, dass § 649 S. 2 BGB lediglich den Vergütungsanspruch nach Umfang und Höhe bestimmt und es bei den sonstigen Fälligkeitsvoraussetzungen verbleibt. Dieses Verständnis erfasst den Sinngehalt der Bestimmung jedoch unvollständig. Wird unter Fälligkeit i. S. d. § 199 BGB verstanden, dass der Gläubiger den Anspruch geltend machen kann,[138] was sprachlich der Umschreibung »verlangen kann« gleichzustellen ist, dann enthält § 649 S. 2 Hs. 1 BGB eine eigenständige und abnahmeunabhängige Fälligkeitsaussage. Diese besagt, dass der gekündigte Unternehmer im Fall der Kündigung die Vergütung verlangen kann; von einer weiteren Abnahmevoraussetzung ist gerade nicht die Rede. Der **Kündigungstatbestand** begründet die **Fälligkeit des Anspruchs**, der nur noch der Bestimmung bedarf.

79 Dieser Standpunkt harmoniert mit der zu § 645 BGB vertretenen Auffassung, wonach der dort geregelte Vergütungsanspruch unabhängig von der Abnahme der bis

---

137 BGH Urt. v. 11. 5. 2006 VII ZR 146/04 BauR 2006, 1294 = NJW 2006, 2475 = NZBau 2006, 569 = IBR 2006, 432.
138 Vgl. Palandt/Heinrichs § 199 Rn. 3; Bamberger/Roth/Henrich § 199 Rn. 4.

zum Untergang oder der Verschlechterung erbrachten Leistung fällig wird[139] und erfasst wegen der in § 645 Abs. 1 S. 2 BGB enthaltenen Verweisung auf die in § 643 BGB geregelten Fälle auch die Sachverhalte bei denen nach fruchtloser Fristsetzung mit Kündigungsandrohung der Vertrag aufgehoben wird. Für § 649 BGB die Fälligkeit des Vergütungsanspruchs von einer Abnahme abhängig zu machen, wie es der BGH nunmehr fordert, für die Fallgestaltungen nach §§ 645 und 643 BGB darauf jedoch zu verzichten, macht keinen Sinn. Der Bedarf nach einer einheitlichen Beurteilung ist unabweisbar.

Das hat freilich Konsequenzen für den Lauf der Verjährungsfrist. Die Notwendigkeit, den Anspruch der Höhe nach durch Aufmaßnahme und Berücksichtigung ersparter Aufwendungen wie auch anderweitigen Erwerbs zu bestimmen, kann Veranlassung sein, einen Hemmungstatbestand nach § 205 BGB zu bejahen. 80

b) Tatbestände nach § 645 BGB

Die zu § 649 BGB dargestellte Problematik wiederholt sich bei § 645 BGB. Diese Regelung enthält gleichfalls eine Fälligkeitsaussage ohne Rücksicht auf eine Abnahmenotwendigkeit, wobei zwischen mehreren Tatbestandsalternativen zu unterscheiden ist. Die Vorschrift enthält eine Rechtsfolgeaussage für den Untergang, die Verschlechterung oder Unausführbarkeit des vertraglich übernommenen Werks, wenn diese Ereignisse auf Umstände aus der Sphäre des Auftraggebers zurückzuführen sind. Die Rechtsfolge besteht darin, dass der Unternehmer einen der geleisteten Arbeit entsprechenden Teil seiner Vergütung und Auslagenersatz verlangen kann. 81

Dass dieser Vergütungsanspruch unabhängig von einer Abnahme sein muss, wenn das Werk **untergegangen** oder **unausführbar** geworden ist, leuchtet unmittelbar ein. Denn bei diesen Fallgestaltungen gibt es nichts abzunehmen. Im Fall der Verschlechterung besteht die Möglichkeit der Abnahme; auf der Grundlage des weiter bestehenden Bauvertrages ist der Unternehmer zudem verpflichtet, die Werkleistung zu erbringen, was zur Abnahmenotwendigkeit führt. Dennoch verschafft § 645 BGB i.V.m. § 631 Abs. 1 BGB einen fälligen Vergütungsanspruch in Höhe des sich aus § 645 BGB ergebenden Berechnungsmodus. Für § 645 BGB ist anerkannt, dass es einer Abnahme erbrachter und – wenn auch mangelhafter – vorhandener Teilleistungen zur Bejahung der Fälligkeit nicht bedarf.[140] Die Formulierung des Gesetzestextes »kann verlangen« wird demnach als klare abnahmeunabhängige Fälligkeitsaussage verstanden. Damit besagt § 645 BGB nicht nur etwas zum Anspruchsinhalt und zur Anspruchshöhe, sondern auch – in Abweichung von § 641 BGB – zur Fälligkeit. Aufbau und Rechtsfolgeaussage des § 645 BGB müssten auch Auswirkungen auf die Qualifizierung des § 649 BGB haben. 82

---

139 MüKo/Busche § 645 BGB Rn. 11; BGH Urt. v. 11.3.1982 VII ZR 357/80 NJW 1982, 1458 = BGHZ 83, 197, 206.
140 MüKo/Busche § 641 Rn. 11 BGB; Palandt/Sprau § 645 Rn. 11 jeweils mit Verweis auf BGH WM 1982, 586 und OLG Düsseldorf BauR 1978, 404.

c) Tatbestände nach §§ 643, 645 BGB

83 Die für den Tatbestand des § 645 BGB maßgeblichen Fälligkeitsregeln überträgt dessen Abs. 1 S. 2 auch auf die Fälle, wenn der Vertrag gemäß § 643 BGB aufgehoben wird. Versagt demnach der Auftraggeber die ihm obliegende Mitwirkung (§ 642 BGB),[141] was nach fruchtlosem Ablauf einer mit Kündigungsandrohung verbundenen Fristsetzung auch ohne Kündigung zur Aufhebung des Vertrages führt (§ 643 BGB),[142] ist der Unternehmer zur Abrechnung der bis zur Vertragsaufhebung erbrachten Leistungen auch ohne Abnahme berechtigt. Die Aufhebung des Vertrags ab Fristablauf begründet nach der Regelung des § 645 Abs. 1 S. 2 BGB für sich die Fälligkeit der Werklohnforderung für die erbrachte Werkleistung.

2. Ungeregelte Störungsfälle

84 Die ungeregelten Störungsfälle setzen an unterschiedlichen Sachverhaltskonstellationen an. Sie können am Verhalten des Auftraggebers oder des Auftragnehmers anknüpfen.

a) Störung durch Verhalten des Auftraggebers

85 Erklärt der Auftraggeber grundlos und endgültig, die ihn treffende Leistung zu verweigern, kann der Auftragnehmer die Vergütung für die bis dahin erbrachte Teilleistung abzüglich ersparter Aufwendungen und des anderweitigen Erwerbs auch ohne Abnahme verlangen.[143] Diese Rechtsfolge entspricht in vollem Umfang der Regelung in § 645 BGB. Kommt der Auftraggeber mit der **Abnahme** lediglich in **Verzug**, ohne dass die Voraussetzungen des § 640 Abs. 1 S. 3 BGB vorliegen, geht lediglich nach § 644 BGB die Leistungsgefahr auf den Auftraggeber über; der **Abnahmeverzug** als Gläubigerverzug begründet die Fälligkeit des Vergütungsanspruchs nicht. Dies ist anders dann, wenn der Auftraggeber mit der **Abnahmeverpflichtung auch in Schuldnerverzug** gerät, was nach § 286 Abs. 1 BGB über das Verstreichen der für die Abnahme gesetzten Frist hinaus auch eine Mahnung voraussetzt.[144] Verweigert der Auftraggeber die Abnahme mit Recht (§ 640 Abs. 1 S. 2 BGB), kann nach §§ 640, 641 BGB der Werklohn nicht fällig werden. Der Auftragnehmer hat dafür zu sorgen, dass die Voraussetzungen für die Fälligkeit durch Beseitigung der Mängel geschaffen werden.[145] Allerdings tritt Fälligkeit abnahmeunabhängig ein, wenn der Auftraggeber nicht nur die Abnahme verweigert, sondern zusätzlich wegen der mangelhaften Leistung **Schadensersatz** oder **Minderung** ver-

---

141 Vgl. § 642 Rn. 2, 26 ff.
142 Vgl. § 643 Rn. 22.
143 BGH Urt. v. 28. 9. 2000 VII ZR 42/98 BauR 2001, 106 = NJW 2000, 3716 = NZBau 2001, 19 = ZfBR 2001, 33 = IBR 2000, 591; BGH Urt. v. 15. 5. 1990 X ZR 128/88, NJW 1990, 3008.
144 Ingenstau/Korbion/Oppler § 13 Rn. 20 VOB/B.
145 Kniffka, IBR-Online-Kommentar § 641 Rn. 7; BGH Urt. v. 8. 1. 2004 VII ZR 198/02, BauR 2004, 670 = NJW-RR 2004, 591 = ZfBR 2004, 269 = IBR 2004, 128.

langt,[146] was jedoch gemäß §§ 634, 636 BGB grundsätzlich erst nach fruchtlosem Ablauf einer für die Mängelbeseitigung gesetzten Frist möglich ist. Verweigert der Auftraggeber die Abnahme zu Unrecht, hat der BGH[147] einen Werklohnanspruch als fällig behandelt, wenn bezüglich des mit einer Klage geltend gemachten Anspruchs die **Abnahmereife** behauptet und auch bewiesen worden ist. Ob dieses Vorgehen durch die mit dem Gesetz zur Beschleunigung fälliger Zahlungen eingeführte Möglichkeit einer fiktiven Abnahme nach § 640 Abs. 1 S. 2 BGB ausgeschlossen ist, ist umstritten.[148] Da die rechtsgeschäftliche Abnahme eine Hauptpflicht ist und deshalb wie auch wegen ihres Charakters als einer rechtsgeschäftlichen Willenserklärung auf Abnahme geklagt werden kann, erweist sich § 640 Abs. 1 S. 3 BGB nur als eine Möglichkeit, die ein anderes Vorgehen jedoch nicht ausschließt.

b) Störungen durch Verhalten des Auftragnehmers – Reaktion des Auftraggebers

Das Verhalten des Auftragnehmers und die darauf folgende Reaktion des Auftraggebers können zur Fälligkeit des Vergütungsanspruchs ohne Rücksicht auf eine Abnahme führen. Verweigert der Auftragnehmer die Beseitigung vor der Abnahme durch den Auftraggeber gerügter Mängel, und beseitigt der Auftraggeber den Mangel dann selbst, soll nach BGH[149] die Werklohnforderung des Auftragnehmers ohne Rücksicht auf die Abnahme als fällig behandelt werden können. Diese Rechtsfolge kann jedoch mit Rücksicht auf die Rechtsprechung des BGH zur Verrechnung/Aufrechnung[150] nicht ohne Rücksicht auf die Reaktion des Auftraggebers gezogen werden. Macht der Auftraggeber **Schadensersatzansprüche** geltend, was nach § 281 Abs. 4 BGB zum Verlust des Erfüllungsanspruchs führt, soll sich das Schuldverhältnis in ein Abwicklungsverhältnis mit der Folge umgestalten, dass die Werklohnforderung ohne Rücksicht auf eine Abnahme der bis dahin erbrachten Leistungen fällig wird.[151] Dieser Auffassung ist auf der Grundlage der **Differenztheorie**, nach der lediglich ein einseitiger Schadensersatzanspruch des Gläubigers entsteht, und von Seiten des Auftragnehmers erbrachte Leistungen wie auch die bis dahin vom Auftraggeber erbrachten Leistungen bloße anzurechnende Rechnungsposten bilden,[152] zuzustimmen. Die einschränkende Rechtsprechung zur Ver-

86

---

146 BGH Urt. v. 10.10.2002 VII ZR 315/01 BauR 2003, 88 = NJW 2003, 288 = NZBau 2003, 35 = ZfBR 2003, 140 = IBR 2003, 4.
147 Urt. v. 15.5.1990 X ZR 128/88 NJW 1990, 3008.
148 Für einen Ausschluss wohl Kniffka, IBR-Online-Kommentar § 641 Rn. 9; gegen einen Ausschluss PWW/Wirth § 640 Rn. 13.
149 Urt. v. 6.4.2004 X ZR 132/02 BauR 2004, 1807 = NZBau 2004, 389 = NJW-RR 2004, 1076 = IBR 2004, 469.
150 BGH Urt. v. 23.6.2005 VII ZR 197/03 BauR 2005, 1477, 1478 = BGHZ 163, 274 = NJW 2005, 2771 = NZBau 2005, 582 = ZfBR 2005, 673 = IBR 2005, 465, 466.
151 Kniffka, IBR-Online-Kommentar § 641 Rn. 10.
152 Bamberger/Roth/Grüneberg § 281 Rn. 34; BGH NJW 1983, 1605; BGH NJW 1999, 3625; BGH Urt. v. 20.4.2000 VII ZR 164/99 NJW 2000, 2997 = BauR 2000, 1863 = NZBau 2000, 421 = ZfBR 2000, 479 = IBR 2000, 491.

rechnung/Aufrechnung ist nicht einschlägig, weil es gerade nicht um Aufrechnung, sondern um eine Anrechnung geht. Dieser Standpunkt führt zur Fälligkeit auch der Werklohnforderung, wenn der Schadensersatzanspruch die Höhe der offenen Werklohnforderung nicht erreicht. Hat der Auftraggeber den Mangel durch einen Drittunternehmer beseitigen lassen, was den Anspruch auf **Kostenvorschuss** oder **Kostenerstattung** gemäß § 637 BGB begründet, soll dies die Fälligkeit des Werklohnanspruchs des Auftragnehmers gleichfalls ohne Rücksicht auf die Abnahme bei Aufrechnung des Auftraggebers mit dem Kostenerstattungsanspruch begründen.[153] Dieser Standpunkt ist zu revidieren. Denn es handelt sich nicht um ein Abrechnungs- oder Verrechnungsverhältnis, sondern um den Tatbestand der **Aufrechnung**, der nach § 387 BGB nicht geeignet ist die Fälligkeit der Hauptforderung zu begründen. Denn die Verrechnung ist kein gesetzlich vorgesehenes Rechtsinstitut in den Fällen, in den sich nach der Gesetzeslage Werklohn und Ansprüche wegen Nichterfüllung oder anderer Ansprüche wegen Schlechterfüllung des Vertrages aufrechenbar gegenüber stehen. In diesen Fällen sind vielmehr die gesetzlichen oder vertraglichen Regelungen zur Aufrechnung anwendbar.[154] Nach den damit einschlägigen Aufrechnungsregeln muss die Hauptforderung, gegen die aufgerechnet wird, lediglich erfüllbar, nicht aber fällig sein.[155] Die zur Aufrechnung gestellte Gegenforderung muss vollwirksam und fällig sein. Deshalb wird eine bisher nicht fällige Werklohn nicht einfach deshalb fällig, weil der Auftraggeber – vor der Abnahme – nach fruchtloser Fristsetzung zur Selbstbeseitigung übergeht, wobei allerdings vorausgesetzt wird, dass diese Möglichkeit vor der Abnahme überhaupt besteht.[156] Die Aufrechnung mit einem Kostenvorschuss- oder Kostenerstattungsanspruch gegen eine nicht fällige Werklohnforderung könnte jedoch geeignet sein, den Einwand der Treuwidrigkeit zu begründen, wenn sich der Schuldner auf die fehlende Fälligkeit beruft. Klagt der Werkunternehmer den Werklohn nach vorprozessual erklärter Aufrechnung durch den Auftraggeber mit einem Kostenvorschuss- oder Erstattungsanspruch ein, dürfte unter dem Gesichtspunkt des **Rechtsmissbrauchs** jedoch zu unterscheiden sein. Denn der Auftraggeber hat bei Geltendmachung eines Kostenerstattungsanspruchs den Mangel bereits beseitigt. Dann kann nach BGH[157] die Werklohnforderung als fällig behandelt werden, da es dann auf die Abnahme durch den Auftraggeber nicht mehr ankommt. Nimmt der Auftraggeber den Mangel vor der Abnahme zum Anlass, mit Recht den Werklohn zu mindern, wird der verbleibende Werklohn trotz berechtigter Abnahmeverweigerung fällig.[158]

---

153 Kniffka, IBR-Online-Kommentar § 641 Rn. 11 m.w.N.
154 BGH Urt. v. 23.6.2005 VII ZR 197/03 BauR 2005, 1477, 1478 = BGHZ 163, 274 = NJW 2005, 2771 = NZBau 2005, 582 = ZfBR 2005, 673 = IBR 2005, 465, 466.
155 Palandt/Heinrichs § 387 Rn. 12.
156 Vgl. dazu § 634 BGB Rn. 4, 5.
157 Urt. v. 6.4.2004 X ZR 132/02 BauR 2004, 1807 = NJW-RR 2004, 1076 = NZBau 2004, 389 = IBR 2004, 469.
158 BGH Urt. v. 16.5.2002 VII ZR 479/00 BauR 2002, 1399, 1400 = NJW 2002, 3019 = ZfBR 2002, 676 = IBR 2002, 465; Urt. v. 10.10.2002 VII ZR 315/01 BauR 2003, 88 = NJW 2003, 288 = NZBau 2003, 35 = ZfBR 2003, 140 = IBR 2003, 4.

Die **Minderung** – die nach Auffassung des BGH auch vor der Abnahme in Betracht kommt[159] – begründet nach der Rechtsprechung des BGH ein **Abrechnungsverhältnis** mit der Folge, dass der Werklohnanspruch auch ohne Abnahme fällig wird.[160] Dieser Standpunkt ist nach der **Schuldrechtsreform**, wodurch die Minderung in ein Gestaltungsrecht umgewandelt worden ist (§ 638 Abs. 1 BGB: durch Erklärung gegenüber dem Unternehmer mindern), **nicht mehr haltbar**. Die Minderung reduziert den Werklohnanspruch gemäß den in § 638 Abs. 2 BGB genannten Grundsätzen. Ein Abrechnungsverhältnis entsteht nicht, sondern der Werklohnanspruch des Auftragnehmers wird mangelbedingt verkürzt. Das ändert an der Durchsetzbarkeit des Anspruchs nichts. Hierdurch allein wird ein nicht fälliger Werklohnanspruch nicht fällig. Dogmatisch ist es sinnvoller, demjenigen, der sich auf die Minderung vor der Abnahme beruft, die Berufung auf die fehlende Abnahme als Fälligkeitsvoraussetzung nach **Treu und Glauben** zu versagen. Denn wer mindert findet sich mit der erbrachten Werkleistung dennoch ab, verweigert die Abnahme nicht, sondern reduziert den Vergütungsanspruch. Sich dann auf die fehlende Abnahme als Fälligkeitsvoraussetzung zu berufen, ist jedenfalls **rechtsmissbräuchlich**. In der **Minderung** könnte auch eine **Abnahmeerklärung** gesehen werden verbunden mit einer rechtsgestaltenden Erklärung nach § 638 BGB. Denn wer mindert ist mit der Werkleistung an sich einverstanden und besteht lediglich auf einen Ausgleich im Preis- Leistungsverhältnis.

VI. Rechtsfolgen nach Abnahme aufgetretener Mängel (§ 641 Abs. 3 BGB)

§ 641 Abs. 3 BGB ist nichts anderes als die modifizierte Fortschreibung der Einrede des nichterfüllten Vertrages nach § 320 BGB für den Zeitraum nach der Abnahme. Der Mängelbeseitigungsanspruch des Auftraggebers nach Abnahme berechtigte schon immer zur Geltendmachung des Einrederechts aus § 320 BGB. Durch das Gesetz zur Beschleunigung fälliger Zahlungen wurde § 641 Abs. 3 BGB eingeführt, gilt jedoch nach der in Art. 229 Abs. 2 EGBGB enthaltenen Übergangsregelung auch für vor dem 1. 5. 2000 – Zeitpunkt des Inkrafttretens des Gesetzes zur Beschleunigung fälliger Zahlungen – abgeschlossene Verträge. Das bedeutet für solche Verträge jedoch insofern eine Verschlechterung, als § 320 Abs. 2 BGB grundsätzlich ein umfassendes Zurückbehaltungsrecht begründet, gegen dessen Höhe der Auftragnehmer Einwendungen erheben muss, wogegen Folge des § 641 Abs. 3 BGB ist, dass der Auftraggeber einen über das Dreifache des Mängelbeseitigungsaufwandes hinausgehenden Bedarf darlegen und beweisen muss.

87

---

159 BGH Urt. v. 16.5.2002 VII ZR 479/00 BauR 2002, 1399, 1400 = NJW 2002, 3019 = ZfBR 2002, 676 = IBR 2002, 465.
160 BGH Urt. v. 16.9.1999 VII ZR 456/98 BauR 2000, 98 = BGHZ 142, 278, 281 = NJW 1999, 3710 = NZBau 2000, 23 = ZfBR 2000, 44 = IBR 2000, 6.

1. Zusammenhang mit § 320 BGB – Darlegungs- und Beweislast

88 § 320 BGB bildet den Ausgangspunkt, wobei jedoch der Unternehmer bis zur Abnahme vorleistungspflichtig ist. Deshalb ist der Anwendungsbereich des § 320 BGB von vornherein auf den Zeitraum nach der rechtsgeschäftlichen Abnahme beschränkt, es sei denn, dass dem Auftragnehmer war vertraglich das Recht auf Abschlagszahlungen eingeräumt worden, was nunmehr durch das Gesetz zu Beschleunigung fälliger Zahlungen gem. § 632 a BGB mit Wirkung ab 1. 5. 2000 begründet worden ist. § 320 BGB ist auch nach Inkrafttreten des Gesetzes zur Beschleunigung fälliger Zahlungen am 1. 5. 2000 weiterhin einschlägig, wenn der Auftraggeber Mängel im Stadium vor der Abnahme rügt und das darauf gestützte **Leistungsverweigerungsrecht** gegen **Abschlagszahlungsforderungen** einwendet. § 641 Abs. 3 BGB verdrängt § 320 BGB für den Zeitraum nach der rechtsgeschäftlichen Abnahme. Das ist für die Darlegungs- und Beweislast nicht bedeutungslos. Denn nach § 320 BGB braucht ein Auftraggeber, der wegen eines Baumangels die Bezahlung des Werklohns verweigert, nichts zur Höhe der Mängelbeseitigungskosten vorzutragen. § 320 BGB sieht nämlich eine Beschränkung des Leistungsverweigerungsrechts auf einen entsprechenden Teil grundsätzlich nicht vor; vielmehr ist es Sache des Auftragnehmers darzutun, dass der einbehaltene Betrag, unter Berücksichtigung eines **Druckzuschlags** unverhältnismäßig und deshalb unbillig hoch ist.[161] Bei § 641 Abs. 3 BGB hat der Auftraggeber sämtliche Voraussetzungen seines Zurückbehaltungsrechts einschließlich der Höhe des Mängelbeseitigungsaufwandes und des Umfangs des Zurückbehaltungsrechts, wenn dieses den dreifachen Betrag übersteigen soll, dazulegen und notfalls auch zu beweisen. Das entspricht den allgemeinen Grundsätzen der Darlegungs- und Beweislast, dass derjenige, der sich auf ein Recht beruft, dessen Voraussetzungen auch darlegen und notfalls beweisen muss.[162] Die Zweifel von Biebelheimer[163] an dieser Verteilung der Darlegungs- und Beweislast sind schon deshalb nicht begründet, weil nach der Abnahme der Auftraggeber die Mangelhaftigkeit der Werkleistung und sämtliche weiteren Voraussetzungen für die Durchsetzung des primären wie auch der sekundären Sachmängelansprüche darlegen und beweisen muss. Das schließt im Rahmen des § 637 BGB auch die Höhe eines Kostenvorschussanspruches mit ein. Demnach ist nicht einzusehen, aus welchen Gründen der Auftraggeber hinsichtlich der Höhe des Mängelbeseitigungsaufwands und damit auch des Druckzuschlags eine Erleichterung erfahren soll.

---

[161] BGH Urt. v. 4. 7. 1996 VII ZR 125/95 BauR 1997, 133 = NJW 1997, 734 = NJW-RR 1997, 18 = ZfBR 1997, 31 = IBR 1997, 14.
[162] BGH WM 1999, 2175, 2176.
[163] NZBau 2004, 124 ff.

Fälligkeit der Vergütung § 641 BGB

2. Voraussetzungen des Leistungsverweigerungsrechts

Die Vorschrift regelt Sachverhalte nach der rechtsgeschäftlichen Abnahme. Wegen eines Mangels wird dem Auftraggeber ein nicht von Amts wegen zu beachtendes Zurückbehaltungsrecht eingeräumt, wenn am Werk des Unternehmers, der Werklohn geltend macht, zurechenbar ein Mangel aufgetreten ist, bezüglich dessen der Auftraggeber auch ein Mängelbeseitigungsrecht hat. Das Recht muss dem Auftraggeber im Zeitpunkt des ausgeübten Zurückbehaltungsrechts noch zustehen; das Mängelbeseitigungsrecht muss demnach entstanden und darf nicht verloren gegangen sein. 89

a) Anwendungsbereich

Der Anwendungsbereich der Vorschrift ist nach zeitlichen und sachlichen Gesichtspunkten zu bestimmen. 90

aa) Zeitlicher Anwendungsbereich

Unter Bauablaufgesichtspunkten kommt Abs. 3 nach der rechtsgeschäftlichen **Abnahme** zur Anwendung. Davor besteht eine ein Leistungsverweigerungsrecht herausfordernde Verteidigungssituation des Auftraggebers lediglich dann, wenn **Abschlagszahlungen** gefordert werden. Ansonsten sind Vergütungsansprüche vor der Abnahme schon nicht fällig. Vor der Abnahme gelten die Regeln aus § 320 BGB, womit der Auftraggeber nach der Rechtsprechung des BGH[164] gerade nicht den Beschränkungen des Abs. 3 und der nach dieser Vorschrift veränderten Darlegungs- und Beweislastregeln unterworfen ist. Das ergibt sich schon daraus, dass vor der rechtsgeschäftlichen Abnahme der Unternehmer verpflichtet ist, die Mangelfreiheit seiner Leistung darzulegen und zu beweisen. Die Abs. 3 prägenden Regeln und Grundsätze können demnach nicht auf den **Zeitraum vor der Abnahme** übertragen werden.[165] Im Stadium vor der Abnahme ist der Unternehmer vorleistungspflichtig; hat er dieser Pflicht genügt und verlangt er für die erbrachte Leistung vereinbarungsgemäß oder gestützt auf § 632a BGB eine Abschlagszahlung ist nach dem Wortlaut der Bestimmung nicht § 641 Abs. 3 BGB, sondern die Basisnorm § 320 BGB einschlägig. 91

bb) Sachlicher Anwendungsbereich

Abs. 3 soll auf Tatbestände der **Durchgriffsfälligkeit** (Abs. 2) nicht anwendbar sein.[166] Dieser Standpunkt ist bereits oben (Rn. 71) abgelehnt worden. Die Begründung der Fälligkeit bei Leistungsketten allein durch Zahlungsvorgänge im Hauptvertrag besagt nichts über mangelbedingte Verteidigungsmöglichkeiten. Abs. 3 enthält auch keinen Ausschlusstatbestand bei Anwendbarkeit des Abs. 2, sondern die syste- 92

---

164 Urt. v. 4.7.1996 VII ZR 125/95 BauR 1997, 133 = NJW 1997, 734 = NJW-RR 1997, 18 = ZfBR 1997, 31 = IBR 1997, 14.
165 A.A. Palandt/Sprau § 641 Rn. 11; MüKo/Busche § 641 Rn. 34 BGB.
166 PWW/Wirth § 641 Rn. 9 m.w.N.; Palandt/Sprau § 641 Rn. 11.

matische Stellung der einzelnen Absätze belegt im Gegenteil die Anwendbarkeit des Abs. 3 sowohl auf die nach Abs. 1 wie auch nach Abs. 2 fällig gestellten Werklohnforderungen. Regen sich deshalb Zweifel, weil Abs. 3 auf den Zeitpunkt nach der Abnahme abhebt, wozu es bei Fälligkeit nach Abs. 2 noch nicht gekommen sein muss, verbleibt es bei der Regelung nach § 320 BGB. Der Wortlaut des Abs. 2, dem es um die Begründung der Fälligkeit unabhängig von der Abnahme geht, schließt jedoch keinesfalls mangelbedingte Verteidigungsrechte des Hauptunternehmers aus.

b) Mängelbeseitigungsanspruch – Verlusttatbestände

93 Ob der Auftraggeber gegenüber dem Unternehmer einen Mängelbeseitigungsanspruch erworben hat, beurteilt sich nach §§ 631, 633, 635 BGB. Insbesondere muss der Mangel dem Unternehmer zurechenbar sein, was voraussetzt, dass der Mangeltatbestand am Werk des Unternehmers seinen Grund in der **Leistungssphäre** des Unternehmers haben muss. Der Auftraggeber muss den Mängelbeseitigungsanspruch noch zum Zeitpunkt der Ausübung des Leistungsverweigerungsrechts haben. Der Anspruch darf nicht ausgeschlossen sein. Das Leistungsverweigerungsrecht geht damit unter folgenden Voraussetzungen verloren: Die Mängelbeseitigung ist nach § 275 BGB unmöglich; die Mängelbeseitigung wird vom Auftragnehmer mit Recht wegen Unverhältnismäßigkeit der Kosten verweigert (§ 635 Abs. 3 BGB). Der Mängelbeseitigungsanspruch und damit auch das Leistungsverweigerungsrecht gehen verloren, wenn der Auftraggeber zu Recht nach § 638 BGB die **Minderung** erklärt; denn mit der Minderung wird der Vertrag umgestaltet mit der Folge, dass der Mängelbeseitigungsanspruch erlischt. Verlangt der Auftraggeber mit Recht nach §§ 634, 636, 281 Abs. 4 BGB Schadensersatz statt der Leistung, ist der Mängelbeseitigungsanspruch als Grundlage für das Leistungsverweigerungsrecht ebenfalls ausgeschlossen, was zum **Verlust des Leistungsverweigerungsrechts** aus § 641 Abs. 3 BGB führt. Verlangt der Auftraggeber mit Recht nach § 637 BGB Kostenerstattung für von ihm selbst oder durch Dritte vorgenommene Mängelbeseitigung, besteht das Zurückbehaltungsrecht gleichfalls nicht mehr, da die Mängelbeseitigung durch den Auftraggeber unmöglich gemacht wurde. Diesem bleibt die Aufrechnung. Ist der Mangel noch nicht beseitigt, aber die dem Auftragnehmer für die Mängelbeseitigung gesetzte Frist fruchtlos verstrichen, hat der Auftraggeber weiterhin die Wahl zwischen dem Mängelbeseitigungsanspruch und dem Kostenvorschussanspruch. Die **Fristsetzung** nach § 637 führt nicht zum Verlust des Nacherfüllungsanspruchs,[167] weswegen dem Auftraggeber sowohl das Mängelbeseitigungsrecht als auch der Kostenvorschussanspruch zusteht. Die Wahl zwischen beiden Rechten steht dem Auftraggeber zu, wobei sich der Auftraggeber entscheiden muss. Allerdings hat die Geltendmachung des Kostenvorschussanspruches für sich keine rechtsgestaltende Wirkung wie die Geltendmachung eines Schadensersatzanspruchs anstatt der Leistung (§ 281 Abs. 4 BGB). Erklärt der Auf-

---

[167] BGH Urt. v. 27. 11. 2003 VII ZR 93/01 BauR 2004, 501, 503 = NZBau 2004, 153 = NJW-RR 2004, 303 = ZfBR 2004, 901 = IBR 2004, 64.

traggeber jedoch gegenüber dem Werklohnanspruch des Auftragnehmers mit dem Kostenvorschussanspruch die Aufrechnung, gestaltet sich das Vertragsverhältnis mit der Folge um, dass der Mängelbeseitigungsanspruch erlischt und damit auch die Basis für ein Leistungsverweigerungsrecht nach § 641 Abs. 3 BGB zerstört ist. Denn die Aufrechnung tilgt nach § 389 BGB beide Ansprüche, also auch den Kostenvorschussanspruch, womit jedenfalls eine Konzentrationswirkung auf den Vorschussanspruch verbunden ist.

Die **Verjährung** des Mängelbeseitigungsanspruchs hindert die Berufung auf das Leistungsverweigerungsrecht nicht.[168] § 215 BGB führt notwendig dazu, dass auch ein verjährter Anspruch ein Zurückbehaltungsrecht begründet, wenn der Anspruch in dem Zeitpunkt noch nicht verjährt war, in dem die Leistung erstmals verweigert werden konnte. Macht der Auftragnehmer seinen Werklohnanspruch innerhalb der Verjährungsfrist für die Sachmängelansprüche geltend und ist der Mangel dem Keime nach innerhalb der Verjährungsfrist für die Sachmängelansprüche entstanden, liegen die Voraussetzungen des § 215 BGB vor. Was unter Verjährungsgesichtspunkten bei § 320 BGB beachtlich ist,[169] muss wegen der Vergleichbarkeit der Sach- und Rechtslagen im Rahmen von § 641 Abs. 3 BGB gültig sein. 94

Haben die Parteien eine **Gewährleistungssicherheit** vereinbart, schließt dies die Geltendmachung des Zurückbehaltungsrechts nach Abs. 3 nicht aus. Denn die Gewährleistungssicherheit sichert die Sachmängelansprüche des Auftraggebers über die gesamte Verjährungsfrist ab.[170] 95

c) Höhe des Leistungsverweigerungsrechts

Abweichend von § 320 BGB billigt § 641 Abs. 3 BGB dem Auftraggeber ein Leistungsverweigerungsrecht mindestens in Höhe des Dreifachen des Mängelbeseitigungsaufwandes zu. Den Ausgangspunkt bildet das Leistungsverweigerungsrecht in Höhe eines angemessenen Teils der Vergütung; die Vorschrift begünstigt abweichend von § 320 BGB den Auftraggeber jedoch dadurch, dass unter Berücksichtigung eines sog. **Druckzuschlags** das Leistungsverweigerungsrecht in Höhe mindestens des Dreifachen des Mängelbeseitigungsaufwandes besteht. Diese Regelung lässt die in der Praxis erforderliche fallbezogene Bemessung der Höhe des Zurückbehaltungsrechts samt Druckzuschlag vermissen; denn im Einzelfall kann bei hohen Mängelbeseitigungskosten auch der zweifache Betrag ausreichend sein. Die Unterschreitung des Dreifachen des Mängelbeseitigungsaufwandes unter Rückgriff auf § 320 BGB ist jedoch nach dem Wortlaut des Gesetzes ausgeschlossen. Angesichts der strikten Normaussage ist es auch untersagt, den Mindestbetrag nach Maßgabe von Treu und Glauben zu unterschreiten. 96

---

168 A. A. Palandt/Sprau § 641 Rn. 11; MüKo/Busche § 641 BGB Rn. 32.
169 Vgl. Palandt/Heinrichs § 320 Rn. 5.
170 BGH NJW 1981, 2801.

97 Davon sind jedoch Fälle zu unterscheiden, in welchen ein Bedarf für einen **Druckzuschlag** fehlt. Die sog. **Druckfunktion** des Leistungsverweigerungsrechts war in der Rechtsprechung des BGH schon immer anerkannt[171] und hatte zur Folge, dass die Höhe des Leistungsverweigerungsrechts nicht nur nach dem Einfachen des Mängelbeseitigungsaufwandes bestimmt wurde.[172] Wenn der Gesetzgeber nunmehr das Zurückbehaltungsrecht auf mindestens das Dreifache festgeschrieben hat, verbietet das die Reduzierung auf das Einfache des Aufwands dann nicht, wenn für die Druckausübung auf den Unternehmer die Voraussetzungen fehlen. Eine solche Situation liegt vor, wenn sich der Auftraggeber mit der Annahme der Mängelbeseitigung in Verzug befindet.[173] Die bloße Bereitschaft des Unternehmers zur Mängelbeseitigung reicht zum Ausschluss des Druckzuschlags nicht aus.[174] Der Unternehmer muss deshalb die Mängelbeseitigung in einer den **Annahmeverzug** begründenden Weise (§ 294 BGB) tatsächlich anbieten, was letztlich in der Baupraxis bedeuten wird, dass er nach Vereinbarung eines Termins für die Mängelbeseitigung an diesem Tag mit Gerätschaften, Material und Personal bei dem Auftraggeber erscheinen muss.[175]

98 Im Einzelfall kann auch eine vereinbarte Sicherheitsleistung und deren Höhe die Bestimmung des Druckzuschlags beeinflussen. Keinesfalls beschränkt sich die Höhe des Zurückbehaltungsrechts lediglich nach der Höhe des den Sicherheitseinbehalts übersteigenden Mängelbeseitigungsaufwands. Die Beurteilung des Einzelfalles ist maßgeblich.[176] Grundsätzlich ist es wegen der Sicherungsfunktion des Sicherheitseinbehalts über die gesamte Gewährleistungszeit berechtigt, dessen Höhe überhaupt nicht zu berücksichtigen.

3. Rechtsfolgen

99 Zwischen materiellrechtlichen und prozessualen Rechtsfolgen des Leistungsverweigerungsrechts ist zu unterscheiden.

a) Materiellrechtliche Rechtsfolgen

100 Die Ausübung des auf den Mängelbeseitigungsanspruch nach § 635 BGB gestützten Leistungsverweigerungsrechts schließt die **Fälligkeit** der Werklohnforderung nicht aus. Das bloß objektive Bestehen des Leistungsverweigerungsrechts hindert jedoch den Eintritt des Verzugs nach § 286 BGB, weil es dann an der Durchsetzbarkeit des Anspruchs fehlt. Auch Prozess- oder Fälligkeitszinsen nach § 291 BGB

---

171 Urt. v. 16.1.1992 VII ZR 85/90 BauR 1992, 401 = NJW 1992, 1632 = ZfBR 1992, 129 = IBR 1992, 177.
172 Vgl. Horsch/Eichberger BauR 2001, 1024.
173 BGH Nichtannahmebeschl. v. 4.4.2002 VII ZR 252/01 BauR 2002, 1403 = NJW-RR 2002, 1025 = NZBau 2002, 283 = IBR 2002, 361; OLG Naumburg BauR 1998, 407.
174 OLG Dresden BauR 2001, 1261.
175 Vgl. Werner/Pastor Rn. 2526.
176 BGH NJW 1981, 2801.

und § 641 Abs. 4 BGB können nicht verlangt werden. Die für § 320 BGB entwickelten Auswirkungen auf Zinszahlungsansprüche gelten auch für § 641 Abs. 3 BGB.[177] Das Leistungsverweigerungsrecht kann nicht durch eine Sicherheitsleistung des Auftragnehmers abgewendet werden. Zwar schließt Abs. 3 nicht wie § 320 Abs. 1 S. 3 BGB die Anwendbarkeit des § 273 Abs. 3 BGB ausdrücklich aus. Wegen der mit § 320 BGB jedoch absolut vergleichbaren Wirkung des § 641 Abs. 3 BGB kann der Auftragnehmer das Leistungsverweigerungsrecht nicht durch Sicherheitsleistung ausschließen. Die Geltendmachung des Leistungsverweigerungsrechts ist kein **Hemmungstatbestand** für die eigenständige Geltendmachung der Sachmängelrechte nach § 204 BGB. § 204 Nr. 5 BGB betrifft ausschließlich die Aufrechnung im Prozess, nicht aber ein im Prozess geltend gemachtes Zurückbehaltungsrecht.

Hat der **Auftraggeber** den Sachmangel zurechenbar **mitverursacht**, z. B. durch Stoffvorgaben, beigestellte Stoffe oder Planungs- bzw. Koordinierungsmängel, muss er sich nach § 254 BGB als Ausprägung eines allgemeinen Rechtsgedankens nicht nur bei Schadensersatzforderungen, sondern auch im Rahmen der Sachmängelhaftung angemessen an den Mängelbeseitigungskosten beteiligen. Dieses Beteiligungsgebot des Auftraggebers begründet in entsprechender Anwendung des § 273 Abs. 1 BGB eine Art Zurückbehaltungsrecht des Auftragnehmers, das nach Treu und Glauben jedoch nur so weit geht, dass der Unternehmer die Mängelbeseitigung von einer ausreichenden Sicherheitsleistung in Höhe der Beteiligungsquote des Auftraggebers abhängig machen darf.[178] **101**

b) Prozessuale Folgen

Die Verteidigung des Auftraggebers mit einem Leistungsverweigerungsrecht nach Abs. 3 führt zur Anwendung des § 322 BGB, nämlich zur **Zug-um-Zug-Verurteilung**. Soweit die Werklohnforderung den mit Rücksicht auf den Druckzuschlag zu bildenden Einbehalt übersteigt, erfolgt eine einschränkungsfreie Verurteilung. Hat der Auftraggeber schon im Vorfeld des Prozesses Mängel gerügt und deren Beseitigung gefordert, was der klagende Auftragnehmer zum Anlass genommen hat, dem Auftraggeber die Mängelbeseitigung in einer den **Annahmeverzug** begründenden Weise anzubieten, ist dem Auftraggeber die Berufung auf das Leistungsverweigerungsrecht nicht verwehrt. Die Werklohnforderung des Auftragnehmers wird infolge des **Gläubigerverzugs** nicht einschränkungsfrei fällig. Die Rechtslage folgt eindeutig aus § 322 Abs. 2 BGB, wonach dann, wenn der klagende Teil vorzuleisten hat und der andere Teil im Verzug der Annahme ist, auf Leistung nach Empfang der Gegenleistung geklagt werden kann. Deshalb beseitigt der Annahmeverzug des Auftraggebers dessen Zurückbehaltungsrecht aus § 320 BGB nicht,[179] sondern verschafft dem Auftragnehmer nach § 322 Abs. 2 BGB, § 274 Abs. 2 BGB die Befug- **102**

---

177 PWW/Wirth § 641 Rn. 12; MüKo/Busche § 641 Rn. 38 BGB; Palandt/Sprau § 641 Rn. 13.
178 BGH Urt. v. 22. 3. 2984 VII ZR 50/82 BauR 1984, 395, 399 = BGHZ 90, 344 = NJW 1984, 1676.
179 BGHZ 116, 248; OLG Köln NJW-RR 1996, 500.

nis, aus dem Urteil ohne Bewirkung der eigenen Leistung die Zwangsvollstreckung betreiben zu können.[180] Zu diesem Zweck wird der Auftragnehmer nicht nur auf Zahlung, sondern auch auf **Feststellung** klagen, dass der Auftraggeber bezüglich der Beseitigung im Einzelnen genau zu bezeichnender Mängel im **Annahmeverzug** ist. Vollstreckungsrechtlich ist § 756 ZPO einschlägig. Hat der Auftraggeber die Mängelbeseitigung jedoch unzweideutig endgültig und ernsthaft zurückgewiesen, sich also nicht nur in Annahmeverzug befunden, soll nach OLG Hamm und OLG Dresden die Vorleistungspflicht des Auftragnehmers entfallen und die Werklohnforderung einschränkungsfrei mit der Folge fällig sein, dass auf Zahlung geklagt werden kann.[181] Zu weitgehend ist der Standpunkt, dem Auftraggeber bereits dann im Prozess die Berufung auf sein Zurückbehaltungsrecht, das nicht als verloren gegangen behandelt wird, zu versagen, wenn der Auftraggeber dem Auftragnehmer die Besichtigung behaupteter Mängel verweigert,[182] oder gar den Verlust des Zurückbehaltungsrechts zu befürworten, wenn der Auftraggeber dem Auftragnehmer nicht hinreichend Gelegenheit zur Mängelbeseitigung gibt oder sie verweigert.[183]

103 Klagt der Auftragnehmer nach der Abnahme den Werklohn ein, wogegen der Auftraggeber die Mangelhaftigkeit der Leistung und ein darauf gestütztes Leistungsverweigerungsrecht nach Abs. 3 vorbringt, hat die Einwendung des klagenden Auftragnehmers, der beklagte Auftraggeber müsse sich nach § 254 BGB wegen ihm zurechenbarer Mitursachen an der Mangelhaftigkeit der Werkleistung (z.B. Planungs- oder Koordinierungsfehler, nicht Überwachungsfehler) eine **doppelte Zug-um-Zug-Verurteilung** zur Folge.[184] In einem solchen Fall wird der Auftraggeber in entsprechender Anwendung des § 274 BGB zur Zahlung des Werklohns Zug-um-Zug gegen Beseitigung im Einzelnen zu bezeichnender Mängel verurteilt. Der klagende Auftragnehmer braucht die Mängelbeseitigung nur Zug-um-Zug gegen Zuschusszahlung in Höhe der Beteiligungsquote durchzuführen. Ein solches Urteil stellt zugunsten des Auftraggebers hinsichtlich der Zug-um-Zug zu bewirkenden Mängelbeseitigung keinen Vollstreckungstitel dar, weswegen dann, wenn der Auftraggeber aufgrund einer solchen Verurteilung genötigt wäre, den Zuschuss bereits vor Mängelbeseitigung zu zahlen, die Gefahr liefe, dass der Unternehmer die Mängelbeseitigung unterlassen könnte. Deshalb ist der Auftraggeber aufgrund der gegebenen Doppeleinrede nicht gehalten, seinen Beitrag zu den Mängelbeseitigungskosten schon vor der Mängelbeseitigung dem Auftragnehmer auszuhändigen.[185] Der Auftraggeber muss dem Auftragnehmer lediglich die dem Auftragnehmer nach

---

180 OLG Düsseldorf BauR 2004, 514.
181 BauR 1996, 123 und BauR 2001, 1261.
182 OLG Celle BauR 2004, 1948.
183 OLG Düsseldorf BauR 2002, 482, 483.
184 BGH Urt. v. 22. 3. 1984 VII ZR 286/82 BauR 1984, 401 = BGHZ 90, 354 = NJW 1984, 1679.
185 BGH Urt. v. 22. 3. 1984 VII ZR 286/82 BauR 1984, 401 = BGHZ 90, 354 = NJW 1984, 1679.

der doppelten Zug-um-Zug-Verurteilung zustehende finanzielle Beteiligung in einer den Verzug begründenden Weise anbieten. Die wirkliche Zuschusszahlung erfolgt erst, wenn der Auftragnehmer die Mängel vollständig beseitigt hat.

Das bedeutet für einen vom **Auftragnehmer** erstrittenen Restwerklohntitel mit **doppeltem Zug-um-Zug-Vorbehalt** folgendes Vorgehen: Der Auftragnehmer muss zunächst die Mängelbeseitigung ordnungsgemäß anbieten. Da er aber nur Zug um Zug gegen Kostenbeteiligung zu leisten braucht, hat er zunächst entsprechend § 295 S. 2 BGB den Auftraggeber zur Zuschusszahlung aufzufordern. Bietet der Auftraggeber seinen Kostenbeitrag tatsächlich in einer den Annahmeverzug begründenden Weise an, was gerade die tatsächliche Auszahlung des Beitrages nicht beinhaltet, muss der Auftragnehmer sein Mängelbeseitigungsangebot in die Tat umsetzen. Allerdings reicht nach BGH[186] das den **Annahmeverzug** begründende **Zuschussleistungsangebot** des Auftraggebers allein nicht aus, um die Mängelbeseitigungspflicht des Auftragnehmers auszulösen. Vielmehr ist der Auftraggeber nach Treu und Glauben verpflichtet, den Kostenbeitrag nach Abgabe seines tatsächlichen Angebots zugunsten des nachbesserungsbereiten Auftragnehmers zu hinterlegen. Lehnt der Auftraggeber die Leistung seiner Kostenbeteiligung ab, kann der Auftragnehmer den Vergütungstitel ohne Mängelbeseitigung vollstrecken. Allerdings richten §§ 756 und 765 ZPO wegen der Nachweispflicht durch öffentliche oder öffentlich beglaubigte Urkunden weitere Hürden auf. 104

Freilich kann die sich aus einem solchen Urteil ergebende Rechtslage durch die Fortentwicklung des Sachverhalts eine maßgebliche Veränderung erfahren. Setzt nämlich der Auftraggeber nach Erlass des Urteils dem Auftragnehmer eine angemessene Frist zur Mängelbeseitigung, die verstreicht bevor der Auftragnehmer seine Mängelbeseitigung ordnungsgemäß anbietet, tritt zwar nach neuem Recht nicht mehr die durch das OLG Naumburg[187] festgestellte Rechtsfolge ein; aber der Auftraggeber braucht nach BGH auf das Mängelbeseitigungsangebot des Auftragnehmers nicht mehr einzugehen.[188] 105

Hat der **Auftraggeber** einen **Vollstreckungstitel auf Mängelbeseitigung Zug-um-Zug gegen Zuschusszahlung** erstritten, braucht der Auftraggeber nicht vorzuleisten, sondern muss den **Zuschussbetrag** nur tatsächlich anbieten. Allerdings hat der Auftraggeber auch hier dafür zu sorgen, dass der angebotene Zuschuss während der Nachbesserung bereit gestellt bleibt und anderweitiger Verwendung entzogen ist. Der Auftraggeber ist deshalb nach Treu und Glauben verpflichtet, den Kostenbeitrag nach Abgabe seines tatsächlichen Angebots zugunsten des nachbesserungsbereiten Auftragnehmers zu hinterlegen. Dann hat der Auftragneh- 106

---

186 BGH Urt. v. 22. 3. 1984 VII ZR 286/82 BauR 1984, 401, 405 = BGHZ 90, 354 = NJW 1984, 1679.
187 BauR 2002, 347.
188 Urt. v. 27. 11. 2003 VII ZR 93/01 BauR 2004, 501, 503 = NJW-RR 2004, 303 = NZBau 2004, 153 = ZfBR 2004, 252 = IBR 2004, 64.

mer die Mängelbeseitigungsarbeiten zu erbringen und erhält nach Erledigung den Zuschuss ausbezahlt. Weigert sich der Auftragnehmer trotz Erbringung aller den Auftraggeber treffenden Vorkehrung die Mängelbeseitigung vorzunehmen, hat er unbeschränkt die Vollstreckung nach § 887 ZPO zu dulden. Die **Zuschusspflicht** des Auftraggebers ist im Rahmen der nach § 887 Abs. 2 ZPO zu treffenden Entscheidung über die Höhe des Kostenvorschusses zu berücksichtigen.

VII. Verzinsungspflicht (§ 641 Abs. 4 BGB)

107 Der Auftraggeber hat eine in Geld festgesetzte Vergütung von der Abnahme des Werkes an zu verzinsen, sofern die Vergütung nicht gestundet ist. Diese an die **Fälligkeit** der Werklohnforderung anknüpfende Verzinsungspflicht stellt einen Ausgleich für die Möglichkeit des Auftraggebers zur Nutzung des abgenommenen Werks dar. Zusätzlich zur Abnahme oder einem der Abnahme gleichgestellten Tatbestand wird allerdings auch vorausgesetzt, dass die Forderung in diesem Zeitpunkt vom Auftragnehmer bereits beziffert ist.[189] Die lediglich nachfolgende Bezifferung durch Rechnungsstellung wirkt weder zurück, noch ist der **Fälligkeitszins** ab Rechnungszugang zu zahlen. Ist zur Zeit der Abnahme die Vergütung bereits durch Rechnung festgesetzt, muss die Rechnung nicht prüfbar sein; denn die Tatbestandsvoraussetzung »in Geld festgesetzte Vergütung« bedingt die **Prüfbarkeit** nicht. Hat der Auftraggeber ein Leistungsverweigerungs- oder Zurückbehaltungsrecht nach § 320 BGB oder § 641 Abs. 3 BGB, entfällt die Zinszahlungspflicht.[190] Abs. 4 ist auf **Abschlagszahlungsforderungen** nicht anwendbar, weil diese ein Abnahme nicht voraussetzen. Die **Höhe des Zinssatzes** bestimmt sich nach § 246 BGB bzw. nach § 352 HGB bei beiderseitigen Handelsgeschäften.

VIII. Vereinbarungen und Klauseln

108 Nach § 311 BGB können die Parteien **individualvertraglich** von § 641 BGB abweichende **Vereinbarungen** treffen, sofern dabei nicht gegen die guten Sitten und gesetzliche Verbote verstoßen wird. Deshalb sind Vereinbarungen des Inhalts, dass die Fälligkeit von der Rechnungsstellung und der Prüfbarkeit einer Rechnung abhängt ebenso rechtswirksam wie z. B. der Ausschluss der Durchgriffsfälligkeit nach Abs. 2.[191] Umstände, wonach Abs. 2 zwingendes Recht ist, wie das z. B. § 648 a Abs. 7 BGB ausdrücklich bestimmt, sind nicht erkennbar.

109 Rechtswirksam nach § 305 BGB in den Bauvertrag einbezogene **Klauseln** unterliegen nach §§ 307 ff. BGB einer Wirksamkeitskontrolle. Wird die VOB/B als Ganzes wirksam in den Bauvertrag einbezogen, sind die Detailregelungen bezüglich Rechnungsstellung und Fälligkeit §§ 14, 16 VOB/B zu entnehmen. Stellt der Unter-

---

189 Bamberger/Roth/Voit § 641 Rn. 31.
190 PWW/Wirth § 641 Rn. 17.
191 A. A. Peters NZBau 2006, 169, 172, der Abs. 2 als zwingendes Recht ansieht.

nehmer dem Auftraggeber bei einem BGB-Bauvertrag eine Fälligkeitsklausel des Inhalts, dass Fälligkeit erst mit Zugang einer prüfbaren Rechnung eintritt, widerspricht dies dem Grundgedanken der gesetzlichen Regelung in § 641 BGB, was die Unwirksamkeit der Klausel nach § 307 Abs. 2 Nr. 1 BGB zur Folge hat. Sieht der Auftraggeber in von ihm gestellten Klauseln eine Gewährleistungssicherheit durch **Einbehalt** vor, wird damit die Fälligkeit insoweit hinausgeschoben[192] oder es liegt eine Stundung vor. Eine solche Klausel ist ohne einen für den Auftragnehmer angemessenen Ausgleich unwirksam. Das dem Auftragnehmer eingeräumte Recht, den Einbehalt durch eine Bürgschaft auf erstes Anfordern abzulösen, ist kein angemessener Ausgleich.[193] Eine vorrangig vor der VOB/B geltende und vom Auftraggeber gestellte Klausel, die vorsieht, dass von der Schlussrechnung ein Gewährleistungseinbehalt in Abzug gebracht wird, der durch ein Bürgschaft auf erstes Anfordern abgelöst werden kann, ist dahin auszulegen, dass sowohl das Wahlrecht aus § 17 Nr. 3 VOB/B als auch die Verpflichtung des Auftraggebers zur Einzahlung auf ein Sperrkonto nach § 17 Nr. 6 VOB/B ausgeschlossen sind. Eine derartige Klausel ist unwirksam.[194] Hieran ändert sich nichts, wenn eine solche Klausel durch die öffentliche Hand gestellt wird. Eine Aufrechterhaltung der Klausel mit dem Inhalt, dass eine selbstschuldnerische, unbefristete, unbedingte und unwiderrufliche Bürgschaft zu stellen ist, scheidet aus, weil hinsichtlich des Ergebnisses einer auf diese Weise ergänzenden Vertragsauslegung keine Sicherheit besteht.[195] Eine **ergänzende Vertragsauslegung** in dem Sinne, dass eine unbefristete und selbstschuldnerische Bürgschaft anstelle der vorgesehenen Bürgschaft auf erstes Anfordern zu stellen sei, hat der BGH lediglich bei Klauseln vorgenommen, nach deren Inhalt Bürgschaften auf erstes Anfordern als **Vertragserfüllungsbürgschaften** zu stellen waren.[196] Mangels Sicherheit hinsichtlich eines Auslegungsergebnisses hat der BGH eine Aufrechterhaltung von **Bürgschaften auf erstes Anfordern als Gewährleistungsbürgschaften** in Gestalt von selbstschuldnerischen Bürgschaften abgelehnt.[197] Eine vom Auftraggeber gestellte Klausel, die einen Sicherheitseinbehalt in Höhe von 5 % der Auftragssumme vorsieht, ablösbar durch eine selbstschuldnerische, unbefristete, unbedingte und unwiderrufliche Bürgschaft, ist wirksam.[198] Wird die-

---

192 So Rodemann BauR 2004, 1539.
193 BGH Urt. v. 5. 6. 1997 VII ZR 324/95 BauR 1997, 829 = BGHZ 136, 27 = NJW 1997, 2598 = ZfBR 1997, 292 = IBR 1997, 366.
194 BGH Urt. v. 16. 5. 2002 VII ZR 494/00 BauR 2002, 1392 = NZBau 2002, 493 = NJW-RR 2002, 1311 = ZfBR 2002, 677 = IBR 2002, 475.
195 BGH Urt. v. 9. 12. 2004 VII ZR 265/03 BauR 2005, 539 = NZBau 2005, 219 = NJW-RR 2005, 458 = ZfBR 2005, 255 = IBR 2005, 147, 148; BGH Urt. v. 2. 3. 2000 VII ZR 475/98 BauR 2000, 1052 = NZBau 2000, 285 = ZfBR 2000, 332 = IBR 2000, 324.
196 BGH Urt. v. 4. 7. 2002 VII ZR 502/99 BauR 2002, 1533 = BGHZ 151, 229 = NJW 2002, 3098 = NZBau 2002, 559 = ZfBR 2002, 784 = IBR 2002, 543.
197 BGH Urt. v. 9. 12. 2004 VII ZR 265/03 BauR 2005, 539 = NZBau 2005, 219 = NJW-RR 2005, 458 = ZfBR 2005, 255 = IBR 2005, 147, 148.
198 BGH Urt. v. 13. 11. 2003 VII ZR 57/02 BauR 2004, 325 = NJW 2004, 443 = NZBau 2004, 145 = ZfBR 2004, 250 = IBR 2004, 67; BGH Urt. v. 5. 6. 1997 VII ZR 324/95 BauR 1997, 829 = NJW 1997, 2598 = ZfBR 1997, 292 = IBR 1997, 366.

se Ablösung jedoch weiter davon abhängig gemacht, dass keine wesentlichen Mängel vorhanden sind, begründet dies die Unwirksamkeit der Klausel.

110 Eine vom Besteller dem Subunternehmer gestellte Klausel, wonach die Fälligkeitsbegründung nach Abs. 2 (Durchgriffsfälligkeit) ausscheidet, ist unwirksam.[199] Wegen Klauseln, insbesondere in Subunternehmerverträgen, wodurch die Abnahme hinausgeschoben wird, vgl. § 640 BGB Rn. 25 ff.

C. Zusammenhang mit § 648 BGB

111 § 648 BGB knüpft für das dem Unternehmer danach zugestandene Sicherungsrecht zwar an den Forderungen aus dem Vertrag an. Aber der Anspruch auf Einräumung einer Sicherungshypothek hängt nur von der Forderung des Auftragnehmers, nicht auch von deren Fälligkeit ab. Dies folgt aus dem Sicherungszweck der Vorschrift, die dem Auftragnehmer für den zugunsten des Grundstücks geschaffenen **Mehrwert** einen Ausgleich zur Milderung des den Unternehmer treffenden **Vorleistungsrisikos** zugesteht. Dass die zu besichernde Forderung nicht fällig sein muss, verdeutlicht § 648 Abs. 1 S. 2 BGB, wonach auch bei ausstehender Vollendung Sicherheit verlangt werden kann.

D. Zusammenhang mit § 648 a BGB

112 § 648 a BGB verschafft dem Unternehmer die Möglichkeit, für die von ihm zu erbringenden Vorleistungen eine Sicherheitsleistung zu verlangen. Für das Sicherheitsverlangen ist deshalb die Entstehung eines fälligen Vergütungsanspruchs nicht erforderlich.

E. Korrespondierende VOB/B-Regelung

113 Für den VOB-Bauvertrag enthält die VOB/B in §§ 14, 15 und 16 hinsichtlich der Rechnungsstellung, der Abrechnung von Stundenlohnarbeiten und der Abschlags- Teilschluss- und Schlusszahlung ins Detail gehende und vom BGB massiv abweichende Regelungen.

114 § 14 Nr. 1 S. 1 VOB/B begründet die Verpflichtung des Auftragnehmers, seine Leistung prüfbar abzurechnen und benennt hierfür die Kriterien in den Sätzen 2 und 3. Allerdings bestimmt sich die Prüfbarkeit einer Schlussrechnung nicht allein nach einem abstraktgenerellen Maßstab. Maßgebend sind die **Informations- und Kontrollinteressen** des Auftraggebers, die Umfang und Differenzierung der für die

---

199 Kniffka ZfBR 2000, 227, 232.

Prüfung erforderlichen Angaben in der Schlussrechnung bestimmen und begrenzen.[200] § 14 Nr. 1 VOB/B begründet eine selbstständige vertragliche **Nebenpflicht** zur Rechnungslegung, mit der ein Erfüllungsanspruch des Auftraggebers korrespondiert.[201] Die Prüfbarkeit der Schlussrechnung ist grundsätzlich Voraussetzung der Fälligkeit der Schlussrechnung nach § 16 Nr. 3 Abs. 1 VOB/B.[202] § 14 Nr. 2 VOB/B begründet eine Pflicht der Vertragsparteien, die Feststellungen zum Umfang der abzunehmenden Arbeiten möglichst gemeinsam vorzunehmen. Zugleich verweist die Vorschrift auf die Aufmaßbestimmungen in den Allgemeinen Technischen Vertragsbedingungen für Bauleistungen (VOB/C), die nach BGH Allgemeine Geschäftsbedingungen sind, bezüglich deren Verständnis einem Sachverständigen lediglich eine eingeschränkte Aufgabe zukommt.[203] Die **Auslegung** solcher **Aufmaßregeln** obliegt dem Gericht, das sich jedoch durchaus sachverständig beraten lassen kann. Hat der Auftragnehmer einen Anspruch auf ein gemeinsames Aufmaß, was sich aus § 14 Nr. 2 VOB/B ergibt, und bleibt der Auftraggeber dem vereinbarten Termin mit der Folge fern, dass ein neues Aufmaß oder eine Überprüfung eines einseitig genommenen Aufmaßes nicht mehr möglich ist, trägt der Auftraggeber, der das einseitige Aufmaßergebnis bestreitet, die **Darlegungs- und Beweislast**.[204] Nimmt der Auftragnehmer dagegen das Aufmaß einseitig, muss der Auftraggeber lediglich je nach dem Detaillierungsgrad des Aufmaßes bestreiten.[205] § 14 Nr. 3 VOB/B statuiert Vorlagefristen für die Erstellung der Schlussrechnung und die Nr. 4 ermöglicht dem Auftraggeber, die Schlussrechnung selbst auf Kosten des Auftragnehmers mit sämtlichen Rechtsfolgen einer vom Auftragnehmer erstellten Schlussrechnung aufzustellen. Dann hat der Auftraggeber Aufmaß zu nehmen und die Fälligkeit der Rechnung tritt mit Zugang der Rechnung bei dem Auftragnehmer ein.[206]

§ 15 VOB/B enthält für die Abrechnung von Stundenlohnarbeiten eigene Regelungen, deren Grundlage jedoch § 2 Nr. 10 VOB/B ist. Danach setzt die Vergütung nach Stundenlohn voraus, dass diese Arbeiten als solche vor ihrem Beginn ausdrücklich vereinbart worden sind. Die näheren Details des Abrechnungsmodus und der Abrechnungsvoraussetzungen regelt dann § 15 VOB/B. Diesbezüglich ist bedeutsam, dass die Abzeichnung von **Stundenlohnzetteln**, zu deren Vorlage § 15

115

---

200 BGH Urt. v. 26. 10. 2000 VII ZR 99/99 BauR 2001, 251 = NJW 2001, 521 = NZBau 2001, 85 = ZfBR 2001, 102 = IBR 2001, 55.
201 OLG Dresden BauR 2000, 103.
202 BGH Urt. v. 10. 5. 1990 VII ZR 257/89 BauR 1990, 605 = NJW-RR 1990, 1170, 1171 = ZfBR 1990, 226 = IBR 1990, 422.
203 BGH Urt. v. 17. 6. 2004 VII ZR 75/03 BauR 2004, 1438 = NZBau 2004, 500 = NJW-RR 2004, 1248 = ZfBR 2004, 778 = IBR 2004, 487, 550.
204 BGH Urt. v. 22. 5. 2003 VII ZR 143/02 BauR 2003, 1207 = NJW 2003, 2678 = NZBau 2003, 497 = ZfBR 2003, 567 = IBR 2003, 347.
205 BGH Urt. v. 24. 7. 2003 VII ZR 79/02 BauR 2003, 1892 = NZBau 2004, 31 = NJW-RR 2004, 92 = ZfBR 2004, 37 = IBR 2003, 666.
206 BGH Urt. v. 8. 11. 2001 VII ZR 480/00 BauR 2002, 313 = NJW 2002, 676 = NZBau 2002, 91 = ZfBR 2002, 245 = IBR 2002, 63, 64.

116 § 16 VOB/B enthält eine detaillierte Regelung zu Abschlagszahlungen, Teilschlusszahlungen und Schlusszahlungen. Insbesondere die Nr. 3 ist von einschneidender Bedeutung, weil dem Auftraggeber eine 2-monatige **Prüfungsfrist** zugestanden wird, nach deren Ablauf spätestens die Schlusszahlungsforderung fällig wird. Innerhalb dieser Frist hat der Auftraggeber auch Einwendungen gegen die Prüfbarkeit vorzubringen. Mit dem Ablauf der Frist ist insoweit ein **Einwendungsausschluss** verbunden, der jedoch Einwendungen gegen die sachliche Richtigkeit der Rechnung nicht betrifft.[208] Die Zahlung des Auftraggebers auf die Schlussrechnung schließt weitere Nachforderungen des Auftragnehmers aus, wenn der Auftragnehmer die Schlusszahlung vorbehaltlos annimmt, was jedoch voraussetzt, dass der Auftragnehmer über die Schlusszahlung schriftlich unterrichtet und auf die Ausschlusswirkung hingewiesen worden ist. Will sich der Auftragnehmer weitere Forderungen vorbehalten, muss der Vorbehalt innerhalb von 24 Werktagen nach Zugang der Mitteilung über die Schlusszahlung erfolgen und innerhalb von weiteren 24 Werktagen eine prüfbare Rechnung über die Forderung eingereicht werden. § 16 Nr. 5 VOB/B enthält Zinszahlungsregeln und das in Nr. 5 Abs. 5 näher geregelte Recht zur Arbeitseinstellung. § 16 Nr. 6 VOB/B berechtigt den Auftraggeber unter im Einzelnen näher geregelten Voraussetzungen zu Direktzahlungen an Gläubiger des Auftragnehmers, also insbesondere an Subunternehmer.

F. Korrespondierende Regelung im Planerrecht – § 8 HOAI

117 Für die nach § 1 HOAI erfassten Planerleistungen bestimmt § 8 HOAI Näheres zur **Abschlagsrechnung** (§ 8 Abs. 2 HOAI); § 8 Abs. 1 HOAI regelt die **Schlussrechnungsforderung**; § 8 Abs. 4 HOAI ermöglicht unter der Voraussetzung einer entsprechenden Vereinbarung **Teilschlussrechnungen** und § 8 Abs. 3 HOAI bestimmt, dass **Nebenkosten** (§ 7 HOAI) auf Nachweis fällig sind, sofern nicht bei Auftragserteilung etwas anderes schriftlich vereinbart worden ist. Der BGH hat insbesondere § 8 Abs. 2 HOAI für verfassungskonform und von der Ermächtigungsgrundlage deshalb als gedeckt angesehen, weil diese nicht nur zu einer Preis-, sondern zu einer Honorarordnung ermächtigt.[209] Zu § 8 HOAI gibt es eine umfangreiche BGH-Rechtsprechung aus jüngerer Zeit, worunter herausragt, dass eine prüffähige und die Fälligkeit des Honorars begründende Rechnung i.S.d. § 8 HOAI diejenigen Angaben enthalten muss, die nach dem geschlossenen Vertrag

---

[207] BGH Urt. v. 14.7.1994 VII ZR 186/93 BauR 1994, 766 = NJW-RR 1995, 80, 81 = ZfBR 1995, 15 = IBR 1995, 1.
[208] BGH Urt. v. 8.12.2005 VII ZR 50/04 BauR 2006, 517 = NZBau 2006, 179 = IBR 2006, 129; Urt. v. 22.12.2005 VII ZR 316/03 BauR 2006, 678 = IBR 2006, 128.
[209] BGH Urt. v. 22.12.2005 VII ZB 84/05 BauR 2006, 674, 676 = IBR 2006, 212.

und der HOAI objektiv unverzichtbar sind, um die sachliche und rechnerischen Überprüfung des Honorars zu ermöglichen. Der Auftraggeber kann sich jedoch nach Treu und Glauben auf die fehlende **Prüfbarkeit** nicht berufen wenn die Rechnung auch ohne die objektiv unverzichtbaren Angaben dessen **Kontroll- und Informationsinteressen** genügt. Allerdings ist der Auftraggeber auch mit solchen Einwendung gegen die Prüfbarkeit ausgeschlossen, die er nicht spätestens innerhalb einer Frist von 2 Monaten nach Zugang der Rechnung vorgebracht hat.[210] Die Einwendungen gegen die sachliche Richtigkeit werden damit nicht ausgeschlossen. Deshalb ist zwischen Einwendungen gegen die Prüfbarkeit und die sachliche Richtigkeit einer Rechnung zu trennen. Die Fälligkeit der Schlussrechnungsforderung nach § 8 Abs. 1 HOAI setzt in Abweichung von § 641 BGB nicht die Abnahme der Planerleistungen voraus, sondern lediglich die Vertragsmäßigkeit der Leistungen. Das bedeutet, dass der Architekt bei Beauftragung mit allen Leistungsphasen des § 15 VOB/B, also einschließlich der Phase 9, auch diese Leistung erbracht haben muss, um mit Recht eine Schlussrechnung stellen zu dürfen.[211]

G. Auswirkungen des geplanten Forderungssicherungsgesetzes

Nach dem geplanten und gegenwärtig als Entwurf in der Bundestags-Drucksache 16/511 vorliegenden Forderungssicherungsgesetz ändert sich nichts an § 641 Abs. 1 BGB. Der Abs. 2 soll wie folgt geändert werden:

118

»(2) Die Vergütung des Unternehmers für ein Werk, dessen Herstellung der Besteller einem Dritten versprochen hat, wird spätestens fällig.

1. *soweit der Besteller von dem Dritten für das versprochene Werk wegen dessen Herstellung seine Vergütung oder Teile davon erhalten hat,*
2. *soweit das Werk des Bestellers von dem Dritten abgenommen worden ist oder als abgenommen gilt oder*
3. *wenn der Unternehmer dem Besteller erfolglos eine angemessene Frist zur Auskunft über die in den Nummern 1 und 2 bezeichneten Umstände bestimmt hat.*

Hat der Besteller dem Dritten wegen möglicher Mängel des Werks Sicherheit geleistet, gilt S.1 nur, wenn der Unternehmer dem Besteller entsprechende Sicherheit leistet.«

Damit bewirkt also auch die Abnahme des Dritten (Investor) bzw. die Abnahmefiktion im Verhältnis zum Besteller (Hauptunternehmer) bezogen auf das Werk des Unternehmers (Subunternehmer) Fälligkeit im Subunternehmerverhältnis. Diese

119

---

210 BGH Urt. v. 27.11.2003 VII ZR 288/02 BauR 2004, 316 = BGHZ 157, 118 = NZBau 2004, 216 = NJW-RR 2004, 445 = ZfBR 2004, 262 = IBR 2004, 79.
211 BGH Urt. v. 19.2.1994 VII ZR 20/93 BauR 1994, 392 = BGHZ 125, 111 = NJW 1994, 1276 = ZfBR 1994, 131 = IBR 1994, 192.

Wirkung wird auch auf die Fristversäumnis bezüglich eines Auskunftsverlangens übertragen.

120 Auch der Abs. 3 soll verändert werden, wobei die angestrebte Neufassung mehr einzelfallorientierte Beweglichkeit anstrebt. Der Abs. 3 soll wie folgt lauten:

»*(3) Kann der Besteller die Beseitigung eines Mangels verlangen, so kann er nach der Abnahme die Zahlung eines angemessenen Teils der Vergütung verweigern; angemessen ist in der Regel das Doppelte der für die Beseitigung des Mangels erforderlichen Kosten.*«

In der Begründung wird ausgeführt, dass der Abs. 3 auch auf die Fälle der Durchgriffsfälligkeit zutrifft. Der bisherige Mindestbetrag wird zugunsten eines flexibel handhabbaren Regelbetrages aufgegeben.

H. Rechtsprechung

121 Die wichtigste neuere Entscheidung des BGH betrifft die Neubestimmung der Fälligkeitsvoraussetzungen bei Kündigung des Bauvertrages. Abweichend von der Rechtsprechung des BGH vom 9. 10. 1986,[212] wonach im Fall der Kündigung die Forderung gerade unabhängig von einer rechtsgeschäftlichen Abnahme fällig wurde, wird nunmehr die Werklohnforderung nach Kündigung eines Bauvertrages grundsätzlich erst mit der Abnahme der bis dahin erbrachten Werkleistung als fällig angesehen.[213] Dem ist die Entscheidung vom 19. 12. 2002[214] vorausgegangen. Diese Entscheidung hat jedoch nichts mit der Abnahme als Fälligkeitsvoraussetzung für eine Werklohnforderung zu tun, sondern befasst sich mit dem Ende des Erfüllungsstadiums, das nicht mit der Kündigung, sondern mit der Abnahme der bis zur Kündigung erbrachten Leistungen verknüpft wird. Der BGH wendet bei einem VOB-Bauvertrag die Verjährungsfristen nach § 13 Nr. 4 VOB/B oder nach § 13 Nr. 7 Abs. 3 VOB/B (seit der VOB-Fassung 2002 ist es Abs. 4) nach einer Kündigung oder Teilkündigung eines Bauvertrages auf Ansprüche aus § 4 Nr. 7 S. 1 und S. 2 VOB/B, die erhalten bleiben, grundsätzlich erst dann an, wenn die bis zur Kündigung erbrachten Leistungen abgenommen worden sind. Deshalb hat der Auftragnehmer auch einen Anspruch auf Abnahme. Auf einen BGB-Bauvertrag übertragen bedeutet dies, dass die Verjährungsfristen nach § 634 a Abs. 1 Nr. 2, Abs. 2 BGB auch bei einem gekündigten Vertrag erst nach der Abnahme zu laufen beginnen.

122 Mit der Entscheidung vom 11. 5. 2006 sind wohl auch Erwägungen obsolet, bei einer einvernehmlichen Vertragsbeendigung könnte Fälligkeit ohne Abnahme ein-

---

212 VII ZR 249/85 BauR 1987, 95 = ZfBR 1987, 38.
213 Urt. v. 11. 5. 2006 VII ZR 146/04 BauR 2006, 1294 = IBR 2006, 432.
214 VII ZR 103/00 BauR 2003, 689 = NZBau 2003, 265 = NJW 2003, 1450 = IBR 2003, 190, 191.

treten, was der BGH noch in der Entscheidung vom 13. 9. 2001[215] als Möglichkeit in den Raum gestellt hat.

123 Von Auswirkungen auf Fälligkeitsfragen wird auch die Entscheidung des BGH vom 23. 6. 2005[216] sein, wonach die **Verrechnung** kein gesetzlich vorgesehenes Rechtsinstitut in den Fällen ist, in denen sich nach der Gesetzeslage Werklohn und Anspruch wegen Nichterfüllung oder andere Ansprüche wegen Schlechterfüllung des Vertrages aufrechenbar gegenüber stehen. Es bleibt vielmehr bei der gesetzlichen Regelung der Aufrechnung. Andererseits bestätigt der BGH ein **Abrechnungsverhältnis**, wenn der Auftragnehmer einen Vergütungsanspruch hat und dem Auftraggeber allein auf Geldzahlung gerichtete Ansprüche wegen der unvollständigen oder mangelhaften Fertigstellung des Werkes zustehen. In diesem Fall ist die Abnahme der Werkleistung keine Voraussetzung für die Fälligkeit der Vergütungsforderung;[217] zugleich fährt der BGH jedoch fort, mit dem Begriff »Abrechnungsverhältnis« sei nicht zum Ausdruck gebracht, dass Forderung und Gegenforderung nicht den Regeln der **Aufrechnung** unterlägen.

---

215 VII ZR 113/00 BauR 2001, 1897, 1898 = NZBau 2002, 28 = NJW-RR 2002, 160 = ZfBR 2002, 49 = IBR 2001, 659.
216 VII ZR 197/03 BauR 2005, 1477 = NJW 2005, 2771 = NZBau 2005, 582 = IBR 2005, 465.
217 BGH Urt. v. 10. 10. 2002 VII ZR 315/01 BauR 2003, 88, 89 = NJW 2003, 288 = NZBau 2003, 35 = ZfBR 2003, 140 = IBR 2003, 4.

§ 641 a
Fertigstellungsbescheinigung

(1) Der Abnahme steht es gleich, wenn dem Unternehmer von einem Gutachter eine Bescheinigung darüber erteilt wird, dass
1. das versprochene Werk, im Falle des § 641 Abs. 1 Satz 2 auch ein Teil desselben, hergestellt ist und
2. das Werk frei von Mängeln ist, die der Besteller gegenüber dem Gutachter behauptet hat oder die für den Gutachter bei einer Besichtigung feststellbar sind,
(Fertigstellungsbescheinigung). Das gilt nicht, wenn das Verfahren nach den Absätzen 2 bis 4 nicht eingehalten worden ist oder wenn die Voraussetzungen des § 640 Abs. 1 Satz 1 und 2 nicht gegeben waren; im Streitfall hat dies der Besteller zu beweisen. § 640 Abs. 2 ist nicht anzuwenden. Es wird vermutet, dass ein Aufmaß oder eine Stundenlohnabrechnung, die der Unternehmer seiner Rechnung zugrunde legt, zutreffen, wenn der Gutachter dies in der Fertigstellungsbescheinigung bestätigt.

(2) Gutachter kann sein
1. ein Sachverständiger, auf den sich Unternehmer und Besteller verständigt haben, oder
2. ein auf Antrag des Unternehmers durch eine Industrie- und Handelskammer, eine Handwerkskammer, eine Architektenkammer oder eine Ingenieurkammer bestimmter öffentlich bestellter und vereidigter Sachverständiger.
Der Gutachter wird vom Unternehmer beauftragt. Er ist diesem und dem Besteller des zu begutachtenden Werkes gegenüber verpflichtet, die Bescheinigung unparteiisch und nach bestem Wissen und Gewissen zu erteilen.

(3) Der Gutachter muss mindestens einen Besichtigungstermin abhalten; eine Einladung hierzu unter Angabe des Anlasses muss dem Besteller mindestens zwei Wochen vorher zugehen. Ob das Werk frei von Mängeln ist, beurteilt der Gutachter nach einem schriftlichen Vertrag, den ihm der Unternehmer vorzulegen hat. Änderungen dieses Vertrags sind dabei nur zu berücksichtigen, wenn sie schriftlich vereinbart sind oder von den Vertragsteilen übereinstimmend gegenüber dem Gutachter vorgebracht werden. Wenn der Vertrag entsprechende Angaben nicht enthält, sind die allgemein anerkannten Regeln der Technik zugrunde zu legen. Vom Besteller geltend gemachte Mängel bleiben bei der Erteilung der Bescheinigung unberücksichtigt, wenn sie nach Abschluss der Besichtigung vorgebracht werden.

(4) Der Besteller ist verpflichtet, eine Untersuchung des Werkes oder von Teilen desselben durch den Gutachter zu gestatten. Verweigert er die Untersuchung, wird vermutet, dass das zu untersuchende Werk vertragsgemäß hergestellt worden ist; die Bescheinigung nach Absatz 1 ist zu erteilen.

(5) Dem Besteller ist vom Gutachter eine Abschrift der Bescheinigung zu erteilen. In Ansehung von Fristen, Zinsen und Gefahrübergang treten die Wirkungen der Bescheinigung erst mit ihrem Zugang beim Besteller ein.

Inhaltsübersicht

	Rn.
A. Geltung der Regelung	1
B. Baurechtliche (Ir-)Relevanz	3
C. Baurechtlicher Regelungsinhalt	7
I. Materiellrechtlicher Aussagegehalt – Zusammenhang mit § 640 BGB	9
1. Rechtsnatur	10
a) Fertigstellungsbescheinigung und Gutachten	11
b) Kein Schiedsgutachten	12
c) Privaturkunde	14
2. Verfahren nach § 641a BGB – Urkundenprozess – Abgrenzung zum selbstständigen Beweisverfahren	15
a) Urkundenprozess	16
b) Rechtstellung des Bestellers im Urkundenprozess	17
c) Rechtstellung des Bestellers im Nachverfahren	21
3. Rechtsfolge – fiktive Abnahme – Richtigkeitsvermutung	23
II. Fertigstellungsbescheinigungsverfahren	27
1. Zuständiger Gutachter	28
a) Zuständigkeit nach Abs. 2 Nr. 1: Verständigung der Parteien	29
b) Zuständigkeit nach Abs. 2 Nr. 2: Bestimmung durch eine Kammer	32
aa) Zuständigkeit und Entscheidungskompetenz der Kammer	33
bb) Antragsvoraussetzungen – Antragsinhalt	34
cc) Antragsform	38
c) Die Entscheidung der Kammer – Prüfungsaufgabe, Inhalt und Form	39
aa) Prüfungsaufgabe der Kammer	40
bb) Bestimmung des Sachverständigen	41
2. Auftrag an den von der Kammer bestimmten Sachverständigen	45
a) Vertragsnatur	46
b) Vertragsinhalt – Werkaufgabe	47
aa) Fertigstellung und Mangelfreiheit als Werkaufgabe	48
bb) Prüfung von Aufmaß und Stundenlohnrechnung	49
cc) Sonstiger Auftragsinhalt	50
c) Vergütung	51
d) Form der Auftragserteilung	52
e) Beteiligung des Bestellers?	53
3. Verfahren und Aufgabe des Gutachters (Abs. 3)	54
a) Prüfungspflichten des Sachverständigen	55
b) Verfahrensregeln – Vorbereitung des Besichtigungstermins	58
c) Terminsdurchführung – Prüfungsmethoden	60
d) Prüfungsgegenstand (Abs. 1 Satz 1 Nr. 1, 2)	63
e) Prüfungsmaßstab	66
4. Die Entscheidung des Gutachters (Abs. 1)	73
5. Mitteilung der Fertigstellungsbescheinigung (Abs. 1 und 5)	79
6. Wirkung und Reaktion auf die Fertigstellungsbescheinigung	80
a) Wirkungen	81
b) Vorgehen des Bestellers bei Erteilung der Bescheinigung	84

	Rn.
c) Vorgehen des Unternehmers bei Versagung der Fertigstellungsbescheinigung	86
D. Haftung des Gutachters	87
E. Rechtsprechung	91

A. Geltung der Regelung

1 Die Regelung ist durch das Gesetz zur Beschleunigung fälliger Zahlungen vom 30. 3. 2000[1] eingefügt worden. Nach der Überleitungsregelung in Art. 229 § 1 EGBGB gilt die Vorschrift nicht für Verträge, die vor dem 1. 5. 2000 (Zeitpunkt des Inkrafttretens des Gesetzes) abgeschlossen worden sind.

2 Das Gesetz, das insbesondere die Bauwirtschaft im Auge hatte, verfolgte in erster Linie mit § 641 a BGB das Ziel, zugunsten der Unternehmer mit dem in dieser Bestimmung geregelten **Bescheinigungsverfahren** ein wirksames Instrument zur Beschleunigung fälliger Zahlungen zur Verfügung zu stellen. § 641 a spielt in der Praxis jedoch überhaupt keine Rolle; das **Fertigstellungsbescheinigungsverfahren** ist von den Sachverständigen, die der Vorschrift eigentlich Leben einhauchen sollten, – mit Recht – nicht angenommen worden. Außerdem ist die Regelung bereits nach den der Vorschrift zugrundeliegenden Materialien mit zahlreichen Verständnis- und Auslegungsschwierigkeiten behaftet, die das **Haftungsrisiko** des als **Privatgutachter** tätig werdenden Sachverständigen erheblich steigerten. Die Begründung zu § 641 a BGB ist zudem von Vorstellungen geprägt, die schon von Hause aus als wenig realitätsgerecht bezeichnet werden mussten. So z. B., wenn der Rechtsausschuss der Ansicht gewesen ist, dass die Fertigstellungsbescheinigung nur bei mangelfreier Herstellung des Werks zugelassen werden sollte.[2] Die **Fertigstellungsbescheinigung** sollte eine Grundlage für die Durchsetzung von Werklohnforderungen im Urkundenprozess sein,[3] was sich gleichfalls nicht hat in die Tat umsetzen lassen.

B. Baurechtliche (Ir-)Relevanz

3 Deshalb hat § 641 a BGB im Grunde genommen lediglich zu intensiven Auseinandersetzungen in der spezifisch baurechtlichen Literatur geführt. Auf der Grundlage von § 641 a BGB erlassene Urteile sind nur selten auszumachen. Der der Vorschrift beschiedene Misserfolg hat zur Folge, dass im Rahmen des **Forderungssicherungsgesetzes** die Streichung der Regelung in Aussicht genommen und durch andere Bestimmungen – vorläufige Zahlungsanordnung – ersetzt werden soll. Eine

---
1 BGBl. I S. 330.
2 BT-Drucks. 14/2752 S. 12.
3 BT-Drucks. 14/2752 S. 12.

Recherche in ibr-online ergibt zwei Entscheidungen, nämlich des LG Schwerin,[4] wonach die Fertigstellungsbescheinigung den in § 726 Abs. 1 ZPO verlangten Fälligkeitsnachweis durch öffentliche oder öffentlich beglaubigte Urkunden ersetzt und des LG Frankenthal.[5] Das LG Frankenthal verneint den Gutachtenscharakter und qualifiziert die Bescheinigung als bloße Privaturkunde i.S.d. § 416 ZPO; der Unternehmer trage als Auftraggeber die Kosten der Fertigstellungsbescheinigung, deren Erstattung auch nur bei Vorliegen einer materiell-rechtlichen Anspruchsgrundlage in Betracht komme.

Das spricht nicht etwa dafür, dass die Fertigstellungsbescheinigung in der Praxis ein voller Erfolg unter Vermeidung weiterer Rechtsstreitigkeiten ist, wofür sich Heck[6] mit der Begründung ausgesprochen hat, es sei grundsätzlich zu befürworten, die Abnahme von hergestellten Werkleistungen mit Hilfe eines Sachverständigen zu lösen, da damit die Problembewältigung in die Hand technischer Fachleute gelegt werde. Denn das Fertigstellungsbescheinigungsverfahren ist wegen seiner zahlreichen Ungereimtheiten und wenig realistischen Vorstellungen des Gesetzgebers in der Baupraxis einfach nicht angenommen worden. Nach einem Umfrageergebnis des Zentralverbandes des Deutschen Handwerks im Jahr 2001 haben das Verfahren 21,3 % der Antwortenden als zu kompliziert eingestuft, 7,9 % haben ausgeführt, die Sachverständigen würden die Beauftragung ablehnen, für 11,2 % ist das Verfahren zu teuer und lediglich 9,2 % haben das Fertigstellungsbescheinigungsverfahren als einen Schritt in die richtige Richtung gedeutet. Die Gutachter haben von der Erstellung der Bescheinigung deshalb wenig gehalten, weil damit erhebliches Haftungspotential verbunden ist. Wenn nach dem Umfrageergebnis von denjenigen, die das Fertigstellungsbescheinigungsverfahren eingeleitet haben, lediglich 15,9 % das Verfahren erfolgreich zum Abschluss brachten und 84,1 % wegen der das Verfahren kennzeichnenden Hürden die Bescheinigung entweder nicht erhielten oder weiter vor Gericht streiten mussten, wird verständlich, dass das § 641a BGB in der Praxis auf wenig Resonanz gestoßen ist.

Die Bausachverständigen haben sich in der Mehrzahl angesichts der erheblichen rechtlichen Schwierigkeiten und wegen des Haftungsrisikos gescheut, die Fertigstellungsbescheinigung und das dazu gehörige Verfahren als ein neues und interessantes Aufgabenfeld zu sehen. Kamphausen[7] hat die Fertigstellungsbescheinigung für tot erklärt, bevor sie überhaupt richtig das Licht der Welt erblickt hatte. Folgende »Sargnägel« hat er ausgemacht: Für die Erteilung von Fertigstellungsbescheinigungen stünden aus verschiedenen Gründen keine Sachverständigen zur Verfügung. Eine Beschleunigung sei nicht zu erzielen, weil der Sachverständige sich in das Vertragswerk einarbeiten müsse, was mit erheblichem Zeitaufwand ver-

---

4 NJW-RR 2005, 747 = NZBau 2005, 518.
5 BauR 2005, 909 = NZBau 2005, 157 = IBR 2005, 356.
6 WuV 2002, 56.
7 DS 2000 Heft 9 S. 13.

bunden sei. Bestellungskörperschaften würden sich aus Fürsorge und wohl auch wegen eigener Haftungsrisiken mit der Benennung zurückhalten. Der Sachverständige setze sich auch unübersehbaren Haftungsrisiken aus, weil der Prüfungsumfang und die Prüfungsintensität jedenfalls problematisch seien. Schwierigkeiten würden auch darin bestehen, überhaupt einen Auftraggeber (Unternehmer) zu finden, der ein solches Verfahren in die Wege leitet, denn er laufe Gefahr, dass der Bauherr taktisch geschickt im Laufe des Bescheinigungsverfahrens in vermehrtem Umfang Mängelrügen erhebt, was zu einer zu Lasten des Unternehmers als Auftraggeber gehenden Intensivierung der Kosten führt. Wenn die Kostenlast des Unternehmers praktisch vom Verhalten des Bauherrn abhängt, schrecke dies jedenfalls einen Unternehmer als Auftraggeber des Sachverständigen ab. Hinzu komme, dass ein Sachverständiger in eindeutig nicht klärbaren Fallgestaltungen nach bestem Wissen und Gewissen die Bescheinigung eher nicht ausstellen wird. Einer »Fundamentalkritik« hat auch Achim Olrik Vogel[8] das Fertigstellungsbescheinigungsverfahren unterzogen, dem bereits Kniffka[9] und Peters[10] mit Pessimismus begegnet sind. Nach Peters ist das Verfahren aus verschiedenen im System liegenden Gründen vom Scheitern bedroht und Kniffka fragt nach einer Analyse des Vorschrifteninhalts, ob der Unternehmer mit dem Fertigstellungsbescheinigungsverfahren eine reelle Chance hat, frühzeitig an sein Geld zu kommen. Motzke[11] hat das Verfahren jedenfalls bezüglich des ihm zugewiesenen prozessualen Stellenwerts – Verfolgung nach Erteilung einer Bescheinigung im Urkundenprozess – als defizitär und Ulrich[12] im Ergebnis als nicht praxisgerecht bezeichnet. Kiesel[13] ist der Auffassung, dem Gutacher werde im Rahmen des § 641 a BGB Übermenschliches abverlangt.

6 Auf der Grundlage dieses Meinungsstandes und der auch praktischen Schwierigkeiten im Umgang mit der Vorschrift, wie der Risiken, in die sich ein Unternehmer als Auftraggeber einer solchen Fertigstellungsbescheinigung begibt, ist § 641 a BGB wirklich zum »Rohrkrepierer« geworden. Seine Bedeutungslosigkeit dokumentiert der Entwurf eines Gesetzes zur Sicherung von Werkunternehmeransprüchen und zur verbesserten Durchsetzung von Forderungen (Forderungssicherungsgesetz – FoSiG).[14] Dort heißt es: »Das durch das Gesetz zur Beschleunigung fälliger Zahlungen eingeführte Institut der Fertigstellungsbescheinigung hat sich in der Praxis nicht bewährt. Es leidet an zahlreichen Schwächen. Die Beratungen der Bund-Länder-Arbeitsgruppe ›Verbesserung der Zahlungsmoral‹, insbesondere die von ihr durchgeführte Praxisanhörung, haben gezeigt, dass die Mängel struktureller Art sind und sich auch nicht durch Verbesserungen im Detail beheben lassen.

---

8 DS 2000 Heft 9 S. 6 ff.
9 ZfBR 2000, 227, 233.
10 NZBau 2000, 169, 172, 173.
11 NZBau 2000, 489, 497.
12 DS 2000 Heft 9, S. 9, 11.
13 NJW 2000, 1673, 1679.
14 BT-Drucks. 16/511 S. 16.

Ziel des Instituts der Fertigstellungsbescheinigung war es, dem Handwerker über den Urkundenprozess einen schnellen Zahlungstitel für seine berechtigten Forderungen zu verschaffen. Mit Einführung des Instituts der vorläufigen Zahlungsanordnung steht hierfür ein geeigneterer Weg zur Verfügung. Von daher kann auf § 641 a BGB verzichtet werden.« Deshalb wird § 641 a BGB nach den Vorstellungen des Entwurfs eines Forderungssicherungsgesetzes aufgehoben.

C. Baurechtlicher Regelungsinhalt

Die Vorschrift enthält materiellrechtliche und verfahrensrechtliche Regelungen. Die unmittelbaren Verfahrensaussagen richten sich an den Gutachter, der die **Fertigstellungsbescheinigung** ausstellen soll. Deren Beachtung ist für den materiellrechtlichen Stellenwert der Fertigstellungsbescheinigung von kardinaler Bedeutung, weil der Eintritt der Rechtsfolge einer erteilten Fertigstellungsbescheinigung von der Wahrung der Verfahrensvorschriften abhängt (§ 641 a Abs. 1 S. 2 BGB). Die materiellrechtliche Rechtsfolge besteht darin, dass die Bescheinigung einer Abnahme gleichsteht; zudem führt die Beauftragung des Gutachters in dem Verfahren nach § 641 a BGB zur Hemmung der laufenden Verjährung (§ 204 Abs. 1 Nr. 8 BGB). Das verfahrensrechtliche Fernziel der Regelung ist gewesen, mittels der Fertigstellungsbescheinigung dem Unternehmer die Möglichkeit zu verschaffen, seinen noch offenen Werklohn im **Urkundenprozess** geltend machen zu können (§§ 592 ff. ZPO), was für den Auftraggeber wegen der damit verbundenen Beschränkung der **Beweismittel** (§ 595 Abs. 2 ZPO) gerade hinsichtlich der Verteidigung mit Sachmängeln am Werk des Unternehmers von Nachteil ist.

7

Die umfangreiche Vorschrift enthält meist **verfahrensrechtliche Regelungen**. Deren Beobachtung obliegt in erster Linie dem Gutachter, was deshalb von Bedeutung ist, weil ohne Einhaltung dieses Mindestkanons an Verfahrensregeln die **Abnahmefiktion** als Rechtsfolge der **Fertigstellungsbescheinigung** verfehlt wird. Das Verfahren hat keinen amtlichen Charakter, es untersteht nicht der Leitung eines Gerichts, wie das bei dem selbständigen Beweisverfahren der Fall ist. Materiellrechtlichen Charakter weisen Abs. 2 Satz 2 und aus Abs. 1 Satz 1 mit der dort unter bestimmten Voraussetzungen enthaltenen Gleichsetzung der **Fertigstellungsbescheinigung** mit der **Abnahme** auf. Der Rest beinhaltet in erster Linie Verfahrensrecht, das sich an den Gutachter richtet, was allein schon – jedenfalls aus der Sicht von Sachverständigen – problematischer Natur ist.

8

I. Materiellrechtliche Aussagegehalt – Zusammenhang mit § 640 BGB

Materiellrechtlich führt eine verfahrensrechtlich und auch sonst ordnungsgemäß erstellte Fertigstellungsbescheinigung zur Gleichstellung mit der vom Auftraggeber gemäß § 640 BGB erklärten Abnahme. Der Unterschied besteht abgesehen da-

9

§ 641 a BGB   Fertigstellungsbescheinigung

von, das die Fertigstellungsbescheinigung keine rechtsgeschäftliche Abnahme durch den Gutachter anstelle des Auftraggebers (Bauherrn) darstellt, darin, dass die Abnahmeerklärung des Auftraggebers Abnahmereife nicht voraussetzt, wogegen die Fertigstellungsbescheinigung nur dann erteilt werden darf, wenn das Werk tatsächlich mangelfrei. Ob dies totale **Mangelfreiheit** beinhaltet oder lediglich **Abnahmereife** voraussetzt, ist wegen des zweifelhaften und in sich nicht stimmigen Gesetzeswortlauts bereits eine Frage der Auslegung, die zu einem unterschiedlichen Ergebnis führen kann (siehe Rn. 73). Da der Auftragnehmer bei Abnahmereife jedoch nach der bisherigen Rechtsprechung auch sofort Werklohnklage erheben konnte,[15] ist die Frage berechtigt, welchen Wert dann das Bemühen um einen Abnahmeersatz mittels der Fertigstellungsbescheinigung überhaupt hat. Sinn hat die Fertigstellungsbescheinigung dann, wenn der Unternehmer auf der Grundlage einer erteilten Fertigstellungsbescheinigung die Möglichkeit erhält, mittels einer Klage im **Urkundenprozess** seinen Werklohn letztlich unabhängig von Ausführungen des Auftraggebers zur Mangelhaftigkeit der Werkleistung durchzusetzen. Das gelingt im Ansatz richtig im Vergleich zur gewöhnlichen Werklohnklage deshalb, weil dem Auftraggeber die Beweisführung hinsichtlich der weiter von ihm behaupteten Mangelhaftigkeit der Werkleistung wegen der Beschränkung auf den Urkundenbeweis und die Parteieinvernahme regelmäßig versagt ist. Die Schwierigkeiten des **Urkundenbeweises** bestehen jedoch hinsichtlich der **Höhe der Werklohnforderung**. Insoweit eine Urkunde zur Hand zu haben, wird dem Unternehmer auch bei Berücksichtigung des Abs. 1 Satz 3 schwer fallen (siehe Rn. 18).

1. Rechtsnatur

10 Bezüglich der Rechtsnatur der Fertigstellungsbescheinigung stellt sich die Frage, ob es sich dabei um einen **eigenen Typus** sachverständiger Tätigkeit handelt oder ob der Gutachter mit der Fertigstellungsbescheinigung eine gutachterliche Leistung erbringt. § 641 a BGB verwendet den terminus Fertigstellungsbescheinigung, spricht aber in Abs. 2 Satz 3 auch davon, der Gutachter sei dem Unternehmer wie auch dem Besteller des zu **begutachtenden Werkes** gegenüber zur Unparteilichkeit wie auch dazu verpflichtet, die Bescheinigung nach bestem Wissen und Gewissen zu erteilen.

a) Fertigstellungsbescheinigung und Gutachten

11 Wenn die Fertigstellungsbescheinigung gemäß Abs. 2 Satz 3 unparteiisch und nach bestem Wissen und Gewissen zu erteilen ist, könnte diese Formulierung dahin verstanden werden, dass die Bescheinigung letztlich ein Gutachten ist, da nach § 410 ZPO Gutachter ihr Gutachten unparteiisch und nach bestem Wissen und Gewis-

---

15 PWW/Wirth § 641 Rn. 4; Henkel MDR 2003, 913, 916; Bamberger/Roth/Voit § 640 Rn. 28 und § 641 Rn. 14; MüKo/Busche § 640 Rn. 42–44.

sen zu erstatten haben,[16] Abs. 2 Satz 3 vom zu **begutachtenden Werk** spricht und der Rechtsausschuss[17] mit dem Verfahren auch dann, wenn die Fertigstellungsbescheinigung nicht erteilt wird, die Hoffnung verbindet, dass die »Begutachtung« zur Beschleunigung des Verfahrens beiträgt. Da der Gesetzgeber nicht von einem Begutachtungsverfahren wie z.B. in § 204 Abs. 1 Nr. 8 BGB spricht, sondern den Begriff »Fertigstellungsbescheinigung« ohne nähere Zuordnung und Benennung von Anforderungskriterien an die Bescheinigung verwendet, erweist sich die Bescheinigung nicht als ein Gutachten.[18] Allerdings hebt die Begründung in der BT-Drucks. 14/1246[19] S. 9 hervor, die Fertigstellungsbescheinigung habe der Begründungstiefe eines Sachverständigengutachtens zu entsprechen, ohne formal ein solches Gutachten zu sein. Letztlich besteht kein Bedarf für eine gattungsmäßige Einordnung der Fertigstellungsbescheinigung, wenn eine solche Zuordnung ohne zusätzlichen Erkenntniswert ist und sich auch hinsichtlich der Rechtsfolgen nicht auswirkt. Das ist zu bejahen, weil mit der Bestimmung, der Gutachter habe die Fertigstellungsbescheinigung nach bestem Wissen und Gewissen zu erteilen, entscheidendes gesagt ist. Wenn allerdings § 33 HOAI als Vergütungsregelung für den Fall einschlägig sein soll, dass der Gutachter und der ihn beauftragende Unternehmer keine Vergütungsvereinbarung treffen und eine Bescheinigung über von der HOAI erfasste Planungsleistungen erteilt werden soll,[20] spricht dies dafür, dass die Fertigstellungsbescheinigung doch nichts anderes als ein Gutachten mit einer besonderen Bezeichnung ist.

b) Kein Schiedsgutachten

Die Fertigstellungsbescheinigung ist kein Schiedsgutachten. Hierfür fehlt es bei Beachtung der in Abs. 2 Satz 2 enthaltenen Regeln an sämtlichen Voraussetzungen. Denn der Gutachter wird ausschließlich vom Unternehmer beauftragt. Er steht mit dem Auftraggeber/Besteller des Werks, über dessen Zustand die Bescheinigung erteilt werden soll, in keinerlei Vertragsbeziehungen. Auch wenn der Besteller sich mit dem Unternehmer gemäß Abs. 2 Nr. 1 auf einen Sachverständigen zur Durchführung eines Fertigstellungsbescheinigungsverfahrens verständigt, handelt es sich dabei nicht um eine **Schiedsgutachterabrede** zwischen Besteller und Unternehmer. Auch der Umstand, dass der Gutacher nach Abs. 2 Satz 3 sowohl dem Unternehmer als auch dem Besteller des zu begutachtenden Werkes gegenüber verpflichtet ist, die Bescheinigung unparteiisch und nach bestem Wissen und Gewissen zu erstatten, begründet die Rechtsqualität eines Schiedsgutachtens nicht. Die Regelung bildet vielmehr lediglich die Grundlage dafür, dass der Vertrag des Gutachters

12

---

16 Vgl. Motzke NZBau 2000, 489, 495.
17 BT-Drucks. 14/2752 S. 12.
18 Ulrich DS 2000, Heft 9 S. 9, 11; Jaeger/Palm BB 2000, 1003; Bleutge, Fertigstellungsbescheinigung – Neue Aufgaben für Sachverständige, S. 19; anders noch Motzke DS 2000, Heft 7/8 S. 8, 12.
19 Gesetzentwurf der Fraktionen SPD und Bündnis 90/Die Grünen.
20 So Kniffka, IBR-Online-Kommentar § 641 a Rn. 30.

mit dem Unternehmer als **Vertrag mit Schutzwirkung zugunsten Dritter** zu qualifizieren ist.[21] Beruht ein feststellendes Schiedsgutachten auf einem Beweismittelvertrag[22] mit der Folge, dass der staatlichen Gerichtsbarkeit insoweit die Beweisaufnahme entzogen ist und dem Gutachter nach § 317 BGB ein nur noch nach Maßgabe des § 319 BGB korrekturfähiges Leistungsbestimmungsrecht zukommt,[23] erweist sich das Fertigstellungsbescheinigungsverfahren nicht als ein solches die Parteien in den Grenzen des § 319 BGB bindendes Beweisverfahren. Die Feststellungen des Gutachters sind bei Erteilung der Bescheinigung angreifbar, wenn dies auch wegen der Besonderheiten des Urkundenprozesses nur im Nachverfahren möglich ist. Die Vorläufigkeit der Fertigstellungsbescheinigung begründet Abs. 1 Satz 2, wonach u.a. die Abnahmewirkung der Fertigstellungsbescheinigung entfällt, wenn die Voraussetzungen des § 640 Abs. 1 S. 1 und 2 BGB nicht gegeben waren. Demnach ist der Auftraggeber/Besteller nicht an die vom Gutachter getroffenen Feststellungen gebunden. Dem Besteller bleibt nicht wie in § 319 BGB nur die Einwendung, die Feststellungen seien offenbar unrichtig;[24] die Schwelle ist erheblich niedriger und wird nach Abs. 1 Satz 2 dahin bestimmt, dass der Besteller die Feststellungen nicht mit der Rüge unwesentlicher Mängel, sondern nur mit solchen begründen kann, die das Gesetz in § 640 Abs. 1 S. 2 BGB als nicht unwesentlich beschreibt. Die Schranke der offenbaren Unrichtigkeit, die bei einem Schiedsgutachten gilt,[25] ist nicht einschlägig. Das Vorgehen nach § 641 a BGB setzt nicht wie die schiedsgutachterliche Tätigkeit eines Sachverständigen eine Schiedsgutachterabrede zwischen den Parteien voraus, die als Beweismittelvertrag einzuordnen ist.[26] Der Unternehmer kann das Fertigstellungsbescheinigungsverfahren einseitig und völlig unabhängig davon, ob der Besteller damit einverstanden ist, durchführen. Einseitig ist das Verfahren, wenn der Unternehmer sich mit dem Besteller nicht auf einen bestimmten Gutachter verständigt und deshalb das Vorgehen gemäß Abs. 2 Nr. 1 in Betracht kommt, also der Sachverständige auf Antrag des Unternehmers durch eine der dort genannten Kammern bestimmt wird.

13 Besteht zwischen Unternehmer und Besteller Einvernehmen über den einzuschaltenden Gutachter, was in der Praxis Seltenheitswert hat, könnte es angesichts der erheblichen Probleme des Fertigstellungsbescheinigungsverfahrens angezeigt sein, in das schiedsgutachterliche Verfahren überzuwechseln. Damit wird jedoch § 641 a BGB auch mit seiner kraft Gesetzes eintretenden Rechtsfolge der Gleichsetzung der erteilten Fertigstellungsbescheinigung mit der Abnahme verlassen. Vereinbaren die Parteien bei Einvernehmen über den Sachverständigen, dass sie sich dessen Feststellungen unterwerfen, was der Sache nach eine **Schiedsgutachterabrede** dar-

---

21 Stapenhorst DB 2000, 909, 913.
22 Thomas/Putzo/Reichold vor § 1029 Rn. 5; Zöller/Geimer § 1029 Rn. 5.
23 Bamberger/Roth/Gehrlein § 319 Rn. 3.
24 PWW/Medicus § 319 Rn. 2; § 317 Rn. 2.
25 PWW/Medicus § 317 Rn. 2.
26 Zöller/Geimer § 1029 Rn. 5.

stellt und wird der Gutachter dann auch – wie regelmäßig – im Auftrag beider Parteien tätig, gelten für den Sachverständigen weder die in Abs. 3 enthaltenen Verfahrensregeln noch die in Abs. 1 bezüglich der Erteilung einer Fertigstellungsbescheinigung aufgerichteten Schranken. Ein solches Schiedsgutachten führt auch nicht kraft Gesetzes zur Gleichstellung mit der Abnahme, sondern es ist Sache der Parteien in ihrer schiedsgutachterlichen Abrede die Voraussetzungen für eine Abnahmeverpflichtung des Auftraggebers/Bestellers zu bestimmen.

c) Privaturkunde

Die Fertigstellungsbescheinigung ist eine Privaturkunde nach § 416 ZPO.[27] Diese Privaturkunde, die der Sachverständig im Auftrag des Unternehmers erstellt, bewirkt kraft gesetzlicher Anordnung die Abnahme der Bauleistung unabhängig davon, wie sich der Auftraggeber/Besteller des Werks zu dieser Fertigstellungsbescheinigung verhält. Die Urkunde ist ein **Beweismittel** nach § 416 ZPO, mit deren Existenz die Rechtsfolge einer rechtsgeschäftlichen Abnahme verbunden ist, die ihrerseits die damit verknüpften Rechtsfolgen auslöst.

14

2. Verfahren nach § 641 a BGB – Urkundenprozess – Abgrenzung zum selbstständigen Beweisverfahren

Das in § 641 a BGB geregelte Verfahren ist rein privater Natur. Das Verfahren ist nicht wie das **selbständige Beweisverfahren** gemäß §§ 485 ff. ZPO ein gerichtliches Verfahren. Das Fertigstellungsbescheinigungsverfahren steht nicht unter der Leitung eines Gerichts, das zumindest auch für die Einhaltung der Verfahrensregeln zu sorgen hat. Das selbständige Beweisverfahren ist eine vorgezogene Beweisaufnahme, deren Ergebnisse gemäß § 493 ZPO auch im nachfolgenden Hauptsacheprozess verwertet werden können. Für den nach § 641 a BGB tätigen Gutachter sind demnach auch die Bestimmungen der ZPO für den Sachverständigenbeweis nicht einschlägig. Gilt für ein im selbständigen Beweisverfahren erstattetes Gutachten § 412 ZPO mit der Folge, dass eine neue Begutachtung nur dann in Betracht kommt, wenn das Gutachten ungenügend ist, kommt der erteilten Fertigstellungsbescheinigung eine solche Ausschlusswirkung nicht zu. Zwar führt die Fertigstellungsbescheinigung zur Abnahme und beweist die vorgelegte Fertigstellungsbescheinigung die Abnahme und damit auch die Fälligkeit der Werklohnforderung, aber eine weitere Beweisaufnahme hinsichtlich der Qualität des Werks ist nicht ausgeschlossen. Verfahrensrechtlich bestehen allerdings durch den angestrebten **Urkundenprozess** bedingte Besonderheiten. Denn im Urkundenprozess ist dem Auftraggeber/Besteller des Werks regelmäßig wegen der Besonderheiten des Urkundenprozesses – Ausschluss von Beweismitteln nach § 595 Abs. 2 ZPO – ein erfolgreicher Angriff gegen die Richtigkeit der Fertigstellungsbescheinigung ver-

15

---

27 Kniffka, IBR-Online-Kommentar § 641 a Rn. 7; LG Frankenthal BauR 2005, 909; NZBau 2005, 157 = IBR 2005, 356

wehrt. Der Werkbesteller ist auf das **Nachverfahren** verwiesen, dessen Gegenstand Einwendungen gegen die Fertigstellungsbescheinigung mit Zielrichtung Zerstörung der Fiktionswirkung wie auch der Mangelhaftigkeit der Werkleistung im Allgemeinen sein können.

a) Urkundenprozess

16 Die Begründung des Gesetzes[28] verknüpft die Fertigstellungsbescheinigung mit dem Urkundenprozess (§§ 592 ff. ZPO). Danach ist die Bescheinigung eine Urkunde, bei deren Vorliegen die Vergütung fällig wird und zusammen mit dem schriftlichen Vertrag, auf den § 641 a Abs. 4 S. 1 BGB abstellt, den Weg in den Urkundenprozess eröffnet. Ob dieser Weg jedoch erfolgreich beschritten werden kann, ist nicht unstreitig.[29] Da nach § 595 Abs. 2 ZPO im Urkundenprozess nur der **Urkundenbeweis** und die **Parteivernehmung** zugelassen sind und der Sachverständigenbeweis ausgeschlossen ist, muss die im Prozess eingeführte Fertigstellungsbescheinigung als Urkundenbeweis und nicht als Sachverständigenbeweis gewertet werden. Die von Kirberger[30] insofern geäußerten Zweifel können mit dem Argument überwunden werden, dass der Gesetzgeber das Ergebnis einer letztlich gutachterlichen Tätigkeit, eben die Fertigstellungsbescheinigung, als Urkunde einstuft.[31] Aber es verbleiben darüber hinaus Zweifel, als fraglich ist, ob hinsichtlich der Forderungshöhe allein über die Richtigkeitsbestätigung eines Aufmaßes und einer Stundenlohnabrechnung eine für den Urkundenprozess ausreichende und beweiskräftige Urkunde vorliegt.[32]

b) Rechtstellung des Bestellers im Urkundenprozess

17 Im Urkundenprozess kann der Besteller nämlich nur urkundliche und solche Einwendungen geltend machen, die sich mit einer Parteivernehmung des Unternehmers beweisen lassen (§ 595 Abs. 2 ZPO). Das aber wird regelmäßig misslingen. Ausgeschlossen sind im Urkundenprozess damit Augenschein, Zeugen- und **Sachverständigenbeweis**. Besorgt sich der Auftraggeber/Besteller ein Privatgutachten, um dieses als Urkunde in den Urkundenprozess einzuführen, ist ein solches Vorgehen des Auftraggebers, der sich gegen die erteilte Fertigstellungsbescheinigung zur Wehr setzen möchte, von vornherein fruchtlos. Denn der Ausschluss des Sachverständigenbeweises erfasst auch das Substitut, also selbstgefertigte Ersatzmittel,[33] die ihrerseits gar keinen Beweiswert haben, sondern allenfalls nach allge-

---

28 BT-Drucks. 14/1246 S. 8; vgl. zur Bauklage im Urkundenprozess M. v. d. Hövel NZBau 2006, 6.
29 Verneinend Kirberger BauR 2001, 492, 501; bejahend Kniffka/Koeble Kompendium 20. Teil Rn. 64, 67.
30 BauR 2001, 492, 501.
31 Musielak/Voit § 595 Rn. 9.
32 Kirberger BauR 2001, 492, 503; Kniffka, IBR-Online-Kommentar § 641 a Rn. 5; Kniffka/Koeble 20. Teil Rn. 61 ff.
33 Zöller/Greger § 592 Rn. 16; Thomas/Putzo/Reichold § 592 Rn. 7; Musielak/Voit § 592 Rn. 12; BGHZ 1, 220.

meinen Grundsätzen Anlass sein könnten, dass sich ein gerichtlich bestellter Sachverständiger mit den Feststellungen und Bewertungen des Privatgutachters auseinandersetzt.[34] Da ein solcher Sachverständigenbeweis jedoch nicht zulässig ist, sind vom Auftraggeber eingeholte **Privatgutachten** für den **Urkundenprozess** wertlos. Das Gesetz erklärt praktisch ein von einem Unternehmer im Fertigstellungsbescheinigungsverfahren beauftragtes Privatgutachten, hinsichtlich dessen Erstellung dem Besteller gewisse Beteiligungsrechte eingeräumt werden, und das als Fertigstellungsbescheinigung deklariert wird, zu einer für die Führung des Urkundenprozesses geeigneten Urkunde.[35] Nach dessen Vorliegen besteht entsprechend der Gesetzesbegründung[36] die Möglichkeit des Erlasses eines **Vorbehaltsurteils** nach § 599 Abs. 1 ZPO, in welchem dem beklagten Auftraggeber die Ausführung seiner Rechte im **Nachverfahren** vorbehalten wird. Die Folge eines solchen Urteils ist gemäß § 708 Nr. 4 ZPO (Urteil im Urkundenprozess erlassen), dass der klagende Unternehmer ohne Sicherheitsleistung die Vollstreckung betreiben kann. Von daher gesehen trifft die Feststellung der Begründung zu,[37] dem Unternehmer werde über die Fertigstellungsbescheinigung und den Weg über den Urkundenprozess ein »schneidiges Verfahren« zu Verfügung gestellt.

Völlig außer Acht gelassen wird damit jedoch die Hürde, auf welche Weise der klagende Auftragnehmer mittels einer Urkunde seine Forderung der Höhe nach beweisen will. Der schriftliche Bauvertrag,[38] der nach § 641 a Abs. 3 BGB überhaupt Anwendungsvoraussetzung für die Fertigstellungsbescheinigung ist, liefert als Urkunde den Nachweis der Anspruchsgrundlage. Die Fertigstellungsbescheinigung beweist die Fälligkeit. Die vom Unternehmer selbst erstellte Rechnung reicht als Grundlage für den Beweis der Forderungshöhe im Urkundenprozess nicht aus; **eigenerstellte Urkunden** genügen den Anforderungen nicht. Der Schuldner muss an der Errichtung zumindest einer der maßgebenden Urkunden mitgewirkt und deshalb selbst das Risiko der Rechtsdurchsetzung im Wege des Urkundenprozesses geschaffen haben.[39] Mittelbar liegt eine vom Sachverständigen erstellte Urkunde über die Forderungshöhe nur dann vor, wenn nach § 614 a Abs. 1 Satz 4 BGB ein vom Unternehmer erstelltes **Aufmaß** oder eine **Stundenlohnabrechnung** durch den Sachverständigen in der Fertigstellungsbescheinigung bestätigt wird. Unter welchen Voraussetzungen es zu einer solchen Bestätigung kommt und welche Rechte des Bestellers diesbezüglich bestehen, besagt § 641 a BGB nicht. Das in Abs. 3 geregelte Verfahren hat qualitative Feststellungen bezüglich des Werks

18

---

34 BGH Urt. v. 24.2.2005 VII ZR 225/03 NJW 2005, 1650 = BauR 2005, 861 = NZBau 2005, 335 = IBR 2005, 247.
35 Musielak/Voit § 595 Rn. 9.
36 BT-Drucks. 14/1246 S. 8.
37 BT-Drucks. 14/1246 S. 8.
38 Zu den strittigen Anforderungen an die Schriftlichkeit des Bauvertrags siehe Rn. 69.
39 Musielak/Voit § 592 Rn. 12; Zöller/Greger vor § 592 Rn. 1, abweichend aber § 592 Rn. 15; abweichend auch Thomas/Putzo/Reichold § 592 Rn. 6, sämtlich beruhend auf RGZ 142, 306 (dort aber nur obiter dictum).

nicht aber die Richtigkeit der Rechnung zum Gegenstand. Dem Besteller müssen jedoch hinsichtlich dieser Abrechnungsgrundlagen dieselben Beteiligungsrechte zugestanden werden wie bei bezüglich der Fertigstellung und der Sachmangelfreiheit.

19 Dem Besteller ist es nicht verwehrt, parallel zum Fertigstellungsbescheinigungsverfahren ein **selbständiges Beweisverfahren** mit dem Beweisthema in die Wege zu leiten, es lägen im Einzelnen benannte Mängel vor, die auch nicht unwesentlich seien. Unterstellt, der dann von einem Gericht bestellte Sachverständige bestätigt in seinem Gutachten diese Behauptungen, stellt sich die Frage, welche Folgen dies für den Urkundenprozess hat. Eigentlich führt der Besteller dann mit Einführung dieses Gutachtens in den Urkundenprozess einen Sachverständigenbeweis, was in dieser Verfahrensart ausgeschlossen ist. § 641 a BGB macht jedoch im Ergebnis eine Begutachtung durch einen Privatgutachter, die als Fertigstellungsbescheinigung bezeichnet wird, zu einer Urkunde.[40] Kniffka[41] vertritt die Auffassung, das Gebot der **Waffengleichheit** gebiete dann, auch das im selbständigen Beweisverfahren erstattete Gutachten als eine berücksichtigungsfähige Urkunde qualifizieren.

20 Formal ist dieser Standpunkt nicht haltbar, weil damit dann doch ein Sachverständigenbeweis zugelassen wäre. Der Sachverständigenbeweis ist kein Urkundenbeweis. Freilich erklärt § 641 a BGB das Produkt einer Begutachtung durch Benennung als Fertigstellungsbescheinigung zu einer Urkunde und schafft damit die Voraussetzungen für die Führung eines Urkundenprozesses. Das im selbständigen Beweisverfahren erstattete Gutachten ist prozessual nur im Nachverfahren verwertbar.

c) Rechtstellung des Bestellers im Nachverfahren

21 Im Nachverfahren kann der Auftraggeber seine Rechte unter Beweisgesichtspunkten zulässig geltend machen. Das betrifft die Fertigstellung, die Mangelfrage wie auch die Rechnungshöhe, wenn der Sachverständige in der Bescheinigung das Aufmass und/oder die Stundenlohnabrechnung des Unternehmers bestätigt. Bezüglich der Mangelfrage kann der Auftraggeber durch Behauptung **wesentlicher Mängel** die infolge der Fertigstellungsbescheinigung fiktiv begründete Abnahme und damit die Fälligkeit in Frage stellen. Die Behauptung und Feststellung, es würden unwesentliche Mängel vorliegen, genügt zum Verlust der Abnahmefiktion der Fertigstellungsbescheinigung nicht (Abs. 1 Satz 2). Insofern trifft den Auftraggeber nach Abs. 1 Satz 4 die Darlegungs- und Beweislast, was auch mit der sonst für das Sachmängelhaftungsstadium geltenden Beweislastverteilung identisch ist. Denn mit der erteilten Fertigstellungsbescheinigung ist die Abnahme als eingetreten zu behandeln, das Erfüllungsstadium ist beendet und das Sachmängelhaftungsstadium erreicht. In diesem Stadium aber trifft den Auftraggeber regelmäßig die **Darle-**

---

40 Musielak/Voit § 595 Rn. 9.
41 Kniffka, IBR-Online-Kommentar § 641 a Rn. 42.

gungs- und Beweislast für seine Mängelbehauptungen,[42] gleichgültig ob er Mängelbehauptungen mit dem Ziel in das Nachverfahren einführt, die Fälligkeit sei deshalb nicht eingetreten, weil in Wirklichkeit wesentliche Mängel vorliegen (§ 641 a Abs. 1 S. 3 BGB) oder ob er »einfache« Mängel mit dem Ziel behauptet, sich auf ein Leistungsverweigerungsrecht gegenüber einen fälligen Werklohnanspruch zu berufen. Das ist der mögliche zweite Aspekt der Erhebung von Mängelrügen, womit der Auftraggeber das Ziel verfolgt, auf solche Mängel gestützt ein **Leistungsverweigerungsrecht** zu erstreiten und damit in Abänderung des im Urkundenprozess vom Unternehmer erstrittenen Vorbehaltsurteils eine Zug-um-Zug-Verurteilung zu erreichen.

Jedenfalls im Nachverfahren kann der Besteller auch nach Abs. 2 bis 4 dem Gutachter unterlaufene **Verfahrensfehler** rügen, wenn dies im Urkundenprozess wegen der sich aus § 595 Abs. 2 ZPO ergebender Beweismittelschranken ausscheidet. Dasselbe gilt, wenn der Besteller mit Recht Umstände rügt, die eine **Besorgnis der Befangenheit** begründen. Die Befangenheit des Gutachters erweist sich als ein **Verfahrensfehler**, denn der Gutachter hat nach Abs. 2 S. 3 die Fertigstellungsbescheinigung unparteiisch zu erstellen.

22

3. Rechtsfolge – fiktive Abnahme – Richtigkeitsvermutung

Die erteilte Fertigstellungsbescheinigung steht der Abnahme gleich. Abs. 1 Satz 1 fingiert mit der Fertigstellungsbescheinigung die Abnahme des Bestellers. Die Bejahung einer Fiktionswirkung ist wegen der mit § 640 Abs. 1 S. 3 BGB identischen Formulierung berufen. Auch dort arbeitet das Gesetz mit der Umschreibung »Der Abnahme steht es gleich«. Den in § 640 Abs. 1 S. 3 BGB, § 641 a BGB wie auch § 12 Nr. 5 VOB/B enthaltenen **Abnahmefiktionen** liegen jedoch unterschiedliche Tatbestände zugrunde. § 640 Abs. 1 S. 3 BGB wie auch § 12 Nr. 5 VOB/B, wo mit der Formulierung »gilt« gearbeitet wird, beruhen auf einem bestimmten Verhalten des Auftraggebers; diesem wird in § 640 Abs. 1 S. 3 BGB eine Frist zur Abnahme gesetzt, die ohne Reaktion des Auftragebers verstreicht. In § 12 Nr. 5 Abs. 1 VOB/B erhält der Auftraggeber eine Fertigstellungsmitteilung und in § 12 Nr. 5 Abs. 2 VOB/B nimmt der Auftraggeber die Leistung in Benutzung, was nach Ablauf unterschiedlicher Fristen ohne Rücksicht auf die Abnahmereife der Leistung zur fiktiven Abnahme führt.[43] In beiden Fällen wird vorausgesetzt, dass innerhalb der jeweils einschlägigen Frist keine Abnahme verlangt wird oder sonst von Seiten des Auftraggebers klar zum Ausdruck gebracht wird, die rechtsgeschäftliche Abnahme

23

---

42 Kniffka, IBR-Online-Kommentar § 641 a Rn. 43; a. A. Stapenhorst DB 2000, 909, 913.
43 Beschlüsse des DVA zur Änderung der VOB/B vom 2. 5. 2002, Begründung zu § 12 Nr. 5 S. 11: »Auf die Abnahmereife kommt es in beiden Fällen nicht an. Sie wird aufgrund der Fertigstellung bzw. der Benutzung unterstellt.« A. A. Thode ZfBR 1999, 116, 117 mit Verweis auf BGH Urt. v. 21. 12. 1978 VII ZR 269/77 BauR 1979, 159 = NJW 1979, 650; Urt. v. 20. 4. 1989 VII ZR 334/87 BauR 1989, 375 = ZfBR 1989, 202.

werde verweigert. Insofern knüpft die Fiktion an einem bestimmten Verhalten des Auftraggebers an, was die Fiktionstatbestände sowohl in § 640 Abs. 1 S. 3 BGB als auch in § 12 Nr. 5 VOB/B in die Nähe einer **stillschweigenden Abnahme**[44] rückt. Entsprechend diesen Anforderungen, wo der Auftraggeber ein nach außen erkennbares Zeichen setzt, an dem ein Vertrauenstatbestand festgemacht werden kann,[45] ist die Fiktion des § 640 Abs. 1 S. 3 BGB mit dem Schweigen des Auftraggebers auf die zur Abnahme gesetzte Frist verknüpft und in § 12 Nr. 5 Abs. 1 VOB/B mit der Fertigstellungsmeldung sowie in Abs. 2 mit der Inbenutzungnahme verbunden, wenn der Auftraggeber innerhalb einer jeweils bezeichneten Frist ein Abnahmeverlangen unterlässt oder sonst keine Mängelrügen erhebt und die Abnahme verweigert.[46]

24 Von solchen Ausgangsvoraussetzungen ist die Fiktion des § 641 a BGB weit entfernt. Wie sich der Besteller auf die erteilte Bescheinigung verhält, ist völlig bedeutungslos. Die Fiktion knüpft an eine Fertigstellungsbescheinigung eines Gutachters an, auf dessen Bestellung der Auftraggeber des Werks letztlich keinen Einfluss ein. Dem Auftraggeber/Besteller des Werks wird auch keine Befugnis eingeräumt, den von einer der in Abs. 2 Nr. 2 genannten Kammern benannten Gutachter abzulehnen (siehe Rn. 43). Allerdings kann der Auftraggeber insofern Einfluss auf das Verfahren zur Erteilung der Fertigstellungsbescheinigung nehmen, als er Mängelrügen erhebt und damit den Gutachter zur Auseinandersetzung zwingt. Das ist für den Unternehmer, der den Gutachter beauftragen und auch vergüten muss, von erheblicher Bedeutung, weil der Besteller des Werks damit den Untersuchungsgegenstand und -umfang und somit die Kostenbelastung des Unternehmers erheblich beeinflussen kann. Andererseits hat der Besteller im Verfahren nach § 641 a BGB keine Möglichkeit, gegen eine erteilte Fertigstellungsbescheinigung direkt mit Rechtsbehelfen vorzugehen. Denn das Fertigstellungsbescheinigungsverfahren ist kein gerichtliches, sondern ein privates Verfahren, wofür § 641 a Abs. 3 BGB lediglich besondere Regelungen aufstellt, deren Beobachtung dem Gutachter obliegt.

25 Diese fiktive Abnahme, die durch die Fertigstellungsbescheinigung bewiesen wird, begründet nach § 641 BGB die Fälligkeit der Werklohnforderung. Diese Rechtsfolge gilt jedoch nach Abs. 1 Satz 2 nicht, wenn das Verfahren nach den Abs. 2 bis 4 nicht eingehalten worden ist oder wenn die Voraussetzungen des § 640 Abs. 1 S. 1 und 2 nicht gegeben waren, was im Streitfall der Besteller zu beweisen hat.

26 Hat der Gutachter auch den Auftrag erhalten, sich mit ihm übergebenen **Abrechnungsunterlagen** zu befassen, deren Richtigkeit er bestätigt, entfaltet diese im Rahmen der erteilten Fertigstellungsbescheinigung ausgesprochene Bestätigung ein

---

44 Vgl. § 640 BGB Rn. 46 ff. BGB; PWW/Wirth § 640 Rn. 10; Bamberger/Roth/Voit § 640 Rn. 7.
45 Bamberger/Roth/Voit § 640 Rn. 7.
46 Vgl. Thode ZfBR 1999 116, 118.

– widerlegbare – **Richtigkeitsvermutung** (Abs. 1 Satz 3). Unter welchen Voraussetzungen sich der Sachverständige mit Abrechnungsfragen überhaupt zu befassen hat, ist strittig (siehe Rn. 49).

II. Fertigstellungsbescheinigungsverfahren

Der Ablauf des Verfahrens wird in den Abs. 2 bis 4 beschrieben. Die Regelung enthält Aussagen darüber, wem überhaupt als Gutachter die Kompetenz zur Erteilung einer Fertigstellungsbescheinigung zukommt. Die Vorschriften besagen, auf welche Weise der kompetente Sachverständige beauftragt wird. Vor allem aber befasst sich die Regelung in den Abs. 3 und 4 mit der vom Sachverständigen einzuhaltenden Verfahrensweise. 27

1. Zuständiger Gutachter

Wer als Gutachter in Betracht kommt, regelt Abs. 2, wobei zwischen den Nummern 1 und 2 zu unterscheiden ist. 28

a) Zuständigkeit nach Abs. 2 Nr. 1: Verständigung der Parteien

Nach Abs. 2 Nr. 1 kommt als Gutachter ein Sachverständiger in Betracht, auf den sich Unternehmer und Besteller verständigt haben. Der Sachverständige muss nicht öffentlich bestellt und vereidigt sein; diese Qualität wird in der Nr. 2 gefordert. Für die Nr. 1, also bei Einigung der Parteien, genügt, wenn die betreffende Person fachlich zum Kreis der **Sachverständigen** zählt, also reicht es aus, wenn es sich um einen **freien Sachverständigen** handelt oder um einen Verbandssachverständigen. Die Nr. 1 – Einigung der Parteien auf eine Person – ist in der Praxis regelmäßig nicht anzutreffen, weil bei Streit der Parteien über die Werkqualität meist allseits Misstrauen herrscht, insbesondere dann, wenn der Vorschlag vom Unternehmer kommt. Zu welchem Zeitpunkt eine solche Einigung geschlossen wird, ist bedeutungslos. Die Einigung könnte durchaus streitvorbeugend bereits im Bauvertrag niedergelegt werden, etwa dahin, bei Durchführung des Fertigstellungsbescheinigungsverfahrens sind sich die Parteien darüber einig, dass als Gutachter tätig wird »Frau/Herr Mangelmann«. Wenn auch die Vorschrift die Einhaltung der Schriftform nicht als Wirksamkeitsvoraussetzung vorgesehen ist, was gerade der Vergleich mit Abs. 3 Satz 2 ergibt, gebieten **Beweisgründe** die Einhaltung der **Schriftform**. Da die Vorschrift lediglich davon spricht, dass sich die Parteien auf den Sachverständigen verständigt haben müssen, ist nicht einmal eine ausdrückliche Einigung erforderlich; eine **stillschweigende Einigung** reicht aus. Ohne dass die Regelung derlei Einschränkungen vornimmt, ist neben der Verständigung auf den Gutachter zu fordern, dass dieses Einverständnis eingebettet ist in den beiden Parteien bekannten Zusammenhang, dass der Sachverständige zur Erteilung einer Fertigstellungsbescheinigung tätig werden soll. Denn die bloße Verständigung auf einen Sachverständigen besagt nichts darüber, zu welchem **Zweck** der Sachverstän- 29 dige tätig werden soll. Die Nr. 1 verkürzt den Inhalt des Einvernehmens der Parteien auf die Verständigung über die Person des Sachverständigen. Notwendig ist weiter, dass sich die Parteien darüber einig sind, welche **Tätigkeit** der Sachverständige entfalten soll. Die in Abs. 2 Nr. 1 angeführte Verständigung setzt inhaltlich neben der Einigung über die Person des Sachverständigen voraus, dass der Gutachter im Rahmen eines Fertigstellungsbescheinigungsverfahrens tätig wird.

30   Beauftragt ein Unternehmer ohne vorausgegangene Verständigung der Parteien und ohne Beachtung der Verfahrensweise nach der Nr. 2 einen Gutachter, der dann auch nach vorausgegangener Terminsbestimmung unter Nennung des Zwecks – Fertigstellungsbescheinigung – zur Ortsbesichtigung erscheint, was der Besteller hinnimmt, liegt in diesem Verhalten keine **stillschweigende Einigung** oder **Verständigung** auf diesen Sachverständigen. Dafür müsste dem Besteller der Unterschied zwischen einem rein privatgutachterlichen Tätigwerden des Gutachters und dem Verfahren nach § 641 a BGB bekannt sein.

31   In solchen und ähnlich gelagerten Fällen stellt sich allerdings die Frage, ob der in Abs. 1 Satz 2 enthaltene Ausschlusstatbestand unter der Schranke von Treu und Glauben oder des **Rechtsmissbrauchsverbots** steht. Das ist jedenfalls dann zu bejahen, wenn bei einem solchen Besichtigungstermin nicht nur der Sachverständige, sondern neben dem Besteller auch der Unternehmer anwesend ist und das gesamte Verfahren in Kenntnis seiner Zielsetzung beanstandungsfrei abläuft. Nimmt der Besteller derartiges hin, verhält er sich widersprüchlich, wenn im Urkundenprozess die Berufung auf einen Verfahrensfehler erfolgt. Letztlich ist der Einzelfall zu bewerten; auf keinen Fall kann hingenommen werden, dass der Unternehmer sich letztlich die Voraussetzungen für einen Urkundenbeweis erschleicht. Die Hürde, wonach sich der Besteller auf die Nichteinhaltung des Verfahrens nach Abs. 2 bis 4 nicht berufen kann, muss angesichts der grundsätzlich strikten Aussage in Abs. 1 Satz 2 hoch sein.

b) Zuständigkeit nach Abs. 2 Nr. 2: Bestimmung durch eine Kammer

32   Die in erster Linie in Betracht kommende Bestimmung eines Sachverständigen wird in der Nr. 2 beschrieben. Danach erfolgt die Benennung des Gutachters auf Antrag des Unternehmers durch eine Industrie- und Handelskammer, eine Handwerkskammer, eine Architektenkammer oder eine Ingenieurkammer.

aa) Zuständigkeit und Entscheidungskompetenz der Kammer

33   Die Vorschrift regelt insoweit Näheres nicht dazu, welche Kammer jeweils in Betracht kommt und welche Kompetenz eine Kammer für sich in Anspruch nehmen darf. Die Frage ist, ob die genannten Kammern generell zuständig sind oder deren jeweiliger **Zuständigkeitsbereich** maßgeblich ist. Letzteres ist zu bejahen. Beantragt ein Sonderfachmann im Bereich technischer Gebäudeausrüstung hinsichtlich seiner Planungsleistungen eine Fertigstellungsbescheinigung, wird er sich nicht an die Handwerkskammer, sondern an die Ingenieurkammer wenden. Der Antrag auf

Bestimmung eines Gutachters ist an die Kammer zu richten, deren Fachbereich das jeweilige Werk zuzuordnen ist. Danach bestimmt sich die zuständige Kammer, die deshalb ihre **Zuständigkeit** auch zu prüfen hat. Dafür sind im Antrag die entsprechenden Angaben zu fordern.

bb) Antragsvoraussetzungen – Antragsinhalt

Abs. 2 Satz 1 Nr. 2 verhält sich zum Antrag näher nicht. Die Bestimmung ist auslegungsfähig und -bedürftig. Der Antrag muss selbstverständlich bestimmte inhaltliche Voraussetzungen erfüllen, soll dessen Zurückweisung vermieden werden. Zum **Antragsinhalt** gehören die Bezeichnung der Parteien, Zweck der Bestimmung eines Sachverständigen durch die angegangene Kammer und das Werk, das der Sachverständige zu begutachten hat. Eine nähere Begründung des Antrags ist nicht erforderlich, insbesondere ist es nicht erforderlich, die vom Besteller bis dahin erhobenen Mängelrügen näher zu beschreiben oder sonst sich zum Abnahmeverhalten des Bestellers zu äußern. Die Kammer hat keine Rechtsschutzvoraussetzungen zu prüfen, weswegen der Unternehmer nicht etwa als Zulässigkeitsvoraussetzung darstellen muss, dass der Besteller die Abnahme wegen behaupteter Mängel zu Unrecht verweigert habe. Näheres zum Bauvertrag, ob nach BGB oder nach VOB/B abgeschlossen muss ebenso wenig vorgetragen werden wie zur Schriftlichkeit des Vertragsschlusses. Es ist ein **nobile officium**, wenn eine Kammer auf einen solchen Antrag, der zur Form des als abgeschlossen behaupteten Vertrages schweigt, nachfragt und darauf hinweist, dass eine sinnvolle Durchführung des Fertigstellungsbescheinigungsverfahrens die **Schiftform des Bauvertrages**[47] voraussetzt. Die Kammer hat nicht generell die Aufgabe, die für die Bejahung der Abnahmefiktion als Rechtsfolge einer Fertigstellungsbescheinigung erforderlichen Voraussetzungen zu prüfen. Denn die Kammer ist nicht der Herr des Verfahrens, nicht die Kammer führt das Verfahren, sondern der Antragsteller. Der von der Kammer bestellte Sachverständige hat sich zu vergewissern, ob die für seine erfolgreiche Tätigkeit erforderlichen Voraussetzungen vorliegen. Dazu gehört, dass der Sachverständige die Mangelfreiheit nach einem schriftlichen Bauvertrag zu prüfen hat, den ihm der Unternehmer vorzulegen hat (Abs. 3 Satz 2). Gerade der Hinweis in Abs. 3 Satz 2, dass der Unternehmer dem Sachverständigen einen schriftlichen Bauvertrag vorzulegen hat, was bei Abs. 2 Nr. 2 fehlt, lässt den Schluss zu, dass mit dem Antrag an die zuständige Kammer auf Bestimmung eines Sachverständigen ein Bauvertrag nicht vorzulegen ist.

Das schließt jedoch nicht aus, dass die Kammer im Rahmen des durch den Antrag eingeleiteten Verfahrens gewisse **Fürsorgepflichten** (§ 241 Abs. 2 BGB) dann treffen, wenn die Zweck- und Erfolglosigkeit des Verfahrens insgesamt definitiv feststehen. Das hat mit den Prüfungspflichten der Kammer zu tun (siehe Rn. 40).

---

47 Vgl. zum Streit ob § 126 strikt eingehalten werden muss; Parmentier BauR 2001, 1813; Henkel BauR 2003, 322.

36 Als **Antragsteller** kommt nur der Unternehmer in Betracht, für dessen Werk die Fertigstellung erteilt werden soll. Abgesehen davon, dass der Besteller gar kein Interesse an einer solchen Bescheinigung hat und aus der Sicht des Bestellers allenfalls Gegenanträge und Mängelbehauptungen verfahrensrechtlich bedeutsam sind, sind jedenfalls Anträge des Bestellers oder sonstiger Dritter unzulässig und müssen durch die um Entscheidung angegangene Kammer zurückgewiesen werden. Der Antrag des Unternehmers muss sich auf sein Werk beziehen. Der Zimmerer kann den Antrag nur hinsichtlich seines Gewerks und nicht auch für das Dach oder sonstige Gewerke stellen. Die **Antragsbefugnis** eines Generalunternehmers ist deshalb weiter als die eines gewerkespezifisch tätigen Unternehmers. Der Antrag kann einen Sachverständigen benennen, der nach Auffassung des Antragstellers bestimmt werden sollte. Aber Zulässigkeitsvoraussetzung ist dies nicht.

37 Die Kammer ist an den im Antrag des Unternehmers auf Bestimmung eines Sachverständigen enthaltenen Sachverständigenvorschlag nicht gebunden. Die Kammer ist vielmehr völlig frei, sucht jedoch den Sachverständigen aus den von ihr bestellten Sachverständigen aus.

cc) Antragsform

38 Abs. 2 Satz 1 Nr. 2 besagt nichts zu Antragsform. Deshalb ist an sich auch eine mündliche Antragsstellung möglich. Dies ist jedoch nicht zu empfehlen. Zwar ist der Besteller nach Abs. 1 Satz 2 hinsichtlich der Nichteinhaltung des in den Abs. 2 bis 4 beschriebenen Verfahrens darlegungs- und beweisbelastet, so dass Zweifel über die Antragstellung eigentlich zu Lasten des Bestellers und nicht des Unternehmers gehen. Dieser ist jedoch nach den Regeln der sekundären Darlegungslast[48] gehalten, dem Besteller hinsichtlich der von ihm – dem Unternehmer – vorgenommenen Verfahrensanträgen Auskünfte zu erteilen und entsprechend zu belegen. Bei vom Unternehmer behaupteter mündlicher Antragstellung ist dem Besteller auch ein Auskunftsrecht gegenüber der Kammer zuzugestehen, die den Sachverständigen bestimmt hat.

c) Die Entscheidung der Kammer – Prüfungsaufgabe, Inhalt und Form

39 Mit Eingang eines Antrags auf Bestimmung eines Sachverständigen zur Erteilung einer Fertigstellungsbescheinigung stellt sich die Frage, ob und welche Prüfungsaufgabe die Kammer trifft und welcher Sachverständiger zu bestimmen ist.

aa) Prüfungsaufgabe der Kammer

40 Zu Prüfungsaufgaben verhält sich Abs. 2 überhaupt nicht. Die Kammer trifft in gewissem Umfang eine **Fürsorgepflicht** gegenüber dem Antragsteller. Da das Verfahren die vom Antragsteller über die Fertigstellungsbescheinigung angestrebte Ab-

---

[48] BGH Urt. v. 20. 4. 2004 X ZR 250/02 BauR 2005, 122, 127 = NJW 2004, 3035; Urt. v. 13. 6. 2002 VII ZR 30/01 BauR 2002 1396, 1398 = NJW-RR 2002, 1309 = NZBau 2002, 569 = IBR 2002, 555.

nahmefiktion nur dann gewährleistet, wenn der zeitliche Geltungsrahmen der Vorschrift eröffnet ist, hat die Kammer zu prüfen, ob der Bauvertrag vor oder nach dem 1.5.2000 geschlossen worden ist. Ist § 641 a BGB wegen eines Vertragsschlusses vor dem 1.5.2000 überhaupt nicht einschlägig, wird die Kammer darauf hinweisen und auf Zurücknahme des Antrags drängen. Unterbleibt die Rücknahme, ist der Antrag nicht als unzulässig zurückzuweisen, sondern vielmehr ein Sachverständiger zu bestimmen. Der Unternehmer trägt das Risiko des Erfolgs seiner Maßnahme. Die Prüfungspflicht geht nicht so weit, auch die **Schriftform** des geschlossenen Bauvertrages zu prüfen. Ob das Fertigstellungsbescheinigungsverfahren insgesamt erfolgreich durchgeführt werden kann, insbesondere, ob für die erfolgreiche Durchführung ein schriftlicher Bauvertrag vorliegt, was Abs. 3 Satz 2 fordert, ist nicht Gegenstand der Prüfungskompetenz der angegangenen Kammer. Das ist Sache des schließlich bestimmten Sachverständigen, der sich deshalb nicht darauf verlassen kann, mit seiner Bestimmung seien sämtliche Zulässigkeits- und Wirksamkeitsvoraussetzungen durch die bestellende Kammer geprüft worden. Das lässt sich deutlich der in Abs. 3 Satz 2 enthaltenen Regelung entnehmen, wonach der schriftliche Bauvertrag dem von der Kammer bestimmten Sachverständigen vorzulegen ist. Diese Punkte hat demnach erst der Sachverständige, nicht aber die Kammer zu prüfen.

bb) Bestimmung des Sachverständigen

Die Kammer entscheidet frei und unabhängig von im Antrag enthaltenen Sachverständigenvorschlägen. Sie hat jedoch einen öffentlich bestellten und vereidigten Sachverständigen zu bestimmen. Die Kammer kann nicht einen freien Sachverständigen bestimmen, selbst wenn der Antrag einen solchen vorschlägt. Unabhängig von der Frage, ob die angegangene Kammer nur die von ihr bestellten Sachverständigen bestimmen kann, wird sich die Kammer rein faktisch und wegen ihrer Kenntnislage auf diesen Kreis der von ihr bestellten Sachverständigen beschränken. Abs. 2 Nr. 2 kann eigentlich eine solche Beschränkung nicht entnommen werden; im Gegenteil bezieht sich die Entscheidungskompetenz auf die öffentlich bestellten und vereidigten Sachverständigen. Die Vorschrift besagt nicht, dass der öffentlich bestellte und vereidigte Sachverständige gerade von der entscheidenden Kammer bestellt worden sein müsste. Diese **Kompetenzbeschränkung** ergibt sich jedoch aus sachlogischen Gesichtspunkten. Die Auflistung der Kammern in Abs. 2 Nr. 2 ist nicht bloßer Zufall, sondern beinhaltet zugleich, dass die Kammern auf den ihnen nach sachlichen und örtlichen Gesichtspunkten zugewiesenen Aktionsradius beschränkt sind. Es macht auch keinen Sinn, der Handwerkskammer die Befugnis zuzusprechen, auf einen an sie gerichteten Antrag einen von der Architekten- oder Ingenieurkammer bestellten Sachverständigen zu bestimmen. Z.B. darf die Handwerkskammer für Oberbayern keinen Sachverständigen bestimmen, der von der für Mittelfranken zuständigen Kammer bestellt worden ist.

41

42 Sache der Kammer ist es, bei dem in Aussicht genommenen Sachverständigen nachzufragen, ob er grundsätzlich bereit ist, ein solches Fertigstellungsbescheinigungsverfahren durchzuführen. Eine Pflicht dazu besteht nicht; eine darauf erfolgende **Bereitschaftserklärung** des Sachverständigen entfaltet auch keinerlei **Bindungswirkung**. Durch die Bestimmung wird der Sachverständige auch nicht verpflichtet, tätig zu werden, wenn der Unternehmer an ihn herantritt und ihn beauftragen will. Die Entscheidung der Kammer erschöpft sich in der bloßen Bestellung, sie enthält keinen Auftrag an den Sachverständigen. Hieraus ergeben sich für den bestimmten Sachverständigen keinerlei Pflichten. Die Bestimmung durch die Kammer ist lediglich die Voraussetzung für ein überhaupt ordnungsgemäßes Vorgehen, das die Rechtsfolge der fiktiven Abnahme auslöst, wenn dieser Sachverständige die Fertigstellung bescheinigt.

43 Da der Gutachter die Bescheinigung unparteiisch zu erteilen hat (Abs. 2 Satz 3), ist es die Aufgabe der angegangen Kammer dafür zu sorgen, dass gegenüber dem zu bestimmenden Sachverständigen weder aus der Sicht des Unternehmers noch des Bestellers Gründe bestehen, die eine **Besorgnis der Befangenheit** rechtfertigen können.[49] Zwar sieht § 641 a BGB keine Möglichkeiten vor, den Sachverständigen wegen Besorgnis der Befangenheit abzulehnen.[50] Wenn aber die Bescheinigung unparteiisch zu erteilen ist, darf die Kammer nicht von vornherein solche Personen als Gutachter bestimmen, denen gegenüber erkennbar Ablehnungsgründe nach §§ 406, 42 ZPO bestehen.[51] Da Abs. 2 dem Besteller im Rahmen des Bestellungsverfahrens durch die Kammer keinerlei Beteiligungsrechte einräumt, ist der Standpunkt abzulehnen, der Besteller könne gegenüber der Kammer bereits Ablehnungsgesuche anbringen.[52]

44 Die Kammer wird den Sachverständigen regelmäßig schriftlich gegenüber dem Antragsteller bestimmen. Zwar besagt § 641 a BGB dazu nichts; es entspricht freilich allgemeiner Üblichkeit, solche Vorgänge schriftlich abzuschließen. Das Verfahren leidet jedoch nicht an einem Mangel mit der Folge, dass die Abnahmefiktion nicht eintritt, wenn die Kammer den Sachverständigen gegenüber dem Antragsteller lediglich mündlich, z.B. telefonisch bestimmt. Eine Mitteilung an den bestimmten Sachverständigen ist nicht vorgesehen, dürfte jedoch jedenfalls dann der Üblichkeit entsprechen, wenn die Kammer mit dem Sachverständigen zuvor Kontakt aufgenommen hatte.

2. Auftrag an den von der Kammer bestimmten Sachverständigen

45 Nach Abs. 2 Satz 2 wird der Gutachter vom Unternehmer beauftragt. Der Sachverständige schließt mit dem Unternehmer einen Vertrag über die Erteilung der Fer-

---

49 Kniffka, IBR-Online-Kommentar § 641 a Rn. 28.
50 Niemöller BauR 2002, 481, 489; Kniffka, IBR-Online-Kommentar § 641 a Rn. 29.
51 Kniffka, IBR-Online-Kommentar § 641 a Rn. 27, 28.
52 Dafür Jaeger/Palm BB 2000, 1102, 1103; Bamberger/Roth/Voit § 641 a Rn. 7; gegen eine solche Ablehnungsmöglichkeit Kniffka ZfBR 2000 229, 235.

tigstellungsbescheinigung. Sache des Sachverständigen, der frei über die Annahme des Auftrags entscheidet, ist es, mit dem Unternehmer die Konditionen, zu denen er tätig wird, auszuhandeln, insbesondere welcher Stundenlohn einschlägig ist, wenn eine andere Vergütungsart ausscheidet. Das JVEG mit seinen nach Honorargruppen getrennten Honorarsätzen ist nicht einschlägig, weil es sich nicht um ein gerichtliches Verfahren handelt. Der Gutachter wird im Rahmen des Fertigstellungsbescheinigungsverfahrens als **Privatgutachter** tätig, allerdings mit der Besonderheit des ausdrücklichen Hinweises, dass er die Bescheinigung unparteiisch und nach bestem Wissen und Gewissen zu erteilen hat. Das schließt für den Gutachter vor Annahme des Auftrags die Prüfung ein, ob gegen ihn Umstände sprechen, aus denen insbesondere der Besteller des zu begutachtenden Werks Ablehnungsgründe wegen Besorgnis der Befangenheit nach § 406, § 42 ZPO ableiten könnte.

a) Vertragsnatur

Rechtlich ist der Auftrag als **Werkvertrag** einzuordnen.[53] Das Werk ist jedoch nicht die Erteilung der Fertigstellungsbescheinigung, sondern die ordnungsgemäße Begutachtung des Werks auf seine Fertigstellung und Mangelfreiheit, sowie bei entsprechender Auftragserteilung auch die Beurteilung eines Unternehmeraufmasses und/oder einer Stundenlohnabrechnung.[54] Denn das Verfahren kann auch das Ergebnis haben, dass die Erteilung abgelehnt wird. Dann weist das von dem Sachverständigen erstellte Werk unter der Voraussetzung keinen Mangel auf, dass das Ergebnis zutreffend aufgefunden worden ist. Die Einordnung als Dienstvertrag scheidet aus, weil es dem Unternehmer als Auftraggeber des Gutachters nicht lediglich auf das Tun des Gutachters, sondern auf ein entweder positives oder negatives Ergebnis ankommt. Erteilt der Sachverständige die Fertigstellungsbescheinigung, erwartet der Unternehmer, dass diese Bescheinigung auch Bestand hat, also keine Mängel mit der Folge aufweist, dass z. B. im Nachverfahren das Ergebnis der Fertigstellungsbescheinigung widerlegt wird oder nachgewiesen werden kann, dass das gebotene Verfahren nicht eingehalten worden ist. Die Besonderheit des Vertrags besteht zudem darin, dass der Gutachter die Pflicht hat, die Bescheinigung unparteiisch nach bestem Wissen und Gewissen zu erteilen und diese Pflicht auch gegenüber dem Besteller des zu begutachtenden Werkes besteht. Damit handelt es sich um einen **Vertrag mit Schutzwirkung** für Dritte.[55] Auch der Besteller und nicht nur der Unternehmer als Auftraggebers der Bescheinigung kann bei Pflichtverletzungen nach § 280, § 281 BGB Schadensersatzansprüche gegen den Gutachter geltend machen.

---

53 Bleutge, Fertigstellungsbescheinigung – Neue Aufgabe für Sachverständige, S. 13; Motzke DS 2000 Heft7/8 S. 8, 11.
54 Niemöller BauR 2001, 481, 488; Seewald ZfBR 2000, 219, 224, vertritt die Auffassung Aufmass und Stundenlohnabrechnung habe der Gutachter auftragsunabhängig zu prüfen.
55 Stapenhorst DB 2000, 909, 913.

b) Vertragsinhalt – Werkaufgabe

47 Der Unternehmer bestimmt im Einvernehmen mit dem Gutachter den Auftragsinhalt gemäß den mittels der Fertigstellungsbescheinigung herbeiführbaren Wirkungen. Das sind die Abnahmefiktion (Abs. 1 Satz 1) und die Richtigkeitsvermutung, wenn der Gutachter die Richtigkeit einer Stundenlohnabrechnung oder eines Aufmaßes bestätigt (Abs. 1 Satz 3). Demnach kann sich die **Werkaufgabe** auf die Fertigstellung und Mangelfreiheit beziehen wie auch auf die Richtigkeit der genannten Abrechnungsvorgänge. Das haben Unternehmer und der Gutachter im Rahmen des Vertragsschlusses zu bestimmen.[56]

aa) Fertigstellung und Mangelfreiheit als Werkaufgabe

48 Der Auftrag darf sich nicht darauf beschränken, den Sachverständigen mit der Begutachtung des Werks nach Maßgabe der Anforderungen an dessen Fertigstellung und Mangelfreiheit zu betrauen. Der Sachverständige muss wissen, dass er bezüglich des näher zu bezeichnenden Werks eine **Fertigstellungsbescheinigung** zu erteilen hat, wenn die Voraussetzungen hierfür vorliegen. Nur dann ist der Gutachter darüber im Bilde, dass er die nach Abs. 3 maßgeblichen Verfahrensvoraussetzungen zu beachten hat. Der ihm übertragene **Auftrag** ist als **Begutachtung im Fertigstellungsbescheinigungsverfahren** nach Maßgabe des § 641 a BGB zur Erteilung eine Fertigstellungsbescheinigung zu beschreiben. Dabei handelt es sich gerade nicht um ein einfaches privatgutachterliches Verfahren, das lediglich den Auftraggeber unterrichten soll, damit die sich daraus ergebenden Konsequenzen gezogen werden. Das Ergebnis führt bei Erteilung der Fertigstellungsbescheinigung zur Abnahme kraft Fiktion und nicht dazu, dass sich der Auftraggeber über eine von ihm zu erklärende rechtsgeschäftliche Abnahme schlüssig werden soll.

bb) Prüfung von Aufmaß und Stundenlohnrechnung

49 Der Auftrag kann auch die Prüfung einer vom Auftragnehmer erstellten Stundenlohnabrechnung oder eines Aufmaßes beinhalten (Abs. 1 Satz 3). Damit verknüpft das Gesetz bei entsprechender Bestätigung eine **Richtigkeitsvermutung**. Von sich aus hat der Sachverständige diesbezüglich keine Tätigkeiten zu entfalten, sondern nur auf einen entsprechenden Auftrag, auf den er sich einlässt, was der freie Wille des Gutachters ist.[57] Damit soll hinsichtlich der **Forderungshöhe** das für den Urkundenprozess entscheidende Beweismittel geschaffen werden, was jedoch nicht gelingt. Bezüglich der **Stundenlohnabrechnung** entsteht an erster Stelle das Problem, was im Stundenlohn gemacht worden ist; denn das ergibt sich oft gerade nicht aus den Taglohnzetteln, sondern setzt eine Zeugeneinvernahme voraus. Wei-

---

[56] Niemöller BauR 2001, 481, 488; Kniffka, IBR-Online-Kommentar § 641 a Rn. 23; a. A. Seewald ZfBR 2000, 219, 224.
[57] Niemöller BauR 2001, 481, 488; Motzke NZBau 2000, 489, 499; ders. DS 2000 Heft 7/8 S. 8, 12; a. A. Seewald ZfBR 2000, 219, 224.

ter entsteht die Frage, ob das, was im Stundenlohn erstellt worden sein soll, nicht auch schon Gegenstand des nach Einheitspreisen abzurechnenden Ausgangsvertrages ist. Fehlen Taglohnzettel überhaupt, bedarf es erst recht der Feststellung, was überhaupt im Taglohn gemacht worden ist, wofür die Begutachtung erst in Betracht kommt, wenn dem eine Zeugeneinvernahme vorausgegangen ist.[58] Die in § 641 a BGB enthaltenen Verfahrensregeln ermächtigen den Gutachter jedoch nicht zur Zeugeneinvernahme. Geht es um die Abrechnung eines **Einheitspreisvertrages**, in dessen Rahmen das Aufmaß die entscheidende Rolle spielt, erweist sich die von Abs. 1 Satz 3 eingeführte Gutachteraufgabe für die Führung eines Urkundenprozesses als ungeeignet. Wenn durch die Begutachtung des Sachverständigen lediglich das Aufmaßes gesichert ist, was die Richtigkeitsvermutung insoweit auslöst, führt das nicht zur Richtigkeitsvermutung der Rechnung.[59] Denn die **Rechnung** besteht in solchen Fällen – wie aus § 14 VOB/B ersichtlich – aus der Rechnung selbst und den Anlagen, wozu das Aufmaß gehört. Bestätigt der Gutachter auftragsgemäß die Richtigkeit des Aufmaßes, ist keineswegs gesichert, dass die Aufmaßergebnisse richtig in die Rechnung übernommen worden sind. Das Aufmaß befasst sich außerdem lediglich mit den Mengen und nicht mit den Einheitspreisen, deren Prüfung in der Rechnung im Vergleich mit den Vorgaben im Vertrag und im Leistungsverzeichnis überhaupt nicht als Gegenstand der Beauftragung genannt wird. Wenn nur das Aufmaß zum Gegenstand der Begutachtung erklärt wird und nicht die Rechnung, führt dies nicht zur Vermutung der Richtigkeit der Forderungshöhe nach Maßgabe der Rechnung.[60]

cc) Sonstiger Auftragsinhalt

Die Vereinbarung sollte auch vorsehen, innerhalb welcher **Zeit** die Begutachtung und damit die Stellungnahme zur Fertigstellung und Mangelfreiheit erfolgt. Als Vorspann der Auftragserteilung sollte der Sachverständige von dem Unternehmer darüber informiert werden, dass er von der zu benennenden Kammer unter einem anzugebenden Datum zum Sachverständigen bezüglich der Durchführung eines Fertigstellungsbescheinigungsverfahrens hinsichtlich der zu benennenden Werkleistung bestimmt worden ist.

c) Vergütung

Die Vergütung des Gutachters bestimmt § 641 a BGB nicht. Da das Verfahren weder ein gerichtliches noch ein behördliches Verfahren ist, scheidet die Anwendbarkeit des JVEG aus. Allein die Zweckrichtung, nämlich die Verwendung der erteilten Fertigstellungsbescheinigung zur Durchführung eines Urkundenprozesses begründet die Qualität eines gerichtlichen Verfahrens nicht. Fällt das zu begutachtende Werk unter § 33 HOAI, befasst sich also die zu erstellende Bescheinigung

---

[58] Vgl. Niemöller BauR 2001, 481, 488.
[59] Vgl. Kirberger BauR 2001, 492, 503.
[60] Vgl. Kirberger BauR 2001, 492, 503.

mit Planungsleistungen, die von der HOAI entweder in Leistungsbildern oder sonstigen Bestimmungen erfasst werden, sind die Honorar nach § 33 HOAI einschlägig. Mit Auftragserteilung muss davon ausgegangen werden, dass die Vergütung als stillschweigend vereinbart gilt, da die Herstellung des Werks den Umständen nach nur gegen eine Vergütung zu erwarten ist (§ 632 Abs. 1 BGB). Hinsichtlich der Höhe ist die übliche Vergütung als vereinbart anzusehen. Das ist die Vergütung, die üblicherweise für ein Privatgutachten im fraglichen Bereich bezahlt wird.

d) Form der Auftragserteilung

52 § 641 a Abs. 2 S. 2 BGB sieht keine besondere Form für den Vertragsschluss vor. Der Auftrag kann deshalb auch mündlich erteilt werden. Aus Beweisgründen ist Schriftform jedoch angezeigt. Denn der Auftraggeber hat im Streit nach Abs. 1 Satz 2 die Einhaltung der Verfahrensvoraussetzungen zu beweisen.

e) Beteiligung des Bestellers?

53 Der Besteller des durch den Gutachter zu begutachtenden Werks hat bezüglich der Auftragserteilung an den Sachverständigen **keine Beteiligungsrechte**. Er ist nicht Vertragspartner und hat auch keinerlei Auskunftsrechte, so z.B. hinsichtlich der Höhe des zwischen dem Sachverständigen und dem Unternehmer vereinbarten Vergütungssatzes. Der Umstand, dass der Besteller nach allgemeinen Haftungsregeln, insbesondere aus Verzug gemäß §§ 280 Abs. 2, 286 BGB dem Unternehmer zum Ersatz der Kosten des Fertigstellungsbescheinigungsverfahrens verpflichtet sein kann, verschafft nach § 242 BGB keinen Auskunftsanspruch. Allerdings darf der Unternehmer bei der Auftragserteilung im Wissen um die Durchstellmöglichkeit nicht mit jeder – eben auch überhöhten – Stundenlohnforderung des Gutachters einverstanden sein. Die sich aus § 254 BGB ergebende Schranke ist zu beachten.

3. Verfahren und Aufgabe des Gutachters (Abs. 3)

54 Die näheren Details hinsichtlich des vom Unternehmer beauftragten Gutachters zu beachtenden Verfahrens und seiner Aufgaben ergeben sich aus Abs. 3. Er hat nach Abs. 3 Satz 1 einen **Besichtigungstermin** abzuhalten, wozu er den Besteller rechtzeitig unter Angabe des Anlasses und Einhaltung einer Ladungsfrist von mindestens zwei Wochen zu laden hat. Die eigentliche Aufgabe beschreibt Abs. 3 Satz 2 bis 4. Abs. 3 Satz 5 enthält eine Präklusionsregelung. Der Abs. 3 verpflichtet den Besteller in bestimmter Weise zur Mitwirkung im Rahmen des Gutachterverfahrens.

a) Prüfungspflichten des Sachverständigen

55 § 641 a BGB verlangt vom Gutachter die Beobachtung bestimmter Regeln, was bei deren Verletzung zum Verlust der Abnahmefiktion führt. Die **Fiktionswirkung** der Fertigstellungsbescheinigung und die **Vermutungswirkung** bezüglich be-

stimmter Abrechnungsgrundlagen hängen von der Einhaltung eines Mindestkanons an Verfahrensregeln ab (Abs. 1 Satz 2). Anderweitige Sorgfaltspflichten deklariert das Gesetz nicht. Auf der Grundlage des zwischen dem Gutachter und dem Sachverständigen geschlossenen Werkvertrags besteht nach Maßgabe des § 241 Abs. 2, § 311 Abs. 3 BGB für den Gutachter auch die Pflicht zur Wahrnehmung der Interessen des Unternehmers als Auftraggeber und des Bestellers, dem gegenüber die Pflicht zur Unparteilichkeit Abs. 2 Nr. 2 besonders betont. Deshalb hat der Sachverständige entweder im Rahmen der Auftragserteilung oder danach als ersten Schritt zu prüfen, ob das Fertigstellungsbescheinigungsverfahren auf das Rechtsverhältnis zwischen Besteller und Unternehmer überhaupt anwendbar ist, also der Bauvertrag vor oder nach dem 1.5.2000 geschlossen worden ist. Denn ein Gutachter, der im Rahmen eines Begutachtungsverfahrens eine Fertigstellungsbescheinigung erteilen soll, hat grundsätzlich kontrollierend zu prüfen, ob diese Verfahrensweise für den Unternehmer als Auftraggeber überhaupt einen Sinn macht. Ist eine Werkaufgabe verfahrensrechtlich von vornherein sinnlos, ist es Sache des Auftragnehmers – hier des Gutachters – auf diesen Umstand aufmerksam zu machen.

56 Deshalb erstreckt sich die Prüfung auch darauf, ob der Bauvertrag zwischen dem Unternehmer und dem Besteller schriftlich abgeschlossen worden ist. Der Gutachter hat nach Abs. 3 Satz 2 die Mangelfreiheit anhand eines **schriftlichen Bauvertrages** zu prüfen. Fehlt ein solcher Vertrag, scheitert das Fertigstellungsbescheinigungsverfahren gleichfalls von vornherein, weil dem Gutachter die Bewertungsgrundlage fehlt. Spätestens nach Auftragserteilung durch den Unternehmer hat der Gutachter sich deshalb bei diesem zu vergewissern, dass ein solcher schriftlicher Bauvertrag existiert. Ob dieser Vertrag das Schriftformerfordernis i. S. d. § 126 BGB entsprechen muss, ist strittig.[61]

57 Der Gutachter hat weiter zu prüfen, ob ihm gegenüber aus der Sicht sowohl des Unternehmers als auch des Bestellers Umstände bestehen, die einen berechtigten Grund zur **Besorgnis der Befangenheit** nach §§ 406, 42 ZPO liefern können. Wenn nämlich spätestens im Nachverfahren der Besteller solche Gründe gegen den Gutachter mit Aussicht auf Erfolg vorbringen kann, was eventuell zur Wertlosigkeit der Fertigstellungsbescheinigung führt, hat der Gutachter sein Verhältnis gegenüber beiden Parteien auf eventuelle Befangenheitsgründe zu prüfen[62] und ein positives Ergebnis beiden Parteien bekannt zu geben.

b) Verfahrensregeln – Vorbereitung des Besichtigungstermins

58 Der Abs. 3 Satz 1 enthält den verfahrensrechtlichen **Mindestkanon**, der einzuhalten ist, um mit Erfolg nach Abs. 1 Satz 2 die Fiktionswirkung auszulösen. Der Gutachter hat eine **Ortsbesichtigung** vorzunehmen und den Besteller hierzu mit einer Frist von mindestens zwei Wochen unter Angabe des Anlasses zu laden. Zu

---

61 Vgl. Parmentier BauR 2001, 1813; Henkel BauR 2003, 322; siehe auch Rn. 69.
62 Kniffka, IBR-Online-Kommentar § 641 a Rn. 29; Niemöller BauR 2001, 481, 489.

diesen Mindestvoraussetzungen zählt nicht, dass auch der Unternehmer geladen wird. Der Sachverständige wird dies regelmäßig tun, es zählt jedoch nicht zum unbedingten Muss, um die Fiktionswirkung bei Erteilung der Bescheinigung sicher zu stellen. Der Sachverständige hat in der Ladung den **Anlass** anzugeben. Was unter »Anlass« genau zu verstehen ist, besagt das Gesetz nicht. Die Angabe des Anlasses dient jedenfalls dazu, den Besteller in Kenntnis zu setzen, damit er sich auf den Besichtigungstermin vorbereiten kann. Deshalb sind solche Angaben erforderlich, die dem **Informations- und Vorbereitungsinteresse** des Bestellers dienen. Konkretisiert folgt daraus: Dem Besteller ist der Inhalt des dem Gutachter erteilten Auftrags mitzuteilen, also ob die Fertigstellung, die Mangelfreiheit des Werks, die Richtigkeit eines näher zu bezeichnenden Aufmaßes oder einer bestimmten Stundenlohnabrechnung im Rahmen eines Fertigstellungsbescheinigungsverfahrens geprüft werden soll. Nicht zum **Mindestkanon** der einzuhaltenden Verfahrensregeln gehört der Hinweis, dass der Besteller Gelegenheit zu Mängelrügen oder sonstigen Beanstandungen hat. Der Sachverständige sollte darauf jedoch hinweisen. Er tut dies in gewisser Weise auch in eigenem Interesse, da er sich dann auf den Termin und die Art und Weise seiner Durchführung einstellen und die zum Termin mitzunehmenden Gerätschaften bestimmen kann. Der Gutachter sollte auch darauf verweisen, dass Mängelrügen, die nach Abschluss der Besichtigung vorgebracht werden, unberücksichtigt bleiben (Abs. 3 Satz 5). Der Sachverständige sollte deshalb auch das Ende des Besichtigungstermins ausdrücklich erklären und festhalten.

59 Sinnvoll sollte ein Besichtigungstermin überhaupt so vorbereitet werden, dass der Sachverständige in einem der Terminsladung vorausgehenden eigenständigen Schreiben auf seine Beauftragung und den Anlass im genannten Sinn hinweist und im Hinblick auf einen vorzunehmenden aber erst noch eigenständig zu bestimmenden Besichtigungstermin den Unternehmer zur Vorlage des schriftlichen Bauvertrages samt dazu gehöriger schriftlicher Unterlagen wie z. B. Werkpläne, auffordert und dem Besteller innerhalb einer zu bestimmenden Frist Gelegenheit zum Vorbringen von Beanstandung gibt. Werden solche erhoben, kann der Gutachter überprüfen, ob er vom Unternehmer weitere schriftliche Vertragsunterlagen anfordert und er ist in der Lage, anhand der erhobenen Rügen den Besichtigungstermin zeitlich samt Festlegung der erforderlichen Untersuchungsgerätschaften sachgerecht vorzubereiten. Die Ladung zu diesem Termin unter Anlassbenennung hat die **Ladungsfrist** von zwei Wochen mindestens einzuhalten.

c) Terminsdurchführung – Prüfungsmethoden

60 Bei dem Termin handelt es sich um einen **Besichtigungstermin**. Das bedeutet jedoch nicht, dass die Prüfungsmethode des Gutachters auf eine **Sichtprüfung** beschränkt ist. Soweit manche die Prüfung auf Besicht einschränken,[63] bleibt unbeachtet, dass Abs. 4 eine Untersuchungspflicht des Bestellers festlegt. Wenn der

---

63 PWW/Wirth § 641a Rn. 4b.

Besteller nach Abs. 4 verpflichtet ist, dem Gutachter eine Untersuchung des zu begutachtenden Werks oder von Teilen davon zu gestatten, bedeutet dies notwendig die Zulässigkeit einer Methode, die über die bloße Besichtigung hinausgeht. Die **Untersuchungsmethode** bestimmt sich auch nach Abs. 1 Satz 1 Nr. 2. Danach hat der Gutachter zu prüfen, ob das Werk frei von Mängeln ist, die der Besteller gegenüber dem Gutachter behauptet hat oder die für den Gutachter bei einer Besichtigung feststellbar sind. Erhebt der Besteller Mängelrügen, geht der Gutachter diesen Rügen ausgehend von einer Sichtsprüfung auf die Spur und wird zum Geräteeinsatz übergehen, wenn deren Ergebnis oder die Mängelrüge selbst aus sachverständiger Sicht hierfür Anlass bietet. Prüft er das Werk unabhängig von einer Mängelrüge, besteht der Ausgangspunkt in einer Sichtprüfung und der Übergang zu einem Geräteeinsatz erfolgt, wenn das Ergebnis dieser Sichtprüfung hierfür Anlass gibt.[64] Demnach hat der Gutachter die Befugnis, nach eigenem sachverständigen Ermessen darüber zu befinden, welche **Prüfungsmethoden** eingesetzt werden. Dieses Ermessen ist allerdings insoweit begrenzt, als der Ausgangspunkt einer Prüfung, der eine Mängelrüge des Bestellers gegenüber dem Gutachter nicht zugrunde liegt, nur eine Sichtprüfung sein kann.

Beispiel: Ohne entsprechende Rüge darf der Gutachter deshalb z. B. nicht die Putzdicke durch Geräteeinsatz prüfen oder der Luft- und Winddichtigkeit durch einen Blower-Door-Test oder Thermografie nachgehen.

Selbstverständlich hat sich der Gutachter bei **zerstörenden Prüfungen** des Einverständnisses des Verfügungsberechtigten zu vergewissern, um nicht wegen rechtswidriger Eigentumsverletzung aus unerlaubter Handlung in Anspruch genommen werden zu können. Nach Abs. 4 ist der Besteller verpflichtet, eine Untersuchung des Werks oder von Teilen desselben durch den Gutachter zu gestatten, anderenfalls die vertragsgemäße Herstellung vermutet wird und die Fertigstellungsbescheinigung zu erteilen ist. Dieser Tatbestand wird regelmäßig nur dann akut werden, wenn der Besteller gegenüber dem Sachverständigen keine Mängelrügen erhebt und damit zunächst lediglich eine der Sichtprüfung dienende Ortsbesichtigung mit dem Ergebnis stattfindet, dass die Sichtsprüfung Veranlassung für eine absichernde und Geräteeinsatz einschließende Untersuchung bietet. Behauptet der Besteller selbst Mängel, deren Überprüfung eine gerätemäßig unterstützte Untersuchung erforderlich macht, wird der Besteller wohl regelmäßig mit einer solchen Untersuchung einverstanden sein.

Der Gutachter hat das Ende des Besichtigungstermins gegenüber den Beteiligten bekannt zu geben. Das Ende dieses Termins markiert die Abarbeitung der vom Besteller gegenüber dem Gutachter erhobenen Mängelrügen wie auch sonst die Beendigung der eigenständig vom Gutachter bestimmten Besichtigung. Der Sachverständige hat wegen der in Abs. 3 Satz 5 geregelten **Präklusionswirkung** darauf

---

[64] Kniffka, IBR-Online-Kommentar § 641 a Rn. 12.

hinzuweisen, dass nach dem Ende des Besichtigungstermins weitere Mängelrügen unberücksichtigt bleiben und deshalb den Besteller auch danach zu fragen, ob weitere Rügen erhoben werden. Allerdings ist der Termin schon beendet, wenn der Gutachter den ersten Mangeltatbestand oder die fehlende Fertigstellung des Werks festgestellt hat, und dies die Versagung der Fertigstellungsbescheinigung rechtfertigt (siehe Rn. 74, 75).

d) Prüfungsgegenstand (Abs. 1 Satz 1 Nr. 1, 2)

63 Den Prüfungsgegenstand bestimmt das Gesetz in Abs. 1 Satz 1 Nr. 1 und 2. Prüfungsgegenstand kraft Gesetzes sind die Fertigstellung des vertraglich versprochenen Werks und die Freiheit von Mängeln, die der Besteller gegenüber dem Gutachter behauptet hat oder die für den Gutachter bei einer Besichtigung feststellbar sind. Schon der Vertrag zwischen dem Unternehmer und dem Gutachter kann diese Prüfungsgegenstände generell oder spezifisch in dem Sinne beschreiben, dass der Unternehmer die zuvor von dem Besteller erhobene Beanstandungen aufgreift, deren Fehlen behauptet, und der Gutachter mit der Prüfung beauftragt wird. Eine solche spezielle Beschreibung der Aufgabe ist für den Gutachter im Fertigstellungsbescheinigungsverfahren nicht maßgeblich. Denn die Bescheinigung kann nur erteilt werden, wenn das Werk als solches hergestellt ist und keine Mängel aufweist, die der Besteller gegenüber dem Gutachter behauptet oder die für den Sachverständigen bei einer Besichtigung feststellbar sind. Der Besteller hat im Rahmen des Verfahrens bis zum Ende der Besichtigung die Möglichkeit, Mängelrügen zu erheben (Abs. 3 Satz 5). Deshalb ist bezüglich der Fertigstellung und der Sachmangelfreiheit nicht der Vertragsinhalt maßgebend, sondern der Sachverständige hat bei seiner Entscheidung auch die Negativerscheinungen zu berücksichtigen, die für ihn bei dem Besichtigungstermin unabhängig von Rügen durch Besichtigung feststellbar sind, wie auch die im Verlauf der Besichtigung von dem Besteller erhobenen Rügen.

64 Prüfungsgegenstand sind das **Aufmaß** und eine **Stundenlohnabrechnung** von Amts wegen nicht. Daraus, dass das Gesetz bei Bestätigung der Richtigkeit durch den Gutachter eine Vermutungswirkung ableitet, kann eine Prüfung ohne besondere Beauftragung durch den Unternehmer nicht geschlossen werden.[65] Die Fertigstellungsbescheinigung kann zwei Rechtsfolgen auslösen, die Abnahmefiktion und die Richtigkeitsvermutung. Darüber, was gewollt ist, befindet nicht der Gutachter, sondern der Unternehmer, der auch den Aufwand hierfür bezahlt.

65 Die **Rechtsmangelfreiheit** ist überhaupt nicht Gegenstand des Fertigstellungsbescheinigungsverfahrens.[66] Zum Zeitpunkt des Inkrafttretens des Gesetzes zur Beschleunigung fälliger Zahlungen traf den Unternehmer nach § 633 BGB a. F. noch nicht die Pflicht, das Werk frei von Rechtsmängeln zu verschaffen, wie das seit

---

65 Kniffka, IBR-Online-Kommentar § 641 a Rn. 23.
66 Dazu Sienz, Verträge am Bau S. 94.

dem Schuldrechtsmodernisierungsgesetz § 633 Abs. 3 BGB formuliert. Nach der Intention des Gesetzgebers betraf § 641 a BGB deshalb ausschießlich die Freiheit von Sachmängeln. Der Gesetzgeber hat im Rahmen der Schuldrechtsmodernisierung übersehen, in § 641 a Abs. 1 S. 1 Nr. 2 BGB zu formulieren: »*das Werk frei von Sachmängeln ist*«. Die gebotene an Sinn und Zweck der Vorschrift ausgerichtete Auslegung führt jedoch zu dieser Einschränkung, wenn auch die Nr. 2 nur von »Mängeln« spricht. Denn die Freiheit von Rechtsmängeln ist regelmäßig nicht Gegenstand eines Sachverständigenbeweises, sondern betrifft die Beurteilung von Rechtsfragen, was durch das Gericht und nicht durch einen Gutachter zu erfolgen hat.[67] Freilich führt dies zu einem Konflikt, wenn eine nach diesen Regeln erteilte Fertigstellungsbescheinigung zur Abnahmefiktion führt, sich der Besteller jedoch gegenüber dem Unternehmer auf einen Rechtsmangel berufen hat. Dieser Konflikt ist nach allgemeinen Regeln zu lösen, die sich aus § 640 Abs. 1 S. 2 BGB ergeben, auf den in § 641 a Abs. 1 S. 2 BGB verwiesen wird. Danach scheitert die Fiktionswirkung, wenn der Besteller berechtigt war, die Abnahme zu verweigern. Das ist bei einem Rechtsmangel zu bejahen. Beruft sich demnach der Besteller bis zum Zugang der Fertigstellungsbescheinigung oder im Verlauf des Urkundenprozesses auf einen Rechtsmangel, der urkundlich beweisbar ist, ist die Abnahmefiktion der Fertigstellungsbescheinigung zerstört.

e) Prüfungsmaßstab

Hinsichtlich der **Herstellung** beschreibt § 641 a BGB den Beurteilungsmaßstab abweichend von dem Maßstab für die Mangelfreiheit nicht besonders. Die Freiheit von Sachmängeln beurteilt der Gutachter nach dem schriftlichen Vertrag, den ihm der Unternehmer vorzulegen hat. Bezüglich der Frage der Herstellung fehlt die Anknüpfung an den Vertrag. Herstellung bedeutet die Erbringung der versprochenen Leistungen ohne Rücksicht auf ihre Mängelfreiheit; allenfalls unbedeutende Restarbeiten dürfen fehlen.[68] Selbstverständlich ist jedoch auch für die Herstellung auf den Bauvertrag abzustellen, der das fertige Werk regelmäßig näher beschreibt. Dieser Bauvertrag muss nach Abs. 3 Satz 2 schriftlich abgeschlossen sein.

66

Der in Abs. 1 Satz 1 Nr. 1 enthaltene Verweis auf § 641 Abs. 1 S. 2 BGB führt zur Zulässigkeit der Fertigstellungsbescheinigung auch von **Teilwerken**, wenn die Parteien im Vertrag die Abnahme solcher Teile vorgesehen haben.

Da der BGH[69] bei **Kündigung** eines Bauvertrages nunmehr die Fälligkeit der Werklohnforderung ebenfalls von einer Abnahme abhängig gemacht hat,[70] kommt die Fertigstellungsbescheinigung wohl auch insofern in Betracht.[71] Begrifflich müsste die Fertigstellungsbescheinigung jedoch ausscheiden. Denn sprachlich kann die

67

---

67 PWW/Wirth § 641 a Rn. 6; Kniffka, IBR-Online-Kommentar § 641 a Rn. 20, 21.
68 BT-Drucks. 14/1246 S. 9.
69 Urt. v. 11. 5. 2006 VII ZR 146/04 BauR 2006, 1294 = NJW 2006, 2475.
70 Kritisch dazu § 641 BGB Rn. 78, 79.
71 Kniffka, IBR-Online-Kommentar § 641 a Rn. 11.

»Herstellung des versprochenen Werks«, wovon Abs. 1 Satz 1 Nr. 1 ausgeht, bei einer Kündigung nicht festgestellt werden. Versprochen ist nämlich das Ganze und nicht ein kündigungsbedingter Torso.

68 Die **Freiheit von Sachmängeln** (**Sachmangelfreiheit**) beurteilt sich gemäß Abs. 3 Satz 2 nach dem schriftlich abgeschlossenen Bauvertrag. Damit sind die nach dem Bauvertrag maßgeblichen Sachmangelfreiheitskriterien entscheidend. Hieraus können sich gemäß § 633 Abs. 2 BGB Beschaffenheitsvereinbarungen, Angaben zur vertraglich vorausgesetzten Verwendungseignung, zur gewöhnlichen Verwendungseignung oder i. S. d. § 13 Nr. 1 VOB/B zu beachtende anerkannte Regeln der Technik oder Eigenschaften einer Leistung nach Probe (§ 13 Nr. 2 VOB/B) ergeben. Der Bauvertrag kann auch einen Maßstab dafür liefern, ob ein anderes als das bestellte Werk oder das Werk in zu geringer Menge hergestellt worden ist, was § 633 Abs. 2 S. 3 BGB einem Sachmangel gleich stellt. Änderungen des schriftlich vorliegenden Vertrages sind für den Gutachter nach Abs. 3 Satz 3 nur zu berücksichtigen, wenn sie schriftlich vereinbart sind oder von den Vertragsteilen übereinstimmend gegenüber dem Gutachter vorgebracht werden. Besteht Streit über mündliche Vertragsänderungen, scheidet eine einseitig vom Besteller eingeführte und vom Unternehmer bestrittene Qualitätsanforderung als Beurteilungsgrundlage aus.

69 Was unter dem **Schriftlichkeitsgebot** zu verstehen ist, insbesondere, ob die Formvoraussetzungen des § 126 BGB erfüllt sein müssen, ist umstritten.[72] Den Materialien zu § 641 a[73] BGB geht es ersichtlich darum, für den Sachverständigen für den Begutachtungsvorgang eine klare Beurteilungsgrundlage zu schaffen. Da der Sachverständige, wie dort ausgeführt wird, eine Art Beweisaufnahme über den Vertragsinhalt nicht durchführen kann, setze die Nutzung des neuen Instruments durch den Unternehmer klare schriftliche Abreden voraus, was auch für spätere Vertragsergänzungen oder -abreden gelten müsse. Damit sind die Formvorschriften kennzeichnenden **Klarstellungs- und Beweisfunktionen** angesprochen. Das setzt die Einhaltung der Formvorschrift des § 126 BGB nicht voraus,[74] sondern bedingt lediglich die schriftliche Niederlegung der vertraglichen Qualitätsparameter. Henkel bestimmt das Schriftlichkeitserfordernis auch mit Rücksicht auf die Erfordernisse des Urkundenprozesses und kommt über den **prozessualen Urkundenbegriff** zu dem Ergebnis, dass der schriftliche Bauvertrag eine Unterschrift nicht erfordert.[75] Deshalb sind auch Pläne, Leistungsverzeichnisse und sonstige Anlage zum Bauvertrag, wenn sie nur dem Schriftlichkeitsgebot genügen, mit Beurteilungsgrundlage. Dem Schriftlichkeitserfordernis im Sinne der Beweis- und Klarstellungsfunktion genügen auch Pläne, selbst wenn sie ohne Legende sein sollten.

---

[72] Vgl. die Zusammenstellung bei Henkel BauR 2003, 322; Quack BauR 2001, 507, 510.
[73] BT-Drucks. 14/2752 S. 13.
[74] A. A. wohl PWW/Wirth § 641 a Rn. 7.
[75] Henkel BauR 2003, 322, 325; Musielak/Voit § 592 Rn. 12; Musielak/Huber § 515 Rn. 4.

Darauf, dass Zeichnungen und Baupläne dem prozessualen Urkundenbegriff mangels Schriftlichkeit nicht genügen[76] und deshalb für die Führung des angestrebten Urkundenprozesses ungeeignet sind, kommt es nicht an. Im Zuge der Begutachtung nach § 641 a BGB ist der Gutachter nicht auf Urkunden im prozessualen Sinne beschränkt, sondern die Ausrichtung erfolgt nach dem **schriftlichen Bauvertrag**. Dazu gehören auch Pläne. Für die Führung des Urkundenprozesses sind Pläne und Zeichnungen nicht erforderlich. Denn die Anspruchsgrundlage für den Zahlungsanspruch folgt aus dem schriftlichen Vertrag, an dem der Besteller nicht notwendig unterschriftlich mitgewirkt haben muss,[77] und die Fälligkeit des Werklohnanspruchs beweist eine existierende Fertigstellungsbescheinigung.

Enthält der Vertrag keinerlei Parameter, sind nach Abs. 3 Satz 4 die **allgemein anerkannten Regeln der Technik** zugrunde zu legen. Mit Inkrafttreten des Schuldrechtsmodernisierungsgesetzes am 1.1.2002 kommt diese Bestimmung mit § 633 Abs. 2 S. 2 Nr. 2 BGB in Konflikt. Denn danach ist bei Fehlen einer Beschaffenheitsvereinbarung und Fehlen von Anhaltspunkten für eine nach dem Vertrag vorausgesetzte Verwendungseignung darauf abzustellen, ob das Werk sich für die gewöhnliche Verwendung eignet und eine Beschaffenheit aufweist, die bei Werken der gleichen Art üblich ist und die der Besteller nach der Art des Werks erwarten kann. Die Materialien zum Schuldrechtsmodernisierungsgesetz[78] betonen bezüglich eines Vorschlags von Weyer, in § 633 BGB ausdrücklich die grundsätzliche Beachtlichkeit der anerkannten Regeln der Technik aufzunehmen, es sei nicht zweifelhaft, dass bei Fehlen einer anderweitigen Vereinbarung die anerkannten Regeln der Technik maßgeblich seien. Selbst wenn also danach im Rahmen des § 633 Abs. 2 S. 2 Nr. 2 BGB die anerkannten Regeln der Technik zu berücksichtigen sind, spricht § 641 a Abs. 3 S. 4 BGB von den allgemein anerkannten Regeln der Technik, die der Gutachter seiner Bewertung zugrunde zu legen hat.

Damit wie auch bezüglich der Mangelfrage sind rechtliche Auslegungsfragen berührt. Welches Erfolgssoll sich letztlich aus dem schriftlichen Vertrag ergibt, ist nach der Rechtsprechung des BGH[79] wie auch nach der Literatur[80] in erster Linie eine Rechtsfrage, deren Antwort im Streit dem Gericht obliegt. Die Vorschrift legt die Fertigstellung und die Mangelfrage allein in die Hand eines Gutachters, der mit seiner Bescheinigung über die Abnahmefiktion und damit über die Fälligkeit des Werklohns und die weiteren Rechtsfolgen, die sich aus der rechtsgeschäftlichen Abnahme ergeben, befindet. Ob ein Werk mangelfrei oder mangelhaft ist, ist pri-

---

76 Musielak/Huber § 415 Rn. 4.
77 Musielak/Voit § 592 Rn. 12.
78 BT-Drucks. 14/6040 S. 261.
79 BGH Urt. v. 14.5.1998 VII ZR 184/97 BauR 1998, 872 = NJW 1998, 2814 = IBR 1998, 376; Urt. v. 9.2.1995 VII ZR 143/93 BauR 1995, 538 = NJW-RR 1995, 914 = ZfBR 1995, 192 = IBR 1995, 325; OLG Köln BauR 2002, 1120, 1122; OLG Hamm BauR 2001, 1262.
80 Kniffka, IBR-Online-Kommentar § 641 a Rn. 13.

mär eine **Rechtsfrage** und nicht eine **Sachverständigenfrage**,[81] denn gerade mit Rücksicht auf § 633 Abs. 2 BGB ist die Auslegung des Vertrages und der Vertragsbestandteile gefordert. Mit dem Verweis auf die Einschlägigkeit der allgemein anerkannten Regeln der Technik für den Fall, dass der schriftliche Vertrag zu Beschaffenheitsanforderungen und Verwendungsvoraussetzungen schweigt, formuliert das Gesetz einen Maßstab, der ansonsten im Baubereich gerade nicht gefordert wird. Die VOB/B fordert in § 13 Nr. 1 die Beachtung der anerkannten Regeln der Technik. Nach der DIN 820 Teil 1 Abschnitt 6.1 stehen die Normen des Deutschen Normenwerks jedermann zur Anwendung frei, sie sollen sich als anerkannte Regeln der Technik einführen. Insgesamt steht der Sachverständige vor einer Aufgabe, die ihn überfordert.[82] Das ist mit ein Grund dafür, dass die Sachverständigen die Übernahme der ihnen über § 641 a BGB angesonnenen Aufgabe abgelehnt haben.[83]

72 Das Gesetz sieht davon ab, über die Mangelfrage hinaus die Verursachung, die Zurechnung und die Art und Weise der Mängelbeseitigung und deren Kosten zum Gegenstand zu machen.[84] Ob der Mangel am Werk des Unternehmers diesem zurechenbar ist oder ob die Ursache in einem anderen Leistungsbereich liegt, ist demnach nicht Prüfungsgegenstand.

4. Die Entscheidung des Gutachters (Abs. 1)

73 Die Fertigstellungsbescheinigung ist nach Abs. 1 zu erteilen, wenn das vertraglich versprochene Werk oder bei Vereinbarung von Teilwerkabnahmen ein Teil hergestellt ist und das Werk frei von Mängeln ist, die der Besteller gegenüber dem Gutachter behauptet hat oder die für den Gutachter bei einer Besichtigung feststellbar sind. Der Rechtsausschuss hat in den Materialien[85] zum Ausdruck gebracht, die Bescheinigung solle nur bei mangelfreier Herstellung des Werks zugelassen werden (**totale Mangelfreiheit**). So formuliert auch Abs. 1 Satz 1 Nr. 2, womit gleichgültig ist, ob es sich um unwesentliche oder nicht unwesentliche Mängel handelt.[86] Wenig stimmig regelt jedoch Abs. 1 Satz 2, dass die Fiktion scheitert, wenn die Voraussetzungen des § 640 Abs. 1 S. 1 und 2 BGB nicht gegeben waren, was bezüglich des Satzes 2 im Ergebnis bedeutet, dass das Vorliegen eines nicht unwesentlichen Mangels trotz erteilter Fertigstellungsbescheinigung zum Verlust der Abnahmefiktion führt. Demnach darf zwar die Fertigstellung nicht erteilt werden, wenn auch ein nur unwesentlicher Mangel feststellbar ist; eine erteilte Fertigstellungsbescheinigung verliert ihre Wirkung aber nur dann, wenn ein wesentlicher Mangel nachge-

---

81 Siegburg BauR 2001, 875, 879; Kniffka, IBR-Online-Kommentar § 641 a Rn. 13; Vogel DS 2000 Heft 9, S. 6, 7.
82 Roos BauR 2000, 459, 466.
83 Vogel DS 2000, Heft 9 S. 6, 7.
84 Vgl. Motzke NZBau 2000, 489, 499.
85 BT-Drucks. 14/2752 S. 12.
86 Vgl. PWW/Wirth § 641 a Rn. 3; Palandt/Sprau § 641 a Rn. 5; Kniffka ZfBR 2000, 227, 233; Jaeger/Palm BB 2000, 1102, 1103.

wiesen werden kann. Das Vorliegen eines unwesentlichen Mangels bringt die erteilte Bescheinigung nicht zu Fall. Dies könnte für eine **relative Mangelfreiheit** sprechen. Ein solcher Nachweis gelingt dem Besteller jedoch im Urkundenbeweis nicht, weil ein im Urkundenprozess vorgelegtes Sachverständigengutachten kein Beweis mittels Urkunden (§ 595 Abs. 2 ZPO) ist. Die Auffassung, dass die Fertigstellungsbescheinigung auch bei **unwesentlichen Mängeln** erteilt werden dürfte,[87] entspricht dem Wortlaut des Gesetzes nicht.

Deshalb hat der Gutachter die Erteilung der Fertigstellungsbescheinigung zu versagen, wenn er den ersten Mangel oder die nicht vollständige Herstellung feststellt. Es wäre völlig falsch, nach der Feststellung des ersten die Versagung der Fertigstellungsbescheinigung rechtfertigenden Tatbestandes mit der Untersuchung fortzusetzen und gleichsam eine **Mängelgesamtliste** zu erstellen. Darauf bauen die Materialien,[88] wenn dort ausgeführt wird, auch bei Verweigerung der Fertigstellungsbescheinigung trage das Verfahren zur Beschleunigung bei, weil erwartet werden könne, dass die Unternehmer in einer Vielzahl von Fällen die vom Sachverständigen festgestellten Mängel beseitigen würden.

74

Der Gutachter verstößt gegen die ihn im Fertigstellungsbescheinigungsverfahren kraft des geschlossenen Werkvertrags treffenden Pflichten, wenn er nach Feststellung des ersten die Versagung der Bescheinigung rechtfertigenden Mangeltatbestandes die Überprüfung fortsetzt. Die dem Gutachter beauftragte Werkaufgabe ist die Begutachtung zum Zweck der Erteilung oder Versagung der Bescheinigung. Der Sachverständige hat deshalb den Unternehmer nach Feststellung des ersten Mangels davon zu unterrichten, dass er die Fertigstellungsbescheinigung versagen müsse. Dann hat der Unternehmer zu entscheiden, ob der Gutachter seine Gutachtertätigkeit fortsetzen oder beenden soll. Ordnet der Unternehmer die Fortsetzung der Begutachtung an, handelt es sich dabei nicht mehr um einen Teil des in § 641 a BGB geregelten Verfahrens, sondern um eine rein privatgutachterliche Tätigkeit. Diese Differenzierung hat verjährungsrechtliche Auswirkungen, weil eine privatgutachterliche Tätigkeit außerhalb des in § 641 a BGB geregelten Verfahrens keine verjährungshemmende Wirkung hat. Kniffka[89] ist der Auffassung, der Gutachter könne nach Feststellung des ersten Mangels die weitere Begutachtung abbrechen. Die Qualifizierung des dem Sachverständigen nach Abs. 2 Satz 2 erteilten Auftrags als Werkvertrag, dessen Erfolg entweder die Erteilung oder die Versagung der Bescheinigung ist, begründet zu Lasten des Sachverständigen die Pflicht zur Beendigung, wenn eine negative Entscheidung i. S. d. Versagung der Bescheinigung klar im Raum steht.

75

Der Gutachter hat seine Entscheidung zu begründen. § 641 a BGB stellt keine Vorgaben auf. Soll die erteilte Bescheinigung jedoch als Beweismittel für den Nach-

76

---

[87] Bamberger/Roth/Voit § 641 a Rn. 24; Motzke NZBau 2000, 489, 496; wohl auch Korbion MDR 2000, 932, 938.
[88] BT-Drucks. 14/2752 S. 12.
[89] Kniffka, IBR-Online-Kommentar § 641 a Rn. 39.

weis der Abnahmefiktion im Urkundenprozess geeignet sein, muss eine solche Begründung gefordert werden, dass das Gericht nach § 286 ZPO eine Würdigung vornehmen kann. Als Privaturkunde[90] kommt der erteilten Fertigstellungsbescheinigung die **formelle Beweiskraft** nach § 416 ZPO zu. Hinsichtlich der **materiellen Beweiskraft** entscheidet das Gericht frei und ohne strikte Beweisregeln nach § 286 ZPO, weswegen es auf die Begründung der erteilten Fertigstellungsbescheinigung ankommt. Eine erteilte Fertigstellungsbescheinigung ohne jegliche Begründung ist für einen Urkundenprozess untauglich. Die **Begründungstiefe** sollte nach den Materialien die eines Sachverständigengutachtens erreichen.[91] Der Sachverständige sollte sich deshalb an der Mustersachverständigenordnung und den Richtlinien dazu ausrichten. Stellt man sich entsprechend der gesetzlichen Regelung auf den Standpunkt, jeglicher Mangel rechtfertige die Versagung der Bescheinigung, besteht kein Bedarf, in der Begründung auf die Wesentlichkeit oder Unwesentlichkeit eines Mangels einzugehen. Die Erteilung einer Fertigstellungsbescheinigung darf auch nicht damit begründet werden, es liege zwar ein Mangel vor, dieser sei jedoch i.S.v. § 640 Abs. 1 S. 2 BGB unwesentlich. Die Begründung muss in Ausrichtung an den Richtlinien zur Mustersachverständigenordnung § 11.6[92] systematisch aufgebaut und übersichtlich gegliedert sein, sich auf das Wesentliche beschränken und mit Rücksicht auf den Adressaten verständlich formuliert sein. Auf die Nachvollziehbarkeit und Nachprüfbarkeit kommt es nicht in dem Maße wie bei einem Gutachten an. Die Bescheinigung ist ein Beweismittel im Urkundenprozess, weswegen der Adressat das Gericht ist. Demnach ist Nachvollziehbarkeit für das Gericht erforderlich. Die Nachprüfbarkeit ist im Urkundenprozess bedeutungslos, sie gewinnt einen Stellenwert erst im Nachverfahren.

77 Systematischer Aufbau und übersichtliche Gliederung erfordern eine Abwicklung der vom Besteller erhobenen Mängelrügen und des Besichtigungsergebnisses unter Angabe der eingesetzten Prüfmethoden. Das Ergebnis der Feststellungen ist am Maßstab der sich aus dem Vertrag ergebenden Sachmangelfreiheitskriterien und bei Fehlen an den allgemein anerkannten Regeln der Technik zu beurteilen. Denselben Aufbau- und Begründungs-gesichtspunkten haben in Auftrag gegebene Prüfungen des Aufmaßes und einer Stundenlohnabrechnung zu genügen.

78 Hat der Gutachter neben der Prüfung der Herstellung und Mängelfreiheit auch **Aufmaß** und/oder eine **Stundenlohnabrechnung** zu prüfen, ist es systematisch geboten, die Qualitätsprüfung voranzustellen. Denn ist die Fertigstellungsbescheinigung zu versagen, haben positive Ausführungen zu den Abrechnungsgrundlagen keinen Sinn. Die Vermutungswirkung nach Abs. 1 Satz 3 ist sinnlos, wenn die Abnahmefiktion ausfällt. Fällt die Qualitätsprüfung des Werks positiv aus, kann der

---

90 LG Frankenthal BauR 2005, 909; NZBau 2005, 157 = IBR 2005, 356; Kniffka, IBR-Online-Kommentar § 641 a Rn. 7.
91 BT-Drucks. 14/1246 S. 9.
92 Abgedruckt z.B. in Sachverständige, Inhalt und Pflichten ihrer öffentlichen Bestellung, 6. Aufl. 2003, Deutscher Industrie- und Handelskammertag, S. 97.

Gutachter aber die Richtigkeit der Abrechnungsgrundlagen nicht bestätigen, ist die Fertigstellungsbescheinigung zu erteilen. Ob der Unternehmer damit allein und ohne die Vermutung der Richtigkeit der Abrechnungsgrundlagen den Urkundenprozess mit Aussicht auf Erfolg führen kann, ist dessen Risiko. Die mögliche Trennung zwischen Fiktions- und Vermutungswirkung ist durch die Formulierung des Abs. 1 angelegt. Dennoch ist eine **isolierte Richtigkeitsbescheinigung** der Abrechungsgrundlagen samt der damit verknüpften Richtigkeitsvermutung ausgeschlossen; denn Abs. 1 Satz 3 sieht die Richtigkeitsbestätigung in der Fertigstellungsbescheinigung vor.

Verweigert der Besteller eine aus der Sicht des Sachverständigen gebotene Untersuchung, stellt der Gutachter dies nach Abs. 4 fest und erteilt die Fertigstellungsbescheinigung unter Verweis auf die Regelung in Abs. 4.

5. Mitteilung der Fertigstellungsbescheinigung (Abs. 1 und 5)

Das Gesetz sieht Besonderheiten nur hinsichtlich des Bestellers bei Erteilung einer Fertigstellungsbescheinigung vor. Nach Abs. 5 ist dem Besteller von dem Gutachter – also nicht vom Unternehmer – eine Abschrift der Bescheinigung zu erteilen. Bezüglich des Laufs von Fristen, Zinsen und Gefahrübergang treten die Wirkungen der Bescheinigung erst mit Zugang dieser Abschrift bei dem Besteller ein. Demnach ist für den Lauf der Verjährungsfrist der Sachmängelansprüche dieses Zugangsdatum ebenso entscheidend wie für den Gefahrübergang nach § 644 BGB und für die Fälligkeitszinsen nach § 641 Abs. 2 BGB. Deshalb hat der Gutachter gegenüber dem Besteller dafür zu sorgen, dass der Zugang auch tatsächlich nachgewiesen werden kann (z.B. Einschreiben mit Rückschein). Der Gutachter hat dem Unternehmer die erstellte Fertigstellungsbescheinigung im Original zu überlassen; das folgt aus Abs. 1 Satz 1. Denn danach ist die Bescheinigung dem Unternehmer zu erteilen, was beinhaltet, dass die Bescheinigung dem Unternehmer auch zugehen muss. Ab diesem Zugangsdatum tritt die **Abnahmefiktion** mit der Folge der Fälligkeit der Werklohnforderung ein, so dass die Verjährungsfrist für die Werklohnforderung mit Rücksicht auf dieses Zugangsdatum bei dem Unternehmer gemäß §§ 195, 199 BGB zu bestimmen ist. Wenn Abs. 5 für Fristen auf den Zugang bei dem Besteller abhebt, betrifft das die für den Besteller, nicht aber für den Unternehmer maßgeblichen Fristen.

Verweigert der Gutachter die Erteilung der Bescheinigung, geht dies lediglich dem Unternehmer zu. Eine Mitteilung an den Besteller ist nicht vorgesehen.

6. Wirkung und Reaktion auf die Fertigstellungsbescheinigung

Die Fertigstellungsbescheinigung entfaltet Wirkungen, was auch die Frage aufwirft, welche Reaktionen auf deren Erteilung wie auch Versagung in Betracht kommen können.

a) Wirkungen

81 Die erteilte Fertigstellungsbescheinigung begründet nach Abs. 1 Satz 1 die **Abnahmefiktion** und damit in der Folge die Fälligkeit des Vergütungsanspruchs (Abs. 1 Satz 1), es sei denn, der Unternehmer und Besteller haben im Vertrag als Fälligkeitsvoraussetzung auch die Erstellung einer prüfbaren Rechnung vereinbart.[93] Enthält die Fertigstellungsbescheinigung eine Richtigkeitsbestätigung der Abrechnungsgrundlagen – Aufmaß und/oder Stundenlohnabrechnung –, ist damit eine **Richtigkeitsvermutung** verbunden (Abs. 1 Satz 3). Mit der Versagung der Fertigstellungsbescheinigung hat der Unternehmer sein Ziel verfehlt.

82 Wird die Fertigstellungsbescheinigung erteilt und damit die Abnahmefiktion begründet, führt dies nicht zur Anwendbarkeit des § 640 Abs. 2 BGB mit der Folge, dass sich der Besteller Mängelrechte vorbehalten müsste. § 640 Abs. 2 BGB wird in § 641 a Abs. 1 S. 3 BGB ausdrücklich für unanwendbar erklärt. Eines **Mangelvorbehalts** bedarf es deshalb nicht.

83 Der **Vorbehalt** der **Vertragsstrafe** ist wegen der Abnahmefiktion einer erteilten Fertigstellungsbescheinigung notwendig.[94] Gemäß § 341 Abs. 3 BGB ist der Vorbehalt bei Annahme als Erfüllung zu erklären. Im Bauvertrag steht dafür die rechtsgeschäftlich Abnahme,[95] die durch die Fertigstellungsbescheinigung ersetzt wird. Aus § 641 a Abs. 5 BGB folgt jedoch, dass für den Besteller hinsichtlich Fristen, Zinsen und Gefahrübergang die Wirkungen der Bescheinigung erst mit deren Zugang bei dem Besteller eintreten. Deshalb ist der Besteller berechtigt, in einem gewissen vertretbaren Zusammenhang mit diesem Zugang den Vorbehalt noch zu erklären.

Bei der Erteilung wie auch bei der Versagung der Bescheinigung entsteht das Problem, welche Behelfe der Besteller bei der Erteilung oder der Unternehmer bei der Versagung hat.

b) Vorgehen des Bestellers bei Erteilung der Bescheinigung

84 Da der Besteller mit dem Gutacher in keinerlei vertraglicher Beziehung steht, sind ihm Sachmängelrechte versagt. Der Umstand, dass der Gutachter die Bescheinigung nach bestem Wissen und Gewissen sowie unparteiisch zu erstatten hat (Abs. 2 Satz 3), begründet zwar die Einstufung als Vertrag zu Gunsten Dritter, verschafft aber nur Schadensersatzansprüche, nicht jedoch einen Anspruch des Bestellers gegenüber dem Gutachter auf Revidierung seiner Bescheinigung. Auch eine Feststellungsklage oder ein einstweiliger Rechtsschutz mit dem Ziel, dem Unternehmer die Verwendung der Bescheinigung im Rahmen eines Urkundenprozesses zu versagen, schlagen fehl.[96] Für eine **Feststellungsklage** nach § 256 ZPO fehlt es an den

---

[93] Bamberger/Roth/Voit § 641 a Rn. 30.
[94] Niemöller BauR 2000, 481, 488.
[95] BGH Urt. v. 20.2.1997 VII ZR 288/94 BauR 1997, 640 = NJW 1997, 1046 = IBR 1997, 278; OLG Düsseldorf BauR 2001, 112.
[96] Dafür jedoch Bamberger/Roth/Voit § 641 Rn. 16.

besonderen Prozessvoraussetzungen. Soll mit der Klage festgestellt werden, dass die Fertigstellungsbescheinigung zu Unrecht erteilt worden ist, geht es nicht um die Feststellung der Unechtheit einer Urkunde oder um die Anerkennung einer Urkunde. In Betracht kommt lediglich die Feststellung des Bestehens oder Nichtbestehens eines Rechtsverhältnisses. Das genannte Rechtsschutzziel – Bescheinigung zu Unrecht erteilt – betrifft jedoch keine Rechtsbeziehung des Bestellers zum Unternehmer. Damit soll letztlich erreicht werden, dass die Abnahmefiktion zusammenbricht und mit ihr die Fälligkeit ausfällt. Hierbei handelt es sich jedoch lediglich um Elemente eines Rechtsverhältnisses, was für § 256 ZPO nicht ausreicht.[97] Für eine **einstweilige Verfügung** des Inhalts, dem Unternehmer die Verwendung der erteilten Fertigstellungsbescheinigung zur Durchführung eines Urkundenprozesses zu benutzen, fehlt es an einem sicherbaren Anspruch (§ 935 ZPO). Verfügungsanspruch ist jeder zivilrechtliche Individualanspruch; der Besteller hat aus dem Vertrag mit dem Unternehmer keinen Anspruch darauf, dass der Unternehmer prozessuale Möglichkeiten, die sich ihm mittels einer erteilten Fertigstellungsbescheinigung eröffnen, nicht wahrnimmt.

Im **Urkundenprozess** kann der Besteller die Voraussetzungen für den Verlust der mit der Bescheinigung verbundenen Abnahmefiktion nach Abs. 1 Satz 1 mit den gemäß § 595 Abs. 2 ZPO zulässigen Beweismitteln regelmäßig nicht zu beweisen. Ausgeschlossen ist dies bezüglich der **Nichteinhaltung von Verfahrensregeln** jedoch nicht, z.B. wenn sich aus der Ladung zum Besichtigungstermin ergibt, dass die zweiwöchige Ladungsfrist nicht eingehalten worden ist. Gleiches gilt, wenn der Besteller urkundlich nachweisen kann, dass er zum Termin nicht vom Gutachter geladen worden ist, sondern die Mitteilung hiervon vom Unternehmer erhalten hat. Diesbezüglich kann der Gutachter nach §§ 428 ff., 142 ZPO zur Vorlage von Urkunden verpflichtet werden. Die **unberechtigte Erteilung der Fertigstellungsbescheinigung** wegen Mangelhaftigkeit der Leistung lässt sich mittels eines **Privatgutachtens** im Urkundenprozess keinesfalls beweisen;[98] denn dieses Gutachten ist gar kein Beweismittel, sondern lediglich qualifizierter Parteivortrag, der erst noch des Beweises bedarf.[99] In Betracht könnte allenfalls ein in einem parallel durchgeführten selbständigen Beweisverfahren erstattetes Gutachten kommen, wofür sich Kniffka ausspricht.[100] Dieses Gutachten ist jedoch nach § 493 ZPO deutlich als Sachverständigenbeweis zu qualifizieren. Eine Umqualifizierung als Urkundenbeweis scheidet aus; denn die nach § 493 ZPO im Prozess zulässige Verwertung ist gerade kein Urkundenbeweis, sondern steht einer Beweisaufnahme vor dem Prozessgericht gleich.[101] Das Prinzip der Waffengleichheit[102] kann nicht be-

---

97 Thomas/Putzo/Reichold § 256 Rn. 10.
98 A. A. Bamberger/Roth/Voit § 641 a Rn. 34.
99 BGH Urt. v. 24. 2. 2005 VII ZR 225/03 BauR 2005, 861 = NJW 2005, 1650 = NZBau 2005, 335 = IBR 2005, 247.
100 ZfBR 2000, 229, 236.
101 Thomas/Putzo/Reichold § 493 Rn. 1; Musielak/Huber § 493 Rn. 4.
102 Dafür Kniffka, IBR-Online-Kommentar § 641 a Rn. 42; ders. ZfBR 2000, 226, 236.

müht werden; der Gesetzgeber hat hinsichtlich der im Urkundenprozess zulässigen Beweismittel strikte Regeln aufgestellt; der Urkundenbeweis kann nicht mit solchen Schriftstücken angetreten werden, die lediglich eine Sachverständigenaussage ersetzen.[103] Gerade das würde jedoch bei Zulässigkeit einer Beweisführung durch Vorlage eines im selbständigen Beweisverfahren erstatteten Gutachtens bewirkt werden. Der Gesetzgeber hat nach den Materialien[104] bewusst ein »schneidiges Verfahren« zur Verfügung gestellt, mit dessen Hilfe dem Unternehmer schnell zu einem Titel verholfen werden soll. Ist eine Fertigstellungsbescheinigung erteilt worden, ist der Unternehmer auf das **Nachverfahren** (§§ 599, 600 ZPO) verwiesen, in welchem sämtliche Beweismittel zugelassen sind. Das Nachverfahren bietet regelmäßig die einzige Möglichkeit zur **Widerlegung der Fertigstellungsbescheinigung**. Im Nachverfahren kann der Besteller den Antrag auf Einholung eine Sachverständigengutachtens stellen; er wird durch § 412 ZPO nicht eingeschränkt, weil die der Fertigstellungsbescheinigung zugrunde liegende Begutachtung nicht als Sachverständigenbeweis im prozessualen Sinne gewertet werden kann. Im **Nachverfahren** beginnt die Beweisaufnahme zu Mängeln wie auch zur Einhaltung der Verfahrensvorschriften nach Abs. 2 bis 4 völlig neu. Der Gutachter, der die Begutachtung für die Fertigstellungsbescheinigung vorgenommen hat, scheidet als Sachverständiger aus; ihm gegenüber kann der Besteller mit Recht Argumente vorbringen, die für eine Besorgnis der Befangenheit sprechen (§§ 406, 42 ZPO). Denn er war für den Unternehmer trotz Bestimmung durch eine Kammer als Privatgutachter tätig. Diese Möglichkeit scheidet bei Verständigung über den Gutachter nach Abs. 2 Nr. 1 aus. Dem Unternehmer droht für den Fall der Aufhebung des Vorbehaltsurteils und der Abweisung der Klage die Schadensersatzpflicht nach §§ 600 Abs. 2, 302 Abs. 4 S. 3, 4 ZPO, was Anlass sein wird, dass der Gutachter im Verfahren nach § 641 a BGB mit großer Sorgfalt vorgehen wird. Der Unternehmer wird sich Vollstreckungsmaßnahmen aus einem Vorbehaltsurteil auch überlegen, wenn der Besteller schon im Urkundenprozess – wenn auch darin prozessual unbeachtliche – Argumente vorgebracht und Beweise eingeführt hat, die gegen die verfahrensrechtliche und materiellrechtliche Ordnungsmäßigkeit der erteilten Fertigstellungsbescheinigung sprechen. Allerdings trifft den Besteller nach Abs. 1 Satz 2 die **Beweislast**.

c) Vorgehen des Unternehmers bei Versagung der Fertigstellungsbescheinigung

86 § 641 a BGB sieht keine besonderen Behelfe des Unternehmers bei Versagung der Bescheinigung vor. Auf der Grundlage eines Werkvertrages scheiden auch Mängelrügen und das Begehren auf Mängelbeseitigung mit der Begründung aus, der Unternehmer habe zu Unrecht eine Mangelqualifizierung vorgenommen. Zwar ist gewöhnlich mit einem Werkvertrag auch das Recht des Werkunternehmers auf

---

103 Musielak/Voit § 592 Rn. 12.
104 BT-Drucks. 14/1246 S. 8.

Mängelbeseitigung verbunden, dem sich gewöhnlich erst nach Fristablauf Sekundärrechte anschließen. Ein Werkvertrag über das Begutachtungsverfahren nach § 641 a BGB weist jedoch die Besonderheit aus, dass solche Mängelbeseitigungsmaßnahmen ausscheiden. Mit der Versagung der Bescheinigung ist das Verfahren beendet. Es kann nicht mehr durch Beanstandungen wieder aufgenommen werden. Eine positive wie auch eine negative Entscheidung des Gutachters haben endgültigen Charakter. Auf eine negative Entscheidung soll sich der Unternehmer nach der Vorstellung des Rechtsausschusses in der Weise einstellen, dass er Mängelbeseitigungsmaßnahmen ergreift.[105] Die Mängelbeseitigung ist i. S. v. § 275 Abs. 1 BGB unmöglich, was bei vorwerfbarer Pflichtverletzung des Sachverständigen zur Schadensersatzpflicht nach § 280 Abs. 1 BGB führt.

D. Haftung des Gutachters

Der Gutachter haftet nach § 280 Abs. 1 BGB auf Schadensersatz bei vorwerfbarer Pflichtverletzung. Ausgangspunkt kann eine zu Unrecht erteilte Fertigstellungsbescheinigung sein, auf die hin im Urkundeprozess ein ohne Sicherheitsleistung vorläufig vollstreckbares Vorbehaltsurteil ergangen ist, das auch zu Vollstreckungsmaßnahmen geführt hat, dann jedoch nach dem Ergebnis des Nachverfahrens aufgehoben und die Klage deshalb abgewiesen worden ist, weil entweder ein Verfahrensfehler nach Abs. 2 bis 4 vorgelegen oder das Werk doch einen Mangel aufgewiesen hat, was der Gutachter vorwerfbar übersehen hat. Wenn der Gutachter die Erteilung ablehnt, scheiden diese verfahrensrechtlichen Folgen aus und in Betracht kann lediglich kommen, dass ein anderweitig eingeschalteter Sachverständiger dann erfolgreich eine Bescheinigung erteilt. Hieraus können sich eventuell infolge der zeitlichen Fortentwicklung Schadensersatzansprüche ergeben, wenn Pflichtverletzungen inmitten liegen. 87

Ausgangspunkt ist sowohl für den Unternehmer als auch für den Besteller die den Gutachter in Abs. 2 Satz 3 kennzeichnende **Pflichtenlage**, die Bescheinigung unparteiisch und nach bestem Wissen und Gewissen zu erteilen. Voit[106] bezeichnet diese Pflichtenlage im Verhältnis zum Unternehmer als Teil des Gutachtervertrags und gegenüber dem Besteller als Ausdruck eines gesetzlichen Schuldverhältnisses. Das bedeutet hinsichtlich der **Mangelfrage** insbesondere die Berücksichtigung der einschlägigen **Prüfungs- und Untersuchungsmethode**. Gerade dann, wenn wegen gänzlich oder insoweit fehlender Mängelrügen des Bestellers lediglich die Besichtigung in Betracht kommt (siehe Rn. 60), und eine solche Besichtigung Anlass zu weiteren Untersuchungen nicht geboten hat, können dem Gutacher keinerlei Pflichtverletzungen vorgeworfen werden, wenn im Nachverfahren der vom Gericht eingeschaltete Gutachter unter Verwendung der dann im Nachverfahren pro- 88

---

105 BT-Drucks. 14/2752 S. 12.
106 In Bamberger/Roth § 641 a Rn. 9.

zessual gebotenen Untersuchungsmethoden zu abweichenden Ergebnissen kommt. Hinsichtlich der Streitfrage, ob die Bescheinigung trotz Vorliegens **unwesentlicher Mängel** erteilt werden kann, entspricht es der **Vorsichtsregel**, die der Gutachter im Fertigstellungsbescheinigungsverfahren zu beachten hat, den sicheren Weg zu wählen und die Erteilung abzulehnen. Verletzt der Gutachter Verfahrensregeln, was den Verlust der Abnahmefiktion zur Folge hat, liegen die Voraussetzungen des § 280 Abs. 1 BGB vor.

89 Hinsichtlich des Verschuldens, das nach § 280 Abs. 1 S. 2 BGB vermutet wird, gilt § 276 BGB. Eine Haftungsbeschränkung auf Vorsatz und grobe Fahrlässigkeit, wie das in § 839a BGB für den Gerichtsgutachter vorgesehen ist, greift nicht; denn der Gutachter nach § 641a BGB ist kein Gerichtsgutachter. Da das Verfahren nach § 641a BGB nicht zu einem Schiedsgutachten führt, beschränkt sich die Haftung auch nicht wie bei einem Schiedsgutachter auf Fälle der offenbaren Unrichtigkeit der Bescheinigung.[107]

90 **Haftungsbeschränkungen** können im Vertrag zwischen dem Unternehmer und dem Gutachter individualvertraglich vorgesehen werden. Sie wirken jedoch nicht im Verhältnis zum Besteller. Denn solche haftungsbeschränkenden Vereinbarungen, die im Bereich des Vertrages mit Schutzwirkung für Dritte grundsätzlich auch dem Dritten gegenüber gelten,[108] weil dieser nicht mehr Rechte als der eigentliche Gläubiger soll beanspruchen können, kommen mit Abs. 2 Satz 3 in Konflikt. Danach ist der Gutachter dem Besteller gegenüber uneingeschränkt dazu verpflichtet, die Bescheinigung nach bestem Wissen und Gewissen zu erteilen. Eine Haftungsbeschränkung im Vertrag zwischen Gutachter und Unternehmer mit Auswirkungen auf den Besteller erweist sich als Vertrag zu Lasten Dritter und verfällt damit der Unwirksamkeit. Gleiches gilt für Klauseln, die ein Gutachter im Rahmen der Auftragserteilung verwendet.

E. Rechtsprechung

91 Rechtsprechung fehlt im Wesentlichen. Nach dem LG Schwerin[109] kann der gemäß § 726 ZPO gebotenen Beweis durch öffentliche oder öffentlich beglaubigte Urkunden mittels einer Fertigstellungsbescheinigung geführt werden. Das stimmt mit der Einschätzung, die Bescheinigung sei nach § 416 ZPO eine Privaturkunde,[110] nicht überein. Auch ein öffentlich bestellter und vereidigter Sachverständiger stellt keine öffentlichen Urkunden i.S.v. § 415 ZPO aus.

---

107 Bamberger/Roth/Voit § 641a Rn. 9.
108 BGHZ 56, 269, 272 = NJW 1971, 1931; MüKo/Gottwald § 328 Rn. 122.
109 NJW-RR 2005, 747 = NZBau 2005, 518 = IBR 2005, 597.
110 LG Frankenthal BauR 2005, 909 = NZBau 2005, 157 = IBR 2005, 356; Kniffka, IBR-Online-Kommentar § 641a Rn. 7 BGB.

§ 642
Mitwirkung des Bestellers

(1) Ist bei der Herstellung des Werkes eine Handlung des Bestellers erforderlich, so kann der Unternehmer, wenn der Besteller durch das Unterlassen der Handlung in Verzug der Annahme kommt, eine angemessene Entschädigung verlangen.

(2) Die Höhe der Entschädigung bestimmt sich einerseits nach der Dauer des Verzugs und der Höhe der vereinbarten Vergütung, andererseits nach demjenigen, was der Unternehmer infolge des Verzugs an Aufwendungen erspart oder durch anderweitige Verwendung seiner Arbeitskraft erwerben kann.

Inhaltsübersicht

	Rn.
A. Baurechtliche Relevanz	1
I. Faktische Mitwirkungsnotwendigkeit des Bestellers	2
1. Gläubigerverzug	5
2. Abgrenzung zu Unmöglichkeitsregeln	6
II. Mitwirkungsmaßnahmen	8
1. Sächliche/körperliche Mitwirkungsmaßnahmen	8
a) Baugrund – Grund und Boden	9
b) Rohbau und Ausbau	10
2. Geistige Mitwirkungsmaßnahmen – Planung und Koordinierung	11
a) Technische Aussagen im Bereich Gründung und Standsicherheit – Rechtliche Pflichtenlagen und Obliegenheiten durch Techniknormen?	12
b) Technische Aussagen im Bereich der Ausführung – Rechtliche Pflichtenlagen und Obliegenheiten durch Techniknormen?	20
c) Mitwirkung des Bestellers nach Maßgabe der Baurealität	23
B. § 642 BGB – Anwendungsvoraussetzungen und Rechtsfolgen	24
I. Unterlassen der Mitwirkung	25
1. Mitwirkung durch Nichtannahme	26
2. Sonstige Mitwirkungshandlungen des Bestellers	27
II. Mitwirkung des Bestellers zur Herstellung	28
1. Zur Herstellung – Herstellungsnotwendigkeit	29
2. Mitwirkungsbedarf des Bestellers	30
3. Erfüllung der Mitwirkung – Einsatz Dritter	32
4. Annahmeverzug durch unterlassene Mitwirkung	35
a) Tatsächliches Angebot des Unternehmers – § 294 BGB	36
b) Wörtliches Angebot bei Mitwirkungsbedarf des Bestellers – § 295 BGB	37
c) Gläubigerverzug durch Fristablauf – § 296 BGB	41
d) Unvermögen des Unternehmers – Beweislastverteilung	43
e) Bestellermitwirkung bei Zug um Zug Leistungen – § 298 BGB	46
III. Entschädigungsanspruch – Rechtsfolge aus § 642 BGB	47
1. Anspruchsnatur und Abgrenzungsbedarf zu § 304 BGB	48
2. Höhe des Entschädigungsanspruchs – § 642 Abs. 2 BGB	49
3. Berücksichtigung von Ersparnissen	52
IV. Darlegungs- und Beweislast	53

	Rn.
C. Dogmatische Zusammenhänge – Verhältnis des § 642 zu § 631 BGB	56
D. Pflichten und Obliegenheiten – Bestellerverantwortung	62
I. Pflichten – Leistungsstörungsrecht – Vertragsabrede	63
II. Obliegenheiten – Gläubigerverzug	68
III. Unmöglichkeitsregeln – Verhältnis zu § 642 BGB	71
E. Konkurrierende Ansprüche	76
F. Korrespondierende VOB/B-Regelungen	77
G. Rechtsprechungsübersicht	78

A. Baurechtliche Relevanz

1 Die Vorschrift hat für das Bauvertragsrecht nicht zu überschätzende Bedeutung. Der Bauvertrag weist typischerweise **Kooperationscharakter** auf.[1] Das Bauwerk als »eine unbewegliche, durch Verwendung von Arbeit und Material in Verbindung mit dem Erdboden hergestellte Sache«[2] setzt notwendig ein von dem Besteller zur Verfügung gestelltes **Grundstück** voraus, auf oder unter dem das Werk errichtet werden kann. Der Begriff »**Bauwerk**« erfasst auf und unter der Erdoberfläche errichtete Werke, geht deshalb weiter als der des Gebäudes und beschreibt nicht nur die Ausführung eines Baus als Ganzen, sondern schließt auch die Herstellung der einzelnen Bauteile und Bauglieder unabhängig davon ein, ob sie als äußerlich hervortretende, körperlich abgesetzte Teile in Erscheinung treten.[3] Die Mitwirkung des Bestellers beginnt bei einem Bau als Ganzen bei der Zurverfügungstellung des zu bebauenden Grundstücks und besteht bei Beauftragung eines Unternehmers mit einzelnen Bauteilen oder Baugliedern wie auch der technischen Gebäudeausrüstung darin, dass das Baugrundstück als für die Leistung des Auftragnehmers aufnahmebereit zur Verfügung gestellt wird.[4] Bezüglich der Zurverfügungstellung des **Grundstücks** handelt es sich um die erste grundlegende **Mitwirkung** der Auftraggeberseite zur Herstellung des Werks; hinsichtlich einzelner Gewerke, die ihrerseits auf anderen aufbauen, besteht die Mitwirkung darin, dass die **Vorleistungen** überhaupt und qualitativ so erbracht sind, dass die nachfolgende Leistung sinnvoll angeschlossen werden kann.

I. Faktische Mitwirkungsnotwendigkeit des Bestellers

2 Den Bauvertrag kennzeichnet über sämtliche Phasen der Leistungserbringung eine faktische Mitwirkungsnotwendigkeit des Bestellers aus. Der Entstehungsprozess

---

1 Nicklisch/Weick Einl. Rn. 4.
2 BGH Urt. v. 20. 5. 2003 X ZR 57/02 BauR 2003, 1391 = NJW-RR 2003, 1320 = NZBau 2003, 559 = IBR 2003, 473; Urt. v. 16. 9. 1971 VII ZR 5/70 BGHZ 57, 60 = BauR 1971, 259 = NJW 1971, 2219.
3 BGH Urt. v. 21. 12. 1955 VI ZR 246/54 BGHZ 19, 319, 321 = NJW 1956, 1195.
4 BGH Urt. v. 21. 10. 1999 VII ZR 185/98 BauR 2000, 722, 725 = NJW 2000, 1336 = NZBau 2000, 187 = IBR 2000, 216–218.

eines Bauwerks belegt von Anbeginn sächliche, geistige und zeitliche Mitwirkungsmaßnahmen, die vom Besteller zu veranlassen sind. Insofern gehört der Besteller/Auftraggeber neben Planern und Unternehmern notwendig zu den Baubeteiligten. Die **sächlichen** oder **körperlichen Mitwirkungsmaßnahmen** betreffen Grund und Boden sowie das im Entstehen begriffene körperliche Bauwerk, dessen abgeschlossenen verschiedenen Realisierungsphasen die Voraussetzung für Ausbaugewerke der unterschiedlichsten Art sind. In derselben Wiese wichtig sind geistige Mitwirkungsmaßnahmen: Der Besteller muss wissen, was er auf dem in Betracht kommenden Grund und Boden in welcher Weise bauen will. Ohne diese **geistige Mitwirkung**, die in der **Planung** ihren Ausdruck findet, aber für die Realisierung auch der **Koordinierung** bedarf, wird ein Bauwerk nicht Gestalt finden. Ob der Besteller für diese geistige Leistung als Baubeteiligte Planer zuzieht, oder auch diese Leistung einem Unternehmer – z.B. als Schlüsselfertighersteller – überlässt, ist davon zu untertrennen. Immer aber bleibt bei dem Besteller die Entscheidung darüber, ob mit derartigen Planungen seine Vorstellungen getroffen werden und Einverständnis damit besteht. Bauen erweist sich regelmäßig als ein komplexer Prozess mit zahlreichen Schnittstellen zwischen den einzelnen Gewerken, insbesondere zwischen Rohbau und technischer Gebäudeausrüstung, so dass diese Gewerke gerade unter Schnittstellengesichtspunkte neben einer technischen auch eine **zeitliche Koordinierung** notwendig machen.

Hierbei handelt es sich um die Aufzählung rein faktischer Gegebenheiten, ohne 3
deren ordnungsgemäße Abwicklung Bauen nicht gelingt. Von diesen **faktischen Gegebenheiten**, die sich auch als **Notwendigkeit** erweisen, und den Besteller treffen, soweit und solange das Objekt realisiert werden soll, sind den Besteller im Zusammenhang mit der Realisierung eines Bauwerks treffende Pflichten zu unterscheiden. Aus faktischen Gegebenheiten unter technischen Gesichtspunkten sowie Zusammenhängen ableitbare Umstände müssen für sich gesehen nicht geeignet sein, in der Person des Bestellers auch Pflichten, insbesondere **Rechtspflichten** zu begründen, aus deren vorwerfbarer Verletzung Schadensersatzanprüche ableitbar sein. Rechtspflichten wie auch **Obliegenheiten** folgen nicht aus faktischen Gegebenheiten, sondern aus dem Gesetz oder aus einem entsprechend abgefassten Vertrag.

Die Errichtung eines Bauwerks beruht regelmäßig auf einer Vielzahl nacheinander 4
auszuführender und aufeinander aufbauender Werkleistungen unterschiedlichster Unternehmer.[5] Regelmäßig ist auch jedem Baubeteiligten klar, dass der Besteller zur Erbringung der für einen nachleistenden Unternehmer erforderlichen **Vorleistungen** gar nicht in der Lage ist. Das BGB hat sich in der klaren Abgrenzung zwischen § 631 BGB einerseits und § 642 BGB, § 280 BGB klar dafür entschieden, aus faktischen Gegebenheiten und Mitwirkungsnotwendigkeiten nicht zugleich Rechtspflichten zu machen. § 642 BGB geht von der Erforderlichkeit solcher Mitwir-

---

5 BGH Urt. v. 27.6.1985 VII ZR 23/84 BGHZ 95, 128 = BauR 1985, 561 = NJW 1985, 2475.

kungsmaßnahmen des Bestellers im Einzelfall aus, ordnet jedoch als Rechtsfolge der ausbleibenden Mitwirkung lediglich einen **Annahmeverzug (Gläubigerverzug** nach §§ 293 ff. BGB) an, nicht aber eine Schadensersatzpflicht nach § 280 BGB, wie das im Sachmängelhaftungsrecht nach § 634 Nr. 4, 636 BGB der Fall ist. Die Begründung von entsprechenden Pflichten ist deshalb ausschließlich Vertragsangelegenheit der Parteien. Die Begründung von **Mitwirkungspflichten** anstelle von **Obliegenheiten** kann ausdrücklich oder stillschweigend geschehen, was im Einzelfall der Auslegung bedarf. Jedenfalls verdeutlicht § 642 BGB im Vergleich mit § 631 BGB und § 640 BGB, dass das Werkvertragsrecht dem Besteller die Pflicht zur Zahlung der vereinbarten Vergütung und die Pflicht zur Abnahme des hergestellten Werks auferlegt. Für die **Realisierungsphase**, welche faktisch notwendigerweise gerade bei einem Bauvertrag durch eine Vielzahl von **Mitwirkungshandlungen** des **Bestellers** gekennzeichnet ist, sieht das Werkvertragsrecht gesetzlich gerade keine Pflicht vor, sondern sieht den Besteller insoweit als einen Vertragsteil, der durch das Unterlassen oder die nicht ordnungsgemäße Vornahme der faktisch notwendigen Mitwirkung in **Annahmeverzug** gerät.

1. Gläubigerverzug

5 § 642 BGB knüpft damit an § 295 BGB an, wonach für den Gläubigerverzug ein wörtliches Angebot des Schuldners ausreicht, wenn zur Bewirkung der Leistung des Schuldners eine Handlung des Gläubigers erforderlich ist. Die Regeln nach §§ 293 ff. BGB gehen davon aus, dass der Gläubiger zur Annahme der Leistung des Schuldners nur berechtigt, nicht aber verpflichtet ist.[6] Das ist auf sämtliche gerade im Baubereich vielfach faktisch im Zuge der Baurealisierung gebotenen **Mitwirkungshandlungen** des Bestellers zu übertragen. Wie der Besteller gegenüber dem Unternehmer nach § 631 BGB nicht zur Verwirklichung der vertraglich vereinbarten Werkleistung verpflichtet ist, besteht auch keine Pflicht zur Vornahme der einzelnen im Zuge der Realisierung faktisch notwendigen Teilschritte durch den Besteller, deren Erledigung die Voraussetzung für die Erbringung der vertraglich übernommenen Gewerkeleistung ist. § 300 und § 304 BGB enthalten auch für den Bauvertrag bedeutsame Rechtsfolgeanordnungen als Konsequenz des Verzugs des Bestellers mit seiner Mitwirkungshandlung. Die in § 304 BGB enthaltene Regelung hinsichtlich des Ersatzes von Mehraufwendungen, die dem Unternehmer als Schuldner entstehen und die dem Gläubiger auferlegt werden, erfährt in § 642 BGB eine Ergänzung durch Statuierung einer **Entschädigungspflicht**. Dem Besteller, der durch Unterlassen seiner im Rahmen der Baurealisierung faktisch notwendigen Mitwirkung in Annahmeverzug gerät, hat dem Unternehmer, der seine Leistung deshalb nicht zu erbringen vermag, eine angemessene Entschädigung zu

---

6 PWW/Schmidt-Kessel/Telkamp/Jud § 293 Rn. 2; Palandt/Heinrichs § 293 BGB Rn. 1; MüKo/Ernst § 293 BGB Rn. 1; BGH Urt. v. 15. 5. 1988 IX ZR 175/87 NJW-RR 1988, 1265.

zahlen. Damit ergänzt § 642 BGB die Regelung in § 304 BGB. Die so bestimmten Rechtsfolgen bleiben hinter den durch eine **Auftraggeberkündigung** ausgelösten Rechtsfolgen, wie sie § 649 S. 2 BGB enthält zurück. Wer als Besteller Mitwirkungshandlungen unterlässt, wird deshalb im Vergleich zu demjenigen, der formal kündigt, besser gestellt.

2. Abgrenzung zu Unmöglichkeitsregeln

Das kann für Umgehungen missbraucht werden, wenn der Besteller die **Realisierung aufgibt** und deshalb die Mitwirkung unterlässt, aber eine Kündigung nicht ausspricht. In solchen Fällen besteht Abgrenzungsbedarf zwischen Gläubigerverzug und dem Tatbestand der auf ein Verhalten des Bestellers zurückführbaren Unmöglichkeit der Leistung des Unternehmers mit der Folge, dass Schadensersatzregeln nach § 275, § 326 BGB zum Zug kommen. **Unmöglichkeitsregeln** und keine **Gläubigerverzugsregeln** greifen, wenn der Besteller die faktisch notwendige Mitwirkung wegen Aufgabe der Baurealisierung unterlässt und damit nicht nur ein vorübergehendes Mitwirkungshindernis besteht.

6

Der Besteller kann mit den unterschiedlichsten Mitwirkungsmaßnahmen in Verzug geraten. Da das Baugeschehen ein äußerst komplexes Gebilde ist und das Zusammenwirken zahlreicher Baubeteiligter erfordert, ist zwischen den einzelnen dem Besteller obliegenden Mitwirkungshandlungen zu differenzieren. Letztlich geht es darum, was ein Besteller eines Bauwerks im Verhältnis zu einem beauftragten Bauunternehmer (Rohbaugewerk, Ausbaugewerk) bereitzustellen hat, damit dieser seinerseits die ihm als Pflicht obliegende Leistung erbringen kann. Trifft den **Auftragnehmer** eine **Leistungspflicht,** kann auf Seiten des **Bestellers** gerade nicht von **Mitwirkungspflichten** gesprochen werden.[7] Den Besteller treffen die faktischen Mitwirkungsakte, die erst dem Unternehmer die Erbringung seiner Leistung ermöglichen, als bloße Obliegenheiten,[8] deren Verletzung Rechtsfolgen nach Gläubigerverzugsregeln auslösen.

7

II. Mitwirkungsmaßnahmen

1. Sächliche/körperliche Mitwirkungsmaßnahmen

Die körperlichen tatsächlichen Mitwirkungsmaßnahmen des Bestellers, ohne die ein Bauwerk nicht erstellt werden kann, sind unterschiedlicher Art. Sie betreffen für den Erdbauunternehmer und den Rohbauunternehmer den Baugrund und für Ausbaugewerke das Bauwerk selbst.

8

---

[7] Das tun aber gerade PWW/Schmidt-Kessel/Telkamp/Jud § 293 Rn. 1.
[8] Palandt/Heinrichs § 293 BGB Rn. 1; vgl. näher Schaube, Jahrbuch Baurecht 2006, 83 ff.; Armbrüster/Bickert NZBau 2006, 153 ff.

a) Baugrund – Grund und Boden

9 Zu den sächlichen/körperlichen Mitwirkungsmaßnahmen gehört an erster der Stelle das **Grundstück**, Ohne Grund und Boden geht das Bauen nicht.[9] Der **Baugrund** wird auch als »Hauptbaustoff« bezeichnet,[10] und die DIN 4020 verwendet im Abschnitt 3.5 den Begriff »Werkstoff Baugrund«. Dieser Baugrund wird als Baustoff vom Besteller geliefert, damit der Erdbauunternehmer die Baugrube ausheben und der Rohbauunternehmer unter Verwendung von Boden und Baugrube das Fundament erstellen und darauf das Gebäude errichten kann. Das gilt so auch für Verkehrsanlagen oder Ingenieurbauwerke, selbst wenn diese als Kanalbaumaßnahme unter der Erdoberfläche zu liegen kommen.

b) Rohbau und Ausbau

10 Der Rohbau seinerseits ist die faktische Grundlage für dessen Ausbau wie auch die technische Gebäudeausrüstung. Der Fliesenbelag setzt eine entsprechende Verlegefläche aus Beton oder Mauerwerk voraus, Innen- und Außenputz werden auf Wandscheiben und Umfassungsflächen angebracht, der Dachdecker bindet am Gewerk des Zimmerers an, und die technischen Ausbauwerke setzen das Gebäude selbst mit seinen entsprechenden Voraussetzungen, wie Aussparungen, Schlitzen und dergleichen voraus.

2. Geistige Mitwirkungsmaßnahmen – Planung und Koordinierung

11 Diese sächlich/körperlichen Voraussetzungen bedingen vorausgehend entsprechende geistige Leistungen. Ob Grund und Boden überhaupt zu einer wirtschaftlich vertretbaren Bebauung geeignet sind, bedarf der Untersuchung; notfalls sind Bodengutachter einzuschalten, die Vorschläge für eine sachgerechte Gründung unterbreiten. Allerdings sind nicht sämtliche geistige Leistungen Sache des Bestellers und damit Gegenstand seiner Mitwirkung. Der Bauvertrag wie auch das Verständnis des § 642 BGB können im Einzelfall durchaus dahin interpretiert werden, dass die Mitwirkung nicht Sache des Bestellers, sondern eine solche des Unternehmers ist. § 642 Abs. 1 BGB ordnet im 2. Halbsatz die dort vorgesehene Rechtsfolge der Entschädigungspflicht des Bestellers unter der Voraussetzung im 1. Halbsatz an, dass bei der Herstellung des Werkes eine Handlung des Bestellers erforderlich ist. Diese Tatbestandsseite ist völlig offen formuliert. Unter welchen Voraussetzungen eine solche für die Herstellung des Werks erforderliche Handlung des Bestellers in Betracht kommt, und damit insoweit eine den Unternehmer im Rahmen der Werkerstellung gem. § 631 Abs. 1 BGB treffende Herstellungs- und Vornahmepflicht ausscheidet, bestimmt sich nach dem Vertrag. Technische Aussagen, die durchaus

---

9 Korbion im Vorwort zu Englert/Grauvogl/Maurer, Handbuch des Baugrund- und Tiefbaurechts 1. Aufl.; in der 3. Aufl. auf S. 5, Rn. 1, zitiert.
10 Englert in: Englert/Grauvogl/Maurer, Handbuch des Baugrund- und Tiefbaurechts, 3. Aufl., Rn. 7.

mit Hilfszeitwörtern wie »hat zu«, »müssen« oder »sollen« operieren,[11] und oft auch Aufgabenzuweisungen vornehmen, sind rein technischer Art und nicht geeignet, weder Obliegenheiten noch Pflichten im Rechtssinne zu begründen. Was nach § 642 Abs. 1 Hs. 1 BGB als eine für die Herstellung erforderliche Mitwirkung des Bestellers in Betracht kommt, bestimmt sich in erster Linie nach dem Vertrag und erst in zweiter Linie nach Technikregeln. Maßgeblich ist primär, was der Unternehmer im Zuge der ihn treffenden werkvertraglichen Erfolgsverpflichtung unter Berücksichtigung des im Vertrag beschriebenen – eventuell auch auslegungsbedürftigen und auslegungsfähigen – Leistungsumfangs an Maßnahmen zu erbringen hat. Die den **Besteller** treffende erforderliche **Mitwirkung** bei der Herstellung des Werks ist gleichsam das Ergebnis eines Vergleichs des nach der Erfolgsverpflichtung erforderlichen Leistungsvolumens abzüglich dessen, was dem Unternehmer nach dem Vertrag übertragen worden ist. Ob der Besteller zur Erbringung dieser »**Differenz**« in eigener Person in der Lage ist oder Dritte hinzuziehen muss, ist belanglos. Die Erforderlichkeit der jeweiligen Mitwirkung kann nicht aus technischen Normen, sondern muss von Rechts wegen bestimmt werden.

a) **Technische Aussagen im Bereich Gründung und Standsicherheit – Rechtliche Pflichtenlagen und Obliegenheiten durch Techniknormen?**

Die DIN 4020 Abschnitt 4.1 bejaht aus technischer Sicht die Notwendigkeit einer geotechnischen Untersuchung, weil für jede Bauaufgabe Aufbau und Beschaffenheit von Boden und Fels im Baugrund sowie die Grundwasserverhältnisse ausreichend bekannt sein müssen, um die Standsicherheit und Gebrauchstauglichkeit des Bauwerks sowie die Auswirkungen der Baumaßnahme auf die Umgebung sicher beurteilen zu können. Hierfür hält die technische Vorschrift geotechnische Untersuchungen projektbezogen für erforderlich. Nach Abschnitt 5.1 der DIN 4020 hat der Bauherr geotechnische Untersuchungen für den Entwurf rechtzeitig zu beauftragen und hierfür einen Sachverständigen für Geotechnik einzuschalten. Nach Abschnitt 5.4.1 hat der Bauherr oder sein Beauftragter in jeder Phase der geotechnischen Untersuchung die entsprechenden Unterlagen über das Bauwerk zur Verfügung zu stellen.

12

Solche **zwingenden Aussagen in technischen Normen** sind im Rechtssinne weder geeignet, Mitwirkungsmaßnahmen des Auftraggebers als Rechtspflichten zu begründen, noch Gläubigerverzugsfolgen auszulösen. Hierfür ist ausschließlich auf den Bauvertrag abzustellen und darauf, welche Pflichten nach dem Vertrag – notfalls im Wege der Auslegung – den Unternehmer treffen. Als ein Auslegungsergebnis kann ohne weiteres in Betracht kommen, dass nicht der Bauherr/Auftraggeber derartige geotechnische Untersuchungen zu veranlassen hat, sondern der Unternehmer, dem mittels eines Pauschalvertrages die **schlüsselfertige Erstellung** eines Bauwerks übertragen worden ist. Wenn der Unternehmer auf ein nach dem Teil-

13

---

11 Vgl. zur Interpretation solcher Hilfszeitwörter (modale Hilfsverben) die DIN 820 Teil 2, Anhang Tabelle C 1.

leistungsprinzip aufgebautes Leistungsverzeichnis, in dem die Position Herstellung einer Baugrube in einer näher bestimmten Größe unter Verzicht auf nähere Angaben im Leistungsverzeichnis über die Bodenverhältnisse für eine Pauschale ausgeschrieben ist, geboten hat und später nach Zuschlagserteilung den Bodenaushub anbietet, indem er mit Baggern usw. ankommt, aber vom Auftraggeber vor Beginn eine geotechnische Untersuchung fordert, liegt weder eine Pflichtverletzung des Bestellers, noch ein Gläubigerverzug vor, wenn dieser diese Mitwirkungsmaßnahmen ablehnt. Die Berufung auf die Aussage in der Techniknorm hilft nicht weiter. Sie wird überlagert von der Verteilungen von Pflichten und Lasten durch den Vertrag.

14   Ob den Auftraggeber unter Gläubigerverzugsgesichtspunkten faktisch **Mitwirkungshandlungen** treffen, beurteilt sich nicht nach **technischen Normenwerken**, sondern nach dem Vertrag, hilfsweise nach dem Gesetz. Ob nach § 642 Abs. 1 Hs. 1 BGB eine Mitwirkungshandlung des Bestellers erforderlich ist, ist in Abgrenzung zu den den Unternehmer im Rahmen der übernommenen werkvertraglichen Erfolgsverpflichtung treffenden Handlungspflichten zu bestimmen.

15   Das Ausheben der Baugrube oder des Kanals kann entsprechende **Baugrubensicherungsmaßnahmen** erforderlich machen. DIN 4124 verlangt im Abschnitt 10.1.1, dass wegen der Störung des Gleichgewichtszustandes des Bodens infolge der Ausschachtung der zur Aufnahme der Erddruckkräfte vorgesehene Verbau rechnerisch bestimmt werden müsse. Der Abschnitt 10.1.3 verweist hinsichtlich des Standsicherheitsnachweises für den Verbau auf die Empfehlungen des Arbeitskreises »Baugruben«. Die technische Norm DN 4124 vermeidet jedenfalls das, was die DIN 4020 tut, nämlich diese fachtechnische **Bemessungsaufgabe** einem der Baubeteiligten, insbesondere nicht dem Auftraggeber oder Bauherrn zuzuweisen. Auch die Empfehlungen des Arbeitskreises »Baugruben«[12] unterlassen eine solche Zuweisung, sondern vermerken im Benutzerhinweis Ziff. 2, dass der in den Empfehlungen ausgedrückte Maßstab für einwandfreies technisches Verhalten auch im Rahmen der Rechtsordnung von Bedeutung sei und sich eine Anwendungspflicht aus Rechts- oder Verwaltungsvorschriften, Verträgen oder aus sonstigen Rechtsgrundlagen ergeben könne. Wer hinsichtlich des im Abschnitt 10.1 angesprochenen Bemessungserfordernisses jedoch direkt angesprochen und gefordert wird, besagt das Regelwerk nicht. Das ist bei richtiger Beurteilung technischer Regelwerke auch nicht deren Aufgabe. Technische Regelwerke benennen aus technischer Sicht technisch bedingte Erfordernisse zur Vermeidung von Misserfolgen. Es ist nicht deren Aufgabe Vertragspflichten oder vertragliche Obliegenheiten zu begründen oder zuzuweisen. Nach der DIN 820 Teil 1 Abschnitt 5.8 dürfen vertragsrechtliche Bestimmungen und Festlegungen kaufmännischer Art nur insoweit Bestandteil einer Norm sein, als sie in unmittelbarem und notwendigen Zusam-

---

12 Herausgegeben von der Deutschen Gesellschaft für Erd- und Grundbau e.V., 2. Aufl., 1988, erschienen bei Ernst & Sohn, Berlin.

menhang mit den wissenschaftlichen, den technischen oder technisch-wissenschaftlichen Festlegungen stehen.

Aufgabenzuweisungen einschließlich ihrer Qualifizierung im Rahmen einer möglichen **Verbindlichkeitsskalierung** sind ausschließlich vertragsrechtlich zu lösen, wobei primär im Wege der Inhaltsbestimmung der **Unternehmerpflichten** zu klären ist, ob bezogen auf **Grund und Boden** der mit der **Baugrubenerstellung** beauftragte Unternehmer neben der Ausführung auch die Bemessung des in Betracht kommenden Baugrubenverbaus zu liefern hat, oder ob der Standsicherheitsnachweis Teil der erforderlichen Mitwirkung des Bestellers an der Herstellung der Baugrube ist. 16

Der **Tragwerksplaner** sorgt für die Standsicherheit des Baus, dessen nähere Gestalt einschließlich Materialeinsatz und Konstruktion der Architekt zusammen mit dem Besteller erarbeitet. Ob von Seiten des Bestellers hinsichtlich der Bemessung des Rohbaus und des Daches jedoch eine Mitwirkung erforderlich ist, bestimmt sich nicht nach technischen Notwendigkeiten, sondern wiederum nach der **Vertragslage**. Dabei geht es insbesondere darum, ob eine solche Mitwirkung deshalb überflüssig ist, weil dieser Teil der geistigen Leistung ebenfalls vom Unternehmer übernommen worden ist. Das Bauvertragsrecht kennt typischerweise **Unternehmereinsatzformen**, denen die Übernahme von derartigen für die Ausführung erforderlichen geistigen Leistungen unabhängig von jeglicher technischen Regelung eigen ist. Generalübernehmer- und Generalunternehmerverträge kommen ebenso in Betracht wie die vertragliche Übernahme der schlüsselfertigen Objekterstellung.[13] Wenn deshalb die Instandsetzungs-Richtlinie des Deutschen Ausschusses für Stahlbeton, Ausgabe 2001,[14] im Teil 1 den Planungsbedarf betont und den Einsatz eines sachkundigen Planers fordert, und im Teil 3 Abschnitt 1.2.2 eine Aufgabenbeschreibung der bei dem Unternehmer beschäftigten qualifizierten Führungskraft vornimmt samt Hinweis, dass diese bei Vereinbarung auch Aufgaben des sachkundigen Planers übernehmen könne, steht dieses den technischen Aussagen zugrunde liegende Konzept unter dem totalen Vorbehalt des jeweils abgeschlossenen Vertrages. Beruht die Feststellung des Planungsbedarfs durch Einsatz eines sachkundigen Planers im Teil 1 Abschnitt 3.1 und 3.2 auf der Idee, dass insoweit eine Mitwirkungshandlung des Bestellers geboten ist, stellt der Teil 3 Abschnitt 1.2.2 mit der Möglichkeit, dass Personal des Unternehmers eigentlich den sachkundigen Planer treffende Aufgaben aufgrund einer vertraglichen Vereinbarung übernimmt, klar, dass letztlich der Vertragsinhalt und nicht die Technikregel maßgebend ist. Das gilt auch für die **Standsicherheit** bei Betoninstandsetzungsarbeiten, denn der Teil 1 Abschnitt 3.2 der Instandsetzungsrichtlinie weist dem sachkun- 17

---

13 Kapellmann, Schlüsselfertiges Bauen, Rn. 62.
14 Zu beziehen beim Beuth-Verlag; diese Richtlinie lautet vollständig »DafStB-Richtlinie« Schutz und Instandsetzung von Betonbauteilen (Instandsetzungsrichtlinie), Ausgabe Oktober 2001.

digen Planer insoweit eine Prüfungsaufgabe zu, die nach der Vertragslage, die Teil 3 Abschnitt 1.2.2 letztlich für maßgeblich erklärt, auch auf den Unternehmer in Gestalt seiner qualifizierten Führungskraft übergehen kann.

18 Aber nicht nur die genannten **Unternehmereinsatzformen** sind geeignet, in unterschiedlicher Dichte und abweichend von Technikregeln den Unternehmer mit für die Ausführung erforderlichen Planungsleistungen zu belasten und damit den Besteller um derartige Mitwirkungshandlungen zu entlasten.

19 Unter dem Aspekt der **Standsicherheit** wird im Rahmen eines einfachen VOB-Bauvertrages, der nach § 1 Nr. 1 S. 2 VOB/B auch zur Anwendung der gewerkespezifischen Allgemeinen Technischen Vertragsbedingungen für Bauleistungen führt, Abschnitt 3.2.1 der DIN 18335, **Stahlbauarbeiten**, die Vornahme der für die Baugenehmigung erforderlichen Zeichnungen und Festigkeitsberechnungen zu einer Vertragsaufgabe des ausführenden Unternehmers. Der **Standsicherheitsnachweis** ist typischerweise eine den **Besteller** treffende **Mitwirkungshandlung**, was sich aus DIN 18331, Beton- und Stahlbetonarbeiten, deshalb ableiten lässt, weil dort nach Abschnitt 4.2.5 das Liefern bauphysikalischer Nachweise sowie statischer Berechnungen für den Nachweis der Standfestigkeit des Bauwerks und der für diese Nachweise erforderlichen Zeichnungen als eine Besondere Leistung des Unternehmers eingestuft ist. Solche Leistungen aber sind nach DIN 18299 Abschnitt 4.2 nur dann Teil der vertraglichen Leistung, wenn sie in der Leistungsbeschreibung besonders erwähnt sind. Dabei gehen die Allgemeinen Technischen Vertragsbedingungen für Bauleistungen ausweislich der im Abschnitt 0 enthaltenen Vorgaben ersichtlich von Bauverträgen aus, denen eine Leistungsbeschreibung mit Leistungsverzeichnis zugrunde liegt. Ihre Regeln sind deshalb auf Einheitspreisverträge und nicht auf Pauschalverträge übertragbar. Der Standsicherheitsnachweis als gewöhnlich den Besteller treffende Mitwirkungshandlung ist auch aus DIN 18351 Abschnitt 4.2.8 ableitbar, wonach das Aufstellen prüffähiger Standsicherheitsnachweise und das Anfertigen der dazu gehörigen Zeichnungen als Besondere Leistung des Unternehmers qualifiziert und damit nicht als Teil der dem Unternehmen zuzuweisenden Ausführungsaufgaben verstanden wird.

b) **Technische Aussagen im Bereich der Ausführung –**
   Rechtliche Pflichtenlagen und Obliegenheiten durch Techniknormen?

20 Technikregeln konkretisieren auch im Bereich der Bauausführung die z. B. in § 15 Abs. 2 Nr. 5 oder § 73 Abs. 3 Nr. 5 HOAI beschriebene Werkplanung. Für den Bereich der Abdichtung weist die DIN 18195, Ausgabe 2000, im Teil 1 Abschnitt 4 auf den Planungsbedarf hin, der nicht nur vom Abdichtungsunternehmer, sondern auch von demjenigen beachtet werden müsse, der für die Gesamtplanung und Ausführung des Bauwerks verantwortlich ist. Zur Bestimmung der Abdichtungsart wird die Feststellung der Bodenart, der Geländeform und des Bemessungswasserstandes am geplanten Bauwerksstandort für unerlässlich erklärt. Hierdurch wird jedoch nicht notwendig bestimmt, welche Handlung des Bestellers bei der Her-

stellung des Werks i. S. d. § 642 BGB erforderlich ist. Das folgt in erster Linie aus dem Vertrag und der Auslegung dessen, was der vertraglich beauftragte Unternehmer nach Maßgabe der Vertragsbestandteile und der werkvertraglichen **Erfolgsverpflichtung** zu erbringen hat.

Die Grundregeln für Dachdeckungen, Abdichtungen und Außenwandbekleidungen, Ausgabe September 1997,[15] nehmen hinsichtlich der für **Dachdeckungen** geltenden Planungsaufgaben einen Standpunkt ein, der im Ergebnis darauf hinaus läuft, dass den Besteller nach dieser Technikregel im Planungsbereich keine Mitwirkungshandlung trifft, deren Unterlassung bei Erfüllung der weiteren Voraussetzungen einen Gläubigerverzug des Bestellers begründen könnte. Denn der Abschnitt 1 Abs. 2 formuliert dem Sinn nach, bei der Planung müsse neben dem Feuchteschutz z. B. der Wärmeschutz, Schallschutz, Brandschutz und die Standsicherheit berücksichtigt werden. Erfolge keine gesonderte Planung, seien die Anforderungen alleine von dem für die Ausführung Verantwortlichen (Planerhaftung) zu beachten. Diese Feststellung ist jedoch vertragsrechtlich daraufhin zu hinterfragen, ob den Besteller nicht i. S. d. § 642 BGB eine Mitwirkungsaufgabe im Bereich der Planung trifft, deren Nichterbringung Gläubigerverzug mit der Folge begründen kann, dass dem Unternehmer neben einem aus § 304 BGB ableitbaren Aufwendungsersatzanspruch auch ein Entschädigungsanspruch aus § 642 BGB und ein Lösungsrecht nach § 643 BGB zusteht. Denn wenn den Besteller eine Mitwirkungsaufgabe trifft, kann deren ausbleibende Erledigung nicht notwendig zur Folge haben, dass der Unternehmer weiterhin zu Erfüllung des Vertrages verpflichtet bleibt und die eigentlich den Besteller treffende Mitwirkungshandlung selbst vorzunehmen und dafür auch noch die Verantwortung z. B. in Gestalt der **Planerhaftung** zu tragen hat. Eine von Seiten des Bestellers erforderlich Mitwirkung ist bei ihrem Fehlen eine **Behinderung** und führt nach dem sich aus § 642 BGB ergebenden Konzept gerade nicht dazu, dass der Unternehmer das Fehlende zu ersetzen hat. Vielmehr kann er die ihm vertragsrechtlich obliegende Leistung in Beschränkung auf diesen Aufgabenbereich verzugsbegründend anbieten, was nach § 295 BGB bedeutet, dass er sich auf ein wörtliches Angebote beschränken kann. Der Unternehmer, für dessen ordnungsgemäße Leistung eine Mitwirkung des Bestellers fehlt, ist als Konsequenz der in § 642 BGB enthaltenen Rechtsfolgeregelung trotz der werkvertraglich übernommenen **Erfolgsverpflichtung** gerade nicht verpflichtet, das Fehlende in eigener Person zu erbringen und damit seine Haftung für den Fall zu erweitern, dass er ohne Rücksicht auf die fehlende Mitwirkung seine Leistung fortsetzt. Dass bei Fortsetzung der Arbeiten die werkvertragliche Einstandspflicht aus §§ 631, 633 BGB greift, wenn der Unternehmer die fehlende Mitwirkung nicht beanstandet hat, ist selbstverständlich.

21

---

15 Aufgestellt und herausgegeben vom Zentralverband des Deutschen Dachdeckerhandwerks, Fachverband Dach-, Wand- und Abdichtungstechnik e.V., zu beziehen im Verlag Rudolf Müller.

22 Typisch für die angesprochene Problematik ist für die **Ausführung von Estrichleistungen** (Estriche und Heizestriche auf Dämmschichten, schwimmende Estriche) auch die DIN 18560 Teil 2 (Fassung April 2004). Danach ist über die Anordnung von Estrichfugen ein **Fugenplan** zu erstellen, aus dem die Art und die Anordnung der Fugen zu entnehmen sind (Abschnitt 5.3.3 der DIN 18560 Teil 2). Die Techniknorm fügt hinzu, dass der Fugenplan vom Bauwerksplaner zu erstellen und als Bestandteil der Leistungsbeschreibung dem Ausführenden vorzulegen ist. Es ist jedoch keine Frage des technischen Regelwerks, sondern des Vertrags, ob der Estrichleger seine Leistung i.S.d. §§ 642, 295 BGB verzugbegründend lediglich wörtlich im Hinblick auf die fehlende Fugenplanung, was er rügt, anbieten kann. Übernimmt ein Estrichleger auf der Grundlage eines BGB-Bauvertrages die Verlegung des Estrichs bei einem Objekt, bezüglich dessen der Bauherr überhaupt keinen Planer mit der Ausführungsplanung beschäftigt, kann der Unternehmer nicht erwarten, dass der Besteller diese Planungsleistung übernommen hat. Sie kann ihm weder als Pflicht noch als Obliegenheit zugewiesen werden, sondern wird zum Teil der vom Auftragnehmer zu erbringende Leistung. Sie wird in der Person des Unternehmers zum Teil der Vorbereitungsmaßnahmen für die körperliche Bauleistung.

c) Mitwirkung des Bestellers nach Maßgabe der Baurealität

23 Im Übrigen weist die Baurealität zahlreiche Mitwirkungsnotwendigkeiten des Bestellers auf. Haben die Parteien im Vertrag die **Beistellung** von Material durch den Besteller vorgesehen, hat dies zu erfolgen. Der Bauherr hat darüber zu befinden, wo genau das Bauwerk innerhalb der Baulinien zu errichten ist. Er hat die Baugrube, wenn nichts anderes vereinbart ist, einmessen zu lassen. Ist eine **Bemusterung** vereinbart, hat sich der Besteller zum Zweck der Auswahl der Bauart oder des Materials einzufinden. Der Unternehmer muss auch die Möglichkeit haben, auf der Baustelle die Baustelleneinrichtung und Material unterzubringen, weswegen insoweit Platz zur Verfügung zu stellen ist. Hat der Unternehmer Bedenken gegenüber Vorgaben oder den Vorunternehmerleistungen, auf denen er aufbaut, hat der Besteller die entsprechenden Entscheidungen zu treffen, anderenfalls der Unternehmer wegen seiner angemeldeten Bedenken nach § 242 BGB von der Haftung frei wird. Treten im Verlauf der Baumaßnahme in irgendeiner Form Überraschungen auf, die eine Entscheidung erfordern, ist die Festlegung des Auftraggebers gefordert. Dies kann gemeinsam oder einseitig vom Auftraggeber getroffen werden. Solchen gemeinsam zu erledigenden **Festlegungsbedarf** listet die VOB/C an zahlreichen Stellen auf (z.B. DIN 18300 Abschnitte 3.3.1, 3.5.3, 3.7.4.3.8.4). In diesen Fällen entsteht im Rahmen der Anwendung des § 642 BGB die Frage, ob dem Unternehmer unter Erfolgsgesichtspunkten bei Ausbleiben der Mitwirkung durch den Auftraggeber der Rückzug auf Gläubigerverzugsregeln offen bleibt, oder ob nicht die Substituierung der Bestellerentscheidung durch die Unternehmerentscheidung gefordert ist (siehe Rn. 57 ff.).

B. § 642 BGB – Anwendungsvoraussetzungen und Rechtsfolgen

Tatbestandsvoraussetzung für die in § 642 BGB enthaltenen Rechtsfolge, dass der Unternehmer eine angemessene Entschädigung verlangen kann, ist, dass bei der Herstellung des Werks eine Handlung des Bestellers erforderlich ist, deren Vornahme vom Besteller jedoch unterlässt, was einen Annahmeverzug des Bestellers begründet.

I. Unterlassen der Mitwirkung

§ 642 BGB hat seinem Wortlaut nach ausschließlich mit einer **unterlassenen Mitwirkung** des Bestellers bei der Herstellung des Werks zu tun. Eine **mangelhafte Mitwirkung** ist jedoch eine unterlassene ordnungsgemäße, was dann zum Gläubigerverzug führt, wenn der Unternehmer die Mangelhaftigkeit beanstandet und für den Fall der Mängelbeseitigung seine Leistung sach- und fachgerecht verzugsbegründend anbietet. Ohne weiteres kann entgegen Peters[16] auf eine mangelbehaftete Mitwirkung § 642 BGB nicht angewendet werden. Denn beanstandet der Unternehmer die mangelhafte Mitwirkung nicht, sondern erbringt er das ihm obliegende Werk, das wegen der Mangelhaftigkeit der Mitwirkung mangelbehaftet ist, regeln sich die Rechtsfolgen nicht nach §§ 642, 643 BGB, sondern vor der Abnahme ausschließlich nach § 645 BGB. Der Besteller kommt dann gerade nicht in Verzug, vielmehr kann den Unternehmer aus § 242 BGB unter dem Gesichtspunkt der Verletzung von Prüfungs- und Hinweispflichten[17] der Vorwurf treffen, die erbrachte Mitwirkung nicht ausreichend geprüft und auf Bedenken aufmerksam gemacht zu haben. Das kann sich negativ auf Vergütungsanspruch aus § 645 BGB auswirken. Der Unternehmer bleibt nach dem Ausgangsbauvertrag zur Werkleistung verpflichtet. Eine mangelbehaftete Mitwirkung, die nachholbar ist und ordnungsgemäß nachgeholt dem Unternehmer die Leistung noch ermöglicht, eröffnet dann erst im zweiten Anlauf die sich aus §§ 642, 643 BGB ergebenden Rechtsfolgen. Die Mitwirkung kann in unterschiedlichen Weise unterlassen werden. Der Unternehmer kann ohne weiteres in der Lage sein, in der Realisierungsphase seine Leistung ohne jegliche faktische Mitwirkung zu erbringen, wenn der Besteller den Unternehmer nur auf das Grundstück oder in das Haus lässt. Die unterlassene Mitwirkung erschöpft sich dann in der **Nichtannahme** der Leistung. Der Unternehmer kann in der Realisierungsphase von sonstigen Mitwirkungshandlungen des Bestellers abhängig sein. Die Mitwirkung besteht nicht nur darin, dass der Besteller faktisch mitwirken muss, damit der Unternehmer seine Leistung erbringen kann. Sie kann sich auch darin erschöpfen, dass der Besteller die ihm ordnungsgemäß und zur rechten Zeit angebotene Leistung nicht entgegennimmt, z.B. indem er den Unternehmer nicht auf das Grundstück lässt. Das Zeitmoment und damit die Fra-

---

16 In Staudinger/Peters § 642 BGB Rn. 9; wie Peters auch MüKo/Busche § 642 BGB Rn. 6.
17 Vgl. BGH Urt. v. 23.10.1986 VII ZR 48/85 BauR 1987, 79, 80 = NJW 1987, 643.

ge, ob die Leistung zur rechten Zeit angeboten worden, kann gerade im Baubereich eine entscheidende Rolle spielen.

1. Mitwirkung durch Nichtannahme

26 Abgesehen davon, dass der Unternehmer die Leistung ordnungsgemäß anzubieten hat, muss das Angebot auch zur **rechten Zeit** erfolgen. Ein Angebot des Unternehmers zur falschen Zeit kann vom Besteller ohne Verzugsfolgen abgelehnt werden. Ist ein **Bauzeitenplan** vereinbart worden, ist der Unternehmer nicht in der Lage, seine Leistung in einer den Annahmeverzug begründenden Weise vor dem für ihn vorgesehen Zeitpunkt anzubieten. Ohne Vertragsänderung ist dem Unternehmer ein Vorziehen seiner Leistung ausgeschlossen. Ist für die Leistung ein **Abruf** vereinbart, scheidet Verzug des Bestellers aus, wenn der Unternehmer die Leistung ohne Abruf anbietet. Ist für den Abruf keine Zeit bestimmt, kommt der Besteller nach § 299 BGB nur dann in Annahmeverzug, wenn der Unternehmer dem Besteller die Leistung eine angemessene Zeit vorher angekündigt hat. Hat der Unternehmer Werkstatt- oder Montagezeichnungen zu erstellen, nach denen auf der Grundlage einer **Freigabeerklärung** seitens des Bestellers zu arbeiten ist, kann der Unternehmer seine körperliche Werkleistung in einer den Annahmeverzug begründenden Weise erst dann anbieten, wenn er dies dem Besteller eine angemessene Zeit vorher angekündigt hat. Sind in Bauverträgen Leistungszeiten wie auch Mitwirkungshandlungen des Bestellers nicht exakt geregelt, ist grundsätzlich davon auszugehen, dass der Besteller nicht ständig annahmebereit sein muss. Gerade bei einem Bauvertrag, der maßgeblich vom Kooperationsgedanken geprägt ist, hat das **Ankündigungsgebot** einen Stellenwert.

2. Sonstige Mitwirkungshandlungen des Bestellers

27 Im Übrigen verdeutlicht die unter Rn. 9 ff. dargestellte Baurealität, dass der Unternehmer in der Bewältigung der von ihm vertraglich übernommenen Aufgabe in vielfältiger Weise von Vorgaben, Planungen, Entscheidungen, Bauzuständen und sonstigen die Sphäre des Bestellers fallenden Umständen abhängig ist. Ohne diese von Seiten des Bestellers zu erbringende Mitwirkung scheitert die Realisierung des Baus.

II. Mitwirkung des Bestellers zur Herstellung

28 Die Mitwirkung des Bestellers muss der Herstellung dienen und erforderlich sein. Die Herstellungsnotwendigkeit und die Erforderlichkeit schränken den Kreis der Mitwirkungshandlungen ein.

1. Zur Herstellung – Herstellungsnotwendigkeit

Die Mitwirkung muss zur Herstellung erforderlich sein. Das bedeutet, dass die nach der Herstellung des Werks anstehend **Abnahme nicht erfasst** wird; diese ist in § 640 BGB eigenständig geregelt. Dazu gehören jedoch nicht nur Handlungen im Verlauf der schon in der Realisierung begriffenen Leistung, sondern auch solche, die dem Unternehmer erst den ordnungsgemäßen Beginn ermöglichen, wie z.B. die **Baugenehmigung** oder sonst eine nach öffentlich-rechtlichen Bestimmungen etwa erforderliche Erlaubnis, ein Antrag oder eine Anzeige. Das **Grundstück** muss zur Verfügung gestellt werden. Der Teil des Baugrundstücks, der bebaut werden soll, muss **vermessen** sein, wenn nicht nach dem Vertrag die Vermessung Sache des Unternehmers geworden ist. Dem Unternehmer müssen Lager- und Arbeitsplätze zur Verfügung gestellt werden. Im Verlauf der Maßnahme auftretende Probleme, die sich daraus ergeben, dass zwischen Planung und Realität Differenzen bestehen, müssen vom Besteller entschieden werden. Die VOB/C zählt nicht nur für den VOB-Bauvertrag eine Vielzahl derart möglicher Konflikte auf, die dadurch gekennzeichnet sind, dass Bauen gerade im Bereich von Grund und Boden für Überraschungen gut ist. Die Notwendigkeit z.B. **gemeinsamer Festlegungen** entsteht bei unvermuteten Hindernissen bei Schlitzwandarbeiten (DIN 18313 Abschnitt 3.1.7 bis 3.1.9) und setzt eine Mitwirkung des Bestellers voraus. Der Bauvertrag als typischer Kooperationsvertrag[18] bedingte eine Vielzahl von Bestellermitwirkungen unterschiedlichsten Inhalts. Bei Auftreten von Bauabwicklungsstörungen sind in erster Linie Entscheidungen des Auftraggebers gefordert, die entweder durch ihn allein oder im Zusammenwirken mit dem jeweils betroffenen Unternehmer gefällt werden müssen. Derartige der Bauwirklichkeit entnommene Entscheidungssituationen listet die VOB/C in ihren einzelnen gewerkespezifischen Allgemeinen Technischen Vertragsbedingungen für Bauleistungen gewerketypisch und nicht beschränkt auf VOB-Bauverträge auf. Abweichende Bodenverhältnisse (DIN 18300 Abschnitt 3.5.3), eine Rutschungsgefahr (DIN 18300 Abschnitt 3.8.4), außergewöhnliche Bodenverhältnisse (DIN 18301 Abschnitt 3.3.3), abweichende Boden-, Fels- und Wasserverhältnisse (DIN 18303 Abschnitt 3.1.3), die Feststellung von Sparten (DIN 18304 Abschnitt 3.1.5), Grundbruchgefahren, das Auftreten von Quellen und die Gefahr ansteigenden Wassers (DIN 18305 Abschnitt 3.1.3, 3.3.2, 3.4.2), Gelände- und Grundbruchgefahren, Rutschungsgefahren, die Notwendigkeit von Maßnahmen zur Beseitigung von Grundwasser (DIN 18311 Abschnitt 3.1.6, 3.1.10) wie auch abweichende Bodenverhältnisse (DIN 18311 Abschnitt 3.2.3), Verbruchgefahren und Gefahren von Sohlerhebungen wie auch Wassereinbrüchen (DIN 18312 Abschnitt 3.1.6, 3.4.2), die Gefahr des Bodenauftriebs (DIN 18313 Abschnitt 3.1.8), abweichende Bodenverhältnisse und Hohlräume (DIN 18313 Ab-

---

18 BGH Urt. v. 28.10.1999 VII ZR 393/98 BauR 2000, 409 = NJW 2000, 807 = NZBau 2000, 130 = IBR 2000, 216–218; Urt. v. 23.5.1996 VII ZR 245/94 BauR 1996, 542 = NJW 1996, 2158 = IBR 1996, 313, 314; Kniffka, Jahrbuch Baurecht 2001, 1 ff.; Nicklisch/Weick Einl. Rn. 4.

schnitt 3.1.9, Abschnitt 3.4.3) bedingen nach den in der VOB/C zum Ausdruck gebrachten gewerkespezifischen Vorstellungen **gemeinsame Festlegungen**. Daneben gibt es – jedenfalls nach den einschlägigen VOB/C-Regeln – auch **einseitig vom Besteller** vorzunehmende Entscheidungen und zu treffende Festlegungen. Zu verweisen ist für diese **Bestellerentscheidungen** z.B. auf DIN 18301 Abschnitt 3.4.2, DIN 18303 Abschnitt 3.2.2 und DIN 18304 Abschnitt 3.5.2 bei unvermutetem Auftreten von Hindernissen; droht bei Einpressarbeiten eine Gefahr für Anlagen, ist eine **Bestelleranordnung** einzuholen (DIN 18309 Abschnitt 3.1.5). Nicht zu den Mitwirkungen nach § 642 BGB zählt die **Finanzierung**;[19] denn die Bauwerksleistung ist auch ohne Finanzierung ausführbar. Steht die Finanzierung aus, kann der Besteller dies zum Anlass nehmen, die Baumaßnahme erst gar nicht in Angriff zu nehmen, also z.B. ein Grundstück nicht zur Verfügung zu stellen, oder Leistungen nicht mehr abzurufen. Auch sonst ausbleibende Zahlungen (z.B. nach § 632a BGB) oder eine ausbleibende **Sicherheit** nach § 648a sind keine zur Herstellung erforderliche Mitwirkung.[20] In beiden Fällen wird der Unternehmer die Leistung verweigern und nicht in einer den Annahmeverzug begründenden Weise anbieten.[21] Im Anwendungsbereich des § 648a Abs. 5 BGB sind Ansprüche des Unternehmers auf die Vergütung abzüglich der ersparten Aufwendungen wie auch auf Schadensersatzansprüche ausgeschlossen.[22] Das gilt auch für einen **Entschädigungsanspruch** nach § 642 BGB. Der Unternehmer hat nur einen Anspruch auf Vergütung nach Maßgabe des § 645 Abs. 1 BGB, auf den neben § 643 in § 648a Abs. 5 BGB verwiesen wird. Auf § 642 BGB wird gerade nicht verwiesen.

2. Mitwirkungsbedarf des Bestellers

30 Zur Anwendung des § 642 BGB kommt es nur, wenn die Mitwirkung des Bestellers erforderlich ist. Die Mitwirkungsaufgabe darf demnach nicht Teil oder ein Arbeitsschritt im Rahmen der dem Unternehmer obliegenden Werkleistung sein. Welche Leistungspflichten der Unternehmer im Rahmen der ihn treffenden werkvertraglichen Erfolgshaftung zu erfüllen hat, ist im Wege der Auslegung zu klären. § 642 BGB scheidet nicht schon dann aus, wenn der Unternehmer in der Lage ist, die unterlassene Mitwirkung des Bestellers zu ersetzen. Die Erfolgsverpflichtung des Unternehmers nach Maßgabe des § 631 BGB nimmt dem Unternehmer nicht die Möglichkeit, sich darauf zu beschränken, die nach dem Vertragsinhalt ihm obliegende Leistung in einer den Annahmeverzug begründenden Weise anzubieten (siehe Rn. 57 ff.). Gerade im Baubereich ist der Unternehmer dann, wenn der Besteller die ihn treffenden Planungs- und Koordinierungsmaßnahmen unterlässt,

---

19 A. A. MüKo/Busche § 642 BGB Rn. 14.
20 Vgl. Kniffka, IBR-Online-Kommentar § 642 Rn. 13.
21 A.A. Boldt BauR 2006, 185, 187.
22 BGH Urt. v. 24.2.2005 VII ZR 225/03 BauR 2005, 861, 863 = NJW 2005, 1650 = IBR 2005, 335 = IBR 2005, 254.

aufgrund seines Kenntnisstandes oft in der Lage, die unterlassene Leistung des Bestellers zu substituieren. Würde die **Erfolgsverpflichtung** des Unternehmers aus § 631 Abs. 1 BGB geeignet sein, den Unternehmer zur **Ersetzung** zu verpflichten, würde § 642 BGB in weiten Bereichen leer laufen, und zur Erweiterung der Unternehmerhaftung aus Gründen des Versagens des Bestellers führen. Das Versagen des Bestellers würde zu dessen Vorteil sein, was nicht angeht.

Gerade in den in Rn. 30 genannten Konfliktlagen, bei denen die VOB/C eine gemeinsame Festlegung der Beteiligten oder eine einseitige Bestimmung durch den Besteller vorsieht, wäre denkbar, dass der Unternehmer bei Ausbleiben einer Mitwirkung oder Entscheidung des Bestellers die Entscheidung selbst trifft und weiter arbeitet. Eine solche **Substitution** des Bestellers durch den Unternehmer entspricht jedoch nicht der gesetzlichen Rollen- und Risikoverteilung. Denn weisen der geschlossene Vertrag und § 642 BGB dem Besteller Mitwirkungsmaßnahmen zu, ist damit auch eine Risiko- und Verantwortungszuteilung verbunden. 31

3. Erfüllung der Mitwirkung – Einsatz Dritter

Auf welche Weise der Besteller seiner Mitwirkungsaufgabe gerecht wird, ob in eigener Person oder durch Zuziehung von Dritten, ist für die Anwendung der sich aus § 642 BGB ergebenden Rechtsfolgen gleichgültig. Entscheidend ist die Feststellung einer Mitwirkungsaufgabe des Bestellers, die für einen nachleistenden Unternehmer gerade auch darin bestehen kann, dass das Grundstück einen solchen Zustand aufweist, dass der nachleistende Unternehmer mit seinen Leistungen technisch sinnvoll an den auf dem Grundstück bisher tätigen Unternehmern anbinden kann.[23] Der BGH[24] formuliert diese **Bestellermitwirkungsaufgabe** dahin, dass der Besteller das Baugrundstück als für die Leistung des Auftragnehmers aufnahmebereit zur Verfügung stellt[25] und gilt auch dann, wenn hierfür vom Besteller zur Erstellung der Vorarbeiten andere Unternehmer eingesetzt worden sind. Denn es ist unerheblich, ob der Besteller einen gänzlich unbearbeiteten Stoff nicht rechtzeitig zur Verfügung stellt oder einen Stoff, an dem schon anderer Unternehmer Arbeiten ausgeführt haben.[26] Bezogen auf die einzelnen Gewerke beinhaltet dies, dass der Besteller für die **Vorarbeiten** zu sorgen hat, an denen der nachleistende Unternehmer mit der Folge anbindet, dass bei nicht rechtzeitiger – oder auch mangelhafter – Erbringung dieser Vorleistung der nachleistende Unternehmer sein Gewerk nicht vertragsgemäß erbringen kann. 32

---

23 BGH Urt. v. 21. 10. 1999 VII ZR 185/98 BauR 2000, 722, 725 = NJW 2000, 1336 = NZBau 2000, 187 = IBR 2000, 216–218.
24 BGH Urt. v. 21. 10. 1999 VII ZR 185/98 BauR 2000, 722, 725 = NJW 2000, 1336 = NZBau 2000, 187 = IBR 2000, 216–218.
25 Vgl. auch Kraus BauR 1986, 22.
26 BGH Urt. v. 21. 10. 1999 VII ZR 185/98 BauR 2000, 722, 725 = NJW 2000, 1336 = NZBau 2000, 187 = IBR 2000, 216–218; Staudinger/Peters § 642 BGB Rn. 17.

33 Auf die Baurealität übertragen bedeutet dies die Feststellung derartiger Abhängigkeiten anhand technischer Gegebenheiten, wie sie auch die in der VOB/C niedergelegten Prüfungspflichten zum Ausdruck bringen. So hat der Beton- und Stahlbauer oder der Maurer nach DIN 18331 Abschnitt 3.1.3 bzw. DIN 18330 Abschnitt 3.1.1 die Prüfung auf unzureichende Gründungsflächen und auf die Bodenbeschaffenheit vorzunehmen, womit dies die vom Besteller zu schaffenden Beschaffenheiten des Grundstück sind. Der Natursteinhandwerker oder der Fliesenleger benötigt einen geeigneten Untergrund, was beim Fliesenleger als Ansetz- oder Verlegefläche bezeichnet wird (DIN 18332 Abschnitt 3.1.1 und DIN 18352 Abschnitt 3.1.1).

34 Das Problem, ob dem Besteller die nicht vertragsgerechte Ausführung der Vorarbeiten, auf denen der nachleistende Unternehmer aufbaut nach § 278 BGB zugerechnet werden kann, stellt sich nicht.[27] Denn der Besteller stellt das Grundstück und dieses Grundstück muss aufnahmebereit sein. Der Besteller verfehlt seine Obliegenheit der Zurverfügungstellung eines aufnahmebereiten Grundstücks selbst, wenn der vorleistende Unternehmer die hierfür erforderliche Qualität nicht zur rechten Zeit schafft. Im Übrigen ist fraglich, ob § 278 S. 1 BGB seinem strengen Wortlaut nach nur auf Verbindlichkeiten beschränkt ist; immerhin erweitert § 254 Abs. 2 S. 1 BGB den Anwendungsbereich auf Gläubigerobliegenheiten.[28]

4. Annahmeverzug durch unterlassene Mitwirkung

35 Voraussetzung für den zugunsten des Unternehmers als Rechtsfolge entstehenden Entschädigungsanspruch ist weiterhin, dass der Besteller infolge der unterlassenen Mitwirkung in Annahmeverzug geraten ist. Das beurteilt sich nach §§ 293 ff. BGB und setzt seinerseits eine entsprechende Tätigkeit des Unternehmers voraus.

a) Tatsächliches Angebot des Unternehmers – § 294 BGB

36 Grundsätzlich ist erforderlich, dass der Unternehmer die Leistung dem Besteller so anbieten, wie die Leistung zu bewirken ist. Das schließt das Anbieten zur rechten Zeit und in der vertragsgemäßen Weise ein. Das bedeutet, dass der Unternehmer das vertragsgemäße Material und die vertragsgemäße Arbeitsweise mit den hierfür erforderlichen Gerätschaften und geeignetem Personal anbieten muss. Er muss mit diesen Utensilien das Baugrundstück anfahren. Stellt der Besteller fest, dass statt des vereinbarten Holzes der Güteklasse A ein solches der Klasse B abgeladen werden soll, ist das tatsächliche Angebot nicht geeignet einen Annahmeverzug zu begründen. Ist ein Bauzeitenplan vorhanden, der z.B. den Einsatz des Bodenlegers in einer bestimmten Kalenderwoche oder an einem bestimmten Tag vorsieht, folgt aus § 294 BGB in strenger Betrachtungsweise, dass der Unternehmer an diesem Tag oder spätestens am Freitag der vorgesehenen Woche mit den

---
27 Vgl. dazu Kniffka, IBR-Online-Kommentar § 642 Rn. 23.
28 Vgl. MüKo/Grundmann § 278 BGB Rn. 24.

Fliesen, Kleber, Gerätschaften und Personal auf der Baustelle sein muss. Diese Vorstellung entspricht jedoch nicht der Realität, weil bei einem Objekt, bei dem die Realisierung entsprechend den Kooperationsgeboten erfolgt, der Fliesenleger oder die anderen Gewerke über die Entwicklung der Maßnahme auf dem Laufenden gehalten werden oder jedenfalls gehalten werden sollten.

b) **Wörtliches Angebot bei Mitwirkungsbedarf des Bestellers – § 295 BGB**

Unterlässt der Besteller die von seiner Seite aus erforderliche Mitwirkung, erleichtert § 295 BGB die Inverzugsetzung des Bestellers erheblich. Ausreichend ist ein wörtliches Angebot. Ein solches genügt, wenn an dem als Baubeginn vorgesehenen Tag nach Erklärung des Bestellers noch keine Baugenehmigung vorliegt oder bei genehmigungsfreigestellten Vorhaben die Monatsfrist z. B. nach Art. 64 Abs. 2 BayBO (vgl. § 62 MBO) noch nicht abgelaufen ist. Die Baurealität macht es erforderlich, dass der Unternehmer bei Abhängigkeit seiner körperlichen Bauleistung von Planungsleistungen oder von Bauleistungen vorleistender Unternehmer sich des **Bauzustandes** vergewissert, um sich auf ein verzugsbegründendes Angebot lediglich gem. § 295 BGB beschränken zu können. Der Unternehmer wird bei **fruchtlosem Ablauf von Planlieferfristen** sofort seine Bauleistung wörtlich anbieten, also dem Besteller die Leistung gemäß Vertrag **schriftlich** anbieten (beachte auch nachfolgend Rn. 42 wegen § 296 BGB). Damit tritt **Gläubigerverzug** ein, der seinerseits den Eintritt eines **Schuldnerverzugs** verhindert. Wenn der Eintritt des Gläubigerverzugs den Schuldnerverzug beendet,[29] schließt eine von vornherein fehlende Mitwirkung des Gläubigers den Eintritt des Schuldnerverzugs nach § 286 BGB aus.[30] Insofern weicht die VOB/B mit ihrer Regelung in § 6 in erheblicher Weise von der BGB-Regelung ab, da die VOB/B vom Unternehmer eine Behinderungsanzeige verlangt, also gerade nicht gemäß der Regelung in § 642 BGB dem Unternehmer auf die fehlende Mitwirkung gestattet so zu reagieren, dass die Leistung wörtlich angeboten und damit Schuldnerverzug verhindert wird. 37

Allerdings erweist sich das wörtliche Angebot als Ausnahme von der Regel, weswegen der Unternehmer darzustellen hat, warum er sich auf ein wörtliches Angebot beschränken darf. Er hat also darauf hinzuweisen, welche Mitwirkung des Bestellers fehlt.[31] Diese fehlende Mitwirkung eröffnet dem Unternehmer aber dennoch die Möglichkeit dazu, durch ein wörtliches Angebot den Besteller in Gläubigerverzug zu versetzen. 38

Ist im Bauvertrag ein **Abruf** etwa des Inhalts vorgesehen, dass der Besteller die Leistung des Unternehmers in der 45 KW **abruft**, was nicht geschieht, ist der Unternehmer berechtigt, seine Leistung wörtlich zu Beginn der 46. KW anzubieten. 39

---

29 OLG Düsseldorf NJW-RR 1999, 1396.
30 BGH Urt. v. 23.1.1996 X ZR 105/93 NJW 1996, 1745 = MDR 1996, 567; Palandt/Heinrichs § 286 BGB Rn. 15.
31 Boldt BauR 2006, 185, 189; Kniffka, IBR-Online-Kommentar § 642 Rn. 34.

Das Konzept der VOB/B sieht dagegen eine Behinderungsanzeige des Unternehmers nach § 6 Nr. 1 VOB/B.

40 Ein nachleistender Unternehmer, der auf **Vorleistungen** anderer aufbaut oder dessen Leistung auch sonst nur in Abhängigkeit eines bestimmten **Bauzustandes** gelingt, wie das z. B. bei einem Estrichleger vorausgesetzt wird, dessen Leistung misslingt, wenn der Bau nicht zur Vermeidung von Zugluft allseitig geschlossen ist,[32] wird sich deshalb vor Beginn mit seinen Arbeiten hinsichtlich des Objektzustandes kundig und auf Defizite in Verbindung mit dem wörtlichen Angebt aufmerksam machen, wenn zum vorgesehenen Termin der Zustand unverändert untauglich ist. Nach BGH[33] kann es für ein wörtliches Angebot genügen, wenn der Unternehmer seine Mitarbeiter auf der Baustelle zur Verfügung hält und zu erkennen gibt, dass er bereit und in der Lage ist, seine Leistungen zu erbringen. In einer solchen Konstellation dürfte jedoch eher ein tatsächliches Angebot vorliegen.

c) Gläubigerverzug durch Fristablauf – § 296 BGB

41 Ist für die Mitwirkung seitens des Bestellers eine Zeit nach dem Kalender bestimmt, bedarf es eines Angebots nur, wenn er die Handlung rechtzeitig vornimmt. Der Gläubigerverzug tritt in diesen Fällen wie auch dann, wenn der Vornahme der Bestellermitwirkung ein Ereignis vorauszugehen hat und eine angemessene Zeit für die Handlung in der Weise bestimmt ist, dass sie sich von dem Ereignis an nach dem Kalender bestimmen lässt, angebotsunabhängig ein. Der Eintritt des Gläubigerverzugs ist völlig unabhängig von jeglichem Angebot des Unternehmers. Typisch sind **Planlieferfristen** oder sich aus einem **Bauzeitenplan** ergebende Endfristen für bestimmte Gewerke, die zugleich der Beginn für ein nächstfolgendes Gewerk sind. Selbst wenn in nachrangigen Geschäftsbedingungen ein Abruf der Leistungen vorgesehen ist, bedarf es eines solchen nicht, um den Gläubigerverzug ohne weiteres Angebot des Unternehmers, insbesondere des Abrufs, zu begründen.[34] Gleiches gilt, wenn der Besteller eine anderweitige Beistellung übernommen hat, so z. B. das Beistellen von Baustoffen oder Bauteilen, wozu auch Grund und Boden als Hauptbaustoff zählen. Der Eintritt des Gläubigerverzugs unabhängig von einem vorgesehenen Abruf ist gerade im Hinblick auf Aussagen in der VOB/C, DIN 18299 Abschnitt 2.1.2, bedeutsam, weil danach der Unternehmer Stoffe und Bauteile, die vom Auftraggeber beizustellen sind, beim Auftraggeber rechtzeitig anzufordern sind. Der BGH[35] ist im Wege der Auslegung zu dem Ergebnis ge-

---

32 Vgl. »Hinweise zur Verlegung von dicken Zement-Verbundestrichen« des Bundesverbandes Estrich und Belag e.V., Juli 1997, Abschnitt 4 unter Nachbehandlung.
33 Urt. v. 19. 12. 2002 VII ZR 440/01 BauR 2003, 531 = NJW 2003, 1601 = NZBau 2003, 325 = IBR 2002, 182.
34 BGH Urt. v. 21. 3. 2002 VII ZR 224/00 BauR 2002, 1249 = NJW 2002, 2716 = NZBau 2002, 381 = IBR 2002, 354, 356.
35 BGH Urt. v. 21. 3. 2002 VII ZR 224/00 BauR 2002, 1249 = NJW 2002, 2716 = NZBau 2002, 381 = IBR 2002, 354, 356.

kommen, dass die Vereinbarung eines Bauzeitenplanes eine besondere, den Abruf überflüssig machende Abrede darstellt.

Haben die Parteien im Vertrag vereinbart, dass bestimmte Bauunterlagen innerhalb einer bestimmten Zeit nach deren Abruf vorliegen müssen, kommt der Besteller nach § 296 S. 2 BGB ohne weiteres Angebot des Bestellers in Gläubigerverzug. Die in § 296 i. V. m. § 642 BGB getroffene Regelung über den Annahmeverzug des Bestellers weicht erheblich von § 6 VOB/B ab, weil auf jegliche Reaktion des Unternehmers verzichtet und damit der Eintritt des Schuldnerverzugs vermieden wird. 42

d) Unvermögen des Unternehmers – Beweislastverteilung

Der Unternehmer, der einen Entschädigungsanspruch geltend macht, hat die hierfür erforderlichen Voraussetzungen darzulegen und zu beweisen. Der Unternehmer ist darlegungs- und notfalls beweispflichtig dafür, das der Besteller allein durch sein wörtliches Angebot nach § 295 BGB in Annahmeverzug geraten ist, weswegen ihn auch die Beweislast für die den Besteller treffende, jedoch unterlassene Mitwirkung trifft. Er ist auch dafür beweisbelastet, dass er seine Leistung unter den Voraussetzungen des § 294 BGB in vertragsgemäßer Weise angeboten hat. 43

Der Verzug des Bestellers mit seinen Mitwirkungshandlungen setzt nach § 297 BGB voraus, dass der Unternehmer zum Zeitpunkt des Angebots des Unternehmers oder zu der für die Handlung des Bestellers bestimmten Zeit (§ 296 BGB) in der Lage ist, die Werkleistung zu erbringen. Nur die fehlende oder unzulängliche Mitwirkungshandlung des Bestellers darf der Grund für das Ausbleiben der Unternehmerleistung sein. Ist dem Besteller die Vornahme der Mitwirkungshandlung endgültig ausgeschlossen, z. B. weil die Baugenehmigung nicht zu erlangen ist oder sich herausstellt, dass das als Baugrund vorgesehene Grundstück nicht erworben werden kann, kommen **Unmöglichkeitsregeln** zur Anwendung. Gläubigerverzug setzt voraus, dass lediglich ein vorübergehendes Mitwirkungshindernis besteht oder der Besteller die Leistung nicht annehmen will.[36] Wendet der Besteller zur Anwendung der Rechtsfolgen aus Gläubigerverzug ein, dem Unternehmer sei die Erbringung der Leistung unmöglich gewesen, liegt die **Beweislast** hierfür bei dem Besteller, was aus der systematischen Stellung des § 297 BGB folgt.[37] 44

Der Besteller kommt nicht in Verzug, wenn zum Zeitpunkt des tatsächlichen oder wörtlichen Angebots und der fehlenden Mitwirkung des Bestellers der Unternehmer jedoch mangels Materials oder des geeigneten Geräts, das er zu besorgen hatte, nicht leisten konnte. Das ist auch dann der Fall, wenn der Unternehmer nach dem Vertrag z. B. die Tragwerksplanung oder Montageplanungen zu erbringen hatte, die zum Zeitpunkt des Angebots des Unternehmers noch nicht vorlagen und vom Auftraggeber auch noch nicht freigegeben waren. 45

---

36 MüKo/Ernst § 293 BGB Rn. 8.
37 KG NJW-RR 1997, 1059.

e) Bestellermitwirkung bei Zug um Zug Leistungen – § 298 BGB

46 Hat der Unternehmer nach § 632a BGB oder sonst nach einer vertraglichen Vereinbarung einen Anspruch auf **Abschlagszahlungen**, die nach Inrechnungstellung auch fällig sind, kommt der Besteller in Annahmeverzug, wenn der Unternehmer die noch zu erbringenden Leistungen gegen Zahlung anbietet, der Besteller jedoch zu Unrecht nicht bereit ist, auf die fälligen Abschlagsforderungen Zahlungen zu leisten, ansonsten jedoch zur Entgegennahme der Leistungen bereit ist (§ 298 BGB). Nach § 320 BGB sind die Leistungen **Zug um Zug** zu erbringen. Steht dem Unternehmer nach den sich aus § 642 BGB ergebenden Regeln ein Entschädigungsanspruch zu, kann er nachfolgende Leistungen von der Zahlung der Entschädigung abhängig machen; die Leistung von der **Entschädigungszahlung** abhängig zu machen, rechtfertigt sich aus § 273 Abs. 1 BGB. Voraussetzung ist jedoch, dass der Unternehmer seinen Entschädigungsanspruch in einer für den Besteller nachvollziehbaren Weise begründet.

III. Entschädigungsanspruch – Rechtsfolge aus § 642 BGB

47 Rechtsfolge der Verwirklichung der Tatbestandsvoraussetzungen ist nach § 642 Abs. 1 letzter Hs. BGB ein Entschädigungsanspruch. Dessen Höhe bestimmt sich nach § 642 Abs. 2 BGB. Da der Eintritt des Gläubigerverzugs verschuldensunabhängig ist, bestimmt das Gesetz die Anspruchsqualität dahin, dass es sich nicht um einen Schadensersatzanspruch, sondern um einen Entschädigungsanspruch handelt. Wäre es ein Schadensersatzanspruch, würde sich eine eigenständige Regelung der Anspruchshöhe erübrigen. Auf einen Schadensersatzanspruch trifft § 249 BGB zu. Der Entschädigungsanspruch ist auch kein Vergütungsanspruch.

1. Anspruchsnatur und Abgrenzungsbedarf zu § 304 BGB

48 Die Rechtsnatur des Anspruchs als Schadensersatzanspruch oder vergütungsähnlicher Anspruch ist strittig.[38] Da der Anspruch verschuldensunabhängig ist und die Bemessung der Höhe massiv an anderen Bestimmungen angelehnt ist, die als Vergütungsregelung einzustufen sind, kommt nur eine Qualifizierung als vergütungsähnlicher Anspruch in Betracht.[39] Ähnliche Bestimmungen enthalten § 326 Abs. 2 und § 649 BGB. Es handelt sich auch nicht um einen bloßen **Aufwendungsersatzanspruch**; denn dieser Anspruch ist neben § 642 in § 304 BGB eigenständig geregelt. Das bedingt auch **Abgrenzungsbedarf**. § 304 BGB ist die Anspruchsgrundlage für den Ersatz von Mehraufwendungen, die das erfolglose Angebot und die

---

38 Vgl. MüKo/Busche § 642 BGB Rn. 16: Schadensersatzanspruch eigener Art; OLG Hamm BauR 2004, 1304 als Schadensersatzanspruch; BGH Urt. v. 21. 10. 1999 VII ZR 185/98 BauR 2000, 722, 725 = NJW 2000, 1336 = NZBau 2000, 187 = IBR 2000, 216–218 für vergütungsähnlichen Anspruch.
39 Boldt BauR 2006, 185, 193.

Erhaltungskosten betreffen. Darunter fallen nicht die Vorhaltekosten für Personal, Material und Gerät, weil dies lediglich betriebswirtschaftliche Voraussetzungen für die Leistung, nicht aber diese selbst sind.[40] Hat z. B. der Schreiner Fenster und Türen im Betrieb fertig gestellt und will er die Fenster und die Türzargen nunmehr anschlagen, was der Besteller in einer den Annahmeverzug begründenden Weise ablehnt, zählen die Kosten des Aufladens und der Anfahrt zu den Angebotskosten und die Kosten für die Rückfahrt, das Abladen, Aufbewahren und Schützen zu den Erhaltungskosten. **Vorhaltekosten** für das Personal im Übrigen fallen nicht unter § 304 BGB.

2. Höhe des Entschädigungsanspruchs – § 642 Abs. 2 BGB

Die Bemessungskriterien benennt – freilich vage – § 642 Abs. 2 BGB. Die Höhe bestimmt sich positiv nach der Dauer des Verzugs und der vereinbarten Vergütung und negativ als Abzugsposten danach, was der Unternehmer infolge des Verzugs an Aufwandsersparnis hat und durch die Freistellung seiner Arbeitskraft zu erwerben in der Lage ist oder unterlässt. Da der Anspruch neben dem nach Erbringung der Werkleistung fällig werdenden Vergütungsanspruch besteht, und dieser Vergütungsanspruch nach der Kalkulation **Gewinn- und Wagnisanteile** enthält, schließt der Entschädigungsanspruch trotz der von § 642 Abs. 2 BGB geregelten Anbindung an der vereinbarten Vergütung diese Vergütungsanteile nicht ein. Wagnis und Gewinn werden ausschließlich von dem nach Werkvollendung fälligen Vergütungsanspruch erfasst.[41] Dem Unternehmer entgeht infolge des Gläubigerverzugs bezüglich des fraglichen Vertrags weder sein Gewinn- noch sein Wagnisanteil an der Vergütung. Das Wagnis könnte sich allenfalls dadurch vergrößern, dass z. B. die Abnahme zu einem späteren Zeitpunkt erfolgt und die **Schutzaufwendungen** größer werden. Letzteres wird jedoch durch § 304 BGB abgedeckt und eine Erhöhung des Wagnisses kann nur schadensersatzrechtlich ausgeglichen werden. **Gewinnverluste infolge Aufwandserhöhung aus einem Folgeauftrag**, die sich deshalb ergeben, weil der Besteller in Annahmeverzug geraten ist, was den Unternehmer Schwierigkeiten und erhöhte Kosten im Rahmen dieses Folgeauftrags bereitet, können nur Gegenstand eines Schadensersatzanspruchs sein, setzen also Verschulden des Bestellers voraus.[42] **Gewinnverluste im betroffenen Vertrag** könnten sich jedoch dann einstellen, wenn sich infolge des Annahmeverzugs die kalkulatorischen Grundlagen für die Vertragspreise geändert haben, also der Aufwand größer wird.[43] Wenn sich z. B. bei der Kalkulation über die Endsumme[44]

49

---

40 Kniffka, IBR-Online-Kommentar § 642 Rn. 52.
41 BGH Urt. v. 21. 10. 1999 VII ZR 185/98 BauR 2000, 722, 725 = BGHZ 143, 32, 40 = NJW 2000, 1336 = NZBau 2000, 187 = IBR 2000, 216–218.
42 Boldt BauR 2006, 185, 196.
43 In diese Richtung Boldt BauR 2006, 185, 196.
44 Vgl. das Formular EFB-Preis 1 b aus dem VHB; vgl. auch Drees/Paul, Kalkulation von Baupreisen, S. 40; Plümecke, Preisermittlung für Bauarbeiten, S. 32, 33.

infolge des Annahmeverzugs des Bestellers die eigenen Lohnkosten durch die Zeitverschiebung im Vergleich zur Kalkulation wegen Veränderung des Tariflohns erhöhen oder sich eine Erhöhung der Gesamtstunden ergibt, dann mindert sich der Gewinn. Wenn § 642 Abs. 2 BGB die Höhe der Entschädigung bestimmt nach der Dauer des Verzugs und der Höhe der vereinbarten Vergütung, sind damit Bemessungskriterien benannt, die im Rahmen der jeweiligen Kostengliederung der Kalkulation zu berücksichtigen sind. Darzustellen, zu prüfen und zu dokumentieren ist, ob sich die Dauer des Verzugs auf die **Einzelkosten der Teilleistung**, die selbstverständlich mit Rücksicht auf das Zeitmoment kalkuliert worden sind, zeitbedarfserhöhend ausgewirkt hat. Sind mit dem Verzug veränderte Leistungsbedingungen verbunden, sind die damit entstehenden Kosten zu berücksichtigen (z.B. veränderte Nachbehandlung des Betons, Einhausung, besondere Vorkehrungen zum Befahren der Baustelle wegen Verschiebung in den Winter). Derselbe Prüfungsgang ist bezüglich der Gemeinkosten der Baustelle und der Allgemeinen Geschäftskosten vorzunehmen. Hat der Unternehmer die **Gemeinkosten der Baustelle** über prozentuale Zuschläge in die Einheitspreise der Teilleistungen eingerechnet, kann sich bezüglich der zeitabhängigen Anteile (z.B. Vorhaltung der Baustelle) eine negative Entwicklung (z.B. längere Vorhaltung von Rüstungen, Containern) und damit eine Veränderung der Gewinnsituation im fraglichen Vertrag ergeben. Bezüglich der Allgemeinen Geschäftskosten und deren Verteilung über einen Zuschlagssatz dürfte sich infolge eines Annahmeverzugs demgegenüber deshalb nichts ändern, weil dieser betriebsnotwendige Zuschlag aus der Prognose der für das Geschäftsjahr erwarteten Allgemeinen Geschäftskosten und der erwarteten Jahresbauleistung ermittelt wird.[45] Der sich ergebende Prozentsatz bleibt gleich; er wird auch nicht mit Rücksicht auf die Dauer von Bauleistungen aufgefunden. Deshalb scheidet eine Berücksichtigung im Rahmen von § 642 Abs. 2 BGB aus.

50 Da § 642 Abs. 2 BGB auf die Höhe der vereinbarten Vergütung als Parameter für die Bestimmung der Entschädigung abstellt, bedeutet dies für den Bauvertrag, dass die Entschädigung mit Rücksicht auf die einzelnen **Kalkulationsfaktoren** zu bestimmen und danach zu fragen ist, wie sich Annahmeverzug auf diese Faktoren auswirken. Die Kalkulation der Teilleistungen enthält zeitabhängige Faktoren. Soweit diese und damit die Kalkulation infolge des Annahmeverzugs betroffen sind, ist der durch Aufwandserhöhung bedingte Gewinnverlust bei der Bemessung der Höhe der Entschädigung nach § 642 Abs. 2 BGB zu berücksichtigen.

Da der Unternehmer in analoger Anwendung des § 254 BGB gehalten ist, die Entschädigung gering zu halten, sind auch solche Kosten zu ersetzen, die er zu diesem Zweck aufwendet.[46]

51 Unentschieden ist, ob die Entschädigung **umsatzsteuerpflichtig** ist, was letztlich davon abhängt, ob die Leistungsvoraussetzungen nach § 1 Abs. 1 UStG erfüllt sind.

---

45 Plümecke, Preisermittlung für Bauarbeiten, S. 43.
46 Kniffka, IBR-Online-Kommentar § 642 Rn. 59; Boldt BauR 2006, 185, 200.

Wird der Anspruch für vergütungsähnlich gehalten und wird der Anspruch im Rahmen der Abrechnung der dann erbrachten Leistungen eingestellt, spricht vieles für eine **Umsatzsteuerpflicht**. Geht der Verzug schließlich in einen Tatbestand der Unmöglichkeit über, z.b. wenn die Baugenehmigung endgültig versagt wird oder der Besteller die Realisierung des Bauwunsches endgültig aufgibt, dürfte es an einer Gegenleistung fehlen. Letztlich wird darüber der EuGH zu befinden haben.[47]

3. Berücksichtigung von Ersparnissen

Was der Unternehmer verzugsbedingt an Aufwendungen erspart oder durch anderweitigen Einsatz seiner Arbeitskraft erwirbt oder erwerben kann, ist bei der Ermittlung der Ersparnis anzurechnen. Anders als in § 326 Abs. 2 oder § 649 BGB besteht hinsichtlich eines unterlassenen Arbeitseinsatzes nicht die Einschränkung, dass dieser Einsatz böswillig unterlassen worden sein muss. Anzurechnen ist jeder mögliche Arbeitseinsatz.[48]   52

IV. Darlegungs- und Beweislast

Hinsichtlich der Darlegungs- und Beweislast gelten die allgemeinen Regeln. Der Unternehmer, der einen Entschädigungsanspruch geltend macht, hat die Voraussetzungen hierfür strikt nach § 286 ZPO und dessen Höhe nach § 287 ZPO zur Überzeugung des Gerichts zu beweisen. Hinsichtlich der Ursachen des Verzugs, nämlich der unterlassenen Annahme oder einer unterlassenen Mitwirkung des Bestellers, die für die Herstellung des Werks erforderlich ist, und das verzugsbegründende Angebot kann der Unternehmer keinerlei Beweiserleichterungen nach § 287 ZPO in Anspruch nehmen. Hierbei handelt es sich um Umstände der anspruchsbegründenden Kausalität. Insoweit ist eine strikte Darlegung und notfalls auch Beweisführung i.S.d. § 286 ZPO geboten. § 287 ZPO kommt erst hinsichtlich der Folgen des dargelegten und bewiesenen Annahmeverzugs zum Tragen. Insoweit gelten die Grundsätze, die der BGH zuletzt zur Darlegungs- und Beweislast im Rahmen von § 6 Nr. 6 VOB/B ausgeführt hat.[49]   53

Das bedeutet im Einzelnen hinsichtlich der strikt nach § 286 ZPO dem Unternehmer obliegenden Darlegungs- und Beweislast: Der Unternehmer hat darzustellen und zu beweisen, von welchen Mitwirkungshandlungen des Bestellers die Erbringung seiner Leistung abhängt. Er hat darzustellen, dass er seine Leistung gemäß den Anforderungen aus §§ 293 ff. BGB angeboten hat. Die Darstellung schließt ein   54

---

[47] Boldt BauR 2006, 185, 2002.
[48] Kniffka, IBR-Online-Kommentar § 642 Rn. 60.
[49] Urt. v. 24.2.2005 VII ZR 141/03 BauR 2005, 857, 859 = NJW 2005, 1653 = NZBau 2005, 387 = IBR 2005, 246; Urt. v. 24.2.2005 VII ZR 225/03 BauR 2005, 861 = NJW 2005, 1650 = NZBau 2005, 335 = IBR 2005, 243, 247, 254.

die Dauer des Verzugs. Dasselbe gilt, wenn der Unternehmer seine Leistung ohne Mitwirkungsbedarf erbringen konnte, diese Leistung tatsächlich angeboten wurde und der Besteller lediglich die Abnahme der vertraggemäß und zeitgerecht angebotenen Leistung abgelehnt hat. Vertragsmäßigkeit und Zeitgerechtigkeit der angebotenen Leistung wie auch die Nichtannahme ohne Vorliegen der Voraussetzungen des § 299 BGB sind strikt zu beweisen.

55 Ob bei bewiesenem Vorliegen der Voraussetzungen nach § 642 Abs. 1 BGB auch Entschädigungsbedarf besteht, unterliegt der freien Beweiswürdigung des Gerichts nach § 287 ZPO. Insoweit wie auch hinsichtlich der anspruchsausfüllenden Kausalität gilt zugunsten des Unternehmers die Beweiserleichterung aus § 287 ZPO. Allerdings hat der Unternehmer im Prozess die Auswirkungen des Annahmeverzugs einschließlich seiner Dauer auf den vereinbarten Vertragspreis mit Rücksicht auf die der Preisbildung zugrundeliegende Kalkulation darzustellen. § 642 Abs. 2 BGB macht die Offenlegung der Vertragskalkulation notwendig; notfalls muss diese nachgeholt werden.

C. Dogmatische Zusammenhänge – Verhältnis des § 642 zu § 631 BGB

56 Die aus § 631 Abs. 1 BGB ableitbare **Erfolgsverpflichtung** des Unternehmers führt nicht dazu, dass der Unternehmer dem Besteller obliegende, von diesem jedoch nicht vorgenommene Mitwirkungshandlungen als eigene Verpflichtungen des Erfolgs wegen zu übernehmen hätte. Beruht die Herstellung des Erfolgs auch auf dem Besteller obliegenden Mitwirkungshandlungen, ist der Unternehmer der werkvertraglichen Erfolgsverpflichtung wegen lediglich verpflichtet, insoweit auf Bedenken hinzuweisen. § 642 BGB ermöglicht dem Unternehmer, seine nur dem Vertragsinhalt, insbesondere dem Leistungsverzeichnis nach geschuldete Leistung in einer Weise anzubieten, dass der Besteller in Gläubigerverzug kommt. §§ 295, 642 BGB erlauben es dem Unternehmer, dem Besteller lediglich ein wörtliches Angebot zu unterbreiten. § 642 BGB ist ein deutlicher Hinweis darauf, dass bei ausbleibenden, aber von Seiten des Bestellers erforderlichen Mitwirkungshandlungen der Unternehmer gerade **nicht** nach Maßgabe der **Erfolgshaftung** gem. § 631 BGB zur **Ersetzung** dieser dem Besteller obliegenden Maßnahmen verpflichtet ist mit der Folge, dass er gleichsam die Gesamtverantwortung für die Leistung trägt. Abgesehen davon bestehen erhebliche Unsicherheiten insoweit, ob der Unternehmer dann, wenn er die Mitwirkungshandlung anstelle des Bestellers vornimmt, überhaupt einen **Vergütungsanspruch** hat. Nimmt der Unternehmer z. B. die Planungsleistung einfach selbst vor, kommt der Besteller abgesehen davon, dass die Regelungen des Gläubigerverzugs einen solchen Erstattungsanspruch nicht kennen,[50] mangels des Angebots der Leistung in Übereinstimmung mit dem Vertrag

---

50 Kniffka, IBR-Online-Kommentar § 642 Rn. 25.

überhaupt nicht in Gläubigerverzug. Dieser Umstand wird auch dazu führen, dass Ansprüche aus Geschäftsführung ohne Auftrag gem. § 683 BGB scheitern.

Eine ausbleibende, aber dem Besteller obliegende Mitwirkung kann auch nicht anders behandelt werden als eine unzulänglich erbrachte, bei deren Ausrichtung der Erfolg misslingt. Zwar schuldet der Unternehmer eine vereinbarte **Funktionstauglichkeit** auch dann, wenn dieser Erfolg mit der vertraglich vereinbarten Leistungsart nicht zu erreichen ist. Denn nach BGH[51] ändert sich an der Erfolgshaftung grundsätzlich nichts, wenn die Parteien eine bestimmte **Ausführungsart** vereinbart haben, mit der die geschuldete Funktionstauglichkeit des Werks nicht erreicht werden kann. Aber diese dennoch geschuldete Funktionstauglichkeit, die der BGH als Charakteristikum des Werkvertrags betont,[52] hat keine leistungsergänzende oder leistungserweiternde Wirkung. Deshalb muss der Unternehmer von sich aus die im Leistungsverzeichnis vorgesehene Ausführungsart weder ändern oder noch erweitern. Die Diskrepanz zwischen der weiterhin geschuldeten Funktionstauglichkeit und der vertraglich vereinbarten, jedoch im Hinblick auf das Erfolgsversprechen ungenügenden Ausführungsart ist vielmehr Anlass zur Wahrnehmung von **Prüfungs- und Bedenkenhinweispflichten**. Die Erfolgverpflichtung löst hinsichtlich der für die Ausführung von Seiten des Bestellers erstellten Vorgaben nach Treu und Glauben eine Prüfungs- und Hinweispflicht aus.[53] Der Unternehmer darf keinesfalls vorbehaltlos auf fachwidrige Angaben des LV vertrauen. Der Unternehmer ist nach dem Vertrag im Hinblick auf die ihn treffende Erfolgsverpflichtung nicht berechtigt, die Leistungsart eigenmächtig zu ändern, um auf diese Weise den Erfolg zu gewährleisten.[54] Vertraglich hat er lediglich die ihm beauftragte Leistung zu erbringen; die Frage nach dem Erfolg ist nach Sachmängelhaftungsregeln, nicht aber nach dem Prinzip von Leistung und Gegenleistung im Erfüllungsstadium zu beantworten. Die insbesondere von Putzier[55] vertretene Auffassung, der Vertrag beschreibe nur das, was mit den Vertragspreisen abgegolten werde, begrenze aber nicht die Leistungspflicht des Unternehmers, wäre geeignet, praktisch die aus § 242 BGB abgeleiteten Pflichtenkreise der Prüfungs- und Hinweispflichten sowie die gesetzliche Regelung in § 642 BGB außer Kraft zu setzen.

Wenn den Unternehmer hinsichtlich vom **Besteller erbrachter Mitwirkungsleistungen** Prüfungs- und Hinweispflichten treffen und er vertragsrechtlich nicht berechtigt ist, die vertraglich beschrieben Leistung eigenmächtig, wenn auch erfolgssichernd zu ändern, besteht eine Substitutionspflicht auch nicht bei **fehlenden Mitwirkungsmaßnahmen**. Im Ergebnis würde eine so verstandene Erfolgsverpflichtung und Einstandspflicht des Unternehmers dazu führen, dass der Auftrag-

---
51 Urt. v. 16. 7. 1998 VII ZR 350/96 NJW 1998, 3707 = BauR 1999, 37 = IBR 1998, 527, 528.
52 Urt. v. 11. 11. 1999 VII ZR 403/98 BauR 2000, 411, 413 = IBR 2000, 65.
53 BGH Urt. v. 22. 3. 1984 VII ZR 286/82 BauR 1984, 401 = BGHZ 90, 354 = NJW 1984, 1679.
54 A. A. wohl Oberhauser BauR 2000, 919, 921 und Putzier in: FS Motzke, 353, 357.
55 In FS Motzke, 353, 357.

geber hinsichtlich des Bauwerks keinerlei Verantwortung mehr träfe. Neben § 642 BGB würde praktisch auch § 645 BGB außer kraft gesetzt. Die Erfolgsverpflichtung des Unternehmers kennt ihre Grenze in den den Besteller treffenden Mitwirkungshandlungen, bezüglich deren den Unternehmer lediglich Prüfungs- und Mitteilungspflichten treffen.

59 Der BGH hat die in § 4 Nr. 3 VOB/B niedergelegte **Prüfungs- und Hinweispflicht** des Unternehmers als Konkretisierung von Treu und Glauben gewertet und deshalb inhaltlich auch für den BGB-Bauvertrag für einschlägig erklärt. Das hat zur Folge, dass ein Unternehmer verpflichtet ist, die Vorarbeiten anderer daraufhin zu prüfen hat, ob sie eine geeignete Grundlage für das Werk bilden.[56] Diese Prüfungspflicht betrifft auch Leistungsverzeichnisse oder Planungen. Damit soll der Besteller in die Lage versetzt werden, auf die Bedenken zu reagieren und anderweitige Anordnungen zu treffen. Die werkvertragliche Erfolgshaftung begründet keine darüber hinausgehende Verpflichtung, die Leistung nach der Einschätzung des Unternehmers auszuführen.

60 Dasselbe gilt, wenn dem Besteller obliegende Mitwirkungshandlungen fehlen. Nach § 642 BGB ist der Unternehmer berechtigt, seine vertraglich bestimmte Leistung anzubieten. Das Fehlen der Mitwirkung des Bestellers führt gerade nicht dazu, dass diese Aufgabe dem Unternehmer nunmehr wegen der vertraglichen Erfolgsverpflichtung anwächst. Ein wörtliches Angebot mit Hinweis auf die fehlende Mitwirkungshandlung des Bestellers genügt. Die VOB/B geht in § 6 einen anderen Weg und arbeitet mit einer Behinderungsanzeige, womit die Gläubigerverzugsregeln abgewandelt werden.

61 Das Konzept, das aus der Zusammenschau von § 631 und § 642 BGB entwickelt werden kann, ändert sich erst dann, wenn der Unternehmer den **Gläubigerverzug vermeidet** und den Werkvertrag durch Erbringung der Leistung erfüllt. Dann gilt § 631 BGB mit der Folge, dass der Unternehmer für den Eintritt des Erfolgs verantwortlich ist. Dann schuldet er den Erfolg nach Maßgabe der einschlägigen Funktionstauglichkeitskriterien unabhängig von der im Vertrag vorgesehenen Ausführungsart.[57]

D. Pflichten und Obliegenheiten – Bestellerverantwortung

62 Die in der Abwicklung eines Bauvertrages dem Besteller notwendigerweise obliegenden Mitwirkungsmaßnahmen können grundsätzlich unterschiedlich vertypt werden. Das BGB enthält für Leistungsstörungen, denen vorwerfbare Pflichtver-

---

[56] BGH Urt. v. 23. 10. 1986 VII ZR 48/85 BauR 1987, 79, 80 = NJW 1987, 643.
[57] BGH Urt. v. 15. 10. 2002 X ZR 69/01 BauR 2003, 236 = NJW 2003, 200 = NZBau 2003, 33 = ZfBR 2003, 34 = IBR 2003, 7; Urt. v. 16. 7. 1998 VII ZR 350/96 BauR 1999, 37 = NJW 1998, 3707 = IBR 1998, 527, 528.

letzungen zugrunde liegen, das System nach §§ 280 ff. BGB bereit. Außerdem stehen die Regeln des Gläubigerverzugs zur Verfügung.

I. Pflichten – Leistungsstörungsrecht – Vertragsabrede

Es wäre möglich, die den Besteller im Bauvertrag notwendig treffenden Handlungen zur **Leistungspflicht** zu machen und ihn damit insoweit gegenüber dem Unternehmer zum Schuldner zu erklären. Die Anknüpfung würde dann über das Leistungsstörungsrecht nach Maßgabe der §§ 280 ff. BGB erfolgen. Das BGB geht ausweislich der in §§ 631, 640 und 642 BGB getroffenen Regelung diesen Weg nicht. Das schließt nicht aus, dass die Vertragsparteien eine entsprechende Vereinbarung treffen. 63

Wenn die Parteien nicht durch Vereinbarung der VOB/B (dort § 3 Nr. 1, § 4 Nr. 1) eine entsprechende Regelung getroffen haben, ist es eine Frage der Auslegung des Vertrags, unter welchen Voraussetzungen die **Mitwirkungshandlungen** des Bestellers als **Leistungspflichten** ausgestaltet sind. Allein der tatsächliche Bedarf hierfür und eine entsprechende zeitliche Festlegung sind für den BGH kein Grund, vertragliche Leistungspflichten als begründet anzusehen. Auch die Tatsache, dass in vielfältiger Weise zwischen Planungsleistungen und Ausführungsleistungen, wie auch zwischen verschiedenen Ausführungsleistungen **Schnittstellen**[58] von Seiten des Bestellers und der von ihm eingesetzten Planer zu bewältigen sind, rechtfertigt nicht die Bejahung einer entsprechenden Vertragspflicht. Der BGH hat aus einem **erstellten Bauzeitenplan** keine Verpflichtung des Bestellers zugunsten eines nachleistenden Unternehmers abgeleitet, dass zu diesem Zeitpunkt die Vorleistung, auf welcher der nachleistende Unternehmer aufbaut, auch in mangelfreiem Zustand vorliegt.[59] Dieser Standpunkt ist vom BGH bestätigt worden,[60] allerdings mit der Maßgabe, dass § 642 BGB bei aufrechterhaltenem Vertrag neben § 6 Nr. 6 VOB/B Anwendung findet. 64

Auch erforderliche und nach dem Vertrag nicht vom Unternehmer beizubringende Planungsunterlagen begründen in der Person des Bestellers keine Vertragspflicht gegenüber dem Unternehmer. Der BGH hat **Planungsleistungen** und die **Pflicht zur Koordinierung** der verschiedenen auf dem Bau tätigen Unternehmer bisher lediglich auf der Grundlage von VOB-Bauverträgen als vertragliche Leis- 65

---

58 Vgl. dazu das demnächst erscheinende Merkblatt des Deutschen Beton- und Bautechnik-Vereins mit dem Titel »Schnittstellen Rohbau/Technische Gebäudeausrüstung« Fassung 2006.
59 BGH Urt. v. 27.6.1985 VII ZR 23/84 BauR 1985, 561, 563 = BGHZ 95, 128 = NJW 1985, 2475.
60 Urt. v. 21.10.1999 VII ZR 185/98 BauR 2000, 722 = NJW 2000, 1336 = NZBau 2000, 187 = IBR 2000, 216–218.

tungspflicht des Bestellers gewertet[61] und hierfür hinsichtlich der Planungsverpflichtung als Grundlage auf § 3 Nr. 1 VOB/B verwiesen. Für die **Koordinierungspflicht** des Bestellers ist § 4 Nr. 1 VOB/B einschlägig.

66 Bei einem BGB-Bauvertrag ist die **Planungs-** und **Koordinierungsaufgabe** bei fehlender dahin gehender vertraglicher Pflichtenbegründung nur eine Obliegenheit. Der Umstand, dass solche Leistungen von der Bestellerseite zur Bauabwicklung notwendig sind, genügt zur Begründung von Rechtspflichten nicht. Für die **Pflichtenbegründung** ausreichend sind im Vertrag mit dem Unternehmer vereinbarte **Planlieferfristen**, dies jedenfalls unter **zeitlichen Gesichtspunkten**.[62] Das OLG Celle hat fest vereinbarte Ausführungsfristen nicht nur für den Auftragnehmer, sondern auch für den Auftraggeber hinsichtlich der notwendigen Mitwirkung für verbindlich erklärt, so dass sich daraus **Bestellerpflichten** mit der Folge ergeben,[63] dass bei Nichteinhaltung der Fristen Schuldnerverzug bejaht werden kann. Das lässt sich bei der Vereinbarung von **Planlieferfristen** oder **Fristen** für die **Freigabe** von Werkstatt- oder Montageplänen übertragen. Zweifelhaft ist, ob derartige Vereinbarungen von **Planliefer- oder Freigabefristen** Vertragspflichten zu Lasten des Bestellers lediglich unter zeitlichen Gesichtspunkten begründen. Ob eine Planung überhaupt nicht rechtzeitig vorliegt oder zwar zeitgerecht übergeben wird, aber nicht die für den Unternehmer entscheidenden Informationen enthält, begründet für den Unternehmer keinen Unterschied; er ist nicht in der Lage, seine Leistung entsprechend zu erbringen. Wenn z. B. für die Zurverfügungstellung der bautechnischen Unterlagen nach DIN 1045 Teil 1 Abschnitt 4 eine Frist vereinbart ist, ist die Vorlage von Unterlagen, die nicht den im Abschnitt 4.2.1 der DIN 1045 Teil 1 beschriebenen Anforderungen genügen mit dem vollständigen Fehlen derartiger Unterlagen vergleichbar. Das OLG Nürnberg[64] hat jedoch bestätigt durch den BGH[65] eine Verpflichtung des Bestellers verneint, dem nachleistenden Unternehmer ein mangelfreies Vorgewerk zur Verfügung stellen zu müssen.[66] Dennoch liegt es nahe, bei Vereinbarung von Planlieferfristen im Bauvertrag mit dem Besteller dessen Vertragspflicht nicht nur hinsichtlich der Rechtzeitigkeit der Planlieferung, sondern auch hinsichtlich ihrer Ordnungsmäßigkeit zu bejahen.

---

61 Urt. v. 22. 3. 1984 VII ZR 50/82 BauR 1984, 395, 397 = BGHZ 90, 344 = NJW 1984, 1676 = ZfBR 1984, 173; Urt. v. 21. 10. 1999 VII ZR 185/98 BauR 2000, 722 = NJW 2000, 1336 = NZBau 2000, 187 = IBR 2000, 216–218.
62 Vgl. OLG Celle BauR 1994, 629, Revision vom BGH mit Beschl. v. 16. 12. 1993 VII ZR 229/92 nicht angenommen.
63 Im Fall des OLG Celle ging es um eine Behelfsbrücke, die der Besteller errichten musste, damit der Unternehmer seinerseits die vertraglich übernommenen Arbeiten aufnehmen konnte. Das Gericht hat wegen der nicht rechtzeitigen Erstellung dieser Brücke auf Seiten des Bestellers Schuldner- und nicht nur Gläubigerverzug bejaht.
64 BauR 1994, 517 = IBR 1994, 320.
65 Revision nicht angenommen mit Beschl. v. 11. 11. 1993 VII ZR 55/93 BauR 1994, 517 = IBR 1994, 320.
66 Dazu die Anmerkung Dähne BauR 1994, 517.

Die Konsequenz dieser Einstufung ist, dass der Unternehmer bei Verletzung dieser Pflichten nicht auf einen Entschädigungsanspruch nach § 642 BGB beschränkt ist, sondern Schadensersatzansprüche wegen Pflichtverletzung aus §§ 280 ff. BGB ableitbar sind.

II. Obliegenheiten – Gläubigerverzug

Das BGB ordnet die für die **Herstellung des Werks** auf Seiten des Bestellers erforderlichen Mitwirkungshandlungen nicht als Pflichten, sondern als Obliegenheiten ein. Das folgt klar aus dem in § 642 BGB als Rechtsfolge angeordneten Gläubigerverzug (Verzug der Annahme), den die Vorschrift in Erweiterung des Aufwendungsersatzanspruchs mit einem Entschädigungsanspruch sanktioniert. § 642 BGB regelt einen verschuldensunabhängigen **Entschädigungsanspruch** bei Gläubigerverzug. Die Bestimmung knüpft an die Obliegenheit des Bestellers an, bei der Herstellung des Werkes mitzuwirken.[67] Der Gläubigerverzug beruht lediglich auf einem Verstoß gegen Obliegenheiten und nicht auf einer Rechtsverletzung, weswegen auch kein Verschulden erforderlich ist.[68] Zur **Herstellung des Werks** erforderliche Handlungen des Bestellers sind nur solche, die **unmittelbar** mit der Werkerstellung zusammenhängen und Voraussetzung für die Erbringung der Werkleistung durch den Unternehmer sind. Dazu gehört die sich aus § 648 a BGB zu Lasten des Bestellers ergebende Obliegenheit der **Gestellung** einer **Sicherheitsleistung** nicht. Denn der Unternehmer kann das Werk auch ohne diese Sicherheitsleistung erbringen.[69] Im Übrigen wird sich der Unternehmer bei Ausbleiben der Sicherheitsleistung auf sein Leistungsverweigerungsrecht berufen und die eigene Leistung gerade nicht in Annahmeverzug begründender Weise anbieten. Das wörtliche Angebot des Unternehmers, für den Fall der Gestellung der Sicherheit die Leistung zu erbringen, genügt nicht. Das ist nicht der zweite in § 295 BGB geregelte Fall, dass zur Bewirkung der Leistung eine Handlung des Gläubigers erforderlich ist. Denn der Unternehmer kann auch ohne die Sicherheit die Werkleistung erbringen; diese ist zur Bewirkung der Leistung nicht erforderlich. Als Obliegenheiten werden die vom Besteller für die **Herstellung** erforderlichen Handlungen angesehen, so dass darunter nicht die **Abnahmepflicht** fällt. Denn diese dient nicht mehr der Herstellung und sie ist auch in § 640 BGB als Rechtspflicht des Bestellers ausgewiesen.

---

[67] BGH Urt. v. 21.10.1999 VII ZR 185/98 BGHZ 143, 32 = BauR 2000, 722 = NJW 2000, 1336 = NZBau 2000, 187 = IBR 2000, 216–218; BGH Urt. v. 16.5.1968 VII ZR 40/66 BGHZ 50, 175 = NJW 1968, 1873.

[68] Palandt/Heinrichs § 293 BGB Rn. 1; MüKo/Ernst § 293 BGB Rn. 1; vgl. auch Armbrüster/Bickert NZBau 2006, 153, 154; Scheube, Jahrbuch Baurecht 2006, 83, 99, 100.

[69] A. A. Boldt BauR 2006, 185, 187; offengelassen von Kniffka, IBR-Online-Kommentar § 642 Rn. 13

69 § 642 BGB kommt auch zur Anwendung, wenn den Besteller bezüglich der Herstellung **Mitwirkungspflichten** treffen, die verletzt werden.[70] Bietet nämlich der Unternehmer seine Leistung gemäß den Anforderungen aus §§ 293 ff. BGB an, kommt der Besteller bei unterlassener Pflichterfüllung in Gläubigerverzug, was den Entschädigungsanspruch begründet. Mahnt der Unternehmer den Besteller oder wird sonst nach den sich aus § 286 BGB ergebenden Verzug begründet, ist der Besteller im Schuldnerverzug, was zugunsten des Unternehmers nach § 280 Abs. 1, 2, § 286 BGB Schadensersatzansprüche begründet. Das Verschulden wird vermutet. Bei Pflichtverletzungen wird der Besteller zum Schuldner und ist nicht lediglich Gläubiger, der deshalb vom Unternehmer auch auf Schadensersatz in Anspruch genommen werden kann.

70 In Verbindung mit § 643 BGB ermöglicht der Gläubigerverzug dem Unternehmer die Lösung vom Vertrag. Im Fall der Auflösung erhält der Auftragnehmer nach § 645 Abs. 1 S. 2 BGB für die bis dahin erbrachten Leistungen eine Vergütung.

III. Unmöglichkeitsregeln – Verhältnis zu § 642 BGB

71 Unterlässt der Besteller ihm obliegende Mitwirkungshandlungen zur Herstellung des Werks kann dies auch zur **Unmöglichkeit** der **Werkerstellung** durch den Unternehmer mit der Folge führen, dass er von seiner Leistungsverpflichtung frei wird und einen Schadensersatzanspruch abzüglich ersparter Aufwendungen und des ihm dadurch ermöglichten anderweitigen Erwerbes erlangt (§ 326 Abs. 2 BGB). Verweigert der Besteller die ihn treffende erforderliche Leistung endgültig, ist dem Unternehmer regelmäßig die Leistung unmöglich. Derartiges liegt besonders vor, wenn der Besteller von der Realisierung des Werks Abstand nimmt, was unterschiedlichste Gründe haben kann, so dass die dem Unternehmer an sich noch mögliche Leistung unmöglich wird. Das ist z.B. der Fall, wenn der Besteller keine Baugenehmigung erhält oder der Förderbescheid negativ ausfällt, was der Besteller zum Anlass nimmt, von der Realisierung des Bauwerks, worüber bereits Bauverträge abgeschlossen worden sind, Abstand zu nehmen. In Betracht kommen auch die Fälle, bei denen der Besteller die ihn treffenden Planungs- und Koordinierungsleistungen endgültig deshalb verweigert oder den vereinbarten Abruf einer Werkleistung deshalb unterlässt, weil er von der Realisierung insgesamt oder jedenfalls des in Betracht kommenden Gewerks Abstand nimmt.

72 Dass der Besteller von einer Kündigung Abstand nimmt und damit die Rechtsfolgen aus § 649 S. 2 BGB verhindert, ändert nicht daran, dass dem Unternehmer über § 326 Abs. 2 BGB der Vergütungsanspruch abzüglich Aufwandsersparnis und Abzug dessen, was er durch anderweitige Verwendung seiner Arbeitskraft erwirbt oder zu erwerben unterlässt in derselben Weise erhalten bleibt. Vorausgesetzt wird, dass der Besteller für die Leistungsbefreiung des Unternehmers (§ 275 Abs. 1 BGB)

---

[70] Boldt BauR 2006, 185, 186

verantwortlich ist. Das ist bei den fraglichen Mitwirkungshandlungen des Bestellers, die dieser auf Dauer unterlässt, zu bejahen.[71] Abzustellen ist auf die Verantwortlichkeit des Bestellers. Der Besteller muss die Verantwortung für einen gewissen Beitrag zum Vertragsvollzug vertraglich übernommen haben. Hierfür wird nicht vorausgesetzt, dass der Besteller Mitwirkungspflichten übernommen hat, die Ausgestaltung als bloße **Gläubigerobliegenheit** genügt.[72] Verschulden verlangt § 326 Abs. 2 BGB nicht. Der Besteller trägt bei einem gegenseitigen Vertrag die Gegenleistungsgefahr, wenn dem Unternehmer die eigene Leistung aus Gründen unmöglich wird, die der Besteller zu verantworten hat.

Verweigert der Besteller endgültig die ihm obliegende Mitwirkung im Verlauf der Realisierungsphase und unterlässt er die Kündigung nach § 649 BGB, führt dies insgesamt nicht zu einer Schlechterstellung des Unternehmers. Der Unternehmer hat hinsichtlich der bis dahin erbrachten Leistungen die Abrechnungsmöglichkeit gem. §§ 643, 645 Abs. 1 S. 2 BGB; hinsichtlich der dem Unternehmer unmöglich gewordenen Leistungen trägt der verantwortliche Besteller die **Gegenleistungsgefahr** nach § 326 Abs. 2 BGB mit der Folge, dass insoweit der Vergütungsanspruch erhalten bleibt. Allerdings darf die Befreiung von der Leistung nach § 275 BGB unter Aufrechterhaltung des Anspruchs auf die Gegenleistung nicht zu einer Besserstellung des Unternehmers führen. Er muss sich deshalb – genau wie in § 649 BGB – die ersparten Aufwendungen und das, was er infolge der frei gewordenen Kapazitäten erwirbt oder zu erwerben böswillig unterlässt anrechnen lasen. 73

§ 642 und § 326 Abs. 2 BGB kommen nicht zum Tragen, wenn die Leistung des Unternehmers deshalb unmöglich wird, weil der Besteller seiner Mitwirkungspflicht zwar nachkommt, die Mitwirkung im Ergebnis jedoch mangelhaft mit der Folge, ist dass die Leistung dem Unternehmer unmöglich wird. Die Rechtsfolgen einer **unterlassenen Mitwirkung** mit **Unmöglichkeitsfolgen** unterscheiden sich von den Rechtsfolgen einer **mangelhaft erbrachten Mitwirkung** mit Unmöglichkeitsfolgen. Ist die vom Besteller erbrachte Mitwirkung mangelhaft und ist deshalb die Leistung unmöglich geworden, kommt nicht § 326 Abs. 2 BGB zur Anwendung. In diesen Fällen steht dem Unternehmer lediglich ein Anspruch aus § 645 Abs. 1 BGB zu, falls nicht ein Verschulden des Bestellers hinzu tritt (§ 645 Abs. 2 BGB).[73] Typisches Beispiel ist ein »Sanierungsauftrag«; im Zuge der Arbeiten stellt sich jedoch heraus, dass das Objekt nicht saniert werden kann; es kommen nur ein Abbruch und ein Neubau in Betracht. Der Vertrag erfasst beides jedoch nicht, die Leistung gemäß dem »Sanierungsauftrag« ist gem. § 275 Abs. 1 BGB unmöglich 74

---

71 MüKo/Ernst § 326 BGB Rn. 60, 67; vgl. auch Armbrüster/Bickert NZBau 2006, 153, 156, 157.
72 MüKo/Ernst § 326 BGB Rn. 67
73 BGH Urt. v. 16. 12. 2004 VII ZR 16/03 BauR 2005, 735 = NJW-RR 2005, 669 = NZBau 2005, 295 = ZfBR 2005, 414 = IBR 2005, 215.

geworden, was zur Leistungsbefreiung führt. § 326 Abs. 2 wird durch § 645 Abs. 1 S. 1 BGB als der spezielleren Regelung verdrängt.[74]

75 § 642 BGB hat seinem Wortlaut nach ausschließlich mit einer **unterlassenen Mitwirkung** des Bestellers bei der Herstellung des Werks zu tun. Eine **mangelhafte Mitwirkung** ist jedoch eine unterlassene ordnungsgemäße, was sich negativ auf die Werkleistung des Unternehmers bis zu deren Unmöglichwerden auswirken kann. Eine mangelbehaftete Mitwirkung, die nachholbar ist und ordnungsgemäß nachgeholt dem Unternehmer die Leistung noch ermöglicht, eröffnet gleichfalls die sich aus §§ 642, 643 BGB ergebenden Rechtsfolgen. § 645 BGB kommt hinsichtlich der trotz der mangelhaften Mitwirkung des Bestellers erbrachten Leistung hinzu.

E. Konkurrierende Ansprüche

76 § 642 BGB steht neben dem selbständig zu beurteilenden **Aufwendungsersatzanspruch** aus § 304 BGB, dessen Anspruchsinhalt zugleich zu Inhaltsbestimmung des Anspruchs aus § 642 dient. Wird das Werk nach Beendigung des Annahmeverzugs vollendet und hat der Unernehmer damit den ihm nach §§ 631, 641 BGB zustehenden Vergütungsanspruch, kann daneben der Entschädigungsanspruch aus § 642 BGB geltend gemacht werden. Nimmt der Unternehmer den Verzug des Bestellers zum Anlass, nach § 643 BGB vorzugehen, was auch zur Beendigung des Vertrags führt, steht der Anspruch aus § 642 BGB neben dem sich aus § 645 Abs. 1 S. 2 BGB ergebenden Vergütungsanspruch für die bis zum Verzugseintritt schon erbrachten Leistungen. Gibt der Besteller die Realisierung des Bauwunsches endgültig auf, was zum Vergütungsanspruch des Unternehmers nach §§ 275 Abs. 1, 326 Abs. 2 BGB führt, hängt die Frage, ob daneben § 642 BGB zum Tragen kommt, von den Abwicklungsumständen ab.[75] Hat der Unternehmer noch keinerlei Leistungen erbracht, bleibt es allein bei § 326 Abs. 2 BGB. Hat der Unternehmer bereits Leistungen erbracht, sind diese nach § 645 Abs. 1 S. 2 BGB abzurechnen; hat sich insoweit der in dieser Zeit liegende Annahmeverzug negativ ausgewirkt (siehe oben Rn. 50, 51), kommt der Entschädigungsanspruch hinzu.[76]

---

74 MüKo/Ernst § 326 BGB Rn. 47.
75 Vgl. Maxem BauR 2003, 952.
76 BGH Urt. v. 21. 10. 1999 VII ZR 185/98 BauR 2000, 722, 725 = BGHZ 143, 32, 40 = NJW 2000, 1336 = NZBau 2000, 187 = IBR 2000, 216–218.

F. Korrespondierende VOB/B-Regelungen

Die VOB/B knüpft in § 6 Nr. 6 an der vorwerfbaren Verletzung von **Vertragspflichten** des Bestellers an.[77] Diese Regelung ist deshalb mit § 642 BGB nicht vergleichbar; die VOB/B erklärt auch in § 3 Nr. 1, 2 und § 4 zahlreiche der nach dem Werkvertragsrecht des BGB dem Auftraggeber obliegende Mitwirkungen zu Vertragspflichten mit der Folge, dass im Verletzungsfall nicht § 642 BGB, sondern die Behinderungsregeln nach § 6 VOB/B zum Tragen kommen. Das betrifft insbesondere die Aufgabe des Bestellers, dem Unternehmer zur Ausführung nötige Unterlagen (Werkplanung) zur Verfügung zu stellen und die Baumaßnahme technisch und zeitlich zu koordinieren.[78] Erfasst werden auch alle weiteren Regelungen der VOB/B, die dem Besteller durch die entsprechende begriffliche Formulierung im Verhältnis zum Unternehmer Pflichten auferlegen; das gilt z. B. für § 4 Nr. 4; § 5 Nr. 2 S. 1; § 15 Nr. 3 S. 2 VOB/B. Nach der Rechtsprechung des BGH[79] bleibt es jedoch auch bei einem VOB-Bauvertrag weiter dabei, dass der **Vorunternehmer** des Bestellers nicht **Erfüllungsgehilfe** des Bestellers in dessen Verhältnis zum nachleistenden Unternehmer ist. Auch im Rahmen eines VOB-Bauvertrages trifft den Besteller nur eine Obliegenheit dem nachleistenden Unternehmer ein für dessen Leistung aufnahmebereites Grundstück zur Verfügung zu stellen. Deshalb ist § 642 BGB auch bei einem VOB-Bauvertrag nunmehr anwendbar.

77

G. Rechtsprechungsübersicht

Der BGH hat in der zweiten **Vorunternehmerentscheidung**[80] seine früher vertretene Auffassung revidiert, dass § 642 BGB durch § 6 Nr. 6 VOB/B ausgeschlossen werde. Der BGH sieht damit in § 6 Nr. 6 VOB/B keine abschließende Regelung von Leistungsstörungen, die zu einer Verzögerung führen. § 642 BGB hat einen Gläubigerverzug zum Ausgangspunkt. Demgegenüber beruht § 6 Nr. 6 VOB/B auf einer schuldhaften Verletzung einer vertraglichen Pflicht eines der Vertragsteile. Damit gehen beide Regelungen von völlig unterschiedlichen Voraussetzungen aus. § 6 Nr. 6 VOB/B hat es mit vertraglichen Pflichten und deren Verletzung zu tun. § 642 BGB knüpft demgegenüber an Obliegenheiten des Bestellers an.

78

---

77 BGH Urt. v. 21. 10. 1999 VII ZR 185/98 BauR 2000, 722, 725 = BGHZ 143, 32, 40 = NJW 2000, 1336 = NZBau 2000, 187 = IBR 2000, 216–218.
78 BGH Urt. v. 27. 6. 1985 VII ZR 23/84 BauR 1985, 561 = BGHZ 95, 128 = NJW 1985, 2475 = ZfBR 1985, 282; Urt. v. 21. 3. 2002 VII ZR 224/00 BauR 2002, 1249, 1251 = NJW 2002, 2716 = NZBau 2002, 381 = ZfBR 2002, 562 = IBR 2002, 354, 356.
79 Urt. v. 21. 10. 1999 VII ZR 185/98 BauR 2000, 722, 725 = BGHZ 143, 32, 40 = NJW 2000, 1336 = NZBau 2000, 187 = IBR 2000, 216–218.
80 Urt. v. 21. 10. 1999 VII ZR 185/98 BauR 2000, 722, 725 = BGHZ 143, 32, 40 = NJW 2000, 1336 = NZBau 2000, 187 = IBR 2000, 216–218.

§ 643
Kündigung bei unterlassener Mitwirkung

Der Unternehmer ist im Falle des § 642 berechtigt, dem Besteller zur Nachholung der Handlung eine angemessene Frist mit der Erklärung zu bestimmen, dass er den Vertrag kündige, wenn die Handlung nicht bis zum Ablauf der Frist vorgenommen werde. Der Vertrag gilt als aufgehoben, wenn nicht die Nachholung bis zum Ablauf der Frist erfolgt.

Inhaltsübersicht

		Rn.
A.	Baurechtlicher Regelungsinhalt	1
I.	Verletzung von Obliegenheiten – Abgrenzungen	3
II.	Verletzung von Pflichten – Abgrenzung	6
B.	Vertragsauflösung – Anwendungsvoraussetzungen	9
I.	Tatbestand des § 642 BGB	10
1.	Kooperationsgebot – Umdisposition – Leitungsaufgabe des Unternehmers	11
2.	Motivlage bei § 643 BGB	12
3.	Disposition des Auftraggebers	14
II.	Gläubigerverzug des Bestellers	15
III.	Nachfristsetzung mit Kündigungsandrohung	16
1.	Benennung der ausstehenden Mitwirkung – Gewicht der Mitwirkung	17
2.	Fristsetzung	19
3.	Androhung der Kündigung	20
4.	Entbehrlichkeit von Fristsetzung und Kündigungsandrohung	21
IV.	Rechtsfolgen fruchtlosen Fristablaufs	22
1.	Vertragsaufhebung	23
2.	Abwendung der Rechtsfolge – Androhungsrücknahme	24
3.	Besteller nimmt eine andere Mitwirkungshandlung vor	25
C.	Sonstige Ansprüche – Konkurrenzen	29
D.	Korrespondierende VOB/B-Regelung	30
E.	Rechtsprechungsübersicht	32

A. Baurechtlicher Regelungsinhalt

1 Die Vorschrift hat für den Bauvertrag erhebliche Bedeutung. Denn sie bietet dem Unternehmer, der seine Leistung wegen unterlassener Mitwirkung seitens des Bestellers nicht fortsetzen kann, die Möglichkeit zur Lösung vom Vertrag und damit zur Beendigung des durch das Verhalten des Bestellers herbeigeführten **Schwebezustandes**. Dessen Aufrechterhaltung muss den Interessen trotz des dem Unternehmer nach § 642 Abs. 2 BGB zustehenden Entschädigungsanspruchs wegen der damit verbundenen Aufrechterhaltung der Leistungsbereitschaft nicht entsprechen. Der Schwebezustand führt auch nicht nur dazu, dass die Baustelleneinrichtung vorzuhalten ist, es müssen auch bis zum Stillstand erbrachte Leistungen über die

Kündigung bei unterlassener Mitwirkung   § 643 BGB

Dauer des Schwebezustandes geschützt werden. Diese Nachteile werden durch den gem. § 642 Abs. 2 BGB eingeräumten Entschädigungsanspruch nicht kompensiert, wobei zusätzlich zu berücksichtigen ist, dass dessen überzeugende Darstellung zur Rechtsdurchsetzung mit Mühe verbunden ist. Mit Rücksicht darauf entspricht die Regelung in § 643 BGB der Interessenlage des Unternehmers.

Ändert § 642 BGB bei Verwirklichung des Tatbestandes des Gläubigerverzugs (§§ 293 ff. BGB) nichts daran, dass der Besteller weiterhin seine **Leistungsbereitschaft** aufrechterhalten muss, versetzt § 643 BGB den Unternehmer in die Lage, die Vertragspflichten zu beenden und über § 645 Abs. 1 S. 2 BGB die bis dahin erbrachten Arbeiten abzurechnen. Der Besteller verzögert durch die Unterlassung der ihm obliegenden Mitwirkungshandlungen die Erfüllung des Vertrages. Das macht den **Schwebezustand** aus. Dessen Beendigung führt der Unternehmer durch ein Vorgehen in Ausrichtung an § 643 BGB herbei. Das Werkvertragsrecht ergänzt damit das Recht des Gläubigerverzugs um eine Lösungsmöglichkeit, die in §§ 293 ff. BGB nicht vorgesehen ist, sondern im Gegenteil gerade bewirkt, dass der Unternehmer weiter leistungspflichtig bleibt. Dieser Zustand kann für einen Unternehmer unzuträglich sein, weil er mit Vorhaltungsaufwendungen verbunden ist.

I. Verletzung von Obliegenheiten – Abgrenzungen

Die Regelung knüpft an § 642 BGB an und ermöglicht dem Unternehmer eine Lösung vom Vertrag auch in den Fällen, in denen der Besteller nicht Vertragspflichten, sondern bloße **Obliegenheiten** verletzt. Hat der Unternehmer bei der Verletzung von Vertragspflichten, wie z.B. aus § 632a BGB bei der Verletzung von Abschlagszahlungspflichten die Möglichkeit zum Rücktritt nach § 323 BGB, scheidet ein solcher Rücktritt bei Verstoß gegen Obliegenheiten aus. Denn § 323 BGB setzt die – wenn auch nicht schuldhafte – Verletzung von – nicht notwendig im Gegenseitigkeitsverhältnis stehende – Vertragspflichten voraus.[1] Auch § 324 BGB eröffnet bei Nichterfüllung von Obliegenheiten des Bestellers keine Möglichkeit der Auflösung des Vertrages, denn Obliegenheiten zählen nicht zu den von § 241 Abs. 2 BGB erfassten Pflichtenlagen, die der Besteller mit Rücksicht auf die Rechte, Rechtsgüter und Interessen des Unternehmers zu erfüllen hat. Dabei kann dahin gestellt bleiben, ob nicht auch Obliegenheiten Pflichten im Rechtssinne darstellen;[2] denn §§ 642, 643 BGB sehen jedenfalls ein von §§ 241 Abs. 2, 324 BGB abweichendes Reaktionsmodell vor. §§ 642, 293 ff. BGB führen zum Gläubigerverzug und § 643 BGB setzt den Unternehmer abweichend von §§ 323, 324 BGB in den Stand den Vertrag zu beenden.

§ 643 BGB unterscheidet sich von § 323 BGB abgesehen von den völlig unterschiedlichen Voraussetzungen auch in der Abwicklung insofern, als § 323 BGB

---
1 PWW/Medicus § 323 Rn. 2.
2 PWW/Schmidt-Kessel § 241 Rn. 28.

keine Rücktrittsandrohung, sondern i.d.R. nur eine Fristsetzung zur Pflichterfüllung voraussetzt. § 643 BGB fordert die Kündigungsandrohung in Verknüpfung mit einer Fristsetzung. § 323 BGB löst Wirkungen nur aus, wenn tatsächlich der Rücktritt als Gestaltungserklärung erfolgt, wogegen der Vertrag nach § 643 S. 2 BGB mit fruchtlosem Ablauf der gesetzten Frist als aufgelöst gilt. Eine **Kündigung** ist zusätzlich gerade nicht erforderlich. Mit der Fristsetzung setzt der Unternehmer damit eine Verfahrensweise in Gang, die notwendig zur **Vertragsauflösung** führt.

5   Die Regelung macht auch deutlich, dass dem Unternehmer im Gegensatz zur Stellung des Bestellers (§ 649 BGB) kein allgemeines Kündigungsrecht zukommt. Bei Obliegenheitsverletzungen des Bestellers scheidet wegen der Sonderregelung in §§ 642, 643 BGB ein Rückgriff auf die Regeln der **Störung der Geschäftsgrundlage** nach § 313 BGB aus. Gleiches gilt für die Rechtsfigur der Kündigung aus wichtigem Grund, deren Anwendbarkeit jedoch angesichts der Regelung in § 314 BGB im Rahmen des Werkvertragsrechts umstritten ist.[3]

II. Verletzung von Pflichten – Abgrenzung

6   Haben Besteller und Unternehmer im Bauvertrag zu Lasten des Bestellers Mitwirkungshandlungen als **Vertragspflichten** begründet, scheidet die Anwendbarkeit des § 643 BGB nicht aus. Im Werkvertragsrecht begründet die Nichtannahme der fertigen Leistung den Tatbestand des Annahmeverzugs nach § 293 BGB; gleichzeitig ist die Abnahme nach § 640 BGB als einklagbare Pflicht des Bestellers ausgestaltet, was bei Beachtung der Voraussetzungen des § 286 BGB zum Schuldnerverzug führen kann. Der Unternehmer hat dann nach § 323 BGB auch die Möglichkeit des Rücktritts.[4] Haben die Parteien im Bauvertrag vereinbart, dass der Besteller die Werkpläne liefert und die Koordinierung vornimmt, die Baugenehmigung wie auch die Tragwerksplanung beibringt, was nicht geschieht, hat der Unternehmer die Wahlmöglichkeit. Erbringt der Besteller die Leistungen nicht, ist trotz dieser begründeten Vertragspflichten der Tatbestand des Gläubigerverzugs begründet, was dem Unternehmer das Vorgehen nach § 643 BGB ermöglicht. Der Unternehmer hat auch die Möglichkeit, die Voraussetzungen des Schuldnerverzugs zu schaffen. Das ist mit einer nach § 643 BGB vorausgesetzten Fristsetzung immer gegeben, so dass in solchen Fällen nach § 643 BGB oder nach § 323 BGB alternativ vorgegangen werden kann. Letzteres erhält dem Unternehmer auch Schadensersatzansprüche (§ 325 BGB).

7   Ein **Gläubigerverzug** wird nämlich auch dann begründet, wenn den Besteller Mitwirkungspflichten treffen, denen er nicht entspricht. §§ 293, 295 BGB gehen lediglich davon aus, dass der Besteller die Leistung nicht annimmt oder eine zur Be-

---
[3] Palandt/Sprau § 643 BGB Rn. 1.
[4] MüKo/Busche § 642 BGB Rn. 15.

wirkung der Leistung erforderliche Handlung nicht vornimmt. Ob den Besteller insoweit eine Pflicht trifft oder lediglich eine Handlungserwartung besteht, ist für die Bejahung des Gläubigerverzugs bedeutungslos. Die Gläubigerverzugsregeln behandeln diesen Tatbestand nicht als Pflichtverletzung, sondern als Gläubigerverzug, weswegen Leistungsstörungen, die auf einer Abnahmepflicht oder einer Mitwirkungspflicht beruhen, Schadensersatzpflichten nach anderen Rechtsgrundlagen, z.B. nach § 280 BGB, auslösen können.[5]

Im Übrigen ist § 643 BGB bei Begründung von Pflichtenlagen des Bestellers, denen dieser trotz Fristsetzung nicht nachkommt, auch deshalb anwendbar, weil der Unternehmer bei Verletzung von bloßen Obliegenheiten durch den Besteller nicht mehr Rechte haben kann als bei der Verletzung von echten Vertragspflichten.   **8**

B. Vertragsauflösung – Anwendungsvoraussetzungen

Die Überschrift des § 643 BGB leitet fehl, sie suggeriert nämlich, der Unternehmer müsse zusätzlich zur Erfüllung der geregelten Voraussetzungen auch kündigen. Das ist nach S. 2 gerade nicht der Fall. Der Unternehmer stellt die Weichen zur Vertragsauflösung bereits unabänderbar[6] durch die Fristsetzung mit Kündigungsandrohung.   **9**

I. Tatbestand des § 642 BGB

Die Erfüllung des Tatbestandes des § 642 BGB wird vorausgesetzt. Der Besteller muss eine ihn treffende und für die Herstellung des Werks erforderliche Handlung unterlassen haben. Selbst wenn dies der Fall ist, muss jedoch geprüft werden, ob der Unternehmer nicht im Rahmen der ihm zukommenden **Dispositionsbefugnis** und **Lenkungsaufgabe** die Möglichkeit hat, wegen des vorübergehenden Leistungshindernisses eine anderer Leistung vorzuziehen.   **10**

1. Kooperationsgebot – Umdisposition – Leitungsaufgabe des Unternehmers

Was zur Herstellung des Werks von Seiten des Bestellers erforderlich ist, muss im Rahmen des dem Unternehmer beauftragten **Gesamtwerks** beurteilt werden. §§ 642, 643 BGB dürfen nicht dafür herhalten, geringfügige Leistungshindernisse aus der Sphäre des Bestellers bei **Ausweichmöglichkeit** zum Anlass für eine Lösung vom Vertrag zu nehmen. Da den Bauvertrag die beidseitige Pflicht zur **Ko-**   **11**

---

5 MüKo/Busche § 293 BGB Rn. 1, 18.
6 Das ist jedoch nicht unstrittig.

operation prägt,[7] kann der Unternehmer danach gehalten sein, ihm zumutbare Umdispositionen vorzunehmen. Im Übrigen wird ein derartiges Leistungshindernis dann ausscheiden, wenn der Besteller das in seiner Sphäre liegende Hindernis zum Anlass nimmt, unter Wahrnehmung der ihn treffenden **Koordinierungsobliegenheit** oder -pflicht umzudisponieren. Wenn z.B. nach dem Bauzeitenplan die Arbeiten des Unternehmers im Haus 1 begonnen werden sollten, dieses Objekt jedoch für die Arbeiten des Unternehmers gegenwärtig nicht aufnahmebereit ist, diese Voraussetzungen aber bei dem Haus 2 vorliegen, ist ein zur Vertragsauflösung berechtigter Tatbestand nach § 642 BGB überhaupt nicht gegeben. Entsteht eine Abwicklungsstörung, sind Anpassungsmöglichkeiten bei der Durchführung des Vertrages auszuloten. Das **Kooperationsgebot** mutet dem Unternehmer nach den im Einzelfall zu bewertenden Umständen eine Umdisposition zu; das beurteilt sich letztlich nach Zumutbarkeitskriterien.

2. Motivlage bei § 643 BGB

12 Bei Abwägung dessen, was dem Unternehmer zugemutet werden kann, ist der § 643 BGB zugrunde liegende Grundgedanke zu berücksichtigen, dass das Bereitstellen und Bereithalten von Personal, Gerät und Material zu einer für den Unternehmer nicht mehr hinnehmbaren Belastung führen kann, dem er ein Ende setzen können muss. Die Lösung vom Vertrag ist demnach ein Extremmittel, das nur nicht in Betracht kommt, wenn anderes milderes, also die Aufrechterhaltung des Vertrags unter abweichenden Abwicklungsbedingungen durchaus zumutbar ist. Die Lösung nach § 643 BGB ist eine dem Unternehmer zukommende **Dispositionsbefugnis**, die gleichsam als letztes Mittel dann greift, wenn andere Dispositionsentscheidungen abwägend ausscheiden. Soll letztlich § 643 BGB sicher stellen, dass der Unternehmer seine Dispositionsfreiheit über sein Personal und seine Betriebsmittel wieder erlangt,[8] kann die Bestimmung dann nicht greifen, wenn eine Umdisposition im gestörten Vertrag nichts anderes als Ausdruck einer bei dem Unternehmer noch vorhandenen anderweitigen Disposition ist.

13 Insofern ist die vom Unternehmer durch Fristsetzung mit Kündigungsandrohung in Gang gesetzte Vertragsauflösung kontrollfähig, wobei dem Unternehmer allerdings auch ein – in Grenzen kontrollfähiges – **Entscheidungsermessen** zugestanden werden muss. Dispositionen, die der Unternehmer ohne vertragsrechtliche Absicherung vorgenommen hat, werden dabei eher einer Umdisposition unterliegen als solche, die auf einer vertraglich abgestimmten Grundlage beruhen. Aber auch insoweit werden Zumutbarkeitsgesichtspunkte zum Tragen kommen. Hat z.B. der Besteller die Materialien für den Bodenbelag im 1. Stockwerk beistellen wollen, wo nach dem

---

[7] BGH Urt. v. 23.5.1996 VII ZR 245/94 BauR 1996, 542, 543 = NJW 1996, 2158 = IBR 1996, 313, 314; Urt. v. 28.10.1999 VII ZR 393/98 BauR 2000, 409 = NJW 2000, 807 = NZBau 2000, 130 = IBR 2000, 110; Kniffka in: Jahrbuch Baurecht 2001, 1 ff.
[8] Erman/Schwenker § 643 BGB Rn. 1.

Bauzeitenplan auch begonnen werden sollte, was jedoch wegen des fehlenden Materials scheitert, ist dem Unternehmer der Beginn der Arbeiten mit dem von ihm besorgten Material, das auch angeschafft worden ist, im Erdgeschoss zumutbar.

3. Disposition des Auftraggebers

In den maßgeblichen Zumutbarkeitsgrenzen muss dem Auftraggeber auch die Möglichkeit gegeben werden, die eigentlich vorgesehene und ausgebliebene Mitwirkung durch eine solche anderen Inhalts, nämlich z.b. durch anderweitige Vornahme der Disposition zu ersetzen. Damit verbundene Mehraufwendungen sind über § 631 BGB zu ersetzen. Wenn im unter Rn. 13 genannten Beispiel die Bodenbelagsarbeiten im 1. Stock einen besonderen Schutz der nunmehr zuvor im Erdgeschoss ausgeführten Arbeiten notwendig machen, was bei der Ausgangsdisposition vermieden worden wäre, sind diese Kosten zu erstatten. 14

II. Gläubigerverzug des Bestellers

Nach den sich aus § 642 BGB ergebenden Regeln muss der Besteller durch das Anerbieten der Leistung des Unternehmers in Gläubigerverzug geraten sein. Das ist nach den Ausführungen unter Rn. 11 ff. dann nicht der Fall, wenn der Unternehmer ungeachtet ihm zumutbarer **Umdispositionen** dabei verbleibt, seine nach der Ausgangsdisposition anstehende Leistung unverändert anbietet. Gläubigerverzug tritt dann nicht ein, wenn das Kooperationsgebot eine solche Umdisposition gebietet. Zwar verlangt § 294 BGB für den Eintritt des Gläubigerverzugs, die Leistung nach dem Vertrag in der richtigen Art und Weise wie auch zur rechten Zeit anzubieten. Wenn § 294 BGB als tatsächliches verzugsbegründendes Angebot verlangt, dass die Leistung dem Gläubiger so, wie sie zu bewirken ist, tatsächlich angeboten wird,[9] kann das Kooperationsgebot vom Unternehmer bei **Störungsfällen** ein Umstellen der nach dem Ausgangsvertrag eigentlich vorgesehenen und zu bewirkenden Leistung verlangen. Das ist im Einzelfall unter Zumutbarkeitsgesichtspunkten nach Treu und Glauben zu beurteilen. Die Anwendungsvoraussetzungen des §§ 643, 642 BGB sind insofern in den sich aus §§ 242, 241 Abs. 2 BGB ergebenden Schranken zu prüfen. 15

III. Nachfristsetzung mit Kündigungsandrohung

Beabsichtigt der Unternehmer bei Vorliegen der Voraussetzungen nach § 642 BGB (siehe Rn. 15), sich vom Vertrag zu lösen, muss er dem Unternehmer zur Nachholung der ausstehenden Mitwirkungshandlung eine Frist setzen. Diese Fristsetzung muss mit der Androhung verknüpft werden, dass im Fall des fruchtlosen Fristablaufs gekündigt werde. Die Fristsetzung mit Kündigungsandrohung ist eine 16

---

9 Vgl. PWW/Jud § 294 Rn. 4.

Willenserklärung, sie muss deshalb von einem zur Abgabe von solchen rechtsgeschäftlichen Erklärungen Befugten abgegeben werden, soll sie Wirkungen entfalten. Handelt ein vollmachtloser Vertreter des Unternehmers, ist eine nach Fristablauf erteilte Genehmigung wirkungslos. Denn die Wirksamkeitsvoraussetzungen müssen zum Zeitpunkt des Eintritts der Gestaltungswirkungen dieser Erklärung vorliegen; dieser Zeitpunkt ist der fruchtlose Ablauf der Frist, weil der Vertrag als aufgehoben gilt, wenn die angemahnte ausstehende Mitwirkungshandlung nicht bis zum Ablauf der Frist nachgeholt worden ist.[10] Die Erklärung muss dem Besteller zugehen oder dem zum Empfang solcher Erklärungen Berechtigten. Wegen der rechtsgeschäftlichen Bedeutung der Fristsetzung ist der bauplanende und bauleitende Architekt ohne eine diesbezügliche Vollmacht kein empfangbevollmächtigter Adressat. Das hat zur Folge, dass der Unternehmer den **Architekten** zu seinem **Erklärungsboten** macht, und rechtswirksamer Zugang erst mit Übermittlung durch den Architekten an den Besteller vorliegt. § 643 BGB führt als Erklärungsempfänger den Besteller an, so dass der Zugang nur bei diesem oder dessen gesetzlichen Vertreter oder rechtsgeschäftlich Bevollmächtigten rechtswirksam erfolgen kann.

1. Benennung der ausstehenden Mitwirkung – Gewicht der Mitwirkung

17   Erforderlich ist, dass der Besteller die ausstehende Mitwirkung genau bezeichnet. Der Besteller muss wissen, welche Handlung von ihm als Mitwirkung erwartet wird. Allgemeine und floskelhafte Redewendungen, wie es fehle an allem, was ein Besteller an Mitwirkung zu erbringen habe, lösen die Wirkungen des § 643 BGB nicht aus. Die Fristsetzung mit Kündigungsandrohung ist ihrerseits Teil der den Bauvertrag als Kooperationsvertrag prägenden Informations- und Rügeobliegenheiten, deren Wahrnehmung dazu dient, den Besteller an die eigenen Obliegenheiten zu erinnern.

18   Strittig ist, ob der Unternehmer die Befugnisse aus § 643 BGB in Abhängigkeit von der **Schwere** der **unterlassenen Mitwirkung** hat.[11] Das Gesetz gibt für eine solche Differenzierung keinen Anlass. Im Übrigen ist die Problematik auf einer anderen Ebene zu lösen, nämlich der Umdisposition des Unternehmers. Gerade im Bereich des Bauvertrags wird nämlich ein Unternehmer durch den Werkvertrag nicht zu einer einzigen Maßnahme verpflichtet, sondern es handelt sich um ein Bündel von Handlungskomplexen, die durchaus in unterschiedlicher Abfolge abgewickelt werden können. Auf diese Weise ist das Problem zu lösen, nämlich ob der Eintritt des Gläubigerverzugs durch **Umdisposition** vermieden werden kann.

---

10 BGH Urt. v. 28.11.2002 VII ZR 270/01 BauR 2003, 381 = NJW-RR 2003, 303 = NZBau 2003, 153 = ZfBR 2003, 250 = IBR 2003, 72.
11 Für das Abstellen auf die Schwere der unterlassenen Mitwirkung Staudinger/Peters § 643 BGB Rn. 7; dagegen MüKo/Busche § 643 BGB Rn. 6 und Bamberger/Roth/Voit § 642 BGB Rn. 2.

2. Fristsetzung

Für die nachzuholende Mitwirkungshandlung muss dem Besteller eine angemessene Frist gesetzt werden. Der Besteller muss innerhalb dieser Zeit die Möglichkeit haben, die Handlung nachzuholen. Was im Einzelnen unter einer angemessenen Frist zu verstehen ist, beurteilt sich nach den Umständen des Einzelfalles. Wenn der Besteller für die Vorlage von Ausführungsplänen nach dem Bauvertrag einen Zeitraum von 6 Wochen nach Erteilung der Genehmigung hat und ist diese Zeit abgelaufen, ohne dass der Besteller solche Pläne vorgelegt hätte, muss die zu setzende Nachfrist nicht 6 Wochen betragen. Das Erfordernis einer angemessenen Nachfrist setzt nicht voraus, dem Besteller so viel Zeit einzuräumen, dass er ohne Rücksicht auf bisherige Vorarbeiten zur Erbringung der Leistung in der Lage ist. Für die **Nachfristsetzung** gelten die auch für § 323 BGB maßgeblichen Grundsätze. Danach braucht eine Nachfrist auf keinen Fall so lange zu sein, dass der Besteller die Möglichkeit erhält, jetzt überhaupt erst mit der Bewirkung seiner Leistungen zu beginnen. Die Nachfrist ist lediglich eine letzte Gelegenheit eine noch ausstehende Leistung, für die der Grund jedoch bereits gelegt ist, zu vollenden.[12] Eine unangemessen kurze Frist macht die Fristsetzung nicht wirkungslos, sondern verlängert sich von selbst auf die angemessene Frist.[13]

19

Die Aufforderung, die genau bezeichnete Mitwirkung sofort vorzunehmen, enthält keine Fristsetzung, eine solche Erklärung setzt auch keine angemessene Frist in Gang.[14]

3. Androhung der Kündigung

Mit der Fristsetzung muss eine Kündigungsandrohung für den Fall des fruchtlosen Ablaufs der Frist verbunden werden. Eine Erklärung, nach Ablauf über die Frage der Kündigung entscheiden zu wollen oder sich die Kündigung vorzubehalten, enthält keine Kündigungsandrohung.[15] Begrifflich muss das Wort »Kündigung« nicht fallen. Dem Besteller muss lediglich klar werden, dass der Unternehmer nach fruchtlosem Ablauf der Frist keinerlei Leistungen mehr erbringen wird. Die Erklärung, man betrachte den Vertrag nach fruchtlosem Ablauf als aufgelöst, reicht aus.

20

4. Entbehrlichkeit von Fristsetzung und Kündigungsandrohung

Fristsetzung und Kündigungsandrohung sind entbehrlich, wenn der Besteller die Mitwirkung endgültig und ernsthaft verweigert hat. In solchen Fällen bedarf es

21

---

12 Vgl. MüKo/Ernst § 323 BGB Rn. 71.
13 BGH MDR 1969, 385 zu § 326 BGB a. F.; BGH Urt. v. 21.6.1985 V ZR 134/84 NJW 1985, 2640; MüKo/Ernst § 323 BGB Rn. 77.
14 MüKo/Ernst § 323 BGB Rn. 68.
15 OLG Frankfurt OLGR 2001, 105.

keiner weiteren Warnung des Bestellers unter Einräumung einer letzten Frist.[16] In solchen Fällen muss der Unternehmer jedoch die Kündigung erklären, was sogleich nach der endgültigen und ernsthaften Mitwirkungsverweigerung erfolgen kann.[17]

IV. Rechtsfolgen fruchtlosen Fristablaufs

22 Nach § 643 S. 2 BGB gilt der Vertrag mit dem fruchtlosen Ablauf der dem Besteller für die Nachholung der Mitwirkungshandlung gesetzten Frist als aufgehoben. Diese Rechtsfolge tritt zwingend ein, wenn der Besteller die als fehlend beanstandete Mitwirkung wie auch jede sonstige andere unterlässt. Eine weitere gesonderte Kündigung sieht das Gesetz nicht vor. Nach der Rechtsprechung des BGH[18] hat der Unternehmer Anspruch auf Abnahme der bis dahin erbrachten Leistungen. Der Vergütungsanspruch für die bis dahin erbrachten Leistungen ergibt sich aus § 631 Abs. 1, § 645 Abs. 1 S. 2 BGB. Die Fälligkeit dieses Anspruchs hängt nach BGH[19] nunmehr von der rechtsgeschäftlichen Abnahme der erbrachten Leistungen ab, für die der Unternehmer auf der Grundlage des insoweit fortbestehenden Vertrages auch gewährleistungspflichtig bleibt.

1. Vertragsaufhebung

23 Wenn das Gesetz von Vertragsaufhebung spricht, bedeutet dies nicht, dass damit ein vertragsloser Zustand auch hinsichtlich der bis dahin vom Unternehmer erbrachten Leistungen herbeigeführt wird. Gegenteiliges folgt schon aus § 645 S. 2 BGB, wonach der Unternehmer die bis zur Aufhebung erbrachten Leistungen nach den dortigen Regeln vergütet erhält. Der Unternehmer ist nicht auf §§ 812 ff. BGB verwiesen. Die Vertragsaufhebung betrifft lediglich die bis zum Fristablauf nicht erbrachten Werkleistungen.[20]

2. Abwendung der Rechtsfolge – Androhungsrücknahme

24 Strittig ist, ob der Unternehmer die Fristsetzung mit Kündigungsandrohung bis zum Fristablauf einseitig zurücknehmen kann.[21] Nach fruchtlosem Fristablauf tritt

---

[16] BGH Urt. v. 19.11.1991 X ZR 28/90 NJW 1992, 1628, 1629; Urt. v. 16.5.1968 VII ZR 40/66 BGHZ 50, 175 = NJW 1968, 1873.
[17] Bamberger/Roth/Voit § 643 BGB Rn. 4.
[18] Urt. v. 11.5.2006 VII ZR 146/04 BauR 2006, 1294 = NJW 2006, 2475 = NZBau 2006, 569 = IBR 2006, 432; vgl. dazu Peters NZBau 2006, 559.
[19] Urt. v. 11.5.2006 VII ZR 146/04 BauR 2006, 1294 = NJW 2006, 2475 = NZbau 2006, 569 = IBR 2006, 432; vgl. dazu Peters NZBau 2006, 559.
[20] Kniffka, IBR-Online-Kommentar § 643 Rn. 16.
[21] Dafür Staudinger/Peters § 643 BGB Rn. 15; Erman/Schwenker § 643 BGB Rn. 3; Palandt/Sprau § 643 BGB Rn. 2; Kniffka, IBR-Online-Kommentar § 643 Rn. 13; dagegen MüKo/Busche § 643 BGB Rn. 5; Soergel/Teichmann § 643 BGB Rn. 5; unentschieden PWW/Wirth § 643 Rn. 2 a.E.

Rechtsgestaltung ein, so dass eine Rücknahme der Androhung obsolet ist. Da die Erklärung ihre rechtsgestaltende Wirkung erst mit fruchtlosem Ablauf der Frist entfaltet, also trotz Zugangs der Erklärung bei dem Besteller weiterhin Unsicherheit besteht, ist kein Schutzbedürfnis weder für den Besteller noch für den Unternehmer erkennbar, den erklärenden Unternehmer notwendig an seiner Erklärung festzuhalten. Ob § 130 Abs. 1 S. 2 BGB ein solches Widerrufsrecht nicht ausschließt, ist die Frage, denn immerhin hat es nach der Fristsetzung grundsätzlich allein der Besteller in der Hand, ob er die Mitwirkung nachholt. Der Unternehmer hat nach der Konstruktion des § 643 BGB keine weitere Disposition mehr durch Abhängigkeit der Vertragsauflösung von einer Kündigung. Insgesamt spricht deshalb mehr dafür, eine solche Rücknahme der Fristsetzung zu verneinen.

3. Besteller nimmt eine andere Mitwirkungshandlung vor

Ob die Vertragsauflösung die notwendige Konsequenz dann ist, wenn der Besteller zwar nicht die angemahnte, sondern eine andere vornimmt, ist eine Frage, deren Antwort in erster nach Maßgabe der vom **Kooperationsgedanken** geprägten Zumutbarkeit ist. Denn wenn diese Maßnahme dem Unternehmer die Fortsetzung seiner Arbeiten an einer anderen Stelle ermöglicht, und dem Unternehmer eine solche Umdisposition zumutbar ist, ihn also nicht oder nicht entscheidend behindert, tritt die Rechtsfolge der Vertragsauflösung nicht ein. 25

Formal gebietet § 643 BGB die Vornahme exakt der angemahnten Handlung, um die Vertragsauflösung zu vermeiden. Denn die Bestimmung spricht im S. 1 deutlich von »Nachholung der Handlung« und S. 2 knüpft mit »die Nachholung bis zum Ablauf der Frist erfolgt« gerade daran an. Bei einem Bauvertrag, der für Störungen angesichts einer Vielzahl von Beteiligten sehr empfänglich ist, besteht jedoch allseitig die vom Kooperationsgedanken geprägte Notwendigkeit, eine gewisse Flexibilität und Änderungsbereitschaft an den Tag zu legen. 26

Liegt deshalb zum Zeitpunkt des Fristablaufs zwar nicht die angeforderte, aber eine andere Mitwirkungshandlung des Bestellers vor, die dem Unternehmer das Arbeiten an einer anderen Stelle zumutbar ermöglicht, besteht unter dem Gesichtspunkt der Wiedergewinnung der Dispositionsfreiheit des Unternehmers keine Notwendigkeit für eine Lösung vom Vertrag. Im Übrigen steht die Berufung auf die sich aus § 643 BGB ergebende Rechtsfolge unter dem **Rechtsmissbrauchsverbot**. 27

Dem Besteller muss deshalb gegenüber der Berufung des Unternehmers auf § 643 BGB die Befugnis eingeräumt werden, dem Unternehmer durch Vornahme einer anderen für den Unternehmer unter Kooperationsgesichtspunkt akzeptablen anderweitigen Mitwirkungshandlung eine Möglichkeit zur Fortsetzung der Arbeiten geboten zu haben. 28

C. Sonstige Ansprüche – Konkurrenzen

29 Dem Unternehmer stehen auch bei Auflösung des Vertrages bis dahin Ansprüche aus § 642 Abs. 2 BGB zu.[22] Die Entschädigung soll die Vorhaltung des Personals und der Betriebsmittel bis zur Auflösung des Vertrages abdecken. Dem Unternehmer stehen auch noch andere Beendigungsmöglichkeiten zur Verfügung; das sind die Rücktrittsmöglichkeiten aus § 323 und § 324 BGB, die jedoch die Verletzung von Vertragspflichten durch den Besteller voraussetzen und bei bloßen Obliegenheiten nicht greifen. Haben die Parteien jedoch **Bestellermitwirkungspflichten** vertraglich vereinbart, hat der Unternehmer bei Pflichtverletzungen die Wahl zwischen einem Vorgehen nach § 643 oder § 323 bzw § 324 BGB.

D. Korrespondierende VOB/B-Regelung

30 Die § 643 BGB korrespondierende Bestimmung ist § 9 VOB/B. Diese Regelung geht jedoch über den eigentlichen Regelungsbereich des § 643 BGB hinaus, indem § 9 Nr. 1 lit. b) VOB/B ausdrücklich auch den Kündigungsgrund anführt, dass der Auftraggeber eine fällige Zahlung nicht leistet oder sonst in Schuldnerverzug gerät. Im Anwendungsbereich des § 643 BGB ist es gerade problematisch, ob eine solche unterlassene Zahlung eine für die Herstellung erforderliche Leistung ist. § 9 Nr. 1 lit. a) VOB/B knüpft am Gläubigerverzug an und lit. b) am Schuldnerverzug. Eine solche klare Trennung ist in § 643 BGB zu vermissen. Im Übrigen macht § 9 VOB/B eine schriftliche Kündigung nötig und weicht insofern erheblich von § 643 BGB ab, wonach die Vertragsauflösung von selbst nach fruchtlosem Fristablauf eintritt. Neben dem Vergütungsanspruch billigt § 9 Nr. 3 VOB/B ausdrücklich den Entschädigungsanspruch zu.

31 § 6 Nr. 7 VOB/B ermöglicht darüber hinaus bei einer drei Monate übersteigenden Unterbrechung jedem Vertragsteil die Kündigung des Vertrages. Nach der Rechtsprechung steht diese Möglichkeit auch demjenigen zu, der den Grund für die Unterbrechung gesetzt hat.[23] Damit erhält auch der Besteller selbst, der wegen unterlassener Mitwirkung für eine derartige Unterbrechung sorgt, eine Kündigungsmöglichkeit. Dieser ist damit nicht auf die ihm jederzeit mögliche Kündigung nach § 8 VOB/B mit den für ihn nachteiligen Vergütungsfolgen (§ 8 Nr. 1 Abs. 2 VOB/B) verwiesen.

---

22 Kniffka, IBR-Online-Kommentar § 643 Rn. 20.
23 BGH Urt. v. 20.10.2005 VII ZR 190/02 BauR 2006, 371 = NZBau 2006, 108 = NJW-RR 2006, 306 = IBR 2006, 84.

E. Rechtsprechungsübersicht

Zu § 643 BGB existiert keine besondere, die Vorschrift erhellende Rechtsprechung. **32**
Die Rechtsprechung befasst sich im Zusammenhang mit § 643 BGB mit den sich
aus § 642 und § 645 BGB ergebenden Vergütungsfolgen (vgl. dazu § 642 und § 645
BGB).

§ 644
Gefahrtragung

(1) Der Unternehmer trägt die Gefahr bis zur Abnahme des Werkes. Kommt der Besteller in Verzug der Annahme, so geht die Gefahr auf ihn über. Für den zufälligen Untergang und eine zufällige Verschlechterung des von dem Besteller gelieferten Stoffes ist der Unternehmer nicht verantwortlich.

(2) Versendet der Unternehmer das Werk auf Verlangen des Bestellers nach einem anderen Ort als dem Erfüllungsort, so findet die für den Kauf geltende Vorschrift des § 447 entsprechende Anwendung.

Inhaltsübersicht

		Rn.
A.	Baurechtlicher Regelungsinhalt	1
I.	Die Regelung zur Gefahrtragung	4
1.	Der Begriff der »Gefahr«	5
	a) Gefahrenbereiche beim Bauen	6
	b) Gefahrenvorbeugung	7
2.	Vergütungs- oder Leistungsgefahr?	8
3.	Die Abnahme als Voraussetzung für den Gefahrübergang	10
II.	Die Ausnahmeregelungen	11
1.	Annahmeverzug des Auftraggebers	12
2.	Der Ausschluss der Verantwortlichkeit für Stoffe des Auftraggebers	14
3.	Keine Relevanz für Bauleistungen: § 644 Abs. 2 BGB	16
B.	Entsprechende Anwendung des § 644 Abs. 1 BGB	17
C.	Relevanz für die Baupraxis	18
D.	Korrespondierende VOB/B-Regelung: § 7	19
E.	Rechtsprechungsübersicht	20

A. Baurechtlicher Regelungsinhalt

1 Bauen ist gefährlich und jede Bauleistung ist gefährdet, wie der Blick auf die im Strafgesetzbuch enthaltene »**Baugefährdung**« gem. § 319 StGB einerseits und den Katalog von **Gefahrenpotentialen in** § 7 VOB/B andererseits zeigt. Darin ist von »höherer Gewalt, Krieg und Aufruhr«, aber auch von anderen Umständen die Rede, durch die eine Bauleistung »beschädigt oder zerstört« werden kann. Solche Umstände können durch Hoch-, Grund-, Quell- oder Flusswasser, Sturm, Blitzeinschlag, Unwetter, umstürzende Bäume oder Gerüste, herabfallende Bauteile, sich neigende Kranausleger, Fahrzeuge und Baumaschinen, defekte Strom-, Kanal- und Wasser-, insbesondere auch Gasleitungen, etc. begründet sein. Mehr noch: Auch Materialunverträglichkeiten (z.B. Zink und Kupfer) sowie ein untauglicher Baugrund (z.B. Kontaminationen oder aggressives Grundwasser, aber auch »schlechter Boden« wie etwa Torf oder breiiger Seeton) können zu Schäden und Mängeln an der Bauleistung führen – und dadurch der Abnahme (s. näher dazu

§ 640 BGB) entgegenstehen. Deshalb geht das oberste Bestreben eines jeden Bauunternehmers oder Handwerkers dahin, möglichst rasch eine solche Abnahme zu erhalten. Denn: »Der Unternehmer trägt die Gefahr bis zur Abnahme des Werkes«, wie Absatz 1 im ersten Satz unmissverständlich vorgibt. Ist danach diese Gefahrtragung die Regel, so finden sich in den Sätzen 2 und 3 des § 644 Abs. 1 BGB **Ausnahmen**, die den »Besteller« – im Baurecht zu lesen als »Auftraggeber« oder auch »Bauherr« – in die Verantwortung zwingen.

§ 644 Abs. 2 BGB hingegen ist für das Bauvertragsrecht **ohne Relevanz**: Bauwerke und Bauleistungen werden nicht versandt, sondern immer auf einem konkreten Grundstück fest mit Grund und Boden verbunden, so dass sie wesentliche Bestandteile werden, § 94 BGB. 2

Insgesamt stellt § 644 BGB eine **Brücke zum § 645** BGB sowie eine **Verstärkung** des in **§ 641** BGB enthaltenen Grundsatzes dar, dass bis zur Abnahme keine Fälligkeit des Vergütungsanspruches aus § 631 BGB bestehen kann, mithin alle Unwägbarkeiten, Unglücksfälle, Katastrophen etc. sich grundsätzlich zu Lasten des Bauunternehmers auswirken: Er hat die Herstellung eines ganz bestimmten Bauwerks bzw. einer Bauleistung versprochen, mithin die **Erfolgshaftung** dafür übernommen. Dementsprechend gilt der weitere Grundsatz: *Erst die Leistung, dann das Geld!* 3

Im Überblick:

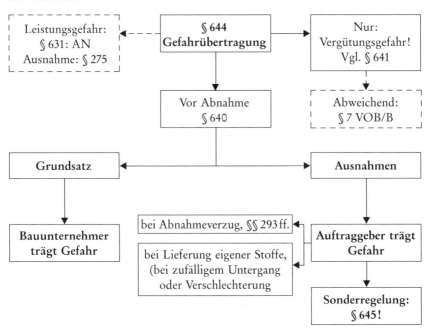

I. Die Regelung zur Gefahrtragung

4 Da Bauleistungen vielfältigen Gefahren nicht nur durch die zwangsläufige Verbindung mit Grund und Boden, genauer: **Baugrund**, ausgesetzt sind, sondern auch durch das meistens sukzessive Entstehen (z. B. Rohbau, Dachstuhl, Dacheindeckung), das zwangsläufig zu »ungeschützten« bzw. besonders anfälligen Bauzuständen führt, geht das Gesetz – und ihm folgend auch die VOB/B in § 4 Nr. 5 – in Beachtung der Erfolgsverpflichtung des Unternehmers im **Grundprinzip** von dessen **Alleinverantwortlichkeit** für alle Beeinträchtigungen bis hin zur völligen Zerstörung oder dem – bei Hochwasser im doppelten Sinne – »Untergang« der erbrachten Bauleistungen aus. Der Unternehmer trägt deshalb »die Gefahr«, dass irgend ein Ereignis von außen (z. B. Erdbeben, Bergrutsch, Steinschlag, Lkw-Unfall, Brand, Explosion etc.) nachteilig auf seine bereits erbrachten Bauleistungen einschließlich der dazu verwendeten Stoffe und Bauteile einwirkt.

Deshalb spricht man hier von der *»werkvertraglichen Risikoverteilung«*.[1]

1. Der Begriff der »Gefahr«

5 Anders als im Polizeirecht, wonach eine Gefahr vorliegt, wenn eine Sachlage oder ein Verhalten bei ungehindertem Ablauf des objektiv zu erwartenden Geschehens mit hinreichender Wahrscheinlichkeit ein polizeilich geschütztes Rechtsgut schädigen wird,[2] oder auch im Notstandsrecht gem. § 904 BGB,[3] gibt der **Begriff der »Gefahr«** hier im Rahmen des Bauvertragsrechts nur den **tatsächlichen Wortsinn** wieder: Es wird damit die Möglichkeit einer negativen Auswirkung oder Entwicklung im Hinblick auf bereits erbrachte Bauleistungen beschrieben. Dabei verstärkt die Überschrift »Gefahrtragung« noch den Begriff dahin gehend, dass die Folgen der Verwirklichung einer Gefahr – die für sich betrachtet immer nur hypothetisch angenommen werden kann – einem der beiden Vertragspartner zugewiesen werden. Dabei ergibt sich aus dem gesamten Regelungsinhalt des § 644 BGB auch, dass es sich nur um solche Gefahren handeln kann, die im Falle der Verwirklichung letztlich vom Bauunternehmer deshalb nicht beherrscht werden können, weil sie entweder naturgesetzlich konkret nicht vorhersehbar sind oder trotz aller Vorsichtsmaßnahmen nicht verhindert werden können. Es geht also insgesamt um **»Zufall«** oder **»Schicksal«**, so dass bei vorwerfbarem Verhalten des Auftraggebers nicht von einer Gefahr, sondern von einer Vertragsverletzung bzw. einem Delikt mit entsprechender Anspruchsentstehung gesprochen werden muss.

a) Gefahrenbereiche beim Bauen

6 Für den **grundsätzlich verantwortlichen Bauunternehmer oder Handwerker** steht deshalb bei Kenntnis dieses Gesetzes die Phantasie zum Erkennen möglicher

---
1 PWW/Wirth § 644 BGB Rn. 1.
2 BVerwGE 45, 51 (57).
3 Näher dazu: PWW/Lemke § 904 BGB Rn. 4.

Gefahren für seine Bauleistung an vorderster Stelle (»*Gefahr erkannt, Gefahr gebannt!*«). Ein erster Anhaltspunkt bildet dabei die Regelung in § 4 Nr. 5 VOB/B (»*Der Auftragnehmer hat die von ihm ausgeführten Leistungen und die ihm für die Ausführung übergebenen Gegenstände bis zur Abnahme vor Beschädigung und Diebstahl zu schützen. Auf Verlangen des Auftraggebers hat er sie vor Winterschäden und Grundwasser zu schützen, ferner Schnee und Eis zu beseitigen.*«). Spezielle »**Risiko-Checklisten**«, die individuell auf die jeweiligen Bauleistungen, die zu erbringen sind, abstellen, helfen allerdings noch wesentlich weiter. So können beispielhaft zusammengestellt generelle und konkrete »Gefahren lauern«, deren Verwirklichung zur Beschädigung, Zerstörung oder auch dem Untergang von Bauleistungen führen können. Z.B. Krieg, Aufruhr, Folgen von Streiks bzw. Aussperrungen (z.B. Flächenbetonage wird unterbrochen, damit geht die Unbrauchbarkeit einer wasserdichten Bodenplatte einher), Witterungseinflüsse (Sturm, Hagel, Starkregen, verbunden mit Hochwasser und Grundwasseranstieg, Kälte, insb. »Eistage«, die das Betonieren nicht mehr ermöglichen, Schneefall, Hitzeperiode), Sabotage, Vandalismus (z.B. Graffiti am neu aufgebrachten Verputz, Diebstahl, Explosionen insb. im Zusammenhang mit durch Bauarbeiten beschädigte Gasleitungen), Unglücksfälle im Zusammenhang mit Baumaschinen-, -geräten und -fahrzeugen, aggressives bzw. steigendes oder wechselndes Grundwasser, Baugrundrisiken (z.B. Torf- oder Sandlinsen, Karsthöhlen, Kampfmittelkontaminationen, sonstige Schadstoffe im Boden, unerkannte Hohlräume, Bergfall, Tagbruch, brüchiger bzw. verwitterter Fels); unverträgliche Putz- und Mörtelsorten, unverträglich reagierende Metalle bei Verbindung, baufällige Nachbargebäude, Verwendung neuartiger Baustoffe ohne Erprobung. Auch die Gefahr, die durch andere Bauunternehmer, die vorlaufend oder parallel an der Baustelle arbeiten, besteht, verbleibt trotz der Beauftragung durch den Auftraggeber beim Unternehmer, dessen Bauleistung durch solche Dritte beschädigt etc. wird. Soweit der oder die »Täter« verifiziert werden können, kann sich zwar der Bauunternehmer an diese halten, einen Vergütungsanspruch gegen den Auftraggeber selbst erhält er jedoch nicht.[4]

b) Gefahrenvorbeugung

»*Vorbeugen ist besser als heilen!*«. Auch diese Volksweisheit wird durch die Vorgabe des § 644 Abs. 1 S. 1 BGB unterstrichen: Wer Gefahren erkennt und nicht entsprechend vorbeugende Maßnahmen unternimmt, muss entweder gut versichert sein (Bauleistungsversicherung) oder finanziell oft nicht mehr überschaubare Risiken eingehen. Es gibt dazu eine Vielzahl bewährter Möglichkeiten: Bauzaun und Bewachung der Baustelle gegen Vandalismus, Sabotage und Diebstahl von Bauteilen, deren Wegnahme oft mit Schäden am verbleibenden Rest verbunden ist; Einhausung der Baustelle gegen Wintereinflüsse bzw. Beschattung gegen zu große Hitze; Bereithaltung von Schutzwänden, Sandsäcken und Pumpenanlagen gegen die Auswirkungen von Hochwasser bzw. Sicherungsmaßnahmen (Wasserhaltung)

7

---
[4] BGH BauR 1981, 71.

gegen das Aufschwimmen von Kellergeschossen (vgl. dazu die Entscheidungen zum Schürmann-Bau[5]), jahreszeitlich vorausschauende Planung von z.B. Betonierarbeiten, Anbringung von Leit- bzw. Abweisplanken, Schutz von Bäumen und Strommasten, laufende Materialuntersuchungen bei chemisch nicht eindeutigen Baustoffen, parallel zu den Bauarbeiten laufende Vermessungsarbeiten (Setzungen, Hebungen, Absackungen) und dgl. mehr.

2. Vergütungs- oder Leistungsgefahr?

8 Durch die Beschädigung, Zerstörung oder den Untergang des für die Ausführung bzw. Herstellung des Bauwerkes vorgesehenen Baustoffes oder des begonnenen, teilweise oder ganz fertig gestellten Bauwerks, tritt zunächst eine **Leistungsstörung** ein. Diese kann sowohl zur Verwirklichung der **Leistungsgefahr** als auch der **Vergütungsgefahr** führen. Im Rahmen der Leistungsgefahr bleibt der Bauunternehmer zur Erbringung der »versprochenen Leistung« (§ 631 BGB) verpflichtet, sofern nicht eine objektive Unmöglichkeit gem. § 275 BGB eingetreten ist (so z.B., wenn ein Grundstück aufgrund eines Tagbruches »bis in die Tiefe« eingebrochen ist, weil sich unterhalb die Gefahr aus einem früheren Bergbau realisiert hat). Die Vergütungsgefahr hingegen regelt, ob dem Unternehmer für die ausgeführten, aber beschädigten oder zerstörten Bauleistungen die vereinbarte Vergütung zusteht. **§ 644 BGB findet deshalb nur auf die Vergütungsgefahr Anwendung**. Denn das Gesetz bestimmt die Gefahrtragung, also den **Zeitpunkt des Übergangs der Vergütungsgefahr** und regelt nur die Fälle der beiderseits nicht zu vertretenden, also zufälligen, »schicksalhaften« Vertragsstörung.[6] Hat jedoch eine der Parteien die Beschädigung, Zerstörung etc. zu vertreten (§ 276 BGB), dann finden die allgemeinen Vorschriften für die rechtliche Beurteilung Anwendung (vgl. auch § 645 Abs. 2 BGB). Die Regelung in § 644 BGB hängt mit den §§ 320 Abs. 1 S. 1 und 326 Abs. 1 S. 1 Hs. 1 BGB zusammen, allerdings geht sie weiter für den Bereich des Bauvertrags, so dass **§ 644 BGB und die darauf aufbauende Vorschrift des § 645 BGB den allgemeinen Vorschriften vorgeht**.[7]

9 **Exkurs**: Unter der **Leistungsgefahr** versteht man die unbedingte Verpflichtung des Auftragnehmers, das versprochene – also beauftragte – Bauwerk bzw. die vereinbarte Bauleistung zu erbringen, »koste es, was es wolle!«. Diesen Grundsatz, der auch mit »Erfolgshaftung« bzw. »Erfolgsgarantie« bezeichnet wird, entnimmt man den §§ 631, 633 BGB, wonach eine mangelfreie Leistung geschuldet wird. Von – seltenen – Ausnahmen der Unzumutbarkeit gem. § 242 BGB abgesehen, ist damit der Bauunternehmer so lange zur Leistungserbringung verpflichtet, wie nicht feststeht, dass die Leistung objektiv unmöglich geworden ist: Müssen etwa Bohrpfähle

---

5 BGH BauR 2004, 1285 = BGHZ 159, 161 = NJW 2004, 2373 = NZBau 2004, 432 = ZfBR 2004, 684; OLG Köln IBR 2000, 8.
6 PWW/Wirth § 644 BGB Rn. 3; MüKo/Busche § 644 BGB Rn. 1.
7 BGHZ 60, 14, 18; kritisch hierzu Staudinger/Peters § 645 BGB Rn. 8.

hergestellt werden und es stellt sich bei der Betonverfüllung heraus, dass gespanntes Wasser die Zement- von den Sandanteilen des Betons trennt, so dass keine Pfähle entstehen können, dann ist Unmöglichkeit gem. § 275 BGB gegeben, d. h., der Bauunternehmer wird von seiner Verpflichtung, solche Pfähle herzustellen, frei. Die Bestimmungen des § 326 BGB stehen dann zur Prüfung an. Liegt keine Unmöglichkeit vor, so geht die Pflicht des Bauunternehmers zur Erfüllung seiner Erfolgsgarantie bis hin zur völligen Neuherstellung eines Bauwerks, das z. B. durch einen Dumper beim Rückwärtsfahren umgedrückt wurde.

3. Die Abnahme als Voraussetzung für den Gefahrübergang

Abweichend vom Kaufvertragsrecht (dort genügt die Übergabe der Kaufsache nach § 446 S. 1 BGB für den Gefahrübergang) muss im Bauvertragsrecht nach § 644 Abs. 1 S. 1 BGB eine **Abnahme** erfolgen. Diese wird bei fruchtloser Fristsetzung **fingiert** (§ 640 Abs. 1 Nr. 3 BGB). § 644 BGB stellt damit eine logische **Erweiterung des** § 641 Abs. 1 S. 1 BGB dar. Danach ist die »Vergütung bei der Abnahme des Werkes zu entrichten«. Kann demnach eine Abnahme (noch) nicht verlangt werden, weil die Bauleistung im Hinblick auf eine vorliegende Beschädigung oder Zerstörung nicht abnahmereif ist, dann wird auch die Vergütung (noch) nicht fällig. Mithin liegt bis zur Abnahme, wie in § 644 BGB vorgegeben, die Gefahr, eine Vergütung zu erhalten, beim Bauunternehmer. In diesem Zusammenhang ist zu beachten, dass gerade bei teilweise untergegangenen Bauleistungen, die hinsichtlich des noch vorhandenen Bauteils von Interesse für den Auftraggeber sind, zwar eine Abnahme ausscheidet, weil die Bauleistung nicht »fertig« geworden ist, dennoch aber in analoger Anwendung des § 646 BGB (s. dort) insoweit von »**Vollendung**« des verbleibenden Restes gesprochen und damit die Gleichschaltung zur Abnahme herbeigeführt werden kann.

10

II. Die Ausnahmeregelungen

§ 644 BGB führt **zwei Ausnahmeregelungen** auf. Liegen deren Voraussetzungen vor, dann geht die Vergütungsgefahr auch vor der Abnahme schon auf den Auftraggeber über (§ 644 Abs. 1 S. 2 BGB) bzw. scheidet eine Verantwortlichkeit des Bauunternehmers für zufällig untergegangene oder verschlechterte Baustoffe, die vom Auftraggeber beigestellt werden, aus (§ 644 Abs. 1 S. 3 BGB).

11

1. Annahmeverzug des Auftraggebers

Befindet sich der Auftraggeber im **Annahmeverzug** (§§ 293 ff. BGB) **mit der Abnahme**, dann wird der Haftungsmaßstab für den Bauunternehmer deutlich zu seinen Gunsten verändert. Er **haftet nicht mehr** für den **zufälligen Untergang oder die zufällige Verschlechterung** des Werks und hat nur Vorsatz und grobe Fahrlässigkeit zu vertreten (§ 300 BGB). Konkret bedeutet dies für den Bauunternehmer

12

eine **Freizeichnung auch für Schutzpflichten** gem. § 4 Nr. 5 VOB/B. Denn bei Eintritt von Schäden oder einem Diebstahl muss der Auftraggeber den Beweis für ein vorsätzliches oder grob fahrlässiges Verhalten bzw. Unterlassen von Schutzvorkehrungen führen. Dies ist im Regelfall schwierig. Deshalb erhält der Bauunternehmer auch dann seine volle Vergütung der erbrachten, aber während des Annahmeverzuges beschädigten, zerstörten oder untergegangenen Bauleistungen, wenn ihn daran nur eine leichte Fahrlässigkeit trifft.[8] Dies ist die **Konsequenz aus dem Verzug** des Auftraggebers mit der Abnahme: Hätte er die fertige, vertragsgemäße, allenfalls mit unwesentlichen Mängeln noch behaftete Bauleistung gem. § 640 BGB rechtzeitig abgenommen und wäre die Beschädigung danach durch den Bauunternehmer aus Unachtsamkeit erfolgt, wäre der normale deliktische Anspruch gem. § 823 Abs. 1 BGB im Hinblick auf die Eigentumsschädigung anwendbar gewesen. Wenn sich aber der Auftraggeber im Abnahmeverzug befindet, ist § 823 BGB nur bei Vorsatz und grober Fahrlässigkeit gem. § 276 BGB anwendbar. Denn § 300 BGB stellt ausdrücklich klar, dass bei Annahmeverzug des Gläubigers (= Auftraggebers) nur die vorgenannten Verschuldensarten zu vertreten sind. Auch diese **gesetzliche Besonderheit** muss deshalb Auftraggeber und dessen Architekten zur Vermeidung eines Abnahmeverzuges anleiten, während umgekehrt der Bauunternehmer alles versuchen muss, einen **Abnahmeverzug** herbeizuführen. Dazu bedarf es der **Abnahmereife** und der mit Datum versehenen Aufforderung, die Abnahme zu erklären. Nach Ablauf der gesetzten **Frist** empfiehlt sich zur Bestärkung des Abnahmeverlangens die nochmalige Setzung einer sehr kurzen Frist.

13 Wird die **Abnahme** der Bauleistung während eines Abnahmeverzuges **unmöglich** (ein Felssturz zerstört z.B. das fertige Haus am Hang oder ein Hochwasser reißt den Stall mit sich) und kann aufgrund der Grundstücksveränderung auch kein Ersatzbau errichtet werden, ist § 326 Abs. 2 BGB anzuwenden: Der Bauunternehmer erhält die volle Vergütung für seine Leistungen, abzüglich ersparter Aufwendungen. Letzteres kann jedoch nur dann in Ansatz gebracht werden, wenn nur eine Teilabnahme gefordert wurde und restliche Arbeiten aufgrund der Grundstückssituation nicht mehr erbracht werden können.

2. Der Ausschluss der Verantwortlichkeit für Stoffe des Auftraggebers

14 Gem. § 644 **Abs. 1 S. 3** BGB trägt der Auftragnehmer – im Unterschied zu den von ihm beigestellten Baustoffen – nicht das Risiko des zufälligen Untergangs bzw. der zufälligen Verschlechterung der **vom Auftraggeber zur Bauleistung »gelieferten«** **Stoffe**. Jedoch besteht eine Pflicht des Unternehmers, diese ordnungsgemäß zu **verwahren**, etwa Holzbalken für den Dachstuhl vor Fäulnis oder Ziegelsteine vor Diebstahl zu schützen. Die Frage, ob dazu eine **Versicherung** (z.B. Bauleistungsversicherung) abgeschlossen werden muss, kann mit dem LG Frankfurt verneint

---

[8] OLG Saarbrücken NJW-RR 2002, 528.

werden, denn dies würde eine Zahlungspflicht des Bauunternehmers für die Prämie bedingen. Allerdings kann in **Ausnahmefällen** – etwa fehlender Umzäunung einer Lagerfläche die Notwendigkeit zum **Hinweis** bestehen.[9] Von Relevanz ist die Regelung im Satz 3 insbesondere für den **Baugrund:** Dieser ist immer und nicht wegdenkbar »**Baustoff**«, den der Auftraggeber vorgibt (näher dazu § 645 BGB). Diese Selbstverständlichkeit wird in der Praxis häufig deshalb übersehen, weil die Gleichung »**Baugrund = Baustoff**« ebenso wenig bekannt ist, wie der Begriff »liefern« im Zusammenhang mit dem vor Ort vorhandenen Baugrund missverständlich erscheint. Hier ist nach Sinn und Zweck der Vorschrift jedoch das »liefern« mit »vorgeben« i. S. d. § 13 Nr. 3 VOB/B zu verstehen: Der **Auftraggeber gibt den Baugrund, beginnend an der Erdoberfläche und theoretisch bis zum Erdmittelpunkt reichend als conditio sine qua non für jedes Bauwerk und damit auch jede Bauleistung vor.** Wird deshalb durch ansteigendes Grundwasser die gewachsene Sohle einer Baugrube so durchnässt, dass zur Errichtung des Kellers zuvor ein Bodenaustausch vorgenommen werden muss, dann trifft den Bauunternehmer mangels Verantwortlichkeit für den Wasseranstieg und damit die Verschlechterung des Baugrundes im Sohlenbereich keine Verpflichtung, die zusätzlich notwendigen Arbeiten im Rahmen seiner Erfolgsverpflichtung vorzunehmen. Vielmehr muss hier der Auftraggeber eine Änderungsanordnung bzw. Zusätzliche Leistung fordern (und vergüten). Allerdings entsteht keine Verpflichtung des Auftraggebers, die ursprünglichen Leistungen zur Herstellung der Sohle zu vergüten. Insoweit greift wieder § 644 Abs. 1 S. 1 BGB, wonach die (Vergütungs-)Gefahr beim Bauunternehmer bis zur Abnahme bzw. dem Abnahmeverzug verbleibt.

Soweit ein zufälliger Untergang bzw. eine zufällige Verschlechterung behauptet wird, hat der Unternehmer entsprechend § 282 BGB zu **beweisen**, dass er keine Ausführungsfehler gemacht, aber auch die **Bedenkenhinweispflichten** gem. § 4 Nr. 3 VOB/B, die über § 242 BGB auch im BGB-Bauvertragsrecht gelten, nicht verletzt hat.[10] Beruhen Verschlechterung oder Untergang auf einer vom Bauunternehmer zu vertretenden Pflichtverletzung aus dem Bauvertrag, so haftet er dem Auftraggeber auf Schadensersatz gem § 280 BGB. Umgekehrt ist der Auftraggeber verpflichtet, soweit möglich, nochmals einen, dem untergegangenen Baustoff entsprechenden Stoff zu liefern (z. B. Holzbalken, Ziegel) bzw. die zur Ausführung der Bauleistung notwendigen zusätzlichen Anordnungen (z. B. Bodenverbesserung, Gründungspfähle etc.) zu treffen. Andernfalls kann der Bauunternehmer gem. §§ 642, 643 BGB vorgehen. Deshalb spricht man bei § 644 Abs. 1 S. 3 BGB auch von der Regelung der »**Sachgefahr**«.

15

---

9 NJW-RR 1986, 107; s. auch LG Frankfurt VersR 1982, 555.
10 BGH NJW-RR 1990, 446.

3. Keine Relevanz für Bauleistungen: § 644 Abs. 2 BGB

16 Eine Versendung von Bauleistungen ist im Hinblick auf die Definition für Bauwerke als mit dem Grund und Boden fest verbunden[11] nicht möglich. Deshalb ist § 644 Abs. 2 BGB im Bereich des Baurechts nicht anwendbar.

B. Entsprechende Anwendung des § 644 Abs. 1 BGB

17 § 644 Abs. 1 BGB bedarf keiner analogen Anwendung als Regulativ für unbillige Härten. Eine solche ausgleichende Funktion hat § 645 BGB, insb. die zu dieser Bestimmung von der Rechtsprechung entwickelte Bandbreite entsprechender Anwendung.

C. Relevanz für die Baupraxis

18 § 644 BGB stellt die **Komplementärbestimmung zum § 645** BGB dar und hat deshalb – im Unterschied zu dieser Regelung – nur im **Baugrundbereich Praxisrelevanz**. Denn andere Baustoffe als der Baugrund werden nur äußerst selten unmittelbar vom Auftraggeber gestellt. Allerdings darf neben dem Baugrund auch z.B. die Altbausubstanz, die in und mit der Bauleistungen erbracht werden sollen, nicht als Baustoff, der vom Auftraggeber geliefert wird, übersehen werden: Stürzt das marode Denkmalhaus ein, bevor der neue Verputz fertig aufgezogen ist, kann die Bauleistung »zufällig« nicht mehr erbracht werden. Der Auftragnehmer ist dafür zwar nicht verantwortlich, kann jedoch – wenn nicht die Sondervorschrift des § 645 BGB greift – für seine Arbeiten keinerlei Vergütung verlangen.

D. Korrespondierende VOB/B-Regelung: § 7

19 Mit § 644 BGB korrespondiert § 7 VOB/B mit der Überschrift »**Verteilung der Gefahr**«.[12] Allerdings verändert diese Regelung die Gefahrtragung unter bestimmten Umständen bzw. Voraussetzungen **zu Gunsten des Auftragnehmers**, dem dann eine Vergütung für vor der Abnahme beschädigte oder zerstörte Bauleistungen nach **§ 6 Nr. 5 VOB/B** zusteht, wenn höhere Gewalt, Krieg, Aufruhr und insbesondere andere, objektiv unabwendbare und vom Bauunternehmer nicht zu vertretende Umstände die Ursache für die Schädigung oder Zerstörung sind. Im Unterschied zur BGB-Regelung geht die VOB deshalb von der grundsätzlichen Freizeichnung des Bauunternehmers bei zufällig eintretenden Ereignissen, die zur

---

11 Näher dazu oben § 631 BGB.
12 S. dazu neben Ingenstau/Korbion § 7 VOB/B sowie Kapellmann/Messerschmidt § 7 VOB/B auch Englert in Kuffer/Wirth, S. 159 Rn. 536 ff.

Beschädigung oder Zerstörung führen, aus. Allerdings ist die Messlatte zur Bejahung einer »**objektiven Unabwendbarkeit**« sehr hoch gesetzt: Denn damit sind nach der BGH-Vorgabe nur solche Umstände relevant, die nach menschlicher Einsicht und Erfahrung in dem Sinne unvorhersehbar sind, dass sie oder ihre Auswirkungen **durch die äußerste nach der Sachlage zu erwartende Sorgfalt** nicht verhütet oder in ihren Wirkungen bis auf ein erträgliches Maß unschädlich gemacht werden können.[13] Die **Darlegungs- und Beweislast** liegt jedoch auf Seiten des **Bauunternehmers**.[14] Trotz dieser Erschwernis für die Durchsetzung von Ansprüchen bei beschädigten, zerstörten oder untergegangenen Bauleistungen ist § 7 VOB/B ein Paradebeispiel dafür, dass sich die Vereinbarung der VOB auch im Rahmen privater Bauverträge für den Bauunternehmer als positiv darstellt.

E. Rechtsprechungsübersicht

Baurechtlich relevante Urteile isoliert zu § 644 BGB finden sich im Hinblick auf die Sonderregelung des § 645 BGB zur Vergütung für beschädigte, zerstörte oder untergegangene Bauleistungen nur sehr selten.[15] Allerdings enthalten alle Urteile, die bei § 645 BGB aufgeführt werden, auch Ausführungen zu § 644 BGB. Insbesondere ist dabei das Urteil des BGH v. 16. 10. 1997 VII ZR 64/96 zu nennen.[16]

20

---

13 BGH BauR 1991, 331; BGHZ 113, 315; IBR 1991, 359; IBR 1991, 361; NJW 1991, 1812; ZfBR 1991, 146.
14 BGHZ 61, 144 (145); s. auch: BGH Urt. v. 23. 11. 1961 VII ZR 141/60; OLG Frankfurt BauR 1996, 394.
15 S. BGHZ 78, 352 (354).
16 BauR 1997, 1021; BGHZ 137, 35; IBR 1998, 3; IBR 1998, 4; IBR 1998, 5; NJW 1998, 456; ZfBR 1998, 33.

§ 645
Verantwortlichkeit des Bestellers

(1) Ist das Werk vor der Abnahme infolge eines Mangels des von dem Besteller gelieferten Stoffes oder infolge einer von dem Besteller für die Ausführung erteilten Anweisung untergegangen, verschlechtert oder unausführbar geworden, ohne dass ein Umstand mitgewirkt hat, den der Unternehmer zu vertreten hat, so kann der Unternehmer einen der geleisteten Arbeit entsprechenden Teil der Vergütung und Ersatz der in der Vergütung nicht inbegriffenen Auslagen verlangen. Das Gleiche gilt, wenn der Vertrag in Gemäßheit des § 643 aufgehoben wird.

(2) Eine weitergehende Haftung des Bestellers wegen Verschuldens bleibt unberührt.

Inhaltsübersicht

	Rn.
A. Baurechtlicher Regelungsinhalt	1
I. Die Voraussetzungen für Ansprüche aus § 645 BGB unmittelbar	4
1. »Vor der Abnahme«	5
2. Untergang, Verschlechterung, Unausführbarkeit	6
a) Untergang	7
b) Verschlechterung	8
c) Unausführbarkeit	9
3. »Besteller-Stoff« bzw. »Besteller-Anweisung«	10
a) Vom Besteller gelieferter Stoff	11
b) »Von dem Besteller für die Ausführung erteilte Anweisung«	14
4. »Mangel des vom Besteller gelieferten Stoffes«	18
a) Altsubstanz- und Baugrundfälle	20
b) Speziell: Verwirklichung des Baugrund- bzw. Systemrisikos	26
aa) Baugrundrisiko	27
bb) Systemrisiko	31
c) »Ausreißerfälle«	37
5. Ursächlichkeit des Stoffes bzw. der Anweisung	39
a) Allgemeines	39
b) Darlegungs- und Beweislast	41
6. Kein zu vertretender Umstand	42
a) Umstände der Leistungserbringung	44
b) Unterlassene bzw. fehlerhafte Bedenkenanmeldung	45
c) Keine Schriftform notwendig, dennoch unbedingt einzuhalten	48
7. Übergang der Vergütungsgefahr	49
a) 1. Rechtsfolge: Vergütungsanspruch	50
aa) Grundsätze der Abrechnung nach § 645 BGB	51
bb) Darlegungs- und Beweislast	54
b) 2. Rechtsfolge: Anspruch auf Ersatz von Auslagen	56
aa) Auslagen i. S. d. § 645 BGB	57
bb) Keine Auslagen i. S. d. § 645 BGB	59
II. Anwendbarkeit beim VOB-Vertrag	60
III. Ausschluss des Leistungsstörungsrechts gem. §§ 323 ff. BGB	61

		Rn.
B.	Entsprechende Anwendung des § 645 BGB	62
I.	Einzelfälle	64
	1. Fallgruppe »Generelle Auftraggeber-Sphäre« (str.)	65
	2. Fallgruppe »Handlungen des Auftraggebers« ohne Leistungsbezug	66
	3. Fallgruppe: Unausführbarkeit aus persönlichen Gründen	68
	4. Fallgruppe: Nähe des Auftraggebers zur Gefahr (str.)	69
II.	Keine Fälle analoger Anwendung des § 645 BGB	70
C.	Anwendbarkeit des § 645 BGB auf § 643 BGB	71
D.	Anwendbarkeit des § 645 BGB auf § 648 a Abs. 5 BGB	72
E.	Anwendbarkeit des § 645 BGB auf § 650 BGB	73
F.	Auftraggeberhaftung gem. § 645 Abs. 2 BGB	74
G.	Relevanz für die Baupraxis	75
H.	Keine korrespondierende VOB/B-Regelung	77
I.	Rechtsprechungsübersicht	78

A. Baurechtlicher Regelungsinhalt

Die Vorschrift des § 645 BGB stellt eine der **bedeutsamsten baurechtlichen Regelungen** des BGB dar, die jedoch oft unbekannt bzw. verkannt ist. Denn auf den ersten Blick scheinen die Voraussetzungen für die Anwendbarkeit bei Bauleistungen eher selten gegeben zu sein: Wann schon liefert der Auftraggeber einen Stoff (»Baustoff« bzw. »Baumaterial«) und wie oft werden Anweisungen erteilt, infolge der eine Bauleistung untergeht, verschlechtert oder unausführbar wird? Diese enge Sicht versperrt den Blick auf die tatsächliche Dimension des § 645 BGB im Rahmen des Baurechts: Die Norm ist nicht nur Konkretisierung der Vorgaben von § 242 BGB (Treu und Glauben) und damit **Billigkeitsregelung**,[1] sondern **spezielle Vergütungsregelung**, aber auch **Auffangtatbestand** zur Lösung baurechtlicher Sonderfälle wie der Erstattungsansprüche eines Auftragnehmers für Auslagen, die in Erwartung eines Baubeginns entstanden sind, aber mangels der Möglichkeit einer Grundstücksinanspruchnahme nicht über die AGK oder BGK realisiert werden können.[2]

1

Primärer Regelungsinhalt ist die Lösung des Problems, dass jede Vergütung von Bauleistungen grundsätzlich von einer Abnahme bzw. Vollendung i.S.d. § 641 i.V.m. §§ 640, 646 BGB abhängig ist. Das ist das gesetzliche Leitbild: Erst die Bauleistung, dann die Vergütung. Gäbe es § 645 BGB nicht, müsste der Auftragnehmer – da ihn die **Erfolgshaftung** gem. § 631 BGB trifft – selbst dann, wenn der Auftraggeber die Ursache für ein Fehlschlagen der Bauleistung durch Stoff-Vorgabe (wozu auch Vorunternehmerleistungen zählen) oder Anweisung setzt, ohne Vergütungsanspruch bleiben, wenn z.B. ein komplettes Gebäude errichtet, dieses aber

2

---

[1] Vgl. dazu Mugdan, Motive zum BGB II, S. 500 f. zu § 577 E; s. auch MüKo/Busche § 645 BGB Rn. 2; BGHZ 136, 308; BGH NJW 1981, 391.

[2] S. dazu OLG München BauR 1992, 74; ZfBR 1992, 33; NJW-RR 1992, 348; IBR 1992, 92.

§ 645 BGB — Verantwortlichkeit des Bestellers

durch einen Bergfall vor der Abnahme zerstört wurde. § 645 BGB ist damit das **Regulativ zu § 644 Abs. 1 S. 1** BGB, wonach der Auftragnehmer die Gefahr bis zur Abnahme des Werkes bzw. Vollendung gem. § 646 BGB zu tragen hat. Im Überblick ergibt sich damit folgender Regelungsgehalt:

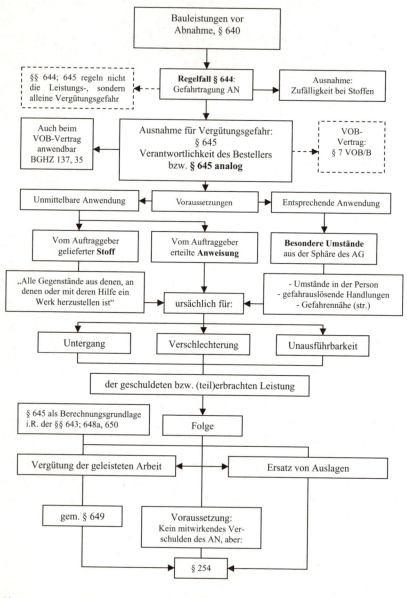

Wesentlich bedeutender für die Rechtsprechung ist jedoch die mittelbare bzw. entsprechende oder auch **analoge Anwendung** des Rechtsgedankens von § 645 BGB, der damit zum Regulativ – entsprechend § 242 BGB – im Rahmen des Baurechts wird: Der Auftragnehmer soll unter bestimmten Voraussetzungen auch dann eine Vergütung seiner erbrachten Leistungen erhalten, wenn diese mangels Fertigstellung niemals die Abnahmefähigkeit erreichen und damit die Fälligkeit nicht eintreten kann. Derartige Voraussetzungen hängen jeweils vom konkreten Einzelfall ab und lassen sich nicht mit einer Art von Sphärenzuweisung begründen. Vielmehr muss immer die Vorfrage geklärt werden, ob die Abnahmemöglichkeit aus Gründen, die dem Auftraggeber zuzuschreiben sind – ohne dass dazu ein Verschulden erforderlich wäre –, entfallen ist. Insoweit ist auch auf § 326 Abs. 2 BGB zu verweisen, dessen Regelungsinhalt vergleichbar dem § 645 BGB ist, auch wenn die §§ 323 ff. BGB insoweit hinter § 645 BGB zurücktreten.

I. Die Voraussetzungen für Ansprüche aus § 645 BGB unmittelbar

Der Unternehmer kann einen der geleisteten Arbeit entsprechenden Teil der Vergütung und Ersatz der in der Vergütung nicht inbegriffenen Auslagen verlangen, wenn die Voraussetzungen des § 645 BGB vorliegen.

1. »Vor der Abnahme«

Maßgeblich ist für die Anwendung der Norm, dass noch keine Abnahme i. S. d. § 640 BGB vorliegt. Wurde die (Teil-)Leistung bereits abgenommen, dann ist ohnehin die Gefahr gem. § 644 BGB auf den Auftraggeber übergegangen, so dass sich keine Frage mehr hinsichtlich der Vergütung stellt, weil der Automatismus gem. §§ 640, 641 BGB die Fälligkeit ohne die Abhängigkeit vom Fortbestand der Bauleistung herbeiführt.

2. Untergang, Verschlechterung, Unausführbarkeit

Weitere Voraussetzung ist der Untergang, die Verschlechterung oder auch Unausführbarkeit der Bauleistung.

a) Untergang

Eine Bauleistung geht unter, wenn sie nicht mehr reparierbar zerstört wird oder – im Sinne des Wortes – »untergeht«, etwa durch einen Tagbruch in Bergfallgebieten oder durch Grundwasseranstieg. Klassische Beispiele sind die sog. Brandfälle, sei es durch Brandstiftung, Blitzschlag, Unachtsamkeit bei Löt- oder Schweißarbeiten, Selbstentzündung (Heufall) oder Elektroleitungsschaden. Es zählen dazu aber auch die Gebäudeeinsturzfälle (Tapeten-, Maler- oder Schreinerarbeiten gehen mit der einstürzenden Giebelwand unter) sowie die Senkungsfälle im Tunnel- und Untertage-, aber auch Rohrleitungsbau (vgl. DIN 18312 und 18319 VOB/C).

b) Verschlechterung

8 Eine Bauleistung ist verschlechtert, wenn sich deren Zustand nicht mehr so darstellt, wie er schon einmal war und dieser Zustand, möglicherweise auch erst durch weitere Bauarbeiten, zur Abnahmereife geführt hätte. Maßgeblich ist jedoch nur eine solche Verschlechterung, die – bei gedachter Fertigstellung der Bauleistung – zur Verweigerung der Abnahme berechtigen würde. Deshalb bleibt eine nur unwesentliche Verschlechterung, die keinen Einfluss auf die Abnahmefähigkeit hätte, außer Betracht.

c) Unausführbarkeit

9 Unausführbar ist oder wird eine Bauleistung, wenn niemand (mehr) in der Lage ist, die vereinbarten Bauarbeiten abnahmefähig zu erbringen. Soll etwa ein Haus am Hang errichtet werden, rutscht dieser Hang jedoch kurz vor oder während der Bauarbeiten wegen starker Regenfälle ab, dann ist das Bauwerk unausführbar. Gleiches gilt, wenn ein Altbau, der saniert werden soll, auf Grund seiner zwischenzeitlich festgestellten Baufälligkeit doch noch – kurz nach Beginn der Putzsanierung – abgerissen werden muss oder aber abbrennt. Auch wenn durch das Antreffen einer Bodenkontamination auf nicht absehbare Zeit keine Bautätigkeit vorgenommen werden kann, weil der Baugrund aufwändig saniert werden muss (Bodenaustausch; Reinigung des Grundwassers über mehrere Jahre), liegt Unausführbarkeit vor. Ansatzpunkt ist hier die Unmöglichkeit bzw. das Unvermögen nach § 275 BGB.

3. »Besteller-Stoff« bzw. »Besteller-Anweisung«

10 Da § 645 BGB ein Regulativ zu § 644 BGB ist, bedarf es eines Zuordnungsgrundes für die Verlagerung der Vergütungsgefahr vor Abnahme auf den Auftraggeber. Das Gesetz führt dazu zwei Alternativen, die auch kumulativ vorliegen können, aber nicht müssen, auf: Der Stoff und die Anweisung.

a) Vom Besteller gelieferter Stoff

11 Nach dem bloßen Wortlaut erscheint die Gesetzesformulierung nicht als sehr weit reichend: Stoff erscheint hier als »Baustoff« oder »Baumaterial« (z. B. Ziegelsteine, Holz für den Dachstuhl, Farbe, Tapeten, Fliesen, Kanalrohre, Sanitär- und Installationsmaterial, Baustahl, Beton etc.). Auch das Wort »geliefert« weist zunächst auf aktives Tun (»liefern«) im Sinne von »auf die Baustelle bringen« hin. Für das Baurecht wäre damit diese Formulierung nahezu bedeutungslos, da nur in seltenen Ausnahmefällen ein Auftraggeber selbst Baumaterialien oder Baustoffe aus eigener Herstellung hat bzw. einkauft, um es dann »zu liefern«. Deshalb hat die Rechtsprechung schon sehr früh – über den Wortlaut hinaus – eine nachvollziehbare **Definition des Begriffes »Stoff« i. S. d. § 645 BGB** entwickelt: »Stoffe« sind **alle Gegenstände** (vgl. §§ 90 ff. BGB) **aus denen, an denen** oder **mit deren Hilfe** eine

Bauleistung herzustellen ist.³ Damit ist die Anwendbarkeit des § 645 BGB praktisch universal hinsichtlich sämtlicher »Baukomponenten«, die »greifbar« sind. So zählen zu den »Stoffen«, die ein Auftraggeber »liefert« – im Sinne von »beistellt« oder »vorgibt«:

- das **Baugrundstück** als solches[4]
- die **Gebäudesubstanz** (meist: Altbau) bzw. die bereits vorhandene Bauleistung (z. B. bei der Kanalsanierung die mit einem Inliner zu versehenden maroden Steingutrohre), an, mit oder in der Bauarbeiten zu erbringen sind[5]
- der **Baugrund** selbst, bestehend aus allen Boden- und Felsschichten einschließlich des Grundwassers und aller Einschlüsse sowie Anomalien (vgl. DIN 4020, Geotechnische Untersuchungen für bautechnische Zwecke, Abschnitt 3.1)[6]
- das **Müll-Material** einer Abfalldeponie[7]
- sowie alle **sonstigen Materialien und Stoffe**, die vom Auftraggeber dem Auftragnehmer zum Zwecke der Verwendung bei der Herstellung der Bauleistung übergeben oder überlassen werden
- **Leistungen von Vorunternehmern**, deren Mangelhaftigkeit sich im zu bearbeitenden Bauwerk oder Baugrund verkörpern, der Mangel jedoch nicht bemerkt werden kann.[8]

Die von der Rechtsprechung vorgenommene weite Auslegung des Begriffes »Stoff« führt auch dazu, dass sämtliche Vorleistungen anderer Unternehmer, die »Grundlage« – im doppelten Sinne des Wortes – von Bauleistungen des Auftragnehmers sind, als »vom Besteller gelieferter Stoff« i. S. d. § 645 BGB behandelt werden.[9] Dies wird nachvollziehbar dadurch, dass derartige Vorleistungen zwangsläufig in das Bauwerk eingehen bzw. Teil der vom Auftragnehmer zu bearbeitenden Bauleistung werden: Insoweit wird nicht primär auf diese **Vorunternehmerleistungen**, sondern alleine auf **die durch dessen Leistungen veränderte (verschlechterte, also mangelhafte) Bausubstanz**, die der Auftraggeber vorgibt, abgestellt. Damit aber ist diese Zuordnung konsequent, wie von Craushaar ausführlich darlegt: »*Stellt der Besteller dem Unternehmer ein Bauwerk zur Verfügung, das Mängel wegen fehlerhafter Leistung des Vorunternehmers aufweist und verschlechtert*

12

---

3 BGH NJW 1973, 318; OLG Naumburg NZBau 2005, 107 = ZfBR 2004, 791 = IBR 2004, 481.
4 BGH BauR 2005, 735 = NZBau 2005, 295 = IBR 2005, 215; OLG München NJW-RR 1992, 348: »… kann das Grundstück, auf dem gebaut werden soll, als ›Stoff‹ im Sinn dieser Vorschrift (§ 645 Abs. 1 S. 1 BGB) angesehen werden, da dieser Begriff weit auszulegen ist.«.
5 BGH BauR 2005, 735 = NZBau 2005, 295 = IBR 2005, 215.
6 RG WarnRspr. 36, 141; BGHZ 60, 14 (20); BGH ZfBR 2001, 249; OLG Naumburg NZBau 2005, 107 = ZfBR 2004, 791 = IBR 2004, 481; von Craushaar in: FS Kraus, 3 (5); ausführlich: Englert/Grauvogl/Maurer, Handbuch des Baugrund- und Tiefbaurechts, 3. Aufl. 2004, Rn. 900, 93; Siegburg in: FS Korbion, 418.
7 OLG München IBR 2004, 7.
8 Von Craushaar in: FS Kraus, 3 ff.
9 Siegburg in: FS Korbion, 418.

sich deshalb das Bauwerk vor der Abnahme, weil infolge fehlerhafter Vorleistung das Werk des nachfolgenden Unternehmers Mängel aufweist, so trägt hierfür nach § 645 BGB der Besteller die Vergütungsgefahr, wenn der Unternehmer seine Prüfungs- und Hinweispflicht erfüllt hat.«[10]

13 Das Verständnis für den umfassenden Begriff »Stoff« kann zumindest für die Baupraxis erleichtert werden, wenn man statt von »Stoff« von einer »Baukomponente« spricht. Mit diesem Wort wird deutlicher, dass § 645 BGB dann eingreifen kann, wenn der Auftraggeber irgendetwas zur Herstellung der geschuldeten Bauleistung beisteuert: Dies kann z.B. auch das Bauwasser sein, mit dessen Hilfe Farbe angerührt wird.

b) »Von dem Besteller für die Ausführung erteilte Anweisung«

14 Die zweite Möglichkeit, dass vor der Abnahme die **Vergütungsgefahr** auf den Auftraggeber übergeht, liegt dann vor, wenn dieser – ausdrücklich – »für die Ausführung« eine Anweisung erteilt. Dazu zählen zunächst solche »Befolgung heischenden« Vorgaben, wie sie vom Auftraggeber i.S.d. § 4 Nr. 1 Abs. 3 VOB/B gemacht werden können. Der Auftraggeber kann danach etwa die **Verwendung ganz bestimmter Baustoffe** vorschreiben[11] oder die **Beauftragung von Nachunternehmern** verlangen, die er vorgibt.[12] Die zweite Fallgruppe von »Anweisungen« wird von den **unmittelbaren Vertragsvorgaben** (Leistungsverzeichnis, Baubeschreibung, Pläne, Gutachten, Ausführungsanweisungen) gebildet: Im Sinne des § 645 BGB ist alles das, was »zur Ausführung« durch den Auftraggeber (meistens von dessen Architekten oder Ingenieurbüro bzw. Sonderfachmann ausgearbeitet) vorgegeben wird, eine »**Anweisung**«, die der Auftragnehmer in Erfüllung des Bauvertrages zu befolgen hat.[13]

15 Mithin muss in die grundsätzliche Dispositionsbefugnis des Auftragnehmers eingegriffen werden. Dieser hat nämlich die freie Wahl hinsichtlich der Art und Weise, wie er den Vertrag erfüllt. So etwa kann der Erdbauunternehmer selbst bestimmen, mit welchen Geräten und mit welcher Arbeitsmethode er einen Damm herstellt oder eine Baugrube aushebt. Greift der Auftragnehmer hier in dieses Recht des Auftragnehmers ein, in dem er **unmissverständlich eine bestimmte Ausführungsweise fordert,** dann liegt eine Anweisung i.S.d. § 645 BGB vor. Es scheiden damit bloße Wünsche, Vorschläge oder sonstige Anregungen ebenso aus wie Hinweise auf die Erfüllung vertraglicher Pflichten.[14] Nicht notwendig ist, dass der Auftraggeber auf Grund des Vertrages zu einer Anweisung befugt ist, wobei

---

10 Die Bedeutung des § 645 BGB für die Rechtsstellung des Nachfolgeunternehmers, FS Kraus, 5.
11 BGH BauR 1973, 188 (189); BGH BauR 1975, 422; OLG Saarbrücken BauR 1970, 110.
12 Nicklisch/Weick, § 13 VOB/B Rn. 55; Siegburg in: FS Korbion, 418.
13 Die Frage einer Prüfungs- und (Bedenken-)Hinweispflicht ist hier noch nicht zu untersuchen.
14 So auch Kniffka, IBR-Online-Kommentar § 645 Rn. 14 und 15.

gerade beim BGB-Bauvertrag grundsätzlich – im Unterschied zum VOB-Vertrag mit den Änderungs- und Forderungsbestimmungen des § 1 Nr. 3 und 4 VOB/B – keine Änderung des ursprünglichen Vertragsinhalts vorgenommen werden darf. Auch wenn gerade im Rahmen solcher BGB-Bauverträge oft eine Anweisungsbefugnis durch Vertragsauslegung gem. §§ 133, 157, 242 BGB feststellbar ist, kommt es letztlich darauf nicht an: Erteilt der Auftraggeber unbefugt, also vom Vertrag nicht gedeckt, eine Anweisung und kommt es dadurch zum Untergang, zur Verschlechterung oder Unausführbarkeit, dann darf der Auftragnehmer nicht anders behandelt werden, als wenn eine Befugnis bestanden hätte, die Anweisung zu geben: Wer **freiwillig** einer **Anweisung folgt**, muss ebenso dem Schutz des § 645 BGB unterfallen, da »ein gutes Miteinander« im Sinne des Kooperationsgedankens beim Baugeschehen ist.[15]

Keine Anweisungen – entgegen Siegburg[16] – i.S.d. § 645 BGB stellen jedoch die Vertragsvorgaben zur Ausführung der Bauleistung dar:[17] Dabei handelt es sich um originäre vertragliche Regelungen, die der Auftragnehmer im Rahmen der Vertragsfreiheit nicht akzeptieren muss. Wenn er jedoch mit der Unterschrift unter den Vertrag »sehenden Auges« Ausführungsrisiken übernimmt, dann hat er diese auch zu bewältigen. Die von Siegburg vorgebrachten Argumente, wonach es in der Natur des Bauvertrages liege, dass die Planung zum Zeitpunkt des Vertragsschlusses noch nicht abgeschlossen sei, mithin häufig Anweisungen nachträglich ergänzt, geändert oder erstmals erfolgen und zudem in solchen Fällen Abgrenzungsschwierigkeiten auftreten könnten, die es zu vermeiden gälte, können nicht überzeugen: In dem Augenblick, in dem eine Änderung des ursprünglichen Leistungs- bzw. Beschaffenheitssolls durch Anweisung seitens des Auftraggebers eintritt, ist ohnehin § 645 BGB wieder einschlägig.

16

Dies zeigt die Abwandlung des sog. Hartlöt-Falles[18] auf: Ein gewerbliches Bauträgerunternehmen beauftragt einen Auftragnehmer mit der Verlegung eines Kaltwasser-Rohrleitungssystems. Während der Bauarbeiten kommt es zwischen den Vertragsparteien zu Diskussionen über die Frage, ob die verwendeten Kupferrohre hartgelötet werden dürfen oder ob eine andere Verarbeitungsmethode nötig ist. Der Unternehmer lässt sich dazu von einem Fachingenieur beraten. Dieser weist auf ein nicht auszuschließendes Restrisiko der Korrosion hin. Dennoch erteilt der Auftraggeber die Anweisung, die Kupferrohre hartzulöten. Zum Zeitpunkt der Ausführung der Arbeiten entspricht das Hartlötverfahren dem Stand der Technik. Noch vor der Abnahme kommt es wegen des angewendeten Hartlötverfahrens zu Lochkorrosionen im Rohrleitungssystem. Dieses muss komplett erneuert werden. Damit ist die Leistung des Auftragnehmers untergegangen.

17

---

15 Ebenso Kniffka, IBR-Online-Kommentar § 645 Rn. 14 und 15.
16 Baumängel aufgrund fehlerhafter Vorgaben des Bauherrn, FS Korbion, 418.
17 BGHZ 83, 197 (203); Kniffka, IBR-Online-Kommentar § 645 Rn. 14 und 15.
18 OLG Köln OLGR 1997, 235 = IBR 1997, 504.

4. »Mangel des vom Besteller gelieferten Stoffes«

18 § 645 BGB nennt eine weitere Voraussetzung für den Vergütungs- bzw. Auslagenersatzanspruch: Der vom Besteller gelieferte **Stoff muss** einen »**Mangel**« aufweisen.[19]

19 Wann eine solche **Mangelhaftigkeit** vorliegt, ist **jeweils im Einzelfall** festzustellen. Ausgangspunkt ist immer die vertragliche Regelung. Durch diese bestimmt sich das »Stoff-Soll«, für das der Auftraggeber die Verantwortung ohne Rücksicht auf Verschulden tragen muss. Enthält etwa ein Vertrag die Vorgabe, dass der Auftraggeber das Holz für die Errichtung des Dachstuhls beistellt, dann schuldet er die Qualität, wie sie umgekehrt auch vom Auftragnehmer zu erbringen wäre. Prüfungsmaßstab ist hier – in entsprechender Anwendung – § 633 Abs. 2 BGB. Ist das Holz etwa zu feucht, zu astreich oder aus statischen Gründen nicht tauglich, dann ist ein Mangel zu bejahen.

In der Baupraxis sind derartige Fälle konkreter Baumaterial- bzw. Baustoffbeistellung jedoch eher selten.

a) Altsubstanz- und Baugrundfälle

20 Etwas anderes gilt jedoch hinsichtlich der sog. Altsubstanz- und Baugrundfälle. Beiden gemeinsam ist, dass sie denknotwendig »Stoff«, der vom Auftraggeber »geliefert« wird, sind und vorlaufend für den Vertragsabschluss **nur Abschätzungen oder Wahrscheinlichkeitsaussagen zum Zustand und zum »Inhalt«**, aber auch der **Reaktion** auf die zu erbringenden Bauleistungen getroffen werden können. Denn »in« den letzten Winkel eines Altbaues kann ebenso wenig vor Beginn von Sanierungsarbeiten geblickt werden wie die Inhomogenität einschließlich aller künstlichen Einschlüsse des zu bearbeitenden Baugrundes vollständig untersuch- und beschreibbar ist. In beiden Fällen gilt, dass man stets im Nachhinein klüger ist, als vorher. Damit ist ein Mangel in diesen Fällen immer dann zu bejahen, wenn in situ etwas anderes angetroffen wird, als nach der Ausschreibung, insb. z.B. einem Sanierungs- oder Baugrundgutachten zu erwarten stand. Beschreibt etwa das Leistungsverzeichnis einen Altputz als wasserfest und bringt der Auftragnehmer darauf Tapeten an, die sich sofort – zusammen mit dem Putz – wieder lösen, weil eine solche wasserabweisende Eigenschaft nicht gegeben ist, dann liegt ein Mangel der Altsubstanz vor. Gleiches gilt, wenn der Altbau nach dem Entfernen von Abdeckungen giftige Gase freigibt und deshalb die Beseitigung auch bereits neu aufgebrachter Leichtbauteile notwendig wird.

21 Am häufigsten jedoch treten Mängel im Rahmen von **Tiefbauarbeiten** auf: Hier ist im Regelfall ein Baugrundgutachten gem. DIN 4020 Vertragsbestandteil – jedenfalls müsste dies nach den allgemein anerkannten Regeln der Baukunst, aber auch in Folge der Verweisung der bauaufsichtlich eingeführten DIN 1054 auf die

---

19 Ausführlich und äußerst verständlich dazu: Kapellmann/Schiffers Bd. 1 Rn. 709 ff. m.w.N.

Verantwortlichkeit des Bestellers § 645 BGB

DIN 4020 so sein. Dessen Inhalt bestimmt damit das Beschaffenheits-Soll des zu bearbeitenden bzw. zu verwendenden Baugrunds. Hier finden sich unzählige Beispiele für die Mangelhaftigkeit des »Baustoffes Baugrund«. Deshalb ist auf diesen denknotwendig immer vom Auftraggeber zu stellenden »Stoff« als Grundlage eines jeden Bauwerks, ausführlicher einzugehen:

»*Ohne Baugrund geht das Bauen nicht!*« schrieb Prof. Hermann Korbion im Vorwort zum Handbuch des Baugrund- und Tiefbaurechts im Jahre 1993.[20] Damit brachte der Vordenker des deutschen Baurechts kurz und prägnant die besondere Bedeutung dieses immer vom Auftraggeber beizustellenden Baustoffes[21] zum Ausdruck. Da dieser – im Unterschied zu jedem anderen Baustoff, selbst einer Altbausubstanz – aufgrund der erdgeschichtlichen Entwicklung und der technisch niemals möglichen vollständigen Untersuchung nur stichprobenartig (vgl. DIN 4020, Abschnitt 4.5) aufgeschlossen werden kann und so für zwischenliegende Bereiche allenfalls Wahrscheinlichkeitsaussagen getroffen werden können, beinhaltet gerade der Baugrund ein hohes Potenzial, »anders als beschrieben« vorgefunden zu werden. Alleine die Abweichung zwischen beschriebenem und angetroffenem Baugrund bedeutet allerdings noch nicht, dass damit ein Mangel einhergehen muss: Ist standfesterer Boden als beschrieben vor Ort, so kann dadurch der »Baustoff Baugrund« wesentlich besser als geschuldet, sein. Die Streitfälle in der Bau(rechts)praxis sind jedoch anders gelagert. Hier weicht der Baugrund tatsächlich von der Beschreibung, also dem, womit der Auftragnehmer kalkulieren und wovon er bei der Ausführung ausgehen konnte, ab. So etwa, wenn

– nicht sehr dicht gelagerte, sondern extrem dichte Untere Sande,
– nicht Boden der Klassen 3–5, sondern Fels der Klassen 6–7,
– Grundwasser unerwartet, in anderer Höhe oder mit aggressiver Konsistenz,
– Kampfmittel (vgl. DIN 18299, Abschnitt 0.1.15 VOB/C),
– Findlinge,[22]

---

20 Hrsg. v. Englert/Grauvogl/Maurer, Werner-Verlag.
21 Ausführlich zu den Rechtsfolgen der Baustoffeigenschaft des Baugrunds: Englert, Tagungsband Baugrundtagung 2006 der Deutschen Gesellschaft für Geotechnik.
22 Von Findlingen spricht man dann, wenn Steine oder Blöcke, die im Verlaufe der erdgeschichtlichen Entwicklung entstanden und durch z.B. Gletscherfluss transportiert worden sind, im Zuge der Baugrunderkundung nicht erkannt und damit auch nicht nach Lage, Größe und Material beschrieben werden können, im Zuge der Ausführung jedoch »gefunden« werden; können derartige natürliche Bodenhindernisse schon im Vorfeld entdeckt werden, dann müssen sie exakt beschrieben werden und bilden damit einen Bestandteil des Baustoffes, d.h., der Auftragnehmer muss mit einem solchen »Bekanntling« dann kalkulieren, insb. ist der Baugrund dann insoweit – im Unterschied zum Findling – nicht mangelhaft; die weit verbreitete Praxis, in Baugrundgutachten pauschal vorzugeben, dass »mit Findlingen zu rechnen ist«, widerspricht nicht nur den Pflichten eines Baugrundgutachters nach DIN 4020, sondern auch den Ausschreibungsgrundsätzen nach § 9 Nr. 3 Abs. 3 VOB/A, die entsprechend auch beim BGB-Vertrag als Ausfüllung von Treu und Glauben heranzuziehen sind. Danach sind aber die Boden- und Wasserverhältnisse möglichst genau anzugeben;

Englert

- breiige statt sandige Böden,
- mit unerwarteten Karsthöhlen versetzte Gebirge,
- mit Torf- oder Sandlinsen durchzogene Bodenbereiche, die so nicht beschrieben waren,
- für eine Tunnelbohrmaschine nicht aufwältigbare unverwitterte Nagelfluhschichten, die im Baugrundgutachten nicht erwähnt wurden,
- Kellergewölbe, Bunkergänge und -reste, Kulturschutt aller Art, nicht beschriebene Leitungen für z.B. Gas, Strom, Telefon, Wasser, Computer
- etc.

angetroffen werden.

23 Ein »**Mangel**« des vom Auftraggeber vorgegebenen **Baugrunds** ist damit immer dann zu bejahen, wenn die **angetroffenen Baugrundverhältnisse** – wozu auch sämtliche Einschlüsse natürlicher und künstlicher Art zählen – sich anders und für die zu erbringende Bauleistung **nachteiliger** darstellen, als nach dem Baugrundgutachten **zu erwarten** stand bzw., wenn ein Gutachten nicht vorlag, vom Auftragnehmer erwartet werden konnten: Wenn und solange der Auftraggeber keine Angaben zum Baugrund und zu den Grundwasserverhältnissen macht, dann kann der Auftragnehmer aus dem Umkehrschluss der auch beim BGB-Bauvertrag anzuwendenden Ausschreibungsgrundsätze gem. der DIN 18299, Abschnitt 0, heraus von »normalen Verhältnissen« ausgehen, es sei denn, es liegen konkrete Anhaltspunkte für eine Abweichung davon vor. **Normal ist, was im jeweiligen Baubereich zu erwarten steht.** Bei einem Bauauftrag im Gebirge muss deshalb von Felsvorkommen, im Flachland hingegen nur von Böden der Klassen 3–5 ausgegangen werden. Denn Abschnitt 0 der DIN 18299 gibt vor, dass Angaben zum Baugrund und zum Grundwasser gem. Abschnitte 0.1.7 und 0.1.8 nur, »soweit im Einzelfall erforderlich«, zu machen sind (vgl. § 9 Nr. 1 Abs. 4 VOB/A).

24 Beispiel aus der Rechtsprechung: Bei Rohrvortriebsarbeiten (vgl. DIN 18319 VOB/C) stürzt nach der Pilotbohrung im Zuge der Aufweitungsbohrung der Bohrkanal ein. Damit wird der Einzug des Schutzrohres unmöglich. Das OLG Naumburg[23] wendet auf den Vergütungsanspruch des Auftragnehmers § 645 BGB mit der Begründung an: »*Zum einen ist die von der Klägerin geschuldete Werkleistung vor der Abnahme untergegangen oder jedenfalls unausführbar geworden, weil der Bohrkanal unstreitig zusammengebrochen und wertlos geworden ist, bevor die Schutzrohre eingebracht waren. Zum anderen war dies auch auf einen Mangel des vom Beklagten zu liefernden Stoffes zurückzuführen. Denn darunter sind alle Gegenstände zu verstehen, aus denen, an denen oder mit deren Hilfe das Werk herzustellen ist, so z.B. auch der Baugrund, auf dem ein Bauwerk errichtet werden soll (MüKomm/Soergel, BGB 3. Aufl. 1997, § 645 Rn. 6). Dem steht hier nicht entgegen, dass der Beklagte als Besteller nicht Eigentümer des Grundstücks war.*«

---

23 NZBau 2005, 107 = ZfBR 2004, 791 (Ls.) = IBR 2004, 481.

Diese letzte Urteilsfeststellung entspricht dem weiten Begriff des Stoffes: Es kommt nicht darauf an, ob der Auftraggeber **Eigentümer** oder sonstig Berechtigter (Nießbrauch, Miete, Pacht) des Baugrunds auf dem, mit dem und in dem eine Bauleistung erbracht werden soll, ist. Deshalb ist § 645 BGB auch bei durch Tiefbauarbeiten in Anspruch genommenen **Nachbargrundstücken**, etwa beim Einbringen von Ankern, anzuwenden: Hält eine Rückverankerung der Baugrubenspundwand im benachbarten Grundstück deshalb nicht, weil durch lang anhaltende Niederschläge eine Aufweichung des Bodens und damit einhergehend eine Verringerung der Mantelreibung des Ankerzugkörpers eintritt, so dass die Spundwand eine Schiefstellung erfährt – also ihren Zweck als Baugrubensicherung nicht mehr erfüllen kann –, dann ist dies auf einen vom Auftraggeber gelieferten Stoff zurückzuführen. 25

b) Speziell: Verwirklichung des Baugrund- bzw. Systemrisikos

Trotz der zahlreichen Fälle in der Baupraxis, bei denen sich das stets – selbst bei bestmöglicher Erkundung und Untersuchung des Baugrundes gem. DIN 4020 – bestehende und **niemals ausschließbare Baugrundrisiko** verwirklicht, finden sich in den einschlägigen Kommentaren allenfalls rudimentäre Hinweise auf diese Probleme.[24] Genau auf diese Konstellationen ist jedoch § 645 BGB auch unmittelbar anwendbar, da der Baugrund als Stoff, der vom Auftraggeber gestellt wird, zu behandeln ist.[25] Strittig ist hingegen die Risikozuordnung bei Verwirklichung eines Systemrisikos. Im Einzelnen: 26

aa) Baugrundrisiko

Baugrund hat eine Eigenschaft, die ihn zum »Überraschungsbaustoff« werden lässt: Er ist weder hinsichtlich seiner Zusammensetzung noch seiner physikalisch-chemisch-hydrologischen Reaktion auf verschiedene Tiefbaumethoden bzw. Tiefbaumaterialien mit absoluter Sicherheit nachvollziehbar oder beherrschbar. Dies wird deutlich gemacht mit der Feststellung in dem technischen Beiblatt 1 zur »Generalnorm« für die Beschreibung von Baugrundverhältnissen, der **DIN 4020**. Hier findet sich in Abschnitt »Zu 4.2« die Aussage: »Ein Baugrundrisiko kann auch durch eingehende geotechnische Untersuchungen nicht völlig ausgeschaltet werden, da die Werte der Baugrundkenngrößen streuen, eng begrenzte Inhomogenitäten des Baugrunds nicht restlos zu erfassen sind und manche Eigenschaften des Baugrunds mit angemessenem Aufwand nicht festgestellt werden können.« 27

Der Begriff findet sich jedoch ausdrücklich weder im Gesetz noch in den Bauordnungen der Länder. Auch in den Regelungen der VOB Teile A und B ist er nicht enthalten. Allerdings finden sich in der VOB Teil C eine Vielzahl von Bestimmun- 28

---

24 Vgl. z.B. Palandt/Sprau § 645 BGB Rn. 8 unter Hinweis auf Ganten BauR 2000, 643 zum »Systemrisiko«.
25 So auch Kuffer (Richter im VII. Senat des BGH) NZBau 2006, 1 (5).

gen zur Tragung des Baugrund- und Systemrisikos durch die Vorgabe »Besonderer Leistungen« nach Abschnitt 4.2 der einzelnen Normen.

29 Hingegen stellt das »Baugrundrisiko« einen festen **technischen Begriff** dar, der im Abschnitt 3.5 der neuen DIN 4020 im Jahre 2003 ausdrücklich normiert und definiert wurde:

»Baugrundrisiko
ein in der Natur der Sache liegendes, unvermeidbares Restrisiko, das bei Inanspruchnahme des Baugrunds zu unvorhersehbaren Wirkungen bzw. Erschwernissen, z. B. Bauschäden oder Bauverzögerungen führen kann, obwohl derjenige, der den Baugrund zur Verfügung stellt, seiner Verpflichtung zur Untersuchung und Beschreibung der Baugrund- und Wasserverhältnisse nach den Regeln der Technik zuvor vollständig nachgekommen ist und obwohl der Bauausführende seiner eigenen Prüfungs- und Hinweispflicht Genüge getan hat.«

Im Beiblatt 1 zur DIN 4020 (Ausgabe Oktober 2003) finden sich zahlreiche Erläuterungen zum Begriff des Baugrundrisikos.

30 Verwirklicht sich deshalb dieses Risiko (das von keiner Vertragsseite zu vertreten ist, wenn »Alle alles richtig gemacht haben«) und kommt es deshalb vor der Abnahme zum Untergang (z. B. Tagbruch), zur Zerstörung (z. B. durch Hangrutsch stürzt Neubau ein) oder Unausführbarkeit (z. B. Aufweitbohrung beim Rohrvortrieb führt zum Einsturz der Bohrung) einer Tiefbauleistung, dann entsteht der Vergütungs- und Auslagenersatzanspruch nach § 645.[26]

bb) Systemrisiko

31 Der Begriff »Systemrisiko« ist im Baurecht umstritten. Man[27] versteht darunter die Gefahr, dass bei der Herstellung von Tiefbauwerken niemals alle naturgesetzlichen Reaktionen des zur Anwendung gelangenden Bausystems – wie etwa die Bohrpfahl- oder Schlitzwandherstellung, Bodenvereisung, Hochdruckinjektion, Baugrubensicherung etc. – in der Wechselwirkung mit dem vom Auftraggeber beigestellten Baugrund mit absoluter Sicherheit vorhergesagt oder vorausberechnet werden und deshalb trotz bestmöglicher Vorgaben und optimaler Ausführung Mängel und Schäden auftreten können.

32 Der Begriff Systemrisiko findet demnach dann Anwendung, wenn sich trotz technisch bestmöglich, d. h. insbesondere nach allen anerkannten Regeln der Technik, ausgeführter Leistung am Gewerk selbst ein Mangel einstellt, ohne dass sich das vorstehend beschriebene Baugrundrisiko verwirklicht, mithin der Mangel al-

---

[26] Ausführlich zum Baugrundrisiko: Englert/Grauvogl/Maurer Rn. 882 ff.; Englert, Kernprobleme des Baugrund- und Tiefbaurechts, in: *Wirth* (Hrsg.), Darmstädter Baurechtshandbuch, S. 653 ff. m.w.N.; s. dazu auch: Kuffer NZBau 2006, 1 ff.
[27] Englert BauR 1996, 763; Grauvogl NZBau 2002, 591; Ganten BauR 2000, 643.

lein auf die Wechselwirkung von Baugrund und Bauverfahren zurückzuführen ist. Kapellmann[28] lehnt hingegen schon die Begriffsbildung ab, verwendet stattdessen die Bezeichnungen »Bauverfahrensrisiko« bzw. »Methodenrisiko« und weist jede Zuweisung des aus dem System entstehenden Risikos auf den Auftraggeber zurück. Kuffer unterstreicht dies mit der Begründung, dass die Lehre vom Systemrisiko in einem unauflösbaren Konflikt mit der gesetzlich begründeten Erfolgshaftung des Unternehmers stehe. Trotzdem spricht er dieser Lehre die Bedeutung nicht ab: *»Sie sensibilisiert für spezifische Probleme des Tiefbaus und des Tiefbaurechts und fordert von den Beteiligten und auch in der Jurisprudenz ein Nachdenken, diesen spezifischen Problemen zu begegnen, noch besser: sie zu lösen.«*[29]

Damit drückt Kuffer – übertragen auf die Billigkeitsregelung des § 645 BGB – genau die Wertungsnotwendigkeit aus, die auszufüllen ist, wenn die primäre Prüfung der vertraglich vereinbarten Risikoverteilung – auch im Wege der Vertragsauslegung – zu einem non liquet führt. Dies kann anhand eines wegweisenden Urteils des OLG München[30] zum Systemrisiko verdeutlicht werden, das lediglich der Abwandlung dahingehend bedarf, den Mangel schon vor der Abnahme offenkundig werden zu lassen: Ein Zweckverband betreibt eine Mülldeponie. Infolge biologischer Abbauprozesse bilden sich in einem solchen Müllkörper Gase. Mit dem Bau eines Gassammlungs- und -ableitungssystems wird ein Fachunternehmer beauftragt. Der Vergabe liegt eine Planung und ein detailliertes Leistungsverzeichnis zu Grunde. Für die Führung der Entgasungsleitungen zwischen den Gasbrunnen und den starren HDPE-Rohren war im Leistungsverzeichnis ein Gefälle von mindestens 3 % vorgesehen, um etwaige Setzungen, die sich während des biologischen Abbauprozesses innerhalb eines Müllkörpers ergeben, auszugleichen. Tatsächlich traten teilweise wesentlich größere Setzungen auf. Dadurch bildete sich in den Entgasungsleitungen Kondensat, was zum Leitungsverschluss noch vor der Abnahme führt. Die Bauleistung »Entgasungsleitung« ist damit untergegangen i.S.d. § 645 BGB, weil nunmehr nur ein Öffnen der Deponie und eine Neuverlegung – mit wahrscheinlich baldigst gleichem Mangel – möglich ist. Das OLG München entschied für den gleich gelagerten Fall – nach Abnahme – wie folgt: 33

»Das von dem Kläger gewählte System enthält damit im Bereich der Kompensatoren ein Systemrisiko, das nicht zu Lasten der Beklagten, sondern des Klägers geht. Wenn ein Unternehmer auch bei einem vom Auftraggeber vorgegebenen System nach den Regeln des Werkvertrags zur Erreichung des Erfolgs verpflichtet ist, kennt diese Erfolgsverpflichtung in dem Umfang ihre Grenzen, als der Erfolg von unbeherrschbaren Faktoren des vom Auftraggeber gestellten Stoffes abhängt (Ganten in Freiburger Baurechtstage 1999, 62, 65; Englert BauR 1996, 763, 767). Die Rechtsfigur des Systemrisikos führt nicht generell zur Aufhebung der Erfolgsverpflichtung

---

28 »Baugrundrisiko« und »Systemrisiko« in: Jahrbuch Baurecht 1999, 1 ff.
29 Kuffer NZBau 2006, 1 (6 am Ende).
30 Urt. v. 15.10.2003 27 U 89/01; BauR 2004, 382 (Ls.); BauR 2004, 680 = IBR 2004, 7.

des Auftragnehmers. Die im System enthaltenen Risiken, deren Beherrschung der Unternehmersphäre z. B. deshalb zuzuweisen ist, weil das Gelingen des Werks von bestimmten Temperaturverhältnissen oder sonstigen Gegebenheiten abhängt, gehen selbstverständlich zu Lasten des ausführenden Unternehmens. ... Das ist anders dann, wenn das Funktionieren des Systems davon abhängt, dass das Verhalten des vom Auftraggeber gestellten Stoffes, der auf der ›Zeitachse‹ und damit innerhalb der Mängelhaftungsfrist im Detail unvorhersehbaren Wandlungen ausgesetzt ist, die dem System eigene Risikospanne nicht sprengt.«

34   Damit drückt das OLG München aus, was letztlich Inhalt des § 645 BGB ist: Der »Mangel« des vom Auftraggeber zur Leistungserbringung »gelieferten« Deponiegutes liegt – im Unterschied zu den Baugrundrisikofällen – nicht in einer Abweichung des angetroffenen vom beschriebenen »Baustoff«, sondern darin, dass nur abstrakt/generell, nicht aber individuell/konkret die Veränderung dieses vorgegebenen Stoffes, bedingt durch chemisch-physikalische Prozesse, oder – allgemein – die Reaktion der vom Auftraggeber beigestellten[31] Baukomponente (Baugrund, Deponiegut) auf das und mit dem, nach den Regeln der Technik anzuwendende(n), Bauverfahren vorher bestimmbar ist. Dies unterscheidet auch die Systemrisiko-Fälle von den sog. Ausreißer-Fällen: Beim Systemrisikofall steuert der Auftraggeber in jedem Fall eine nicht wegdenkbare Baukomponente selbst bei. Beim Ausreißer-Fall hingegen stammt die Baukomponente aus dritter Hand, wie nachstehend aufzuzeigen ist.

35   **Typische Beispiele** für die Verwirklichung des **Systemrisikos** sind – neben dem angeführten Deponie-Fall: Setzung eines Bauwerks schon während der Ausführung, weil sich auch bei bestmöglicher Ausführung im vorgefundenen und als solches zutreffend beschriebenen Berliner Feinsand Verdichtungsvorgänge durch die Bauarbeiten (Unvermeidbare Erschütterungen oder Lasten durch Baumaschinen, Mitnahmesetzung etc.) nicht vermeiden lassen. Oder: Trennung von Sand- und Zementanteilen bei der Herstellung von Gründungspfählen im genau beschriebenen Baugrund aufgrund einer nur abstrakt/generell, nicht aber individuell/konkret vorgebbaren Reaktion des gespannten Grundwassers auf die Frischbetonsäule mit der Folge der Unausführbarkeit solcher Pfähle.

36   Allen diesen Fällen ist gemeinsam, dass die eigentliche Ursache für das Fehlschlagen der Bauleistung nicht in den vom Auftragnehmer zur Leistungserbringung eingesetzten Komponenten liegt und auch nicht auf einem Abweichen des angetroffenen vom beschriebenen Baugrund. Vielmehr liegt hier der Mangel des vom Auftraggeber gelieferten Stoffes in der nicht bestehenden, jedoch insoweit erst beim Auftreten eines Mangels festzustellenden, Kompatibilität des Baugrundes bzw. Deponiegutes mit dem eigentlich richtigen Bauverfahren.

---

31 LG Berlin Beweisverfahren 9 OH 15/93; näher dazu Englert, Kernprobleme des Baugrund- und Tiefbaurechts, in: Wirth (Hrsg.), Darmstädter Baurechtshandbuch, Rn. 60.

c) »Ausreißerfälle«

Während die Vorgabe von Altbausubstanz und Baugrund jeweils »einmalig« i. S. v. »Unikatbeistellung« ist, gilt für »Massenware« nach der Rechtsprechung des BGH[32] etwas anderes: Schreibt der Auftraggeber Baustoffe »vom Fließband« vor, die für sich betrachtet tauglich sind, um Bestandteil der Leistung des Auftragnehmers zu werden, ist ein Teil dieser Stoffe jedoch unerkennbar deshalb ungeeignet, also mangelhaft, weil ein sog. »Montagsprodukt« ausgeliefert wurde, das durch einen Fabrikationsfehler gekennzeichnet ist, dann kann nicht von einem »Mangel« i. S. d. § 645 BGB gesprochen werden. Denn trotz der Mangelhaftigkeit des konkreten Stoffes liegt bei sonst für das Gewerk eigentlich tauglichem Material kein Anwendungsbereich der Gefahrtragungsregel vor. Vielmehr hat es nach dem BGH bei § 644 Abs. 1 BGB deshalb zu verbleiben, weil sich hier das allgemeine Fertigungsrisiko, das der Auftragnehmer auch bei eigener Bestellung gehabt hätte, verwirklicht hat. Dieses aber wird nicht von § 645 BGB umfasst. Ist der im Einverständnis mit dem Auftraggeber verwendete Baustoff zwar generell für den Einsatzzweck geeignet, aber im konkreten Fall fehlerhaft, verbleibt die Mangelverantwortung also beim Auftragnehmer. Das bloße Einverständnis des Auftraggebers mit einem bestimmten Baustoff begründet keine Verlagerung des Qualitätsrisikos vom Auftragnehmer auf den Auftraggeber.[33]

37

Dass eine solche, sehr restriktive Anwendung des § 645 BGB dann nicht vorzunehmen ist, wenn der Auftraggeber nicht nur bestimmte Baustoffe vorschreibt, sondern diese selbst auf die Baustelle verbringt oder liefern lässt, bedarf mit Blick auf den Wortlaut des § 645 BGB keiner näheren Erläuterung. Zumal in der Baupraxis im Regelfall Baustoffe durch Sichtprüfung vor dem Einbau bzw. der Verwendung einer Kontrolle zu unterziehen sind. Ein nicht entdeckbarer »Ausreißer« bleibt damit auch ein »Ausnahmefall«.

38

5. Ursächlichkeit des Stoffes bzw. der Anweisung

a) Allgemeines

Steht fest, dass überhaupt ein Stoff – im weiten Sinne der Rechtsprechung – vom Auftraggeber vorgegeben bzw. eine Anweisung erteilt wurde, dann schließt sich die nächste Untersuchung an: War die **Mangelhaftigkeit des Stoffes** oder die **zur Ausführung erteilte Anweisung** überhaupt **ursächlich** für die Herbeiführung der Nichtabnahmefähigkeit der vom Auftragnehmer erbrachten Leistung, weil diese untergegangen, verschlechtert oder unausführbar geworden ist? Die Antwort wird in Übereinstimmung mit der Lehre von der Kausalität gegeben: Nur und solange, wie eine Bauleistung des Auftragnehmers deshalb die Abnahmereife nicht erlangen

39

---

32 BGHZ 132, 189; BauR 1996, 702; NJW 1996, 2372; ZfBR 1996, 255 (sog. Ausreißerfall).
33 OLG Karlsruhe/BGH Beschl. v. 17. 1. 2002 VII ZR 60/01 (Revision nicht angenommen), IBR 2002, 306.

kann, weil ein Mangel einer vom Auftraggeber beigestellten Baukomponente oder eine Anweisung von diesem nach den Gesetzen der Technik sich negativ ausgewirkt hat, kann von Ursächlichkeit gesprochen werden. Am Beispiel: Errichtet der Auftragnehmer ein Einfamilienhaus auf einem Grundstück, dessen ordnungsgemäße Baugrunduntersuchung keinerlei Hinweise auf eine Torfeinlagerung oder einen vor unvordenklicher Zeit verfüllten Hohlweg erbracht hatte, kommt es dann jedoch schon nach Fertigstellung des Kellergeschosses zu einer Schiefstellung, weil die unerkannten Torfschichten aufgrund des Kellergewichts zusammen gedrückt werden, dann wurde die Bauleistung mindestens verschlechtert, ursächlich bedingt durch den Mangel des Baugrunds. Gleiches gilt im Falle der ungleichmäßigen Setzung bei unterschiedlichen Böden (gewachsener bzw. aufgeschütteter, verdichteter Baugrund). Ursächlichkeit ist auch zu bejahen, wenn der Auftraggeber eine Anweisung erteilt, wonach – trotz Bedenken seitens des Auftragnehmers – ein Fliesenboden auf Folie über dem Estrich verlegt werden muss und deshalb die gesamten Fugen in Folge der beim Befahren mit Reinigungsgeräten auftretenden Kräfte sich lösen, mithin der gesamte Boden wieder herausgerissen werden muss (»Untergang« der Leistung).

40   Eine Kausalität ist jedoch dann zu verneinen, wenn zwar ein Mangel des »Auftraggeber-Stoffes« besteht, sich dieser auf die Bauleistung jedoch nicht ausgewirkt hat. Etwas anderes aber muss in den Fällen der sog. überholenden Kausalität gelten: Wird eine Bauleistung aufgrund eines Mangels der vom Auftraggeber vorgegebenen Stoffe verschlechtert und geht zeitlich danach diese Bauleistung infolge eines Umstandes, der nicht dem Auftraggeber zugeschrieben werden kann, unter, dann besteht kein Anlass, den Auftraggeber wegen dieses Zufalles von der Vergütungspflicht zu entbinden. Maßgeblich muss insoweit immer der erste Verwirklichungsfall des § 645 BGB sein: Werden z.B. Ausbauarbeiten in einem alten Wohnhaus im Hinblick auf überraschend bemerkte Ausgasungsvorgänge (nach weitgehender Fertigstellung) wegen der dadurch ebenfalls kontaminierten Isolierung verschlechtert und gerät das Gebäude danach durch Blitzschlag in Brand mit der Folge völliger Zerstörung auch der Ausbauleistungen, dann muss die erste Ursache, die vom Auftraggeber gesetzt wurde, für die Anwendung des § 645 BGB maßgeblich bleiben. Andernfalls würde der Auftraggeber, dem die Verantwortung für die Kontamination obliegt, durch den Blitz – also reinen Zufall – von der Vergütungspflicht loskommen.[34]

b)   Darlegungs- und Beweislast

41   Der Auftragnehmer muss darlegen und beweisen, dass ein dem Auftraggeber zuzuordnender Stoff bzw. eine in seinem Verantwortungsbereich liegende Anweisung kausal zum Untergang, zur Verschlechterung oder gar zur Unausführbarkeit geführt hat.

---

34 Vgl. dazu den Fall OLG Düsseldorf BauR 2003, 1587: Großbrand vor Abnahme (zur objektiven Unabwendbarkeit i.S.d. § 7 VOB/B).

Verantwortlichkeit des Bestellers § 645 BGB

6. Kein zu vertretender Umstand

Weitere Voraussetzung zur Anwendbarkeit der Anspruchsnorm § 645 BGB ist, dass an dem Untergang, der Verschlechterung oder der Unausführbarkeit der Bauleistung **kein Umstand** mitgewirkt hat, den der **Auftragnehmer zu vertreten** hat. 42

Diese Formulierung drückt zunächst etwas Selbstverständliches im Rahmen einer Gefahrtragungsregelung aus: Die Nichterreichung des geschuldeten Erfolges darf weder auf ein vorwerfbares Verhalten des Auftraggebers noch des Auftragnehmers zurückzuführen sein. Denn insoweit greifen die allgemeinen Rechtsvorschriften der Vertragsstörung durch Verschulden, §§ 276, 278 BGB (Vorsatz und Fahrlässigkeit) ein. Dies wird hinsichtlich des Auftraggebers durch § 645 Abs. 2 BGB nochmals ausdrücklich klarstellend vorgegeben, wenn dessen »weitergehende Haftung« »wegen Verschuldens« »unberührt« bleibt. Ebenso handelt es sich um eine Art von Erinnerung, wenn bzgl. des Auftragnehmers auf mögliche Umstände, die von diesem zu vertreten und (mit-)ursächlich für das Fehlschlagen der Bauleistung sind, hingewiesen wird. Solche Umstände können sowohl in der Leistungserbringung selbst liegen als auch in einem Unterlassen der stets gebotenen Prüfung von Vorgaben des Auftraggebers mit der Folge von Hinweispflichten auf Bedenken in entsprechender Anwendung des § 4 Nr. 3 VOB/B als Ausprägung des Grundsatzes von Treu und Glauben, § 242 BGB, begründet sein. 43

a) Umstände der Leistungserbringung

Wirkt sich ein Mangel des vom Auftraggeber gelieferten Stoffes oder einer von ihm für die Ausführung erteilten Anweisung deshalb negativ auf die Bauleistung des Auftragnehmers aus, weil dieser selbst (auch) mangelhafte Baustoffe verwendet und dies in der Reaktion mit dem (mangelhaften) Auftraggeber-Stoff (erst) zu dem Untergang, der Verschlechterung oder Unausführbarkeit führt. So etwa, wenn in einem Altbau unerkannt Zink- statt der beschriebenen Kupferrohre für die Wasserversorgung eingebaut sind (insoweit: Mangel des »Stoffes Altbausubstanz«), der Sanitärunternehmer jedoch – entgegen der Ausschreibung – keine PVC-, sondern Kupferrohre verwendet, die zur chemischen Reaktion mit dem Zink und damit Lochfraß führen.[35] 44

Diese Fallgruppe ist jedoch in der Praxis selten anzutreffen.

b) Unterlassene bzw. fehlerhafte Bedenkenanmeldung

Das Unterlassen bzw. eine fehlerhafte Bedenkenanmeldung (nicht unverzüglich, § 121 BGB, nicht an den Auftraggeber oder einen ausdrücklich zur Bedenkenentgegennahme bevollmächtigten Vertreter, nicht klar genug) zählen zu den häufigsten Ausschlussgründen für einen Vergütungsanspruch nach § 645 BGB, weil in 45

---

35 S. auch OLG Frankfurt BauR 1998, 640 (Ls.) = NJW-RR 1998, 669.

beiden Fällen ein Verschulden des Auftragnehmers begründet liegt. Denn die Rechtsprechung und Lehre haben unmissverständlich die Prüfungs- und Hinweispflichten, für die sich im BGB keine unmittelbare Regelung findet, aus § 4 Nr. 3 VOB/B auch auf den BGB-Bauvertrag übertragen. Danach gelten – zusammengefasst – folgende Regelungen:

46   1. Die Pflicht zur Bedenkenanmeldung besteht auch im BGB-Bauvertrag; ausdrücklich normiert ist sie in § 4 Nr. 3 VOB/B.
2. Der Unternehmer hat Bedenken gegen die vorgesehene Ausführung oder Anordnung/Anweisung des Auftraggebers (aus Beweisgründen schriftlich) geltend zu machen. Ausgangspunkt ist der Kenntnis- und Wissensstand eines sorgfältigen und umfassend mit den technischen Regeln vertrauten Unternehmers.
3. Bedenken sind gegenüber dem Auftraggeber selbst geltend zu machen, wenn sich der Vertreter des Auftraggebers den Bedenken verschließt bzw. ihnen nicht entspricht.
4. Die Bedenkenanmeldung muss erkennen lassen, aus welchen Gründen gegen was Bedenken bestehen[36]
5. Der fachkundige Bauherr braucht seine Fachkunde nicht einzusetzen; allein die Fachkunde lässt eine Bedenkenmitteilung weder entfallen noch begründet sie ein Mitverschulden.[37] Erforderlich wäre für ein Mitverschulden, dass der Bauherr ausdrücklich zum Ausdruck bringt, dass er fachkundig ist und seine Fachkunde bei der Erstellung des Bauvorhabens mit Planungs-, Kontroll- und/oder Überwachungsfunktionen auch einbringen wird.

47   Beispiele für Bedenkenanmeldungspflichten:

– Der Unternehmer muss im Rahmen seiner Verkehrssicherungspflichten das verarbeitete Erdreich auf seine Eignung prüfen.[38]
– Der Umfang der Prüfungs- und Bedenkenanmeldeobliegenheit nach § 4 Nr. 3 VOB/B – und damit auch im BGB-Vertrag – hängt neben der Fachkunde des Auftragnehmers davon ab, in welchem Umfang der Bauherr seinerseits Sonderfachleute einsetzt.[39]
– Es ist ein fester baurechtlicher Grundsatz, dass jeder Unternehmer die Vorleistung eines anderen Unternehmers daraufhin überprüfen muss, ob sie eine geeignete fachliche Grundlage für seine eigene Leistungserbringung ist. So muss ein Plattenverleger vor Ausführung seiner Verlegearbeiten die ausreichende Verdichtung des Untergrunds überprüfen.[40]

---

36 BGH IBR 2000, 218.
37 BGH BauR 2001, 622; NZBau 2001, 200; ZfBR 2001, 265; NJW-RR 2001, 520; IBR 2001, 177.
38 BGH (Golfplatzfall) BauR 2000, 772; NJW 2000, 1119; NJW-RR 2000, 698 (Ls.); ZfBR 2000, 177.
39 OLG Celle NZBau 2001, 98; NZBau 2002, 56; OLGR 2001, 1; IBR 2001, 178.
40 Groß/Heinrich IBR 1995, 159; s. auch OLG Köln NJW-RR 1995, 19; OLGR 1995, 20; IBR 1995, 159.

c) Keine Schriftform notwendig, dennoch unbedingt einzuhalten

Keine Pflicht zur Anmeldung besteht, wenn der Bauunternehmer lediglich einen besseren Lösungsvorschlag unterbreitet, die vom Auftraggeber vorgesehene Ausführungsart aber für geeignet hält und nach den Gesamtumständen halten darf.[41]

48 Für die Erfüllung der Prüfungs- und Hinweispflichten im Rahmen eines BGB-Bauvertrages ist grundsätzlich keine schriftliche Mitteilung erforderlich, es genügt auch die bloße mündliche Bedenkenanmeldung – im Unterschied zum VOB-Vertrag, bei dem nach der ausdrücklichen Vorgabe des § 4 Nr. 3 VOB/B die Schriftform grundsätzlich Wirksamkeitsvoraussetzung ist. Allerdings ist selbst beim VOB-Vertrag ein mündlicher und damit formunwirksamer Hinweis auf Bedenken nicht immer unbeachtlich. Folgt der Auftraggeber einer zuverlässigen mündlichen Belehrung nicht, kann darin nämlich ein Mitverschulden liegen, das im Einzelfall jeden Ersatzanspruch ausschließt.[42] Auch wenn die Rechtsprechung jedoch beim BGB-Vertrag (noch) keine Schriftform fordert, da hier die Pflicht, Bedenken anzumelden, auf § 242 BGB unter Hinweis auf den in § 4 Nr. 3 VOB/B enthaltenen allgemeinen Grundsatz, den Vertragspartner vor vermeidbaren Nachteilen zu schützen, gestützt wird, ist im Hinblick auf die niemals mögliche Voraussage, wie in einem konkreten Fall das damit befasste Gericht die Schriftform würdigt, diese unbedingt einzuhalten. Dies gebietet auch der Selbstschutz des Auftragnehmers: Den Beweis zu führen, mündlich eindringlich und deutlich auf Bedenken hingewiesen zu haben, ist im Regelfall schwierig und fordert immer die Frage heraus, warum dieser Hinweis – im Zeitalter vereinfachter schriftlicher Kommunikation – nicht nachlesbar erteilt worden ist.

7. Übergang der Vergütungsgefahr

49 Liegen alle Voraussetzungen des § 645 BGB vor, also

– vor der Abnahme
– geht eine Bauleistung
– ursächlich bedingt
– durch eine mangelhafte Baukomponente, die der Auftraggeber beistellt
– bzw. durch eine vom Auftraggeber zur Ausführung erteilte Anweisung
– unter bzw. sie wird verschlechtert oder unausführbar
– ohne dass den Auftragnehmer oder den Auftraggeber ein Verschulden trifft,

dann geht – als Ausnahme von § 644 Abs. 1 BGB – die Vergütungsgefahr auf den Auftraggeber über.

---

41 OLG Düsseldorf OLGR 1991, 5 = IBR 1991, 529.
42 OLG Koblenz BauR 2003, 1728; NJW-RR 2003, 1671; NZBau 2003, 681; ZfBR 2003, 687 (Ls.).

a) 1. Rechtsfolge: Vergütungsanspruch

50 Ist die Vergütungsgefahr übergegangen, so »kann der Unternehmer einen der geleisteten Arbeit entsprechenden Teil der Vergütung verlangen«. Dieser Anspruch entsteht damit originär, wenn alle Voraussetzungen gegeben sind, er ist nicht – wie sonst beim Bauvertrag erforderlich – von einer Abnahme der erbrachten, aber untergegangenen, verschlechterten oder unausführbar gewordenen (Teil-)Leistung abhängig, § 641 BGB scheidet insoweit als Fälligkeitsnorm aus. Es handelt sich damit um einen Anspruch besonderer Art, der auch lex specialis gegenüber § 326 BGB darstellt: Wird die Leistungserbringung etwa nach einem Hangrutsch, einem Hochwasser oder einem Brand mit Totalschaden unmöglich i.S.d. § 275 BGB, dann muss der Auftraggeber »für nichts« alles das an Vergütung leisten, was »der geleisteten Arbeit« entspricht. Dies beinhaltet eine Eingrenzung dahin, dass nur die bis zum Untergang, zur Verschlechterung oder Unausführbarkeit tatsächlich erbrachten Bauleistungen mit den dafür vereinbarten, im Regelfall aus der Urkalkulation bzw. den Angebotspreisen zu entnehmenden Beträgen zu vergüten sind. Ausgeschlossen ist damit – als Bestandteil der Billigkeitsregelung des § 645 BGB – die Geltendmachung einer weiteren Vergütung für Teile der Leistung, die nicht mehr ausgeführt werden können, wie dies etwa im Rahmen einer Kündigung gem. § 649 BGB gefordert werden dürfte. Der Auftraggeber bezahlt damit nur das, was der Auftragnehmer auch wirklich »in das Bauprojekt gesteckt« hat. Dazu zählen selbstverständlich auch vorbereitende Arbeiten, die konkret für das Bauobjekt getätigt wurden und zwar unabhängig davon, ob der Auftragnehmer diese selbst oder durch Drittunternehmer erbracht hat.[43]

aa) Grundsätze der Abrechnung nach § 645 BGB

51 Für die Abrechnung selbst greift die Rechtsprechung auf die Grundsätze für die Ermittlung der Vergütung im Rahmen gekündigter Bauverträge gem. § 649 BGB zurück. Dazu gibt der BGH[44] vor:

52 1. Der sich aus § 645 Abs. 1 S. 1 BGB ergebende Anspruch auf Vergütung der geleisteten Arbeit ist nach den Grundsätzen zu berechnen, die die Rechtsprechung für den Anspruch auf Vergütung der erbrachten Leistungen nach einem gekündigten Werkvertrag entwickelt hat.
2. Die Abgrenzung zwischen erbrachten und nicht erbrachten Leistungen eines Pauschalvertrages muss nicht zwingend durch ein Aufmaß erfolgen. Sie kann sich aus den Umständen der Vertragsabwicklung ergeben.
3. Die nachträgliche Bewertung der erbrachten Leistung muss den Besteller in die Lage versetzen, sich sachgerecht zu verteidigen. Eine ausreichend aufgegliederte, gewerkebezogene Kalkulation kann im Einzelfall genügen.

---

43 So auch MüKo/Busche § 645 BGB Rn. 12.
44 BGH BauR 1999, 632; NJW 1999, 2036; ZfBR 1999, 194; IBR 1999, 202.

Es besteht insoweit kein Zweifel, dass dem Auftragnehmer im Rahmen der Vergütungsberechnung auch der kalkulierte Gewinn zusteht, allerdings beschränkt auf die tatsächlich erbrachten Leistungen. Denn das, was erbracht wurde, ist nach dem Wortlaut des § 645 BGB zu vergüten. Vergütung beinhaltet jedoch stets die Summe, die dem Vertragsinhalt bzw. dem § 632 BGB bei fehlender Vergütungsvereinbarung entspricht. Damit ist auch das insoweit kalkulierte Wagnis in der Vergütung eingeschlossen und kann deshalb nicht in Abzug gebracht werden. Wenn Busche[45] die Auffassung vertritt, dass anstelle des Gewinns der Auftragnehmer auch die anteiligen Allgemeinen Gemeinkosten (AGK) und Baustellengemeinkosten (BGK) geltend machen kann und sich dabei auf das OLG München beruft, ist dies nicht zutreffend.[46] Denn diese Gemeinkosten können zusätzlich als Ersatz der in der Vergütung nicht enthaltenen Auslagen vergütet verlangt werden, wie nachstehend unter b) aufzuzeigen ist. 53

bb) Darlegungs- und Beweislast

Im Rahmen des § 645 BGB muss der Auftragnehmer die Voraussetzungen darlegen und beweisen, die eine Anwendung der Norm rechtfertigen. Insbesondere gilt dies für den Beweis dafür, dass der Untergang, die Verschlechterung oder die Unausführbarkeit nicht auf ein Verschulden des Auftragnehmers, sondern – nur – auf eine vom Auftraggeber vorgegebene Baukomponente (»gelieferter Stoff«) bzw. Anweisung zur Ausführung zurückzuführen ist und der Auftragnehmer insoweit Bedenken nicht haben musste. Dieser weite Rahmen der Darlegung und Beweisführung entspricht dem Ausnahmecharakter des § 645 BGB als Ausschluss der Vergütungsgefahr einerseits und als Spezialregelung zu § 326 BGB andererseits. 54

Dennoch dürfen die Anforderungen an die Beweisführung nicht überspannt werden. Denn wenn ein vom Auftraggeber gelieferter Stoff – wie etwa der Baugrund oder eine Altbausubstanz – »nicht einsehbar« ist, mithin die Beweisführung hinsichtlich einer Mangelhaftigkeit dieser Stoffe aus technischen Gründen nicht möglich wird, weil z.B. eine Tiefbauleistung 80 m unterhalb der Oberfläche erbracht wurde (z.B. Brunnenausbau), dann haben die Grundsätze der sog. 5-M-Methode[47] zu gelten: Kann der Auftragnehmer den Nachweis führen (insb. durch Dokumentation und Prüfberichte), dass er mit geschulter Mannschaft, technisch richtiger Methode und ordnungsgemäßen Maschinen das fachlich zutreffende Material eingebaut hat, dann ergibt sich nach den Grundsätzen des Anscheinsbeweises, dass dadurch der Erfolg herbeigeführt worden wäre, wenn die vom Auftraggeber vorgegebene Baukomponente Baugrund die beschriebenen Eigenschaften aufgewiesen hätte. Gleiches gilt für die Altbausanierung. 55

---

45 MüKo § 645 BGB Rn. 12.
46 OLG München NJW-RR 1992, 348.
47 Näher zu dieser Beweisführungsmethode: Beck'scher VOB-Kommentar/Englert, Teil C.

b) 2. Rechtsfolge: Anspruch auf Ersatz von Auslagen

56 Der den § 645 BGB beherrschende Ausgleichsgedanke gibt dem Auftragnehmer beim Vorliegen der Voraussetzungen neben dem Vergütungsanspruch für die erbrachten, aber nicht (so oder mehr) verwendbaren Leistungen zusätzlich einen Anspruch auf »Ersatz der in der Vergütung nicht inbegriffenen Auslagen«, § 645 Abs. 1 S. 1 Alt. 2 BGB.

aa) Auslagen i. S. d. § 645 BGB

57 Unter Auslagen versteht man Aufwendungen jeder Art, die gegenüber Dritten für das konkrete – nicht abnahmefähige – Bauprojekt zu leisten, aber nicht in die Einheitspreise bzw. den Pauschalpreis eingeflossen sind.[48] Zu den danach zu ersetzenden »Auslagen« können auch (anteilige) umsatzunabhängige Gemeinkosten gehören.[49] Die wesentlichsten Grundsätze zum Ersatz von Auslagen beschreibt der BGH[50] wie folgt: »*Dem Auftraggeber steht neben dem Vergütungsanspruch für die bis zu dem Schadensereignis erbrachten Leistungen ein Anspruch auf Erstattung der Auslagen zu, die ihm bis zu diesem Zeitpunkt entstanden und die in der Vergütung für die erbrachten Leistungen nicht enthalten sind (BGB-RGRK/Glanzmann, 12. Aufl., § 645 Rdn. 9 bis 11; Staudinger/Peters, aaO., § 645 Rdn. 23 f.). Diese Auslagen umfassen die Kosten, die dem Auftragnehmer für die Vorbereitung der von ihm geschuldeten Leistungen entstanden und die Teil der vereinbarten Vertragspreise sind. Zur Auslagenerstattung im Sinne des § 645 Abs. 1 Satz 1 BGB gehören beispielsweise Kosten für beschaffte Materialien, Transporte sowie für die Beschaffung und Nutzung von Geräten und Maschinen (BGB/RGRK/Glanzmann, § 645 Rdn. 11), soweit die Kosten durch das konkrete Werk veranlaßt worden sind.*«

»Neben« dem Vergütungsanspruch bedeutet – ebenso wenig wie die Verbindung »und« im Gesetzestext – nicht, dass unbedingt auch die Vergütungsansprüche geltend gemacht werden müssen. **Beide Ansprüche** stehen **isoliert** voneinander.[51]

58 Das eigentliche Problem hinsichtlich des Auslagenersatzanspruches liegt jedoch in der **Abgrenzung** von schon in der zustehenden Vergütung enthaltenen und in der Vergütung »nicht inbegriffenen« Auslagen. Denn selten finden sich separate Vertragsregelungen zu Auslagen, vielmehr werden solche im Regelfall in die Einheits- oder Pauschalpreise eingerechnet. Die Schwierigkeit liegt dann darin, dass bei nicht deckungsgleichem Arbeitsaufwand mit den damit in Verbindung stehenden Auslagen eine oft aufwändige gesonderte Ermittlung vorzunehmen ist. Denn – und hierauf verweist *Peters*[52] sehr deutlich – die Vergütung nach § 645 BGB erfolgt **nicht nach prozentualer Fertigstellung** der Bauleistung, sondern **alleine nach der er-**

---

48 BGHZ 137, 35.
49 OLG München BauR 1992, 74; NJW-RR 1992, 348; ZfBR 1992, 33; IBR 1992, 92.
50 BGH BauR 1997, 1021; BGHZ 137, 35; NJW 1998, 456; ZfBR 1998, 33; IBR 1998, 3–5.
51 BGHZ 60, 14 (22) = NJW 1973, 318.
52 Die Vergütung des Unternehmers in den Fällen der §§ 643, 645, 650 BGB, in: FS Locher, 201 ff.

brachten Arbeitsleistung (einschließlich der dazu verwendeten Materialien). Im Beispiel: Stürzt ein Altbau, in den in mühsamer Arbeit mit Kleingerät und Handarbeit ein Keller nachträglich eingefügt worden ist, kurz nach Fertigstellung des Kellers zusammen, weil der »Stoff Altsubstanz« unerwartet durch Setzungen seine Standsicherheit verloren hatte, dann können – bezogen auf die beauftragte Gesamtsanierung des Gebäudes – zwar nur 20 % der Bauleistung, jedoch schon 80 % der Arbeitsleistung erbracht worden sein. Letztere muss demnach gem. § 645 BGB vergütet werden. Hatte der Auftragnehmer für den Ausbau des Altbaues schon weitere Auslagen getätigt, etwa für den Antransport von Leichtbauwänden, das Einlagern von Fenstern und Türen oder Gebühren für eine Zustimmung im Einzelfall (ZiE), bedingt durch eine nicht vorhandene allgemein bauaufsichtliche Zulassung einer geplanten und beauftragten neuheitlichen, modernen Glasfassade, dann können diese Auslagen ohne Probleme belegt werden. Etwas anderes gilt jedoch, wenn Auslagen nicht gleichmäßig in die Vertragspreise eingerechnet, sondern ungleichmäßig auf die verschiedenen Leistungsbereiche aufgeteilt wurden. Dann muss eine exakte Abgrenzung – oft mit Hilfe eines baubetrieblichen Sachverständigen – erfolgen.

Zu beachten ist, dass im Rahmen der **Schadensminderungspflicht** der Auftragnehmer gehalten sein kann, bereits vorhandenes Baumaterial anderweitig zu verwenden oder jedenfalls dem Auftraggeber anzubieten.[53]

bb) Keine Auslagen i. S. d. § 645 BGB

Nicht zu den Auslagen zählen alle die Aufwendungen, Schäden, Kosten und Folgekosten, die nur **bei Gelegenheit** des Untergangs, der Verschlechterung oder Unausführbarkeit der Bauleistung **entstanden** sind. So etwa Kosten eines Sachverständigen für die Dokumentation der Ursachen, Mietaufwendungen für das Einlagern nicht mehr einsetzbarer Maschinen oder Geräte bzw. von Material, das für die Bauleistung vorgesehen war. Keine Auslagen stellen auch Ersatzbeschaffungskosten für beschädigte oder zerstörte Baugeräte bzw. Baumaterialien dar. In allen diesen Fällen fehlt es an der **Voraussetzung** des **Vorbereitens** der **geschuldeten** Bauarbeiten.[54]

59

II. Anwendbarkeit beim VOB-Vertrag

§ 645 Abs. 1 S. 1 BGB ist, wenn seine Voraussetzungen vorliegen, auch in einem **VOB/B-Vertrag anwendbar**.[55] Die VOB/B enthält nämlich keine abweichende Sonderregel. Denn § 12 Nr. 6, § 7 VOB/B regeln nur eine Änderung des in § 644 Abs. 1 S. 1 BGB normierten Prinzips der Gefahrtragung, während § 6 Nr. 5 VOB/B im Unterschied zu § 645 Abs. 1 S. 1 BGB nicht die Vergütungsgefahr regelt. Diese

60

---

53 BGH BauR 1997, 1021.
54 BGH BauR 1997, 1021; BGHZ 137, 35; NJW 1998, 456; ZfBR 1998, 33; IBR 1998, 3–5.
55 BGH BauR 1997, 1021; BGHZ 137, 35.

Bestimmung räumt dem Auftragnehmer im Falle einer Unterbrechung der Ausführung von längerer Dauer (nur) das Recht ein, die ausgeführten Leistungen nach den Vertragspreisen abzurechnen und die Erstattung der Kosten zu verlangen, die ihm bereits entstanden und in den Vertragspreisen des nicht ausgeführten Teiles der Leistung enthalten sind.

III. Ausschluss des Leistungsstörungsrechts gem. §§ 323 ff. BGB

61 Nach der Rechtsprechung des Bundesgerichtshofs schließt § 645 Abs. 1 S. 1 BGB als Sonderbestimmung in seinem Anwendungsbereich die §§ 323 ff. BGB aus.[56] Im Rahmen des § 645 Abs. 2 BGB ist jedoch insb. § 326 Abs. 2 BGB anwendbar.

B. Entsprechende Anwendung des § 645 BGB

62 Während die unmittelbare Anwendung des § 645 BGB im Regelfall nur bei Baugrundabweichungen, also einem anders angetroffenen als beschriebenen und dadurch zu einem Untergang (z.B. Tagbruch), einer Verschlechterung (z.B. Schiefstellung eines Bauwerks) oder sogar zur Unausführbarkeit (z.B. mit wirtschaftlich zumutbarem Aufwand nicht zu beseitigende Kontamination des Bodens) führenden Baugrund, bzw. bei Altbausubstanz in Betracht kommt, weil sonstige Fälle der »Stofflieferung« i.S.d. § 645 BGB in der Praxis äußerst selten sind, erhält diese Bestimmung eine weit über den Wortlaut hinaus gehende Bedeutung durch eine Analogie.

63 Der **Bundesgerichtshof** hat zu den Voraussetzungen einer entsprechenden Anwendbarkeit des § 645 Abs. 1 S. 1 BGB im Einzelfall folgenden **Grundsatz** entwickelt:

> »*Diese Vorschrift beruht auf Billigkeit. Ihre **entsprechende Anwendung** ist deshalb in Fällen **geboten**, in denen die Leistung des Unternehmers aus Umständen untergeht oder unmöglich wird, die in der **Person des Bestellers** liegen (...) oder auf **Handlungen des Bestellers** zurückgehen (...), auch wenn es insoweit an einem Verschulden des Bestellers fehlt. In derartigen Fällen steht der Besteller der sich aus diesen Umständen ergebenden **Gefahr** für das Werk **näher** als der Unternehmer (...). Die entsprechende Anwendung des § 645 Abs. 1 Satz 1 BGB führt in solchen Fällen zu einem beide Parteien des Werkvertrages gerecht werdenden **billigen Interessenausgleich**. Der Unternehmer erhält (nur) die erbrachte und untergegangene Werkleistung bezahlt. Der Besteller braucht den darüber hinausgehenden Teil der vereinbarten Vergütung nicht zu entrichten«*.[57] Rechtfertigung für die entsprechende Anwendung des § 645 Abs. 1 S. 1 BGB auf Fallsituationen, die vom Wortlaut

---

56 BGH BGHZ 60, 14, 18; kritisch hierzu Staudinger/Peters § 645 BGB Rn. 8.
57 BGH BauR 1981, 71.

der Vorschrift nicht erfasst werden, ist die objektive Verantwortlichkeit des Auftraggebers für den Eintritt des Schadens in Risikolagen, die den geregelten Fällen vergleichbar sind.

I. Einzelfälle

Die analoge Anwendung des § 645 BGB setzt zunächst baupraktische Vorstellung und baurechtliches Gespür für gerechte und damit richtige Risikoverteilung voraus. Nicht immer sind deshalb Entscheidungen der Gerichte nachvollziehbar, wenngleich im Wertungsspielraum liegend, der stets bei offenen bzw. letztlich den absoluten Rechtsgrundsatz von Treu und Glauben ausfüllenden Bestimmungen gegeben ist. 64

Dem entsprechend findet sich in der Rechtsprechung eine Vielzahl von Fällen, die – ohne unmittelbar dem Wortlaut des § 645 BGB zu unterfallen – nach den Billigkeitsregelungen dieses Gesetzes gelöst wurden.

1. Fallgruppe »Generelle Auftraggeber-Sphäre« (str.)

§ 645 BGB stellt maßgeblich darauf ab, dass – ursächlich – durch einen Mangel eines vom Auftraggeber zur Bauausführung beigestellten (»gelieferten«) Stoffes (im weiten Sinne) oder infolge einer zur Ausführung erteilten Anweisung die Abnahmemöglichkeit entfällt. Hieraus entnimmt ein Teil der Lehre, dass damit eine Auftraggeber-Sphäre angesprochen ist, für die alleine der Auftraggeber – ungeachtet der Voraussetzungen des § 645 BGB – verantwortlich zeichnet, ohne dass es insoweit auf Verschulden ankommt.[58] Eine solche pauschale Risikozuweisung aus einer entsprechenden Anwendung des § 645 BGB entspricht jedoch nicht dem Grundgedanken des Bauvertragsrechts in § 631 BGB, wonach der Auftragnehmer für den Bau-Erfolg einzustehen hat, was deutlich in § 644 Abs. 1 BGB hervorgehoben wird: Der Auftragnehmer trägt die Gefahr bis zur Abnahme! Eine generelle »Auftraggeber-Sphäre« wird deshalb abzulehnen sein. Während der BGH dies früher offen gelassen hat[59] und die h. M. deutlich die Annahme einer solchen separaten Sphäre verneint,[60] ergibt sich nunmehr aus der sog. Schürmann-Bau-Entscheidung des BGH, dass auch das oberste Zivilgericht nicht von einer allgemeinen, sondern nur einer im Einzelfall festzustellenden Verantwortungs-Sphäre für die Beantwortung der Frage nach einer Vergütung bei untergegangenen, zerstörten oder unausführbar gewordenen Bauleistungen ausgeht: Der BGH stellt hier auf die objektive Verantwortlichkeit des Auftraggebers für den Eintritt des Schadens in Risikolagen, die den in § 645 BGB geregelten Fällen vergleichbar sind, ab.[61] Damit 65

---

58 Nachweise bei MüKo/Busche § 645 BGB Fn. 57.
59 BGHZ 78, 352 (355) = NJW 1981, 391; BGHZ 60, 14 (19).
60 S. nur von Craushaar BauR 1987, 14.
61 BGH BauR 1997, 1021; BGHZ 137, 35; NJW 1998, 456; ZfBR 1998, 33; IBR 1998, 3–5.

konkretisiert der BGH die analoge Anwendung und kehrt so der allgemeinen Sphärentheorie den Rücken.

2. Fallgruppe »Handlungen des Auftraggebers« ohne Leistungsbezug

66 Übergibt, überlässt oder liefert der Auftraggeber weder eine Baukomponente (»Stoff«), noch erteilt er eine Anweisung zur Ausführung, geht aber dennoch die Bauleistung, die der Auftragnehmer bislang erbracht hat unter bzw. wird diese verschlechtert oder unausführbar, weil der Auftraggeber eine dafür **ursächliche Handlung** (oder ihm zurechenbare **Unterlassung**) – ohne diese vertreten zu müssen – begangen hat, dann wird § 645 BGB analog für den Vergütungs- und Auslagenersatzanspruch angewendet. Das Paradebeispiel dafür ist der sog. Scheunenbrand-Fall:[62] Ein Bauer wollte im Jahre 1959 auf seinem Marschhof eine »Nebenscheune« errichten. Er gab einem Bauunternehmer den Auftrag, den Bau herzustellen. Dieser begann im Juli 1959 mit den Arbeiten. Der Bau wurde jedoch nicht fertiggestellt und deshalb auch noch nicht abgenommen. Der Beklagte brachte Heu in die unfertige Scheune ein. Die Scheune brannte 1961 ab. Die Frage, ob dem Auftragnehmer, da noch keine Abnahme vorlag und deshalb Fälligkeit gem. § 641 BGB fehlte, dennoch eine Vergütung für die untergegangenen Bauleistungen zustand, beantwortete der BGH in einer Art Musterentscheidung wie folgt: *»Es braucht hier nicht entschieden zu werden, ob in allen Fällen, in denen der Grund für den Untergang des Werks im Bereich des Bestellers zu suchen ist, der Unternehmer, abweichend von der Regel des § 644 Abs. 1 Satz 1 BGB, einen Anspruch auf Vergütung hat.*[63] *Ihm einen solchen Anspruch zuzubilligen, ist aber dann gerechtfertigt,* **wenn eine Handlung des Bestellers das Werk in einen Zustand oder in eine Lage versetzt hat, die eine Gefährdung des Werks mit sich gebracht hat und ursächlich für seinen schließlichen Untergang** *geworden ist. Dieser Fall steht den in § 645 BGB geregelten Tatbeständen, bei denen der Untergang auf dem Mangel eines vom Besteller gelieferten Stoffes oder auf einer von ihm erteilten Anweisung beruht, darin nahe, daß der Besteller selbst die Gefahr für den Untergang des Werkes erhöht hat und daß ohne diese Erhöhung der Gefahr das Werk nicht untergegangen wäre. In einem solchen Falle ist eine entsprechende Anwendung des § 645 BGB geboten, zumal es auch bei einer solchen gefahrerhöhenden, den Untergang des Werks verursachenden Handlung des Bestellers ebenso unbillig wäre, den Unternehmer leer ausgehen zu lassen, wie bei den in § 645 BGB geregelten Tatbeständen. Ein Fall der beschriebenen Art ist hier gegeben. Der Brand ist durch Selbstentzündung des Heus entstanden, das der Beklagte in die Scheune eingefahren hat. Die entsprechende Anwendung des § 645 BGB bedeutet, daß der Kläger zwar nicht die volle vertragliche Vergütung, aber eine solche verlangen kann, die seiner bereits geleisteten Arbeit entspricht.«*

---

62 BGH BGHZ 40, 71.
63 Insoweit lässt der BGH die Anwendung einer allgemeinen Sphärentheorie noch offen.

Diese Überlegungen führten auch im Schweißbrand-Fall[64] zu einem Anspruch des Auftragnehmers, nachdem seine Bauleistungen vor Abnahme deshalb zerstört worden waren, weil ein anderer, vom Auftraggeber eingeschalteter Unternehmer durch Unachtsamkeit einen Brand auslöste: Auch hier wurde mit der Beauftragung des anderen Unternehmers, Schweißarbeiten durchzuführen, eine Gefahr erhöhende Handlung vorgenommen und diese Gefahr realisierte sich schließlich, ohne dass der Auftragnehmer dagegen etwas veranlassen hätte können. Den bekanntesten Fall in der jüngsten Vergangenheit bildete der sog. Schürmann-Bau-Prozess,[65] in dem ebenfalls § 645 BGB in entsprechender Anwendung als Anspruchsgrundlage herangezogen wurde: Hier wurden Bauleistungen durch ein Hochwasser beeinträchtigt, gegen dessen Auswirkungen der Auftraggeber die Schutzvorkehrungen übernommen hatte, diese jedoch keine Schutzwirkung entwickelten. 67

3. Fallgruppe: Unausführbarkeit aus persönlichen Gründen

Eine weitere Fallgruppe wurde von der Rechtsprechung für Bauverträge gebildet, bei denen die Ausführbarkeit der vereinbarten Bauleistungen – ohne Verschulden des Auftraggebers – daran scheiterte, dass auf das Baugrundstück nicht zugegriffen werden konnte, weil ein Dritter sich gegen eine Bebauung wandte. Auch insoweit wurde durch die Anwendung des § 645 BGB analog dem Billigkeitsgedanken Genüge geleistet.[66] 68

4. Fallgruppe: Nähe des Auftraggebers zur Gefahr (str.)

§ 645 BGB wurde entsprechend auf die Unausführbarkeit von Bauleistungen wegen politischer Unruhen angewendet: Der Auftraggeber stehe solchen Risiken näher als der Auftragnehmer, deshalb sei nach der Billigkeit diesem eine Vergütung nach den Regeln des § 645 BGB zu zusprechen.[67] Diese sehr weite Ausdehnung des Schutzgehaltes des § 645 BGB ist auf Ablehnung, aber auch Zustimmung gestoßen: Abgelehnt wird das als »Einzelfallerwägung« bezeichnete Urteil des BGH mit der Begründung, dass bei politischen Gegebenheiten keine der Parteien dem Risiko der Ausführbarkeit näher stehe[68] bzw. dies zu im Ergebnis zufälligen, die gesetzliche Regelungskonzeption sprengenden Ergebnissen führen könne.[69] Zustimmung erfährt diese erweiternde Anwendung für die Fälle, in denen der Auftraggeber selbst von seinem ausländischen Vertragspartner Zahlungen erhalten hat, diese jedoch nicht an den Auftragnehmer weiter geben will.[70] Beide Meinungen 69

---

64 OLG Köln OLGZ 75, 323.
65 BGH BauR 1997, 1021; BGHZ 137, 35; NJW 1998, 456; ZfBR 1998, 33; IBR 1998, 3–5.
66 OLG München BauR 1992, 72 = NJW-RR 1992, 348 = ZfBR 1992, 33 = IBR 1992, 92.
67 BGH BGHZ 83, 197 (203 ff.) = BauR 1982, 273 = NJW 1982, 1458.
68 Kniffka, IBR-Online-Kommentar § 645 Rn. 18.
69 MüKo/Busche § 645 BGB Rn. 18.
70 Palandt/Sprau § 645 BGB Rn. 8.

sind unter dem Aspekt, dass § 645 BGB letztlich eine Ausfüllung des § 242 BGB darstellt und deshalb bei analoger Anwendung Wertungen erfordert, zu vertreten. Sie zeigen damit auf, dass – gerade im Bereich des Baurechts – das Fingerspitzengefühl des Rechtsanwenders gefordert ist, wenn der Untergang, die Zerstörung oder die Unausführbarkeit von Bauleistungen vor der Abnahme zu beurteilen ist.

II. Keine Fälle analoger Anwendung des § 645 BGB

70 Auch wenn der Anwendungsbereich des § 645 BGB im Ergebnis offen ist, so hat die Rechtsprechung doch Grundsätze entwickelt, wann jedenfalls eine analoge Anwendung auszuscheiden hat. Dies sind die Fälle, in denen vor der Abnahme durch Dritte – etwa in Form einer Schädigung seitens eines anderen Auftragnehmers – der Untergang, die Zerstörung oder auch Unausführbarkeit herbeigeführt wird und der **Auftraggeber** insoweit **keinen** – auch im weiteren Sinne – **Verursachungsbeitrag** geleistet hat.[71] Geht also z.B. eine Bauleistung vor ihrer Abnahme aufgrund eines an der Baustelle entstandenen Brandes unter und trifft den Bauherrn daran kein Verschulden, so ist der zufällige Untergang dem Bauherrn nur dann im Sinne des § 645 Abs. 1 S. 1 BGB anzulasten, wenn der Brand auf Umstände in seiner Person oder auf seine Handlung zurückgeht. Das ist jedoch nicht der Fall, wenn ein anderer Handwerker in eigener Verantwortung den Brand ausgelöst hat oder eine solche Möglichkeit nicht ausgeräumt werden kann. Denn bei Bauvorhaben werden häufig verschiedene Handwerker im Auftrage des Bauherrn gleichzeitig auf der Baustelle tätig. Die gleichzeitige Beauftragung verschiedener Bauhandwerker kann für sich allein aber im Regelfall die Verschiebung der Vergütungsgefahr auf den Bauherrn nicht rechtfertigen.[72]

C. Anwendbarkeit des § 645 BGB auf § 643 BGB

71 § 645 Abs. 1 S. 2 BGB gibt – insoweit systemwidrig gegenüber § 643 BGB – vor, dass bei Aufhebung des Bauvertrages in Folge nicht fristgerechter Mitwirkung des Auftraggebers hinsichtlich der Vergütung und des Auslagenersatzanspruches »das Gleiche gilt« wie im Falle des Vorliegens der Voraussetzungen des § 645 BGB. Damit wird – worauf Peters[73] richtig hinweist – der Auftragnehmer bei nicht fristgerechter Mitwirkung des Auftraggebers gem. §§ 642, 643 BGB schlechter gestellt, als im Falle einer Kündigung durch diesen. Dann nämlich greift § 649 BGB ein, bei dem »von oben« her gerechnet wird, während beim § 645 BGB die Berechnung »von unten« erfolgt: Hat der Auftragnehmer z.B. mit der Bauleistung noch nicht

---

71 BGH BauR 1981, 71; BGHZ 78, 352.
72 BGHZ 78, 352, 356 = NJW 1981, 391 = JuS 1981, 457; s. auch OLG Düsseldorf BauR 2003, 1587 = IBR 2003, 65 (Großbrand vor Abnahme).
73 Die Vergütung des Unternehmers in den Fällen der §§ 643, 645, 650 BGB, in: FS Locher, 201 ff.

begonnen, weil das Grundstück nicht bereit gestellt wird und liegen die Voraussetzungen der §§ 642, 643 BGB vor, dann entsteht praktisch kein Anspruch, weil noch keine Arbeit geleistet werden konnte. Kündigt dagegen der Auftraggeber gem. § 649 S. 1 BGB, dann entsteht – unabhängig von der erbrachten Leistung – ein Vergütungsanspruch in voller Höhe, korrigiert nur durch die ersparten Aufwendungen etc., wie von § 649 S. 2 BGB vorgegeben. Die gesetzliche Regelung ist damit zweimal falsch: Zum einen muss systematisch die Rechtsfolge der Kündigung nach § 643 BGB – wie etwa in § 648a Abs. 5 bzw. § 650 BGB – in die Regelung selbst und nicht versteckt an anderer Stelle aufgenommen werden. Zum anderen sollte die Diskrepanz der »Beendigungsfolge« beseitigt werden: Der gut beratene Auftraggeber wird, wenn er sich vom Vertrag lösen will – was jederzeit sein Recht ist, § 649 S. 1 BGB –, nicht den Weg über eine durch ihn erfolgende Kündigung, sondern den über die unterlassene Mitwirkung – etwa die Zugänglichmachung des Grundstücks oder des Bauwerks, in dem Bauleistungen zu erbringen sind – wählen. Warum der Gesetzgeber, dem die »Minderqualität« des Vergütungsanspruches aus § 645 BGB gegenüber dem aus § 649 BGB bewusst ist, da er im Rahmen des § 650 BGB bei einer Kündigung durch den Auftraggeber wegen Kostenüberschreitung von »nur« dem im § 645 BGB enthaltenen Anspruch spricht, ist nicht nachvollziehbar. Eine Gesetzesänderung wäre deshalb insoweit der Gerechtigkeit dienlich.

D. Anwendbarkeit des § 645 BGB auf § 648a Abs. 5 BGB

§ 648a Abs. 5 BGB verweist für den Fall, dass der Auftraggeber eine von ihm verlangte Sicherheit gem. § 648a Abs. 1 BGB nicht fristgemäß leistet, auf die Rechte des Auftragnehmers aus den §§ 643, 645 BGB. Auch wenn § 648a Abs. 5 BGB ausdrücklich auch Schadensersatz anspricht, so ergibt sich auch hier die ähnliche Problematik, wie unter oben Rn. 71 angesprochen: Der Auftraggeber kann zur Vertragsbeendigung eine Kündigung provozieren, in dem er die verlangte Sicherheit nicht stellt – wiederum mit der Folge einer Abrechnung nicht nach § 649 BGB (von oben nach unten), sondern nach § 645 BGB (von unten nach oben, begrenzt auf den ausgeführten Teil der Bauarbeiten).[74]

72

E. Anwendbarkeit des § 645 BGB auf § 650 BGB

Im Zusammenhang mit der Bestimmung des § 650 BGB ist die Beschränkung des Vergütungsanspruchs auf »nur« den im § 645 BGB bestimmten Anspruch verständlich. Denn ein – auch – unverbindlicher Kostenvoranschlag gibt doch eine gewisse Vertrauensbasis und damit Finanzierungsgrundlage vor. Insoweit ist die

73

---

74 Näher dazu unten bei § 648a Abs. 5 BGB.

Nichtanwendung des § 649 S. 2 BGB, die zwangsläufig Folge einer Kündigung durch den Auftraggeber wäre, nachvollziehbar.[75]

F. Auftraggeberhaftung gem. § 645 Abs. 2 BGB

74 Mit der Feststellung, dass eine weitergehende Haftung des Auftraggebers wegen Verschuldens unberührt bleibt, gibt § 645 Abs. 2 BGB zugleich eine Klar- und eine Hilfestellung. Letztere liegt in dem Erinnerungsmoment, dass neben dem verschuldensunabhängigen Gefahrübergang für die Vergütung der geleisteten Arbeit und dem damit einhergehenden Vergütungs- und Auslagenersatzanspruch auch noch zusätzlich Ansprüche nach den §§ 280 ff. BGB bei schuldhaften Pflichtverletzungen des Auftraggebers gegeben sein können. Insbesondere werden auch Ansprüche aus § 326 Abs. 2 BGB dann möglich, wenn die Bauleistung unausführbar bzw. unmöglich wird, weil der Auftraggeber schuldhaft, §§ 276, 278 BGB, gehandelt hat. Dabei ist an die Anwendbarkeit des § 254 BGB zu denken, wenn beide Parteien Fehler zu vertreten haben. Allerdings tritt bei weitaus überwiegendem Verschulden des Auftraggebers eine Haftung des Auftragnehmers zurück.[76]

G. Relevanz für die Baupraxis

75 § 645 BGB hat insbesondere im Bereich von **Tiefbau- und Spezialtiefbauarbeiten** große Relevanz. Denn hier ist im Regelfall unverzichtbar und nicht wegdenkbar ein wesentlicher Bestandteil der Bauleistung der Baugrund. Entsprechendes gilt für Altbausubstanz. Beiden »vom Auftraggeber gelieferten Stoffen« ist gemeinsam, dass sie häufig mit – im Voraus nicht feststellbaren – »Mängeln« behaftet sind, die sich nachteilig dann auf die vom Auftragnehmer zu erbringenden Bauarbeiten auswirken können.

76 Weniger relevant sind andere Vorgaben von Baukomponenten deshalb, weil diese – ebenso wie zur Ausführung getroffene Anweisungen des Auftraggebers – im Rahmen der sehr weitgehenden, dem § 4 Nr. 3 VOB/B-Leitbild entsprechenden Prüfungs- und Hinweispflichten des Auftragnehmers oft im Vorfeld als mangelhaft erkannt werden können. Werden notwendige Bedenken nicht (rechtzeitig) angemeldet, dann entfällt ohnehin die Anwendbarkeit des § 645 BGB, weil dann ein Verschulden des Auftragnehmers zu bejahen ist.

---

75 Näher dazu unten bei § 650 BGB.
76 Kniffka, IBR-Online-Kommentar § 645 Rn. 30.

Verantwortlichkeit des Bestellers § 645 BGB

H. Keine korrespondierende VOB/B-Regelung

Da § 7 VOB/B nur eine – zu Gunsten des Auftragnehmers – modifizierte Gefahrtragungsregelung gegenüber § 644 BGB enthält, jedoch ansonsten die VOB/B keine Regelung zur Verteilung des Risikos beinhaltet, hat § 645 BGB auch im Rahmen eines VOB-Vertrages uneingeschränkte Geltung. 77

I. Rechtsprechungsübersicht

Maßgebliche Urteile mit jeweils zusammenfassender Darstellung sind: 78
BGH BauR 1981, 71; BGHZ 78, 352; OLG München BauR 1992, 72 = NJW-RR 1992, 348 = ZfBR 1992, 33 = IBR 1992, 92; BGH BauR 1997, 1021; BGHZ 137, 35; NJW 1998, 456; ZfBR 1998, 33; IBR 1998, 3–5; BGH BauR 1999, 632; NJW 1999, 2036; ZfBR 1999, 194; IBR 1999, 202; OLG Düsseldorf BauR 2003, 1587 = IBR 2003, 65; OLG München BauR 2004, 382 (Ls.); BauR 2004, 680 = IBR 2004, 7; OLG Naumburg NZBau 2005, 107 = ZfBR 2004, 791 = IBR 2004, 481; BGH, BauR 2005, 735 = NZBau 2005, 295 = IBR 2005, 215.

§ 646
Vollendung statt Abnahme

Ist nach der Beschaffenheit des Werkes die Abnahme ausgeschlossen, so tritt in den Fällen des § 634a Abs. 2 und der §§ 641, 644 und 645 an die Stelle der Abnahme die Vollendung des Werks.

Inhaltsübersicht

	Rn.
A. Kein baurechtlicher Regelungsinhalt	1
B. Analoge Anwendung nicht erforderlich	3

A. Kein baurechtlicher Regelungsinhalt

1 Die Vorschrift des § 646 BGB wird mit Bezug auf Bauleistungen als »bedeutungslos« bezeichnet.[1] Begründet wird dies damit, dass bei werkvertraglichen Leistungen im Zusammenhang mit der Errichtung von Bauwerken eine Abnahme grundsätzlich möglich sei.[2] In dieser Ausschließlichkeit konnte der Argumentation zur Bedeutungslosigkeit jedoch bis zu der vom BGH[3] erlassenen Entscheidung, wonach eine Werklohnforderung nach der klaren Vorgabe des Gesetzes auch im Falle einer Kündigung der Abnahme bedarf, nicht gefolgt werden. Gleiches galt für die Ansicht, dass ein Abnahmeausschluss auf Grund der Beschaffenheit eines Werkes bei Zugrundelegung des zweigliedrigen Abnahmebegriffs[4] nur hinsichtlich solcher Werke eingreifen könne, die auf einen immateriellen Erfolg gerichtet sind und darüber hinaus keine Verkörperung erfahren, wie z.B. Konzert- oder Theateraufführungen.[5]

2 Denn zumindest musste, mit dem OLG Hamm, die analoge Anwendung für solche Bauleistungen überprüft werden, die – z.B. auf Grund einer Kündigung – nicht mehr fertig gestellt, also (eigentlich) auch nicht abgenommen werden können.[6] Diese Entscheidung ist heute durch die Aufgabe der früheren Rechtsprechung des BGH[7] zur nicht notwendigen Abnahme gekündigter Bauleistungen ohne weitere Bedeutung.

---

1 Kniffka, IBR-Online-Kommentar § 646 Rn. 3.
2 Kniffka, IBR-Online-Kommentar § 646 Rn. 3, unter Hinweis auf Staudinger/Peters, § 646 BGB Rn. 3.
3 BGH Urt. v. 11.5.2006 VII ZR 146/04 (»Leitsatz: Nach Kündigung eines Bauvertrags wird die Werklohnforderung grundsätzlich erst mit der Abnahme der bis dahin erbrachten Werkleistungen fällig« (Änderung der Rechtsprechung, vgl. BGH BauR 1987, 95 = ZfBR 1987, 38)); IBR 2006, 432 sowie 440–441.
4 Näher dazu oben, § 640 BGB.
5 MüKo/Busche § 646 BGB Rn. 2.
6 OLG HammBauR 1995, 397.
7 Vgl. Leitsatz zu Fußnote 3.

B. Analoge Anwendung nicht erforderlich

Das Primat der Abnahme von Bauleistungen lässt eine analoge Anwendung entfallen. 3

§ 647
Unternehmerpfandrecht

Der Unternehmer hat für seine Forderungen aus dem Vertrag ein Pfandrecht an den von ihm hergestellten oder ausgebesserten beweglichen Sachen des Bestellers, wenn sie bei der Herstellung oder zum Zwecke der Ausbesserung in seinen Besitz gelangt sind.

Inhaltsübersicht

	Rn.
A. Baurechtliche Relevanz/Ziel der Regelung	1
I. Voraussetzungen	3
1. Neuherstellung	4
2. Instandhaltung – Instandsetzung – Wartung – Reparatur	5
a) Entstehung des Pfandrechts	9
b) Erlöschen des Pfandrechts	10
II. Bedeutung des § 647 BGB bei Abschlagszahlungsvereinbarungen oder § 632 a BGB	11
III. Bedeutung des § 647 BGB im abwicklungsgestörten Bauvertrag	12
B. Konkurrenzen – Verhältnis zu § 648 und § 648 a BGB	13

A. Baurechtliche Relevanz/Ziel der Regelung

1 Abweichend von § 648 und § 648 a BGB, die eine spezifische baurechtliche Relevanz auszeichnet, weil sie neben § 634 a Abs. 1 Nr. 2 BGB zu den Vorschriften gehören, die in besonderer Weise die Interessen des vorleistungspflichtigen Unternehmers berücksichtigen, ist bei einem ersten Lesen nicht erkennbar, dass § 647 BGB überhaupt für einen Bauvertrag Bedeutung erlangen könnte. Denn der Unternehmer erhält ein gesetzliches Pfandrecht an den ihm vom Besteller übergebenen beweglichen Sache, wenn der Unternehmer mit der Herstellung oder Ausbesserung befasst ist und in diesem Rahmen den Besitz erhält. Da der Bauvertrag aber mit Bauwerken zu tun hat, scheidet § 647 BGB i.d.R. aus.

Dennoch sind Sondersituationen und Fallgestaltungen im Bereich der Instandsetzung oder Instandhaltung, also bei **Maßnahmen im Bestand**, denkbar, bei denen das in § 647 BGB geregelte gesetzliche Pfandrecht zum Tragen kommen kann.

2 Der Normzweck der Bestimmung besteht darin, dem Unternehmer, der werkvertraglich nach §§ 640, 641 BGB zur Vorleistung verpflichtet ist, einen Ausgleich mittels eines Pfandrechts zu verschaffen. Wer als Unternehmer unter den in § 647 BGB angeführten tatbestandlichen Voraussetzungen in den Besitz einer beweglichen Sache des Bestellers gekommen ist, die der Unternehmer hergestellt oder an der er Ausbesserungen vorgenommen hat, soll mittels des **gesetzlichen Pfandrechts** ein Recht zum Besitz erhalten. Er soll die Möglichkeit haben, die Herausgabe dieser Sache nur gegen Bezahlung der Vergütung vornehmen zu müssen. Bezahlt der Besteller nicht, hat der Unternehmer ein **Zurückbehaltungsrecht** aus § 273 BGB. Der Unternehmer soll die Möglichkeit haben, diese Sache auch zu seinen Gunsten nach den sich aus §§ 1235 ff. BGB ergebenden Regeln zu verwerten. Das Pfandrecht verschafft dem Unternehmer in der **Insolvenz** des Bestellers nach § 50 Abs. 1 InsO auch das Recht auf **abgesonderte Befriedigung**, was zwar nicht verhindert, dass die in die Insolvenzmasse (§ 35 InsO) fallende Sache von dem Insolvenzverwalter verwertet werden darf. Aber gem. § 170 InsO ist aus dem durch die Verwertung erzielten Betrag nach Vorwegdeckung der Feststellungs- und Verwertungskosten unverzüglich der absonderungsberechtigte Gläubiger zu befriedigen.

I. Voraussetzungen

Die tatbestandlichen Voraussetzungen des § 647 BGB sind jedoch nur in Ausnahmelagen geeignet, auf einen Bauvertrag Anwendung zu finden. Der Unternehmer muss bei der Herstellung oder zum Zweck der Ausbesserung in den Besitz beweglicher Sachen des Bestellers gekommen sein. Mit der Errichtung eines Bauwerks oder von Bauwerksteilen erhält der Unternehmer jedoch nicht den Besitz an beweglichen Sachen des Bestellers. Das Baugrundstück ist unbeweglich. 3

1. Neuherstellung

Stellt der Unternehmer eine neue Sache her, setzt § 647 BGB voraus, dass der Unternehmer die Sache aus ihm vom Besteller zur Verfügung gestellten Materialien so herstellt, dass die Sache Eigentum des Bestellers ist und es sich um eine bewegliche Sache handelt. Für den **Baubereich** kann dieser Fall akut werden, wenn der Besteller das Material z.B. für eine Halle stellt, die in Holzständerbauweise vom Unternehmer errichtet wird, aber nach den sich aus § 95 BGB ergebenden Regeln nur für vorübergehende Zwecke errichtet wird, so dass das **Bauwerk** als **Scheinbestandteil** nicht wesentlicher Bestandteil von Grund und Boden wird, und damit im Rechtssinne als bewegliche Sache zu behandeln ist.[1] Seit 1.1.2002 wird dieser Sachverhalt jedoch nicht dem Werkvertrag unterstellt, sondern § 651 BGB erklärt das Kaufrecht für anwendbar und zwar auch dann, der Besteller den Stoff stellt (§ 651 Satz 2 BGB).[2] Auch wenn es sich um eine nicht vertretbare Sache handelt und damit gem. § 651 BGB in gewissem Umfang werkvertragliche Vorschriften zur Anwendung kommen, wird jedoch nicht auf § 647 BGB verwiesen. 4

2. Instandhaltung – Instandsetzung – Wartung – Reparatur

Im Bereich von Instandhaltung oder Instandsetzung und damit Maßnahmen, die bei Leistungen im Bestand dazu dienen, die Qualität zu erhalten oder den durch 5

---

1 Palandt/Heinrichs § 95 BGB Rn. 1.
2 Vgl. die Ausführungen zu § 651 BGB Rn. 1 ff., 18.

Verschleiß und Nutzung abgewerteten Zustand wieder zu ertüchtigen, sind Fallgestaltungen denkbar, bei denen im Baubereich die Voraussetzungen für die Entstehung eines Pfandrechts nach § 647 BGB bejaht werden können. Bei **Maßnahmen im Bestand** ist es nicht ausgeschlossen, dass ein mit Reparatur und Instandsetzung oder Instandhaltung beauftragter Unternehmer aus Gründen fachtechnischer Notwendigkeit Bedarf dafür sieht, mit dem Bauwerk und damit Grund und Boden an sich verbundene Teile aus Gründen der Bearbeitung zu entfernen und die Maßnahme nicht an Ort und Stelle vorzunehmen, sondern die entfernten Teile in die eigene Betriebstätte zu schaffen.

6   Als Beispiele können dienen: Der Schreiner hängt die Türblätter aus, um sie in seiner Schreinerei zu überarbeiten und zu lackieren, was auf der Baustelle mangelfrei nicht gelingt. Dafür kann auch bei der Überarbeitung von Fensterflügeln Bedarf bestehen; das muss nicht nur den Schreiner betreffen, sondern kann auch für den Metallbauer gelten, der Fensterrahmen aus Metall aushängt, um sie bei sich weiter zu bearbeiten. Gedacht werden kann auch an den Heizungsbauer, der im Zuge einer Heizungsmodernisierung die Heizkörper abmontiert und bei sich auf dem Betriebsgelände neu spritzt.

7   Dass diese Bauteile auch nach der Trennung Bestandteile des Grundstücks bleiben, weil die Trennung nur vorübergehend ist,[3] ändert nichts daran, dass sie infolge der Trennung **bewegliche Sache** geworden sind. Nach § 94 BGB zählen sie infolge der Trennung nicht mehr zu den wesentlichen Bestandteilen eines Grundstücks. Vorausgesetzt wird jedoch, dass diese beweglichen Sachen Eigentum des Bestellers sind. Fallen Eigentümer und Besteller auseinander, scheitert der Erwerb des Pfandrechts. Denn ein **gutgläubiger Erwerb** gesetzlicher Pfandrecht ist ausgeschlossen. Dagegen spricht § 1257 BGB, denn danach finden die Vorschriften über das durch Rechtsgeschäft bestellte Pfandrecht – wozu §§ 1207, 932 BGB zählen – nur auf ein kraft Gesetzes entstandenes Pfandrecht entsprechende Anwendung. Das schließt den gutgläubigen Erwerb aus.[4]

8   Auf diese die Instandsetzung so getrennter Bauteile betreffende Vertragsbeziehung ist zweifelsfrei Werkvertragsrecht anwendbar und der Unternehmer hat kraft Gesetzes ein Pfandrecht an den so erlangten Sachen, wenn er die genannten Gegenstände im Einverständnis mit dem Besteller in Besitz genommen hat. Eine vom Willen des Bestellers nicht gedeckte Besitzerlangung reicht nicht aus.[5] Deshalb muss in solchen Fällen der Unternehmer um das Einverständnis des Bestellers bemüht sein. Für die Entstehung eines solchen Pfandrechts reicht nicht aus, wenn der Unternehmer die Reparatur- und Instandhaltungs- oder Instandsetzungsarbeiten auf der Baustelle, also vor Ort, durchführt. Denn der Besteller hat in einer solchen Konstellation nicht den Willen, dem Unternehmer an den zwar ausgebauten,

---

3 Palandt/Heinrichs § 93 BGB Rn. 2.
4 Vgl. zu den Einzelheiten PWW/Wirth § 647 Rn. 3.
5 Staudinger/Peters § 647 BGB Rn. 17; Bamberger/Roth/Voit § 647 BGB Rn. 7.

aber noch auf dem Gelände des Bestellers befindlichen Bauteilen Besitz zu übertragen.

a) Entstehung des Pfandrechts

Das Pfandrecht des Unternehmers entsteht kraft Gesetzes. Es sichert die Forderungen des Unternehmers aus dem Vertrag, also Vergütungsansprüche jeglicher Art, sei es nach § 649[6] oder aus § 645 oder regulär nach § 631 BGB; auch Entschädigungsansprüche aus § 642 BGB fallen darunter. Nicht dazu gehören Ansprüche aus unerlaubter Handlung, ungerechtfertigter Bereicherung oder Geschäftsführung ohne Auftrag.[7]

b) Erlöschen des Pfandrechts

Die Besonderheit im Baugeschehen besteht jedoch bei regulärer Abwicklung der Maßnahme darin, dass der Unternehmer die in seinen Besitz zum Zweck der Ausbesserung gekommenen Sachen des Bestellers regelmäßig wieder einbaut. Damit ist nach § 1253 BGB zwingend der Verlust des Pfandrechts verbunden. § 1253 Abs. 1 S. 2 BGB erklärt einen Vorbehalt der Fortdauer des Pfandrechts ausdrücklich für unwirksam, so dass entsprechende Vorbehaltvereinbarung sinnlos sind.

II. Bedeutung des § 647 BGB bei Abschlagszahlungsvereinbarungen oder § 632a BGB

§ 647 BGB entfaltet deshalb zugunsten des Unternehmers nur solange Wirkungen, als der Unternehmer im Besitz der ihm zur Ausbesserung überlassenen Sachen des Bestellers verbleibt. Die Bestimmung hat deshalb einen Stellenwert, wenn die Parteien z.B. vereinbart haben, dass der Besteller eine **Abschlagszahlung** vor Wiedereinbau der zur Ausbesserung überlassenen Sachen zu leisten hat. Leistet der Besteller die Abschlagszahlung nicht, hat der Unternehmer nach § 273 BGB auf der Grundlage des erlangten Pfandrechts ein Zurückbehaltungsrecht. Eskaliert die Sache und verweigert der Besteller die Zahlung, kann der Unternehmer nach § 323 BGB vom Vertrag zurücktreten oder nach §§ 642, 645 BGB vorgehen. Das Pfandrecht steht als Sicherheit für die dem Unternehmer zustehenden Vergütungsansprüche. Dasselbe gilt, wenn sich der Unternehmer mit Recht auf einen Abschlagszahlungsanspruch gem. § 632a BGB berufen kann.

III. Bedeutung des § 647 BGB im abwicklungsgestörten Bauvertrag

Eine nicht unerhebliche Bedeutung kann § 647 BGB im abwicklungsgestörten Vertrag entfalten. Ist der Unternehmer in Übereinstimmung mit den Tatbestands-

---

[6] Werner/Pastor Rn. 228; Bamberger/Roth/Voit § 647 BGB Rn. 3; a.A. OLG Jena BauR 1999, 179, 181 = NJW-RR 1999, 384, 385.
[7] PWW/Wirth § 647 Rn. 2.

voraussetzung der Vorschrift in den Besitz der Bauwerksteile gelangt, die infolge des Ausbaus zu beweglichen Sachen geworden sind. und scheitert nunmehr die weitere Abwicklung des Bauvertrags, was zu einer Kündigung nach § 649 BGB oder zur Vertragsauflösung nach §§ 642, 643 BGB führt, bleibt das Pfandrecht mangels Wiedereinbaus erhalten. Einen Herausgabeanspruch des Bestellers, den dieser auf § 985 BGB stützt oder aus dem Werkvertrag ableitet, kann der Besteller über § 273 BGB mit Rücksicht auf das für die Ansprüche aus dem Vertrag entstandene Pfandrecht abwehren. Die Ansprüche aus dem Vertrag müssen nicht notwendig die Ausbesserungsmaßnahmen an der übergebenen Sache betreffen, sondern können mit anderen Arbeiten aus demselben Vertrag aber an anderen Gegenständen zu tun haben. Die dem Unternehmer aus § 649 oder § 642 Abs. 2 bzw. § 645 S. 2 BGB zustehenden Ansprüche sichert das Pfandrecht ab.

B. Konkurrenzen – Verhältnis zu § 648 und § 648 a BGB

13 Kartzke[8] spricht sich für ein Nebeneinander der Sicherungsrechte aus § 647 und § 648 BGB aus. Die Frage ist jedoch, ob bei Verwirklichung der Tatbestandsvoraussetzungen des § 647 BGB jeweils auch die Anwendungsvoraussetzungen des § 648 BGB zu bejahen sind. Denn § 648 BGB beruht auf dem Prinzip des Ausgleichs der durch Arbeiten des Unternehmers für das Grundstück herbeigeführten Wertsteigerung.[9] Durch seine Tätigkeit entreichert sich der vorleistende Unternehmer und das Grundstück erfährt dadurch einen Mehrwert.[10]

14 Hat der Maler oder Schreiner jedoch lediglich die Türblätter zu überarbeiten oder die Fensterflügel, die zu diesem Zweck ausgehängt und die Werkstatt geschafft werden, erfährt das Grundstück durch Arbeiten an diesen getrennten, beweglichen Bauteilen keine Wertsteigerung. § 648 BGB scheidet aus.[11]

15 Ein **Konkurrenzverhältnis** kommt jedoch in Betracht, wenn der Maler oder Schreiner nicht nur die ausgehängten Türblätter oder Fensterflügel, sondern auch die fest mit dem Bauwerk verbundenen und auch nicht entfernten Türzargen und Fensterstöcke bearbeitet hat. Kommt es zur Abwicklungsstörung mit Vergütungsfolgen aus § 649 oder §§ 642 Abs. 2 und 645 S. 2 BGB, sichert das Pfandrecht des Unternehmers an den ausgehängten und in die Betriebsstätte des Unternehmers verbrachten Teile nicht nur die Vergütungsansprüche für die darauf verwendeten Arbeiten ab, sondern auch die auf die Zargen und Fensterstöcke entfallenden Arbeiten. Letztere aber haben eine wertsteigernde Wirkung und führen zur Anwendbarkeit des § 648 BGB.

---

8 ZfBR 1993, 205, 207.
9 Vgl. näher dazu § 648 BGB Rn. 13.
10 BGH BauR 1977, 208 = BGHZ 68, 180 = NJW 1977, 947; BauR 2000, 1083 = BGHZ 144, 138, 142 = NJW 2000, 1861 = NZBau 2000, 286 = ZfBR 2000, 329 = IBR 2000, 321, 322.
11 Vgl. dazu näher § 648 BGB Rn. 14, 15.

Eine solche doppelte Absicherung schließt das Gesetz nicht aus. Im Übrigen sichert § 648 BGB nur den Anspruch ab, soweit die vergütungspflichtigen Arbeiten zu einer Wertsteigerung des Grundstücks geführt haben. Damit erstreckt sich die Absicherung über § 648 BGB nicht auf die Vergütungsansprüche hinsichtlich der an den beweglichen und vom Bauwerk getrennten Bauteilen erbrachten Arbeiten. Nur § 647 BGB deckt auch die durch § 648 BGB abgesicherten Vergütungsansprüche ab. **16**

Da nach der Rechtsprechung des BGH zu § 648 a BGB die Absicherung durch Sicherheitsleistung auch Ansprüche für bereits erbrachte Leistungen erfasst,[12] verdrängt § 648 a BGB die Sicherungsmöglichkeit aus § 647 BGB nicht. § 648 a Abs. 4 BGB regelt nur das Verhältnis zu § 648 BGB, nicht aber zu § 647 BGB. **17**

---

[12] Urt. v. 9. 11. 2000 VII ZR 82/99 BauR 2001, 386 = BGHZ 146, 24 = NJW 2001, 822 = NZBau 2001, 129 = ZfBR 2001, 166 = IBR 2001, 15–18.

§ 648
Sicherungshypothek des Bauunternehmers

(1) Der Unternehmer eines Bauwerks oder eines einzelnen Teiles eines Bauwerks kann für seine Forderungen aus dem Vertrag die Einräumung einer Sicherungshypothek an dem Baugrundstück des Bestellers verlangen. Ist das Werk noch nicht vollendet, so kann er die Einräumung der Sicherungshypothek für einen der geleisteten Arbeit entsprechenden Teil der Vergütung und für die in der Vergütung nicht inbegriffenen Auslagen verlangen.

(2) Der Inhaber einer Schiffswerft kann für seine Forderungen aus dem Bau oder der Ausbesserung eines Schiffs die Einräumung einer Schiffshypothek an dem Schiffsbauwerk oder dem Schiff des Bestellers verlangen; Abs. 1 Satz 2 gilt sinngemäß. § 647 findet keine Anwendung.

Inhaltsübersicht

		Rn.
A.	Baurechtlicher Regelungsinhalt	1
	I. Sach- und Rechtslage der Baurealisierung	4
	II. Baurechtliche Relevanz der Regelung	6
	1. Baupraktischer Wert der Sicherung über § 648 BGB	7
	2. Baupraktischer Wert in der Insolvenz	8
	3. Baupraktische Schranken im Vergleich zu § 648 a BGB	9
	III. Begrenzter Wirkungskreis – personelle und sächliche Beschränkung	10
B.	Regelungserwägungen	12
	I. Das Mehrwertprinzip	13
	II. Begrenzung des Mehrwertprinzips	15
C.	Anwendungsvoraussetzungen	19
	I. Werkvertrag	20
	II. Unternehmer eines Bauwerks oder Bauwerksteils	21
	1. Bauwerk und Bauwerksteil	22
	a) Bauwerk	23
	b) Bauwerksteil	28
	2. Unternehmer	31
	a) Unternehmer eines Bauwerks oder Teiles eines Bauwerks	32
	b) Architekten und Sonderfachleute	33
	c) Absicherung sonstiger Baubeteiligter	35
	III. Verpflichteter	36
	1. Eigentümerstellung – Zeitpunktfrage	37
	2. Identität zwischen Besteller und Grundstückseigentümer	38
	a) Genehmigung nach § 185 BGB des Grundstückseigentümers	39
	b) Vertreter ohne Vertretungsmacht	40
	c) Treu und Glauben – § 242 BGB	42
	3. Schuldbeitritt	44
	IV. Sicherungsgegenstand – Grundstück	45
	V. Gesicherte Forderungen – Auswirkung von Mängeln	50
	1. Forderungen aus dem Vertrag	51
	2. Auswirkungen der Mangelhaftigkeit der Werkleistung	56
D.	Verfahren	58
	I. Einigung der Parteien	59

		Rn.
II.	Durchsetzung im Wege der Klage oder der einstweiligen Verfügung	60
	1. Klageverfahren	61
	2. Einstweiliges Verfügungsverfahren	62
	3. Darlegungs- und Beweislast	64
	4. Vollziehung und Hauptsacheklage	65
E.	Korrespondenzregeln in der VOB/B und anderweitig	66
F.	Rechtsprechungsübersicht	68

A. Baurechtlicher Regelungsinhalt

Die Vorschrift zählt zu den wenigen Bestimmungen des Werkvertragsrechts des BGB, die speziell das Baugeschehen und den Umstand im Auge hat, dass jedenfalls der Bauunternehmer wegen der ihn nach §§ 640, 641 BGB treffenden **Vorleistungspflicht** erheblichen Sicherungsbedarf hat. Denn der Umstand, dass die Vergütung bei der Abnahme zu entrichten ist, ist für sich gesehen untauglich. Zwar ist Peters[1] der Auffassung, dass die Vergütung bei richtiger Lesart des § 641 BGB Zug um Zug gegen Ablieferung des Werks zu entrichten sei, weswegen seiner Auffassung nach eine Vorleistungspflicht aus § 641 BGB gar nicht abgeleitet werden könne. Dieser Standpunkt ist jedoch auf den Bauvertrag nicht übertragbar. Die Bestimmung ist wegen der Regelung in § 648a BGB nicht obsolet geworden. Zwar erhält der Unternehmer über diese Bestimmung die Möglichkeit, die Aufnahme der Arbeit oder deren Fortsetzung von der Gestellung einer Sicherheitsleistung abhängig zu machen und sich schließlich bei ausbleibender Sicherheitsgestellung vom Vertrag zu lösen. Diese Vorschrift wird jedoch in der Praxis so häufig nicht angewandt, wenn sie auch ausdrücklich der Dispositionsfreiheit der Parteien durch Klauseln oder Individualvereinbarung entzogen ist (§ 648a Abs. 7 BGB) und damit zu den wesentlichen Grundgedanken der gesetzlichen Regelung zählt. Im Verhältnis zu dem erst mit Wirkung ab 1. 5. 2000 eingeführten § 648a BGB entfaltet § 648 BGB eine Art **Sekundärabsicherung** des Inhalts, dass derjenige Unternehmer, der Leistungen für ein Grundstück erbracht und damit regelmäßig eine **Wertsteigerung** für ein Grundstück bewirkt hat, wenigstens im Umfang dieser Leistung eine Absicherung haben soll. Setzt § 648a BGB gerade keine Leistung des Unternehmers voraus, ist für § 648 BGB die Leistungserbringung wesentliches Moment; denn ist das Werk noch nicht vollendet, kann die Einräumung der Sicherungshypothek nur für einen der geleisteten Arbeit entsprechenden Teil der Vergütung und für die in der Vergütung nicht inbegriffenen Auslagen verlangt werden. Die Art der Leistungserbringung ist auch nicht beliebiger Art, denn bloße **Vorbereitungsarbeiten**, die ein Unternehmer für das Bauwerk erbringt, genügen nicht. § 648 BGB will den Unternehmer eines Bauwerks grundsätzlich im Umfang des durch seine Arbeiten hervorgerufenen **Wertzuwachses** am Grundstück durch den Anspruch   1

---

1 In Staudinger § 641 BGB Rn. 2, 3.

auf Eintragung einer Sicherungshypothek schützen.[2] Diesen Grundsatz hat der BGH in seiner Entscheidung vom 16. 12. 2000[3] nicht aufgegeben,[4] sondern weiter entwickelt. Diese Fortentwicklung besteht darin, dass es bei Erstreckung eines Bauwerks über mehrere Grundstücke für die Sicherung auf die Höhe der dem Besteller für das Bauwerk erbrachten Leistung, nicht aber auf den dem einzelnen Grundstück zugeflossenen Wert ankomme. Der Wertzuwachs des Baugrundstücks ist Voraussetzung für die Anspruchsentstehung dem Grunde, nicht aber im Einzelnen grundstücksbezogen der Höhe nach. Daran hat sich trotz der angeführten BGH-Entscheidung[5] deshalb nichts geändert, weil bloße **Vorbereitungsarbeiten** selbst umfangreicher Art für sich den Sicherungsanspruch nicht begründen.[6] Sind diese Leistungen noch nicht in das Bauwerk eingeflossen, scheitert der Anspruch wie bei den Planern, deren Leistung ohne körperliche Verwirklichung des Bauwerks mit der Planungsleistung ihr Ende gefunden hat.[7]

2 Deshalb deckt nur § 648a BGB und nicht § 648 BGB weite Bereiche des realen Baugeschehens dann ab, wenn der einzelne Unternehmer massiv in die **Vorfertigung** einsteigen muss. Das ist im Bereich vorzufertigender Teile aus **Stahlbeton** wie z. B. Pfeiler, Stützen, Unterzüge, Decken usw. ebenso gängig wie insbesondere im **Fassadenbau**, wo der Fassadenbauer die Werkpläne des Planers in Werkstattpläne umsetzt und danach in die Vorfertigung eintritt. Solange diese vorgefertigten Teile lediglich auf dem Betriebshof des Unternehmers oder auf der Baustelle liegen, aber noch nicht mit der **Montage** begonnen worden ist, hat der Unternehmer für diese material- und lohnintensive Vorfertigung aus § 648 BGB keinerlei Sicherungsansprüche. Erst mit dem Beginn der Montage entsteht der Sicherungsanspruch dem Grunde nach. Die Höhe des Sicherungsanspruchs bestimmt sich nach dem Montageumfang und nicht nach dem Umfang der Vorfertigung. Denn bei noch nicht vollendetem Werk kann die Sicherungshypothek nur für einen der geleisteten Arbeit entsprechenden Teil der Vergütung verlangt werden (§ 648 Abs. 1 S. 2 BGB). Dabei ist unter dem noch nicht vollendeten Werk das Bauwerk zu verstehen, weswegen sich der für die geleistete Arbeit entsprechende Teil der Vergütung im Fall der Vorfertigung nicht danach bestimmt, welche Fortschritte die Vorfertigung gemacht hat und welche Auslagen insoweit bereits entstanden sind, sondern danach, in welchem Umfang vorgefertigte Teile durch Einbau zu einem

---

2 BGH Urt. v. 10. 3. 1977 VII ZR 77/76 BauR 1977, 208, 210 = BGHZ 68, 180 = NJW 1977, 947.
3 VII ZR 299/96, BauR 2000, 1083, 1084 = BGHZ 144, 138 = NZBau 2000, 286 = NJW 2000, 1861 = IBR 2000, 322.
4 A. A. wohl Kniffka, IBR-Online-Kommentar § 648 Rn. 4, wo es heißt, die Werterhöhung des Grundstücks sei keine Voraussetzung für den Anspruch aus § 648 BGB; man dürfe den Anlass für die gesetzliche Regelung und deren Inhalt nicht verwechseln.
5 Urt. v. 16. 12. 2000 VII ZR 299/96 BauR 2000, 1084 = BGHZ 144, 138 = NJW 2000, 1861 = NZBau 2000, 286 = IBR 2000, 322.
6 Erman/Schwenker § 648 BGB Rn. 3; Staudinger/Peters § 648 BGB Rn. 13; OLG Hamburg BauR 1994, 123.
7 Vgl. nachfolgend unter Rn. 34.

Bauwerksteil geworden sind. Solche **Vorfertigung** nach den Werkplänen des Architekten erfolgt nicht nur im Bereich des Fassadenbaus, sondern auch bei Stahlbauarbeiten (DIN 18335), Metallbauarbeiten (DIN 18360) und bei Förderanlagen, Aufzugsanlagen Fahrtreppen und Fahrsteigen (DIN 18385). Auch der Klempner (DIN 18339) kommt mit vorgefertigten Scharenblechen, deren Maße ihm nach Plan angegeben worden sind, auf die Baustelle.

Insofern ist der **Mehrwert** nicht nur der Grund für den Anspruch, sondern auch ein Bemessungsfaktor für die **Höhe des Sicherungsanspruchs**. Denn nicht der Umfang der Vorbereitungsarbeit und der darauf entfallende Vergütungsanteil ist maßgeblich, sondern ausschlaggebend ist der auf den Bauwerksteil entfallende Anteil. 3

I. Sach- und Rechtslage der Baurealisierung

Der Unternehmer erbringt bei einem Bauvertrag Leistungen, die wegen der festen Verbindung mit einem Grundstück gem. § 946 BGB sofort in das Eigentum des Grundstückseigentümers übergehen. Ein Eigentumsvorbehalt, der zwischen Unternehmer und Besteller vereinbart würde, läuft leer, weil § 946 BGB zwingendes und nicht abdingbares Recht enthält.[8] Der Unternehmer entreichert sich deshalb im Zuge der Baurealisierung und der Grundstückseigentümer erfährt sachenrechtlich notwendig eine Bereicherung deshalb, weil das mit Grund und Boden nach §§ 946, 94 BGB fest Verbundene notwendig Eigentum des Grundstückseigentümers wird. Hinzu kommt, dass das, was zur Herstellung des Gebäudes eingefügt worden ist, unabhängig von einer festen Verbindung wesentlicher Bestandteil ist (§ 94 Abs. 2 BGB) und damit der Eigentumswechsel mit der Einfügung erfolgt. Deshalb sind lediglich eingehängte Dachplatten ebenso wesentliche Bestandteile eines Bauwerks wie die in Leitungsschlitzen eingepassten und mit dem Mauerwerk mittels Schellen verbundenen Leitungen oder montierte Heizkörper. Zu einem solchen Verlust des Eigentums bei dem Unternehmer und der entsprechenden Bereicherung des Auftraggebers ist es bei bloßen Vorbereitungsarbeiten noch nicht gekommen. Deshalb sind auf bloße **Vorbereitungsarbeiten** entfallende Vergütungsanteile solange mit dem Bau noch nicht begonnen worden ist, über § 648 BGB nicht besicherungsfähig. 4

Zwar könnte man dennoch die Meinung vertreten, der Unternehmer müsse trotzdem das Werk nur abliefern Zug um Zug gegen Abnahme und Entrichtung der Vergütung.[9] Dies mag zwar theoretisch richtig sein; für die Baupraxis scheitert dieser Ansatz aber an der Realität. Denn wie soll der Rohbauunternehmer den von ihm erstellten Rohbau Zug um Zug gegen Abnahme und Zahlung der Vergütung abliefern? Das könnte man sich auf die Weise vorstellen, dass er seinen Kran und sein Gerüst sowie die übrige Baustelleneinrichtung erst dann abbaut und von der 5

---

8 PWW/Scherer § 946 Rn. 3.
9 Staudinger/Peters § 641 BGB Rn. 3.

Baustelle abzieht, wenn er die Vergütung erhalten hat. Solche Vorstellungen sind jedoch völlig irreal, denn der Rohbauunternehmer verdient mit seinen Betriebsmitteln an der nächsten Baustelle Geld, er schadet sich nur selbst, wenn er von der Baustelle nicht abzieht. Außerdem hat der Unternehmer zum Zeitpunkt der Abnahme regelmäßig noch nicht die Rechnung erstellt, so dass auch aus diesem Grund die Idee, der Unternehmer könnte anderweitig vor den Folgen des Eigentumswechsels geschützt werden, irreal sind. Denn der Unternehmer muss wenigstens wissen und schlüssig darlegen können, in welchem Umfang ihm eine Werklohnforderung zusteht. Das setzt meist eine Aufmassnahme voraus, die unabhängig von der Abnahme zu beurteilen ist.

II. Baurechtliche Relevanz der Regelung

6 Die Vorschrift ist deshalb von erheblicher baurechtlicher Relevanz, wenn auch der Wert dieser Sicherung mittels Sicherungshypothek und vorgelagerter Vormerkung zur Zusicherung des Anspruchs auf Eintragung einer Bauhandwerkersicherungshypothek rangmäßig von den sonstigen Belastungen auf dem Grundstück abhängig ist. Gehen der Sicherungshypothek oder der Vormerkung im Rang Hypotheken und/oder valutierte Grundschulden vor, die den **Verkehrswert** des Grundstücks im Versteigerungsfall erschöpfen, ist die Sicherung bescheiden. Gleichzeitig ist damit auch die Schwäche dieses Sicherungsmittels aufgezeigt: Der Unternehmer muss für das Grundstück bereits Leistungen erbracht haben, um einen Anspruch auf Besicherung zu haben. Die Sicherung ist im Gegensatz zu § 648 a BGB nicht leistungsunabhängig, sondern setzt grundsätzlich Leistungen voraus, die für das Grundstück eine wertsteigernde Wirkung entfaltet haben.

1. Baupraktischer Wert der Sicherung über § 648 BGB

7 Die Abhängigkeit des Sicherungswerts einer nach §§ 648, 883, 885 BGB eingetragenen Vormerkung zur Sicherung des Anspruchs auf Eintragung einer Sicherungshypothek, was im einstweiligen Verfügungsverfahren nach § 935 ZPO durchsetzbar ist, von der sonstigen Belastung des Grundstücks, die meist vorrangig zugunsten kreditgebender Banken besteht, führt jedoch nicht zur totalen Wertlosigkeit dieses Sicherungsmittels. Eine mittels einstweiliger Verfügung (§ 885 BGB, § 935 ZPO) eingetragen Vormerkung erweist sich als **Druckmittel**. Die Vormerkung wirkt faktisch wie eine Grundbuchsperre, denn potentielle Erwerber werden bei Grundbucheinsicht ebenso abgeschreckt wie etwaige Geldgeber, die sich trotz vielleicht noch vorhandener Beleihungsreserven scheuen werden, ohne Löschung der Vormerkung Kredite auszureichen. Damit ist das Sicherungsmittel jedenfalls geeignet, Druck auf den Besteller auszuüben, die über die Vormerkung gesicherten Zahlungsansprüche zu erfüllen. Da der Unternehmer aus einer Sicherungshypothek auch die Zwangsvollstreckung betreiben kann, begründet auch diese Position ein Druckmittel, das mit dem Ziel der Erfüllung der Forderungen aus dem

Vertrag eingesetzt werden kann. Insofern ist das Sicherungsmittel nicht völlig wertlos.

2. Baupraktischer Wert in der Insolvenz

In der **Insolvenz** verschafft eine zur Zeit der **Insolvenzeröffnung** eingetragene Sicherungshypothek gem. § 49 InsO das Recht zur **abgesonderten Befriedigung nach** dem Gesetz über die Zwangsversteigerung und die Zwangsverwaltung (ZVG). Ist vor Eröffnung des Insolvenzverfahrens nur die Vormerkung eingetragen, wird dem Insolvenzverwalter durch § 106 InsO hinsichtlich des durch die Vormerkung gesicherten Anspruchs das Erfüllungswahlrecht aus § 103 InsO entzogen. Der gesicherte Zahlungsanspruch ist unabhängig von der dem Insolvenzverwalter im Übrigen verbleibenden Wahlfreiheit auf jeden Fall aus der Insolvenzmasse zu befriedigen.[10] Ist die Vormerkung jedoch im letzten Monat vor dem Antrag auf Eröffnung des Insolvenzverfahrens oder nach diesem Antrag durch Zwangsvollstreckung eingetragen worden, verliert sie mit der Eröffnung des Insolvenzverfahrens ihre Wirkung (§ 88 InsO).

8

3. Baupraktische Schranken im Vergleich zu § 648 a BGB

Auf die baupraktischen Schranken der Sicherung nach § 648 BGB ist bereits hingewiesen worden. Sie bestehen gerade im Verglich zu § 648 a BGB darin, dass die Vorschrift für den gesamten Bereich der Bauvorbereitung keine Sicherungsgrundlage bildet. Gerade in Gewerken, die eine intensive **Vorbereitung** und **Vorfertigung** bedingen, erfolgen die diesbezüglichen Aufwendungen dann, wenn die Maßnahme scheitert und es nicht mehr zum Einbau kommt, ohne Absicherungsmöglichkeit. Deshalb und auch aus anderen Gründen ist der Wirkungskreis der Vorschrift durchaus – auch im Vergleich zu § 648 a BGB – erheblich eingeschränkt

9

III. Begrenzter Wirkungskreis – personelle und sächliche Beschränkung

Allerdings ist zu beachten, dass der Anwendungsbereich der Vorschrift deshalb stark eingeengt ist, weil nach dem Wortlaut der Regelung der Besteller und der Grundstückseigentümer identisch sein müssen. Mangels dieser **Identität zwischen Besteller und Grundstückseigentümer** ist die Bauhandwerkersicherungshypothek für Subunternehmer und Subplaner von vornherein kein geeignetes Sicherungsmittel. Denn der Hauptunternehmer oder Generalplaner ist zwar Besteller der Werkleistung, nicht aber mit dem Grundstückseigentümer identisch. Damit ist der Schutzzweck der Vorschrift manipulierbar, dem nur eingeschränkt über Treu und Glauben begegnet werden kann (siehe Rn. 36 ff., 42). Geschützt wird außerdem nur der Unternehmer eines Bauwerks oder eines Bauwerksteils,

10

---

10 Braun § 106 InsO Rn. 6.

womit im Vergleich zur Beschreibung der nach § 648a BGB Geschützten die Unternehmer einer Außenanlage aus dem Kreis der nach § 648 BGB Anspruchsberechtigten herausfallen. Der Unternehmer muss zudem ein solcher eines Bauwerks oder eines Teils eines Bauwerks sein, womit die Beauftragung mit **Leistungen an einem Grundstück**, wozu insbesondere der gesamte Reparatur- und Instandhaltungs- sowie Instandsetzungsbereich gehört, vom Schutzbereich der Vorschrift nicht erfasst wird.

11 Insofern ergab sich im Baubereich unter **Schutzgesichtspunkten** ein erheblicher Nachholbedarf, dem mit Einfügung des § 648a BGB durch das Gesetz zur Beschleunigung fälliger Zahlungen mit Wirkung ab 1.5.2000 Rechnung getragen worden ist.[11]

B. Regelungserwägungen

12 Die Regelung beruht in gewissem Umfang auf dem **Mehrwertprinzip**. Der BGH[12] hat die Rechtfertigung für die Regelung in der Vorleistungspflicht des Unternehmers und darin gesehen, dass das in Betracht kommende Grundstück durch die Leistungen des Unternehmers einen **Mehrwert** erfährt.

I. Das Mehrwertprinzip

13 § 648 Abs. 1 S. 2 BGB bringt diesen Gedanken sehr deutlich zum Ausdruck; denn nach § 648 Abs. 1 S. 1 BGB könnte der Unternehmer den Anspruch auf die Eintragung einer Sicherheitsleistung bereits ab dem Zeitpunkt des Vertragsschlusses und unabhängig von jeglicher Leistung geltend machen. S. 2 stellt mit der Einschränkung, bei fehlender Vollendung des Werks könne die Einräumung der Sicherungshypothek nur für einen der geleisteten Arbeit entsprechenden Teil der Vergütung verlangt werden, darauf ab, dass werterhöhende Leistungen zugunsten des Grundstücks erbracht worden sind. Denn Voraussetzung ist die fehlende Vollendung des Werks, also des Bauwerks, was Maßnahmen bedingt, bei denen durch Einsatz von Arbeit und Kapital in Verbindung mit Grund und Boden[13] ein Bauwerk oder Bauwerksteil zumindest begonnen worden ist. Dem Unternehmer, der durch den Einbau von beweglichen Sachen in das Grundstück gem. § 946 BGB einen Eigentumsverlust erleidet und sich durch einen Eigentumsvorbehalt nicht absichern kann, soll bereits **vor Fälligkeit seiner Werklohnforderung** ein Kreditsicherungsmittel

---

11 BGBl. I 2000 S. 330.
12 BGH Urt. v. 3.5.1984 VII ZR 80/82 BauR 1984, 413 = NJW 1984, 2100; Urt. v. 10.3.1977 VII ZR 77/76 BGHZ 68, 180 = NJW 1977, 947.
13 Vgl. die Bauwerksbeschreibung z.B. in BGH Urt. v. 16.9.1971 VII ZR 5/70 BGHZ 57, 60 = NJW 1971, 2219; BGH Urt. v. 20.5.2003 X ZR 57/02 BauR 2003, 1391 = NZBau 2003, 559 = NJW-RR 2003, 1320 = IBR 2003, 473.

in die Hand gegeben werden.[14] Dies gilt gerade auch deshalb, weil nach BGH[15] der Unternehmer eines Bauwerks für seine Forderungen aus dem Vertrag die Einräumung einer Sicherungshypothek an dem Baugrundstück des Bestellers nicht verlangen kann, soweit und solange das Werk **mangelbehaftet** ist. Bis zur Mängelbeseitigung hat der Unternehmer keine vollwertige Leistung erbracht, weswegen die Sicherung des Vergütungsanspruchs nicht in vollem Umfang gelingen kann. Eine **mangelhafte Leistung** steht einer **Teilleistung** vor Vollendung des Werks gleich. Mangelbedingt hat das Grundstück auch nur eine geringere Wertsteigerung erfahren.

Deshalb ist der Mehrwert des Grundstücks Auslöser für den Anspruchsgrund und auch für die Höhe des Anspruchs insofern, als der auf Kapital-, Material- und Geräteeinsatz sowie Arbeitseinsatz entfallende Vergütungsanteil maßgebend ist.

Das Mehrwertprinzip zeig sich gerade auch bei **Vorfertigungsmaßnahmen** und dem **Sicherungsumfang** bei **Arbeitsaufnahme**. Hat der Fassadenunternehmer den Auftrag, eine Fassade aus Aluminium zu erstellen, fertigt er die Unterkonstruktion nach Maßgabe der Werkpläne des Architekten gemäß den daran ausgerichteten und vom Fassadenunternehmer erstellten Werkstattplänen. Die Elemente der Unterkonstruktion werden bemessen, abgelängt und dementsprechend hergerichtet. Die Wandelemente sind darauf zugeschnitten bestellt worden und liegen ebenfalls bereit. Nun beginnt der Unternehmer auf der Baustelle mit der Befestigung der Unterkonstruktion und der Fassaden-Wandelemente. Der Umfang des Sicherungsanspruchs bemisst sich nicht danach, welche Vorbereitung insgesamt geleistet worden ist, sondern ausschließlich danach, im welchem Umfang Bauwerksleistungen erbracht worden sind.

II. Begrenzung des Mehrwertprinzips

Allerdings hat der BGH ausgeführt,[16] es sei bei einem Werkvertrag, der Werkleistungen an verschiedenen Grundstücken betreffe unter Sicherungsgesichtspunkten nicht geboten, eine Aufteilung des als einheitlich vereinbarten Werkerfolgs danach vorzunehmen, welche Werkleistungen auf den einzelnen Grundstücken erbracht worden sind, um dementsprechend die Höhe der zu besichernden Forderung zu bestimmen. Maßgebend soll die Höhe der dem Besteller für das Bauwerk erbrachten Leistung, nicht aber der dem einzelnen Grundstück zugeflossene Wert sein. Das Urteil stellt fest, es lasse sich den Gesetzesmaterialien nicht entnehmen, dass der Unternehmer auf den von ihm geschaffenen Mehrwert des jeweiligen Baugrundstücks beschränkt sein soll. Der Gesetzgeber habe in § 648 Abs. 1 S. 2

---

14 BGH Urt. v. 3.5.1984 VII ZR 80/82 BauR 1984, 413 = NJW 1984, 2100; Urt. v. 10.3.1977 VII ZR 77/76 BauR 1977, 208 = BGHZ 68, 180 = NJW 1977, 947.
15 Urt. v. 10.3.1977 VII ZR 77/76 BauR 1977, 208 = BGHZ 68, 180 = NJW 1977, 947.
16 Urt. v. 16.12.1999 VII ZR 299/96 BauR 2000, 1083 = BGHZ 144, 138 = NJW 2000, 1861 = NZBau 2000, 286 = IBR 2000, 322.

BGB den Sicherungsanspruch lediglich der Höhe nach eingeschränkt und damit dem Mehrwertprinzip in einer modifizierten Form Rechnung getragen. Das Gesetz eröffne dem Unternehmer den Zugriff auf das Baugrundstück und beschränke diesen Zugriff nicht auf den vom Unternehmer daran geschaffenen Mehrwert.

16 Diese Rechtsprechung, die zur Einräumung von **Gesamtsicherungshypotheken** führt (§ 1132 BGB), kann allerdings von einen Besteller leicht dadurch umgangen werden kann, dass er mit dem Unternehmer hinsichtlich der einzelnen Objekte jeweils Einzelverträge abschließt,[17] Denn betrifft ein Vertrag mit seinen Leistungen nur bestimmte Grundstücke und ein zweiter andere Grundstücke, dann stehen für die Vergütungsansprüche aus diesen Verträgen nur die jeweils betroffenen Grundstücke als Sicherungsobjekt zur Verfügung.[18] Abgesehen davon stellt sich durchaus die Frage, ob zwischen einzelnen Fallgestaltungen ein Unterscheidungsbedarf besteht. Hat der Unternehmer für alle Objekte seine Leistungen erbracht, dann erstreckt sich das Bauwerk entsprechend der Formulierung des BGH im 2. Leitsatz seiner Entscheidung vom 16. 12. 1999 auch über mehrere Grundstücke und der Unternehmer kann an jedem dem Besteller gehörenden Grundstück für seine Forderungen in voller Höhe die Einräumung einer Sicherungshypothek verlangen, bei mehreren Grundstücken in Form einer Gesamthypothek (§ 1132 Abs. 1 BGB). Eine Aufteilung der zu besichernden Forderung nach Maßgabe dessen, was für die einzelnen Grundstück konkret an Leistung erbracht worden ist, erfolgt dann nicht. Betrifft die Leistung alle Grundstück ist trotz deren rechtlicher Selbstständigkeit eine einheitliche Beurteilung der vereinbarten Werkleistung und der hierfür zu stellenden Sicherheit geboten. Der Sicherungsanspruch des Unternehmers aus § 648 BGB ist orientiert sich nicht streng an dem von ihm geschaffenen Mehrwert des jeweiligen Baugrundstücks; eine solche Beschränkung erfolgt nicht.

17 Diese Betrachtungsweise setzt jedoch voraus, dass sich das **erbrachte Bauwerk über mehrere Grundstücke** erstreckt, was dann nicht der Fall ist, wenn der Unternehmer in Erfüllung eines einheitlich Bauleistungen über mehrere Grundstücke bisher lediglich **Leistungen an einem dieser Grundstücke** erbracht hat. Steht die Leistung hinsichtlich der weiteren Grundstücke noch vollständig aus, besteht kein Anlass, diese dennoch über § 648 BGB als Sicherungsobjekt für die bisherige Forderung aus dem Vertrag, die sich aus Arbeiten lediglich für ein Grundstück ableitet, anzusehen. Dann erstreckt sich zwar das **vertraglich geschuldete Bauwerk** über mehrere Grundstücke, aber nicht das **tatsächlich erbrachte Bauwerk**. Um eine Gesamthypothek eintragen lassen zu können, muss der Unternehmer an sämtlichen in Frage kommenden Grundstück bereits Bauleistungen erbracht haben. Liegt das vor, ist eine Aufteilung der zu sichernden Werklohnforderung auf

---

17 Urt. v. 16. 12. 1999 VII ZR 299/96 BauR 2000, 1983 = BGHZ 144, 138 = NJW 2000, 1861 = NZBau 2000, 286 = IBR 2000, 322.
18 Urt. v. 16. 12. 1999 VII ZR 299/96 BauR 2000, 1983 = BGHZ 144, 138 = NJW 2000, 1861 = NZBau 2000, 286 = IBR 2000, 322.

die einzelnen Grundstücke nicht veranlasst. Dem Unternehmer steht nach § 648 Abs. 1 S. 1 BGB ein Anspruch auf Absicherung auf dem Baugrundstück zu. S. 2 beschränkt diesen Anspruch seiner Höhe nach auf das, was bisher geleistet worden ist. Sicherungsobjekt dieses der Höhe nach sich am Umfang der erbrachten Leistungen ausrichtenden Anspruchs ist weiterhin gem. § 648 Abs. 1 S. 1 BGB das Baugrundstück. Erstreckt sich die vertraglich zu erbringende Leistung auf mehrere Grundstücke, leitet sich der bisher verdiente Werklohn aber nur aus Arbeiten an einem der Grundstücke ab, ist auch nur dieses das Sicherungsobjekt. Insofern verbleibt es bei dem **Mehrwertprinzip**.

Dieses Prinzip verwirklicht sich auch im Bereich der **Planerleistungen**; denn ein Anspruch der Planer auf Einräumung einer Sicherheitshypothek besteht nur insofern und insoweit als die Planungsleistungen sich auf dem Grundstück in Gestalt des Bauwerks verwirklicht haben.[19] Ansonsten weisen diese Leistungen lediglich die Qualität von **Vorbereitungsmaßnahmen** auf, die für sich den Sicherungsanspruch dem Grunde nach nicht auslösen können.[20] Hat ein Planer einen einheitlichen Planungsauftrag über drei Objekte, die gemeinsam entwickelt und geplant werden und wird nach Erteilung der Baugenehmigung mit einem der Objekte, z. B. A, begonnen, indem die Baugrube ausgehoben wird, sind die auf dieses Gebäude entfallenden Planungsleistungen sicherungsfähig, nicht aber die Honorare, die auf die Gebäude B, C und D entfallen. Zwar erstreckt sich die Planung über mehrere Gebäude, nicht aber der Beginn der Bauarbeiten. Andererseits kann der Ansicht nicht gefolgt werden, der Sicherungsanspruch eines Planers, der für ein und dasselbe Gebäude mehrere Entwürfe gefertigt hat, wovon jedoch – naturgemäß – »nur« einer durch Umsetzung in das körperliche Bauwerk verwirklicht wird, beschränke sich auf das die verwirklichten Planungsleistungen betreffende Honorar.[21] Das deckt sich nicht mit dem Wortlaut. Der Anspruch leitet sich unmittelbar aus § 648 Abs. 1 S. 1 BGB ab. Der Vergütungsanspruch erfasst auch die Planungsleistungen des nicht verwirklichten Entwurfs nach den einschlägigen Regeln der HOAI. Das Werk ist vollendet. Das Baugrundstück hat eine Wertsteigerung erfahren. Die Wertsteigerung beschränkt den Sicherungsanspruch nicht. Die Planungsleistungen sind nicht lediglich Vorbereitungsmaßnahmen, sondern mit dem Bau ist begonnen worden. Die Wertsteigerung beschränkt die Sicherungsmöglichkeit nur insofern, als der Planer, der z. B. auch mit der Phase 9 beauftragt worden ist, mit Beginn der Bauarbeiten nicht den auf die Phase 9 entfallenden Honoraranspruch besichern kann. Insofern ist das Planerwerk noch nicht vollendet, weswegen dann § 648 Abs. 1 S. 2 BGB einschlägig ist.

18

---

19 OLG Düsseldorf BauR 1999, 1482 = NJW-RR 2000, 166; OLG Hamm BauR 2000, 900; OLG Düsseldorf IBR 1994, 245; OLG Celle NJW-RR 1996, 854; LG Köln BauR 1995, 421; Staudinger/Peters § 648 BGB Rn. 15; Bamberger/Roth/Voit § 648 BGB Rn. 6; MüKo/Busche § 648 BGB Rn. 17; Erman/Schwenker § 648 BGB Rn. 10; Werner/Pastor Rn. 212.
20 Werner/Pastor Rn. 238.
21 So OLG München NJW 1973, 289; Werner/Pastor Rn. 239.

C. Anwendungsvoraussetzungen

19 Die Anwendung des § 648 BGB hängt davon ab, dass der Anspruchsteller ein Unternehmer eines Bauwerks oder Bauwerksteils ist und der Besteller auch Grundstückseigentümer ist. Fallen Besteller und Grundstückseigentümer sachenrechtlich auseinander scheitert der Sicherungsanspruch, es sei denn diese Trennung kann über Treu und Glauben aufgehoben werden. Zudem muss die rechtliche Beziehung der Beteiligten als Werkvertrag eingeordnet werden können.

I. Werkvertrag

20 Vorausgesetzt wird ein Werkvertrag. Das folgt aus der systematischen Stellung des § 648 BGB innerhalb der werkvertraglichen Regelungen. Dienst- und Werklieferungsverträge genügen nicht. Für den Werklieferungsvertrag verweist § 651 BGB auch bei nicht vertretbaren beweglichen Sachen nicht auf § 648 BGB. Eine Montageverpflichtung begründet nicht notwendig einen Werkvertrag, sondern kann nach § 434 Abs. 2 BGB Teil eines Kaufvertrags sein. So liegt der Lieferung und Montage einer Solaranlage ein Kaufvertrag zugrunde.[22] Maßgeblich für die Abgrenzung des Kaufvertrags vom Werkvertrag ist, ob sich die Vertragspflichten im Wesentlichen in der Lieferung von Bauteilen erschöpfen oder ob ein darüber hinausgehender Erfolg geschuldet wird.[23] Ein Beschaffungsgeschäft, das sich auf eine herzustellende bewegliche Sache bezieht, ist ein Werklieferungsvertrag nach § 651 BGB, wenn der Unternehmer nicht zugleich auch zum Einbau verpflichtet ist.[24] Ob das einzubauende Teil wesentlicher Bestandteil im sachenrechtlichen Sinne wird, ist jedoch nicht entscheidend.[25] So kann der nachträgliche Einbau einer Einbauküche »Arbeit bei einem Bauwerk« sein und damit ein Werkvertrag zugrunde liegen.[26] § 648 BGB gilt sowohl für den BGB- als auch für den VOB-Bauvertrag, da die VOB/B als Sonderordnung insoweit Abweichungen nicht kennt und abgesehen von dem Recht des Unternehmers auf Abschlagszahlungen keinerlei Sicherungsvorkehrungen zugunsten des Unternehmers vorsieht. § 648 BGB wird deshalb bei einem VOB/B-Bauvertrag nicht durch die VOB/B verdrängt.

---

22 BGH Urt. v. 3. 3. 2004 VIII ZR 76/03 BauR 2004, 995 = NZBau 2004, 326 = NJW-RR 2004, 850 = IBR 2004, 306.
23 OLG Oldenburg BauR 2004, 1324.
24 Werner/Pastor Rn. 197.
25 BGH Urt. v. 20. 2. 1997 VII ZR 288/94 BauR 1997, 640 = NJW 1997, 1982 = ZfBR 1997, 198 = IBR 1997, 278.
26 BGH Urt. v. 15. 2. 1990 VII ZR 175/89 BauR 1990, 351 = NJW-RR 1990, 787 = ZfBR 1990, 182 = IBR 1990, 271.

II. Unternehmer eines Bauwerks oder Bauwerksteils

Als Unternehmer eines Bauwerks oder Bauwerksteils kommen nicht nur die Bauunternehmer, sondern grundsätzlich auch **Architekten** und **Sonderfachleute** in Betracht, die durch ihre Leistung die geistigen Grundlagen für das körperliche Bauwerk schaffen. **Gutachter** scheiden jedoch aus dem Kreis der Anspruchsberechtigten aus. Zwar liegt einem Gutachtensauftrag mit Bezug zu einem Bauwerk, z. B. wenn es insbesondere bei Maßnahmen im Bestand um den Objektzustand geht, ein Werkvertrag zugrunde;[27] aber der Gutachter ist dennoch grundsätzlich nicht wie der Planer Unternehmer eines Bauwerks. Denn der Werkvertrag muss ein Bauwerk oder Bauwerksteil betreffen. Den Ausgangspunkt bildet die Befassung mit einem Bauwerk oder Bauwerksteil, auch wenn es sich dabei um die geistigen Grundlagen für die Errichtung eines Bauwerks handelt. Dafür reicht jedoch lediglich ein Gutachten, das sich mit dem Bauzustand befasst und darüber nicht hinausgeht, nicht aus

21

1. Bauwerk und Bauwerksteil

Erforderlich ist, dass der Unternehmer mit einem Bauwerk oder einem Bauwerksteil befasst ist. Ist Gegenstand der Leistung lediglich die **Grundstücksbearbeitung**, scheidet die Sicherungsmöglichkeit nach § 648 BGB aus. Wer lediglich **Arbeiten an einem Grundstück** erbringt oder gar sich nur mit Reparaturen befasst, verdient den Schutz des § 648 BGB nicht.

22

a) Bauwerk

Maßgeblich ist das Begriffsverständnis in § 634 a Abs. 1 Nr. 2 BGB. Bauwerk ist nach der Rechtsprechung eine unbewegliche, durch die Verwendung von Arbeit und Material in Verbindung mit dem Erdboden hergestellte Sache.[28] Der Ausdruck »Bauwerk« beschreibt nicht nur die Ausführung eines Baus als ganzen, sondern auch die Herstellung der einzelnen Bauteile und Bauglieder und zwar unabhängig davon, ob sie als äußerlich hervortretende, körperlich abgesetzte Teile in Erscheinung treten.[29] Bauwerk ist nicht nur ein Gebäude; darunter fallen auch Erdbauarbeiten und Tiefbauarbeiten. **Erdbauarbeiten** i. S. d. DIN 18300 sind jedoch lediglich Arbeiten an einem Grundstück, wenn sie im Ergebnis nicht der Herstellung eines Bauwerks dienen, sondern sich in der bloßen Gestaltung von Grund und Boden erschöpfen. Das trifft nicht zu auf Arbeiten, die der Herstellung einer Baugru-

23

---

27 BGH Urt. v. 10. 11. 2001 VII ZR 475/00 BauR 2002, 315 = BGHZ 149, 57 = NJW 2002, 749 = NZBau 2002, 150 = ZfBR 2002, 243 = IBR 2002, 87, 88.
28 BGH Urt. v. 20. 5. 2003 X ZR 57/02 BauR 2003, 1391 = NZBau 2003, 559 = NJW-RR 2003, 1320 = ZfBR 2003, 674 = IBR 2003, 473; Urt. v. 12. 3. 1986 VIII ZR 332/84 NJW 1986, 1927.
29 BGH Urt. v. 20. 5. 2003 X ZR 57/02 BauR 2003, 1391 = NZBau 2003, 559 = NJW-RR 2003, 1320 = ZfBR 2003, 674 = IBR 2003, 473.

be[30] oder deren Verfüllung dienen.[31] Arbeiten an einem Bauwerk sind sämtliche Leistungen an einem **Neubau; Arbeiten an einem Grundstück** sind die reinen Erdbewegungsarbeiten wie auch solche an bestehenden Gebäuden, die für die **Bestandserhaltung** von untergeordneter Bedeutung sind. Bei **Maßnahmen im Bestand** ist entscheidend, welchen Stellenwert die unter den Begriffen wie Instandhaltung, Instandsetzung, Modernisierung, Umbau, Reparatur und Wartung oder Sanierung konkret erfassten Tätigkeiten für das vorhandene Objekt haben. Entscheidend ist, ob diese Maßnahmen von wesentlicher Bedeutung für das Bauwerk sind.[32] Ein Kriterium ist auch, ob die Maßnahme nach Umfang und Gewicht einer Neubaumaßnahme im Ergebnis gleich kommt.[33] Konkretisierend kann darauf abgehoben werden, ob die Werkleistung die Funktionalität wieder herstellt, die Dauerhaftigkeit positiv beeinflusst, auf die Wertbildung erheblichen Einfluss hat oder letztlich lediglich der Verschönerung dient.[34] Allerdings ist gerade hinsichtlich der **Verschönerung** – z.B. bei Malerarbeiten – zusätzlich zu bedenken, dass damit eine Schutzfunktion verbunden sein kann, und deshalb die Leistung auch unter dem Gesichtspunkt ihres Einflusses auf die Langlebigkeit gesehen werden muss. Bloße **Verschönerungsarbeiten** oder bloße **Wartungsarbeiten** sind jedenfalls keine Bauwerksarbeiten. Ein Löschwasserteich ist ein Bauwerk;[35] der Einbau einer Alarmanlage in ein bestehendes Wohnhaus stellt keine Bauwerksarbeit dar, sondern ist Arbeit am Grundstück.[36] Auch ein Gartenbrunnen mit einem 7 m tiefen Bohrloch ist keine Bauwerksarbeit.[37] Eine technische Anlage wie eine Hängebahn in einer Werkhalle kann Bauwerk sein; auch kann ihr Einbau in einer Werkhalle eine Maßnahme der grundlegenden Erneuerung der Werkhalle und damit eines Bauwerks sein, dem auch eine Steuerungsanlage zugerechnet werden kann.[38] Der Einbau einer Ballenpressanlage hat ein Bauwerk zum Gegenstand.[39] Gleiches gilt für eine Förderanlage;[40] derartige technische Anlagen, die selber kein Bauwerk sind, gehören jedoch in ihrer Verbindung mit dem Bauwerk selbst, in das sie integriert sind und zu dessen Herstellung sie dienen, jedenfalls zu den Bauwerksteilen

---

30 BGH Urt. v. 22.9.1983 VII ZR 360/82 BauR 1984, 64 = NJW 1984, 168.
31 OLG Düsseldorf NJW-RR 1995, 214, 215.
32 BGH Urt. v. 6.11.1969 VII ZR 159/67 BauR 1970, 45 = BGHZ 53, 43 = NJW 1970, 419; Urt. v. 15.2.1990 VII ZR 175/89 BauR 1990, 351 = NJW-RR 1990, 787 = ZfBR 1990, 182; Bamberger/Roth/Voit § 648 BGB Rn. 4; MüKo/Busche § 648 BGB Rn. 12; Staudinger/Peters § 648 BGB Rn. 12.
33 BGH Urt. v. 9.6.1983 III ZR 41/82 NJW 1984, 168; Urt. v. 30.3.1978 VII ZR 48/77 BauR 1978, 303.
34 BGH Urt. v. 22.9.1983 VII ZR 360/82 BauR 1984, 64 = BGHZ 19, 319 = NJW 1984, 168.
35 OLG Oldenburg BauR 2000, 731.
36 OLG Düsseldorf BauR 2000, 732.
37 OLG Düsseldorf BauR 2000, 733.
38 BGH Urt. v. 20.2.1997 VII ZR 288/94 BauR 1997, 640 = NJW 1997, 1982 = ZfBR 1997, 198 = IBR 1997, 278.
39 BGH Urt. v. 4.12.1986 VII ZR 354/85 BauR 1987, 205 = BGHZ 99, 160 = NJW 1987, 837.
40 BGH Urt. v. 3.12.1998 VII ZR 109/97 BauR 1999, 570 und 670 = NJW 1999, 2434 = ZfBR 1999, 187 = IBR 1999, 273.

i.S.d. § 648 BGB.[41] Umfangreiche Malerarbeiten, die im Rahmen eines grundlegenden Umbauvorhabens der vollständigen Renovierung eines Hauses dienen, sind als Bauwerk oder Bauwerksteil einzuordnen.[42] Das Anbringen einer mit dem Gebäude fest verbundenen Leuchtreklame ist jedenfalls als Bauwerksteil anzusehen.[43] Abdichtungsarbeiten und Drainagearbeiten, die dem Schutz und dem Bestand eines Hauses zu dienen bestimmt sind, gehören zu Bauwerksarbeiten.[44]

Die **Baugrubensicherung**, mit der ein Unternehmer eigenständig beauftragt wird, hat ein Bauwerk zum Gegenstand, auch wenn die Sicherung, z.B. in Gestalt eines Berliner Verbaus oder einer Spundwand, nach Errichtung des Bauwerks später wieder entfernt wird. Abgesehen davon, dass es sich hierbei auch um ein eigenständiges Bauwerk handelt, das lediglich nicht von Dauer ist, dient die Maßnahme der **Vorbereitung eines Bauwerks**. Solche bloß vorbereitenden Arbeiten, die bereits in das Grundstück eingreifen, genügen für die Anwendung des § 648 BGB. 24

Ingesamt stellt sich im Rahmen des § 648 BGB die grundsätzliche Frage, wie es um die Sicherungslage eines Unternehmers steht, der allein mit **Baubehelfen**[45] beauftragt ist (siehe Rn. 28, 29).

Die Leistung muss sich nicht notwendig in dem Bauwerk sichtbar verkörpern. Ist ein Unternehmer allein mit der **Grob- und Feinreinigung** des Rohbaues und später des fertigen Gebäudes beauftragt, betrifft die Bauleistung das Bauwerk insgesamt, wenn auch später diese Leistung nicht als eigenständiges Teil des Werks sichtbar wird.[46] 25

Besonderheiten gelten für **Abbrucharbeiten**. Nach h.M wird einem Abbruchunternehmer, der seine Leistung ohne Bezug zu einem Neubau erbringt, ein Sicherungsanspruch aus § 648 BGB versagt.[47] Das gilt nicht, wenn der mit dem Neubau beauftragte Unternehmer auch die Abbrucharbeiten übernommen hat. Ist der Unternehmer allein mit Abbrucharbeiten beauftragt, dem sich dann ein Neubau anschließt, der von einem anderen Unternehmer ausgeführt wird, kann nichts anderes gelten als für einen Erdbauunternehmer, der für ein Bauwerk, dessen Erstellung einem anderen Unternehmer beauftragt worden ist, die Baugrube aushebt. Ist ein Abbruchunternehmer mit dem Abbruch beauftragt worden, was gegenwärtig 26

---

41 Vgl. BGH Urt. v. 15.5.1997 VII ZR 287/95 BauR 1997, 1018 = NJW-RR 1998, 89 = ZfBR 1998, 22 = IBR 1999, 13.
42 Vgl. BGH Urt. v. 16.9.1993 VII ZR 180/92 BauR 1994, 101 = NJW 1993, 3195 = IBR 1994, 47.
43 OLG Hamm BauR 1995, 240.
44 BGH Urt. v. 22.9.1983 VII ZR 360/82 BauR 1984, 64 = NJW 1984, 168.
45 Zu diesem Begriff vgl. Englert BauR 2003, 233.
46 OLG Celle BauR 1976, 365.
47 BGH Urt. v. 9.3.2004 X ZR 67/01 BauR 2004, 1798 = NZBau 2004, 434 = NJW-RR 2004, 1163 = ZfBR 2004, 549 = IBR 2004, 562; OLG Bremen BauR 1995, 862; LG Köln BauR 1997, 672; Staudinger/Peters § 648 BGB Rn. 13; MüKo/Busche § 648 BGB Rn. 11; Werner/Pastor Rn. 206.

noch keinen konkreten Bezug zu einer Neubaumaßnahme hat, versagt die h.M. einen Sicherungsanspruch. Die Konkretisierung des Erfordernisses »Bezug zu einem Neubau« bereitet wegen fehlender Kriterien Schwierigkeiten. Sind zeitliche Zusammenhänge bedeutsam, muss der Abbruch bereits Teil eines Planungskonzepts für die Bebauung sein, wie wirkt sich eine Aufgabe einer ursprünglich vorhandenen Bauabsicht aus? Zudem ist zu bedenken, dass ein Abbruch unabhängig von einer Neubaumaßnahme wertsteigernd ist. Bei der Bewertung eines Grundstücks nach der **Wertermittlungsverordnung** erfolgt wegen vorhandenen Bestands ein **Alterabschlag**.[48] Das Bauordnungsrecht behandelt einen Abbruch eigenständig, erklärt jedoch, dass die für die Errichtung, Änderung und Instandhaltung geltenden Regeln für die Beseitigung von Anlagen entsprechend anzuwenden sind (§ 3 Abs. 4 MBO). Dem Wortlaut nach besteht die Problematik darin, einen Abbruch als ein Bauwerk zu qualifizieren. Aber der **Abbruchunternehmer** befasst sich mit einer durch die Verwendung von Arbeit und Material in Verbindung mit dem Erdbogen hergestellten Sache; diese Befassung muss i.S.d. § 648 BGB nicht notwendig positiv, sie kann auch negativ ausfallen, nämlich auf die Beseitigung eines Bauwerks gerichtet sein. § 648 Abs. 1 S. 1 BGB formuliert nicht »Unternehmer eines zu errichtenden Bauwerks oder eines Teils eines zu errichtenden Bauwerks«.

27 Dieselbe Problematik stellt sich für einen Unternehmer, der lediglich mit der Beseitigung von **Altlasten auf einem Grundstück** beauftragt worden ist oder dessen Auftrag allein die Beseitigung von auf dem Grundstück vorhandenen **Kampfmitteln** zum Gegenstand hat. Die Einordnung als Bauwerksmaßnahme kommt nur in Betracht, wenn diese Maßnahmen als Vorbereitungsaktionen in einem Bezug zur einer Neubaumaßnahme stehen. Bei einer völlig isolierten Beauftragung betrifft die Leistung lediglich Arbeiten an einem Grundstück und nicht ein Bauwerk. Auf den Aspekt der **Werterhöhung** des Grundstücks allein stellt § 648 BGB nicht ab; die Werterhöhung muss durch eine Bauwerksleistung eingetreten sein.

b) Bauwerksteil

28 Bauwerksteile sind die Teile des Rohbaus oder des Ausbaus, die den Bestand und das Funktionieren des Bauwerks als Gesamtheit sicherstellen. Dazu gehören neben den tragenden Teilen die nichttragenden Elemente wie der gesamte technische Ausbau. Die DIN 276 Fassung 1993 verschafft für Gebäude in den Kostengruppen 300 und 400 einen Überblick. Nicht entscheidend ist, welchen Stellenwert die Leistung für das Gebäude konkret hat. Auch der Umfang der Werkleistung hat für den Sicherungsanspruch – von der Höhe abgesehen – keine Bedeutung. Gewöhnlich ist für die Umschreibung »eines einzelnen Teiles eines Bauwerks« konstitutiv, dass diese Teile wesentlicher Bestandteil des Grundstücks nach § 94 BGB sind. So ist

---

48 § 23 Wertermittlungsverordnung vom 6.12.1988 (BGBl. I S. 2209), zuletzt geändert durch Bau- und Raumordnungsgesetz 1998 vom 18.8.1997 (BGBl. I S. 2081); Nr. 3.1.3 und 3.6.1.1.7 der Richtlinien für die Ermittlung der Verkehrswerte (Marktwerte) von Grundstücken (Wertermittlungsrichtlinien 2002 – WertR 2002) i. d. F. der Bek. v. 19.7.2002 (BAnz. Beilage 238a vom 20.12.2002), abgedruckt z. B. in Wertermittlungsrichtlinien 2002, 3. Aufl.

eine Kachelofen ein Bauwerksteil,[49] der Einbau einer Zentralheizung,[50] eine Beschallungsanlage in einem Hotelballsaal,[51] das Verlegen von Teppichböden,[52] der Austausch sämtlicher Fensterscheiben,[53] Malerarbeiten,[54] Einbau einer Klimaanlage,[55] Putz- und dem Bestand dienende Beschichtungsarbeiten,[56] in einem Gebäude installierte Abwasseraufbereitungsanlagen[57] sind sämtlich Maßnahmen, die Teile eines Bauwerks betreffen.

Besonderheiten werfen Maßnahmen auf, die als Baubehelfe oder Bauhilfsgewerke einzuordnen sind Diesbezüglich stellt sich die Frage, ob Unternehmer, die allein mit der Erstellung von **Baubehelfen**[58] beauftragt sind, zum Kreis der nach § 648 BGB Sicherungsberechtigten zählt. Betroffen ist in erster Linie der **Gerüstbauer**, der ausschließlich mit der Erstellung, der Vorhaltung und dem Abbau des für die Objektrealisierung erforderlichen Gerüste beauftragt worden ist. Selbstverständlich kann der Verleiher/Vermieter eines Gerüsts wegen des fehlenden Werkvertrags keine Sicherung nach § 648 BGB verlangen.[59] Das soll auch dann nicht in Betracht kommen, wenn der Unternehmer sich zu Erstellung, Vorhaltung und Rückbau verpflichtet hat, also ein Werkvertrag vorliegt.[60] Da das Gerüst jedoch für die Erstellung des Bauwerks notwendig ist und dieser Leistung unter den genannten Voraussetzungen ein Werkvertrag zugrunde liegt, ist der Gerüstbauer Unternehmer eines Bauwerks. Er wirkt am Gesamtbauwerk mit, wenn das Gerüst nach dem Abbau auch nicht mehr als selbstständiges Bauteil erhalten bleibt. Der Gerüstbauer ist nicht mit demjenigen vergleichbar, der lediglich einen Kran oder eine sonstige Gerätschaft mit Bedienungspersonal stellt, ohne die das Bauwerk nicht errichtet werden könnte. Bei Gerüsten ist zudem zu erwägen, zwischen den einzelnen **Gerüstarten** nach DIN 4420 bis DIN 4422–1 und DIN 4425 zu unterscheiden und ab einer bestimmten Schwierigkeitskategorie das **Gerüst als eigenständiges Bauwerk** einzustufen. Zählt die Gruppe der Planer dann zu den Unternehmern eines Bauwerks oder Bauwerksteils, wenn sich deren Leistung im Bauwerk verkörpert, nach

29

---

49 OLG Koblenz BauR 1995, 395 = NJW-RR 1995, 655.
50 OLG Köln NJW-RR 1995, 337.
51 OLG Hamburg NJW-RR 1988, 1106.
52 BGH Urt. v. 16.5.1991 VII ZR 296/90 BauR 1991, 603 = NJW 1991, 2486 = IBR 1991, 358.
53 LG Düsseldorf NJW-RR 1990, 916.
54 OLG Köln NJW-RR 1989, 1181.
55 BGH Urt. v. 30.9.1993 VII ZR 136/92 BauR 1994, 103 = NJW-RR 1994, 373 = ZfBR 1994, 17 = IBR 1994, 138.
56 BGH Urt. v. 8.1.1970 VII ZR 35/68 BauR 1970, 47.
57 BGH Urt. v. 15.5.1997 VII ZR 287/95 BauR 1997, 1018 = NJW-RR 1998, 89 = ZfBR 1998, 22 = IBR 1998, 13.
58 Zu dieser Kategorie vgl. Englert BauR 2003, 233.
59 MüKo/Busche § 648 BGB Rn. 11.
60 OLG Hamburg BauR 1994, 123; OLG Zweibrücken BauR 1981, 294; Bamberger/Roth/Voit § 648 BGB Rn. 5; a.A. OLG Köln BauR 2000, 1874; Siegburg, Bauhandwerkersicherungshypothek S. 116; Staudinger/Peters § 648 BGB Rn. 13; MüKo/Busche § 648 BGB Rn. 11.

diesen Plänen also mit dem Bau begonnen worden ist,[61] ist nicht einzusehen, dass der Gerüstbauer, dessen Leistung sich gleichfalls deshalb im Bauwerk verkörpert, weil es ohne das Gerüst nicht hätte erstellt werden können, nicht dem Kreis der Sicherungsberechtigten angehören soll. Busche spricht sich für eine Erweiterung des »Begriffshofs« des Bauwerks aus.[62]

30 Diese Beurteilung ist für alle Unternehmer einschlägig, die **sonstige Baubehelfe** erstellen, und z. B. im **Brückenbau** lediglich damit befasst sind, Lehrgerüste als Baubehelfe zu erstellen. Diese werden dann, wenn sie entsprechende Anforderungen und Dimensionen annehmen als Ingenieurbauwerke bezeichnet.[63] Englert[64] unterscheidet mit Bezug auf Grauvogl zwischen Baubehelfen, **Bauhilfsgewerk** und **Hilfsbauwerken**. Dabei wird unter einem Hilfsbauwerk ein eigenständiges Bauwerk i. S. d. Rechtsprechung des BGH verstanden, was sicher auf die in der DIN 18325 Abschnitt 4.2.4 genannten Hilfsbauwerke zur Aufrechterhaltung des öffentlichen und des Anliegerverkehrs wie z. B. Brücken, Befestigungen von Umleitungen und Zufahrten zutrifft.

2. Unternehmer

31 Der Unternehmerbegriff darf nicht gewerberechtlich oder sonst betriebswirtschaftlich verstanden werden. Ausschlaggebend ist die Verwendung dieses Begriffs auch in § 631 BGB. Das dort einschlägige Begriffsverständnis ist für § 648 BGB maßgebend. Deshalb sind auch die freien Berufe, wie Architekt und Sonderfachleute Unternehmer.[65] Entscheidend ist, unter welchen Voraussetzungen diese Gruppe der Planer als Unternehmer eines Bauwerks qualifiziert werden können. Geht § 631 Abs. 1 BGB davon aus, dass ein Unternehmer mit der Erstellung des vertraglich versprochenen Werks beauftragt wird, spricht § 648 BGB vom Unternehmer eines Bauwerks oder Bauwerksteils.

a) Unternehmer eines Bauwerks oder Teiles eines Bauwerks

32 Unternehmer eines Bauwerks im Ganzen ist der Schlüsselfertighersteller oder der Rohbauunternehmer. Unternehmer eines Bauwerksteiles sind insbesondere die in der VOB/C ab DIN 18332 angeführten Gewerke, die mit dem nichttechnischen oder technischen Ausbau bei einem Bauwerk zu tun haben. Das sind für einen Neubau ausgeführte Natursteinarbeiten ebenso wie Zimmer- und Holzbauarbeiten und Stahlbauarbeiten oder Dachdeckungs- und Dachabdichtungsarbeiten; auch die ab DIN 18379 beginnenden technischen Ausbaugewerke, die z. B. raumlufttechnische Anlagen oder Heiz- und Warmwassererwärmungsanlagen betreffen.

---

61 Vgl. nachfolgend unter Rn. 33.
62 In MüKo § 648 BGB Rn. 11.
63 Von Olshausen, Bauingenieurwesen Lexikon, Stichwort Lehrgerüst, S. 341.
64 BauR 2004, 233, dort wird jedoch auf die Frage der Sicherung nach § 648 BGB nicht eingegangen; ders. in: FS Kraus 2003, 27 ff.
65 Siehe § 631 BGB Rn. 120, 438 ff.

b) Architekten und Sonderfachleute

In Verbindung mit § 631 BGB ist demnach Unternehmer zu derjenige, der die Erstellung eines Bauwerks oder eines Bauwerksteils versprochen hat. Das ist dessen geschuldeter Erfolg. Der **Architekt** schuldet jedoch nicht das körperliche Bauwerk oder das körperliche Bauwerksteil; er hat nach der Rechtsprechung auf der Grundlage eines Werkvertrags, der regelmäßig zu bejahen ist,[66] ein geistiges Werk zu erbringen, nämlich durch Planung, Koordinierung und Überwachung die Voraussetzungen dafür zu schaffen, dass das körperlich ‚Bauwerk gelingt.[67] Der Architekt hat durch die Wahrnehmung der ihm obliegenden Aufgaben das Bauwerk mangelfrei entstehen zu lassen. Der Planer schuldet demnach nicht das körperliche Bauwerk, sondern das mangelfreie Entstehenlassen des körperlichen Bauwerks durch Planung, Koordinierung und Objektüberwachung, wie auch weitere Leistungen, die sich nicht im Bauwerk verkörpern. Deshalb kann ein aufgrund eines Planungsmangels verursachter Mangel des körperlichen Bauwerks nicht als Mangel des Architektenwerks bezeichnet werden; vielmehr handelt es sich um die Folge eines Planungsmangels, letztlich also um einen Schaden, demgegenüber der Einwand der Unverhältnismäßigkeit nicht erhoben werden kann.[68] Daneben schuldet der Architekt selbstverständlich eine funktionstaugliche Planung[69] und nach neuester Rechtsprechung des BGH bei einem an der HOAI orientierten Planervertrag auch die in den einzelnen Leistungsphasen des beauftragten Leistungsbildes genannten Arbeitsschritte als Teilerfolge.[70] Das gilt so auch für den Innenarchitekten und die Sonderfachleute und Fachplaner.[71] Auch die Fachplaner für Heizung, Raumlufttechnik, Installation, Elektrotechnik usw. werden wie der Architekt auf der Grundlage eines Werkvertrages tätig. Ihre Leistung ist ebenso eine geistige, die mit der von den Gewerken der technischen Gebäudeausrüstung zu erbringenden körperlichen Bauleistung nicht zu verwechseln ist.

33

---

66 BGH Urt. v. 26. 11. 1959 VII ZR 120/58 BGHZ 31, 224 = NJW 1960, 431; Urt. v. 9. 7. 1962 VII ZR 98/61 BGHZ 37, 341 = NJW 1962, 1764; Urt. v. 6. 2. 1964 VII ZR 99/62 NJW 1964, 1022; Urt. v. 22. 10. 1981 VII ZR 310/79 BauR 1982, 79; Urt. v. 5. 12. 1968 VII ZR 127/66 BGHZ 51, 190 = NJW 1969, 419.
67 BGH Urt. v. 11. 3. 1982 VII ZR 128/81 BauR 1982, 290 = BGHZ 83, 181 = NJW 1982, 1387.
68 BGH Urt. v. 7. 3. 2002 VII ZR 1/00 BauR 2002, 1536, 1540 = NJW 2002, 3743 = NZBau 2002, 571 = ZfBR 2002, 767 = IBR 2002, 552.
69 BGH Urt. v. 14. 2. 2001 VII ZR 176/99 BauR 2001, 823 = BGHZ 147, 1 = NJW 2001, 270 = ZfBR 2001, 317 = IBR 2001, 319.
70 BGH Urt. v. 24. 6. 2004 VII ZR 259/02 BauR 1004, 1460 = BGHZ 159, 376 = NJW 2004, 2588 = NZBau 2004, 509 = ZfBR 2004, 781 = IBR 2004, 512; Urt. v. 11. 11. 2004 VII ZR 128/03 BauR 2005, 400 = NJW-RR 2005, 318 = NZBau 2005, 158 = ZfBR 2005, 178 = IBR 2005, 96.
71 BGH Urt. v. 18. 9. 1967 VII ZR 88/65 BGHZ 48, 257 = NJW 1967, 2259 für den Tragwerksplaner und Urt. v. 9. 3. 1972 VII ZR 202/70 BauR 1972, 255 = BGHZ 58, 225 = NJW 1972, 901 für den Vermessungsingenieur, der im Auftrag des Bestellers und Grundstückseigentümers tätig wird.

34 Sie leisten einen für die Erstellung des Bauwerks notwendigen Beitrag, werden aber Unternehmer eines Bauwerks nur dann, wenn das Bauwerk auch tatsächlich – zumindest zum Teil – errichtet wird. Nur unter dieser Voraussetzung ist es gerechtfertigt, sie einem Unternehmer eines Bauwerks gleichzustellen, auf den zutrifft, dass durch die Leistung ein **Mehrwert** zugunsten des Baugrundstücks eintritt.[72] Erfasst die Planung mehrere Gebäude, wird aber nur ein Gebäude errichtet, erfasst die Sicherung nur den Vergütungsanteil, der auf dieses Gebäude entfällt, nicht aber die Vergütung für die anderen Gebäude. Hat der Planer mehrere Planungen für dasselbe Gebäude erarbeitet, wovon nur eine verwirklicht wird, sichert § 648 BGB den gesamten Honoraranspruch ab.

c) Absicherung sonstiger Baubeteiligter

35 Ein **Baucontroller**, der im Ergebnis örtliche Bauüberwachung und Bauleitung wahrnimmt und damit die Werkaufgabe hat, das körperliche Bauwerk mittels seiner Leistung mangelfrei entstehen zu lassen, hat einen Anspruch auf Einräumung einer Bauhandwerkersicherungshypothek. Ist er nach dem Vertrag zur Überwachung verschiedener Objekte verpflichtet, erfolgt aber z. B. kündigungsbedingt nur die Überwachung eines Objekts, deckt der Anspruch auf Einräumung einer Sicherungshypothek nicht die sich aus § 649 Abs. 1 S. 2 BGB ergebende Forderung ab. Ein **Projektsteuerer** kommt in den Genuss der Absicherung nach § 648 BGB nur dann, wenn der Vertragsbeziehung ein Werkvertrag zugrunde liegt.[73] Liegt das vor, ist der Projektsteuerer hinsichtlich sämtlicher Vergütungsansprüche über § 648 BGB abgesichert und nicht nur solcher, die sich unmittelbar auf das Bauwerk beziehen und sich in dem Bauwerk niederschlagen.[74] Dieser Aspekt betrifft die Frage, welche Forderungen über § 648 BGB besichert werden und wird generell berührt, wenn die Leistung eines Planers nicht nur technisch bestimmt wird, sondern auch wirtschaftlich geprägte Aufgaben übernommen werden.[75] Der **Baubetreuer**, der das Objekt eines Bauherrn, der zugleich Grundstückeigentümer ist, betreut, ist nach den für einen Projektsteuerer oder Baucontroller geltenden Grundsätzen zu behandeln. Ein **Bauträger** scheidet als Gläubiger aus, solange er selbst noch Eigentümer des Grundstücks ist. Das ändert sich, wenn die Übertragung auf den Erwerber erfolgt ist.[76]

---

72 OLG Hamm BauR 2000, 166; OLG Düsseldorf BauR 1999, 1482 = NJW-RR 2000, 166; OLG Dresden NJW-RR 1996, 920; PWW/Wirth § 648 Rn. 3; MüKo/Busche § 648 BGB Rn. 17; Erman/Schwenker § 648 BGB Rn. 10.
73 Vgl. dazu BGH Urt. v. 10. 6. 1999 VII ZR 215/98 BauR 1999, 1317 = NJW 1999, 3118 = ZfBR 1999, 336 = IBR 1999, 423; OLG Düsseldorf NJW 1999, 3129 und BauR 1999, 508; Eschenbruch NZBau 2000, 409.
74 Eschenbruch, Recht der Projektsteuerung Rn. 1114; a. A. Werner/Pastor Rn. 215.
75 Vgl. dazu näher unter Rn. 52.
76 OLG Hamm BauR 2000, 900 = ZfBR 2000, 338; MüKo/Busche § 648 BGB Rn. 15; Werner/Pastor Rn. 221.

III. Verpflichteter

Verpflichtet ist der mit dem Grundstückseigentümer identische Besteller. Diese Formulierung begründet die Notwendigkeit einer rechtliche **Identität**.[77] Eine bloß wirtschaftliche Identität genügt folglich nicht.[78]

36

1. Eigentümerstellung – Zeitpunktfrage

Die Vorschrift ist nicht deutlich, auf welchen Zeitpunkt es hinsichtlich der Eigentümerposition des Bestellers ankommt. Das OLG Koblenz[79] stellt ausschließlich auf den Zeitpunkt der Auftragserteilung ab und lässt es nicht genügen, wenn der Besteller erst im Verlauf der Arbeiten formalrechtlich Grundstückseigentümer wird. Für Peters[80] ist ausreichend, wenn der Besteller im Verlauf der Arbeiten Eigentümer wird. Für Voit[81] reicht aus, wenn die Identität zwischen Eigentümer und Besteller zum Zeitpunkt der Geltendmachung des Anspruchs auf Eintragung einer Sicherungshypothek oder einer entsprechenden Vormerkung vorliegt. Im Interesse des Unternehmers darf die Regelung, deren Anwendungsbereich durch das **Identitätserfordernis** erheblich eingeschränkt ist, unter Zeitpunktgesichtspunkten nicht noch zusätzlich verschärft werden. Rechtspolitisch geboten ist eine großzügige Betrachtungsweise, wenn diese noch mit Wortlaut wie auch dem Sinn und Zweck der Regelung vereinbar ist. So besteht kein Bedürfnis, für den Schutz des Unternehmers vorauszusetzen, dass der Besteller schon zum Zeitpunkt der Auftragserteilung Eigentümer gewesen sein muss. Denn nach § 648 Abs. 1 S. 2 BGB ist anspruchsbegründend nicht allein der Vertrag, sondern in Erfüllung des Vertrags erbrachte Leistungen. Nach Abschluss des Erfüllungsstadiums durch rechtsgeschäftliche Abnahme oder sonstig die Abnahme ersetzende Tatbestände stattfindende Eigentumserwerbstatbestände sind jedoch ungeeignet; insbesondere kann es nicht darauf ankommen, ob zum Zeitpunkt der Anspruchsstellung der Besteller Eigentümer geworden ist.[82] Für diesen Zeitpunkt könnte zwar sprechen, dass ein zwischenzeitlich erfolgter Eigentumsverlust wegen des damit verbundenen Verlustes der Verfügungsbefugnis den bis dahin bestanden Anspruch zum Erlöschen bringt.[83] Das rechtfertigt jedoch nicht den Schluss, ein bis dahin noch nicht bestandener Ansprüche werde infolge des Eigentumserwerbs zum Zeitpunkt der Geltendmachung des Anspruchs[84] begründet. Auf diesen Fall trifft die Motivlage des Gesetzes nicht zu, nach der dem vorleistungspflichtigen Unternehmer ein Aus-

37

---

[77] BGH Urt. v. 22.10.1987 VII ZR 12/87 BauR 1988, 88 = BGHZ 102, 95 = NJW 1988, 255.
[78] BGH Urt. v. 22.10.1987 VII ZR 12/87 BauR 1988, 88 = BGHZ 102, 95 =NJW 1988, 255.
[79] BauR 1993, 750.
[80] In Staudinger § 642 BGB Rn. 19.
[81] In Bamberger/Roth § 648 BGB Rn. 8.
[82] A. A. Bamberger/Roth/Voit § 648 BGB Rn. 8.
[83] OLG Düsseldorf BauR 1977, 361.
[84] Wenn das richtig wäre, müsste jedoch auf den Zeitpunkt der letzten mündlichen Tatsachenverhandlung abgestellt werden.

gleich für seine Entreicherung und die Bereicherung des Bestellers gem. § 946 BGB geschaffen werden sollte. Diese Lage bestand gegenüber demjenigen nicht, der erst nach Abschluss des Erfüllungsstadiums Eigentümer geworden ist.

2. Identität zwischen Besteller und Grundstückseigentümer

38 Zum maßgeblichen Zeitpunkt müssen Besteller und Grundstückseigentümer identisch sein. Das ist nach § 648 Abs. 1 S. 1 BGB rein formaljuristisch festzustellen.[85] Im Einzelfall kann eine Korrektur über § 242 BGB in dem Sinne geboten sein, dass sich der mit dem Grundstückseigentümer nicht identische Besteller auf die fehlende Identität nicht berufen kann. Die Konkretisierung dieser Allgemeinformel, die letztlich dazu dient, einen dem Wortlaut der Bestimmung nach nicht gegebenen Anspruch dennoch zu bejahen bereitet jedoch nicht unerhebliche Schwierigkeiten. Deshalb sind auch andere Versuche unternommen worden, den Grundstückseigentümer nach § 185 BGB zu behandeln.

a) Genehmigung nach § 185 BGB des Grundstückseigentümers

39 Diese Vorschrift, auf die sich z. B. Fehl[86] und Peters[87] stützen, ist jedoch nicht anwendbar. Denn der mit dem Eigentümer nicht identische Besteller verfügt nicht i. S. d. § 185 BGB über das Grundstück. Der Besteller schließt als Nichteigentümer mit dem Unternehmer einen Werkvertrag, womit die gesetzlichen Voraussetzungen des § 648 BGB dem Wortlaut nach nicht gegeben sind.

b) Vertreter ohne Vertretungsmacht

40 Diese Situation, die mit einer Genehmigung nach § 177 BGB ohne weiteres in einer für den Besteller positiven Weise bewältigt werden könnte, liegt regelmäßig nicht vor. Der Besteller tritt i. d. R. nicht als Vertreter ohne Vertretungsmacht entweder ausdrücklich oder aus den Umständen erkennbar im Namen des Grundstückseigentümers auf, der dann den Werkvertrag genehmigt.

41 Ist die Ehefrau der Grundstückseigentümer und schließt der Ehemann den Werkvertrag ist, ist den Umständen nach nicht erkennbar, dass der Vertrag namens der Ehefrau geschlossen werden sollte. Allein deren Eigentümerstellung, die nach außen im Rahmen des Vertragsschlusses nicht erkennbar wird, begründet einen solchen Umstand nicht.

c) Treu und Glauben – § 242 BGB

42 Trotz aller Konkretisierungsschwierigkeiten bietet die letztlich auf dem Rechtsmissbrauchsgedanken beruhende Idee, dass sich der Grundstückseigentümer auf seine fehlende Bestellereigenschaft nicht in jedem Fall soll berufen können, für den

---

85 Kniffka, IBR-Online-Kommentar § 648 Rn. 18.
86 BB 1987, 2039.
87 In Staudinger/Peters § 648 BGB Rn. 22.

Einzelfall eine angemessen Lösungsmöglichkeit. § 648a BGB bietet keinen Anlass, die Anwendungsvoraussetzungen des § 648 BGB eher strenger als weiter auszulegen.[88] So muss sich nach OLG Frankfurt[89] eine Ehefrau wie eine Bestellerin behandeln lassen, weil ihr auch die Leistung zugute kommt. Jedoch ist eine generelle Haftung des Ehepartners, dem das Grundstück gehört, mit § 648 BGB nicht vereinbar.[90] Ist eine GmbH die Bestellerin der Werkleistung und sind die Gesellschafter dieser GmbH die Eigentümer, können sich die Gesellschafter nicht auf das rechtliche Auseinanderfallen von Eigentümer- und Bestellereigenschaften berufen.[91] Ist Auftraggeber eine Gesellschaft und wird das Objekt auf einem Grundstück errichtet, das im Alleineigentum des einzigen Gesellschafters steht, genügt dies für die Anwendung von § 242 BGB. Allein der Umstand, dass das Grundstück des Eigentümers eine Wertsteigerung erfährt reicht jedoch nicht aus, um das Treu und Glaubenmoment zu bemühen;[92] denn eine konkret messbare Wertsteigerung wird für die Besicherung nicht vorausgesetzt.[93] Der BGH[94] fordert, dass der Grundstückseigentümer infolge der Bebauung die Möglichkeit hat, die Ergebnisse der Werkleistung finanziell für sich zu nutzen. Das ist jedoch auch in den Fällen zu bejahen, in denen der Eigentümer die Nutzung durch eine andere Person vornehmen lässt, und er mittelbar durch seine Beteiligung an dieser Person über die Bebauung hinaus einen wirtschaftlichen Vorteil hat.

Freilich entsteht dadurch die Gefahr, dass letztlich doch bloßes wirtschaftliches Eigentum als Anspruchsvoraussetzung ausreicht. Die Grenzziehung besteht jedoch insofern, als eine wirtschaftliche Beherrschung nicht genügt, erforderlich ist, dass der Eigentümer die wirtschaftlichen Vorteile aus der Bauleistung zieht.[95] Das kann direkt auf die Weise geschehen, dass der Eigentümer wegen der Bebauung von der Gesellschaft, deren Mitglied der Gesellschafter, z. B. eine höhere Miete erhält. Ausreichend ist jedoch, dass die Bebauung Umsatz und Gewinn der Gesellschaft erhöht was mit einem höheren Nutzen für den Gesellschafter verbunden ist. 43

3. Schuldbeitritt

Strittig ist, ob ein Schuldbeitritt des Grundstückseigentümers den Anspruch aus § 648 BGB begründet.[96] Entscheidend ist, worauf bezüglich der Anwendung des § 648 BGB abgehoben wird. Selbstverständlich wird derjenige, der einen Schuldbeitritt erklärt, nicht Besteller; ihm stehen gegenüber dem Unternehmer nicht die 44

---

88 So aber OLG Celle BauR 2000, 101 und Raabe BauR 1997, 757, 761.
89 BauR 2001, 129.
90 OLG Celle BauR 2004, 1050.
91 OLG Celle BauR 2001, 834.
92 OLG Celle BauR 2003, 576.
93 Vgl. oben Rn. 36.
94 BGHZ 102, 95 = NJW 1988, 255 = BauR 1988, 88.
95 BGH Urt. v. 22.10.1987 VII ZR 12/87 BauR 1988, 88 = BGHZ 102, 95 = NJW 1988, 255.
96 Dafür OLG Hamm BauR 1999, 407; a.A. OLG Dresden NJW-RR 2000, 1412.

für einen Bauvertrag typischen Auftraggeberpflichten und Auftraggeberrechte zu. Er wird jedoch Schuldner und ist zugleich der Eigentümer, was jenseits der Begrifflichkeiten den Anwendungsfalls des § 648 BGB ausmacht. Da letztlich der Begriff »Besteller« in § 648 BGB nur ein gesetzgeberisches Mittel zur Beschreibung desjenigen ist, der nach § 631 BGB auch zur Zahlung des Werklohns verpflichtet ist, reicht die bloße Schuldnerqualität aus. Der Besteller i.S.d. § 648 BGB muss nicht derjenige sein, dem Auftraggeberqualitäten und -befugnisse zukommen.

Andererseits ist die Übernahme einer Bürgschaft nicht geeignet, denn der **Bürge** haftet lediglich akzessorisch für eine fremde Schuld (§§ 765, 767 BGB).

IV. Sicherungsgegenstand – Grundstück

45 Der Unternehmer kann die Einräumung einer Sicherungshypothek auf dem Baugrundstück des Bestellers verlangen. Baugrundstück ist nicht nur der durch das konkrete Bauwerk in Anspruch genommene Teil des Grundstücks, sondern das Grundstück als Ganzes. Hat der Werkvertrag die Bebauung mehrerer Grundstücke zum Gegenstand, ist die Eintragung bei Bebauung aller Grundstücke für die noch offen Forderungen unabhängig davon möglich, in welchem Umfang die offenen Forderungen die einzelnen Grundstücke betreffen. Eine Aufteilung ist nicht erforderlich,[97] weil eine umfassende Sicherung des Unternehmers gewollt und unabhängig davon ist, in welchem Umfang konkret eine Wertsteigerung des einzelnen Grundstücks eingetreten ist. Das gilt jedenfalls sofern und soweit sich das vom Unternehmer errichtete Bauwerk über mehrere Grundstück erstreckt. Einzelfälle, in denen wegen einer vergleichsweise geringen Forderung eine Gesamthypothek an allen betroffenen Grundstücken eingetragen werden soll, was die wirtschaftlichen Interessen des Bestellers belastet, sind nach BGH über § 242 BGB kontrollfähig. Liegen der Bebauung der verschiedenen Grundstücke mehrere Verträge zugrunde, beschränkt sich die Sicherbarkeit der Forderungen auf die betroffenen Grundstücke und eine Erstreckung findet nicht statt.

46 Von diesem Prinzip sind jedoch bei **Architekten und Fachplaner** deshalb Ausnahmen zu machen, weil deren Absicherung über § 648 BGB die Umsetzung der Planung in das körperliche Bauwerk voraussetzt.[98] Hat der Architekt die Planung zwar für alle Objekt bereits in ein gewisses Stadium getrieben, aber erfolgt die Verwirklichung gemäß der zeitlichen Realisierungsabfolge zunächst nur an den Objekten A und B, kann die bis dahin dem Planer unabhängig von Fälligkeitsvoraussetzungen zustehende Honorarforderung auch nur an den Grundstücken der Objekte A und B gesichert werden. Nur die Objekte A und B haben infolge des Verwirklichungsbeginns einen Mehrwert erfahren, der letztlich der Grund dafür

---

[97] BGH Urt. v. 16.12.1999 VII ZR 299/96 BauR 2000, 1083 = NJW 2000, 1861 = NZBau 2000, 286 = ZfBR 2000, 329 = IBR 2000, 322.
[98] Vgl. oben unter Rn. 34.

ist, dass dieser bevorzugt dem Unternehmer für seine Vergütung haften soll.[99] Der Leistsatz des BGH,[100] wonach der Unternehmer an jedem dem Besteller gehörenden Baugrundstück für seine Forderung in voller Höhe die Einräumung einer Sicherungshypothek verlangen kann, wenn sich das Bauwerks über mehrerer Grundstücke erstreckt, darf bei Übertragung auf Planer nicht dahin erweitert werden, dass die Erstreckung der Planung über mehrere Grundstücke ausreicht. Erstreckt sich die Planung über mehrerer Grundstücke, ist mit den Bauarbeiten jedoch lediglich auf einem Baugrundstück begonnen worden, hat nur dieses Baugrundstück infolge der insoweit verwirklichten Planung einen Mehrwert erfahren. Dieser **Mehrwert** haftet nur für das bezogen auf dieses Baugrundstück anfallende **Honorar**.

Dasselbe muss dann gelten, wenn der Unternehmer einen Bauvertrag über mehrere Objekte abgeschlossen hat, jedoch bisher nur 2 Objekte verwirklicht worden sind. Dann erstreckt sich das Bauwerk gerade nicht über alle Grundstücke, sondern bisher nur über zwei. 47

Auf mehreren Grundstücken wird bei Vorliegen der Voraussetzungen eine **Gesamthypothek** nach § 1132 Abs. 1 BGB eingetragen. Vorausgesetzt wird jedoch, dass der Besteller zum Zeitpunkt der Entscheidung noch Eigentümer sämtlicher Grundstücke ist. 48

Ist Sicherungsgegenstand **Wohnungseigentum** gelten deshalb Besonderheiten, weil der einzelne Erwerber (als Besteller) den Werklohn z. B. im Fall einer grundlegenden Sanierung der undichten Flachdächer nicht insgesamt, sondern nur anteilig gemäß seinem Miteigentumsanteil schuldet.[101] In dieser Höhe besteht ein Anspruch nur hinsichtlich des jeweiligen Wohnungseigentums. Hat der Bauträger nach Errichtung das Objekt in Wohnungseigentum überführt, stehen den Planern und Unternehmern als Sicherungsgegenstand nur noch die dem Bauträger gehörigen Miteigentumsanteile verbunden mit dem Sondereigentum an den in Betracht kommenden Wohnungen zur Verfügung. Diese Einheiten können jedoch mit der noch offenen Gesamtforderung ohne Aufteilung auf die einzelnen Einheiten z. B. nach Flächenanteilen belastet werden.[102] Es kommt zur Eintragung einer Gesamthypothek nach § 1132 BGB. 49

V. Gesicherte Forderungen – Auswirkung von Mängeln

§ 648 BGB sichert die Forderungen aus dem Vertrag. Da Mängel an der Werkleistung des Unternehmers die Vergütungsforderung nicht unbeeinflusst lassen, spielt die Mangelfrage eine Rolle. 50

---

99 Mugdan, Materialien zum BGB, Bd. II S. 927; Werner/Pastor Rn. 237.
100 Urt. v. 16.12.1999 VII ZR 299/96 BauR 2000, 1083 = NJW 2000, 1861 = NZBau 2003, 286 = ZfBR 2000, 329 = IBR 2000, 322.
101 BGH Urt. v. 21.4.1988 VII ZR 372/86 BGHZ 104, 212 = BauR 1988, 492 = NJW 1988, 1982; Urt. v. 17.1.1980 VII ZR 42/78 BGHZ 76, 86 = NJW 1980, 992, 993.
102 Bamberger/Roth/Voit § 648 BGB Rn. 13.

1. Forderungen aus dem Vertrag

51 Dazu gehören in erster Linie die **Vergütungsansprüche** aus § 631 BGB. Gesichert sind auch Ansprüche aus § 642 und § 645 Abs. 1 und Abs. 2 BGB.[103] Ob darunter auch Ansprüche aus § 649 hinsichtlich der nicht erbrachten Leistungen fallen, ist strittig.[104] Gegen eine Absicherbarkeit des kündigungsbedingt entstehenden Anspruchs, dem eine echte Werkleistung nicht gegen übersteht, spricht der Wortlaut des § 648 Abs. 1 S. 2 BGB. Denn kündigungsbedingt ist das Werk noch nicht vollendet; der Unternehmer hat insofern nur im Umfang der erbrachten Leistung einen Mehrwert geschaffen.[105] Auch die Vertragsstrafe, Nachtragsvergütungsansprüche, Zinsen, Beschleunigungsvergütung, Einbehalte gehören zum Kreis der sicherungsfähigen Geldansprüche. Der Höhe nach ist § 648 Abs. 1 S. 2 BGB maßgeblich (siehe Rn. 52). Erfolgte die Eintragung einer Vormerkung oder einer Sicherungshypothek wegen eines bestimmt bezeichneten Anspruchs, wird allerdings **dinglich** nur die bezeichnete Forderung abgesichert.

Da die Sicherbarkeit von der **Fälligkeit** der Forderungen unabhängig ist,[106] sind die Werklohnforderungen auch nicht um vereinbarte **Sicherheitseinbehalte** zu kürzen.[107] Die Abnahme der Werkleistung ist unerheblich.[108]

52 Die Höhe der Forderung richtet sich danach aus, in welchem Umfang Leistungen erbracht worden sind (§ 648 Abs. 1 S. 2 BGB). Damit wird das Mehrwertprinzip zum Ausdruck gebracht.[109] Das bedeutet jedoch gerade hinsichtlich der **Planerleistungen** nicht, dass nur die Honorare sicherungsfähig wären, die wie Planungs-, Koordinierungs- und Überwachungsleistungen ab Baubeginn einen Beitrag zur Schaffung des Mehrwerts leisten. Der Planer hat auch wirtschaftliche geprägte Leistungen zu erbringen, was insbesondere in den Kostenermittlungsverfahren seinen Ausdruck findet. Die darauf entfallenden Honoraranteile sind in derselben Weise sicherungsfähig wie z.B. Honoraranteile aus § 20 HOAI, wenn mehrere Vor- oder Entwurfsplanungen erstellt wurden, schließlich jedoch nur einer davon verwirklicht worden ist. Dasselbe gilt für Besondere Leistungen, die z.B in § 15 Abs. 2 Nr. 2 HOAI das Untersuchen von Lösungsmöglichkeiten nach grundsätz-

---

103 Werner/Pastor Rn. 228; BGH Urt. v. 5. 12. 1968 VII ZR 127/66 BGHZ 51, 190; OLG Hamm BauR 2000, 900 = NZBau 2000, 338 = NJW-RR 2000, 971.
104 Dafür BGH Urt. v. 5.12.1968 VII ZR 127/66 BGHZ 51, 190; OLG Düsseldorf NJW-RR 2004, 18 = NZBau 2003, 615 = IBR 2004, 139; a. A. Thüringer OLG BauR 1999, 179 = NJW-RR 1999, 384; Siegburg BauR 1990, 1105.
105 Vgl. BGH Urt. v. 10.3.1977 VII ZR 77/76 BauR 1977, 208 = BGHZ 68, 180 = NJW 1977, 947.
106 BGH Urt. v. 3.5.1984 VII ZR 80/82 BGHZ 91, 139, 145 = NJW 1984, 2100.
107 BGH Urt. v. 25. 11. 1999 VII ZR 95/99 BauR 2000, 919 = NZBau 2000, 198 = NJW-RR 2000, 387 = IBR 2000, 66; a. A. Kleefisch/Herchen NZBau 2006, 201, 204.
108 BGH Urt. v. 10.3.1977 VII ZR 77/66 BauR 1977, 208 = BGZ 68, 180 = NJW 1977, 947.
109 BGH Urt. v. 16.12.1999 VII ZR 299/96 BauR 2000, 1083 = BGHZ 144, 138 = NJW 2000, 1861 = NZBau 2000, 286 = ZfBR 2000, 329 = IBR 2000, 322.

lich verschiedenen Anforderungen zum Gegenstand haben.[110] Denn entscheidend ist für die Sicherbarkeit lediglich, dass mit den Bauarbeiten begonnen worden ist. Die Höhe der zu besichernden Forderung bestimmt sich nicht danach, ob die konkrete Tätigkeit, für welche eine Vergütung verlangt wird, wertsteigernd für das Grundstück gewesen ist. § 648 Abs. 1 S. 2 BGB bindet am der geleisteten Arbeit entsprechenden Teil der Vergütung an und nicht daran, ob hierdurch konkret eine Wertsteigerung des Grundstücks erfolgt ist.

Diese Bestimmung ist gleichzeitig der Grund, dass eine **Besicherung** bloß **künftiger Ansprüche**, was § 883 Abs. 1 S. 2 BGB an sich ermöglicht, ausscheidet. Deshalb kann ein Architekt, dem die Phase 9 mit übertragen worden ist, im Verlauf der Objektrealisierung für das darauf entfallende Honorar keine Absicherung verlangen. 53

Eine zum Zeitpunkt des Sicherungsverlangens bereits **verjährte Forderung** schließt die Möglichkeit der Besicherung aus. § 216 BGB hat die Rechtslage zum Gegenstand, dass eine Sicherheit in Gestalt z. B. einer Hypothek besteht und die Verjährungsfrist für die besicherte Forderung abläuft. Dann bleibt dem Gläubiger die Vollstreckungsmöglichkeit erhalten. Ist zugunsten eines Unternehmers eine Vormerkung eingetragen, begründet die Verjährung der besicherten Forderung das Recht, die Beseitigung der Vormerkung verlangen zu dürfen; denn § 216 BGB gilt nicht für die Vormerkung.[111] Ist eine **Sicherungshypothek** zugunsten des Unternehmers eingetragen, schließt weder der **Verjährungseintritt** noch ein mit Recht erhobener **Schlusszahlungseinwand** aus § 16 Nr. 3 Abs. 1 VOB/B die Vollstreckungsmöglichkeit aus der Hypothek aus.[112] 54

Kommt es überhaupt nicht zur Objektausführung, hat der Planer jedoch Leistungen erbracht, deren Verwirklichung z. B. deshalb scheitert, weil der Auftraggeber die Objektrealisierung aufgibt, stellt sich die Frage, ob der Planer **schadensersatzrechtlich** mit oder ohne Kündigung z. B. aus § 280 BGB einen Anspruch auf Besicherung hat. Schadensersatzrechtlich ist ein solcher Anspruch aus §§ 280, 249 BGB zwingend abzuleiten, wenn der Bauherr schuldhaft gegen seine Vertragspflichten verstößt.[113] Da jedoch kein Bauherr auf der Grundlage des geschlossenen Vertrages gezwungen ist, das in Aussicht genommene Objekt zu verwirklichen, er vielmehr in seiner Entscheidung völlig frei ist und allenfalls Obliegenheitsverletzungen in Betracht kommen, scheitert ein Anspruch aus §§ 280, 249 BGB in der Regel. Was in Betracht kommen könnte, ist §§ 275, 326 Abs. 2 S. 1 BGB. Damit wird jedoch lediglich der Vergütungsanspruch aufrechterhalten, nicht aber ein Schadensersatzan- 55

---

110 A. A. OLG München NJW 1973, 289; Werner/Pastor Rn 239.
111 Palandt/Heinrichs § 218 BGB Rn. 3.
112 BGH Urt. v. 23. 4. 1981 VII ZR 207/80 NJW 1981, 1784 = ZfBR 1981, 181; Werner/Pastor Rn. 233.
113 BGH Urt. v. 5. 12. 1968 VII ZR 127/66 BGHZ 51, 190; vgl. auch Werner/Pastor Rn. 242, wo wegen des Mehrwertprinzips ein solcher Anspruch für fragwürdig gehalten wird.

spruch begründet. Die sich aus §§ 275, 326 Abs. 2 S. 1 BGB ableitbare Wertung spricht gegen eine Besicherungsmöglichkeit, wenn sich der Bauherr im Verhältnis zum Planer für eine **Objektaufgabe** entscheidet.

2. Auswirkungen der Mangelhaftigkeit der Werkleistung

56 Die Auswirkungen der Mangelhaftigkeit der Werkleistung sind unproblematisch, wenn der Besteller mit Recht in einen Kostenvorschussanspruch oder Kostenerstattungsanspruch nach § 637 BGB übergegangen ist und damit die **Aufrechnung** erklärt hat. Dann ist die Werklohnforderung entsprechend reduziert und nur in diesem Umfang besicherungsfähig. Dasselbe gilt, wenn der Besteller nach § 638 gemindert hat, weil sich dann gleichfalls der Umfang der zu besichernden Werklohnforderung reduziert. Hat der Besteller zu Recht mit einem Schadensersatzanspruch (§§ 634 Nr. 4, 636, 280, 281 BGB) die Aufrechnung erklärt, verringert sich der Werklohnanspruch gleichfalls, weswegen der Anspruch auf Einräumung einer Sicherheitshypothek nur noch in dem dadurch eingeschränkten Umfang geltend gemacht werden kann.

57 Die Behandlung der Mangelhaftigkeit der Werkleistung im Rahmen des § 648 BGB stellt sich dann, wenn der Besteller sich auf den **Nacherfüllungsanspruch** beruft (§ 635 BGB) und darauf ein **Zurückbehaltungsrecht** gem. § 320 BGB stützt. Die Palette der Lösungsvorschläge ist breit und reicht von der Unbeachtlichkeit bis zur Berücksichtigung auf die Weise, dass z. B. im Wege der einstweiligen Verfügung eine Vormerkung zur Sicherung des Anspruchs auf Eintragung einer Sicherungshypothek wegen einer Werklohnforderung in Höhe von ... Zug um Zug gegen Beseitigung folgender Mängel ... eingetragen wird.[114] Soweit Mängel überhaupt deshalb für unbeachtlich erklärt werden, weil die Werklohnforderung noch nicht fällig sein muss und die Absicherung die uneingeschränkte Durchsetzbarkeit nicht voraussetzt,[115] bleibt unberücksichtigt, dass mangelbedingt der durch die Leistung bewirkte Mehrwert geringfügiger ausfällt. Wenn auch der Mehrwert keine Bemessungsgrundlage für die Höhe der Sicherungsfähigkeit ist, und der Unternehmer bei der Realisierung der Sicherheit aus § 648 BGB nicht auf den von ihm geschaffenen Mehrwert beschränkt sein soll,[116] darf jedoch nicht unberücksichtigt bleiben, dass bei **Teilleistungen** nach § 648 Abs. 1 S. 2 BGB nur eine dieser Teilleistung entsprechende Vergütung sicherungsfähig ist. Deshalb ist die mangelhafte Leistung einer Teilleistung gleich zu stellen;[117] die Höhe der sicherungsfähigen Forderung bestimmt sich deshalb durch Abzug des für die Mängelbeseitigung

---

114 Staudinger/Peters § 648 BGB Rn. 31 ff.
115 So z. B. Kapellmann BauR 1976, 323.
116 BGH Urt. v. 16. 12. 1999 VII ZR 299/96 BauR 2000, 1083 = BGHZ 144, 138 = NZBau 2000, 286, 287 = NJW 2000, 1861 = ZfBR 2000, 329 = IBR 2000, 322.
117 BGH Urt. v. 10. 3. 1977 VII ZR 77/76 BauR 1977, 208 = BGHZ 68, 180 = NJW 1977, 947; OLG Koblenz NJW-RR 1994, 786.

erforderlichen Aufwands.[118] Mängel beeinflussen den Wertzuwachs und sind wie eine Teilleistung zu behandeln. [119] Ein **Druckzuschlag** nach § 641 Abs. 3 BGB bleibt unberücksichtigt, denn es geht nicht um Druckausübung, sondern um die Feststellung des Umfangs der mangelhaft erbrachten Leistung und des darauf entfallenden Vergütungsanspruchs. Die dagegen insbesondere von Peters[120] erhobenen Bedenken, die von den eingeschränkten Erkenntnismöglichkeiten in einem von der Glaubhaftmachung (§ 294 ZPO) geprägten einstweiligen Verfügungsverfahren bestimmt werden, greifen letztlich nicht durch. Denn auch der Vorschlag von Peters, die Vormerkung bezüglich einer Werklohnforderung in ihren realen Zustand, also in Abhängigkeit von dem Zurückbehaltungsrecht des Bestellers wegen der Mängel, einzutragen, ändert nichts daran, dass die Mängel mit dem im Verfahren zulässigen prozessualen Mitteln festgestellt werden müssen. Ist das aber der Fall, kommt nur die Bemessung des Mängelbeseitigungsaufwands hinzu, was keine erhebliche Vermehrung der Feststellungsschwierigkeiten bedeutet. Das hat mit dem Verfahren zu tun, in welchem **Privatgutachten** eine erhebliche Rolle spielen.[121]

D. Verfahren

Die dingliche Sicherung tritt erst mit der Bestellung und Eintragung der Hypothek im Grundbauch ein. Dazu kann es einvernehmlich oder im Wege des einstweiligen Verfügungsverfahrens oder einer Klageerhebung kommen. 58

I. Einigung der Parteien

Besteller/Grundstückseigentümer und Unternehmer können sich über die Bestellung einer Sicherungshypothek einigen (§ 873 BGB). Der Besteller/Grundstückseigentümer kann die Eintragung der Vormerk bewilligen (§ 885 Abs. 1 S. 1 BGB). Die Eintragung im Grundbuch erfolgt dann nach den sich daraus ergebenden Regeln (§ 29 GBO). 59

II. Durchsetzung im Wege der Klage oder der einstweiligen Verfügung

Einigen sich der mit dem Grundstückseigentümer identische Besteller und der Unternehmer über die Sicherung nicht, muss der Unternehmer zur Rechtsdurchsetzung das geeignete Verfahren ergreifen. In Betracht kommen das Klageverfahren und das einstweilige Verfügungsverfahren. 60

---

118 OLG Rostock BauR 1995, 262.
119 OLG Celle BauR 2003, 134 und BauR 2001, 1623; OLG Hamm BauR 1998, 885.
120 In Staudinger § 648 BGB Rn. 32, 33 und NJW 1981, 2550.
121 Siehe Rn. 64.

§ 648 BGB — Sicherungshypothek des Bauunternehmers

1. Klageverfahren

61 Das Klageverfahren verfolgt das Ziel, durch Urteil die Eintragung einer Bauhandwerkersicherungshypothek zu erreichen. Ein solches Klageverfahren ist jedoch wegen seiner Langwierigkeit und der damit verbundenen Gefahr einer Rangverschlechterung nicht zu empfehlen. Eine Vormerkung hat nach § 883 BGB rangwahrende Wirkung, weswegen das einstweilige Verfügungsverfahren das zutreffendere Verfahren ist. Denn die Eintragung einer Vormerkung kann aufgrund einer einstweiligen Verfügung erfolgen (§ 885 Abs. 1 BGB).

2. Einstweiliges Verfügungsverfahren

62 Regelmäßig erfolgt die Absicherung über das einstweilige Verfügungsverfahren, mit dem die Eintragung einer Vormerkung nach § 885 Abs. 1 BGB angestrebt wird (§ 935 ZPO).

Antragsinhalt: Beantragt wird wegen der Dringlichkeit des Falles ohne mündliche Verhandlung nach §§ 648, 883, 885 BGB, §§ 935, 941 ZPO der Erlass einer einstweiligen Verfügung folgenden Inhalts:

(1) Für den Antragsteller ist auf dem Grundstück ... eingetragen im Grundbuch des AG ... Band ... Blatt ... Fl.Nr. ... zu Lasten des Antragsgegners eine Vormerkung zur Sicherung des Anspruchs auf Einräumung einer Sicherungshypothek für seine Forderungen aus dem Bauvertrag vom ... gemäß Rechnung vom ... in Höhe von € ... nebst Verzugszinsen in Höhe von ... sowie eines Kostenbetrages in Höhe von € ... einzutragen.

(2) Das zuständige Grundbuchamt wird gem. § 941 ZPO ersucht, die Eintragung der Vormerkung vorzunehmen.

(3) Der Antragsgegner trägt die Kosten des Verfahrens.

63 Zur Erlassung der einstweiligen Verfügung ist abweichend von § 935 ZPO nicht erforderlich, dass eine Gefährdung des zu sichernden Anspruchs glaubhaft gemacht werden muss (§ 885 Abs. 1 S. 2 BGB). Der Antrag kann nicht unmittelbar auf Eintragung einer Sicherungshypothek gehen, weil ansonsten die Hauptsache vorweg genommen werden würde. Nach §§ 936, 921, 920 Abs. 2, 294 ZPO ist der vom Unternehmer verfolgte Anspruch auf Eintragung einer Vormerkung **glaubhaft** zu machen. Das betrifft nach §§ 883 Abs. 1, 648 BGB den Anspruch auf Eintragung einer Sicherungshypothek. Deshalb hat der Antragsteller glaubhaft zu machen, dass er Unternehmer eines Bauwerks ist, der Antragsgegner Besteller und Grundstückseigentümer ist und den Unternehmer mit diesem ein Werkvertrag verbindet. Zur Glaubhaftmachung gehört auch der Umfang des Anspruchs. Zu diesem Zweck legt der Unternehmer den Werkvertrag und einen beglaubigten Auszug aus dem Grundbuch vor und eine Aufstellung der von ihm erbrachten Leistungen. Das Mittel der Glaubhaftmachung für die Richtigkeit dieser Leistungen ist die eidesstattliche Versicherung z.B. seines Bauleiters. Die Person, die die Richtigkeit der Rechnungen versichert, darf nicht lediglich mit der Buchhaltung befasst gewesen sein; nur die Person, die das Aufmaß und die Rechnungserstellung verantwortlich vorgenommen hat, ist geeignet, eine derartige **eidesstattliche Versicherung** beweiskräftig abgeben zu können. Wenn der Besteller die entsprechende Rechnungskontrolle samt den Streichungen durch den bauleitenden Architekten vorlegt und auch insoweit eine eidesstattliche Versicherung vorliegt, ist im Einzelfall durch das Gericht zu prüfen, welches Vorbringen einen höheren Grad der Glaubhaftigkeit für sich hat. Die Darlegungs- und Beweislast für die Höhe der besicherbaren Forderung trifft den Unternehmer. Zweifel gehen deshalb zu seinen Lasten. Der Unternehmer kann auch ein **Privatgutachten** als Mittel der Glaubhaftmachung vorlegen.[122]

3. Darlegungs- und Beweislast

Der Unternehmer ist vor der Abnahme nicht nur für diese grundlegenden Anspruchsvoraussetzungen darlegungs- und beweisbelastet; er muss auch vor der Abnahme im Streit die **Mangelfreiheit** seiner Leistung, für die er eine volle Absicherung verlangt, darlegen und beweisen. Hält der Besteller dem Besicherungsbegehren Mängel entgegen, ist ein überzeugendes Mittel der Glaubhaftmachung ein **Privatgutachten**; die bloße eidesstattliche Versicherung (§ 294 ZPO, § 156 StGB) des Auftraggebers selbst dürfte nicht ausreichen, wenn es um komplizierte Mangelaspekte geht; anders wird es sein, wenn die eidesstattliche Versicherung bloß die Schilderung von Mangelbildern zum Gegenstand hat. Deshalb können durchaus ein Privatgutachten des Antragstellers und ein solches des Antragsgegners aufeinander treffen. Soweit Werner/Pastor in einer solchen Situation den Antragsteller immer in einer schlechteren Situation sehen,[123] dürfte dies deshalb nicht der Realität entsprechen, weil das Gericht auch in einem solchen Eilverfahren sich eine Überzeugung zu bilden hat. Maßgeblich ist die Überzeugungskraft der vorgelegten Privatgutachten. Allerdings gehen Zweifel über die Mangelfreiheit und deren Auswirkungen auf den Wert der erbrachten Leistungen zu Lasten des Unternehmers.

64

4. Vollziehung und Hauptsacheklage

Nach §§ 936, 929 ZPO ist eine ergangene einstweilige Verfügung auf Eintragung einer Vormerkung innerhalb eines Monats seit Zustellung zu vollziehen. Der Besteller kann nach §§ 936, 926 ZPO den Antrag an das Gericht stellen, dass der Antragsteller, der die einstweilige Verfügung erwirkt hat, innerhalb einer zu bestimmenden Frist Klage zu erheben hat. Wird diese **Hauptsacheklage** nicht rechtzeitig

65

---

122 Palandt/Sprau § 648 BGB Rn. 4.
123 Werner/Pastor Rn. 275.

erhoben, wird auf Antrag die einstweilige Verfügung aufgehoben. Hauptsacheklage ist nicht einfach die Klage auf Zahlung des Werklohns, sondern die Klage auf Eintragung einer Sicherungshypothek;[124] diese kann und sollte mit der entsprechenden Zahlungsklage verbunden werden.

E. Korrespondenzregeln in der VOB/B und anderweitig

66 Die VOB/B kennt keine korrespondierende Sicherungsbestimmung. Die VOB/B regelt in § 17 lediglich Sicherungen des Auftraggebers, für die noch dazu eine Vereinbarung vorausgesetzt wird.

67 Das Gesetz für die Sicherung von Bauforderungen[125] ist mit seinem Sicherungscharakter mit der Sicherung nach § 648 BGB nicht vergleichbar. § 1 stellt bestimmte Verwendungsregeln für den Baugeldempfänger als Schutzvorschriften auf und eröffnet deshalb über § 823 Abs. 2 BGB den Zugriff auf das Vermögen des Baugeldempfängers für den Fall, dass die Verwendung nicht korrekt erfolgt. Dieses Gesetz soll durch das Forderungssicherungsgesetz erweitert werden, sich nämlich auch auf Umbauten erstrecken und den Baubetreuer als Baugeldempfänger erfassen. Zudem soll der Begriff »Baugeld« neu umschrieben werden.

F. Rechtsprechungsübersicht

68 Anknüpfend an die Rechtsprechung des BGH vom 10. 3. 1977[126] ist die Entscheidung des BGH vom 16. 12. 1999[127] von höchstem Stellenwert. Hinsichtlich der Frage der Identität zwischen Besteller und Grundstückseigentümer ist auf das Urteil des BGH vom 22. 10. 1987 zu verweisen.[128]

---

124 OLG Celle BauR 2004, 696 = NJW-RR 2003, 1529.
125 V. 1. 6. 1909.
126 VII ZR 77/76 BauR 1977, 208 = BGHZ 68, 180, 185 = NJW 1977, 947.
127 VII ZR 299/96 BauR 2000, 1083 = BGHZ 144, 138 = NJW 2000, 1861 = NZBau 2000, 286 = ZfBR 2000, 329 = IBR 2000, 322.
128 VII ZR 12/87 BauR 1988, 88 = ZfBR 1988, 72.

§ 648 a
Bauhandwerkersicherung

(1) Der Unternehmer eines Bauwerks, einer Außenanlage oder eines Teils davon kann vom Besteller Sicherheit für die von ihm zu erbringenden Vorleistungen einschließlich dazugehöriger Nebenforderungen in der Weise verlangen, dass er dem Besteller zur Leistung der Sicherheit eine angemessene Frist mit der Erklärung bestimmt, dass er nach dem Ablauf der Frist seine Leistung verweigere. Sicherheit kann bis zur Höhe des voraussichtlichen Vergütungsanspruchs, wie er sich aus dem Vertrag oder einem nachträglichen Zusatzauftrag ergibt, sowie wegen Nebenforderungen verlangt werden; die Nebenforderungen sind mit 10 vom Hundert des zu sichernden Vergütungsanspruchs anzusetzen. Sie ist auch dann als ausreichend anzusehen, wenn sich der Sicherungsgeber das Recht vorbehält, sein Versprechen im Falle einer wesentlichen Verschlechterung der Vermögensverhältnisse des Bestellers mit Wirkung für Vergütungsansprüche aus Bauleistungen zu widerrufen, die der Unternehmer bei Zugang der Widerrufserklärung noch nicht erbracht hat.

(2) Die Sicherheit kann auch durch eine Garantie oder ein sonstiges Zahlungsversprechen eines im Geltungsbereich dieses Gesetzes zum Geschäftsbetrieb befugten Kreditinstituts oder Kreditversicherers geleistet werden. Das Kreditinstitut oder der Kreditversicherer darf Zahlungen an den Unternehmer nur leisten, soweit der Besteller den Vergütungsanspruch des Unternehmers anerkennt oder durch vorläufig vollstreckbares Urteil zur Zahlung der Vergütung verurteilt worden ist und die Voraussetzungen vorliegen, unter denen die Zwangsvollstreckung begonnen werden darf.

(3) Der Unternehmer hat dem Besteller die üblichen Kosten der Sicherheitsleistung bis zu einem Höchstsatz von 2 vom Hundert für das Jahr zu erstatten. Dies gilt nicht, soweit eine Sicherheit wegen Einwendungen des Bestellers gegen den Vergütungsanspruch des Unternehmers aufrechterhalten werden muss und die Einwendungen sich als unbegründet erweisen.

(4) Soweit der Unternehmer für seinen Vergütungsanspruch eine Sicherheit nach den Absätzen 1 oder 2 erlangt hat, ist der Anspruch auf Einräumung einer Sicherungshypothek nach § 648 Abs. 1 ausgeschlossen.

(5) Leistet der Besteller die Sicherheit nicht fristgemäß, so bestimmen sich die Rechte des Unternehmers nach den §§ 643 und 645 Abs. 1. Gilt der Vertrag danach als aufgehoben, kann der Unternehmer auch Ersatz des Schadens verlangen, den er dadurch erleidet, dass er auf die Gültigkeit des Vertrags vertraut hat. Dasselbe gilt, wenn der Besteller in zeitlichem Zusammenhang mit dem Sicherheitsverlangen gemäß Absatz 1 kündigt, es sei denn, die Kündigung ist nicht erfolgt, um der Stellung der Sicherheit zu entgehen. Es wird vermutet, dass der Schaden 5 Prozent der Vergütung beträgt.

(6) Die Vorschriften der Absätze 1 bis 5 finden keine Anwendung, wenn der Besteller

1. eine juristische Person des öffentlichen Rechts oder ein öffentlich-rechtliches Sondervermögen ist oder
2. eine natürliche Person ist und die Bauarbeiten zur Herstellung oder Instandsetzung eines Einfamilienhauses mit oder ohne Einliegerwohnung ausführen lässt; dies gilt nicht bei Betreuung des Bauvorhabens durch einen zur Verfügung über die Finanzierungsmittel des Bestellers ermächtigten Baubetreuer.

(7) Eine von den Vorschriften der Absätze 1 bis 5 abweichende Vereinbarung ist unwirksam.

Inhaltsübersicht

	Rn.
A. Baurechtliche Relevanz	1
B. Baurechtlicher Regelungsinhalt – Überblick	5
C. Anwendungsbereich	7
I. Zeitlicher Anwendungsbereich	8
II. Sachlicher Anwendungsbereich	9
1. Systematik und Anwendungsbereich	10
2. Unternehmer eines Bauwerks oder eines Bauwerkteils	11
3. Unternehmer einer Außenanlage	16
4. Besteller	17
D. Absicherung – gesicherte Ansprüche	18
I. Sicherungsverlangen – Zeitpunkt	19
II. Sicherungsverlangen – Inhalt und Form	22
1. Inhaltliche Anforderungen	23
a) Zu stellende Sicherheit	24
b) Höhe der verlangten Sicherheit	25
c) Fristsetzung mit Androhung der Leistungsverweigerung	31
aa) Angemessenheit der Frist	32
bb) Androhung der Leistungsverweigerung	33
2. Ausschluss des »Rechts« auf Sicherheit	34
III. Gesicherte Forderung – Art – Höhe – Fälligkeit	35
1. Besicherbare Forderungen	36
2. Höhe/Umfang der Sicherheit	39
a) Abschlags- oder Ratenzahlungsvereinbarungen	40
b) Absicherung des den bereits erbrachten Leistungen entsprechenden Vergütungsanteils	41
c) Einfluss von vor der Abnahme erhobenen Mängelrügen auf die Sicherungshöhe	42
d) Fälligkeit der zu besichernden Forderung	45
IV. Sicherheitsleistung – Art der Sicherheit (§ 648a Abs. 2 BGB)	46
1. Garantien und Zahlungsversprechen	47
2. Garantie – Bankgarantie	50
3. Stellung der Sicherheit – Stückelung	51
V. Kosten der Sicherheit – § 648a Abs. 3 BGB	52
E. Abwicklung im Störungsfall – Besteller stellt die Sicherheit nicht – § 648a Abs. 1 und 5 BGB	53
I. Leistungsverweigerungsrecht – § 648a Abs. 1 BGB	54

		Rn.
II.	Vertragsaufhebung – § 648 a Abs. 5 BGB	55
1.	Vergütungsanspruch	60
	a) Vergütungsanspruch bei mangelfreier Leistung	61
	b) Vergütungsanspruch bei mangelhafter Leistung	62
2.	Schadensersatzanspruch	64
III.	Verzicht auf Vertragsaufhebung	67
F.	Werklohnforderung nach Abnahme – Mängelrüge und Sicherheitsverlangen	68
I.	Noch offene Werklohnforderung als Voraussetzung	70
II.	Vorleistungspflicht des Unternehmers	71
III.	Sicherungsbedarf des Unternehmers – Schwebezustand	72
IV.	Auflösung des Schwebezustandes	73
1.	Volle mangelunabhängige Durchsetzbarkeit des offenen Werklohnanspruchs?	74
2.	Voller Vergütungsanspruch nur Zug um Zug gegen Mängelbeseitigung?	75
3.	Voller Vergütungsanspruch Zug um Zug gegen Mängelbeseitigung und diese Zug um Zug gegen Sicherheitsleistung	76
4.	Sinngemäße Anwendung von § 648 a Abs. 5 und § 643 S. 1 BGB	77
V.	Belassen des Schwebezustandes	78
1.	Berücksichtigung der Verhältnisse in einer Leistungskette	79
2.	Durchstellbedürfnis in der Leistungskette	80
G.	Absicherung nach Kündigung	81
H.	Verwirklichung der Sicherheit – § 648 a Abs. 2 S. 2 BGB	82
I.	Rückgabe der gestellten Sicherheit	85
II.	Die Sicherheit in der Insolvenz	87
J.	Beziehung zu § 648 und § 321 BGB – § 648 a Abs. 4 BGB	88
I.	Verhältnis zu § 648 BGB	89
II.	Verhältnis zu § 321 BGB	90
K.	Abänderungsverbot – § 648 a Abs. 7 BGB	92
L.	Rechtsprechungsübersicht	94

A. Baurechtliche Relevanz

Die Vorschrift zählt neben § 648 und § 634 a BGB zu den Regelungen, die das Baugeschehen in besonderer Weise berücksichtigen. Der vorleistungspflichtige Unternehmer soll hinsichtlich seiner Vergütungsinteressen geschützt werden. Die Regelung räumt dem Unternehmer jedoch nur eine Möglichkeit ein und gewährt keine Sicherheit bereits kraft Gesetzes. Der Unternehmer muss von dieser Möglichkeit Gebrauch machen. Der Schutz ist allerdings nach der gegenwärtigen Fassung der Vorschrift eingeschränkter Natur. Das ergibt sich insbesondere im Vergleich zu § 648 BGB; nach dessen Abs. 1 hat der Unternehmer einen Anspruch auf Einräumung einer Sicherungshypothek. Zwar formuliert § 648 a Abs. 1 BGB ähnlich, nämlich der Unternehmer könne vom Besteller eine Sicherheit verlangen, aber die Rechtsfolge der ausbleibenden Gestellung der begehrten Sicherheit ist ein **Leistungsverweigerungsrecht** und die Befugnis, sich durch **Fristsetzung mit Kündigungsandrohung** aus dem Vertrag zu lösen. Deshalb räumt § 648 a BGB dem Unternehmer **keinen** einklagbaren **Anspruch** mit der Folge ein, dass der Besteller bei

1

Unterlassung in Schuldnerverzug kommt.[1] Das Forderungssicherungsgesetz[2] will daran nach der Begründung etwas ändern. Das findet seinen Ausdruck auch in einer von der gegenwärtigen Fassung abweichenden Formulierung des § 648 a Abs. 1 BGB.

2 Die Vorschrift läuft leer, wenn der Kreis der durch § 648 a BGB Begünstigten von der Regelung keinen Gebrauch macht. In der Praxis verweisen Unternehmer häufig darauf, mit dem Sicherungsverlangen werde dem Besteller gegenüber Misstrauen zum Ausdruck gebracht, was sich negativ auf die Bauabwicklung auswirke. Stellenweise wird geäußert, auf diese Weise verliere man potenzielle Kundschaft. Letztlich bedarf die Umsetzung der Regelung eines behutsamen Vorgehens, um die genannten negativen Folgen zu vermeiden.[3] Insbesondere dann, wenn die Bestellerseite bei einem Bauvertrag auf der Gestellung von Erfüllungs- und Gewährleistungssicherheiten besteht, müsste es einem Unternehmer ohne jeglichen negativen Eindruck gelingen, sein Absicherungsinteresse gleichfalls in die Waagschale zu werfen. Dies besonders deshalb, weil der Gesetzgeber die Absicherungsmöglichkeit in einer der Disposition der Parteien entzogenen Weise (§ 648 a Abs. 7 BGB) selbst geregelt hat. Demgegenüber hängt die Absicherung der Erfüllungs- und der Gewährleistungsinteressen des Auftraggebers – nach § 17 VOB/B auch bei einem VOB-Bauvertrag – allein vom Vertragswillen der Parteien ab. Das Werkvertragsrecht sichert die **Erfüllungs-** und **Gewährleistungsinteressen** des Bestellers kraft Gesetzes nicht über Sicherheitsleistungen ab.

3 Allerdings führt die Vorschrift bei Gestellung einer Sicherheit nicht zur sofortigen **Befriedigung** des Unternehmers. Um die gestellte Sicherheit – z. B. eine Bankbürgschaft – in Anspruch nehmen zu dürfen, ist entweder die Einwilligung des Bestellers oder ein Urteil gegen den Besteller erforderlich, in welchem dieser zumindest vorläufig vollstreckbar zur Zahlung der Vergütung verurteilt worden ist und die Voraussetzungen für den Beginn der Zwangsvollstreckung vorliegen (§ 648 a Abs. 2 S. 2 BGB). Unter diesen Voraussetzungen darf das Kreditinstitut Zahlung leisten. Wenn das freiwillig nicht erfolgt, ist Klage gegen das Kreditinstitut zu erheben. Diese Klagen gegen den Besteller und gegen das Kreditinstitut miteinander zu verbinden, also auf der Beklagtenseite eine – einfache – **Streitgenossenschaft** zu begründen, scheitert; denn einmal fehlt es der Klage gegen den Kreditversicherer zu diesem Zeitpunkt noch am Rechtsschutzbedürfnis, zum anderen ist der Anspruch gegen das Kreditinstitut noch gar nicht fällig. Der Zahlungsanspruch ist nach § 648 a Abs. 2 S. 2 BGB erst unter den dort genannten Voraussetzungen fällig.

---

1 BGH Urt. v. 9.11.2000 VII ZR 82/99, BauR 2001, 386 = BGHZ 146, 24 = NJW 2001, 822 = NZBau 2001, 129 = ZfBR 2001, 166 = IBR 2001, 15 ff.
2 BT-Drucks. 16/511 S. 11.
3 Schmitz, Sicherheiten für die Bauvertragsparteien, Rn. 218.

Bauhandwerkersicherung § 648 a BGB

Insolvenzrechtlich kann eine gestellte Sicherheit der Anfechtung nach § 131 InsO 4
unterliegen. Maßgeblich ist, dass mangels Anspruchs auf die Absicherung der Fall
einer inkongruenten Deckung vorliegen kann. Die Regeln hierfür sieht § 131 InsO
vor.

B. Baurechtlicher Regelungsinhalt – Überblick

Die Vorschrift gehört neben der Regelung zur Fertigstellungsbescheinigung in 5
§ 641 a BGB zu den umfangreichsten des Werkvertragsrechts. Sie umfasst insgesamt sieben Absätze. Der § 648 a Abs. 6 BGB enthält Ausschlusstatbestände auf der Grundlage des in § 648 a Abs. 1 BGB beschriebenen Anwendungsbereichs; § 648 a Abs. 1 BGB befasst sich zudem mit den Voraussetzungen des Sicherungsbegehrens, der Höhe der Sicherheit und dem Leistungsverweigerungsrecht des Unternehmers. Der S. 3 des § 648 a Abs. 1 BGB gehört systematisch eigentlich zum Abs. 2, weil er die inhaltliche Ausgestaltung der zu stellenden Sicherheit betrifft. § 648 a Abs. 2 BGB befasst sich mit der Sicherheitsleistung, knüpft dabei ersichtlich an den §§ 232 ff. BGB an, und erweitert den Kreis der in Betracht kommenden Sicherheiten um eine Garantie oder ein sonstiges Zahlungsversprechen eines näher beschriebenen Kreditinstituts oder Kreditversicherers. § 648 a Abs. 2 BGB enthält weiter nähere Regeln darüber, unter welchen Voraussetzungen das Kreditinstitut oder der Kreditversicherers Zahlungen leisten darf. § 648 a Abs. 3 BGB bestimmt, dass der Unternehmer, der die Sicherheit verlangt, dem Besteller die üblichen Kosten einer solchen Sicherheit bis zu einem Höchstsatz von 2 % für das Jahr zu erstatten hat. Wird die Sicherheit wegen unberechtigter Einwendungen des Bestellers gegen den Vergütungsanspruch des Unternehmers aufrechterhalten, gilt diese Kostentragungspflicht nicht. § 648 a Abs. 4 BGB befasst sich mit dem Verhältnis einer nach § 648 a BGB gestellten Sicherheit zum Sicherheitsverlangen gem. § 648 BGB und schließt insoweit eine doppelte Absicherung aus. § 648 a Abs. 5 hat neben Abs. 1 BGB einen weiteren Störungstatbestand zum Gegenstand: Der Besteller hat entgegen der Aufforderung zu Gestellung der Sicherheit nach § 648 a Abs. 1 BGB diese fristgerecht nicht geleistet. Das weitere Vorgehen bestimmt sich nach § 643 BGB und in der Folge nach § 645 Abs. 1 BGB. Dem Unternehmer wird für den Fall der Vertragsbeendigung ein Anspruch auf Ersatz des Vertrauensschadens eingeräumt, der in Höhe von 5 % der Vergütung vermutet wird. § 648 a Abs. 7 BGB erklärt von den Absätzen 1 bis 5 abweichende Regelungen für unwirksam. Das bedeutet zugleich, dass die Vertragspartner eines Bauvertrages den gesetzlich bestimmten Anwendungsbereich einvernehmlich erweitern können.

Konstruktiv legt § 648 a Abs. 1 BGB dem Besteller keine Pflicht zur Gestellung 6
einer Sicherheit auf. Dies folgt aus den in § 648 a Abs. 1 und 5 BGB angeordneten Rechtsfolgen bei Nichterfüllung. Wenn § 648 a Abs. 5 BGB bei ausbleibender Stellung einer Sicherheitsleistung hinsichtlich des weiteren Vorgehens auf § 643 BGB

verweist, der an unterlassene Mitwirkungsmaßnahmen gem. § 642 BGB anknüpft, spricht vieles dafür, dass dem Besteller hinsichtlich der Stellung der Sicherheit eine **Obliegenheit** trifft[4] und damit bei ausbleibender Gestellung der Tatbestand des **Gläubigerverzugs** vorliegt. § 648 a BGB ergänzt damit die Gläubigerverzugsregeln in §§ 293 ff. BGB.

C. Anwendungsbereich

7 Der Anwendungsbereich ist zeitlich, persönlich und sachlich zu bestimmen.

I. Zeitlicher Anwendungsbereich

8 § 648 a BGB wurde durch das Bauhandwerkersicherungsgesetz mit Wirkung ab 1. 5. 1993 eingefügt.[5] Zum jetzigen Zeitpunkt ist kaum vorstellbar, das die Frage streitig werden kann, ob die Vorschrift auf vor dem 1. 5. 1993 geschlossene Verträge anwendbar ist.[6] Das Gesetz zur Beschleunigung fälliger Zahlungen vom 30. 3. 2000, in Kraft getreten am 1. 5. 2000,[7] hat in § 648 a Abs. 1 S. 1 und 2 BGB zu Änderungen geführt und im Abs. 5 die – jetzigen – Sätze 3 und 4 angefügt. Nach Art. 229 Abs. 2 EGBGB gelten diese Veränderungen nicht für vor dem 1. 5. 2000 geschlossene Verträge; davon wird jedoch § 648 a Abs. 5 S. 3 BGB ausgenommen.

II. Sachlicher Anwendungsbereich

9 Sachlich wird der Anwendungsbereich infolge der systematischen Stellung der Vorschrift und weiter positiv durch die Beschreibung der Tatbestandsvoraussetzungen in § 648 a Abs. 1 BGB und negativ durch Ausschlusstatbestände in § 648 a Abs. 6 BGB beschrieben.

1. Systematik und Anwendungsbereich

10 Aus der Regelung im Rahmen des Werkvertragsrechts folgt, dass die Vorschrift eine werkvertragliche Rechtsbeziehung voraussetzt. Auf einen »Werklieferungsvertrag« nach § 651 BGB oder einen Kauf mit einer Montageverpflichtung ist die Vorschrift nicht anwendbar. Wer die Lieferung und Montage einer **Solaranlage** übernimmt, ist wegen des im Vordergrund stehenden **Warenumsatzes** nicht in der Lage, nach § 648 a BGB vorzugehen. Bei der Einordnung ist auf die Art des zu liefernden Gegenstandes, das Wertverhältnis von Lieferung und Montage und die Be-

---

[4] Dafür Soergel in: FS v. Craushaar, 179, 184; Palandt/Sprau § 648 a BGB Rn. 5; Bamberger/Roth/Voit § 648 a BGB Rn. 2.
[5] BGBl. I S. 509.
[6] Vgl. OLG Naumburg BauR 2001, 1603.
[7] BGBl. I S. 330.

sonderheiten des geschuldeten Ergebnisses abzustellen. Das führt nach BGH bei einer Solaranlage auf einem Dach zu Kauf- und nicht zu Werkvertragsrecht.[8] **Lieferanten** werden demnach von § 648 a BGB nicht erfasst.

2. Unternehmer eines Bauwerks oder eines Bauwerkteils

Der Werkvertrag muss inhaltlich ein Bauwerk oder ein Bauwerkteil zum Gegenstand haben. Diesbezüglich gelten die Ausführungen zu § 648 BGB, was die Beschreibung eines Bauwerks bzw. Bauwerkteils betrifft.[9] Abweichend von § 648 BGB ist jedoch auch der **Subunternehmer** geschützt, denn auf die Identität zwischen Besteller und Grundstückseigentümer hebt nur § 648 BGB, nicht jedoch § 648 a BGB ab. **Baustofflieferanten** werden wegen ihrer lediglich kaufrechtlichen Lieferverpflichtung nicht erfasst. Wer sich zur Herstellung und Lieferung von beweglichen Bauteilen verpflichtet, die er nicht selbst einbaut, sondern lediglich auf der Baustelle anliefert, steht in einer sich ausschließlich nach § 651 BGB zu beurteilenden Liefervertrag, womit die Beziehung in das Kaufrecht verwiesen ist. § 648 a BGB schützt einen solchen **Lieferanten** nicht.

11

Hinsichtlich der Absicherungsmöglichkeiten eines **Abbruchunternehmers** oder des Erstellers eines Gerüstes bzw. eines sonstigen **Baubehelfs** stellt sich wie bei § 648 BGB[10] die Frage, unter welchen Voraussetzungen vom Unternehmer eines Bauwerks gesprochen werden kann. Da § 648 a BGB jedoch nicht vom Mehrwertprinzip geprägt ist, ist bei § 648 a BGB ein großzügigere Beurteilung angebracht. Deshalb bejaht das OLG Celle[11] mit Recht die Anwendbarkeit des § 648 a BGB auf den **Gerüstbauer.**

12

Auch die **Architekten** und **Fachplaner** und sonstige **Sonderfachleute** sind Unternehmer eines Bauwerks. Im Unterschied zu § 648 beruht § 648 a BGB nicht auf dem Mehrwertprinzip,[12] weswegen das Begehren auf Leistung einer Sicherheit nicht davon abhängt, dass auf der Basis dieser Planungsleistungen bereits mit dem Bauwerk begonnen worden ist.[13] Dies folgt notwendig daraus, dass der Planer unabhängig von jeglicher Planungsleistung sogleich nach Abschluss des Planervertrages die Sicherung begehren kann. Bezogen auf einen **Sachverständigen**, der lediglich ein »**Sanierungsgutachten**« erstattet, ist zu differenzieren. Befasst sich das Gutachten lediglich mit dem **Istzustand** und folglich mit der Analyse der vorhandenen Substanz, ohne weitergehend in eine **Instandsetzungsplanung** überzuge-

13

---

8 BGH Urt. v. 3. 3. 2004 VII ZR 76/03, BauR 2004, 882 = NJW-RR 2004, 850 = NZBau 2004, 326 = IBR 2004, 306.
9 Siehe § 648 BGB Rn. 23 ff.
10 Siehe § 648 BGB Rn. 26, 29.
11 BauR 2000, 1874.
12 Vgl. § 648 BGB Rn. 13 ff.
13 MüKo/Busche § 648 a Rn. 8; Kniffka, IBR-Online-Kommentar § 648 a Rn. 17, 18; OLG Düsseldorf BauR 2005, 416.

hen, handelt es sich zwar um einen Werkvertrag. Dieser **Bausachverständige** ist jedoch nicht als Unternehmer eines Bauwerks anzusehen. Ein solches Gutachten manifestiert sich nicht für sich gesehen in dem Bauwerk. Es handelt sich lediglich um eine **Vorbereitungshandlung** ohne ausreichenden Bezug zum Bauwerk selbst.

14 Neben dieser positiven Voraussetzung ist jedoch der Ausschlusstatbestand in § 648 a Abs. 6 Nr. 2 BGB zu berücksichtigen. Ist der Besteller eine natürliche Person und hat der Bauvertrag die Herstellung oder die Instandsetzung eines Einfamilienhauses mit oder ohne Einliegerwohnung zum Gegenstand, findet § 648 a Abs. 1 bis 5 BGB keine Anwendung. Ist ein Baubetreuer eingeschaltet, der nicht nur technische Betreuungsleistungen erbringt, sondern zur Verfügung über die Finanzierungsmittel ermächtigt ist, bleiben § 648 a Abs. 1 bis 5 BGB wiederum anwendbar.

15 Ein **Einfamilienhaus** grenzt sich ab von einem **Mehrfamilienhaus** wie auch von einem **Doppelhaus**.[14] Im Übrigen sind die Vertragsverhältnisse zu berücksichtigen. Inhalt des Bauvertrags zwischen dem Besteller – natürliche Person – und dem Unternehmer darf nur die Erstellung oder die Instandsetzung **eines** Einfamilienhauses sein. Verpflichtet sich der Unternehmer vertraglich gegenüber demselben Besteller zur Erstellung von zwei und mehr Einfamilienhäusern greift der Ausschlusstatbestand nicht.[15] Bedeutungslos ist, ob der Besteller – aus Gründen der Umgehung des Gesetzes – die Gesamtbaumaßnahme im Verhältnis zum Unternehmer in mehrere Verträge aufspaltet. Eine solche Situation ist nicht gegeben, wenn ein Unternehmer ein Baugebiet erschlossen hat und die einzelnen Parzellen auf die Weise vermarktet, dass er sich Interessenten gegenüber zur Erstellung eines schlüsselfertigen Hauses verpflichtet. Schaltet dieser **Schlüsselfertighersteller** von Fall zu Fall einen Unternehmer zur Objektherstellung einen Bauunternehmer oder -handwerker ein, handelt es sich jeweils um einen Vertrag, der nur ein Objekt zum Gegenstand hat. Dasselbe gilt, wenn den Unternehmer mit dem Schlüsselfertighersteller ein Rahmenvertrag verbindet, wonach sich der Unternehmer verpflichtet Tätigkeiten für den Fall zu entfalten, dass der Schlüsselfertighersteller mit der Verwirklichung eines Objekts beauftragt wird. Der Ausschlusstatbestand des § 648 a Abs. 6 Nr. 2 BGB ist nicht davon abhängig, dass der Besteller – natürliche Person – das Einfamilienhaus zur Eigennutzung erstellt. Eine Weiterveräußerungsabsicht oder die Erstellung von Einfamilienhäusern in gewerblicher Absicht hindert die Anwendung des Ausschlusstatbestandes nicht.[16] Jedoch ist dann, wenn der Bauvertrag mit dem Unternehmer die Erstellung mehrerer Einfamilienhäuser zum Gegenstand hat, der Ausschlusstatbestand nicht einschlägig. Entgegen Voit[17] handelt es sich bei

---

14 OLG Düsseldorf BauR 2000, 919.
15 LG Bonn NJW-RR 1998, 530; a. A. Bamberger/Roth/Voit § 648 a BGB Rn. 5.
16 Kniffka, IBR-Online-Kommentar § 648 a Rn. 22; Weise, Sicherheiten im Baurecht Rn. 622; Bamberger/Roth/Voit § 648 a BGB Rn. 5; a. A. LG Koblenz IBR 2004, 251 mit davon abweichender Anmerkung von Kainz; Staudinger/Peters § 648 a BGB Rn. 6.
17 In: Bamberger/Roth/Voit § 648 a BGB Rn. 5.

der Formulierung» wenn der Besteller eine natürliche Person ist und die Bauarbeiten zur Herstellung oder Instandsetzung eines Einfamilienhauses ... ausführen lässt« nicht lediglich um eine grammatikalisch bedingte Besonderheit, sondern um eine bewusste Entscheidung des Gesetzgebers. Die Formulierung hätte auch so gewählt werden können, dass es heißt »eines oder mehrerer Einfamilienhäuser.« Sollte bei gewerblicher Erstellung eines Einfamilienhauses oder dessen Instandsetzung der Ausschlusstatbestand nicht greifen, hätte anstelle des Begriffs »natürliche Person« der Begriff »Verbraucher« eingeführt werden müssen. Das hätte zur Anwendung des § 13 BGB geführt.

Ist der Besteller eines Einfamilienhauses keine natürliche Person, sondern eine juristische Person (z.B. GmbH oder AG), kommt der Ausschlusstatbestand nicht zum Tragen.

3. Unternehmer einer Außenanlage

Der Unternehmer einer Außenanlage oder eines Teils einer solchen Außenanlage wird abweichend von § 648 BGB zum geschützten Personenkreis gezählt. Die Bestimmung verwendet nicht den Begriff der Freianlage, wie er in § 3 Nr. 12 HOAI legal für den Bereich der HOAI dahin definiert wird, dass darunter planerisch gestaltete Freiflächen und Freiräume sowie entsprechend gestaltete Anlagen in Verbindung mit Bauwerken oder in Bauwerken zu verstehen sind. In Beziehung zu einem Gebäude bezeichnet die DIN 276 Abschnitt 500 (Fassung 1993) solche Anlagen als Außenanlagen. In der Fassung der DIN 267 von 1981 ist die Regelung in der Kostengruppe 5.0.0.0 erfolgt. Das Begriffsverständnis in § 648 BGB orientiert sich jedoch nicht in vollem Umfang an den Begrifflichkeiten in der technischen Norm; denn die DIN-Norm Kosten im Hochbau enthält nach der Fassung von 1993 in der Kostengruppe 510 alles, was mit der Bearbeitung von Geländeflächen zusammen hängt, erfasst in der Kostengruppe 520 Befestigte Flächen wie z.B. Plätze und Straßen, Sportplatzflächen, Spielplatzflächen und in der Kostengruppe 530 Baukonstruktionen in Außenanlagen. Angemessen dürfte sein, die Auflistungen in der DIN 276 als einen Anhalt zu nehmen und die Aufzählung um die Elemente zu bereinigen, die – wie Straßen, Wege, Plätze – wegen ihrer eigenständigen Sachqualität und ihrer Verbindung mit Grund und Boden eigenständige Bauwerke sein können. Unternehmer einer Außenanlage ist jedenfalls auch der **Freiflächenplaner**, dem das Leistungsbild Objektplanung für Freianlagen nach § 15 HOAI übertragen worden ist und zwar unabhängig davon, ob die Außenfläche dem Plan entsprechend gestaltet worden ist. Bloße **Rodungsarbeiten** sind keine Arbeiten an Außenanlagen.[18] Unternehmer einer Außenanlage oder eines Teiles davon ist damit letztlich ein Unternehmer, der **Arbeiten an einem Grundstück** erbringt, wenn es

16

---

[18] BGH Beschl. v. 24.2.2005 VII ZR 86/04 BauR 2005, 1019 = NJW-RR 2005, 750 = NZBau 2005, 281 = IBR 2005, 253; Kniffka, IBR-Online-Kommentar § 648a Rn. 11.

sich dabei um die Befassung mit Grund und Boden unabhängig von einem Bauwerk handelt.[19]

4. Besteller

17 § 648 a Abs. 1 BGB spricht generell vom Besteller und knüpft damit am Bestellerbegriff des § 631 BGB an. Welche Position der Besteller in einer **Leistungskette** hat, ist bedeutungslos. Besteller ist der Auftraggeber/Investor ebenso wie der Hauptunternehmer im Verhältnis zum Subunternehmer. Deshalb ist ein Generalplaner im Verhältnis zum Subplaner ein Besteller i. S. d. § 648 a BGB. Auf in § 648 a Abs. 6 Nr. 1 BGB näher bezeichnete Besteller finden § 648 a Abs. 1 bis 5 BGB keine Anwendung: Juristische Person des öffentlichen Rechts oder ein öffentlich-rechtliches Sondervermögen. Unter juristischen Personen des öffentlichen Rechts sind die bundes-, landes- und gemeindeunmittelbaren Körperschaften (Gebietskörperschaften i. S. d. § 98 Nr. 1 GWB), Anstalten und Stiftungen des öffentlichen Rechts zu verstehen. Öffentlich-rechtliches Sondervermögen ist z. B. die Deutsche Bahn. Hintergrund für den Ausschluss bildet, dass die **Insolvenzgefahr** gänzlich oder praktisch ausgeschlossen ist. Betrifft der Bauvertrag ein Einfamilienhaus, scheidet die Absicherungsmöglichkeit aus, wenn der Auftraggeber eine natürliche Person ist. Den Gegensatz bildet die juristische Person. Ist Auftraggeber eine BGB-Gesellschaft, sind die Besteller natürliche Personen, es sei denn, das einzelne Mitglied ist seinerseits eine juristische Person. Die OHG oder KG kann zwar nach § 128 HGB unter ihrem Namen Rechte und Pflichten begründen, sie ist jedoch keine juristische Person. Lässt eine Miterbengemeinschaft ein im Nachlass befindliches Einfamilienhaus instandsetzen, sind die Auftraggeber gewöhnlich natürliche Personen. Besteht die Miterbengemeinschaft aus natürlichen Personen und aus juristischen Personen, gilt der Ausschlusstatbestand nur hinsichtlich der natürlichen Person, nicht jedoch bezüglich der juristischen Person. Es findet keine einheitliche, sondern eine nach den dann vorliegenden Gesamtschuldverhältnissen getrennte Beurteilung statt. Denn der Gesetzgeber hat im Einfamilienhausbereich nur die natürliche Person privilegieren wollen.

D. Absicherung – gesicherte Ansprüche

18 Ausgangspunkt ist das Sicherungsverlangen für die vom Unternehmer zu erbringende Vorleistung (§ 648 a Abs. 1 S. 1 BGB). § 648 a Abs. 1 S. 2 BGB beschreibt die Höhe der Sicherheit in Ausrichtung am Vergütungsanspruch des Unternehmers. Deshalb geht es der Regelung dem Sinne nach um die Sicherheit für die dem Unternehmer zustehenden Vergütungsansprüche, jedoch unter der Voraussetzung, dass der Unternehmer noch eine Leistung zu erbringen hat. Hat der Unternehmer

---
[19] Schulze-Hagen BauR 2000, 28 ff.

schon sämtliche Leistungen erbracht, ist das **Erfüllungsstadium** beendet und ist die Leistung auch mangelfrei, so dass auch keine Nacherfüllungsansprüche zu erfüllen sind, besteht kein Anlass dem Unternehmer eine Sicherheit zuzubilligen. Dann läuft auch für den Fall der ausbleibenden Sicherheit die in § 648 a Abs. 1 S. 1 BGB vorgesehene Rechtsfolge eines **Leistungsverweigerungsrechts** leer.[20]

Die in § 648 a Abs. 1 BGB getroffene Regelung ist demnach mit Rücksicht auf die vorgesehene Rechtsfolge nach ihrem Sinn auszulegen.

I. Sicherungsverlangen – Zeitpunkt

Die Sicherung kann der Unternehmer nach rechtswirksamem Zustandekommen eines Vertrages verlangen. Die Ausübung wird nicht unter irgendeine Zeitschranke gestellt oder mit einer Ausübungsfrist verknüpft. Sachlich wird jedoch insofern eine Verknüpfung mit dem Abwicklungsstadium des Vertrages hergestellt, als der Unternehmer vom Besteller Sicherheit für die von ihm zu erbringende **Vorleistung** einschließlich dazu gehöriger **Nebenforderungen** verlangen darf. Das bedeutet, dass der Unternehmer im Verhältnis zum Besteller noch zur Vornahme von Leistungen verpflichtet sein muss. Das folgt auch daraus, dass die Rechtsfolge der Nichterbringung der Sicherheit ein Leistungsverweigerungsrecht des Unternehmers ist. Inhaltlich bedeutet die in § 648 a Abs. 1 S. 1 BGB enthaltene Normaussage, dass der Unternehmer unmittelbar nach Abschluss des Vertrages, während der Durchführung der Baumaßnahme und damit im Erfüllungsstadium, aber auch nach der Abnahme oder nach der Kündigung des Vertrages noch die Sicherheit verlangen kann, wenn er wegen Sachmängeln noch zur Leistung verpflichtet ist. 19

Die Vorschrift ist auch **nach der rechtsgeschäftlichen Abnahme** noch anwendbar.[21] Das schließt die Anwendbarkeit der Vorschrift **nach einer Kündigung** ein,[22] denn im Fall von Sachmängeln ergibt sich gleichfalls eine noch bestehende Vorleistungspflicht des Unternehmers.[23] Angesichts einer feststehenden Rechtsprechung des BGH können abweichende Auffassungen nicht geteilt werden.[24] Es ist ausschließlich auf die **faktische oder wirtschaftliche Notwendigkeit einer Vorleistung** abzustellen[25] und nicht auf eine streng dogmatisch ausgerichtete Vorleis- 20

---

20 Kniffka, IBR-Online-Kommentar § 648 a Rn. 27.
21 BGH Urt. v. 22. 1. 2004 VII ZR 183/02 BauR 2004, 826 = BGHZ 157, 335 = NJW 2004, 1525 = NZBau 2004, 259 = ZfBR 2004, 365 = IBR 2004, 201; und Urt. v. 22. 1. 2004 ZR 68/03 BauR 2004, 830 = NZBau 2004, 261; vgl. dazu auch Bschorr/Putterer BauR 2001, 1497 ff.
22 Vgl. Bschorr/Putterer BauR 2001, 1497 ff.
23 BGH Urt. v. 22. 1. 2004 VII ZR 267/02 BauR 2004, 834 = NJW-RR 2004, 740 = NZBau 2004, 264 = ZfBR 2004, 365 = IBR 2004, 201.
24 Z. B. OLG Rostock BauR 2004, 93, wonach die Anwendung nach der Abnahme ausscheidet.
25 BGH Urt. v. 22. 1. 2004 VII ZR 183/02 BauR 2004, 826, 827 = BGHZ 157, 335 = NJW 2004, 1525 = NZBau 2004, 259 = ZfBR 2004, 365 = IBR 2004, 201.

tungspflicht, die mit dem **Erfüllungsstadium** endet.[26] Denn macht der Besteller nach der Abnahme gegenüber dem nunmehr fälligen Werklohnanspruch des Unternehmers gestützt auf Mängel ein Zurückbehaltungsrecht nach § 320 BGB geltend, muss der Unternehmer in der Konsequenz eines darauf nach § 322 BGB ergehenden **Zug-um-Zug-Urteils** zunächst die Mängel beseitigen oder den Besteller hinsichtlich der Annahme der Mängelbeseitigungsarbeiten in Verzug setzen, um nach § 756 ZPO die Vollstreckung aus dem Urteil betreiben zu dürfen. Demnach ist der Unternehmer nach der Abnahme genötigt, wirtschaftlich die Vorleistung in Form der Mängelbeseitigung zu erbringen, weil er ohne sie den Zahlungsanspruch nicht durchsetzen kann. Wenn auch der BGH grundsätzlich das Ende der Vorleistungspflicht des Unternehmers mit der rechtsgeschäftlichen Abnahme verknüpft hat,[27] gilt dies jedenfalls unter der Konstellation, dass der Besteller Mängel rügt und deshalb die Erfüllung der noch offenen Forderung mangelbedingt verweigert nicht. Dann hat der Auftragnehmer nach § 635 BGB die vom Auftraggeber gerügten Mängel, um deren Beseitigung es diesem auch wegen der darauf gestützten Zahlungsverweigerung auch geht, zuvor zu beseitigen, will er die Werklohnforderung durchsetzen. Das ist eine echte Vorleistungspflicht, auf deren Erfüllung der Besteller auch besteht.

Bei einem Werkvertrag ist auch nach der Abnahme **Erfüllung** solange nicht eingetreten, als beseitigungsfähige Mängel bestehen.[28]

21 Der Anwendungsbereich der Norm kann auch nicht in totaler Abhängigkeit von der Verwirklichung der Rechtsfolgen bestimmt werden. Es ist zwar richtig, dass nach der rechtsgeschäftlichen Abnahme und nach einer Kündigung des Vertrages die in § 648 a Abs. 5 BGB vorgesehene Fristsetzung mit Kündigungsandrohung und die Lossagung vom Vertrag über § 643 BGB leer laufen. Aber diese Gestaltungsmöglichkeit hängt vom entsprechenden Gestaltungswillen des Bestellers ab. Auch nach der Abnahme und einer Kündigung macht es Sinn, dem Unternehmer bei Mängelrügen ein Leistungsverweigerungsrecht zuzugestehen. Solange für ein solches Leistungsverweigerungsrecht Raum ist, bleibt der Anwendungsbereich der Vorschrift eröffnet.

---

26 In diese Richtung aber Siegburg BauR 1997, 40, 44; Reinelt BauR 1997, 766.
27 BGH Urt. v. 9.11. 2000 VII ZR 82/99 BauR 2001, 386 = BGHZ 146, 24 = NJW 2001, 822 = NZBau 2001, 129 = ZfBR 2001, 166 = IBR 2001, 18; BGH Urt. v. 2.3.1984 VII ZR 50/82 BauR 1984, 395 = BGHZ 90, 344 = NJW 1984, 1676; BGH Urt. v. 4.6.1973 VII ZR 112/71 BauR 1973, 313 = BGHZ 61, 42, 44 = NJW 1973, 1792.
28 BGH Urt. v. 17.12.1998 IX ZR 151/98 BauR 1999, 392, 394 = NJW 1999, 1261 = ZfBR 1999, 142; BGH Urt. v. 10.10.1985 VII ZR 303/84 BGHZ 96, 111, 119 = NJW 1986, 711; BGH Urt. v. 6.2.1958 VII ZR 39/57 BGHZ 26, 337, 340 = NJW 1958, 706.

II. Sicherungsverlangen – Inhalt und Form

Der Unternehmer kann Sicherheit unter Fristsetzung und Androhung seines Leistungsverweigerungsrechts verlangen. § 648 a Abs. 1 BGB postuliert nicht die Einhaltung von bestimmten Formvorschriften und stellt auch keine inhaltlichen Anforderungen, deren Einhaltung Wirksamkeitsvoraussetzung wäre. Die Rechtsfolgen aus § 648 a BGB hängen davon ab, dass der Unternehmer eine Sicherheit unter Fristsetzung mit Androhung der Leistungsverweigerung verlangt hat. Stellt der Auftraggeber von sich aus – eher unwahrscheinlich – oder auf bloßes Verlangen des Bestellers – ohne Fristsetzung mit Androhung der Leistungsverweigerung – die Sicherheit, soll § 648 a BGB nicht gelten.[29] Dies leuchtet jedoch nicht ein, wenn die Gestellung mit Verweis auf § 648 a BGB erfolgt. Die Verwertungsregeln bestimmen sich dann nach § 648 a Abs. 2 BGB. Allerdings findet § 648 a BGB keine Anwendung auf eine bauvertraglich vereinbarte und gestellte Sicherheit.[30]

1. Inhaltliche Anforderungen

Ein korrektes Sicherungsverlangen lässt dem Besteller die Wahl der zu stellenden Sicherheit. Angaben zur Höhe der zu stellenden Sicherheit sind zwingend, ebenso die Setzung einer Frist mit Androhung der Leistungsverweigerung bei fruchtlosem Fristablauf.

a) Zu stellende Sicherheit

Ein Sicherheitsverlangen, das sich auf die Gestellung einer Bürgschaft kapriziert und deren Stellung verlangt, soll mit allen sich daraus ergebenden Folgen für den Unternehmer, der sich später wegen ausbleibender Stellung auf ein Leistungsverweigerungsrecht beruft, wirkungslos sein.[31] Solche Folgen lassen sich § 648 a Abs. 1 BGB nicht entnehmen. Über die Art und Weise der Sicherheit bestimmt nach § 232 und § 648 a Abs. 2 BGB der Besteller. Verlangt der Unternehmer eine bestimmte Art der Sicherheitsleistung, ist der Besteller daran nicht gebunden. Vertragliche Vereinbarungen über die Art und Weise der Gestellung der Sicherheit sind nach § 648 a Abs. 7 BGB unwirksam. Die Forderung nach einer bestimmten Sicherheitsleistung ist deshalb unwirksam, was jedoch nicht zur Unwirksamkeit des Sicherungsverlangens insgesamt führt.[32]

---

29 Leinemann/Sterner BauR 2000, 1414, 1415; a.A. OLG Düsseldorf Urt. v. 30. 11. 1999 21 U 59/99 BauR 2000, 919 = IBR 2000, 272 und OLG Hamm IBR 2000, 377.
30 BGH Urt. v. 11. 5. 2006 VII ZR 146/04 BauR 2006, 1294 = NJW 2006, 2475 = NZBau 2006, 569 = IBR 2006, 432.
31 Schmitz in Anmerkung zu OLG Naumburg BauR 2003, 556, 559; so auch OLG Koblenz BauR 2000, 936, 937 (nur Leitsatz).
32 Kniffka, IBR-Online-Kommentar § 648 a Rn. 76.

b) Höhe der verlangten Sicherheit

25 Der Unternehmer muss in dem Sicherheitsbegehren zum Ausdruck bringen, in welcher Höhe die Sicherheit verlangt wird. Ein Sicherheitsverlangen ohne Benennung der Höhe ist unwirksam und löst die Rechtsfolgen aus § 648 a Abs. 1 BGB nicht aus. Dabei muss der Betrag nicht unbedingt angeführt werden, wenn sich die Höhe aus sonst im Begehren angeführten Gesichtspunkten ergibt. So reicht aus, wenn der Unternehmer Sicherheit in Höhe des vertraglich vereinbarten Pauschalpreises oder der Angebotsendsumme des dem Einheitspreisvertrag zugrunde liegenden Angebots verlangt. Die Höhe bestimmt sich nach dem voraussichtlichen Zahlungsanspruch wie er sich aus dem Vertrag oder einem Zusatzauftrag ergibt.

26 § 648 a BGB berechtigt zur Sicherung in gesamter Höhe auch wenn mit dem Besteller **Raten- oder Abschlagszahlungen** vereinbart worden sind.[33] Die Höhe der Sicherheitsleistung orientiert sich deshalb nicht am tatsächlichen und durch Abschlags- oder Ratenzahlungsvereinbarungen beeinflussten tatsächlichen Vorleistungsrisiko.[34] Macht der Unternehmer unmittelbar nach Abschluss des Vertrages die Sicherheit geltend, erfolgt demnach die Ausrichtung bei einem Pauschalvertrag am Pauschalpreis und bei einem Einheitspreisvertrag an der Angebotsendsumme. Das den Unternehmer treffende Einschätzungsrisiko[35] ist insoweit gering, was auch für dessen Darlegungs- und Beweislast gilt. Macht der Unternehmer die Sicherheit im Verlauf der Bauabwicklung geltend, ist die Höhe für den Besteller nachvollziehbar dann darzustellen, wenn bereits Abschlagszahlungen geleistet worden sind und Absicherung für die noch verbleibende Vorleistung begehrt wird, Das geschieht gewöhnlich durch Aufmaßnahme bei einem Einheitspreisvertrag. Bei einem Pauschalvertrag hat der Unternehmer das Verhältnis der erbrachten Leistungen zur Gesamtleistung darzustellen und danach den Umfang der noch offenen Werklohnforderung zu bestimmen.

27 Der Unternehmer minimiert das Risiko richtiger Einschätzung, wenn er jeweils vom Vertragspreis ausgeht und bei bereits erbrachten Abschlagszahlungen die Differenz zum Gegenstand seines Sicherungsverlangens macht. Weicht er davon ab, weil er der Meinung ist, dass die Mengen im Leistungsverzeichnis des Einheitspreisvertrages unzutreffend angegeben sind, hat der diese Mengenmehrungen für den Besteller nachvollziehbar zu begründen.

28 Die Sicherheit kann der Unternehmer auch für Ansprüche aus einem nachträglichen **Zusatzauftrag** verlangen, wozu auch Ansprüche z. B. aus § 2 Nr. 5, 6, 8 VOB/B gehören.[36] Der Unternehmer hat die voraussichtliche Höhe dieser zusätzlichen Vergütungsansprüche nachvollziehbar zu begründen. Hat der Unterneh-

---

33 BGH Urt. v. 9.11.2000 VII ZR 82/99 BauR 2001, 386 = BGHZ 146, 24 = NJW 2001, 822 = NZBau 2001, 129 = ZfBR 2001, 166 = IBR 2001, 15 ff.
34 So noch Reinelt BauR 1997, 776, 772.
35 Kniffka, IBR-Online-Kommentar § 648 a Rn. 40.
36 Siehe Rn. 29, 38.

mer dem Besteller nach § 2 Nr. 6 VOB/B in seiner Vergütungsanzeige auch Ausführungen zur Höhe gemacht oder haben sich die Parteien gar nach § 2 Nr. 5 und 6 VOB/B auf die Vergütung geeinigt, ist der Unternehmer berechtigt, die sich daraus ergebende Höhe in das Sicherungsverlangen einzustellen. Fehlt es daran, ist der Unternehmer gehalten, die Höhe zu schätzen und dem Besteller seine Schätzungsgrundlagen mitzuteilen. Dazu wird der Unternehmer gehalten sein, die Höhe auf der Basis seiner Kalkulationsgrundlagen zu ermitteln und darzustellen.

Ein Streit über die voraussichtliche Höhe ist nicht im Rahmen des Sicherungsverlangens auszutragen und geeignet, das Sicherungsinteresse des Unternehmers zu verneinen. Ein solcher Streit ist auf der Grundlage der beide Seiten treffenden **Kooperationsgebote**[37] zu lösen. Dasselbe gilt bei unterschiedlichen Auffassungen über die Berechtigung von **Nachtragsforderungen** dem Grunde nach. Entscheidungskriterium ist wegen der Anbindung an den »voraussichtlichen Vergütungsanspruch« eine Prognose hinsichtlich der Stichhaltigkeit des geltend gemachten Anspruchs. Spricht nach einer überschlägigen rechtlichen Würdigung eine hohe Wahrscheinlichkeit für die Begründetheit des Anspruchs, sind die Voraussetzungen für seine Besicherbarkeit zu bejahen. Was im Streit für die Höhe gilt, muss auch für die Frage gelten, ob dem Unternehmer Zahlungsansprüche auch für Leistungen zustehen, die seiner Meinung nach nicht vom Ausgangsvertrag gedeckt sind und z. B. unter § 2 Nr. 5 oder Nr. 8 VOB/B fallen.

29

Ein **überhöhtes Sicherungsverlangen**, was sich letztlich erst im Verfahren bezüglich der erhobenen Zahlungsklage entscheidet, führt nicht notwendig insgesamt zur Unwirksamkeit des Sicherungsverlangens mit der Folge, dass der Besteller die gestellte Sicherheit mangels Rechtsgrunds für deren Bereitstellung heraus verlangen könnte. Der zur **Kooperation** verpflichtete Besteller kann den Rechtsfolgen aus § 648a Abs. 1 und 5 BGB nicht ohne weiteres dadurch entgehen, dass er auf eine – seiner Meinung nach – **Zuvielforderung** überhaupt nicht reagiert. Er ist gehalten, dem Unternehmer gegenüber die Höhe der Sicherheitsleistung zu benennen, zu deren Gestellung er bereit ist. Ist der Unternehmer bereit, die geringere und aus § 648a BGB berechtigte Sicherheit zu akzeptieren, muss der Besteller diese Sicherheit jedenfalls dann leisten, wenn deren Höhe für ihn feststellbar ist. Der Besteller muss dann eine solche Sicherheit anbieten.[38] Entsprechend den zur Inverzugsetzung entwickelten Grundsätzen[39] ist bei einer zu hohen Anforderung zu prüfen, ob der Besteller die Erklärung als Aufforderung zur Bewirkung der Sicherheit in der tatsächlich geschuldeten Höhe verstehen muss, und der Unternehmer auch zur Annahme der gegenüber seinen Vorstellungen zurückbleibenden Sicherheitsanforderung bereit ist. Bei einer unverhältnismäßig hohen Zuvielforderung

30

---

37 BGH Urt. v. 28. 10. 1999 VII ZR 393/98 BauR 2000, 409 = BGHZ 143, 89 = NJW 2000, 807 = NZBau 200, 130 = ZfBR 2000, 170 = IBR 2000, 110.
38 Urt. v. 28. 10. 1999 VII ZR 393/98 BauR 2000, 409 = BGHZ 143, 89 = NJW 2000, 807 = NZBau 200, 130 = ZfBR 2000, 170 = IBR 2000, 110.
39 BGH Urt. v. 25. 6. 1999 V ZR 190/98 NJW 1999, 3115.

kann das zu verneinen sein; die Wirksamkeit einer Zuvielforderung wird jedoch im Regelfall dann bejaht, wenn anzunehmen ist, dass der Besteller auch bei einer auf die berechtigten Höhe beschränkten Forderung nicht geleistet hätte. Deshalb ist immer geboten, dass der Besteller auf ein seiner Meinung nach überhöhtes Sicherungsverlangen nicht nur schweigt, sondern ein Gegenangebot unterbreitet, auf welches seinerseits der Unternehmer notwendig reagieren muss. Aus dem **Kooperationsgebot** folgt, dass der Unternehmer vertragswidrig handelt, wenn er auf ein zutreffendes Sicherungsangebot nicht eingeht, sondern die Leistung verweigert. Der Besteller kann dann mit Recht außerordentlich kündigen, was den Unternehmer auf die Vergütung für die bis dahin erbrachten Leistungen beschränkt und hinsichtlich der durch Drittbeauftragung entstehenden Mehrkosten schadensersatzpflichtig macht. Das **Prognoserisiko** trägt insoweit nicht der Besteller, sondern der Auftragnehmer. Umgekehrt handelt der Besteller vertragswidrig, wenn er die Gestellung der vom Unternehmer mit Recht verlangten Sicherheit verweigert, was den Unternehmer zur Leistungsverweigerung berechtigt. Eine dann vom Besteller erklärte Kündigung ist vertragswidrig, führt zur Unmöglichkeit der Leistungserbringung durch den Unternehmer und erhält diesem nach den sich aus §§ 275 Abs. 1, 326 Abs. 2 BGB ergebenden Regeln den Vergütungsanspruch.[40]

c) Fristsetzung mit Androhung der Leistungsverweigerung

31 Das Sicherheitsverlangen muss mit einer Fristsetzung samt Androhung der Leistungsverweigerung bei fruchtlosem Fristablauf verbunden werden. Hierbei handelt es sich um Tatbestandsvoraussetzungen, ohne die das Leistungsverweigerungsrecht bei fruchtlosem Fristablauf nicht ausgelöst wird.[41] Die Gefahr einer zu kurz gesetzten Frist ist jedoch nicht hoch, denn eine zu kurze Frist verlängert sich von selbst auf die angemessene Frist. Die Rechtsfolgen treten dann jedoch erst nach deren fruchtlosem Ablauf ein. Dem Unternehmer steht das Recht zur Leistungsverweigerung nur nach Ablauf der angemessenen Frist zu. Die Fristsetzung mit Androhung der Leistungsverweigerung wird bei Vorliegen der in § 281 Abs. 2 BGB genannten Voraussetzungen entbehrlich sein.

aa) Angemessenheit der Frist

32 Welche Frist angemessen ist, bestimmt sich nach dem Einzelfall. Angemessen ist eine Frist, die es einem in normalen finanziellen Verhältnissen befindlichen Besteller ermöglicht, die Sicherheit ohne schuldhaftes Verzögern zu beschaffen.[42] Die Begründung des Gesetzes geht von einer Frist von 7 bis 10 Tagen aus.[43] Unabhängig davon ist im Einzelfall abzuwägen, wobei die für die Fertigstellung der Leistung vereinbarte Frist kein Abwägungskriterium ist. Zu berücksichtigen ist, dass

---

40 Kniffka, IBR-Online-Kommentar § 648 a Rn. 43–47.
41 Kniffka, IBR-Online-Kommentar § 648 a Rn. 77.
42 BGH Urt. v. 31. 3. 2005 VII ZR 346/03 BauR 2005, 1009 = NJW 2005, 1939 = NZBau 2005, 393 = IBR 2005, 369.
43 BT-Drucks. 12/1836 S. 9.

der Besteller Verhandlungen mit einem oder mehreren baufinanzierenden Kreditinstituten führen muss und das Volumen, die von dem kreditgebenden Bank geforderten ihrerseits geforderten Sicherheiten und die Entscheidungszuständigkeiten eine Rolle spielen. Eine Frist von 2 Tagen ist jedenfalls zu kurz, weil innerhalb dieser Zeit auch ein in normalen finanziellen Verhältnissen befindlicher Besteller nicht in der Lage ist, die Voraussetzungen für die Gestellung einer Sicherheit zu schaffen. Eine Frist von 7 Tagen für eine Sicherheit von 500.000 DM ist zu kurz.[44]

bb) Androhung der Leistungsverweigerung

Die Fristsetzung muss mit der Androhung der Leistungsverweigerung verbunden werden, da ansonsten die in § 648a Abs. 1 S. 1 BGB angeführte Rechtsfolge nicht eintritt.

33

2. Ausschluss des »Rechts« auf Sicherheit

Der Unternehmer hat kein schützenswertes Interesse mehr an der Sicherung seines Vergütungsanspruchs, wenn und soweit er nicht mehr in der Lage oder bereit ist, die geschuldete Leistung zu erbringen.[45] Ist der Vertrag nach § 649 BGB gekündigt worden, entfällt die Verpflichtung zur Erbringung der insoweit noch offenen Leistungen, weswegen der sich aus § 649 S. 2 BGB ergebende und auf die kündigungsbedingt nicht mehr zu erbringende Leistung entfallende Vergütungsanteil nicht sicherungsfähig ist. Wird jedoch nach der Kündigung mangelbedingt vom Unternehmer noch Mängelbeseitigung verlangt, kann er die Sicherheit auch für den Vergütungsanteil fordern, der aus § 649 S. 2 BGB folgt und dem eigentlich keine Leistung mehr entspricht. Eine Beschränkung des Sicherungsanspruchs auf den Teil der Vergütung, der den erbrachten Leistungen zuzurechnen ist, lässt sich nämlich dem Gesetz nicht entnehmen.[46] Die Besicherung kann verlangt werden für Vorleistungen in Höhe des **voraussichtlichen Vergütungsanspruchs**. Dieser Vergütungsanspruch muss nicht mit den noch zu erbringenden Vorleistungen korrespondieren. Verweigert nach der rechtsgeschäftlichen Abnahme der Besteller die Bezahlung mit Hinweis auf Mängel und ein darauf gestütztes Zurückbehaltungsrecht, hat der Unternehmer ein schützenswertes Sicherungsinteresse solange er in der Lage und bereit ist, die Mängel zu beseitigen. Steht fest, dass der Unternehmer die Mängel aus Rechtsgründen nicht mehr beseitigen kann, besteht das **Sicherungsinteresse** nicht mehr. Das ist der Fall, wenn sich der Unternehmer gegenüber dem Mängelbeseitigungsbegehren auf § 635 Abs. 3 BGB beruft und mit Recht die Unverhältnismäßigkeit der Aufwendungen oder gar die Unmöglichkeit der Mängelbeseitigung (§ 275

34

---

44 OLG Naumburg BauR 2003, 556, jedoch mit kritischer Anmerkung von Schmitz.
45 Vgl. BGH Urt. v. 9.11.2000 VII ZR 82/99 BauR 2001, 386, 389 = BGHZ 146, 24 = NJW 2001, 822 = NZBau 2001, 129 = ZfBR 2001, 166 = IBR 2001, 15ff.; Urt. v. 27.2.2003 VII ZR 338/01 BauR 2003, 693 = BGHZ 154, 119 = NJW 2003, 1526 = NZBau 2003, 267 = IBR 2003, 185.
46 BGH Urt. v. 9.11.2000 VII ZR 82/99 BauR 2001, 386, 389 = BGHZ 146, 24 = NJW 2001, 822 = NZBau 2001, 129 = ZfBR 2001, 166 = IBR 2001, 15ff.

BGB) einwendet. Gleiches gilt, wenn der Unternehmer die ihm für die Mängelbeseitigung gesetzte Frist ohne Sicherheitsverlangen und ein darauf gestütztes Leistungsverweigerungsrecht hat verstreichen lassen, womit der Besteller zur **Minderung** oder zur **Selbstbeseitigung** übergehen kann. Zwar hat in einer solchen Situation der Besteller nicht das Mängelbeseitigungsrecht verloren, er muss jedoch eine ihm nach Fristablauf angediente Mängelbeseitigung nicht mehr entgegen nehmen.[47] Damit ist dem Unternehmer die allein von seinem Willen abhängige Möglichkeit der Mängelbeseitigung genommen, was den Verlust des Sicherungsinteresses bedeutet. Wenn der Unternehmer die vom Besteller beanstandeten Mängel ernsthaft bestreitet und eine Mängelbeseitigung wie vom Besteller fordert strikt ablehnt, ist das Sicherungsinteresse ebenfalls zu verneinen.[48] Es geht nicht an, allein in einem dem ernsthaften Bestreiten des Mangels nachfolgenden Sicherheitsverlangen konkludent nunmehr eine Mängelbeseitigungsbereitschaft unter Aufgabe des vormaligen Standpunkts zu sehen. Hierfür müsste mit dem Verlangen ausdrücklich eine Erklärung verbunden werden, zur Mängelbeseitigung bereit zu sein.

III. Gesicherte Forderung – Art – Höhe – Fälligkeit

35 Absicherung kann verlangt werden für die zu erbringenden Vorleistungen in Höhe des voraussichtlichen Vergütungsanspruchs. Das bestimmt Art und Höhe des Sicherungsverlangens wie auch dessen Unabhängigkeit von der Fälligkeit der zu sichernden Forderung.

1. Besicherbare Forderungen

36 Besicherbar sind die **voraussichtlichen Vergütungsansprüche** für zu erbringende Vorleistungen. Das folgt eindeutig aus § 648a Abs. 1 S. 2 und 3 sowie aus Abs. 2 bis 4 BGB, wo jeweils der Vergütungsanspruch Anknüpfungspunkt ist. Das beinhaltet nicht, dass die Sicherheit nur für solche Vergütungsansprüche verlangt werden kann, denen auch tatsächlich Leistungen entsprechen. Sind vom Unternehmer noch Vorleistungen zu erbringen, kann Sicherheit für sämtlich noch offenen Werklohnforderungen aus dem Vertrag verlangt werden, wozu auch solche aus § 649 Abs. 1 S. 2 BGB und aus § 8 Nr. 1 Abs. 2 VOB/B gehören. Eine Beschränkung der besicherbaren Forderungen auf den Teil der Vergütung, der den erbrachten Leistungen entspricht, ist dem Gesetz nicht zu entnehmen. Trifft den Unternehmer noch eine **Vorleistungspflicht**, hat er ein grundsätzlich schützenswertes Interesse an der Absicherung seines nach Erfüllung der Vorleistung in voller Höhe durchsetzbaren Vergütungsanspruchs.[49]

---

[47] BGH Urt. v. 27. 11. 2003 VII ZR 93/01 BauR 2004, 501, 503 = NJW-RR 2004, 303 = NZBau 2004, 153 = IBR 2004, 64.
[48] Kniffka, IBR-Online-Kommentar § 648a Rn. 57.
[49] BGH Urt. v. 9. 11. 2000 VII ZR 82/99 BauR 2001, 386, 389 = BGHZ 146, 24 = NJW 2001, 822 = NZBau 2001, 129 = ZfBR 2001, 166 = IBR 2001, 15 ff.

Macht der Unternehmer gegenüber dem Besteller Ansprüche aus § 326 Abs. 2 **37**
BGB deshalb geltend, weil der Besteller im Gläubigerverzug ist, was zugleich zur
Unmöglichkeit der weiteren Leistung des Unternehmers deshalb führt, weil der
Besteller praktisch wegen verweigerter Mitwirkung Abstand von der Fortsetzung
des Vertrags mit dem Unternehmer nimmt, stellt sich beim Auftreten von Mängeln
an der erbrachten Leistung die Frage, ob der Unternehmer Besicherung auch
der sich aus § 326 Abs. 2 BGB ergebenden Forderung verlangen kann. Das ist zu
bejahen.[50] Denn Sicherheit kann in Höhe des voraussichtlichen Vergütungsanspruchs für Vorleistungen verlangt werden. Die **Mängelbeseitigung** ist die **Vorleistung** und Absicherung kann verlangt werden für die Vergütungsansprüche aus
dem Vertrag.

Abgesichert werden die Vergütungsansprüche, die aus dem Vertrag abgeleitet werden, können, wozu auch Ansprüche aus § 2 Nr. 8 VOB/B zählen. Dazu gehört **38**
auch der Anspruch aus Geschäftsführung ohne Auftrag nach § 2 Nr. 8 Abs. 3
VOB/B, denn auf diesen Anspruch wird in der VOB/B verwiesen. In den Schutzbereich des § 648 a BGB fallen jedoch nur Vergütungsansprüche aus dem Vertrag
und vergütungsähnliche Ansprüche, nicht Schadensersatzansprüche aus § 6 Nr. 6
VOB/B bzw. § 280 BGB oder Vertragsstrafenansprüche.[51] Das gilt auch für einen
Entschädigungsanspruch aus § 642 BGB, wogegen der Anspruch aus § 645 BGB
sicherungsfähig ist. Besicherbar sind auch Ansprüche aus § 1 Nr. 3, 4 i. V. m. § 2
Nr. 5 und 6 VOB/B, weil es sich dabei um Leistungen aus einem **Zusatzauftrag**
handelt.[52] Allerdings kann gerade bezüglich der Voraussetzungen für geänderte
oder zusätzliche Ansprüche aus § 2 Nr. 5 oder Nr. 6 VOB/B Streit über die Berechtigung eines solchen Anspruchs entstehen, z.B. dann, wenn der Unternehmer in
der nächsten Abschlagszahlung diesbezügliche Forderungen aufnimmt, deren Berechtigung der Besteller mit dem Argument in Abrede stellt, es handele sich um
Leistungen, die vom Einheitspreis der fraglichen Position oder von der Pauschale
erfasst seien. Der Unternehmer kann Sicherheit für die **voraussichtlichen Vergütungsansprüche** geltend machen. Ob insoweit eine Berechtigung besteht, unterliegt einer **Prognose**, deren Grundlagen im Verlangen plausibel dargestellt werden
müssen.

2. Höhe/Umfang der Sicherheit

Der Unternehmer kann Sicherheit bis zur Höhe des voraussichtlichen Vergütungs- **39**
anspruchs nebst Nebenforderungen verlangen. Abschlags- oder Ratenzahlungsvereinbarungen schränken die Höhe der Sicherheit nicht auf das wegen einer solchen
Vereinbarung tatsächlich gegebene Vorleistungsrisiko, das etwa in Höhe von zwei
Abschlagszahlungen besteht, ein. Auch **Mängel** in der Leistung des Unternehmers

---

50 Kniffka, IBR-Online-Kommentar § 648 a Rn. 33.
51 Raabe BauR 1997, 757, 759; a. A. Leinemann/Sterner BauR 2000, 1417.
52 Soergel in: FS v. Craushaar, 179, 188; Bamberger/Roth/Voit § 648 a BGB Rn. 7.

haben keinen Einfluss auf die Höhe des Sicherungsverlangens, solange der Unternehmer bereit und in der Lage ist die Mängel zu beseitigen. Gleiches gilt für vereinbarte Sicherheitsleistungen, die der Auftragnehmer zu stellen hat.

Die **Nebenforderungen**, worunter in erster Linie Zinsansprüche zu verstehen sind, setzt § 648 a Abs. 1 S. 2 BGB mit 10 % des zu sichernden Anspruchs an.

a) Abschlags- oder Ratenzahlungsvereinbarungen

40 Nach BGH[53] ist der Unternehmer auch dann berechtigt, Sicherung in Höhe des gesamten Werklohns zu fordern, wenn er mit dem Besteller Raten- oder Abschlagszahlungen vereinbart hat. § 648 a Abs. 1 BGB billigt ein Sicherungsinteresse in Höhe der gesamte Werklohnforderung nach dem Vertrag zu und überlässt es innerhalb dieser Grenze dem Unternehmer, die Höhe der Sicherheit zu bestimmen. Der Vorschrift ist nicht zu entnehmen, dass Abschlags- oder Ratenzahlungsvereinbarungen das Sicherungsinteresse beschränken, das ist erst aufgrund einer tatsächlich erfolgten Zahlung der Fall. Zwar hat ein Unternehmer bei einer ausbleibenden Abschlagszahlung die Möglichkeit, die Leistung nach § 320 BGB zu verweigern. Er kann jedoch Gründe haben, diesen Weg nicht zu gehen und das Sicherheitsverlangen bevorzugen. Der Besteller kann die Verweigerung einer Abschlagszahlung mit Mängeln begründen, was im Einzelnen streitbesetzt sein kann. Ob der Unternehmer wegen der Nichtzahlung der reduzierten Zahlung der Abschlagsforderung nach § 320 BGB die Leistung einstellen darf, kann fragwürdig sein. Den damit verbundenen Risiken kann der Unternehmer aus dem Weg gehen. Er ist in der Lage für die voraussichtlichen Vergütungsansprüche nach § 648 a BGB eine Sicherheit fordern und muss diesbezüglich lediglich die tatsächlich erbrachten Leistungen (Zahlungen) in Abzug bringen. Allerdings kann der Besteller mit dem Sicherungsverlangen eventuell Probleme bekommen, wenn die Bank dem Besteller bereits für die Finanzierung einen Kredit eingeräumt hat.[54] Der Gesetzgeber hat das Problem der Kreditlinie des Bestellers gesehen und die Auffassung vertreten, das dem Besteller die Leistung der vollen Sicherheit im Normalfall möglich sein wird, weil das finanzierende Institut keine Doppelbelastung der **Kreditlinie** vornehmen wird. Soweit das nicht der Fall ist, räumt der Gesetzgeber dem Sicherungsinteresse des Unternehmers bewusst einen Vorrang ein.[55] Deshalb sind die in der Literatur[56] dagegen vorgebrachten Bedenken nach der Entscheidung des BGH[57] unbeachtlich.

---

[53] Urt. v. 9. 11. 2000 VII ZR 82/99 BauR 2001, 386 = BGHZ 146, 24 = NJW 2001, 822 = NZBau 2001, 129 = ZfBR 2001, 166 = IBR 2001, 15 ff.
[54] BGH Urt. v. 9. 11. 2000 VII ZR 82/99 BauR 2001, 386, 388 = BGHZ 146, 24 = NJW 2001, 822 = NZBau 2001, 129 = ZfBR 2001, 166 = IBR 2001, 15 ff.
[55] BT-Drucks. 12/1836 S. 7 unter c und f.
[56] Hofmann/Koppmann, Die neue Bauhandwerkersicherung S. 129; Zanner BauR 2000, 485, 490; Schulze-Hagen BauR 2000, 28, 31; Moeser/Kocher BauR 1997, 425; Wagner/Sommer ZfBR 1995, 168.
[57] Urt. v. 9. 11. 2000 VII ZR 82/99 BauR 2001, 386, 388 = BGHZ 146, 24 = NJW 2001, 822 = NZBau 2001, 129 = ZfBR 2001, 166 = IBR 2001, 15 ff.

Allerdings ist es im Einzelfall nicht ausgeschlossen, dass das Sicherungsverlangen in voller Höhe rechtsmissbräuchlich ist. Jedoch reicht hierfür die von der finanzierenden Bank vorgenommene **Doppelbelastung** der **Kreditlinie** für sich genommen nicht aus; denn dieses Problem ist gerade im Gesetzgebungsverfahren gesehen worden und hat zu einer abweichenden Gewichtung der Unternehmerinteressen nicht geführt.

b) Absicherung des den bereits erbrachten Leistungen entsprechenden Vergütungsanteils

Der Unternehmer ist berechtigt, die Sicherung auch insoweit zu fordern, als der Teil des Werklohnanspruchs bereits erbrachte Leistungen betrifft. Die Vorleistung endet grundsätzlich nicht mit der Leistung, sondern mit der Abnahme durch den Besteller. Zu erbringende Vorleistungen i.S.d. Gesetzes sind als vertraglich **geschuldete Vorleistungen** zu verstehen.[58] Ob diese Leistung bereits erbracht ist oder noch offen ist, berührt den Besicherungsumfang nicht. Für die schon erbrachten Vorleistungen besteht keine Notwendigkeit, deshalb, weil diese Leistung bereits als wesentlicher Bestandteil in das Grundstück eingegangen ist und deshalb zu einem Mehrwert zugunsten des Bestellers unter Entreicherung des Unternehmers geführt hat, insoweit auf die Sicherung nach § 648 BGB zu verweisen und diese Absicherungsmöglichkeit für die einzig mögliche anzusehen.[59] Eine Beschränkung des Sicherungsanspruchs auf denjenigen Teil der Vergütung, der den bereits erbrachten Leistungen zuzurechnen ist, deckt das Gesetz nicht ab. Vorleistungen i.S.d. Gesetzes liegen erst dann nicht mehr vor, wenn die erbrachten Leistungen bezahlt sind.[60] Vorleistungsrisiken, vor denen § 648a BGB schützen will, bestehen, solange der Besteller nicht bezahlt hat und im Umfang des vertraglichen Vergütungsanspruchs, gleichgültig ob diesem auch Leistungsanteile entsprechen.

41

c) Einfluss von vor der Abnahme erhobenen Mängelrügen auf die Sicherungshöhe

Vor der Abnahme[61] vom Auftraggeber gerügte **Mängel** an den bis dahin erbrachten Leistungen sind ohne Einfluss auf die Höhe des Sicherungsverlangens. Dafür spricht schon, dass der Unternehmer die Sicherheit nach § 648a Abs. 1 BGB auch ohne irgendeine Leistung in voller Höhe der nach dem Vertrag voraussichtlich anfallenden Vergütung verlangen kann. Wie der Unternehmer zur Leistung verpflichtet ist, besteht die Verpflichtung zur Beseitigung der gerügten Mängel. Auch hinsichtlich der Mängelbeseitigung ist der Unternehmer vor der Abnahme als Teil der Erfüllungsverpflichtung in der Vorleistung. Solange der Unternehmer in der Lage

42

---

58 BGH Urt. v. 9.11.2000 VII ZR 82/99 BauR 2001, 386, 389 = BGHZ 146, 24 = NJW 2001, 822 = NZBau 2001, 129 = ZfBR 2001, 166 = IBR 2001, 15ff.
59 Vgl. zum Verhältnis zwischen § 648 und § 648a BGB unter Rn. 89
60 BGH Urt. v. 9.11.2000 VII ZR 82/99 BauR 2001, 386, 389 = BGHZ 146, 24 = NJW 2001, 822 = NZBau 2001, 129 = ZfBR 2001, 166 = IBR 2001, 15ff.; BT-Drucks. 12/1836 S. 8.
61 Nach der Abnahme siehe Rn. 68ff.

und bereit ist, die Mängel zu beseitigen, hat er ein grundsätzlich schützenswertes Interesse an der Absicherung seines nach der Mängelbeseitigung in voller Höhe durchsetzbaren Vergütungsanspruchs.[62] Hier zeigt sich, dass § 648 a BGB abweichend von § 648 BGB nicht auf dem Mehrwertprinzip[63] aufbaut, sondern allgemein leistungs- und qualitätsunabhängig ein Sicherungsinteresse wegen der Vorleistungspflicht des Unternehmers bejaht und zu seinem Regelungsprinzip macht. Der Besteller mag gegenüber einem Zahlungsanspruch des Unternehmers ein mangelbedingtes Leistungsverweigerungsrecht haben, worum es jedoch nicht geht. Gegen das **Sicherungsbegehren** sind **Mängelrügen** unbeachtlich, soweit und solange der Unternehmer zur Beseitigung des Mangels in der Lage ist. Freilich besteht die Gefahr, dass der Unternehmer nach Erhalt der Sicherheit die Mängel nicht beseitigt.[64] Diese Gefahrenlage hat den Gesetzgeber aber nicht bewogen, die getroffene Regelung einzuschränken. Im Gegenteil kann ihr der Besteller insofern begegnen, als er dem Unternehmer für die Mängelbeseitigung eine Frist setzen kann. Nach deren fruchtlosem Ablauf hat der Unternehmer die Möglichkeit zur Mängelbeseitigung gegen den Willen des Bestellers verloren,[65] womit der Unternehmer auch die gestellte Sicherheit nicht mehr behalten darf. Der Besteller hat einen Herausgabeanspruch, der schadensersatzrechtlich über § 280 Abs. 1 BGB abgesichert ist. Macht der Besteller den Herausgabeanspruch geltend, macht er damit zugleich geltend, dass er dem Unternehmer die Mängelbeseitigung untersagt.

43 Hat der Besteller wegen der Mängel mit Recht gemindert oder die Aufrechnung mit Gegenansprüchen (Kostenvorschuss, Kostenerstattung nach § 637 BGB oder Schadensersatz nach §§ 634 Nr. 4, 636, 280, 281 BGB) erklärt, hat dies wegen der gestaltenden Wirkung dieses Vorgehens Einfluss auf die Sicherungshöhe.[66] Ist lediglich die dem Unternehmer vom Besteller für die Nacherfüllung nach §§ 635, 637 BGB gesetzte Frist verstrichen, hat dies noch keinen Einfluss auf die Höhe des Vergütungsanspruchs; dem Unternehmer ist damit auch noch nicht endgültig die Möglichkeit genommen, die Mängel zu beseitigen. Denn das Verstreichen der zur Mängelbeseitigung gesetzten Frist gestaltet das Vertragsverhältnis noch nicht um. Deshalb ist der Vergütungsanspruch noch in voller Höhe gegeben. Entsteht über die Voraussetzungen der vom Besteller beanspruchten Minderung oder Aufrechnung Streit, ist der Unternehmer wegen der ihn allgemein vor der Abnahme tref-

---

62 BGH Urt. v. 9. 11. 2000 VII ZR 82/99 BauR 2001, 386, 389 = BGHZ 146, 24 = NJW 2001, 822 = NZBau 2001, 129 = ZfBR 2001, 166 = IBR 2001, 15 ff.
63 Vgl. § 648 BGB Rn. 13.
64 Dazu z. B. Brechtelsbauer BauR 1999, 1371, 1372; Schilling in: FS Vygen, 260; Reinelt BauR 1997, 766, 767.
65 BGH Urt. v. 27. 11. 2003 VII ZR 93/01 BauR 2004, 501, 503 = NJW-RR 2004, 303 = NZBau 2004, 153 = IBR 2004, 64; Urt. v. 27. 2. 2003 VII ZR 338/01 BauR 2003, 693 = BGHZ 154, 119 = NJW 2003, 1526 = NZBau 2003, 267 = IBR 2003, 185.
66 BGH Urt. v. 9. 11. 2000 VII ZR 82/99 BauR 2001, 386, 389 = BGHZ 146, 24 = NJW 2001, 822 = NZBau 2001, 129 = ZfBR 2001, 166 = IBR 2001, 15 ff.; wegen der Frage, ob diese Mängelrechte auch vor der Abnahme einschlägig sind, siehe § 634 BGB Rn. 4 ff.

fenden Darlegungs- und Beweislast für die Mangelfreiheit seiner Leistung darlegungspflichtig und notfalls auch beweisbelastet.

Da sich die Höhe der Sicherheitsleistung nach der voraussichtlichen Vergütungshöhe bemisst, besteht kein Anlass die Sicherheitsleistung um einen vertraglich vereinbarten **Sicherheitseinbehalt**, sei es eine Erfüllungssicherheit oder eine Gewährleistungssicherheit zu kürzen.[67]

44

d) Fälligkeit der zu besichernden Forderung

Die über § 648 a BGB gesicherte Forderung muss nicht fällig sein. Das folgt schon daraus, dass der Unternehmer die Sicherheit unmittelbar nach Vertragsschluss verlangen kann, ohne irgendeine Leistung erbracht haben zu müssen. Das bedeutet zugleich, dass bei einem VOB-Bauvertrag der Einwand des Bestellers, die nach rechtsgeschäftlicher Abnahme gestellte Schlussrechnung sei nicht prüfbar, für das Sicherungsverlangen des Unternehmers irrelevant und kein beachtliche Verteidigungsvorbringen darstellt.[68] Allerdings muss der Unternehmer sein Sicherungsbegehren der Höhe nach für den Besteller nachvollziehbar darlegen.

45

IV. Sicherheitsleistung – Art der Sicherheit (§ 648 a Abs. 2 BGB)

Die in § 648 a Abs. 2 BGB gewählte Formulierung »Die Sicherheit kann auch durch eine Garantie oder ein sonstiges Zahlungsversprechen … geleistet werden« knüpft erkennbar an den generell in §§ 232 ff. BGB enthaltenen Regelungen zu Sicherheitsleistungen an und ergänzt die dort zugelassenen Art der Sicherheit um eine Garantie oder ein sonstiges Zahlungsversprechen eines im Geltungsbereich des BGB zum Geschäftsbetrieb befugten Kreditinstituts oder eines Kreditversicherers.

46

1. Garantien und Zahlungsversprechen

Zu den Zahlungsversprechen gehört eine Bürgschaft, die zu den gängigsten Sicherungsmitteln im Rahmen des § 648 a BGB zählt. Eine befristete Bürgschaft entspricht nicht den Anforderungen aus § 648 a BGB.[69] Eine **Bürgschaft auf erstes Anfordern** ist nicht das richtige Sicherungsmittel, weil aus einer Bürgschaft auf erstes Anfordern unabhängig von den in § 648 a Abs. 2 BGB geregelten Zahlungseinschränkungen sofort und ohne Rücksicht auf ein Anerkenntnis des Bestellers oder dessen Verurteilung Zahlung verlangt werden kann.[70] Deshalb kann der Un-

47

---

67 Bamberger/Roth/Voit § 648 a BGB Rn. 8; a. A. Kleefisch/Herchen NZBau 2006, 201, 204, 205.
68 Vgl. LG Duisburg BauR 2001, 1924.
69 OLG Frankfurt BauR 2003, 412; OLG Oldenburg MDR 1999, 89, 90; Buscher BauR 2001, 159.
70 BGH Urt. v. 21. 4. 1988 IX ZR 113/87 BauR 1988, 594 = NJW 1988, 2610; Urt. v. 14. 12. 1995 IX ZR 57/95 BauR 1996, 251 = NJW 1996, 717 = ZfBR 1996, 139; Urt. v. 17. 10. 1996 IX ZR 325/95 BauR 1997, 134 = NJW 1997, 255 = ZfBR 1997, 38.

ternehmer eine solche Sicherheit nicht verlangen. Wenig realistisch ist die Vorstellung, dass der Besteller mit dem Kreditinstitut auf das Sicherungsverlangen nach § 648 a BGB vereinbart, eine Bürgschaft auf erstes Anfordern zu stellen, was dann auch geschieht, Denn damit verschlechtert der Besteller im Vergleich zu der ihn nach § 648 a Abs. 2 BGB treffenden Obliegenheit seine Rechtslage erheblich, weil das Kreditinstitut auf erstes Anfordern zu zahlen berechtigt wird.[71] Ist eine solche Bürgschaft aus einem Versehen des Kreditinstituts ausgereicht worden, hat der Besteller gegenüber dem Unternehmer eine Herausgabeanspruch oder zumindest einen Anspruch auf Abgabe einer Erklärung des Inhalts, dass die Bürgschaft nur unter den in § 648 a Abs. 2 S. 2 BGB angeführten Voraussetzungen in Anspruch genommen werden kann. Denn ein Recht zum Behalten einer Sicherheit hat der Unternehmer bei Fehlen von besonderen vertraglichen Vereinbarungen nur auf der Grundlage des § 648 a BGB. Wenn der Unternehmer aus einer ihm ausgereichten **Bürgschaft auf erstes Anfordern** vorgeht, kann dem weder ein Unwirksamkeitseinwand aus § 648 a Abs. 7 BGB noch der Rechtsmissbrauchseinwand entgegengehalten werden. § 648 a Abs. 7 BGB führt lediglich zur Unwirksamkeit von Vereinbarungen, begründet aber nicht die Unwirksamkeit von Rechtsakten, die unabhängig von Vereinbarungen geschaffen worden sind.[72] Denn mit der Aushändigung der Urkunde an den Unternehmer ist mit der Bank ein Bürgschaftsvertrag mit dem sich aus der Urkunde ergebenden Inhalt zustande gekommen.

48 Eine Abtretung von Ansprüchen des Generalunternehmers gegen den Auftraggeber ist im Verhältnis zum Subunternehmer keine ausreichende Sicherheit.[73] Eine Erklärung der Bank, sie werde im Rahmen der ihr erteilten Verwaltungsbefugnis aus den bereitgestellten Mitteln Zahlung gemäß den vereinbarten Voraussetzungen erbringe, ist kein **Zahlungsversprechen**.[74] Ebenfalls kein Zahlungsversprechen und keine **Garantieerklärung** ist eine als Abtretung bezeichnete Finanzierungsbestätigung einer Bank, in welcher der Besteller seine Darlehensauszahlungsansprüche gegen die Bank an den Unternehmer abtritt und mit der die Bank erklärt, den Betrag nach Baufortschritt auszahlen zu wollen. Denn bei Kündigung des Darlehensvertrages kann die Bank die Auszahlung verweigern.[75]

---

[71] BGH Urt. v. 28. 10. 1996 IX ZR 141/93 NJW 1994, 380; BGH Urt. v. 14. 12. 1995 IX ZR 57/95 BauR 1996, 251 = NJW 1996, 717 = ZfBR 1996, 139 = IBR 1996, 91; BGH Urt. v. 2. 4. 1998 IX ZR 79/97 BauR 1998, 634 = 1998, 2280 = ZfBR 1998, 237 = IBR 1998, 328; BGH Urt. v. 5. 3. 2002 XI ZR 113/01 WM 2002, 743; BGH Urt. v. 28. 4. 2002 VII ZR 192/01 BauR 2002, 1239 = NJW 2002, 2388 = BGHZ 150, 299 = NZBau 2002, 494 = ZfBR 2002, 669 = IBR 2002, 414.
[72] Bamberger/Roth/Voit § 648 a BGB Rn. 18.
[73] LG Leipzig BauR 2002, 973.
[74] BGH Urt. v. 9. 11. 2000 VII ZR 82/99 BauR 2001, 386, 390 = BGHZ 146, 24 = NJW 2001, 822 = NZBau 2001, 129 = ZfBR 2001, 166 = IBR 2001, 15 ff.
[75] BGH Urt. v. 23. 3. 2004 XI ZR 14/03 BauR 2004, 1292 = NJW-RR 2004, 1347 = IBR 2004, 1071.

Das von einer Bank erklärte Zahlungsversprechen ist nach § 648a Abs. 1 S. 3 BGB auch ausreichend, wenn sie sich das Recht vorbehält, ihr Zahlungsversprechen im Fall einer wesentlichen Verschlechterung der Vermögenslage des Bestellers mit Wirkung für Vergütungsansprüche aus Bauleistungen zu widerrufen, die der Unternehmer bei Zugang der Widerrufserklärung noch nicht erbracht hat.   49

2. Garantie – Bankgarantie

Garantiert ein Kreditinstitut dem Unternehmer gegenüber die Zahlung auf eine näher beschriebene Forderung gegenüber dem Besteller, besteht im Vergleich zu üblichen Bankgarantien die Besonderheit, dass die Zahlungsverpflichtung gerade nicht abstrakt und unabhängig von der Hauptschuld aus dem Verhältnis zwischen Unternehmer und Besteller ist. Diese gewöhnlich bestehende **Abstraktheit**[76] schließt § 648a Abs. 2 S. 2 BGB gerade deshalb aus, weil die Bank nur unter den dort näher geregelten Voraussetzungen das Garantieversprechen erfüllen darf. Wie eine Bürgschaft auf erstes Anfordern § 648a Abs. 2 BGB nicht entspricht, wird auch eine Garantie auf erstes Anfordern der Regelung nicht gerecht.   50

3. Stellung der Sicherheit – Stückelung

Verlangt der Unternehmer die Sicherheit nach Abschluss des Vertrages in voller Höhe der voraussichtlichen vertraglichen Vergütung und entspricht dem der Besteller auf die Weise, dass z.B. eine Bürgschaft über die gesamte Summe gestellt wird, sind die im Verlauf der Bauabwicklung erfolgenden Abschlagszahlungen zu berücksichtigen. Der Sicherungsbedarf reduziert sich um die Höhe der tatsächlich erfolgten Zahlungen, weswegen sich die Einstandspflicht des Kreditinstituts entsprechend verringert. Ein gebührenpflichtiger Austausch der Sicherheiten in Anpassung an den jeweiligen Sicherungsbedarf wird vermieden, wenn die Sicherheitsleitung von vornherein gestückelt wird,[77] z.B. in Ausrichtung an beabsichtigte Abschlagszahlungen in der Weise, dass anstelle einer Sicherheit über 200.000 € 10 Sicherheiten über je 20.000 € gegeben werden. Dann kann bei Erfüllung einer Abschlagsforderung die betreffende Sicherheit zurückgegeben werden, womit sich auch die Kosten verringern.   51

Eine gestellte Sicherheit kann gegen eine andere gleichwertige ausgetauscht werden (§ 235 BGB).[78]

V. Kosten der Sicherheit – § 648a Abs. 3 BGB

Die Kosten der vom Besteller geleisteten Sicherheit trägt der Unternehmer bis zu einem Höchstsatz von 2% für das Jahr. Der Besteller hat einen Erstattungsan-   52

---

76 Kümpel, Bank- und Kapitalmarktrecht Rn. 5.265 ff.
77 MüKo/Busche § 648a BGB Rn. 28.
78 LG München I BauR 2004, 1020.

spruch und muss deshalb in Vorlage treten. Der Unternehmer trägt nach § 648 a Abs. 3 S. 2 BGB diese Avalkosten nicht, soweit die Sicherheit wegen im Ergebnis nicht begründeten Einwendungen des Bestellers gegen die Werklohnforderung des Unternehmers aufrechterhalten bleibt. Bleibt die Sicherung deshalb länger aufrechterhalten, weil der Unternehmer z. B. mit der Mängelbeseitigung oder sonst der Erfüllung säumig ist, was sich in erhöhten Avalkosten niederschlägt, greift grundsätzlich die Kostenerstattungsregelung des Abs. 3 gleichfalls. Soweit die tatsächlich entstehenden Kosten über 2% liegen, hat der Besteller einen Schadensersatzanspruch aus Verzug (§ 280 Abs. 2 BGB).

Die Kostenregelung ist nach § 648 a Abs. 7 BGB unabdingbar und jeglicher abändernden Disposition der Parteien entzogen.[79]

E. Abwicklung im Störungsfall – Besteller stellt die Sicherheit nicht – § 648 a Abs. 1 und 5 BGB

53 Stellt der Besteller die Sicherheit nicht, hat der Unternehmer über das Leistungsverweigerungsrecht hinaus auch die Möglichkeit, den Vertrag zu lösen.

I. Leistungsverweigerungsrecht – § 648 a Abs. 1 BGB

54 Hat der Unternehmer mit Recht die Stellung einer Sicherheit verlangt, hierfür eine angemessene Frist gesetzt und die Leistungsverweigerung angedroht, und ist diese Frist fruchtlos verstrichen, ist der Unternehmer nach § 648 a Abs. 1 S. 1 BGB zur Einstellung seiner Leistungen berechtigt. Bis zum Fristablauf ist der Unternehmer nach dem Vertrag zu Erbringung der versprochenen Leistungen verpflichtet. Die berechtigte Einstellung der Arbeiten entledigt den Unternehmer hinsichtlich der bis dahin erbrachten Leistungen nicht aller Pflichten. Schutzpflichten (z.B. § 4 Nr. 5 VOB/B bzw. §§ 242, 241 Abs. 2, 631 Abs. 1 BGB) bleiben bestehen; führt ihre vorwerfbar Verletzung zu Sachmängeln, ist der Unternehmer zur Beseitigung der Mängel nach allgemeinen Regeln (§§ 633, 635 BGB) verpflichtet. Das Leistungsverweigerungsrecht schließt nicht das Recht ein, die bis dahin erbrachte Leistung ungeschützt zu lassen.[80] Der Unternehmer kann wegen des Leistungsverweigerungsrechts (§ 273 BGB) nicht in Verzug kommen; allerdings muss er das Leistungsverweigerungsrecht auch ausüben, um damit dem Besteller die Möglichkeit der Abwendung zu geben (§ 273 Abs. 3 BGB).[81]

---

[79] BGH Urt. v. 26.4.2001 IX ZR 317/98 BauR 2001, 1426 = NJW 2001, 3616 = NZBau 2001, 680 = ZfBR 2001, 406 = IBR 2001, 366.
[80] Vgl. OLG Koblenz NZBau 2004, 444.
[81] Palandt/Heinrichs § 273 BGB Rn. 13.

II. Vertragsaufhebung – § 648a Abs. 5 BGB

Das Leistungsverweigerungsrecht führt zum Abwicklungsstillstand. Diesen Stillstand kann der Besteller allerdings jederzeit durch Gestellung der Sicherheit beenden. Dem Besteller steht auch die Möglichkeit offen, den Vertrag nach § 649 BGB zu kündigen Der **Unternehmer** kann die **Pattsituation** durch ein Vorgehen nach § 648a Abs. 5 BGB auflösen. § 648a Abs. 5 BGB verweist diesbezüglich auf § 643 BGB, womit der Unternehmer gehalten ist, dem Besteller eine **weitere Frist** für die Gestellung der Sicherheit zu setzen, die mit einer **Kündigungsandrohung** verknüpft ist. Mit diesen Regelungsprinzipien hat der Gesetzgeber dem Unternehmer die Möglichkeit verschafft, sich von dem Vertrag mit der Wirkung zu lösen, dass er die bis zur Aufhebung des Vertrages noch nicht erbrachten Leistungen nicht mehr erbringen muss. Auf diese Weise erhält er die Berechtigung, die bis dahin erbrachte Werkleistung abschließend zu berechnen. Damit wird auch der Schwebezustand aufgelöst, der dadurch entstanden ist, dass der Unternehmer mangels Gestellung der Sicherheit die weiteren Leistungen nicht mehr erbringen muss, damit aber auch die gewöhnlichen Voraussetzungen für die Fälligkeit des Vergütungsanspruchs nach §§ 640, 641 BGB nicht mehr schaffen kann. Mit der Vertragsaufhebung gewinnt der Unternehmer wegen des Verweises auf § 645 BGB die Abrechnungsmöglichkeit nach dieser Vorschrift; hinsichtlich der ihm damit entgehenden Möglichkeit der weiteren Vertragserfüllung des Restes wird ihm ein **Vertrauensschaden** zugebilligt (§ 648a Abs. 5 S. 2 BGB).[82] Wegen der dieser Erklärung zukommenden Gestaltungswirkung, die aus der Auflösung des Vertrags nach fruchtlosem Ablauf dieser Frist ohne Kündigungsnotwendigkeit folgt (§ 643 S. 2 BGB), muss sie von dem Unternehmer selbst oder einem hierzu Bevollmächtigten abgegeben werden. Handelt ein vollmachtloser Vertreter, muss die Genehmigung vor Ablauf der Frist erfolgen.[83] Die Fristsetzung führt nicht zur Auflösung des Vertrages, wenn die Genehmigung erst nach Ablauf der Frist erteilt wird. Die Fristsetzung mit Kündigungsandrohung muss als empfangsbedürftige Willenserklärung auch dem **richtigen Adressaten** zugehen. Der **bauleitende Architekt** ist regelmäßig nicht der richtige Empfänger, es sei denn er ist vom Bauherrn entsprechend bevollmächtigt. Adressiert der Unternehmer die Fristsetzung mit Kündigungsandrohung an den nicht bevollmächtigten bauleitenden Architekten, erfolgt Zugang erst durch Aushändigung an den Besteller. Der Unternehmer macht dann nämlich den Architekten zu seinem Erklärungsboten.

Für die Fristsetzung ist die Einhaltung einer **Form** nicht vorgeschrieben. Aus **Beweisgründen** ist Schriftform geboten; der Unternehmer muss auch darum besorgt sein, den Zugang nachweisen zu können.

---

[82] BGH Urt. v. 16.12.2004 VII ZR 167/02 BauR 2005, 548 = NJW-RR 2005, 457 = NZBau 2005, 221 = ZfBR 2005, 261 = IBR 2005, 146.

[83] BGH Urt. v. 28.11.2002 VII ZR 270/01 BauR 2003, 381 = NJW-RR 2003, 303 = NZBau 2003, 153 = ZfBR 2003, 250 = IBR 2003, 72.

Dem Besteller muss eine **angemessene Frist** gesetzt werden, die nunmehr kürzer als die in § 648 a Abs. 1 BGB geforderte sein kann. Eine zu kurz bestimmte Frist setzt eine angemessene in Lauf.

56 Die Auflösung des Vertrages tritt nach fruchtlosem Fristablauf nur dann ein, wenn die Fristsetzung mit einer Kündigungsandrohung verknüpft war. Dabei muss das Wort »Kündigung« nicht notwendig gebraucht werden. Der Unternehmer muss jedoch klar zum Ausdruck bringen, dass er den Vertrag nach fruchtlosem Fristablauf als aufgelöst oder erledigt betrachtet oder zu nichts mehr verpflichtet ist. Gem. § 643 S. 2 BGB ist eine zusätzliche Kündigung durch den Unternehmer für die Aufhebung des Vertrages nicht erforderlich.

57 Wenn der Besteller bereits zuvor, nämlich auf die Fristsetzung mit Androhung der Leistungsverweigerung zum Ausdruck bringt, endgültig und ernsthaft die Stellung einer Sicherheit zu verweigern (vgl. § 281 Abs. 2 BGB), ist eine weitere Fristsetzung überflüssig. Dann erübrigt sich notwendig auch die Kündigungsandrohung. Der Vertrag gilt in einer solchen Situation jedoch nicht allein dadurch als aufgehoben; vielmehr hat der Unternehmer zu erklären, dass er im Hinblick auf das Verhalten des Bestellers die Vertragserfüllung seinerseits endgültig ablehnt. Diese Erklärung hebt den Vertrag auf.[84]

58 Vereinbarungen der Parteien, mit denen die Rechtsfolgen aus § 648 a Abs. 5 BGB vermieden werden sollen, sind nach § 648 a Abs. 7 BGB unwirksam. Das betrifft z.B. eine Vereinbarung, dass die Aufhebung von einer nach fruchtlosem Fristablauf erklärten Kündigung abhängt. § 648 a Abs. 7 BGB steht auch entgegen, wenn der Unternehme in der Lage sein soll, die Fristsetzung mit Kündigungserklärung zurückzunehmen. Die Parteien sind auch nicht in der Lage vor Fristablauf ein Einvernehmen darüber zu treffen, dass der Vertrag fortgesetzt wird. Dieses Einvernehmen vermag wegen § 648 a Abs. 7 BGB Rechtwirkungen erst nach Eintritt der Aufhebungswirkung zu erzeugen.[85]

59 Die Vertragsaufhebung hat **vergütungs- und schadensersatzrechtliche Konsequenzen**. Die Vergütungsfolgen ergibt der Verweis in § 648 a Abs. 5 S. 1 auf § 645 BGB. Die schadensersatzrechtlichen Folgen regelt § 648 a Abs. 5 S. 2 BGB.[86] Dem Unternehmer steht ein **Vergütungsanspruch** für die erbrachten Leistungen nach den sich aus § 645 BGB ergebenden Regeln zu. Der Unternehmer hat Anspruch auf Ersatz des **Vertrauensschadens**, der mit 5% der Vergütung – widerlegbar – vermutet wird.

---

84 BGH Urt. v. 22. 1. 2004 VII ZR 183/02 BauR 2004, 826 = BGHZ 157, 335 = NJW 2004, 1525 = NZBau 2004, 259 = ZfBR 2004, 365 = IBR 2004, 201.
85 A. A. Kniffka, IBR-Online-Kommentar § 648 a Rn. 93.
86 BGH Urt. v. 16. 12. 2004 VII ZR 167/02 BauR 2005, 548 = NJW-RR 2005, 457 = NZBau 2005, 221 = ZfBR 2005, 261 = IBR 2005, 146.

1. Vergütungsanspruch

Der Vergütungsanspruch bestimmt sich nach § 645 BGB, worauf in § 648 a Abs. 5 S. 1 BGB verwiesen wird. Ist die bis zur Vertragsaufhebung erbrachte Leistung mangelhaft, ist dies in unterschiedlicher Weise zu berücksichtigen.

a) Vergütungsanspruch bei mangelfreier Leistung

Der Unternehmer kann einen der geleisteten Arbeit entsprechenden Teil der Vergütung und Ersatz der in der Vergütung nicht inbegriffenen Auslagen verlangen.[87]

b) Vergütungsanspruch bei mangelhafter Leistung

Ist diese Leistung mangelhaft, was der Besteller gerügt hat, besteht Unterscheidungsbedarf. Hat der Besteller die **Mängel** schon vor der Vertragsaufhebung gerügt, und der Unternehmer deren Beseitigung wie auch die weitere Erfüllung des Vertrages in Übereinstimmung mit § 648 a Abs. 1 BGB von der Gestellung einer Sicherheitsleistung abhängig gemacht, was dann in der Folge nach § 648 a Abs. 5 BGB zur Aufhebung des Vertrages geführt hat, ist der Unternehmer bezüglich eines solchen Mangels nicht mehr zur Mängelbeseitigung verpflichtet. Die Auflösung des Vertrages hat zur Folge, dass der Unternehmer die bis zur Aufhebung nicht erbrachten Leistungen – wozu gerade die Mängelbeseitigung gehört – nicht mehr erbringen muss. Da der Unternehmer zum Ausdruck gebracht hat, die Mängelbeseitigung von der Gestellung der Sicherheitsleistung abhängig zu machen, führt die Aufhebung des Vertrages bezüglich dieser Mängel zum **Erlöschen auch des Nacherfüllungsanspruchs**. Dies wirkt sich auf die Höhe des Vergütungsanspruchs so aus, dass die Werklohnforderung um den infolge des Mangels entstandenen **Minderwert** zu kürzen ist.[88] Dieser **mangelbedingte Minderwert** bestimmt sich bei beseitigungsfähigen Mängeln, wofür auch kein unverhältnismäßiger Aufwand entsteht, nach den Beseitigungskosten, sonst nach dem Minderwert des Bauwerks.[89]

Ist der Mangel nach der Auflösung des Vertrages aufgetreten, gelten die allgemeinen Sachmängelhaftungsregeln. Der Vergütungsanspruch bestimmt sich allein nach Maßgabe des § 645 BGB ohne Rücksicht auf zu diesem Zeitpunkt noch unbekannten Mängel. Die Aufhebung des Vertrages betrifft sachlich lediglich die noch ausstehenden Leistungen und entzieht den bis dahin erbrachten Leistungen die Vertragsgrundlage nicht. Ist zu diesem Zeitpunkt noch ein Vergütungsanspruch offen, gelten die unter Rn. 68 ff. dargestellten Regeln entsprechend.

---

87 Vgl. im Übrigen die Ausführungen zu § 645 BGB.
88 BGH Urt. v. 16.12.2004 VII ZR 167/02 BauR 2005, 548, 549 = NJW-RR 2005, 457 = NZBau 2005, 221 = ZfBR 2005, 261 = IBR 2005, 146.
89 BGH Urt. v. 22.1.2004 VII ZR 183/02 BauR 2004, 926 = BGHZ 157, 335 = NJW 2004, 1525 = NZBau 2004, 259 = ZfBR 2004, 365 = IBR 2004, 201.

2. Schadensersatzanspruch

64 § 648a Abs. 5 S. 2 BGB regelt den Ersatz des **Vertrauensschadens** und zwar soweit es zur Aufhebung des Vertrages ausschließlich wegen der Nichtgestellung der Sicherheitsleistung kommt. Da in § 648a Abs. 5 S. 1 BGB keine Verweisung auf § 645 Abs. 2 BGB erfolgt, ist eine über den Ersatz des Vertrauensschadens hinausgehende Haftung ausgeschlossen. Der Schadensersatzanspruch deckt **nicht** das **Erfüllungsinteresse** ab, weswegen dem Unternehmer nicht die Vergütung aus dem aufgelösten Vertrag zusteht abzüglich der ersparten Aufwendungen und dessen, was er anderweitig erwerben konnte oder zu erwerben unterlassen hat. Der Unternehmer wird nicht so gestellt, wie er nach § 649 BGB bei einer Kündigung stünde.[90] Der Schadensersatzanspruch wird in Höhe von 5 % der Vergütung vermutet. Die Vergütung als Ausgangspunkt für den Prozentsatz bemisst sich nicht nach der vertraglichen Vergütungssumme, sondern nach der offenen, sich aus § 645 Abs. 1 BGB ergebenden Forderung.[91] Soweit Kniffka[92] auf die Differenz zwischen dem vertraglichen Vergütungsanspruch und dem sich aus § 645 BGB ergebenden Anspruch als Ausgangsbetrag abhebt, wird für den Anspruch auf Ersatz des Vertrauensschadens auf ein Kriterium abgehoben, das bei der Bemessung des Erfüllungsschadens einen Stellenwert hat. Die Vermutung ist widerlegbar.[93]

65 Der Schadensersatzanspruch ist nicht auf den Vertrauensschaden beschränkt, wenn der Besteller mit der **Weigerung** der Gestellung der Sicherheit die **Erfüllung des Vertrags endgültig und ernsthaft verweigert** (endgültige Leistungsverweigerung). Der Regelung in § 648a Abs. 5 BGB liegt ein Schadensersatzanspruch auf der Grundlage letztlich eines Gläubigerverzugs zugrunde. Ist das Verhalten des Bestellers als Pflichtverletzung zu werten, wozu Veranlassung besteht, wenn der Besteller die Vertragserfüllung endgültig und ernsthaft, behält der Unternehmer seinen Vergütungsanspruch nach den sich aus § 326 Abs. 2 BGB ergebenden Regeln oder ihm steht ein Schadensersatzanspruch nach § 280 Abs. 1 BGB zu.[94] Hat der Besteller die Vertragserfüllung endgültig verweigert, geht ein Schadensersatzverlangen des Unternehmers gem. § 648a BGB von vornherein ins Leere, weil der Besteller nicht dazu bereit ist, die Gegenleistung zu erbringen, die abgesichert werden soll. In diesem Fall stehen dem Unternehmer die Ansprüche zu, die bereits vor dem fruchtlosen Sicherungsverlangen gem. § 648a BGB begründet waren. Der Unternehmer ist nicht auf den Ersatz seines Vertrauensschadens beschränkt.[95]

---

[90] BGH Urt. v. 24.2.2005 VII ZR 225/03 BauR 2005, 861 = NJW 2005, 1650 = NZBau 2005, 335 = IBR 243.
[91] LG Leipzig BauR 2002, 973, 975; Bamberger/Roth/Voit § 648a BGB Rn. 30; Kniffka ZfBR 2000, 22, 237; vgl. umfassend Stickler NZBau 2005, 322.
[92] IBR-Online-Kommentar § 648 Rn. 101.
[93] PWW/Wirth § 648a Rn. 23.
[94] BGH Urt. v. 24.2.2005 VII ZR 225/03 BauR 2005, 861 = NJW 2005, 1650 = NZBau 2005, 335 = IBR 2005, 254.
[95] BGH Urt. v. 24.2.2005 VII ZR 225/03 BauR 2005, 861 = NJW 2005, 1650 = NZBau 2005, 335 = IBR 2005, 254.

§ 648 a Abs. 5 S. 3 BGB räumt dem Unternehmer auch dann einen Schadensersatzanspruch ein, wenn der Besteller in zeitlichem Zusammenhang mit dem Sicherheitsverlangen den Vertrag kündigt, es sei denn, die **Kündigung** ist nicht erfolgt, um der Gestellung der Sicherheitsleistung zu entgehen. Ist Letzteres der Fall, handelt es sich um eine freie Kündigung nach § 649 BGB mit den sich hieraus ergebenden Rechtsfolgen. Ist Hintergrund der **Kündigung** die Vermeidung der Sicherheitsleistung, handelt es sich entweder um eine unwirksame außerordentliche Kündigung oder hilfsweise um eine ordentliche Kündigung.[96] In beiden Fällen ist der Anspruch nicht auf den Ersatz des Vertrauensschadens beschränkt, sondern dem Unternehmer steht der Vergütungsanspruch abzüglich ersparter Aufwendungen und dessen zu, was der Unternehmer auflösungsbedingt anderweitig erwerben kann oder zu erwerben unterlässt.

66

III. Verzicht auf Vertragsaufhebung

Wählt der Unternehmer die Möglichkeit der **Vertragsaufhebung** nicht, hat er die sich aus dem Vertrag ergebenden Zahlungsansprüche, z. B. solche aus § 632 a BGB auf Abschlagszahlung. Ist die erbrachte Leistung mangelhaft, kann der Besteller unabhängig davon, dass er die geforderte Sicherheit nicht gestellt hat, sich auf ein **Zurückbehaltungsrecht** nach § 320 BGB berufen. Dieses Zurückbehaltungsrecht geht infolge der Nichtgestellung der Sicherheit nicht verloren.[97] Der Besteller kommt zwar wegen der Nichtgestellung der Sicherheit in **Gläubigerverzug**; ein solcher führt aber nach allgemeinen Regeln nicht zum Verlust eines mangelbedingten Zurückbehaltungsrechts.[98] Bei der Bemessung des Umfangs des Zurückbehaltungsrechts ist zu berücksichtigen, dass der Besteller keine Sicherheit gestellt hat. An sich ist der Besteller im Rahmen des Zurückbehaltungsrechts nach § 320 BGB zum Einbehalt der gesamten noch offenen Forderung berechtigt,[99] und es liegt am Unternehmer darzustellen, dass der Betrag unangemessen hoch ist. Wie im Zusammenhang von § 641 Abs. 3 BGB anerkannt ist, dass der Ansatz des Druckzuschlags nicht berechtigt ist, wenn der Besteller die Sicherheit nicht stellt,[100] muss die Nichtgestellung der Sicherheitsleistung bei der Bemessung des Einbehalts nach § 320 BGB Berücksichtigung finden. Regelmäßig besteht Veranlassung dafür, das Zurückbehaltungsrecht auf den einfachen Betrag des Mängelbeseitigungsaufwands

67

---

96 BGH Urt. v. 24. 7. 2003 VII ZR 218/02 BauR 2003, 1889 = BGHZ 156, 82 = NJW 2003, 3474 = NZBau 2003, 665 = ZfBR 2004, 41 = IBR 2003, 595.
97 BGH Urt. v. 16. 12. 2004 VII ZR 167/02 BauR 2005, 548, 549 = NJW-RR 2005, 457 = NZBau 2005, 221 = ZfBR 2005, 261 = IBR 2005, 146.
98 BGH Urt. v. 22. 3. 1984 VII ZR 286/82 BauR 1984, 401 = BGHZ 90, 358 = NJW 1984, 1679; Palandt/Heinrichs § 320 BGB Rn. 6.
99 BGH Urt. v. 4. 7. 1996 VII ZR 125/95 BauR 1997, 133 = NJW-RR 1997, 18 = ZfBR 1997, 31 = IBR 1997, 14.
100 Vgl. KG BauR 2002, 1567 und nachfolgend unter Rn. 78.

zu beschränken.[101] Praktisch bedeutet dies, dass dieser sich ergebende Betrag von der offenen Abschlagsforderung in Abzug zu bringen ist und der sich ergebende Restbetrag einschränkungsfrei auszuurteilen ist. In Höhe des Zurückbehaltungsrechts erfolgt eine doppelte Zug-um-Zug-Verurteilung. Der Tenor könnte lauten: Im Übrigen wird der Beklagte verurteilt, an den Kläger ... € zu zahlen Zug um Zug gegen Beseitigung folgender Mängel, die der Kläger Zug um Zug gegen Gestellung einer Sicherheit in Höhe von ... zu beseitigen hat. Der Kläger sollte in solchen Fällen gleichzeitig einen Feststellungsantrag des Inhalts stellen, festzustellen, dass der Beklagte im Annahmeverzug ist. Das erleichtert die Vollstreckung nach § 756 ZPO. Hierdurch ist die Vollstreckung ohne Mängelbeseitigung möglich (§ 274 Abs. 2 BGB).[102]

F. Werklohnforderung nach Abnahme – Mängelrüge und Sicherheitsverlangen

68 Macht der Besteller nach der Abnahme mit der Schlussrechnungsforderung konfrontiert Mängel geltend, ist § 648 a BGB ebenfalls anwendbar. Den Unternehmer trifft eine **Vorleistungspflicht**, weil er ohne Mängelbeseitigung den Werklohn nicht durchsetzen kann.[103] Der Schutzwzeck des § 648 a Abs. 1 BGB gebietet es, dem Unternehmer das Leistungsverweigerungsrecht auch für den Fall einzuräumen, dass der Besteller nach der Abnahme noch Erfüllung des Vertrages in Gestalt des Nacherfüllungsanspruchs verlangt.

69 Daraus, dass § 648 a Abs. 5 BGB das Recht zur Aufhebung des Vertrages einräumt, kann nicht geschlossen werden, der Anwendungsbereich der Vorschrift beschränke sich auf den Zeitraum vor der Abnahme. Es ist zwar richtig, dass eine Aufhebung nicht mehr in Betracht kommt, wenn eine rechtsgeschäftliche Abnahme der Werkleistung erfolgt ist.[104] Damit kann dem Gesetzgeber jedoch nicht unterstellt werden, er habe das Sicherungsverlangen nur vor der Abnahme regeln wollen. Das nach § 648 a Abs. 1 BGB eingeräumte Leistungsverweigerungsrecht macht auch noch nach der Abnahme Sinn. Nach der Abnahme besteht für den Unternehmer das Risiko, wenn der Besteller den Werklohn noch nicht voll bezahlt hat und die Bezahlung von der Nacherfüllung des Vertrages abhängig macht, die er wegen Mängeln verlangt.[105] Zur Anwendung des § 648 a Abs. 1 BGB kommt es, wenn der

---

101 Vgl. BGH Urt. v. 16.12.2004 VII ZR 167/02 BauR 2005, 548, 549 = NJW-RR 2005, 457 = NZBau 2005, 221 = ZfBR 2005, 261 = IBR 2005, 146.
102 BGH Urt. v. 22.1.2004 VII ZR 183/02 BauR 2004, 826, 829 = BGHZ 157, 335 = NJW 2004, 1525 = NZBau 2004, 259 = IBR 2004, 201.
103 BGH Urt. v. 22.1.2004 VII ZR 183/02 BauR 2004, 826, 827 = BGHZ 157, 335 = NJW 2004, 1515 = NZBau 2004, 259 = IBR 2004, 201.
104 BGH Urt. v. 8.2.1975 VII ZR 244/73 BauR 1975, 280, 281.
105 BGH Urt. v. 22.1.2004 VII ZR 183/02 BauR 2004, 826, 827 = BGHZ 157, 335 = NJW 2004, 1515 = NZBau 2004, 259 = IBR 2004, 201.

Unternehmer noch eine offene Werklohnforderung hat und dem Besteller ein Nacherfüllungsanspruch zusteht.

I. Noch offene Werklohnforderung als Voraussetzung

Ist der Werklohn bereits vollständig bezahlt, kann Sicherheit nicht verlangt werden; der Unternehmer ist gewährleistungspflichtig und hat den Mangel auf seine Kosten zu beseitigen (§ 635 Abs. 2 BGB). § 648 a BGB ist ein Sicherungsmittel für noch offene Vergütungsansprüche aus dem Vertrag. Damit hat es der Besteller in der Hand, durch rechtsgestaltende Erklärungen den Forderungsbestand des Unternehmers und dessen Sicherungslage zu beeinflussen.[106] Wenn der Auftraggeber dem Unternehmer eine Frist für die Mängelbeseitigung gesetzt hat und der Unternehmer sich innerhalb dieser Frist wegen Nichtgestellung der von ihm verlangten Sicherheit nicht auf ein Leistungsverweigerungsrecht berufen kann, ist der Auftraggeber in der Lage, durch **Aufrechnung** mit einem Kostenvorschussanspruch oder durch **Minderung** den Vergütungsanspruch zu Fall bringen. Läuft die Frist zur Mängelbeseitigung früher ab als die für die Aufbringung der Sicherheit gesetzte Frist, steht dem Unternehmer nach § 648 a Abs. 1 BGB kein Leistungsverweigerungsrecht zu und der Besteller hat die Möglichkeit, zur Minderung überzugehen oder den noch offenen Werklohnanspruch durch Aufrechnung mit einem Kostenvorschussanspruch zum Erlöschen zu bringen.

70

II. Vorleistungspflicht des Unternehmers

Der Unternehmer kann allerdings auch dann keine Besicherung verlangen, wenn er zwar eine offene Werklohnforderung hat, aber die Leistung mangelfrei ist. Dann hat der Unternehmer seiner Vorleistungsverpflichtung genügt, nur wenn der Besteller noch ein **mangelbedingtes Nacherfüllungsrecht** hat, greift wenigstens das in § 648 a Abs. 1 BGB niedergelegte Leistungsverweigerungsrecht. Sachverhalte, die weder einen Ansatz für ein Leistungsverweigerungsrecht nach Abs. 1 noch für eine Vertragsaufhebung nach § 648 a Abs. 5 BGB bieten, fallen nicht unter § 648 a BGB. Nur wenn der Unternehmer noch Vorleistungen zu erbringen hat, greift die Systematik des § 648 a BGB; hat der Unternehmer mangelfrei geleistet, ist kein Raum für ein Leistungsverweigerungsrecht nach Abs. 1 oder gar für eine Aufhebung des Vertrags nach § 648 a Abs. 5 BGB.

71

III. Sicherungsbedarf des Unternehmers – Schwebezustand

Liegen aber Mängel vor und hat der Unternehmer nach der Abnahme noch eine offene Werklohnforderung, gleicht die Rechtslage jedoch in vollem Umfang der vor der Abnahme. Der Unternehmer hat zwar einen fälligen Werklohnanspruch,

72

---

[106] Kniffka, IBR-Online-Kommentar § 648 a Rn. 106.

dem der Besteller jedoch den Anspruch auf ein mangelfreies Werk entgegen halten kann. Nach § 641 a Abs. 3 BGB kann er mindestens das Dreifache des Mängelbeseitigungsaufwandes einbehalten. Der Unternehmer kann deshalb seinen Vergütungsanspruch nur nach Beseitigung des Mangels durchsetzen. Verlangt der Unternehmer in dieser Situation vom Auftraggeber eine Sicherheit wegen der ihn treffenden Vorleistung in Form der Mängelbeseitigung, begründet das damit einhergehende Leistungsverweigerungsrecht des Unternehmers denselben Schwebezustand wie vor der Abnahme.

IV. Auflösung des Schwebezustandes

73 Verschiedene Möglichkeiten stehen zur Verfügung, den Schwebezustand zu beenden. Der BGH hat die Lösung in einer sinngemäßen Anwendung des § 648 a Abs. 5 und § 643 S. 1 BGB gesehen[107] und andere Möglichkeiten abgelehnt. Die Entscheidung über die Auflösung des Schwebezustandes überhaupt durch das Vorgehen nach § 648 a Abs. 5 BGB liegt jedoch bei dem Unternehmer.

1. Volle mangelunabhängige Durchsetzbarkeit des offenen Werklohnanspruchs?

74 Dieser Schwebezustand wird nicht dadurch aufgelöst, dass der Unternehmer wegen der Nichtgestellung der Sicherheit so angesehen wird, als werde ihm die Mängelbeseitigung dadurch verwehrt, was die volle Durchsetzbarkeit der offenen Restwerklohnforderung bedeuten könnte. Abgesehen davon, dass der Unternehmer zur Mängelbeseitigung auch ohne Sicherheitsleistung in der Lage ist, kann der Besteller aus unterschiedlichsten Gründen gehindert sein, eine Sicherheit zu stellen, sei es, dass seine Kreditlinie ausgeschöpft oder er insolvent ist. Hält man hinsichtlich der Gestellung der Sicherheitsleistung Gläubigerverzugsregeln für anwendbar, ist anerkannt, dass dem Gläubiger allein wegen des Annahmeverzugs die Berufung auf ein Leistungsverweigerungsrecht nicht verwehrt ist.[108] Denn der Gläubigerverzug befreit den Unternehmer nicht von seiner Leistungspflicht.[109] Deshalb geht es nicht an, den Schwebezustand damit aufzulösen, dem Unternehmer den Werklohnanspruch in vollem Umfang ohne Rücksicht auf die Tatsache zuzubilligen, dass seine Leistung mangelhaft ist.

2. Voller Vergütungsanspruch nur Zug um Zug gegen Mängelbeseitigung?

75 Bei dieser Lösung wäre der Unternehmer unabhängig davon, ob die von ihm geforderte Sicherheit gestellt wird, zur Mängelbeseitigung als Vorleistung gezwun-

---

[107] BGH Urt. v. 22.1.2004 VII ZR 183/02 BauR 2004, 826, 827 = BGHZ 157, 335 = NJW 2004, 1515 = NZBau 2004, 259 = IBR 2004, 201.
[108] Palandt/Heinrichs § 320 BGB Rn. 6; BGH Urt. v. 22.3.1984 VII ZR 286/82 BauR 1984, 401 = BGHZ 90, 358 = NJW 1984, 1679.
[109] PWW/Jud § 293 Rn. 6.

gen. Der Unternehmer wäre hinsichtlich der offenen Werklohnforderung nicht gesichert, er würde das Risiko der Zahlungsfähigkeit des Bestellers hinsichtlich des offenen Zahlungsanspruchs tragen, was nach der Wertung des Gesetzes gem. § 648 a BGB gerade vermieden werden soll. Der Unternehmer soll sich sicher sein können, für den Fall der erfolgreichen Mängelbeseitigung tatsächlich die noch offene Zahlung zu erhalten. Da dies nur über die Sicherheitsleistung möglich ist, muss er bei deren Ausbleiben die Möglichkeit erhalten, den – wegen der Mängel – reduzierten Werklohn durchzusetzen.[110]

3. Voller Vergütungsanspruch Zug um Zug gegen Mängelbeseitigung und diese Zug um Zug gegen Sicherheitsleistung

Durch diese sich eigentlich nach allgemeinen Grundsätzen der doppelten Zug um Zug Verurteilung anbietende Lösung[111] könnte der Unternehmer jedoch erreichen, dass er den vollen Werklohn ungeachtet der Mängel erhält. Er könnte nämlich bei Nichtgestellung der Sicherheit den Annahmeverzug feststellen lassen und dann den vollen Werklohn nach § 274 Abs. 2 BGB vollstrecken, was auch gelten würde, wenn er nach einem Urteil fruchtlos zur Sicherheitsleistung aufgefordert hat.[112] Auch diese Lösung[113] ist im Hinblick auf die in § 648 a BGB für die Zeit vor der Abnahme getroffene Regelung, die jedoch mit der nach der Abnahme bei offener Werklohnforderung und gebotenen Mängelbeseitigungsarbeiten identisch ist, nicht angemessen.

76

4. Sinngemäße Anwendung von § 648 a Abs. 5 und § 643 S. 1 BGB

Der Unternehmer ist durch die Setzungen einer angemessenen Frist für die Gestellung der Sicherheit samt Androhung der Leistungsverweigerung in der Lage, den Schwebezustand für den Fall der ausbleibenden Sicherheit zu begründen (§ 648 a Abs. 1 BGB). Nach der Auffassung von Voit[114] ist die **Höhe der berechtigt geforderten Sicherheit** auf den Mängelbeseitigungsaufwand beschränkt, womit der Unternehmer nicht die Besicherung der gesamten noch offenen Werklohnforderung einfordern könnte.[115] Diese Auffassung stimmt mit § 648 a Abs. 1 BGB jedoch nicht überein, wenn die Vorschrift auch auf den Zeitpunkt nach der Abnahme anwendbar ist. Die Beschränkung auf den Nachbesserungsaufwand führt dazu, dass

77

---

110 BGH Urt. v. 22.1.2004 VII ZR 183/02 BauR 2004, 826, 827 = BGHZ 157, 335 = NJW 2004, 1515 = NZBau 2004, 259 = IBR 2004, 201.
111 Vgl. BGH Urt. v. 22.3.1984 VII ZR 286/82 BauR 1984, 401 = BGHZ 90, 358 = NJW 1984, 1679.
112 BGH Urt. v. 22.1.2004 VII ZR 183/02 BauR 2004, 826, 827 = BGHZ 157, 335 = NJW 2004, 1515 = NZBau 2004, 259 = IBR 2004, 201.
113 Diese Lösung wurde z.B. noch vom OLG Dresden Urt. v. 30.10.2002 7 U 730/02 BauR 2003, 400, 402 verfolgt.
114 In Bamberger/Roth/Voit § 648 a BGB Rn. 13.
115 Vgl. dazu auch Liepe BauR 1998, 860, 861 und Schulze-Hagen BauR 1999, 210, 216.

nach der Abnahme die Sicherheit nur für den Vergütungsanteil verlangt werden könnten, der der noch zu erbringende Leistung entspräche. Dieser Standpunkt entspricht jedoch nicht dem Sinn des Gesetzes, der darin besteht, dass der Unternehmer in jedem Fall einer von ihm noch zu erbringenden Vorleistung die Absicherung der noch offenen Werklohnforderungen fordern kann, unabhängig vom Verhältnis des Vorleistungsaufwands zur noch offenen Forderung.[116] Durch die Setzung einer Nachfrist mit Kündigungsandrohung erfolgt bei fruchtlosem Fristablauf die Vertragsaufhebung mit der Folge, dass der Unternehmer die Mängel, die den Anlass für die Leistungsverweigerung des Bestellers bildeten, nicht mehr beseitigen muss. Mit Ablauf dieser Frist ist der Unternehmer von der Vertragserfüllungspflicht befreit. § 645 Abs. 1 BGB, auf den in § 648 a Abs. 5 BGB verwiesen wird, verschafft die Möglichkeit zur endgültigen Abrechnung der erbrachen Leistungen, auch soweit sie mangelhaft sind. Die entsprechende Anwendung des § 645 Abs. 1 BGB ist deshalb veranlasst, weil diese Vorschrift ihrem eigentlichen Anwendungsbereich nach die Vergütung des der geleisteten Arbeit entsprechenden Teils der Vergütung betrifft. Bei einer mangelhaften Leistung, die der Unternehmer nicht mehr nachbessern muss, hat er lediglich Anspruch auf die Vergütung, soweit die Leistung erfüllt, also mangelfrei erbracht worden ist. Deshalb ist der Vergütungsanspruch um den **mangelbedingten Minderwert** zu kürzen. Der Kürzungsbetrag richtet sich bei beseitigungsfähigen Mängeln nach dem hierfür erforderlichen Aufwand, sonst, nämlich wenn die Mängelbeseitigung unmöglich ist oder einen unverhältnismäßigen Aufwand erfordert, ist die Kürzung um den Minderwert veranlasst. Das führt im Ergebnis zu einer **Minderung**.[117]

Darüber hinaus hat der Unternehmer infolge der Vertragsaufhebung einen Anspruch auf Ersatz des **Vertrauensschadens**, der in Höhe von 5 % der Vergütungssumme widerlegbar vermutet wird.[118]

V. Belassen des Schwebezustandes

78 Auch nach der Abnahme kann der Unternehmer dann, wenn sich der Besteller gegen den noch offenen Werklohnanspruch mit einem auf einen mangelbedingten Nacherfüllungsanspruch gestützten Zurückbehaltungsrecht aus § 320, § 635 BGB mit Recht beruft,[119] den Schwebezustand belassen. Wählt der Unternehmer die Möglichkeit der Vertragsaufhebung nicht, muss er sich jedoch bei Geltendma-

---

116 BGH Urt. v. 9. 11. 2000 VII ZR 82/99 BauR 2001, 386 = BGHZ 146, 24 = NJW 2001, 822 = NZBau 2001, 129 = ZfBR 2001, 166 = IBR 2001, 15 ff.; Kniffka, IBR-Online-Kommentar § 648 a Rn. 29.
117 BGH Urt. v. 22. 1. 2004 VII ZR 183/02 BauR 2004, 826, 827 = BGHZ 157, 335 = NJW 2004, 1515 = NZBau 2004, 259 = IBR 2004, 201.
118 Vgl. oben unter Rn. 64.
119 BGH Urt. v. 16. 12. 2004 VII ZR 167/02 BauR 2005, 548, 549 = NJW-RR 2005, 457 = NZBau 2005, 221 = ZfBR, 2006, 261 = IBR 2005, 146; OLG Dresden BauR 2003, 400, 402.

chung der Schlussrechnungsforderung damit abfinden, mit dem mangelgestützten Leistungsverweigerungsrecht des Bestellers konfrontiert zu werden. Der Umstand, dass der Besteller die Sicherheit nicht leistet, schließt dieses **Leistungsverweigerungsrecht** nicht aus.[120] Der wegen der Nichtgestellung der Sicherheit vorliegende Gläubigerverzug[121] führt nicht zum Verlust des Zurückbehaltungsrechts;[122] deshalb ist der Vergütungsanspruch einschränkungsfrei nicht durchsetzbar; vielmehr behält der Besteller das ihm nach § 641 Abs. 3 BGB zustehende Zurückbehaltungsrecht, das dort dem Umfang nach in einer Höhe von mindestens dem Dreifachen zugebilligt wird. Allerdings ist der **Druckzuschlag** nach § 641 Abs. 3 BGB dann, wenn der Besteller im Annahmeverzug ist nicht gerechtfertigt. Einem Unternehmer gegenüber, der die Nacherfüllung gegen Gestellung einer Sicherheit vornehmen will, besteht kein Bedarf für eine Druckausübung. Die Nichtgestellung der Sicherheit muss berücksichtigt[123] werden. Der Einbehalt des einfachen Mängelbeseitigungsaufwands unter Verzicht auf den Druckzuschlag kommt in Betracht.[124]

1. Berücksichtigung der Verhältnisse in einer Leistungskette

Die Überlegung, ob der Schwebezustand belassen oder durch die Fristsetzung mit Kündigungsandrohung beendet werden soll, muss das gesamte Umfeld berücksichtigen, insbesondere, ob der vor der Wahl befindliche Unternehmer in einer Leistungskette steht und die Entscheidung für die Aufhebung des Vertrages praktisch einem betroffenen Subunternehmer die Möglichkeit der Mängelbeseitigung nimmt.[125] Insoweit gelten die allgemeinen Grundsätze in einer Leistungskette, dass die Entscheidung für die Minderung im Verhältnis von Investor und Hauptunternehmer keineswegs für den Subunternehmer bedeutet, er müsste sich mit einer auf ihn durchgestellten Kürzung des Werklohnanspruchs gleichfalls begnügen. Das hängt allein davon ab, ob im Subunternehmerverhältnis hierfür die Voraussetzungen geschaffen worden sind.[126] Die in § 648 a Abs. 5 BGB vorausgesetzte Konstellation gibt keine Veranlassung, eine Fristsetzung für die Mängelbeseitigung im Subunternehmerverhältnis nach § 323 Abs. 2 BGB für entbehrlich zu halten.

---

120 BGH Urt. v. 16.12.2004 VII ZR 167/02 BauR 2005, 548, 549 = NJW-RR 2005, 457 = NZBau 2005, 221 = ZfBR, 2006, 261 = IBR 2005, 146; OLG Dresden BauR 2003, 400, 402.
121 Urt. v. 22.1.2004 VII ZR 183/02 BauR 2004, 826, 829 = BGHZ 157, 335 = NJW 2004, 1515 = NZBau 2004, 259 = IBR 2004, 201; vgl. hinsichtlich der Einordnung der Sicherheitsleistung als Obliegenheit auch Soergel in: FS v. Craushaar, 179, 184.
122 Palandt/Heinrichs § 320 BGB Rn. 6; BGH Urt. v. 22.3.1984 VII ZR 286/82 BauR 1984, 401 = BGHZ 90, 358 = NJW 1984, 1679.
123 BGH Urt. v. 16.12.2004 VII ZR 167/02 BauR 2005, 548, 549 = NJW-RR 2005, 457 = NZBau 2005, 221 = ZfBR 2006, 261 = IBR 2005, 146.
124 BGH Urt. v. 4.4.2002 VII ZR 252/01 BauR 2002, 1403 = NJW-RR 2002, 1025 = NZBau 2002, 383 = IBR 2002, 361.
125 Vgl. Valerius BauR 2005, 23 ff.
126 Wolf/Horn/Lindacher § 23 AGBG Rn. 288; Markus/Kaiser/Kapellmann Rn. 646; Ramming BB 1994, 518, 528.

2. Durchstellbedürfnis in der Leistungskette

80 Die Durchstellung der Rechtslage im Hauptvertrag auf den Subunternehmervertrag ist angezeigt. Fordert der Unternehmer im Verhältnis zum Besteller die Sicherheit, sollte gleiches auch der Subunternehmer gegenüber dem Unternehmer tun. Stellt keine Seite die Sicherheit, sollte wiederum die Entscheidung in beiden Verhältnissen identisch ausfallen. Wählt der Unternehmer die Auflösung oder die Belassung des Schwebezustandes, sollte dies auch der Subunternehmer tun. Wählt der Unternehmer die Auflösung und belässt der Subunternehmer den Schwebezustand, führt dies im Hauptvertrag zur Minderung des Vergütungsanspruchs. Dann hat der Hauptunternehmer jedoch kein Interesse mehr an einer Mängelbeseitigung, er verliert gegenüber dem Vergütungsanspruch des Subunternehmers das Zurückbehaltungsrecht, weil die Mängelbeseitigung durch den Subunternehmer unmöglich geworden ist. Das geht auf die Entscheidung des Hauptunternehmers zurück und hat zur Folge, dass der Subunternehmer über §§ 275 Abs. 1, 326 Abs. 2 BGB seinen Vergütungsanspruch behält, sich jedoch die Ersparnisse abziehen lassen muss. Also schlägt die **Minderung** im Ergebnis auf das **Subunternehmerverhältnis** durch.

G. Absicherung nach Kündigung

81 Da der Unternehmer auch nach der Kündigung des Bauvertrages hinsichtlich der erbrachten Leistungen gewährleistungspflichtig bleibt, besteht insoweit im Mangelfall eine Vorleistungspflicht, die das Absicherungsbegehren hinsichtlich eines noch offenen Werklohns rechtfertigt, wenn der Besteller diesem Begehren Mängelrechte entgegen hält. Da der BGH nunmehr[127] auch nach der Kündigung für die Fälligkeit der Werklohnforderung und für den Beginn der Verjährung der Sachmängelrechte auf die Notwendigkeit einer rechtsgeschäftlichen Abnahme abstellt, bestehen schon aus diesem Grunde keinerlei Unterschiede zu der ab Rn. 68 dargestellten Rechtslage. Im Übrigen entspricht die Sach- und Rechtslage deshalb voll der nach der Abnahme, weil der Unternehmer bei noch offener Werklohnforderung Mängelbeseitigungsbegehren des Bestellers ausgesetzt sein kann und deshalb in die Lage eines weiterhin Vorleistungspflichtigen geraten kann.[128]

H. Verwirklichung der Sicherheit – § 648a Abs. 2 S. 2 BGB

82 § 648a Abs. 2 S. 2 BGB regelt einen besonderen Fall der Sicherheitsgestellung, nämlich den in Gestalt einer Garantie oder eines Zahlungsversprechens eines dort bezeichneten Kreditinstituts oder Kreditversicherers. Hat der Unternehmer ande-

---

127 Urt. v. 11.5.2006 VII ZR 146/04 BauR 2006, 1294 = NJW 2006, 2475 = NZBau 2006, 569 = IBR 2006, 432.
128 Kniffka, IBR-Online-Kommentar § 648a Rn. 104 ff.; Bschorr/Putterer BauR 2001, 1497 ff.

re Sicherheiten erhalten, tritt der Sicherungsfall dann ein, wenn der Vergütungsanspruch des Unternehmers nicht erfüllt wird. Das gilt jedoch nur grundsätzlich; im Übrigen kommt es auf das einzelne Sicherungsmittel an. Hat der Besteller die Sicherheit nach § 233 BGB hinterlegt, zahlt das Amtsgericht als Hinterlegungsstelle den Betrag nach der Hinterlegungsordnung nur aus, wenn der Besteller als Hinterleger mit der Auszahlung an den Unternehmer einverstanden ist. Verweigert der Besteller das Einverständnis, muss die Berechtigung des Unternehmers zum Empfang festgestellt werden (§ 13 HinterlO). Hat der Besteller Sicherheit geleistet in Gestalt einer Hypothek, die auf einem Grundstück des Bestellers eingetragen worden ist, muss der Unternehmer bei Zahlungsverweigerung einen Duldungstitel des Inhalts zu erstreiten, dass der Eigentümer verpflichtet ist, die Zwangsvollstreckung in das Grundstück zu dulden (§ 1147 BGB), was die Durchsetzbarkeit und Fälligkeit der besicherten Forderung voraussetzt.

Liegen die Voraussetzungen nach § 648 a Abs. 2 S. 2 BGB vor, ist das Kreditinstitut oder der Kreditversicherer nur dann zur Zahlung z. B. aus der Garantie oder der abgegebenen Bürgschaft verpflichtet, wenn der Besteller den Anspruch anerkannt hat oder er zumindest vorläufig vollstreckbar zur Zahlung verurteilt worden und die Vollstreckungsvoraussetzungen erfüllt vorliegen. Der Besteller hat den Zahlungsanspruch nicht schon damit anerkannt, dass dessen objektüberwachender Architekt die Rechnung geprüft und als fachtechnisch richtig befunden hat.[129] Einmal handelt es sich dabei nicht um eine Willenserklärung des Bestellers; zum anderen ist eine solche **Rechnungsprüfung** kein **Anerkenntnis**. Ein solches setzt voraus, dass der Besteller mit seiner Erklärung zumindest mit Einwendungen gegen die Richtigkeit und die Höhe der Forderung ausgeschlossen ist. Es muss sich also inhaltlich wenigstens um ein deklaratorisches Anerkenntnis handeln. 83

Das **deklaratorische Anerkenntnis** eröffnet den Zugriff auf die Sicherheit bei einer Bürgschaft oder Garantie bzw. einem sonstigen Zahlungsversprechen jedoch nur, wenn dieses Versprechen inhaltlich mit dem Anerkenntnis identisch ist. Das Anerkenntnis einer Nachtragsforderung deckt die Inanspruchnahme einer Bürgschaft nicht, wenn nach dem Inhalt der Bürgschaftsurkunde lediglich Ansprüche aus dem Vertrag besichert sind. Werden Ansprüche aus einer Bürgschaft geltend gemacht, ist der Inhalt des Bürgschaftsversprechens maßgebend. Dies ist notfalls im Wege der Auslegung zu ermitteln. Deckt eine vom Besteller gestellte Bürgschaft, die unmittelbar nach Vertragsschluss gefordert worden ist, textlich nur die Ansprüche aus dem auch datumsmäßig näher bezeichneten Vertrag, sind **Nachträge**, auch solche aus § 1 Nr. 3, 4, § 2 Nr. 5, 6 VOB/B nicht abgesichert.[130] Der Unternehmer muss in solchen Fällen um eine **Nachbesicherung** besorgt sein.[131] 84

---

129 BGH Urt. v. 6. 12. 2001 VII ZR 241/00 BauR 2002, 613 = NJW-RR 2002, 661 = NZBau 2002, 338 = ZfBR 2002, 345 = IBR 2002, 124.
130 Vgl. OLG München BauR 2004, 1316.
131 Vgl. zur Frage der Besicherung von Nachträgen auch Liepe BauR 2003, 320.

I. Rückgabe der gestellten Sicherheit

85 Die Sicherheit ist zurückzugeben, wenn der Vergütungsanspruch in vollem Umfang erfüllt ist. Ist die Sicherheit in Höhe des vollen voraussichtlichen Vergütungsanspruchs gestellt worden und reduziert sich der Vergütungsanspruch durch **Abschlagszahlungen**, besteht **Anpassungsbedarf**. Dies ist auch unter Kostengesichtspunkten bedeutsam; denn bleibt die Sicherheit in vollem Umfang bestehen, sind die Avalzinsen aus diesem Betrag zu zahlen. In einer solche Situation bewährt sich eine gestückelte Stellung der Sicherheit; die **Stückelung** ermöglicht die Rückgabe der Sicherheit in Ausrichtung an Abschlagszahlungen und entsprechenden Stückelungen. Bloße Erklärungen des Unternehmers bei einer Gesamtsicherung, die Sicherheit werde nur noch in eingeschränkter Höhe in Anspruch genommen, wird auch dann, wenn diese Erklärung gegenüber dem Kreditinstitut abgegeben wird, eventuell nicht ausreichend sein, um die Kosten zu minimieren.

86 Beseitigt der Unternehmer die Mängel nicht, ist dies für sich genommen kein Grund, ein Herausgabeverlangen des Bestellers hinsichtlich der gestellten Sicherheit zu rechtfertigen. Nicht unbedingt notwendig ist, dass der Besteller durch Fristsetzung zur Mängelbeseitigung nach deren fruchtlosem Ablauf die Minderung erklärt oder mit einem Kostenvorschussanspruch aufrechnet, womit die Vorleistungspflicht des Unternehmers aus § 635 BGB erlischt. Jedoch genügt der Fristablauf zur Rechtfertigung des Herausgabeverlangens, weil dann der Unternehmer nicht mehr gegen den Willen des Bestellers nacherfüllen kann.[132] Das **Herausgabeverlangen** der gestellten Sicherheit beinhaltet die Erklärung des Bestellers, dass die Nacherfüllung durch den Unternehmer ausscheidet. Damit wird die Vorleistungspflicht des Unternehmers als rechtfertigender Grund für die gestellte Sicherheit nach fruchtlosem Fristablauf zum Erlöschen gebracht.

II. Die Sicherheit in der Insolvenz

87 Nach § 129 InsO sind Rechtshandlungen, die vor der Eröffnung des Insolvenzverfahrens vorgenommen werden und eine die Insolvenzgläubiger benachteiligende Wirkung haben, nach den §§ 130 bis 146 InsO anfechtbar. Da § 648a BGB trotz des in Abs. 4 verwendeten Begriffs »Anspruch« von Rechts wegen keinen einklagbaren Anspruch auf Stellung einer Sicherheit begründet,[133] führt die Stellung einer Sicherheit durch den Besteller zu einer **inkongruenten Deckung** nach § 131 InsO, womit Anfechtbarkeit unter den dort genannten Voraussetzungen besteht. Angefochten werden kann bei einer gestellten Bürgschaft der zwischen dem Unternehmer und dem Kreditinstitut zustande gekommen Bürgschaftsvertrag.[134] Deshalb ist

---

132 BGH Urt. v. 27.11.2003 VII ZR 93/01 BauR 2004, 501, 503 = NJW-RR 2004, 303 = NZBau 2004, 153 = IBR 2004, 64.
133 BGH Urt. v. 9.11.2000 VII ZR 82/99 BauR 2001, 387 = BGHZ 146, 24 = NJW 2001, 822 = NZBau 2001, 129 = ZfBR 2001, 166 = IBR 2001, 15 ff.; anders die insolvenzrechtliche Literatur wie Heidland BauR 1998, 659; Smid/Zeuner § 131 InsO Rn. 28.
134 Mundt NZBau 2003, 527, 528.

unter Zeitgesichtspunkten, die im Rahmen von § 131 InsO maßgeblich sind, auf das Zustandekommen des Bürgschaftsvertrages abzustellen. Eine Anfechtung nach §§ 142, 133 InsO scheidet aus, weil die Ausreichung einer Bürgschaft kein Bargeschäft i.S.v. § 142 InsO darstellt. Dies gilt jedenfalls dann, wenn der Unternehmer unmittelbar nach Abschluss des Vertrages die geforderte Sicherheit erhält und die Leistung des Unternehmers erst im Laufe der Zeit erfolgt. Die Gegenleistung muss nämlich in unmittelbarem Zusammenhang mit der Sicherheitsbestellung stehen, was eine gewisse zeitliche Nähe verlangt.[135]

J. Beziehung zu § 648 und § 321 BGB – § 648a Abs. 4 BGB

§ 648a Abs. 4 BGB regelt die Beziehung zu § 648 BGB dahin, dass der Anspruch auf Einräumung einer Sicherungshypothek ausgeschlossen ist, soweit der Unternehmer eine Sicherheit nach § 648a Abs. 1 oder 2 BGB erhalten hat. Das Verhältnis zur Unsicherheitsreinrede bestimmt sich nach allgemeinen Grundsätzen.

88

I. Verhältnis zu § 648 BGB

Die Beziehung zu § 648 BGB ist klärungsbedürftig, wenn der Anwendungsbereich des § 648a BGB auch schon erbrachte Vorleistungen erfasst. Da der Unternehmer über § 648a BGB nach der Rechtsprechung des BGH[136] berechtigt ist, Sicherung für Teile des Werklohns zu fordern, der bereits erbrachten Leistungen zuzuordnen ist, hat der Unternehmer insofern **Wahlfreiheit**. § 648a Abs. 4 BGB schließt bei ausreichender Sicherung über eine nach dieser Bestimmung gestellte Sicherheit eine weitere Sicherung nach § 648 BGB aus. Die Vorschrift will eine Übersicherung verhindern. Hat der Unternehmer eine Sicherheit nach § 648 BGB erhalten, ist ein Vorgehen nach § 648a BGB hinsichtlich des Teils der Werklohnforderung, der auf die bereits erbrachte Leistung entfällt ausgeschlossen. Da jedoch erst erhaltene Sicherheiten das weitere Sicherungsbegehren beschränken, kann ein Unternehmer zugleich nach § 648 BGB und nach § 648a BGB vorgehen.[137] Hat er die Sicherung nach § 648 BGB durchgesetzt und die Eintragung einer Vormerkung auf dem Grundstück des Bestellers erwirkt, sind dem Unternehmer weitere Schritte nach § 648a BGB verwehrt. Eine schon erfolgte Fristsetzung mit Kündigungsandrohung verliert auch bei fruchtlosem Ablauf der Frist ihre eigentlich aus § 643 BGB sich ergebende auflösende Wirkung. § 648a Abs. 4 BGB entfaltet insofern eine Sperrwirkung mit der Folge, dass es nicht mehr zur Auflösung des Bauvertrags kommt. Um sich die Möglichkeit einer Auflösung zu erhalten, müsste der

89

---

135 Braun/Riggert § 142 InsO Rn. 14, 15; MüKo/Kirchhof § 142 InsO Rn. 15, 16.
136 Urt. v. 9.11.2000 VII ZR 82/99 BauR 2001, 386 = BGHZ 146, 24 = NJW 2001, 822 = NZBau 2001, 129 = ZfBR 2001, 166 = IBR 2001, 15ff.; anders noch Siegburg BauR 1997, 40, 48.
137 Staudinger/Peters § 648a BGB Rn. 27.

Unternehmer die nach § 648 BGB erhaltene Sicherheit aufgeben. Leistet der Besteller die Sicherheit, muss zur Vermeidung einer **Übersicherung** eine der beiden Sicherheiten aufgegeben werden. Welche Sicherheit aufgegeben wird, ist Sache des Unternehmers. Aus § 648a Abs. 4 BGB kann nicht herausgelesen werden, dass notwendig die Vormerkung bzw. die Sicherungshypothek aufgegeben werden muss.[138]

Nach LG Bayreuth soll eine Sicherungsbedürfnis für § 648 BGB nicht mehr bestehen, wenn der Unternehmer eine ihm nach § 648a BGB gestellte Sicherheit zurückschickt.[139] Dies folgt notwendig aus § 648a Abs. 4 BGB.

II. Verhältnis zu § 321 BGB

90 § 321 BGB hat durch das Schuldrechtsmodernisierungsgesetz eine erhebliche Veränderung erfahren. Tatbestandsmäßig ist auch eine schon bei Vertragsschluss eingetretene Vermögensverschlechterung, wenn sie der Vorleistungspflichtige nicht erkennen konnte. Die Regelung eröffnet nach § 321 Abs. 2 BGB den Rücktritt vom Vertrag. Angesichts der Regelung in § 321 Abs. 2 BGB, dass der Vorleistungspflichtige eine angemessene Frist bestimmen kann, in welcher der andere Teil Zug um Zug gegen die Leistung nach seiner Wahl die Gegenleistung zu bewirken oder Sicherheit zu leisten hat, stellt sich primär die Frage, ob § 321 BGB nicht durch § 648a BGB verdrängt wird. Denn § 648a BGB führt dazu, dass die Sicherheit nicht Zug um Zug gegen die Leistung, sondern gerade unabhängig davon zu stellen ist. Außerdem weicht die in § 321 Abs. 2 BGB vorgesehene Rechtsfolge des Rücktritts erheblich von den sich § 648a Abs. 5 BGB mit Verweis auf §§ 643, 645 BGB ergebenden Rechtsfolgen ab. In systematischer Hinsicht ist § 648a BGB nämlich lediglich eine Erweiterung des § 321 BGB für den kraft Gesetzes vorleitungspflichtigen Werkunternehmers, der sich zur Erstellung eines Bauwerks oder einer Außenanlage bzw. Teilen davon verpflichtet hat.[140]

91 Deshalb geht § 648a BGB in seinem Anwendungsbereich der Regelung in § 321 BGB vor und erweist sich als eine **Spezialregelung**. Dafür spricht auch das in § 648a Abs. 7 BGB enthaltene Abänderungsverbot. § 321 BGB wird als dispositiv bezeichnet,[141] wogegen die Abs. 7 den Regelungsinhalt der Absätze 1 bis 5 des § 648a BGB jeglicher Vereinbarung entzieht. § 321 BGB schützt den Unternehmer gerade im Vergleich zu § 648a Abs. 1 und 5 BGB in geringerem Umfang.

---

138 A.A. wohl Staudinger/Peters § 648a BGB Rn. 27.
139 BauR 2003, 422.
140 OLG Dresden BauR 2003, 400, 402; Ullrich MDR 1999, 1233, 1234.
141 Bamberger/Roth/Grothe § 321 BGB Rn. 2.

K. Abänderungsverbot – § 648 a Abs. 7 BGB

§ 648 a Abs. 7 BGB erklärt eine von den Vorschriften der Absätze 1 bis 5 abweichende Vereinbarung für unwirksam. Die Regelung verfolgt einen Schutz sowohl des Unternehmers als auch des Bestellers, so dass Abänderungen sowohl zum Nachteil des Bestellers als auch des Unternehmers unwirksam sind.[142] Das Abweichungsverbot hat den gesetzlichen Regelungsinhalt zum Gegenstand, womit insbesondere Vereinbarung oder Klauseln betroffen sind, nach deren Inhalt Druck auf den Unternehmer ausgeübt wird, von der Forderung nach einer Sicherheit Abstand zu nehmen, etwa des Inhalts, dass der Besteller seinerseits die Stellung einer Vertragserfüllungs- oder Gewährleistungsbürgschaft fordern darf, wenn der Unternehmer Sicherheit nach § 648 a BGB begehrt.[143] Wird in einem VOB-Bauvertrag vorgesehen, dass bei Verlangen einer Sicherheit nach § 648 a BGB das Recht auf Abschlagszahlungen sich nach § 632 a BGB und nicht mehr nach § 16 Nr. 1 VOB/B bestimmt, liegt ein Junktim vor, das § 648 a Abs. 7 BGB nicht vorsieht. Die Entscheidung des Unternehmers für das Sicherungsbegehren darf nicht mit irgendwelchen Nachteilen sanktioniert werden, die sich aus dem sonstigen Vertragsinhalt gerade nicht ableiten lassen. Eine solche Vereinbarung ist deshalb unwirksam.[144]

92

Das Verbot erfasst nicht solche Vereinbarungen, in welchen die Parteien bei Vertragsschluss eine von § 648 a BGB abweichende Regelung vorsehen, z. B. des Inhalts, dass der Besteller dem Unternehmer eine Vertragserfüllungsbürgschaft in bestimmter Höhe zur Verfügung stellt.[145] Auf solche Sicherungen findet § 648 a BGB keine Anwendung.[146] Auch ist eine individuelle Vereinbarung, dass der Besteller dem Unternehmer eine Bürgschaft auf erstes Anfordern stellt, nicht unwirksam.[147] Selbstverständlich kann der Unternehmer auf der Grundlage allein des § 648 a Abs. 1, 2 BGB keine Bürgschaft auf erstes Anfordern fordern, weil nach § 648 a Abs. 2 S. 2 BGB Zahlung nur unter den dort geregelten Voraussetzungen und nicht schon auf erstes Anfordern zu erfolgen hat.

93

---

142 BGH Urt. v. 26. 4. 2001 IX ZR 317/98 BauR 2001, 1426 = NJW 2001, 3616 = ZfBR 2001, 406 = IBR 2001, 366.
143 Oberhauser BauR 2004, 1864, 1865; Moser/Kocher BauR 1997, 425, 426; Weise, Sicherheiten im Baurecht Rn. 617.
144 Kniffka, IBR-Online-Kommentar § 648 a Rn. 131; a. A. Oberhauser BauR 2004, 1864, 1867.
145 BGH Urt. v. 9. 11. 2000 VII ZR 82/99 BauR 2001, 386 = BGHZ 146, 24 = NJW 2001, 822 = NZBau 2001, 129 = ZfBR 2001, 166 = IBR 2001, 15 ff.
146 BGH Urt. v. 11. 5. 2006 VII ZR 146/04 BauR 2006, 1294 = NJW 2006, 2475 = NZBau 2006, 569 = IBR 2006, 432.
147 OLG Frankfurt IBR 2004, 501.

L. Rechtsprechungsübersicht

94 Der BGH hat wichtige Streitfragen bezüglich der Art und der Höhe der Sicherheit wie auch des Einflusses von Mängeln mit seiner Entscheidung vom 9. 11. 2000[148] geklärt. Das hat die Berechtigung des Unternehmers betroffen, Sicherung in Höhe des gesamten Werklohns fordern zu dürfen, auch wenn mit dem Besteller Raten – oder Abschlagszahlungen vereinbar worden sind. Die Sicherung erfasst auch den Teil des Werklohns, der bereits erbrachten Leistungen zuzuordnen ist. Solange der Unternehmer bereit und in der Lage ist, Mängel zu beseitigen, hat er vor der Abnahme ein grundsätzlich schützenswertes Interesse an der Absicherung seines nach Mängelbeseitigung durchsetzbaren Vergütungsanspruchs. Eine Sicherheitsleistung nach § 648 a Abs. 2 BGB setzt voraus, dass sich ein unmittelbarer Zahlungsanspruch des Unternehmers gegen das Kreditinstitut oder den Kreditversicherer ergibt. Auf ein überhöhtes Sicherheitsverlangen des Unternehmers kann der Besteller verpflichtet sein, eine nach § 648 a BGB forderbare Sicherheit zu leisten, wenn deren Höhe für ihn feststellbar ist. In der Rechtsentwicklung hat der BGH mit den Entscheidungen vom 22. 1. 2004 für weitere Klarheit insofern gesorgt, als festgestellt wurde, dass § 648 a BGB dem Unternehmer auch nach der Abnahme das Recht einräumt, eine Sicherheit zu verlangen, wenn der Besteller noch Erfüllung des Vertrages in Gestalt einer Mängelbeseitigung fordert. Der BGH weist einen Weg zur Auflösung des in einer solchen Situation gegebenen Schwebezustandes, indem sinngemäß §§ 648 a Abs. 5 S. 1 und 643 S. 1 BGB zur Anwendung gebracht worden, womit der Unternehmer bei fruchtlosem Fristablauf seiner Mängelbeseitigungsverpflichtung ledig wird und die Möglichkeit gewinnt, die erbrachten Leistungen unter Berücksichtigung ihres mangelbehafteten Zustandes abzurechnen. Macht der Unternehmer von dieser Lösungsmöglichkeit keinen Gebrauch, kann der Besteller auch dann, wenn er die Sicherheit nicht stellt, dem Werklohnanspruch des Unternehmers das mangelgestützte Leistungsverweigerungsrecht entgegen halten.[149] Mit Urteil vom 16. 12. 2004[150] hat der BGH festgehalten, dass der Besteller sein Leistungsverweigerungsrecht gegenüber einer Abschlagsforderung des Unternehmers nicht verliert, wenn er die nach § 648 a BGB geforderte Sicherheit nicht stellt. Zur Angemessenheit der für die Leistung einer Sicherheit gesetzten Frist führt der BGH aus, eine solche Frist sei dann angemessen, wenn dem Besteller ermöglicht wird, die Sicherheit ohne schuldhaftes Verzögern zu beschaffen. Grundsätzlich ist darauf abzustellen, was von einem Besteller zu verlangen ist, der

---

148 VII ZR 82/99 BauR 2001, 386 = BGHZ 146, 24 = NJW 2001, 822 = NZBau 2001, 129 = ZfBR 2001, 166 = IBR 2001, 15 ff.
149 BGH Urt. v. 22. 1. 2004 VII ZR 183/02 BauR 2004, 826 = BGHZ 157, 335 = NJW 2004, 1525 = NZBau 2004, 259 = IBR 2004, 201; in derselben Weise unter demselben Datum entschieden unter dem Az.: VII ZR 68/03 BauR 2004, 830, VII ZR 267/02 BauR 2004, 834.
150 VII ZR 167/02 BauR 2005, 548 = NJW-RR 2005, 457 = NZBau 2005, 221 = ZfBR 2005, 261 = IBR 2005, 146.

sich in normalen finanziellen Verhältnissen befindet.[151] Damit sind obergerichtliche Urteile, die sich von diesen höchstrichterlich festgestellten Grundsätzen entfernen für die Praxis ebenso obsolet, wie sich dagegen aussprechende Stimmen in der Literatur.

---

151 BGH Urt. v. 31. 3. 2005 VII ZR 346/03 BauR 2005, 1009 = NJW 2005, 1939 = NZBau 2005, 393 = IBR 2005, 369.

§ 649
Kündigungsrecht des Bestellers

Der Besteller kann bis zur Vollendung des Werkes jederzeit den Vertrag kündigen. Kündigt der Besteller, so ist der Unternehmer berechtigt, die vereinbarte Vergütung zu verlangen; er muss sich jedoch dasjenige anrechnen lassen, was er infolge der Aufhebung des Vertrags an Aufwendungen erspart oder durch anderweitige Verwendung seiner Arbeitskraft erwirbt oder zu erwerben böswillig unterlässt.

Inhaltsübersicht

		Rn.
A.	Baurechtlicher Regelungsinhalt	1
I.	Voraussetzungen	3
1.	Kündigungsrecht	3
2.	Kündigungserklärung	6
3.	Teilkündigung	10
II.	Rechtsfolgen	11
1.	Beendigung des Vertrags	11
2.	Abrechnung des gekündigten Vertrags	12
	a) Vergütung für die bis zur Kündigung erbrachten Leistungen	16
	b) Vergütung für nicht erbrachte Leistungen/Anrechnung	20
	c) Darlegungs- und Beweislast	26
3.	Mängelrechte des Bestellers	28
III.	Außerordentliche Kündigung	31
IV.	Abweichende Vereinbarungen	39
B.	Relevanz für die Baupraxis	40
C.	Korrespondierende VOB/B-Regelung: § 8	43
D.	Rechtsprechungsübersicht	45

A. Baurechtlicher Regelungsinhalt

1 § 649 S. 1 BGB gewährt dem **Besteller** das **Recht, jederzeit einen Bauvertrag zu kündigen, ohne** einen **Grund** hierfür haben und benennen zu müssen. Es handelt sich dabei um die sog. »freie Kündigung«.[1] Der Unternehmer hat dieses Kündigungsrecht nach dem Wortlaut der Regelung nicht. Was auf den ersten Blick nach »Willkür« und einseitiger Bevorzugung des Bestellers aussehen mag, ist rechtsdogmatisch begründet in der Grundregel des Werkvertrags in § 631 BGB. Danach hat der **Unternehmer** nur einen ausdrücklichen **Anspruch** auf Vergütung für seine Leistung, **nicht** aber **darauf, das von ihm zu erbringende Werk** tatsächlich fertig stellen zu dürfen. Die Herstellung des Bauwerks liegt allein im Interesse des Bauherrn/Bestellers.[2] Auf Grund dessen wird ihm auch das Recht zugebilligt, frei zu

---
[1] P/W/W § 649 Rn. 14; MüKo/Busche § 649 BGB Rn. 1.
[2] jurisPK-BGB/Mahler § 649 Rn. 1.

entscheiden, ob er die angeforderten Leistungen tatsächlich bis zum Ende ausführen lassen will.

Die Kündigungsfreiheit für den Besteller darf aber freilich **nicht** den **Unternehmer einseitig benachteiligen.** Insoweit findet das Kündigungsrecht des Bestellers seinen gerechten **Ausgleich** durch die Vorgabe aus **§ 649 S. 2 BGB**: Der Unternehmer kann im Falle der Kündigung durch den Besteller die **ursprünglich vereinbarte Vergütung** zunächst in voller Höhe verlangen. Dadurch ist er ausreichend geschützt.[3] Er muss sich nur das **anrechnen** lassen, was er sich an Aufwendungen durch das vorzeitige Ende seiner Leistungspflicht **tatsächlich erspart** hat und was er verdient hat oder hätte erwerben können durch anderweitigen Einsatz seiner Arbeitskraft während der »frei gewordenen« Zeit bis zum eigentlich geplanten Vertragsende.

I. Voraussetzungen

1. Kündigungsrecht

Gem. § 649 S. 1 BGB kann der Besteller **bis zur Vollendung des Werks jederzeit** den Bauvertrag kündigen. Die freie Kündigung nach § 649 S. 1 BGB ist an keine besonderen sachlichen Voraussetzungen gebunden. Insbesondere erfordert sie kein bestimmtes, vertragsschädliches Vorverhalten des Bauunternehmers. Sie **bedarf keines Kündigungsgrundes und auch keiner Begründung.**[4] Jedoch **kann** im Einzelfall auch die **freie Kündigung ausgeschlossen sein.** Dies ist zum Beispiel denkbar im Falle eines treuwidrigen Verhaltens des Bestellers, wenn dieser gegenüber den Bauunternehmer ausdrücklich das Vertrauen darauf begründet hatte, dass keine Kündigung erfolgen werde.[5]

Nach dem ausdrücklichen Wortlaut der Regelung **steht das Kündigungsrecht nur dem Besteller zu,** nicht aber dem Unternehmer. Das Kündigungsrecht setzt denknotwendig den Abschluss eines **wirksamen Werkvertrags** hier in Form eines Bauvertrags voraus. Beim **Bauträgervertrag** besteht kein isoliertes freies Kündigungsrecht nur für den werkvertraglichen Anteil. Hier ist nur eine Kündigung aus wichtigem Grund zulässig mit der Folge, dass der Erwerber die Übereignung des Grundstücks mitsamt der bis zur Kündigung erbrachten Bauleistung verlangen kann.[6]

Das **Kündigungsrecht ist zeitlich beschränkt:** Der Besteller kann kündigen **ab dem wirksamen Abschluss des Bauvertrags,** also theoretisch auch bereits unmittelbar nach Vertragsschluss, bevor der Bauunternehmer überhaupt die Arbeit auf-

---
3 BGH Urt. v. 24. 7. 2003 VII ZR 218/02; BGH Urt. v. 8. 7. 1999 VII ZR 237/99.
4 BGH NJW 2003, 3474.
5 MüKo/Busche § 649 BGB Rn. 8.
6 BGH Urt. v. 21. 11. 1985 VII ZR 366/83; KG BauR 2000, 114; P/W/W § 649 Rn. 2; MüKo/Busche § 649 BGB Rn. 4.

nimmt.⁷ Ist der Bauvertrag aufschiebend bedingt abgeschlossen und die Bedingung noch nicht eingetreten, kann der Besteller ebenfalls bereits kündigen.⁸ Das Kündigungsrecht besteht zeitlich »**bis zur Vollendung des Werks**«. Ist die Bauleistung abgenommen, liegt eindeutig mit der **Abnahme** das **Ende der Erfüllung** vor. Eine Kündigung nach § 649 S. 1 BGB ist dann nicht mehr möglich. Verweigert der Besteller zu Recht die Abnahme, weil etwa die Leistung noch nicht fertiggestellt oder mit wesentlichen Mängeln behaftet ist, ist das Werk damit noch nicht vollendet, und es besteht nach wie vor ein Kündigungsrecht nach § 649 S. 1 BGB. Liegt (noch) keine Abnahme vor, ist nach den für § 646 BGB geltenden Kriterien zu beurteilen, ob das Werk bereits vollendet ist. Das Werk muss demnach bereits **im Wesentlichen vertragsgemäß hergestellt** sein, wobei einzelne Mängel nicht schaden.⁹ Ein Kündigungsrecht besteht dann insbesondere, wenn es sich um behebbare Mängel handelt, während bei unbehebbaren das Werk als vollendet anzusehen ist.¹⁰ Die Regelung ergibt freilich für beide Parteien eine Unsicherheit, da bei manchen Bauleistungen nicht eindeutig festlegbar ist, ob das Werk bereits vollendet ist oder nicht. Nicht wesentlich mehr Klarheit schafft eine Regelung im Bauvertrag, dass nicht die Vollendung des Werks, sondern stattdessen die Abnahme oder Abnahmereife der Bauleistung entscheidend sein soll. Auch hier lässt sich trefflich darüber streiten, ob das Werk nun fertiggestellt ist bzw. ob es mangelfrei ist oder die bestehenden Mängel wesentlich (dann keine Abnahmereife) oder unwesentlich (dann gem. § 640 Abs. 1 S. 2 BGB Abnahmereife) sind.

2. Kündigungserklärung

6   Die Kündigungserklärung des Bestellers ist eine **einseitige, empfangsbedürftige Willenserklärung für die Zukunft**, die auf Grund dessen **erst mit Zugang beim Bauunternehmer wirksam** wird.¹¹ Sie ist als Gestaltungserklärung bedingungsfeindlich, kann also nicht an den Eintritt von Bedingungen geknüpft werden.¹² Erfolgt die Kündigung nicht durch den Besteller selbst, sondern durch einen Dritten, ist darauf zu achten, dass die Vorgaben des § 174 BGB eingehalten sind und eine **wirksame Stellvertretung** vorliegt (Vollmachtsvorlage durch den Vertreter; wird eine solche nicht mit der Kündigung vorgelegt, kann dies nicht mehr geheilt werden; in diesem Fall ist eine erneute Kündigung, dann mit Vorlage der Vollmacht, erforderlich).

7   Ein **Formerfordernis** für die Kündigungserklärung **besteht** nach der gesetzlichen Regelung **nicht**. Die Verpflichtung zur schriftlichen Kündigung aus §§ 8 Nr. 5, 9

---

7 OLG Brandenburg NJW-RR 1998, 1746 f.; Palandt/Sprau § 649 BGB Rn. 1.
8 jurisPK-BGB/Mahler § 649 Rn. 7.
9 S. dazu die Komm. oben zu § 646 BGB; i. Ü. MüKo/Busche § 649 BGB Rn. 11.
10 OLG Dresden NJW-RR 1998, 882.
11 BGH Urt. v. 28. 3. 1996, VII ZR 228/94.
12 MüKo/Busche § 649 BGB Rn. 9.

Nr. 2 S. 1 VOB/B ist auf die Kündigung nach § 649 S. 1 BGB nicht übertragbar. Die Kündigung eines BGB-Bauvertrags kann daher **auch mündlich oder konkludent** erklärt werden, es sei denn, die Parteien haben vertraglich etwas anderes vereinbart. Haben die Parteien im Vertrag Schriftform für die Kündigung vereinbart, ist eine mündliche Kündigung unwirksam.[13] Akzeptiert der Bauunternehmer in diesem Fall dennoch die mündliche Kündigung, ist davon auszugehen, dass das Schriftformerfordernis einvernehmlich abbedungen wurde.[14]

Erfolgt die Kündigung mündlich oder durch konkludentes Handeln, kann es erforderlich sein, die **Erklärung** bzw. das **Verhalten des Bestellers** nach den allgemeinen Vorschriften (§§ 133, 157 BGB) **auszulegen**, um feststellen zu können, ob es sich tatsächlich um eine Kündigungserklärung gehandelt hat.[15] Der Besteller muss nicht den **Begriff »Kündigung« verwenden**. Ausreichend ist, wenn er eindeutig genug zum Ausdruck bringt, dass er das Vertragsverhältnis beenden will, etwa durch die Verwendung von »Rücktritt«, »Vertragsbeendigung« oder »Vertragsauflösung«.[16] Eine **konkludente Kündigungserklärung**, die weder mündlich noch schriftlich erfolgt oder bestätigt wird, sondern die der Besteller allein durch sein Verhalten zum Ausdruck bringt, muss ebenso unmissverständlich zum Ausdruck bringen, dass der Besteller keine weitere Tätigkeit des Bauunternehmers auf der konkreten Baustelle wünscht. Dabei sind alle Umstände des Einzelfalls in Betracht zu ziehen und zu würdigen.[17] Eine wirksame Kündigung ist beispielsweise zu bejahen, wenn der Besteller definitiv erklärt, er werde die vom Unternehmer geschuldeten Arbeiten stattdessen von einem Dritten zu Ende führen lassen oder wenn bereits ein Drittunternehmen auf der Baustelle tätig ist,[18] der Besteller von ihm zur Verfügung gestellte Materialien oder Werkzeuge zur Herstellung der Bauleistung wieder zurückfordert oder eine Mängelbeseitigung durch den Unternehmer strikt ablehnt.[19] Spricht der Auftraggeber ein **Baustellenverbot** gegenüber dem Bauunternehmer aus, ist darin ebenfalls regelmäßig eine Kündigungserklärung zu sehen.[20]

Die Kündigung nach § 649 S. 1 BGB ist grundsätzlich **nicht an eine Kündigungsfrist gebunden**. Zum Teil wird vertreten, dass es nach Treu und Glauben geboten sei, eine angemessene Kündigungsfrist einzuhalten, wenn die Werkleistung als Dauerschuldverhältnis ausgestaltet sei.[21] Eine überzeugende dogmatische Begründung ist dafür bislang jedoch nicht erkennbar.

---

13 BGH Urt. v. 4.6.1973 VII ZR 113/71 NJW 1973, 1463.
14 Kniffka, IBR-Online-Kommentar § 649 Rn. 25.
15 Palandt/Sprau § 649 BGB Rn. 2.
16 Kniffka, IBR-Online-Kommentar § 649 Rn. 16.
17 BGH Urt. v. 30.6.1977 VII ZR 205/75 BauR 1977, 422.
18 BGH Urt. v. 30.6.1977 VII ZR 205/75 BauR 1977, 422.
19 MüKo/Busche § 649 BGB Rn. 9.
20 OLG Saarbrücken, Urt. v. 2.11.1999 4 U 937/98-214 OLGR 2000, 231; IBR 2000, 531.
21 OLG Hamburg MDR 1972, 866; MüKo/Busche § 649 BGB Rn. 12.

§ 649 BGB   Kündigungsrecht des Bestellers

3. Teilkündigung

10 Auch eine **Teilkündigung** eines Bauvertrags **durch den Besteller** ist nach § 649 S. 1 BGB **möglich**, auch wenn dies dort anders als in § 8 Nr. 3 Abs. 1 S. 2 VOB/B nicht ausdrücklich geregelt ist. Nachdem der Besteller aber sogar nach Belieben den Bauvertrag komplett kündigen kann, ist ihm (»argumentum a maiore ad minus«) auch zuzubilligen, den Vertrag in Teilen vorzeitig zu beenden. Wie in der VOB-Regelung ist aber in diesem Fall auch für die Teilkündigung eines BGB-Bauvertrags zu fordern, dass **nur in sich abgeschlossene Teilleistungen** gekündigt werden können, da die Kündigung und die daraus resultierende Notwendigkeit der Abrechnung andernfalls für die Praxis kaum mehr handhabbar ist.[22]

II. Rechtsfolgen

1. Beendigung des Vertrags

11 Die Kündigung des Bestellers **beendet den Bauvertrag ab Zugang der Kündigungserklärung beim Unternehmer mit Wirkung für die Zukunft** (»ex nunc«), lässt ihn aber als Rechtsgrund für die bereits vor der Kündigung erbrachten Leistungen (damit auch für den Vergütungsanspruch des Unternehmers) bestehen.[23] Die Parteien werden von weiteren Leistungspflichten frei.[24] Das heißt: Der Bauunternehmer wird von seiner Verpflichtung frei, das Bauwerk ab diesem Zeitpunkt weiter frei von Sach- und Rechtsmängeln herzustellen. Der **Besteller** schuldet keine Mitwirkungsleistungen mehr, er **bleibt** aber gem. § 649 S. 2 BGB weiterhin – mit den dort geregelten Anrechnungstatbeständen – **zur Zahlung der vereinbarten Vergütung verpflichtet**. Der Gegenstand des Bauvertrags beschränkt sich in Folge der Kündigung auf das bis dahin erbrachte Teilwerk.[25]

2. Abrechnung des gekündigten Vertrags

12 Zunächst sei auch an dieser Stelle auf die für die Baupraxis sehr bedeutenden Entscheidung des BGH vom 11. 5. 2006[26] verwiesen. Damit hat das Gericht seine bisherige Rechtsprechung aufgegeben und verlangt nun auch nach einer Kündigung das Vorliegen einer **Abnahme, um die Fälligkeit der Kündigungsvergütung zu begründen**.[27]

13 Nach § 649 S. 2 BGB kann der Unternehmer im Falle einer freien Kündigung durch den Besteller »die **vereinbarte Vergütung** verlangen«. Er muss sich jedoch

---

22 So auch MüKo/Busche § 649 BGB Rn. 13.
23 BGH NJW 1982, 255.
24 BGH NJW 1993, 1972.
25 BGH Urt. v. 19. 12. 2002 VII ZR 103/00 NJW 2003, 1450 ff.; BGH Urt. v. 25. 3. 1993 X ZR 17/92; Kniffka ZfBR 1998, 113.
26 Az. VII ZR 146/04.
27 Vgl. ausführlich dazu die Kommentierung zu § 640 BGB, dort Rn. 92 ff.

»dasjenige anrechnen lassen, was er infolge der Aufhebung des Vertrags an Aufwendungen erspart oder durch anderweitige Verwendung seiner Arbeitskraft erwirbt oder zu erwerben böswillig unterlässt.« **Regelungszweck** ist, den Unternehmer schadlos zu stellen, um dadurch die widerstreitenden Interessen von Besteller und Unternehmer auszugleichen. Dadurch soll erreicht werden, dass der Unternehmer durch die großzügige Kündigungsmöglichkeit des Bestellers im Ergebnis dennoch keine Nachteile erleidet, andererseits aber auch keinen Vorteil aus einer Kündigung des Bestellers ziehen kann.[28]

Die Formulierung im Gesetz mag auf den ersten Blick implizieren, dass es ein Leichtes ist, die Höhe des Kündigungsvergütungsanspruchs des Unternehmers zielsicher zu berechnen. Die Fülle der Rechtsprechung und Literatur hierzu lehrt jedoch Gegenteiliges. Im Rahmen dieser Kommentierung liegt der Schwerpunkt in einer Übersicht und einer grundlegenden strukturellen Darstellung. Ein Anspruch auf vollständige Darstellung aller Eventualfälle und bereits einmal entschiedener Streitpunkte kann nicht erhoben werden.[29]

14

Grundsätzlich ist der **Bauunternehmer so zu stellen, wie er bei Durchführung des Vertrags gestanden hätte**.[30] Umstritten ist zunächst, nach welcher Systematik der Vergütungsanspruch des Unternehmers nach Kündigung zu berechnen ist – in Form der einheitlichen oder einer getrennten Abrechnung. Die **einheitliche Abrechnung** ermittelt zunächst, welche Vergütung dem Unternehmer insgesamt zustehen würde, wenn das Vertragsverhältnis nicht durch die Kündigung des Bestellers beendet worden wäre. Davon sind dann die ersparten Aufwendungen abzuziehen. Die Befürworter dieser Vorgehensweise führen den Wortlaut des § 649 S. 2 BGB als Argument für ihre Ansicht an.[31] Die Gegenansicht berechnet die Kündigungsvergütung nach der sog. **getrennten Abrechnung**. Bei dieser ist zu trennen zwischen dem bis zur Kündigung erbrachten Teil der Leistung und der auf Grund der Kündigung nicht mehr erbrachten Teilleistung. Die erbrachte Leistung wird bewertet. Für die nicht erbrachte Leistung richtet sich die Vergütung nach der vertraglichen Vereinbarung. Hiervon ist abzuziehen, was sich der Bauunternehmer in Folge der Aufhebung des Vertrags an Kosten erspart oder durch anderweitige Verwendung seiner Arbeitskraft und seines Betriebs erwirbt oder zu erwerben böswillig unterlässt.[32] Der **BGH** wendet die getrennte Abrechnung an: Kündigt der Auftraggeber den Bauvertrag ohne wichtigen Grund, kann der Auftragnehmer Vergütung für bereits erbrachte und noch nicht erbrachte Leistungen gesondert abrechnen. Für die Prüfbarkeit einer Abrechnung ist dabei unerheblich, ob die Be-

15

---

28 MüKo/Busche § 649 BGB Rn. 18; jurisPK-BGB/Diep § 649 Rn. 11.
29 Siehe dazu aber die umfangreichen und sehr lesenswerten Ausführungen von Kniffka, IBR-Online-Kommentar § 649 Rn. 44 ff.
30 BGH Urt. v. 21.12.1995 VII ZR 198/94 BauR 1996, 382; IBR 1996, 181.
31 Quack in: FS für v. Craushaar 1997, 314; Kapellmann/Messerschmidt § 8 VOB/B Rn. 24; MüKo/Busche § 649 BGB Rn. 21.
32 Kniffka, IBR-Online-Kommentar § 649 Rn. 44; MüKo/Busche § 649 BGB Rn. 21.

rechnung sachlich richtig oder falsch ist.³³ In der folgenden Betrachtung wird gem. BGH von der getrennten Abrechnung ausgegangen.

a) Vergütung für die bis zur Kündigung erbrachten Leistungen

16 Bei der **Berechnung des Vergütungsanspruchs für die bis zur Kündigung erbrachten Leistungen** gehören diejenigen Bauleistungen, die sich im Zeitpunkt der Kündigung im Bauwerk verkörpern, nicht aber die Bauteile, die zwar bereits hergestellt, möglicherweise auch bereits schon auf die Baustelle angeliefert worden, aber noch nicht eingebaut worden sind.³⁴ Im Einzelfall kann der Besteller aber nach Treu und Glauben verpflichtet sein, diese zu übernehmen und angemessen zu vergüten, insbesondere, wenn sie für die Weiterführung des Bauvorhabens uneingeschränkt tauglich sind und die Weiterverwendung dem Besteller zumutbar ist. Die Vergütung für die erbrachte Leistung muss sich jedoch aus der vereinbarten Vergütung für die ohne Kündigung geschuldete Leistung ableiten. Der Bauunternehmer kann nicht lediglich die ortsübliche Vergütung oder angemessene Preise anzusetzen. Der **Bauunternehmer muss seine Vergütung vielmehr aus der vertraglich vereinbarten Vergütung ableiten**.³⁵

17 Bei einem **Einheitspreisvertrag** errechnet sich die Vergütung gem. § 649 S. 2 BGB aus der Differenz zwischen vereinbarter Vergütung (Menge x Einheitspreis) und ersparten Aufwendungen. Der Bauunternehmer hat dabei die ersparten Aufwendungen vorzutragen und zu beziffern. Im Regelfall ist die Differenz für jede Position einzeln zu ermitteln. Bei überschaubaren und ähnlichen Leistungen – zum Beispiel Türen – kann der Bauunternehmer die ersparten Aufwendungen auch für das Leistungsverzeichnis insgesamt vortragen. Der Darlegungsumfang bestimmt sich nach den Erfordernissen des Einzelfalls.³⁶ Beim Einheitspreisvertrag hat der Unternehmer auf der Grundlage des Leistungsverzeichnisses die erbrachten Leistungen wie üblich durch Multiplikation der erbrachten Mengen mit den vertraglich vereinbarten Einheitspreisen zu errechnen.

18 Liegt eine **Pauschalpreisvereinbarung** vor, ist die Berechnung der Vergütung für den erbrachten Teil der Leistungen schwieriger, weil zunächst keine eindeutige Bewertung an Hand von Massen und Einheitspreisen möglich ist. Der gekündigte Bauunternehmer hat, um eine transparente Abrechnung gewährleisten zu können, den **Pauschalvertrag nachträglich in einen Einheitspreisvertrag zu transformieren**: Für die Abrechnung muss er die Leistungen, die von dem Pauschalvertrag umfasst sind, in Einzelleistungen zergliedern und diese mit Preisen bewerten. Die Summe dieser nunmehrigen Einzelleistungen, multipliziert mit den nachträglich

---

33 BGH Urt. v. 18. 4. 2002 VII ZR 164/01.
34 BGH Urt. v. 9. 3. 1995 VII ZR 23/95.
35 Kniffka, IBR-Online-Kommentar § 649 Rn. 48.
36 BGH Urt. v. 14. 1. 1999 VII ZR 277/97 ZfBR 1999, 191; BauR 1999, 642.

gebildeten Einzelpreisen, muss die ursprüngliche Pauschalsumme ergeben.[37] Nicht ausreichend ist etwa eine zu pauschale und nicht näher konkretisierte Bewertung, der Bautenstand entspreche 60% der geschuldeten Leistung, daher schulde der Besteller 60% des Pauschalpreises. **Kündigt der Besteller den Pauschalvertrag zu einem relativ späten Zeitpunkt**, in dem **nur mehr geringfügige Restleistungen** vom Bauunternehmer zu erledigen gewesen wären, besteht die **Möglichkeit einer vereinfachten Abrechnung**: In diesem Fall reicht es aus, wenn der gekündigte Bauunternehmer die noch nicht erbrachten Teilleistungen bewertet und vom Pauschalgesamtpreis abzieht. **Geringfügigkeit** ist jedenfalls dann zu bejahen, wenn der Umfang der noch zu erbringenden Leistungen unter 2% des Auftragsvolumens liegt.[38]

Bei **Stundenlohnarbeiten** richtet sich die Vergütung für die erbrachten Leistungen nach den dem Besteller zugegangenen und insoweit prüfbaren Stundenlohnzetteln.[39] Nur wenn die Vertragsparteien **keinerlei Vergütungsvereinbarung getroffen** hatten, ist nach § 632 Abs. 2 BGB der angemessene Preis für die gesamte dem ursprünglichen Bauvertrag nach geschuldete Bauleistung zu bestimmen.[40] 19

b) Vergütung für nicht erbrachte Leistungen/Anrechnung

Der **eigentliche Anspruch aus § 649 S. 2 BGB** betrifft lediglich die **Vergütung für die nicht erbrachten Leistungsteile**, die in Folge der Kündigung durch den Besteller nicht mehr zur Ausführung kamen. Sie sind ebenso wie oben (Rn. 16 ff.) beschrieben zu berechnen. Der Unternehmer muss seine Vergütung für nicht erbrachte Leistungen auf der **Grundlage des dafür vereinbarten Preises** abzüglich anderweitigen Erwerbs und der Kosten berechnen, die bei Fortführung des Bauvertrags tatsächlich entstanden wären. Entsprechen diese Kosten seiner Kalkulation, kann er diese vortragen.[41] Der **Bauunternehmer hat dabei darzulegen und gegebenenfalls zu beweisen**, welche Vergütung vereinbart wurde, welche Kosten er sich erspart hat und welchen anderweitigen Erwerb er sich anrechnen hat lassen, um ausreichend substantiiert seine Vergütungsforderung vorzutragen.[42] 20

Zunächst muss sich der Unternehmer die Aufwendungen anrechnen lassen, die er sich in Folge der Kündigung tatsächlich erspart hat. Dies sind solche, die der Bauunternehmer hätte tätigen müssen, wenn er den Auftrag vollständig zu Ende ausgeführt hätte. Abzuziehen sind auf der Grundlage der Kalkulation freilich nur diejenigen Aufwendungen, die auf den gekündigten Teil des konkreten Bauvertrags 21

---
37 BGH Urt. v. 14.11.2002 VII ZR 224/01; BGH Urt. v. 4.5.2000 VII ZR 53/99; Kniffka, IBR-Online-Kommentar § 649 Rn. 53 ff.
38 OLG Hamm Urt. v. 10.1.2006 24 U 94/05 IBR 2006, 383.
39 OLG Düsseldorf NJW-RR 2001, 808 f.; MüKo/Busche § 649 BGB Rn. 21.
40 BGH NJW-RR 2000, 309.
41 BGH Urt. v. 22.9.2005 VII ZR 63/04 BauR 2005, 1916; IBR 2005, 662; NZBau 2005, 683; NJW-RR 2006, 29.
42 BGH Urt. v. 11.2.1999 VII ZR 399/97; BGH Urt. 6.3.1997 VII ZR 47/96.

entfallen.[43] **Materialkosten** zählen nur dann zu den ersparten Aufwendungen, wenn das Material in absehbarer und zumutbarer Zeit anderweitig verwendet werden kann. Handelt es sich dagegen um Materialien, die speziell für das Bauwerk des Bestellers beschafft wurden und sich nicht anderweitig verwenden lassen, muss sich der Bauunternehmer insoweit keine ersparten Aufwendungen anrechnen lassen. Allerdings ist er dann nach Treu und Glauben verpflichtet, (nur) auf dessen Verlangen dem Besteller das Material herauszugeben und zu übereignen.[44] Änderungen der Bezugspreise für das Material im Vergleich zum Zeitpunkt der Kalkulation sind ebenso zu berücksichtigen. Entscheidend sind also die Materialkosten, die im Zeitpunkt der geplanten Bauausführung relevant gewesen wären: **Abzuziehen sind grundsätzlich die ersparten Kosten, die bei der Durchführung des Bauvertrags zum Zeitpunkt der Ausführung tatsächlich angefallen wären.**[45]

22 **Fiktive Ersparnis** muss sich der Bauunternehmer nicht anrechnen lassen – so etwa fiktive Ersparnis für fest angestelltes **Personal**, wenn der Unternehmer rechtlich mögliche Kündigungen ausgesprochen hätte.[46] Anders verhält es sich mit den Kosten für freie Mitarbeiter, die in der Regel als erspart abzuziehen sind.[47] Die **Allgemeinen Geschäftskosten** kann der Bauunternehmer im Falle der freien Kündigung durch den Besteller grundsätzlich abrechnen. **Baustellengemeinkosten** können im Einzelfall als ersparte Kosten abzuziehen sein.[48] Dies ist der Fall für die Gemeinkosten, die dem konkreten Bauvorhaben zurechenbar sind. Ebenso gilt dies für einen **kalkulierten Zuschlag**, der sich auf ein in Folge der Kündigung nicht verwirklichtes Risiko bezieht.[49] Ein vereinbartes **Skonto** kann der Besteller nach seiner freien Kündigung nicht vom Vergütungsanspruch des Bauunternehmers für die nicht erbrachten Leistungen abziehen.[50] Ein prozentualer Aufschlag für **Wagnis** ist im Rahmen der Kündigungsabrechnung nicht als ersparte Aufwendung anzusehen.[51] **Mängelbeseitigungskosten** kann der Besteller dem Unternehmer ebenso nicht als ersparte Aufwendungen abziehen.[52]

23 Im nächsten Schritt muss sich der gekündigte Bauunternehmer das anrechnen lassen, was er anderweitig tatsächlich erworben hat oder zu erwerben böswillig unterlassen hat. Dies betrifft **nur** einen anderweitigen **Erwerb, der zweifelsfrei durch die Kündigung des Bestellers verursacht wurde**. Diese Voraussetzung ist nicht erfüllt, wenn der Bauunternehmer seine Leistungskapazität auf andere, bereits vorhandene Bauvorhaben konzentriert hat, die er zeitgleich mit der gekün-

---

43 BGH Urt. v. 21.12.1995 VII ZR 198/94; NZBau 2005, 417 ff.
44 OLG Köln Urt. v. 27.2.2004 11 U 103/03 IBR 2004, 616; BauR 2004, 1953.
45 OLG Hamm Urt. v. 23.11.2003 24 U 195/01 IBR 2006, 486.
46 BGHZ 143, 79 ff.; NJW 2000, 653 f.
47 OLG Hamm Urt. v. 23.11.2003 24 U 195/01 IBR 2006, 486.
48 OLG Hamburg Urt. v. 8.4.2004 1 U 30/02 IBR 2004, 679.
49 BGH NJW-RR 1998, 451; MüKo/Busche § 649 BGB Rn.25.
50 BGH Urt. v. 22.9.2005 VII ZR 63/04 NZBau 2005, 683; IBR 2005, 662.
51 LG Berlin Urt. v. 11.4.2001 105 O 119/99.
52 Kniffka, IBR-Online-Kommentar § 649 Rn. 111.

digten Baustelle bearbeitet hatte.[53] Anzurechnen sind auch so genannte **Füllaufträge**, die von der Vergütung im Rahmen einer Kündigungsabrechnung als anderweitiger Erwerb zu Lasten des Bauunternehmers von dessen Vergütungsanspruch abzuziehen sind. Ein solcher Füllauftrag kann in der Regel nur dann festgestellt werden, wenn ein Unternehmen voll oder zumindest im Grenzbereich von 100 % ausgelastet ist, so dass es den weiteren Auftrag ohne die Kündigung nicht hätte annehmen können.[54] Dies gilt auch dann, wenn der Füllauftrag zeitlich später als der gekündigte Auftrag auszuführen ist, es sei denn, der Betrieb des Auftragnehmers ist nach dem Ende der für den gekündigten Auftrag vorgesehenen Ausführungszeit ausgelastet.[55] Anrechnen lassen muss sich der Unternehmer gem. BGH auch anderweitige Baustellen, wenn der Unternehmer bereits erteilte Aufträge wegen der Kündigung vorzieht, die an sich erst später auszuführen gewesen wären.[56] Füllaufträge können auch vorliegen, wenn sie später als der Auftrag ausgeführt werden, der gekündigt worden ist.[57] Liegt **anderweitiger Erwerb** vor, muss dieser **auf der Grundlage der Vertragskalkulation beziffert** werden.[58]

Der Tatbestand des **böswilligen Unterlassens anderweitigen Erwerbs** ist erfüllt, wenn der Bauunternehmer einen ihm möglichen Erwerb in einer Weise unterlässt, die gegen Treu und Glauben verstößt. Dies muss nicht notwendig darin bestehen, dass der Auftragnehmer zielgerichtet in der Absicht handelt, den kündigenden Auftraggeber zu schädigen. Es reicht aus, wenn der Bauunternehmer einen zumutbaren Ersatzauftrag ausschlägt,[59] obwohl er die Kapazitäten dafür frei hätte und sein Betrieb für die Ausführung eingerichtet wäre. Anders als bei der Ersparnis von Aufwendungen besteht **keine tatsächliche Vermutung** dafür, **dass** eine Kündigung eines Auftrags dem Bauunternehmer »automatisch« die **Möglichkeit eröffnet, etwas anderweitig zu erwerben**.[60] 24

Im Ergebnis ist der **Vergütungsanspruch im Rahmen der Kündigungsabrechnung nicht mit einem entgangenen Gewinn identisch**. Insoweit ist der Vergütungsanspruch des Bauunternehmers **auch bei einem Verlustgeschäft begründet**, soweit die ersparten Aufwendungen bzw. Kosten geringer sind als der vereinbarte Vergütungsanspruch.[61] Ist der vereinbarte Einheitspreis an sich unauskömmlich, kommt ein Anspruch des Bauunternehmers nach § 649 S. 2 BGB grundsätzlich nicht in Betracht, weil er allenfalls einen Verlust erspart hat. Etwas Anderes kann 25

---

53 MüKo/Busche § 649 BGB Rn. 27.
54 OLG Hamm Urt. v. 23. 11. 2003 24 U 195/91; LG Mosbach Urt. v. 4. 2. 1998 2 O 299/97 BauR 1998, 894 (Ls.).
55 OLG Saarbrücken Urt. v. 31. 5. 2005 4 U 216/04–44.
56 BGH NJW 1996, 1282.
57 BGH Urt. v. 21. 12. 1995 VII ZR 198/94; BGH Urt. v. 28. 10. 1999 VII ZR 326/98.
58 Kniffka, IBR-Online-Kommentar § 649 Rn. 87.
59 OLG Koblenz NJW-RR 1992, 850f.
60 KG Urt. v. 6. 7. 1998 10 U 594/97 KGR 1999, 197.
61 OLG Hamm Urt. v. 23. 11. 2003 24 U 195/91.

gelten, wenn die vereinbarte Vergütung nicht nur aus den Einheitspreisen, sondern auch aus einer zusätzlichen Naturalvergütung, z. B. dem Erwerb des Eigentums an Aushubmaterial, besteht.[62]

c) Darlegungs- und Beweislast

26 Die **Darlegungs- und Beweislast** für die Höhe der vereinbarten Vergütung hat der Unternehmer. Der Bauunternehmer hat ferner vertragsbezogen vorzutragen und zu beziffern, was er sich anrechnen lässt, und zwar je nach Einzelfall so **ausführlich**, dass dem Besteller eine Überprüfung und Wahrung seiner Rechte möglich ist – beim Einheitspreisvertrag grundsätzlich nach den Positionen des Leistungsverzeichnisses, beim Pauschalpreisvertrag nach der bei Bestreiten der Ersparnisse offenzulegenden Kalkulation des Pauschalpreises.[63] Der **Bauunternehmer** hat also eine **Erstdarlegungslast** hinsichtlich des Vorliegens von Füllaufträgen. Im Übrigen liegt die Darlegungs- und Beweislast beim **Auftraggeber**. Dieser kann nicht verlangen, dass der Auftragnehmer seine gesamte Geschäftsstruktur offen legt, um ihm die Beurteilung zu ermöglichen, welche Aufträge ohne die Kündigung nicht akquiriert worden wären.[64]

Für die Umstände, die die Böswilligkeit begründen sollen, ist der **Besteller beweispflichtig**, der die Kündigungsvergütung des Unternehmers kürzen will.[65] Zu beweisen hat der Unternehmer die Höhe der vereinbarten Vergütung, die Kündigung und die Mangelfreiheit seiner Leistung. Den Besteller trifft die Beweislast für die Tatsachen, aus denen er anderweitigen Erwerb des Bauunternehmers herleiten will. Er muss, wenn er solche behaupten will, höhere als vom Unternehmer vorgetragene Ersparnisse darlegen und beweisen.[66]

27 Nachdem die Berechnung des Kündigungsvergütungsanspruchs des Bauunternehmers in der Praxis regelmäßig nicht unerhebliche Schwierigkeiten bereitet, hat es der BGH für zulässig erachtet, dass das erkennende Gericht den **Restvergütungsanspruch des Unternehmers** auch gem. § 287 ZPO schätzen kann. Voraussetzung dafür ist allerdings, dass **ausreichend Anknüpfungstatsachen**, etwa durch ein Sachverständigengutachten, gegeben sind. Auch wenn sich die Höhe der Vergütung nicht präzise berechnen lässt, kann das Gericht auf diesem Weg dem Bauunternehmer eine Mindestvergütung zusprechen.[67]

---

62 OLG Düsseldorf Urt. v. 27.5.2004 5 U 56/03 IBR 2005, 140; BauR 2005, 440 (Ls.).
63 Palandt/Sprau § 649 BGB Rn. 7 unter Verweis auf BGH 140, 263, 365 ff.; NJW 1996, 3270.
64 OLG Hamm Urt. v. 23.11.2003 24 U 195/91; LG Mosbach Urt. v. 4.2.1998 2 O 299/97 BauR 1998, 894 (Ls.).
65 MüKo/Busche § 649 BGB Rn. 28.
66 Palandt/Sprau § 649 BGB Rn. 8.
67 BGH Urt. v. 12.2.2003 X ZR 62/01; die Entscheidung erging zum Fall einer außerordentlichen Kündigung, es sind aber keine Gesichtspunkte erkennbar, die gegen eine Anwendung auch auf die freie Kündigung sprechen würden.

3. Mängelrechte des Bestellers

Die Kündigungserklärung des Bestellers führt **nicht automatisch** die Abnahmewirkungen des § 640 BGB herbei. Mit Kündigung entsteht ein **Anspruch des Bauunternehmers auf Abnahme** seiner bis dahin erbrachten Teilleistungen, wenn er diese im Wesentlichen vertragsgemäß, also ohne wesentliche Mängel erbracht hat.[68] Von wesentlicher praktischer Bedeutung ist, dass die **kündigungsbedingte Unvollständigkeit der Teilleistung keinen Mangel darstellt**.[69] Die Abnahme der durch die Kündigung beschränkten vertraglich geschuldeten Werkleistung beendet das Erfüllungsstadium des gekündigten Vertrags und führt die Erfüllungswirkungen der Werkleistung herbei.[70] Der Besteller ist nach Treu und Glauben verpflichtet, an der **Erstellung eines gemeinsamen Aufmaßes** mitzuwirken.[71]

28

Die **Mängelansprüche des Bestellers bleiben auch nach seiner Kündigung grundsätzlich unberührt. Sie beschränken sich nur auf den Teil der Leistung, den der Bauunternehmer bis zur Kündigung bereits erbracht hat**.[72] Die Verpflichtung des Bauunternehmers, diese Teilleistung mangelfrei herzustellen, bleibt insoweit bestehen. Das heißt, dass der Besteller – jeweils begrenzt auf die bis zur Kündigung erbrachte Leistung – Nacherfüllung verlangen kann und nach fruchtlosem Fristablauf die Rechte auf Selbstvornahme und Kostenerstattung bzw. -vorschuss (§ 637 BGB), Minderung (§ 638 BGB), Rücktritt (§ 634 Nr. 3 i.V.m. § 323 BGB) und Schadensersatz bzw. Ersatz der vergeblichen Aufwendungen (§ 634 Nr. 4 i.V.m. §§ 280, 281, 283, 311 a und 284 BGB) gegen den Auftragnehmer geltend machen kann.[73] Auch etwa ein nach einer Kündigung des Bauvertrages durch den Besteller ausgesprochenes Baustellenverbot begründet allein keine Verwirkung des Nachbesserungsanspruchs, sondern allenfalls einen Annahmeverzug des Auftraggebers.[74]

29

Korrespondierend dazu entsteht für den Bauunternehmer mit der Kündigung des Bestellers aber auch ein **Recht zur Nacherfüllung**. Der Besteller ist daher zu warnen, voreilig von ihm festgestellte Mängel im Wege einer Selbstvornahme selbst oder durch ein Drittunternehmen beseitigen zu lassen: Vor diesem Schritt ist grundsätzlich erst der gekündigte Bauunternehmer regulär unter Fristsetzung nach § 637 Abs. 1 BGB aufzufordern, die Mängel zu beseitigen. Leitet der Besteller ver-

30

---

68 Kniffka, IBR-Online-Kommentar § 649 Rn. 38.
69 P/W/W § 649 Rn. 4.
70 BGH Urt. v. 19.12.2002 VII ZR 103/00; zu den Erfüllungswirkungen im Einzelnen s. Komm. oben zu § 640 BGB.
71 Dies entspricht dem Gedanken der entsprechenden Regelung in § 8 Nr. 6 VOB/B und dem allgemeinen Kooperationsgebot am Bau; hierzu Kniffka, IBR-Online-Kommentar § 649 Rn. 39.
72 BGH Urt. v. 8.7.2004 VII ZR 317/02; BGH Urt. v. 25.6.1987 VII ZR 251/86.
73 MüKo/Busche § 649 BGB Rn. 16; Kniffka, IBR-Online-Kommentar § 649 Rn. 106.
74 BGH a.a.O.

früht eine Selbstvornahme in die Wege, hat er keinen Kostenerstattungsanspruch.[75] Der Besteller kann sich in diesem Fall auch nicht die Kündigungsvergütung des Bauunternehmers kürzen, indem er sich auf die entstandenen Selbstvornahmekosten beruft.[76] Dies gilt ebenso für den Fall, dass der Besteller dem gekündigten Bauunternehmer in anderer Weise die Mängelbeseitigung verwehrt.[77]

III. Außerordentliche Kündigung

31 § 649 S. 1 BGB gibt dem Besteller das Recht zur so genannten freien Kündigung, also zur »grundlosen« Kündigung. Der Auftraggeber braucht demnach, wie oben ausgeführt, keinen Grund, um einen Bauvertrag vorzeitig auflösen zu können. Begründet wird dies mit dem alleinigen Dispositionsrecht des Bestellers, ob er das beauftragte Bauwerk tatsächlich (bis zu Ende) ausführen lassen will. Der Bauunternehmer sieht sich entsprechend dem Risiko ausgesetzt, dass ihm sein Auftraggeber plötzlich die Baustelle kündigt, obwohl er sich nichts hat zu schulden kommen lassen. Im Gegenzug ist der Auftragnehmer durch seinen Anspruch auf Kündigungsvergütung geschützt.

32 Welche Möglichkeiten hat der Besteller jedoch, wenn er den Bauunternehmer nicht grundlos kündigen will, sondern ihn von der Baustelle entfernen will, weil sich der der Auftraggeber vertragswidrig verhalten hat, etwa, weil die von ihm eingesetzten Mitarbeiter erheblich »bummeln« oder den halben Tag merklich angetrunken versuchen, eine Mauer hochzuziehen? Selbstverständlich besteht auch in diesem Fall die Möglichkeit für den Besteller, dem Bauunternehmer **nach § 649 S. 1 BGB zu kündigen.** Dies würde **im Falle einer »begründeten« Kündigung** allerdings zu dem **für den Besteller unbilligen Ergebnis** führen, dass er den Unternehmer zwar erfolgreich der Baustelle verweisen kann, ihm aber im schlimmsten Fall dennoch nahezu die volle Vergütung für den ursprünglich geplanten Leistungsumfang zahlen muss, wenn der Unternehmer sich auf Grund der konkreten Fallkonstellation nur geringe Aufwendungen erspart haben sollte und tatsächlich keinen Füllauftrag für den gekündigten Bauvertrag erhalten hat.

33 **Anders als die VOB/B** in § 8 Nr. 2 bis 5 enthält die Regelung zum **BGB-Werkvertrag keine ausdrückliche Regelung,** nach der der Besteller den Bauvertrag außerordentlich kündigen kann. Dennoch **kann der Besteller auch einen BGB-(Bau-)Werkvertrag nach herrschender Meinung aus wichtigem Grund außerordentlich kündigen.**[78] Hat der Unternehmer durch schuldhaftes, den Vertragszweck gefährdendes Verhalten die vertragliche Vertrauensgrundlage zum Besteller derart

---

75 BGH Urt. v. 30. 6. 1983 VII ZR 293/82 BauR 1983, 459; BGH Urt. v. 8. 10. 1987 VII ZR 45/87 BauR 1988, 82; OLG Brandenburg Urt. v. 3. 11. 2004, 4 U 61/02.
76 Kniffka, IBR-Online-Kommentar § 649 Rn. 111.
77 OLG Düsseldorf NJW-RR 1995, 195.
78 Vgl. dazu P/W/W § 649 Rn. 5 ff. sowie ausführlich Kniffka, IBR-Online-Kommentar § 649 Rn. 5 ff.

erschüttert, dass diesem eine Fortsetzung des Vertragsverhältnisses nicht weiter zumutbar ist, hat der Besteller ein außerordentliches Kündigungsrecht aus wichtigem Grund. Dieses ist **unabhängig vom freien Kündigungsrecht nach § 649 S. 1 BGB**.[79] Daran hat sich auch durch die Einführung des Schuldrechtsmodernisierungsgesetzes nichts geändert; nunmehr findet sich eine Regelung zur Kündigung von Dauerschuldverhältnissen in **§ 314 BGB**.[80] Die **Unzumutbarkeit** ist dabei durch **Abwägung der Interessen** von Besteller und Bauunternehmer zu beurteilen.

Wichtige Gründe[81] für eine außerordentliche Kündigung des Auftragnehmers sind unter anderem: nachhaltiger Verstoß gegen vertraglich vereinbarte Fristen,[82] grober Vertrauensbruch,[83] etwa bei mehrfacher Vorlage von Tagesberichten zur Unterschrift, die wesentlich mehr als die tatsächlich geleisteten Stunden ausweisen, oder der Diebstahl von Baumaterial, das der Besteller beigestellt hat, eine grob mangelhafte Teilleistung[84] oder eine unberechtigte, endgültige Erfüllungsverweigerung des Bauunternehmers.[85] Vorsicht ist geboten für den Bauunternehmer: Macht er die Aufnahme der Arbeiten davon abhängig, dass der Besteller einen unberechtigten Nachtrag anerkennt, kann dies ebenfalls einen Grund für eine außerordentliche Kündigung darstellen. Kündigt der Besteller wegen einer vertraglichen Pflichtverletzung des Bauunternehmers, ist je nach Schwere des Verstoßes im Einzelfall gem. § 314 Ab. 2 BGB eine vorherige **Abmahnung** zu fordern. In diesem Fall ist eine außerordentliche Kündigung auch nur innerhalb einer angemessenen Frist ab dem Zeitpunkt wirksam möglich, in dem der Besteller Kenntnis von der Vertragsverletzung erhält.[86] **Kein wichtiger Grund** für eine außerordentliche Kündigung besteht, wenn die Vertragsverletzung des Bauunternehmers nur ein »Ausrutscher« oder fahrlässig verursacht war und künftig wieder vertragstreues Verhalten zu erwarten ist,[87] oder wenn der Besteller selbst maßgeblich zur Zerrüttung des Vertrauensverhältnisses beigetragen hat.[88]

34

Anders als die freie Kündigung zieht die **außerordentliche Kündigung nicht** die **Vergütungsfolge des § 649 S. 2 BGB** nach sich. Dieser gilt in diesem Fall nicht. Der Bauunternehmer hat auf eine (berechtigte) Kündigung des Bestellers aus einem wichtigen Grund keinen Anspruch auf Vergütung von Leistungen, die er bis zur Kündigung noch nicht erbracht hat.[89] Nachdem jedoch **auch** die **außerordentliche**

35

---

79 BGH NJW 1966, 1713; NJW-RR 1996, 1108 f.
80 Wirth/Sienz/Englert S. 322.
81 Vgl. die Darstellung in P/W/W § 649 Rn. 5 ff.
82 NJW 2000, 2988.
83 BGH NJW 1977, 1915.
84 NJW 1993, 1972 f.
85 NJW-RR 1989, 1248.
86 MüKo/Busche § 649 BGB Rn. 32.
87 BGH NJW-RR 2003, 3474 f.; NZBau 2001, 621.
88 OLG Düsseldorf NJW 1996, 730 f.; OLG Saarbrücken MDR 1988, 899.
89 BGH NJW 1993, 1972 f.

Kündigung nur für die Zukunft wirken kann (»ex nunc«), hat der Bauunternehmer jedoch einen Anspruch auf Vergütung der bis zur Kündigung erbrachten Leistungen.[90] Ist die bis zur Kündigung erbrachte Leistung mangelhaft, hat der Besteller ein Zurückbehaltungsrecht bezüglich dieses Teils der Vergütungszahlung.[91] Weist die Teilleistung nicht nachbesserungsfähige **Mängel** auf, so dass das bis dahin erstellte (Teil-)Bauwerk nicht in zumutbarer Weise verwendet werden kann, oder ist das Bauwerk unbrauchbar, kann der Vergütungsanspruch des Bauunternehmers komplett entfallen.[92] Daneben hat der Besteller einen Anspruch gegen den Unternehmer auf Schadensersatz für schuldhaft vom Auftragnehmer verursachte Schäden im Rahmen des den Vertragszweck gefährdenden Verhaltens.[93]

36 Eine für die Praxis bedeutende **Frage** ist, **inwiefern eine unwirksame außerordentliche Kündigung eines Bestellers** gegenüber dem Bauunternehmer automatisch **in eine** (dann wirksame) **freie Kündigung umgedeutet werden kann**.[94] Dies bringt dem Auftraggeber aber nicht nur Vorteile: Er hat zwar trotz der eigentlichen Unwirksamkeit der von ihm ursprünglich beabsichtigten Kündigungsform den Bauunternehmer sicher von der Baustelle entfernt, aber andererseits muss er die Unwägbarkeit schultern, dass seine Kündigung aus wichtigem Grund in eine freie Kündigung umgedeutet wird und er in Folge dessen dann dem Bauunternehmer letztlich die Kündigungsvergütung gem. § 649 S. 2 BGB schuldet. Der Vergütungsanspruch aus **§ 649 S. 2 BGB setzt voraus**, dass der Besteller den Werkvertrag durch eine **ordentliche Kündigung** beendet hat.[95] Diesem finanziellen Risiko für den Besteller wird damit begegnet, dass **keine automatische Umdeutung aller unwirksamen außerordentlichen Kündigungserklärungen in eine freie Kündigung** erfolgt. Nicht jede Kündigung aus wichtigem Grund kann als freie Kündigung ausgelegt werden. Es **kommt auf den genauen Inhalt der Kündigungserklärung an**.[96]

37 Die außerordentliche Kündigung eines Werkvertrages kann **nur dann** in eine ordentliche Kündigung **umgedeutet** werden, **wenn** nach Sachlage anzunehmen ist, dass diese dem **Willen des Erklärenden entspricht und** dieser Wille in seiner Erklärung **gegenüber dem Empfänger erkennbar zum Ausdruck gekommen** ist. Tritt eine Partei wegen Pflichtverletzungen der anderen Partei vom Vertrag zurück und erklärt sie vorsorglich die außerordentliche Kündigung, so spricht das gegen eine ordentliche Kündigung gem. § 649 S. 1 BGB.[97] Eine Kündigung, die der Auf-

---

90 BGH NZBau 2001, 621 f.
91 OLG Hamm NJW-RR 1995, 657.
92 BGH NJW 1997, 3017.
93 BGHZ 83, 2439 f.
94 Ausführlich zum Streitstand: Kniffka, IBR-Online-Kommentar § 649 Rn. 5 ff.
95 BGH Urt. v. 26. 7. 2001 X ZR 162/99 NZBau 2001, 621.
96 OLG München Urt. v. 26. 10. 2004 9 U 2191/04; BGH Beschl. v. 8. 12. 2005 VII ZR 282/04 (Nichtzulassungsbeschwerde zurückgewiesen) IBR online 2006, 1184.
97 BGH Urt. v. 26. 7. 2001 X ZR 162/99 NZBau 2001, 621.

traggeber nicht ausdrücklich ausschließlich für den Fall erklärt, dass ein außerordentlicher Kündigungsgrund[98] vorliegt, kann dann als freie Kündigung nach § 649 S. 1 BGB verstanden werden, es ist also **im Regelfall** anzunehmen, dass **auch eine freie Kündigung gewollt** ist. Will der Auftraggeber seine Kündigung nicht so verstanden wissen, muss sich das aus der Erklärung oder den Umständen ergeben.[99]

Dem Besteller ist auf Grund dessen für die Praxis zu empfehlen, rechtzeitig die richtigen Weichen zu stellen. Im Regelfall wird sein Interesse im Falle einer Kündigung dahin gehen, in jedem Fall die Zusammenarbeit mit dem betreffenden Bauunternehmer zu beenden. Insoweit geht auch der BGH praxiskonform davon aus, dass der Besteller, wenn er außerordentlich kündigt, im Regelfall auch eine freie Kündigung wollen würde. Sollte das ausnahmsweise aber nicht der Fall sein, sollte der Besteller in seiner Kündigungserklärung (die aus Beweisgründen ohnehin schriftlich erfolgen sollte) **deutlich zum Ausdruck bringen, dass** er seine Kündigung nur auf das Vorliegen eines oder mehrerer wichtiger Gründe stützt und seine Erklärung **nicht auch hilfsweise als freie Kündigung aufzufassen** ist. Nur so kann er sich gegen die Pflicht zur Zahlung der Kündigungsvergütung nach § 649 S. 2 BGB schützen.

38

IV. Abweichende Vereinbarungen

Vom Gesetzeswortlaut des § 649 BGB **abweichende Vereinbarungen sowohl bezüglich des Kündigungsgrunds als auch der Kündigungsfolgen sind grundsätzlich zulässig.** Das Recht des Bestellers zur freien Kündigung gem. § 649 S. 1 BGB können die Parteien vertraglich beschränken (etwa auf ein Kündigungsrecht nur bei Vorliegen eines wichtigen Grunds), modifizieren oder aber völlig ausschließen. Möglich sind auch vertragliche Vereinbarungen anderer Kündigungsfolgen als in § 649 S. 2 BGB vorgesehen. Im Rahmen einer individualvertraglichen Vereinbarung ist es auch möglich, die Kündigungsvergütung zu pauschalieren.

39

Erfolgt die Pauschalierung **im Rahmen von vorformulierten AGB-Klauseln, ist allerdings zu differenzieren.** In derartigen Klauseln kann etwa nicht entgegen § 649 S. 2 BGB dem Bauunternehmer ein Anspruch auf Kündigungsvergütung in Höhe der vollen Vergütung ohne Rücksicht auf den tatsächlich bis zur Kündigung erbrachten Leistungsumfang gewährt werden.[100] Ebenso ist eine Klausel unwirksam, die dem Unternehmer eine Kündigungsvergütung erhält, ohne sich ersparte Aufwendungen oder anderweitigen Erwerb anrechnen lassen zu müssen.[101]

---

98 Im hier entschiedenen Fall hatte das Gericht einen VOB-Vertrag vorliegen (wichtiger Grund hier nach § 8 Nr. 2–4 VOB/B), das Ergebnis lässt sich aber uneingeschränkt auch auf den BGB-Bauvertrag anwenden.
99 BGH Urt. v. 24. 7. 2003 VII ZR 218/02 ZfBR 2004, 41; NZBau 2003, 665; NJW 2003, 3474; IBR 2003, 595.
100 Palandt/Sprau § 649 BGB Rn. 12 f.; jurisPK-BGB/Diep § 649 Rn. 8 f.
101 BGH Urt. v. 4. 6. 1970 VII ZR 187/68 BGHZ 54, 106 ff.

B. Relevanz für die Baupraxis

40 Die Kündigung nach § 649 S. 1 BGB durch den Besteller ist keine seltene Erscheinung in der Baupraxis. In der Regel ist jedoch im Fall einer solchen Kündigung ein **ausgiebiger Streit programmiert:** Der Besteller wird versuchen, seine Kündigung zu begründen und zu rechtfertigen mit Verfehlungen des Unternehmers, um damit darstellen zu können, er habe in Wirklichkeit nicht »aus freien Stücken« nach § 649 S. 1 BGB gekündigt, sondern ihm sei ein weiteres Festhalten am Vertrag unzumutbar gewesen, so dass er letztlich außerordentlich **aus einem wichtigen Grund gekündigt** hat. In der Konsequenz wird es der Besteller verweigern, dem Unternehmer angesichts dessen Vertragsverstößen auch noch Vergütung zu zahlen. In der Praxis wird, sollte es zu einer gerichtlichen Auseinandersetzung über diese Frage kommen, wiederum letztlich eine Beweisaufnahme die entscheidenden Weichen stellen. Dem Besteller ist daher wiederum **zu empfehlen, zeitig Beweise zu sichern,** um später belegen zu können, dass es ihm tatsächlich nicht mehr zumutbar war, mit dem konkreten Bauunternehmer weiter an dem Projekt zusammen zu arbeiten. Dem Bauunternehmer ist ohnehin stets zu empfehlen, den jeweiligen Baufortschritt und eventuell auftretende Probleme, insbesondere auch solche, die er nach seiner Ansicht nicht zu vertreten hat, sorgfältig zu dokumentieren, um für alle Fälle gerüstet zu sein.

41 Weiteres, **erhebliches Streitpotenzial** bietet in der Praxis regelmäßig die **Abrechnung des gekündigten Vertrags,** insbesondere die Frage, was der Unternehmer während der eigentlichen Restlaufzeit des Vertrags tatsächlich anderweitig erwerben hätte müssen und welchen Aufwand er sich wirklich erspart hat. Die Berechnung der Kündigungsvergütung wirft regelmäßig auch für die erkennenden Gerichte nicht unerhebliche Schwierigkeiten auf.

42 Neben § 649 S. 1 BGB gibt es auch für den reinen BGB-Bauvertrag eine **Reihe weiterer Möglichkeiten für den Besteller zur vorzeitigen Beendigung,** insbesondere aus dem Bereich des allgemeinen Leistungsstörungsrechts des BGB. Zu denken ist etwa an §§ 323 ff. BGB (Rücktrittsrecht bei Pflichtverletzung des Unternehmers, beim Vorliegen von Mängeln ggf. über § 634 BGB), § 313 BGB (Störung oder Wegfall der Geschäftsgrundlage), aber auch aus dem speziellen Werkvertragsrecht an § 650 BGB (Überschreitung des Kostenvoranschlags).

C. Korrespondierende VOB/B-Regelung: § 8

43 Die VOB/B regelt die **Kündigungsmöglichkeit für den Auftraggeber** in § 8. § 8 Nr. 1 VOB/B regelt als Korrespondenzbestimmung zu § 649 S. 1 BGB die freie Kündigung des Auftraggebers. § 8 Nr. 1 Abs. 2 VOB/B verweist darauf, dass auch im Fall eines VOB-Bauvertrags die Kündigungsvergütung des Auftragnehmers nach § 649 S. 2 BGB zu berechnen ist. Im Gegensatz zum BGB trifft die VOB/B in

§ 8 Nr. 2 ff. auch **ausführlich Regelungen für die außerordentliche Kündigung** aus einem wichtigen Grund (wegen Zahlungseinstellung bzw. Insolvenz des Auftragnehmers, Nr. 2; wegen Verzugs des Auftragnehmers mit der Ausführung oder Mängelbeseitigung, Nr. 3; wegen wettbewerbswidriger Absprachen bei der Vergabe, Nr. 4). § 8 Nr. 5 VOB/B schreibt ausdrücklich entgegen der BGB-Regelung ein **Schriftformerfordernis** für die Kündigungserklärung vor. Nr. 6 regelt die Abrechnung nach einer außerordentlichen Kündigung, Nr. 7 trifft Vorgaben bezüglich der Vertragsstrafe in diesem Fall.

Anders als im BGB enthält die **VOB/B** auch eine **ausdrückliche Regelung für die Kündigung durch den Auftra*gnehmer* (§ 9)**. § 6 Nr. 7 VOB/B sieht darüber hinaus ein Kündigungsrecht sowohl für Auftraggeber als auch Auftragnehmer vor, wenn die Bauausführung – gleich, von wem zu vertreten – länger als drei Monate unterbrochen ist. 44

D. Rechtsprechungsübersicht

Die jeweils relevante Rechtsprechung ist oben bei den jeweiligen Einzelfragen eingearbeitet. 45

§ 650
Kostenanschlag

(1) Ist dem Vertrag ein Kostenanschlag zugrunde gelegt worden, ohne dass der Unternehmer die Gewähr für die Richtigkeit des Anschlags übernommen hat, und ergibt sich, dass das Werk nicht ohne eine wesentliche Überschreitung des Anschlags ausführbar ist, so steht dem Unternehmer, wenn der Besteller den Vertrag aus diesem Grunde kündigt, nur der im § 645 Abs. 1 bestimmte Anspruch zu.

(2) Ist eine solche Überschreitung des Anschlags zu erwarten, so hat der Unternehmer dem Besteller unverzüglich Anzeige zu machen.

Inhaltsübersicht

	Rn.
A. Allgemeines	1
B. Bauvertraglicher Regelungsinhalt	4
I. Voraussetzungen	5
1. Keine Preisgarantie	6
2. Kostenanschlag	8
3. Wesentliche Überschreitung des Anschlags	11
II. Beweislast	16
III. Rechte des Bestellers	17
IV. Anzeigepflicht des Unternehmers (Abs. 2)	22
C. Anwendbarkeit beim VOB-Vertrag	26
D. Anwendbarkeit beim Architektenvertrag	29

A. Allgemeines

1 § 650 BGB hat im Bereich des Bauvertragsrechts eine große Bedeutung. Insbesondere bei Vertragsgestaltungen, denen keine **Festpreise** oder **Pauschalpreise** zugrunde liegen, werden von – meist privaten – Bestellern Kostenanschläge zur Kostenkalkulation gefordert. Aufgrund der nachfolgend darzustellenden rechtlichen Konsequenzen bei Überschreitung des Kostenanschlags bedeutet die Zugrundelegung eines Kostenanschlags im Rahmen eines Bauvertrags ein nicht zu unterschätzendes finanzielles Risiko für den Unternehmer. Demgegenüber ist ein Kostenanschlag ein geeignetes Mittel des Bestellers eine in der Praxis handhabbare **Kostenkalkulation** durchzuführen, soweit ein Festpreis nicht vereinbart werden kann oder soll.

2 Die grundlegende Kündigungsnorm des Bauvertragsrechts ist in § 649 BGB enthalten. § 650 BGB ergänzt die Kündigungsmöglichkeit des Bestellers für den Fall, dass der Besteller den Vertrag wegen einer wesentlichen Überschreitung eines zugrunde gelegten Kostenanschlags kündigt. Dem Gesetzgeber erschien es unbillig, den Besteller mit den weit reichenden Vergütungsansprüchen des Unterneh-

mers zu belasten, soweit die Ursache für die Kündigung sich aus der Sphäre des Unternehmers ergeben hat. Regelmäßig wird in der Praxis der Kostenanschlag vom Unternehmer stammen, da dieser die fachmännische Kompetenz für die ungefähre Abschätzung der zu erwartenden Kosten besitzt. Soweit sich der Unternehmer im Rahmen der **Vertragsanbahnung** bereit erklären sollte, einen Kostenanschlag nach § 650 BGB dem Vertrag zu Grunde zu legen, bestehen somit für ihn weitere Vergütungsrisiken, obwohl er nach § 632 Abs. 3 BGB für den Kostenanschlag im Zweifel **keine Vergütung** beanspruchen kann.[1] Aus der Formulierung des Gesetzes »im Zweifel« lässt sich entnehmen, dass diese Bestimmung dispositiv ist und zwischen den Parteien eine **Vergütungspflicht für den Kostenanschlag** ausdrücklich vereinbart werden kann.

Nachdem das Gesetz den Kostenanschlag gerade nicht als Vertragsbestandteil ansieht, sondern dieser lediglich im Rahmen der Vertragsanbahnung von den Parteien dem Vertrag zugrunde gelegt wurde, wird die Bestimmung des § 650 BGB überwiegend als ein **Sonderfall der Geschäftsgrundlage (§ 313 BGB)** angesehen.[2] 3

B. Bauvertraglicher Regelungsinhalt

In der Bestimmung des § 650 BGB ist nicht lediglich das **(Sonder-)Kündigungsrecht** des Bestellers geregelt, sondern sie enthält im Rahmen ihres Anwendungsbereichs diverse Rechte und Pflichten sowohl für den Besteller, als auch für den Unternehmer. Obwohl diese Bestimmung zunächst nur eine **Rechtsfolgenverweisung** hinsichtlich der Ansprüche des Unternehmers auf § 645 Abs. 1 BGB zu enthalten scheint, werden durch diese Norm auch die entsprechend korrespondierenden Rechte des Bestellers, über das Kündigungsrecht hinaus, vorausgesetzt. 4

I. Voraussetzungen

Das **(Sonder-)Kündigungsrecht** sowie die damit korrespondierenden Ansprüche der Vertragsparteien knüpfen an mehrere rechtliche Voraussetzungen, die kumulativ erfüllt sein müssen. 5

---

1 § 632 Abs. 3 BGB wurde durch das Schuldrechtsmodernisierungsgesetz eingefügt und entspricht der bisherigen Rechtsprechung, wonach Kostenanschläge grundsätzlich nicht zu vergüten sind, vgl. BGH Urt. v. 12.7.1979 VII ZR 154/78 BauR 1979, 509 und Urt. v. 8.11.1979 – VII ZR 215/78 BauR 1980, 172.
2 Vgl. Palandt/Sprau § 650 Rn. 2; Staudinger/Peters § 650 Rn. 17; PWW/Wirth § 650 Rn. 2; BGHZ 59, 339, 342 = NJW 1973, 140; a.A. MüKo/Busche § 650 BGB Rn. 2: Sonderregelung des Motivirrtums.

§ 650 BGB

1. Keine Preisgarantie

6 Der Anwendungsbereich des § 650 BGB ist nur dann eröffnet, soweit ein Kostenanschlag dem Vertrag »zugrunde gelegt wurde«. Haben die Parteien stattdessen den Preis bzw. die Preisgrundlagen konkret vereinbart, so ist für diese Bestimmung kein Raum. Insbesondere gilt dies für den Fall, dass der Unternehmer für die Einhaltung der vereinbarten Preise eine **garantiemäßige Einstandspflicht** übernommen hat. In einem solchen Fall werden diese Preise Vertragsbestandteil und nicht lediglich Vertragsgrundlage, sodass der Unternehmer nur die veranschlagte Vergütung verlangen kann.[3]

7 Im **Pauschalpreisvertrag** oder **Festpreisvertrag** kann die Bestimmung des § 650 BGB keine Anwendung finden. Wird dem Bauvertrag ein bestimmter nicht zu überschreitender Höchstpreis als garantierter Maximalpreis **(GMP-Vertrag)** zu Grunde gelegt, so liegt darin kein Kostenanschlag, sondern eine Festpreisgarantie. Anwendung findet die Norm dagegen in den Fällen des **Einheitspreisvertrages** bzw. des **Stundenlohnvertrages**.

2. Kostenanschlag

8 Der vom Gesetz verwendete Begriff Kostenanschlag wird in der Praxis häufig auch synonym als **Kostenvoranschlag** bezeichnet. Aus der unterschiedlichen Begriffsverwendung ergeben sich jedoch keine rechtlichen Unterschiede. Voraussetzung ist jedoch, dass tatsächlich eine Berechnungsgrundlage über die mutmaßlich entstehenden Kosten für die Herstellung eines Gewerks vorliegt. Eine solche unverbindliche Berechnung der voraussichtlich anfallenden Kosten liegt nicht bereits in jeglicher spontanen Äußerung zu Kosten seitens des Unternehmers. Hieraus kann ein Besteller keine ausreichende **Kalkulationsgrundlage** gezogen haben, aufgrund derer er besonders schutzwürdig wäre. Um tatsächlich von einem Kostenanschlag im Rechtssinne sprechen zu können, bedarf es der Aufgliederung der anfallenden Leistungen und der betragsmäßigen Bezifferung der hierfür anfallenden Kosten.[4]

9 Ein Kostenanschlag ist zwar grundsätzlich **nicht formbedürftig**, sodass theoretisch auch ein Kostenanschlag mündlich erteilt werden könnte. Im Hinblick auf die eben geschilderten Anforderungen an einen Kostenanschlag und auch schon aus Beweisgründen wird in der Praxis meist nur ein schriftlich erteilter Kostenanschlag als solcher anerkannt werden.

10 Im Gesetz ist nicht ausdrücklich erwähnt, von wem der Kostenanschlag zu erstellen ist. Zwar deutet die Formulierung »*ohne dass der Unternehmer die Gewähr für die Richtigkeit des Anschlags übernommen hat*« darauf hin, dass der Gesetzgeber von einer Erstellung seitens des Unternehmers ausgegangen ist. Dennoch sind in

---

[3] Vgl. BGH NJW-RR 1987, 337; Palandt/Sprau § 650 Rn. 1.
[4] Vgl. auch MüKo/Busche § 650 Rn. 3; Staudinger/Peters § 650 Rn. 19.

der Praxis auch Fälle denkbar, in denen der Besteller bereits eine Berechnung selbst oder durch einen entsprechenden Fachmann angestellt hat und der Unternehmer hierfür nach seiner eigenen Überprüfung die rechtliche Gewähr übernommen hat. In einem solchen Fall ist der Besteller nicht weniger schutzwürdig, als wenn der Unternehmer selbst den Kostenanschlag erstellt hätte. Letztlich ist es daher unerheblich von wem der Kostenanschlag erstellt wurde.[5]

3. Wesentliche Überschreitung des Anschlags

Die Rechtsfolgen des § 650 BGB knüpfen insbesondere an eine **wesentliche Überschreitung des Anschlags**. Die wesentliche Überschreitung des Anschlags muss jedoch noch nicht eingetreten sein, sondern es ist ausreichend, dass sich diese »ergibt«. Ist im Rahmen der Bauabwicklung bereits mit hinreichender Sicherheit zu erkennen, dass die angesetzten Kosten wesentlich überschritten werden, so können die Rechtsfolgen bereits eintreten. Alleine diese Betrachtungsweise und Auslegung der Bestimmung ist sachgerecht, da andernfalls der Anwendungsbereich dieser Rechtsnorm erheblich eingeschränkt wäre. Gerade für Fälle, in denen das Werk noch nicht fertig gestellt ist, jedoch bereits absehbar ist, dass der Kostenanschlag überschritten werden wird, bedarf der Besteller des Schutzes der Sonderregelung des § 650 BGB. Eine andere Betrachtungsweise widerspricht dem Sinn und Zweck der Bestimmung, wonach bereits während der Werkerstellung Reaktionsmöglichkeiten für den Besteller bestehen müssen. Die wesentliche Überschreitung kann **bis zum Zeitpunkt der Abnahme** des Gewerks eintreten und damit die Konsequenzen aus § 650 BGB hervorrufen. Bis zu diesem Zeitpunkt können nämlich dem Besteller zusätzliche Kosten entstehen, die gerade eine wesentliche Überschreitung hervorrufen können. **11**

Wann die Überschreitung als **wesentlich** anzusehen ist, kann jedenfalls nicht nach einem festen Prozentsatz beurteilt werden, sondern bedarf in jedem Fall einer Einzelfallbetrachtung. Bei der Prüfung, ob überhaupt und wenn ja in welchem Umfang eine Überschreitung des Kostenanschlags vorliegt, muss zunächst der zu erwartende tatsächliche **Endpreis** mit dem veranschlagten Endpreis verglichen werden. Soweit lediglich einzelne Positionen der Kalkulation wesentlich überschritten werden, reicht dies nicht für die Anwendbarkeit des § 650 BGB, soweit nicht alleine hieraus schon zwingend geschlossen werden kann, dass auch der veranschlagte Endpreis überschritten werden wird.[6] **12**

Eine Selbstverständlichkeit ist auch, dass im Rahmen des Vergleichs nur diejenigen tatsächlich angefallenen Kosten mitberücksichtigt werden dürfen, die tatsächlich auch Grundlage des Kostenanschlags waren. Erweiterungen des **Leistungsumfangs** auf Wunsch des Bestellers, aber auch Reduzierungen des Leistungsumfangs **13**

---

5 Vgl. auch Staudinger/Peters § 650 Rn. 19.
6 Vgl. auch Honig BB 1975, 447; Palandt/Sprau § 650 Rn. 2.

müssen aus dem ursprünglichen Kostenanschlag herausgerechnet werden und erst danach darf ein Vergleich zwischen der Kostenanschlagssumme und den tatsächlich zu erwartenden Kosten angestellt werden.

14 Obwohl, wie soeben ausgeführt, keine festen **Prozentsätze** für die Beurteilung der wesentlichen Überschreitung herangezogen werden können, haben sich in der Rechtsprechung und in der Literatur doch Ansätze herausgebildet. Eine geringere Überschreitung als 10% wird in aller Regel danach nicht als wesentliche Überschreitung anzusehen sein. Umgekehrt dürften Überschreitungen über 25% des Kostenanschlags regelmäßig als wesentlich gesehen werden.[7]

15 Im Rahmen der Bewertung, ob eine Überschreitung wesentlich ist, müssen im konkreten Einzelfall sämtliche Rahmenbedingungen des konkreten Vertrages einschließlich der Umstände des Zustandekommens des Vertrages mit einfließen. Berücksichtigung finden müssen die Art des Bauvertrages und insbesondere, ob im konkreten Fall die Kostenermittlung mit angemessenem Aufwand zutreffend erfolgen konnte oder ob den Vertragsparteien bereits bei Vertragsabschluss bewusst war, dass die Kostenermittlung lediglich ansatzweise die tatsächliche Endsumme ergeben konnte oder ob kaum Möglichkeiten für Kostenänderungen zu erwarten waren. Darüber hinaus ist der Umfang des Bauvertrages zu berücksichtigen, da bei größeren Bauvorhaben durchaus eine geringe prozentuale Abweichung bereits eine wesentliche Überschreitung nahe legen könnte. Aufgrund der Zweckrichtung des § 650 BGB ist jedoch sehr maßgeblich auf die Interessenlage seitens des Bestellers abzustellen. Hieraus ergibt sich, dass in einem Fall, in dem der Besteller besonders schützenswert erscheint bereits früher eine wesentliche Überschreitung angenommen werden kann, als wenn dem Schutzzweck anderweitig Rechnung getragen werden kann. So wird in einem Fall, in dem der Kostenansatz im Wesentlichen durch den Besteller selbst vorgefertigt wurde dieser weniger schutzwürdig sein, als wenn er auf den Kostenansatz keinerlei Einflussmöglichkeiten hatte und der Kostenansatz einseitig vom Unternehmer vorgelegt wurde.[8]

II. Beweislast

16 Der Besteller hat nach allgemeinen Beweislastkriterien die Voraussetzungen des § 650 BGB im Bestreitensfalle zu beweisen. Unbeschadet dessen, dass ihm die Kündigungsmöglichkeit nach § 649 BGB weiterhin offen steht, hat der Besteller zu beweisen, dass ein Kostenanschlag dem Vertrag zugrunde gelegt wurde und eine wesentliche Überschreitung des Kostenanschlags sich ergibt. Gelingt ihm dieser Beweis nicht und spricht der Besteller trotzdem die Kündigung aus, so richten sich

---

[7] So auch MüKo/Busche § 650 Rn. 10; Schenk NZBau 2001, 470; Pahlmann DRiZ 1978, 367; Palandt/Sprau § 650 Rn. 2; teilweise a. A. Staudinger/Peters § 650 Rn. 22.
[8] Vgl. auch Köhler NJW 1983, 1633, der eine Überschreitung dann für wesentlich hält, wenn durch die Änderungen ein redlicher Besteller zu der Kündigung veranlasst werden kann.

die Rechtsfolgen nach § 649 BGB. Der Besteller hat zwar auch die Tatsachen, die eine wesentliche Überschreitung des Anschlags begründen darzulegen und unter Beweis zu stellen. Ob diese Tatsachen tatsächlich eine solche Überschreitung begründen, ist jedoch eine Rechtsfrage, die im Streitfall vom Gericht zu entscheiden ist.

III. Rechte des Bestellers

Die primäre Rechtsfolge bei Vorliegen der Voraussetzungen des § 650 BGB ist ein **(Sonder-)Kündigungsrecht** zugunsten des Bestellers. Macht der Besteller von seinem Kündigungsrecht nicht Gebrauch, so schuldet er die vereinbarte tatsächliche Vergütung und nicht lediglich die im Kostenanschlag genannte Vergütung.[9] 17

Die Kündigung ist als solche als Kündigung nach § 650 BGB zu erklären, wobei die Begründung für die Kündigung auch nachträglich noch nachgeschoben werden kann. Wird die Kündigung nicht entsprechend begründet und liegen die Voraussetzungen für eine Kündigung nach § 650 BGB nicht vor, so bleibt es gleichwohl eine Kündigung nach § 649 BGB. Die entsprechende Begründung kann jedoch nachgeholt werden.[10] 18

Liegen die Voraussetzungen des § 650 BGB vor und macht der Besteller von seinem Kündigungsrecht Gebrauch, so kann der Unternehmer die Vergütung nicht nach § 649 BGB, sondern aufgrund des Rechtsfolgenverweises nur über § 645 Abs. 1 BGB geltend machen. Die durch diese Norm beabsichtigte Besserstellung ist darin zu sehen, dass der Unternehmer nach § 645 BGB lediglich den Teil der von ihm **geleisteten Arbeit als Vergütung** beanspruchen kann. Demgegenüber könnte der Unternehmer nach § 649 BGB die **vereinbarte Vergütung** verlangen, wobei er sich lediglich gewisse Beträge anrechnen lassen müsste. Zu Einzelheiten wird auf die einschlägigen Kommentierungen in den §§ 645 und 649 BGB verwiesen. 19

Grundsätzlich unerheblich ist, ob der Unternehmer die Gründe, die zur Einbeziehung des zu niedrigen Kostenansatzes geführt haben, zu **vertreten hat oder nicht**.

Neben dem Kündigungsrecht steht dem Besteller für den Fall, dass der Unternehmer die wesentliche Überschreitung des Kostenanschlages zu vertreten hat ein **Schadensersatzanspruch** nach § 280 Abs. 1 BGB nach allgemeinen Grundsätzen zu.[11] Hat der Unternehmer die wesentliche Überschreitung des Kostenanschlages deswegen zu vertreten, weil er den Kostenanschlag erkennbar zu niedrig erstellt hat, so liegt eine **vorvertragliche Pflichtverletzung** gem. § 311 Abs. 2 BGB vor, die den Unternehmer zum Schadensersatz verpflichtet. Voraussetzung für einen Schadensersatzanspruch ist jedoch jeweils, dass konkret ein Schaden für den Be- 20

---

9 Ebenso PWW/Wirth § 650 Rn. 1.
10 Vgl. auch Staudinger/Peters § 650 Rn. 24 f.
11 So auch OLG Frankfurt NJW-RR 1989, 209.

steller entstanden ist. Dies ist beispielsweise dann nicht gegeben, wenn die Mehrkosten andererseits zu einem Wertzuwachs am Gewerk geführt haben.

21 Soweit der Besteller bei Abschluss des Bauvertrages sich in einem relevanten Irrtum befunden hat oder gar vom Unternehmer gemäß § 123 BGB getäuscht worden ist, steht ihm neben dem Kündigungsrecht nach § 650 BGB nach allgemeinen Grundsätzen das **Anfechtungsrecht** nach §§ 119, 123 BGB zu. Das Anfechtungsrecht steht alternativ zum Kündigungsrecht dem Besteller zur Verfügung, da die konkreten Rechtsfolgen sich grundlegend unterscheiden. Die Anfechtung hat eine so genannte »ex tunc-Wirkung« und beseitigt das Vertragsverhältnis von Anfang an. Die Rechtsfolgen werden dann über die Rechtsvorschriften der ungerechtfertigten Bereicherung (§§ 812 ff. BGB) geregelt. Demgegenüber bleibt im Falle der Kündigung nach § 650 BGB das Vertragsverhältnis bis zum Kündigungszeitpunkt aufrechterhalten und wird auch entsprechend § 645 Abs. 1 BGB abgerechnet. War der Vertrag von Anfang an für den Besteller ungünstig, so wird er bei Vorliegen der entsprechenden Voraussetzungen den Weg über die Anfechtung wählen. War die vereinbarte Vergütung für den Besteller dagegen günstig, wird er das Kündigungsrecht wählen.

Ein darüber hinausgehender Rückgriff auf die Regelungen des Wegfalls der **Geschäftsgrundlage** nach § 313 BGB ist dem Besteller jedoch verwehrt, da § 650 BGB als »lex specialis« anzusehen ist und damit die allgemeinen Normen verdrängt werden.

IV. Anzeigepflicht des Unternehmers (Abs. 2)

22 Nachdem dem Werkvertragsrecht eine generelle **Kosteninformationspflicht** etwa in Form einer Nebenverpflichtung aus dem abgeschlossenen Bauvertrag fremd ist, hat der Gesetzgeber in Abs. 2 eine **Anzeigeverpflichtung des Unternehmers** mit aufgenommen. Damit soll für den Besteller einerseits die Möglichkeit überhaupt eingeräumt werden von seinem Kündigungsrecht zu erfahren und andererseits er davor geschützt werden, dass ihm weitergehende Kosten entstehen, die bei rechtzeitiger Kündigung vermieden werden könnten. Der Anzeigeverpflichtung hat der Unternehmer **unverzüglich**, somit ohne schuldhaftes Zögern gemäß § 121 Abs. 1 S. 1 BGB nachzukommen. Der Unternehmer kann der Anzeigepflicht auch nicht schon dadurch entgehen, dass er im Hinblick auf die Kostenentwicklung »die Augen verschließt«. Vielmehr ist er verpflichtet, die Kostenentwicklung von Anfang an zu beobachten und rechtzeitig in dem Zeitpunkt, in dem eine Überschreitung zu erwarten ist, Anzeige zu erstatten. Die Anzeigepflicht entfällt lediglich dann, wenn dem Besteller Art und Ausmaß der Überschreitung im Einzelnen bereits bekannt sind. An eine entsprechende Kenntnis sind hohe Anforderungen zu stellen, sodass lediglich eine Kostenanfrage seitens des Bestellers hierfür nicht ausreichend ist. Für den Fall, dass die Überschreitung des Kostenanschlages darauf zurückzuführen ist, dass der Besteller entsprechende Weisungen erteilt oder ein-

vernehmlich der Leistungsumfang erweitert wurde, besteht die Anzeigepflicht schon deswegen nicht, weil in diesem Fall eine Überschreitung des Anschlages nicht zu erwarten ist.

Unterlässt der Unternehmer die Anzeige, so resultiert hieraus eine **Schadensersatzverpflichtung** gegenüber dem Besteller gemäß § 280 Abs. 1 BGB. Dem Besteller ist als Schadensersatz das **negative Interesse** zu ersetzen, d.h. er ist so zu stellen, wie er stehen würde, wenn der Unternehmer die Anzeige rechtzeitig erstattet hätte. Nachdem der Besteller in diesem Fall berechtigt gewesen wäre, das Vertragsverhältnis zu kündigen und regelmäßig davon auszugehen ist, dass er diese Kündigung auch erklärt hätte, erhält der Unternehmer lediglich bis zu diesem Zeitpunkt die Vergütung nach § 645 BGB. Soweit der Besteller die wesentliche Überschreitung des Kostenansatzes erkennen konnte, wird sein Schadensersatzanspruch gemäß § 254 BGB entsprechend dem Grad seines Mitverschuldens gekürzt. Lediglich für den Fall, dass der Unternehmer nachweisen kann, dass der Besteller auch bei rechtzeitiger Anzeige nicht gekündigt hätte, entfällt mangels Schaden eine Schadensersatzverpflichtung. 23

Wird aufgrund der unterlassenen Anzeige das Gewerk fertig gestellt und fließt dem Besteller damit ein **Mehrwert zu**, der bei ordnungsgemäßer Anzeige und dementsprechender Kündigung nicht eingetreten wäre, so behält der Besteller das Werk und hat Vergütung gemäß Kostenvoranschlag zu leisten. Richtigerweise steht dem Unternehmer auch der Kostenanteil bis zur zulässigen Überschreitung zu, da bis zu dieser Höhe ohnehin ein Kündigungsrecht des Bestellers nicht gegeben gewesen wäre. Der Besteller ist insoweit nicht schützenswert. Ob darüber hinaus die dem Besteller durch die Fertigstellung des Bauwerks zugeflossenen Vorteile auf den Schadensersatzanspruch anzurechnen sind, ist äußerst streitig. Eine solche Vorteilsanrechnung wird zum Teil mit der Begründung abgelehnt, dass damit die Pflichtverletzung des Unternehmers sanktionslos wäre.[12] 24

Nachdem das Schadensersatzrecht jedoch grundsätzlich keinen Strafcharakter haben soll und der Geschädigte durch die Schadensersatzverpflichtung auch keine Besserstellung erreichen soll, wird richtigerweise davon auszugehen sein, dass nach den Regeln über die **Vorteilsausgleichung** der übliche Werklohn auf den Schadensersatzanspruch des Bestellers anzurechnen ist.[13] 25

C. Anwendbarkeit beim VOB-Vertrag

Die VOB/B enthält keine dem § 650 BGB vergleichbare Bestimmung. Sie enthält zwar diverse Preisgestaltungsbestimmungen, die § 650 BGB jedoch nicht verdrän- 26

---
12 So etwa Schenk NZBau 2001, 470, 473; Werner/Pastor Rn. 1311.
13 BGH NJW 1970, 2018; OLG Celle NJW-RR 2003, 1243, 1245; OLG Frankfurt NJW-RR 1989, 209, 210.

gen können. In diesen Bestimmungen[14] werden ausschließlich Preisberechnungen geregelt, nicht aber ein besonderes Kündigungsrecht seitens des Bestellers bei Überschreiten eines Kostenanschlages.

27 Die in VOB/B genannten Kündigungsregelungen, einerseits für die Kündigung durch den Auftraggeber nach § 8 VOB/B und andererseits für die Kündigung durch den Auftragnehmer nach § 9 VOB/B haben einen anderen Regelungsgegenstand und können daher schon § 650 BGB nicht verdrängen. Gleichwohl wird die zusätzliche Kündigungsmöglichkeit nach § 650 BGB bei VOB-Bauverträgen in der Praxis keine große Rolle spielen, da die Voraussetzungen für die Einbeziehung eines Kostenanschlages regelmäßig nicht vorliegen werden und der Vertragsabschluss entweder eine Festpreisvereinbarung enthalten wird oder jedenfalls ein Kostenansatz nicht vorgelegt wird.

28 Teilweise wird jedoch angenommen, dass die Kündigungsmöglichkeit nach § 650 BGB bei einem VOB-Vertrag nur dann gegeben ist, wenn die Anwendbarkeit der § 1 Nr. 3 und 4, § 2 Nr. 3, 5 und 6 VOB/B, die die Fälle der Kostenüberschreitungen regeln, im betreffenden Bauvertrag ausgeschlossen worden ist.[15]

D. Anwendbarkeit beim Architektenvertrag

29 Der Architektenvertrag ist, wie sich aus § 634a Abs. 1 Nr. 2 BGB ergibt, in der Regel als Werkvertrag einzustufen.[16] Dementsprechend gilt die Bestimmung des § 650 auch grundsätzlich für den **Architektenvertrag**. Dies gilt jedoch nur insoweit, als sich der Kostenanschlag auf die eigene Leistung des Architekten bezieht. Gibt der Architekt demgegenüber einen Kostenanschlag im Hinblick auf Leistungen Dritter ab, so wird dies nicht von § 650 erfasst. Der Kostenanschlag gemäß § 650 ist im Rahmen des Architektenvertrages auch nicht zu verwechseln mit der Kostenermittlung des Architekten gemäß § 15 Abs. 2 Nr. 2 HOAI in Form der Kostenschätzung, nach § 15 Abs. 2 Nr. 3 HOAI in Form der Kostenberechnung und nach § 15 Abs. 2 Nr. 7 HOAI mit dem dortigen Kostenanschlag. Diese Erklärungen im Hinblick auf die Kostenermittlung dienen der Kostenabrechnung des Architektenvertrages und sind mit dem Kostenansatz nach § 650 BGB nicht gleichzusetzen.

---

14 § 1 Nr. 3, 4, § 2 Nr. 3, 5, 6 VOB/B.
15 Vgl. Ingenstau/Korbion Vor §§ 8 und 9 Rn. 17.
16 Vgl. BGHZ 82, 100.

§ 651
Anwendung des Kaufrechts

Auf einen Vertrag, der die Lieferung herzustellender oder zu erzeugender beweglicher Sachen zum Gegenstand hat, finden die Vorschriften über den Kauf Anwendung. § 442 Abs. 1 Satz 1 findet bei diesen Verträgen auch Anwendung, wenn der Mangel auf den vom Besteller gelieferten Stoff zurückzuführen ist. Soweit es sich bei den herzustellenden oder zu erzeugenden beweglichen Sachen um nicht vertretbare Sachen handelt, sind auch die §§ 642, 643, 645, 649 und 650 mit der Maßgabe anzuwenden, dass an die Stelle der Abnahme der nach den §§ 446 und 447 maßgebliche Zeitpunkt tritt.

Inhaltsübersicht

	Rn.
A. Baurechtlicher Regelungsinhalt	1
B. Voraussetzungen für die Anwendung des Kaufrechts	4
I. Lieferung herzustellender oder zu erzeugender beweglicher Sachen	5
II. Abgrenzung zum reinen Kaufvertrag	12
III. Abgrenzung zum reinen Werkvertrag	13
IV. Einzelfälle	15
C. Rechtsfolgen	17

A. Baurechtlicher Regelungsinhalt

Die Bestimmung des § 651 BGB wurde aufgrund des **Schuldrechtsmodernisierungsgesetzes** mit Wirkung für alle ab dem 1.1.2002 abgeschlossenen Verträge erheblich abgeändert.[1] Ein Hinweis hierauf ergibt sich auch schon daraus, dass bis zur Gesetzesänderung die amtliche Überschrift noch »Werklieferungsvertrag« lautete und nunmehr diese Überschrift auf »Anwendung des Kaufrechts« geändert wurde. Damit wird schon unterstrichen, dass durch die Gesetzesänderung nunmehr die Regelungen des Kaufrechts in den Vordergrund gerückt und das Werkvertragsrecht zurückgedrängt wurde. Auch die vormals wesentliche Unterscheidung, ob eine **vertretbare** oder eine **nicht vertretbare Sache** hergestellt wurde, hat nunmehr nur noch nach Satz 3 Bedeutung. Anlass der Gesetzesänderung war die Umsetzung der Richtlinie 1999/44/EG des Europäischen Parlaments und des Rates vom 25.5.1999 zu bestimmten Aspekten des **Verbrauchsgüterkaufs** und der Garantien für Verbrauchsgüter.[2] Aufgrund der Entstehungsgeschichte der Norm wird daher im Rahmen der Auslegung auf eine richtlinienkonforme Auslegung zu achten sein.[3]

1

---

1 Vgl. Art. 229 § 5 EGBGB.
2 ABlEG Nr. L 171, 12.
3 Ebenso Kniffka, IBR-Online-Kommentar, Stand 10.4.2006, § 651 Rn. 13 ff.

2 In der Neufassung wurden das bisher komplizierte Verweisungssystem und der Wechsel zwischen werkvertraglichen und kaufvertraglichen Bestimmungen in weiten Bereichen vereinfacht. Insgesamt konnte jedoch noch immer nicht erreicht werden, hier eine eindeutige und für die Praxis handhabbare Regelung zu formulieren. Die Bedeutung des anwendbaren Rechts ist im Übrigen auch dadurch zurückgedrängt worden, dass die kaufrechtlichen Bestimmungen durch die Schuldrechtsmodernisierung in weitem Umfang den werkvertraglichen Bestimmungen angepasst wurden, so z.b. das Recht zur Nachbesserung, Verjährung.

3 Für die bauvertragliche Praxis spielt die Bestimmung des § 651 BGB eine nicht zu unterschätzende Rolle. Zwar werden in den seltensten Fällen eines reinen Bauvertrags kaufrechtliche Vorschriften zur Anwendung gelangen, in dem wirtschaftlich jedoch sehr bedeutenden Bereich der **Bau-Zulieferverträge** und auch des Baunebengewerbes stellt § 651 BGB die grundlegende Weiche für die Frage des anwendbaren Rechts. Selbst wenn im Einzelfall im Ergebnis dennoch Werkvertragsrecht zur Anwendung gelangen sollte, so ist in dem sehr streitigen Anwendungsbereich des § 651 BGB eine genaue Überprüfung und Wertung unumgänglich. Trotz der Angleichungen des Kaufrechts zum Werkvertragsrecht bleibt die Abgrenzung zum Werkvertrag von weit reichender Bedeutung, z.B. im Bezug auf die Möglichkeit von Abschlagszahlungen, dem Gefahrenübergang, der Fälligkeit der Vergütung sowie der Sicherungsmöglichkeiten des Unternehmers. Im unternehmerischen Rechtsverkehr ist bei der Anwendung des Kaufrechts besonders auch darauf zu achten, dass mit dieser Weichenstellung auch die Bestimmungen der §§ 377 ff. HGB über den Handelskauf, insbesondere im Hinblick auf ggf. kurze Rügefristen, zu beachten sind.

B. Voraussetzungen für die Anwendung des Kaufrechts

4 Reine Bauverträge, die auf die Herstellung von Bauwerken gerichtet sind, sind dem § 651 BGB schon deswegen entzogen, da dieser ausschließlich auf bewegliche Sachen beschränkt ist. Nichtsdestotrotz ist der Anwendungsbereich dieser Bestimmung trotz des scheinbar klaren Wortlautes einer Vielzahl von Streitfragen ausgesetzt, wie dies im Übrigen auch bereits für die Altfassung galt.[4]

I. Lieferung herzustellender oder zu erzeugender beweglicher Sachen

5 Der Begriff der Sache ist in § 90 BGB legal definiert i.S.v. körperlichen Gegenständen. Nicht unter die Regelung fallen somit Werke über nicht gegenständliche Sachen in Form von **geistigen Werken** in denen z.B. geistige Leistungen im Vordergrund stehen. Aus dem Bauvertragsrecht zu nennen sind z.B. die (Planungs-)

---

4 Vgl. hierzu Sienz BauR 2002, 181 ff.

Leistungen der Architekten und Ingenieure, ebenso wie die Gutachtenserstellung eines Bodengutachters.[5]

Problematischer ist dagegen schon die Frage, wann es sich um »bewegliche« Sachen handelt. Bewegliche Sachen werden grundsätzlich dadurch gekennzeichnet, dass sie weder Grundstücke, noch den Grundstücken gleichgestellt, noch Grundstücksbestandteile sind, wobei nur vorübergehend mit dem Grund und Boden verbundene Sachen nach § 95 BGB ebenfalls dazugehören.[6] Teilweise wird nicht der sachenrechtliche Begriff einer beweglichen Sache in den Vordergrund gestellt, sondern es wird eine richtlinienkonforme Auslegung in Richtung Verbrauchsgüter gefordert.[7] **6**

Beweglich im Sinne dieser Definition sind jedoch auch körperlich große und schwere Sachen, die ggf. nur mit Einsatz von Maschinen bewegt werden können, wie z. B. schwere Betonteile.[8]

Die **Lieferung herzustellender oder zu erzeugender beweglicher Sachen** muss Gegenstand des Vertrages sein. Die Anwendbarkeit des Kaufrechts setzt eine Lieferung entsprechend der kaufvertraglichen Verpflichtung zur Verschaffung des Gegenstandes nach § 433 Abs. 1 BGB voraus. Insbesondere ist die **Verschaffung von Besitz und von Eigentum** charakterisierend für die Lieferung. **7**

Obwohl der Wortlaut darauf hindeutet, dass die Sache vom Unternehmer angeliefert wird, dürfte der Zeitpunkt des Gefahrenübergangs jedoch rechtlich unerheblich sein und dementsprechend auch das Bereitstellen zur Abholung der Sache durch den Besteller ebenso ausreichend sein wie die Versendung der Sache an den Besteller.[9] Auch für die Annahme eines reinen Kaufvertrags ist die Frage der Holschuld, Schickschuld oder Bringschuld unerheblich. Schon aufgrund der ratio legis der Norm ist es nicht gerechtfertigt für die Anwendbarkeit der Bestimmung darauf abzustellen, ob der Besteller die Sachen selbst abholt oder nicht. Bauteile werden dementsprechend auch dann »geliefert«, wenn sie z. B. vom Bauherrn abgeholt und eingebaut werden. **8**

Eine Lieferung scheidet jedoch aus, soweit lediglich **Reparaturen** durchgeführt werden. Dies gilt grundsätzlich auch dann, wenn Ersatzteile geliefert und eingebaut werden. Ebenso irrelevant ist nach der neuen Rechtslage von wem die zur Herstellung erforderlichen Materialien beschafft wurden. **9**

Dies soll selbst dann gelten, wenn Ersatzteile in erheblichem Umfang verwendet werden.[10] In diesen Fällen liegt jeweils ein reiner Werkvertrag nach §§ 631 ff. BGB **10**

---

5 Vgl. Kniffka, IBR-Online-Kommentar, Stand 10. 4. 2006, § 651 Rn. 28; MüKo/Busche § 651 Rn. 12; Englert in: Verträge am Bau nach der Schuldrechtsreform § 651 Rn. 3.
6 RGZ 55, 284; RGZ 87, 51.
7 Vgl. Kniffka, IBR-Online-Kommentar, Stand 10. 4. 2006, § 651 Rn. 13 ff.
8 Vgl. Kniffka, IBR-Online-Kommentar, Stand 10. 4. 2006, § 651 Rn. 29.
9 Ebenso Palandt/Sprau § 651 Rn. 2.
10 Vgl. PWW/Wirth § 651 Rn. 5, ebenso Palandt/Sprau § 651 Rn. 2.

vor. Handelt es sich bei den Ersatzteilen jedoch nicht lediglich um Nebenleistungen im Rahmen des Werkvertrags, sondern geben die speziell für die Arbeiten hergestellten und gelieferten Ersatzteile dem Vertrag das **Gepräge**, so überwiegt in einem solchen Fall nicht mehr die Reparaturleistung, sondern die Lieferleistung und es kann nunmehr nach § 651 BGB Kaufvertragsrecht Anwendung finden. Ein solcher Fall wäre etwa anzunehmen, wenn bei einer Dachreparatur der Dachstuhl im Wesentlichen neu geliefert wird und vom Besteller selbst eingebaut wird. Es wird dabei wesentlich auch auf das **Wertverhältnis** zwischen Reparaturleistung und Ersatzteile abzustellen sein.[11]

11 Für § 651 BGB ist es weiterhin auch irrelevant, ob der Unternehmer selbst die zu liefernden, beweglichen Sachen hergestellt oder erzeugt hat. Soweit nach dem abgeschlossenen Vertrag nicht ausdrücklich die Eigenleistung vereinbart wurde, ist der Unternehmer grundsätzlich berechtigt, seine Vertragspflichten **durch Dritte zu erfüllen**.[12] Den Besteller können Mitwirkungspflichten im Zusammenhang mit der Herstellung oder der Herstellung der beweglichen Sachen treffen, so z. B. die Verpflichtung die Ausgangsmaterialien zu liefern. Dies ergibt sich schon aus dem Wortlaut des § 651 S. 2 BGB, so z. B. für den Fall, dass der Besteller das Spezialholz für die vom Schreiner anzufertigenden Fenster liefert.

II. Abgrenzung zum reinen Kaufvertrag

12 Beim reinen Kaufvertrag schuldet der Verkäufer die Verschaffung von Besitz und Eigentum an einer fertigen beweglichen oder auch unbeweglichen Sache. Kleinere Nebenleistungen, wie z. B. geringfügige Anpassungen an die Bedürfnisse des Bestellers haben keinen Einfluss auf den Rechtscharakter des Vertrages, soweit im Vordergrund die bereits fertige und nicht mehr herzustellende oder zu erzeugende Sache steht. Übernimmt der Unternehmer neben der Lieferverpflichtung einer fertigen Sache zusätzlich **Montageleistungen** als werkvertragliche Nebenverpflichtung mit untergeordneter Bedeutung, so verbleibt es beim Kaufvertrag. Dies ergibt sich auch schon daraus, dass nach § 434 Abs. 2 BGB eine unsachgemäß durchgeführte Montageleistung als kaufrechtlicher Sachmangel qualifiziert wird.[13] Liegt der Schwerpunkt der unternehmerischen Leistung in der Montageverpflichtung und erhält der Vertrag hierdurch sein Gepräge, so findet dem gegenüber Werkvertragsrecht Anwendung. Die Abgrenzung im Einzelfall ist äußerst schwierig und hat durch eine Gesamtbeurteilung aller Umstände des Einzelfalles und unter Berücksichtigung der Wertverhältnisse zwischen Liefergegenstand und Montageverpflichtung zu erfolgen. Erfordert die Montageleistung spezielles Fachwissen und Spezialmaschinen, so wird eher Werkvertragsrecht Anwendung finden, als wenn

---

11 Vgl. auch BGH BauR 2004, 882.
12 Ebenso MüKo/Busche § 651 Rn. 5 m.w.N.
13 Auch die Verbrauchsgüterkaufrichtlinie unterstellt in Art. 2 Abs. 5 den Kauf mit Montageverpflichtung dem Kaufrecht.

die Montageleistung vom Besteller ohne weiteres selbst durchgeführt werden könnte.

III. Abgrenzung zum reinen Werkvertrag

Bei reinen Bauverträgen ist Werkvertragsrecht schon deswegen anwendbar, da hier nicht die Übereignung der für die Erstellung des Bauwerks heranzuziehenden Sachen Vertragsgegenstand ist, sondern die **Errichtung des Bauwerks**, so dass bereits keine Lieferung und Übereignung der herzustellenden Sachen vorliegt. Gleiches gilt auch für Arbeiten an einem Bauwerk, die für Konstruktion, Bestand und Werterhaltung des Gebäudes von wesentlicher Bedeutung sind. Ist im Rahmen einer solchen **funktionalen Abgrenzung** das Gesamtbauwerk als unbewegliche Sache in den Vordergrund gestellt, so ist für die Anwendung des Kaufrechts kein Raum.[14]

13

Im Falle von Reparatur-, Wartungs- und Instandhaltungsarbeiten fehlt es am Merkmal der Lieferung, so dass auch diesbezüglich Werkvertragsrecht Anwendung findet. Steht im Vordergrund der Leistungen des Unternehmers die Errichtung eines Bauwerks, so ist Werkvertragsrecht anwendbar, unabhängig davon, wer Eigentümer des Grundstücks ist. Die entsprechende Vertragsleistung ist unabhängig davon, von wem die Leistung bestellt wird. Es bestehen auch keine Zweifel daran, dass werkvertragliche Leistungen sowohl vom Eigentümer, als auch vom Nutzungsberechtigten eines Bauwerks in Auftrag gegeben werden können.

14

IV. Einzelfälle

Die reine Herstellung und Lieferung von **Fertigbauteilen ohne Einbauverpflichtung** unterliegt nach § 651 BGB dem Kaufrecht. Wird zudem der **Einbau von Bauteilen** in das zu errichtende oder bestehende Gebäude vertragsgemäß durch den Unternehmer durchgeführt und ist die Lösung der Verbindung ohne Weiteres und ohne Zerstörung von Teilen des Bauwerks möglich, so ist auch hierfür Kaufvertragsrecht anwendbar. So wird dies z.B. für die Verlegung eines **Teppichbodens**, der lediglich mit einem Klebestreifen am Boden befestigt ist, welcher jederzeit leicht ablösbar ist, bejaht.[15] Ist dagegen eine feste Verbindung mit dem Grundstück oder dem Bauwerk hergestellt, so ist für Kaufvertragsrecht kein Raum. Eine solche feste Verbindung kann sich auch alleine aufgrund des Gewichts einer Sache z.B. **Fertiggarage** ergeben.

15

Liefert ein Unternehmer für ein zu errichtendes Bauwerk lediglich die von ihm selbst anzufertigenden Materialien, z.B. der Zimmerer liefert den von ihm abge-

16

---

14 Für eine funktionale Abgrenzung auch Thode NZBau 2002, 360, 362.
15 Kniffka, IBR-Online-Kommentar, Stand 10.4.2006, § 651 Rn. 22; a.A. Palandt/Sprau § 651 Rn. 5.

bundenen **Dachstuhl** oder der **Fertigteilehersteller** liefert die von ihm selbst hergestellten **Fertigbetonteile**, ohne dass zusätzlich die Einbauverpflichtung mit übernommen wird, so ist Kaufrecht anwendbar. Werden **Fertighäuser** oder aber auch **Fertiggaragen** vom Unternehmer nicht nur hergestellt, sondern auch aufgestellt, so findet Kaufrecht keine Anwendung. Die Herstellung und Lieferung einer **Einbauküche** einschl. **Montage** unterliegt dem Kaufvertragsrecht nur dann, wenn keine spezielle An- und Einpassung in das Gebäude erfolgt und sie ohne großen Aufwand wieder ausgebaut und anderweitig verwendet werden kann. Die Planung und Lieferung eines **Kachelofens** unterliegt Werkvertragsrecht, es sei denn die Bauteile werden nur angeliefert und vom Unternehmer nicht eingebaut. Aus diesem Grund sind auch reine **Bausätze für Fertighäuser** nicht werkvertragliche Leistungen, sondern über § 651 BGB nach Kaufrecht zu beurteilen.

Körperliche Sachen deren Wert im Wesentlichen eine geistige Leistung verkörpert, wie z. B. **Planunterlagen** und **Gutachten** unterliegen dem Werkvertragsrecht nach §§ 631 ff. BGB.[16]

Hilfsbauwerke und **Baubehelfe** dienen lediglich der Errichtung der Werkleistung und werden dementsprechend nicht geliefert. Sie unterliegen somit dem Werkvertragsrecht.[17]

C. Rechtsfolgen

17 Liegen die Voraussetzungen des § 651 S. 1 BGB tatbestandlich vor, so erfolgt eine **Gesamtverweisung** auf die kaufrechtlichen Bestimmungen. Dieser Verweis ist umfassend und bezieht sich nicht lediglich auf die Bestimmungen des BGB, sondern auf sämtliche Normen des Kaufrechts, z. B. auch auf die Vorschriften des Handelskaufs nach §§ 373 ff. HGB.

Im Rahmen der dispositiven kaufrechtlichen Bestimmungen steht es den Vertragsparteien frei, abweichende Vereinbarungen zu treffen.

18 Nach S. 2 sind die Mängelrechte des Käufers für die Fälle der Kenntnis des Mangels auch dann ausgeschlossen, wenn der Mangel auf einem vom Besteller zu Herstellung oder Erzeugung der Sache **gelieferten Stoff** zurückzuführen ist. Diese in Anlehnung an die werkvertragliche Vorschrift des § 645 Abs. 1 BGB eingefügte Norm ist interessengerecht, da die Rechtssphäre des Bestellers berührt ist und der Unternehmer in einem solchen Fall entlastet werden muss. Der Begriff »**Stoff**« umfasst dabei alle Gegenstände aus denen oder mit deren Hilfe das Werk hergestellt werden soll. Neben beweglichen Sachen werden davon auch unbewegliche Sachen, wie z. B. das Baugrundstück oder auch die bereits vorhandene Bausubstanz[18] erfasst.

---

16 Vgl. oben § 651 BGB Rn. 5.
17 Vgl. Englert in: Verträge am Bau nach der Schuldrechtsreform § 651 Rn. 11 ff.
18 BGH NJW-RR 2005, 669.

In diesem Zusammenhang ist der Begriff »gelieferten« untechnisch zu verstehen. Die Verschaffung von Besitz und Eigentum ist dabei nicht zu fordern, da ansonsten ohne sachliche Rechtfertigung ein Großteil der Baustofflieferungen aus dem Anwendungsbereich herausgenommen würde. Die Beantwortung der Frage ist jedoch hier mehr akademischer Natur, da in vielen Fällen bei der Errichtung eines Bauwerks ohnehin reines Werkvertragsrecht nach §§ 631 ff. BGB Anwendung finden wird, soweit ein Bauwerk errichtet wird. 19

Eine Risikoverlagerung wegen Mängeln des gelieferten Stoffes auf den Besteller ist dann nicht gerechtfertigt, wenn der Unternehmer tatsächlich sich den Stoff selbst besorgt, sei es auch nur im Auftrag und im Namen des Bestellers. In diesem Fall kann er sich selbst ausreichende Informationen über die Güte verschaffen und ist daher nicht schutzwürdig.[19] Weist der Unternehmer den Besteller in einem solchen Fall auf die Mangelhaftigkeit des Stoffes bei Vertragsschluss hin, so ist die Haftung schon nach § 442 Abs. 1 BGB ausgeschlossen. 20

Bei der Lieferung **nicht vertretbarer Sachen** bleibt es, anders als nach altem Recht, bei der Anwendbarkeit kaufrechtlicher Bestimmungen, jedoch werden modifiziert einzelne Vorschriften des Werkvertragsrechts mit herangezogen.

Aus der Begriffsdefinition für vertretbare Sachen in § 91 BGB lässt sich im Umkehrschluss eine Definition für nicht vertretbare Sachen gewinnen. Dabei handelt es sich um solche Sachen, die durch die Art ihrer Herstellung den Bestellerwünschen angepasst und individualisiert werden und aus diesen Gründen nicht austauschbar und für den Unternehmer nicht anderweitig absetzbar sind.[20] 21

Baumaterialien können sowohl vertretbare Sachen, als auch nicht vertretbare Sachen sein. Speziell für die Bedürfnisse eines konkreten Bauvorhabens angepasste Fenster können zwar theoretisch auch später für ein anderes Bauvorhaben Wiederverwendung finden. Dennoch wird bei Spezialanfertigungen im Regelfall eine nicht vertretbare Sache anzunehmen sein. Gleiches gilt für Fertigbetonteile, die auf der Grundlage von speziellen Bedürfnissen eines konkreten Bauvorhabens geplant und gefertigt wurden. Baumaterialien »von der Stange« sind dagegen als vertretbare Sachen zu qualifizieren. Auch ein speziell zugeschnittener Teppichboden ist eine nicht vertretbare Sache, selbst wenn er – z. B. für einen kleineren Raum – neu zugeschnitten und verwendet werden könnte. Gleiches gilt für eine Einbauküche, die die speziellen Maße des jeweiligen Bauvorhabens berücksichtigt. 22

Liegt eine nicht vertretbare Sache vor, so sind die werkvertraglichen Regelungen bezüglich der Mitwirkungspflicht des Bestellers nach §§ 642 f. BGB, der Verantwortlichkeit des Bestellers nach § 645 BGB, dem Kündigungsrecht des Bestellers nach § 649 BGB sowie der Bestimmung des Kostenanschlags nach § 650 BGB ne- 23

---

19 Ebenso MüKo/Busche § 651 Rn. 15.
20 Vgl. die Definitionen in Palandt/Sprau § 651 Rn. 8; PWW/Wirth § 651 Rn. 11; MüKo/Busche § 651 Rn. 17 f.

ben dem Kaufrecht anwendbar, allerdings nur soweit diese Vorschriften auf die Abnahme nach § 645 Abs. 1 BGB abstellen. Im Übrigen verbleibt es bei den kaufrechtlichen Bestimmungen, wie sich dies schon aus dem Wortlaut (»soweit«) ergibt.

An die Stelle der Abnahme tritt in diesen Fällen nach §§ 446, 447 BGB der maßgebliche Zeitpunkt der Übergabe bzw. der Auslieferung.

Anhang 1: Rechtsfragen im Zusammenhang mit Baustoffen

Inhaltsübersicht

	Rn.
A. Einführung	1
B. Haftungsfragen	2
I. Ausgangsfall	2
II. Abgrenzung Werkvertrag – Kaufvertrag	4
III. Baustoffhandels-Kette	9
1. Rechtsbeziehung zwischen Besteller und Unternehmer	9
a) Haftung des Unternehmers für Mängel	9
b) Verjährungsrechtliche Fragen	16
2. Rechtsbeziehung zwischen Unternehmer und Baustoffhändler	21
a) Absicherung des Unternehmers?	21
b) Sonstige Ansprüche des Unternehmers	25
c) Verjährungsfragen	27
3. Rechtsbeziehung zwischen Baustoffhändler und Verbraucher	31
4. Rechtsbeziehung des Baustoffhändlers zum Produzent oder Zwischenhändler	38
C. Einzelne Rechtsfragen beim Vertrieb von Baustoffen	40
I. Baustoffhandel und Schuldrechtsreform	40
II. § 13 Nr. 3 VOB/B	46
III. Verlust der Mangelrechte	47
1. Rügepflicht nach den §§ 377, 381 HGB	47
2. Kenntnis des Käufers bzw. Beruhen des Mangels auf vom Besteller gelieferten Baustoffen	52
IV. Haftung für Beschaffungsrisiko und Garantien	57
V. Haftung für Werbeaussagen	60
VI. Rückgriffsrecht des Baustoffhändlers	62
VII. Mangelbegriff im Baustoffbereich	65
VIII. Verjährungsunterbrechung im Bereich des Baustoffhandels	68
IX. Neue Absatzformen des Baustoffhandels	70
X. Bedeutung der Sicherheiten und des Eigentumsvorbehaltes im Baustoffhandelsbereich	72
XI. Haftung des Baustoffhandels aus Beratungsvertrag	75
XII. Vertragsgestaltung, Bereich der Allgemeinen Geschäftsbedingungen	76
XIII. Gesamtschuldnerfragen im Baustoffbereich	77
XIV. Verkehrssicherungspflichten im Baustoffhandel	78
1. Beladen	79
2. Transport	81
3. Entladen	83
XV. Versicherungsfragen im Baustoffhandelsbereich	85
XVI. Insolvenzfragen und persönliche Haftung	87

A. Einführung

Die im Vorwort genannten Zahlen zum **Bauvolumen in Deutschland** und europaweit könnten nicht entstehen, wenn es nicht die hierfür erforderlichen Baustoffe geben würde. Diese wiederum basieren auf der Produktivität der Baustoffindustrie

1

Anhang 1: Baustoffe – Rechtsfragen

und des Baustoffhandels. Die damit verbundenen **Handelsketten** beginnen im In- oder Ausland bei der Förderung oder Herstellung von Baustoffen und enden auf zwei verschiedene Weisen. Einerseits beim Einzelverbraucher, der beim Einkauf in den kleinen oder großen Baustoffmärkten die Materialien für seine Heimwerkertätigkeit erwirbt. Andererseits beim privaten oder öffentlichen Bauherren, der sich vom Handwerker/Unternehmer Baustoffmaterialien im Rahmen einer Bauwerksleistung einbauen lässt (Putzarbeiten, Dacheindeckungen etc.).

Überraschend ist dabei, dass »in Zeiten einer hoffnungslosen Überkommentierung des Bauvertragsrechts«[1] Rechtsfragen zur Baustofflieferung und zum Baustoffhandel nahezu nicht behandelt werden.[2] Aber nicht nur die Literatur, auch die Rechtsprechung hält sich sehr mit Entscheidungen zu den Baustoff betreffenden Fragen zurück. Wenn doch einmal ein Urteil ergeht, wie das zur Dresdner Frauenkirche,[3] dann wird es nahezu totgeschwiegen. Dies, obwohl es für die Unternehmerseite, so es fortgeschrieben würde, geradezu verheerende Folgen hätte. Ein **BGB-Baurechtskommentar** muss sich mit diesen Fragen befassen.

B. Haftungsfragen

I. Ausgangsfall

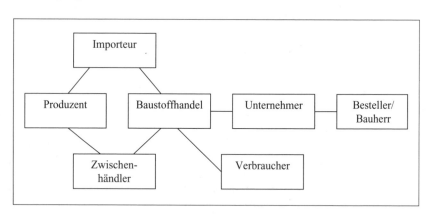

---

1 Leupertz, Baustofflieferung und Baustoffhandel: »Im juristischen Niemandsland« BauR 2006, 1647 ff.
2 Der Autor dieses Beitrages hat sich als einer von wenigen im Jahre 1994 im Rahmen der baurechtlichen Schriftenreihe dem Titel »Rechtsfragen des Baustoffhandels« gewidmet.
3 OLG Dresden IBR 2000, 228.

Anhang 1: Baustoffe – Rechtsfragen

Die dargestellte **Baustoffhandelskette** stellt ein Ausgangsbeispiel dar, in der auf jeder Stufe die Bedeutung der Baustoffnutzung deutlich wird. Dies sowohl in wirtschaftlicher als auch in rechtlicher Hinsicht. Beginnt man von rechts beim Bauherrn/Besteller und unterstellt, dass dieser sich vom Unternehmer/Bauunternehmer eine bauwerkliche Leistung erbringen lässt, liegt in diesem Verhältnis ein Werkvertrag vor. Als Beispiele sind die Eindeckung eines Daches, das Aufbringen von Putz, das Anbringen von Fassadenplatten und vergleichbares zu nennen. Anders kann es sein, wenn eine Einbauküche bestellt und diese vom »Lieferanten« eingebaut wird. Hier wird man danach zu unterscheiden haben, wie das Verhältnis zwischen Lieferleistung und bauwerklicher Einbauleistung zu bewerten ist. Treffen den Vertragspartner des Bestellers in erster Linie Lieferverpflichtungen, unterliegen diese grundsätzlich dem Kaufrecht (§ 433 Abs. 1 BGB). Dies gilt zunächst für sog. Massenwaren, Standardlieferungen, etc. Bei sog. unvertretbaren Sachen (beispielsweise vom Lieferanten nach Sondermaßen gefertigte Fenster, Türen etc.), sind über § 651 S. 3 BGB neben dem Kaufvertragsrecht Einzelregelungen des Werkvertragsrechts anzuwenden. Als Folge steht dem Besteller beispielsweise das jederzeitige ordentliche Kündigungsrecht des § 649 BGB zu. Umgekehrt ist der Lieferant gem. § 643 BGB zur Kündigung berechtigt, wenn der Besteller ihm i. S. d. § 642 BGB obliegende werkvertragliche Mitwirkungshandlungen unterlässt. Bezüglich der Verantwortlichkeit des Bestellers (so die Überschrift des § 645 BGB) wird der Lieferant wie ein Werkunternehmer behandelt, dem für seine Vergütungsansprüche die Privilegierung des § 645 BGB eingeräumt wird. Die genannten Paragraphen sind nach dem Wortlaut des § 651 S. 3 BGB allerdings »mit der Maßgabe anzuwenden«, dass nicht auf die werkvertragliche Abnahme abgestellt wird, sondern auf die kaufrechtliche Übergabe (§ 446 BGB) bzw. den Auslieferungszeitpunkt (§ 447 BGB).[4]

3

II. Abgrenzung Werkvertrag – Kaufvertrag

Verträge über die Lieferung herzustellender oder zu erzeugender beweglicher Sachen unterwirft § 651 BGB n. F. grundsätzlich dem Kaufrecht (bei nicht vertretbaren Sachen ist § 651 S. 3 zu beachten, s. oben). Problematisch sind die angesprochenen Fälle, bei denen neben die Lieferverpflichtung auch eine **Bauleistung** treten soll. Dem Kaufrecht unterfallen Verträge, bei denen der Veräußerer lediglich eine **Montageverpflichtung** übernommen hat, die als **werkvertragliche Nebenpflicht** von untergeordneter Bedeutung einzustufen ist – d. h. den Charakter des Vertrags nicht prägt.[5] Bildet die Einbauleistung hingegen den Schwerpunkt des Vertrags, findet **Werkvertragsrecht** Anwendung. Bei der Bestimmung der Bedeutung ist anhand einer Gesamtbetrachtung der **Schwerpunkt der Leistungen** zu ermitteln.

4

---

4 Die Bedeutung einer Ablieferung mit Montage im Gegensatz zu einer Abnahme zeigt sehr gut die Entscheidung des OLG Saarbrücken v. 4.10.2005 IBR 2006, 138.
5 BGH BauR 1986, 437; 1999, 39; 2004, 882.

Anhang 1: Baustoffe – Rechtsfragen

Maßgeblich sind dabei insbesondere deren Wertverhältnis und die Art des Liefergegenstands.[6] Auch die Besonderheiten der geschuldeten Leistung sind zu berücksichtigen.[7] Daher findet **Kaufrecht** Anwendung bei nur geringen Änderungen und Montageleistungen, die auch vom Käufer selbst durchgeführt werden könnten; nicht jedoch bei aufwendiger Anpassung oder umfangreicher Einbauleistung. Deshalb unterfällt die Lieferung und Montage einer auf besondere räumliche Verhältnisse angepassten Einbauküche ausschließlich werkvertraglichen Bestimmungen. Maßnahmen der Selbsthilfe sind nur nach Maßgabe des § 634 BGB ersatzfähig.[8]

5 Ausgangssituation dieser Problematik war die Frage, wann **Montageverpflichtungen** bei Lieferleistungen dazu führen können, dass der werkvertragliche Charakter überwiegt und somit Werkvertragsrecht Anwendung findet. Die Rechtsprechung ist hier uneinheitlich bzw. schwierig nachzuvollziehen. So hat das OLG Frankfurt den Einbau speziell für die Zu- und Abfahrt eines Parkhauses gefertigte Heizmatten dem Kaufrecht zugeordnet.[9] Gleiches gilt für das OLG Köln bezüglich des Einbaus eines Heizkörpers in ein bestehendes Gebäude.[10] Auch der BGH hat die Verkleidung eines Wohnhauses mit Kunststoffelementen kaufrechtlich bewertet.[11]

6 Dem Werkvertrag dagegen zugeordnet wurde die Verlegung eines zu verklebenden Teppichbodens[12] und der Einbau einer einzupassenden Küche aus einer Serienanfertigung.[13] Bei der zuletzt genannten Entscheidung war auffällig, dass der werkvertragliche Teil wertmäßig gegenüber der Lieferverpflichtung mit ca. 1/20 äußerst gering war. Im Ergebnis ist hier keine eindeutige Linie zu erkennen. Zu Recht wird deshalb darauf hingewiesen, dass § 434 Abs. 2 S. 1 BGB für eine extensive Anwendung des Kaufrechts sprechen könnte (kaufrechtlicher Sachmangel bei fehlerhafter Montage). Allerdings wird dabei gleichzeitig und zu Recht gerügt, dass die zitierte Regelung eine überobligatorische Umsetzung[14] des Art. 2 Abs. 5 der **Verbrauchsgüterkaufrichtlinie** darstellt.[15]

7 Ob aus § 434 Abs. 2 S. 1 BGB die Tendenz zur Anwendung des Kaufrechts hergeleitet werden kann, ist fraglich. Teile der Literatur und Rechtsprechung betonen weiterhin den zitierten Grundsatz der Gesamtabwägung, d.h. sie unterscheiden danach, wie die Anteile zwischen Lieferbeitrag und Einbauleistung zu sehen sind.[16]

---

6 BGH BauR 2004, 882.
7 BGH BauR 2004, 850.
8 KG Urt. v. 17.3.2006 IBR 2006, 391.
9 OLG Frankfurt BauR 2000, 423.
10 OLG Köln BB 1982, 1578.
11 OLG Hamm NJW-RR 1986, 1053.
12 BGH BauR 1991, 603.
13 BGH BauR 1990, 351.
14 AnwK/Raab Band 2 § 651 BGB Rn. 7.
15 Leupertz BauR 2006, 1648 ff.
16 Leupertz BauR 2006, 1648 ff.; AnwK/Raab Band 2 Teilband 2 § 651 BGB Rn. 14; Voith BauR 2002, 145, 146.

Andere Stimmen stellen darauf ab, ob die hergestellte Sache durch den Einbau mit dem Gebäude verbunden und damit wesentlicher Bestandteil wird (§ 94 Abs. 2 BGB).[17] Diese Ansicht birgt das Problem in sich, dass wiederum eine Abgrenzung zwischen den Ziffern 1 und 2 des § 634a Abs. 1 BGB zum Tragen kommen kann. Dies deshalb, weil sich die Frage stellt, ob der »Lieferant« eine bewegliche Sache anliefert oder mit dem Einbau in das Bauwerk eine unbewegliche Sache.

Schließlich ungeklärt ist, ob der Anwendungsbereich des § 651 Abs. 1 BGB voraussetzt, dass der »Lieferant« dem Besteller Eigentum und Besitz an einer neuen Sache zu verschaffen hat. Strittig sind die Fälle, in denen der Besteller das Material bereitstellt und er das Eigentum an der dann herzustellenden Sache über § 950 BGB bereits Kraft Gesetzes erwirbt. Hier ist zu prüfen, ob nicht von einer Herstellung i. S. d. § 634a Abs. 1 Nr. 1 BGB gesprochen werden kann.[18] In diesem Punkt wird man auf die zitierte Verbrauchsgüterkaufrichtlinie zurückgreifen müssen. Man wird von einer richtlinienkonformen Auslegung, der die Streitfrage betreffenden Vorschriften dann sprechen können, wenn über § 651 S. 1 BGB das Kaufrecht Anwendung findet. Die Richtlinie wollte die in Rede stehenden Fälle gerade dem kaufrechtlichen Bereich unterordnen.[19]

8

Ergänzend zu diesen auf den Baustoffbereich abgestellten Ausführungen wird auf die ausführliche Kommentierung des § 651 BGB in diesem Kommentar von Langenecker verwiesen.

III. Baustoffhandels-Kette

1. Rechtsbeziehung zwischen Besteller und Unternehmer

a) Haftung des Unternehmers für Mängel

Zurückkommend auf die geschilderte Kette zur Verwendung von Baustoffen ist bei einer Vertragsgestaltung zwischen Besteller/Bauherr einerseits und Unternehmer/Bauunternehmer andererseits dergestalt, dass nach vorbenannter Abgrenzung eine Werkleistung geschuldet ist, Werkvertragsrecht anzuwenden. Die Haftung des Unternehmers für Mängelansprüche ist in § 634 BGB geregelt. Dabei wird der Besteller/Bauherr zunächst einmal Nacherfüllung fordern können. Als Folge hat der Unternehmer nach seiner Wahl den Mangel zu beseitigen oder ein neues Werk herzustellen (§ 635 Abs. 1 BGB).

9

Der Besteller/Bauherr ist in diesen Fällen zumindest rechtlich im Wesentlichen abgesichert. Dies deshalb, weil § 635 Abs. 2 BGB festlegt, dass der Unternehmer auch die zum **Zwecke der Nacherfüllung** erforderlichen Aufwendungen, insbesondere

10

---

17 Kniffka/Koeble 6. Teil Rn. 9; Kniffka, IBR-Online-Kommentar § 651 Rn. 21.
18 Hierzu Meinungsstreit Bamberger/Roth/Voit § 651 BGB Rn. 8 ff.; Voit BauR 2002, 145 ff.; Palandt/Sprau § 651 BGB Rn. 2.
19 Leupertz BauR 2006, 1648 ff.

Anhang 1: Baustoffe – Rechtsfragen

Transport-, Wege-, Arbeits- und Materialkosten zu tragen hat. Diese Regelung ist sehr weitgehend. Kritisch sind allerdings Detailfragen. Zunächst sind Konstellationen denkbar, bei denen der Unternehmer im Rahmen eines Pauschalvertrages die werkvertragliche Leistung an einem Ort erbracht hat, bei der er Arbeits- und Transportkosten etc. oder Entsorgungskosten (z. B. an eine nahe gelegene Deponie die zwischenzeitlich geschlossen ist) im gesonderten Fall günstig kalkulieren konnte. Ist er nun im Rahmen der Nacherfüllung verpflichtet, sämtliche Transportkosten an einen für ihn ungünstigeren Ort (z. B. bzgl. der Entfernung) zu tragen? Aufgrund des Wortlautes des § 635 Abs. 2 BGB wird man dies bejahen müssen.

11 Andererseits hat der BGH gegenteiliges entschieden. Nach seiner Rechtsprechung sind Reise-/Transportkosten bei einer Nacherfüllung an einen anderen als den Abnahmeort nur dann von § 635 Abs. 2 BGB erfasst, wenn die Sache ihrer Natur nach zum Ortswechsel bestimmt war.[20] Anders ausgedrückt, dem Veräußerer sollen entsprechende Kosten im Rahmen der Nacherfüllung nur dann auferlegt werden, wenn er damit rechnen konnte, dass die von ihm angelieferte Sache vom Erwerber an einen anderen Ort transportiert wird und er somit damit rechnen konnte, dass er seine Nacherfüllungsleistungen an diesem anderen Ort würde erbringen müssen. Derartige Fallkonstellationen sind allerdings im hier angesprochenen **bauwerklichen Bereich** kaum denkbar. Als Folge wird man diese Rechtsprechung nicht heranziehen können. Es verbleibt somit dabei, dass der Unternehmer auch die Reise-/Transportkosten zu tragen haben wird.

12 Die zweite Frage geht dahin, wann der Unternehmer eine **Nacherfüllung wegen Unverhältnismäßigkeit der Kosten** i. S. d. § 635 Abs. 3 BGB, wegen unverhältnismäßigem Aufwand (§ 275 Abs. 2 BGB) oder wegen **Unzumutbarkeit** der persönlichen Leistungserbringung (§ 275 Abs. 3 BGB) **verweigern** kann.[21] Soll dies beispielsweise in dem soeben geschilderten Fall des entlegenen Ortes oder der für ihn nicht mehr gegebenen ursprünglich wirtschaftlich guten Umstände gelten? Wann eine Unverhältnismäßigkeit der Kosten des § 635 Abs. 3 BGB anzunehmen ist, wird natürlich vom Einzelfall abhängen. Generelle Regeln wird man hier allerdings in soweit aufstellen können, als die Rechtssprechung des Bundesgerichtshofes sich seit Jahren dahin gehend verfestigt hat, dass nicht auf eine etwaige »hohe Belastung« des Unternehmers abzustellen ist, sondern in erster Linie darauf, in wieweit ein Interesse des Bestellers an einer mangelfreien Leistung besteht. In der Baupraxis wird dies auch von Sachverständigen oftmals falsch gesehen. Der BGH hat sich eindeutig dahin gehend festgelegt, dass an erster Stelle das Erfüllungsinteresse des Bestellers steht. Erst wenn auf dieser Seite zu konstatieren ist, dass das Bestehen auf eine Nacherfüllung mehr oder weniger formalistisch ist, d. h. der Besteller auch ohne die Nacherfüllung »gut leben« kann, erst dann kommen die Fra-

---

20 BGHZ 113, 251 – Eine Veräußerung der Sache soll hierzu nicht genügen.
21 Zur Abgrenzung und zu den Einzelheiten wird auf die Kommentierung zu § 635 BGB verwiesen.

gen ins Spiel, in wieweit dem Unternehmer entsprechende Nacherfüllungsmaßnahmen überhaupt zuzumuten sind. Erst dann ist zu prüfen, ob diese für ihn einen unzumutbaren Aufwand darstellen.[22]

Anzusprechen in diesem Zusammenhang ist auch das **Verhältnis der Vorschriften des § 635 Abs. 3 BGB und des § 275 BGB**, insbesondere der Absätze zwei und drei, zueinander. Die Antwort auf die Frage des Verhältnisses der Vorschriften zueinander ergibt sich weitgehend aus § 635 Abs. 3 Hs. 1 BGB. Dort ist festgehalten, dass der Unternehmer die Nacherfüllung »unbeschadet des § 275 Abs. 2 und 3« verweigern kann. § 635 Abs. 3 BGB stellt somit eine Erweiterung der Vorschrift des allgemeinen Schuldrechts dar.[23] Die Regelung des § 635 Abs. 3 BGB ist sicherlich als die lex specialis anzusehen. Teilweise wird davon gesprochen, dass neben ihr § 275 Abs. 2 BGB »weitgehend leerlaufen« würde.[24] Auch wird vertreten, dass es im § 635 Abs. 3 BGB allein auf subjektive Vergleiche zwischen den Nacherfüllungskosten und dem Wertverlust des Werkes ankomme. Dies führe dazu, dass die vom BGH herausgearbeitete Linie bzgl. des Abstellens auf die subjektive Wertschätzung aus Sicht des Bestellers nur über § 275 Abs. 2 BGB zum Tragen komme.[25] Im Ergebnis wird man mit der BGH Rechtsprechung in erster Linie das Interesse des Bestellers zu sehen haben. Ob dies allein objektiv oder subjektiv zu bewerten ist, kann nur der Einzelfall zeigen. Sicherlich wird man übertriebenes Affektionsinteresse nicht zu berücksichtigen haben. Andererseits hat der Besteller Anspruch auf ein mangelfreies Werk. **13**

Schließlich stellt sich die Frage, wie die **Rückgewährverpflichtung** des § 635 Abs. 4 BGB zu sehen ist. Was geschieht mit ihr, wenn sich der Unternehmer auf sein Verweigerungsrecht i. S. d. § 635 Abs. 3 BGB berufen kann? Wie ist der Schadensausgleich in solchen Fällen vorzunehmen? Muss der Besteller die mangelhafte Leistung behalten? An sich kann dies nicht sein. Selbst wenn der Unternehmer nicht nacherfüllen muss, wird er den Besteller zumindest von der mangelhaften ursprünglichen Leistung befreien müssen. **14**

Was die weitgehende Absicherung des Bestellers in diesen werkvertraglichen Fällen betrifft, so handelt es sich bei dem Anspruch auf Nacherfüllung des § 635 BGB um ein verschuldensunabhängiges Recht. Darüber hinausgehenden Schadensersatz hat der Unternehmer nur zu leisten, wenn er schuldhaft gehandelt hat. Bei einer mangelhaften Werkleistung wird dies allerdings indiziert.[26] Somit werden auch die Ansprüche der §§ 280, 281 f. BGB zu bejahen sein. Etwas anderes wird nur dann gelten, **15**

---

22 BGH BauR 1973, 112 = NJW 1973, 138; BGH BauR 1996, 858; BGH BauR 1997, 638; BGH BauR 2002, 613.
23 In diesem Sinne Werner/Pastor Rn. 1556 m. w. N.
24 Palandt/Heinrichs § 257 BGB Rn. 26.
25 Palandt/Sprau § 625 BGB Rn. 12.
26 Staudinger/Peters § 634 BGB Rn. 113; BGHZ 48, 310 = NJW 1968, 43; BGH BauR 1982, 514; OLG Hamm NJW-RR 1991, 731.

wenn der Besteller beispielsweise Material eingebaut hat, das er bei Dritten erworben hat und dessen Schadhaftigkeit für ihn beim Einbau nicht erkennbar war.

b) Verjährungsrechtliche Fragen

16 Die Verjährung der Mängelansprüche zwischen Besteller und Unternehmer richten sich nach § 634a BGB. Im dortigen Absatz 1 wird in den Ziffern 1–3 eine Dreiteilung vorgenommen. Die Ziffer 2 spricht von Bauwerksleistungen und Planungs- bzw. Überwachungsleistungen. Angesprochen sind alle Bauerrichtungsverträge. Es kann sich dabei auch um Teilwerke handeln. Die Ziffer 1 des § 634a Abs. 1 BGB ist hiervon nicht ganz einfach abzugrenzen. Dies deshalb, weil hierunter sog. **Arbeiten am Grundstück** fallen. Verwirrend ist zusätzlich, dass auch hier von der Herstellung und Veränderung einer Sache gesprochen wird. Als Merkregel wird man darauf abzustellen haben, dass unter die Nr. 2 nur Bauwerksleistungen fallen (neben den dazu gehörigen Planungsleistungen), die funktionale Bedeutung für das Bauwerk haben, unter die Ziffer 1 alle anderen Herstellungen oder Änderungen von nicht beweglichen Sachen, die für die Funktionalität nicht relevant sind.

17 Ziffer 3 des § 634a Abs. 1 BGB ist als **Auffangtatbestand** zu verstehen. Hierunter fallen alle Werksleistungen, die nicht unter die genannten Ziffern 1 und 2 fallen. Angesprochen sind insbesondere unkörperliche Werke, wie beispielsweise Beratung, Auskunft, Beförderung, Operationen, Gebisssanierungen, Tätowierungen, bis hin zu Theateraufführungen. Zu beachten ist, dass es sich nicht um den Ziffern 1 und 2 zugeordnete Planungs- oder Überwachungsleistungen handeln darf.

18 Soweit der Unternehmer eine Bauwerksleistung erbracht hat, verjähren die Ansprüche des § 634 Nr. 1, 2 und 4 BGB in fünf Jahren. Hierbei handelt es sich um die Ansprüche auf Nacherfüllung, Ersatz der erforderlichen Aufwendungen beim Selbstbeseitigungsrecht und der Schadensersatzansprüche der §§ 280 ff. BGB (ausgenommen des § 282 BGB). Bei letzterem handelt es sich um Schadensersatz statt der Leistung wegen Verletzung einer Pflicht i.S.d. § 241 Abs. 2 BGB. Angesprochen ist insoweit die gegenseitige Rücksichtnahmepflicht jeder Vertragspartei im Zuge der Durchführung eines Vertrages (früher sprach man von der sog. PVV). Dieser Schadensersatzanspruch verjährt in der üblichen Verjährungsfrist des § 195 BGB, d. h. in drei Jahren.

19 Die Ansprüche auf **Rücktritt** vom **Vertrag** oder **Minderung** (§ 634a Abs. 1 S. 1 BGB in Verbindung mit § 634 Nr. 3 BGB) verjähren nicht in der Fünfjahresfrist. Aufgrund des Gestaltungsrechtscharakters sind § 634a Abs. 1–3 BGB ausdrücklich nicht auf Rücktritt und Minderung anwendbar (Abs. 1 verweist nur auf § 634 Nr. 1, 2 und 4 BGB), weshalb der Besteller auch noch nach Eintritt der Verjährung der übrigen Mängelrechte zurücktreten oder mindern könnte. Rücktritt und Minderung werden jedoch gem. § 634a Abs. 4 und 5 i.V.m. § 218 BGB unwirksam, wenn sich der Unternehmer auf die Einrede der Verjährung des Ausgangstatbestandes

der Nacherfüllung beruft. Hinsichtlich der Einzelheiten wird auf die Kommentierung zu § 634 a BGB verwiesen.

Was den Beginn der Verjährung betrifft, gilt hierfür gem. § 634 a Abs. 2 BGB bei Bauwerksleistungen der Zeitpunkt der Abnahme. Nur soweit auf die Verjährung des § 195 BGB verwiesen ist, beginnt die dortige dreijährige Verjährungsfrist unter den Voraussetzungen des § 199 BGB zu laufen (Ende des Jahres nach Entstehen des Anspruchs und Kenntnis/Kenntnismöglichkeit).

2. Rechtsbeziehung zwischen Unternehmer und Baustoffhändler
a) Absicherung des Unternehmers?

Wenn der Unternehmer sich die Materialien beim Baustoffhändler besorgt, die er im Rahmen seiner Werkleistung in der Folgezeit beim Besteller einbaut, handelt es sich um einen Kaufvertrag. Dem Unternehmer stehen im Falle der Mangelhaftigkeit der Baustoffe (z. B. Dachziegel oder Fassadenplatten) die Mängelrechte des § 437 BGB zu. Diese sind denen des Werkvertragsrechts vergleichbar, soweit es sich um die Nacherfüllung, den Schadensersatz, den Rücktritt und die Minderung handelt. Im Kaufrecht nicht gegeben ist dagegen der Anspruch auf Selbstbeseitigung und auf Ersatz der dafür erforderlichen Aufwendungen.

Für den Unternehmer wird sich im Ausgangsfall (oben Rn. 2) zunächst die Frage stellen, ob er durch den **Nacherfüllungsanspruch** aus § 439 BGB **abgesichert** ist. Er kann insoweit nach seiner Wahl – im Werkvertragsrecht war es das Wahlrecht des Werkunternehmers – die Beseitigung des Mangels oder die Lieferung einer mangelfreien Sache verlangen. Dabei hat der Verkäufer gem. § 439 Abs. 2 BGB die zum Zwecke der Nacherfüllung erforderlichen Aufwendungen zu tragen, insbesondere **Transport-, Wege-, Arbeits-** und **Materialkosten**. Es liegt also eine dem § 635 Abs. 2 BGB vergleichbare Regelung vor. Auch im Kaufrecht ist von einem Verschulden nicht die Rede. Als Folge müsste sich der Unternehmer bezüglich der ihm gegenüber dem Besteller obliegenden Verpflichtungen im Verhältnis 1:1 beim Baustoffhändler schadlos halten können. Problematisch ist allerdings, ob der **Aufwendungsbegriff** in beiden Regelungen gleich zu verstehen ist. Diese Frage stellt sich, weil der Verkäufer an sich nur damit zu rechnen hat, dass seine Leistung an einen beliebigen Ort transportiert wird. Muss er auch damit rechnen, dass diese in ein Bauwerk eingebaut wird? Streitig sind in diesem Fall insbesondere die Kosten des Ausbaus und Wiedereinbaus an der Bauwerksleistung des Bestellers.

Das OLG Karlsruhe hat sich zu dieser Frage in seiner Entscheidung vom 2. 9. 2004[27] dahin gehend geäußert, dass der Käufer vom Verkäufer im Rahmen des Ersatzes der Aufwendungen des § 439 Abs. 2 BGB auch die Kosten für den Ein- und Ausbau verlangen kann. Zwar handelte es sich im damaligen Fall um den Eigen-

---

27 OLG Karlsruhe BauR 2005, 109 = IBR 2004, 621. Bemerkenswert war, dass die Nacherfüllungskosten den Kaufpreis um das 15-fache überstiegen.

einbau einer Privatperson (Fliesen in der Küche). An der Aussage ändert dies allerdings nichts. Das OLG Köln ist mit seiner Entscheidung vom 21. 12. 2005 dem entgegengetreten.[28] Abweichend von der Karlsruher Entscheidung wurden die Wiedereinbaukosten der nachgelieferten Platten nicht als ersatzfähig angesehen. Dies mit der nachvollziehbaren Begründung, dass der Verkäufer mit diesem Einbau in keinem Fall etwas zu tun hat. Als Folge dieser Ausführungen wäre der Unternehmer gegenüber dem Baustoffhändler nicht vollständig abgesichert.

24 Etwas anderes könnte gelten, wenn ihm **zusätzlich Schadensersatzansprüche** zustehen würden. Voraussetzung dafür ist ein Verschulden des Baustoffhändlers (oder seiner Erfüllungsgehilfen § 278 BGB). Zwar wird das Verschulden des Baustoffhändlers aufgrund der Regelung des § 280 Abs. 1 S. 2 BGB widerleglich vermutet. Dieser wird sich jedoch regelmäßig damit exkulpieren können, dass er die fehlerhafte Produktion – im Gegensatz zum Hersteller – nicht zu vertreten hat (auch keine Zurechnung des Herstellerverschuldens, da dieser nicht als Erfüllungsgehilfe des Baustoffhändlers anzusehen ist). Es muss für den Baustoffhändler somit eine zusätzliche Pflichtverletzung nachzuweisen sein, insbesondere eine Verletzung seiner Pflicht die Waren zumindest stichprobenweise zu überprüfen (gerade auch bei offensichtlichen Mängeln). Diskutiert wurde dies in dem Urteil des OLG Karlsruhe vom 2. 9. 2004.[29] Dabei war ein Fall zu entscheiden, bei dem der Baustoffhändler das Material direkt vom Produzenten an die Baustelle des Unternehmers »durchgeleitet« hatte. Es wurde die Frage gestellt, ob der Händler seinen **Untersuchungspflichten** ausreichend nachgekommen war. Dies wurde vom Grunde her bejaht, gleichwohl hat der Baustoffhändler den Prozess verloren. Allerdings nicht aufgrund seiner nicht vorgenommenen Untersuchungspflicht, sondern es wurde ihm vorgeworfen, dass er bzgl. der später schadhaft gewordenen Fliesen per Zeitungsannonce mit » Fliesen erster Wahl« geworben hatte. Er konnte in soweit nicht belegen, dass er bei seinem italienischen Lieferanten auch tatsächlich Fliesen erster Wahl und nicht nur solche mittlerer Art und Güte bestellt hatte. In soweit würde den von ihm angepriesenen Fliesen eine vereinbarte Beschaffenheit fehlen. Es handelt sich hier in soweit um einen Sonderfall, nicht nur deshalb, weil hier der Nacherfüllungsanspruch mit dem Schadensersatzanspruch vermengt wurde.

So hat das OLG auch den Nacherfüllungsanspruch bejaht, insbes. auch bezgl. der Wiedereinbaukosten (anders das OLG Köln a. a. O). Nach der Kölner Begründung müsste für die Wiedereinbaukosten zusätzlich ein Schadensersatzanspruch gegeben sein.

Im Ergebnis wird man in vergleichbaren Fällen einen Ersatzanspruch des Unternehmers gegenüber dem Baustoffhändler bezüglich zusätzlicher Schadenspositionen nur dann bejahen können, wenn man beim Händler eine schuldhafte Ver-

---

28 OLG Köln IBR 2006, 140.
29 OLG Karlsruhe BauR 2005, 109.

letzung seiner Untersuchungspflicht oder Vergleichbarem annimmt. Im Regelfall wird dies nicht gegeben sein. Insbesondere weil in der zitierten Entscheidung des OLG Karlsruhe gerade verneint wurde, dass beim Baustollhändler eine standardisierende Untersuchungspflicht vorliegen würde.[30]

b) Sonstige Ansprüche des Unternehmers

Weiter zu fragen ist, ob sich der Unternehmer dadurch zusätzliche Ansprüche sichern kann, dass er aufgrund des **Produkthaftungsgesetzes** auf den Produzenten »durchgreift«. Möglich wäre dies, da Ansprüche im Produkthaftungsbereich unabhängig von direkten vertraglichen Beziehungen bestehen können. Da die Produkthaftung im Ergebnis nicht zu einer zusätzlichen Gewährleistung führen soll, wird man Entsprechendes jedoch verneinen müssen. Abgesichert sind dort vielmehr nur Körper-, Gesundheits- und sonstige Sachschäden. Unter sonstigen Sachschäden versteht man Schädigungen an anderen Rechtsgütern, die gewöhnlich für den privaten Ge- und Verbrauch bestimmt sind. Nicht darunter fallen die hier für den Unternehmer relevanten Kosten für den Wiedereinbau der Platten. 25

Wären Ansprüche aus dem Produkthaftungsgesetz gegeben, könnte sich der Unternehmer entweder an den Hersteller oder den Importeur im Bereich des Abkommens über den Europäischen Wirtschaftsraum wenden, ersatzweise an den Lieferanten (§ 4 Produkthaftungsgesetz). Zusätzlich bestünden Haftungsbegrenzungen (auf 85 Mio. € bei Körperschäden) und Regelungen zur Selbstbeteiligung (500 €). 26

Im Ergebnis ist der Unternehmer durch die **Produkthaftung** somit nicht zusätzlich abgesichert.

c) Verjährungsfragen

Die Verjährung der kaufrechtlichen Mängelansprüche ist in § 438 BGB geregelt. Im oben geschilderten Ausgangsfall verjähren die in Rede stehenden Nacherfüllungs- und Schadensersatzansprüche (ausgenommen § 282 BGB) seit der Schuldrechtsreform nicht mehr in sechs Monaten, sondern gem. § 438 Abs. 1 Nr. 3 BGB in zwei Jahren. Die Verjährung beginnt dabei im Regelfall mit der Übergabe, im Übrigen mit der Ablieferung der Sache. Dies stellt jedoch nur einen Teil der Verjährungsregelung dar. Ebenfalls durch die Schuldrechtsreform wurde in § 438 Abs. 1 Nr. 2 b BGB als absolute Neuregelung eine fünfjährige Verjährungsfrist eingefügt. Diese gilt nicht nur für den Verkauf eines Bauwerkes, sondern für eine Sache »*... die entsprechend ihrer üblichen Verwendungsweise für ein Bauwerk verwendet worden ist und dessen Mangelhaftigkeit verursacht hat ...*«. 27

Der Verkäufer einer Sache soll demnach nicht nur statt der früheren sechs Monate von nun an zwei Jahre haften, sondern sogar fünf Jahre. Voraussetzung ist, er ver- 28

---

30 OLG Karlsruhe BauR 2005, 109.

kauft Produkte, die üblicherweise für ein Bauwerk verwendet werden. Am Wortlaut des § 438 Abs. 1 Nr. 2 b BGB ist problematisch, dass dort formuliert worden ist, dass Materialien verwendet worden sein müssen (Wortlaut: »... ist ...«). Im Verhältnis zwischen Unternehmer und Baustoffhändler dürfte dies im Regelfall unproblematisch sein. Der Unternehmer baut die Materialien schließlich in das Bauwerk des Bestellers ein. Was ist allerdings, wenn der Unternehmer auf Vorrat einkauft, entsprechende Materialien über zwei Jahre liegen lässt und erst dann in ein Bauwerk einbaut? An sich ist zu diesem Zeitpunkt die Zweijahresfrist des § 438 Abs. 1 Nr. 3 BGB bereits abgelaufen. Lebt die Fünfjahresfrist wieder auf, wenn nach Ablauf der fünf Jahre doch noch eine Bauwerksverwendung stattfindet?

29 Der Gesetzgeber ist gehalten, hier eine Klarstellung vorzunehmen. Bis dahin wird man mit dem Ziel der Regelung argumentieren müssen. Dieses geht dahin, die sog. **Verjährungslücke** zu schließen. Diese bestand darin, dass der Unternehmer gegenüber seinem Besteller fünf Jahre verschuldensunabhängig für Mängel an Materialien haftete, die er beim Baustoffhändler eingekauft hatte und von diesem bereits mangelhaft geliefert wurden. Sein Rückgriffsrecht beim Baustoffhandel verjährte in 6 Monaten, bzw. jetzt an sich in zwei Jahren. Dies immer aus dem Blickwinkel, dass Untersuchungspflichten nicht verletzt wurden. Aus dem Zweck der Änderungen der geschilderten Regelungen im Zuge der Schuldrechtsreform wird man deshalb schließen müssen, dass hier eine Absicherung der Unternehmerseite gewollt war. Deshalb wird man dahin gehend argumentieren können, dass die Materialien nicht eingebaut sein müssen, sondern dass es genügt, dass sie üblicherweise zum Einbau geeignet sind. Um es zu wiederholen, der Gesetzeswortlaut ist hier mangelhaft.

30 Was die geschilderte Verjährungslücke anbetrifft, ist diese nicht komplett geschlossen worden. Dies vor dem Hintergrund, dass die Fünfjahresfrist im Verhältnis zwischen Besteller und Unternehmer mit der Abnahme zu laufen beginnt. Im Verhältnis zwischen Unternehmer und Baustoffhändler beginnt diese gem. § 438 Abs. 2 BGB mit der Übergabe bzw. mit der Ablieferung der Sache. Dieser Zeitpunkt wird im Regelfall deutlich vor demjenigen der Abnahme im Verhältnis zwischen Besteller und Unternehmer liegen. Der Unternehmer hat hier somit weiterhin die Folgen einer zeitlichen Verjährungslücke zu tragen.

3. Rechtsbeziehung zwischen Baustoffhändler und Verbraucher

31 Wie aus der eingangs vorgestellten Skizze zum Ausgangsfall hervorgeht, ist zusätzlich die Konstellation zu betrachten, dass Vertragspartner des Baustoffhändlers nicht ein Bauunternehmer ist, sondern ein **Verbraucher**. Insoweit ist auf die Regelungen der §§ 13 und 14 BGB zu verweisen. In § 13 BGB ist geregelt, dass ein Verbraucher jede natürliche Person ist, die ein Rechtsgeschäft zu einem Zwecke abschließt, der weder ihrer gewerblichen noch ihrer beruflichen Tätigkeit zugerechnet werden kann. Der **Unternehmer** dagegen (§ 14 BGB) ist eine natürliche

oder juristische Person (oder eine rechtsfähige Personengesellschaft) die bei Abschluss eines Rechtsgeschäftes in Ausübung ihrer gewerblichen oder selbständigen beruflichen Tätigkeit handelt. Bei der oben geschilderten Rechtsbeziehung zwischen Baustoffhändlern und Bauunternehmern wird man im Regelfall davon auszugehen haben, dass es sich beim Unternehmer auch um einen solchen i.S.d. § 14 BGB handelt.

32 Erwirbt ein Verbraucher i.S.d. § 13 BGB beim Baustoffhändler Baustoffe liegt ein sog. **Verbrauchsgüterkauf** vor. Auch hier gelten die Vorschriften des Kaufrechts. Allerdings kommen dem Verbraucher ergänzend die Vergünstigungen der Regelung der §§ 474 ff. BGB zugute (Untertitel 3 »Verbrauchsgüterkauf«). Durch den auf der Ebene der Europäischen Gemeinschaft immer weiter vorangetriebenen Verbraucherschutz, wurden auch im BGB im Zuge der Umsetzung der verschiedenen Richtlinien zusätzliche Rechte für den Verbraucher geschaffen.

33 Voraussetzung für einen Verbrauchsgüterkauf i.S.d. § 474 BGB ist, dass es sich um eine bewegliche Sache handelt. Auch wenn der Verbraucher die Dachziegel später an seinem Bauwerk einbauen will, handelt es sich zum Zeitpunkt des Kaufes um etwas Bewegliches. Anderes würde gelten, wenn es sich um gebrauchte Materialien handeln würde, die in einer öffentlichen Versteigerung vom Verbraucher erworben wurden (§ 474 Abs. 1 S. 2 BGB). Bereits an dieser Stelle ist zusätzlich darauf hinzuweisen, dass gem. § 474 Abs. 2 BGB die Regelung des § 445 BGB (**Haftungsbegrenzung** bei öffentlichen Versteigerungen) und wichtiger, die des § 447 BGB für den Verbraucher, nicht gelten. Dies stellt eine weitere Vergünstigung für den Verbraucher dar. In § 447 BGB ist der Gefahrübergang beim Versendungsverkauf geregelt, es handelt sich insoweit um eine Privilegierung des Verkäufers bei Versendungsverkäufen, die ihm gegenüber einem Verbraucher nicht eingeräumt wird.

34 Bei den **Vergünstigungen**, die der Verbraucher über die Regelungen der §§ 474 bis 479 BGB erfährt, handelt es sich zunächst einmal um das Verbot für den Unternehmer, Rechte des Verbrauchers aus den §§ 433 bis 435, 437, 439 bis 443 BGB zu beschneiden. Danach kann der Unternehmer mit dem Verbraucher vor der Mitteilung über einen Sach- oder Rechtsmangel keine wirksame Vereinbarung dergestalt treffen, dass die Mangelrechte des Verbrauchers eingeschränkt werden. Ziel dieser Regelung ist es, den Verbraucher vor modernen, **aggressiven Vertriebsmethoden** zu schützen.[31] Zusammenfassend kann man festhalten, dass es dem Unternehmer somit untersagt ist, den Verbraucher durch »Überredungskünste« etc. (z.B. bei Kaffeefahrten) vertraglich dazu zu bringen, beim Kauf einer beweglichen Sache bereits im Vorhinein auf gesetzliche Rechte zu verzichten. Mit »Vorhinein« ist der Zeitpunkt gemeint, bevor dieser Mängel an der Sache erkennt und mitteilt. Dagegen ist es zulässig, nach Mitteilung eines Sach- oder Rechtsmangels entsprechende Vereinbarungen zu treffen. Nicht ausdrücklich geregelt ist, wie Mängel zu behan-

---

31 Palandt/Putzo § 475 BGB Rn. 1.

deln sind, die zum Zeitpunkt der Vereinbarung noch nicht mitgeteilt sind, allerdings hätten erkannt werden können.

35 Die in § 475 Abs. 1 BGB zitierten im Verbrauchsgüterkauf **nicht abbedingbaren Käuferrechte** beinhalten nicht die Regelung zur Verjährung der Mangelrechte (§ 438 BGB). Wegen deren Bedeutung besteht in § 475 Abs. 2 BGB eine gesonderte Regelung zur Zulässigkeit von vertraglichen Verjährungserleichterungen. Danach kann wiederum vor Mitteilung eines Mangels der Unternehmer die Rechte des Käufers verjährungsrechtlich nur ganz eingeschränkt eingrenzen. Die Verjährungsfrist hinsichtlich »neuer Sachen« kann dabei nicht unter die gesetzliche Frist des § 438 Abs. 1 Nr. 3 BGB von zwei Jahren verkürzt werden. Eine Verkürzung auf ein Jahr ist gem. § 475 Abs. 2 Alt. 2 BGB nur bei gebrauchten Sachen zulässig.

36 Zusätzlich wird in § 476 BGB eine **Beweislastumkehr** festgeschrieben. Danach soll dem Verbraucher Hilfe gewährt werden, wenn sich innerhalb von sechs Monaten seit Gefahrübergang einer beweglichen Sache ein Sachmangel zeigt. Innerhalb dieser sechs Monate wird vermutet, dass die Sache bereits bei Gefahrübergang mangelhaft war. Die Anwendung der Beweislastumkehr soll nicht dadurch ausgeschlossen werden, dass der Verbraucher die gekaufte Sache durch einen Dritten/Bauunternehmer einbauen lässt.[32]

37 Durch die **Vermutungsregelung** des § 476 BGB wird dem Käufer/Verbraucher der häufig schwer zu erbringende Nachweis dafür abgenommen, dass der Mangel der Sache bereits bei Gefahrübergang angehaftet hat (wenn auch nicht erkennbar). Was die Erkennbarkeit angeht, ist auf die Regelung des § 442 BGB zu verweisen (hierzu unten). Die Regelung des § 476 BGB hat sich in der Praxis bisher nicht bewährt. Dies zeigt eine Entscheidung des OLG München. Dort hatte sich im Rahmen des Kaufes eines Gebrauchtwagens der Erwerber darauf berufen, dass ein Mangel bei Gefahrübergang bereits vorhanden gewesen sein musste, weil er eben innerhalb der genannten Sechsmonatsfrist aufgetreten ist. Der BGH hat dies verneinend korrigiert und dem Autohändler dahin gehend Recht gegeben, dass kein Mangel, sondern auch eine unsachgemäße Bedienung Ursache des Defekts am Gebrauchtwagen gewesen sein könne.[33] Der BGH hat die Regelung des § 476 BGB somit dahin gehend interpretiert, dass für den Käufer nur bezüglich des Nachweises eine Erleichterung gegeben ist, dass – sofern ein Mangel vorliegt – dieser bereits bei Gefahrübergang vorhanden war. Die **Beweiserleichterung** soll allerdings nicht bezüglich der Tatsache gelten, dass die gekaufte Sache überhaupt einen Mangel aufweist. Der Käufer muss daher nach wie vor das Vorliegen eines Mangels beweisen. In der Praxis läuft die zitierte Regelung somit mehr oder weniger ins Leere.

---

32 BGH BauR 2005, 607 = IBR 2005, 1143 – nur online.
33 BGHZ 159, 215 = NJW 2004, 2299.

4. Rechtsbeziehung des Baustoffhändlers zum Produzent oder Zwischenhändler

Auch die Rechtsbeziehung zwischen Baustoffhändler und dem **Produzenten/Zwischenhändler/Importeur** richtet sich nach Kaufrecht. Insoweit gilt hier das Gleiche, wie in der Rechtsbeziehung zwischen Unternehmer und Baustoffhändler. Zunächst sind wiederum Nacherfüllungsansprüche des Baustoffhändlers gegenüber dem Produzenten aus § 439 BGB zu prüfen. Dem Händler steht ein Anspruch auf Nacherfüllung oder Lieferung einer mangelfreien Sache zu. Daher kann er die Verpflichtung, die ihm in der kaufrechtlichen Beziehung zum Unternehmer obliegt, 1:1 weitergeben. Darüber hinaus dürfte der Baustoffhändler sogar noch zusätzlich abgesichert sein. Ihm wird neben seinem Nacherfüllungsanspruch gegen den Produzenten regelmäßig ein Schadenersatzanspruch zustehen. Ein Verschulden wird man beim Produzenten im Regelfall zu unterstellen haben. Dies vor dem Hintergrund, dass dieser ein schadhaftes Produkt hergestellt hat und seinen entsprechenden Kontrollpflichten nicht nachgekommen sein kann. Als Schaden könnte er dabei Positionen geltend machen, die er über den Nacherfüllungsanspruch hinaus gegenüber seinem Käufer zu ersetzen hat, insbesondere Mangelfolgeschäden. Etwaiges Mitverschulden des Baustoffhändlers wäre dabei anspruchsmindernd zu berücksichtigen. 38

Fraglich ist, ob ein Schadensersatzanspruch auch gegenüber dem Zwischenhändler/Importeur besteht. Dabei wird es vom Einzelfall darauf ankommen, ob bei diesen mangels Verantwortlichkeit als Produzent ein Verschulden vorliegt. Hierbei wird man die Verletzung von Untersuchungspflichten, Prüfpflichten beim Einkauf etc. zu prüfen haben. 39

C. Einzelne Rechtsfragen beim Vertrieb von Baustoffen.

I. Baustoffhandel und Schuldrechtsreform

Durch die Schuldrechtsreform wurde das Kaufrecht dem Werkvertragsrecht angeglichen. Dieses Bestreben ist bisher nicht abgeschlossen. Die folgenden Aufzählungen der nach wie vor bestehenden Unterschiede zwischen Kauf- und Werkvertragsrecht belegt dies: 40

Abgrenzung zwischen Kauf- und Werkvertragsrecht
- Im WkR, Recht zur Selbstvornahme, § 637 BGB.
- Im WkR Anspruch auf Vorschuss, § 637 BGB.
- Im KaR Vereinbarung der VOB/B nicht möglich.
- Im KaR gilt § 442 BGB, d.h. bei grob fahrlässiger Unkenntnis des Mangels zum Zeitpunkt des Vertragsabschlusses keine Mängelrechte.
- Im WkR gilt § 640 Abs. 2 BGB, d.h. (nur) bei positiver Kenntnis des Mangels entfallen die Mangelrechte, ausgenommen der Anspruch auf Schadensersatz.

- Im KaR Ablieferung statt Abnahme Zeitpunkt für Gefahrübergang.
- Verjährung im Zusammenhang mit Bauwerksleistungen wurde weitgehend auf 5 Jahre angepasst, § 438 Abs. 1 Nr. 2 b BGB.
- Nacherfüllungs-Wahlrecht im KaR beim Käufer, im WkR beim Unternehmer.
- Gesetzlichen Anspruch auf Abschlagszahlungen (§ 632 a BGB) gibt es nur im WkR.
- Im KaR ausdrückliche Regelung, dass auch Werbeaussagen des Herstellers bzw. Verkäufers zum Sachmangel führen (§ 434 Abs. 1 S. 3 BGB).
- Im WkR besteht Mitwirkungspflicht des Bestellers, § 642 BGB.
- § 434 Abs. 2 S. 2 BGB erstreckt die Sachmangelhaftung des Verkäufers auf Montageanleitungen.
- Im WkR besteht jederzeitiges Kündigungsrecht des Bestellers, § 649 BGB.
- Im KaR/Werklieferungsvertrag besteht Pflicht zur unverzüglichen Rüge, §§ 377, 381 Abs. 2 HGB.
- Bauhandwerkersicherung für die Vergütung (§ 648 a BGB) nur im WkR.

41 Im Ergebnis lässt sich sagen, dass die Schuldrechtsreform die Position des Verkäufers und damit auch des Baustoffhändlers in einigen Punkten verschlechtert hat. Beispielhaft ist die Regelung des § 438 Abs. 1 Nr. 3 BGB zu nennen. Danach haftet der Baustoffhändler von nun ab für den Verkauf beweglicher Sachen nicht mehr nur sechs Monate, sondern zwei Jahre. Handelt es sich um Sachen, die entsprechend ihrer üblichen Verwendungsweise für ein Bauwerk verwendet werden, gilt sogar eine fünfjährige Verjährungsfrist (§ 438 Abs. 1 Nr. 2 b BGB). Bezüglich des Beginns der Verjährung ist der Baustoffhändler gegenüber dem Bauunternehmer nach wie vor privilegiert. Die bauwerkliche fünfjährige Verjährungsfrist des Unternehmers beginnt mit der Abnahme, die des Baustoffhändlers mit der Übergabe, im Übrigen mit der Ablieferung der Sache (§ 438 Abs. 2 BGB). Es verbleibt somit eine Verjährungslücke zu Lasten des Unternehmers.

42 Auch die **Rückgriffregelung des § 478 BGB** im Rahmen des Verbrauchsgüterkaufs stärkt die Rechtsstellung des Baustoffhändlers jedenfalls im Verhältnis zum Käufer nicht. Der Unternehmer, der bei ihm eine mangelhafte Sache erworben hat und seinerseits gegenüber dem Verbraucher Mangelrechte einräumen musste, wird privilegiert. Dies dergestalt, dass in seinem Verhältnis zum Baustoffhändler wegen des Mangels eine ansonsten übliche Fristsetzung nicht erforderlich ist. Die ansonsten bestehende Pflicht zu einer Fristsetzung ergibt sich nicht aus den §§ 437, 438 und 439 BGB direkt, sondern durch Verweisung auf die §§ 440 und 441 i.V.m. den §§ 281 und 323 BGB.

43 Auch die weiteren Regelungen des § 478 BGB stärken die Stellung des Unternehmers gegenüber dem Baustoffhändler. Gemäß dem dort genannten Absatz 2 kann der Unternehmer – wenn er vom Baustoffhändler eine neu hergestellte Sache gekauft hat – von diesem Ersatz der Aufwendungen verlangen, die er im Verhältnis

zum Verbraucher über § 439 Abs. 2 BGB zu tragen hat. Zu beachten ist, dass es sich auch hier um eine Regelung im Bereich des Verbrauchsgüterkaufes handelt. Für den eingangs geschilderten Fall mit dem Unternehmer als Dachdecker etc. trifft dies nicht zu. In diesen Fällen tritt zwar auch ein Verbraucher auf, allerdings nicht als Käufer, sondern als Besteller im Rahmen eines Werkvertrages.

Zusätzliche Voraussetzung des § 478 Abs. 2 BGB ist das Vorliegen des Mangels bereits beim Übergang der Gefahr zwischen Baustoffhändler und Unternehmer. Auch die weiteren Vorschriften des § 478 BGB gehen in die gleiche Richtung. Insoweit wird auf die Kommentierungen zum **Verbrauchsgüterkauf** verwiesen. Darüber hinaus ist die Frage der Verjährung von Rückgriffsansprüchen gem. § 479 BGB zu beachten. Für den Baustoffhandel ist letztendlich von Bedeutung, dass gem. § 478 Abs. 6 BGB die Regelung des **§ 377 des Handelsgesetzbuches (HGB)** auch im Rückgriffsbereich des Verbrauchsgüterkaufs wirksam ist (hierzu unten Rn. 47 ff.). 44

Vorteilhaft für den Baustoffhändler wirkt sich bei einem Verbrauchsgüterkauf hingegen aus, dass er seinerseits gegenüber seinem Lieferanten in der Lieferkette privilegiert ist. Gem. § 478 Abs. 5 BGB finden die § 478 Abs. 1–4 BGB für den Rückriff bei seinem Lieferanten ebenfalls Anwendung (siehe unter Rn. 62 ff.). 45

II. § 13 Nr. 3 VOB/B

Bei der VOB Teil B handelt es sich um Allgemeine Vertragsbedingungen für die Ausführung von Bauleistungen. Es wurde bereits darauf hingewiesen, dass die VOB/B im Kaufrecht nicht wirksam vereinbart werden kann. Folglich kann auch § 13 Nr. 3 VOB/B dem Baustoffhändler nicht zu gute kommen. Er kann allerdings dem Unternehmer im Verhältnis zu seinem Besteller helfen. 46

III. Verlust der Mangelrechte

1. Rügepflicht nach den §§ 377, 381 HGB

Gem. § 381 Abs. 2 HGB n. F. gilt die Rügepflicht des § 377 HGB für alle vom Regelungsbereich des § 651 BGB umschlossenen Verträge (auch im **Rückgriffsbereich des Verbrauchsgüterkaufs** § 478 Abs. 6 BGB). Im Ergebnis hat sich damit zur früheren Regelung nicht viel geändert. Auch nach altem Recht galt die Rügepflicht nicht nur für Kaufverträge, sondern wegen § 381 Abs. 2 HGB a. F. auch für Werklieferungsverträge über nicht vertretbare Sachen. Voraussetzung war allein, dass ein beiderseitiges Handelsgeschäft vorlag. 47

Ein gewerblicher Bauunternehmer hat als Käufer nach Anlieferung von Materialien die Pflicht, diese unverzüglich zu **untersuchen** und **erkennbare Mängel anzuzeigen**. Ist eine Erkennbarkeit nicht sofort gegeben, gilt die entsprechende Pflicht über § 377 Abs. 2 HGB unverzüglich nach Entdeckung. Zeigt er die Mängel 48

Anhang 1: Baustoffe – Rechtsfragen

entsprechend der Rügepflicht nicht rechtzeitig an, gilt die Ware als genehmigt. Er verliert seine Mangelrechte.

49 Baut der Käufer (Bauunternehmer) mangelhafte Materialien bei seinem Besteller/Bauherren ein, haftet er diesem gegenüber – wie oben geschildert – auf Nacherfüllung (zum streitigen Umfang der Nacherfüllung siehe oben III. 1. a). Zusätzlich auf Schadensersatz wird er nur dann haften, wenn er sich vorwerfen lassen muss, die Baustoffe nicht genügend untersucht zu haben. Die Frage ist in diesem Zusammenhang, ob bei der Prüfung des Verschuldens die **Untersuchungs- und Rügepflichten** zwischen Unternehmer und Lieferanten herangezogen werden können. In der bereits zitierten Entscheidung des OLG Karlsruhe[34] hat dieses dem Baustoffhändler im Verhältnis zu einem privaten Bauherrn ein Verschulden nicht deshalb angelastet, weil er die Ware nicht ausreichend untersucht hatte. Gleichwohl wurde die Haftung bejaht, weil sich dieser von einem vermuteten Verschulden in Bezug auf den Bestellungsvorgang nicht hat entlasten können. Dies hatte das OLG Hamm in einer früheren Entscheidung vom 1. 4. 1998 noch anders gesehen.[35]

50 Relevant wird die Untersuchungspflicht im Verhältnis zwischen Unternehmer und Baustoffhändler. Im Gegensatz zur obigen Lösung der Anspruchskette wird der Unternehmer seine **Regressansprüche** gegen den Baustoffhändler dann verlieren, wenn man ihm einen Verstoß gegen § 377 HGB anlasten kann. In der Entscheidung zur Dresdner Frauenkirche[36] ist dies geschehen. Dort wurden dem Bauunternehmer gegenüber dem Baustoffhändler Rückgriffansprüche mit der Begründung verwehrt, er habe die angelieferten Mörtelsäcke – eine Spezialmischung – nicht jedes Mal untersucht und Mängel unverzüglich gerügt. Diese Entscheidung ist in der Praxis kaum nachzuvollziehen. Es ist nicht erkennbar, wie der Bauunternehmer sich hier rechtlich richtig hätte verhalten können. Dies vor dem Hintergrund, dass das Material in den Säcken, die er bei Anlieferung geöffnet hätte, durch die Verbindung mit Sauerstoff unbrauchbar geworden wäre. Auch hätte er vor Ort per Augenschein gar nicht prüfen können, ob die Mörtelmischung brauchbar war. Die Entscheidung ist damit als unverständlich einzuordnen.[37]

51 § 377 HGB spielt auch im Verbrauchsgüterkauf eine Rolle. Zwar nicht im Verhältnis mit dem Verbraucher selbst, da dieser keinen **handelsrechtlichen Untersuchungspflichten** unterliegen kann. Allerdings besagt § 478 Abs. 6 BGB ausdrücklich, dass die Regelung des § 377 HGB unberührt bleibt. Als Folge verlieren die verschiedenen Unternehmer ihre Regressforderungen im Rahmen der **Rückgriffskette**, wenn ihnen eine Verletzung des § 377 HGB vorgeworfen werden kann.

---

34 OLG Karlsruhe BauR 2005, 109 = IBR 2004, 621.
35 OLG Hamm BauR 1998, 1019.
36 OLG Dresden IBR 2000, 228.
37 I. d. S. auch Leupertz BauR 2006, 1648 ff.

2. Kenntnis des Käufers bzw. Beruhen des Mangels auf vom Besteller gelieferten Baustoffen

§ 651 S. 2 BGB verweist darauf, dass die Vorschrift des § 442 Abs. 1 S. 1 BGB auch dann Anwendung findet, wenn der Mangel auf den vom Besteller gelieferten Stoff zurückzuführen ist. § 442 BGB enthält die Regelung, dass der Käufer seine Rechte verliert, wenn er den Mangel bei **Vertragsschluss** kennt. Ist dem Käufer ein Mangel in Folge grober Fahrlässigkeit unbekannt geblieben, stehen ihm Mangelrechte nur zu, wenn der Verkäufer den Mangel arglistig verschwiegen oder eine Garantie für die Beschaffenheit der Sache übernommen hat.

52

Der Verweis in § 651 S. 2 auf § 442 Abs. 1 S. 1 BGB hat zur Folge, dass der Käufer seine Rechte auch dann verliert, wenn der Mangel auf den vom Besteller gelieferten Stoff zurückzuführen ist. Der Grund für diese Regelung ist kaum nachzuvollziehen. Sie wird in den Kommentierungen weitgehend auch übergangen. Verstanden werden kann sie dahin gehend, dass der in § 442 BGB geregelte Ausschluss der Rechte des Käufers nicht nur unter der Voraussetzung des § 442 BGB eintritt, sondern auch dann, wenn der Mangel auf von ihm (Besteller/Käufer) gelieferte Stoffe zurückzuführen ist. Es handelt sich hier um eine Regelung die vergleichbar der des § 13 Nr. 3 VOB/B für den Bauwerksvertrag ist. Entlastet werden soll der Verkäufer, der den Mangel des von ihm verarbeiteten Stoffes nicht zu verantworten hat. Diese Haftungsbefreiung tritt unabhängig davon ein, ob der Besteller den Mangel des Stoffes kannte oder hätte kennen müssen. Erforderlich ist allein, dass der Besteller den Stoff geliefert hat. Nicht ausreichend dagegen ist, dass der Unternehmer/Verkäufer die Materialien im Namen und auf Rechnung des Bestellers besorgt hat.[38]

53

Die Bedeutung der Vorschrift des **§ 442 BGB** wird ersichtlich, wenn man ihr die Regelung des **§ 640 Abs. 2 BGB** gegenüberstellt. Letztere besagt, dass der Besteller im Werkvertragsrecht seine Gewährleistungsrechte »nur« verliert, wenn er ein mangelhaftes Werk abnimmt, obwohl er den Mangel kennt und ihn bei der Abnahme nicht vorbehält. Die Schadenersatzrechte bleiben ihm auch dann erhalten, wenn er entsprechend »fahrlässig« handelt. Im Kaufrecht ist dies anders. Dort sind die Mangelrechte gänzlich ausgeschlossen, wenn der Käufer den Mangel kennt. Bei der Kenntnis muss dabei allerdings auf den Zeitpunkt des Vertragsschlusses abgestellt werden. Von Abnahme oder Übergabe ist hier nicht die Rede.

54

Der Käufer ist somit schlechter gestellt. Dabei hilft ihm auch die Regelung des § 442 Abs. 1 S. 2 BGB nicht, wonach er bei grober Fahrlässigkeit doch noch Rechte geltend machen kann. Dies setzt voraus, dass der Verkäufer den Mangel arglistig verschwiegen oder eine Garantie für die Beschaffenheit der Sache übernommen hat.

55

Diese »Benachteiligung« des Käufers im Vergleich zum Besteller kann damit nachvollzogen werden, dass der Besteller zum Zeitpunkt der Abnahme im Werkver-

56

---

38 MüKo/Busche § 651 BGB Rn. 15. Dies entspricht der Rechtsprechung zu § 13 Nr. 3 VOB/B.

tragsrecht deutlich schützenswerter ist – er kann »erst jetzt« das hergestellte Werk prüfen.

IV. Haftung für Beschaffungsrisiko und Garantien

57 § 442 Abs. 1 S. 2 BGB stellt eine der wenigen Regelungen dar, in der der Begriff der Garantie nachzulesen ist. Definiert wird er jedoch an dieser Stelle nicht. Gleiches gilt für die Regelung des § 443 BGB. Die dortige Überschrift »**Beschaffenheits- und Haltbarkeitsgarantie**« verspricht mehr als sie hält. Geregelt wird in § 443 Abs. 1 BGB nur, dass dem Käufer im Falle der Vereinbarung einer solchen Garantie Rechte gegen den Garantiegeber zustehen. In § 443 Abs. 2 BGB wird wenigstens ausgesprochen, dass bei Vereinbarung einer Haltbarkeitsgarantie ein während ihrer Geltungsdauer auftretender Sachmangel die Rechte aus der Garantie begründet. Damit soll ausgesagt werden, dass der Käufer in erster Linie »nur« beweisen muss, dass sein Anspruchsgegner die Garantieerklärung abgegeben hat (allerdings zusätzlich, dass die Haltbarkeitsbedingungen sich auf die geltenden Beanstandungen erstrecken, dass eine etwaige Garantiefrist eingehalten ist und während ihrer Dauer der Mangel aufgetreten ist).[39] Der Verkäufer dagegen hat die gesetzliche Vermutung des § 443 BGB zu widerlegen. Er muss belegen, dass der **aufgetretene Mangel nicht** auf den Zustand der Sache zur Zeit der **Übergabe** zurückzuführen ist. Ihm obliegt die Beweislast dafür, dass der Käufer den gekauften Gegenstand nach Übergabe nicht sachgerecht genutzt hat. Diese Vorschrift entspricht von ihrer Ausgangsüberlegung der Beweiserleichterung für den Käufer in § 476 BGB (**Beweislastumkehr im Verbrauchsgüterkauf**). Beiden Regelungen ist immanent, dass dem Käufer nach Übergabe der Sache »geholfen« werden soll. Wie die zitierte Entscheidung des Bundesgerichtshofes bezüglich des PKW-Verkaufes vom 2. 6. 2004[40] zeigt, wird dieser Zweck nicht erreicht.

58 Die Regelungen überzeugen insbesondere deshalb nicht, weil an keiner Stelle definiert wird, was unter eine Beschaffenheits- oder Haltbarkeitsgarantie zu verstehen ist. Zieht man zusätzlich die Regelung des § 276 BGB heran, sind auch dort die Begriffe der **Garantie** und des **Beschaffenheitsrisikos** nachzulesen. Auch hier liegt keinerlei Definition vor. Wie der Kommentierung zu § 633 BGB zu entnehmen ist, streiten Literatur und Rechtsprechung derzeit darüber, ob mit diesen Begriffen die mühsam aus dem Kauf- und Werkvertragsrecht entfernte »zugesicherte Eigenschaft« ersetzt werden sollte. Die Diskussion führt jedoch nicht weiter. Im Ergebnis ist anzuraten, die genannten Begriffe der Garantie, des Beschaffenheitsrisikos, der Beschaffenheits- oder Haltbarkeitsgarantie, nicht zu verwenden, ohne vertraglich exakt festzulegen, was darunter zu verstehen ist.

---

39 Vgl. Palandt/Putzo § 443 BGB Rn. 24.
40 BGH NJW 2004, 2299 = BGHZ 159, 215.

Anhang 1: Baustoffe – Rechtsfragen

Bei **Verbrauchsgüterkaufverträgen** sind hierbei ergänzend die Sonderbestimmungen des § 477 BGB heranzuziehen. Diese halten fest, dass eine Garantieerklärung einfach und verständlich abgefasst sein muss. Auch sollte der Inhalt der Garantie alle wesentlichen Angaben enthalten, die für die Geltendmachung der Garantie erforderlich sind. Schließlich soll die Wirksamkeit einer Garantieverpflichtung nicht dadurch berührt werden, dass eine der in § 477 BGB genannten Anforderungen nicht erfüllt wird. Hier ist zu fragen, warum eine derartig wenig hilfreiche Vorschrift in das Bürgerliche Gesetzbuch eingebracht wurde. Sie hilft in der Praxis nicht. Insbesondere wird nicht der Zweck erreicht, den geschäftlich unerfahrenen Verbraucher vor Irreführung durch unklare, missverständliche oder unvollständige Erklärungen zu schützen. Auch die Rechtfertigung, dass mit dieser Vorschrift Art. 6 Abs. 2, 3 und 5 der Verbrauchsgüterkaufrichtlinie umgesetzt würde, macht die Vorschriften nicht brauchbarer.[41]

59

V. Haftung für Werbeaussagen

Das Kaufrecht ist, was die Ausgestaltung des Mangelrechts des § 434 BGB anbelangt, dem Werkvertragsrecht angeglichen worden. Die kaufrechtliche Regelung entspricht weitgehend der Umschreibung des Sachmangels des § 633 BGB. Allerdings trifft den Verkäufer eine zusätzliche Haftung über § 434 Abs. 2 BGB. Danach zählen zu den geschuldeten Beschaffenheiten auch die Eigenschaften der Sache, die der Käufer nach den öffentlichen Äußerungen des Verkäufers, des Herstellers oder seines Gehilfen erwarten kann (insbesondere in der Werbung oder bei der Kennzeichnung bestimmte Eigenschaften). Eingeschränkt wird die Haftung dadurch, dass etwas anderes gelten soll, wenn der Verkäufer die Äußerung nicht kannte, nicht kennen musste, die Äußerung im Zeitpunkt des Vertragsschlusses in gleichwertiger Weise berichtigt war oder wenn sie die Kaufentscheidung nicht beeinflussen konnte (§ 434 Abs. 1 S. 3 BGB). Eine vergleichbare Regelung gibt es im Werkvertragsrecht nicht.

60

Diese durch die Schuldrechtsmodernisierung eingefügte Änderung ist zu begrüßen. Sie schützt den Käufer (nicht nur den Verbraucher) insbesondere im Bereich der unlauteren Werbung. Der Käufer konnte sich davor selten darauf berufen, dass sich der Verkäufer Werbung Dritter für das von ihm verkaufte Produkt tatsächlich zurechnen lassen musste. Aus diesem Grunde war ein entsprechendes Schutzbedürfnis gegeben.

61

VI. Rückgriffsrecht des Baustoffhändlers

Vorausgesetzt, es liegt ein Verbrauchsgüterkauf i. S. d. § 474 BGB vor, stehen die Verkäufervertragspartner in einer Rückgriffskette. Hat ein Unternehmer (dies kann

62

---

[41] So Palandt/Putzo § 477 BGB Rn. 2.

Wirth

Anhang 1: Baustoffe – Rechtsfragen

auch der Baustoffhändler sein) die verkaufte neu hergestellte Sache als Folge ihrer Mangelhaftigkeit zurücknehmen müssen oder der Verbraucher den Kaufpreis gemindert, kann sich der Unternehmer/Baustoffhändler seinerseits im Wege des Rückgriffs an den Unternehmer wenden, von dem er die Sache bezogen hat (§ 478 Abs. 1 BGB). Bezüglich dieses Rückgriffes sind dem Unternehmer die Erleichterungen in § 478 Abs. 1–4 BGB eingeräumt worden. So bedarf es seinerseits keiner Fristsetzungskette »nach oben«. Ihm wird in § 478 Abs. 2 BGB ein Aufwendungsersatzanspruch für die Aufwendungen eingeräumt, die er im Verhältnis zum Verbraucher über § 439 Abs. 2 BGB zu tragen hatte. Voraussetzung hierfür ist, dass der Unternehmer einem Verbraucher die neu hergestellte Sache verkauft hat und diesem gegenüber ersatzpflichtig geworden ist.[42] Auch muss der vom Verbraucher geltend gemachte Mangel bereits bei Übergang der Gefahr auf den Unternehmer vorhanden gewesen sein. Neben dem Rückgriffsrecht aus § 478 Abs. 2 BGB stehen dem Unternehmer gegen seinen Lieferanten die kaufrechtlichen Mangelrechte aus § 437 BGB zu.

63   Ob die Regelung in § 478 BGB erforderlich ist, muss in Frage gestellt werden. Dies vor dem Hintergrund, dass dem Baustoffhändler nach dem Wortlaut des § 439 Abs. 2 BGB entsprechende Rechte direkt gegen den Verkäufer zustehen.[43] Auch stehen die Mangelrechte dem Unternehmer unabhängig von einem Verkauf an den Verbraucher zu.

64   Durch die Einfügung der §§ 478 f. BGB soll verhindert werden, dass der Einzelhandel als häufiger »Letztverkäufer« die **Nachteile eines verbesserten Verbraucherschutzes** allein zu tragen hat, wenn der Mangel der Kaufsache **nicht in seinem Verantwortungsbereich** entstanden ist.[44] Insbesondere werden die Sachmängel meist in der Herstellung, Lagerung oder beim Transport – damit nicht vom Letztverkäufer – verursacht.[45] Durch die Regelung zur Verjährung in § 479 BGB wurde zudem versucht, die Regresslücke des Baustoffhändlers zu schließen. Nach § 479 Abs. 2 BGB soll die Verjährung der Rückgriffsansprüche des Baustoffhändlers gegenüber seinem Lieferanten aus § 478 Abs. 2 und § 437 BGB frühestens 2 Monate nach dem Zeitpunkt eintreten, in dem der Baustoffhändler die Ansprüche des Verbrauchers oder seines Käufers erfüllt hat. Diese Ablaufhemmung endet jedoch spätestens 5 Jahre nach Ablieferung der Sache an den Baustoffhändler (§ 479 Abs. 2 S. 2 BGB). Findet die zweijährige Verjährungsfrist des § 438 Abs. 1 Nr. 3 BGB Anwendung, d. h. werden nicht für ein Bauwerk bestimmte Materialien geliefert, ist der Baustoffhändler durch die zweimonatige Ablaufhemmung in § 479 Abs. 2 S. 1 BGB abgesichert. Problematisch ist hingegen die Lieferung von Baustoffen, die i. S. d. § 438 Nr. 2 BGB für ein Bauwerk verwendet werden. In diesem Fall verjähren die

---

42 Vgl. Palandt/Putzo § 478 BGB Rn. 12.
43 Aber einschränkende Rspr. des OLG Köln IBR 2006, 140.
44 BT-Drucks. 14/6040 S. 247.
45 Palandt/Putzo § 478 BGB Rn. 2.

Mangelrechte des Käufers gegen den Baustoffhändler in 5 Jahren. Unterstellt die Ansprüche des Baustoffhändlers gegen seinen Lieferanten verjähren ebenfalls in 5 Jahren, beginnt die Frist jedoch regelmäßig früher zu laufen (Ausnahmefall: Auslieferung direkt an den Käufer- sog. Durchlieferung). Die Ablaufhemmung greift aufgrund der Deckelung in § 479 Abs. 2 S. 2 BGB auf 5 Jahre nicht. Für seine Ansprüche gegenüber dem Lieferanten kann eine Regresslücke entstehen. In diesem Fall helfen ihm die Rückgriffsregelungen der §§ 478 f. BGB somit nicht.

VII. Mangelbegriff im Baustoffbereich

Auch im Baustoffhandel richtet sich der Mangelbegriff nach § 434 BGB. Fachspezifisch ergeben sich hier allerdings zusätzliche Fragen dann, wenn die Baustoffe **Bauprodukte** i.S.d. Bauordnungsrechts darstellen. In den jeweiligen Bauordnungen der Bundesländer werden öffentlich-rechtliche Voraussetzungen für die Verwendung von Bauprodukten geregelt. Werden Produkte verkauft, deren Verwendung nach diesen Vorschriften unzulässig ist, stellt sich die Frage, wie dies mangelrechtlich zu bewerten ist. **65**

Ausgangspunkt der Bewertung sind dabei die **anerkannten Regeln der Technik**. Diese wird man als gewahrt ansehen können, wenn es sich um Bauprodukte handelt, die mit denen in der **Bauregelliste A Teil 1** aufgeführten technischen Regeln übereinstimmen. Gleiches gilt für Bauarten, die den in der Liste der technischen Baubestimmungen angegebenen technischen Regeln entsprechen. Man spricht hier von geregelten Bauprodukten bzw. Bauarten.[46] Sie benötigen keine besonderen bauaufsichtsrechtlichen Verwendbarkeitsnachweise. **66**

Anderes gilt für die nicht geregelten Bauprodukte oder nicht geregelten Bauarten. Diese weichen entweder von der zitierten Bauregelliste A Teil 1 ab oder es gibt für sie keine entsprechenden allgemein anerkannten Regeln der Technik. Sie benötigen deshalb einen Verwendbarkeitsnachweis. Dieser ist vorstellbar in Form einer allgemeinen **bauaufsichtsrechtlichen Zulassung**, eines allgemeinen **bauaufsichtsrechtlichen Prüfungszeugnisses** oder eines **Nachweises der Verwendbarkeit im Einzelfall**.[47] Letzterer wird in einem Verfahren erteilt, in dem die zuständige oberste Bauaufsichtsbehörde erlaubt, dass für ein konkretes Bauvorhaben ein bestimmtes Bauprodukt oder eine bestimmte nicht geregelte Bauart zum Einsatz kommen darf. Entsprechendes ist bei ständiger Anwendung vom Aufwand her nicht sinnvoll. **67**

VIII. Verjährungsunterbrechung im Bereich des Baustoffhandels

Auf den Lauf der Verjährungsfristen der Mangelrechte (so. unter Ziffer 2 c) finden sowohl im Verhältnis Baustoffhändler zu Bauunternehmer/Bauherrn als auch Bau- **68**

---

46 Hirsch BrBp 2005, 414ff.; insgesamt zu diesen Fragen Müller, Das Baurecht in Hessen sowie Bernstorff, Bauproduktengesetz.
47 Vgl. Hirsch BrBp 2005, 414.

stoffhändler zum Hersteller die Regelungen zur Hemmung bzw. zum Neubeginn der Fristen Anwendung (§§ 203 ff. bzw. 212 BGB). Seit der Schuldrechtsmodernisierung tritt durch die gerichtliche Geltendmachung der Ansprüche kein Neubeginn der Fristen (früher Unterbrechung), sondern lediglich Hemmung gem. § 204 BGB ein. Hemmung ist auch gegeben für den Zeitraum in dem Verhandlungen der Parteien über das Vorliegen von Mängeln schweben (§ 203 BGB). Verjährung tritt in diesen Fällen frühestens drei Monate nach Ende der Hemmung ein. Ein Neubeginn der Frist findet nur noch ausnahmsweise bei Anerkenntnis der Mangelansprüche bzw. Vornahme/Beantragung einer gerichtlichen/behördlichen Vollstreckungshandlung statt (§ 212 BGB).

69 Vor diesem Hintergrund kann eine **Streitverkündung** des Bauunternehmers/Bauherrn gegenüber dem Baustofflieferanten oder des Baustofflieferanten gegenüber seinem Lieferanten/Hersteller hinsichtlich der Regressansprüche sinnvoll sein. Durch die Zustellung der Streitverkündung tritt eine Hemmung der Frist ein (§ 204 Abs. 1 Nr. 6 BGB). Diese Hemmung endet gem. § 204 Abs. 2 BGB erst sechs Monate nach rechtskräftiger Entscheidung oder anderweitiger Beendigung des Verfahrens. Bei Stillstand gilt § 204 Abs. 2 S. 2 BGB.

IX. Neue Absatzformen des Baustoffhandels

70 Immer häufiger werden Baustoffe auch im Wege des **Fernabsatzes** vertrieben. Gemäß der Definition in § 312 b BGB handelt es sich dabei um Verträge »über die Lieferung von Waren oder über die Erbringung von Dienstleistungen, die zwischen einem Unternehmer und einem Verbraucher unter ausschließlicher Verwendung von Fernkommunikationsmittel abgeschlossen werden«. Voraussetzung ist somit, dass Vertragspartner ein Verbraucher i. S. d. § 13 BGB ist. Etwas anderes gilt nur, wenn dem Vertragsschluss nicht ein für den Fernabsatz »organisiertes Vertriebs- oder Dienstleistungssystem« zugrunde liegt. Bei Vorliegen der Voraussetzungen des § 312 b BGB (z. B. Vertragsabschluss per Telefon) hat der Verkäufer die **Informationspflichten** des § 312 c BGB sowie der dort in § 312 c Abs. 1 S. 1 Nr. 1 BGB zitierten **BGB-InfoVO** zu beachten. Handelt es sich darüber hinaus um einen Vertragsschluss im elektronischen Geschäftsverkehr i. S. d. § 312 e BGB (z. B. Vertragsabschluss per Internet), müssen auch die Pflichten des § 312e Abs. 1 erfüllt werden.

71 Bei **Fernabsatzverträgen** wird dem Verbraucher ein **Widerrufsrecht** eingeräumt (§§ 312 d, 355 BGB). Die **Widerrufsfrist** beträgt 2 Wochen. Sie wird allerdings erst durch eine ordnungsgemäße Belehrung (über das Widerrufsrecht, Einhaltung der BGB-InfoVO) und den Zeitpunkt der Lieferung in Lauf gesetzt (§§ 312 d Abs. 2 i. V. m. 355 Abs. 2 S. 1 BGB). Erfolgt die Belehrung erst nach Vertragsschluss, beträgt die Frist abweichend einen Monat. Ist der Vertrag schriftlich abzuschließen, so beginnt die Frist nicht zu laufen, bevor dem Verbraucher eine Vertragsurkunde zur Verfügung gestellt wird (§ 355 Abs. 2 S. 3 BGB). Ist der Fristbeginn streitig, trifft die Beweislast den Unternehmer (§ 355 Abs. 2 S. 4 BGB). Das Widerrufsrecht

erlischt spätestens 6 Monate nach Vertragsschluss (§ 355 Abs. 3 S. 1 BGB). Dies gilt nicht, wenn der Verbraucher über sein Widerrufsrecht nicht ordnungsgemäß belehrt wurde (§ 355 Abs. 3 S. 3 BGB). Bei der Lieferung von Waren beginnt die Frist nicht vor dem Tag des Eingangs beim Empfänger (§ 355 Abs. 3 S. 2 BGB).

Ein Widerrufsrecht besteht nicht, wenn die Baustoffe speziell für den Verbraucher angefertigt werden (§ 312d Abs. 4 Nr. 1 BGB).

X. Bedeutung der Sicherheiten und des Eigentumsvorbehaltes im Baustoffhandelsbereich

Eine Absicherung der Kaufpreisansprüche des Baustoffhändlers über §§ 648, 648a BGB (**Sicherungshypothek** und **Bauhandwerkersicherung**) ist regelmäßig nicht gegeben. Begründung ist, dass der Baustofflievertrag nur in seltenen Fällen einen Werkvertrag darstellt (mangels Verweisung in § 651 BGB keine Anwendung von §§ 648, 648a BGB auf den Werklieferungsvertrag). Jedoch selbst bei Vorliegen eines Werkvertrages ist der Baustoffhändler nicht als **Unternehmer eines Bauwerks** anzusehen.

Es ist zu prüfen, ob der Baustoffhändler Sicherheit durch die Vereinbarung eines Eigentumsvorbehalts erreichen kann. Als Eigentümer kann er seine Stoffe/Materialien im Falle der Insolvenz des Käufers bei diesem aussondern (§ 47 InsO). Bei Fällen des Einbaus hilft ihm dies aber nicht. Das Eigentum am Baumaterial geht mit dessen Einbau auf den Grundstückseigentümer über (ein entgegenstehender Wille des Bauunternehmers ist unbeachtlich[48]). Als Folge verbleibt noch die Vereinbarung eines **verlängerten Eigentumsvorbehalts** zur Sicherung des Kaufpreisanspruchs (Vorausabtretung der Werklohnansprüche des einbauenden Bauunternehmers). Wurde allerdings im Bauvertrag ein Abtretungsverbot für die Werklohnforderung vereinbart und hat der Bauherr den Einbau lediglich geduldet, stehen dem Baustofflieferanten gegenüber dem Bauherrn keine Ansprüche zu – auch keine auf Schadensersatz.[49] Etwas anderes könnte gelten, wenn der Bauherr den Bauunternehmer drängt, unter verlängertem Eigentumsvorbehalt stehende Materialien einzubauen. Hier wären (mangels direkter Vertragsbeziehungen) Ansprüche aus § 823 BGB zu prüfen (abgelehnt vom OLG Stuttgart).[50]

Gegebenenfalls kommt eine Eigenhaftung des Geschäftsführers des Bauunternehmens gegenüber dem Lieferanten in Betracht. Dieser hat bei vereinbarten Abtretungsverboten dafür Sorge zu tragen, dass unter verlängertem Eigentumsvorbehalt geliefertes Material nicht verarbeitet wird.[51] Bei unter verlängertem Eigentumsvor-

---

48 LG Landshut NJW-RR 1990, 1037 = IBR 1990, 678.
49 BGH BauR 1991, 93 = IBR 1991, 58; OLG Stuttgart BauR 1998, 893 = NJW-RR 1998, 740 = IBR 1998, 397.
50 OLG Stuttgart IBR 1998, 397 m. Anm. Schulze-Hagen.
51 BGH NJW 1990, 976 = IBR 1990, 286.

Anhang 1: Baustoffe – Rechtsfragen

behalt gelieferten Waren soll der Käufer regelmäßig von der Berechtigung des Baustoffhändlers zur Verfügung über die Waren ausgehen können.[52]

XI. Haftung des Baustoffhandels aus Beratungsvertrag

75 Berät der Baustoffhändler, der Hersteller oder deren Erfüllungsgehilfen den Käufer über den Baustoff fehlerhaft, können diesem bei Vorliegen von Verschulden Schadensersatzansprüche zustehen.[53] Die Beratung kann im Einzelfall bloße Nebenpflicht zum Kaufvertrag sein,[54] aber auch zu einem **selbständigen Beratervertrag** führen.[55] Nach der Angleichung der Verjährungsfristen durch die Schuldrechtsmodernisierung kommt der Unterscheidung in den Fällen Bedeutung zu, in denen kein Anspruch aus Kaufvertrag besteht bzw. Ansprüche für Dritte begründet werden.[56] Ein selbständiger Beratungsvertrag wurde durch die Rechtsprechung in folgenden Fällen bejaht:

- **Inanspruchnahme besonderen Vertrauens,** erhebliche Beeinflussung der Vertragsgestaltung oder des Vertragsschlusses durch den Hersteller,[57] Beratung vor Ort.[58]
- Beratung des für den Bauherrn tätigen Architekten/Ingenieur durch den Hersteller, da zwischen diesen kein Kaufvertragsverhältnis vorliegt.[59]
- Zurverfügungstellung der vollständigen und konkreten Planung mit Blankoleistungsverzeichnis durch den Hersteller.[60]

XII. Vertragsgestaltung, Bereich der Allgemeinen Geschäftsbedingungen

76 Vertragliche Regelungen im Verhältnis Hersteller zu Baustoffhändler, Baustoffhändler zu Baumarktbetreiber, wie auch Baustoffhändler zu Bauunternehmer werden häufig AGB darstellen. Diese unterliegen der Inhaltskontrolle der §§ 305 ff. BGB. Der BGH hat insbesondere folgende von einer Baumarktkette gegenüber

---

52 Anders entschieden beim Erwerb einer Windkraftanlage, BGH BauR 2004, 138 = IBR 2004, 16.
53 BGH NJW-RR 1992, 1011 = IBR 1992, 438.
54 OLG Frankfurt IBR 2006, 1036 – nur online.
55 Hierzu BGH NJW 1997, 3227 = IBR 1998, 17; NJW-RR 1992, 1011 = IBR 1992, 438; NJW 1999, 1540 = IBR 2000, 536; OLG Bamberg IBR 2001, 196; s.a. BGH NJW 1999, 3192 = IBR 1999, 566.
56 So bei Ansprüchen des Bauunternehmers/Bauherrn direkt gegen den Hersteller, BGH NJW-RR 1990, 1301 = IBR 1990, 414; OLG Hamm NJW-RR 1991, 28 = IBR 1991, 62 oder des gegenüber seinem Auftraggeber haftenden Architekten gegen den Baustoffhändler BGH BauR 2001, 1628 = IBR 2001, 498; s.a. OLG Celle IBR 2002, 255.
57 OLG Celle IBR 2002, 255; BGH IBR 1998, 17.
58 BGH NJW-RR 1990, 1301.
59 BGH IBR 2001, 498.
60 OLG Koblenz IBR 2004, 695.

Anhang 1: Baustoffe – Rechtsfragen

Baustofflieferanten verwendete Allgemeine Geschäftsbedingungen für unwirksam erklärt:[61]

– *Neubeginn des Laufs der Verjährungsfrist für im Wege der Nachlieferung durch den Lieferanten neu gelieferte oder nachgebesserte Teile.* Diese Klausel benachteiligt den Baustofflieferanten unangemessen. Jede Neulieferung oder Nachbesserung setzt »ohne Rücksicht auf deren Umfang, Dauer und Kosten« die Verjährungsfrist generell erneut in Gang und wird somit als Anerkenntnis gewertet. Dies soll auch für den Fall gelten, dass die Mangelbeseitigung vom Lieferanten nur im Wege der Kulanz zur Vermeidung von Streitigkeiten oder im Interesse des Fortbestands der Lieferbeziehung erfolgt. Auch die ausdrückliche Äußerung des Lieferanten den Mangel nicht anzuerkennen, könnte den Neubeginn der Verjährung nicht verhindern.

– *Eine Vermutung für die ersten 12 Monate nach Gefahrübergang, dass der Mangel bereits zu diesem Zeitpunkt vorhanden war.* Auch diese Klausel benachteiligt den Lieferanten unangemessen, da sie ihm die Beweislast für Umstände auferlegt, die dem Verantwortungsbereich des Baumarktbetreibers zuzurechnen sind. Dies soll nicht nur für die Verwendung gegenüber Verbrauchern gelten, für die das ausdrückliche Klauselverbot des § 309 Nr. 12 lit. a BGB eingreift, sondern auch für den kaufmännischen Verkehr.[62]

– *Verschuldensunabhängige Schadensersatzhaftung für Rechtsmängel.* Diese Regelung ist mit dem wesentlichen Grundgedanken des kaufvertraglichen Mangelrechts nicht zu vereinbaren, wonach eine Verpflichtung zum Schadensersatz regelmäßig nur bei schuldhaftem Verhalten besteht (Ausnahme bei Garantieübernahme).

– *Verjährung von Ansprüchen aufgrund von Rechtsmängeln erst nach 10 Jahren.* Diese Klausel benachteiligt den Lieferanten unangemessen, weil sie mit wesentlichen Grundgedanken der gesetzlichen Regelung in § 438 Abs. 1 Nr. 2 und 3 BGB nicht zu vereinbaren ist. Danach beträgt die Verjährungsfrist für Mängelansprüche beim Kauf beweglicher Sachen auch für Rechtsmängel regelmäßig zwei bzw. fünf Jahre.

– *Erweiterung der Rückgriffsansprüche aus §§ 478 f. BGB auf sämtliche Verträge (d.h. auch Nicht-Verbraucherverträge).* Diese Klausel weicht durch die Einbeziehung sämtlicher Verkaufsgeschäfte vom gesetzgeberischen Grundgedanken des Ausgleichs spezifisch verbraucherschutzrechtlicher Nachteile des Einzelhandels beim Verbrauchsgüterkauf ab.

---

61 BGH NJW 2006, 47 ff. = IBR 2006, 446.
62 So schon BGH NJW 1996, 1537.

Anhang 1: Baustoffe – Rechtsfragen

XIII. Gesamtschuldnerfragen im Baustoffbereich

77 Eine gesamtschuldnerische Haftung des Baustofflieferanten (der mangelhaftes Baumaterial liefert) mit anderen Baubeteiligten wird überwiegend abgelehnt.[63] Begründet wird dies damit, dass die Leistung des Lieferanten nicht auf die Werkerrichtung gerichtet ist und er auch keinen mittelbaren **Beitrag zur eigentlichen Bauherstellung** leistet. Somit ist der Baustofflieferant auch **nicht** als **Erfüllungsgehilfe** des Bauunternehmers anzusehen.

XIV. Verkehrssicherungspflichten im Baustoffhandel

78 Den Baustoffhändler treffen bei der Abwicklung des Baustoffhandels diverse Verkehrssicherungspflichten:

1. Beladen

79 Der Hersteller und der Lieferant von Baustoffen sind verpflichtet, die Ware derart zu sichern, dass ihr Transport zur Baustelle niemanden gefährdet. Diese Sicherung hat insbesondere auch durch eine geeignete und handelsübliche Verpackung der Waren zu erfolgen.

80 Holt der Käufer die Baustoffe selbst ab, hat der Baustoffhändler sicherzustellen, dass dem Käufer auf dem Verkaufs-/Lagergelände, insbesondere beim Verladen der Baustoffe, keine Gefahren drohen (z.B. durch unsicher gelagerte Baustoffe). Den Händler treffen hinsichtlich des Beladens/Transports der Baustoffe **Informations-** und **Aufklärungspflichten**. Insbesondere wird er den Käufer auf Gefahren hinzuweisen haben. So wird er den Käufer über die Art der Beladung und die notwendige **Ladungssicherung** aufklären und insoweit den Abtransport überprüfen müssen. In seinem eigenen Interesse sollte er diese Aufklärung beweisen/belegen können.

2. Transport

81 Der Baustoffhändler hat (z.B. durch entsprechende Auswahl der Transportart/des Transporteurs) sicherzustellen, dass die Ware beim Transport nicht beschädigt/zerstört wird und keine Gefahr für Dritte besteht. Wird die Ware beim Transport beschädigt/zerstört, kommen Ansprüche des Käufers gegen den Händler, beim Transport durch eine Spedition/Frachtführer gegen diesen – ggf. aus dem Rechtsinstitut der **Drittschadensliquidation** – in Betracht. Etwaiges Verschulden der eingesetzten Erfüllungsgehilfen wird über § 278 BGB bzw. §§ 428, 462 HGB zugerechnet. Für die Frage der Risikotragung während des Transports ist auf den Zeitpunkt des Gefahrübergangs abzustellen. Der **Gefahrübergang** auf den Käufer erfolgt im Kaufrecht

---

63 Ingenstau/Korbion § 13 Rn. 308 m. w. N.

- mit Übergabe an den Käufer (§ 446 S. 1 BGB)
- mit Abgabe an den Transporteur (§ 447 BGB)
- mit Annahmeverzug des Käufers (§ 446 S. 3 BGB)

Maßgeblich ist die vertragliche Vereinbarung (**Hol-, Schick-, Bringschuld**).[64] Bei Bringschuld (so regelmäßig die Anlieferung von Beton auf die Baustelle) geht die Gefahr nicht nach § 447 BGB mit Abgabe an den Transporteur, sondern erst auf der Baustelle mit Übergabe an den Käufer über. Gem. § 474 Abs. 2 BGB gilt beim Verbrauchsgüterkauf § 447 BGB nicht, d. h. auch beim Versendungsverkauf erfolgt der Gefahrübergang nicht bereits mit Übergabe an den Transporteur, sondern erst mit der Besitzerlangung durch den Verbraucher.

82

3. Entladen

Der Baustoffhändler hat beim Entladen auf der Baustelle sicherzustellen, dass Personen (auch Dritte, wie Mitarbeiter des Bauunternehmers oder der Architekt) nicht verletzt werden und auch weder die Baustofflieferung, das Bauwerk noch sonstige Sachen (Baugeräte sonstige Baustoffe) beschädigt/zerstört werden. Zusätzlich kann eine Hinweispflicht hinsichtlich der geeigneten Lagerung der Baustoffe zu bejahen sein.

83

Die Verantwortlichkeit des Baustofflieferanten endet (auch beim Verbrauchsgüterkauf) jedenfalls mit der Übergabe der gesicherten Ware in den Verantwortungsbereich der Baustelle (es sei denn Abweichendes wurde vereinbart). Kommt es beim Weitertransport eines Steinquaders durch den Bauherrn zu einem Unfall, dessen Ursache unaufklärbar ist (z. B. Platzen der Stahlumreifung der obersten Steinschicht), soll der Baustofflieferant dafür nicht haften.[65]

84

XV. Versicherungsfragen im Baustoffhandelsbereich

Werden die Baustoffe unter Einsatz eines **Spediteurs/Frachtführers** i.S.d. HGB geliefert, haftet dieser aus dem **Fracht-/Speditionsvertrag** für den Verlust oder die Beschädigung der Baustoffe (§§ 425, 461 HGB). Regelmäßig werden entsprechende Schadensfälle durch eine **Transportversicherung** abgesichert.

85

Schäden an bereits mit dem Gebäude fest verbundenen Bestandteilen und Baustoffen können von der **Bauleistungsversicherung** (früher **Bauwesenversicherung**) erfasst sein (§ 2 Ziff. 2 ABN). Dabei erweitert die Rspr. den Versicherungsschutz zugunsten des Versicherungsnehmers. So gelten auch maßgefertigte Fensterflügel und Türblätter, die in fest verdübelte Rahmen bzw. Zargen eingebaut sind, als fest verbunden.[66]

86

---

64 Vgl. Palandt/Heinrichs § 269 Rn. 1.
65 OLG Koblenz BauR 2003, 1740 = IBR 2003, 1066 – nur online.
66 BGH BauR 1994, 659 = IBR 1994, 494.

Auch kann eine Haftung für Schäden durch Brand, Blitzschlag oder Explosion sowie durch Löschen oder Niederreißen bei diesen Ereignissen bestehen. Diese muss allerdings gesondert vereinbart werden (§ 2 Ziff. 6 ABN).

XVI. Insolvenzfragen und persönliche Haftung

87 Gibt der Bauherr in der Krise des Bauunternehmens gegenüber einem Baustofflieferanten eine Kostenübernahme bezüglich noch ausstehender Materiallieferungen ab und erhält der Lieferant eine entsprechende Zahlung, kann diese Zahlung in der Regel nicht im Wege der **Insolvenzanfechtung** rückgängig gemacht werden. Da es sich um ein sog. Bargeschäft i. S. d. § 142 InsO handelt, steht dem **Insolvenzverwalter** des Bauunternehmers kein Recht zur **Anfechtung** (der Zahlung) zu.[67] Dies gilt nicht, sofern eine **Gläubigerbenachteiligung** vorliegt.[68] Daneben steht dem Lieferanten bei verlängertem Eigentumsvorbehalt ein **Absonderungsrecht** zu (Vorausabtretung der Werklohnforderung §§ 50 Abs. 1, 51 Nr. 1 InsO).

88 Klärt ein Geschäftsführer einer erkennbar überschuldeten Gesellschaft den Warenlieferanten bei Abschluss eines Liefervertrags auf Kredit nicht entsprechend über die finanzielle Situation auf, kann er dem Lieferanten persönlich auf Schadensersatz haften.[69]

---

67 OLG Koblenz IBR 2006, 202.
68 BGH NJW-RR 2000, 1154.
69 OLG München NJW-RR 1993, 491 = IBR 1992, 497; s. a. BGH BauR 1992, 536 = IBR 1992, 395.

Anhang 2: Vertragsstrafe im Bauvertrag

§ 339
Verwirkung der Vertragsstrafe

¹Verspricht der Schuldner dem Gläubiger für den Fall, dass er seine Verbindlichkeit nicht oder nicht in gehöriger Weise erfüllt, die Zahlung einer Geldsumme als Strafe, so ist die Strafe verwirkt, wenn er in Verzug kommt. ²Besteht die geschuldete Leistung in einem Unterlassen, so tritt die Verwirkung mit der Zuwiderhandlung ein.

§ 340
Strafversprechen für Nichterfüllung

(1) ¹Hat der Schuldner die Strafe für den Fall versprochen, dass er seine Verbindlichkeit nicht erfüllt, so kann der Gläubiger die verwirkte Strafe statt der Erfüllung verlangen. ²Erklärt der Gläubiger dem Schuldner, dass er die Strafe verlange, so ist der Anspruch auf Erfüllung ausgeschlossen.

(2) ¹Steht dem Gläubiger ein Anspruch auf Schadensersatz wegen Nichterfüllung zu, so kann er die verwirkte Strafe als Mindestbetrag des Schadens verlangen. ²Die Geltendmachung eines weiteren Schadens ist nicht ausgeschlossen.

§ 341
Strafversprechen für nicht gehörige Erfüllung

(1) Hat der Schuldner die Strafe für den Fall versprochen, dass er seine Verbindlichkeit nicht in gehöriger Weise, insbesondere nicht zu der bestimmten Zeit, erfüllt, so kann der Gläubiger die verwirkte Strafe neben der Erfüllung verlangen.

(2) Steht dem Gläubiger ein Anspruch auf Schadensersatz wegen der nicht gehörigen Erfüllung zu, so findet die Vorschrift des § 340 Abs. 2 Anwendung.

(3) Nimmt der Gläubiger die Erfüllung an, so kann er die Strafe nur verlangen, wenn er sich das Recht dazu bei der Annahme vorbehält.

§ 343
Herabsetzung der Strafe

(1) ¹Ist eine verwirkte Strafe unangemessen hoch, so kann sie auf Antrag des Schuldners durch Urteil auf den angemessenen Betrag herabgesetzt werden. ²Bei der Beurteilung der Angemessenheit ist jedes berechtigte Interesse des

Anhang 2: Vertragsstrafe im Bauvertrag

Gläubigers, nicht bloß das Vermögensinteresse, in Betracht zu ziehen. ³Nach Entrichtung der Strafe ist die Herabsetzung ausgeschlossen.

(2) (...)

§ 345
Beweislast

Bestreitet der Schuldner die Verwirkung der Strafe, weil er seine Verbindlichkeit erfüllt habe, so hat er die Erfüllung zu beweisen, sofern nicht die geschuldete Leistung in einem Unterlassen besteht.

Inhaltsübersicht

		Rn.
A.	Baurechtlicher Regelungsinhalt	1
I.	Vereinbarung der Vertragsstrafe (Vertragsstrafenabrede)	2
1.	Individualvertragliche Vereinbarung	6
2.	Vereinbarung in Form von Allgemeinen Geschäftsbedingungen	8
II.	Zulässige Höhe der Vertragsstrafe	10
1.	Grenzen bei individualvertraglicher Vereinbarung	10
2.	Zulässige Höhe bei Vereinbarung in AGB-Klausel	13
III.	Verwirkung der Vertragsstrafe	18
1.	Voraussetzungen	19
2.	Berechnung der Höhe der Vertragsstrafe	24
3.	Berücksichtigung von Terminänderungen/Verhalten des Bestellers	29
4.	Vorbehalt bei Abnahme	32
5.	Anrechnung auf einen Schadensersatzanspruch des Bestellers	33
6.	Regressmöglichkeit des Haupt-/Generalunternehmers	34
B.	Relevanz für die Baupraxis	36
C.	Korrespondierende VOB/B-Regelung: § 11	39
D.	Rechtsprechungsübersicht	40

A. Baurechtlicher Regelungsinhalt

1   Die Vertragsstrafe ist ein in der Praxis bedeutendes Instrument des Bestellers, den Unternehmer durch dieses finanzielle Druckmittel zur Einhaltung von vereinbarten Zwischenterminen und/oder dem vertraglichen Endfertigstellungstermin anzuhalten. In diesem Exkurs sollen kurz und prägnant die **wichtigsten Gesichtspunkte zur Vertragsstrafe in Verbindung mit der aktuellen Rechtsprechung hierzu dargestellt** werden. Die Ausführungen sind auf Grund der im Wesentlichen inhaltsgleichen Regelungen sowohl für BGB-Bauverträge als auch für VOB-Bauverträge anwendbar. Die folgende Darstellung bezieht sich auf den Regelfall in der Baupraxis der »klassischen« Vertragsstrafe i. S. d. §§ 339 ff. BGB. Hiervon **abzugrenzen** ist ein **pauschalierter Schadensersatz**, den der Gläubiger pauschal für eine bestimmte Vertragsverletzung zu zahlen hat. Für diesen ist aber Voraussetzung, dass durch die Verzögerung ein Schaden entstanden ist. Für die

Anhang 2: Vertragsstrafe im Bauvertrag

Verwirkung einer Vertragsstrafe i. S. d. §§ 339 ff. BGB muss kein Schaden vorliegen.[1]

I. Vereinbarung der Vertragsstrafe (Vertragsstrafenabrede)

Der **Regelfall in der Baupraxis** ist, dass eine **Vertragsstrafe i. S. d. § 341 BGB** und zu Lasten des Bauunternehmers vereinbart wird. Er ist danach mit einer Vertragsstrafe bedroht, wenn er seine Bauleistung nicht rechtzeitig erbringt.

2

Bei der Vertragsstrafenabrede handelt es sich um eine **vertragliche Vereinbarung**, nicht um eine einseitige Festlegung etwa des Auftraggebers. Zu deren Wirksamkeit ist daher erforderlich, dass diese ordnungsgemäß zu Stande gekommen ist. In diesem Rahmen müssen alle hierfür erforderlichen Wirksamkeitsvoraussetzungen (u. a. Geschäftsfähigkeit, Vollmacht) aus dem allgemeinen Schuldrecht gegeben sein.[2]

3

Bei der Prüfung der Vertragsstrafenabrede ist **zunächst entscheidend danach abzugrenzen, ob die Vereinbarung individualvertraglich oder in Form von Allgemeinen Geschäftsbedingungen** – in der Praxis des Bauvertrags häufig in Form von Zusätzlichen oder Besonderen Vertragsbedingungen – **erfolgt ist**. Die **individuelle Vereinbarung** lässt einen **wesentlich größeren Spielraum** für eine Vertragsstrafenabrede zu, während die Vereinbarung in **AGB-Klauseln der Inhaltskontrolle nach den §§ 307 ff. BGB** unterliegt und insbesondere die jüngere Rechtsprechung klare Grenzen gezogen hat, was der Besteller fordern kann was dem Unternehmer nicht mehr zugemutet werden kann. Eine Vereinbarung der Vertragsstrafe in AGB ist jedoch grundsätzlich zulässig, eine Individualvereinbarung diesbezüglich nicht zwingend nötig.[3]

4

Auch die **Vereinbarung einer Vertragsstrafe durch den öffentlichen Auftraggeber** verstößt nicht von vornherein gegen Treu und Glauben, wenn ihm bei Nichteinhaltung der Vertragsfristen Schäden, etwa in Form von Ansprüchen durch Nachunternehmer, drohen, auch wenn diese nicht die Höhe der vereinbarten Vertragsstrafe erreichen.[4] Im Einzelfall kann ein öffentlicher Auftraggeber jedoch gehindert sein, sich auf eine Vertragsstrafenvereinbarung zu berufen, wenn er nicht ausreichend darlegt, dass die Überschreitung der ausbedungenen Vertragsfrist erhebliche Nachteile für ihn verursachen könnte.[5]

5

---

1 Knacke, Die Vertragsstrafe im Baurecht S. 10.
2 Auf diese wird vorliegend nicht näher eingegangen, da der Schwerpunkt der Kommentierung nur auf den baurechtlichen Besonderheiten liegt.
3 BGH Urt. v. 16. 7. 1998 VII ZR 9/97; Kniffka, IBR-Online-Kommentar § 631 Rn. 200.
4 OLG Celle Urt. v. 11. 7. 2002 22 U 190/01 IBR 2002, 472.
5 OLG Naumburg IBR 2002, 6.

Anhang 2: Vertragsstrafe im Bauvertrag

1. Individualvertragliche Vereinbarung

6 Zunächst ist abzugrenzen, ob die Vertragsstrafenabrede tatsächlich individuell (nur) für den betreffenden Bauvertrag ausgehandelt wurde. Dies ist **an Hand von § 305 Abs. 1 BGB zu beurteilen**. Satz 3 der Regelung gibt vor, dass (nur) dann keine Allgemeinen Geschäftsbedingungen vorliegen, wenn die Vertragsparteien die jeweilige **Vertragsbedingung im Einzelnen ausgehandelt** haben. Hierfür reicht es nicht aus, wenn die Parteien nur die Regelungen bezüglich der Vertragsstrafe erörtert haben. Vielmehr **muss der Bauunternehmer im Rahmen der Vertragsverhandlungen konkret die Möglichkeit gehabt haben, die Einzelpunkte bezüglich der Vertragsstrafe konkret in für ihn nachteiligen Punkten abzuändern**.[6] An das Vorliegen eines »Aushandelns« einer ursprünglichen AGB (um diese zu einer Individualvereinbarung zu machen) sind strenge Anforderungen zu stellen. Indizien für eine Individualvereinbarung sind etwa nachträgliche Änderungen an vorformulierten Vertragsbedingungen. Dabei stellt die Rechtsprechung an AGB im kaufmännischen Verkehr die gleichen Anforderungen wie im privaten Bereich.[7] Wird nur ein Punkt der Vertragsstrafenvereinbarung individuell ausgehandelt, ist dadurch nicht automatisch gesichert, dass hinsichtlich der Vereinbarung im Übrigen nicht doch eine AGB vorliegt, die dann der Inhaltskontrolle zu unterziehen ist.[8]

7 Im Einzelfall ist dies durch eine Beweisaufnahme zu klären, sollte diese Frage im Rahmen eines Prozesses strittig sein. Vertritt ein Bauunternehmer vor Gericht etwa die Ansicht, er schulde keine Vertragsstrafe, weil diese der AGB-Inhaltskontrolle nicht Stand hält und damit nicht wirksam vereinbart wurde, muss der Besteller beweisen, dass der Unternehmer im Rahmen der Vertragsverhandlungen konkrete Einflussmöglichkeit auf den Inhalt der Vertragsstrafenklausel hatte. Ergibt die Zeugeneinvernahme beispielsweise, dass über die Vertragsstrafe nur kurz gesprochen wurde oder dass zwar eine längere Verhandlung darüber stattfand, der Auftraggeber sich aber strikt weigerte, von seinen vorgefassten Vorstellungen abzuweichen, muss das Gericht von einer AGB-Klausel ausgehen.[9] Dieser Beweis kann nur gelingen, wenn der Besteller bereits im Rahmen der Verhandlungen ausreichend Beweismittel gesichert hat – etwa durch einen handschriftlichen und von beiden Parteien unterschriebenen Vermerk über abgeänderte Inhalte oder Zeugen, die den Verhandlungsverlauf belegen können. In umgekehrter Richtung ist ebenso dem Unternehmer **zu empfehlen, rechtzeitig Beweise zu sammeln**.

Eine individuelle Vertragsstrafenvereinbarung lässt deutlich größeren Gestaltungsspielraum als in Form von AGB-Klauseln. Hierzu folgen unten bei den jeweiligen Themen nähere Ausführungen.

---

6 BGH Urt. v. 23. 1. 2003 VII ZR 210/01.
7 OLG Oldenburg Urt. v. 30. 9. 2004 8 U 86/01 BauR 2005, 887, IBR 2005, 305.
8 OLG Frankfurt/Main Urt. v. 25. 11. 1997 14 (27) U 137/96; BGH Beschl. v. 20. 8. 1998 VII ZR 452/97 (Revision nicht angenommen).
9 OLG Oldenburg Urt. v. 30. 9. 2004 8 U 86/01 BauR 2005, 887, IBR 2005, 305.

2. Vereinbarung in Form von Allgemeinen Geschäftsbedingungen

Häufig erfolgt in der Baupraxis eine Vertragsstrafenabrede in Form von Allgemeinen Geschäftsbedingungen. Entscheidend hierfür ist nicht etwa, dass diese ausdrücklich mit »AGB« betitelt sein müssen, sondern dass sie die Anforderungen des § 305 Abs. 1 BGB erfüllen, also **für eine Vielzahl von Verträgen** (die untere Grenze für die »Vielzahl« liegt bei 3 bis 5 geplanten oder erfolgten Verwendungen bei Verträgen, in diesem Fall liegen aber bereits mit der ersten Verwendung AGB vor[10]) **vorformulierte Vertragsbedingungen** sind, die eine Vertragspartei der anderen bei Abschluss des Vertrags stellt.[11] In der Baupraxis üblich sind Zusätzliche oder Besondere Vertragsbedingungen, die der Auftraggeber dem Auftragnehmer stellt. Haben beide Parteien vor Vertragsschluss diese Bedingungswerke noch einmal besprochen, erörtert oder diskutiert, reicht dies noch nicht automatisch aus für die Annahme einer Individualvereinbarung statt einer AGB-Klausel. **Entscheidendes Kriterium ist, inwieweit die Regelungen dabei ernsthaft vom Verwender zur Disposition gestellt wurden und der Empfänger der Bedingungen konkret Einflussmöglichkeit auf die Gestaltung hatte.**[12]

8

Liegen AGB vor, unterliegen diese der **Inhaltskontrolle nach den §§ 307 ff. BGB** und sind nur dann wirksam, wenn sie den dortigen Vorgaben bestehen. Die Anforderungen und Beschränkungen, die die Rechtsprechung in diesem Rahmen für die Inhalte solcher Klauseln entwickelt hat, werden im Folgenden bei den einzelnen Themenkomplexen dargestellt und erörtert.

9

II. Zulässige Höhe der Vertragsstrafe

1. Grenzen bei individualvertraglicher Vereinbarung

Wie oben bereits dargestellt,[13] ergibt sich **deutlich mehr Spielraum** für die Vereinbarung einer Vertragsstrafe in Form einer Individualabrede, da eine solche im Gegensatz zu einer entsprechenden AGB-Klausel **nicht der Inhaltskontrolle nach §§ 307 ff. BGB unterliegt**. Dies stellt aber **insbesondere für den Bauunternehmer**, der im Regelfall in der Baupraxis derjenige ist, der sich einer Vertragsstrafendrohung ausgesetzt sieht, eine **nicht unerhebliche wirtschaftliche Gefahr** dar. Die unten zu Rn. 13 noch darzustellenden Beschränkungen, die die Rechtsprechung zum Schutz der Auftragnehmer entwickelt hat, können nicht auf individuelle Vereinbarungen angewendet werden! Der Bauunternehmer kann sich insoweit auch nicht nachträglich versuchen darauf zu verlegen, die Abrede sei unwirksam, da die Vertragsstrafe »viel zu hoch« sei angesichts dieser Rechtsprechung.

10

---

10 BGH NJW 1998, 2286; BGH NJW 2002, 138.
11 Vgl. ausführlich dazu die einschlägigen Kommentierungen etwa in Palandt, MüKo; im Rahmen der Darstellung hier liegt der Schwerpunkt auf den Auswirkungen im Baurecht.
12 Vgl. oben Rn. 6.
13 Vgl. oben Rn. 6.

Anhang 2: Vertragsstrafe im Bauvertrag

11 Die **Grenzen** für die zulässige Höhe einer individuell ausgehandelten Vertragsstrafe sind letztlich **nur dann überschritten, wenn** sie eine **Höhe** erreicht, die i. S. d. § 138 Abs. 1 BGB **gegen die guten Sitten verstößt**. Dies kann etwa der Fall sein, wenn eine ganz und gar unangemessene Vertragsstrafe vereinbart wird, die, gemessen am Interesse des Auftraggebers an rechtzeitiger Fertigstellung und Absicherung etwaiger Schäden, in hohem Maße unangemessen ist. Einen solchen Verstoß gegen die guten Sitten hat die Rechtsprechung etwa bejaht im Falle einer Vertragsstrafe, die bereits mit einem Tag der Fristüberschreitung verwirkt ist und zudem auch dann anfällt, wenn nur noch ein Mangel vorhanden ist.[14] Die Rechtsprechung nimmt allerdings nur sehr zurückhaltend einen Verstoß gegen die guten Sitten an, etwa in Fällen, in denen die Höhe der Vertragsstrafe weit über den Schaden hinaus geht, der typischerweise durch eine Terminsüberschreitung eintritt, insbesondere, wenn dies den Bauunternehmer im konkreten Fall letztlich in den Ruin treiben würde.[15] In sehr eng begrenzten Einzelfällen kann die Durchsetzung der Vertragsstrafe auch gegen Treu und Glauben, § 242 BGB, verstoßen, wenn etwa ein öffentlicher Auftraggeber eine Vertragsstrafe vereinbart, obwohl ihm durch eine Fristüberschreitung keine erheblichen Nachteile drohen.[16] Sich auf **Treu und Glauben** zu berufen, wird für den Bauunternehmer aber **in der Praxis kaum als »Rettungsanker«** nützen.

12 Ist eine verwirkte, **individuell vereinbarte Vertragsstrafe unangemessen hoch**, kann sie auf Antrag des Auftragnehmers **durch** ein **Urteil** auf den vom Gericht festzulegenden angemessenen Betrag **herabgesetzt** werden, § 343 Abs. 1 BGB. Dies ist angesichts von § 323 Abs. 1 BGB allerdings nicht mehr möglich, sobald der Auftragnehmer die Vertragsstrafe bereits entrichtet hat.[17]

2. Zulässige Höhe bei Vereinbarung in AGB-Klausel

13 Ist die Vertragsstrafe in Form einer AGB-Klausel vereinbart worden, sind die Möglichkeiten durch die Rechtsprechung insbesondere zur **Wahl der Höhe deutlich eingeschränkt**. Im Rahmen der **Inhaltskontrolle nach §§ 307 ff. BGB** ist zu prüfen, ob die konkrete Vertragsstrafenabrede den Bauunternehmer unangemessen benachteiligt. Ist dies zu bejahen, tritt eine wesentlich schärfere Rechtsfolge ein: Anders als bei der Individualvereinbarung kann eine im Rahmen einer AGB-Klausel vereinbarte Vertragsstrafe auf Grund des Verbots einer geltungserhaltenden Reduktion auch nicht durch ein Gericht in der Höhe auf ein angemessenes Maß reduziert werden. **In diesem Fall einer unangemessenen Höhe oder eines anderen Verstoßes im Rahmen der Inhaltskontrolle nach §§ 307 ff. BGB ist die Vertragsstrafenvereinbarung insgesamt komplett unwirksam!** Der Besteller tut also gut daran, seine formularmäßige Vertragsstrafenvorgabe vor Vertragsschluss

---

14 OLG Celle Urt. v. 22. 3. 2001 13 U 213/00.
15 Kniffka, IBR-Online-Kommentar § 631 Rn. 196.
16 OLG Jena BauR 2001, 1446; LG Lüneburg IBR 2001, 106.
17 Kniffka, IBR-Online-Kommentar § 631 Rn. 197 f.

rechtskundig prüfen zu lassen, um sichergehen zu können, dass er im Falle des Verzugs seinen Vertragsstrafenanspruch auch durchsetzen kann.

Die **Unangemessenheit der Höhe** kann sich aus dem **Tages- oder Wochensatz**, auf Grund der **Gesamthöhe (Obergrenze)** der Vertragsstrafe oder aber aus einer **unzulässigen Kumulation von mehreren Vertragsfristen** ergeben.[18]

Zur Übersicht bezüglich der **Tages-/Wochensätze: Für unwirksam erklärt** hat die Rechtsprechung Klauseln mit Vertragsstrafenhöhen von 0,5 % pro Arbeitstag,[19] von 0,3 % der Auftragssumme pro Kalendertag[20] bzw. »pro Werktag«, wenn tatsächlich nur fünf Tage auf der Baustelle gearbeitet wurde,[21] eine Vertragsstrafe mit einer Tagessatzhöhe von 0,5 % der Auftragssumme, unabhängig von der Obergrenze.[22] **Nicht beanstandet** wurden bis zu 0,3 % der Auftragssumme pro Arbeitstag für die Überschreitung der Fertigstellungsfrist[23] oder 0,2 % pro Kalendertag.[24]

14

Eine unangemessene Höhe der Vertragsstrafe kann sich ebenso aus der Vereinbarung zur **Obergrenze**, also aus der **Gesamthöhe** der insgesamt maximal zu leistenden Strafe ergeben. Hierzu ist insbesondere zu verweisen auf eine Entscheidung des BGH[25] aus dem Jahr 2003. Demnach ist eine in AGB des Auftraggebers enthaltene Vertragsstrafe unangemessen und damit **unwirksam** vereinbart, wenn sie eine **Höchstgrenze von über 5 % der Auftragssumme** vorsieht. Der BGH gewährt jedoch **Altfällen** einen **Vertrauensschutz**: In Verträgen, die vor Bekanntwerden der o.g. Entscheidung geschlossen wurden, ist eine Obergrenze bis zu 10 % der Auftragssumme zulässig, sofern die Auftragssumme bis zu 13 Mio. DM beträgt. Sofern die Auftragssumme 13 Mio. DM »um mehr als das Doppelte übersteigt«, bestehe kein Vertrauensschutz. Die »Graubereiche«, wann das »Bekanntwerden« anzusetzen ist und wie mit Verträgen zwischen 13 und 26 Mio. DM zu verfahren ist, konkretisierte der BGH später: Demnach gilt der Vertrauensschutz für Bauverträge bis zum 30.6.2003 und nur dann, wenn die Auftragssumme unterhalb von 15 Mio. DM liegt.[26]

15

Eine **unzulässige Kumulation** kann vorliegen, wenn die Vertragsstrafenvereinbarung nicht nur an eine Frist anknüpft – zum Beispiel an die zur Fertigstellung des Bauwerks – sondern zusätzlich noch an weitere (Zwischen-)Fristen etwa für den Abschluss der einzelnen Bauabschnitte. An sich der Höhe nach zulässige Tagessät-

16

---

18 Vgl. hierzu die Übersicht in Kniffka, IBR-Online-Kommentar § 631 Rn. 203 ff.
19 BGH Urt. v. 7.3.2002 VII ZR 41/01 IBR 2002, 357.
20 OLG Dresden BauR 2001, 949.
21 OLG Schleswig BauR 2005, 1641.
22 BGH Urt. v. 20.1.2000 VII ZR 46/98.
23 BGH Urt. v. 1.4.1976 VII ZR 122/74 BauR 1976, 279.
24 BGH Urt. v. 18.1.2001 VII ZR 238/00.
25 Urt. v. 23.1.2003 VII ZR 210/01 IBR 2003, 291 f., unter Aufgabe der bisherigen Rechtsprechung aus dem Urt. v. 25.9.1986 VII ZR 276/84.
26 BGH Urt. v. 8.7.2004 VII ZR 24/03.

ze sind dabei in der **Gesamtschau** zu beurteilen. Ist die Vereinbarung so gestaltet, dass die Vertragsstrafe für den Bauunternehmer bei Überschreitung mehrerer Fristen insgesamt die o.g. zulässigen Höchstgrenzen überschreitet, ist sie unwirksam.[27] Dies ist allerdings differenziert zu betrachten: Knüpft die Höhe der Vertragsstrafe bei Überschreitung zum Beispiel der Fertigstellungstermine für einzelne Bauabschnitte nicht an die Gesamtauftragssumme an, sondern nur an die Teilauftragssumme des jeweiligen Bauabschnitts, ist die Abrede wirksam.[28]

17 Hinzuweisen ist in diesem Zusammenhang auf eine praktisch bedeutsame Entscheidung des BGH[29] zu der nicht seltenen Praxis, eine Obergrenze in Form von **Fußnoten** zu der entsprechenden Regelung im Formular eines Bauvertrags zu fixieren: Das Gericht sieht hierin **keine wirksame Vereinbarung** bezüglich der Obergrenze. Es handle sich dabei »lediglich um einen redaktionellen Hinweis der Parteien«, nicht aber eine ausdrückliche Regelung. In der Konsequenz sei in diesem Fall mangels festgelegter Obergrenze eine Vertragsstrafe insgesamt nicht wirksam vereinbart.[30] Für Auftraggeber ist daher Vorsicht geboten: Beruft sich in einem solchen Fall der Unternehmer auf die Unwirksamkeit der Vertragsstrafe, wird ihm das erkennende Gericht Recht zu geben haben.

III. Verwirkung der Vertragsstrafe

18 Gem. § 339 S. 1 BGB ist eine **Vertragsstrafe**, die der Schuldner für den Fall versprochen hat, dass er seine Leistung »nicht oder nicht in gehöriger Weise« erfüllt (also in der Baupraxis etwa für den Fall, dass der Bauunternehmer versprochen hat, dass er seine Leistung bis zu einem bestimmten Termin fertig gestellt haben wird), **verwirkt, wenn** er in **Verzug** kommt. Unter »Verwirkung« ist das Entstehen des Strafanspruchs des Gläubigers zu verstehen.

1. Voraussetzungen

19 Gemäß dem insoweit eindeutigen Wortlaut des § 339 S. 1 BGB ist Voraussetzung dafür, dass der Gläubiger vom Schuldner Vertragsstrafe fordern kann, dass der **Schuldner mit seiner Leistung in Verzug geraten** sein muss. Hieraus lässt sich eine weitere wichtige Komponente ableiten: Nach § 286 Abs. 4 BGB kommt der Schuldner nämlich nicht in Verzug, wenn er die zu Grunde liegenden Umstände hierfür nicht zu vertreten hat. Dem Schuldner der Vertragsstrafe muss also **Verschulden** nachzuweisen sein. Gem. § 276 Abs. 1, 2 BGB kann Verschulden in den Formen von **Vorsatz oder Fahrlässigkeit** vorliegen. Der Schuldner hat hierbei aber **auch für das Verschulden von Hilfspersonen** nach § 278 BGB einzustehen. Der Bauunternehmer kann sich also nicht darauf berufen, dass seine Mitarbei-

---

27 OLG Koblenz NZBau 2000, 330; OLG Hamm BauR 2000, 1202.
28 BGH Urt. v. 23.1.2003 VII ZR 210/01; Kniffka, IBR-Online-Kommentar § 631 Rn. 205.
29 Beschl. v. 24.2.2005 VII ZR 340/03 IBR 2005, 248, BauR 2005, 1015.
30 So auch zuvor bereits das OLG Dresden.

ter weisungswidrig die Frist »verbummelt« hätten oder ein von ihm beauftragter Nachunternehmer den Verzug verursacht hat.[31] Eine vom Unternehmer verschuldete Unmöglichkeit steht dem Verzug gleich.[32]

Voraussetzung für das Vorliegen eines Verzugs ist zunächst, dass sich ein **genauer Termin** ergründen lässt, den die Parteien für die Fertigstellung des Bauwerks (oder eines Zwischenergebnisses) vereinbart haben. **Es reicht nicht aus, wenn nur ein Vertragspartner**, im Regelfall der Auftraggeber, dem Bauunternehmer **einseitig eine Frist gesetzt** hat. Es muss eine **konkrete Vereinbarung** der jeweiligen Frist vorliegen. Fehlt es an einer entsprechenden vereinbarten Fristenregelung, hat der Bauunternehmer gem. § 271 Abs. 1 BGB unverzüglich nach Vertragsschluss mit der Ausführung zu beginnen und diese in angemessener Zeit abschließen.[33] Abzugrenzen ist ferner, ob vertraglich eine **verbindliche Frist** vereinbart wurde, deren Beachtung beide Parteien einvernehmlich festgelegt haben, oder aber eine Frist, die lediglich der zeitlichen Orientierung dient (dies reicht nicht als Grundlage für eine Vertragsstrafe) und insoweit nicht zwingend auf den Tag eingehalten werden müsste. Dies ist anhand der konkreten Formulierung zu prüfen. Anders als § 5 Nr. 1 VOB/B kennt das BGB kein differenziertes Fristensystem (Gesamtfrist, Einzelfristen für in sich abgeschlossene Teile der Leistung). Diese Regelungssystematik kann auch auf BGB-Bauverträge nicht einfach übertragen werden. Wohl aber kann die VOB-Regelung zur ergänzenden Auslegung herangezogen werden.[34]

20

Die **vertraglich vereinbarte Frist muss überschritten sein.** Dies reicht zur Begründung des Verzugs in der Regel aus, da es sich bei dem jeweiligen Termin regelmäßig um einen Zeitpunkt handelt, der i. S. d. § 286 Abs. 2 Nr. 1 BGB **nach dem Kalender bestimmt oder jedenfalls bestimmbar** ist, so dass eine **Mahnung dann nicht erforderlich ist.**[35] Ist die Frist nicht hinreichend nach dem Kalender bestimmt oder jedenfalls bestimmbar, wird im Regelfall bereits ein Vertragsstrafenanspruch ausscheiden, weil die Frist nicht ausreichend bestimmt vereinbart wurde. **Nicht entscheidend** für die Verwirkung der Vertragsstrafe ist, ob der Auftraggeber durch den eingetretenen Verzug **tatsächlich erhebliche Nachteile erlitten hat.**[36]

21

Individualvertraglich kann eine Vertragsstrafenvereinbarung auch dahin gehend getroffen werden, dass sie der Bauunternehmer verwirkt, ohne den eingetretenen Verzug verschuldet zu haben. Für die Praxis seien Auftragnehmer vor einer solchen unkalkulierbaren und unbeeinflussbaren Regelung ausdrücklich gewarnt. **In Form einer AGB-Klausel kann eine verschuldensunabhängige Vertragsstrafe**

22

---

31 BGH NJW 1986, 127; BGH NJW 87, 3253.
32 Palandt/Heinrichs § 339 BGB Rn. 2.
33 Knacke, Die Vertragsstrafe im Baurecht S. 27.
34 Knacke, Die Vertragsstrafe im Baurecht S. 28.
35 Palandt/Heinrichs § 286 BGB Rn. 22.
36 KG Urt. v. 7.1.2002 24 U 9084/00; BGH Beschl. v. 9.1.2003 VII ZR 59/02 (Revision nicht angenommen).

nicht wirksam vereinbart werden.[37] Eine verschuldensunabhängige Vertragsstrafenklausel liegt nicht nur vor, wenn darin das Verschuldenserfordernis ausdrücklich ausgeschlossen wurde. Es reicht aus, wenn angesichts der Formulierung deutlich wird, dass die Vertragsstrafendrohung nur an objektive Gesichtspunkte wie die Überschreitung bestimmter Fristen anknüpft.[38]

23 Ist eine **Bauleistung innerhalb der Vertragsfrist zwar fertiggestellt, aber mit Mängeln behaftet,** kommt es für den Anspruch auf die Vertragsstrafe darauf an, ob die Mängel bzw. ausstehenden Restarbeiten „wesentlich" sind.[39] Wurde eine Vertragsstrafe für den Fall der nicht rechtzeitigen Leistung versprochen, meint dies nach dem Urteil des OLG Karlsruhe grundsätzlich nur den Fall der verspäteten Leistung, nicht auch der mangelhaften Leistung. Im Einzelfall könnten jedoch die Art, der Umfang oder die Folgen von **Mängeln bei Fristablauf so gravierend** sein, **dass von einer rechtzeitigen Leistung keine Rede mehr sein kann.** Es bedürfe folglich einer Grenzziehung zwischen einer »Nicht-Fertigstellung« und einer nur »mangelhaften Fertigstellung«. Eine »Nicht-Fertigstellung« und damit eine Verwirkung der Vertragsstrafe wird anzunehmen sein, sobald die Mängel wesentlich sind i.S.d. Abnahmevorschrift in § 640 Abs. 1 S. 2 BGB sind.

2. Berechnung der Höhe der Vertragsstrafe

24 Die Berechnung der Höhe der zu leistenden Vertragsstrafe ergibt sich zunächst aus der jeweiligen Vereinbarung der Vertragsparteien.

25 Ist die **Vertragsstrafe nach Tagen** bemessen, zählen für die Berechnung nur die Werktage. Ist sie nach Wochen bemessen, wird jeder Werktag angefangener Wochen als eine Sechstel Woche gerechnet. **Samstage** zählen im Zweifel als Werktage,[40] wenn nicht ausdrücklich eine anders lautende Regelung getroffen wurde. Zur Klarstellung ist hier zu empfehlen, eine Vereinbarung nach Arbeitstagen zu treffen – wird auf der konkreten Baustelle am Samstag generell nicht gearbeitet, ist der Samstag auch für die Berechnung der Vertragsstrafe nicht relevant.

26 Eine weitere Frage ist, für welchen **Zeitraum** die Vertragsstrafe jeweils zu entrichten ist. Dies ist der Fall **für die Dauer des Verzugs.** Für die Baupraxis bedeutsam ist in diesem Zusammenhang, dass der Verzug mit der Ausführung einer Bauleistung **endet mit dem Untergang des Erfüllungsanspruchs.** Dies ist zunächst im Zeitpunkt der **Abnahme** des Bauwerks.[41] Der Anspruch auf Zahlung einer Vertragsstrafe endet ferner in dem Augenblick, in dem der Auftraggeber sich nach Ablauf der entsprechenden Frist zur Erfüllung des Vertrags berechtigt stattdessen für

---

[37] OLG Düsseldorf Urt. v. 9.9.2003 23 U 98/02; BGH Beschl. v. 11.11.2004 VII ZR 292/03 (Nichtzulassungsbeschwerde zurückgewiesen).
[38] OLG Frankfurt Urt. v. 13.12.1999 22 U 7/98.
[39] OLG Karlsruhe Urt. v. 5.9.1997 8 U 136/96.
[40] BGH BauR 1978, 485, NJW 1978, 2594, ZfBR 1978, 75; Knacke, Die Vertragsstrafe im Baurecht S. 32; Palandt/Heinrichs § 193 BGB Rn. 4.
[41] Vgl. Kommentierung zu § 640 BGB.

einen **Schadensersatzanspruch** gegen den Bauunternehmer entscheidet.[42] Ebenso endet der Anspruch in dem Augenblick, in dem der **Besteller den Bauvertrag kündigt.** Voraussetzung ist hierfür allerdings, dass der Vertragsstrafenanspruch vor der Kündigung bereits verwirkt war. Ist dies erst nach der Kündigung der Fall, kann der Besteller vom Bauunternehmer überhaupt keine Vertragsstrafe wirksam verlangen.

Soll die **Vertragsstrafe nach einem Prozentsatz** berechnet werden, etwa von der Auftragssumme, ist auch hier **zunächst zu bestimmen, aus welcher Bezugssumme** die Berechnung anzustellen ist. Sofern eine klare vertragliche Regelung vorliegt, ist dies nicht weiter problematisch. Ist die Vereinbarung dahin gehend unklar, ist sie auszulegen nach den allgemeinen Kriterien der §§ 133, 157 BGB. Die Rechtsprechung tendiert dazu, für den Fall der Vereinbarung der »Auftragssumme« oder »Vertragssumme« ohne weitere Spezifizierung die jeweilige **Bruttosumme** ohne Abzüge wie Skonto oder Gewährleistungseinbehalte beziehungsweise nach Abschluss der Baumaßnahme die tatsächlich geschuldete Vergütung als Bezugsgröße anzunehmen.[43] 27

Ist der Schuldner mit der Zahlung der Vertragsstrafe im Verzug, kann der Gläubiger hierfür gem. § 288 Abs. 1 BGB **Verzugszinsen** in Höhe von 5 Prozentpunkten über dem jeweiligen Basiszins verlangen, nicht jedoch 8 Prozentpunkte für den Fall, dass kein Verbraucher beteiligt ist, da es sich bei der Vertragsstrafe nicht um eine Entgeltforderung handelt.[44] 28

3. Berücksichtigung von Terminänderungen/Verhalten des Bestellers

Überschreitet der Bauunternehmer vertraglich fixierte und mit Vertragsstrafe belegte Termine, liegt das **Risiko** bezüglich der Folgen aber **nicht automatisch nur beim Auftragnehmer.** Verschieben sich etwa im Laufe der Bauausführung nach Abschluss des Bauauftrags bestimmte Termine, besteht die **Möglichkeit, dass die Vertragsstrafenabrede nachträglich ausgehebelt wurde:** 29

Der Anspruch des Bestellers auf Vertragsstrafe entfällt ganz, wenn der **gesamte Zeitplan durch Umstände völlig umgeworfen wird, die vom Auftragnehmer nicht zu vertreten sind.**[45] Dieser völlige Wegfall setzt voraus, dass die vom Bauunternehmer nicht zu vertretenden Umstände zu einer erheblichen zeitlichen Beeinträchtigung der Bauabwicklung geführt haben.[46] Es muss sich jedoch um eine derart **schwerwiegende Beeinträchtigung** handeln, dass der Unternehmer seinen Terminplan durchgreifend neu ordnen musste. Im Baugewerbe »nicht ungewöhn- 30

---

42 OLG Düsseldorf BauR 2003, 259.
43 Kniffka, IBR-Online-Kommentar § 631 Rn. 221 ff. unter Verweis auf Greiner ZfBR 1999, 62 f.; Vogel ZfIR 2005, 373 ff.
44 OLG Hamburg Urt. v. 17. 12. 2003 5 U 83/03 IBR 2004, 363.
45 OLG Celle BauR 2005, 1780; BGH BauR 1974, 206.
46 OLG Düsseldorf BauR 1975, 57 f.

liche Terminverschiebungen«, etwa durch ungünstige Witterungsbedingungen, muss der Bauunternehmer jedoch hinnehmen.[47] Bei **nur geringfügiger Änderung des Bauablaufs bleibt** die **Vertragsstrafenvereinbarung** als solche **wirksam**. Die Behinderung führt nur zur Änderung der Ausführungsfrist, deren ausdrückliche Neufestlegung durch gemeinsame Vereinbarung der Unternehmer verlangen kann.[48] Anders jedoch, wenn dadurch das Bauvorhaben ungeplant zum Winterbau wird.[49] Dann liegt eine **grundsätzliche Umgestaltung der Verhältnisse** vor, wie etwa auch bei einer erheblichen Verspätung des Baubeginns oder erheblichen Änderungswünschen des Auftraggebers. In der Konsequenz fällt der Vertragsstrafenanspruch komplett weg. Zur Prüfung sind die jeweiligen Umstände des Einzelfalls zu beurteilen. Beispielhaft sei auf eine Entscheidung des BGH hingewiesen, wonach der Vertragsstrafenanspruch des Bestellers nicht entfällt auf Grund des Umstands, dass bei einer Überschreitung des Fertigstellungstermins eines Bauvorhabens um insgesamt 895 Werktage den Auftragnehmer an zwei Unterbrechungen für insgesamt 61 Werktage kein Verschulden trifft.[50]

31 Haben die Parteien eine Vertragsstrafe unter Berücksichtigung einer bestimmten Ausführungsfrist vereinbart und **später einvernehmlich die Ausführungsfristen ohne erneute Abrede einer Vertragsstrafe verschoben oder verlängert**, hängt es von den Umständen des Einzelfalles ab, ob die Parteien die Vertragsstrafe – nun im Hinblick auf die neuen Termine – aufrecht erhalten wollen. Im Zweifel ist davon auszugehen, dass die Vertragsstrafe nicht aufrecht erhalten werden sollte, insbesondere – aber nicht nur – wenn die alten Ausführungstermine bereits verstrichen waren, als die Vereinbarung erfolgte.[51] Kommt es zu **Störungen im Bauablauf, die der Bauunternehmer nicht zu vertreten hat** und ist der Zeitplan dadurch nicht vollständig aus dem Takt geraten, wird dieser Teil auf die Vertragsstrafe nicht angerechnet. Der Auftraggeber trägt die **Darlegungs- und Beweislast** für die Vereinbarung eines Fertigstellungstermins als Voraussetzung des von ihm geltend gemachten Vertragsstrafenanspruchs. Wenn der Auftraggeber während der Bauausführung etwa erkennt, dass die vereinbarte Höhenlage eines Parkplatzes dessen unzureichende Entwässerung zur Folge hat, muss er unverzüglich eine **ändernde Anordnung** treffen; **verzögert** er diese Anordnung, entfällt sein Anspruch auf eine vereinbarte

---

47 Knacke, Die Vertragsstrafe im Baurecht S. 34, unter Verweis auf BGH BauR 1973, 48.
48 Kleine-Moeller/Merl § 13 Rn. 351.
49 OLG Naumburg BauR 2000, 919; BGH Beschl. v. 25. 11. 1999 VII ZR 95/99 (Revision nicht angenommen).
50 OLG Dresden Urt. v. 26. 5. 1999 8 U 327/99; BGH Beschl. v. 15. 6. 2000 VII ZR 218/99 (Revision nicht angenommen).
51 OLG Naumburg Urt. v. 21. 12. 1998 2 U 21/98 BauR 2000, 919; NZBau 2000, 198; IBR 2000, 66; BGH Beschl. v. 25. 11. 1999 VII ZR 95/99 (Revision nicht angenommen); ebenso OLG Celle Urt. v. 5. 6. 2003 14 U 184/02 BauR 2004, 1307; ebenso OLG Celle Urt. v. 21. 9. 2004 16 U 111/04; BGH Beschl. v. 23. 2. 2006 VII ZR 250/04 (Nichtzulassungsbeschwerde zurückgewiesen) IBR 2006, 245.

Vertragsstrafe ganz oder teilweise.[52] Dies gilt ebenso für den Fall, dass der Bauunternehmer den Vertragstermin nicht einhalten kann, weil der Besteller zeitintensive Zusatzaufträge erteilt hat, es sei denn, die Parteien haben ausdrücklich vereinbart, dass die Zusatzaufträge nicht den Fertigstellungstermin berühren sollten.[53]

4. Vorbehalt bei Abnahme

Der Besteller muss sich die Geltendmachung einer Vertragsstrafe **bei der Abnahme ausdrücklich vorbehalten.** § 341 Abs. 3 BGB sieht ausdrücklich vor, dass der Gläubiger die Strafe nur verlangen kann, wenn er sich das Recht dazu bei der Annahme der Erfüllung vorbehält. Die Abnahme stellt beim Bauvertrag als Werkvertrag diese Annahme der Erfüllung dar. Erklärt der Besteller bei der Abnahme keinen Vorbehalt, verliert er den Anspruch vollständig. Für den Vorbehalt »bei der Abnahme« reicht es aus, dass sich der Auftraggeber (AG) die Vertragsstrafe zeitnah zur Abnahme vorbehält. Ein ausreichender Vorbehalt liegt auch vor, wenn der AG im Zusammenhang mit der Vereinbarung des Abnahmetermins seine Vertragsstrafenforderung beziffert und nach Widerspruch des Auftragnehmers zwei Tage vor der Abnahme schriftlich auf der rechtlichen Klärung des Vertragsstrafenanspruchs besteht.[54] Eine **AGB-Klausel**, mit der das **Erfordernis** des Vertragsstrafenvorbehalts vom Zeitpunkt der Abnahme **auf** den der **Schlusszahlung verschoben** wird, ist **zulässig.**[55] Zu den übrigen Gesichtspunkten der Vorbehaltserklärung (u. a. Form, Stellvertretung) sei auf die Kommentierung zum Mangelvorbehalt bei § 640 BGB verwiesen.

32

5. Anrechnung auf einen Schadensersatzanspruch des Bestellers

§ **341 Abs. 2 BGB** gibt für das Strafversprechen für »nicht gehörige Erfüllung« – darunter ist der Regelfall in der Baupraxis zu subsumieren, bei dem der Unternehmer Vertragsstrafe zu zahlen hat, wenn er mit der Herstellung der Bauleistung in Verzug gerät – vor, dass die Vorschrift des § **340 Abs. 2 BGB** anzuwenden ist, wenn dem Gläubiger ein Anspruch auf Schadensersatz zusteht. Dieser wiederum regelt, dass der Gläubiger die Vertragsstrafe »als Mindestbetrag des Schadens verlangen« kann. Nach § 340 Abs. 2 S. 2 BGB ist die Geltendmachung eines weiteren Schadens nicht ausgeschlossen. Das heißt übersetzt: Hat der Bauunternehmer eine Vertragsstrafe zu zahlen, **muss sich der Besteller diesen Betrag auf einen Schadensersatzanspruch anrechnen lassen.** Diese Regelung **kann durch AGB nicht**

33

---

52 BGH Urt. v. 10. 5. 2001 VII ZR 248/00 NJW 2001, 2167.
53 Kniffka, IBR-Online-Kommentar § 631 Rn. 219f. unter Verweis auf OLG Düsseldorf BauR 2000, 1336.
54 OLG Düsseldorf Urt. v. 8. 9. 2000 22 U 34/00 BauR 2001, 112; NJW-RR 2001, 1688; NZBau 2001, 91, IBR 2001, 166.
55 OLG Dresden Urt. v. 18. 9. 1997 7 U 763/97 NZBau 2000, 509; ZfBR 2000, 551; BGH Beschl. v. 13. 7. 2000 VII ZR 249/99 (Revision nicht angenommen).

Anhang 2: Vertragsstrafe im Bauvertrag

wirksam abbedungen werden.[56] Soweit sich Vertragsstrafenanspruch und Schadensersatzanspruch des Bestellers decken – etwa, weil sie auf eine identische Vertragsverletzung zurückzuführen sind – kann er Vertragsstrafe und Schadensersatz nicht kumulativ, sondern nur alternativ verlangen.[57]

6. Regressmöglichkeit des Haupt-/Generalunternehmers

34 Ein Subunternehmer muss damit rechnen, dass sein Auftraggeber – ein Haupt- bzw. Generalunternehmer – seinerseits mit seinem Auftraggeber Vertragsstrafen vereinbart. Als Konsequenz hieraus kann gemäß dem BGH der Haupt- oder Generalunternehmer eine Vertragsstrafe, die er in Folge des Verzugs des Subunternehmers an seinen Auftraggeber zahlen muss, **in voller Höhe von seinem Nachunternehmer im Wege des Schadensersatzes erstattet verlangen**. Da es sich insoweit um einen Schadensersatzanspruch handelt, ist dieser der Höhe nach nicht begrenzt.[58]

35 Schließt der Hauptunternehmer in einem Rechtsstreit mit dem Bauherrn einen **Vergleich über eine unwirksam vereinbarte Vertragsstrafe**, so ist ein **Regress** gegen den Subunternehmer unter dem Gesichtspunkt des Verzugsschadens **nicht von vornherein ausgeschlossen**. Dies gilt selbst dann, wenn auch die zwischen Bauherr und Hauptunternehmer vereinbarte Vertragsstrafenregelung unwirksam ist. Entscheidend ist, dass trotz des Vergleichs der erforderliche Zurechnungszusammenhang noch besteht. Dies ist nur dann nicht der Fall, wenn der geschädigte Hauptunternehmer selbst in völlig ungewöhnlicher oder unsachgemäßer Weise in den schadensträchtigen Geschehensablauf eingreift und eine weitere Ursache setzt, die den Schaden endgültig herbeiführt. Ob der **Abschluss eines Vergleichs** den haftungsrechtlichen Zusammenhang unterbricht, hängt von den Umständen des Einzelfalls ab. Entscheidend sind die Erfolgsaussichten des Geschädigten im Falle einer gerichtlichen Entscheidung und sein Interesse an einer raschen Streitbeendigung. Im vorliegenden Fall verglich sich der Hauptunternehmer nachweisbar nur, weil das Gericht die (unrichtige) Auffassung vertrat, an dem Vertragsstrafenanspruch des Bauherrn »könne etwas dran sein«.[59]

B. Relevanz für die Baupraxis

36 Die Vertragsstrafe nimmt in der Baupraxis eine **große Bedeutung** ein. Auftraggeber sind zumeist darauf angewiesen, dass der oder die beauftragten Bauunternehmer zeitgerecht entsprechend der Planung und der darauf basierenden vertraglich vereinbarten Termine seine Bauleistungen ausführt und zu Ende bringt. Dies gilt

---

56 OLG Düsseldorf BauR 2003, 94.
57 Kleine-Moeller/Merl § 13 Rn. 394.
58 BGH Urt. v. 25.1.2000 X ZR 197/97 IBR 2000, 265; BauR 2000, 1050; NZBau 2000, 195; ZfBR 2000, 259; anders entschieden noch OLG Frankfurt OLGR 1996, 242; OLG Dresden NJW-RR 1997, 83.
59 BGH Urt. v. 7.3.2002 VII ZR 41/01 BauR 2002, 1086; Wellensiek IBR 2002, 358.

ebenso für Zwischenfristen wie für den Endfertigstellungstermin und gleichermaßen für den »Häuslebauer« wie für den Auftraggeber eines Großbauvorhabens. Bei einem **Wohnhausbau** hat der Bauherr eventuell bereits die zuvor noch bewohnte Mietwohnung zu einem bestimmten Zeitpunkt gekündigt und ist darauf angewiesen, dass er zeitgerecht einziehen kann. **Bei größeren Bauvorhaben** hat der **Auftraggeber** zumeist seinen künftigen Mietern bereits seinerseits Fertigstellung und Einzugs-/Eröffnungsmöglichkeit zu einem bestimmten Zeitpunkt zugesichert und sieht sich **selbst drohenden Verzugsschadensersatzansprüchen ausgesetzt.** Aber auch **Zwischentermine** können erhebliche (auch finanzielle) Bedeutung erlangen, wenn etwa der Auftraggeber eine Reihe von Bauhandwerkern ineinander und nacheinander koordiniert hat und auf die termingerechte Fertigstellung der Einzelgewerke angewiesen ist, um den Gesamtterminplan einhalten zu können.

Drohen dem Unternehmer »**nur**« **Schadensersatzansprüche wegen Verzugs** mit der Fertigstellung, **reicht dies als Druckmittel in der Praxis häufig nicht aus.** Immer wieder ist festzustellen, dass Bauunternehmen gezielt ihre laufenden Bauvorhaben »abklopfen«, wenn es zu personellen Engpässen kommt, weil sie etwa zu viele Aufträge zeitgleich abzuarbeiten versuchen oder bei einem Projekt überraschend personell aufstocken müssen, bei welchem Bauvorhaben eine Vertragsstrafe droht und bei welchem nicht. Häufig wird es wirtschaftlich für das Bauunternehmen günstiger sein, bei einer Baustelle Personal abzuziehen, bei dem bei Verzögerungen »nur« die »normalen« Verzugsschadensersatzansprüche drohen, um dann vorrangig mit mehr Personal eine andere Baustelle zu forcieren, um dort drohende Vertragsstrafenansprüche abwenden zu können. Die finanziellen Konsequenzen einer Vertragsstrafenvereinbarung erzeugen insoweit durchaus Motivation für den Unternehmer. 37

Eine nur **unbedeutende Rolle** spielt die Vertragsstrafe in der Baupraxis »in umgekehrter Richtung« in Form eines **Vertragsstrafenanspruchs des Unternehmers** gegen den Besteller, obgleich auch diese Variante nach den §§ 339 ff. BGB ebenso möglich ist. Dies liegt letztlich in der Systematik des Bauvertrags begründet mit der umfangreichen Leistungsverpflichtung und Vorleistungspflicht des Unternehmers. 38

C. Korrespondierende VOB/B-Regelung: § 11

In § 11 regelt die VOB/B die Vertragsstrafe. Nr. 1 verweist zunächst auf die **Geltung der §§ 339 bis 345 BGB.** § 11 Nr. 2 VOB/B gibt inhaltlich die Vorgabe von § 339 S. 1 BGB wieder. § 11 Nr. 3 VOB/B stellt zur Berechnung der Vertragsstrafe klar, was auch für den BGB-Bauvertrag Anwendung findet: Bei einer Vertragsstrafenvereinbarung nach Tagen zählen nur Werktage, im Falle einer Abrede, die sich auf Wochen bezieht, wird jeder Werktag angefangener Wochen als 1/6 Woche gewertet. § 11 Nr. 4 VOB/B entspricht von der Rechtsfolge her § 341 Abs. 3 BGB, er 39 ersetzt lediglich begrifflich die »Annahme der Erfüllung« werkvertragsspezifisch mit »Abnahme« als entscheidendem Zeitpunkt für die Notwendigkeit eines Vorbehalts durch den Auftraggeber.

D. Rechtsprechungsübersicht

40 Die jeweils relevante Rechtsprechung wurde oben bereits ausführlich unter den jeweiligen Unterpunkten dargestellt.

Anhang 3: Unerlaubte Handlungen

§ 823
Schadensersatzpflicht

(1) Wer vorsätzlich oder fahrlässig das Leben, den Körper, die Gesundheit, die Freiheit, das Eigentum oder ein sonstiges Recht eines anderen widerrechtlich verletzt, ist dem anderen zum Ersatz des daraus entstehenden Schadens verpflichtet.

(2) Die gleiche Verpflichtung trifft denjenigen, welcher gegen ein den Schutz eines anderen bezweckendes Gesetz verstößt. Ist nach dem Inhalt des Gesetzes ein Verstoß gegen dieses auch ohne Verschulden möglich, so tritt die Ersatzpflicht nur im Falle des Verschuldens ein.

Inhaltsübersicht

		Rn.
A.	Baurechtlicher Regelungsinhalt	1
B.	§ 823 Abs. 1 BGB	2
	I. Eigentumsverletzung durch mangelhafte Werkleistungen	2
	II. Eingriff in den eingerichteten und ausgeübten Gewerbebetrieb	5
	III. Verschulden	6
	IV. Beweislast	9
	V. Haftung für Verrichtungsgehilfen	10
	VI. Drittschadensliquidation	12
	VII. Rechtsprechungsübersicht	13
	VIII. Entsprechende Regeln der VOB/B	14
C.	§ 823 Abs. 2 BGB	15
	I. § 906 bis 909 BGB	17
	II. BaustellenVO	20
	III. Gesetz über die Sicherung der Bauforderungen	23
	IV. Makler- und Bauträger-Verordnung	28
	V. Rechtsprechungsübersicht zu den Schutzgesetzen	29
D.	Verkehrssicherungspflichten	30
	I. Verkehrssicherungspflicht	30
	II. Rechtsprechungsübersicht zu den Verkehrssicherungspflichten	35
	III. Entsprechende Regelung der VOB/B	36
E.	§§ 836, 837 BGB	37

A. Baurechtlicher Regelungsinhalt

Schadensersatzansprüche sind zwischen den Parteien eines Bauvorhabens aufgrund der spezifischen Risiken in einer Vielzahl von Konstellationen denkbar. Sie kommen darüber hinaus nicht nur zwischen den Vertragsparteien selbst in Betracht, sondern über die Verkehrssicherungspflichten und Schutzgesetze auch für diejenigen, die nur mittelbar beteiligt sind.   1

Anhang 3: Unerlaubte Handlungen

Eine zum Schadensersatz verpflichtende Eigentumsverletzung kann in der Lieferung und dem Einbau mangelhafter Baustoffe liegen.

Über Verkehrssicherungspflichten werden ausführende Unternehmen ebenso wie Architekten und Statiker in die Haftung mit einbezogen.

Die Verletzung von Schutzgesetzen kann über § 823 Abs. 2 BGB in den Fällen der Gefährdungshaftung auch ohne Verschulden zu Schadensersatzansprüchen führen.

B. § 823 Abs. 1 BGB

I. Eigentumsverletzung durch mangelhafte Werkleistungen

2 Allein die **mangelhafte Herstellung** des Werkes stellt **noch keine Eigentumsverletzung** dar.[1] Werden durch das mangelhafte Werk aber andere, vorher fehlerfreie Sachen beschädigt, liegt darin eine Eigentumsverletzung.[2] Problematisch sind diejenigen Fälle, in denen abgrenzbare Bestandteile ein im Übrigen mangelhaftes Werk beschädigen. Die Abgrenzung zwischen bloßem Werkmangel und Eigentumsverletzung soll durch den Begriff der Stoffgleichheit erfolgen.[3] Ist der zu ersetzende Schaden mit dem mangelbedingten Unwert des Werkes stoffgleich, liegt keine Eigentumsverletzung vor. Der Bauherr ist dann nur in seinem Nutzungsinteresse (Äquivalenz-Interesse) beeinträchtigt. Seine Ansprüche richten sich nach den werkvertraglichen Gewährleistungsregelungen.

Eine Eigentumsverletzung liegt dagegen vor, wenn ein **funktional abgrenzbares Einzelteil** mangelhaft ist, und dies zu einem Schaden des sonst mangelfreien Werkes führt.[4]

3 Auch der **Einbau mangelhafter Teile** in ein bisher mangelfreies Werk kann zur Eigentumsverletzung an der dadurch gebildeten neuen Sache führen.[5] Ein solches Zusammentreffen von ursprünglich mangelfreien Werken im Eigentum des Geschädigten mit mangelbehafteten Sachen führt zur Verletzung des Integritätsinteresses, damit zu Eigentumsverletzung i. S. d. § 823 Abs. 1 BGB.[6] Wird eine mangelhafte Haftschicht auf ein im Übrigen mangelfreies Holzfenster aufgetragen, und

---

1 BGH 30. 9. 1969 VI ZR 254/67 NJW 1970, 38 ff.; BGH Urt. v. 7. 11. 1985 VII ZR 270/83 BauR 1986, 211 ff. = BGHZ 96, 221; BGH Urt. v. 12. 2. 1992 VIII ZR 276/90 BauR 1992, 388 = NJW 1992, 1225.
2 BGH Urt. v. 13. 2. 1990 VI ZR 354/88 NJW-RR 1990, 726; OLG Oldenburg Urt. v. 11. 10. 2000 2 U 172/00 BauR 2001, 647 = NJW-RR 2001, 459.
3 BGH Urt. v. 12. 12. 2000 VI ZR 242/99 BauR 2001, 800; BGH Urt. v. 12. 2. 1992 VIII ZR 276/90 BauR 1992, 388 = NJW 1992, 1225.
4 BGH Urt. v. 6. 12. 1994 VI ZR 229/93 BauR 1995, 401.
5 BGH Urt. v. 12. 2. 1992 VIII ZR 276/90 BauR 1992, 388 = NJW 1992, 1225.
6 BGHZ 86, 256; BGHZ 183, 234, BGH Urt. v. 5. 9. 1985 VersR 1985, 837; BGHZ 67, 359.

Anhang 3: Unerlaubte Handlungen

verrottet anschließend das Holz wegen nicht haftender Lackschichten, liegt eine solche abgrenzbare Teilleistung und damit eine Eigentumsverletzung vor.[7]

Der Unterschied zwischen vertraglichen Gewährleistungsansprüchen und deliktischen Ansprüchen ist insbesondere dann von Bedeutung, wenn Gewährleistungsansprüche verjährt sind. Ein Schadensersatzanspruch aus Eigentumsverletzung nach § 823 Abs. 1 BGB kann innerhalb von 3 Jahren ab Kenntnis bis zur Höchstfrist von 10 Jahren (§ 199 Abs. 4 BGB) durchgesetzt werden.

4

II. Eingriff in den eingerichteten und ausgeübten Gewerbebetrieb

Der eingerichtete und ausgeübte Gewerbebetrieb ist ein sonstiges Recht i. S. d. § 823 Abs. 1 BGB.[8] Wird durch einen **betriebsbezogenen Eingriff** der Gewerbebetrieb unmittelbar beeinträchtigt, führt dies zu Schadensersatzansprüchen.[9] Die nur mittelbare Beeinträchtigung des Gewerbebetriebes durch Unterbrechung von Fernsprechleitungen oder der Stromzufuhr durch Beschädigung von Kabeln in Folge von Bauarbeiten sind deshalb hier nicht erfasst.[10] Dagegen kann eine rechtswidrige Blockade des Einsatzes von Baumaschinen einen betriebsbezogenen Eingriff darstellen.[11]

5

III. Verschulden

Verschulden ist das objektiv rechtswidrige und subjektiv vorwerfbare Verhalten. Zu unterscheiden sind Vorsatz und Fahrlässigkeit.

6

Vorsätzlich handelt derjenige, der den rechtswidrigen Erfolg voraussieht. Dabei kommt es nicht darauf an, dass dieser Erfolg gewünscht oder beabsichtigt war.[12]

Fahrlässig handelt, wer die im Verkehr erforderliche Sorgfalt außer Acht lässt. Welcher Maßstab dabei anzulegen ist, hängt vom jeweils zu entscheidenden Einzelfall ab.[13] Leichte Fahrlässigkeit ist bei geringeren Sorgfaltsverletzungen, also bei vorwerfbaren Nachlässigkeiten anzunehmen.

7

Werden im Bewusstsein der Gefährlichkeit des Handelns nahe liegende Überlegungen zur erforderlichen Sorgfalt nicht angestellt, handelt der Schädigende grob fahrlässig.[14] Werden **Unfallverhütungsschriften**, die Sicherungsanweisungen zum Schutz vor tödlichen Gefahren enthalten, ignoriert, ist grobe Fahrlässigkeit anzunehmen.

8

---

7 OLG Oldenburg Urt. v. 11.10.2000 2 U 172/00 BauR 2001, 647.
8 BGHZ 59, 30, 34.
9 BGHZ 86, 152.
10 OLG Oldenburg VersR 1975, 866; BGH BB 1977, 1419.
11 BGH Urt. v. 4.11.1994 VI ZR 348/96 BauR 1998, 144.
12 RGZ 57, 241.
13 BGHZ 8, 141.
14 BGHZ 10, 14, 17.

IV. Beweislast

9 Pflichtverletzung, Schaden und Ursachenzusammenhang zwischen Pflichtverletzung und Schaden sind als Anspruchsvoraussetzungen vom Geschädigten zu beweisen.

Wendet der Schädigende ein, dass er nicht schuldhaft gehandelt habe, ist er für diese Behauptung beweispflichtig. Dies folgt aus der Formulierung des § 280 Abs. 1 S. 2 BGB.

Handelt der **Baustofflieferant** schuldhaft, ist dies dem Unternehmer grundsätzlich nicht zuzurechnen.[15] Hat der Unternehmer den Lieferanten aber einbezogen, damit dieser für ihn beratend tätig wird, wird ihm dessen Verschulden zugerechnet.[16]

V. Haftung für Verrichtungsgehilfen

10 Verrichtungsgehilfe ist derjenige, dem vom Bauunternehmer eine Tätigkeit so übertragen wurde, dass er in dessen Einflussbereich verbleibt und in einer gewissen Abhängigkeit steht. Der Verrichtungsgehilfe ist den Weisungen des Unternehmens unterworfen.[17] Der als Verrichtungsgehilfe Bestellte ist bei der Ausführung der Verrichtung vom Willen des Bestellers abhängig.

11 Diejenigen, die frei über ihre Zeit und den Umfang ihrer Tätigkeit selbst bestimmen können, sind keine Verrichtungsgehilfen. Vom Bauunternehmer beauftragte **Subunternehmer** sind in der Regel nicht als Verrichtungsgehilfen anzusehen.[18] Mietet ein Bauunternehmer einen Kran mit Bedienungspersonal für mehrere Tage an, um auf seinem Grundstück Installationen durchführen zu lassen, ist der Kranführer nicht Verrichtungsgehilfe des Vermieters.[19]

VI. Drittschadensliquidation

12 Wird das Werk eines Subunternehmers vor der Abnahme durch einen anderen am Bau Beteiligten beschädigt oder zerstört, fehlt es in der Regel an einer Eigentumsverletzung. Der Subunternehmer hat durch den Einbau der Teile das Eigentum daran verloren. In solchen Fällen kann er vom gemeinsamen Auftraggeber die Abtretung von dessen Ansprüchen gegen den Schädigenden verlangen, und gegen diesen im Wege der Drittschadensliquidation vorgehen.[20]

---

15 BGH Urt. v. 9. 2. 1978 VII ZR 84/77 BauR 1978, 304.
16 OLG Celle Urt. v. 29. 3. 1995 6 U 94/94 BauR 1996, 263.
17 BGHZ 45, 313.
18 BGH Urt. v. 24. 6. 1953 VI ZR 322/52 VersR 1953, 358; BGHZ 26, 152, 159; BGH Urt. v. 21. 6. 1994 VI ZR 215/93 BauR 1994, 780 = NJW 1994, 2756.
19 OLG Düsseldorf Urt. v. 23. 12. 1994 22 U 127/94 BauR 1996, 136 = NJW-RR 1995, 1430.
20 BGH Urt. v. 30. 9. 1969 VI ZR 254/67 NJW 1970, 38; OLG Hamm Urt. v. 25. 9. 2001 21 U 108/00 BauR 2002, 635 = IBR 2002, 411.

Anhang 3: Unerlaubte Handlungen

VII. Rechtsprechungsübersicht

- Zur Kausalität, wenn diese nicht feststeht, aber alle anderen in Betracht kommenden Schadenursachen auch diesem Schädiger zuzuordnen sind: OLG Celle Urt. v. 19. 2. 1986 9 U 234/84 BauR 1987, 231 = VersR 1987, 993
- Zum Mitverschulden des Geschädigten: BGH Urt. v. 6. 5. 1997 VI ZR 90/96 BauR 1997, 864
- Zum Nachweis, dass der Schaden auch bei ordnungsgemäßer Ausführung eingetreten wäre: OLG Koblenz Urt. v. 23. 11. 1995 11 U 1160/94 BauR 1997, 328
- Zur Unterbrechung des haftungsrechtlichen Zurechnungszusammenhangs: OLG Nürnberg Urt. v. 18. 12. 1997 8 U 1937/97 BauR 1999, 419
- Zum Umfang der Beweislast bei Anscheinsbeweis: BGH Urt. v. 28. 2. 1980 VII ZR 104/79 BauR 1980, 381
- Typischer Geschehensablauf für Anscheinsbeweis: BGH Urt. v. 28. 2. 1980 VII ZR 104/79 BauR 1980, 381
- Anscheinsbeweis für ungeeignetes Brett in Gerüst: BGH Urt. v. 4. 3. 1997 VI ZR 51/96 BauR 1997, 673; BGH Urt. v. 5. 11. 1996 VI ZR 343/95 BauR 1997, 326
- Fahrlässiges Handeln bei Verstoß gegen Unfallverhütungsvorschriften: OLG Karlsruhe Urt. v. 18. 2. 1987 7 U 97/85 BauR 1988, 116
- Eigentumsverletzung auch ohne Eingriff in die Substanz, wenn eine nicht unerhebliche Beeinträchtigung der bestimmungsgemäßen Verwendung vorliegt: BGH Urt. v. 7. 12. 1993 VI ZR 74/93 BauR 1994, 258 = NJW 1994, 517; BGH Urt. v. 6. 12. 1994 VI ZR 229/93 BauR 1995, 401 = NJW-RR 1995, 342
- Eigentumsverletzung durch den Einbau von kontaminiertem Boden auf einem Golfplatz: OLG Düsseldorf Urt. v. 24. 11. 2000 22 U 74/94 IBR 2001, 369
- Haftungsverteilung im Verhältnis Schädiger – Versicherung: OLG Brandenburg Urt. v. 9. 3. 2006 12 U 127/05 IBR 2006, 501
- Entlastungsbeweis des Auftragnehmers bei Organisationsverschulden eines Subunternehmers: OLG Karlsruhe Urt. v. 29. 12. 2005 12 U 125/04 IBR 2006, 327
- Erkundigungspflicht des Bauunternehmers über den Verlauf von Versorgungsleitungen: BGH Urt. v. 20. 12. 2005 VI ZR 33/05 IBR 2006, 145
- Berechnung des merkantilen Minderwertes bei Verpflichtung zum Ersatz künftiger Schäden: OLG Hamm Urt. v. 4. 7. 2005 17 U 94/04 BauR 2006, 113
- Deliktische Haftung wegen unrichtiger Prospektangaben: BGH Urt. v. 28. 2. 2005 II ZR 13/03 NJW-RR 2005, 751
- Verpflichtung zur Wiederherstellung des kontaminierten Nachbargrundstücks: BHG Urt. v. 4. 4. 2005 V ZR 142/04 BauR 2005, 1974 = NJW 2005, 1366
- Beweislast für die Einwilligung in eine Eigentumsverletzung: BGH Urt. v. 19. 10. 2004 X ZR 142/03 BauR 2005, 96 = NJW-RR 2005, 172
- Haftung des Heizungsinstallateurs für korrekte Einweisung: OLG Koblenz Urt. v. 28. 10. 2003 3 U 39/03 BauR 2004, 1347

13

Anhang 3: Unerlaubte Handlungen

– Keine Haftung des Baumaschinenvermieters für die Schäden durch von ihm überlassene Mitarbeiter: OLG Frankfurt/Main Urt. v. 9. 5. 2003 2 U 122/02 IBR 2004, 133
– Keine deliktsrechtliche Haftung des vom Bauträger beauftragten Bauunternehmers gegenüber Erwerber der Eigentumswohnung: OLG Hamm Urt. v. 5. 8. 2003 21 U 46/03 BauR 2004, 864 = IBR 2004, 1020

VIII. Entsprechende Regeln der VOB/B

14 Schadensersatzansprüche aus mangelhaften Bauleistungen regeln die §§ 4 Nr. 7 und 13 Nr. 7 VOB/B. Den Haftungsausgleich der Vertragsparteien untereinander sowie gegenüber dem geschädigten Dritten erfasst § 10 VOB/B.

C. § 823 Abs. 2 BGB

15 Die Verletzung von Schutzgesetzen führt über § 823 Abs. 2 BGB zu einem Schadensersatzanspruch. Schutzgesetze sind solche Normen, die nach ihrem Inhalt und Zweck nicht nur die Belange der Allgemeinheit schützen, sondern auch dem Schutz des Geschädigten selbst dienen sollen.[21] Der Schutz des Geschädigten muss nicht Hauptzweck des Gesetzes sein.

Zu den Schutzgesetzen gehören insbesondere die §§ 907 ff. BGB, aber auch verschiedene Vorschriften der Landesbauordnungen, das **Gesetz zur Sicherung von Bauforderungen** sowie §§ 3 und 4 MaBV.[22]

16 Die **DIN-Regelungen** sind keine Schutzgesetze, da sie nur privat-technische Regelungen mit Empfehlungscharakter sind und keine Rechtsnormen.[23] Die **Unfallverhütungsvorschriften** der Berufsgenossenschaften sind nicht Schutzgesetz i. S. d. § 823 Abs. 2 BGB.

I. § 906 bis 909 BGB

17 Durch die Regelungen der §§ 906 bis 909 BGB sollen Dritte vor Gefährdungen und Beeinträchtigungen geschützt werden, die von einem Grundstück ausgehen. Sind solche Beeinträchtigungen im Einzelfall ausnahmsweise zu dulden, kann der betroffene Dritte einen verschuldensunabhängigen Ausgleichsanspruch geltend machen.[24] Schadensersatzansprüche werden über die Einordnung dieser Vorschriften als Schutznorm in Verbindung mit § 823 Abs. 2 BGB begründet.

---

21 BGH Urt. v. 8. 6. 1976 VI ZR 50/75 BauR 1977, 66 = NJW 1976, 1740.
22 OLG Hamm Urt. v. 22. 4. 1998 12 U 37/97 NJW-RR 1999, 530.
23 BGHZ 139, 16.
24 BGHZ 58, 149.

Nach § 909 BGB darf ein Grundstück nicht in der Weise vertieft werden, dass der Boden des Nachbargrundstücks die erforderliche Stütze verliert, sofern nicht für eine genügende anderweitige Befestigung gesorgt ist. Eine **Vertiefung** kann nicht nur durch die Herausnahme von Boden erfolgen. Erfasst ist jede Senkung, also auch eine Absenkung durch Lagerung von Material und darauf beruhendem Druck oder Pressung.[25]

Das Verbot der schädigenden Grundstücksvertiefung richtet sich nicht nur gegen den Eigentümer, sondern auch gegen andere am Bau Beteiligte, wie den Architekten, den bauleitenden Ingenieur oder den Tragwerksplaner.[26]

Ob eine Stütze des Nachbargrundstücks erforderlich ist, richtig sich nach den tatsächlichen Verhältnissen und nicht nach objektiven Gesichtspunkten.[27]

Eine Haftung der übrigen Beteiligten, wie Bauunternehmer, Architekt und Statiker, ist nach OLG Frankfurt nur dann anzunehmen, wenn ihnen ein konkreter Sorgfaltsverstoß nachgewiesen werden kann.[28]

Für den verschuldensabhängigen Schadensersatzanspruch aus § 909 gilt die allgemeine dreijährige Verjährungsfrist. Wird der Ersatzanspruch auf Wiederholungen der schädigenden Handlung gestützt, so läuft die Verjährungsfrist für jede einzelne Handlung gesondert.[29]

II. BaustellenVO

Die BaustellenVO setzt die Baustellenrichtlinie (Richtlinie 92/57 EWG) über die auf zeitliche begrenzte oder ortsveränderliche Baustellen anzuwendenden Mindestvorschriften für die Sicherheit und den Gesundheitszustand vom 24. 7. 1972, ABl. EG Nr. L 245 vom 26. 8. 1992 (S. 6 ff.) in nationales Recht um. Adressaten der Richtlinie sind der Bauherr und der von ihm bestellte Bauleiter.

Je nach Größe der Baustelle treffen den Bauherrn vier verschiedene Pflichten. Zum einen die Vorankündigungspflicht, zum anderen die Pflicht, einen **Sicherheits- und Gesundheitskoordinator** einzusetzen, schließlich das Erstellen eines Sicherheits- und Gesundheitsplanes sowie einer Unterlage über die erforderlichen, bei späteren Arbeiten an der baulichen Anlage zu berücksichtigenden Angaben zum Sicherheits- und Gesundheitsschutz.

---

25 BGH Urt. v. 10. 7. 1987 V ZR 285/85 NJW 1987, 2808; BGH Urt. v. 5. 3. 1971 V ZR 168/68 NJW 1971, 935.
26 BGH Urt. v. 12. 7. 1996 V ZR 280/94 NJW 1996, 3205; BGH Urt. v. 25. 10. 1974 V ZR 47/70 NJW 1975, 257; OLG Köln Urt. v. 16. 9. 1986 15 U 159/85 BauR 1987, 472.
27 BGHZ 101, 106, 109.
28 OLG Frankfurt Urt. v. 18. 2. 1999 15 U 53/97 IBR 1999, 217.
29 BGH Urt. v. 31. 10. 1980 V ZR 140/79 BauR 1981, 206 = NJW 1981, 573.

Anhang 3: Unerlaubte Handlungen

22 Zum Schutzgesetz wird die BaustellenVO durch ihr Ziel, die Sicherheit und Gesundheit der Beschäftigten auf Baustellen zu verbessern.[30] Dem Sicherheit- und Gesundheitskoordinator (**SiGeKo**) kommt dabei eine besondere Bedeutung zu. Die Bestellung der SiGeKo führt nicht dazu, dass der Bauherr vollständig entlastet wird. SiGeKo und Bauunternehmer haften gemeinsam, da das Verschulden des SiGeKo dem Bauunternehmer zugerechnet wird.[31]

III. Gesetz über die Sicherung der Bauforderungen

23 Das BauFordSiG (kurz: **GSB**) ist über die Vorgabe zur Verwendung von Baugeldern (§ 1 GSB) Schutzgesetz i. S. d. § 823 Abs. 2 BGB.[32]

24 Der Empfänger von **Baugeld** ist verpflichtet, dieses zur Befriedigung solcher Personen, die an der Herstellung des Baus aufgrund eines Werk-, Dienst- oder Lieferungsvertrages beteiligt sind, zu verwenden. Baugeld i. S. d. GSB sind nur solche Beträge, die zweckgerichtet für den Ausgleich der Baukosten gewährt wurden und zugunsten des Geldgebers durch Hypothek oder Grundschuld an dem bebauenden Grundstück gesichert sind.

25 Verwendet der Empfänger des Baugeldes dieses vorsätzlich zweckwidrig, ist er zum Schadensersatz verpflicht.[33] Die Schadensersatzansprüche aus dem GSB erhalten ihre Bedeutung vor allem bei der Insolvenz des ausführenden Bauunternehmens. Neben der Gesellschaft **haftet auch der Geschäftsführer persönlich** für Verstöße gegen § 1 GSB.[34]

26 Ein **Subunternehmer**, der nur mit Arbeiten an Teilen des Bauwerks beauftragt war, ist nicht Empfänger von Baugeld.[35] Solche Subunternehmer können sich auf den Schutz des § 1 GSB durch die Vorgaben zur Verwendung des Baugeldes berufen, wenn sie von einem Generalunternehmer beauftragt wurden, der seinerseits Anspruch auf das Baugeld hatte.[36]

27 Das GSB spielt in der Praxis nur eine untergeordnete Rolle. Grund dafür ist u. a. die Schwierigkeit für den Bauherrn, seiner Beweislast für die zweckwidrige Verwendung des Baugelds nachzukommen. Deshalb ist auf Initiative der Bundesländer Thüringen, Sachsen und Sachsen-Anhalt eine Initiative zur Vereinfachung in den Bundesrat eingebracht worden. Darüber hat der Bundestag am 6. 4. 2006 bera-

---

30 von Wietersheim/Noebel, BaustellenVO RZ 365.
31 OLG Celle Urt. v. 3. 3. 2004 9 U 208/03 BauR 2006, 133 = IBR 2005, 558.
32 BGH Urt. v. 8. 1. 1981 VI ZR 109/90 BauR 1991, 237; OLG Dresden Urt. v. 13. 9. 2001 19 U 346/01 BauR 2002, 486.
33 BGH Urt. v. 8. 4. 1996 VII ZR 157/95 BauR 1996, 709.
34 BGH Urt. v. 12. 12. 1989 VI ZR 311/88 BauR 1990, 241 = NJW-RR 1990, 914; OLG Dresden Urt. v. 15. 4. 1999 9 U 3454/99 BauR 2000, 585.
35 BGH Urt. v. 16. 12. 1999 VII ZR 39/99 BauR 2000, 573 = NJW 2000, 956.
36 BGH Urt. v. 19. 12. 1989 VI ZR 32/89 NJW-RR 1990, 342.

ten. Die **anstehenden Änderungen** sollen das Vorgehen für den Bauherrn erleichtern. Unter der amtlichen Abkürzung **BauFG** soll das Gesetz zukünftig die von der Rechtsprechung ohnehin bereits entwickelte Beweislastverteilung zugunsten des Bauherrn enthalten. Im neuen § 4 BauFG soll es heißen: »Ist die Baugeldeigenschaft oder die Verwendung des Baugelds streitig, so trifft die Beweislast den Empfänger.« Die Verpflichtung zum Führen des Baubuchs soll entfallen. Dazu soll § 2 BauFG gestrichen werden, in diesem Zusammenhang auch die §§ 3 und 6 BauFG. Die persönliche Haftung der Organe für die zweckwidrige Verwendung von Baugeld ergibt sich dann aus § 823 Abs. 2 BGB i.V.m. § 1 BauFG. Der Begriff des Baugelds soll in § 1 BauFG auch auf Eigenmittel des Bauherrn erweitert werden.

IV. Makler- und Bauträger-Verordnung

Die §§ 3, 4 MaBV begründen besondere Sicherungspflichten des Bauträgers. Er darf Geld erst entgegennehmen, wenn die dort genannten Voraussetzungen erfüllt sind, z.B. eine Auflassungsvormerkung im Grundbuch eingetragen ist. Darüber hinaus darf er das Geld nur für das konkrete Bauvorhaben verwenden. Durch diese Vorgaben zum Schutz des Bauherrn sind die §§ 3, 4 MaBV Schutzgesetz i.S.d. § 823 Abs. 2 BGB.[37]

28

V. Rechtsprechungsübersicht zu den Schutzgesetzen

- Wird Geröll vom Grundstück entfernt, das zuvor vom Nachbargrundstück darauf abgerutscht ist, liegt keine Vertiefung i.S.d. § 909 vor: OLG Koblenz Urt. v. 11.2.1999 5 U 833/98 IBR 2000, 81
- Eine Vertiefung ist auch dann rechtswidrig, wenn sie nur in Anbetracht des Alters des Nachbarhauses und von Kriegseinwirkungen zur Beeinträchtigung der Standfestigkeit führt: BGH Urt. v. 26.11.1982 V ZR 314/81 BauR 1983, 177
- Stand der Giebel eines Hauses bereits vor Beginn des Baugrubenaushubs schief, sind die Kosten der Erstattung des Abstützens dieses Giebels vom Bauherrn nicht zu erstatten: OLG Düsseldorf Urt. v. 19.2.1999 22 U 208/98 IBR 1999, 266
- Sowohl Bauunternehmer als auch der von ihm mit Ausschachtungsarbeiten beauftragte Subunternehmer haben sicherzustellen, dass das benachbarte Gebäude nicht die Stütze verliert: OLG Düsseldorf Urt. v. 5.6.1992 22 U 257/91 BauR 1993, 351
- Verletzt ein Statiker seine Sorgfaltspflicht kann er ebenfalls für die Grundstücksvertiefung verantwortlich sein: OLG Düsseldorf Urt. v. 13.5.1974 5 U 117/73 BauR 1975, 71
- Neben Statiker können auch Architekt und Bauherr haften: BGH Urt. v. 27.6.1969 V ZR 41/66 BauR 1970, 123 = NJW 1969, 2140

29

---

37 OLG Hamm Urt. v. 22.4.1998 12 U 37/97 NJW-RR 1999, 530.

Anhang 3: Unerlaubte Handlungen

- Das Absenken des Bodens ohne Entnahme von Bodenbestandteilen infolge des Gewichts eines Neubaus und der dadurch bedingten Pressung des Untergrunds ist Vertiefung i.S.d. § 909: BGHZ 44, 130
- Der geschäftsführende Gesellschafter einer Bauträgergesellschaft haftet persönlich für die zweckgebundene Verwendung von Zahlungen: OLG Celle Urt. v. 12.2.2001 4 U 289/99 BauR 2001, 1278
- Der Bauträger darf Bauarbeiten für nicht wesentliche Bestandteile des Gebäudes erst aus Baugeld begleichen, nachdem die Forderungen der Baugläubiger i.S.d. § 1 Abs. 1 GSB erfüllt worden sind: OLG Celle Urt. v. 5.7.2006 7 U 260/05 IBR-online
- Die Haftung des Grundstückseigentümers für eine Vertiefung des Nachbargrundstücks kann entfallen, wenn er mit gebotener Sorgfalt fachkundiges Personal aussucht und beauftragt: LG Essen Urt. v. 27.10.2005 18 O 430/03 IBR-online
- Ein Subunternehmer, der nur einzelne Gewerke ausführt, ist nicht Baugeldempfänger i.S.d. GSB: OLG Brandenburg Urt. v. 31.3.2005 LU 103/04 IBR 2006, 1087
- Der Schutz des § 3 MaBV reicht zeitlich und sachlich bis zur Fertigstellung des Bauwerks: OLG Frankfurt Urt. v. 23.12.2004 24 U 85/03 BauR 2005, 1040
- Empfänger von Baugeld i.S.d. § 1 GSB kann nicht nur der Bauherr selbst sein, sondern auch ein Generalübernehmer oder Generalunternehmer sowie der Verkäufer schlüsselfertiger Häuser, sofern diese über die Verwendung der Baugelder entscheiden: OLG Düsseldorf Urt. v. 5.11.2004 14 U 63/04 IBR 2005, 1191
- Der Baugeldempfänger trägt die Darlegungs- und Beweislast dafür, dass und wie er das Baugeld zweckentsprechend verwandt hat: OLG Stuttgart Urt. v. 19.5.2004 3 U 222/03 IBR 2004, 424
- Die kontoführende Bank haftet gegenüber Bauhandwerkern auf Schadensersatz, wenn auf Veranlassung eines ihrer Mitarbeiters Baugeld zweckwidrig verwendet wird, und dadurch eine Befriedigung der Bauhandwerker nicht mehr möglich ist: LG Bielefeld Urt. v. 30.10.2001 2 O 650/99 BauR 2003, 398

D. Verkehrssicherungspflichten

I. Verkehrssicherungspflicht

30 Den auf § 823 BGB beruhenden Verkehrssicherungspflichten liegt der Gedanke zugrunde, dass derjenige, der eine Gefahrenquelle eröffnet, für die daraus entstehenden Schäden einzustehen hat.[38] Damit ist zunächst der **Bauherr** verkehrssicherungspflichtig, er veranlasst die Baumaßnahme.[39] Beauftragt der Bauherr einen **Bauunternehmer** mit der Ausführung der Arbeiten, entbindet ihn das nicht ohne

---

38 BGHZ 5, 378, 380; BGHZ 34, 206, 209.
39 OLG Koblenz Urt. v. 10.3.2000 8 U 795/99 BauR 2000, 907.

weiteres von der Haftung. Der Sicherungspflichtige wird nur dann entlastet, wenn er die ihm zumutbaren Sicherungsvorkehrungen getroffen hat.[40] Der Bauherr muss demnach einen als zuverlässig und sachkundig bekannten Unternehmer oder Architekten beauftragt haben.[41] Dann ist der Bauherr nicht verpflichtet, seine Baustelle laufend zu kontrollieren. Hat er aber Anlass, an der Zuverlässigkeit oder Fachkenntnis des Unternehmers oder Architekten zu zweifeln, verbleibt es bei der umfassenden Verkehrssicherungspflicht des Bauherrn.[42]

Mit dem Baubeginn eröffnet der Bauunternehmer die eigentliche Gefahrenquelle. Jetzt ist vor allem er der Adressat der Verkehrssicherungspflicht.[43] Er ist in erster Linie verkehrssicherungspflichtig und hat für die Sicherheit der Baustelle zu sorgen. Dies ergibt sich auch daraus, dass sich die Unfallverhütungsvorschriften nur an ihn wenden.[44] Beauftragt der Unternehmer einen Mitarbeiter damit, den Bau in eigener Verantwortung zu leiten, kann auch dieser verkehrssicherungspflichtig werden.[45] **31**

Der nur planende **Architekt** ist nicht verkehrssicherungspflichtig, da er die Baustelle nicht selber eröffnet hat. Ordnet er aber auf der Baustelle gefährliche Maßnahmen an, oder ist seine Planung erkennbar gefahrenträchtig, muss er vorbeugende Maßnahmen ergreifen.[46] **32**

Der Umfang der Verkehrssicherungspflichten ist nicht darauf gerichtet, gegen jede nur denkbare Gefahr Vorkehrungen zu treffen. Es ist unmöglich, jeden vorstellbaren Schaden auszuschließen.[47] Die Baustelle muss aber während der Bauzeit mit **zumutbaren Mitteln** so gesichert sein, dass objektiv erkennbare Gefahren von Dritten ferngehalten werden. Die Sicherungsmaßnahmen müssen solche Vorkehrungen erfassen, die ein verständiger, umsichtiger und in vernünftigen Grenzen vorsichtiger Mensch für ausreichend halten darf.[48] Dadurch muss auch soweit wie möglich ausgeschlossen werden, dass diejenigen, die mit Arbeiten auf Baustellen vertraut sind, durch unbedachtes, aber nahe liegendes Verhalten zu Schaden kommen.[49] Die **Unfallverhütungsvorschriften** der Baugenossenschaften sowie öffentlich-rechtliche Schutzvorschriften, wie z. B. die Brandschutzbestimmungen, geben Anhaltspunkte für die im Einzelfall erforderlichen Maßnahmen.[50] **33**

---

40 BGH Urt. v. 12. 11. 1996 VI ZR 270/95 BauR 1997, 148.
41 BGH Urt. v. 9. 3. 1982 VI ZR 220/80 BauR 1982, 399; OLG Koblenz Urt. v. 10. 3. 2000 8 U 795/99 BauR 2000, 907.
42 BGH Urt. v. 9. 12. 1980 VI ZR 121/79 BauR 1981, 302; OLG Hamm Urt. v. 29. 9. 1995 9 U 48/95 NJW-RR 1996, 1362.
43 BGH Urt. v. 5. 10. 1970 VI ZR 223/69 NJW 1970, 2290.
44 BGH Urt. v. 10. 3. 1977 VII ZR 278/75 NJW 1977, 898.
45 OLG Koblenz Urt. v. 18. 8. 1998 3 U 713/95 NJW-RR 1999, 1617; OLG Rostock Urt. v. 18. 11. 1999 7 U 290/98 BauR 2001, 1127.
46 OLG Frankfurt Urt. v. 20. 12. 1995 17 U 49/95 BauR 1997, 330.
47 BGH Urt. v. 16. 9. 1975 VI ZR 156/74 BauR 1976, 294.
48 BGH Urt. v. 16. 9. 1975 VI ZR 156/74 BauR 1976, 294.
49 BGH Urt. v. 8. 1. 2002 VI ZR 364/00 BauR 2002, 951.
50 BGH Urt. v. 23. 9. 1975 VI ZR 62/73 BauR 1976, 142.

Anhang 3: Unerlaubte Handlungen

34   Die Verkehrssicherungspflichten **enden nicht automatisch** mit Abschluss der Arbeiten des Bauunternehmers. Sie dauern an, solange von der Baustelle eine Gefahr ausgehen kann. Dann endet die Verpflichtung des Bauunternehmers erst, wenn die Sicherung der Gefahrenquelle von einem anderen übernommen wird.[51]

Hat der Bauunternehmer seine Arbeiten ordnungsgemäß abgeschlossen und die Baustelle geräumt, ohne dass eine von ihm geschaffene Gefahrenquelle verblieben ist, ist seine Verkehrssicherungspflicht damit beendet.[52]

II.   Rechtsprechungsübersicht zu den Verkehrssicherungspflichten

35   – Tiefbauunternehmer sowie ihre Subunternehmer müssen sich für mit Baggern durchgeführte Arbeiten an öffentlichen Straßen über den Verlauf der Versorgungsleitungen informieren: OLG Frankfurt Urt. v. 6. 5. 1993 1 U 120/91 BauR 1994, 388; OLG Naumburg Urt. v. 6. 7. 1993 1 U 70/93 NJW-RR 1994, 784
– Den Unternehmer trifft neben dem Baulastträger die Verkehrssicherungspflicht für den Straßenzustand, wenn er die Beschilderung und Reinigung des Baustellenbereichs vertraglich übernommen hat: OLG Köln Urt. v. 7. 3. 1990 13 U 245/89 NJW-RR 1990, 862
– Zur Verkehrssicherungspflicht gegenüber zugangsberechtigten Baustellenbesuchern: BGH Urt. v. 11. 12. 1984 VI ZR 292/82 BauR 1985, 237 = NJW 1985, 1078
– Verkehrssicherungspflicht des Bauträgers: OLG München Urt. v. 31. 3. 1998 25 U 2434/97 BauR 1999, 1037
– Verkehrssicherungspflicht des Tiefbauunternehmers: BGH Urt. v. 9. 11. 1982 VI ZR 129/81 BauR 1983, 95; OLG Koblenz Urt. v. 15. 11. 2002 5 U 1377/00 BauR 2002, 1412; OLG Düsseldorf Urt. v. 16. 5. 1997 22 U 261/96 NJW-RR 1998, 674; OLG Brandenburg Urt. v. 30. 6. 1998 11 U 195/97 BauR 1999, 1041
– Dachdecker: OLG Koblenz Urt. v. 18. 8. 1998 3 U 713/95 NJW-RR 1999, 1617; OLG Brandenburg Urt. v. 20. 4. 2000 5 U 183/98 BauR 2001, 656
– Schweißarbeiten: BGH Urteil vom 14. 11. 1978 VI ZR 133/77 BauR 1979, 266; OLG Frankfurt Urt. v. 10. 5. 2000 2 U 22/99 BauR 2001, 971
– Gelockerte Gehwegplatten auf öffentlichem Parkplatz: OLG Jena Urt. v. 1. 3. 2006 4 U 719/04 IBR-online
– Haftung für eine Treppenanlage, die aufgrund ihrer farblichen Gestaltung leicht zu übersehen ist: OLG Hamm Urt. v. 13. 1. 2006 9 U 143/05 IBR-online
– Das Entfernen eines 151 kg schweren Gitterrostes durch Unbefugte ist nicht als nahe liegend zu erwarten: OLG Karlsruhe Urteil vom 20. 6. 2006 7 U 104/04 NJW-RR 2005, 1264
– Für die Übertragung der Verkehrssicherungspflicht des Bauherrn auf einen Dritten ist eine ausdrückliche vertragliche Regelung nicht erforderlich, sie wird fak-

---

51 OLG Köln Urt. v. 13. 2. 1973 15 U 69/72 BauR 1974, 359; BGH Urt. v. 12. 11. 1996 VI ZR 270/95 BauR 1997, 148.
52 OLG Hamm Urt. v. 10. 2. 1992 6 U 132/91 BauR 1992, 658.

tisch durch die Beauftragung des als zuverlässig bekannten Bauunternehmers übertragen: OLG Celle Urteil vom 2.2.2005 9 U 74/04 IBR 2006, 1358
– Die dem Subunternehmer obliegende Verkehrssicherungspflicht endet nicht mit der Beendigung seiner Tätigkeit oder dem Abzug von der Baustelle. Er bleibt verpflichtet, die von ihm geschaffene Gefahrenquelle selbst dauerhaft abzusichern oder die Verantwortung einem Dritten zu übertragen: OLG München Urt. v. 12.1.2005 7 U 3820/04 IBR 2005, 203
– Der Bauunternehmer ist nicht verpflichtet, einen zur Sicherung der Baustelle aufgestellten Bauzaun täglich zu kontrollieren: OLG Saarbrücken Urt. v. 14.12.2004 3 U 630/03 BauR 2005, 600

III. Entsprechende Regelung der VOB/B

Die VOB/B legt den Auftragnehmer in § 4 Nr. 2 Abs. 1 die Verkehrssicherungspflichten bei der Ausführung seiner vertraglichen Leistung auf.   **36**

E. §§ 836, 837 BGB

§ 836 BGB beinhaltet eine gesonderte gesetzliche Regelung der allgemeinen Verkehrssicherungspflicht.[53] Bei Schäden durch Einsturz eines Gebäudes oder durch Ablösen von Gebäudeteilen aufgrund von **fehlerhafter Errichtung oder mangelhafter Unterhaltung** wird das Verschulden des Grundstücksbesitzers vermutet. Auch ein früherer Grundstücksbesitzer wird haftbar gemacht, wenn der Einsturz oder die Ablösung innerhalb eines Jahres nach Beendigung seines Besitzes eintritt. Er kann sich durch den Nachweis **entlasten**, dass er in der Zeit seines Besitzes die erforderliche Sorgfalt beachtet hat, oder ein späterer Besitzer durch die erforderliche Sorgfalt die Gefahr hätte abwenden können.   **37**

Der Grundstücksbesitzer haftet für Ablösungen von Gebäudeteilen auch dann, wenn neben der fehlerhaften Errichtung Witterungseinflüsse hinzutreten.

Provisorische Abdeckungen von Dachöffnungen durch Stahlplatten gelten nach OLG Celle[54] als Gebäudeteile, sodass § 836 BGB einschlägig ist, wenn die Dachöffnungen nur unzulänglich abgedeckt wurden. Ein mit dem Grundstück verbundener Turmdrehkran gilt als ein mit dem Grund verbundenes Werk, wenn seine Standfestigkeit durch das Anbringen von Betongewichten hergestellt wird.[55] Auch ein Baugerüst gilt als ein mit dem Grundstück verbundenes Werk i.S.d. § 836 BGB.[56]   **38**

---

53 BGH Urt. v. 11.12.1984 VI ZR 218/83 NJW 1985, 1076.
54 OLG Celle Urt. v. 6.2.1991 9 U 52/90 BauR 1992, 251.
55 OLG Hamm Urt. v. 27.4.1995 27 U 169/94 BauR 1996, 408.
56 BGH Urt. v. 27.4.1999 VI ZR 174/98 IBR 1999, 371.

Stichwortverzeichnis

Die fetten Zahlen bezeichnen das Kapitel, die mageren Zahlen die Randnummern.

5-M-Methode § 645 55

Abänderungsverbot § 648a 92
Abbrucharbeiten § 648 26
abgesonderte Befriedigung § 647 2; § 648 8
abgrenzbare Teilleistung Anh. 3 3
Abgrenzung Werkvertrag – Kaufvertrag
  Anh. 1 4, 40
Ablieferungsort § 631 161
Ablösen Anh. 3 37
Abnahme § 634 4; § 640 2, 35, 68, 87, 91;
  § 641 91; § 641a 21, 23; § 642 29; § 644 10;
  § 645 5; § 646 1; § 648a 20, 68; § 650 11
Abnahme bei Bauhilfsgewerken § 640 19
Abnahme bei Tiefbauwerken § 640 19
Abnahme bei Wohnungseigentumsgemein-
  schaften § 640 64
Abnahme durch den Architekten § 640 60
Abnahme durch den Auftraggeber im
  Haupt-/Subunternehmerverhältnis
  § 640 63
Abnahmeanspruch § 640 6
Abnahmeausschluss § 646 1
Abnahmeerfordernis § 641 77
Abnahmeerklärung § 640 4
Abnahmefähigkeit § 640 6, 45; § 641 13
Abnahmefiktion § 640 27, 44, 45; § 641a 8,
  23, 79, 81
Abnahmeformen nach dem BGB § 640 37
Abnahmeprotokoll § 640 39
Abnahmeprüfung § 641 13
Abnahmereife § 640 6, 45; § 641 75, 85;
  § 641a 9; § 644 12
Abnahmeverlangen § 640 7
Abnahmeverzug § 641 85; § 644 12
Abnahmevoraussetzungen § 640 8
Abnahmewille § 640 44
Abrechnung des gekündigten Vertrags
  § 649 12, 41
Abrechnungsparameter § 641 56
Abrechnungsunterlagen § 641a 26
Abrechnungsverhältnis § 641 86, 123
Abrechnungsvorgänge § 641a 47
Abruf § 642 26, 39, 41
Absatzformen des Baustoffhandels
  Anh. 1 70
Abschlags- oder Ratenzahlungs-
  vereinbarungen § 648a 39, 40

Abschlagsforderung § 641 11, 67
Abschlagszahlung § 631 452, 480; § 642 46;
  § 647 11; § 648a 51, 85
Abschlagszahlungsforderung § 641 88
Abschlagszahlungsvereinbarung § 632a 80
Abschluss des Werkvertrages § 631 56
Absonderungsrecht Anh. 1 87
Abstraktheit § 648a 50
Abwicklung des Vertrages § 632a 74
Abwicklungsstillstand § 648a 55
Abwicklungsstörung § 643 11
AGB-Klausel Anh. 2 4
AGB-Klausel, Vertragsstrafe Anh. 2 14
Akquisitionsleistungen § 631 441
Akquisitionsphase § 631 58
aliud § 633 65
Alleinunternehmer § 631 121
allgemein anerkannte Regeln der Technik
  § 631 259; § 641a 70
Allgemeine Geschäftsbedingungen, Vertrags-
  strafe Anh. 2 8
allgemeine Geschäftskosten § 642 49;
  § 649 22
allgemeine Regeln der Technik § 631 248
allgemeine Sphärentheorie § 645 65
Allgemeine Technische Vertragsbedingungen
  § 631 369
allgemeines Fertigungsrisiko § 645 37
allgemeines Leistungsstörungsrecht § 633 18
Altbausanierung § 645 55
Altbausubstanz § 645 37
Alterabschlag § 648 26
Altlasten § 648 27
Altsubstanzfälle § 645 20
Änderung der Bauleistung § 631 157
Änderung des Bauentwurfs § 631 413
Änderungsbereitschaft § 643 26
Änderungsrecht des Auftraggebers
  § 631 422
Androhung der Leistungsverweigerung
  § 648a 31
Androhungsrücknahme § 643 24
anerkannte Regeln der Technik § 633 67, 95;
  Anh. 1 66
Anerkenntnis § 648a 83
Anfechtung § 631 101; § 632 62; Anh. 1 87
Anfechtungsrecht § 650 21
Anfrage-Leistungsverzeichnis § 631 232

848

Stichwortverzeichnis

Angebot § 631 59; § 642 26
angemessene Fristsetzung § 637 6
angemessener zeitlicher Abstand § 632 a 64, 72
Angemessenheit der Frist § 648 a 32
Ankündigung § 632 246
Ankündigungsgebot § 642 26
Anlagenbau § 631 219
Anlass § 641 a 58
Annahmeverzug § 641 97, 102, 104; § 642 4, 5, 35; § 644 12; § 648 a 74
Anpassungsbedarf § 648 a 85
Anpassungsmöglichkeiten § 643 11
Anscheinsbeweis § 633 76
Anscheinsvollmacht § 631 470
Anspruch § 648 a 1
Anspruch auf Erteilung einer Rechnung § 632 23
Anspruch auf Rechnungsstellung § 641 57
Antrag auf Durchführung eines selbstständigen Beweisverfahrens § 634 a 40
Antrag des Unternehmers § 632 a 88
Antragsbefugnis § 641 a 36
Antragsform § 641 a 38
Antragsinhalt § 641 a 34
Antragsteller § 641 a 36
Anweisung § 645 14
Anzahlung § 632 a 52
Arbeiten am Bauwerk § 634 a 5
Arbeiten an einem Grundstück § 634 a 13; § 648 22, 23; § 648 a 16
Arbeitsgemeinschaft (ARGE) § 631 123
Arbeitsplätze § 642 29
Architekt § 634 22; § 643 16; § 648 21, 33
Architekten-Soll § 631 438
Architektenvertrag § 631 439; § 650 29
Architektenwerk § 631 436
ARGE Einf. 16; § 631 123
ARGE-Vertrag § 631 123
arglistige Täuschung § 631 110
arglistiges Verschweigen von Mängeln § 634 a 15; § 639 4
Art der Sicherheit § 648 a 46
ATV § 631 355
Aufgabenzuweisungen § 642 16
aufgedrängte Abnahme § 640 29
Aufhebungsvertrag § 631 348, 457
Aufklärungs- und Beratungspflichten § 631 176, 472
Aufklärungspflichten § 631 33; Anh. 1 80
Auflassungsvormerkung § 631 479
Aufmaß § 631 321; § 632 151; § 641 a 18, 49, 64, 78

Aufmaßnahme § 648 a 26
Aufmaßregeln § 641 114
Aufrechnung § 634 a 38; § 648 56; § 648 a 70
Auftrag § 631 19
Auftraggeber § 641 a 46
Auftraggeberhaftung § 645 74
Auftraggeberkündigung § 642 5
Auftraggeber-Sphäre § 645 65
Auftragserteilung § 641 a 52
Aufwand § 642 49
Aufwandserhöhung § 642 49
Aufwandsvertrag § 641 22
Aufwendungsersatz § 634 56
Aufwendungsersatzanspruch § 642 48, 76
Ausbau § 642 10
ausdrückliche Abnahme § 640 39, 43
ausdrückliche Vergütungsvereinbarung § 632 32
Ausfallhaftung § 632 132
Ausführungsart § 642 57
Auskunftsansprüche § 641 74
Auslagen § 645 56, 57
Auslegung des Bauvertrags § 631 282
Auslegung § 641 114
Ausreißerfälle § 645 37
Ausschreibung § 631 359
Ausschreibungsverfahren § 631 38
Außenanlage § 648 a 16
außerordentliche Kündigung § 631 331, 336; § 649 31, 36, 43
Ausweichmöglichkeit § 643 11
Auswirkungen auf den Pauschalpreis § 632 167

Bankbürgschaft § 632 123; § 632 a 48
Bankgarantien § 648 a 50
Bauabwicklungsstörungen § 642 29
Bauaufsicht § 631 14
bauaufsichtsrechtliche Prüfungszeugnisse Anh. 1 67
bauaufsichtsrechtliche Zulassung Anh. 1 67
Baubehelfe § 648 24, 29; § 651 16
Baubetreuer § 648 35
Baubetreuermodell § 631 461
Baubetreuungsvertrag § 631 460, 466
Baucontroller § 648 35
Bauentwurf § 631 413; § 632 212
Baugefährdung § 644 1
Baugeld Anh. 3 24
Baugenehmigung § 642 29
Bauglieder § 642 1; § 648 23
Baugrubensicherung § 648 24

849

Stichwortverzeichnis

Baugrubensicherungsmaßnahmen § 642 15
Baugrund- bzw. Systemrisiko § 645 26
Baugrund § 634 17; § 642 9; § 644 4, 14; § 645 11, 23
Baugrundfälle § 645 20
Baugrundstück § 642 32; § 645 11
Bauhandwerkersicherung § 631 490; Anh. 1 72
Bauhandwerkersicherungshypothek § 631 490
Bauherrenmodell § 631 461
Bauleistung Anh. 1 4
Bauleistungsversicherung § 644 7; Anh. 1 86
bauleitender Architekt § 643 16; § 648 a 55
Bauleiter § 634 34
Baulinien § 642 23
Baumodelle § 631 460
bauplanender Architekt § 643 16
Bauprodukte Anh. 1 65
Bauregelliste A Anh. 1 66
Bausachverständige § 648 a 13
Bau-Soll § 631 217, 230
Bau-Sollbeschreibung § 631 201
Baustelleneinrichtung § 642 23
Baustellengemeinkosten § 649 22
BaustellenVO Anh. 3 20
Baustoff § 634 17; § 642 9; § 644 14
Baustoffhandel § 633 58
Baustoffhandelskette Anh. 1 3, 9
Bausubstanz § 645 12
Bauteile § 632 a 32; § 642 1; § 648 23
Bauträger § 648 35
Bauträgermodell § 631 461
Bauträgervertrag § 631 47, 460, 473; § 634 52
Bauumstände § 631 416
Bauvolumen in Deutschland Anh. 1 1
Bauwerk § 642 1; § 647 1; § 648 17, 23
Bauwerksteile § 648 28
Bauwesenversicherung Anh. 1 86
Bauzeit § 631 422
Bauzeitenplan § 642 26, 36, 41
Bauzeitverzögerung durch Leistungsänderung § 632 224
Bauzeitverzögerung durch zusätzliche Leistungen § 632 252
Bauzustand § 642 37, 40
Bedenkenanmeldungspflichten § 645 47
Bedenkenanzeige § 633 112
Bedenkenhinweispflichten § 644 15
Bedenkenmitteilung § 634 25
Begehren der Nacherfüllung § 635 4
Beginn der Mängelhaftung des Unternehmers § 640 76

Beginn der Verjährungsfristen § 634 a 19
Begriff der Minderung § 638 1
Begriff des Bauwerkes § 634 a 6
Begriff des Pauschalpreisvertrages § 632 175
Begründetheitsprüfung § 641 33
Begründetheitsvoraussetzung § 641 26
Begründung § 641 a 76
Begründungstiefe § 641 a 76
Behinderung § 642 21
Beistellung § 642 23, 41
Beladen Anh. 1 79
Bemessung der Vergütung § 632 34
Bemessungsaufgabe § 642 15
Bemessungserfordernisse § 642 15
Bemessungswasserstand § 642 20
Bemusterung § 642 23
Benutzbarkeit des Werks § 640 10
Beratervertrag Anh. 1 75
Berechnung der Höhe der Vertragsstrafe Anh. 2 24
Berechnung der Minderung § 638 4
Bereicherungsanspruch § 631 84
Bereitschaftserklärung § 641 a 42
Beschaffenheit § 633 3, 54, 156
Beschaffenheit eines Werks § 633 38
Beschaffenheitsgarantie Anh. 1 57
Beschaffenheitsrisiko § 633 53; Anh. 1 58
Beschaffenheitsvereinbarung § 633 50, 88
Beschaffungsrisiko § 633 58
Besichtigungstermin § 641 a 54, 59
besondere Umstände § 637 7
Besorgnis der Befangenheit § 641 a 22, 43, 57
Bestandserhaltung § 648 23
bestätigtes Aufmaß § 641 50
Bestechung § 631 88
Besteller § 642 18
Bestelleranordnung § 642 29
Besteller-Anweisung § 645 10
Bestellerentscheidung § 642 23, 29
Bestellermitwirkungen § 642 29
Bestellermitwirkungsaufgabe § 642 32
Bestellermitwirkungspflichten § 643 29
Bestellerpflichten § 642 66
Besteller-Stoff § 645 10
Bestellung § 641 a 42
Beteiligte Einf. 16
Beteiligungsrechte § 641 a 53
bewegliche Sache § 647 1, 7
Beweiserleichterung § 642 55
Beweisgründen § 648 a 55
Beweislast für behauptete Mängel § 640 73
Beweislast § 641 114; § 641 a 85; § 642 43, 44

Stichwortverzeichnis

Beweislastumkehr im Verbrauchsgüterkauf **Anh. 1** 57
Beweislastumkehr § 640 75
Beweislastverteilung § 633 150; § 642 43
Beweismittel § 641 a 14
Beweismittelvertrag § 641 a 12
Bezifferung des Vorschusses § 637 29
Bezugssumme, Vertragsstrafe **Anh. 2** 27
Bieterrechte § 631 150
Billigkeitsregelung § 645 1
Bindefrist § 631 64
Bindungswirkung § 641 a 42
Bindungswirkung der Rechnung § 632 26
Bindungswirkung der Schlussrechnung § 632 110
Boden § 642 9
Bodengutachter § 634 35; § 642 11
Bringschuld **Anh. 1** 82
Bruno Eplinius **Einf.** 8
Bürge § 648 44
Bürgschaft auf erstes Anfordern § 648 a 47
Bürgschaft § 631 489; § 648 44; § 648 a 47

Codex Hammurabi **Einf.** 6

Dachdeckung § 642 21
Darlegungslast § 641 114
Darlegungs- und Beweislast § 641 88; § 641 a 21; § 642 53; § 644 19; § 645 41; § 649 26
Darlegungs- und Beweislast, Vereinbarung eines Fertigstellungstermins **Anh. 2** 31
deklaratorisches Anerkenntnis § 648 a 84
Deponie-Fall § 645 35
detaillierte Leistungsbeschreibung § 631 209
Detailpauschalpreisvertrag § 631 230
Detailpauschalvertrag § 631 213; § 632 50, 182
Dienstvertrag § 631 7; § 641 a 46
Disposition der Parteien § 641 33
Dispositionsbefugnis § 643 10, 12
Dissens § 632 73
Doppelbelastung der Kreditlinie § 648 a 40
Doppelhaus § 648 a 15
doppelte Zug-um-Zug-Verurteilung § 641 103
Drei-Stufen-Theorie § 631 263
Drittschadensliquidation **Anh. 3** 12; **Anh. 1** 81
Drohung § 631 110
Druckfunktion § 641 97
Druckmittel § 648 7

Druckzuschlag § 631 498; § 641 1, 88, 96; § 648 57; § 648 a 67, 78
Duldungsklauseln § 631 484
Duldungsvollmacht § 631 470
Durchgriffsfälligkeit § 641 1, 61, 92

eidesstattliche Versicherung § 648 63
eigenerstellte Urkunden § 641 a 18
Eigentumsübertragung § 632 a 40
Eigentumsverletzung **Anh. 3** 2
Eigentumsverlust § 648 13
Eigentumsvorbehalt § 648 4, 13; **Anh. 1** 73
Eike von Repgow **Einf.** 6
Einbehalt § 641 109
Einfamilienhaus § 648 a 15, 17
eingerichteter und ausgeübter Gewerbebetrieb **Anh. 3** 5
einheitliche Abrechnung § 649 15
Einheitspreisvertrag § 631 213; § 632 43, 152; § 641 4, 22; § 641 a 49; § 649 17; § 650 7
Einigung § 631 31
Einrederecht § 641 71
Einschreiben § 631 72
Einsturz **Anh. 3** 37
einstweiliges Verfügungsverfahren § 648 61, 62
Einwendungsausschluss § 641 116
Einzelkosten der Teilleistung § 642 49
endgültige Leistungsverweigerung § 648 a 65
Entbehrlichkeit der Fristsetzung § 637 7
Entgeltlichkeitsvermutung § 632 4
Entladen **Anh. 1** 83
Entschädigungsanspruch § 642 29, 43, 47, 68
Entschädigungspflicht § 642 5, 11
Entschädigungszahlung § 642 46
Entscheidungsermessen § 643 13
Entscheidungssituationen § 642 29
Entstehung § 632 8
Erdbauarbeiten § 648 23
Erfolgshaftung § 631 6; § 633 113; § 642 30, 56; § 644 3; § 645 2
Erfolgsverpflichtung § 642 11, 20, 21, 30, 56
erforderliche Aufwendungen § 637 9
Erforderlichkeit § 642 28
Erfüllung § 648 a 20
Erfüllungsbegriff § 633 41
Erfüllungsgehilfe § 631 142, 445; § 642 77
Erfüllungsinteresse § 631 367; § 648 a 2
Erfüllungsstadium § 648 a 18, 20
Erhöhung des Einheitspreises § 632 161
Erklärungsbote § 643 16; § 648 a 55

851

Stichwortverzeichnis

Ermessen § 631 446
ernsthafte und endgültige Erfüllungs-
 verweigerung des Unternehmers § 637 7
Ersatz für vergebliche Aufwendungen
 § 634 65; § 636 32
Ersetzung § 642 30
Ersparnis § 642 52
ersparte Aufwendungen § 631 318
Erstellung einer prüffähigen Honorar-
 schlussrechnung § 632 104
Erteilung einer Rechnung § 632 17
essentialia negotii § 631 56
Estrichfugen § 642 22
Estrichleistungen § 642 22

Fachplaner § 648 33
Fälligkeit § 632 9; § 648 13, 51
Fälligkeit der Vergütung § 640 70
Fälligkeit des Architektenhonorars § 632 98
Fälligkeit des Nacherfüllungsanspruchs
 § 634 6
Fälligkeit des Vergütungsanspruchs § 640 89
Fälligkeitsregelung § 641 71
Fälligkeitstermin § 631 162
Fälligkeitsvereinbarung § 641 8, 24
Fälligkeitsvoraussetzung § 641 77
Fälligkeitszins § 641 107
fehlende Baugenehmigung § 631 79
fehlende Vergütungsvereinbarung § 632 70
Fehlerbegriff § 633 156
fehlerhafte Anweisung § 633 144
fehlerhafte Bedenkenanmeldung § 645 45
fehlerhafte Leistungsbeschreibung § 633 116
Fehlschlagen der ausgeführten Nach-
 erfüllung § 637 7
Fernabsatz Anh. 1 70
Fernabsatzvertrag Anh. 1 71
Fertighausvertrag § 631 14
Fertigstellung § 641 a 47
Fertigstellungsbescheinigung Einf. 6;
 § 640 48; § 641 a 2, 8, 16, 21, 46
Fertigstellungsbescheinigungsverfahren
 § 641 a 2, 45
Festlegungsbedarf § 642 23
Festpreisvertrag § 650 7
Feststellung des Anspruches § 634 a 37
Fiktionswirkung § 641 a 55
fiktive Ersparnis § 649 22
Finanzierung § 642 29
fingierte Abnahme § 640 44, 48, 83
Fixgeschäft § 637 7
Flexibilität § 643 26
Folgeauftrag § 632 260; § 642 49

Forderungshöhe § 641 17, 19; § 641 a 49
Forderungssicherungsgesetz § 631 491
Formabrede § 631 55
formelle Beweiskraft § 641 a 76
Formerfordernis für die Kündigungs-
 erklärung § 649 7
Formzwang § 631 45
Frachtführer Anh. 1 85
Frachtvertrag Anh. 1 85
freie Kündigung des Auftraggebers § 649 43
freie Kündigung § 649 1
freier Sachverständiger § 641 a 29
Freiflächen § 648 a 16
Freigabe § 642 66
Freigabeerklärung § 642 26
freihändige Vergabe § 631 359
Fristsetzung § 643 16, 19; § 648 a 31
Fristsetzung mit Kündigungsandrohung
 § 648 a 1
Fugenplan § 642 22
funktionale Baubeschreibung § 631 214
funktionale Leistungsbeschreibung
 § 631 216
Funktionenteilung § 631 288
funktionsfähiges Bauwerk § 631 199
Funktionstauglichkeit § 631 200; § 642 57
Fürsorgepflicht § 641 a 40

Garantie § 633 53; § 648 a 47; Anh. 1 58
Garantie für die Beschaffenheit des Werkes
 § 639 5
Garantieerklärung § 648 a 48
Gebäudesubstanz § 645 11
Gefahr § 644 4, 5
Gefahrübergang auf den Besteller § 640 71
Gefahrübergang Anh. 1 81
Gegenanträge § 641 a 36
Gegenleistungsgefahr § 642 73
geltungserhaltende Reduktion § 631 502
Gemeinkosten der Baustelle § 642 49
gemeinsame Festlegungen § 642 29
gemeinsames Aufmaß § 641 9, 50
Gemeinschaftseigentums § 640 65
Generalplaner § 648 17
Generalübernehmer § 631 121
Generalübernehmermodell § 631 461
Generalübernehmerverträge § 642 17
Generalunternehmer § 631 121
Generalunternehmerverträge § 642 17
geotechnische Untersuchung § 642 12
Gerüstbauvertrag § 631 14
Gesamthypothek § 648 48, 49
Gesamtschuldner § 631 126

Stichwortverzeichnis

Gesamtschuldnerausgleich § 634 40
Gesamtschuldnerfragen im Baustoffbereich
  Anh. 1 77
gesamtschuldnerische Haftungslage
  § 634 42
Gesamtschuldverhältnis § 631 448
Geschäftsführung ohne Auftrag § 631 83
Geschäftsgrundlage § 650 3, 21
geschuldete Vorleistungen § 648 a 41
Gesetz über die Sicherung der Bauforderungen Anh. 3 23
gesetzlicher Eigentumserwerb § 632 a 40
gesetzliches Pfandrecht § 647 2
gestörter Gesamtschuldnerausgleich
  § 634 47
getrennte Abrechnung § 649 15
Gewährleistungsausschluss § 639 2
Gewährleistungsbürgschaft § 632 125;
  § 641 109
Gewährleistungsinteressen § 648 a 2
Gewährleistungssicherheit § 641 95, 109
Gewinn- und Wagnisanteile § 642 49
Gewinnverluste § 642 49
gewöhnliche Verwendung § 633 63, 102
Gläubigerbenachteiligung Anh. 1 87
Gläubigerobliegenheit § 642 72
Gläubigerverzug § 641 85, 102; § 642 4, 5, 7, 21, 37, 56, 68; § 648 a 65, 67
Gläubigerverzugsregeln § 642 23;
  § 648 a 74
Globalpauschalvertrag § 631 218; § 632 51, 178, 181; § 641 58
GMP-Vertrag § 650 7
Grenzen der Vertragsfreiheit § 632 35
Grob- und Feinreinigung § 648 25
Großbaustellen § 634 a 18
großer Schadensersatz § 636 22
Grund § 642 9
Grundbuchsperre § 648 7
Grundstück § 642 1, 9, 29; § 648 45
Grundstücksbearbeitung § 648 22
Grundstückserwerb § 631 470
Grundstücksvertiefung Anh. 3 18
Gutachten § 631 14
Gutachter § 648 21
Gutachterkosten § 637 12

Haftpflichtversicherungsschutz § 633 43
Haftpflichtversicherungsvertrag § 633 163
Haftung des Baustoffhandels aus Beratungsvertrag Anh. 1 75
Haftung für Werbeaussagen Anh. 1 60
Haftungsausschluss wegen Mängeln § 639 1

Haftungsausschluss § 639 9
Haftungsbefreiung § 634 11, 14
Haftungsbegrenzungen in Allgemeinen Geschäftsbedingungen § 639 7
Haftungsverteilung § 634 37
Haltbarkeitsgarantie § 633 54; Anh. 1 57
Handelskauf § 651 3, 17
Handelsketten Anh. 1 1
handelsrechtliche Untersuchungspflichten
  Anh. 1 51
Hartlöt-Fall § 645 17
Hauptbaustoff § 642 9
Hauptpflichten § 631 488
Hauptsacheklage § 648 65
Hauptunternehmer § 631 127; § 648 a 17
Haustürwiderruf § 631 90
Heinz Ingenstau Einf. 8
Hemmung und Neubeginn der Verjährung
  § 634 a 36
Hemmung Anh. 1 68
Hemmungstatbestände § 634 a 30
Herausgabeverlangen § 648 a 86
Hermann Korbion Einf. 8
Herstellerrichtlinien § 631 268; § 633 70
Herstellung § 641 a 66; § 642 28, 68
Herstellungsnotwendigkeit § 642 28
Hilfsbauwerke § 651 16
Hinterlegung § 632 a 47
Hinweispflichten § 633 42; § 641 31
HOAI § 631 449
Höchstsätze § 631 453
Höhe der Abschlagszahlung § 632 a 51
Höhe der Vertragsstrafe Anh. 2 10
Höhe des Sicherungsanspruchs § 648 3
Holschuld Anh. 1 82
Honorar § 648 46
Honorarforderungen § 632 115
Honorarforderungen des Architekten
  § 632 114

Identität § 648 10, 36, 38
Identitätserfordernis § 648 37
Importeur Anh. 1 38
Inanspruchnahme der Vertragserfüllungsbürgschaft § 632 134
Information des Unternehmers § 631 188
Informations- und Kontrollinteresse
  § 632 106
Informations- und Vorbereitungsinteresse
  § 641 a 58
Informationsinteresse § 641 29, 33, 48
Informationsobliegenheit § 643 17
Informationspflichten Anh. 1 70, 80

853

Stichwortverzeichnis

Ingenieure § 634 22
Ingenstau/Korbion **Einf.** 8
Inhaltskontrolle der ATV § 631 371
Inhaltskontrolle der VOB/B § 631 390
inkongruente Deckung § 648 a 87
Insolvenz § 647 2
Insolvenzanfechtung **Anh. 1** 87
Insolvenzeröffnung § 648 8
Insolvenzfragen **Anh. 1** 87
Insolvenzgefahr § 648 a 17
Insolvenzverfahren § 648 a 87
Insolvenzverwalter **Anh. 1** 87
Instandhaltung § 647 5; § 648 23
Instandsetzung § 647 5; § 648 23
Instandsetzungsplanung § 648 a 13
isolierte Richtigkeitsbescheinigung
 § 641 a 78

Kalkulation über die Endsumme § 642 49
Kalkulation § 641 47
Kalkulationsfaktoren § 642 50
Kalkulationsgrundlagen auch für den neuen
 Preis § 632 165
Kalkulationsirrtum § 631 105; § 632 65
Kammer § 641 a 33
Kampfmittel § 648 27
Kaskadenprinzip § 631 41
kaufmännisches Bestätigungsschreiben
 § 631 387
Kaufvertrag § 631 15
Klage auf Abnahme § 640 79, 83
Klage auf Leistung § 634 a 37
Klage auf Vergütung § 640 82
Klageabweisung als zur Zeit unbegründet
 § 641 32
Klagerücknahme § 634 a 42
kleiner Schadensersatz § 636 22
Kompetenzbeschränkung § 641 a 41
konkludente Abnahme § 640 43
konkrete Leistungsbeschreibungselemente
 § 631 203
Kontroll- und Informationsinteresse
 § 641 117
Kontrollinteresse § 641 29, 33, 48
Kooperation § 643 11; § 648 a 30
Kooperationscharakter § 642 1
Kooperationsgebot § 641 34, 54, 55, 57;
 § 642 36; § 643 11, 15; § 648 a 29, 30
Kooperationsgedanke § 642 26; § 643 25, 26
Kooperationspflicht § 631 409
Kooperationsvertrag § 642 29
Koordinierung § 642 2
Koordinierungsaufgabe § 633 158; § 642 66

Koordinierungsobliegenheit § 643 11
Koordinierungspflicht § 643 11
Koppelungsverbot § 631 95
Kosten § 648 a 52
Kostenanschlag § 632 6, 81; § 650 1, 2, 8
Kostenbeteiligung des Bestellers § 635 15
Kostenermittlung § 650 29
Kostenerstattung § 641 86
Kostenerstattungsanspruch § 648 56
Kostenlimit § 633 161
Kostenschätzung § 650 29
Kostenvoranschlag § 650 8
Kostenvorschuss § 641 86
Kostenvorschussanspruch § 648 56
Kreditlinie § 648 a 40
Kündigung § 631 311, 325, 428; § 640 35;
 § 641 47, 77, 78; § 642 6; § 643 4, 22;
 § 648 a 20, 66, 81
Kündigungsandrohung § 643 16, 17, 20;
 § 648 a 55
Kündigungserklärung des Bestellers § 649 6
Kündigungsfrist § 649 9
Kündigungsrecht § 649 3
Kündigungsrecht des AG nach § 8 Nr. 1 und
 3 VOB/B § 632 196
künftiger Anspruch § 648 53

Ladungsfrist § 641 a 59
Lagerplatz § 642 29
Leistung nach Probe § 633 104
Leistungen an einem Grundstück § 648 10
Leistungen von Vorunternehmern § 645 11
Leistungsänderungen § 632 96, 210
Leistungsänderungen beim BGB-Vertrag
 § 632 225
Leistungsbeschreibung § 631 66, 220, 283;
 § 632 44
Leistungsbeschreibungselemente § 631 196
Leistungserbringung § 645 44
Leistungsgefahr § 640 71, 72; § 644 8, 9
Leistungsidentität § 641 66
Leistungskette § 641 57, 60; § 648 a 17, 79
Leistungsmodifikationen § 632 196
Leistungsort § 631 160
Leistungspflicht § 642 63, 64
Leistungsstörung § 644 8
Leistungsvertrag § 641 22
Leistungsverweigerungsrecht § 632 256;
 § 633 141; § 641 59, 71, 88; § 641 a 21;
 § 648 a 1, 18, 21, 54, 78
Leistungszeit § 631 162
Lenkungsaufgabe § 643 10
Lieferanten § 648 a 10; **Anh. 3** 9

854

Stichwortverzeichnis

Lieferung § 651 7
Lücken im Leistungsverzeichnis § 631 33
Makler- und Bauträgerverordnung § 631 80; Anh. 3 15, 28
Maklervertrag § 631 27
Malerarbeiten § 648 23
Mängel an Werken § 634 a 12
Mangel § 640 13, 14; § 648 50; § 648 a 42, 62, 68
Mängelansprüche § 634 2
mangelbedingter Minderwert § 648 a 62
mangelbedingter Minderwert § 648 a 77
mangelbedingtes Nacherfüllungsrecht § 648 a 71
Mangelbegriff im Baustoffbereich Anh. 1 65
Mängelbehauptung § 641 a 36
Mängelbeseitigung § 648 a 37
Mangelbeseitigungskosten § 636 20
Mangelbeseitigungsleistungen eines Drittunternehmers § 637 13
Mangelfolgeschaden § 634 a 36; § 636 20
Mangelfreiheit § 641 a 9, 47; § 648 64
Mangelfreiheit, totale § 641 a 73
Mängelgesamtliste § 641 a 74
mangelhafte Leistung § 648 13
mangelhafte Mitwirkung § 642 25, 75
Mangelhaftigkeit § 645 19; § 648 57
Mängelrechte des Bestellers § 649 28
mangelrechtlicher Erfüllungsbegriff § 631 202
Mängelrügen § 648 a 42
Mängelvorbehalt § 640 51
Maßnahmen im Bestand § 647 1, 5
materielle Beweiskraft § 641 a 76
Mehraufwendungen § 642 48
mehrere Entwürfe § 648 18
mehrere Grundstücke § 648 17
Mehrfamilienhaus § 648 a 15
Mehrleistung § 631 36
Mehrwert § 648 3, 12, 16, 34, 46, 51, 57
Mehrwertprinzip § 648 12, 17, 52; § 648 a 13, 42
Menge, zu geringe § 633 65
Mengenabweichungen § 632 151
Mengenänderung § 632 96
Mengenänderung unter 10 % § 632 154
Mengenermittlungsparameter § 631 226
Mengenermittlungsrisiko § 631 214
Mengenmehrungen § 648 a 27
Mengenüberschreitung über 10 % § 632 155
Mengenunterschreitung über 10 % § 632 162

Minderung § 634 60; § 641 85, 86; § 648 a 34, 70, 77
Minderung eines Architektenhonorars § 638 5
Minderung, Begriff § 638 1
Minderungserklärung § 638 3
Minderwert § 648 a 62, 77
Mindestsätzen § 631 453
Mindeststandard § 633 67
Mithaftung des Bestellers § 634 38
Mitteilung § 641 a 79
Mitteilung von Bedenken § 634 24
Mitteilungspflicht § 633 135
Mitverschulden des Bestellers § 634 33
Mitverschulden § 650 23
Mitwirkung § 642 1
Mitwirkungsaufgabe § 642 21, 32
Mitwirkungshandlung § 642 21; § 643 19
Mitwirkungshandlungen des Bestellers § 631 191
Mitwirkungshandlungen § 642 4, 5, 14, 18, 56, 60, 64, 72
Mitwirkungsleistungen § 642 58
Mitwirkungsmaßnahmen § 642 2, 8, 62
Mitwirkungsnotwendigkeit § 642 2, 4
Mitwirkungspflichten § 642 7; § 643 7
Mitwirkungsverpflichtung § 631 20
Modernisierung § 648 23
modifizierte Leistungen § 632 129
Montage § 648 2
Montageleistung § 651 12
Montageverpflichtung § 631 14; § 648 20; § 648 a 10
Montagsprodukt § 645 37
Müll-Material § 645 11
Musterleistungsverzeichnisse § 631 242

Nachbargrundstück § 645 25
Nachbesicherung § 648 a 84
Nachbesserung § 635 8
Nacherfüllung § 631 448; § 634 54; Anh. 1 12
Nacherfüllungsanspruch § 634 6; § 635 1; § 648 57; Anh. 1 22
Nachfristsetzung § 643 19
nachgewiesene vertragsgemäß erbrachte Leistung § 632 a 92
Nachtrag § 631 200; § 633 5; § 648 a 84
nachträgliche Änderungen § 631 50
Nachtragsforderung § 631 202; § 648 a 29
Nachunternehmer § 631 131, 465
Nachverfahren § 641 a 12, 15, 17, 20, 85
Nebenforderungen § 648 a 19, 39

855

Stichwortverzeichnis

Nebenpflichten § 631 174, 488
Nebenpflichtverletzungen § 632 114
negatives Interesse § 650 23
Neuanlauf der Verjährung § 634 a 49
Neubau § 648 23
Neubeginn **Anh. 1** 68
neuer Preis für die Mindermenge § 632 166
neuer Preis für die über 110 % hinausgehende Menge § 632 160
Neuherstellung § 635 7
nicht vertretbare Sachen § 651 20, 22
notariellen Beurkundung § 631 46
nützliche Verwendungen § 636 17
nutzlose Verwendungen § 636 17

Obergrenze, Vertragsstrafe **Anh. 2** 15
Objektaufgabe § 648 55
Objektüberwachung § 631 447; § 633 155
Obliegenheit § 642 3, 7, 66, 68; § 643 3
öffentlichrechtliche Auftraggeber § 631 148
öffentlich-rechtliche Vorgaben § 631 266
Öffnungsklauseln § 631 322, 394
Organisationsversagen § 634 a 18
originäre Vollmacht § 631 455
Ortsbesichtigung § 641 a 58

Parteivernehmung § 641 a 16
Pauschalpreis § 631 477
Pauschalpreisvereinbarung § 649 18
Pauschalpreisvertrag § 632 49; § 650 7
Pauschalpreisvertrag, § 2 Nr. 7 VOB/B § 632 169
Pauschalsummen für Teile der Leistung § 632 190
Pauschalvertrag § 641 4, 47
Pflicht des Unternehmers zur sorgfältigen Prüfung der bestellerseitigen Vorgaben/ Baustoffe/Vorleistungen § 634 20
Pflicht zur Rückgewähr des mangelhaften Werkes § 635 31
Pflichtenbeschaffenheitsangaben § 633 50
Planer § 634 35; § 642 2
Planerhaftung § 642 21
Planerleistungen § 648 18, 52
Planlieferfristen § 642 37, 41, 66
Planung § 642 2
Planungs- und Überwachungsleistungen § 634 a 11
Planungsaufgaben § 642 66
Planungsfehler § 631 290
Planungsrisiko § 631 230
Planungsverschulden § 631 134
Präklusionswirkung § 641 a 62

Preisanpassung in Ausnahmefällen § 632 187
Preisbildung § 632 250
Preisgarantie § 650 6
Preisgleitklausel § 632 69
Privatgutachten § 635 4; § 641 a 17, 85; § 648 57, 63, 64
Privatgutachter § 641 a 45
Privaturkunde § 641 a 14
Privilegierung der VOB/B § 631 390
Probeläufe § 641 13
Produkthaftung **Anh. 1** 26
Produkthaftungsgesetz **Anh. 1** 25
Produzent **Anh. 1** 38
Prognose § 648 a 29, 38
Prognoserisiko § 648 a 30
Projektsteuerer § 633 164, 167; § 648 35
Projektsteuerungsvertrag § 631 14
Prozessförderungsverpflichtung § 641 46
Prozessurteil § 634 a 42
Prüf- und Bedenkenhinweispflicht § 634 31
Prüfbarkeit § 641 8, 26, 42, 45, 107, 117
Prüfbarkeit der Rechnung § 632 20
Prüfbarkeitseinrede § 641 34
Prüffähigkeit der Honorarschlussrechnung § 632 105
Prüfstatiker § 634 35
Prüfung § 634 a 18
Prüfungs- und Bedenkenhinweispflicht § 642 57
Prüfungs- und Hinweispflicht § 633 138; § 634 22; § 642 59; § 645 48
Prüfungsaufgabe § 641 a 39
Prüfungsfrist § 641 116
Prüfungsgegenstand § 641 a 63
Prüfungsmethoden § 641 a 60
Prüfungspflicht des Auftragnehmers § 631 292
Prüfungspflicht § 631 230; § 633 118; § 634 21; § 641 a 35, 55

qualifizierte Leistungsstörung § 633 9
qualifizierter Parteivortrag § 635 4; § 641 a 85

Rangfolge der Leistungsbeschreibungselemente § 631 274
Rangfolgeklauseln § 633 44
Raten- oder Abschlagszahlungen § 648 a 26
Realisierungsphase § 642 4
Rechnung als Fälligkeitsvoraussetzung § 632 18
Rechnung § 641 26; § 641 a 18, 49

Stichwortverzeichnis

Rechnungsanlagen § 641 48
Rechnungsprüfung § 648 a 83
Rechnungsstellung § 641 15, 20
rechtliche Einheit § 631 47
Rechtsscheinsvollmacht § 631 470
Rechtsfolgen der Abnahme § 640 68
Rechtsfolgen der Abschlagszahlung
  § 632 a 77
Rechtsfolgen des Rücktritts § 636 14
Rechtsfrage § 641 a 71
rechtsgeschäftliche Abnahme § 640 38
rechtsgeschäftliche Risikoübernahmen
  § 634 12
Rechtskraft § 641 46
Rechtskraftwirkung § 641 46
Rechtsmängel § 633 77, 103
Rechtsmangelfreiheit § 641 a 65
Rechtsmissbrauch § 641 86
Rechtsmissbrauchsverbot § 641 a 31;
  § 643 27
Rechtspflichten § 642 3
Rechtsschutz § 641 75
Rechtsverfolgung § 634 a 37
Regress § 631 448
Regressansprüche Anh. 1 50
Reisevertrag § 631 26
relative Mangelfreiheit § 641 a 73
Renovierung § 648 23
Reparatur § 647 5; § 648 23; § 651 9
Richtigkeit § 641 45
Richtigkeit der Rechnung § 641 47
Richtigkeitsvermutung § 641 a 26, 64, 81
Risiko-Checklisten § 644 6
Risikogarantien § 633 55
Risikoverteilung § 642 31
Rodungsarbeiten § 648 a 16
Rohbau § 642 10
Rollenverteilung § 642 31
Rückforderung von Abschlagszahlungen
  § 632 a 75
Rückforderungsansprüche § 632 133
Rückgabe § 648 a 85
Rückgewährverpflichtung Anh. 1 14
Rückgriffskette Anh. 1 51
Rückgriffsrecht des Baustoffhändlers
  Anh. 1 62
Rücktritt § 631 339; § 634 60; § 643 3
Rücktritt des Bestellers § 636 2
Rückzahlung des Vorschusses und
  Abrechnung § 637 24
Rügeobliegenheiten § 643 17
Rügepflicht nach den §§ 377, 381 HGB
  Anh. 1 47

Sachgefahr § 644 15
sachliche Richtigkeitseinwendungen
  § 641 36
Sachmangel § 633 86
Sachmangelfreiheit § 641 a 68
Sachmangelfreiheitskriterien § 641 a 68, 77
Sachverständige § 641 a 29; § 648 a 13
Sachverständigenbeweis § 641 a 17
Sachverständigenfrage § 641 51; § 641 a 71
Sachwalter § 633 160
Sanierung § 648 23
Sanierungsgutachten § 648 a 13
Schadensersatz § 634 65; § 641 85
Schadensersatzanspruch § 648 a 64
Schadensersatzansprüche des Bestellers
  § 636 19
Schadensminderungspflicht § 645 58
Scheinbestandteil § 647 4
Schickschuld Anh. 1 82
Schiedsgutachten § 641 a 12
Schiedsgutachterabrede § 641 a 12, 13
schlüsselfertige Erstellung § 642 13
schlüsselfertige Objekterstellung § 642 17
schlüsselfertiges Bauwerk § 633 88
Schlüsselfertighersteller § 648 a 15
Schlüsselfertigklausel § 631 223
schlüssige Abnahme § 640 43
Schlüssigkeit § 641 26
Schlüssigkeitsvoraussetzung § 641 26
Schlusszahlungsanspruch § 641 14
Schlusszahlungseinwand § 648 54
Schmerzensgeldanspruch § 636 20
Schmiergeld § 631 88
Schnittstellen § 642 2
Schönheitsfehler § 640 17
Schriftform § 631 53; § 641 a 40, 52;
  § 645 48
Schriftformerfordernis § 641 a 56
schriftlicher Bauvertrag § 641 a 40, 56
Schriftlichkeitsgebot § 641 a 69
Schuldbeitritt § 648 44
Schuldnerverzug § 641 85; § 642 37, 66
Schürmann-Bau-Prozess § 645 67
Schutzaufwendungen § 642 49
Schutzfunktion § 648 23
Schutzgesetz Anh. 3 15
Schutzpflichten § 640 71; § 644 12
Schutzwirkung § 631 144
Schwarzarbeit § 631 75, 83
Schwebezustand § 643 1; § 648 a 55, 72, 73
Schweißbrand-Fall § 645 67
Schwellenwert § 631 38, 150, 365
Schwerpunkt der Leistungen Anh. 1 4

857

Stichwortverzeichnis

Sekundärhaftung § 633 162; § 634 a 51
Selbständiges Beweisverfahren § 641 a 15, 19, 20
Selbstbeseitigung § 648 a 34
Selbstkostenerstattungsvertrag § 632 60
selbstständige Garantie § 633 55
selbstständiges Beweisverfahren § 640 84
Selbstvornahme nach § 2 Nr. 4 VOB/B § 632 197
Selbstvornahme § 634 56
Selbstvornahmerecht § 637 1
Sicherheit § 642 29
Sicherheits- und Gesundheitskoordinator Anh. 3 21
Sicherheitseinbehalt § 648 51
Sicherheitsleistung § 632 a 46; § 641 73, 98; § 642 68
Sicherheitsverlangen § 648 a 24
Sicherung des Bestellers § 632 a 39
Sicherungsabrede § 631 497
Sicherungsbegehren § 648 a 42
Sicherungsfall § 631 496
Sicherungshypothek § 648 54; Anh. 1 72
Sicherungsinteresse § 648 a 34, 40
Sicherungsmittel § 632 a 47
Sicherungsumfang der Vertragserfüllungsbürgschaft § 632 126
Sicherungsvereinbarung § 631 502
Sicherungsverlangen § 648 a 22
Sichtprüfung § 641 a 60
SiGeKo Anh. 3 22
Sittenwidrigkeit § 631 86
Skonto § 649 22
Sonderfachleute § 633 164; § 634 35; § 648 21, 33
Sonderwünsche § 631 482
sonstige Vermögensnachteile § 637 14
sonstige Werke § 634 a 14
Sowieso-kosten § 631 36, 200; § 634 48
Spediteur Anh. 1 85
Speditionsvertrag Anh. 1 85
Spezialregelung § 648 a 91
Spezialunternehmer § 634 21
Staffelverweisung § 631 389
Stand der Technik § 631 260
Stand der Wissenschaft und Technik § 631 261
Standardverzeichnisse § 631 242
Standsicherheit § 642 19
Stellvertretung bei der Abnahme § 640 59
stillschweigende/konkludente Abnahme § 640 41
stillschweigenden Abnahme § 641 a 23

Stoff § 632 a 32; § 645 11; § 651 18
Störung der Geschäftsgrundlage § 631 477; § 633 21; § 643 5
Störungsfälle § 643 15
Streitgenossenschaft § 648 a 3
Streitverkündung Anh. 1 69
Stückelung § 648 a 51, 85
Stundenlohn § 641 22; § 641 a 49
Stundenlohnabrechnung § 641 a 18, 49, 64, 78
Stundenlohnvereinbarung § 631 456
Stundenlohnvertrag § 632 54; § 641 4; § 650 7
Stundenlohnzettel § 641 115
Stundenzettel § 631 456
subjektiver Fehlerbegriff § 633 32
Subplaner § 641 62; § 648 10; § 648 a 17
Substitution § 642 31
Substitutionspflicht § 642 58
Subunternehmer § 631 127, 129, 465; § 641 62; § 648 10; § 648 a 17
Subunternehmerverhältnis § 641 57
Subunternehmervertrag § 631 136
Symptomrechtsprechung § 633 154; § 634 a 36; § 635 5
Symptomtheorie § 633 151
Systemrisiko § 645 31

Taglohnzettel § 641 a 49
tatsächlich erbrachtes Bauwerk § 648 17
tatsächliches Angebot § 642 36
Taxen § 632 92
taxmäßige Vergütung § 632 92
Technikregeln § 642 20
Technikstandards § 631 256
technische Gebäudeausrüstung § 642 10
technische Gebäudeausstattung § 633 75
technische Normen § 642 13
technische Normenwerke § 642 14
technische Zustandsfeststellung § 641 54
technisches Regelwerk § 642 22
Teilabnahme § 640 49, 90
Teilabnahmepflicht § 641 54, 55
Teilleistung § 648 13, 57
teilweise Unprüfbarkeit § 641 35
Teilzahlungen § 641 53
Teilzahlungsvoraussetzungen § 641 53
Telefax § 631 71
Terminänderungen, Vertragsstrafenabrede Anh. 2 29
Tiefbau- und Spezialtiefbauarbeiten § 645 75
Tiefbau § 631 219
Tiefbauarbeiten § 645 21; § 648 23

858

Stichwortverzeichnis

Tiefbau(hilfs)gewerken § 640 28
(Tief-)hilfsgewerke § 640 20
Totalübernehmer § 631 121
Totalunternehmer § 631 121
Tragwerksplaner § 634 35; § 642 17
Transport **Anh. 1** 81
Transportversicherung **Anh. 1** 85
Treu und Glauben § 641 86

Übergangsrecht zur Verjährung § 634 a 63
überhöhtes Sicherungsverlangen § 648 a 30
Überraschungen § 642 29
Überraschungsbaustoff § 645 27
Überreichung einer prüffähigen Honorarschlussrechnung § 632 109
Übersicherung § 648 a 89
Überwachung § 634 a 18
übliche Vergütung § 632 94
Umbau § 648 23
Umdisposition § 643 11, 15, 18
Umsatzsteuerpflicht § 642 51
Unangemessenheit, Vertragsstrafe **Anh. 2** 13
Unausführbarkeit der Bauleistung § 645 6
Unentgeltlichkeit § 631 23
unerlaubte Handlung § 633 23
Unfallverhütungsvorschriften **Anh. 3** 8, 16
unmittelbare Vertragsvorgaben § 645 14
Unmöglichkeit der Mängelbeseitigung § 648 a 34
Unmöglichkeit der Nacherfüllung § 635 20
Unmöglichkeit § 642 6, 71; § 648 a 37
Unmöglichkeitsregeln § 642 6, 44, 71
unselbstständige Garantie § 633 55
Untergang § 645 6
unterlassene Mitwirkung § 642 25, 75
Unternehmer eines Bauwerks § 648 10; § 648 a 13
Unternehmer § 631 120; § 648 31; § 648 a 16
Unternehmereinsatzformen § 642 17
Unternehmerentscheidung § 642 23
Unternehmerpflichten § 642 16
Unterschied zwischen Pauschalpreis und Preisnachlass § 632 186
Untersuchungsmethode § 641 a 60
Untersuchungspflichten **Anh. 1** 24
unverhältnismäßiger Aufwand § 635 24
Unverhältnismäßigkeit der Aufwendungen § 648 a 34
Unverhältnismäßigkeit der Kosten § 635 22
Unverhältnismäßigkeit **Anh. 1** 12
unwesentliche Mängel § 641 a 73
Unwirksamkeit der Haftungsbegrenzungsvereinbarung § 639 3

Unzumutbarkeit persönlicher Leistungserbringung § 635 29
Urkunde § 641 a 16
Urkundenbeweis § 641 a 16
Urkundenprozess § 641 a 9, 15

Verbandssachverständige § 641 a 29
Verbindlichkeitsskalierung § 642 16
Verbotsgesetz § 631 74
Verbrauchsgüter § 651 6
Verbrauchsgüterkauf **Anh. 1** 32
Verbrauchsgüterkaufrichtlinie **Anh. 1** 6
Verbrauchsgüterkaufverträge **Anh. 1** 59
vereinbarte Beschaffenheit § 633 33
vereinbarte Vergütung § 632 89
vereinbarte Verwendung § 633 59
Vereinbarung einer Haftungsbegrenzung § 639 2
Vereinbarungen über die Nacherfüllung § 635 14
Vergabeverfahren § 631 37
Vergütung § 641 a 51
Vergütungsanspruch § 632 8; § 648 51; § 648 a 59; § 649 16
Vergütungsforderung § 648 50
Vergütungsgefahr § 640 71
§ 644 8, 11; § 645 14, 49
Vergütungshöhe § 641 10
Vergütungsklage § 640 83
vergütungsrechtlicher Erfüllungsbegriff § 631 202
Vergütungssicherheiten § 632 120
Verhandlung § 634 a 43
Verjährung § 632 114; § 641 94
verjährte Forderung § 648 54
Verjährung des Werklohnanspruchs § 632 29
Verjährungsbeginn § 634 a 3
Verjährungseintritt § 648 54
Verjährungsfragen **Anh. 1** 27
Verjährungsfrist § 634 a 7
Verjährungsfristen durch Individualvereinbarung § 634 a 30
Verjährungslücke **Anh. 1** 29
Verjährungsunterbrechung im Bereich des Baustoffhandels **Anh. 1** 68
Verjährungsvorschriften § 641 70
Verjährung/Verwirkung § 632 29
Verkehrssicherungspflichten im Baustoffhandel **Anh. 1** 78
Verkehrssicherungspflichten § 645 47; **Anh. 3** 30
Verkehrswert § 648 6

859

Stichwortverzeichnis

Verlangen der zusätzlichen Leistung § 632 245
Verlangen eines neuen Preises § 632 156
verlängerter Eigentumsvorbehalt **Anh. 1** 73
Verlängerung von Verjährungsfristen § 634a 33
Verlust der Mängelrechte § 640 57
Verlust der Mangelrechte **Anh. 1** 47
Verlust des Vertragsstrafenanspruchs § 640 78
Verlust von Mängelansprüchen § 640 77
Vermessung § 642 29
Verminderung des Einheitspreises § 632 161
Vermutungswirkung § 641a 55, 64
Verpfändung beweglicher Sachen § 632a 47
Verpfändung von Forderungen § 632a 47
Verrechnung § 641 123
Verrechnung/Aufrechnung § 641 86
Verrichtungsgehilfen **Anh. 3** 10
Verschaffensanspruch § 631 156
Verschaffenspflicht § 633 28
Verschlechterung § 645 6
Verschleiß § 633 74
Verschönerung § 648 23
Verschönerungsarbeiten § 648 23
Verschulden § 636 33
verschuldensunabhängige Vertragsstrafe **Anh. 2** 22
Versicherung § 644 14
Versicherungsfragen im Baustoffhandelsbereich **Anh. 1** 85
Versicherungsrichtlinien § 631 271
Vertrag mit Schutzwirkung § 641a 46
Vertrag mit Schutzwirkung zugunsten Dritter § 641a 12
vertraglich geschuldetes Bauwerk § 648 17
Vertragsanbahnung § 631 32; § 650 2
Vertragsänderung § 631 412
Vertragsaufhebung § 648a 67
Vertragsauflösung § 643 4
Vertragserfüllungsbürgschaft § 632 123, 141; § 641 109
Vertragserfüllungsbürgschaft auf erstes Anfordern § 632 136
vertragsgemäße Erbringung der Leistung § 632 101
Vertragsgestaltung **Anh. 1** 76
Vertragskalkulation § 642 55
Vertragspflichten § 642 77; § 643 6
Vertragsstrafe § 631 137, 163; § 641a 83; **Anh. 2** 1
Vertragsstrafe, Anrechnung auf einen Schadensersatzanspruch **Anh. 2** 33
Vertragsstrafe, öffentliche Auftraggeber **Anh. 2** 5
Vertragsstrafe, Regressmöglichkeit **Anh. 2** 34
Vertragsstrafe, VOB/B **Anh. 2** 39
Vertragsstrafenabrede **Anh. 2** 2
Vertragsstrafenvereinbarung, unwirksame **Anh. 2** 13
Vertragsverhandlungen § 631 297
Vertrauensschaden § 648a 55, 59, 64, 77
vertretbare Sachen § 651 21, 22
Verursachungsbeitrag § 645 70
Verwahrung einer Sache § 631 29
Verwahrungsvertrag § 631 28
Verwender § 631 375
Verwendungseignung § 633 59
Verwirkung der Vertragsstrafe **Anh. 2** 18
Verzinsungspflicht § 641 107
Verzug § 644 12; **Anh. 2** 18, 20
Verzugseintritt § 641 38, 40
Verzugsvoraussetzung § 641 42
Vielfachbefassung **Einf.** 16
VOB/B § 640 91
VOB/B-Vertrag § 645 60
VOB/C § 642 29, 33
Vollendung § 644 10
Vollmacht des Architekten § 631 454
Vollmacht § 631 454, 469
vollmachtloser Vertreter § 643 16
Vollmachterteilung § 631 470
vollständige Herstellung des Werks § 640 9
Vollständigkeitsrisiko § 631 310
Vollstreckungsklausel § 634a 37
Vollstreckungsurteil § 634a 37
Vorarbeiten § 632 87; § 642 32
voraussichtlicher Vergütungsanspruch § 648a 34, 36, 38
Vorauszahlungen § 641 12
Vorauszahlungsbürgschaft aufs erste Anfordern § 632 122
Vorbehalt § 641a 83
Vorbehalt bei Abnahme **Anh. 2** 32
Vorbehaltserklärung § 640 55
Vorbehaltsurteil § 641a 17
Vorbereitungsarbeiten § 648 1, 4
Vorbereitungshandlung § 648a 13
Vorbereitungsmaßnahmen § 642 22; § 648 18
Vordersatz § 632 151
Vorfertigung § 648 2
Vorgaben des Bestellers § 634 17
Vorhaltekosten § 642 48
Vorleistung § 631 143; § 648a 19, 20, 37, 41

Stichwortverzeichnis

Vorleistungen anderer Unternehmer
§ 633 124; § 634 17, 36
Vorleistungen § 634 20; § 642 1, 4, 40
Vorleistungspflicht § 641 6; § 648 1, 12;
§ 648 a 20, 36, 68
Vorleistungsrisiko § 648 a 26, 41
Vorliegen einer zusätzlichen Leistung
§ 632 240
Vorschuss § 637 19
Vorschussanspruch § 637 20
Vorteilsausgleichung § 634 50; § 650 25
vorübergehendes Mitwirkungshindernis
§ 642 6, 44
Vorunternehmer § 642 77
Vorunternehmerentscheidung § 642 78
Vorunternehmerleistungen § 642 23
vorvertragliches Vertrauensverhältnis
§ 631 32

Waffengleichheit § 641 a 19
Wahlfreiheit § 648 a 89
Wahlrecht des Unternehmers § 635 6
Wahrscheinlichkeit § 648 a 29
Wartung § 648 23
Wartungsarbeiten § 648 23
Wartungsverträge § 631 14
Weisungsrecht des Bestellers § 631 152;
§ 633 25
Werbungskosten § 631 464
Werk § 641 a 46
Werkaufgabe § 641 a 47
Werkerfolg § 631 199, 281, 156
Werkleistung § 631 5
Werklieferungsvertrag § 631 15; § 648 a 10;
§ 651 1
Werkstatt- oder Montagezeichnungen
§ 642 26
Werkvertrag § 641 a 46; § 648 20
werkvertragliche Nebenpflicht Anh. 1 4
werkvertragliche Risikoverteilung § 644 4
Werkvertragsnatur § 641 65

wertende Betrachtung § 633 114
Werterhöhung § 648 27
Wertersatz § 631 347
Wertsteigerung § 648 1
Wertzuwachs § 648 1
wesentlicher Mangel § 640 16; § 641 a 21
Widerrufsfrist Anh. 1 71
Widerrufsrecht Anh. 1 71
Wohnungseigentum § 648 49
wörtliches Angebot § 642 37, 40

Zahlungsversprechen § 648 a 47, 48
Zeitpunkt der Abnahmeverpflichtung
§ 640 21
zerstörende Prüfungen § 641 a 61
Zinszahlungspflicht § 641 38, 107
zufälliger Untergang oder zufällige
Verschlechterung § 644 12
Zug-um-Zug § 642 46
Zug-um-Zug gegen Zuschusszahlung
§ 641 106
Zug-um-Zug-Verurteilung § 641 102;
§ 648 a 20
Zugang § 631 70
zugesicherte Eigenschaften § 633 46
Zulieferverträge § 651 3
Zurückbehaltungsrecht § 641 87, 88;
§ 647 2; § 648 57; § 648 a 20, 67, 78
Zusammenwirken § 642 29
Zusatzauftrag § 632 243; § 648 a 28, 38
zusätzliche Leistungen § 632 96, 235
zusätzliche Leistungen beim BGB-Vertrag
§ 632 253
Zuschussbetrag § 641 106
Zuschussleistungsangebot § 641 104
Zuschusspflicht § 641 106
Zuständigkeitsbereich § 641 a 33
Zustellung einer Streitverkündung
§ 634 a 39
Zuvielforderung § 648 a 30
Zwischenhändler Anh. 1 38